Oehme
Handels-Marketing

Handels-Marketing

Die Handelsunternehmen auf dem Weg
vom namenlosen Absatzmittler zur Retail Brand

von
Dr. Wolfgang Oehme

3., neubearbeitete und erweiterte Auflage

Verlag Franz Vahlen München

Die Deutsche Bibliothek – CIP-Einheitsaufnahme

Oehme, Wolfgang:
Handels-Marketing : die Handelsunternehmen auf dem
Weg vom Absatzmittler / von Wolfgang Oehme. –
3., neubearb. und erw. Aufl. – München : Vahlen, 2001
  ISBN 3 8006 2653 5

ISBN 3 8006 2653 5

© 2001 Verlag Franz Vahlen GmbH
Wilhelmstraße 9, 80801 München
Satz: C. H. Beck'sche Buchdruckerei, Nördlingen
(Adresse wie Verlag)
Druck: Druckhaus Nomos
In den Lissen 12, 76547 Sinzheim

Gedruckt auf säurefreiem, alterungsbeständigem Papier
(hergestellt aus chlorfrei gebleichtem Zellstoff)

Vorwort zur 3. Auflage

„Nichts ist beständiger als der Wandel." Diese uralte Erfahrung gilt in besonderer Weise für den Handel. Sie zeigt deutlich, daß im Handel eine große Zahl echter und kreativer Unternehmer arbeitet, die den Wandel in Gang halten. Dieser Wandel, den man im Hinblick auf die letzten fünfzig Jahre ohne Übertreibung als merkantile Revolution bezeichnen kann, spielte sich und spielt sich noch heute zum überwiegenden Teil im Bereich des Marketing ab. Eine Darstellung des Handels-Marketing muß diesen Wandel widerspiegeln. Damit bekommt dieses Buch, wie das auch bei anderen Büchern und bei vielen Produkten zu sehen ist, einen Lebenslauf. Solche Lebensläufe können sehr interessant sein.

Verfolgen läßt sich bei Büchern der Lebenslauf beim Lesen der Vorworte zu den einzelnen Auflagen. Deshalb ergänze ich dieses Vorwort zur 3. Auflage durch Auszüge aus den Vorworten zur 1. und zur 2. Auflage. So kann ich dem Leser zeigen, wie dieses Buch über Handels-Marketing den Wandel im Handel begleitet hat und nun in der 3. Auflage – so hoffe ich – halbwegs erwachsen geworden ist.

Wenn ich auf die 1. Auflage zurückblicke, so kann ich feststellen, daß die damals festgelegte Grundkonzeption heute noch stimmt und das deskriptive Herangehen an das Thema Handels-Marketing richtig war. Damals wurde der Handel in der Marketing-Literatur nur am Rande in den Lehrbüchern zum Hersteller-Marketing lediglich als Absatzmittler erwähnt. Das war er auch. Er hatte die Ware physisch zu distribuieren. Das Marketing machten die Hersteller. Das Fundament, das die Handelsunternehmen dann vor etwa zwanzig bis dreißig Jahren mit ihrer praktischen Absatzpolitik für ein eigenständiges Handels-Marketing legten und das in der ersten Auflage beschrieben wurde, hat sich als tragfähig für die Weiterentwicklung dieses Marketing-Bereiches erwiesen. Es hat in der Folgezeit keine abrupten Veränderungen im Handels-Marketing oder gar Umbrüche mit einer weitgehenden Entwertung vorhandenen Wissens gegeben. Was neu entstand, war in der Vergangenheit schon angelegt. Das spricht für die Unternehmer im Handel, gleich ob es selbständige Kaufleute oder Manager von Großunternehmen sind. Sie, die oft geringschätzig als „Macher" bezeichnet und deshalb unterschätzt wurden, besitzen sehr wohl die Fähigkeit, konzeptionelles Denken mit dem Gespür für den Markt und dem Mut zur Improvisation und zum Risiko zu verbinden. Sie sind heute Theoretiker und Praktiker in einer Person.

Die 2. Auflage war ein Relaunch, der vorrangig der Aktualisierung dieses Buches diente. Das Design blieb so gut wie unverändert. Die Entwicklung der Vertriebsform Discount war für mich Anlaß, das Sortiments-Marketing ausführlicher zu behandeln und besonders auf die durch die Discounter vorgenommene Segmentierung der Handelssortimente in Vertriebsformen-Segmente einzugehen. Diese völlig neue Variante der Segmentierung hat sich inzwischen fest im Handel etabliert. Beim Aufbau eines leistungsfähigen Distributionssystems in den neuen Bundesländern, das kann heute festgestellt werden, konnten die Handelsunternehmen der alten Bundesländer – wer hätte es sonst tun sollen – ihr Marketing-Knowhow und ihre absatzpolitischen Erfahrungen gut nutzen. In den 50er Jahren des vorigen Jahrhunderts konnte der deutsche Handel auf Vorbilder in den USA zurückgreifen. Sehr bald hat er aber die in Amerika begonnene Entwicklung im Verlauf der merkantilen Revolution selbstständig und kreativ fortgesetzt. Heute ist der deutsche Handel für manche europäischen Länder, vor allem für die Länder in Osteuropa, Vorbild, und deutsche Handelsunternehmen leisten Hilfe und Pionierarbeit beim Aufbau eines leistungsfähigen Distributionssystems.

Die 3. Auflage bringt eine grundlegende Änderung des Designs und dient erst in zweiter Linie der Aktualisierung. Folgende Punkte möchte ich hervorheben.

- Die Arbeit an der 3. Auflage konnte von den Erfahrungen profitieren, die ich in zahlreichen Seminaren gesammelt habe. Steht man vor der Aufgabe, sein Wissen anderen Menschen zu vermitteln, so muß man sehr sorgfältig überlegen, wie man den Stoff vorträgt und erklärt. Man spürt sofort, wenn es Verständnisprobleme bei den Teilnehmern der Seminare gibt. Nach jedem Seminar habe ich geprüft, was besser zu machen sei und mein Konzept überarbeitet. Und das hat mir bei der Arbeit an der 3. Auflage sehr genutzt.

- Die am Anfang der 1. und 2. Auflage stehende, mit vielen Zahlen befrachtete Darstellung des Handels wurde aufgegeben und durch eine Erklärung des Grundgedankens des Marketing ersetzt. Die Idee, den Grundgedanken des Marketing zu formulieren, kam mir bei einem Seminar, als ich feststellte, daß die Anwendung erworbenen Marketingwissens doch einige Schwierigkeiten verursacht. Wer den Grundgedanken verstanden hat, der weiß, daß alles Marketing letztlich auf die Beantwortung einer Frage hinausläuft: Wie kann ich erreichen, anders und besser als meine Wettbewerber zu sein. Und er wird die Nachahmung von Marketingideen und Marketing-Aktivitäten der Wettbewerber scheuen wie der Teufel das Weihwasser. Marketing lebt von der Kreativität und vom Unterschied, Immitation ist der Tod jedes Marketing. Diese Erkenntnis hat sich allerdings noch nicht überall herumgesprochen, denn gerade im Marketing wird in erstaunlichem Umfange „abgekupfert", im Handel wie auch in der Industrie.

- Bei der Darstellung der Instrumente des Handels-Marketing wurde deutlich zwischen den Gestaltungsalternativen – der Theorie – und den Strategien – der Politik – unterschieden, was das Verständnis erleichtern dürfte. Ich halte es für angebracht, in einem Lehrbuch für Handels-Marketing die Marketingpolitik gleichberechtigt neben die Marketingtheorie zu stellen. Es ist bei einer Betrachtung der Entwicklung des Handels sehr reizvoll, festzustellen, für welche Strategien sich erfolgreiche Handelsunternehmen entschieden haben. Im letzten Kapitel werden einige erfolgreiche und auch ein mit Problemen kämpfendes Handelsunternehmen mit ihren Marketing-Konzeptionen vorgestellt, die erkennen lassen, wie komplex Handels-Marketing heute ist und welches hohe Maß an Fähigkeit zum konzeptionellen Denken erforderlich ist, wenn ein Handelsunternehmen zum Erfolg geführt und der Erfolg dauerhaft gesichert werden soll.

- Eine grundlegende Änderung am Design des Buches wurde durch die Trennung von Marketing-Konzeption und ihrer Kommunikation vorgenommen. Unter dem Begriff Kommunikation kann umfassender, übersichtlicher gegliedert und damit verständlicher erläutert werden, was in den ersten beiden Auflagen unter der Überschrift Profil-Marketing dargestellt wurde. Durch eine kreative Kommunikation kann eine Marketing-Konzeption und damit das gesamte Handels-Unternehmen zur Retail Brand gemacht werden. Wenn das gelingt, ist ein Handelsunternehmen unverwechselbar anders als seine Wettbewerber und meistens auch besser.

- Ergänzt wurde die Darstellung des Handels-Marketing durch die Kapitel Operationalisierung einer Marketing-Konzeption durch Zielsetzung und die Kontrolle des Marketing mit dem Schwerpunkt der Handelsspannen-Kontrolle. Damit wird, so meine ich, das Thema Handels-Marketing nunmehr vollständig dargestellt. Man kann darüber streiten, ob Zielsetzung und Kontrolle nicht dem Operating- und Verwaltungsbereich eines Handelsunternehmens zugeordnet werden müssen. Ich habe mich nach reiflicher Überlegung dafür entschieden, beide Aufgaben in das Marketing zu übernehmen. Der enge Zusammenhang rechtfertigt das.
- Bei der Darstellung der Marketing-Instrumente, besonders bei der Standort-Sicherung und der Sortiments-Gestaltung, wird ein kurzer Überblick über die Literatur gegeben, der zeigt, daß mit dem Entstehen einer eigenständigen Handelsbetriebslehre auch Einzelfragen des Marketing untersucht wurden. Eine vollständige Darstellung des Handels-Marketing folgte aber erst viel später Anfang der 80er Jahre des vorigen Jahrhundert.
- Nachdem die erste Euphorie im Bereich des E-Commerce und der Globalisierung vergangen ist, konnte zu diesen Themen sachlich Stellung bezogen werden. Es deutet sich nunmehr an, daß das Internet zwar die Kommunikation des Handels verändern kann und auch wird und daß die neuen Möglichkeiten der Kommunikation viele Märkte praktisch grenzenlos machen werden. Eins aber bleibt unverändert bestehen, die physische Distriburion der verkauften Ware. Die attraktivste Web-Site bringt einem Handelsunternehmen wenig ein, wenn es seine Logistik nicht im Griff hat.

Ich wünsche mir, daß dieses Buch in Praxis und Wissenschaft, bei Studenten und Führungskräften im Handel auf Interesse stößt und den Lesern von Nutzen ist. Es ist keine Sammlung von Erfolgsrezepten, wie sie heute oft angepriesen werden. Ein Garantieschein für Erfolg, so wird es jedenfalls oft versprochen, liegt diesen Büchern meist bei. Dieses Buch ist vielmehr eine Anleitung zum systematischen Denken und Handeln im Marketing-Bereich der Handelsunternehmen, mit dem man Erfolg haben kann. Da dieses Buch auch zum Nachschlagen und zur Information über einzelne Themen dienen soll, enthält es, was beabsichtigt ist, einige Wiederholungen.

Für die gute und nunmehr schon bewährte Zusammenarbeit bei der Herausgabe dieses Buches danke ich den Herren Diplom-Volkswirt Dieter Sobotka und Diplom-Volkswirt Hermann Schenk vom Verlag Franz Vahlen ganz herzlich.

Pinneberg, im September 2000 *Wolfgang Oehme*

Aus dem Vorwort zur 2. Auflage

Blickt man auf die achtziger Jahre zurück, so kann man feststellen, daß die „merkantile Revolution" nicht zum Stillstand oder gar zum Abschluß gekommen ist. Der Wandel im Handel hat sich fortgesetzt. Es war gegenüber den vorhergehenden Jahrzehnten aber ein anderer Wandel. Zwei Sachverhalte verdienen deshalb festgehalten zu werden.

Die Dynamik der Entwicklung in der Praxis des Handels ist ungebrochen, zeigt aber neue Schwerpunkte:

- Die Vertriebsformen sind ausgereizt. Alle denkbaren Alternativen sind inzwischen verwirklicht worden. Es hat deshalb aber auf dem Gebiet der Vertriebsformen keinen Stillstand gegeben. Vielmehr hat innerhalb der wichtigsten Vertriebsformen eine Differenzierung eingesetzt. Die Vertriebsform „Nachbarschafts-Supermarkt" im Lebensmittel-Einzelhandel hat mehrere Varianten hervorgebracht, vom „rationalisierten Supermarkt" mit Discount-Touch bis hin zum stark frischwarenorientierten „Feinkost-Supermarkt", „Schlemmer-Markt" oder „Frische-Center" mit Ansätzen zum Erlebniskauf.
- Der Konzentrationsprozeß im Handel hat sich mit unverminderter Stärke fortgesetzt. Viele Umsatz-Milliarden haben die Eigentümer gewechselt und es sind branchenübergreifende Unternehmens-Giganten entstanden. Ansätze zu internationalen Großunternehmen im Handel sind vorhanden.
- Die EDV wird inzwischen vom Handel, bis hin zu den Mittel- und (größeren) Kleinbetrieben im Einzelhandel, voll genutzt. Scanning hat den Aufbau geschlossener Warenwirtschaftssysteme ermöglicht. Die anfallenden, sehr detaillierten Daten können zusätzlich zur Unternehmenssteuerung auch der Warenplazierung nutzbar gemacht werden. Space-Management und Regaloptimierung dringen im Einzelhandel schnell vor.
- Die Wiedervereinigung Deutschlands schließlich stellt den Handel der alten Bundesländer vor die größte Herausforderung seit dem Wiederaufbau nach dem Ende des zweiten Weltkrieges. In den neuen Bundesländern muß ein neues Distributionssystem aufgebaut werden.

Die Wissenschaft, das ist der zweite Sachverhalt, hat die Bedeutung des Handels als Untersuchungsobjekt und seine Mündigkeit ohne Einschränkung anerkannt. Das gilt besonders für die Marketing-Lehre, die vor zehn Jahren im Grunde nur ein Marketing, das Hersteller-Marketing, kannte. Eine erstaunlich große Zahl von Büchern und Beiträgen in wissenschaftlichen Zeitschriften zum Thema Handels-Marketing legt Zeugnis davon ab. Die Ansprüche an Bücher auf diesem Gebiet sind höher geworden. Das war für mich Anlaß, die zweite Auflage sehr umfassend und gründlich auszuarbeiten. Sie ist weit mehr als eine lediglich aktualisierte erste Auflage. Am Gesamtkonzept wurde aber festgehalten. Die Arbeit hatte drei Schwerpunkte:

- Der Gedanke, daß die Handelsunternehmen neben der einzelwirtschaftlichen, auf die Erwirtschaftung von Erträgen ausgerichteten Marketingaufgabe auch noch eine gesamtwirtschaftliche Marketingaufgabe erfüllen, wurde noch klarer

und überzeugender darzustellen versucht, als dies in der ersten Auflage geschah.
- Die Sortimentsgestaltung wurde wesentlich ausführlicher als in der ersten Auflage dargestellt. Es wurden dabei Überlegungen aufgegriffen, die ich in mehreren Aufsätzen in Fachzeitschriften vortrug.
- Der Entwicklung der Vertriebsformen und *Nieschlags* These von der „Dynamik der Betriebsformen" wurde ein ausführlicher Abschnitt gewidmet.

Pinneberg, im März 1991   *Dr. Wolfgang Oehme*

Aus dem Vorwort zur 1. Auflage

Vorworte haben, auch wenn dies gelegentlich bestritten wird, nach wie vor einen Sinn. Entweder bieten sie Hintergrund-Informationen zur Entstehung eines Buches oder zu den Motiven des Autors, die das Verständnis der vorgetragenen Überlegungen erleichtern. Oder sie bewahren einen davor, ein Buch überhaupt zu lesen, was zu einer beachtlichen Zeitersparnis führt. Ich hoffe natürlich, daß mein Vorwort nicht die zuletzt genannte Wirkung ausübt, vielmehr zum Lesen ermuntert und das Verständnis erleichtert.

Die Grundkonzeption zu diesem Buch entstand in der praktischen Arbeit, bei Betriebsberatungen und bei der Durchführung von Standort-Analysen. Sie basiert nicht primär auf der Literatur. Meine Darstellung des Handels-Marketing ist also zunächst einmal deskriptiv. Und es gab tatsächlich auch viel zu beschreiben. Wo mir dies möglich erschien, habe ich aber auch Zusammenhänge aufgezeigt und zu erklären versucht. Diese theoretischen Ansätze erscheinen mir sehr wichtig. Schließlich habe ich aber auch, wo dies notwendig erschien, Entscheidungsalternativen aufgezeigt und – was man mir als unwissenschaftlich ankreiden könnte – bewertet. Da wird aus der Theorie die Handelspolitik.

Meine Darstellung soll die Realität des Handels-Marketing widerspiegeln, ihr Bild systematisieren und wenn möglich erklären. Da ich mit den Verhältnissen im Lebensmittelhandel gut vertraut bin, habe ich manches am Beispiel dieser Branche dargestellt. Für dieses Vorgehen bitte ich um Verständnis. Aber schließlich war der Lebensmittelhandel in der merkantilen Revolution sehr oft der Vorreiter, der Pioniergeist bewies, manches Lehrgeld bezahlte und auch für andere Branchen die Erfahrungen sammelte.

Auf diese Weise ist ein Lehrbuch entstanden, das sicher von der gewohnten Norm abweicht. Ich möchte dieses Buch zum Handels-Marketing wie folgt charakterisieren:
- Es bringt wissenschaftliches und in der Praxis entwickeltes und bewährtes Wissen – Beschreibung und Theorie.
- Es zeigt, wie sich die Praxis entwickelt hat – ein Kapitel Wirtschaftsgeschichte.

- Es zeigt die Interessen des Handels und der Hersteller und geht auch auf die Frage wirtschaftlicher Macht ein – ein Blick in die Binnenhandels- und Unternehmenspolitik.

Pinneberg, im April 1983 *Dr. Wolfgang Oehme*

Inhaltsübersicht

Teil A: Einführung

1. Kapitel: Der Grundgedanke des Marketing und der Gegenstand des Handels-Marketing   1

Teil B: Die Marketing-Konzeption – ihre Datenbasis und ihre Bestandteile

2. Kapitel: Marktforschung – die Beschaffung der Daten   52
3. Kapitel: Die Standortpolitik – die Sicherung qualitativ hochwertiger Standorte mit ausreichend großen Verkaufs- und Lagerflächen   79
4. Kapitel: Das Leistungsangebot der Handelsunternehmen   126
5. Kapitel: Die Preispolitik der Handelsunternehmen – das Preis-Marketing   247
6. Kapitel: Der konstitutive Marketing-Mix – die Vertriebsformen   313

Teil C: Die Kommunikation der Marketing-Konzeption – die Kommunikationspolitik

7. Kapitel: Aufgabe und Bedeutung der Kommunikationspolitik   368
8. Kapitel: Die Kommunikation durch das Handelsunternehmen selbst – das Unternehmen als Medium   380
9. Kapitel: Die Kommunikation mit externen Medien   405
10. Kapitel: Der Lebenszyklus von Retail Brands – die Store Erosion   419
11. Kapitel: Kommunikation und Innovation   423

Teil D: Die Absatzkonzeption der Handelsunternehmen – Darstellung und Vergleich mit der Absatzkonzeption der Herstellerunternehmen

12. Kapitel: Konstitutiver und operativer Marketing-Mix – die vollständige Absatzkonzeption   429
13. Kapitel: Die Unterschiede zwischen Handels-Marketing und Hersteller-Marketing ..   434

Teil E: Die Operationalisierung der Absatzkonzeption durch Zielsetzungen (Mbo)

14. Kapitel: Die Methode der Zielsetzung   459
15. Kapitel: Das Zielsystem – die operationalisierte Absatzkonzeption   475

Teil F: Die Kontrolle der Ergebnisse der operationlisierten angewandten Absatzkonzeption

16. Kapitel: Die Ergebniskontrolle   485
17. Kapitel: Abweichungs-Analyse und Wert-Analyse   508
18. Kapitel: Ausgewählte Beispiele für erfolgreiche und erfolgreich kommunizierte Marketing-Konzeptionen   515

Inhaltsverzeichnis

Teil A: Einführung

1. Kapitel: Der Grundgedanke des Marketing und der Gegenstand des Handels-Marketing

1.1 Der Grundgedanke des Marketing	1
1.1.1 Die Modelle der klassischen Nationalökonomie vom vollkommenen und unvollkommenen Markt	2
1.1.2 Der vollkommene Markt und seine Voraussetzungen	3
1.1.3 Die Schwächen des unvollkommenen Marktes als die Chancen des Marketing	5
1.1.4 Der Grundgedanke des Marketing	10
1.1.5 Marketing als gesamtwirtschaftliche Aufgabe	11
1.1.5.1 Die Handelsfunktionen	11
1.1.5.2 Die Stellung des Handels in der Volkswirtschaft	14
1.1.5.3 Die Wirtschaft im Überfluß und ihre Auswirkungen	16
1.1.5.4 Die Varianten des Marketing	21
1.1.5.5 Die Entwicklungsstufen des Marketing	22
1.1.5.6 Marketing als Durchsetzungsproblem	23
(1) Das Streben der Industrie nach Partnerschaft	24
(2) Die Frage nach der Herrschaft im Absatzkanal	25
(3) Das Verhältnis des Handels zu den Verbrauchern	30
(4) Das Störpotential der Wettbewerber	31
(5) Die Durchsetzung im eigenen Unternehmen	31
1.2 Der Gegenstand und die Ziele des Handels-Marketing	31
1.2.1 Die merkantile Revolution und die Entstehung des Handels-Marketing	32
1.2.1.1 Die Zeit von 1900 bis 1950	32
1.2.1.2 Die Zeit ab 1950 bis zur Gegenwart	34
1.2.1.3 Die Ergebnisse der merkantilen Revolution	38
(1) Hohe Kapitalintensität der Handelsunternehmen	38
(2) Steigerung der Produktivität	38
(3) Verdrängungswettbewerb	39
(4) Konzentrationsprozeß	39
1.2.2 Der Leistungsprozeß eines Handelsunternehmens und seine Merkmale	41
1.2.2.1 Marketing- und Operatingbereich	41
1.2.2.2 Der Warenstrom	43
1.2.3 Die Handelsleistung als Gegenstand des Handels-Marketing	43
1.2.4 Die Ziele des Handels-Marketing	45
1.2.4.1 Die einzelwirtschaftlichen Ziele	45
1.2.4.2 Die gesamtwirtschaftlichen Ziele	46
(1) Verhindern überflüssiger Kämpfe um Marktanteile	46
(2) Verhindern eines Ausuferns der Artikelzahl	46
(3) Sichern einer gesamtwirtschaftlichen Sparsamkeit	47
(4) Sichern einer rationellen Warendistribution	47
(5) Aktiv beitragen zu einer umweltfreundlichen Wirtschaft	48
(6) Kontrolle der Qualität der im Sortiment geführten Artikel	48

Teil B: Die Marketing-Konzeption – ihre Datenbasis und ihre Bestandteile

2. Kapitel: Marktforschung – die Beschaffung der Daten

2.1 Der gegenwärtige Stand der Marktforschung	52
2.1.1 Marketingforschung	54

2.1.1.1 Formen und Aufgaben der Marketingforschung 55
2.1.1.2 Methoden der Marketingforschung 56
2.1.1.3 Ergebnisforschung 68
2.1.2 Marktforschung im engeren Sinne 68
    2.1.2.1 Marktfelder 69
    2.1.2.2 Marktfaktoren 69
    2.1.2.3 Betriebliches Rechnungswesen 70
2.2 Marktkforschung im Handel 70
    2.2.1 Erforderliche Grundsatzentscheidungen 70
    2.2.2 Quantitative und qualitative Daten 72
    2.2.3 Die relevanten Marktfelder und Marktfaktoren 73
        2.2.3.1 Die relevanten Marktfelder 73
        2.2.3.2 Die relevanten Marktfaktoren 74
    2.2.4 Schwerpunkte der Marktforschung im Handel 75
        2.2.4.1 Die Standortsicherung 75
        2.2.4.2 Das Unternehmensprofil 75
        2.2.4.3 Das Sortiment 76
    2.2.5 Unsicherheit und Risiken der Marktforschung 76
    2.2.6 Der Datenaustausch zwischen Industrie und Handel 77
    2.2.7 Marktforschung mit Hilfe des Internet 78

3. Kapitel: Die Standortpolitik – die Sicherung qualitativ hochwertiger Standorte mit ausreichend großen Verkaufs- und Lagerflächen

3.1 Die Aufgaben und die Bedeutung der Standortpolitik 79
    3.1.1 Die Aufgaben der Standortpolitik und ihre Möglichkeiten in unvollkommenen Märkten 79
    3.1.2 Entwicklung und Bedeutung der Standortpolitik 80
    3.1.3 Bemerkungen zur Abgrenzung der Standortfrage 82
3.2 Die Varianten der Standortpolitik der verschiedenen Arten von Handelsunternehmen 83
    3.2.1 Die Standortpolitik der Groß- und Außenhandelsunternehmen und der Zentralen von Handelsgruppen 84
    3.2.2 Die Standortpolitik der Einzelhandelsunternehmen 84
3.3 Das Standortproblem in der Literatur 85
3.4 Die Instrumente des Standort-Marketing 90
    3.4.1 Die Zielsetzungen – die Standortpolitik 91
    3.4.2 Die Untersuchungsmethoden – die Ermittlung für Standortentscheidungen relevanter Daten 92
        3.4.2.1 Die Marktstruktur-Analyse 93
        3.4.2.2 Die Standortnetz-Analyse 98
        3.4.2.3 Die punktuelle Standort-Analyse 100
        3.4.2.4 Der Verkaufsflächenentwicklungsplan 109
3.5 Anforderungen an einen Standort 112
    3.5.1 Quantitative Anforderungen 112
    3.5.2 Qualitative Anforderungen 113
3.6 Die Standort-Kategorien im Einzelhandel 114
    3.6.1 Kategorie 1: City-Standorte 115
    3.6.2 Kategorie 2: Integrierte Standorte 115
    3.6.3 Kategorie 3: Verkehrsorientierte Standorte 116
3.7 Das zentrale Problem des Standort-Marketing – der Widerstreit zwischen Nähe zum Verbraucher und wirtschaftlicher Betriebsgröße 117
    3.7.1 Raumfunktion kontra leistungsfähiges Distributionssystem 117
    3.7.2 Die Entwicklung der Mobilität der Verbraucher und der Agglomerationsfähigkeit von Kaufkraft 119
    3.7.3 Das Problem der Betriebstypenheterogenität und seine Auswirkungen 121
3.8 Die Strategien des Standort-Marketing 123
    3.8.1 Das Besetzen eines einzigen Standorts 124
    3.8.2 Der Aufbau eines regionalen Standortnetzes 124

Inhaltsverzeichnis XV

3.8.3 Der Aufbau überregionaler und arbeitsteiliger vertriebsformenheterogener Standortnetze 124
3.9 Das Standort-Marketing ergänzende Maßnahmen 125

4. Kapitel: Das Leistungsangebot der Handelsunternehmen
4.1 Die Sortimentspolitik – das Sortiments-Marketing 126
    4.1.1 Der Begriff Sortiment 127
    4.1.2 Das Entstehen des Sortiments-Marketing 130
    4.1.3 Das Sortimentsproblem in der Literatur 132
    4.1.4 Die Theorie des Sortiments-Marketing – die Gestaltungsalternativen 139
        4.1.4.1 Gestaltungsalternativen für das Sortiment 139
            (1) Tradierte, konventionelle Gestaltungsalternativen 139
            (2) Neue, marketingorientierte Gestaltungsalternativen 145
            (3) Am Ertrag orientierte betriebswirtschaftliche Gestaltungsalternativen 177
        4.1.4.2 Faktoren, die die Sortimentsgestaltung beeinflussen 180
            (1) Faktoren des Absatzmarktes 180
            (2) Faktoren des Beschaffungsmarktes 180
            (3) Unternehmensinterne Faktoren 181
            (4) Außerökonomische Faktoren 181
        4.1.4.3 Auswahlkriterien für die Aufnahme von neuen Produkten oder neuen Teilsortimenten in ein Sortiment eines Handelsunternehmens 183
            (1) Ertragswirtschaftliche Kriterien 183
            (2) Kostenwirtschaftliche Kriterien 184
            (3) Finanzwirtschaftliche Kriterien 184
            (4) Absatzwirtschaftliche Kriterien 185
        4.1.4.4 Die Eigenarten eines Sortiments 185
            (1) Die Interdependenz der Artikel 185
            (2) Die hohe Flexibilität des Sortiments 187
            (3) Der Sortimentsverschleiß 188
    4.1.5 Die Sortimentspolitik – die Gestaltungsentscheidungen 189
        4.1.5.1 Die Stellung der Sortimentspolitik im Markting-Mix 190
        4.1.5.2 Die Zielsetzungen der Sortimentspolitik 191
        4.1.5.3 Die Gestaltung des Sortiments – die Sortimentsstrategien 192
            (1) Der Pluralismus der Strategien 192
            (2) Die Strategien der Sortimentspolitik 194
            (3) Die Problematik vertriebsformenheterogener Sortimente und die Entscheidungsebenen der Sortimentspolitik 204
            (4) Sonderformen der Sortimentspolitik 210
        4.1.5.4 Die Sortimentspolitik als Prozeß 215
        4.1.5.5 Der Entscheidungsprozeß in der Praxis der Sortimentspolitik 217
4.2 Die Service-Politik 219
    4.2.1 Die Aufgaben der Servicepolitik 220
        4.2.1.1 Die Förderung von Kaufentscheidungen 220
        4.2.1.2 Der Aufbau von Kundenbindung 221
        4.2.1.3 Sichern eines unverwechselbaren Unternehmensprofils 221
        4.2.1.4 Erhöhung des Produktnutzens 221
            (1) Nutzensteigerung für den Kunden 222
            (2) Nutzensteigerung für das Handelsunternehmen 222
    4.2.2 Systematik der Servicearten 222
        4.2.2.1 Zeitpunkt/Zeitraum 223
            (1) Before-Sales-Service 223
            (2) During-Sales-Servie 223
            (3) After-Sales-Service 223
        4.2.2.2 Zwang oder Freiwilligkeit 223
            (1) Muß-Service 223
            (2) Freiwilliger Service 223

4.2.2.3 Selbständigkeit 224
   (1) Selbständiger Service 224
   (2) Unselbständiger Service 224
4.2.2.4 Kosten 224
   (1) Kostenloser Service 224
   (2) Bezahlter Service 224
4.2.3 Die Strategien der Servicepolitik 225
   4.2.3.1 Die Non-Service-Strategie 225
   4.2.3.2 Die Strategie des an die verkaufte Ware gebundenen Service 225
      (1) Der Service ist kostenlos 225
      (2) Der Service wird in Rechnung gestellt 225
   4.2.3.3 Die Strategie des erweiterten Service 226
4.2.4 Abhängigkeit des Serviceangebotes von Branche und Vertriebsform 226
   4.2.4.1 Die Abhängigkeit des Serviceangebotes von der Branche 226
   4.2.4.2 Die Abhängigkeit des Serviceangebotes von der Vertriebsform 227
   4.2.4.3 Die Servicepolitik im Marketing-Mix 227
4.3 Die Verkaufspolitik – die Andienungsformen 229
   4.3.1 Die Andienungsformen – die Gestaltungsalternativen der Verkaufspolitik 230
      4.3.1.1 Die Bedienung 231
         (1) Bedienung mit intensiven Verkaufsgesprächen 232
         (2) Bedienung mit einfachen Verkaufsgesprächen 233
      4.3.1.2 Die Selbstbedienung 233
         (1) Die konventionelle Selbstbedienung 234
         (2) Die Teil-Selbstbedienung – Vorwahl 238
         (3) Die lose Selbstbedienung 239
         (4) Die Discountselbstbedienung 240
         (5) Der Verkauf aus Automaten 240
         (6) Selbstbedienung im Großhandel – Cash&Carry 240
      4.3.1.3 Weitere Andienungsformen 241
         (1) Kataloge 242
         (2) Direktmarketing 242
         (3) Das Internet – e-commerce 243
   4.3.2 Die Strategien der Verkaufspolitik 244
      (1) Die Strategie der Anwendung einer Andienungsform 244
      (2) Die Strategie der Anwendung mehrerer Andienungsformen 244
      (3) Die Strategie der parallelen Anwendung mehrerer Andienungsformen bei einer Warengruppe oder einem Teil-Sortiment 244

5. Kapitel: Die Preispolitik der Handelsunternehmen – das Preis-Marketing

5.1 Der Begriff Preispolitik 247
5.2 Preispolitik in vollkommenen Märkten 248
5.3 Die Auswirkungen der klassischen Theorie auf die Preispolitik bis zur Gegenwart 250
   5.3.1 Die Stärken des Marketing-Instruments Preispolitik 250
      5.3.1.1 Die starke Wirksamkeit des Preises 250
      5.3.1.2 Die rasche Einsetzbarkeit der Preispolitik 251
      5.3.1.3 Die Logik des Preis-Mechanismus 252
   5.3.2 Die Zweiteilung der Preispolitik 253
      5.3.2.1 Die auf die klassische Theorie zurückgehende Preispolitik 253
      5.3.2.2 Die am Marketing orientierte Preispolitik 253
5.4 Die preispolitischen Gestaltungsalternativen 254
   5.4.1 Konventionelle Gestaltungsalternativen 254
   5.4.2 Marketingorientierte Gestaltungsalternativen 257
5.5 Die preispolitischen Entscheidungen – die Preisstrategien 260
   5.5.1 Die preispolitischen Basisstrategien 260
      5.5.1.1 Die Strategie des billigsten Anbieters 260
      5.5.1.2 Die Strategie des preiwertesten Anbieters 261
   5.5.2 Die Preislagenstrategien 261

5.5.2.1 Die zur Verfügung stehenden Strategien	262
(1) Die Strategie einer Preislage	262
(2) Die Strategie mehrerer Preislagen	262
(3) Die Strategie des unstrukturierten Sortiments	263
5.5.2.2 Der Begriff der Preislage und die Arten von Preislagen	264
(1) Die traditionelle Preislage – die Qualitätslage	264
(2) Die neue Preislage – das Vertriebsformen-Segment	267
(3) Begriff, Möglichkeiten und Grenzen des Price Lining	267
5.5.2.3 Die Positionierung der Preislagen oder Preislinien	271
(1) Orientierung an den Preisvorstellungen der Verbraucher	271
(2) Orientierung an den Kosten	271
(3) Orientierung am Beschaffungsmarkt	272
5.5.3 Die Strategien für die Einzelpreispolitik	273
5.5.3.1 Die konventionellen Preisstrategien	273
(1) Beschaffungsorientierte Strategien	273
(2) Kostenorientierte Strategien	276
(3) Preisgefügeorientierte Strategien	279
5.5.3.2 Die marketingorientierten Strategien	280
(1) Wettbewerbsorientierte Strategien	280
(2) Nachfrageorientierte Strategien	285
(3) Produktorientierte Strategien	288
5.6 Das Problem und die Bedeutung der Mischkalkulation	293
5.6.1 Varianten der Mischkalkulation	293
(1) Die ungewollte und unvermeidbare Mischkalkulation	293
(2) Die gewollte Mischkalkulation	293
5.6.2 Möglichkeiten und Gefahren der Mischkalkulation	293
5.6.3 Der Wandel der Preispolitik des deutschen Lebensmittel-Einzelhandels im Verlauf der merkantilen Revolution	294
(1) Normalpreise und Preisbindung der zweiten Hand – das erste Kapitel in der Preispolitik des Handels	294
(2) Angebots- und Aktionspreise – das zweite Kapitel in der Preispolitik des Handels	295
(3) Die Dauer-Niedrigpreislage – das dritte Kapitel in der Preispolitik des Handels	296
5.6.4 Merkmale von Angebotsartikeln	297
5.7 Die Zielsetzungen der Preispolitik	299
5.7.1 Die gesamtwirtschaftlichen Zielsetzungen der Preispolitik	299
5.7.2 Die einzelwirtschaftlichen Zielsetzungen der Preispolitik	300
5.8 Die Grenzen der autonomen Preispolitik der Handelsunternehmen	303
5.8.1 Die Obergrenze	303
5.8.2 Die Untergrenze	304
5.8.2.1 Die Rentabilität	304
5.8.2.2 Der Einstandspreis	305
5.8.2.3 Der Null-Tarif	305
5.9 Das technische Instrumentarium der Preispolitik – die Darbietung der Preise	306
5.9.1 Die Möglichkeiten der Preis-Variation	306
5.9.1.1 Preis-Änderungen	306
5.9.1.2 Preis-Differenzierung	307
(1) Räumliche Preis-Differenzierung	307
(2) Zeitliche Preis-Differenzierung	307
(3) Preis-Differenzierung nach Zielgruppen	307
(4) Preis-Differenzierung nach Abnahmemenge	307
(5) Preis-Differenzierung nach Verwendungszweck	308
(6) Preis-Differenzierung nach Angebotsintensität	308
(7) Preis-Differenzierung durch Produktvarianten	308
5.9.1.3 Preis-Unifizierung	308
5.9.1.4 Preis-Stabilisierung	308

5.9.1.5 Preis-Segmentierung 309
5.9.2 Die Möglichkeiten der Preis-Darbietung 309
5.9.2.1 Preis-Präsentation 309
(1) Auszeichnung am Artikel 309
(2) Auszeichnung neben dem Artikel 310
(3) Akustische Preis-Präsentation 310
(4) Preis-Präsentation im Verkaufsgespräch 310
(5) Preis-Präsentation außerhalb des Handelsunternehmens 310
5.9.2.2 Ganze oder gebrochene Preise 311
5.9.2.3 Preisgegenüberstellungen 311
5.9.2.4 Bruttopreise und Nettopreise 311

6. Kapitel: Der konstitutive Marketing-Mix – die Vertriebsformen

6.1 Der Begriff Marketing-Mix 313
6.1.1 Der Begriff 313
6.1.2 Die Merkmale des Marketing-Mix der Handelsunternehmen 313
6.1.3 Die Interdependenzen im Markting-Mix 314
6.2 Die Vertriebsformen als Varianten des konstitutiven Marketing-Mix 316
6.2.1 Der Begriff Vertriebsform 316
6.2.2 Nieschlags These von der „Dynamik der Betriebsformen" 322
6.2.2.1 Die These von der Dynamik der Betriebsformen 323
6.2.2.2 Die Kernpunkte dieser These 324
6.2.2.3 Die wissenschaftlche Diskussion über Nieschlags These 324
6.2.2.4 Anmerkungen zur Diskussion über Nieschlags These 327
6.2.3 Die Geschichte der Vertriebsformen 328
6.2.3.1 Die Handelsleistung als Gestaltungsobjekt der Marketing-Konzeption 330
6.2.3.2 Die erste Generation der Vertriebsformen 332
(1) Die Warenhäuser 333
(2) Die Versandhandelsunternehmen 333
(3) Die Filialunternehmen 334
(4) Die Handelsgruppen 334
(5) Die Einheitspreisgeschäfte und Kleinpreiswarenhäuser 335
(6) Der mobile institutionelle Einzelhandel 336
6.2.3.3 Die zweite Generation der Vertriebsformen 337
(1) Der Supermarkt im Lebensmittel-Einzelhandel 337
(2) Die Discountmärkte 338
(3) Die Selbstbedienungs-Warenhäuser und Verbrauchermärkte 340
(4) Die Fachmärkte 340
(5) Die Heimdienste 341
(6) Die innerstädtischen Einkaufspassagen, Markthallen, Galerien und Fußgängerzonen und die Einkaufszentren auf der grünen Wiese 341
(7) Die Tankstellen-Shops 342
6.2.3.4 Die Vertriebsformen im Großhandel 344
(1) Der Sortimentsgroßhandel 345
(2) Der Spezialgroßhandel 345
(3) Der C&C-Großhandel oder Selbstbedienungs-Großhandel 345
(4) Der Rack Jobber 346
6.2.3.5 Die Vertriebsformen im funktionalen Handel 347
(1) Außendienst 347
(2) Versandhandel 347
(3) Factory Outlet Stores und Factory Outlet Center 347
6.2.3.6 Die Zukunft der Vertriebsformen 348
6.3 Die Organisationsformen 351
6.3.1 Das Entstehen der Organisationsformen und der Begriff Organisationsform 351
6.3.2 Die Arten von Organisationsformen 353

(1) Das Einzelunternehmen 353
(2) Die Handelsgruppen – Verbundgruppen des Handels 353
(3) Die Mehrbetriebsunternehmen 357
(4) Die Franchise-Systeme 358
(5) Die Filialunternehmen 363
6.3.3 Vergleichende Übersicht über die Organisationsformen 365

Teil C: Die Kommunikation der Marketing-Konzeption – die Kommunikationspolitik

7. Kapitel: Aufgabe und Bedeutung der Kommunikationspolitik

7.1 Die Aufgabe der Kommuinkation 368
7.2 Die Entwicklung der Kommunikationspolitik im Verlauf der merkantilen Revolution ... 370
    7.2.1 Die totale Unternehmenspräsentation 370
    7.2.2 Die austauschbaren Sortimente 372
    7.2.3 Die uniformen Verkaufsräume 372
    7.2.4 Der neue Kunde und seine Erwartungen an die Kommunikation 373
7.3 Die Bedeutung der Kommunikation 375
7.4 Der Stand der Kommunikation im Alltag der Praxis 377

8. Kapitel: Die Kommunikation durch das Handelsunternehmen selbst – das Unternehmen als Medium

8.1 Das Unternehmenssysmbol 380
    8.1.1 Die Unternehmensfarben 380
    8.1.2 Das Unternehmenskennzeichen 380
    8.1.3 Die Unternehmenssymbolfiguren 381
8.2 Das Umfeld des Unternehmens 382
8.3 Die Fassade des Unternehmens und die Schaufenster 383
    8.3.1 Die Fassade des Unternehmens 383
    8.3.2 Die Schaufenster des Unternehmens 386
8.4 Der Verkaufsraum des Unternehmens 389
8.5 Die Warenpräsentation des Unternehmens 391
    8.5.1 Die Präsentation als Visualisierung der Sortiments-Konzeption für die Kunden ... 393
    8.5.2 Probleme der Präsentation von Vertriebsformen-Segmenten und Zielgruppen Sortimenten ... 395
    8.5.3 Space-Management und Regaloptimierung 398
8.6 Die Mitarbeiter des Unternehmens 401

9. Kapitel: Die Kommunikation mit externen Medien

9.1 Die Öffentlichkeitsarbeit – die Public Relations 405
9.2 Die Werbung 407
9.3 Die Verkaufsförderung 414
    9.3.1 Arten der internen Verkaufsförderung 415
    9.3.2 Arten der externen Verkaufsförderung 416
9.4 Sonderformen der externen Kommunikation 417
    9.4.1 Product Placement 417
    9.4.2 Sponsoring 418

10. Kapitel: Der Lebenszyklus von Retail Brands – die Store Erosion

10.1 Der Begriff der Store Erosion 419
10.2 Das Erscheinungsbild der Store Erosion 420
10.3 Maßnahmen gegen Store Erosion 421

11. Kapitel: Kommunikation und Innovation

11.1 Das Innovationsproblem 423

11.2 Für den Handel praktikable Methoden systematischer Ideenfindung 424
    11.2.1 Das Brainstorming 424
    11.2.2 Die morphologische Methode 426
    11.2.3 Die Basic-Synektik-Methode 427
11.3 Die Voraussetzungen für eine erfolgreiche Anwendung der Methoden 427

Teil D: Die Absatzkonzeption der Handelsunternehmen – Darstellung und Vergleich mit der Absatzkonzeption der Herstellerunternehmen

12. Kapitel: Konstitutiver und operativer Marketing-Mix – die vollständige Absatzkonzeption

12.1 Die Interdependenzen der Marketing-Instrumente im operativen Marketing-Mix der Handelsunternehmen 429
12.2 Die Interdependenzen zwischen konstitutivem und operativem Marketing-Mix der Handelsunternehmen 430
12.3 Die Interdependenzen zwischen dem Marketing-Mix im Handels-Marketing und dem Marketing-Mix im Hersteller-Marketing 432

13. Kapitel: Die Unterschiede zwischen Handels-Marketing und Hersteller-Marketing

13.1 Die Verwandtschaft zwischen Handels-Marketing und Hersteller-Marketing 434
13.2 Die Unterschiede in der zeitlichen Reihenfolge der Anwendung der Instrumente des Handels- und des Hersteller-Marketing 437
13.3 Die Unterschiede in der Gewichtung der einzelnen Marketing-Instrumente im Handels- und im Hersteller-Marketing 439
13.4 Die Voraussetzungen für ein uneingeschränkt autonomes Handels-Marketing 441
    13.4.1 DieVoraussetzungen beim Hersteller-Marketing 443
        13.4.1.1 Bei der Marktforschung 443
        13.4.1.2 Beim Produkt-Marketing 443
        13.4.1.3 Beim Profil-Marketing 444
        13.4.1.4 Bei der Werbung 444
    13.4.2 Die Voraussetzungen beim Handels-Marketing 445
        13.4.2.1 Bei der Marktforschung 445
        13.4.2.2 Beim Sortiments-Marketing 446
        13.4.2.3 Beim Preis-Marketing 449
        13.4.2.4 Bei der Kommunikationspolitik 450
    13.4.3 Die Neuverteilung des Marketing-Aufwandes 450
13.5 Vertikales Marketing 453
    13.5.1 Ansätze zur Lösung des Problems in der Industrie 454
        13.5.1.1 Das Key-Account-Management 454
        13.5.1.2 Das Trade-Marketing 455
    13.5.2 Das vertikale Marketing als Gegenstand wissenschaftlicher Untersuchungen ... 456

Teil E: Die Operationalisierung der Absatzkonzeption durch Zielsetzungen (Mbo)

14. Kapitel: Die Methode der Zielsetzung

14.1 Marktorientierte Unternehmensführung durch Zielsetzung 459
    14.1.1 Marktorientierte Unternehmensführung 459
        (1) Das Marktpotential 460
        (2) Das Unternehmenspotential 463
    14.1.2 Der Begriff Ziel und die Arten von Zielen 465
        (1) Der Begriff Ziel 465
        (2) Die Arten von Zielen 466
        (3) Die Merkmale meßbarer – operationalisierter – wirtschaftlicher Ziele 467
    14.1.3 Die zentralen Ziele eines Handelsunternehmens 468
        (1) Die Ziele des Marketingbereiches 468

(2) Die Ziele im Operating- und Verwaltungsbereich 470
(3) Zielkonflikte und ihre Lösung 470
14.1.4 Zielsetzung und Ergebniskontrolle 472

15. Kapitel: Das Zielsystem – die operationalisierte Absatzkonzeption

15.1 Der Aufbau eines Zielsystems – Gesamtziele und Teilziele 475
15.2 Das Zielsystem als Grundlage der Planung und Organisation 482

Teil F: Die Kontrolle der Ergebnisse der operationlisierten angewandten Absatzkonzeption

16. Kapitel: Die Ergebniskontrolle

16.1 Die Umsatzkontrolle 485
   16.1.1 Die Kontrolle der Entwicklung des Gesamtumsatzes 485
   16.1.2 Die Kontrolle der Umsatzstruktur 486
   16.1.3 Die Kontrolle von mit dem Umsatz zusammenhängenden Leistungsmeßziffern 488
      (1) Der durchschnittliche Einkaufsbetrag pro Kunde im Einzelhandel und die durchschnittliche Auftragsgröße im Großhandel 488
      (2) Die Umschlagshäufigkeit des durchschnittlichen Warenbestandes 488
16.2 Die Kontrolle der Handelsspanne 489
   16.2.1 Der Begriff Handelsspanne 490
   16.2.2 Die klassische Ist-Ausgangs-Handelsspannen-Kontrolle 490
   16.2.3 Die Soll-Spannen-Kontrolle 492
      16.2.3.1 Die Kontrolle der Eingangs-Handelsspanne 492
      16.2.3.2 Die Korrektur des Wareneingangs 496
      16.2.3.3 Die verfügbare Ware 497
      16.2.3.4 Die Ermittlung der Soll-Handelsspanne 497
         (1) Die erfaßbaren Veränderungen des Warenbestandes 497
         (2) Die Kontrolle des Warenbestandes 497
         (3) Die Ist-Handelsspanne 498
         (4) Die Entwicklung des Warenbestandes 498
16.3 Die Kostenkontrolle 503
16.4 Die Ablaufkontrolle 504
16.5 Die Kontrolle der „Corporate Identity" 505

17. Kapitel: Abweichungs-Analyse und Wert-Analyse

17.1 Die Abweichungs-Analyse 508
17.2 Die Wert-Analyse 511
   17.2.1 Der Begriff Wert-Analyse 511
   17.2.2 Das Konzept der Wert-Analyse 512
   17.2.3 Das Vorgehen der Wert-Analyse 513

18. Kapitel: Ausgewählte Beispiele für erfolgreiche und erfolgreich kommunizierte Marketing-Konzeptionen

18.1 IKEA 515
18.2 ALDI 518
18.3 DALLMAYR 521
18.4 DOUGLAS 523
18.5 BOFROST und EISMANN 524
18.6 METRO 526
18.7 C&A BRENNINKMEYER 528
18.8 REWE 530

Anhang 535
Literaturverzeichnis 549
Personenverzeichnis 557
Sachverzeichnis 559

Teil A: Einführung

1. Kapitel: Der Grundgedanke des Marketing und der Gegenstand des Handels-Marketing

Das Marketing, die Lehre vom Absatz von Gütern und Dienstleistungen, ist mehr als hundert Jahre alt. Als Ende des 19. Jahrhunderts die industrielle Massenfertigung von Gütern begann und auf den Märkten für diese Güter der Wettbewerb unter den Anbietern einsetzte, war für viele Unternehmen, besonders im Bereich der Konsumgüter-Produktion, nicht mehr die Herstellung der Güter, sondern ihr Absatz das vorrangige Problem. Die Unternehmen begannen, eine systematische Absatzpolitik zu betreiben. Die ersten Markenartikel, wie Persil und später Nivea und Dr. Oetker, kamen auf den Markt. Die Betriebswirtschaftslehre entwickelte die Lehre vom Absatz, für die später der Begriff Marketing verwendet wurde.

Seinen Ursprung hat das Marketing in der Industrie. Aus dem produktorientierten Hersteller-Marketing gingen im Laufe der Zeit zahlreiche Varianten des Marketing hervor. Diese Entwicklung kennzeichnet besonders die zweite Hälfte des 20. Jahrhunderts. Es entstand zunächst das Handels-Marketing, dessen Entwicklung durch den Konzentrationsprozeß in Industrie und Handel gefördert wurde. Später folgten das Dienstleistungs-Marketing, das Kultur-Marketing, das Sozial-Marketing, das Stadt-Marketing und das Sport-Marketing, um die wichtigsten Varianten zu nennen. Heute kommen Theater und Museen, karitative Organisationen oder Fußballvereine ohne Marketing nicht mehr aus. Marketing ist heute, das kann ohne Einschränkung gesagt werden, allgegenwärtig.

Die Lehre vom Marketing hat sich zu einem sehr umfangreichen und bedeutenden Teilgebiet der Betriebswirtschaftslehre entwickelt und steht sowohl in der Praxis als auch in der Wissenschaft auf einem hohen Niveau. Allen Varianten des Marketing liegt ein gemeinsamer Gedanke zugrunde, der sich wie ein roter Faden durch das gesamte Marketing zieht und der bereits zum Zeitpunkt seiner Entstehung erkennbar war. Dieser Grundgedanke ist der Schlüssel für den Zugang zum komplexen und imposanten Gebäude des Marketing. Er erleichtert das Verständnis des Marketing und bewahrt in Praxis und Theorie davor, Fehler zu begehen. Man kann diesen Grundgedanken sehr gut aus den Überlegungen der klassischen Nationalökonomie ableiten.

1.1 Der Grundgedanke des Marketing

Die theoretischen Grundlagen für das Marketing schufen die in England lebenden „Klassiker der Nationalökonomie", Adam Smith, David Ricardo und Thomas

Malthus Ende des 18. Jahrhunderts. Sie taten dies unbeabsichtigt. Zu ihrer Zeit gab es noch keine industrielle Massenproduktion von Gütern und demzufolge auch kaum Absatzprobleme. Wohl gab es Wettbewerb. Aber die in der Regel räumlich begrenzten lokalen Märkte waren fest verteilt und in der Hand einer kleinen Zahl von Anbietern. Marktanteilsverschiebungen fanden nur in geringem Umfang statt. Die Menschen in Europa lebten, vom heutigen Standpunkt aus gesehen, in einer Wirtschaft des Mangels. Die produzierten Güter und Dienstleistungen konnten ohne Schwierigkeiten abgesetzt werden. Es gab noch keinen technischen Fortschritt und das Verhältnis von Angebot und Nachfrage befand sich auf den meisten Märkten in einem stabilen Zustand. (Vergl. dazu: Smith, Adam, Der Wohlstand der Nationen, hsg. von H. C. Recktenwald, 7. Auflage, München 1998; Winter, Helen/Rommel, Thomas, Adam Smith für Anhänger, Der Wohlstand der Nationen, München 1999.)

1.1.1 Die Modelle der klassischen Nationalökonomie vom vollkommenen und unvollkommenen Markt

Kernstück der klassischen Theorie ist die Lehre vom Markt, den Marktformen und von der an einem Markt ablaufenden Preisbildung. Unter bestimmten Voraussetzungen bewirkt dieser Mechanismus, daß sich Angebot und Nachfrage bei einem am Markt entstehenden Gleichgewichtspreis ausgleichen. Ist die Nachfrage größer als das Angebot, so steigt der Preis und sorgt kurzfristig zunächst dafür, daß weniger kaufkräftige Nachfrager aus dem Markt ausscheiden. Sodann sorgt der hohe Preis dafür, daß die Anbieter ihre Produktion ausweiten, weil ihnen der Preis hohe Gewinne verspricht. Und er veranlaßt weitere Unternehmer, ebenfalls das knappe Gut zu produzieren. Es bekommen bei dem hohen Preis sogar weniger leistungsfähige Anbieter, die mit höheren Kosten als ihre Wettbewerber arbeiten, eine Chance, ihre Güter abzusetzen. Die schrumpfende Nachfrage und das steigende Angebot treffen sich beim Gleichgewichtspreis. Ist dagegen das Angebot größer als die Nachfrage, fällt der Preis. Es kommen auch weniger kaufkräftige Nachfrager zum Zuge. Es wird eine größere Menge gekauft. Gleichzeitig scheiden weniger leistungsfähige Anbieter, die mit zu hohen Kosten produzieren, aus dem Markt aus. Die angebotene Menge verringert sich. Steigende Nachfrage und fallendes Angebot treffen sich wieder beim Gleichgewichtspreis.

Diese geniale Theorie hat bis heute nichts an Aktualität verloren. Ein großer Teil der Preise entsteht auch heute noch auf diese von den Klassikern beschriebene Weise. Wenn dem Markt, was immer wieder geschieht, „Versagen" vorgeworfen wird, dann ist ein solches Versagen fast immer die Folge von staatlichen Eingriffen in den Markt. Wenn der Staat die Preise von Gütern und Dienstleistungen verteuert oder verbilligt, muß es zu Fehlentwicklungen kommen.

Die Marktteilnehmer, die die Vorteile, die ihnen die staatlichen Eingriffe bieten, nutzen, verhalten sich dabei durchaus ökonomisch richtig, auch wenn ihre Entscheidungen zu Fehlentwicklungen führen. Die Landwirtschaft bietet zahlreiche Beispiele für solche staatlichen Eingriffe und die von ihnen ausgelösten Fehlentwicklungen.

1.1.2 Der vollkommene Markt und seine Voraussetzungen

Es ist wohl kein Zufall, daß die Klassiker diesen Prozeß der Preisbildung als „Preismechanismus" bezeichneten. Die Klassiker der Nationalökonomie lebten im Zeitalter der Aufklärung, in dem Vernunft und naturwissenschaftliche Gesetzmäßigkeiten stark betont wurden. Der Preismechanismus, das ist ganz entscheidend und darf niemals übersehen werden, funktioniert aber nur unter bestimmten folgenden Voraussetzungen, die ohne jede Einschränkung gegeben sein müssen:

(1) Wettbewerb

Es muß ein unbegrenzter und uneingeschränkter Wettbewerb herrschen. Es treten unendlich viele Anbieter und unendlich viele Nachfrager am Markt auf. Beide Seiten des Marktes sind „Polypole". Kein Anbieter und kein Nachfrager kann den Markt beherrschen. Es gibt keine wirtschaftliche Macht.

(2) Freier Zugang

Jeder, der an einem bestimmten Markt aktiv werden will, indem er ein an diesem Markt gehandeltes Gut anbieten oder kaufen will, hat ungehinderten Zutritt zu diesem Markt. Es existieren keinerlei Beschränkungen für den Zugang. Beim Anbieter muß natürlich die Fähigkeit vorhanden sein, das am Markt gefragte Gut produzieren zu können. Und der Nachfrager muß für dieses Gut eine Verwendung haben. Diese beiden Bedingungen, die den Kreis der Marktteilnehmen natürlich begrenzen, werden als selbstverständlich vorausgesetzt und nicht besonders erwähnt.

(3) Punktmarkt

Alle Anbieter und Nachfrager treffen sich auf einem räumlich sehr eng begrenzten und überschaubaren Markt, der sich in der Theorie auf einen Punkt reduzieren läßt. Dieser „Punktmarkt" ist die Grundlage für die beiden folgenden Voraussetzungen.

(4) Vollkommene Transparenz

Alle Anbieter und Nachfrager sind über alle relevanten Daten – das sind die Preise, zu denen verkauft und gekauft wird, und die Mengen, die angeboten und nachgefragt werden – aller Marktteilnehmer jederzeit informiert. Auf der Grundlage dieser umfassenden und lückenlosen Informationen treffen die Marktteilnehmer ihre Verkaufs- und Kaufentscheidungen.

(5) Trägheitslose Entscheidungen

Alle Entscheidungen über Mengen und Preise, die schließlich zum Gleichgewichtspreis führen, fallen ohne zeitliche Verzögerungen. Es gibt keine „time lags". Das setzt voraus, daß alle Informationen zwischen den Anbietern auf der einen Seite des Marktes, zwischen den Nachfragern auf der anderen Seite des Marktes und zwischen allen Anbietern und Nachfragern – ein unvorstellbar dicht geknüpftes Informationsnetz – trägheitslos erfolgen. Diesem Zustand kommen heute nur Computer nahe. Der „e-commerce" über das Internet kann als Beispiel genannt werden.

(6) Homogene Güter

Hinsichtlich ihrer Qualität und ihres Aussehens sind die angebotenen Güter völlig gleichartig, also homogen. Ein Markt kann nur für ein einziges Gut bestehen. Es gibt, um ein Beispiel anzuführen, streng genommen keine Märkte für Personenkraftwagen der Marke BMW oder Audi oder Mercedes. Ebenso gibt es keine Märkte für Herrenanzüge, Waschmaschinen oder Tafelschokolade. Es gibt nur einen Markt für einen bestimmten Typ eines Personenkraftwagens der Marke BMW, Audi oder Mercedes in einer bestimmten Farbe und Ausstattung mit einer bestimmten Motorenvariante.Und es gibt nur einen Markt für Waschmaschinen der Fa. Miele, Frontlader mit 1200 U/min Schleuderdrehzahl. Oder es gibt einen Markt für Herrenanzüge der Marke Boss in einem bestimmten Schnitt, bestimmter Farbe und bestimmten Stoffdesigns und bestimmter Größe. Für jedes Modell und jede Variante des Modells existiert ein eigener Markt. Die meisten Hersteller von Konsumgütern bedienen mit ihren Produkten eine mehr oder weniger große Anzahl von Märkten. Eine Volkswirtschaft besteht also aus einer Unsumme von meist sehr kleinen Teilmärkten. Es gibt so viele Märkte wie es Produkte und Produktvarianten gibt.

(7) Keine Präferenzen

Es gibt keine zeitlichen – den Zeitpunkt des Anbietens und Nachfragens betreffende – Präferenzen. Das ergibt sich schon aus den Bedingungen Punktmarkt und trägheitslose Entscheidungsprozesse. Es gibt aber auch keine persönlichen – die Person und ihr Auftreten am Markt als Anbieter oder Nachfrager betreffende – Präferenzen. Die Art der Präsentation der Güter, die Art des Verkaufens und die Werbung, sofern es überhaupt Werbung geben kann, sind ebenfalls völlig gleichartig. Man kann das Verbot von Präferenzen als eine Variante des unter (6) aufgeführten Homogenitätsgebotes für die Güter ansehen. Nicht nur das Gut, sondern auch die Art und Weise des Anbietens müssen homogen sein.

(8) Der „homo oeconomicus"

Jeder Anbieter und jeder Nachfrager ist ein homo oeconomicus, der ausschließlich rational entscheidet. Er beobachtet den ständig sich am Markt verändernden Preis und vergleicht ihn als Anbieter mit dem zu erwartenden Gewinn und als Nachfrager mit dem zu erwartenden Nutzen. Gefühle, die die Verkaufs- oder Kaufentscheidungen beeinflussen könnten, gibt es nicht. Leidenschaftslos verfolgen Anbieter und Nachfrager die Entwicklung des Marktes und verkaufen und kaufen dann, wenn es ihren wirtschaftlichen Interessen am besten entspricht.

Ein Markt, bei dem die aufgeführten Voraussetzungen gegeben sind, ist nach der klassischen Theorie ein „vollkommener Markt". Auf dem vollkommenen Markt gibt es nur ein einziges Marketing-Instrument, den Preis. Alle anderen Möglichkeiten, Marketing-Aktivitäten zu entfalten, werden ausgeschlossen. Und da der Preis eine Funktion der angebotenen und nachgefragten Mengen ist, die Anbieter den Preis nicht autonom bestimmen, sondern den Gleichgewichtspreis als Datum vom Markt übernehmen und zur Grundlage der Steuerung ihrer Produktion machen, gibt es am vollkommenen Markt praktisch kein Marketing.

1.1.3 Die „Schwächen" des vollkommenen Marktes als die Chancen eines erfolgreichen Marketing

Es gibt in der Wirklichkeit des wirtschaftlichen Alltags keine vollkommenen Märkte. Das zeigt die folgende Übersicht, die die Merkmale von vollkommenen und unvollkommenen Märkten gegenüberstellt.

Merkmal	vollkommener Markt	unvollkommener Markt
Polypol	vorhanden	Nachfrage meist ja Angebot nein
Freier Zugang	vorhanden	meist vorhanden
Punktmarkt	vorhanden	nein, Flächenmärkte
Transparenz	vorhanden	selten vorhanden
Time lags	nein	in der Regel vorhanden
Güter	homogen	heterogen
Präferenzen	keine	immer vorhanden
Mensch	homo oeconomicus	Ratio und Emotionen kombiniert, ergänzt durch anerzogene Wertvorstellungen

Obwohl der vollkommene Markt nicht praktikabel ist, ist er als Denkmodell unverzichtbar. Der Wirtschaftspolitik gibt er ein ordnungspolitisches Leitbild vor, dem Marketing verhilft er dazu, den Grundgedanken zu erkennen, auf dem alle Absatzpolitik aufbaut. Betrachtet man den Vergleich zwischen vollkommenem und unvollkommenem Markt, so gewinnt man mühelos zwei Erkenntnisse:

- Auf vollkommenen Märkten gibt es kein Marketing. Die Bedingungen dieses Modells lassen Marketing nicht zu.
- Auf unvollkommenen Märkten hat Marketing die Aufgabe, die Bedingungen des vollkommenen Marktes permanent zu unterlaufen. Unternehmer streben nicht nach vollkommenen Märkten, sondern durch Marketing danach, Märkte unvollkommen zu machen und im Zustand der Unvollkommenheit zu erhalten. Dabei kann es zu Konflikten mit der Wirtschaftspolitik des Staates kommen.

Die Schwächen unvollkommener Märkte bestehen darin, daß sich die Bedingungen, die von den Klassikern der Nationalökonomie für den vollkommenen Markt formuliert wurden, nicht oder im Einzelfall nur annähernd verwirklichen lassen. Aus welchen Schwächen des unvollkommenen Marktes sich welche Marketing-Aktivitäten ableiten lassen, zeigen die folgenden Überlegungen.

(1) Merkmal Wettbewerb

Auf der Angebotsseite unvollkommener Märkte gibt es keine Polypole, also Märkte mit einer unendlich großen Zahl von Anbietern. Machtmonopole gibt es auch nicht. Sie sind vom Staat untersagt. Über die Einhaltung dieses Verbots wacht das Kartellamt, dem allerdings einige Male durch den Bundeswirtschaftsminister in den Arm gefallen wurde. Es mußte einige Fusionen von großen Unternehmen – auch Handelsunternehmen – „im Interesse der Erhaltung von Arbeitsplätzen" genehmigen. Die Regel auf der Angebotsseite unvollkommener Märkte sind Oligopole. Am Markt agieren wenige große Anbieter. Die Oligopole sind die Folge davon, daß sich Güter, vor allem Konsumgütern, in großen Mengen nur von großen Unternehmen kostengünstig herstellen lassen. Trotzdem funktioniert der Wettbewerb. Das zeigt ein Blick auf den Handel. Gerade im Konsumgüterhandel konkurrieren die wenigen großen Anbieter heftig und versuchen täglich, sich Kunden und Marktanteile abzujagen.

Auf der Nachfrageseite kommen viele Märkte, vor allem die Märkte für Konsumgüter, dem Polypol relativ nahe. Nur die Märkte, auf denen Großhandel und Handelszentralen der Industrie gegenüber treten, sind sowohl auf der Angebots- wie auf der Nachfrageseite Oligopole. Aber auch auf diesen Märkten herrscht harter Wettbewerb.

Wettbewerb kennzeichnet also auch unvollkommene Märkte – von wenigen Ausnahmen abgesehen – und erzwingt bei den Anbietern von Gütern und Dienstleistungen ein systematisches und intensives Marketing. Unternehmen, die glauben, auf unvollkommenen Märkten ohne Marketing oder mit unvollständigen und fehlerhaften Absatzkonzeptionen auskommen zu können, werden in der Regel von ihren Wettbewerbern dazu gezwungen, früher oder später aus dem Markt auszuscheiden.

(2) Merkmal freier Zugang zum Markt

Es müssen hier zwei Arten von Märkten unterschieden werden.

- Märkte, an denen Gewerbefreiheit herrscht

Der freie Zugang zu diesen Märkten ist heute auf der Anbieterseite – im Handel mehr denn je – fast ausnahmslos an die Voraussetzungen gebunden, daß das erforderliche Fachwissen und ein Minimum an Geldkapital vorhanden sind. Eine absolute Freiheit des Zugangs von Anbietern zu Märkten gibt es nur sehr selten. Gerade der Handel ist weithin so anspruchsvoll und kapitalintensiv geworden, daß ohne fundiertes Knowhow und ausreichendes Geldkapital kein Unternehmen zu gründen und erfolgreich zu führen ist.

Auf der Nachfrageseite sind fast alle Märkte frei zugänglich. Eine Einschränkung ist zum Beispiel, daß ein Verbraucher ein bestimmtes verschreibungspflichtiges Medikament nur gegen Vorlage eines Rezeptes kaufen kann.

- Märkte, zu denen eine Zulassung erforderlich ist

Auf der Anbieterseite ist der Zugang zum Markt an den Nachweis der beruflichen Qualifikation gebunden. Das gilt zum Beispiel für Rechtsanwälte, Ärzte, Apotheker, Wirtschaftsprüfer und Handwerksbetriebe. Ist der Nachweis erbracht, so steht einem Zugang zum Markt nichts mehr entgegen. Der Markt für Ärzte als Anbieter von medizinischen Dienstleistungen ist schon seit einigen Jahren durch die staatliche Gesundheitspolitik so gut wie geschlossen.

Diese zweite Variante von Märkten ist dagegen für Nachfrager meist offen. Ausnahmen sind neben dem bereits erwähnten Markt für Medikamente der Markt für Waffen oder für Versicherungsleistungen der gesetzlichen Krankenkassen.

Für das Marketing gilt die Regel, je freier der Zugang zu einem Markt ist – vor allem auf der Anbieterseite –, desto intensiver der Wettbewerb und desto unverzichtbarer systematisches Marketing. In diesem Zusammenhang sei erwähnt, daß Marketing auch das Ziel verfolgen kann, Wettbewerbern den Zugang zum Markt zu erschweren oder gar unmöglich zu machen. Voraussetzungen dafür sind allerdings eine sehr gute Ausstattung mit Geldkapital oder ein überlegenes Knowhow, das den Aufbau eines Leistungsmonopols und dessen langfristige Sicherung erlaubt.

(3) Merkmal Flächenmarkt

Die Bevölkerung einer Absatzregion ist niemals nur an einem Punkt dieser Region angesiedelt. Es kann deshalb auch keine Punktmärkte geben. Die Regel sind statt dessen Flächenmärkte oder Absatzregionen. Zwar ist die Bevölkerung nicht völlig gleichmäßig über die Absatzregion verteilt. Sie wohnt in Städten und Dörfern, also in mehr oder weniger großen Zusammenballungen. Und daraus folgt, daß es in einer Absatzregion gute und schlechte Standorte für Handelsunternehmen gibt. Und es gibt meist für einen Standort auch mehrere Alternativen. Das ist der Ansatzpunkt für die Standortpolitik der Handelsunternehmen, die zum Marketinginstrumentarium gehört. Wer die besseren Standorte als die Wettbewerber hat, der hat erhebliche Wettbewerbsvorteile.

(4) Merkmal Transparenz

Den Mangel an Transparenz, der unvollkommene Märkte kennzeichnet, kann man durch Marketing durchaus mildern.

Auf der Anbieterseite können eine systematische und intensive Marktforschung und eine kreative Werbung die Markttranparenz wesentlich verbessern. Sowohl die Marktforschung als auch die Kommunikation mit den Kunden, zu der die Werbung gehört, sind wichtige Bestandteil des Marketing. Wer seinen Markt besser kennt – die umfangreicheren und aktuelleren Informationen hat – und seine Kunden über seine Leistungen besser unterrichtet als die Wettbewerber, der verschafft sich Wettbewerbsvorteile, die die Konkurrenten nur schwer ausgleichen können.

Die Nachfrager können durch eine intensive Nutzung der Werbung ihre Marktkenntnisse wesentlich verbessern. Bei der Flut von Werbung, die heute die Verbraucher überschwemmt, verursacht die Auswertung und Beurteilung der Werbung einigen Zeitaufwand und einige Mühe. Zeit und Mühe lohnen sich aber. Der Verbraucher, der die für ihn relevanten Märkte kennt, kann zielgerichteter einkaufen und dabei Geld sparen. Die Werbung grundsätzlich zu verteufeln und als Konsumterror abzutun, ist ein Fehler, kein Zeichen von Überlegenheit.

(5) Merkmal trägheitslose Entscheidungsprozesse

Da abgesicherte Entscheidungen, deren Risiko möglichst gering sein sollte, auf zuverlässigen Informationen beruhen müssen, brauchen Entscheidungsprozesse immer Zeit. Denn die Beschaffung der Informationen nimmt Zeit in Anspruch. Und zwischen der Entscheidung und ihrer Umsetzung in die Wirklichkeit vergeht auch Zeit, vor allem wenn Investitionen erfolgen müssen. Den Zustand der Trägheitslosigkeit wird man also auch im Zeitalter der elektronischen Datenverarbeitung nie erreichen. Aber man kann die Informationsbeschaffung – man vergleiche den vorhergehenden Absatz zum Merkmal Tranparenz – und die Entscheidungen und ihre Umsetzung beschleunigen. Wer durch ein gutes Marketing erreicht, schneller als die Wettbewerber zu sein, verschafft sich weitreichende Wettbewerbsvorteile. Allerdings muß hier vermerkt werden, daß der Anbieter, der zu schnell ist und auf einen Markt geht, der noch nicht reif ist, Schiffbruch erleiden kann. Neue Märkte für Güter und Dienstleistungen zu schaffen, setzt voraus, daß die Zeit reif für solche Märkte ist und die Verbraucher bereit sind, mitzuspielen. Mancher neue Markt konnte erst im zweiten Anlauf aufgebaut werden, nachdem voreilige Wettbewerber Lehrgeld bezahlt hatten.

(6) Merkmal homogene Güter

Es gibt in der heutigen Wirtschaft im Überfluß kaum noch homogene Güter. Eine der Hauptaufgaben des Marketing besteht gerade darin, Güter und Dienstleistungen hetereogen zu machen. Wenn es gelingt, ein Produkt gegenüber dem gleichen Produkt der Wettbewerber durch Form, Farbe, Design, Größe, Verpackung oder Qualität anders zu gestalten, diesem Produkt ein eigenes Profil zu verschaffen, dann entsteht für dieses Produkt ein eigener und neuer Teilmarkt. Die Autos einer bestimmten Größenklasse sehen bei allen Anbietern anders aus. Schnellkochtöpfe von Fiessler und WMF sind homogene Produkte. Sie haben aber unterschiedliche Markenprofile. Das Marketing hat sie heterogen gemacht. Durch das Marketing werden homogene Produkte zu heterogenen Artikeln. Für Handelsunternehmen gilt dies im Hinblick auf ihr Unternehmensprofil. Karstadt, Kaufhof, Hertie und Horten sind als City-Warenhäuser homogene Vertriebstypen. Ihre Unternehmensprofile sind aber unterschiedlich. Das Marketing hat sie zu heterogen Handelsunternehmen gemacht.

Es ist gegenüber dem produktorientierten Hersteller-Marketing ungleich schwerer, heterogene Unternehmensprofile für Handels- und für Dienstleistungsunternehmen aufzubauen. Das heterogene Unternehmensprofil soll sich auch auf die homogenen Dienstleistungen übertragen und diese ebenfalls heterogen machen.

(7) Merkmal Präferenzen

Auf unvollkommenen Märkten kann man durch ein kreatives Marketing immer Präferenzen aufbauen. Gerade bei diesem Merkmal bietet sich dem Marketing ein weites Feld für Aktivitäten. Es geht bei den Präferenzen um die Frage, wie – auf welche Art und Weise – man Güter und Dienstleistungen anbietet und verkauft. Im Handel lassen sich Präferenzen durch die Warenpräsentation, durch die Mitarbeiter – Kompetenz und Auftreten –, durch Zahlungsart und Zahlungskonditionen und auch durch die Öffentlichkeitsarbeit und die Werbung schaffen. Die Präferenzen müssen eine Bühne schaffen, auf der ein Gut oder eine Dienstleistung ihren Auftritt haben. Sie prägen im Handel ganz wesentlich das Unternehmensprofil. Je attraktiver die Bühne ist, die die Präferenzen gestalten, desto mehr kann der Preis als Absatzinstrument in den Hintergrund treten. Wer keine Präferenzen schafft, muß letztlich über den Preis verkaufen.

(8) Merkmal Mensch

Die beiden Merkmale „homogene Güter" und „keine Präferenzen" haben unausweichlich zur Folge, daß Anbieter und Nachfrager nur Menschen sein können, die ausschließlich von der Ratio beherrscht werden. Der „homo oeconomicus" ist für das Modell des vollkommenen Marktes unverzichtbar. In Wirklichkeit werden auf den unvollkommenen Märkten nur relativ wenige Entscheidungen ausschließlich rational getroffen. Die meisten Entscheidungen unterliegen – vielleicht müßte man hier einfügen: zum Glück! – auch emotionalen Einflüssen. Menschen werden in weit höherem Maße durch Emotionen als durch die Ratio gesteuert. Diese Feststellung trifft besonders für die Konsumgütermärkte zu. Aber auch unternehmerische Entscheidungen sind nicht immer von Emotionen frei. Je niedriger das Bildungsniveau ist, desto mehr herrschen die Emotionen. Für das Marketing ist dies ein Glücksfall. Über Gefühle lassen sich Menschen viel leichter dazu bringen, etwas zu tun, was man selber gern möchte, Kaufentscheidungen zu fällen zum Beispiel. Und sie haben dabei den Eindruck, sie tun es aus eigenem Antrieb und eigener Überzeugung. Weil Menschen sehr stark von Gefühlen regiert werden, kann man Gütern und Dienstleistungen einen „emotionalen Zusatznutzen" beifügen. Ohne diesen emotionalen Zusatznutzen lassen sich heute kaum noch Güter und Dienstleistungen erfolgreich verkaufen. Das Marketing kann und muß bei der Lösung seiner Aufgaben die Erkenntnisse der Motivationspsychologie nutzen. Marketing für „homines oeconomici" zu betreiben wäre dagegen eine sehr schwierige Aufgabe.

Es darf nicht verschwiegen werden, daß die Grenze zwischen der Beeinflussung von Menschen über ihre Gefühle einerseits und andererseits der Manipulation über ihre Gefühle fließend ist. Die Motivationspsychologie läßt sich sowohl zur Beeinflussung – im positiven Sinne – wie auch zur Manipulation – im negativen Sinne – von Menschen gebrauchen. Diese Grenze zu beachten und nicht in den negativen Bereich der Manipulation abzugleiten, ist Aufgabe einer Marketing-Ethik.

Mit den Bedingungen, die die Klassiker für das Funktionieren des vollkommenen Marktes formulierten, lieferten sie zugleich eine Handlungsanweisung für das heutige Marketing. Dabei wußten sie gar nicht, was Marketing ist und konnten es auch gar nicht wissen. Die Bedingungen nennen alle für ein erfolgreiches Marketing relevanten Ansatzpunkte für dessen Aktivitäten. Das Modell des vollkommenen Marktes ist auch vom Standpunkt des Marketing aus gesehen eine geniale theoretische Leistung. Darüber hinaus schufen die Klassiker mit diesem Modell den ersten „kybernetischen Regelkreis", der in die wirtschaftswissenschaftliche Theorie Eingang fand. Der Begriff „Kybernetik" war ihnen ebenso fremd wie der Begriff „Marketing". Sie haben das Prinzip der Selbstregulierung auf die gesamte Volkswirtschaft übertragen. Sie meinten, eine durch Märkte und durch die auf ihnen ablaufenden Prozesse der Preisbildung gesteuerte Volkswirtschaft tendiere ständig zu einem Gleichgewicht und bedürfe keiner staatlichen Regulierung. In diesem Punkt sind wir aber heute klüger. Märkte werden durch die Entscheidungen kreativer Unternehmer immer wieder aus dem Gleichgewicht gebracht. Nur so können technischer Fortschritt und wirtschaftliches Wachstum in Gang gehalten werden. Das Marketing leistet einen wesentlichen Beitrag dazu, daß diese Zustände der Unruhe und des Ungleichgewichts geschaffen und erhalten werden.

1.1.4 Der Grundgedanke des Marketing

Aus dem Vergleich des „vollkommenen Marktes" mit dem „unvollkommenen Markt" lassen sich der Grundgedanke des Marketing und einige wichtige Grundsätze ableiten.

Grundsatz 1
Marketing hat die Aufgabe, die Bedingungen des vollkommenen Marktes ständig zu unterlaufen – oder die „Schwächen" des unvollkommenen Marktes ständig zu nutzen – und dadurch kurzfristige – oder auch längerfristige – Leistungsmonopole aufzubauen, die die Wettbewerber provozieren, zu reagieren und diese Leistungsmonopole anzugreifen.

Der Grundsatz 1 bezieht sich auf das einzelwirtschaftliche Marketing und hat vorrangig die Aufgabe, einem Unternehmen zu ermöglichen, sich erfolgreich am Markt zu behaupten. Er fordert von den Marketing-Aktivitäten, aus einem Käufermarkt einen Verkäufermarkt zu machen, an dem das eigene Unternehmen zumindest immer wieder kurzfristig in der stärkeren Stellung ist.

Grundsatz 2
Marketing hat die Aufgabe, die Verbraucher ständig zu Impulskäufen vorhandener und neuer Produkte und Dienstleistungen zu veranlassen und damit unter Schonung der Umwelt gesamtwirtschaftliches Wachstum zu sichern.

Diese gesamtwirtschaftliche Aufgabe ist dem Marketing durch den Übergang der Volkswirtschaften der hochentwickelten westlichen Industrieländer von der Mangel- zur Überflußwirtschaft zugewiesen worden. Wenn die infolge der ständig steigenden Produktivität zunehmende Flut an Gütern und Dienstleistungen nicht abgesetzt wird, droht wirtschaftliche Stagnation. Es kann zu einem volkswirtschaftlichen „Güterinfarkt" mit schwerwiegenden sozialen Problemen kommen.

Grundsatz 3
Marketing hat die Aufgabe, den Verbrauchern latente Probleme bewußt zu machen oder neue Probleme zu schaffen und die zur Problemlösung erforderlichen Güter und Dienstleistungen anzubieten.

Dieser Grundsatz berücksichtigt besonders die Bedeutung von Innovationen in einer Überflußwirtschaft, die sich aus dem technischen Fortschritt und der steigenden Produktivität ergeben. Es müssen ständig neue Märkte für neue Produkte geschaffen werden, die zwar nicht unbedingt lebensnotwendig sind, die aber doch das Leben angenehmer machen. Nur auf diese Weise kann wirtschaftliches Wachstum gesichert werden.

Bei der Anwendung dieses dritten Grundsatzes spielt der emotionale Zusatznutzen eine wichtige Rolle. Innovationen kann man kaum erfolgreich verkaufen, wenn nur der Nutzen, den sie stiften, als Verkaufsargument verwendet wird. Einer der führenden deutschen Automarken wurde anläßlich ihres 100-jährigen Jubiläums der Rat erteilt: „Die Marke muß auch wieder dazu bereit sein, Emotionen zu bieten und nicht nur Autos der Vernunft zu bauen" (Peters, Wolfgang, Opel will wieder mitreden, in: Frankfurter Allgemeine Zeitung vom 6. 7. 1999, Nr. 153, S. T 5).

1.1 Der Grundgedanke des Marketing

Ein Unternehmen, das bei seinem Marketing die drei aufgeführten Grundsätze beachtet, wird seine Stellung am Markt ausbauen und behaupten, weil es:
- besser als seine Wettbewerber ist – die Qualität der produzierten Güter und Dienstleistungen wird ein hohes Niveau haben;
- effektiver arbeitet als seine Wettbewerber – die Güter und Dienstleistungen werden mit niedrigen Kosten produziert;
- schneller als seine Wettbewerber ist – Veränderungen des Marktes und neue Trends werden früher erkannt und es wird schnell auf sie reagiert, richtiges „timing" ist eine wichtige Marketingaufgabe.

Die wirtschaftlichen und psychologischen Überlegungen dieser Grundgedanken lassen sich in einem Satz zusammenfassen, der – das kann ohne Übertreibung gesagt werden –, der Schlüssel zum Verständnis des gesamten komplexen Faches Marketing ist:
Durch Marketing muß – und kann – ein Unternehmen erreichen, anders als die anderen konkurrierenden Unternehmen zu sein und sich ein unverwechselbares eigenes Profil zu schaffen.
Wer kein Profil hat, der muß über den Preis verkaufen. Denn er tendiert in Richtung vollkommener Markt.

1.1.5 Marketing als gesamtwirtschaftliche Aufgabe

Die Aufgaben, die der Handel in einer arbeitsteiligen Volkswirtschaft und darüber hinaus in einer arbeitsteiligen Weltwirtschaft als Vermittler zwischen der Produktion von Gütern und deren Verbrauch zu erfüllen hat, wurden zunächst von der Volkswirtschaftslehre beschrieben. Diese Aufgaben wurden als Handelsfunktionen bezeichnet. Die Betriebswirtschaftslehre hat sich später, als sie sich dem Gebiet Absatz zuwandte, auch der Handelsfunktionen angenommen. Es gibt heute eine ganze Reihe von Varianten der Darstellung, die die Handelsfunktionen unterschiedlich gliedern, in verschiedener Weise zu Gruppen zusammenfassen und teilweise andere Bezeichnungen für gleiche Sachverhalte einführten.

1.1.5.1 Die Handelsfunktionen

Als einer der ersten Wirtschaftswissenschaftler beschrieb Oberparleiter die Handelsfunktionen (Vergl. Dazu: Oberparleiter, Karl, Funktionen und Risiken des Warenhandels, 2. Auflage, Wien 1955). Er unterscheidet folgende Handelsfunktionen:

Räumliche Funktion
Der Handel hat die Aufgabe, die räumliche Entfernung zwischen der Produktion von Gütern und deren Verbrauch zu überwinden. Er besetzt verbrauchernahe Standorte. Bei den Produktionsunternehmen dagegen steht bei der Wahl des Standorts die Nähe zum Verbraucher nicht an erster Stelle.

Zeitliche Funktion
Der Handel muß die Zeitspanne zwischen der Produktion von Gütern und deren Verbrauch überbrücken. Seine Läger sind die Puffer im Warenstrom einer Volks-

wirtschaft und der Weltwirtschaft. Durch die Erhöhung oder die Verminderung seiner Warenbestände kann der Handel die Konjunktur wesentlich beeinflussen.

Qualitätsfunktion
Der Handel stellt aus den Gütern und Dienstleistungen zahlreicher Produzenten Sortimente zusammen. Sie ermöglichen dem Verbraucher, bestimmte Segmente seines Bedarfs „unter einem Dach" zu finden, auszuwählen und zu kaufen. Er muß nicht wegen jedes einzelnen Produktes ein anderes Handelsunternehmen aufsuchen. Ein Sortiment erleichtert das Einkaufen und steigert den Wert der Güter, die in ihm geführt werden. Im „Sortimentsverbund" angeboten ist ein Produkt immer mehr wert, als wenn es einzeln und isoliert angeboten würde. Das Sortiment bietet dem Verbraucher nicht nur Bequemlichkeit, sondern auch Auswahl zwischen verschiedenen Varianten eines Produktes.

Quantitätsfunktion
Der Handel kauft große Mengen ein und verkauft kleine Mengen, im Konsumgütereinzelhandel haushaltsgerechte Mengen. Der Handel transformiert große in kleine Mengen und bündelt die Nachfrage der Verbraucher. Er kann dann den Produzenten große Aufträge erteilen, die somit kostengünstig produzieren können. Der Aufkaufhandel kauft umgekehrt kleine Mengen ein und verkauft große Mengen.

Kreditfunktion
Der Handel bezahlt die Produzenten, ehe er deren Waren verkauft hat. Er finanziert somit das Erfüllen der räumlichen und der zeitlichen Funktionen.

Werbefunktion
Der Handel informiert die Verbraucher über die Waren, die er in seinen Sortimenten führt. Er gibt damit – wenn auch begrenzt – einen Überblick über die Warenmärkte.

Die Fassung der Handelsfunktionen von Oberparleiter wurde hier bewußt deshalb gewählt, weil sie sehr deutlich erkennen läßt, daß es bei den Handelsfunktionen zunächst um eine gesamtwirtschaftliche Sicht, um die Erfüllung gesamtwirtschaftlicher Aufgaben geht. Die Unternehmen des institutionellen Handels haben diese Aufgaben zu erfüllen, weil sonst eine arbeitsteilige Volkswirtschaft und eine arbeitsteilige Weltwirtschaft nicht funktionieren können. Übrigens operierte der Handel bereits „global", als andere Wirtschaftsbereiche diesen Begriff noch gar nicht kannten. Ob eine Wirtschaft im Mangel oder eine Wirtschaft im Überfluß vorhanden sind, ob der Handel über zu wenig Leistungskapazität verfügt oder übersetzt ist – ob damit der Wettbewerb im Handel schwach oder intensiv bis hin zum Verdängungswettbewerb ist –, das hat zunächst keine Bedeutung. Die Handelsfunktionen müssen erfüllt werden. Sollte der Handel dazu nicht in der Lage sein, müssen die Hersteller oder die Verbraucher einen Teil der Handelsfunktionen übernehmen. Es entsteht neben dem institutionellen Handel ein funktioneller Handel.

Die Handelsfunktionen lassen eindeutig erkennen, daß der Handel innerhalb der Volkswirtschaft und auch innerhalb der Weltwirtschaft eine eigenständige Leistung erbringt. Der Handel ist, was lange Zeit angezweifelt wurde, produktiv und bezieht zu Recht Einkommen. (Zur Frage der Produktivität des Handels vergl.: Gümbel, Rudolf, Handel, Markt und Ökonomik, Wiesbaden 1985.)

Die gesamtwirtschaftlichen Handelsfunktionen sind zugleich Aufgabenstellungen für das einzelne Handelsunternehmen. Aus ihnen läßt sich eine Aufstellung der Aufgaben ableiten, die ein Handelsunternehmen zu erfüllen hat. Erfüllt es diese Aufgaben einwandfrei – qualitativ hochwertig – und mit niedrigen Kosten, wird es seine Stellung im Wettbewerb und am Markt behaupten und Gewinne erwirtschaften. In Anlehnung an Seyffert und Barth kann eine Übersicht über die Bestandteile der Handelsleistung wie folgt gegliedert sein:

Überbrückungsaufgaben
- Raumüberbrückung – Standortpolitik und Standortsicherung
- Zeitüberbrückung – Disposition und Lagerhaltung
- Preisausgleich – Teil der Preispolitik, kurzfristige Schwankungen von Rohstoffpreisen und Produktionskosten werden teilweise aufgefangen
- Finanzierung des Warengeschäftes – Teil der Beschaffungspolitik

Aufgaben des Warengeschäftes
- Sortimentsgestaltung – Zusammenstellung unterschiedlicher Produkte zu einem Sortiment
- Mengentransformation – große in kleine Mengen (verkaufender Handel), kleine in große Mengen (aufkaufender Handel)
- Logistikaufgaben – Manipulation und Präsentation der Ware
- Serviceaufgaben – Montage und Wartung von Produkten

Vermittleraufgaben
- Aufgaben der Markterschließung – Marktforschung und Marktbeeinflussung
- Aufgaben der Interessenwahrung und Beratung – sowohl gegenüber Herstellern wie auch Verbrauchern

Vertriebsaufgaben – Einholen und Abwickeln von Aufträgen

Aufgaben des Zahlungsverkehrs
- Steuerung und Kontrolle des Geldstromes
- Nutzung elektronischer Fakturier- und Kassiersysteme
- Nutzung des bargeldlosen Zahlungsverkehrs – Scheck, ec-Karte, Kreditkarten.

(Seyffert, Rudolf, Wirtschaftslehre des Handels, 5. Auflage, Opladen 1972, S. 6ff.; Barth, Klaus, Betriebswirtschaftslehre des Handels, Wiesbaden 1988, S. 447.)

Die Unternehmenspolitik eines Handelsunternehmens und die Gestaltung seines Leistungsprozessen müssen sich an diesem Aufgabenkatalog orientieren. Produziert ein Unternehmen etwas anderes als Handelsleistung, etwa Güter oder reine Dienstleistungen z. B., ist es kein Handelsunternehmen.

Sowohl in der Beschreibung der Handelsfunktionen als auch in der aus ihnen abgeleiteten Übersicht über die Bestandteile der Handelsleistung ist eine Anweisung für die Aktivitäten des Handels-Marketing enthalten. Das Handels-Marketing hat also neben der klassischen Theorie der Nationalökonomie noch eine zweite Wurzel in der Darstellung der Handelsfunktionen. Es ist erstaunlich, wie die klassische Theorie und die weit über hundert Jahre später vorgenommene Beschreibung der gesamtwirtschaftlichen Handelsfunktionen zueinander passen und sich ohne Widersprüche ergänzen.

1.1.5.2 Die Stellung des Handels in der Volkswirtschaft

Die Abbildung 1/1 zeigt eine Volkswirtschaft in Form eines Kreislaufmodells. Der institutionelle Einzelhandel ist durch eine doppelte Einrahmung gekennzeichnet. Die Abbildung läßt deutlich das Verbindende des Handels zwischen Produktion und Konsum, zwischen Unternehmen und Haushalten erkennen. In das Kreislaufmodell wurden der Vollständigkeit halber auch die Formen des institutionellen Handels eingetragen, die außerhalb der Grenzen dieser Darstellung des Handels-Marketing liegen (Ziffern 1–4 an der linken Seite). Unter der Bezeichnung „Flußdiagramm" stellt Kotler den volkswirtschaftlichen Kreislauf in etwas anderer Form dar (Kotler,Philip/Bliemel,Friedhelm, Marketing-Management, 8. Auflage, Stuttgart 1995, S. 13 ff.)

Das Kreislaufmodell weist auch darauf hin, daß Unternehmen immer in zwei Arten von Märkten tätig sind und auch tätig sein müssen. Die Produktionsunternehmen stehen mit einem Bein in den Rohstoff- oder Halbfertigfabrikate-Märkten und den Märkten für Produktionsfaktoren. Mit dem anderen Bein stehen sie in ihren Absatzmärkten, auf denen sie, soweit es sich um Konsumgüter handelt, überwiegend auf Handelsunternehmen treffen. Die Handelsunternehmen stehen auf ihren Beschaffungsmärkten den Produktionsunternehmen, auf ihren Absatzmärkten den Verbrauchern gegenüber. Es gibt also bei allen Unternehmen eine „Bi-Polarität" der Beziehungen zum wirtschaftlichen Umfeld. Es gibt aber kein bi-polares Marketing. Marketing bezieht sich ausschließlich auf den Absatz von Gütern und Dienstleistungen.

Die Gedanken der klassischen Nationalökonomie beeinflussen auch heute noch das Denken in Theorie und Praxis der Wirtschaft. Deshalb sind folgende ergänzende Hinweise zu der Abbildung des Kreislaufmodells angebracht.

(1) Märkte

Für die Klassiker waren Märkte abstrakte Gebilde, wo sich Angebot und Nachfrage trafen. In der Praxis des wirtschaftlichen Alltags dagegen sind die Märkte, besonders im Bereich der Konsumgüter und der Dienstleistungen, die Verkaufsflächen des institutionellen Einzelhandels. Auf ihnen treffen sich Angebot und Nachfrage. Die Märkte sind Unternehmen, die Handelsunternehmen. Man könnte auch sagen, die Unternehmen des institutionellen Einzelhandels sind die institutionalisierten Märkte einer Volkswirtschaft. Neben die „physischen Märkte" treten seit kurzem die „virtuellen Märkte" des Internet.

(2) Wettbewerb

Die Klassiker kannten im Grunde nur einen Wettbewerb zwischen den Produzenten, also einen einstufigen Wettbewerb. Der Handel kommt in ihrem Modell nicht vor. Es gibt auch einen Wettbewerb zwischen den Nachfragern, also in der Regel zwischen den Haushalten. Dieser Wettbewerb existiert aber nur auf Verkäufermärkten, wenn einem sehr begrenzten Angebot eine sehr große Nachfrage gegenübersteht. In einer Wirtschaft im Überfluß ist die Regel der Käufermarkt, die Anbieter stehen im Wettbewerb um den Absatz reichlich vorhandener Güter und Dienstleistungen.

1.1 Der Grundgedanke des Marketing

Abbildung 1/1: Kreislaufmodell einer Volkswirtschaft

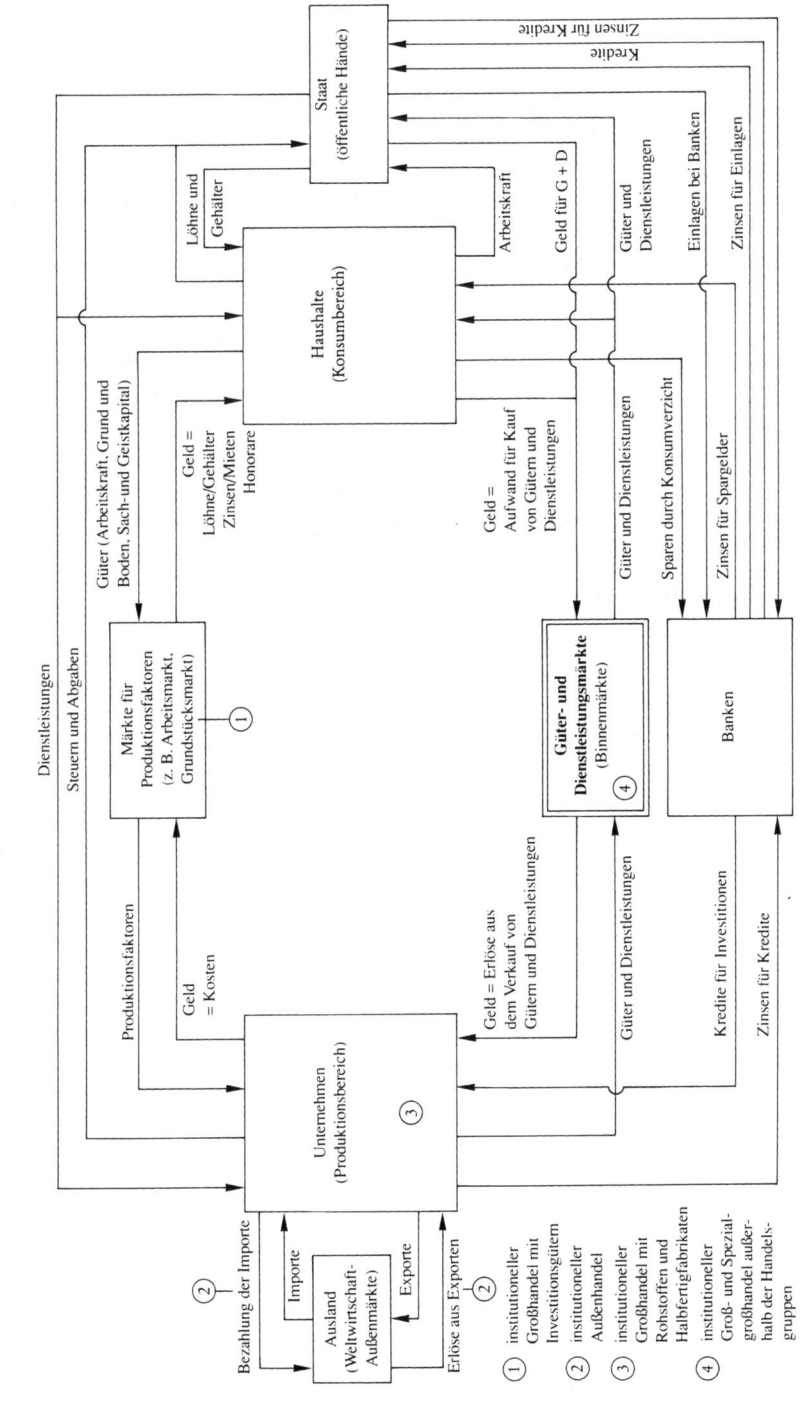

① institutioneller Großhandel mit Investitionsgütern
② institutioneller Außenhandel
③ institutioneller Großhandel mit Rohstoffen und Halbfertigfabrikaten
④ institutioneller Groß- und Spezialgroßhandel außerhalb der Handelsgruppen

Solange der Handel noch kein eigenständiges Marketing entwickelt hatte und über keine nennenswerte Nachfragemacht verfügte, gab es trotz der Existenz der Handelsunternehmen einen überwiegend einstufigen Wettbewerb. Die Produzenten kämpften mit ihrem Marketing auf den Verkaufs- und Lagerflächen des Handels um die Gunst der Verbraucher. Der Handel war lediglich „Absatzmittler", als Gehilfe der Produzenten für die Logistik, die physische Warendistribution zuständig. Die Wahl des zweckmäßigsten Absatzkanals lag allein in der Entscheidung der Hersteller (vergl. dazu: Nieschlag/Dichtl/Hörschgen, Marketing, 18. Auflage, Berlin 1997, S. 434 ff.). Nicht wenige Hersteller sehen – oder wünschen – sich den Handel auch heute noch so.

Im Verlaufe der merkantilen Revolution haben die immer größer gewordenen Handelsunternehmen ein eigenständiges und professionell betriebenes Handels-Marketing geschaffen und machen den Herstellern die Herrschaft im Absatzkanal streitig. Ein Blick in die Praxis des Handels zeigt, daß die Unternehmen des institutionellen Handels sich zusätzlich zum Wettbewerb der Hersteller untereinander in einem Wettbewerb befinden. Es gibt heute also einen zumindest zweistufigen Wettbewerb, der die Handelsunternehmen dazu zwingt, ein eigenständiges Marketing zu betreiben und nicht nur der Spielplatz des Hersteller-Marketing zu sein.

1.1.5.3 Die Wirtschaft im Überfluß und ihre Auswirkungen

Bei den Marketing-Grundsätzen wurde bereits darauf hingewiesen, daß die Wirtschaft im Überfluß dem Marketing ganz neue Aufgaben zuweist, die das Feld der Marketing-Aktivitäten wesentlich erweitern. Das heutige Marketing – und das wird auch in Zukunft so bleiben – ist in allen Bereichen dadurch geprägt, daß es Bestandteil einer Wirtschaft im Überfluß ist. Dieser Zustand des Überflusses einer Volkswirtschaft muß wegen seiner Bedeutung für das Marketing etwas eingehender betrachtet werden.

Die meisten Volkswirtschaften der westlichen Industrienationen, allen voran die USA, aber auch Japan, befinden sich schon seit geraumer Zeit in einem Zustand des Überflusses. Diesen Zustand hat J.K. Galbraith ausführlich beschrieben (Galbraith, J.K., Gesellschaft im Überfluß, München/Zürich 1963). Eine Wirtschaft im Überfluß hat eine Reihe von Merkmalen, die den Aussagen der nationalökonomischen Klassiker widersprechen. Die Wirtschaft im Überfluß läßt sich wie folgt mit wenigen Strichen skizzieren:

- Die Bedürfnisse der Menschen, jedenfalls ihre Bedürfnisse nach wirtschaftlichen Gütern und Dienstleistungen, sind nicht, wie die klassische Nationalökonomie annahm, grenzenlos. Die Verbraucher können durchaus, wenn auch nicht vollständig, so aber in Teilbereichen, saturiert und konsummüde werden.
- Eine konstant hohe Sparquote zeigt, daß die Verbraucher ihre Zukunft finanziell absichern möchten. Sicherheit geht oft vor Konsum. Eine pessimistische Einstellung der Verbraucher und eine hohe Sparquote stellen das Marketing vor besonders schwierige Aufgaben.
- Die Produktivität der modernen Volkswirtschaften ist so unglaublich gesteigert worden, daß im Interesse von Vollbeschäftigung und Wirtschaftswachstum Güter produziert werden müssen, für die gar kein Bedarf besteht, für die Bedarf

erst geschaffen werden muß. Vor etwa zehn Jahren hat zum Beispiel kein Verbraucher den dringenden Wunsch gehabt, ein Handy und Mobilfunk-Dienstleistungen kaufen zu können. In den letzten fünf Jahren ist dann – auch mit Hilfe des Marketing – ein riesiger Markt entstanden. Viele Güter, die heute gekauft werden, sind, streng genommen, überflüssig. Man könnte auch ohne sie leben. Aber diese neuen Güter machen das Leben angenehmer. Deshalb werden sie auch gekauft.

- Die Preisbildung für solche neuen Güter, für die noch kein Bedarf besteht, vollzieht sich deshalb auch nicht nach den Regeln der klassischen Preis- und Markttheorie. Der Preis ist unter Umständen mehr das Ergebnis von Intuition als von der Anwendung theoretischer Erkenntnisse. Eine kostenorientierte Kalkulation kann zwar erste Anhaltspunkte für den Preis eines innovativen Gutes geben. Dann müssen aber auch die Erkenntnisse der Marktforschung – wie groß wird der zu schaffende Markt sein, gibt es Trends, die die Einführung des neuen Produktes unterstützen – und der Psychologie – welcher emotionale Zusatznutzen kann beigefügt werden – berücksichtigt werden, ehe endgültig über den Preis entschieden werden kann. Den Preis für ein neues Produkt nach der Einführung korrigieren zu wollen, ist allemal eine mißliche Angelegenheit. Eine Erhöhung ist meist am Markt nicht durchzusetzen, eine Senkung kann sehr schnell dem Produktprofil schaden – „das läuft wohl nicht richtig!" –. Vom richtigen Preis eines neuen Produktes bei seiner Einführung hängt dessen Erfolg wesentlich ab. Die im klassischen Modell zum Finden des Gleichgewichtspreises erforderlichen rasch aufeinanderfolgenden Preisbewegungen nach oben und nach unten sind nicht praktikabel.
- Die Steigerung der Produktivität moderner Volkswirtschaften hat nicht nur zu einem Überfluß an Konsumgütern geführt, sondern auch zur Folge gehabt, daß der Produktionsfaktor Sachkapital im Überfluß vorhanden ist, zum Einsatz drängt und den Produktionsfaktor menschliche Arbeitskraft verdrängt. Würden lediglich Güter für den bestehenden Bedarf produziert, so läge mit Sicherheit ein beträchtlicher Teil des Sachkapitals brach. Obendrein blieben dann auch viele neue Technologien, wie sie zum Beispiel von der Weltraumfahrt entwickelt wurden, kommerziell ungenutzt und würden nicht im Bereich der Konsumgüter-Prodktion eingesetzt.
- Die Lebensdauer vieler Gebrauchsgüter wird bewußt bereits bei der Konstruktion und Produktion verkürzt oder die Reparatur solcher Güter ist teurer als das neue Gut. Es entstand das negativ besetzte Wort von der „Wegwerf-Gesellschaft". Dieser Begriff konnte teilweise dadurch entschärft werden, daß bei der Konstruktion der meisten Gebrauchsgüter sichergestellt wird, daß sie mühelos und kostengünstig entsorgt – „recycelt" – werden können. Eine kurze Lebensdauer für ein Gebrauchsgut sichert einmal Ersatzkäufe in ausreichender Zahl und ermöglicht es andererseits, Mode als Marketingfaktor einzusetzen.

Die folgende Abbildung 1/2 zeigt, daß sich die Wirtschaft der alten Bundesländer nach dem zweiten Weltkrieg hauptsächlich in den siebziger Jahren des zwanzigsten Jahrhunderts zu einer Wirtschaft des Überflusses entwickelte. In den achtziger Jahren setzte sich diese Entwicklung, wenn auch langsamer, fort. In den neunziger Jahren wurde der Wandel von der Mangel- zur Überflußwirtschaft zumindest in den alten Bundesländern abgeschlossen. Die neuen Bundesländer, die sich zum Zeitpunkt der Wiedervereinigung ganz eindeutig im Zustand eines extremen Mangels befanden, werden sicher noch einige Jahre brauchen, ehe der Wandel zum Überfluß auch bei ihnen abgeschlossen ist.

Abbildung 1/2: Die wirtschaftliche Entwicklung der Bundesrepublik Deutschland von 1945 bis zur Gegenwart

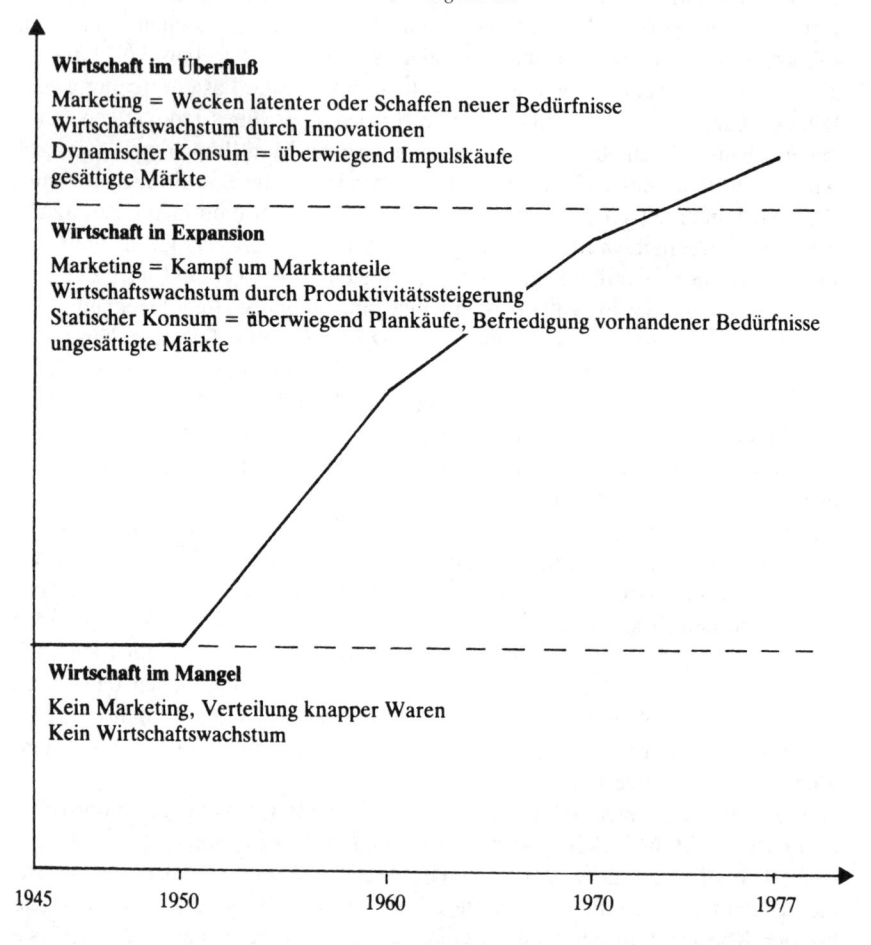

Wirtschaft im Überfluß
Marketing = Wecken latenter oder Schaffen neuer Bedürfnisse
Wirtschaftswachstum durch Innovationen
Dynamischer Konsum = überwiegend Impulskäufe
gesättigte Märkte

Wirtschaft in Expansion
Marketing = Kampf um Marktanteile
Wirtschaftswachstum durch Produktivitätssteigerung
Statischer Konsum = überwiegend Plankäufe, Befriedigung vorhandener Bedürfnisse
ungesättigte Märkte

Wirtschaft im Mangel
Kein Marketing, Verteilung knapper Waren
Kein Wirtschaftswachstum

1945   1950   1960   1970   1977

Die Zahlen der folgenden Abbildung 1/3 bestätigen den Weg zum Überfluß. In Anlehnung an das „Schwabe-Engel'sche Gesetz" wurde als Indikator für Wohlstand und Überfluß der Anteil des Umsatzes des Lebensmittel-Einzelhandels am Brutto-Sozialprodukt und am gesamten Einzelhandelsumsatz gewählt. Von 1960 bis 1990 verringerte sich der Anteil des Lebensmittelumsatzes am Brutto-Sozialprodukt von 33,3% auf 20,5%, der Anteil am gesamten Einzelhandelsumsatz von 9,6% auf 5,8%. Durch die Wiedervereinigung wurde diese Entwicklung unterbrochen. Sie wird sich aber mit zunehmendem Wohlstand in den neuen Bundesländern in einigen Jahren fortsetzen. Interessant ist, daß der Anteil des Umsatzes des gesamten Einzelhandels am Brutto-Sozialprodukt fast konstant geblieben ist. Der Einzelhandel hat also die steigende Güterflut bewältigt und reibungslos von der Produktion zum Konsum fließen lassen.

Abbildung Nr. 1/3: Zahlen zur Entwicklung von Wirtschaft und Handel in der Bundesrepublik Deutschland

Jahr	Brutto-sozial-produkt Mrd. DM	Umsatz institutioneller Einzelhandel insgesamt		Umsatz institutioneller Einzelhandel mit Nahrungs- und Genußmitteln		
		in Mrd. DM	in % BSP	in Mrd. DM	in % BSP	in % gesamter EH
1960	303,0	87,6	28,9	33,3	32,3	9,6
1970	675,7	186,8	27,5	61,5	28,8	7,9
1980	1447,4	416,6	28,1	122,7	24,8	6,8
1990	2448,2	711,0	29,3	197,6	20,5	5,8
1997[1]	3641,8	952,3	26,1	259,3	23,2	6,1

[1] Gesamt-Deutschland, vorhergehende Zahlen nur alte Bundesländer.
Quelle: Handel aktuell '94, S. 21, S. 57, S. 60, Handel aktuell '98, S. 21, S. 60, S. 64, Dokumentationen des Euro-Handelsinstitutes e. V. Köln, Köln 1995 und 1998

Die Auswirkungen des Überflusses auf eine Volkswirtschaft sind gravierend. Dem Zwang zum Absatz von immer mehr Gütern, die infolge der ständig steigenden Produktivität und des ungebrochenen technischen Fortschritts auf die Märkte drängen, steht ein satter und kritischer Verbraucher gegenüber, der keinem Kaufzwang unterliegt, der vor allem im Gebrauchsgüter-Sektor mühelos, ohne etwas entbehren zu müssen, Kaufzurückhaltung üben kann. Auf der anderen Seite stehen die Unternehmen, die einem hohen Fixkostendruck und staatlicher Reglementierung unterliegen. Sie müssen Umsatz machen. Eine „Sensibilisierung" und „Instabilität" der Volkswirtschaft ist die Folge dieses Zielkonflikts. Die folgende Abbildung 1/4 zeigt noch einmal diesen Zielkonflikt.

Die Sensibilisierung von Verbrauchern und Unternehmern hat zum Teil auch deren Verhalten verändert und läßt den Weg zu weiterem Wirtschaftswachstum zunehmend steiniger werden. Bei den Verbrauchern muß zum einen ein gewisser technikfeindlicher und konsumfeindlicher Kulturpessimismus überwunden werden. In weiten Kreisen der Bevölkerung ist eine Neigung zu einem beschaulichen Leben zu beobachten. Neben dem Einkommen beeinflussen zunehmend auch Bildungsniveau und Wertvorstellungen – Umwelt zum Beispiel – den Konsum. Infolge einer Einkommens- und Bildungsnivellierung sind die Einflüsse beider Faktoren jedoch, so meint Scheuch, schwächer geworden. Statt „kategorialer" Unterschiede im Konsum gibt es heute überwiegend „graduelle" Unterschiede. So lassen sich die Verbraucher heute nicht mehr vorrangig in Autofahrer und Nicht-Autofahrer gliedern, sondern in Kleinwagen-, Mittelklassewagen- und Oberklassewagen-Fahrer.

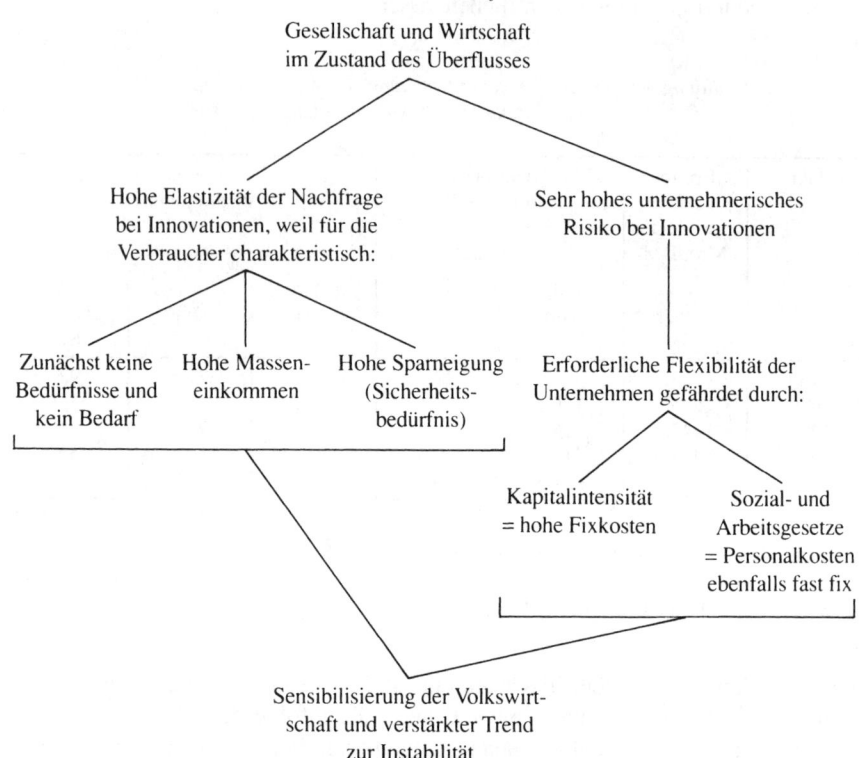

Abbildung 1/4: Die Auswirkungen des Überfluß-Zustandes von Gesellschaft und Wirtschaft

```
                    Gesellschaft und Wirtschaft
                      im Zustand des Überflusses
                         /              \
        Hohe Elastizität der Nachfrage      Sehr hohes unternehmerisches
        bei Innovationen, weil für die         Risiko bei Innovationen
        Verbraucher charakteristisch:
         /        |          \                        |
  Zunächst keine  Hohe Massen-  Hohe Sparneigung   Erforderliche Flexibilität der
  Bedürfnisse und einkommen     (Sicherheits-      Unternehmen gefährdet durch:
  kein Bedarf                    bedürfnis)              /          \
                                                 Kapitalintensität   Sozial- und
                                                 = hohe Fixkosten    Arbeitsgesetze
                                                                     = Personalkosten
                                                                     ebenfalls fast fix

                    Sensibilisierung der Volkswirt-
                    schaft und verstärkter Trend
                          zur Instabilität
```

Die Überflußwirtschaft stellt dem Handels-Marketing in erster Linie zwei gesamtwirtschaftliche Aufgaben, die das Hersteller-Marketing nicht übernehmen kann, die aber das Hersteller-Marketing ergänzen müssen.

(1) Das Handels-Marketing hat in Zusammenarbeit mit dem Hersteller-Marketing für den Absatz des Güterüberflusses zu sorgen. Werbung, Verkaufsförderung und Warenpräsentation müssen für Information, überzeugende Darstellung des emotionalen Zusatznutzens und für Impulskäufe sorgen. Den Absatz von Gütern durch eine attraktive Warenpräsentation und die Auslösung von Impulskäufen zu fördern, ist eine ureigene Aufgabe des Handels-Marketing.

(2) Der Handel hat ein leistungsfähiges Distributionsnetz aufzubauen, zu unterhalten und ständig zu verbessern. Diese Aufgabe umfaßt:

- Die Sicherung vom Verbraucher gut zu erreichender Standorte.
- Die Bereitstellung ausreichend großer Lager- und Verkaufsflächen für die ständig expandierenden Sortimente.
- Die Bereitstellung einer kostengünstig arbeitenden Logistik.
- Das Vermeiden einer Überversorgung mit Lager- und Verkaufsflächen, die eine volkswirtschaftliche Verschwendung von knappem Grund und Boden wäre.

1.1.5.4 Die Varianten des Marketing

Marketing ist in einer Überflußwirtschaft fast allgegenwärtig. Vom Hersteller-Marketing aus entwickelten sich eine ganze Reihe von Varianten des Marketing. Heute betreiben nicht nur erwerbswirtschaftliche Unternehmen Marketing, sondern auch kulturelle und soziale Institutionen.

Die wichtigsten Marketing-Varianten sind:

- Hersteller-Marketing
Die gemeinsame Wurzel aller Varianten des Marketing. Befindet sich auf einem hohen Niveau und ist in Praxis und Wissenschaft immer noch dominant. Das im deutschen Sprachbereich führende Werk zum Hersteller-Marketing wurde von Nieschlag geschrieben (Nieschlag-Dichtl-Hörschgen, Marketing, 18. Auflage, Berlin 1997).

- Handels-Marketing
Lange Zeit war der Handel für das Marketing der Hersteller lediglich ein „Absatzmittler", ein „Absatzkanal". Mit fortschreitendem Konzentrationsprozeß entstand Ende der 70er, Anfang der 80er Jahre des 20. Jahrhunderts ein eigenständiges Handels-Marketing, das andere Schwerpunkte setzt und sich in manchen Punkten im Konflikt mit dem Hersteller-Marketing befindet.

- Dienstleistungs-Marketing
Es entstand etwa zeitgleich mit dem Handels-Marketing. Sein Gegenstand ist die Absatzpolitik von Dienstleistern wie Banken, Versicherungen, Touristik-Unternehmen und Software-Herstellern (Scheuch, Fritz, Dienstleistungs-Marketing, München 1982). Das Marketing dringt in jüngster Vergangenheit auch in die Märkte für medizinische Dienstleistungen (Oehme, Wolfgang/Oehme Steffen, Marketing für niedergelassene Ärzte, München 1995) und juristische Dienstleistungen (Hartung/Römermann – Herausgeber –, Marketing- und Management-Handbuch für Anwälte, München 1999) vor.

- Non-Profit-Marketing
Wohlfahrts- und Förderorganisationen betreiben heute ein professionelles Marketing. Beispiele für diese Variante sind das Deutsche Rote Kreuz, die SOS-Kinderdörfer, die Deutsche Krebshilfe oder die Deutsche Stiftung Denkmalschutz. Ziel ihres Marketing ist es, die Leute dazu zu bringen, Spenden zu zahlen. Sie verkaufen „ein gutes Gewissen", einen emotionalen Nutzen. Das ist gewiß keine leichte Aufgabe. Mit der Sammelbüchs allein ist das Geld nicht von der Straße zu holen. Es muß ein systematisches „Direct Mailing" mit Hilfe psychologisch formulierter Briefe betrieben werden. Das Non-Profit-Marketing ist sehr erfolgreich und mobilisiert erhebliche Summen. Man schätzt das jährliche Spendenaufkommen zur Zeit auf ca. 4 Mrd. DM. Dieser Erfolg ist rational nur schwer zu erklären. Gerade am Beispiel des Non-Profit-Marketing zeigt sich, daß über das Ausgeben von Geld sehr oft – vielleicht meistens – emotional entschieden wird.

- Kultur-Marketing
Theater, Opernhäuser, Galerien und Museen betreiben heute ein systematisches Marketing, um möglichst hohe Besucherzahlen vorweisen zu können, die sie von den Zuschüssen der öffentlichen Hand etwas weniger abhängig machen und die

Zahlung dieser Zuschüsse sichern. Vor Jahren konnten in Hamburg eine „Tutanchamun-Ausstellung" im Museum für Kunst und Gewerbe und eine „Caspar-David-Friedrich-Ausstellung" in der Hamburger Kunsthalle ungewöhnlich hohe Besucherzahlen anziehen. Mit einem systematischen Kultur-Marketing kann man also starkes Interesse an der Kultur wecken und die Bereitschaft fördern, Geld für den Eintritt und die nicht gerade billigen Ausstellungskataloge auszugeben.

- Sport-Marketing

Im Sport wird schon seit längerer Zeit Marketing betrieben. Nicht nur zum Beispiel Fußball-Vereine bedienen sich des Marketing und vermochten es, eine starke „Kundenbindung" – Fan-Clubs, hohe Einschaltquoten im Fernsehen – aufzubauen. Auch einzelne Spitzensportler vermarkten sich oder lassen sich professionell vermarkten. Manche Sportart, die in der Vergangenheit eher im Verborgenen existierte, ist dadurch zum Volksspot geworden. Man denke an Tennis und Radfahren.

- Sponsoren-Marketing

Das ist eigentlich keine eindeutige Marketing-Variante, sondern das Ergebnis und die Kombination von einem erfolgreichen Kultur- oder Sport-Marketing und der Public-Relations-Arbeit der Sponsoren, meist erwerbswirtschaftlicher Unternehmen. Es ist immer wieder erstaunlich, welche Beträge Sponsoren zahlen, um das eigene Image zu pflegen und gleichzeitig, das sei nicht bestritten, Kultur oder Sport zu fördern.

Allen Varianten des Marketing, mögen sie die Schwerpunkte auch unterschiedlich setzen, ist eines gemeinsam. Sie haben das Ziel, dem eigenen Unternehmen oder der eigenen Institution ein unverwechselbares Profil zu verschaffen. „Anders als die anderen sein" ist das Prinzip allen Marketing. Marketing ist Vielfalt. Gleichmacherei und Imitation sind tödlich, dies zeigt die kurze Übersicht über die Marketing-Varianten deutlich.

1.1.5.5 Die Entwicklungsstufen des Marketing

Das Marketing hat im Laufe seiner mehr als hundertjährigen Entwicklung mehrere, gut erkennbare Phasen durchlaufen.

- Die Phase der Produktorientierung

Am Anfang des Marketing, das ja zu Beginn ein reines Hersteller-Marketing war, stand die Orientierung am Produkt. Das Produkt sollte profiliert und sein Nutzen erklärt werden. Der Markenartikel war das Ergebnis dieser Arbeit. Am Rande – vielleicht mehr oder weniger unbewußt – wurde auch der emotionale Zusatznutzen erwähnt.

- Die Phase des Einzugs der Psychologie

Mit Ernest Dichter (Ernest Dichter, Das große Buch der Kaufmotive, Düsseldorf 1981) begann das Marketing, die Erkenntnisse der Psychologie, besonders der Motivations- und der Wahrnehmungs-Psychologie, zu nutzen. Der emotionale Zusatznutzen rückte in den Vordergrund und ist heute nicht mehr aus dem Marketing wegzudenken.

- Die Phase des Erlebnis-Marketing

Mit zunehmender Verkürzung der Arbeitszeit hatten die meisten Verbraucher immer mehr freie Zeit, die sie zur Ausübung ihrer Hobbies nutzten. Es lag nahe den

Versuch zu unternehmen, durch Marketing zu erreichen, daß das Einkaufen zum Hobby wird. „Events" sollten helfen, dieses Ziel zu erreichen. Das Erlebnis-Marketing war geboren. Die großen Einkaufszentren auf der grünen Wiese oder die innerstädtischen Einkaufspassagen in den Großstädten können auf das Erlebnis-Marketing nicht mehr verzichten. Sie bieten eine Kombination von Ware und Dienstleistungen, vor allem Dienstleistungen der Gastronomie und der Unterhaltung (Weinberg, Peter, Erlebnismarketing, München 1992; Nickel, Oliver, Event Marketing, Grundlagen und Erfolgsbeispiele, München 1998). Die Planungen für neue Einkaufszentren orientieren sich sehr stark am Erlebnis-Marketing (Multi Casa in Duisburg, futuristisch gestalteter Bahnhof in Dortmund, Innenstadt von Essen; vergl. dazu: Dreher, A.M., Träume an der Ruhr, in: Lebensmittel-Zeitung Nr. 16 vom 23. 4. 1999, S. 42).

- Die Phase des Kult-Marketing

Elternhaus, Schule und auch Kirchen haben bei der Erziehung junger Menschen ein Vakuum entstehen lassen. Es werden nicht mehr ausreichend und überzeugend „Werte" für die Gestaltung des eigenen Lebens vermittelt. Das Marketing hat diese Lücke entdeckt und versucht, Werte und „Lifestyl" zu vermitteln. (Norbert Bolz/ David Bosshart, Kult-Marketing, Die neuen Götter des Marktes, Düsseldorf 1995, Bolz, Norbert, Das kontrollierte Chaos, Vom Humanismus zur Medienwirklichkeit, Düsseldorf 1994; Gerken, Gerd/Merks, Michael J. (Hrsg.), Szenen statt Zielgruppen, Vom Produkt zum Kult, Frankfurt/Main 1996.) Modische Oberbekleidung, Sportbekleidung, Schuhe, Autos, Tonträger und Möbel sind Bereiche, in denen Kult-Marketing angewandt wird. Ein herausragendes Beispiel für dieses Kult- und Lifestyle-Marketing ist die „Niketown" des amerikanischen Sportartikel-Herstellers Nike in Berlin. Auf 1500 qm Verkaufsfläche präsentiert er sein Sortiment, gegliedert in 13 Themenwelten (Krömer, Sabine, Tempel des Körperkults, in: Lebensmittel-Zeitung Nr. 16 vom 23. 4. 1999, S. 36ff.). Ein weiteres typisches Beispiel ist Douglas. Dieser Handelskonzern setzt für die Zukunft eindeutig auf Lifestyle-Marketing (o.V., Douglas möchte ein internationaler Lifestyle-Konzern werden, in: Frankfurter Allgemeine Zeitung, Nr. 99 vom 29. 4. 1999, S. 17).

Die Übersicht über die Entwicklungsphasen zeigt, daß Marketing immer abhängiger von den Emotionen der Verbraucher geworden ist, immer stärker auf diese Emotionen eingehen muß. Diesen für wirtschaftliche Entscheidungen ausschlaggebenden Emotionen liegen nur noch in geringem Ausmaß „Werte" zugrund. Die Emotionen werden zu Launen, die sich sehr schnell wandeln und die auch sehr wirksam beeinflußt werden können. Marketing, das gilt sicher für alle Varianten, ist deshalb heute kurzatmig und hektisch. Und es ist auch erheblich riskanter als früher geworden.

1.1.5.6 Marketing als Durchsetzungsproblem

Der Konzentrationsprozeß in Industrie und Handel und das Entstehen eines eigenständigen Handels-Marketing haben auch das Verhältnis des Handels zur Industrie und umgekehrt das Verhältnis der Industrie zum Handel nachhaltig beeinflußt. Besonders die Hersteller von Markenartikeln haben ihren Einfluß auf das Marketing des Handels bis hin zum Verbraucher nicht kampflos aufgegeben. Hier liegt sicher der Schwerpunkt des Durchsetzungsproblems. Ein Handelsunternehmen muß seine Marketing-Konzeption aber auch gegenüber den Verbrauchern, dem Wettbewerb und schließlich auch im eigenen Haus durchsetzen.

(1) Das Streben der Industrie nach Partnerschaft

Zunächst – bis Ende der 70er Jahre des vorigen Jahrhunderts – verteidigte die Industrie, vor allem die großen Markenartikel-Hersteller, zäh ihre „Marketing-Besitzstände". Die Hersteller waren erstaunt über die zunehmende Fähigkeit des Handels, Marketing-Aufgaben zu übernehmen, die Übernahme dieser Aufgaben auch mit Nachdruck anzustreben und eine Neuverteilung des gesamten Marketing-Aufwandes von der Produktion bis hin zum Einzelhandel anzumahnen. Die Übernahme von Marketing-Aufgaben durch die Handelsunternehmen sollte sich auch in den Konditionen niederschlagen. Dagegen wehrte sich die Industrie heftig, die die Marketing-Kompetenz des Handels mit Skepsis betrachtete und nicht sehr hoch einschätzte.

Der Handel andererseits, besonders der Lebensmittel-Einzelhandel, war im Gebrauch der Macht, die ihm durch den Konzentrationsprozeß zugewachsen war, noch etwas unsicher und zum Teil mit einer Art „Krämer-Komplex" belastet. Er begann erst langsam zu begreifen, daß Einfluß gewinnen und ausüber auch das Tragen von Risiken im Warengeschäft mit sich bringt. Ein Teil der Handelsunternehmen, besonders die Warenhaus-Konzerne und Kaufhaus-Unternehmen wie C&A, hatten schon früher erkannt, daß das Ausüben von Einfluß und die Risikobereitschaft zusammengehören, und auf der Grundlage dieser Erkenntnis ein erfolgreiches Handels-Marketing betrieben.

Der Umgang von Handel und Industrie miteinander war zunächst ein gegenseitiges Abtasten, nicht frei von Spannungen und Schärfen. Die Industrie versuchte dann, nachdem sie erkennen mußte, daß ein eigenständiges Handels-Marketing nicht zu verhindern war, zu einer Partnerschaft mit dem Handel zu kommen. Besonders die großen Handelsunternehmen und die Handelsgruppen wurden mit dem Parnterschaftsgedanken umworben. Durch die Partnerschaft sollte der Druck der Handelsunternehmen auf die Konditionen gemildert werden. Unausgesprochen blieb, daß in dieser Partnerschaft die Industrie zumindest der „primus inter pares" bleiben wollte und der Handel weiter der Absatzmittler sein sollte.

In den 80er Jahren des vorigen Jahrhunderts begannen die Hersteller den Handel und sein eigenständiges Marketing zu akzeptieren. Sie befreiten sich langsam von der Illusion einer konfliktfreien Partnerschaft und entwickelten ein eigenes „Händler-Marketing". Sie honorieren mit ihren Konditionen nicht mehr ausschließlich Größe, sondern verknüpfen die Gewährung besserer Konditionen mit der Forderung nach Übernahme von Marketing- und Logistikaufgaben durch die Handelsunternehmen.

Der Handel andererseits ist zunehmend sicherer und selbstbewußter und damit auch sachlicher und höflicher im Umgang mit der Industrie geworden. Im Warengeschäft hat die Risikobereitschaft deutlich zugenommen. Die Handelsunternehmen nutzen die durch die EDV – im Einzelhandel vor allem durch das Scanning – gewonnene Informationshoheit für die Steuerung ihrer Betriebe, aber auch für die Zusammenarbeit mit der Industrie aus.

Diese Entwicklung hat beiden Seiten Vorteile gebracht. Gegensätzliche Interessen und sich daraus ergebende Konflikte werden als normal angesehen, eine sachliche Art des Austragens angestrebt. Das Vertrauen des Handels zur Industrie hat etwas zugenommen, aber auch durch die bei Fusionen ans Tageslicht gekommene Konditionenpolitik mancher Hersteller Rückschläge erlitten. Es ist trotzdem zu einer neue Art von Zusammenarbeit gekommen.

Die gegenwärtige Herausforderung für das Marketing der Hersteller und des Handels ist der Europäische Markt und wird in Zukunft die Globalisierung der Märkte sein. Der Konzentrationsproze ß hat bei Indutrie und Handel europäische Dimensionen angenommen und wird globale Dimensionen annehmen. Ob und in welcher Weise von diesen Entwicklungen Impulse auf das Marketing der Hersteller und des Handels ausgehen werden, bleibt abzuwarten. Schließlich gab es bereits vorher innerhalb des europäischen Raumes und in großen Bereichen des Handels auch einen globalen Warenaustausch. Auf der Beschaffungseite waren viele Handelsunternehmen schon immer zumindest europäisch, meist aber auch global. Da sich auf der Absatzseite Handel immer im begrenzten Absatzgebieten abspielt und die Vielfalt der nationalen Verbrauchsgewohnheiten erhalten bleiben wird, dürfte sich beim Handels-Marketing und seinem Instrumentarium nicht viel ändern.

Obwohl der Handel auch heute noch keine Hochburg von Theorie und Wissenschaft ist, erkennt er zufrieden an, welche Beachtung ihm inzwischen die Wissenschaft schenkt. Un er wendet auch deren Erkenntnisse, wenn sie praktikabel sind, an. Dem kommt entgegen, daß die Marketing-Wissenschaft in Forschung und Lehre um vieles praxisnäher geworden ist als sie es früher war.

(2) Die Frage nach der Herrschaft im Absatzkanal

Wenn eine Wirtschaft im Überfluß ohne Marketing nicht funktionieren kann und an zu schwachem Konsum und zu hoher Sparneigung zu scheitern droht, dann stellt sich die Frage, wer das gesamtwirtschaftliche Marketing übernehmen kann. Das ist die Frage nach der Herrschaft im Absatzkanal.

Die Bahnen, auf denen sich Güter, aber auch Informationen und Personen, durch formelle und informelle Organisationen in einer Volkswirtschaft bewegen, wurden von *Lewin* als „channels" bezeichnet. In der deutschen Literatur wurde dafür der Begriff **„Kanal"** geprägt – sozioökonomische Kanäle *(Hansen)* oder Absatzkanäle. In diesen Kanälen gibt es Pförtnerbereiche, die entweder durch neutrale Regeln – gesetzliche Vorschriften z.B. – oder durch **„gate keeper"** kontrolliert werden. Ob ein Kanal offen oder geschlossen ist, entscheidet in vielen Fällen der gate keeper, der dazu die Macht hat. Er beeinflußt damit den nach ihm folgenden Kanalabschnitt *(Hansen, Ursula,* Absatz- und Beschaffungsmarketing des Einzelhandels, 2 Bände, Göttingen 1976, S. 56ff.). Die Frage, wer den Absatzkanal beherrscht und damit, so müssen wir jetzt hinzufügen – die gesamtwirtschaftliche Marketingfunktion wahrnimmt, ist also in der Literatur keineswegs unbekannt (vgl. dazu auch: *Obergfell, Eugen,* Die Führungsrolle des Handels im Absatzweg von Konsumgütern, Eine aktionsanalytische Untersuchung der gate-keeper-Position, Frankfurt/Main, Zürich 1977, und die dort aufgeführte umfangreiche Literatur).

Für die Erfüllung des „funktionellen" gesamtwirtschaftlichen Marketing lassen sich drei idealtypische Modelle konstruieren:

Idealtypisches Modell 1
Es gibt keinen institutionellen Handel. Die Industrie hat alle Handelsfunktionen in der Hand, funktioneller Handel sichert den Güteraustausch. Nicht nur das funktionelle Handels-Marketing ist zugleich Industrie-Marketing, auch das funktionelle Handels-Operating wird vom Hersteller durchgeführt. In der Praxis trifft man in Einzelfällen heute noch auf dieses Modell. Man denke an den Direktvertrieb mancher Produktionsbetriebe. Im Dienstleistungsbereich findet sich dieses Modell sogar sehr häufig. Die meisten Versicherungen und Bausparkassen vertreiben ihre Leistungen direkt. *Abbildung 1/5* zeigt dieses Modell.

Abbildung 1/5: Idealtypisches Modell 1

```
┌──────────────────┐   Industrie-Marketing   ┌──────────────────┐
│ Produktionsbereich │ ─────────────────────▶ │  Konsumbereich   │
│                  │   Industrie-Operating   │                  │
└──────────────────┘ ─────────────────────▶ └──────────────────┘
```

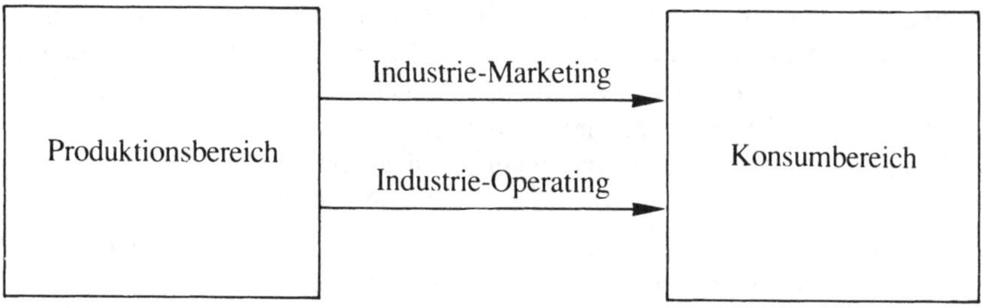

(Handel = funktioneller Handel, ausschließlich von der Industrie betrieben)

Idealtypisches Modell 2
Ein institutioneller Handel ist vorhanden. Er nimmt aber lediglich Operating-Aufgaben wahr, ist nur mit der physischen Distribution der Güter beschäftigt. Er verteilt die von der Industrie „vorverkaufte" Ware. Nach wie vor ist in diesem Modell das Industrie-Marketing zugleich funktionelles Handels-Marketing. In diesem Falle ist allerdings funktionelles Handels-Marketing nur dem Namen nach Handels-Marketing. Es ist, wie wir noch sehen werden, kein eigenständiges Handels-Marketing. Die Interessen des einzelnen Industrieunternehmens gehen den gesamtwirtschaftlichen Interessen vor.

In der Praxis findet sich dieses Modell z. B. in der Automobil-Branche. Die Vertragshändler der Kraftfahrzeug-Produzenten betreiben lediglich Operating, verteilen die vorverkauften Autos. Einen raschen Wandel kann man beim Lebensmittelhandel feststellen. Zu den Zeiten, als die klassischen Markenartikel in ihrem Zenith standen, war in dieser Branche unser Modell 2 weitestgehend Realität. Gerade in dieser Branche war zu diesen Zeiten, etwa die Jahre zwischen den beiden Weltkriegen, aber auch die Zeit vor dem Ersten Weltkrieg, ein in unzählige Kleinunternehmen zersplitterter Handel gar nicht in der Lage, Marketing-Aufgaben wahrzunehmen. Den Handel kennzeichnete eine Verteiler-Mentalität, die sicher durch zwei Weltkriege ungemein verstärkt wurde und da und dort noch heute als geistige Hypothek nachwirkt.

Daß sich Handelsunternehmen damit abfinden, lediglich Operating-Aufgaben zu erfüllen, ist eigentlich erstaunlich. Denn auch in diesem Falle beschaffen sich die

Handelsunternehmen ihre Standorte auf eigenes Risiko und ordern Ware ohne Rückgaberecht. Erweist sich ein Standort als falsch, trifft der Verlust das Handelsunternehmen. Und wird ein neuer Artikel zum Flop, sitzt auch das Handelsunternehmen auf einem Teil Ware fest. Die Beschränkung der Aufgaben des Handelsunternehmens und die übernommenen Risiken stehen in keinem rechten Verhältnis zueinander. *Abbildung 1/6* zeigt Modell 2.

Abbildung 1/6: Idealtypisches Modell 2

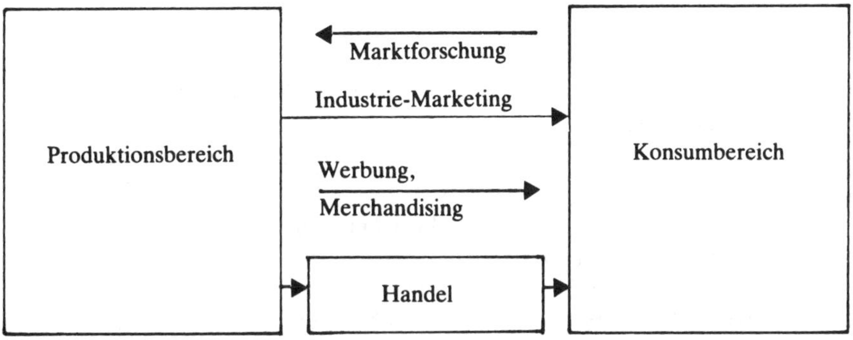

```
┌──────────────────┐    ◄── Marktforschung                    ┌──────────────────┐
│                  │        Industrie-Marketing  ──►           │                  │
│ Produktionsbereich│                                           │  Konsumbereich  │
│                  │        Werbung,             ──►           │                  │
│                  │        Merchandising                       │                  │
│               ──►│        Handel              ──►            │                  │
└──────────────────┘                                           └──────────────────┘
```

Idealtypisches Modell 3
Der Handel nimmt die Marketing-Aufgabe voll wahr. Funktionelles Handels-Marketing wird auch zu institutionellem Handels-Marketing und bekommt damit eine neue Qualität. Der Handel, und zwar der institutionelle Handel, wird in seiner Gesamtheit zur Marketing-Instanz der Volkswirtschaft. Auch beim Handelsunternehmen steht nunmehr die Marketingfunktion im Vordergrund der Aufgaben und ist der schwierigere Teil der Management-Aufgaben. Das Handels-Marketing wird zu einem eigenständigen Marketing, beeinflußt durch die Interessen des einzelnen Handelsunternehmens und der Gesamtwirtschaft. In diesem Modell muß unterschieden werden zwischen

Industrie-Marketing, produktbezogen, Zielgruppe sind die Handelsunternehmen,

Handels-Marketing, sortiments- und unternehmensbezogen, Zielgruppe sind die Verbraucher.

In der Praxis geht der Trend eindeutig von Modell 2 zu Modell 3. In weiten Bereichen ist Modell 3 bereits die Wirklichkeit. Man denke an die Warenhäuser, an *C & A Brenninkmeyer* oder die Versandhandelsunternehmen. Der Lebensmittelhandel, wie bereits erwähnt, durchläuft einen raschen Wandel von Modell 2 zu Modell 3, den allerdings immer wieder die auch heute noch starke Position der Markenartikelhersteller verzögert.

Handlungsfreiheit der Handelsunternehmen und die von ihnen zu tragenden Risiken stehen nunmehr in einem gerechten Verhältnis. *Abbildung 1/7* zeigt Modell 3.

Abbildung 1/7: Idealtypisches Modell 3

```
┌──────────────┐                  ┌──────────────────┐                    ┌──────────────┐
│              │                  │ Handelsunter-    │                    │              │
│              │                  │ nehmen =         │                    │              │
│ Produktions- │   Industrie-     │ institutionali-  │    Handels-        │  Konsum-     │
│ bereich      │ ◄─────────────►  │ sierte Märkte    │ ◄───────────────►  │  bereich     │
│              │   Marketing      │ für Waren und    │    Marketing       │              │
│              │                  │ Dienst-          │                    │              │
│              │                  │ leistungen       │                    │              │
└──────────────┘                  └──────────────────┘                    └──────────────┘
```

Der im Verlaufe der merkantilen Revolution stark und selbstbewußt gewordene Handel will heute volle Handlungsfreiheit, will die Marketingfunktion uneingeschränkt übernehmen. Er drängt von sich aus danach, daß das Modell 3 Realität wird. Dabei wird allzu leicht übersehen, daß die Verwirklichung von Modell 3 die Erfüllung einiger Bedingungen voraussetzt.

- Die Bereitschaft des Handels zur **Risiko-Übernahme** muß ohne Einschränkung vorhanden sein. Mehr Freiheit im Handeln ist nur um den Preis höherer Risiken zu erkaufen. Das wird in der Praxis immer noch häufig übersehen.
- Das **Vertrauen der Industrie** in die Aktivitäten des Handels muß stark entwickelt sein. Es muß dem Handel gelingen, der Industrie glaubhaft zu versichern, daß er an deren Artikeln, besonders aber an neuen Artikeln, genau so stark interessiert ist wie der Hersteller selbst. Bei der Sortimentsgestaltung können betriebswirtschaftliche Kriterien nicht ausschließlich im Vordergrund stehen. Es müssen auch absatzwirtschaftliche – und zunehmend ökologische – Kriterien berücksichtigt werden.
- Die **Information der Industrie** durch den Handel über die Lage an den Absatzmärkten muß weit intensiver und fundierter werden als dies gegenwärtig der Fall ist. Der Handel muß lernen, das Instrumentarium der Marktforschung zu gebrauchen.
- Eine **Umverteilung** des gesamten Marketing-Aufwandes muß vorgenommen werden. Kosteneinsparungen, die der Industrie bei Übernahme von Marketing-Aufgaben durch den Handel entstehen, müssen im Preis an den Handel weitergegeben werden. Und der Handel muß diese Beträge auch für sein Marketing verwenden und darf sie nicht im Preiswettbewerb an die Verbraucher weitergeben und damit verschenken.
- Schließlich ist die **Stellung des Produzenten** am Markt der Endverbraucher mit dafür ausschlaggebend, ob er dem Handel ein eigenständiges Handels-Marketing zugesteht oder nicht. Wenn ein Produzent mit seinen Artikeln, vor allem mit Innovationen, eine so starke Marktstellung hat, daß die Verbraucher sich um seine Artikel förmlich reißen, dann wird es sehr schwer sein, ihn auf ein reines Industrie-Marketing zurückzudrängen. Der Handel muß die von diesem Produzenten vorverkaufte Ware in sein Sortiment aufnehmen, ob er will oder nicht.

Alle drei Modelle lassen sich auch heute noch in der Realität beobachten. So kommt das Streckengeschäft eines Markenartikel-Herstellers, bei dem der Großhandel lediglich die Verrechnung übernimmt und der Einzelhandel faktisch vorverkaufte und vom Hersteller im Verkaufsraum präsentierte Ware verkauft, dem Modell 1 sehr nahe. Viele Markenartikel passieren den Absatzkanal des Modells 2. Zahlreiche markenlose Artikel und Handelsmarken, im Lebensmittelhandel ein großer Teil der Frischwaren, werden nach dem Modell 3 vermarktet.

Unsere idealtypischen Modelle, vor allem die Modelle 2 und 3, machen deutlich, daß heute der Kampf um Marktanteile nicht ausschließlich ein Kampf um wirtschaftlichen Einfluß ist, sondern ein Kampf um die Neuverteilung der Marketing-Funktion, ein Kampf um die Realisierung des Modells 3. Diesem Ziel dient vor allem im Handel die auch heute noch fortschreitende Konzentration. Es wäre falsch, in dieser Konzentration lediglich ein Streben nach Ausweitung und Konsolidierung von Marktanteilen zu sehen. Die Marktanteile sind nur Mittel zum Zweck. Sie sollen es möglich machen, der Industrie, die ebenfalls einen beachtlichen Konzentrationsprozeß hinter sich gebracht hat, Marketing-Funktionen abzunehmen und zu einem eigenständigen Handels-Marketing zu gelangen.

Abbildung 1/8: Der Absatzkanal als System

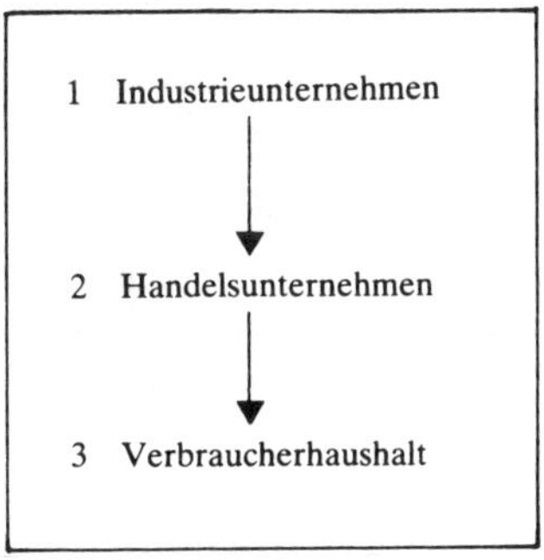

```
┌─────────────────────────────────┐
│                                 │
│   1  Industrieunternehmen       │
│              │                  │
│              ▼                  │
│   2  Handelsunternehmen         │
│              │                  │
│              ▼                  │
│   3  Verbraucherhaushalt        │
│                                 │
└─────────────────────────────────┘
```

Strukturtyp I: Industrie > Handel
Strukturtyp II: Industrie < Handel

Auf die Frage, wer nun Herrscher im Absatzkanal sei, wer die „gate-keeper-Position" einnehme, gibt *Obergfell* zunächst die Antwort, denkmöglich sei, daß alle drei Systemelemente, also sowohl Industrie als auch Handel als auch Verbraucher diese Herrschaft ausüben könnten. Der Verbraucher scheidet mangels Marktübersicht nach *Obergfells* Meinung aus. Verbleiben also die Systemelemente Industrie und Handel. Keines dieser Systemelemente, das ist *Obergfells* Ansicht, ist für die Herrschaft im Absatzkanal prädestiniert. Wer die Herrschaft übernimmt, ist eine reine Machtfrage. Es lassen sich deshalb für das System Absatzkanal zwei Strukturtypen konstruieren.

Strukturtyp I: Die Industrie ist mächtiger als der Handel und übernimmt deshalb die Herrschaft im Absatzkanal. Als Beispiel seien auch heute noch beachtliche Bereiche des Lebensmittelhandels genannt. Die in diesem Bereich noch stark vertretenen Markenartikler verkaufen ihre Ware durch eine direkte Werbung beim Verbraucher vor und zwingen somit den Handel, die vorverkauften Artikel in sein Sortiment aufzunehmen.

Strukturtyp II: Der Handel ist mächtiger als die Industrie, die Handelsunternehmen haben, so formuliert es *Obergfell,* ein größeres Aktionspotential als die Industrieunternehmen. In diesem Fall übernehmen Handelsunternehmen die Herrschaft im Absatzkanal. Als Beispiel seien die Warenhauskonzerne, die Firma *C & A Brenninkmeyer* oder auch Aldi genannt. Diese Handelsunternehmen sagen den Herstellern sehr genau, welche Artikel sie wünschen, oder wählen aus dem Angebot der Hersteller sehr bedacht die Artikel aus, die sie führen wollen. Sie gestalten ihr Sortiment autonom.

Den Strukturtyp I, so meint *Obergfell,* und wir stimmen ihm zu, kennzeichnen Interaktionen zwischen den Handelsunternehmen. Interaktionen zwischen den Handelsunternehmen bedeuten, verschärfter Wettbewerb zwischen den Handelsunternehmen und Konzentrationsprozeß im gesamten Wirtschaftsbereich Handel. Der Handel, so könnte man mit anderen Worten sagen, hat ausreichend mit sich selbst zu tun und ist zur Übernahme der Herrschaft im Absatzkanal noch gar nicht fähig und bereit. Erst wenn die Interaktionen zwischen den Handelsunternehmen zu einer Stärkung des Aktionspotentials des Handels geführt haben, kommt es zu vertikalen Interaktionen zwischen Handels- und Industrieunternehmen, setzt der Kampf um die Herrschaft im Absatzkanal ein. Eine Stärkung seines Aktionspotentials kann der Handel erreichen durch:

- eine **qualitative Verbesserung** seiner Betriebsfaktoren, besonders durch Verbesserung der Mitarbeiterqualifikation durch Aus- und Weiterbildung, Verbesserung der Standortqualität und der Dichte des Standortnetzes, Verbesserung der Finanzkraft durch ausreichende Eigenkapitalbildung und Beschaffung von Fremdkapital auf der Grundlage geeigneter Rechtsformen;
- eine **Steigerung seiner Auftragskonzentration,** für die prinzipiell zwei Möglichkeiten bestehen:
steigende Unternehmensgröße durch Konzentration,
Bündelung der Aufträge durch Kooperation.

Konzentration ist eine interne, Kooperation eine externe Steigerung der Auftragskonzentration.

Ob es dem Handel vollständig gelingen wird, das Modell 3 zu verwirklichen und damit zur „gesamtwirtschaftlichen Marketing-Institution" zu werden, ist fraglich und eher unwahrscheinlich. Das gesamtwirtschaftliche Marketing wird bei weiterer Stärkung der Stellung des Handels wohl in Arbeitsteilung zwischen Herstellern und Handel wahrgenommen werden müssen. Aber auch die Verbraucher werden in Zukunft eine wichtige Rolle dabei spielen (vgl. dazu: o.V., Kunden machen Marketing – Verbraucher fordern Wirtschaft und Gesetzgeber heraus, Bericht über den Unternehmerkongreß 1989 des BSF Bundesverband der Filialbetriebe und Selbstbedienungs-Warenhäuser, Bonn/Gräfelfing 1989).

(3) Das Verhältnis des Handels zu den Verbrauchern

Von der zur Unterwürfigkeit verleitenden These „Der Kunde ist König" haben sich die Handelsunternehmen im Verlauf der merkantilen Revolution zum Glück getrennt. Der Handel versteht sich heute als gleichberechtigter und fachkompetenter Partner der Verbraucher. Er bietet seinen Kunden Leistung und will nicht nur ihr Geld. Er steht den Verbrauchern näher als der Industrie. Trotzdem ist das

Verhältnis zwischen Handel und Verbrauchern nicht frei von Spannungen. Noch immer wird im Handel der „große Verführer" gesehen, der den Verbrauchern mehr verkaufen will als sie eigentlich brauchen und damit „Konsumterror" ausübt. Dabei ist es völlig legitim und gesamtwirtschaftlich erwünscht, zu versuchen, den Verbrauchern mehr zu verkaufen als sie zu einem bescheidenen Leben brauchen. Schließlich sieht der Handel in seinen Kunden mündige Erwachsene, die durchaus selbst entscheiden können, was sie kaufen oder was sie nicht kaufen.

Das Marketing auch der Handelsunternehmen muß sich dem Zeitgeist und den sich wandelnden Wertvorstellungen der Verbraucher anpassen. Umwelt, gesundes Leben und Dritte Welt – Kinderarbeit – sind Stichworte für solche Wertvorstellungen. Gegen den Trend des Zeitgeistes kann Marketing auf Dauer keinen Erfolg haben. Gleich gar nicht kann Marketing den Verbrauchern eigene Vorstellungen von Wirtschaftlichkeit und gutem Geschmack mit missionarischem Eifer aufdrängen. Gerade das Verhältnis zu den Verbauchern wird wesentlich – sowohl positiv als auch negativ – von der Qualität der Kommunikationspolitik bestimmt, die hier ihren Schwerpunkt in der Öffentlichkeitsarbeit hat. Sie kann viel zur Lösung des Durchsetzungsproblems beitragen.

(4) Das Störpotential der Wettbewerber

Der Wettbewerb ist neben der Industrie der zweite Schwerpunkt des Durchsetzungsproblems. Die konkurrierenden Handelsunternehmen werden immer danach trachten, sich gegenseitig bei der Durchsetzung ihrer Marketing-Konzeptionen zu stören – durch Aktionen und auch durch Reaktionen – und damit Leistungsmonopole aufzubauen. Je unverwechselbarer das eignene Unternehmensprofil ist und je weniger man deshalb vergleichbar ist, desto weniger können die Störaktionen des Wettbewerbs ausrichten. Ein straffes Kostenmanagement mit dem Ziel der Kostenführerschaft muß trotzdem immer in Reserve gehalten werden.

(5) Die Durchsetzung im eigenen Unternehmen

Die Durchsetzung der eigenen Marketing-Konzeption gegenüber der Industrie, besonders aber gegenüber den Verbrauchern und dem Wettbewerb kann nur gelingen, wenn die eigenen Mitarbeiter hinter dieser Konzeption stehen und sich damit mit dem eigenen Unternehmen identifizieren. Das erhöht nicht nur die Leistungsbereitschaft und wirkt sich positiv auf die Personalkosten aus. Es prägt auch das Unternehmensimage positiv. Denn die Kunden spüren sehr wohl, ob sich die Mitarbeiter mit ihrem Unternehmen identifizieren oder nur widerwillig ihre Arbeit verrichten.

1.2 Der Gegenstand und die Ziele des Handels-Marketing

Das Handels-Marketing unterscheidet sich in wesentlichen Punkten eindeutig vom Hersteller-Marketing. Diese Unterschiede ergeben sich aus den Eigenarten des Handelsbetriebes. So hat der Standort besonders im Einzelhandel ein viel stärkeres Gewicht als bei den Herstellern, es werden Sortimente statt einzelner Produkte geführt und das Handels-Marketing ist unternehmensorientiert, das Hersteller-Marketing produktorientiert. Wenn man die Werbung verfolgt und sieht, in welcher Weise heute noch zahlreiche Handelsunternehmen ihre Marketing-Konzeption kommunizieren, befallen einem Zweifel, ob diese Unterschiede von allen Handelsunternehmen und ihrem Management richtig bewertet und berücksichtigt werden.

1.2.1 Die merkantile Revolution und die Entstehung des Handels-Marketing

Der Handel kann auf eine erstaunliche Entwicklung in den letzten hundert Jahren zurückblicken. Diese Entwicklung war die Voraussetzung dafür, daß die Handelsunternehmen fähig wurden, eigene Absatzkonzeptionen auszuarbeiten und diese dann auch am Markt und teilweise gegen den Widerstand der Industrie durchzusetzen. Die Industrie war Ende des 19. Jahrhunderts erfolgreich in das Marketing-Vakuum, das der Handel hatte entstehen lassen, vorgestoßen. Die erfolgreiche Entwicklung und Durchsetzung der Hersteller-Markenartikel zeigt dies eindeutig. Die vor etwa hundert Jahren einsetzende und sich nach dem zweiten Weltkrieg beschleunigende und verstärkende Entwicklung des Handels möchten wir in Anlehnung an den in der Wirtschaftsgeschichte gebräuchlichen Begriff „industrielle Revolution" als „merkantile Revolution" bezeichnen.

Um die Schwerpunkte der merkantilen Revolution deutlich hervortreten zu lassen, wollen wir den Zeitraum von 1900 bis 1950 dem Zeitraum von 1950 bis zur Gegenwart gegenüberstellen.

1.2.1.1 Die Zeit von 1900 bis 1950

Zu Beginn dieses Zeitraumes war die industrielle Revolution so gut wie abgeschlossen. Sie hatte den Handel nur unwesentlich beeinflußt. Der Handel verstand sich als Beschaffer der Waren, die die Konsumenten bei ihm nachfragten. In der ersten Hälfte des 20. Jahrhunderts charakterisierten den Handel aller Branchen und Stufen die folgenden Merkmale:

(1) Der Handel war in eine Vielzahl kleiner und im Einzelhandel kleinster Unternehmen, in der Regel Familienbetriebe, zersplittert. Es gab zwar erste Ansätze zu Großunternehmen – erste Warenhäuser und Filialunternehmen – und auch erste Handelsgruppen – Einkaufs- und Konsumgenossenschaften –, deren Expansion die Folge neuer Absatz- und Organisationskonzeptionen war (siehe die Vertriebsformen der ersten Generation, S. 332 ff. und die Organisationsformen, S. 351 ff.). Man kann aber nicht behaupten, daß diese im Entstehen begriffenen Großunternehmen zu dieser Zeit bereits die Handelsszene beherrscht hätten. Von der Industrie, die um ihre „Marketing-Besitzstände" fürchtete, wurden sie mit Mißtrauen beobachtet und gar – wie die Einkaufsgenossenschaften der Einzelhändler – diskriminiert und bekämpft. Die Hersteller befürchteten zum einen die Reaktionen des traditionellen Einzelhandels, den sie infolge seiner Zersplitterung in viele kleine Unternehmen gut beherrschen konnten. Zum anderen sahen die Hersteller aber auch die Gefahren für ihr eigenes, direkt auf die Konsumenten zielendes Marketing. Über diese Zeit finden sich sehr interes-

1.2 Der Gegenstand und die Ziele des Handels-Marketing

sante Ausführungen bei: Strohmeyer, Klaus, Warenhäuser – Geschichte, Blüte und Untergang im Warenmeer, Berlin 1980; Pearson, Michael, Das Warenhaus, Reinbeck bei Hamburg 1982, eine Schilderung der Geschichte des Londoner Warenhauses „Harrods"; Fuchs, Konrad, Ein Konzern aus Sachsen, Stuttgart 1990, der die Entwicklung des Kaufhauses Schocken darstellt; Lenz, Rudolf, Karstadt – ein deutscher Warenhauskonzern 1920–1950, Stuttgart 1995; Ladwig-Winters, Simone, Wertheim – Geschichte eines Warenhauses, Berlin 1997.

(2) Die Sortimente der Handelsunternehmen waren in der Regel sehr klein. Sie umfaßten etwa 200 bis 1000 Artikel. Diese kleinen Sortimente waren hauptsächlich eine Folge der noch in ausgeprägter Form bestehenden Branchentrennung, die zum Teil auf die Zunftgliederung des Mittelalters zurückgeht. Nur die Warenhäuser führten größere und nach und nach auch branchenübergreifende Sortimente.

(3) Ohne Ausnahme bediente der Handel seine Kunden. Der Großhandel unterhielt fast ausnahmslos einen Außendienst, dessen Vertreter die Kunden regelmäßig aufsuchten. Der Handel war also sehr personalintensiv. Sachkapital wurde, im Vergleich zu heute, nur in geringem Umfang eingesetzt.

(4) In zwei Weltkriegen wurde der europäische Handel zum Verteiler rationierter Waren degradiert. Er verwaltete in den Kriegsjahren den Mangel. Die Handelsunternehmen hatten eigentlich nur einen Funktionsbereich, den Operatingbereich, der die zugeteilte Ware oder, in den vor, zwischen und nach den Kriegen liegenden Friedensjahren, die beschaffte Ware bewegte und seinen Kunden aushändigte.Diese Kriegsjahre haben zunächst besonders den deutschen Handel in seiner Entwicklung im Vergleich zu den USA oder zu nicht vom Krieg betroffen europäischen Staaten, wie Schweden oder die Schweiz, um mindestens ein Jahrzehnt zurückgeworfen. Bis Ende des vorigen Jahrhunderts wurde der Rückstand jedoch aufgeholt.

(5) Auf dem Gebiet des Marketing war der Handel in weiten Bereichen ein Vakuum, das die Industrie folgerichtig nach und nach ausfüllte. Die Markenartikel kamen auf – besonders im Lebensmittelhandel – und bereits 1904 wurde der Markenverband gegründet. Wegen ihrer Zersplitterung waren weite Bereiche des Handels zu dieser Zeit gar nicht fähig, die Handelsfunktionen vollständig auszuführen und Marketingfunktionen zu übernehmen. Den kleinen Unternehmen fehlte nicht nur die Fähigkeit zur Durchsetzung von Absatzkonzeptionen am Markt. Den meisten Kaufleuten fehlte darüber hinaus das erforderliche Knowhow, um überhaupt eine eigenständige Absatzkonzeption ausarbeiten und verfolgen zu können.

(6) Trotzdem lassen sich in der Entwicklung des Handels in der ersten Hälfte des 20. Jahrhunderts erste Ansätze zu einem eigenständigen Handels-Marketing feststellen. So bauten die traditionellen Warenhäuser branchenübergreifende Sortimente auf, es entstanden die ersten Filialunternehmen – Kaiser´s Kaffeegeschäft und die Konsumgenossenschaften – und die Einkaufsgenossenschaften der Lebensmittel-Einzelhändler – als erste die EDEKA – führten das Prinzip der Funktionsdelegation ein (siehe ausführlich dazu: Die Vertriebsformen der ersten Generation, S. 332ff.)

1.2.1.2 Die Zeit ab 1950 bis zur Gegenwart

Erst nach dem zweiten Weltkrieg, als die ärgsten Kriegsschäden beseitigt waren, konnte sich die merkantile Revolution voll entfalten und auf breiter Front durchsetzen. Die Schwerpunkte dieser Entwicklung bildeten die folgenden Veränderungen.

(a) Im Operatingbereich

Die Technik und Organisation der Warenbewegung – der Sektor der „Logistik" – wurde in einem Maße rationalisiert, welches man vorher nie für möglich gehalten hatte. Die wichtigsten Rationalisierungsmaßnahmen waren:

- Die Einführung der Selbstbedienung

Auch in Deutschland hatte es bereits vor dem zweiten Weltkrieg erste Versuche mit der Einführung der Selbstbedienung gegeben. Auf breiter Front und mit Schwerpunkt im Lebensmittel-Einzelhandel setzte sich dieses System erst Ende der 50er Jahre des 20. Jahrhunderts durch. Die Selbstbedienung stieß sowohl bei vielen Einzelhändlern als auch bei den Verbrauchern auf Vorbehalte und Widerstände. Heute kann man sich eine Zeit ohne Selbstbedienung nicht mehr vorstellen. Im Lebensmittel-Einzelhandel wurden 1990 von 60 361 Geschäften 88,6% in Selbstbedienung geführt. Auf sie entfielen 98,5% der Verkaufsfläche und 98,7% des Gesamtumsatzes. Als Folge der Wiedervereinigung gab es einen leichten Rückgang in dieser Entwicklung. 1999 wurden 85,7% der Lebensmittel-Geschäfte in Selbstbedienung geführt. Ihr Anteil an der Verkaufsfläche betrug 98,0%, ihr Anteil am Gesamtumsatz 99,0% (Quelle: Handel aktuell '99, Dokumentation des EuroHandelsinstituts Köln e. V., Köln 1999, S. 60 bis 65). Vom Lebensmittel-Einzelhandel aus drang die Selbstbedienung in die anderen Branchen vor.

Die Selbstbedienung hat auf der einen Seite die Warenbewegung rationalisiert. So wurde das Verhältnis von kundenabhängigen zu kundenunabhängigen Arbeiten im Handelsunternehmen zugunsten der kundenunabhängigen Arbeiten verschoben. Das hat zur Folge, daß man einen größeren Teil des Leistungsprozesses als früher kontinuierlich organisieren kann und der Einsatz der Mitarbeiter systematischer und rationeller erfolgt. Zum anderen hat die Selbstbedienung aber auch das Marketing der Handelsunternehmen grundlegend beeinflußt. Dem Marketing stehen seit der Einführung der Selbstbedienung mehrere „Andienungsformen" zur Verfügung (s. Andienungsformen, S. 229ff.).

- Der Einsatz von Ordersatz und Rollcontainer

Mit beiden Instrumenten rationalisierte in erster Linie der Großhandel seinen Leistungsprozeß. Aber auch für den Einzelhandel ergaben sich Vorteile.

Mit Hilfe des Ordersatzes kann heute der Großhandel seinen Kunden einen lückenlosen Überblick über das von ihm geführte Sortiment geben. Dem Einzelhandel erleichtert der Ordersatz – auch Bestell-Liste genannt – die Warendisposition. Im Lebensmittel-Großhandel sind heute meist den einzelnen aufgeführten Artikeln die Strichcodes beigefügt, so daß die Bestellung mit dem Lesestift erfolgen kann. Weiterhin trug der Ordersatz wesentlich dazu bei, die Kongruenz der Sortimente von Großhandel und Einzelhandel zu fördern. Das erlaubt den Großhandelsunternehmen, ihre Sortimente zu straffen und die Artikelzahlen und Warenbestände in vertretbaren Grenzen zu halten.

Der Rollbehälter hat den Warenfluß wesentlich vereinfacht. Mußte früher die Ware auf dem Weg von Großhandel zum Einzelhandel mehrfach in die Hand genommen und bewegt werden, so genügt heute ein einmaliges In-die-Hand-nehmen. Beim Zusammenstellen einer Kommision wird die Ware im Großhandel in den Rollcontainer gelegt, im Einzelhandel wird sie wieder herausgenommen.

- Der Einsatz der elektronischen Datenverarbeitung
Im Großhandel hat die EDV längst ihren festen Platz, selbst bei kleineren Unternehmen. Sie ermöglicht eine exakte und kurzfristige Kontrolle – vor allem von Umsatz und Handelsspanne – der meist sehr großen Sortimente und eine zuverlässige betriebswirtschaftlich Steuerung der Unternehmen.

Im Einzelhandel ist die EDV inzwischen ebenfalls unentbehrlich. Kleinere Unternehmen arbeiten zumindest mit elektronischen Kassen und können dadurch ihr Sortiment kurzfristiger und detaillierter kontrollieren als früher. Die größeren Einzelhandelsunternehmen arbeiten mit geschlossenen „Waren-Wirtschafts-Systemen", die die Wareneingänge, die Umsätze – mit Hilfe von Scannerkassen – und die Warenbestände genau und kurzfristig zu kontrollieren erlauben. Wenn es sein muß – in Einzelfällen kann dies in einzelnen Warengruppen der Fall sein – kann artikelgenau kontrolliert werden.

Damit hat die merkantile Revolution auf dem Gebiet der Logistik wahrscheinlich einen gewissen Abschluß erreicht. Sicher wird es aber auch weiterhin bei der EDV und bei der Organisation neue und verbesserte Lösungen geben, die helfen sollen, die Kosten der Distribution im Griff zu behalten. Der sehr harte Wettbewerb, der gerade im deutschen Handel herrscht, zwingt die Handelsunternehmen dazu, laufend über Möglichkeiten der Rationalisierung nachzudenken und deren Verwirklichung zu prüfen. Sehr oft verdrängt der vermehrte Einsatz von Sachkapital die Betriebsfaktoren menschliche Arbeitskraft und Grund und Boden.

(b) Im Marketingbereich

Die durch die erfolgreiche Rationalisierung bewirkten Veränderungen im Operatingbereich der Handelsunternehmen sind sichtbar und leicht wahrzunehmen. Rationalisierung schlägt sich auch in den Kosten nieder. Und diese quantitativen Daten sind mühelos und exakt zu kontrollieren. Dies darf aber nicht dazu verleiten, die bedeutsamen Veränderungen, die sich im Marketingbereich der Handelsunternehmen vollzogen, zu übersehen. Diese Veränderungen waren konzeptionelle, also abstrakte und nur in geringem Umfang sichtbare Veränderungen.

- Die Expansion der Sortimente
Sie ist die erste der markanten Veränderungen, die sich im Marketingbereich der Handelsunternehmen vollzog. Da sie relativ langsam, aber kontinuierlich über einen längeren Zeitraum erfolgte, wurde sie von den Verbrauchern kaum wahrgenommen und als eine Selbtverständlichkeit angesehen. Die Handelsunternehmen aber stellte sie vor erhebliche Probleme. Denn die Expansion der Sortimente, sichtbarer Ausdruck der unaufhaltsam entstehenden Überflußwirtschaft, erzwang eine Expansion der Verkaufs- und Lagerflächen. Führte ein Lebensmittelgeschäft zu Beginn der merkantilen Revolution etwa 800 bis 1000 Artikel, so bieten heute

die Lebensmittel-Supermärkte 6000 und mehr Artikel an (s. dazu: Handel aktuell '98, Dokumentation des EuroHandelsinstituts e.V. Köln, Köln 1998, S. 241 bis 243). In anderen Branchen ist die Entwicklung ähnlich verlaufen. Große City-Warenhäuser führen heute weit mehr als 100 000 Artikel. Die SB-Warenhäuser bieten allein im Lebensmittelsortiment durchschnittlich 14 000 Artikel an (Handel aktuell '98, a.a.O., S. 248 bis 250). Rechnet man das Nonfoodsortiment hinzu, ergeben sich ungefähr 25 000 bis 30 000 Artikel. Diese auch heute noch ständig steigende Artikelflut ist die Folge der stark angestiegenen gesamtwirtschaftlichen Produktivität und ein Zeichen unseres Wohlstandes.

Die folgende Abbildung 1/9 zeigt, daß der Handel die immer größer werdende Warenflut ohne Schwierigkeiten bewältigt hat und damit seinen in den Handelsfunktionen vorgegebenen gesamtwirtschaftlichen Aufgaben gerecht geworden ist. Der Einzelhandelsumsatz hat sich von 1960 bis 1997 mehr als verzehnfacht. Die Preissteigerungsrate hat sich im gleichen Zeitraum knapp vervierfacht (s. auch Seite 38, Steigerung der Produktivität). Die Zahlen zum Umsatz pro Einwohner ergänzen das Bild von dem ständig breiter werdenden Warenstrom in eindrucksvoller Weise.

Für die einzelnen Handelsunternehmen ergab sich die Expansion ihres Sortiments auch aus der Verwischung der Branchengrenzen. Innerhalb des angestammten Branchensortiments entstanden branchenübergreifende bedarfsgruppen- oder auch zielgruppenorientierte Teilsortimente. So führen heute Supermärkte Tierfutter und Tierzubehör bis zur Hundeleine. Und Textilgeschäfte ergänzen ihr Branchensortiment um Lederwaren und Accessoires. Daß man heute Sortimente nach ganz anderen Gesichtspunkten als früher, nämlich ausschließlich nach Marketinggesichtspunkten gestaltet und sich dabei über Branchengrenzen hinwegsetzt, wird im Kapitel Sortimentspolitik (s. S. 139 ff.) noch ausführlich zu untersuchen sein.

- Die Warenpräsentation

Die Selbstbedienung eröffnete der Warenpräsentation völlig neue Möglichkeiten, förderte die Zusammenstellung von Bedarfsgruppen und ermöglichte dem Handel auf breiter Front, Impulskäufe zu fördern und zu provozieren. Impulskäufe sind für eine Überflußwirtschaft von existenzieller Bedeutung. Kauften die Verbraucher nur das, was sie unbedingt zum Leben brauchen, bräche die Überflußwirtschaft in sich zusammen. (S. dazu: S. 16 ff.)

- Die Handelsmarken

Um eine zu starke Abhängigkeit von den Herstellermarken zu vermeiden und eine Profilierung auch im Sortiment zu ermöglichen, entwickelten zahlreiche Handelsunternehmen eigene Handelsmarken. Besonders in den von Herstellermarken zum Teil dominierten Sortimenten des Lebensmittelhandels spielen Handelsmarken eine wichtige Rolle. Die ersten Handelsmarken brachte die Edeka bereits Anfang der dreißiger Jahre des 20. Jahrhunderts auf den Markt. Durch den zweiten Weltkrieg wurde diese Entwicklung unterbrochen. Auch zu Beginn der merkantilen Revolution und später geriet die Entwicklung der Handelsmarken einige Male ins Stocken. In jüngster Vergangenheit bis zur Gegenwart arbeiten viele Handelsunternehmen intensiv an ihren Handelsmarken, die von den Herstellern schon einige Male für tot erklärt wurden. Mit den Handelsmarken treten die Handelsunterneh-

Abbildung 1/9: Einzelhandelsumsatz nach Warenbereichen 1960 bis 1997

Branche	1960 Mrd. DM	1960 %	1970 Mrd. DM	1970 %	1980 Mrd. DM	1980 %	1989 Mrd. DM	1989 %	1992[1] Mrd. DM	1992[1] %	1995 Mrd. DM	1995 %	1997 Mrd. DM	1997 %	Branche
Nahrungs- und Genußmittel	33,3	38,0	61,5	32,9	122,7	29,4	177,2	29,5	250,5	27,4	257,0	27,3	259,3	27,2	Nahrungs- und Genußmittel
Textilien, Bekleidung, Schuhe	21,9	25,0	43,1	23,1	87,2	20,9	109,2	18,2	143,1	15,6	138,1	14,7	133,8	14,1	Textilien, Bekleidung, Schuhe
Einrichtung, elektrotechn. Erzeugnisse	11,6	13,2	25,9	13,9	63,2	15,2	91,2	15,2	143,0	15,6	147,4	15,7	141,8	14,9	Einrichtung, elektrotechn. Erzeugnisse
Kraftfahrzeuge	5,4	6,2	18,2	9,7	44,2	10,6	85,4	14,2	140,9	15,4	150,2	16,0	162,1	17,0	Kraftfahrzeuge
Brenn-, Kraft- und Schmierstoffe	2,5	2,9	6,0	3,2	17,3	4,2	13,2	2,2							Brenn-, Kraft- und Schmierstoffe
Persönlicher Bedarf									72,9	8,0	77,6	8,3	79,8	8,4	Persönlicher Bedarf
Apotheken									46,7	5,1	49,2	5,2	51,1	5,4	Apotheken
Sonstige Waren	12,9	14,7	32,1	17,2	82,0	19,7	124,8	20,7	117,7	12,9	120,6	12,8	124,4	13,0	Sonstige Waren
Einzelhandel insgesamt	87,6	100,0	186,8	100,0	416,6	100,0	601,0	100,0	914,8	100,0	940,1	100,0	952,3	100,0	Einzelhandel insgesamt
Umsatz je Einwohner in DM[2]	1391		2549		5450		8049		8780		8840		8710		Umsatz je Einwohner in DM[2]

1) Ab 1992 Gesamtdeutschland
2) Einzelhandel im engeren Sinne, ohne Kraftfahrzeuge, Brenn- und Kraftstoffe sowie Apothekenumsätze.
Quelle: Handel aktuell 90, S. 30, Dokumentation des Deutschen Handelsinstitutes e. V. Köln 1990, Handel aktuell 98, S. 61 und 62, Dokumentation des EuroHandelsinstitutes e. V. Köln 1997

men dem Verbraucher gegenüber, die Hersteller der Waren treten völlig in den Hintergrund und sind für den Verbraucher meist gar nicht mehr erkennbar. Interessant ist, daß die Handelsmarken ihr Entstehen auch dem Umstand verdanken, daß viele Hersteller den entstehenden Großunternehmen, vor allem den Warenhäusern, eine Belieferung mit Waren, die ihren Namen oder den Namen ihrer Marken trugen, verweigerten. Sie lieferten, wenn überhaupt, ihre Ware in neutraler Verpackung – Vorläufer der „no names"!? –, was die Handelsunternehmen veranlaßte, die Waren dann unter ihrem Namen anzubieten (vergl. Dazu: Strohmeyer, Warenhäuser, a.a.O., S. 78). Auf die Handelsmarken wird im Kapitel Sortiment ausführlich eingegangen (s. S. 151 ff.).

- Das Entstehen differenzierter Vertriebsformen

Die Entwicklung unterschiedlicher Vertriebsformen kann sicher als eine der bedeutendsten und kreativsten Leistungen des Handels und des Handels-Marketing angesehen werden. Das Bild des Handels wird heute wesentlich durch das Nebeneinander von Fachgeschäften, Warenhäusern, SB-Warenhäusern, Fachmärkten und Discountern bestimmt. Der Verbraucher kann heute nicht nur aus einem riesengroßen Sortiment auswählen. Er kann auch wählen, ob er eine hohe Handelsleistung – Fachgeschäft – oder eine niedrige Handelsleistung – Discounter – in Anspruch nehmen und bezahlen will. Auch die Vertriebsformen werden noch ausführlich zu betrachten sein (s. S. 316 ff.). (Zur Vielgestaltigkeit des Handels, zu seinem „Reichtum" an Erscheinungsformen, vergl.: Meyer, Paul/Mattmüller, Roland, Ein Ansatz zur Systematik des Handels, in: FGM-Information 3/87, hrsg. Von der Fördergesellschaft Marketing an der Univerisität Augsburg (FGM) e.V., S. 5 ff.)

1.2.1.3 Die Ergebnisse der merkantilen Revolution

Die wichtigsten Ergebnisse der merkantilen Revolution sind:

(1) Hohe Kapitalintensität der Handelsunternehmen

Den Handel kennzeichnet heute eine hohe Kapitalintensität. Zwar gibt es zwischen den verschiedenen Branchen und Vertriebsformen Unterschiede. Aber alle Handelsunternehmen setzen heute Sachkapital in beträchtlichem Umfang ein. An der Spitze stehen der Lebensmittel-Groß- und Einzelhandel. Die Verkaufsräume, die Möbel und Lagerausstattung, EDV-Anlagen und Kühl- und Tiefkühleinrichtungen erfordern hohe Investitionen. Der gesamte Einzelhandel investierte 1998 21,6 Mrd. DM, das sind 2,8% seines Umsatzes. Und der gesamte Großhandel investierte im gleichen Jahr 16,6 Mrd. DM, das sind 1,4% seines Umsatzes (Handelaktuell '98, a.a.O., S. 315). Der Lebensmitteleinzelhandel rechnet heute mit rund 800.– bis 1000.– DM pro Quadratmeter Verkaufsfläche an Investitionen in Sachkapital, und mit 500.– DM pro Quadratmeter Verkaufsfläche an Investitionen in den Warenbestand. Früher war das Verhältnis wahrscheinlich umgekehrt. Der Handel hat also in großem Umfang menschliche Arbeitskraft durch Sachkapital und auch Verkaufs- und Lagerfläche ersetzt.

(2) Steigerung der Produktivität

Das Ergebnis des vermehrten Einsatzes von Sachkapital und Fläche war eine starke Steigerung der Produktivität. Dies kann man an den Leistungsmeßziffern für

1.2 Der Gegenstand und die Ziele des Handels-Marketing

Personalleistung und Flächenleistung ablesen. So stieg im Lebensmitteleinzelhandel in den letzten 35 Jahren die Personalleistung von etwa 90 000.– DM auf durchschnittlich 440 000.– DM pro Mitarbeiter und Jahr. Und die Flächenleistung erhöhte sich von etwa 4000.– DM auf durchschnittlich über 10 000.– DM pro Quadratmeter Verkaufsfläche und Jahr (s. dazu: Handel aktuell '98, a.a.O., S. 210/211 und S. 218/219). Das sind selbst unter Berücksichtigung der Preissteigerungsrate sehr eindrucksvolle Zahlen. Der Preisindex lag 1960 bei 35,9 und 1996 bei 114,4 – Basis 1991 = 100 für das frühere Bundesgebiet (Statistisches Jahrbuch für die Bundesrepublik Deutschland 1997, Wiesbaden 1997, S. 650). Durch diese Produktivitätssteigerung hat der Handel, was oftmals übersehen wird, einen wesentlichen Beitrag zur Preisstabilisierung in Deutschland geleistet.

(3) Verdrängungswettbewerb

Der vermehrte Einsatz von Sachkapital und Fläche hatte aber auch eine Veränderung der Kostenstruktur der Handelsunternehmen zur Folge. Der Anteil der Fixkosten an den Gesamtkosten stieg erheblich an. Da auch, zumindest kurzfristig, die Personalkosten als fixe Kosten angesehen werden müssen, weist die G+V-Rechnung vieler Handelsunternehmen heute einen Anteil der Fixkosten an den Gesamtkosten von etwa 60% bis 70% aus. Die kapital- und flächenintensiven Handelsunternehmen sind damit sehr unflexibel gegenüber Veränderungen der Märkte geworden. Sie müssen Umsatz machen, manchmal um jeden Preis. Der Wettbewerb hat sich in einer Weise verschärft, wie man das früher nie für möglich gehalten hätte. Verdrängungswettbewerb ist heute die Regel. Dieser Verdrängungswettbewerb wird von zwei Seiten aus ständig in Gang gehalten:

- Von der Ware her: Viele Märkte sind gesättigt, der Verbraucher kauft nicht mehr als er braucht. Wer expandieren will, muß den Wettbewerbern Umsatz wegnehmen. Preisaktionen weiten den Markt nicht aus, sondern verschieben nur – meist kurzfristig – Marktanteile.
- Von der Verkaufsfläche her: Der Versuch, über eine Flächenexpansion Marktanteile auszuweiten, hat zu Überkapazitäten geführt. In jüngster Vergangenheit haben die Warenhaus-Konzerne eine Reihe von Häusern an qualitativ schlechten Standorten geschlossen, um den Fixkostendruck zu vermindern.

(4) Konzentrationsprozeß

Vier Faktoren haben in den letzten dreißig Jahren einen beispiellosen Konzentrationsprozeß ausgelöst und in zunehmenden Maße gefördert:

- die Expansion der Sortimente
- die Einführung der Selbstbedienung

Beide Faktoren erzwangen eine Flächenexpansion und den vermehrten Einsatz von Sachkapital.

- die ständige Verschärfung des Wettbewerbs bis hin zum Verdrängungswettbewerb
- die Konditionen der Hersteller – besonders im Lebensmittelhandel – die immer nur Größe belohnten

Die folgende Abbildung 1/10 zeigt am Beispiel des Lebensmitteleinzelhandels diesen Konzentrationsprozeß. Der Umsatz dieser Branche hat sich versiebenfacht, die Anzahl der Geschäfte mehr als halbiert. Die Verkaufsfläche ingesamt hat sich fast verfünffacht. Der durchschnittliche Umsatz pro Geschäft ist siebzehn Mal so hoch als zu Anfang des Zeitraumes, die durchschnittliche Verkaufsfläche pro Geschäft hat sich verzehnfacht. Und dies geschah in einem Zeitraum von 37 Jahren. Einen solchen Wandel hat der Handel vorher in Jahrtausenden nicht zustande gebracht.

Abbildung 1/10: Der Konzentrationsprozeß im Lebensmittel-Einzelhandel

Jahr	Umsatz in Mrd. DM	Anzahl der Geschäfte	Verkaufsfläche in Mio. qm	Durchschnittlicher Umsatz in DM	Durchschnittliche Verkaufsfläche in qm
1961	28,7[1]	161 319	5,29	177 908	32,8
1970	53,7	126 751	11,74	423 665	92,6
1980	102,7	75 967	14,49	1 351 902	190,7
1990	141,3	60 361	17,09	2 340 915	283,1
1998	220,7[2]	73 418	24,31	3 006 075	331,1

[1] 1960
[2] 1997

Quelle: Handel aktuell 98, Dokumentation des EuroHandelsinstitutes e. V. Köln, Köln 1997.
Sehr weit ins Detail gehende Zahlen zu den einzelnen großen Handelsunternehmen und Handelsgruppen finden sich in: Die marktbedeutenden Handelsunternehmen 1999, herausgegeben von der Bereichsleitung Marketing der Lebensmittel-Zeitung, Frankfurt/Main 1999.

Die merkantile Revolution hat nicht nur in Deutschland stattgefunden. Sie setzte in den USA um einiges früher ein und andere europäische Länder – Schweiz, Österreich, Schweden, Finnland z. B. – folgten der deutschen Entwicklung mit einigem zeitlichen Abstand.

Die merkantile Revolution hat Deutschland eines der leistungsfähigsten Distributionssysteme der Welt beschert. Dieses System ist in der Lage, aktiv zu verkaufen und neue Märkte zu schaffen, nicht nur Bedarf zu decken. Und es arbeitet mit außerordentlich günstigen Kosten. Sowohl im Marketing als auch im Operating ist es in Europa, wenn nicht global, führend.

Die großen Unternehmen, die der Konzentrationsprozeß hervorgebracht hat, sind heute ohne Einschränkung in der Lage, ein eigenständiges Handels-Marketing zu betreiben. Sie verfügen über die erforderliche Durchsetzungfähigkeit am Markt und gegenüber den Herstellern. Marketing ist auch ein Machtfrage, was ja bereits ausführlich dargestellt wurde. Und sie verfügen über das sowohl im Marketing als auch im Operating kompetente Management. Der Handel hat den intellektuellen Abstand zur Industrie, der Jahrzehnte lang bestand, längst aufgeholt.

1.2.2 Der Leistungsprozeß eines Handelsunternehmens und seine Merkmale

Der Leistungsprozeß der Handelsunternehmen und damit ihre organisatorische Struktur unterscheiden sich grundlegend von den Leistungsprozessen der Produktions- und auch der Dienstleistungsunternehmen. Der Leistungsprozeß hat sich in den letzten fünf Jahrzehnten unter dem Einfluß der merkantilen Revolution stark verändert. Diese Veränderung wirkt sich auch auf das Handels-Marketing aus. Die wichtigsten Merkmale des Leistungsprozesses, so wie er sich heute darstellt, sind die folgenden Eigenheiten.

1.2.2.1 Marketing- und Operatingbereich

Fast alle Handelsunternehmen, eine geringe Zahl kleiner Unternehmen ausgenommen, sind heute voll ausgebaute und funktionsfähige Unternehmen, die die ihnen von den Handelsfunktionen zugewiesenen Aufgaben erfüllen können. Das ist ein Ergebnis der merkantilen Revolution, vielleicht nur ein Zwischenergebnis. Die Entwicklung des Handels geht ständig weiter und kann noch für manche Überraschung sorgen. Die Handelsunternehmen verfügen heute über einen leistungsfähigen und kostengünstig arbeitenden Geschäftsbereich „Operating" und einen vollständig ausgebauten und professionell geführten Geschäftsbereich „Marketing". Das war nicht immer so. Besonders im Lebensmittelhandel waren in der ersten Hälfte des 20. Jahrhunderts die Handelsunternehmen fast ausschließlich für das Operating zuständig. Die Marketingaufgaben hatten zum größten Teil die Hersteller, besonders die Hersteller von Markenartikeln, an sich gezogen. Herausragende Merkmale dieses Zustandes waren die direkt an die Verbraucher gerichtete Werbung, die Preisbindung der zweiten Hand und die Merchandisingaktivitäten der Hersteller auf den Verkaufsflächen des Einzelhandels. Heute stehen die Hersteller auf dem Gebiet des Marketing „erwachsen" gewordenen Handelsunternehmen gegenüber, die nicht mehr nur Ware bewegen, sondern auch bestimmen wollen, welche Ware sie bewegen wollen. Die heutigen Handelsunternehmen sind mit ihrem qualifizierten Management fast alle in der Lage, ein eigenständiges, unternehmensspezifisches Marketingkonzept auszuarbeiten und am Markt durchzusetzen. Manchmal zögert der Handel allerdings noch, die Marketingaufgabe ohne jegliche Einschränkung und mit allen Risiken zu übernehmen. Doch geht vom intensiven Wettbewerb ein gewisser Zwang zur uneingeschränkten Übernahme der Marketingaufgabe aus. Wer sich am Markt behaupten will, muß sich gegenüber seinen Konkurrenten profilieren. Das kann er nur mit Hilfe eines eigenständigen und kreativen Marketing.

Die folgende Abbildung 1/11 zeigt den Leistungsprozeß eines Handelsunternehmens in stark vereinfachter und abstrakter Form, so wie er in jedem Handelsunternehmen abläuft. Zwei Führungs- oder Geschäftsbereiche kennzeichnen die organisatorische Struktur, der Marketingbereich und der Operatingbereich. Der Marketingbereich ist der Kopf des Unternehmens, der den Warenstrom gestaltet – Sortimentspolitik, Beschaffungspolitik und Preispolitik als wichtigste Aufgaben – und damit auch den Operatingbereich steuert. Der Operatingbereich ist, so kann man es sehen, der Dienstleister für den Marketingbereich, der den Warenstrom bewegt und die Ware nach den Weisungen des Marketingbereiches präsentiert.

Abbildung 1/11: Der Leistungsprozeß und die beiden Führungsbereiche eines Handelsunternehmens

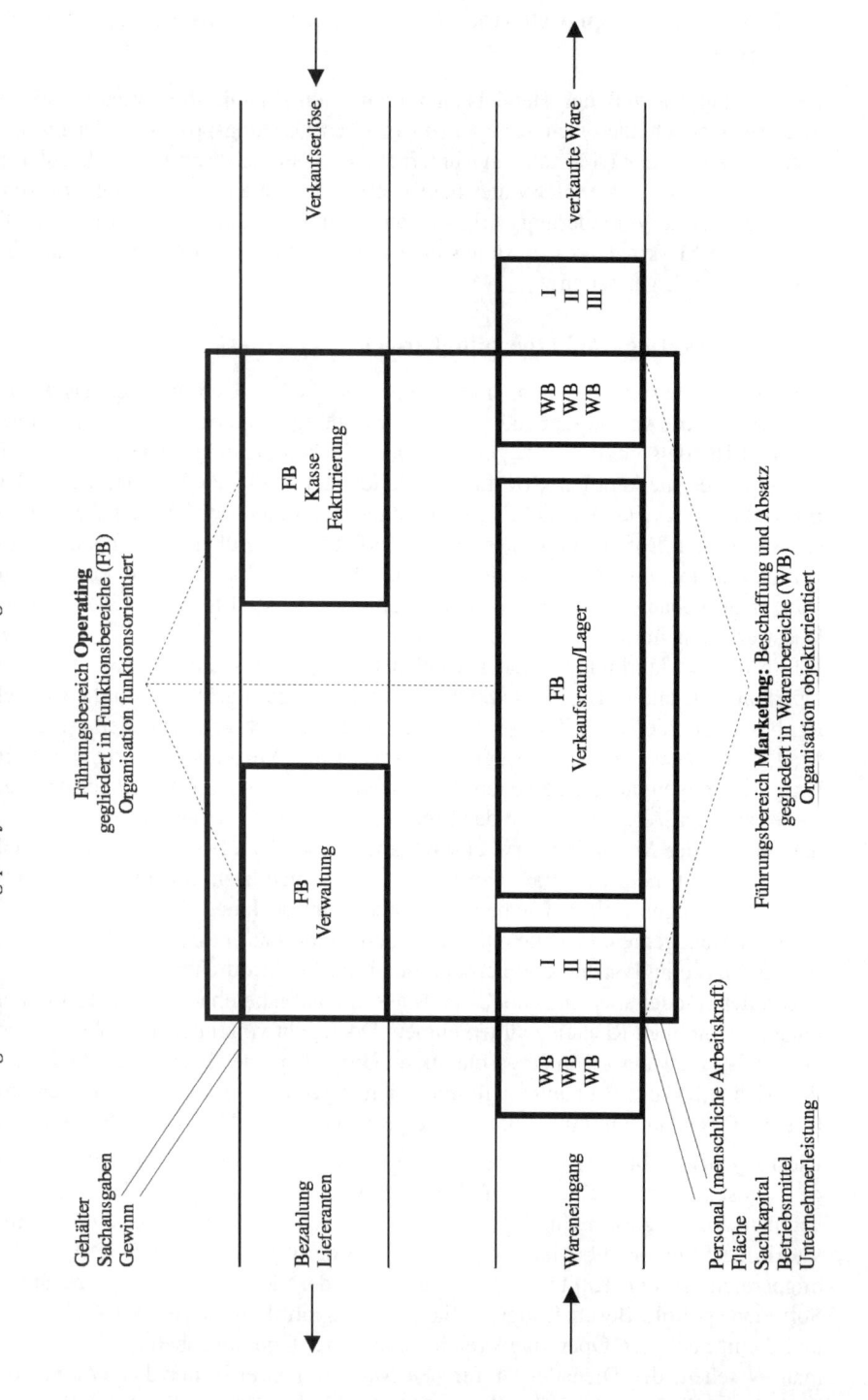

Führungsbereich **Operating**
gegliedert in Funktionsbereiche (FB)
Organisation funktionsorientiert

Führungsbereich **Marketing:** Beschaffung und Absatz
gegliedert in Warenbereiche (WB)
Organisation objektorientiert

Gehälter
Sachausgaben
Gewinn

Bezahlung
Lieferanten

Wareneingang

Personal (menschliche Arbeitskraft)
Fläche
Sachkapital
Betriebsmittel
Unternehmerleistung

Verkaufserlöse

verkaufte Ware

FB Kasse Fakturierung

FB Verkaufsraum/Lager

FB Verwaltung

WB WB WB

I II III

Die früher einmal bei großen Handelsunternehmen, besonders im Lebensmittelgroßhandel, übliche Gliederung des Marketingbereiches in Einkauf und Verkauf wurde weitestgehend aufgegeben. Sie führte zu innerbetrieblichen Reibungen. Wenn ein Artikel nicht lief, behauptete der Verkauf, der Einkauf habe die falsche Ware beschafft. Und der Einkauf warf dem Verkauf vor, seine Fähigkeit zum Verkaufen sei schwach entwickelt. Heute gilt, wer die Ware beschafft, der muß sie auch verkaufen.

1.2.2.2 Der Warenstrom

Die Handelsunternehmen, auch das zeigt die Abbildung 1/11, durchfließt ein breiter Warenstrom. Je nach Unternehmenstyp, Branche und Vertriebsform entfallen 50% – Fachgeschäft – bis 95% – Lebensmittelgroßhandel – des Nettoumsatzes auf den Wareneinsatz. Die Bewältigung dieses Warenstromes ist ein Mengenproblem, besonders bei Großhandelsunternehmen mit mehreren Milliarden DM Jahresumsatz, wie sie im Lebensmittelhandel üblich sind. Eine kostengünstige Bewegung solch großer Warenmengen erfordert den Einsatz modernster Technik.

Der vom Marketing-Bereich gestaltete und gesteuerte Warenstrom ist das Medium für den Transport der Handelsleistung zum Kunden hin. Das Marketing dominiert im Handelsunternehmen ganz eindeutig. Etwa 80% aller Entscheidungen, so kann man schätzen, die in einem Handelsunternehmen getroffen werden müssen, sind Marketing-Entscheidungen.

Je nach Vertriebsform und Handelsstufe weichen der Leistungsprozeß und die organisatorische Struktur eines Handelsunternehmens von der vorstehenden Abbildung ab. Der Leistungsprozeß eines Versandhandelsunternehmens endet mit der Zustellung der Ware an der Wohnungstür des Kunden. Und der Leistungsprozeß eines Zustell-Großhandelsunternehmens endet am Standort des Einzelhändlers. Der Umfang des Leistungsprozesses ist bei einem Discounter wesentlich kleiner als bei einem Fachgeschäft.

Es war früher üblich, daß manche Handelsunternehmen die eingekaufte Ware geringfügig be- oder verarbeiteten – Kaffee rösten, Bananen reifen, Wein abfüllen, Liköre herstellen, Fahrradzubehör montieren, Honig abfüllen, Gewürze mahlen und abpacken –. Diese meist im Lebensmittelhandel vorzufindenden Vorgänge sind stark eingeschränkt und aus Kostengründen an Produktionsunternehmen abgegeben worden. Vereinzelt stellen Supermärkte noch Feinkostsalate selbst her. Dafür haben sich viele größere, von selbständigen Kaufleuten geführte Supermärkte einen Party-Service als zusätzlichen Dienstleistungsbereich aufgebaut. Und der Lebensmittelgroßhandel diversifizierte vertikal in die Produktion – Fleischwerke und Bäckereien –. Mit diesen Aktivitäten sind zwar z.T. erheblich Risiken verbunden. Sie eröffnen dem Marketing jedoch auch völlig neue Möglichkeiten und können zur Profilierung des Unternehmens genutzt werden.

1.2.3 Die Handelsleistung als Gegenstand des Handels-Marketing

Die Tatsache, daß die Ware, die Handelsunternehmen einkaufen, fast immer unverändert, aber teurer verkauft wird, hat immer wieder zu der Frage geführt, was

Handelsunternehmen eigentlich leisten, ob sie produktiv sind und die Ware berechtigt verteuern. Diese Vorbehalte gegen den Handel kann man heute noch vorfinden. Der Beziehungskauf oder der Fabrikverkauf beweisen dies.

Der Handel ist selbstverständlich produktiv. Er produziert eine Handelsleistung, die er der Ware zufügt. Das ist das unverwechselbare Merkmal aller Handelsunternehmen. Das Problem – ein Kommunikationsproblem – besteht darin, daß die Ware materiell, sichtbar und greifbar ist, die Handelsleistung dagegen eine weitestgehend abstrakte und immaterielle Dienstleistung, die der in wirtschaftlichen Dingen nicht bewanderte Verbraucher nicht sehen kann und deshalb schwer zu begreifen vermag. (Vergl. dazu: Gümbel, Rudolf, Handel, Markt und Ökonomik, Wiesbaden 1985). Die Handelsleistung, zu deren Produktion ja auch Betriebsfaktoren, die Kosten verursachen, eingesetzt werden müssen, ist ohne Zweifel ein Akt der Wertschöpfung und ein Beweis für Produktivität.

Viele Unternehmer im Handel, darauf wurde bereits hingewiesen, sehen inzwischen in der Ware das Medium, dem sie ihre abstrakte Handelsleistung zufügen und mit dessen Hilfe zum Verbraucher transportieren. Die Hersteller können sich mit dieser Denkweise nicht anfreunden. Die Ware ist für den Handel ein Kostenfaktor. Wenn über Kostensenkungen nachgedacht wird, kann die Warenbeschaffung nicht ausgeklammert werden. Die besonders im Lebensmittelgroßhandel üblichen Jahresgespräche, wo die Beschaffungskonditionen jährlich neu ausgehandelt werden, zeigen diese Denkweise. Medium ist nicht der einzelne Artikel, sondern das Sortiment. Die im Sortiment geführten Artikel werden danach beurteilt, welche Fähigkeit sie zum Transport der Handelsleistung haben, nicht danach, was sich der Hersteller von ihnen verspricht. Artikel mit nachlassender oder geschwundener Fähigkeit zum Transport der Handelsleistung werden deshalb gnadenlos ausgelistet und durch zum Transport der Handelsleistung fähigere Artikel ersetzt.

Die gesamtwirtschaftlichen Handelsfunktionen sind, so kann man es sehen, eine Anleitung für die Produktion der Handelsleistung und eine Aufgabenstellung für das einzelne Handelsunternehmen. Aus ihnen lassen sich der Inhalt der Handelsleistung und ihre Bestandteile ableiten.(Siehe dazu Abschnitt 1.1.5.1 Die Handelsfunktionen, S. 11)

Drei Besonderheiten der Handelsleistung müssen noch erwähnt werden.

(1) Die Handelsleistung muß, wenn in einer arbeitsteiligen Volkswirtschaft ein Güteraustausch stattfinden soll, auf jeden Fall erbracht werden. Tun dies nicht die Unternehmen des institutionellen Handels, dann müssen Hersteller oder auch Verbraucher die Funktionen übernehmen und Handelsleistung produzieren. Es entsteht funktioneller Handel.
(2) Die Unternehmen des institutionellen Handels können Handelsleistung delegieren, sowohl zu den Herstellern als auch zu den Verbrauchern hin. Die Selbstbedienung, bei der der Verbraucher die Ware selber zusammenstellen und zur Kasse transportieren muß, ist im Grunde eine Delegation von Handelsleistung an die Verbraucher. Abrufaufträge und langfristige Zahlungsziele, die der Großhandel aushandelt, sind eine Delgation von Lagerhaltung und von Finanzierung an die Hersteller.

1.2 Der Gegenstand und die Ziele des Handels-Marketing

(3) Der Umfang der Handelsleistung kann von den Handelsunternehmen variiert werden. Ergebnis der Variation sind die unterschiedlichen Andienungsformen (siehe Abschnitt 4.3.1, S. 230) und Vertriebsformen (siehe Abschnitt 6.2, S. 316).

Für die Handelsunternehmen und ihr Marketing ist die Delegation von Handelsleistung an die Hersteller eine zweischneidige Angelegenheit. Einmal kann man Kosten senken, wenn die Delegation mehr an Kosteneinsparung einbringt als man an Konditionsverschlechterung hinnehmen muß. Zum anderen kann die Delgation von Handelsleistung auch eine Preisgabe von Einfluß sein. Und bei der Delegation von Handelsleistung an die Verbraucher kann der Kosteneinsparung eine Verschlechterung des Image gegenüberstehen. Die Verbraucher können dies leicht als Mangel an Kundenorientierung auslegen.

Der Gegenstand des Handels-Marketing ist eindeutig die Handelsleistung. Wenn man die stark artikel- und preisorientierte Werbung der Handelsunternehmen, besonders der Unternehmen im Lebensmittel-Einzelhandel betrachtet, bekommt man Zweifel, ob dies die herrschende Meinung im gesamten Handel ist. Wenn es um die Ware geht, dann muß sich das Handels-Marketing auf das Sortiment, nicht auf einzelne Artikel, konzentrieren. Handels-Marketing ist somit zwingend unternehmensorientiert, das Hersteller-Marketing dagegen muß produktorientiert sein. Langsam, aber stetig, setzt sich diese Erkenntnis im Handel durch.

1.2.4 Die Ziele des Handels-Marketing

Die Ziele des Handels-Marketing lassen sich in einzelwirtschaftliche und gesamtwirtschftliche Ziele gliedern.

1.2.4.1 Die einzelwirtschaftlichen Ziele

Aus der Tatsache, daß der Gegenstand des Handels-Marketing die Handelsleistung ist und daß alles Handels-Marketing unternehmensorientiert ist, ergibt sich als an erster Stelle stehendes Ziel für das Marketing eines Handelsunternehmens, dem eigenen Unternehmen ein unverwechselbares Profil zu geben. Das Marketing eines Handelsunternehmens hat dann sein Ziel erreicht, wenn es das eigene Unternehmen zu einem unverwechselbaren, im Wettbewerb nicht zu übersehenden und eine starke Kundenbindung bewirkenden Markenartikel gemacht hat. IKEA und ALDI sind zwei überzeugende Beispiele dafür, daß das Marketing dieser Handelsunternehmen sein Ziel erreicht hat und daß dieses Ziel auch erreichbar ist (Vergl. dazu: Jary, Michael/Schneider, Dirk/Wileman, Andrew, Markenpower, Warum Aldi, Ikea, H&M und Co. so erfolgreich sind, Wiesbaden 1999). Aldi ist zum Gattungsbegriff für Discount geworden, so wie Tempo zum Gattungsbegriff für Papiertaschentücher wurde. Mehr kann Marketing wirklich nicht erreichen.

Auf der Grundlage eines unverwechselbaren Profils können dann alle weiteren Marketing-Aktivitäten einsetzen. Sie haben die Ziele, die Stellung des Unternehmens am Markt zu sichern und auszubauen und Erträge zu erwirtschaften. Je markanter das Unternehmensprofil ist und je besser die Qualität der Handelsleistung, desto weniger muß über den Preis verkauft werden.

1.2.4.2 Die gesamtwirtschaftliche Ziele

Die Arbeitsteilung im gesamtwirtschaftlichen Marketing kann keine quantitative Teilung sein, bei der lediglich Mengen an Aufgaben und Arbeit aufgeteilt werden. Es muß eine qualitative Arbeitsteilung sein, bei der dem Handel eine eigenständige Rolle zufällt. Er muß Aufgaben erfüllen, die von den Herstellern gar nicht übernommen werden können. Er muß eine Filterfunktion ausüben müssen, die sich wie folgt skizzieren läßt:

(1) Verhindern überflüssiger Kämpfe um Marktanteile

Es kommt, vor allem im Lebensmittelbereich, immer wieder vor, daß mit Millionenaufwand um einige Prozent **Marktanteil** gekämpft wird. Als Beispiel sei hier die *Rama*-Aktion der *Union Deutsche Lebensmittel GmbH* erwähnt (vgl. dazu: Mit Treueprämien auf Kundenfang, *Rewe*-Echo 9/78 vom 1. 5. 78, S. 6). Weil sie mit ihrer Margarinemarke *Rama* einige Prozent Marktanteil verloren hatte, führte die *Union Deutsche Lebensmittelwerke* in Hamburg mit einem Millionenaufwand eine Treueaktion durch. Wer zwölf 500-g-Becher *Rama* kaufte, erhielt einen Treuerabatt von DM 3.–. Dem Lebensmittelhandel wurde diese Aktion mit dem Argument schmackhaft zu machen versucht, man hätte einige Prozent Marktanteil von der Butter zur Margarine zurückholen wollen, was auch im Interesse des Handels gelegen hätte. Der Handel wehrte sich gegen diese Aktion, der übrigens ähnliche Aktionen von Waschmittel-Herstellern folgen sollten. Denn dem Lebensmittelhandel ist es ziemlich gleichgültig, ob der Kunde nun *Rama* oder eine andere Margarinesorte oder ob er irgendeine Margarine oder Butter kauft. Er hat alle diese Artikel im Sortiment. Natürlich hat ein Produzent ein vielleicht sogar berechtigtes Interesse daran, Marktanteile zu verteidigen. Aber der Wahrnehmung dieses Interesses müssen irgendwo Grenzen gesetzt werden, nicht nur mit dem Ziel, den Wettbewerb zu erhalten und zu sichern, sondern auch um kaum noch zu vertretenden Marketingaufwand zu verhindern, den man im Interesse des Verbrauchers besser zu einer Preissenkung verwendet hätte. Eigentlich hätte die Kontrolle, die in diesem Falle das *Bundeskartellamt* ausübte, vom Handel selbst durch eine uneingeschränkte Wahrnehmung seiner Marketingfunktion übernommen werden müssen. Aber im Lebensmittelhandel ist die Entwicklung noch nicht so weit gediehen.

Für den Kampf um Marktanteile hat die Industrie, und das nicht nur im Lebensmittelbereich, ein ganzes Instrumentarium von Maßnahmen entwickelt, mit denen oft auf dem Rücken des Handels erbitterte Kämpfe ausgetragen werden. In allen Bereichen aber, in denen der Handel die Marketingfunktion voll übernommen hat, werden solche Kämpfe unmöglich und dadurch oft erhebliche Beträge an überflüssigem Marketingaufwand eingespart.

(2) Verhindern eines Ausuferns der Artikelzahl

Zwei Erscheinungen sind es, die in erster Linie zu einer für den Handel nicht vertretbaren Erhöhung der Artikelzahl führen.

Einmal wären hier, so möchten wir sie bezeichnen, die **Parallel-Innovationen** zu nennen. Sobald ein Produzent mit einer echten Innovation auf dem Markt erscheint, kommen in manchmal erstaunlich kurzer Frist andere Produzenten mit dem gleichen oder leicht abgewandelten Artikel nach. Da es zwar vorkommt, aber in der Regel höchst selten ist, daß eine echte Innovation von zwei Produzenten gleichzeitig unabhängig von einander entwickelt und zum gleichen Zeitpunkt auf den Markt gebracht wird, entpuppen sich die meisten Parallel-Innovationen als Immitationen oder „me-too-Produkte". Jeder Produzent, der Produzent des me-too-Produktes manchmal sogar mehr als der der Innovation, ist natürlich von seinem Produkt felsenfest überzeugt und drängt den Handel, den Artikel in sein Sortiment aufzunehmen. Käme der Handel allen Wünschen entgegen, müßte er seine Verkaufsfläche verdoppeln. Eine Filterfunktion ist deshalb überhaupt nicht zu umgehen.

Die zweite Erscheinung könnte man als **Schein-Innovation** bezeichnen. Qualitätsverbesserungen, Packungsänderungen oder neue Packungsgrößen werden als Innovation ausgegeben und dem Handel aufgedrängt. Auf dem Waschmittelmarkt kann man solche Dinge immer wieder beobachten. Es mag durchaus möglich sein, einem Produkt mit Hilfe von vier Packungsgrößen einen größeren Marktanteil zu verschaffen als mit zwei Packungsgrößen. Letztlich gehen solche Praktiken aber zu Lasten des Handels, denn sie erfordern mehr Verkaufsfläche. In die gleiche Richtung zielen möglichst voluminöse Packungen, die im Regal dem Verbraucher ins Auge fallen, die aber sehr viel Verkaufsfläche fordern. Diesen Beispielen aus dem Lebensmittelbereich ließen sich sicher viele andere aus den verschiedensten Branchen des Handels anfügen. Auch hier ist die Filterfunktion auf keinen Fall zu umgehen.

(3) Sichern einer gesamtwirtschaftlichen Sparsamkeit

Die Reibungsverluste, die in einer freien Marktwirtschaft dadurch entstehen, daß Millionen von Wirtschaftssubjekten unabhängig voneinander und unkoordiniert entscheiden, lassen sich sicher nicht völlig ausschalten. Daß es aber zu einer Vergeudung von Ressourcen, zu einer gesamtwirtschaftlichen Verschwendung infolge des Durchsetzens übertriebener Individual-Interessen einzelner Produzenten kommt, kann der Handel als gesamtwirtschaftliche Marketing-Institution verhindern. Da jeder Reibungsverlust in einer arbeitsteiligen Marktwirtschaft letzten Endes vom Verbraucher bezahlt werden muß, und zwar in Form höherer Preise, kann der Handel durch die Wahrnehmung seiner gesamtwirtschaftlichen **Marketingfunktion** auch preisdämpfend wirken. Auch von diesem Standpunkt aus gesehen kommt man zu der Erkenntnis, daß der Handel vielmehr Partner des Verbrauchers als der Industrie ist, worauf bereits einmal hingewiesen wurde.

(4) Sichern einer rationellen Warendistribution

Wir hatten bereits gesehen, daß der Wettbewerb der Handelsunternehmen untereinander über die Kosten jedes einzelne Handelsunternehmen dazu zwingt, auf eine Begrenzung der Verkaufsfläche und das Erhalten einer hohen **Flächenproduktivität** zu achten. Auf diese Weise dient die Wahrnehmung der Marketingfunktion auch dazu, eine rationelle Warendistribution sicherzustellen. Würde der Handel nicht den Interessen der Industrie seine Filter- und Steuerungsfunktion entgegensetzen, müßten steigende Distributionskosten und letztlich steigende Preise befürchtet werden.

Zu den gesamtwirtschaftlichen Distributionskosten rechnet sicher auch der Marketingaufwand von Herstellern und Handel. Hier stellt sich die Frage, ob im Interesse einer rationellen Warendistribution heute noch mancher Aufwand – und zwar erheblicher Aufwand – für einzelne Markenartikel zu rechtfertigen ist. Diese Frage stellt sich vor allem dann, wenn es sich um Markenartikel handelt, die in Wirklichkeit schon discountfähige Produkte geworden sind. Ein Blick in Discount-Märkte und SB-Warenhäuser beweist, daß es schon eine große Zahl solcher Markenartikel gibt, die übrigens deshalb von ihrem Ruf und dem Vertrauen, das sie beim Verbraucher genießen, nichts oder kaum etwas eingebüßt haben. Kein Zufall ist es u. E. deshalb, daß eine Diskussionsveranstaltung der *Kölnischen Rundschau* unter dem Thema stand „Nutzloser Aufwand für ein Glaubensbekenntnis?" (vgl. dazu: Markentreue und Marketing. Nutzloser Aufwand für ein Glaubensbekenntnis? in: Lebensmittel-Zeitung vom 6. 5. 1977, S. II ff.).

Die Filter- und Steuerungsfunktion als Grundaufgabe seines gesamtwirtschaftlichen Marketing wird dem Handel nicht geschenkt oder gar aufgedrängt. Er muß hart um diese Funktion und damit um seine Marketing-Autonomie kämpfen oder mußte um diese Funktion kämpfen. Ein Blick in die Wirtschafts- und Fachpresse zeigt dies immer wieder.

(5) Aktiv beitragen zu einer umweltfreundlichen Wirtschaft

Zumindest durch den Reaktorunfall von Tschernobyl im Jahre 1986 ist das **Umweltbewußtsein** der Verbraucher in einem solch starken Maße geschärft worden, daß es weder Hersteller noch Handel unbeachtet lassen können. Der Handel hat zwei Schwerpunkte umweltfreundlichen Verhaltens:

- Er kann in seinen **Sortimenten** umweltschädigende durch umweltfreundliche Produkte ersetzen und so die Hersteller zwingen, die Produktion umweltschädigender Artikel einzustellen. Die Auslistung von Sprays, die FCKW enthalten, oder von Farben und Lacken mit schädlichen Lösungsmitteln sind Beispiele für Maßnahmen des Handels zum Schutz der Umwelt.
- Er kann zu einer vernünftigen Lösung des Packungsproblems beitragen, indem er den Herstellern **Hinweise** zu weniger aufwendigen Verpackungsformen gibt oder bereit ist, Mehrweg-Verpackungen zu akzeptieren, wo dies möglich und sinnvoll ist. Der Mehrweg-Verpackung steht freilich das Problem der Leergut-Rücknahme – ein Kostenproblem – gegenüber. Der Handel kann auch auf Verpackungen drängen, die umweltfreundlich zu recyceln oder zu entsorgen sind, und er kann selbst eine umweltfreundliche Müll-Entsorgung durchführen.

(6) Kontrolle der Qualität der im Sortiment geführten Produkte

Für die Qualitätskontrolle wendet der Handel erhebliche Mittel auf. Er kontrolliert die **Qualität** eines Produktes einmal, ehe er es in sein Sortiment aufnimmt. Und er kontrolliert dann ständig die Lieferungen dieses Produktes, wenn auch meist nur Stichproben. Diese Kontrollen erfolgen nicht nur, weil der Handel in vielen Fällen durch sehr strenge gesetzliche Vorschriften dazu verpflichtet ist. Das deutsche Lebensmittel- und Bedarfsgegenstände-Gesetz (LMBG) ist eines der strengsten Gesetze der Welt. Sie erfolgen auch im eigenen Interesse. Denn neben dem Preiswettbewerb gibt es auch einen Qualitätswettbewerb. Die Kontrolle der Qualität ist besonders wichtig bei Importwaren und im Lebensmittelhandel in den Frischwaren-Sortimenten.

1.2 Der Gegenstand und die Ziele des Handels-Marketing 49

Abbildung 1/12 soll noch einmal die vorgetragenen Überlegungen und Zusammenhänge in übersichtlicher Form deutlich machen. Die Vorgänge, die heute in unserer Volkswirtschaft ablaufen, und nicht nur bei uns, sind mit Sicherheit kein

Abbildung 1/12: Handels-Marketing als Folge des Überfluß-Zustandes der Gesamtwirtschaft

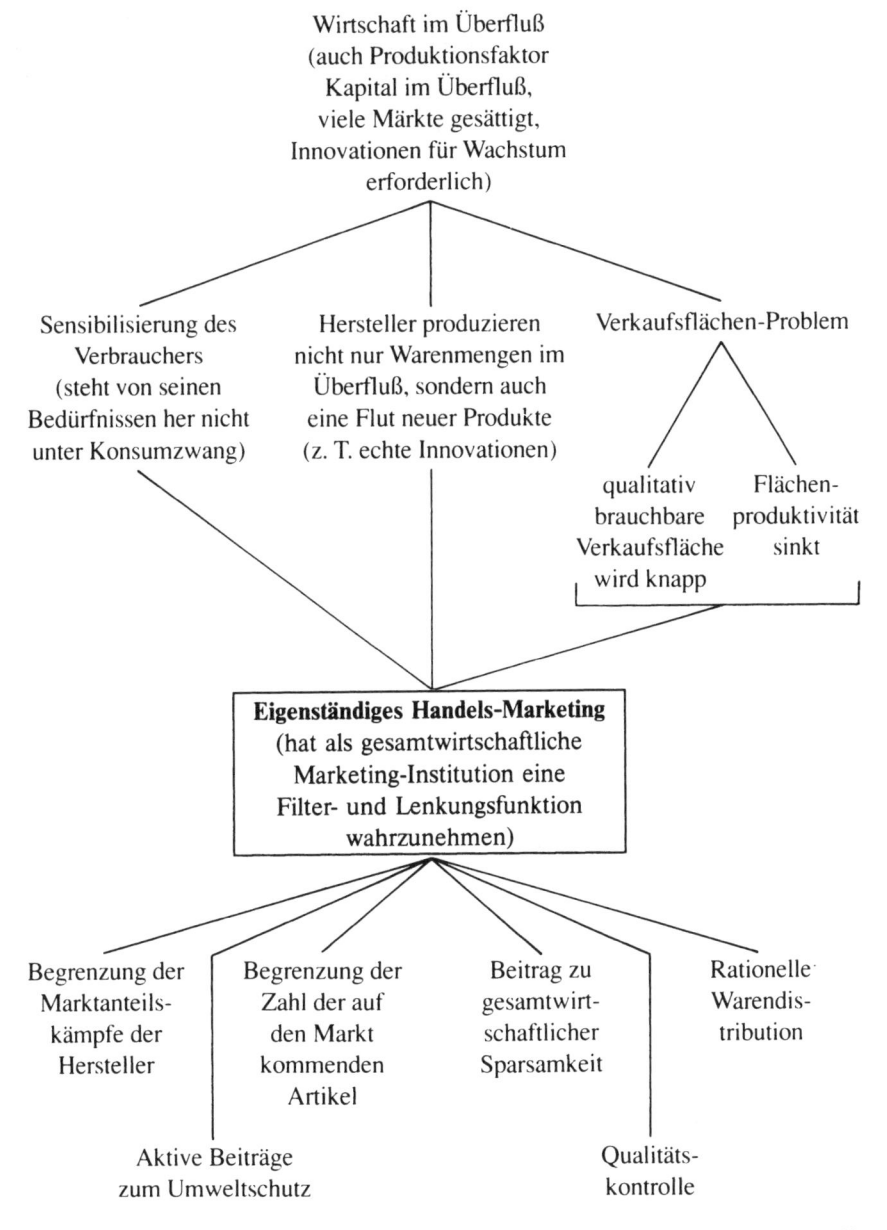

```
                    Wirtschaft im Überfluß
                    (auch Produktionsfaktor
                      Kapital im Überfluß,
                      viele Märkte gesättigt,
                    Innovationen für Wachstum
                          erforderlich)
         ┌────────────────┼────────────────┐
Sensibilisierung des   Hersteller produzieren   Verkaufsflächen-Problem
    Verbrauchers       nicht nur Warenmengen im    ╱        ╲
   (steht von seinen        Überfluß, sondern auch
   Bedürfnissen her nicht   eine Flut neuer Produkte
   unter Konsumzwang)      (z. T. echte Innovationen)
                                            qualitativ      Flächen-
                                            brauchbare    produktivität
                                            Verkaufsfläche    sinkt
                                             wird knapp
         └────────────────┬────────────────┘
              ┌──────────────────────────┐
              │ Eigenständiges Handels-Marketing │
              │  (hat als gesamtwirtschaftliche  │
              │     Marketing-Institution eine   │
              │     Filter- und Lenkungsfunktion │
              │         wahrzunehmen)            │
              └──────────────────────────┘
```

Begrenzung der	Begrenzung der	Beitrag zu	Rationelle
Marktanteils-	Zahl der auf	gesamtwirt-	Warendis-
kämpfe der	den Markt	schaftlicher	tribution
Hersteller	kommenden	Sparsamkeit	
	Artikel		

Aktive Beiträge   Qualitäts-
zum Umweltschutz   kontrolle

Zufall. Vor allem die Politik des Handels, aber auch das Verhalten der Hersteller und die Bestrebungen der Verbraucher sind kein Ausdruck von Willkür und vordergründigem Machtstreben. Die Beziehungen unter den drei Wirtschaftsbereichen, den Systemelementen im Absatzkanal, werden neu geordnet und müssen neu geordnet werden. Hinter allem, was vorgeht, steht eine gesamtwirtschaftliche Logik. Eine Logik, so könnte man sagen, die wohl jeder Volkswirtschaft im Zustand des Überflusses innewohnt. Dem Einzelhandel hat diese Logik eine bestimmte und wichtige gesamtwirtschaftliche Aufgabe zugewiesen. Will der Einzelhandel diese Aufgabe erfüllen, muß er, wie er es zum Teil schon tut, ein eigenständiges, ein autonomes Handels-Marketing schaffen und auch konsequent handhaben.

Teil B: Die Marketing-Konzeption – ihre Datenbasis und ihre Bestandteile

Das Marketing der Hersteller ist die gemeinsame Wurzel aller Varianten des Marketing, die im Laufe der letzten hundert Jahre entstanden sind. So geht auch das Handels-Marketing letztlich auf das Hersteller-Marketing zurück, worauf bereits hingewiesen wurde. Manche Bereiche des Handels-Marketing gleichen dem Hersteller-Marketing sehr stark. Diese Bereiche werden nicht bis ins letzte Detail in aller Ausführlichkeit dargestellt. Zu diesen Bereichen zählen in erster Linie die Marktforschung und die Werbung. Eine ausführliche Darstellung dieser sehr komplexen Bereiche würde den Rahmen dieses Buches sprengen und zu einer Wiederholung bekannten Wissens führen, das in einer umfangreichen Literatur aufgezeichnet ist. Diese beiden Bereiche, deren Instrumentarium universell von allen Varianten des Marketing genutzt werden kann, haben sich auch zum Teil verselbständigt und werden heute von professionellen Spezialisten betrieben, auf deren Dienste alle Marketing-Varianten nicht verzichten können. Bei einer ausführlichen Behandlung dieser beiden Bereiche drohte die Gefahr, daß der Überblick über das Handels-Marketing und seine charakteristischen Zusammenhänge verloren ginge.

Wo sich das Marketing des Handels und das der Hersteller sehr ähnlich sind, wird nur eine sehr knappe Darstellung der entsprechenden Bereiche gegeben und dann – was sehr oft der Fall ist – die unterschiedliche Handhabung der angewandten Methoden und Instrumente erläutert.

Ein ausführliche und ins Detail gehende Darstellung erfolgt jedoch dort, wo das Marketing handelsspezifisch ist und auch handelsspezifisch angewandt wird. Und das ist beim überwiegenden Teil der Bereiche des Handels-Marketing der Fall.

2. Kapitel: Marktforschung – die Beschaffung der Daten

Unvollkommene Märkte sind nicht transparent. Zwar hat die elektronische Datenübermittlung und Datenverarbeitung die Transparenz der unvollkommenen Märkte wesentlich verbessert. Trotz Internet und E-Commerce kann aber auch heute noch keine Rede davon sein, daß die Märkte vollkommen transparent wären. Die Unternehmen, die über die besseren Daten von den Märkten, auf denen sie agieren, verfügen, haben deutliche Wettbewerbsvorsprünge. Das gilt für alle Unternehmen. Bessere Daten sind Daten, die im Vergleich zu den Wettbewerbern aktueller, zuverlässiger, für das Unternehmen relevant sind und in größerem Umfang zur Verfügung stehen. Die Marktforschung, die diese Daten beschaffen muß, ist deshalb ein unverzichtbarer Bestandteil des Marketing, besonders des Handels-Marketing. Sie ist die Voraussetzung für ein erfolgreiches Marketing.

Die Marktforschung ist der eine Bereich der Kommunikation der Handelsunternehmen mit den Märkten. Die für eine marktorientierte Unternehmensführung unverzichtbaren Daten kommen von den Märkten – Absatz- wie auch Beschaffungsmärkten – und fließen in die Unternehmen hinein. Sie dienen der Vorbereitung von Marketing-Entscheidungen und der Verminderung der unternehmerischen Risiken. Dem zweiten Bereich der Kommunikation, der in den Kapiteln 8 und 9 behandelt wird, sind die Werbung, die Verkaufsförderung und die PR-Arbeit zuzurechnen. In diesem Bereich fließen die Daten aus dem Unternehmen hinaus zu den Märkten. Diese Daten sollen helfen, Marketing-Entscheidungen erfolgreich zu verwirklichen. Anschließend wird die Marktforschung noch einmal aktiv und beschafft Daten, mit deren Hilfe der Erfolg des Marketing kontrolliert werden kann. Mit Hilfe der Marktforschung können also die Handelsunternehmen, so könnte man es bezeichnen, eine „interaktive Kommunikation" mit den Märkten betreiben.

Zunächst wird in diesem Kapitel eine umfassende Übersicht über die Marktforschung gegeben. Auf diese Weise läßt sich später die unterschiedliche Handhabung der Instrumente der Marktforschung bei Industrie und Handel besser und verständlicher erklären. Umfassend steht hier für die Breite der Darstellung der Marktforschung, nicht für die Tiefe. Die Tiefe der Darstellung müssen die Literaturhinweise übernehmen. Angesichts der umfangreichen Literatur zur Marktforschung, die auszuwerten hier nicht möglich ist, ist dies für den besonders an der Marktforschung interessierten Leser sicher der bessere Weg.

Es kommt hinzu, daß die Marktforschung heute auf einem so hohen Niveau steht, daß sie ohne umfassende Kenntnisse in Mathematik, Statistik und Informatik gar nicht erfolgreich betrieben werden kann. Das erklärt die Professionalisierung der Marktforschung, die immer mehr in die Zuständigkeit von großen Marktforschungsinstituten übergegangen ist, auf deren Dienste Handel und Industrie nicht mehr verzichten können.

2.1 Der gegenwärtige Stand der Marktforschung

Marketing-Entscheidungen werden in der Regel unter der Bedingung der Ungewißheit getroffen. Je besser die Informationen sind – vollständig, sicher, eindeutig –, die den Entscheidungen zugrunde liegen, umso geringer sind die Ungewißheit und damit das Risiko, das jede die Zukunft betreffende Entscheidung in sich birgt. Marktforschung hat die Aufgabe, die für Marketing-Entscheidungen erforderlichen Informationen zu beschaffen und damit die Ungewißheit zu mindern. Ohne Marktforschung ist Marketing kaum denkbar oder würde zum Vabanquespiel.

Die **Aufgaben der Marktforschung** gehen über die Risikominderung hinaus und lassen sich wie folgt beschreiben:

Frühwarn-Funktion: Marktforschung sorgt dafür, daß Risiken frühzeitig erkannt und berechenbar gemacht werden.

2.1 Der gegenwärtige Stand der Marktforschung

Innovations-Funktion: Sie trägt dazu bei, daß Chancen und Entwicklungen aufgedeckt und antizipiert werden können.

Intelligenzverstärker-Funktion: Sie trägt im Prozeß der Willensbildung zur Unterstützung der Arbeit der Unternehmensführung bei.

Unsicherheitsreduktions-Funktion: Sie trägt in der Phase der Entscheidungsfindung zur Präzisierung und Objektivierung der Sachverhalte bei.

Strukturierungs-Funktion: Sie fördert das Verständnis bei der Zielvorgabe und die Lernprozesse im Unternehmen.

Selektions-Funktion: Sie sorgt dafür, daß aus der umweltbedingten Informationsflut die für die unternehmerischen Ziel- und Maßnahmenentscheidungen relevanten Informationen selektiert und aufbereitet werden.

(Meffert, Heribert, Marktforschung, Wiesbaden 1986, S. 13).

Der hohe Stand der Marktforschung, ihre Verwissenschaftlichung und der Einsatz der EDV, bergen allerdings auch die Gefahr in sich, daß sich eine Marktforschungs-Gläubigkeit ausbreitet, daß die Ergebnisse der Marktforschung unbesehen übernommen werden. Deshalb ist in letzter Zeit auch Kritik an der Marktforschung laut geworden, ist auf ihre Grenzen hingewiesen worden. Die Kritik erstreckt sich vor allem auf folgende Punkte:

Entscheidungen können durch Marktforschung nicht ersetzt werden. Marketing-Entscheidungen werden immer auch in hohem Umfang Kreativität und Intuition erfordern.

Die **Zeit**, für die die Marktforschung vorausschauende Ergebnisse liefern kann, ist sehr begrenzt. Je weiter der Blick in die Zukunft gehen soll, umso unsicherer werden die Voraussagen.

Qualitative Faktoren können nur unzureichend erfaßt und beurteilt werden. Und gerade die qualitativen Faktoren spielen im Marketing und in einer Wirtschaft im Überfluß eine große Rolle.

Die Marktforschung wirft auch **ethische Fragen** auf, die bis jetzt kaum Beachtung fanden und deshalb auch kaum diskutiert wurden. Darauf weist mit Nachdruck *Meffert* hin (a.a.O., S. 144ff.). Es geht dabei um das „Recht zu wählen" für die Menschen, die zum Gegenstand der Marktforschung gemacht werden sollen. Sie müssen das Recht haben, sich zu verweigern. Und es geht um das „Recht auf Sicherheit" für an Untersuchungen teilnehmende Personen, deren Daten und Aussagen geschützt werden müssen. Schließlich geht es noch um das „Recht auf Information", das an Untersuchungen teilnehmenden Personen Informationen über den Untersuchungsaufbau und die Untersuchungsergebnisse sichern muß. Aber nicht nur gegenüber an Untersuchungen teilnehmenden Personen, auch gegenüber ihren Auftraggebern haben Marktforscher umfangreiche ethische Verpflichtungen.

Das gesamte Gebiet der Marktforschung – **Marktforschung im weiteren Sinne** – kann in Anlehnung an *Behrens (Behrens, Karl Christian,* Marktforschung, in: Dr. Gablers Wirtschafts-Lexikon, 9. neubearbeitete Auflage, Wiesbaden 1975, Bd. 4, S. 235ff.) als wissenschaftlich-systematische Marktuntersuchung bezeichnet werden. Es läßt sich in zwei große Teilbereiche gliedern, den Bereich der **Marketingforschung** und den Bereich der **Marktforschung im engeren Sinne.**

Unter **Markterkundung** versteht man eine zufällige und/oder gelegentliche Erhebung und Analyse von Marktdaten. Die Marketingforschung befaßt sich mit den Formen und Aufgaben und dem Instrumentarium der Marktforschung. Die Marktforschung im engeren Sinne befaßt sich mit der Anwendung des Instrumentariums auf die Erkenntnisobjekte. Erste Ansätze zu dieser Gliederung finden sich, wie bereits erwähnt, bei *Seyffert,* der in seiner Darstellung den Schwerpunkt auf die Anwendung, also die Marktforschung im engeren Sinne, legte. Die meisten anderen Autoren stellen dagegen die Methoden, das Instrumentarium, in den Vordergrund und sagen über die Anwendung kaum etwas aus. Die Gliederung in Methoden oder Instrumentarium und Anwendung – und deshalb wurde sie übernommen – hat den großen Vorteil, die Unterschiede zwischen Marktforschung in der Industrie und Marktforschung im Handel deutlich hervortreten zu lassen. Die Methoden sind weitestgehend gleich, die Anwendung sehr unterschiedlich. Die *Abbildung 2/1* gibt einen ersten Überblick.

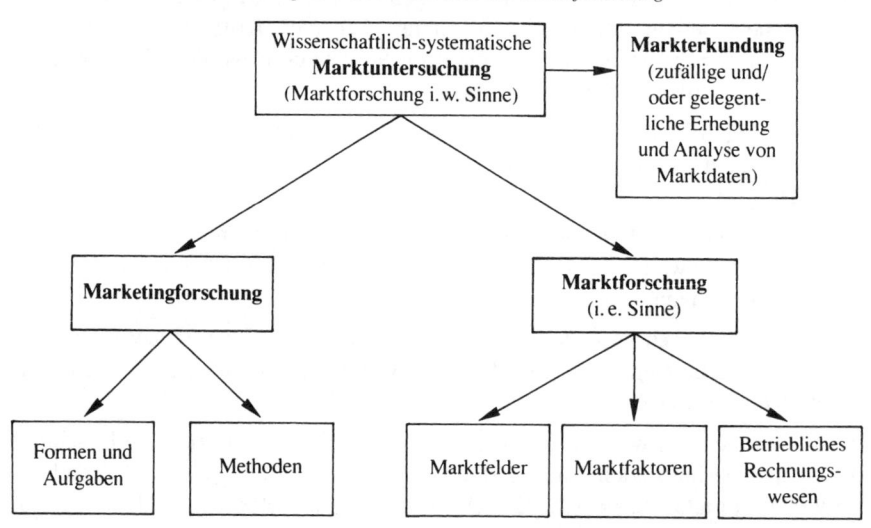

Abbildung 2/1: Überblick über die Marktforschung

```
                  Wissenschaftlich-systematische          Markterkundung
                       Marktuntersuchung         ──►      (zufällige und/
                     (Marktforschung i.w. Sinne)          oder gelegent-
                                                          liche Erhebung
                                                          und Analyse von
                                                          Marktdaten)

         Marketingforschung                      Marktforschung
                                                    (i.e. Sinne)

      Formen und      Methoden          Marktfelder   Marktfaktoren   Betriebliches
      Aufgaben                                                        Rechnungs-
                                                                      wesen
```

2.1.1 Marketingforschung

Der Begriff Marketingforschung findet sich bei *Kotler (Kotler, Philip*, Marketing-Management, 8. Auflage, Stuttgart 1995, S. 187ff.). Er weist zu Recht darauf hin, daß die Marktforschung nicht nur Daten über den Status quo des Marktes zu liefern habe, sondern auch Daten, die über die Auswirkung von Marketing-Aktivitäten Auskunft geben. Der Begriff Marktforschung ist ihm deshalb zu eng, bezeichnet nur einen Teilbereich. Diese Daten geben Auskunft darüber, wie das wirtschaftliche Umfeld eines Unternehmens auf dessen Marketing-Aktivitäten reagiert. Es ist somit sinnvoll, den Oberbegriff Marketingforschung zu übernehmen und ihn in die Bereiche Formen und Aufgaben einerseits sowie Methoden andererseits aufzugliedern. Der Bereich Formen und Aufgaben umfaßt dann wiederum die Teilbereiche Zustandsforschung – status quo – und Ergebnisforschung –

Auswirkungen von Marketing-Aktivitäten –. Sowohl bei der Zustands- wie auch bei der Ergebnisforschung wird das gleiche Instrumentarium eingesetzt.

2.1.1.1 Formen und Aufgaben der Marketingforschung

Meist werden bei der Darstellung der Marketingforschung die Gebiete Formen/ Aufgaben und Methoden, die stark miteinander verzahnt sind, als Einheit behandelt. Das ergibt ein leicht verwirrendes Bild und erschwert das Verständnis. Deshalb werden hier die beiden Teilgebiete getrennt behandelt. Das mag ungewöhnlich erscheinen, fördert aber mit Sicherheit die Übersicht und das Verständnis.

(1) Zustandsforschung – Ergebnisforschung

Der Marktforscher kann zum einen Zustände festhalten und untersuchen. Er fertigt Momentaufnahmen an und wertet sie aus. Diese Erforschung des „status quo" wird auch als deskriptive Marktforschung bezeichnet. Dabei kann man sicher den Untersuchungsgegenstand kennzeichnende Strukturen erkennen, nicht aber gegenseitige Wechselbeziehungen oder auch Ursache-Wirkung-Verhältnisse.

Das wird erst möglich, wenn man, wie es für die Ergebnisforschung unerläßlich ist, zwei Momentaufnahmen vergleicht und die Unterschiede analysiert oder von wirtschaftlichen Abläufen gewissermaßen Filme dreht. Damit kommt man in den Bereich der nomologischen Marktforschung, die versucht, durch die Analyse von Reaktionsdaten verallgemeinerungsfähige Aussagen (Hypothesen) über z.B. das Konsumentenverhalten zu entdecken und zu prüfen. Auf diese Weise kann man u.U. herausfinden, wie Verbraucher auf absatzpolitische Maßnahmen reagieren.

(Bauer, Hans H., Marktforschung, in: Das große Lexikon für Handel und Absatz, 2. Auflage, Landsberg am Lech 1982, S. 541 ff.). Beide Formen, sowohl die Zustands- wie auch die Ergebnisforschung, sind unverzichtbare Bestandteile der Marketingforschung. Und beide Formen sind in zwei Varianten anwendbar.

(a) Demoskopische Marktforschung

Gegenstand der demoskopischen Marktforschung sind die am Markt agierenden Handlungssubjekte, also die Menschen als Wirtschaftssubjekte und in erster Linie als Verbraucher und Kunden der Unternehmen. Ihre Merkmale und Motive sind zu erkunden.

(b) Ökoskopische Marktforschung

Sie untersucht objektive Marktgrößen, wie Gütermengen und Güterpreise, nicht die Handlungssubjekte, die in der Wirtschaft tätigen Menschen.

Sie ist überwiegend makroökonomisch und damit in erster Linie Aufgabe der *Statistischen Landesämter* und des *Statistischen Bundesamtes.* Diese ermitteln die wichtigsten Daten, was dem einzelnen Unternehmen schon vom Umfang der Aufgabe her unmöglich wäre. Aus offensichtlich diesem Grund wird die ökoskopische Marktforschung in der Literatur über die betriebswirtschaftliche Marktforschung wohl erwähnt, aber nicht ausführlich dargestellt. Wer sich über Details informieren will, muß auf die Lehrbücher der Statistik zurückgreifen. Soweit das einzelne Unternehmen ökoskopische Daten ermitteln und auswerten will, kann es die gleichen Methoden verwenden, die in der Demoskopie angewandt werden.

(2) Aufgaben

Analog zu den beiden Formen Zustands- und Ergebnisforschung ergeben sich für die Marketingforschung zwei Arten von Aufgaben (so *Seyffert, Rudolf*, a.a.O., S. 549).

(a) Marktanalyse: Sie ist auf den Zeitpunkt bezogen, also eine Momentaufnahme eines Marktes. Die Marktanalyse kann sowohl den Status quo feststellen als auch durch den Vergleich zwei aufeinanderfolgender Momentaufnahmen der Kontrolle der Auswirkungen von Marketing-Aktivitäten dienen.

(b) Marktbeobachtung: Sie ist auf einen Zeitraum bezogen und versucht Aussagen über Entwicklungen und deren Trends zu machen. In der Regel dienen die so gewonnenen Daten als Grundlage für Prognosen, die man als dritte Hauptaufgabe der Marketingforschung ansehen kann.

Für *Schrader* ist die Prognose die dritte Hauptaufgabe der Marketingforschung (*Schrader, Karl,* Demoskopische Marktforschung, Wiesbaden, 1977, S. 71).

Als Synthese von Marktanalyse und Marktbeobachtung kann man die in jüngster Vergangenheit in der Marktforschung verstärkt angewandten **„kohortenanalytischen Längsschnittdesigns"** bezeichnen. Diese Methode wurde von der Soziologie und der Entwicklungspsychologie übernommen. Der theoretische Ansatz des Kohortenkonzepts, so *Weßner*, besteht darin, die bei den Individuen und Gruppen einer Population mit der Zeit, also mit dem Älterwerden ablaufenden Veränderungen systematisch zu erfassen und auf ihre Ursachen zurückzuführen. Es werden einzelne Altersgruppen oder „Geburtskohorten" im Zeitablauf beobachtet. Im Grundsatz heißt dies, es werden in regelmäßigen Abständen Marktanalysen von einer Kohorte durchgeführt und anhand der Momentaufnahmen deren Entwicklung beobachtet. Dadurch lassen sich frühzeitig die durch Aufrücken junger Konsumentenkohorten bedingten Einführungen und Etablierungen neuer Konsumstile und Kaufverhaltensweisen aufzeigen und die Konsequenzen für ein strategisches Marketing der Unternehmen ableiten. (Vgl. dazu: *Weßner, Konrad,* Strategische Marktforschung mittels kohortenanalytischer Designs, Wiesbaden 1989). Einen abschließenden Überblick über die Formen und Aufgaben der Marketingforschung gibt die *Abbildung 2/2*.

2.1.1.2 Methoden der Marketingforschung

Die Methoden der Marketingforschung nehmen in allen Darstellungen der Marktforschung einen breiten Raum ein. Und das sicher zu Recht. Wir befinden uns hier in einem zentralen Bereich der Marktforschung, in dem viele Methoden der Statistik und der empirischen Sozialforschung Anwendung finden. Die einzelnen Instrumente werden in der folgenden Darstellung soweit beschrieben, als das zum Verständnis von Aufgabe und Methode erforderlich ist. Auf die Schilderung der in manchen Fällen sehr komplizierten mathematischen Grundlagen und Details wird verzichtet. Es werden aber Literaturhinweise gegeben, die es dem interes-

2.1 Der gegenwärtige Stand der Marktforschung

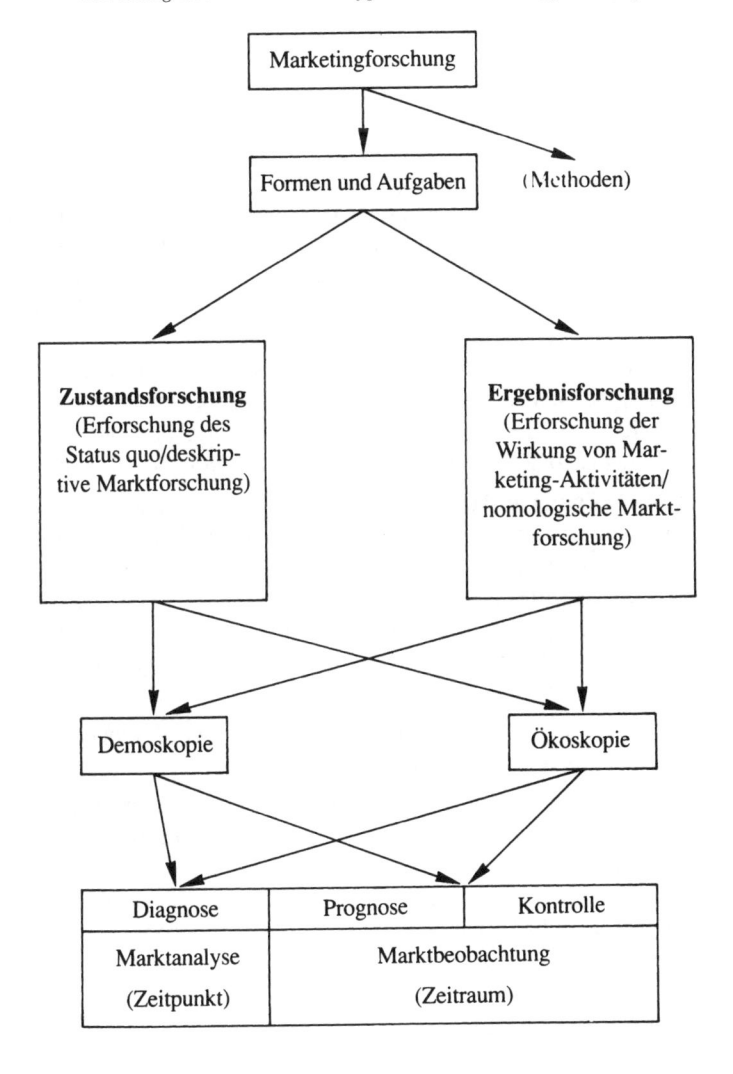

Abbildung 2/2: Formen und Aufgaben der Marketingforschung

```
                    Marketingforschung
                           |
              ┌────────────┼────────────┐
              ↓                         ↘
         Formen und Aufgaben        (Methoden)
              |
       ┌──────┴──────┐
       ↓             ↓
  Zustandsforschung    Ergebnisforschung
  (Erforschung des     (Erforschung der
  Status quo/deskrip-  Wirkung von Mar-
  tive Marktforschung) keting-Aktivitäten/
                       nomologische Markt-
                       forschung)
       |             |
       ↓ ╳ ↓
   Demoskopie      Ökoskopie
       |             |
       ↓ ╳ ↓
  ┌─────────┬──────────┬─────────┐
  │Diagnose │ Prognose │Kontrolle│
  ├─────────┼──────────┴─────────┤
  │Marktanalyse│  Marktbeobachtung│
  │(Zeitpunkt) │    (Zeitraum)    │
  └─────────┴────────────────────┘
```

sierten Leser gestatten, sich mit den mathematischen Einzelheiten vertraut zu machen.

Erfolge in der Marktforschung, darauf sei hingewiesen, beruhen aber nicht allein auf einer souveränen Beherrschung des methodischen Handwerkszeugs. Auch die Anlage einer Untersuchung, ihr Konzept, spielt eine wichtige Rolle. Die oben erwähnte Kohortenanalyse ist ein gutes Beispiel dafür, daß Marktforschung ohne Kreativität bei der Gestaltung des Untersuchungs-Designs – ein Begriff, der sich in der Marktforschung immer häufiger findet – heute nicht mehr auskommt.

Die Methoden der Marketingforschung lassen sich in die beiden Bereiche Erhebungsmethoden und Analysemethoden gliedern.

(1) Erhebungsmethoden

Die Erhebungsmethoden dienen der Informationsgewinnung. Informationen oder Daten kann sich die Marketingforschung auf zwei Wegen beschaffen, auf dem Wege der Primärforschung und auf dem Wege der Sekundärforschung.

(a) Primärforschung

Dieser Teilbereich der Marktforschung beschafft sich die Zahlen selbst am Markt. Man bezeichnet ihn deshalb auch als „**field research**". Der von oft umfangreichen Erhebungen verursachte Aufwand ist beträchtlich. In eigener Regie kann Primärforschung in der Regel nur von größeren und großen Unternehmen betrieben werden. Aber auch solche Unternehmen bedienen sich daneben des Leistungsangebotes spezialisierter Marktforschungsinstitute. Denn das Erheben aussagefähiger Zahlen setzt umfangreiche Kenntnisse und Erfahrungen voraus. Der für die Primärforschung erforderliche Aufwand ist sicher mit ein Grund, weshalb dieser Sektor der Marktforschung im Handel mit seinen vielen Mittel- und Kleinbetrieben relativ schwach entwickelt ist. Die Primärforschung hat zwei Arten von Daten zu beschaffen:

- **Quantitative Daten:** Umsätze, Ausgabenbeträge, Einwohnerzahlen, Marktvolumina, Einkommen, Produktmengen in Stückzahlen, Tonnen oder Hektoliter etc. Das sind Daten, die sich eindeutig in Zahlen festhalten lassen.
- **Qualitative Daten:** Einstellungen, Meinungen, Wertvorstellungen, Sympathien oder Antipathien etc. Diese Daten – besser muß man von Informationen sprechen – lassen sich nicht ohne weiteres in Zahlen ausdrücken, müssen meist verbal dargestellt werden.

Entsprechend lassen sich die Erhebungsmethoden in zwei Gruppen gliedern, in quantitative und in qualitative Verfahren.

Bei ihrer Arbeit muß die Primärforschung zu Beginn bei jeder ihr gestellten Aufgabe neu entscheiden, ob sie eine Totalerhebung – Untersuchung einer statistischen Gesamtmasse – oder eine Teilerhebung – Untersuchung einer statistischen Teilmasse – durchführen will. Wird – meist aus Kostengründen – eine Teilerhebung durchgeführt, so muß vorher das Auswahlproblem gelöst werden. Welche Einheiten der Teilmasse sind in die Untersuchung einzubeziehen, lautet die Frage. Es gibt deshalb noch eine dritte Gruppe von Verfahren, die Auswahlverfahren, die für die Aussagekraft einer Teilerhebung eine große Bedeutung haben.

(aa) Quantitative Verfahren

Die Ergebnisse, die mit Hilfe dieser Verfahren gewonnen werden, sind quantifizierbar, also in Zahlen faßbar. Folgende Verfahren können unterschieden werden:

Beobachtung: *Schrader* weist der Beobachtung die Aufgabe zu, verbales oder auch nichtverbales Verhalten oder Zustände der Marktteilnehmer, das nicht verbal provoziert wurde, zu ermitteln. Zustände sind die Körpergröße, Haarfarbe, Geschlecht oder Augenfarbe. Verhalten dagegen ist das Tragen eines Hutes. Das Problem ist, normale Daten zu erhalten, die weder vom beobachteten Marktteilnehmer noch vom Beobachter verzerrt oder verfälscht wurden. Die Daten sollen also möglichst objektiv sein, Subjektivität sollte ausgeschaltet werden. Dieses Problem ist nicht einfach zu lösen, da ja zwischen Beobachteten und Beobachter keine unmittelbaren Beziehungen bestehen.

Durch intensive Beobachtung von Kunden in SB-Märkten sind im Handel die Grundregeln der Selbstbedienung entwickelt worden, wie Blickrichtung nach rechts, Greifen überwiegend mit der rechten Hand, bevorzugte Aufmerksamkeit für in Augenhöhe plazierte Artikel, erhöhte Aufmerksamkeit für Auflaufflächen. Die Methode der Beobachtung ist also gerade im Handel gebräuchlich. In den Verkaufsräumen der Handelsunternehmen bietet sich so gut wie die einzige Möglichkeit, den Kunden intensiv zu beobachten.

Befragung: Die Daten werden durch Befragung von ausgewählten Testpersonen gewonnen. Zwischen Frager und Befragtem bestehen unmittelbare Beziehungen. Durch Beobachtung der Reaktionen des Befragten auf die Fragen und durch kritische Wertung der Antworten ist eine gewisse Kontrolle der Aussagefähigkeit der gewonnenen Daten möglich. Entscheidend für das Ergebnis ist die richtige Formulierung der Fragen. Die Fragen dürfen den Befragten nicht beeinflussen, dürfen ihn nicht zu einer unrichtigen Antwort verleiten oder ihm eine bestimmte Antwort suggerieren. Die Befragung kann mündlich, schriftlich oder telefonisch erfolgen.

Auch Befragungen, meist mündliche Kundenbefragungen, sind im Handel gebräuchlich.

Panelerhebung: Sie ist eine Sonderform der Befragung. Eine Gruppe von ausgewählten und geeigneten Befragten wird über einen längeren Zeitraum – meist schriftlich mit Hilfe von Erhebungsbogen – befragt. Das Haushaltspanel ist ein Beispiel für diese Methode. Ausgewählte, entsprechend über die Befragung informierte Hausfrauen berichten wöchentlich über ihre Einkäufe.

(ab) Qualitative Verfahren
Diese Verfahren suchen Verhaltensweisen im Markt oder Einstellungen zu bestimmten Produkten zu ermitteln. Das sind Sachverhalte, die sich wegen ihrer Eigenart nicht in Zahlen ausdrücken lassen. Das wirft bei der Analyse der Resultate besondere Probleme auf, was später noch zu behandeln ist.

Einzelexploration: Die tiefenpsychologische Befragung einer Testperson durch einen ausgebildeten Psychologen ist eine Einzelexploration. Sie erfolgt im freien Gespräch mit Hilfe eines Leitfadens. Das Ergebnis wird in einem Protokoll niedergelegt, das später ausgewertet und gedeutet werden muß.

Expertenbefragung: Es werden nicht Verbraucher, also Laien, sondern mit den Problemen und Fragen vertraute Fachleute befragt. Auch dabei geht es um Meinungen und Erfahrungen.

Interviews: Sie sind Befragungen und können mündlich, schriftlich und telefonisch durchgeführt werden. Dient die Befragung, wie bereits dargestellt, der Erhebung quantifizierbarer Daten, so stehen beim Interview Meinungen, Motive und Verhaltensweisen im Mittelpunkt. Das Interview könnte man somit als die qualitative Variante der Befragung bezeichnen. Wichtigstes Problem ist wiederum die Formulierung der Fragen.

Eine Unterart ist das Gruppen-Interview, bei dem eine kleine Gruppe von Personen unter Leitung eines Psychologen ein bestimmtes Problem diskutiert. Das Ergebnis der Diskussion wird in einem Protokoll festgehalten.

Tests: Psychologische Tests sind im Bereich der Motivforschung, die ja gerade in einer Wirtschaft im Überfluß besondere Bedeutung hat, wichtige Marktforschungsinstrumente. Es wird zwischen Projektionstests und Assoziationstests unterschieden (vgl. dazu: *Nieschlag/Dichtl/Hörschgen,* Marketing, 18. Auflage, Berlin 1997, S. 742ff., wo die einzelnen Testverfahren sehr ausführlich dargestellt und gewürdigt werden).

Apparative Methoden: Man versteht darunter Befragungen und Beobachtungen mit Hilfe technischer Geräte, wie Tonbandgerät, Filmkamera, Tachistoskop (ein Gerät zur kurzfristigen Betrachtung von Anzeigen oder Plakaten, das die Wahrnehmungszeit mißt und Aussagen über den Aufmerksamkeitswert zuläßt), oder Greifbühnen (die die Situation am Ladenregal simulieren und Aussagen über die Aufmachung – Form, Farbe, Beschriftung der Verpackung – zulassen).

Experimente: Sie dienen nach *Behrens* (a.a.O., S. 239) der planmäßigen Erhebung empirischer Sachverhalte zur Prüfung von Hypothesen. Dabei wird eine unabhängige Variable planmäßig variiert und die Auswirkung auf eine abhängige Variable untersucht.

Behrens unterscheidet Laborexperimente (unter künstlich geschaffenen Bedingungen) und Feldexperimente (unter normalen sozialen Bedingungen).

Für *Nieschlag* ist das Experiment eine bestimmte Versuchsanordnung, die Erhebungsmethoden im Rahmen dieser Versuchsanordnung können Beobachtung oder auch Befragung sein. Bei den Feldexperimenten unterscheidet *Nieschlag* ferner noch zwischen Markttest – der probeweise, kontrollierte Verkauf in einem begrenzten Testmarkt – und Storetest – Verkauf eines Produktes in einem einzelnen Testgeschäft (vgl. dazu: *Nieschlag* u.a., 18. Auflage, a.a.O., S. 678ff.).

(ac) Auswahlverfahren
Bei allen Erhebungen stellt sich die Frage, wer soll untersucht werden. Die Auswahlverfahren spielen deshalb in der Primärforschung eine wichtige Rolle. Es wird unterschieden zwischen:

Totalerhebung: Alle Glieder einer statistischen Grundgesamtheit werden in die Erhebung einbezogen. Das Problem ist lediglich, die Grundgesamtheit, z.B. eine bestimmte Personengruppe, zutreffend abzugrenzen. Raucher oder Biertrinker können eine solche Gruppe oder Grundgesamtheit sein. Die Totalerhebung ist in der Regel sehr teuer und nimmt auch einige Zeit in Anspruch. Obendrein sind ihre Ergebnisse nicht zuverlässiger als die einer Stichprobenerhebung.

Stichprobenerhebungen: Nur ein bestimmter Teil der Grundgesamtheit wird in die Erhebung einbezogen. Das Problem ist, daß diese Stichprobe auch repräsentativ sein muß, daß man von ihrem Ergebnis mit Sicherheit auf die Grundgesamtheit schließen kann. Damit das Ergebnis repräsentativ wird, müssen alle Mitglieder der Grundgesamtheit die gleiche Chance haben, in die Stichprobe einbezogen zu werden. Zwei Verfahren sind gebräuchlich, die dies sicherstellen.

Das **Randomverfahren** ist ein Verfahren der Zufälligkeit. Seine Urform ist die Urne. Jedes Glied der Grundgesamtheit ist ein Los. Es werden soviele Lose gezogen, wie die Stichprobe Teilnehmer hat. Jedes Glied der Grundgesamtheit hat die Chance, gezogen zu werden. Varianten sind das Randomroute-Verfahren und das Adressenstichprobenverfahren.

Beim **Quotenverfahren** wird aus einer Grundgesamtheit anhand eines bestimmten Merkmals eine Quote ausgesondert. So kann man z.B. aus der Grundgesamtheit der Raucher die Frauen aussondern oder die 20- bis 30-jährigen Raucher. Auch Wohnort oder Beruf können Merkmale zur Quotenbildung sein.

Ob das Randomverfahren oder das Quotenverfahren zuverlässiger ist, kann bis heute noch nicht gesagt werden.

(b) Sekundärforschung

Durch die Sekundärforschung werden keine Daten ermittelt, sondern bereits vorhandene Daten ausgewertet. Sie erfolgt also am grünen Tisch, weshalb sie auch als „**desk research**" bezeichnet wird. Entsprechend der Herkunft der Daten kann man unterscheiden:

(ba) Interne Sekundärforschung

Wichtigste Quelle für diese Art der Sekundärforschung ist das eigene Rechnungswesen. Je besser es organisiert und ausgebaut ist, umso mehr Daten stehen zur Verfügung. Aus ihnen können dann Statistiken über den Umsatz, die Aufträge und Auftragsgrößen, die Struktur der Kunden oder Struktur des Sortiments erstellt werden.

(bb) Externe Sekundärforschung

Hier liegen die Quellen außerhalb des Unternehmens. Den Statistischen Jahrbüchern und vielen anderen Veröffentlichungen können für das eigene Unternehmen relevante Daten entnommen und ausgewertet werden.

Es ist sehr wichtig, daß die von externen Quellen übernommenen Zahlen gründlich überprüft werden. Sonst sind die mit Hilfe sekundärer Daten gewonnenen Erkenntnisse nicht nur lückenhaft oder mit Mängeln behaftet, sondern falsch. Die Überprüfung sollte folgende Fragen betreffen:

Kann man der ermittelnden Institution **Unparteilichkeit** unterstellen oder müssen Vorurteile in Rechnung gestellt werden? Vorurteile können die Datenermittlung durchaus beeinflussen und bei der Auswertung der Daten die Ergebnisse verfälschen. Schon das Auswahlverfahren kann tendenziös sein.

Sind die Daten für das Ziel der Auswertung von **Relevanz,** haben sie zum Zeitpunkt der Auswertung noch Gültigkeit?

Beim Kriterium der **Zuverlässigkeit** wird nach der Genauigkeit der Ermittlung und der richtigen Anwendung der Erhebungsmethoden gefragt.

Wenn diese Punkte beachtet werden, dann kann man externe Daten für die eigene Marktforschung verwenden, was in der Regel den Vorteil hat, daß keine oder nur geringe Kosten entstehen.

(2) Analysemethoden

Sie werden zur Informationsverarbeitung eingesetzt. Die bei den Erhebungen gewonnenen Daten, aber auch die aus der Sekundärforschung kommenden Zahlen müssen verglichen, beurteilt und auf Zusammenhänge hin untersucht werden. Diese Aufgabe löst die Marktforschung mit Hilfe statistischer Methoden. *Kotler* bezeichnet diese ausgewählten statistischen Methoden Techniken zur Analyse der Daten. Eine sehr treffende Bezeichnung.

Der größte Teil der Daten, die mit Hilfe dieser Methoden untersucht werden, dürfte aus dem Bereich der ökoskopischen Marktforschung kommen. Ohne Zweifel kann man aber auch im Bereich der demoskopischen Marktforschung gewonnene Daten, wenn sie quantifizierbar sind oder quantifizierbar gemacht wurden, mit Hilfe dieser Methoden analysieren. So kann man z.B. die Entwicklung eines durch mehrere Befragungen ermittelten Bekanntheitsgrades eines Unternehmens in Beziehung zum Werbeaufwand des gleichen Zeitraumes setzen, wie es bei der Korrelationsanalyse getan wird.

Die Methoden der Datenanalyse kann man in drei Bereiche, in **Erfassungsmodelle, Prognosemodelle** und **Entscheidungsmodelle,** gliedern. Diese Gliederung erleichtert das Verständnis der Methoden sehr und läßt auch Zusammenhänge zwischen bestimmten einzelnen Methoden erkennen. Ein ungegliedertes und zufälliges Nebeneinander dagegen würde das Verständnis erschweren.

(a) Erfassungsmodelle

Diese Modelle, die auch Beschreibungsmodelle genannt werden können, haben die Aufgabe, bestimmte Faktoren des Marketing-Systems rechnerisch zu ermitteln. Es sind Zeitpunktbetrachtungen, statische Modelle. Sie sind also dem Aufgabenbereich der Marktdiagnose zuzurechnen. Folgende Modelle stehen der Marktforschung zur Verfügung:

Marktanteilsberechnungen: Der Umsatz des Unternehmens wird in Beziehung zum Marktvolumen gesetzt.

$$\text{Marktanteil} = \frac{\text{Unternehmensumsatz}}{\text{Marktvolumen}} \times 100$$

Das Marktvolumen kann die Größe von Gesamtmärkten oder auch von Branchen- oder Regional-Teilmärkten angeben. Es wird in der Regel ermittelt, indem man die Umsätze aller an einem bestimmten Markt agierenden Unternehmen addiert.

Im Handel sind Marktanteilsberechnungen ebenso wie in der Industrie weit verbreitet. Sie lassen Rückschlüsse über die Marktgeltung eines Unternehmens zu. Die Industrie wertet Handelsunternehmen oder Handelsgruppen anhand des Marktanteils auf ihre Bedeutung als Abnehmer hin.

Für die staatliche Wirtschaftspolitik sind Marktanteile sehr wichtige Indikatoren für den Verlauf von Konzentrationsprozessen.

Elastizitätsberechnungen: Die Beziehungen zwischen zwei Größen werden gemessen, und zwar zwischen einer unabhängigen und einer abhängigen Variablen. Die Abhängigkeit wird mit dem Elastizitätskoeffizienten gemessen. Folgende drei Arten lassen sich unterscheiden:

Die **Angebotselastizität:** mißt die relative Angebotsmengenänderung auf Grund einer vorausgegangenen relativen Preisänderung.

Die **Absatzelastizität** ist das Verhältnis der relativen Änderung der abgesetzten Menge zu der sie verursachenden relativen Preisänderung. Bei der **Nachfrageelastizität** handelt es sich um die relative Änderung der nachgefragten Menge auf Grund einer vorausgegangenen relativen Änderung des Preises oder der Einkommen.

Elastizitätsberechnungen sind vor allem in der Wirtschaftstheorie gebräuchlich. In der Praxis des Marketing interessieren vor allem Preis-, Verbrauchs- und Substitutionselastizitäten. Die Fragestellung lautet dann, in welchem Umfang wird durch eine Preisermäßigung (Variation der unabhängigen Größe Preis, der dann ein Parameter, also eine beeinflußbare Größe ist) der Absatz des Produktes A erhöht (Produkt A ist die abhängige Größe) und in welchem Umfang geht die Absatzerhöhung bei Produkt A zu Lasten von Produkt B, das durch Produkt A substituiert, also ersetzt werden kann. In diesem Beispiel wird sowohl nach der Verbrauchs- als auch nach der Substitutionselastizität gefragt.

Häufigkeitsverteilungen: Die ermittelten Daten werden nach einem oder mehreren Merkmalen geordnet und dann die Häufigkeit der Merkmale festgestellt. Auf diese Weise können in der Praxis Marktstrukturen erkennbar gemacht werden, wie z.B. Kunden-, Auftragsgrößen- oder Sortimentsstrukturen. Ein Beispiel wäre die Darstellung der Betriebsgrößenstruktur einer Handelsgruppe. Das quantitative Merkmal, nach dem geordnet wird, kann sowohl der Jahresumsatz als auch die Größe der Verkaufsfläche sein. Von Bedeutung ist, in wieviele Klassen die Grundgesamtheit eingeteilt wird und wo die Grenzen zwischen den einzelnen Klassen gezogen werden.

Marktindikatoren: Mit ihrer Hilfe kann die absolute oder relative Aufnahmefähigkeit regionaler Teilmärkte erkannt werden. Ein Beispiel sind die Kaufkraftkennziffern der *Gesellschaft für Konsumforschung* in Nürnberg, die mehrere Marktindikatoren zusammenfassen.

Nicht nur für die Industrie, auch für den Handel sind Marktindikatoren wichtige Hilfsmittel, die z.B. Rückschlüsse auf das Marktvolumen zulassen und damit standortpolitische Entscheidungen beeinflussen.

Skalierungen: Mit Hilfe dieser Methode wird versucht, qualitative Merkmale zu quantifizieren. Auf die Problematik dieser Aufgabe wurde bei der Darstellung der qualitativen Erhebungsmethoden bereits hingewiesen.
Man kann qualitative Merkmale annähernd quantifizieren, wenn man die Stärke einer Empfindung oder die Intensität eines Urteils von dem Befragten mit in Zahlen ausgedrückten Noten bezeichnen läßt. Es wird eine Skala von Noten gebildet, von 1 bis 6 oder 1 bis 100, in die der Befragte das einzelne Merkmal einordnet. Mit Hilfe dieser Methode können Konsumenteneinstellungen gemessen oder auch, was im Handel sehr interessiert, Imageprofile ausgearbeitet werden (vgl. dazu: Das Deutsche Kundenbarometer, s. S. 78).

(b) Prognosemodelle

Auf den Erfassungsmodellen bauen die Prognosemodelle auf. Indem sie unter Einbeziehung des Faktors Zeit das Marktverhalten analysieren und nachbilden, ermöglichen sie Voraussagen über das Verhalten von Verbrauchern oder Konkurrenten und geben darüber hinaus Auskunft über die Abhängigkeit dieses Verhaltens von empirisch zu bestimmenden Variablen.

Die Prognosemodelle sind zeitraumbezogen und dienen der Aufgabe der Marktbeobachtung, wie es *Seyffert* formuliert. Durch die Einbeziehung des Faktors Zeit wird eine größere Realitätsnähe erreicht. Folgende Prognosemodelle stehen zur Verfügung.

Regressionsanalyse: Sie untersucht den Zusammenhang zwischen zwei (= einfache Regression) oder mehreren (= multiple Regression) zufallsbedingten variablen Größen. Eine Größe ist immer die abhängige Variable, die anderen Größen sind die unabhängigen und damit beeinflußbaren Variablen. Dabei interessiert nicht nur allein der Zusammenhang, sondern es wird auch untersucht und festgestellt, welches Gewicht jeder einzelnen unabhängigen Variablen bei der Beeinflussung der abhängigen Variablen zukommt. Der Zusammenhang wird in der Regressionsgleichung dargestellt (vgl. dazu: *Nieschlag* u.a., 18. Auflage, a.a.O., S. 775 ff.).

Ein Beispiel aus der Praxis wäre die Frage, beeinflussen – und wenn ja, in welchem Umfang – der Preis, die Einkommenselastizität und die Preise der Substitutionsprodukte den Absatz eines bestimmten Produktes. Das Ergebnis könnte sein, daß der Preis und die Preise der Substitutionsprodukte den Absatz stark, die Einkommenselastizität nur schwach beeinflussen.

Für ein Handelsunternehmen könnte die Fragestellung interessant sein, in welchem Ausmaß der Preis und der Werbeaufwand für ein Produkt oder eine Produktgruppe den Absatz beeinflussen.

Die **Diskriminanzanalyse** kann als eine Variante der Regressionsanalyse angesehen werden. Es wird nicht nur die Abhängigkeit einer Größe von anderen Größen untersucht, sondern es wird darüber hinaus geprüft, ob sich mit Hilfe der abhängigen Größe Gruppen oder Klassen bilden lassen. Untersucht z.B. die Regressionsanalyse die Abhängigkeit des Automobilumsatzes von der Einkommensentwicklung, so fragt die Diskriminanzanalyse danach, ob Einkommensbezieher einer bestimmten Klasse *Opel* oder *Ford* bevorzugen. Die abhängige Größe, der Markt eines bestimmten Produktes, wird also in zwei oder mehrere Marken, die sich gegenseitig substituieren können, aufgegliedert. Und dann wird untersucht, ob sich die Käufer der einen oder der anderen Marke als charakteristische Gruppe mit ganz bestimmten Merkmalen – Einkommenshöhe, Alter, Geschlecht, Beruf z.B. – beschreiben lassen. Das Ergebnis könnte sein, daß eine ganz bestimmte Gruppe von Käufern *Opel* bevorzugt und *Ford* diskriminiert, die andere Gruppe bevorzugt *Ford* und diskriminiert *Opel*.

Im Handel könnte die Frage lauten, sind Biertrinker und Weintrinker charakteristische Kundengruppen, die sich anhand bestimmter Merkmale eindeutig abgrenzen lassen. Oder welche Gruppe von Kunden bevorzugt Sekt der Marke A und welche Gruppe von Kunden bevorzugt den gleichpreisigen Sekt der Marke B. Von den Eigenarten der Käufergruppe kann dann unter Umständen auf das von der Werbung geprägte Image der Marke geschlossen werden, beziehungsweise ob es der Werbung gelang, ein gewolltes Image zu prägen oder auch nicht. (vgl. dazu: *Nieschlag* u.a., 18. Auflage, S. 797 ff., wo auch die Mathematik der Diskriminanzanalyse ausführlich dargestellt wird).

Die Diskriminanzanalyse, das läßt sicher auch diese knappe Beschreibung erkennen, erfordert in der Regel umfangreiche Erhebungen der Daten, auf denen sie aufbaut. Vielleicht ist dies mit ein Grund dafür, daß sie im Handel wenig angewandt wird.

Korrelationsanalyse: Sie untersucht den Zusammenhang zwischen zwei Variablen und dessen Stärke. Es interessiert lediglich die Frage, ob ein Zusammenhang besteht, ob er in einer parallelen oder gegenläufigen Entwicklung beider Größen zum Ausdruck kommt, ob er stark oder schwach ist. Der Zusammenhang wird im Korrelationskoeffizienten ausgedrückt. Es wird also nicht gefragt, ob die Variable a die Variable b beeinflußt oder umgekehrt. Da zwei zufallsbedingte unabhängige Variablen auf ihren Zusammenhang hin untersucht werden, kann diese Frage auch gar nicht beantwortet werden. Erklärungsversuche festgestellter Zusammenhänge unterliegen daher immer der Gefahr, daß eine Korrelation angenommen wird, wo in Wirklichkeit eine Scheinkorrelation vorliegt. Ein einprägsames Beispiel für eine Scheinkorrelation, auf das in der statistischen Literatur immer wieder hingewiesen wird, ist der Zusammenhang zwischen der Zahl der Störche und der Geburtenhäufigkeit.

Sichere Ergebnisse erhält man eigentlich erst dann, wenn man von der Korrelations- zur Regressionsanalyse übergeht, also eine der unabhängigen Variablen systematisch verändert und untersucht, wie sich die andere Variable verhält, ob sie eine abhängige Größe ist.

In vielen Fällen wird die Aussagekraft von Regressions- und Diskriminanzanalysen dadurch beeinträchtigt, daß zwischen den unabhängigen Variablen mehr oder weniger starke Zusammenhänge bestehen – was man als Multikollinearität bezeichnet – oder daß die abhängige Variable umgekehrt auch die unabhängige Variable oder die unabhängigen Variablen beeinflußt. In solchen Fällen muß die **Faktorenanalyse** angewandt werden, die die Aufgabe hat, die hinter den Variablen stehenden Zusammenhänge aufzudecken und zu beschreiben. So werden nicht nur Scheinkorrelationen, sondern auch Interkorrelationen (= Zusammenhänge zwischen den Variablen) sichtbar.

Die Faktorenanalyse verdichtet komplexe große Datenmengen, indem sie aus einer größeren Zahl von Variablen eine kleinere Zahl von Faktoren bildet, die dann voneinander unabhängig sein müssen.

Diese Methode wird z.B. angewandt zur Untersuchung der Bestandteile eines Unternehmens- oder Produktimages oder zur Bildung von Gruppen bestimmter Typen (vgl. dazu: *Nieschlag*, u.a., 18. Auflage, a.a.O., S. 815 ff., wo auch die mathematischen Grundlagen ausführlich erläutert werden).

Clusteranalyse: Diese Methode dient dazu, bei einer Grundgesamtheit natürliche Gruppen sichtbar werden zu lassen oder künstlich abgegrenzte Gruppen zu bilden (Cluster = Haufen, Klumpen). Die Mitglieder einer Gruppen sollen dabei so gleichartig (= homogen) als möglich sein, die Gruppen untereinander so verschiedenartig (= heterogen) als möglich. In der Praxis werden mit Hilfe dieser Methode Gruppen von Kundentypen, Waren und Vertriebsformen und auch Marktsegmente gebildet und untersucht (vgl. dazu: *Nieschlag* u.a., 18. Auflage, a.a.O., S. 808).

Zeitreihenanalysen: Zeitreihen sind Daten über einen gleichen Sachverhalt für eine Reihe von Zeitpunkten oder Zeiträumen. Sie können sehr unregelmäßig verlaufen und trotzdem einer gewissen Gesetzmäßigkeit unterliegen. Die Methoden der Zeitreihenanalyse haben die Aufgabe, die Unregelmäßigkeiten zu eliminieren und Regelmäßigkeiten sichtbar werden zu lassen. Solche Regelmäßigkeiten können sein:

Trends (langfristige Bewegungen),
Konjunkturen (zyklische Schwankungen),
Saisonschwankungen (jahreszeitliche Bewegungen),
Zufälle (nicht erklärbare Bewegungen).

Folgende Methoden der Zeitreihenanalyse sind gebräuchlich:

Trendberechnungen schalten kurz- und mittelfristige Einflüsse und Bewegungen aus und lassen die langfristige Bewegungstendenz, die Grundrichtung der Zahlenreihe, erkennen. Den Trend beeinflussende Faktoren sind von anhaltender Dauer. Eine Verlängerung der Trendkurve in die Zukunft (= Extrapolation) ist nur unter der Voraussetzung möglich, daß die beeinflussenden Faktoren sich nicht verändern oder gar wegfallen. Trendberechnungen sind auch im Handel gebräuchlich, vor allem in der Umsatzstatistik.

Bei der Methode der **exponentiellen Glättung** wird die Verlängerung einer Zeitreihe in die Zukunft in der Weise vorgenommen, daß die Daten der Gegenwart und der jüngsten Vergangenheit stärker gewichtet werden als die Daten weiter zurück liegender Zeiträume. Das bringt eine Annäherung an die Realität mit sich. Diese Methode kann z.B. bei kurzfristigen Bedarfsprognosen angewandt werden.

Bei der **Berechnung von Saisonschwankungen** kann man drei Verfahren anwenden, um einen Monats-, Wochen- oder auch Tagesrhythmus sichtbar werden zu lassen:

Die **Methode der gleitenden Durchschnitte** wandelt die Reihe der Basisdaten in eine Reihe von Durchschnittswerten um, die sich aus Gruppen von Basisdaten ergeben.

Statt 1–2–3–4–5–6–7–8–9–10

I (= ∅ von 1 bis 5) – II (= ∅ von 2 bis 6 – III (= ∅ von 3 bis 7) ....

Beim **Phasendurchschnittsverfahren** ermittelt man in mehreren Schritten Indizes, die den Saisoneinfluß sichtbar werden lassen. Die Basisreihe sollte keinen oder nur einen leichten Trend aufweisen.

Das **Gliedziffernverfahren** empfiehlt sich bei starkem Trendeinfluß. Jedes Glied einer Reihe wird mit dem vor ihm stehenden Glied ins Verhältnis gesetzt, die so gewonnenen Gliedziffern miteinander verkettet.

Simulationsmodelle: Die bisher behandelten Prognosemodelle bauen ihre Voraussagen auf einer Analyse der Vergangenheit auf. Sie unterstellen damit auch, daß die Bedingungen der Vergangenheit in der Zukunft bestehen bleiben. Gerade im Handel, der immer mit raschen Veränderungen rechnen muß, ist diese Annahme gefährlich, auf sie Entscheidungen zu gründen bringt erhebliche Risiken mit sich.

Die Simulationsmodelle versuchen diesen Mangel zu beseitigen, indem sie unter Nachbildung wesentlicher Eigenschaften realer Systeme Experimente durchführen. Dabei werden von außen wirkende (= exogene) Variable systematisch verändert – wodurch sie zu Parametern, gestalteten Größen, werden – und die Auswirkungen untersucht. Die Simulationsmodelle sind somit eine Kombination von Erfassungsmethoden und Analysemethoden. Dem Aufbau des Modells müssen eingehende Analysen der in ihm ablaufenden Vorgänge und der Faktoren, die diese Vorgänge beeinflussen, vorangehen.

Die **Prognosemodelle** lassen sich in zwei Gruppen gliedern:
- Modelle, mit deren Hilfe **Daten und deren Determinanten** analysiert werden können. Sie decken die Redundanz des Datenmaterials auf (weisen wertloses Datenmaterial aus) und helfen die wesentlichen Determinanten erkennen. Zu dieser Gruppe zählen die Multiple Regressionsanalyse, die Diskriminanzanalyse, die Varianzanalyse und die Korrelationsanalyse.
- Modelle, die Daten analysieren, die **Merkmale von Produkten oder Personengruppen** sind. Mit ihrer Hilfe lassen sich räumliche Marktmodelle bilden, die segmentiert werden und auf denen Produkte positioniert werden können.Zu dieser Gruppe zählen die Faktorenanalyse, die Clusteranalyse und die mehrdimensionale Skalierung. (*Bauer, Hans H.,* Marktforschung, in: Das große Lexikon für Handel und Absatz, 2. Auflage, Landsberg am Lech 1982, S. 541 ff.).

Möglich und sinnvoll ist auch die folgende Gliederung von *Hammann,* der unterscheidet zwischen:
- Methoden der Datenreduktion (**Interdependenzanalysen**), die entweder den Objektraum reduzieren, wie die Clusteranalyse, oder den Variablenraum, wie die Faktorenanalyse.
- Methoden der Datenanalyse (**Dependenzanalysen**), die Existenz und Intensität assoziativer Beziehungen zwischen in der Regel einer abhängigen und mehreren unabhängigen Variablen nachweisen und überprüfbar machen, wie die Regressions-, die Diskriminanz-, die Varianz- und die Kontingenzanalyse.

(*Hammann, Peter,* Marktforschung, in: Vahlens großes Wirtschafts-Lexikon, TB-Ausgabe, München 1994, S. 1401–1403; zu den Grundsatzfragen der Prognose siehe: *Meyer, Paul W.,* und *Mattmüller, Roland,* Zur Problematik handelsspezifischer Prognosen, in: Handelsforschung 1989, Grundsatzfragen, Jahrbuch der Forschungsstelle für den Handel Berlin (FfH) e.V., Wiesbaden 1989, S. 27 ff.; ein Beispiel für die „Delphi-Methode" ist: *Happel, Heinrich,* Wie der Einzelhandel in Zukunft handelt, Prognosen – Meinungen – Argumente, herausgegeben vom Informationsdienst der Sparkassen und Landesbanken/Girozentralen, Stuttgart 1989)

(c) Entscheidungsmodelle

Sie versuchen die auch nach intensivem Einsatz der Marktforschung verbleibenden Restrisiken weiter zu vermindern.

Geschlossene Entscheidungsmodelle haben ein eindeutiges Lösungsverfahren und liefern optimale Lösungen.

Heuristische Modelle wollen den hohen Rechen-, Zeit- und Kostenaufwand, den in manchen Fällen die geschlossenen Modelle verursachen, vermeiden, indem sie auf die optimale Lösung verzichten und statt dessen mit Hilfe von Näherungsverfahren Lösungen anbieten, die unter Berücksichtigung des Zieles und der Art des Problems sinnvoll, zweckmäßig und erfolgversprechend sind.

Einen abschließenden Überblick über das umfangreiche und zentrale Gebiet der Methoden der Marktforschung gibt die *Abbildung 2/3.* Abschließend sei noch einmal auf die sehr ausführliche Darstellung der Methoden der Marketing-

Forschung und Beispiele ihrer Anwendung bei *Nieschlag,* Marketing, 18. Auflage, Berlin 1997, S. 669 ff., und *Kotler,* Marketing-Management, 8. Auflage, Stuttgart 1995, S. 179 ff., hingewiesen.

2.1.1.3 Ergebnisforschung

Sie untersucht die Ergebnisse von Marketing-Aktivitäten, also z. B. Umsatzsteigerung, Veränderungen der Sortimentssturktur oder Marktanteilsvergrößerungen. Ergebnisforschung setzt natürlich voraus, daß schon vor Beginn irgendwelcher Aktivitäten Marktforschung betrieben wurde, damit deren Ergebnisse mit den späteren Ergebnissen verglichen werden können.

2.1.2 Marktforschung im engeren Sinne

Unter diesem Begriff fassen wir alle Erkenntnisobjekte, die Gegenstand der Marketingforschung sind oder sein können, systematisch zusammen. Die Erkenntnisobjekte der Marketingforschung lassen sich in drei Bereiche gliedern.

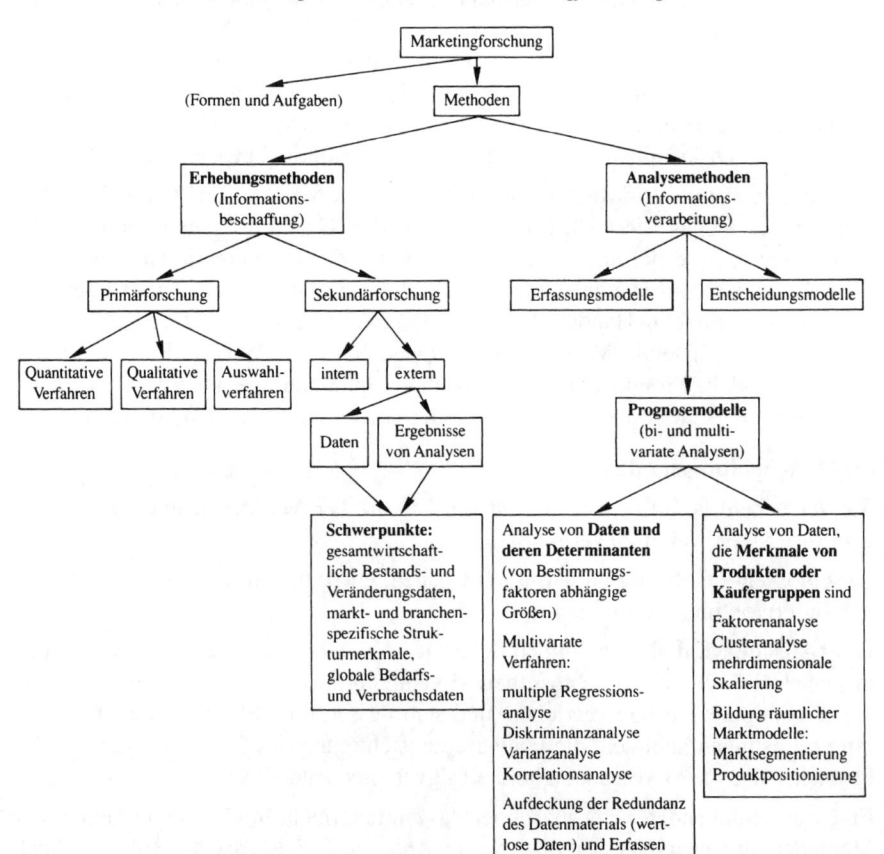

Abbildung 2/3: Methoden der Marketingforschung

2.1.2.1 Marktfelder

Gegenstand der Marketingforschung sind nicht nur die Absatzmärkte eines Unternehmens und deren Nachmärkte, sondern auch die Beschaffungsmärkte und deren Vormärkte, was besonders bei Handelsunternehmen von Bedeutung ist. Die Beschaffungsmärkte können noch einmal unterteilt werden in Warenmärkte, Personalmarkt und Finanzmarkt.

In allen aufgeführten Fällen können sowohl die erschlossenen als auch die möglichen Märkte Gegenstand von Untersuchungen sein.

Das gesamte wirtschaftliche Umfeld eines Unternehmens ist somit Erkenntnisobjekt der Marketingforschung. Wie ja auch marketingorientierte Unternehmensführung das Unternehmen nicht nur vom Absatzmarkt her, sondern vom gesamten Umfeld her führt. Nur wenn Marketingforschung so umfassend – total – angewandt wird, kann ein Unternehmen am Markt agieren, kann seine Märkte aktiv gestalten, und dabei doch auf sicherem Grund stehen, die Entscheidungsrisiken in vertretbaren Grenzen halten.

2.1.2.2 Marktfaktoren

Innerhalb der Marktfelder sind die folgenden Marktfaktoren zu untersuchen:

angebotene und nachgefragte Waren,
die Preise und Kosten dieser Waren,
die Produktion und die Produzenten dieser Waren,
die Standorte der Unternehmen,
Verbrauch und Verbraucher,
Bedarf und Nachfrage,
Beschaffung und Absatz,
die Wettbewerber und deren Verhalten,
das Image des eigenen Unternehmens und der Wettbewerber
(*Seyffert, Rudolf,* a.a.O., S. 550/51). Zu folgenden Marktfaktoren wäre noch ergänzend anzumerken:

Standort: Standortforschung als methodisches Spezialproblem der Marketingforschung wird nur von *Nieschlag* ausführlicher dargestellt (*Nieschlag* u.a., 15. Auflage, a.a.O., S. 373ff.). In der Aufzählung der Marktfaktoren bei *Seyffert* fehlt dieser Faktor. Er ist, wie noch zu zeigen sein wird, für Handelsunternehmen von entscheidender Bedeutung. Aber auch bei Industrieunternehmen finden sich marketingorientierte Standortentscheidungen.

Verbraucher: Bei der Untersuchung des Marktfaktors Verbraucher unterscheidet *Behrens* zwei Bereiche:

Objektive Sachverhalte: Kaufhandlungen, Alter, Geschlecht, Familienstand, Beruf, Einkommen, Besitz, Wohnverhältnisse sind solche Sachverhalte.

Subjektive Sachverhalte: Wissen, Wahrnehmungen, Vorstellungen, Meinungen, Intentionen, Wünsche, Gefühle, Motive und Ziele zählen dazu.

Diesen beiden Gruppen von Sachverhalten entsprechen, wie unschwer zu erkennen ist, die quantitativen und qualitativen Erhebungsmethoden.

Image: Auch dieser Marktfaktor fehlt in der Aufzählung von *Seyffert*. Er wird aber von *Nieschlag* (a. a. O., 15. Auflage, S. 411 ff.) ausführlich behandelt. Für Industrieunternehmen ist das Image ihrer Produkte, für Handelsunternehmen das Image des Unternehmens als Mittel der Profilierung gegenüber den Wettbewerbern von großer Bedeutung.

2.1.2.3 Betriebliches Rechnungswesen

Die Bedeutung dieses Erkenntnisobjektes bzw. dieser Informationsquelle hat in den letzten Jahren sehr stark zugenommen. Die Marktforschung, die, ihr Name sagt es eigentlich auch, von Natur aus mehr extravertiert ist, richtet nun auch ihre Blicke in das Unternehmen hinein. Und das ist auch notwendig. Denn ohne Kenntnis seiner Vertriebskosten, seiner Kapazitätsauslastung und -grenzen und der Probleme von Lagerhaltung und Distribution kann kein Unternehmen eine effektive Absatzpolitik betreiben. Die *Abbildung 2/4* gibt einen Überblick über das Gebiet der Marktforschung im engeren Sinne.

Die EDV und besonders im Einzelhandel die Scannerkassen haben das betriebliche Rechnungswesen zu einer außerordentlich ergiebigen Quelle für die Marktforschung werden lassen. Die Kontrolle des Sortiments und darauf aufbauend seine Steuerung können, wenn es sein muß, artikelgenau erfolgen. Weiterhin stehen Daten über die durchschnittlichen Einkaufsbeträge – im Einzelhandel – und die Auftragsgrößen – im Großhandel – zur Verfügung. An diesem Datenmaterial sind auch die Hersteller sehr interessiert.

2.2 Marktforschung im Handel

Die Marktforschung im Handel weist gegenüber der Marktforschung der Hersteller einige Besonderheiten auf. Sie ergeben sich hauptsächlich daraus, daß das Handels-Marketing unternehmensorientiert ist und die Gestaltung der Handelsleistung in seinem Mittelpunkt steht.

2.2.1 Erforderliche Grundsatzentscheidungen

In einer hochentwickelten arbeitsteiligen Volkswirtschaft birgt der Bereich Handel eine Fülle von Daten in sich. Durch die Entstehung des europäischen Wirtschaftsraumes mit seinem großen Binnenmarkt ist die Datenmenge noch größer geworden. Die zunehmende Globalisierung der Wirtschaft wird die Datenmenge weiter anwachsen lassen. Alle verfügbaren Daten zu erfassen und auszuwerten ist sicher technisch möglich, aber wirtschaftlich nicht zu vertreten und für den Bereich Handel auch gar nicht erforderlich. Marktforschung kostet Geld und unterliegt damit dem Gebot der Wirtschaftlichkeit. Die erforderlichen Daten müssen deshalb zielgerichtet ermittelt werden. Interessant sind nur die für den Bereich Handel und das einzelne Handelsunternehmen relevanten Daten. Um zielgerichtet und damit wirtschaftlich arbeiten zu können, braucht die Marktforschung, wenn sie Daten für ein einzelnes Unternehmen beschaffen soll, einige Grundsatzentscheidungen, die die „Marketing-Verfassung" des Handelsunternehmens festlegen.

2.2 Marktforschung im Handel

Abbildung 2/4: Marktforschung im engeren Sinne

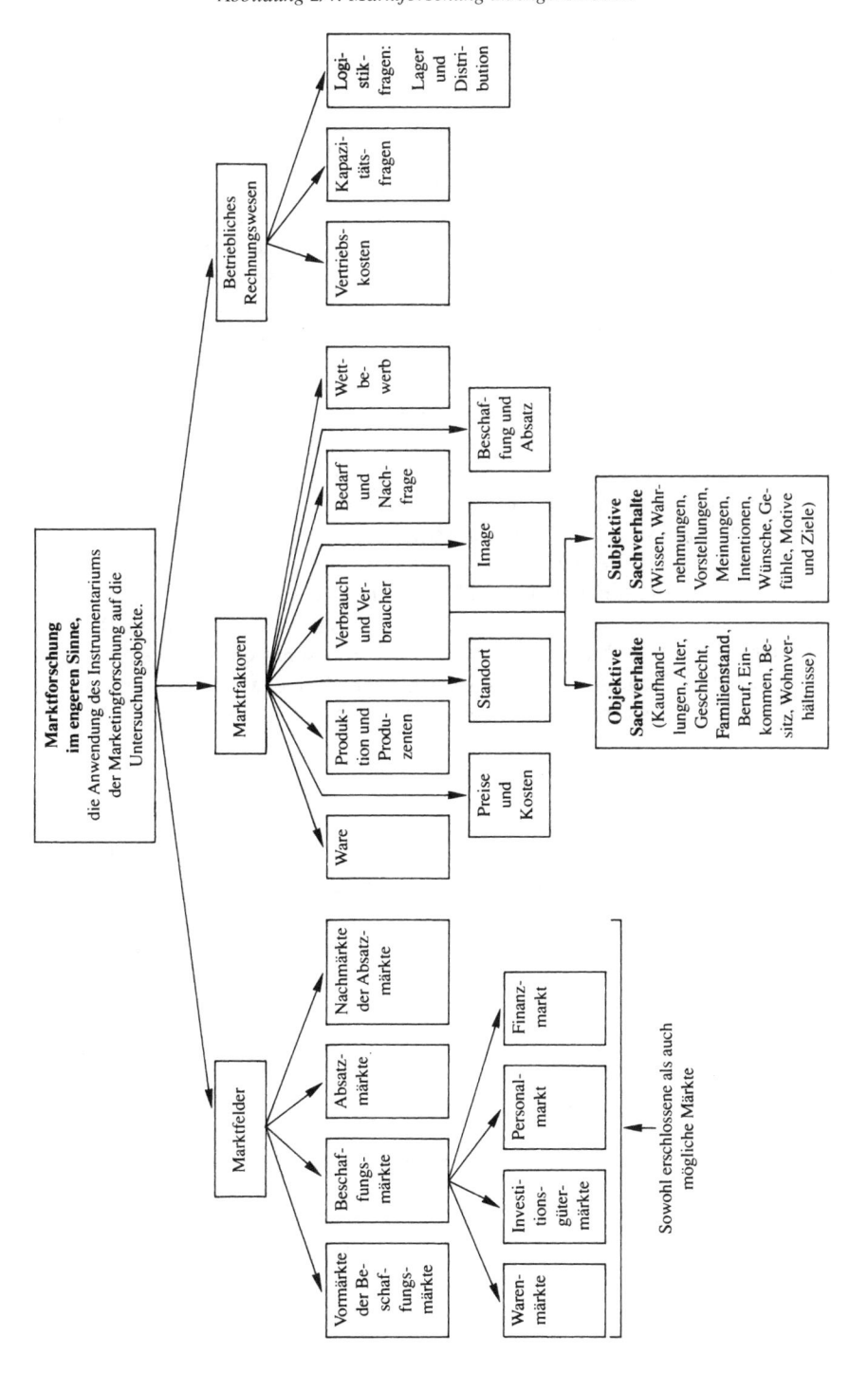

Marktforschung im engeren Sinne, die Anwendung des Instrumentariums der Marketingforschung auf die Untersuchungsobjekte.

- **Betriebliches Rechnungswesen**
  - Vertriebskosten
  - Kapazitätsfragen
  - Logistikfragen: Lager und Distribution

- **Marktfaktoren**
  - Ware
    - Preise und Kosten
  - Produktion und Produzenten
  - Verbrauch und Verbraucher
    - Standort
    - Image
    - **Objektive Sachverhalte** (Kaufhandlungen, Alter, Geschlecht, Familienstand, Beruf, Einkommen, Besitz, Wohnverhältnisse)
    - **Subjektive Sachverhalte** (Wissen, Wahrnehmungen, Vorstellungen, Meinungen, Intentionen, Wünsche, Gefühle, Motive und Ziele)
  - Bedarf und Nachfrage
    - Beschaffung und Absatz
  - Wettbewerb

- **Marktfelder**
  - Vormärkte der Beschaffungsmärkte
  - Beschaffungsmärkte
    - Warenmärkte
    - Investitionsgütermärkte
    - Personalmarkt
    - Finanzmarkt
  - Absatzmärkte
  - Nachmärkte der Absatzmärkte

Sowohl erschlossene als auch mögliche Märkte

(1) Die Branche

Die Entscheidung darüber, in welcher Branche ein Handelsunternehmen arbeiten will und ob es ein reines Branchensortiment oder ein branchenübergreifendes Sortiment führen will, muß getroffen werden. Das schränkt den Bereich, aus dem Daten beschafft werden müssen, wesentlich ein. Die Marktforschung muß allerdings berücksichtigen, daß heute auch ein starker Wettbewerb zwischen einzelnen Branchen und zwischen dem Handel und Dienstleistungsunternehmen – Tourismus und Gastronomie z.B. – besteht. Branchen und Dienstleistungen, deren absatzpolitische Aktivitäten das Marketing des Handels oder eines einzelnen Handelsunternehmen stören könnten und deren Begehrlichkeiten abgewehrt werden müssen, muß die Marktforschung erkennen und in ihre Untersuchungen einbeziehen.

(2) Die Vertriebsform

Die Marktforschung muß auch wissen, in welcher Vertriebsform das Handelsunternehmen arbeitet, für das sie Daten beschaffen soll. Für einen Lebensmittelsupermarkt sind Daten aus dem Bereich des Discount relativ wenig interessant. Aber auch hier gilt, daß nicht nur innerhalb der Vertriebsformen, sondern auch zwischen den Vertriebsformen Wettbewerb herrscht. Die Nonfoodangebote der beiden führenden deutschen Lebensmitteldiscounter stören nicht nur andere Branchen – Elektronik, Textil –, sondern auch andere Vertriebsformen – Fachgeschäfte –. Die Marktforschung darf sich also auch hier nicht nur auf die Vertriebsform des Handelsunternehmens beschränken, für das sie Daten beschaffen soll. Welche Gefahren von anderen Vertriebsformen ausgehen könnten und welches Absatzpotential in anderen Vertriebsformen, vor allem im Discountbereich, steckt, ist mit zu untersuchen.

(3) Die Rechtsform

Die Rechtsform beeinflußt nur am Rande das Marketing eines Handelsunternehmens. Sie hat Bedeutung für die Finanzierung des Unternehmens. Die Möglichkeiten der Finanzierung können für ein expandierendes Filialunternehmen und sein Marketing sehr wichtig sein. Die Realisierung neuer Standorte erfordert heute beträchtliche Investitionen. Und die Rechtsform hat Beziehungen zur Größe eines Handelsunternehmens und seiner Führungs- und Entscheidungsstruktur. Auch das sind Informationen, die die Arbeit der Marktforschung – zwar nur am Rande – mit beeinflussen können.

2.2.2 Quantitative und qualitative Daten

Handelsunternehmen produzieren, so wurde im 1. Kapitel festgestellt, eine Handelsleistung, die sie mit den im Sortiment geführten Waren verbinden. Diese Handelsleistung ist zum größten Teil eine abstrakte Dienstleistung. Den Umfang der produzierten Handelsleistung kann man recht genau ermitteln. Ihn spiegelt die G+V-Rechnung eines Handelsunternehmens wider. Ein Fachgeschäft hat u.U. 35 bis 50% vom Nettoumsatz Kosten. Ein Lebensmitteldiscounter weist etwas über 10% vom Nettoumsatz Kosten aus. Je umfangreicher die Handelsleistung, desto mehr Betriebsfaktoren müssen eingesetzt werden, desto höher sind die Kosten.

Diese quantitativen Daten sagen aber nichts über die Qualität der erbrachten Handelsleistung aus. Und gerade die Qualität der Handelsleistung ist für den Erfolg eines Handelsunternehmens von zentraler Bedeutung. Sie macht das Handelsunternehmen zum unverwechselbaren Markenartikel. Die Qualität der Handelsleistung ist die Voraussetzung dafür, daß ein Handelsunternehmen seine Stellung am Markt dauerhaft sichert und eine solide Kundenbindung aufgebaut werden kann. Branchen und Dienstleistungen, deren absatzpolitische Aktivitäten das Marketing des Handels oder eines einzelnen Handelsunternehmens stören könnten, sind von der Marktforschung ebenfalls in ihre Untersuchungen einzubeziehen. Auch da stehen Aussagen über die Qualität der konkurrierenden Handelsleistung und Dienstleistung im Vordergrund. Gerade die Ermittlung und Auswertung qualitativer Daten kostet viel Geld, denn sie darf sich nicht allein auf das eigene Unternehmen beschränken, muß vielmehr auch die Wettbewerber einbeziehen und muß von externen Marktforschungsinstituten durchgeführt werden. Das ist sicher mit ein Grund dafür, daß Handelsunternehmen solche Untersuchungen relativ selten durchführen lassen. Die Investitionen in die Marktforschung lohnen sich aber. Zuverlässige Aussagen gerade über die Qualität der erbrachten Handelsleistung und über das Image des eigenen Unternehmens sind von unschätzbarem Wert für das Handels-Marketing und unverzichtbare Grundlage für zukünftige Marketing-Aktivitäten.

2.2.3 Die relevanten Marktfelder und Marktfaktoren

2.2.3.1 Die relevanten Marktfelder

Für das Handels-Marketing sind in erster Linie Daten von den Absatzmärkten unverzichtbar. Da sich als Folge der Einführung der Selbstbedienung die Branchengrenzen teilweise verwischt haben, ist die Menge der erforderlichen Daten laufend größer geworden. Die Bildung von Bedarfsgruppen führte zu branchenübergreifenden Sortimenten. Ein Handelsunternehmen für Oberbekleidung führt heute auch Lederwaren, Modeschmuck und vielleicht sogar Schuhe. Es braucht also Daten von mehreren Absatzmärkten. Die traditionellen City-Warenhäuser und die SB-Warenhäuser mit ihren großen branchenübergreifenden Sortimenten brauchen eine Fülle von Daten von einer Vielzahl von Absatzmärkten. Und da heute nicht nur ein Wettbewerb zwischen den Branchen des Handels, sondern auch zwischen Handel und einem Teil der Dienstleistungsunternehmen besteht, müssen auch Daten von diesen Dienstleistungsmärkten beschafft und ausgewertet werden.

Von großer Bedeutung sind für das Handels-Marketing auch Daten von den Beschaffungsmärkten. Die Handelsunternehmen sind ständig auf der Suche nach neuen Lieferanten und nach Artikeln, die die Aufgabe, die Handelsleistung effektiv zum Verbraucher zu transportieren, besser als die schon im Sortiment geführten Artikel erfüllen. Die Handelsunternehmen sind in der Sortimentsgestaltung sehr flexibel, können also ohne Schwierigkeiten relativ schnell Artikel aus dem Sortiment herausnehmen und neue Artikel aufnehmen. Hinzu kommt, daß die Beschaffung heute bei den großen Handelsunternehmen „global" ist. Es wird in aller Welt eingekauft. Nur die Qualität der Ware und der Preis müssen stimmen. So wie im Einzelhandel die „Kundentreue" abgenommen hat, zeigen heute die Handelsunternehmen immer weniger „Lieferantentreue". Diese „dynamische" Einkaufspolitik kann aber nur erfolgreich sein, wenn ihre Entscheidungen auf einer soliden Datenbasis ruhen.

Dieser Überblick über die relevanten Marktfelder Absatz- und Beschaffungsmärkte zeigt deutlich, daß diejenigen Handelsunternehmen über Wettbewerbsvorteile verfügen, die die umfassenderen, aktuelleren und zuverlässigeren Daten zur Hand haben. Marktforschung ist eine wirksame Waffe im Wettbewerb.

Große Handelsunternehmen brauchen für die Kommunikation Daten über den Medienmarkt. Auch wenn sie die Kommunikation, vor allem die Werbung, den Profis externer Agenturen überlassen, sollten sie einen Überblick über die Eigenarten, die Effektivität und die Kosten der zur Verfügung stehenden Medien haben. Als Marktfeld, von dem Daten gebraucht werden, ist noch die Wirtschaftsordnung anzusehen. Durch die Vielzahl gesetzlicher Regelungen ist der Überblick über dieses Marktfeld zunehmend schwieriger geworden. Die Regelungen der Wirtschaftsordnung verunsichern die Unternehmen heute manchmal mehr als sie ihnen Sicherheit für ihre Entscheidungen geben.

2.2.3.2 Die relevanten Marktfaktoren

Für den Einzelhandel sind die Verbraucher, für Groß-, Import- und sonstigen Handel sind die Kunden die im Vordergrund stehenden Marktfaktoren. Bei diesen Marktfaktoren geht es um Menschen, um ihre Einstellungen, Meinungen, Emotionen und Gewohnheiten. Die Menschen, denen der Handel seine Waren verkaufen möchte, sind heute nicht nur gebildeter als ihre Vorfahren. Sie sind auch kritischer – gestiegenes Qualitäts- und Umweltbewußtsein – und stehen – ein Kennzeichen der Überflußwirtschaft – nur in einem relativ kleinen Bereich ihres Konsums unter Kaufzwang. Und sie sind unberechenbarer geworden, entscheiden sehr oft emotional. Hier sei noch einmal an das Lifestyle-Marketing erinnert. Die Marktforschung hat daher überwiegend qualitative Daten in immer kürzer werdenden Zeiträumen zu beschaffen. Diese nicht ganz einfache Aufgabe wird von ihr zuverlässig gelöst. Die Marktforschung ist aber damit auch wesentlich teurer geworden als sie es in der Vergangenheit war.

Der zweite wichtige Marktfaktor ist die Ware. Da sich durch die fortschreitende und verstärkende Europäisierung und Globalisierung des Handels die Anzahl der Marktfelder erhöht hat, ist auch die Zahl der Artikel in vorher kaum vorstellbarer Weise und damit der Umfang des Untersuchungsfeldes für die Marktforschung gewachsen.

Da der Handel kapitalintensiv geworden ist, sind die Investitionsgüter ebenfalls ein wichtiger Marktfaktor geworden. Die Handelsunternehmen müssen sich darüber informieren, was die Hersteller von Investitionsgütern an verbesserten und neuen Produkten anbieten. Das Handels-Marketing muß, soweit das von den Kosten her vertretbar ist, auch auf dem Gebiet der Investitionen den technischen Fortschritt nutzen. Die meisten Handelsunternehmen müssen heute nach 5 bis 7 Jahren einen großen Teil ihres Sachkapitals ersetzen. Das gilt besonders für Unternehmen des stationären Einzelhandels. Wenn sie Ersatzinvestitionen unterlassen, droht ihnen ein „Verschleiß der Verkaufsräume", den die Kunden sehr wohl bemerken, den sie als mangelhafte Handelsleistung bewerten und der deshalb fatale Folgen haben kann.

Schließlich ist noch der Marktfaktor Mitarbeiter von erheblicher Bedeutung. Qualifizierte Mitarbeiter sind in vielen Handelsunternehmen ein Marketingfaktor, den man nicht entbehren kann. Ein großer Teil der Mitarbeiter der Handelsunternehmen – besonders im Facheinzelhandel, der in Bedienung geführt wird – kommen mit den Kunden in unmittelbaren Kontakt und beeinflussen durch ihr Auftreten das Unternehmensimage ganz wesentlich.

2.2.4 Schwerpunkte der Marktforschung im Handel

Die Marktforschung hat im Handel Schwerpunkte, die sich von den Schwerpunkten der Marktforschung der Hersteller deutlich unterscheiden. Die Unterschiede ergeben sich daraus, daß Handels-Marketing unternehmensorientiert ist und die der Ware beigefügte Handelsleistung verkaufen muß. Die wichtigsten Schwerpunkte der Marktforschung im Handel sind:

2.2.4.1 Die Standortsicherung

Für den Bereich des Einzelhandels ist der Standort ein wichtiger Marketingfaktor. Seine Bedeutung ergibt sich aus der Aufgabe der Raumüberbrückung. Die Standorte der Einzelhandelsunternehmen müssen möglichst nahe bei den Wohnlagen der Verbraucher oder innerhalb dieser Wohnlagen liegen. Für den Groß- und den Versandhandel ist der Standort nur am Rande für das Marketing wichtig. Es sei denn, die Großhandelsunternehmen der Verbundgruppen des Einzelhandels haben für ihre Mitglieder die Standortsicherung übernommen. Aber in diesem Fall geht es auch wieder um Einzelhandelsstandorte.

Im Einzelhandel können bereits 100 m Abweichung vom richtigen Standort dazu führen, daß ein Handelsunternehmen erfolglos bleibt und nach kurzer Zeit wieder aus dem Markt ausscheidet. Da Standortentscheidungen immer beträchtliche Investitionen nach sich ziehen, sind die unternehmerischen Risiken sehr hoch. Mangelhafte Standorte, die infolge unzureichender Informationen und daraus folgenden Fehlentscheidungen gesichert wurden, lassen sich auch durch das beste Marketing nicht in ihrer Qualität verbessern. Ihre Liquidation ist nur eine Frage der Zeit und immer mit erheblichen Verlusten verbunden. Marktforschung kann die Risiken der Standortsicherung wirksam vermindern. (Vergl. dazu das nächste Kapitel 3: Standortpolitik, und: Oehme, Wolfgang, Standortforschung im Handel, in: Pepels, Werner (Hrsg.) Moderne Marktforschungspraxis, Neuwied 1999, S. 538ff.)

2.2.4.2 Das Unternehmensprofil

Die Qualität der produzierten Handelsleistung und das von ihr abhängige und wesentlich mitgeprägte Unternehmensprofil sind der zweite Schwerpunkt der Marktforschung im Handel. Für die Qualität der Handelsleistung und das Image des Unternehmens fallen keine Daten nebenbei aus dem Rechnungswesen an, wie das beim Umsatz und der Handelsspanne der Fall ist. Beide Faktoren sind qualitative Faktoren und deshalb nicht einfach zu messen. Die Marktforschung muß qualitative Daten beschaffen, was einigen Aufwand erfordert und Kosten verursacht. Ein weiterer qualitativer Faktor, der das Unternehmensimage mit beeinflußt, ist das Betriebsklima. Es hat Auswirkungen auf die Leistungsbereitschaft, das Auftreten und die Kontaktfähigkeit der Mitarbeiter. Da besonders im Einzelhandel ein großer Teil der Mitarbeiter direkten Kontakt mit den Kunden hat, also Marketingfaktor ist, bekommen die Kunden einen Eindruck vom Betriebsklima. Auch wenn das Betriebsklima mehr mit dem Unterbewußtsein als mit dem Bewußtsein wahrgenommen wird, beeinflußt es die Meinung der Kunden von dem Handelsunternehmen. Die Kundenzufriedenheit, ebenfalls ein qualitatives Datum, ist heute ein wichtiger Faktor im Handels-Marketing und eine bedeutende Größe in der Marktforschung.

2.2.4.3 Das Sortiment

Der immer härter werdende Wettbewerb und der von ihm ausgehende Zwang zur Senkung der Kosten hat dazu geführt, daß sich die Handelsunternehmen immer intensiver mit ihren Sortimenten und deren Kontrolle beschäftigen. Gefördert und erleichtert wurde die Sortimentskontrolle durch den Einsatz elektronischer Kassen- und Warenwirtschaftssysteme. Ende 1996 waren im Lebensmitteleinzelhandel bereits 18 000 Märkte und Supermärkte mit Scannerkassen ausgerüstet (Handel aktuell '97, Dokumentation des EuroHandelsinstituts e.V. Köln, Köln 1997, S. 313). Diese Entwicklung setzte sich fort in der Einführung kartengestüzter Zahlungssysteme. Ende 1998 liefen 17,5% des Einzelhandelsumsatzes über kartengestüze Zahlungssysteme – ec-Karten und Kreditkarten. Der Scheck wurde auf 2,5% zurückgedrängt. Für 4,5% des Umsatzes wurden Rechnungen ausgestellt, 0,5% entfielen auf sonstige Zahlungsarten. Dominant war aber immer noch die Barzahlung mit 75,0% (Handel aktuell '99, Dokumentation des EuroHandelsinstituts e.V. Köln, Köln 1999, S. 319.) Im Großhandel, der zum überwiegenden Teil schon seit längerer Zeit mit der EDV fakturiert, ist die Sortimentskontrolle schon lange kein Problem mehr.

In den Handelsunternehmen, die mit elektronischen Kassen-, Warenwirtschafts- oder Fakturiersystemen arbeiten fallen die Daten für die Sortimentskontrolle von selbst an. Es sind quantitative Daten. Die interne Sortimentskontrolle kann, wenn es sein muß, artikelgenau durchgeführt werden. Dann wird die Auswertung der Daten allerdings zu einem Mengenproblem.

Die Marktforschung muß aber noch zusätzlich weitere Daten beschaffen. Einmal ist es interessant zu wissen, wie die Sortimente von Wettbewerbern und anderen Vertriebsformen beschaffen sind. Solche Daten sind aber schwer und nur mit Hilfe von Marktforschungsinstituten und deren Veröffentlichungen zu beschaffen. Zum anderen sollte man aber auch wissen, wie die Kunden das Sortiment wahrnehmen, wie sie die Auswahl, die Übersichtlichkeit der Präsentation und die Qualität der angebotenen Artikel – auch im Verhältnis zum Preis – beurteilen. Hier geht es wieder um die Ermittlung qualitativer Daten.

2.2.5 Unsicherheit und Risiken der Marktforschung

Im ersten Kapitel (S. 19) wurde bereits dargestellt, daß die Überflußwirtschaft einen neuen Verbraucher hervorgebracht hat und damit auch den Handel veränderte. Der Verbraucher von heute ist nicht nur – in der breiten Masse – relativ gut gebildet, er ist auch gesättigt, sehr kritisch und unterliegt kaum Kaufzwängen. Außerdem hat er einen bemerkenswerten Bedarf für Dienstleistungn – Reisen, Bildung, Gastronomie – entwickelt. Der Handel muß ihm zusätzlich zur Ware Erlebnisse – Events – und Wertorientierung – Lifestyle – anbieten. Diese zusätzlichen Faktoren sind aber außerordentlich kurzlebig und einem ständigen Wechsel unterworfen. Der Verbraucher ist unberechenbar und der Handel – zumindest der Einzelhandel – hektisch geworden. Diese Entwicklung beeinflußt natürlich auch die Marktforschung, von der heute erwartet wird, daß sie nicht nur vergangenheitsbezogene Daten beschafft, sondern auch Trends ausfindig macht und Prognosen wagt. Die Anforderungen an die Marktforschung sind seit dem Übergang zur Überflußwirtschaft, seit etwa Mitte der 70er Jahre des 20. Jahrhunderts, stark gewachsen. Ihre Arbeit ist zunehmend schwieriger geworden. Sie hat auf die Anforderungen mit einer ständigen Verbesserung ihrer Methoden und der Einführung neuer Methoden reagiert und befindet sich heute auf einem hohen Niveau. Trotz aller Fortschritte darf aber nicht übersehen werden, daß Marktforschung mit den beschafften Daten zwar helfen kann, unternehmerische Entscheidungen vorzubereiten und deren Risiken zu vermindern. Marktforschung kann aber keine unternehmerischen Entscheidungen ersetzen.

2.2.6 Der Datenaustausch zwischen Handel und Herstellern

Als die merkantile Revolution noch in den Kinderschuhen steckte, bestand ein wesentlicher Teil der Marktforschung des Handels darin, sich Daten von der Marktforschung der Hersteller, die dem Handel weit überlegen war, zu besorgen und auszuwerten. Die Hersteller stellten ihre Daten auch meist bereitwillig zur Verfügung. Vielleicht konnte durch diesen Service manche Preisforderung des Handels abgewehrt oder zumindest reduziert werden. Wenn Daten der Hersteller beschafft und ausgewertet werden, dann ist immer zu beachten, daß diese Daten produktorientiert sind. Ob ein Artikel, der den Zahlen seines Herstellers nach erfolgreich ist, am Standort eines besimmten Handelsunternehmens und in dessen Sortiment eingefügt auch erfolgreich sein wird, das ist die Frage. Er kann erfolgreich sein, er kann aber auch nicht erfolgreich sein. Der Wert der Daten, die die Marktforschung der Hersteller ermittelt, ist für den Handel eher gering. Das darf nicht übersehen werden, auch wenn man durch das Auswerten dieser Daten Kosten sparen kann. Den eingesparten Kosten steht ein sehr geringer Erkenntniswert gegenüber.

Nachdem in den Handelsunternehmen infolge der Einführung der elektronischen Kassen- und Warenwirtschasftssysteme heute sehr große Mengen an zudem außerordentlich aktuellen Daten anfallen, beginnt sich die Industrie für die Daten des Handels zu interessieren. Der Handel könnte diese Daten verkaufen – was schon vorgekommen sein soll – oder in die Konditionsgespräche einbringen. Er wird aber, diese Erkenntnis ist vorhanden, nicht alle Daten offenlegen. Das könnte seine Position gegenüber den Herstellern schwächen. Die Daten des Handels sind für die Hersteller mit Sicherheit aussagekräftiger als umgekehrt die Daten der Hersteller für die Handelsunternehmen.

2.2.7 Marktforschung mit Hilfe des Internet

Das Internet bietet der Marktforschung auf dem Gebiet des E-Commerce völlig neue Möglichkeiten. Den Handelsunternehmen verschafft die interaktive Kommunikation mit ihren Kunden Daten über Wohnort, Adresse, Häufigkeit der Bestellungen, Höhe der Einkaufsbeträge, gekaufte Artikel und Zahlungsart. Es entsteht der „gläserne Kunde". Diese Daten fallen im Verlaufe des Geschäftsverkehrs von selber an und müssen nur noch ausgewertet werden.

Die professionellen Marktforschungsinstitute haben die Möglichkeiten, die das Internet der Marktforschung bietet, ebenfalls erkannt. Es ist ein neues Marktsegment entstanden, die „Onlinemarktforschung". Mit Hilfe spezieller Software können interaktiv große Datenmengen in bester valider Qualität in kürzester Zeit erhoben und verarbeitet werden. Auf diese Weise kann z. B. zuverlässig überprüft werden, ob die Verbraucher bestimmte Marketing-Aktivitäten eines Handelsunternehmens akzeptieren oder nicht. (Vergl. Dazu: Gadeib, Andera, Baggern im Netz: Marktforschung goes online, in: Frankfurter allgemeine Zeitung Nr. 135 vom 13. 6. 2000, Verlagsbeilage „E-Conomy", S. B 14.)

Abschließend sei noch auf folgende Literatur hingewiesen:

Meffert, Heribert, Marktforschung, Grundriß mit Fallstudien, Wiesbaden 1986.

Nieschlag, Robert/Dichtl, Erwin/Hörschgen, Hans, Marketing, 18. Auflage, Berlin 1997, Seite 669 ff.

Pepels, Werner (Hrsg.), Moderne Marktforschungspraxis, Ein Handbuch für mittelständische Unternehmer, Neuwied 1999.

Wolf, Jakob, Marktforschung, Praktische Anwendung mit zahlreichen Arbeitsblättern, Checklisten und Fallbeispielen, Landsberg/Lech 1988.

Das Deutsche Kundenbarometer, Qualität und Zufriedenheit, Eine Studie zur Kundenzufriedenheit in der Bundesrepublik Deutschland; ab 1995: Jahrbuch der Kundenzufriedenheit in Deutschland, hrsg. von der Deutschen Marketing Vereinigung – ab 1998: Deutscher Marketing Verband – und der Deutschen Post, Düsseldorf 1992, 1993, 1994, München 1995, 1996, 1997, 1998. Die Untersuchungen zur Kundenzufriedenheit sind ein gutes Beispiel dafür, wie man qualitative Daten mit Hilfe der Skalierung in Zahlen darstellen und damit vergleichbar machen kann.

3. Kapitel: Die Standortpolitik – die Sicherung qualitativ hochwertiger Standorte mit ausreichend großen Verkaufs- oder Lagerflächen

Die Absatzgebiete von Handelsunternehmen sind Flächen oder Regionen. Es gibt in der Praxis keine Punktmärkte wie im Modell des vollkommenen Marktes. Gäbe es wie in der klassischen Theorie Punktmärkte, so brauchten die Handelsunternehmen keine Standortpolitik zu betreiben. Die Qualität des Standorts wäre für alle am Markt auftretenden Handelsunternehmen gleich. Mit Hilfe des Standorts ließen sich keine Wettbewerbsvorteile erreichen.

3.1 Die Aufgaben und die Bedeutung der Standortpolitik

Die Standortpolitik – in der Praxis auch als Standortsicherung bezeichnet – hat die Aufgabe, für ein Handelsunternehmen einen qualitativ hochwertigen Standort oder im Falle von Filialunternehmen und Handelsgruppen eine Vielzahl von qualitativ hochwertigen Standorten zu beschaffen. Die Qualität des Standorts spielt deshalb eine große Rolle, weil Standortentscheidungen immer erhebliche Investitionen nach sich ziehen. Nur bei qualitativ guten Standorten ist das mit diesen Investitionen verbundene Risiko vertretbar und eine befriedigende Rentabilität zu erwirtschaften.

Die Stellung der Standortpolitik innerhalb des Handels-Marketing wird durch zwei weitere Aufgaben verstärkt.

(1) Zwischen der Verkaufsfläche eines Handelsunternehmens oder einer Handelsgruppe und deren Marktanteil besteht ein Zusammenhang. Man kann also durch die Standortpolitik den Marktanteil steigern. Solange der Marktanteil im gleichen Maße oder stärker als die Verkaufsfläche zunimmt, ist die Expansion in der Regel betriebswirtschaftlich sinnvoll und problemlos. Erst wenn die Verkaufsfläche stärker als der Marktanteil zunimmt, werden sinkende Flächenproduktivität und steigende Flächenkosten der Steigerung des Marktanteils eine Grenze ziehen.

(2) Die Standortpolitik hat die Struktur eines Standortnetzes ständig zu verbessern. Standortnetze mit wenigen großen Verkaufsflächen pro Standort lassen sich mit niedrigeren Logistikkosten betreiben als Standortnetze mit vielen kleinen Verkaufsflächen pro Standort.

3.1.1 Die Aufgaben der Standortpolitik und ihre Möglichkeiten auf unvollkommenen Märkten

Vom Standpunkt der Standortsicherung aus gesehen, weisen Absatzgebiete drei wesentliche Merkmale auf:

(1) Die in einem Absatzgebiet wohnenden Menschen, die Verbraucher und potentiellen Kunden der Handelsunternehmen, sind nicht gleichmäßig über die gesamte Fläche des Absatzgebietes verteilt. Sie konzentrieren sich in Dörfern, Märkten und Städten, wohnen also in mehr oder weniger großen, dicht oder weniger dicht besiedelten Ballungsräumen. Nur in solchen Ansiedlungen oder in ihrer Nähe können sich Handelsunternehmen niederlassen, wenn sie die Raumüberbrückungsfunktion erfüllen wollen.

(2) Die in einem Absatzgebiet vorhandenen Ansiedlungen sind durch eine Infrastruktur – Straßen und Wege, Bahnlinien und Wasserstraßen – miteinander vernetzt. Vorwiegend auf den von dieser Infrastruktur vorgegebenen Bahnen bewegen sich die Einwohner des Absatzgebietes. Von der Lage eines Handelsunternehmens in diesem Infrastrukturnetz und seiner Anbindung an die Vekehrswege hängt es ab, ob die Verbraucher das Unternehmen schnell und bequem erreichen können.

(3) Die Topographie der Absatzgebiete ist sehr unterschiedlich. Sie können ebene Flächen oder bergiges Gelände sein, Flüsse, Straßen oder Bahnlinien können die Gebiete durchschneiden Kein Absatzgebiet ist einem anderen Absatzgebiet gleich.

Diese Merkmale sind der Grund dafür, daß es in einem Absatzgebiet gute und schlechte Standorte gibt. Die Qualität der Standorte für Handelsunternehmen in einem Absatzgebiet weist erhebliche Unterschiede auf. Diese Heterogenität der Absatzgebiete eröffnet der Standortpolitik oder Standortsicherung die Möglichkeit, qualitativ hochwertige Standorte mit ausreichend großen Verkaufs- oder Lagerflächen zu beschaffen. Handelsunternehmen, die über die im Vergleich zum Wettbewerb qualitativ besseren Standorte verfügen, haben im Wettbewerb erhebliche Vorteile. Ein „Standort-Wettbewerb" ist nur in einem unvollkommenen Markt möglich.

3.1.2 Entwicklung und Bedeutung der Standortpolitik

Das Standort-Marketing des Handels hat in der Zeit nach dem zweiten Weltkrieg, also im Verlaufe der merkantilen Revolution, einen ungewöhnlich starken Aufschwung genommen. Dafür waren unter anderem folgende Gründe bestimmt, worauf *Tietz* hinweist (*Tietz, Bruno,* Die Standort- und Geschäftsflächenplanung im Einzelhandel, Ein Beitrag zur regionalen Handelsforschung, Zürich 1969, S. Vf.):

- Die Einkommen der Verbraucher und damit der durch den Einzelhandel zu bewegende Warenstrom sind ständig gewachsen, was ein paralleles Wachstum der Verkaufsflächen zur Folge hatte.
- Der Bau neuer Wohngebiete führte zu einer Binnenwanderung der Bevölkerung und räumlichen Verlagerung der Kaufkraft. Der Handel mußte dieser Verlagerung folgen und neue Standorte für seine Verkaufsflächen suchen.
- Die Binnenwanderung bewirkte nicht nur die Schaffung neuer Standorte, sondern andererseits die Entwertung bestehender Standorte, was man als Standort-Verschleiß bezeichnen könnte.

- Die größeren Sortimente forderten pro Ladeneinheit größere Verkaufsflächen, so daß neben die Schaffung neuer Standorte die Erweiterung der Flächen bestehender Standorte trat.
- Es entstanden unterschiedliche Vertriebsformen, die unterschiedliche Anforderungen an die Qualität eines Standorts stellen.
- Der Handel wurde zunehmend kapitalintensiv, die unternehmerischen Risiken wuchsen.

Diese Gründe haben heute, zu Beginn des 21. Jahrhunderts, zum Teil immer noch Geltung, obwohl sich in den achtziger Jahren manches wandelte. So ist die Binnenwanderung aus den Städten in die Vororte der großen Städte oder an die Ränder der Ballungsgebiete zum Stillstand gekommen. Dafür entstanden neue Gründe, die das Standort-Marketing nicht zur Ruhe kommen ließen und seine Bedeutung für die Handelsunternehmen steigerten:

- Um die rar gewordenen verkehrsorientierten Standorte auf der grünen Wiese konkurrieren heute neben den SB-Warenhäusern auch Fachmärkte der verschiedensten Branchen. Gelegentlich stehen nur noch Standorte der zweiten Wahl zur Verfügung, die sehr sorgfältig untersucht werden müssen.
- Die Innenstädte mittlerer und großer Städte werden durch Markthallen, Passagen, Galerien und Einkaufszentren belebt. Es werden an diesen City-Standorten sehr hohe Investitionen erforderlich, die ohne sorgfältige Standort-Analysen nicht zu verantworten wären.
- Die Strukturbereinigung – Ersatz kleiner durch große Verkaufsflächen – ist im Einzelhandel noch nicht abgeschlossen, hat sich jedoch verlangsamt.
- Nach der Wiedervereinigung der beiden Teile Deutschlands setzte in den neuen Bundesländern ein Run auf Standorte auf der grünen Wiese ein, die Errichtung von großflächigen Einzelhandelsunternehmen und von Einkaufs-Centren und Einkaufsparks erfolgte in einem stürmischen Tempo. Die Eigentumsverhältnisse an Grund und Boden waren auf der grünen Wiese schneller zu klären als in den Stadtzentren, die zu veröden drohen. Auch in den alten Bundesländern setzte sich die Verkaufsflächenexpansion, wenn auch in einem langsameren Tempo, fort. So sind große Überhänge an Einzelhandels-Verkaufsfläche entstanden. Da sich die Innenstädte gegen diese Entwicklung zu wehren beginnen – Ausbau großer Bahnhöfe zu Einkaufszentren – und ebenfalls weitere Verkaufsflächen errichten, ist in absehbarer Zukunft damit zu rechnen, daß Verkaufsflächen – besonders an Standorten geringerer Qualität – stillgelegt werden müssen. (Vergl. dazu: o. V., Harte Zeiten im Osten – Flächenübersatz und Preiskampf machen Druck, in: Lebensmittel Zeitung Nr. 35 vom 29. 8. 1997, S. 3; o. V., Forderungen – Die Verkaufsflächen werden weiter wachsen. Der Handel klagt schon jetzt und fordert neue Gesetze, in: Lebensmittel-Praxis, Nr. 21/99, S. 15).

Diese Entwicklung zwang den Handel dazu, das Instrumentarium des Standort-Marketing auf- und auszubauen, zu verfeinern und zu möglichst hoher Wirksamkeit zu bringen. Das heute vorhandene und in der Praxis angewandte Standort-Marketing möchten wir wie folgt kennzeichnen.

Das Standort-Marketing des Handels ist das mit dem höchsten Risiko belastete Marketing-Instrument. Es ist die Grundlage für langfristig wirkende, also strategische Entscheidungen, die in der Mehrzahl der Fälle beträchtliche Investitionen zum Gegenstand haben. Das ist offensichtlich der Grund, weshalb das Standort-Marketing dem Handel auch noch nie von der Industrie streitig gemacht wurde. Demgegenüber sind beim Sortiments- und Preis-Marketing die Beeinflussungsversuche der Industrie an der Tagesordnung. Erst wenn der Handel Verkaufsflächen geschaffen hatte, trat und tritt die Industrie auf den Plan und stürzt sich auf die Regale.

Das Standort-Marketing des Handels enthält in seinen Methoden einen guten Teil Marktforschung, es ist der Schwerpunkt angewandter Marktforschung im Handel überhaupt. Gerade bei der für ein wirksames Standort-Marketing unumgänglichen und die unternehmerischen Risiken mindernden Marktforschung scheut der Handel auch nicht die Kosten von im Einzelfalle sehr aufwendiger Primärforschung.

Das Standort-Marketing ist das Instrument des Handels-Marketing, das wahrscheinlich am stärksten von gesetzlichen Vorschriften – Baunutzungsverordnung z.B. – und behördlichen Genehmigungen abhängig ist und oft auch behindert wird. (Darauf weisen ausführlich hin: *Berekoven, Ludwig*, Erfolgreiches Einzelhandelsmarketing, München 1990, S. 374ff., und *Tietz, Bruno*, Der Handelsbetrieb, München 1985, S. 201ff.).

Das Standort-Marketing des Handels ist die Wahrnehmung der Raumfunktion oder Raumüberbrückungsfunktion und damit von jeher fester Bestandteil der Aufgaben des Handels.

Viele Unternehmen des Handels, besonders die Warenhauskonzerne, die großen Filialunternehmen und die Handelsgruppen, treiben heute ein „aktives" Standort-Marketing und haben die dazu erforderlichen Methoden entwickelt. Aktives Standort-Marketing heißt, es wird systematisch nach neuen Standorten gesucht und nicht gewartet, bis zufällig Bauherren oder Makler neue Verkaufsflächen anbieten.

Der Begriff Standort-Marketing wird auch für die Werbung der Gemeinden und Städte zur Förderung der Ansiedlung neuer Industrie-, Handwerks- und Handels-Unternehmen verwendet. Zwischen den Kommunen besteht eine zunehmend härter werdende Standort-Konkurrenz. (o.V., Stichwort „Standortmarketing", in: Gablers Wirtschaftslexikon, 12. Auflage, Wiesbaden 1988, Spalte 1662; o.V., Standortwahl, in: Gablers Wirtschafts-Lexikon, 14. Auflage, TB-Ausgabe, Wiesbaden 1997, S. 3561). Diese Art Standort-Marketing ist nicht Gegenstand der folgenden Darstellung.

3.1.3 Bemerkung zur Abgrenzung der Standortfrage

Damit die vorliegende Darstellung des Standort-Marketing keine Fragen offen läßt, halten wir zwei abschließende Bemerkungen für erforderlich.

Es soll hier nicht zum wiederholten Male eine Standortlehre vorgetragen werden, vielmehr wird die Darstellung eines im Handel heute unumgänglichen Standort-Marketing als Teil der Unternehmens- und Absatzpolitik versucht. Es interessiert zunächst nicht die Frage, ob ein bestimmter Standort für ein bestimmtes Handelsunternehmen geeignet ist. Uns interessiert in erster Linie die Frage, durch welche

Umstände und Überlegungen die Standort-Marketing-Aktivitäten ausgelöst werden und wie sie ablaufen. An deren Ende, wenn neue Standorte gefunden wurden, steht die Frage, ob ein Standort für ein Handelsunternehmen geeignet ist. Erst von da ab wird auf die Erkenntnisse der konventionellen Standortlehre zurückgegriffen. Standort-Marketing ist ein weiteres Feld als die vorliegenden Standort-Lehren. Weil es hier um Standort-Marketing geht, wird die Frage der Beschaffung der Produktions- oder Betriebsfaktoren nur gestreift. Für qualitativ hochwertige Standorte wird in der Praxis fast jeder Preis gezahlt, die qualitativ minderwertigen Standorte werden auch bei niedrigsten Preisen, ja nicht einmal geschenkt, genommen. Die Frage der Kosten für die Beschaffung des Betriebsfaktors Standort ist in der Praxis sekundär. Und die übrigen Betriebsfaktoren kann man als Ubiquitäten ansehen, Faktoren, die überall zu fast gleichen Preisen zu haben sind. Sie spielen bei Standort-Entscheidungen auch keine große Rolle.

Die zweite Bemerkung betrifft die Darstellungen der Standortlehre, die Fragen des „inneren Standorts" in ihre Überlegungen einbeziehen. Unter Fragen des inneren Standorts werden die Fragen der Warenanordnung oder Warengruppenanordnung im Verkaufsraum verstanden. Diese Fragen haben u.E. nichts mit Standort-Marketing zu tun. Sie gehören eindeutig zum Sortiments-Marketing, das sich nicht nur mit der Zusammensetzung und Struktur des Sortiments, sondern auch mit dessen Präsentation im Verkaufsraum zu befassen hat.

Der E-Commerce im Internet wird voraussichtlich die Standortfrage und die Standortsicherung im Einzelhandel erheblich beeinflussen. Es entstehen „virtuelle Verkaufsflächen, Standorte sind die Web-Sites. Wenn sich der Handel im Internet auf Dauer behauptet, die jetzige stürmische Entwicklung kein Strohfeuer ist, dann dürfte der Überstand an physischer Verkaufsfläche noch größer werden als er schon ist. Es wird zur Stilllegung von physischen Einzelhandels-Verkaufsflächen kommen. Die Lagerflächen im Großhandel werden davon nicht betroffen sein. Eher werden neue Lagerflächen von erfolgreichen Internet-Handelsunternehmen dazukommen. Denn auch die im Internet angebotenen Sortimente müssen vorgehalten und die verkaufte Ware physisch distribuiert werden. Für diese Lagerflächen kommen in erster Linie verkehrsorientierte Standorte in Frage. Für den Kopf von Internet-Handelsunternehmen dagegen, die Marketing- und Kommunikationszentralen, ist der Standort nebensächlich. Auch vom abgelegensten Standort aus kann man mühelos die Verbindung zum Internet aufrechterhalten. Das Problem ist nur, wie erste Erfahrungen erkennen lassen, ob man in so abgelegenen Regionen die erforderlichen qualifizierten Mitarbeiter in ausreichender Zahl vorfindet oder zur Übersiedlung in solche Regionen bewegen kann.

3.2 Die Varianten der Standortpolitik der verschiedenen Arten von Handelsunternehmen

Welche Standortpolitik ein Handelsunternehmen betreibt, welche Kriterien es bei der Beurteilung von möglichen Standorten anwendet und welche Bedeutung der Standort für sein Marketing hat, das hängt davon ab, auf welcher Stufe ein Handelsunternehmen arbeitet.

3.2.1 Die Standortpolitik der Groß- und Außenhandelsunternehmen und der Zentralen von Handelsgruppen

Die auf den Vorstufen ansässigen Handelsunternehmen bevorzugen entweder verkehrsorientierte Standorte – Großhandelsunternehmen –, Standorte in Grenznähe oder in Hafenstädten und Städten mit internationalen Flughäfen – Außenhandel – oder Standorte in wirtschaftlich bedeutenden Großstädten – Zentralen von Handelsgruppen –. Bei diesen Handelsunternehmen stehen Logistik und Beschaffung im Vordergrund. Da sie sehr große Warenmengen umsetzen, steht bei ihnen die Frage an erster Stelle, wie diese Warenmengen rationell und kostengünstig bewegt werden können. Ausgenommen sind Handelszentralen, die als Marketingkopf und Verrechnungszentrale einer Handelsgruppe oder eines Filialunternehmens tätig sind. Für ihr Marketing ist der Standort ohne Bedeutung. Den Großhandelsunternehmen, die in der Regel sehr große Flächen für ihre Lager- und Betriebsgebäude brauchen, erlaubt die Verkehrsorientierung ihrer Standorte, sich an den Rändern von Städten in Gewerbegebieten oder auch allein auf der grünen Wiese niederzulassen, wo sie niedrige Grundstückspreise vorfinden.

Eine ebenfalls stark verkehrsorientierte Standortpolitik betreiben die zum Einzelhandel zu zählenden Versandhandelsunternehmen. Ihre Standorte sind aber zugleich in vielen Fällen traditionsorientiert und auch beschaffungsorientiert.

3.2.2 Die Standortpolitik der Einzelhandelsunternehmen

Die auf der Einzelhandelsstufe arbeitenden Handelsunternehmen müssen konsumorientierte Standorte besetzen. Die Nähe zum Verbraucher ist für sie lebenswichtig. Der Absatz und das Marketing stehen bei der Standortwahl an erster Stelle. Das gilt auch für die Großflächen des Einzelhandels, die sich auf der sogenannten grünen Wiese niedergelassen haben. Sie gleichen eine schwächere Konsumorientierung durch eine ergänzende Verkehrsorientierung und durch die stärkere Anziehungskraft ihrer großen Verkaufsflächen aus. Eine sehr starke Stellung hat die Standortpolitik im Marketing der Filialunternehmen und Handelsgruppen. Sie überziehen meist sehr große Absatzgebiete mit einem Standortnetz. Dieses Standortnetz darf auf der einen Seite nicht zu weitmaschig sein und damit den Kontakt zu den Verbrauchern schwächen. Es darf aber auch nicht zu engmaschig mit vielen kleinen Verkaufsflächen an jedem Standort sein, weil dies die Logistikkosten in die Höhe treiben würde. (Siehe dazu S. 117, Das zentrale Problem des Standort-Marketing – der Widerstreit zwischen Nähe zum Verbraucher und wirtschaftlicher Betriebsgröße) Nochmals schwieriger und komplexer wird die Standortpolitik für ein Filialunternehmen oder eine Handelsgruppe, das oder die unterschiedliche Vertriebsformen – vom Discount bis zum Fachgeschäft – betreiben. In solchen Fällen, die sich nur im Lebensmittel-Einzelhandel finden, müssen mehrere Standortnetze für unterschiedliche Vertriebsformen aufgebaut und aufeinander abgestimmt werden. In solchen Unternehmen wird die Standortsicherung auf hohem Niveau systematisch und perfekt betrieben.

3.3 Das Standort-Problem in der Literatur

Der ständig gewachsenen und für den Erfolg eines Handelsunternehmens entscheidenden Bedeutung des Standort-Marketing steht eine geringe Beachtung und teils dürftige Behandlung des Standort-Problems in der betriebswirtschaftlichen Literatur gegenüber, worauf auch *Ruppmann* aufmerksam macht (*Ruppmann, Reiner,* Die Standortbestimmung für Verkaufsstätten im Einzelhandel, Entwurf einer theoretischen Grundkonzeption und ihrer Anwendung in der Praxis, Berlin 1968, S. 5). Zu widersprechen ist *Ruppmann* allerdings bei der Feststellung, auch die Praxis habe das Standortproblem in der Vergangenheit gering geschätzt und an die Stelle rationaler Standortentscheidungen in der Regel Erfahrung, Intuition und Imitation der Konkurrenz gesetzt. Vielmehr waren bis jetzt die von der Praxis entwickelten Methoden des Standort-Marketing in der Regel den Erörterungen der Wissenschaft um einige Schritte voraus.

Untersucht man, wo und in welcher Weise das Standort-Problem in der betriebswirtschaftlichen Literatur behandelt wird, so werden zwei Bereiche sichtbar. Der eine Bereich umfaßt die Veröffentlichungen, in deren Mittelpunkt das Marketing, und zwar das Hersteller-Marketing, steht. Der andere Bereich umfaßt Beiträge zu einer speziellen Standort- oder Standortbestimmungslehre, bei denen der Begriff Standort-Marketing nicht zu finden ist.

Prüfen wir zunächst, in welcher Weise die Veröffentlichungen des ersten Bereiches, die Darstellungen des Hersteller-Marketing, das Standort-Problem sehen und behandeln. *Nieschlag* (*Nieschlag/Dichtl/Hörschgen,* Marketing, 15. Auflage, Berlin 1988, S. 373) und *Kotler* (*Kotler,* Marketing-Management, 4. Auflage, Stuttgart 1982, S. 481 ff.) mögen hier als Beispiele dienen. Beide Darstellungen behandeln die Standortfrage nur sehr knapp, wenngleich *Nieschlag* auf ein eigenständiges Handels-Marketing hinweist und die Bedeutung des Standort-Problems für den Handel hervorhebt. *Kotler* betont gleichfalls die Bedeutung der Standortfrage für den Einzelhandel, erläutert dann jedoch die Standortwahl am völlig untypischen Beispiel von Herstellerfilialen, bei dem die Handelsfunktion vom Hersteller wahrgenommen wird. Diese Filialen sind im Wege des Franchising an selbständige Händler abgegeben, die nur die Produkte des Franchise-Gebers führen dürfen. Interessant ist bei *Kotler,* daß er zwei Typen von Standort-Entscheidungen darstellt, die Wahl des Gebietes und die Wahl des speziellen Standorts. Eine solche Unterscheidung findet sich in der deutschen Literatur nicht, ist jedoch in einzelnen Fällen in der Praxis bekannt und auch gebräuchlich.

Beiden Autoren möchte man in erster Linie den Vorwurf machen, das Standort-Problem nicht gebührend berücksichtigt zu haben, wenn man nicht beachten müßte, daß sie herstellerorientierte Darstellungen des Marketing verfaßt haben. Zwar spielt in der Industrie die Standortfrage auch eine Rolle, die Lösung des Problems ist aber längst nicht in dem Maße für den Erfolg eines Unternehmens von Bedeutung wie im Handel und besonders im Einzelhandel. Eine fehlerhafte Standortentscheidung kann im Einzelhandel den Tod des Unternehmens bedeuten. Da spielen manchmal 100 m oder 200 m Abweichung vom richtigen Standort eine Rolle. Und die Standort-Entscheidung wird nicht nur, wie *Kotler* meint, durch die

Gegenüberstellung von Nutzen und Investitionen und das Abwägen zwischen beiden Faktoren beeinflußt.

Der andere Bereich der Literatur, die Beiträge zu einer allgemeinen und speziellen Standort- und Standortbestimmungslehre, fußt auf den Theorien von *Johann Heinrich von Thünen* und *Alfred Weber*. *Johann Heinrich von Thünen* lebte von 1783 bis 1850 und entwickelte eine Standorttheorie für landwirtschaftliche Betriebe (vgl. dazu: *Behrens, Karl Christian,* Allgemeine Standortbestimmungslehre, Opladen 1971, S. 3ff.). Unter bestimmten Bedingungen, so stellte er fest, nimmt mit zunehmender Entfernung vom Markt die Intensität der landwirtschaftlichen Produktion ab. Die Darstellung dieser Lehre in Form von um den Markt als Zentrum gelegten Ringen ist unter der Bezeichnung „*Thünensche* Kreise" in die nationalökonomische Literatur eingegangen. *Alfred Weber* schuf eine Standorttheorie für die Industrie (vgl. dazu: *Behrens,* a.a.O., S. 7ff.). Er führt den Begriff „Standortfaktor" in die Theorie ein. Darunter versteht er „einen seiner Art nach scharf abgegrenzten Vorteil, der für eine wirtschaftliche Tätigkeit dann eintritt, wenn sie sich an einem bestimmten Ort oder auch generell an Plätzen bestimmter Art vollzieht". Diese Vorteile sind für *Weber* ausschließlich Kostenvorteile. Man könnte seine Überlegungen auch so formulieren: Der Ort, an dem die für eine industrielle Fertigung erforderlichen Produktionsfaktoren in ihrer Kombination am günstigsten beschafft werden können, die Kosten damit am niedrigsten sind, ist der ideale Standort für ein Industrieunternehmen. Den Bereich des Absatzes klammert *Weber* aus seinen Überlegungen aus. Die moderne Standorttheorie führt die Überlegungen *von Thünens* und *Webers* fort, erweitert die Standortlehre zu einer Raumwirtschaftstheorie und geht auch auf die historisch-soziologischen Einflüsse auf die Standortverteilung ein. *Behrens* hat dies in seiner Allgemeinen Standortbestimmungslehre sehr übersichtlich und verständlich dargestellt.

Mit den Standortfaktoren der Handelsunternehmen befaßt sich *Seyffert* (*Seyffert, Rudolf* Wirtschaftslehre des Handels, 5. Auflage, Opladen 1972, S. 175ff. und S. 263ff.). Er beschreibt die überwiegend auf der Absatzseite der Handelsunternehmen wirksamen Standortfaktoren und stellt fest, daß die Standorte der Einzelhandelsunternehmen ausnahmslos absatzorientiert sind. Nur der Versandhandel und der Spezialgroßhandel sind produktionsorientiert. Bestimmend für den Standort eines Handelsunternehmens sind die Faktoren Konsum, Verkehr, Konkurrenz und Raum.

Die Überlegungen von *Seyffert* führt *Behrens* fort (*Behrens, Karl Christian,* Der Standort der Handelsbetriebe, Opladen 1965). Er beschreibt die Standortfaktoren im Handel sehr ausführlich. Seine Darstellung möchten wir in *Abbildung 3/1* zusammenfassen.

Diese Übersicht zeigt deutlich, daß *Behrens* der Beschaffungsseite des Handelsunternehmens noch einen beachtlichen Einfluß auf die Standortwahl einräumt. Man könnte auch sagen, die Beschaffung der Produktionsfaktoren oder auch das Operating bestimmen den Standort mit. Hier wird das Erbe *v. Thünens* und *Webers* sichtbar, die das Absatzproblem noch nicht kannten, weil sie in einer von der Knappheit der Güter gekennzeichneten Wirtschaft lebten.

3.3 Das Standort-Problem in der Literatur

Abbildung 3/1: Standortfaktoren im Handel

Standortfaktoren im Handel

- Absatz und Standort
  - Absatzpotential
    - Bedarf
      - Agglomeration
    - Kaufkraft
      - Goodwill
    - Konkurrenz
  - Absatzkontakte
- Beschaffung und Standort
  - Beschaffungspotential
    - Betriebsraum
    - Arbeitsleistungen
    - Waren
  - Beschaffungkontakte

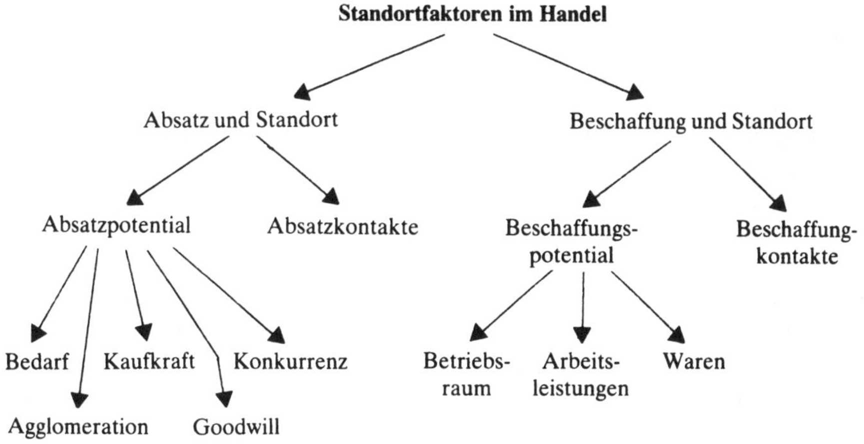

An *Behrens'* Darstellung der Standortfaktoren knüpft *Ruppmann* an (Ruppmann Reiner, Die Standortbestimmung für Verkaufsstätten im Einzelhandel, Berlin 1968). Er bezeichnet diese Standortfaktoren als Wirkungsfaktoren. Es sind dies die Bedarfsträger (Verbraucher), die Konkurrenz und die Einsatzgüter. Die Parallele zu der Darstellung von *Behrens* wird deutlich, vor allem wenn man sich die weitere Aufgliederung der **Wirkungsfaktoren** ansieht:

Bedarfsträger: Auswahl und Abgrenzung des Einzugsgebietes, Kundenstruktur, Einkaufsgewohnheiten;
Konkurrenz: Zahl der Konkurrenten, Stärke der Konkurrenz;
Einsatzgüter: Verkaufsraum, Arbeitskraft, Gütertransportverhältnisse.

Diesen externen, von außen auf die Standortwahl Einfluß nehmenden Wirkungsfaktoren stellt *Ruppmann* die internen, auf konstitutiven Entscheidungen zur Unternehmensverfassung beruhenden Bedingungsfaktoren gegenüber.
Bedingungsfaktoren sind:

Handelsprogramm: allgemeine Verhältnisse der Verkaufsobjekte (Fristigkeit des Bedarfs, Elastizität der Nachfrage), Sortiment (breit – tief), Preis (Art der Preisstellung – Preispolitik gegenüber der Konkurrenz, Grad der Preisstreuung, Preisniveau);
Leistungsverfahren: Verfahren zur Auftragserlangung (u.a. stationärer oder ambulanter Handel, Werbung und Ansprache), Verfahren zur Auftragserledigung (Art des Kaufabschlusses, der Warenübermittlung und der Kundenabfertigung);
Betriebsgröße: Zahl der Mitarbeiter, Größe der Verkaufsfläche, Ausmaß des Wareneinsatzes.

Das Standortproblem definiert dann *Ruppmann* folgerichtig als die möglichst umfassende oder vollständige Kongruenz von Wirkungsfaktoren und Bedingungsfaktoren. Der Standort, an dem diese Kongruenz verwirklicht werden kann, ist der richtige Standort.

Den **Entscheidungsprozeß bei der Standortwahl** sieht *Ruppmann* in folgenden Schritten ablaufen:

- Gedankliche **Fixierung der Bedingungsfaktoren** (intern), konstitutive Entscheidungen am grünen Tisch, soweit diese Entscheidungen bei bestehenden Unternehmen nicht schon vor geraumer Zeit getroffen wurden.
- Eingehende **Marktuntersuchungen** zu den Bestimmungsfaktoren (extern), Anwendung des Marktforschungsinstrumentariums.
- **Entscheidung** (= Auswahl) für den Standort, an dem Bestimmungs- (= Wirkungsfaktoren) und Bedingungsfaktoren am weitestgehenden kongruent sind.

Alle bis hierher aufgeführte Literatur zur Standortlehre ist überwiegend deskriptiv – beschreibend –, will den bestehenden Zustand erklären und ist auf einen Zeitpunkt bezogen. Damit gibt sich *Tietz* nicht zufrieden. Er führt in die Standort-Diskussion ein (*Tietz, Bruno*, Die Standort- und Geschäftsflächenplanung im Einzelhandel. Ein Beitrag zur regionalen Handelsforschung, Zürich 1969):

- Die **gesamtwirtschaftlichen Daten** als Bestimmungsfaktor für die Verkaufsflächenentwicklung und damit für die Standortsuche. Er stellt dies in einem allgemeinen sozial-ökonomischen Struktur- und Wachstumsmodell dar.
- Die **Wirtschaft als dynamischen Prozeß**, in dem Bestimmungs-(Wirkungs-) und Bedingungsfaktoren einem steten Wandel unterworfen sind. *Behrens* und *Ruppmann* sind dagegen noch weitestgehend statisch, auf den Zeitpunkt der Standortwahl bezogen.
- Die **Anwendung mathematischer Methoden**, um die Modelle transparent zu machen. Es ist jedoch sehr fraglich, ob dies den Aussagewert der Modelle erhöht. In die Praxis des Standort-Marketing hat die Mathematik bisher wenig Eingang gefunden. Eine mathematische Darstellung erschwert im Gegenteil meist die Übernahme theoretischer Erkenntnisse in die Praxis.

Das Ziel von *Tietz* ist es, mit Hilfe dieses Vorgehens gesamtwirtschaftliche Prognosen für den künftigen Bedarf an Verkaufsflächen im Einzelhandel aufzustellen. (Vgl. dazu auch: *Tietz, Bruno*, Standortpolitik, in: Vahlens Großes Wirtschafts-Lexikon, 2. Auflage, München 1994, S. 1977.)

In seinem Buch *Der Handelsbetrieb* (München 1982 S. 200ff.) befaßt sich *Tietz* sehr intensiv mit der Standortfrage. Er gibt einen Überblick über die rechtlichen Rahmenbedingungen, wie bereits erwähnt, stellt die Abhängigkeit der Standortwahl von der Siedlungsstruktur eines Einzugsgebietes und den geführten Sortimenten dar, geht auf die unterschiedlichen Interessen der Gemeinden und Handelsunternehmen ein. Bei der Darstellung von Standort-Entscheidungsmodellen liegt der Schwerpunkt auf möglichst sicheren Beurteilungsverfahren für untersuchte Standorte. Sein nachfrage- und konkurrenzbezogenes allgemeines Standort-Planungsmodell entspricht im Prinzip der später vorgestellten punktuellen Standort-Analyse. Am Schluß stehen einige Ausführungen zur Standort-Technologie, unter der die Zusammenarbeit mit Maklern, die Analyse des Grundstücksmarktes und die Verhandlungen mit Grundstückseigentümern verstanden werden.

Eine ausführliche Darstellung des **Standort-Marketing** bringt *Berekoven* unter der Bezeichnung „**Standortpolitik**". Er stellt die Standortanforderungen – mögliche Größe der Verkaufsfläche und andere Eigenschaften der verfügbaren Immobilie – den Standortfaktoren – Kennzeichen des Einzugsgebietes, wie Kundenstruktur, Kaufkraftstruktur, Konkurrenzstruktur und Verkehrslage – gegenüber. Bemerkenswert ist die Unterscheidung von Makro- und Mikro-Standort-Analysen, die für die hier verwendeten Begriffe Standort-Netzanalyse und punktuelle Standortanalyse stehen. Bei der Darstellung der Methoden der Standort-Analyse werden die empirisch-induktiven Verfahren in den Vordergrund gestellt. Ein Überblick über die rechtlichen Rahmenbedingungen rundet die sehr anschauliche und praxisnahe Darstellung der Standortfrage ab. (*Berekoven, Ludwig,* Erfolgreiches Einzelhandelsmarketing, München 1990, S. 351 ff.)

Unser Überblick über die Literatur zeigt, daß die Standortfrage bereits seit längerer Zeit die Wissenschaft beschäftigt. Setzen wir *v. Thünens* 1826 erschienenes Werk an den Anfang, dann sind es immerhin 175 Jahre. Überraschen muß eigentlich, daß das Standortproblem nicht von den Marketing-Fachleuten bearbeitet und gelöst wurde. Vielmehr ist es Teil der Volkswirtschaftstheorie und der allgemeinen Betriebswirtschaftslehre. Das zeigt sich, worauf bereits hingewiesen wurde, u.a. besonders deutlich daran, daß der Beschaffung der Produktionsfaktoren ein bemerkenswerter Einfluß auf die Standortwahl zugemessen wird, was für Industriebetriebe zutrifft. Unseren Überblick möchten wir mit den folgenden zusammenfassenden und kritischen Bemerkungen abschließen:

Die vorliegende Literatur stellt der Praxis die **theoretischen Grundlagen** für die punktuelle Standort-Analyse und auch Gebiets- und Standort-Netzanalysen zur Verfügung. Sie bietet heute eine wirksame Hilfe, was vor etwa zwanzig Jahren noch nicht der Fall war. Sie kann freilich unternehmerische Entscheidungen und Risikobereitschaft nicht ersetzen. Das wird Theorie niemals können.

Eine Grundvoraussetzung der Standortlehre ist das Vorhandensein **alternativer Standorte**. Die Standortentscheidung ist eine Auswahlentscheidung. Wenn man es so sieht, dann müssen notwendigerweise die Entscheidungskriterien unvollständig sein. In der Praxis muß oft für einen Standort ohne Alternativen und unter den Bedingungen des Verdrängungswettbewerbs entschieden werden. Das erfordert weitere und andere Entscheidungskriterien als bei der Auswahlentscheidung.

Eine **Prognose** für den zukünftigen Verkaufsflächenbedarf ist ein sehr gewagtes Unternehmen. Besonders dann, wenn man den Verkaufsflächenbedarf von der Entwicklung des Bruttosozialproduktes und, davon abgeleitet, der Konsumenteneinkommen abhängig macht. Zweifellos wird der vom Einzelhandel zu bewältigende Warenstrom mit steigendem Wohlstand größer. Der Flächenbedarf wird nicht nur von der Größe des Warenstromes, sondern auch von dessen Struktur, also von der Zahl der Artikel bestimmt. Eine im gleichen Maß wie die Konsumenteneinkommen wachsende Verkaufsfläche würde u.E. bedeuten, daß der Einzelhandel die Artikelflut der Hersteller passiv akzeptiert. Das hieße, es gäbe kein aktives und autonomes Handels-Marketing. Im Zustand der Überflußwirtschaft sind jedoch, wie bereits dargestellt, die Hersteller gezwungen, immer neue Artikel auf den Markt zu bringen. Und der Handel ist angesichts der heute schon spürbaren Knappheit an Verkaufsflächen gezwungen, diese Artikelflut zu begrenzen. Die zukünftige Verkaufsfläche ist also nicht nur eine Funktion der Einkommensentwicklung, sondern auch eine vom Handel aktiv zu beeinflussende Größe, ein Aktionsparameter.

Es gab bisher noch keine Darstellung des Standort-Marketing als **ausschließliches Absatzinstrument**, bei dem die Kosten für die Beschaffung der Produktionsfaktoren für die Standortentscheidung fast keine Rolle mehr spielen, *Berekovens* Darstellung ausgenommen. Im Handel jedoch ist Standort-Marketing ausschließlich ein Absatzinstrument. Das Standort-Marketing des Handels hat nicht nur die Aufgabe, neue Standorte zu finden und zu realisieren und bestehende Standorte zu erweitern, wo dies erforderlich ist. Es dient auch der Verbesserung der Handelsstruktur, indem größere und in der Regel leistungsfähigere Unternehmen geschaffen werden. Ein Beispiel mag dies deutlich machen. Die *Edeka Handelsgruppe* hat in den zehn Jahren von 1968 bis 1978 rund 50% ihrer Einzelhandels-Verkaufsfläche erneuert. Zusätzlich zu einem zwar mäßigen, aber konstanten Wachstum der Verkaufsfläche führte dies zu dem Ergebnis, daß 1978 rund 81% der Geschäfte mit bis zu 150 m^2 nur noch 45% des gesamten Einzelhandelsumsatzes machten. Die restlichen 19% der Geschäfte mit über 150 m^2 Verkaufsfläche machten dagegen 55% des Gesamtumsatzes (*Edeka:* Strukturprobleme, Geschäftsbericht 1978: Trotz Umsatzzuwachs nur gedämpfter Optimismus, in: Food und Nonfood, Nr. 7, Juli 1979, S. 32f.).

Diese Entwicklung setzt sich in den folgenden Jahren bis zur Gegenwart fort und veränderte die Struktur der Edeka Gruppe im Einzelhandel wie folgt:

Geschäfte mit einer Verkaufsläche von	Anteil am Gesamtumsatz in %	
	1985	1999
bis 200 qm	33,0	7,6
von 201 bis 400 qm	20,5	8,7
ab 401 qm	46,5	83,7

Quelle: Daten und Fakten 1999, herausgegeben von der Edeka Zentrale AG Hamburg

Der inländische Einzelhandelsumsatz der Edeka Gruppe (ohne Beteiligungsgesellschaften und Kooperationspartner) betrug 1999 37,7 Mrd. DM (1989 rund 22 Mrd. DM). Er wurde durch 10 969 Geschäfte mit einer Verkaufsfläche von 5,42 Mill. qm (1989: 2,9 Mill. qm) erwirtschaftet. Diese Zahlen zeigen eindeutig, daß die Standort-Sicherung sowohl für ein Wachstum der Verkaufsfläche als auch für eine ständige Verbesserung der Struktur der Verkaufsfläche zu sorgen hat.

Im folgenden soll nun versucht werden, das Standort-Marketing des Handels so darzustellen, wie es heute in der Praxis gehandhabt wird.

3.4 Die Instrumente des Standort-Marketing

Das Standort-Marketing des Handels sollte man in zwei Bereiche aufteilen. Ein Bereich ist die Standort-Politik, die die Zielsetzungen für das Standort-Marketing festlegt und damit auch die Entscheidungskriterien liefert. Der andere Bereich sind die Untersuchungsmethoden, die die für die Entscheidungen erforderlichen Daten liefern und somit helfen, die unternehmerischen Risiken zu mindern. Diese Untersuchungsmethoden, darauf wurde bereits hingewiesen, sind angewandte Marktforschung, der Schwerpunkt der Marktforschung im Handel überhaupt. In der betriebswirtschaftlichen Literatur, so hatten wir gesehen, finden sich die Grundlagen für die punktuelle Standort-Analyse. Der Begriff „punktuelle Standort-Analyse" hat sich in der Praxis eingebürgert, um diese Methode von den anderen Untersuchungsmethoden unterscheiden zu können. Für diese anderen Methoden – die Marktstruktur-Analyse und die Standortnetz-Analyse – finden sich in der Literatur nur erste Hinweise. So unterscheidet *Kotler* (a.a.O., S. 604ff.) die Wahl des Gebietes und die Wahl des speziellen Standorts. Und *Tietz* (a.a.O., S. 175f.) weist darauf hin, daß es Standort-Planungen für einen Verkaufspunkt und für ein Filialnetz, für eine und für mehrere Vertriebsformen gibt.

3.4.1 Die Zielsetzungen – die Standortpolitik

Als Zielsetzung für alle unternehmerischen Aktivitäten gibt die Betriebswirtschaftslehre die Gewinnmaximierung oder die Gewinnoptimierung an. So setzt auch *Ruppmann* (a.a.O., S. 137f.) als Zielsetzung für die Wahl des richtigen Standortes fest, es müsse „die Erzielung und Sicherung der erstrebten Gewinne langfristig gewährleistet sein". An anderer Stelle meint er, wenn der Standort (mit seinen Wirkungs- oder Bestimmungsfaktoren) und die Verkaufsstätte (mit ihren Bedingungsfaktoren) adäquat sind, dann kann man annehmen, daß dies „die Erzielung einer ausreichenden Rentabilität verspricht". Es soll hier nicht kritisiert werden, daß „erstrebte Gewinne" und „ausreichende Rentabilität" zu vage Begriffe sind. Es muß vielmehr festgestellt werden, daß diese Zielsetzungen heute für eine systematische Standort-Politik nicht mehr ausreichen. Natürlich muß auch von Handelsunternehmen angestrebt werden, Gewinne zu erwirtschaften, „schwarze Zahlen zu schreiben", wie die Praktiker es formulieren. Diese Zielsetzung steht immer im Hintergrund. Für die Standort-Politik stehen heute aber einige andere **Zielsetzungen** im Vordergrund, deren Erreichung

- es überhaupt erst ermöglicht, **langfristig** das Erwirtschaften von **Gewinnen** zu **sichern**,
- es erfordert, **kurzfristig** auf **Gewinne** zu **verzichten**.

Gerade im Handel ist heute als oberstes Ziel das wirtschaftliche Wachstum in den Vordergrund gerückt. Expansion ist immer noch unverzichtbar. Daraus lassen sich folgende Teilzielsetzungen ableiten:

Steigerung oder zumindest Konsolidierung des Marktanteils: Ein möglichst hoher Marktanteil sichert ein ausreichend großes Einkaufs- oder Beschaffungspotential, das man für erfolgversprechende Verhandlungen mit der Industrie über Preise und Konditionen braucht. Es darf nicht übersehen werden, daß nicht nur im Handel, sondern auch in der Industrie ein starker Konzentrationsprozeß abgelaufen ist. Die Konzentration in der Industrie hat die Konzentration im Handel zumindest gefördert, wenn nicht gar verursacht.

Verdrängung von Wettbewerbern: In gesättigten Märkten, die die Folge einer unelastischen Nachfrage sind, und bei rückläufiger Bevölkerungszahl, das gilt in besonderer Weise für den Lebensmittelhandel, ist Wachstum in der Regel nur zu Lasten von Wettbewerbern möglich. Der Verdrängungswettbewerb ist hier an der Tagesordnung. Wer sich diesem Wettbewerb nicht stellt, der wird entweder zur

Bedeutungslosigkeit und damit zu einem Kümmerdasein verurteilt oder er scheidet aus dem Markt aus.

Erringen der Marktführerschaft: Marktführer zu sein bedeutet nicht nur, auch Preisführer zu sein. Es heißt auch, über die größte und attraktivste Verkaufsfläche zu verfügen – Standortführerschaft – und auch bei den Angebotsaktivitäten – Sortimentsführerschaft – führend zu sein. Übrigens finden sich bereits in der Literatur Hinweise auf den durch vielfache Erfahrungen belegten Sachverhalt, daß die größere Fläche die größere Anziehungskraft besitzt. Das von *William J. Reilly* entwickelte Einzelhandels-Gravitationsgesetz besagt, daß der „angezogene" Umsatz die Funktion von der Größe des Geschäfts (in erster Linie von der Größe der Verkaufsfläche) und der zum Erreichen des Geschäfts benötigten Zeit ist. Legt man um einen Standort ringförmige Zonen, vergleichbar den *Thünen*schen Kreisen, dann nimmt der erreichbare Marktanteil in den entfernter gelegenen Zonen ab (zitiert bei: *Kotler,* a.a.O., S. 608).

3.4.2 Die Untersuchungsmethoden – die Ermittlung für Standortentscheidungen relevanter Daten

Wir wollen das Instrumentarium des Standort-Marketing am Beispiel der *Edeka Handelsgruppe* darstellen. Die *Edeka* betreibt ein Netz von Verkaufsstätten, das die gesamte Bundesrepublik überzieht. Der Gesamtumsatz der Gruppe im Einzelhandel in Höhe von rund 38 Mrd. DM (1999), wurde zu 53,6% von selbständigen Kaufleuten, zu 46,4% von Einzelhandelstöchtern der *Edeka* Großhandelsunternehmen erwirtschaftet (Daten und Fakten 1999, hersg. von der Edeka Zentrale AG Hamburg). Der Einzelhandelumsatz der Kooperationspartner *AVA* und *Nanz* betrug ca. 6 Mrd. DM. Weiterhin arbeitet die *Edeka Handelsgruppe* mit mehreren Vertriebslinien (Feinkost-Märkte, Nachbarschaftsmärkte, Verbrauchermärkte bzw. SB-Warenhäuser). Es ist also ein umfassendes Standort-Marketing erforderlich. Es muß, um mit *Tietz* zu sprechen, eine „mehrdimensionale, totale Ladennetzplanung" betrieben werden (Die Standort- und Geschäftsflächenplanung im Einzelhandel, a.a.O., S. 176). Und es müssen auch alle heute verfügbaren Methoden angewendet werden, an deren Entwicklung die *Edeka* einen großen und entscheidenden Anteil hat. Dieses umfassende Standort-Marketing wird von der *Edeka* als „Standortsicherung durch langfristige, EDV-gesteuerte Verkaufsflächenentwicklungsplanung" bezeichnet (Wir stützen uns hier mit u.a. auf folgende Quellen: *Nagel, Egon,* Standortsicherung durch langfristige Verkaufsflächenentwicklungsplanung, in: Selbstbedienung – Dynamik im Handel, Nr. 9/1977, S. 50ff.; derselbe, Probleme des Handelsmarketing der Edeka Handelsgruppe, Vortrag vor Studenten der Universität Augsburg, Hamburg 1978; EDV-gesteuerte Entwicklung der Verkaufsflächen, in: Handels-Magazin FSB, Nr. 6/1977, S. 28ff.). Der Verkaufsflächenentwicklungsplan ist die Zielsetzung für das Standort-Marketing und das Ergebnis umfangreicher Marktforschung, die in drei Stufen unter Anwendung verschiedener Methoden – jede Stufe hat ihre eigene, charakteristische Methode – abläuft. Diese Methoden werden im folgenden dargestellt. Vorausgeschickt sei noch, daß die ersten beiden Methoden in der Praxis nicht streng unterschieden werden. Aus Gründen einer übersichtlichen Darstellung behandeln wir sie getrennt und haben darüber hinaus für die erste Methode einen Namen geprägt, der in der *Edeka Handelsgruppe* nicht gebräuchlich ist, der aber hoffentlich das Wesen dieser Methode zutreffend widerspiegelt.

3.4.2.1 Die Marktstruktur-Analyse

Man könnte diese Methode auch Marktanteilsplanung bezeichnen, wie dies in der Praxis gelegentlich geschieht. Das trifft aber nicht den Kern der Sache, denn die Marktanteilsplanung ist erst das Ergebnis der Marktstruktur-Analyse. Bei der Marktstruktur-Analyse wird wie folgt vorgegangen:

1. Schritt

Das Absatzgebiet – z.B. das Absatzgebiet eines Großhandelsunternehmens oder eines Filialbetriebes, im Falle von Handelsgruppen wie *Edeka* oder *Rewe* das Bundesgebiet – wird untergliedert in Nahbereiche. Das sind Bereiche der kurzfristigen Nahversorgung mit Lebensmitteln, die einen Zentralort und dessen Umland umfassen. Diese Nahbereiche werden weiter in Nahbereichsteile untergliedert. Für die Nummerierung der Nahbereiche hat die *Edeka* auf die statistische Gemeindekennzahl, unter der der jeweilige Zentralort in den amtlichen Statistiken geführt wird, zurückgegriffen.

Für diese Aufgliederung des Absatzgebietes gibt es keine fest Regel, die Größe der Bereiche und Bereichsteile hängt von der Branche ab. So wird ein Filialunternehmen des Möbelhandels ganz andere Regionen abgrenzen müssen als eine Handelsgruppe des Lebensmittelhandels, ein Warenhauskonzern oder eine Handelsgruppe des Schuhhandels.

Großstädte, das sei noch angemerkt, müssen in Stadtteile aufgegliedert werden, wobei dann gegebenenfalls Subzentren an die Stelle der Zentralorte treten.

2. Schritt

Für jedes Teilgebiet – Nahbereichsteil – wird die Einwohnerzahl ermittelt und werden weiterhin die jährlichen Pro-Kopf-Ausgaben für die jeweiligen Güter – also Lebensmittel oder Schuhe oder Möbel – festgestellt. Man sollte versuchen, für diese Pro-Kopf-Ausgaben nicht nur lediglich den Bundesdurchschnitt einzusetzen, sondern für jede Region den für sie zutreffenden Wert zu finden. Das kann am besten mit Hilfe der tatsächlich in dieser Region erzielten Einzelhandelsumsätze, unter Umständen auch mit Hilfe der GfK-Kaufkraftkarte geschehen.

Die Multiplikation von Einwohnerzahl und Pro-Kopf-Ausgaben ergibt für jeden Bereich das jährliche Kaufvolumen. Eigentlich müßte man nun noch, soweit dies praktisch möglich ist, Kaufkraftabflüsse und Kaufkraftzuflüsse ermitteln. Das aufgrund der Einwohnerzahl in einem Gebiet steckende Kaufvolumen muß nicht immer auch für den Einzelhandel dieser Region relevant sein, worauf auch *Tietz* hinweist (Der Handelsbetrieb, München 1982, S. 221). Diese Frage ist von Bedeutung, wenn Kaufkraft offensichtlich in SB-Warenhäuser abfließt, die ihren Standort in einem benachbarten Bereich haben.

Wird eine solche Untersuchung für das gesamte Bundesgebiet angestellt, dann muß die Summe der Kaufkraftvolumina der Bereiche in etwa den Gesamtumsatz der Branche im Bundesgebiet ergeben. Auf diese Weise kann noch einmal überprüft werden, ob der Pro-Kopf-Verbrauch zutreffend ermittelt und verwendet wurde.

3. Schritt

Für jeden Bereich wird der eigene Einzelhandelsumsatz ermittelt. Bei Handelsgruppen oder auch Filialunternehmen muß noch untersucht werden, welche Märkte, Läden oder Filialen auch in Zukunft wettbewerbsfähig sein werden oder noch ausbaufähig sind, und welche Verkaufsstätten aus dem Markt ausscheiden oder ausscheiden könnten. Diese Untersuchung umfaßt im einzelnen eine Überprüfung der Altersstruktur und der beruflichen Qualifikation der Kaufleute und evtl. auch der Filialleiter und soweit es sich um Mietobjekte handelt, der Mietverträge.

4. Schritt

Die Gegenüberstellung von Kaufvolumen und eigenem Einzelhandelsumsatz ergibt für jeden Bereich den eigenen Marktanteil, dessen Höhe schon etwas, aber nicht alles über die eigene Marktstellung aussagt. Vor allem sagt der Marktanteil noch nicht sehr viel aus, wenn er nur für einen Zeitpunkt oder Zeitraum vorliegt. Liegen Zahlen für einen längeren Zeitraum vor, dann wird der Wert der Aussage größer, weil man die Entwicklung des Marktanteils verfolgen kann.

5. Schritt

Für jeden Bereich wird ermittelt, ob er:

- einen überörtlichen Marktführer (Verbrauchermarkt, SB-Warenhaus, Einkaufszentrum, Warenhaus),
- einen örtlichen Marktführer (Supermarkt, Discount-Supermarkt),
- keinen Marktführer (es existieren nur kleine und mittlere Geschäfte)

hat. Und es wird natürlich vermerkt, ob man selbst der Marktführer ist oder ob der Marktführer der Konkurrenz angehört. Darüber hinaus wird man sich noch einen Überblick über die Betriebsgrößenstruktur der Konkurrenz und die eigene Betriebsgrößenstruktur – soweit dies nicht schon bei Schritt 3 mit getan wurde – verschaffen.

Durch diesen Schritt wird die Marktstruktur transparent gemacht, die ja im Dunkeln bleibt, wenn lediglich Marktanteile ermittelt und beobachtet werden. Es erschien uns sinnvoll, von diesem Schritt aus den Namen der Methode abzuleiten und sie deshalb Marktstruktur-Analyse zu nennen.

6. Schritt

Das erhobene Datenmaterial muß ständig aktualisiert werden, also mindestens jährlich überprüft und gegebenenfalls fortgeschrieben werden.

7. Schritt

Die Marktstruktur-Analyse kann zu folgenden Ergebnissen und damit auch zu folgenden Entscheidungsalternativen führen:

1. Alternative: Der eigene Marktanteil ist hoch, man stellt selbst den Marktführer und die eigene Verkaufsstättenstruktur ist – gemessen an der Verkaufsflächengröße der einzelnen Objekte und dem Alter und der Qualifikation der Kaufleute – gut. Soweit noch kleinere Geschäfte vorhanden sind, bestehen für diese Erweiterungsmöglichkeiten.

Beim Vorliegen dieses Ergebnisses kann man den Absatzbereich als langfristig gesichert betrachten. Es sind keine ungewöhnlichen Maßnahmen der Standort-Sicherung erforderlich. Es muß darauf geachtet werden, daß dieser Zustand erhalten bleibt.

Abgehende Verkaufsflächen müssen auf jeden Fall ersetzt werden, die Aktivitäten der Konkurrenz sind sorgfältig daraufhin zu beobachten, ob einem die Marktführerschaft streitig gemacht werden soll.

2. Alternative: Der eigene Marktanteil ist hoch, aber den Marktführer stellt die Konkurrenz. Die eigene Verkaufsstättenstruktur ist gut, wenn man mit Hilfe der oben aufgeführten Kriterien urteilt.

Ein solcher Absatzbereich ist zwar recht gut gesichert, aber nicht frei von Risiken, wobei das schwerwiegendste Risiko wäre, daß die Konkurrenz ihren Marktanteil vergrößert. Es sollte die Marktführerschaft angestrebt werden und alle Standortsicherungs-Maßnahmen in erster Linie auf dieses Ziel konzentriert werden.

3. Alternative: Der eigene Marktanteil ist hoch und man stellt selber den Marktführer. Aber die eigene Verkaufsstättenstruktur ist schlecht, kleine und nicht entwicklungsfähige Geschäfte herrschen vor. Deshalb ist mit beträchtlichen Verkaufsflächenabgängen zu rechnen.

Ein solcher Bereich bedarf unverzüglich intensiver Maßnahmen der Standort-Sicherung. Die eigene Struktur ist unbedingt zu verbessern, die Marktführerschaft, mit deren Gefährdung zu rechnen ist, muß abgesichert werden.

4. Alternative: Der eigene Marktanteil ist hoch und die Konkurrenz stellt den Marktführer. Die eigene Verkaufsstättenstruktur ist schlecht. Man könnte von einem Vakuum sprechen, das den Wettbewerb regelrecht anzieht, ja anziehen muß.

Ein solches Ergebnis muß wiederum unverzüglich intensive Maßnahmen der Standort-Sicherung auslösen. Die Struktur muß verbessert und die Marktführerschaft angestrebt werden. Sonst ist der bestehend hohe Marktanteil auf lange Sicht nicht zu halten.

Abbildung 3/2: Die Ergebnisse der Marktstrukturanalyse in Zahlen/Alternativen 1–4

Alternative	Kaufvolumen im Einzugsgebiet in Mill. DM	Eigener Umsatz in Mill. DM	Marktanteil in %	Verkaufsfläche in m²	Zahl der Standorte	⌀ VK-Fläche pro St.O. in m²	⌀ Umsatz pro St.O. in DM	Marktführer
1	1000	400	40	50 000	100	500	4 Mill.	ja
2	1000	400	40	50 000	100	500	4 Mill.	nein
3	1000	400	40	50 000	500	100	0,8 Mill.	ja
4	1000	400	40	50 000	500	100	0,8 Mill.	nein

Die Zahlen der *Abbildungen 3/2* und *3/3* beziehen sich auf den Lebensmittel-Einzelhandel und können die Situation sowohl eines Filialunternehmens wie auch einer Handelsgruppe kennzeichnen.

Die 3. und 4. Alternative zeigen sehr deutlich die Vorteile einer Marktstruktur-Analyse. Wer sich damit begnügt, lediglich den Marktanteil zu ermitteln und zu beobachten, der wird in beiden Fällen keine besonderen Standort-Aktivitäten entwickeln. Er wird sich in Sicherheit wiegen, allerdings einer trügerischen Sicherheit. Die Konkurrenz erkennt jede Schwäche – eine schlechte Verkaufsstättenstruktur ist eine Schwäche – und nutzt sie schonungslos aus.

5. Alternative: Der eigene Marktanteil ist niedrig, aber man stellt den Marktführer und die eigene Struktur ist gut.

In einem solchen Bereich hat man gute Chancen zur Expansion. Unter Beibehaltung der günstigen Struktur muß die Standort-Sicherung anstreben, den Bereich besser zu erschließen und die Marktführerschaft zu sichern. Die Expansionsmöglichkeiten sind umso besser, je schlechter die Struktur der Konkurrenz ist. Eigentlich ist diese 5. Alternative das Spiegelbild der 4. Alternative. Die 4. Alternative könnte das Ergebnis der Marktstruktur-Analyse eines Wettbewerbers sein.

6. Alternative: Der eigene Marktanteil ist niedrig und die Konkurrenz stellt den Marktführer. Aber die eigene Struktur ist wenigstens noch gut.

Beim Vorliegen dieses Ergebnisses besteht noch einige Hoffnung, den Bereich besser zu erschließen und den Marktanteil zu erhöhen. Auf längere Sicht sollte auch die Marktführerschaft angestrebt werden. Die Maßnahmen der Standort-Sicherung müssen aber unverzüglich einsetzen. Und man sollte nicht unbedingt mit kurzfristigen Erfolgen rechnen.

7. Alternative: Der eigene Marktanteil ist niedrig und die eigene Struktur ist schlecht. Es ist aber gelungen, die Stellung des Marktführers zu erringen, was neben der eigenen Tüchtigkeit auch dem Glück zu verdanken ist.

In einem solchen Bereich hat man, so könnte man es formulieren, den Fuß in der Tür, noch oder vorerst, was aber keine Rolle spielt. Standort-Sicherung ist in intensivster Weise dringend erforderlich, sonst ist die Marktführerschaft fortlaufend in Gefahr. Es bedarf unter Umständen langjähriger und unverdrossener Bemühungen, um zu Erfolgen zu kommen.

8. Alternative: Der eigene Marktanteil ist niedrig und die Konkurrenz stellt den Marktführer. Obendrein ist die eigene Struktur der Verkaufsstätten schlecht.

Das ist das schlechteste aller denkbaren Ergebnisse. Es muß bei der Standort-Sicherung die höchste Alarmstufe auslösen. Wenn nicht unverzüglich mit höchster Dringlichkeit Aktivitäten entfaltet werden, muß ein solcher Bereich aufgegeben werden. Ob die Standort-Sicherung noch Erfolg haben kann, ist fraglich. Manchmal – im Lebensmittelhandel kommt dies immer wieder vor – ist alles Bemühen vergeblich. Erfolge können sich in der Regel erst langfristig einstellen, besonders dann, wenn die Konkurrenz auf der Hut ist. Denn zumindest für einen Wettbewerber müßte ja die Alternative 1 zutreffen, die man als das Spiegelbild dieser 8. Alternative ansehen kann.

Abbildung 3/3: Die Ergebnisse der Marktstrukturanalyse in Zahlen/Alternativen 5-8

Alternative	Kaufvolumen im Einzugsgebiet in Mill. DM	Eigener Umsatz in Mill. DM	Marktanteil in %	Verkaufsfläche in m^2	Zahl der Standorte	⌀ VK-Fläche pro St.O. in m^2	⌀ Umsatz pro St.O. in DM	Marktführer
5	1000	100	10	12500	25	500	4 Mill.	ja
6	1000	100	10	12500	25	500	4 Mill.	nein
7	1000	100	10	12500	125	500	0,8 Mill.	ja
8	1000	100	10	12500	125	500	0,8 Mill.	nein

3.4 Die Instrumente des Standort-Marketing

In jüngster Vergangenheit, die durch eine Verknappung brauchbarer Standorte und eine Flächenexpansion durch Zukauf ganzer Unternehmen gekennzeichnet ist, konnte die Entscheidung, das Gebiet aufzugeben, dadurch vermieden werden, daß sich eine Gelegenheit bot, ein Konkurrenzunternehmen zu kaufen oder sich an ihm zu beteiligen. Der Wechsel der *Asko* in Saarbrücken von der *Coop Gruppe* zur *Rewe-Gruppe* war solch ein Glücksfall für die *Rewe* (vgl. dazu: Asko Saarbrücken verläßt den *Coop*-Verbund, in: Frankfurter Allgemeine Zeitung, Nr. 51 vom 2. 3. 1982, S. 13). Inzwischen hat die *Asko* die *Rewe* wieder verlassen und ist durch Zukäufe und Beteiligungen ein großer Handelskonzern geworden. Dafür ist das Filialunternehmen *Leibrandt* zu 100% im Eigentum der *Rewe*. Die *Edeka* Gruppe konnte in den letzten Jahren nennenswerte Beteiligungen an den Filialunternehmen *AVA* Allgemeine Verbraucher AG in Bielefeld und *Nanz* in Stuttgart erwerben.

Gerade die Marktstruktur-Analyse, darauf darf noch einmal hingewiesen werden, läßt deutlich sichtbar werden, daß Standort-Marketing in erster Linie Absatzpolitik ist. Marktanteil, Marktführerschaft und langfristige Umsatzsicherung stehen im Vordergrund. Von Rentabilität ist noch nicht die Rede. Grundlage aller unternehmerischen Aktivitäten im Einzelhandel ist die Erfahrung, daß der höhere Marktanteil und die größere Fläche einen Wettbewerbsvorsprung verschaffen. Und Umsatzwachstum beruht zum größeren Teil auf Flächenwachstum, nur zu einem kleineren Teil auf einer Steigerung der Flächenproduktivität, also der besseren Nutzung der vorhandenen Verkaufsfläche. Jedenfalls waren diese Erfahrungen bis jetzt gültig. Wie sich die Dinge im Zeichen einer zunehmenden Verknappung neuer Verkaufsflächen entwickeln werden, bleibt abzuwarten.

Welche **Bedeutung der Marktstruktur-Analyse** und den durch sie ausgelösten Aktivitäten im Standort-Marketing zukommen, zeigen die folgenden Zahlen aus dem Geschäftsbericht 1989 der *Edeka* Zentrale AG. Die *Edeka* Handelsgruppe verlor in 1989 1211 kleinflächige Geschäfte mit insgesamt 161 258 qm Verkaufsfläche. Diesem Verlust standen 420 neue Geschäfte oder Erweiterungen bestehender Geschäfte mit insgesamt 187 065 qm Verkaufsfläche gegenüber. Die im Jahre 1989 neu errichteten Geschäfte hatten durchschnittlich 775 qm Verkaufsfläche, die Erweiterungen durchschnittlich 925 qm. Die Durchschnittsgröße aller *Edeka* Geschäfte stieg in 1989 von 222 qm auf 241 qm. Ohne systematisches und aktives Standort-Marketing kann eine Handelsgruppe von der Größe der *Edeka* ihren Marktanteil nicht halten oder gar steigern. In der ersten Hälfte der achtziger Jahre zeigte sich, daß Marktanteil verloren wurde, als die Verkaufsflächen-Verluste durch die Zugänge lediglich ausgeglichen wurden. Strukturverbesserungen und stetiges Wachstum der Verkaufsfläche müssen nebeneinander laufen, wenn Marktanteile gesichert und gesteigert werden sollen. Übrigens wiesen die Zahlen der anderen achtziger Jahre keine sehr großen Unterschiede zu den oben genannten Zahlen auf.

Eine Variante der Marktstruktur-Analyse kann man in dem „**Stadtmarketing**" sehen. Mit Hilfe dieser Methode werden ganze Stadtregionen, vorwiegend die Innenstädte von Mittel- und Großstädten, daraufhin untersucht, welche, wieviele und wie große Einzelhandelsunternehmen der unterschiedlichsten Branchen in der untersuchten Region angesiedelt werden sollten. Es soll nicht nur verhindert werden, daß Überkapazitäten an Verkaufsfläche entstehen, es soll auch der richtige „Branchen-Mix" gesichert werden, der eine Stadtregion zu einer attraktiven Einkaufszone werden läßt. Es wäre zu wünschen, daß diese Methode beim Aufbau der neuen Handelsstruktur und des neuen Standortnetzes in den fünf neuen Bundesländern umfassend angewandt wird. Damit könnten Fehlinvestitionen vermieden werden.

3.4.2.2 Die Standort-Netzanalyse

Die Marktstruktur-Analyse gibt an, in welchem Nahbereich oder Nahbereichsteil Standort-Aktivitäten zu entfalten sind. Die Standort-Netzanalyse setzt diese Überlegungen fort und versucht nun anzugeben, wo in dem betreffenden Bereich neue Verkaufsflächen geschaffen werden sollten und geschaffen werden könnten. Dabei wird wie folgt vorgegangen.

1. Schritt

Es wird überprüft, ob die Nahbereichs- und Nahbereichsteil-Gliederung der Marktstruktur-Analyse übernommen werden kann, oder ob nur bestimmte Nahbereiche ab einer bestimmten Einwohnerzahl untersucht oder eine Reihe von Nahbereichsteilen zusammengefaßt werden sollen. In der Regel wird man auf der Gliederung der Marktstruktur-Analyse aufbauen können. In diesem Zusammenhang können auch die Reihenfolge der zu untersuchenden Nahbereiche festgelegt und dabei Prioritäten gesetzt werden.

2. Schritt

Es wird festgestellt, wo die zusammenhängend bebauten Gebiete liegen, wo also die Menschen des Bereichs wohnen. Weiterhin wird durch eine Überprüfung der geltenden Bebauungspläne ermittelt, wo in Zukunft Menschen wohnen werden. Und natürlich wird auch ermittelt, wieviele Menschen in den bebauten oder noch zu bauenden Gebieten wohnen bzw. wohnen werden.

3. Schritt

Man ermittelt, welche bebauten Gebiete oder auch Stadtteile vom Blickpunkt des Bedarfs – Branche/Fristigkeit – eine wirtschaftliche Einheit bilden.

4. Schritt

Es werden die Verkehrsverhältnisse – Straßenverbindungen, öffentliche Verkehrsmittel, Pendlerströme – und die Topographie des Bereichs (flach oder bergig) untersucht.

5. Schritt

Es wird festgestellt, an welchen Stellen des Bereichs sich bereits Handelsunternehmen niedergelassen oder Einkaufsstraßen bzw. Einkaufszentren entwickelt haben oder wo solche Objekte geplant sind

6. Schritt

Man prüft, welche staatlichen Raumordnungsmaßnahmen für den Bereich vorgesehen sind und welche Bauleitplanungen gelten.

7. Schritt

Das Ergebnis der Durchführung der ersten sechs Schritte ist der Nachweis von „Standort-Lagen". Standort-Lagen sind innerhalb des untersuchten Bereichs gelegene, meist eng begrenzte Gebiete, in denen die Ansiedlung neuer Standorte möglich erscheint und Erfolg verspricht. Für die Beurteilung der Standort-Lagen sind die folgenden Kriterien anzuwenden:

1. **Kriterium:** Welche Zeit-Weg-Distanzen bestehen zur Masse der Bevölkerung? Je näher die Standort-Lage zur Masse der Bevölkerung – d.h. zu den Gebieten, wo die Masse der Bevölkerung wohnt oder wohnen wird – gelegen ist, umso positiver ist sie zu beurteilen.

2. **Kriterium:** Verfügt die Standort-Lage über eine Zentralität? Darunter ist ihre Anziehungskraft auf die Verbraucher zu verstehen. Bei diesem Kriterium können folgende drei Möglichkeiten unterschieden werden:

- Die Standort-Lage verfügt bereits über eine ausgeprägt **gute Zentralität**, es haben sich bereits eine Reihe anderer Handelsunternehmen in diesem Gebiet niedergelassen. Es liegt eine „Agglomeration" von Handelsunternehmen vor. Zwei Arten von Agglomeration sind denkbar: Bei der **branchenungleichen oder branchenübergreifenden Agglomeration** haben sich Handelsunternehmen verschiedener Branchen angesiedelt. Diese Art der Agglomeration ist für eine ganze Reihe von Branchen, besonders für den Lebensmittelhandel, günstig zu beurteilen. Bei **branchengleicher Agglomeration** haben sich in einer Standort-Lage Handelsunternehmen der gleichen Branche niedergelassen, was auch als Konkurrenzanziehung bezeichnet wird. Für bestimmte Branchen, z.B. Möbel, Oberbekleidung oder Schuhe, ist diese Art der Agglomeration von Vorteil (vgl. dazu: *Behrens,* Der Standort der Handelsbetriebe, S. 39ff.; an dieser Stelle wird als Beispiel für die Agglomeration von Möbel- und Antiquitätengeschäften die Region „Nollendorfplatz" in Berlin geschildert; als Beispiel für die Agglomeration von Oberbekleidungs-Geschäften ließe sich die Mönckebergstraße in Hamburg oder als Beispiel für die Agglomeration von Feinkostgeschäften die „Freßgasse" in Frankfurt/Main anführen).
- Die Standort-Lage verfügt über **keine stark ausgeprägte Zentralität**, die Zentralität ließe sich aber durch die Ansiedlung weiterer Handelsunternehmen oder die Vergrößerung bestehender Verkaufsflächen steigern. Auch eine solche Standort-Lage wäre günstig zu beurteilen.
- Die Standort-Lage verfügt über **keine Zentralität**, diese müßte erst geschaffen werden. Das Schaffen neuer Zentralität gelingt wahrscheinlich nur, wenn zwei Voraussetzungen erfüllt werden: Zum einen muß mit der Ansiedlung der richtigen Branche begonnen werden, in der Regel werden Lebensmittel mit ihrem kurzfristigen Massenbedarf die richtige Branche sein. Zum anderen muß mit einer ausreichend großen Verkaufsfläche begonnen werden, sofern dies das vorgesehene Einzugsgebiet zuläßt; mit der Ansiedlung in einer solchen Standort-Lage werden wohl immer erhebliche Risiken verbunden sein.

3. **Kriterium:** Die untersuchte Standort-Lage muß den Standortanforderungen des untersuchenden Handelsunternehmens entsprechen, die von Branche zu Branche unterschiedlich sind (darauf weist nachdrücklich hin: *Nagel, Egon,* Standortnetzplanung, in: Das große Lexikon für Handel und Absatz, 2. Auflage, Landsberg/Lech 1982, S. 726ff.; die Standortanforderungen *Nagels* sind die Bestimmungsfaktoren bei *Ruppmann,* aus denen sich die Bedingungslage bei der Standortwahl ergibt).

Ergibt die Beurteilung einer Standort-Lage mit Hilfe der drei dargestellten Kriterien, daß sie für die Ansiedlung neuer Standorte geeignet ist, dann kann die systematische Suche nach Standorten beginnen, können Mietobjekte oder Baugrundstücke ausfindig gemacht werden.

Auf den ersten Blick wird man bei der Untersuchung einer Standort-Lage den Eindruck gewinnen, daß sich alternative Standorte finden lassen, die letzte Entscheidung über einen Standort eine Auswahlentscheidung nach betriebswirtschaftlichen Kriterien ist. Sehr bald wird man dann aber feststellen, daß es für gute oder gar optimale Standorte in einer Standort-Lage keine Alternative gibt. Statt Standortalternativen wird man Standortkategorien mit unterschiedlicher Standortqualität feststellen. Man kann dann höchstens zwischen den vorgefundenen Kategorien auswählen. Und dabei gilt, daß mit abnehmender Standortqualität die unternehmerischen Risiken wachsen. Hier wird noch einmal ein Schwerpunkt der Problematik des Standort-Marketing deutlich. Will man ein Absatzgebiet, in dem man ausgesprochen schwach ist, erschließen, so muß man unter Umständen um jeden Preis neue Verkaufsfläche schaffen. Das bedeutet in vielen Fällen, man muß auf Standorte der zweiten oder dritten Kategorie zurückgreifen, zunächst jedenfalls und auch für längere Zeit. Die unternehmerischen Risiken, die mit einem solchen Vorgehen verbunden sind, sind überdurchschnittlich hoch. Würde man in einer solchen Situation die erforderlichen Entscheidungen für Standorte von der Rentabilität abhängig machen, so käme man zu dem Ergebnis, alle Aktivitäten der Standort-Sicherung aufzugeben und sich aus solch einem Absatzgebiet zurückzuziehen. Es bleibt also nur die andere Möglichkeit, zunächst die Rentabilität als zweitrangig zu betrachten und absatzpolitische Kriterien wie Marktanteil, Marktführerschaft und Umsatzexpansion in den Vordergrund zu stellen.

Es sei noch darauf hingewiesen, daß sich für den Begriff „Standort-Lage" in der Literatur auch der Begriff „Makrostandort" findet. Beide Begriffe sind identisch (vgl. dazu: *Batzer, Erich/Greipl, Erich,* Standort-Analyse im Handel, in: Marketing Enzyklopädie, Bd. 3, München 1975, S. 275 ff.).

3.4.2.3 Die punktuelle Standort-Analyse

Die möglichen Standorte, die bei einer systematischen Durchforstung der Standort-Lagen gefunden wurden und von denen angenommen werden kann, daß an ihnen die Errichtung neuer Verkaufsflächen Erfolg verspricht, müssen punktuell, also einzeln und jeder für sich, untersucht werden. Für solche Untersuchungen wird die Methode der punktuellen Standort-Analyse angewandt. Diese Methode ist in der Literatur mehrfach dargestellt worden. Es sei auf folgende Veröffentlichungen hingewiesen:

Batzer/Greipl, a.a.O., S. 275 ff., *Liebmann, Hans-Peter,* Standort, in: Handwörterbuch der Absatzwirtschaft, herausgegeben von *B. Tietz,* Stuttgart 1974, Sp. 1905 ff.; *Rist, K.N.,* Die Standortuntersuchung als Grundlage moderner Marktgestaltung, München 1968; *Rothhaar, Peter,* Die Standortplanung von Einzelhandelsbetrieben, in: Blätter für Genossenschaftswesen, Nr. 17, September 1973; *Coeppicus, Leo,* Standort-Bestimmung, in: Fachblatt für Selbstbedienung, Nr. 12, Dezember 1972; aber auch *Nagel, Egon,* Standortnetzplanung, in: Das große Lexikon für Handel und Absatz, 2. Auflage, Landsberg/Lech 1982, S. 628ff. Die punktuelle Standort-Analyse geht wie folgt vor:

1. Schritt

Auf dem Stadtplan oder der Landkarte wird das mögliche Absatzgebiet abgegrenzt und in Zonen eingeteilt. Welche Größe ein Absatzgebiet hat, das hängt von der Branche und der Größe der Verkaufsfläche des Handelsunternehmens ab. Das Absatzgebiet für einen Lebensmittel-Supermarkt wird man nach Gehminuten bemessen, die erste Zone bis 5 Gehminuten, die zweite Zone über 5 bis 10 Gehminuten, die dritte Zone über 10 bis 15 Gehminuten. Darüber hinaus wird man in der Regel nicht gehen, aus entfernter gelegenen Gebieten keinen Umsatz mehr anziehen können. Meist ist für Verbraucher in diesen Gebieten ein Konkurrenzgeschäft näher gelegen. Bei anderen Branchen (z.B. Möbel) oder bei sehr großen Verkaufsflächen, wie sie z.B. SB-Warenhäuser betreiben, wird man das Absatzgebiet nach Fahrminuten bemessen und Zonen bis 5, 10, 20 und 30 Fahrminuten anlegen. Entlang sehr guter Straßenverbindungen – Autobahn oder Schnellstraße – kann man das Absatzgebiet vielleicht noch weiter ausdehnen, falls man in das Absatzgebiet eines Konkurrenten nicht zu tief vorstößt. Man kann das Absatzgebiet nicht in der Weise abgrenzen und seine Zonen festlegen, indem man mit dem Zirkel Kreise um den zu untersuchenden Standort zieht. Man muß vielmehr sorgfältig darauf achten, ob nicht Eisenbahnlinien, Flüsse und Kanäle oder stark befahrene Ausfallstraßen und Autobahnen durch das Gebiet laufen. Solche Hindernisse können beträchtliche Teile des in Aussicht genommenen Absatzgebietes abschneiden. Zumindest im Lebensmittelhandel erweisen sie sich als kaum zu überwindende Hürden.

Diesem „empirisch-induktiven" Verfahren, das sich jedoch in der Praxis außerordentlich gut bewährt hat und auch mit einem vertretbaren Aufwand zu einem ausreichend genauen Ergebnis führt, wird in der Theorie als Alternative das „theoretisch-deduktive" Verfahren gegenübergestellt. Ein Verfahren dieser Art wäre z.B. das bereits erwähnte Gravitationsgesetz von *William J. Reilly.* Aber auch das Modell von *Hartung/Fisher* (zitiert bei *Liebmann,* a.a.O., Sp. 1912) und schließlich das Modell von *Huff* (zitiert bei *Batzer/Greipl,* a.a.O., S. 277) wären hier zu nennen. *Huff's* Modell, das für ein Einkaufszentrum entwickelt wurde, basiert auf folgenden Annahmen:

Die Anzahl der Kunden nimmt mit zunehmender Entfernung vom Einkaufszentrum ab.

Die Zahl der Kunden nimmt mit der Angebotsausweitung in einem Einkaufszentrum zu.

Die Neigung der Kunden, ausschließlich ein Einkaufszentrum aufzusuchen, nimmt mit zunehmender Konkurrenz durch andere Zentren ab.

Die Einkaufs-Mobilität der Konsumenten nimmt mit steigendem Einkommen zu.

Aus diesen Annahmen wird die Wahrscheinlichkeit, daß Kunden in dem Einkaufszentrum einkaufen, abgeleitet. Das Einzugsgebiet eines Einkaufszentrums reicht dann bis in die Gebiete, in denen die Einkaufswahrscheinlichkeit noch größer als Null ist.

Da sich diese Modelle ausschließlich auf quantitative Faktoren stützen – wie Größe der Verkaufsfläche und Entfernungen zum Standort – und qualitative Faktoren – wie Art der Unternehmensführung, Attraktivität der Angebote, Preispolitik – außer acht lassen, ist ihre Genauigkeit nicht höher einzuschätzen als die der recht einfach erscheinenden empirisch-induktiven Methode.

2. Schritt

Es wird die Zahl der Einwohner ermittelt, die in dem abgegrenzten Einzugsgebiet ansässig sind, untergliedert nach den festgelegten Zonen. Kann auf keine öffentlichen oder kommunalen Statistiken oder Unterlagen der Deutschen Post zurückgegriffen werden, so müssen notfalls vor Ort die Klingelknöpfe gezählt und auf diese Weise die Zahl der Haushalte pro Zone ermittelt werden, die man dann mit der durchschnittlichen Kopfzahl pro Haushalt multipliziert.

Die Zahl der ermittelten Einwohner wird dann mit dem durchschnittlichen Pro-Kopf-Verbrauch im Jahr der betreffenden Warenart, für die die Untersuchung vorgenommen wird, multipliziert. Man erhält dann das im Absatzgebiet vorhandene Kaufvolumen der Branche, für die eine Verkaufsfläche geschaffen werden soll.

Dieses Kaufvolumen sollte man um Abflüsse und gegebenenfalls auch um Zuflüsse korrigieren, um das „bereinigte" Kaufvolumen zu erhalten. Das setzt voraus, daß man auch einen Blick über die Grenzen des Absatzgebietes wirft, um festzustellen, ob sich dort überörtliche Marktführer niedergelassen haben. Ebenso wird eine Prüfung der Pendlerstatistik zweckmäßig sein. Für den Pro-Kopf-Verbrauch sollte man nicht den leicht feststellbaren Bundesdurchschnitt nehmen. Besser ist es, auf den bereits für die Marktstruktur-Analyse ermittelten regionalen Wert zurückzugreifen. Eine sehr gute Hilfe können auch die Kaufkraftkarte der *GfK* Nürnberg – die die Kaufkraft-Kennziffern bis zu den Kreisen ausweist – und die gemeinsam von der *Lebensmittel-Zeitung* und *Nielsen* herausgebrachten Handels-Kreiskennziffern sein.

3. Schritt

Der Wettbewerb im Absatzgebiet wird analysiert. Es wird in die Karte des Absatzgebietes eingetragen, wo die Standorte des Wettbewerbs liegen, in einer tabellarischen Übersicht wird festgehalten, wie groß die Verkaufsflächen der Wettbewerber sind, welche Sortimentsschwerpunkte sie haben, welche Angebots- und Preispolitik sie betreiben, welche Vertriebsform sie haben (Fachgeschäft, Discount etc.), wie es um Aussehen und Attraktivität von Fassade und Verkaufsraum bestellt ist. Im Lebensmittelhandel ist bei SB-Geschäften noch die Zahl der installierten Kassen von Bedeutung. Auf Grund dieser Daten und wenn man mehrfach zu unterschiedlichen Tageszeiten die Kundenfrequenz beobachtet hat, ist es zumindest im Lebensmittelhandel recht zuverlässig möglich, den Umsatz der Wettbewerber zu schätzen. Das setzt allerdings voraus, daß in der betreffenden Branche ein Betriebsvergleich existiert und man dessen wichtigste Werte kennt, vor allem die Flächenleistung (Umsatz/m^2 Verkaufsfläche), die Personenleistung (Umsatz/Mitarbeiter) und die Kassenleistung (Umsatz/Kasse) pro Monat oder Jahr.

Diese ersten drei Schritte bilden den ersten Abschnitt der punktuellen Standort-Analyse, den man den empirischen Teil oder den Abschnitt der Datenermittlung nennen könnte. Man steht bis hierher auf recht festem Boden.

4. Schritt

Mit diesem Schritt beginnt der zweite Abschnitt der Analyse, die der Entscheidungsvorbereitung dienende Datenauswertung. Man betritt den etwas unsicheren Boden von Schätzungen und Prognosen. Mit dem 4. Schritt soll die Umsatzerwartung am untersuchten Standort ermittelt, besser geschätzt werden.

Die eine Möglichkeit, die Umsatzerwartung zu schätzen, ist, man legt für jede Zone des Absatzgebietes einen unterschiedlichen Marktanteil fest, für Zone 1 den höchsten, für die weiter entfernten Zonen niedrigere. Mit diesem Vorgehen trägt man den grundsätzlich richtigen Überlegungen Rechnung, die in *Reilly's* Gravitationsgesetz und *Huff's* Modell stecken. Man rechnet dann aus, wieviel DM der Marktanteil am Kaufvolumen der einzelnen Zonen ausmacht, addiert diese DM-Beträge und hat die Umsatzerwartung am untersuchten Standort in DM (vgl. dazu: *Becker, Fritz,* Wo kommt der Umsatz her? Untersuchungen über die räumliche Verteilung des Umsatzes und der Kunden, dargestellt an zwei Beispielen, in: Selbstbedienung-Dynamik im Handel, Nr. 8/1980, S. 2ff.).

Die Marktanteile müssen natürlich unter Beachtung von Quantität und Qualität der Konkurrenz realistisch festgelegt werden. Pessimismus ist bei dieser Prognose eher angebracht als hochgestimmter Optimismus. Ist die aufgrund der Umsatzerwartung geplante Verkaufsfläche etwas zu klein geraten, dann kann man diesen Fehler leichter durch eine intensivere Nutzung der Fläche, also eine höhere Flächenproduktivität, ausgleichen, als die Fixkosten einer zu groß geratenen Fläche ertragen. Natürlich darf die Abweichung des Ist-Umsatzes von der Umsatzerwartung nach oben auch nicht zu groß sein, sonst muß man, sofern das überhaupt möglich ist, nach kurzer Zeit die Verkaufsfläche erweitern und seinen Fehler auch teuer bezahlen. Die andere Möglichkeit, zur Umsatzerwartung zu gelangen ist, für jeden Einwohner oder jeden Haushalt im Absatzgebiet einen Einkaufsbetrag, also einen Anteil am durchschnittlichen Pro-Kopf-Verbrauch der Branche, für die der Standort untersucht wird, festzulegen. Auch hier wird nach Zonen gestaffelt. Die Multiplikation der Einkaufsbeträge mit der Einwohner- oder Haushaltezahl ergibt die Umsatzerwartung.

Routinierte Standort-Analytiker werden beides tun. Sie werden zunächst mit den Einkaufsbeträgen arbeiten und die so geschätzte Umsatzerwartung in Marktanteile umrechnen, oder umgekehrt. Ein Vergleich mit Erfahrungswerten beider Art zeigt dann, ob die Schätzung der Umsatzerwartung realistisch ist.

5. Schritt

Die geschätzte Umsatzerwartung muß nunmehr kritisch beurteilt werden. Dafür bieten sich mehrere Kriterien an.

- **Die betriebswirtschaftlich erwünschte Unternehmensgröße**

Eine Möglichkeit, die geschätzte Umsatzerwartung kritisch zu beurteilen, ist die erwünschte Unternehmensgröße, in den meisten Fällen wohl die Unternehmensmindestgröße. Ausgangspunkt der Überlegungen ist z.B. im Lebensmittelhandel für den Supermarkt eines selbständigen Kaufmannes die Frage, welches Jahreseinkommen für einen solchen Unternehmer erwünscht, angemessen und attraktiv sein könnte. Nehmen wir an, dieses Jahreseinkommen solle 240000 DM betragen. In gleicher Höhe müßte ein Reingewinn erwirtschaftet werden, der, so nehmen wir an, 3% vom Nettoumsatz (Bruttoumsatz abzügl. MWSt) ausmacht. Der

Nettoumsatz muß dann bei 8 Mill. DM + etwa 9,41% MWSt (Mischsatz aus Umsätzen zu 7% und 16%) oder 0,753 Mill. DM, zusammen 8,753 Mill. DM liegen. Stimmt diese Zahl mit der geschätzten Umsatzerwartung ein, dann muß noch geprüft werden, ob die für diesen Umsatz erforderliche Verkaufsfläche, das sind in diesem Fall bei einer Flächenleistung von ca. 8000 DM/m^2 VKF im Jahr rund 1100 m^2, am untersuchten Standort gebaut werden kann. Ist auch dies der Fall, dann kann der untersuchte Standort in der Regel akzeptiert werden.

Bei der Festlegung des gewünschten Jahreseinkommens oder Reingewinns muß beachtet werden, daß dieser Betrag abdecken muß:

Den **Unternehmerlohn**, das Entgelt für die Arbeitskraft des selbständigen Kaufmanns, der im vorgetragenen Beispiel mit 11 000 DM/Monat, jährlich also 132 000 DM, angesetzt werden könnte.

Die **Eigenkapitalverzinsung**, die bei angenommenen 300 000 DM Eigenkapital und 8% jährlich 24 000 DM betrüge.

Die **Risikoprämie** für die Übernahme der unternehmerischen Risiken, die man mit etwa 1% vom Nettoumsatz festlegen könnte, das entspräche runden 80 000 DM.

Zusammen ergibt das annähernd die im Beispiel angesetzten 240 000 DM für den jährlichen Reingewinn.

Soll am untersuchten Standort eine Filiale eines Filialunternehmens errichtet werden, dann würde an die Stelle des Reingewinns der erwünschte Deckungsbeitrag treten, den die Filiale jährlich zu erwirtschaften hätte. Dieser Deckungsbetrag müßte die zentralen Kosten, die Zinsen für den auf die Filiale entfallenden Eigenkapitalanteil und ebenfalls eine Risikoprämie erbringen.

- **Die Höhe der Risiken – die Schätzung der Intensität des Wettbewerbs am untersuchten Standort**

Eine weitere Möglichkeit der Beurteilung der geschätzten Umsatzerwartung ist die annähernde Ermittlung der einzugehenden Risiken. Man erkennt die Risiken in etwa, wenn man das bereinigte Kaufvolumen im Absatzgebiet der gesamten bereits bestehenden Verkaufsfläche des Einzelhandels der untersuchten Branche gegenüberstellt. Entweder teilt man das bereinigte Kaufvolumen durch die durchschnittliche Flächenleistung, die in der betreffenden Branche erzielt wird. Dann erhält man so etwas wie eine Soll-Verkaufsfläche, die dem Kaufvolumen entsprechende Flächenkapazität. Liegt die ermittelte Ist-Verkaufsfläche unter dieser Soll-Zahl, dann ist das Absatzgebiet noch nicht übersetzt, sind die Risiken nicht allzu hoch. Das gilt besonders, wenn die Struktur des bestehenden Einzelhandels nicht übermäßig gut ist. Das wäre der eine Extremfall, der heute so gut wie nicht mehr vorkommt. Viel öfter stößt der Standort-Analytiker auf den anderen Extremfall. Die ermittelte Ist-Fläche liegt über der Soll-Fläche. Ist in diesem Fall die Struktur des bestehenden Einzelhandels nicht besonders gut, hat man gute Aussichten, den unvermeidlichen Verdrängungswettbewerb zu gewinnen, die Risiken sind noch vertretbar. Ist dagegen die Struktur gut, dann geht man einen Verdrängungswettbewerb ein, dessen Ausgang oft ungewiß ist. Die einzugehenden Risiken sind sehr hoch. An einem solchen Standort sollte man sich nur niederlassen, wenn man ganz sicher ist, daß die Qualität der eigenen Unternehmensführung, die dann ausschlaggebend ist, besser als die der Wettbewerber ist.

3.4 Die Instrumente des Standort-Marketing

Man kann andererseits das bereinigte Kaufvolumen auch durch die ermittelte Verkaufsfläche des Einzelhandels der untersuchten Branche teilen. Man erhält dann die durchschnittliche Flächenleistung im Absatzgebiet. Liegt diese Ist-Flächenleistung über dem im Betriebsvergleich ausgewiesenen Durchschnitt, dann, was wieder der heute kaum vorkommende Fall ist, dürfte das Absatzgebiet noch nicht übersetzt, die einzugehenden Risiken vertretbar sein. Liegt die Ist-Flächenleistung unter, vielleicht sogar erheblich unter dem im Betriebsvergleich ausgewiesenen Durchschnitt, dann ist das Absatzgebiet in der Regel übersetzt und ein Verdrängungswettbewerb unvermeidbar.

Einige Zahlen aus dem Lebensmittel-Einzelhandel sollen diesen Tatbestand noch etwas deutlicher erkennen lassen. Die durchschnittliche Flächenleistung liegt im Lebensmittel-Einzelhandel heute bei rund 10000 DM/m^2 pro Jahr. Ermittelt man für ein Absatzgebiet einen Durchschnitt von 5000 DM/m^2, so ist das Gebiet in der Regel übersetzt. Ermittelt man 12000 DM/m^2 und mehr, so fehlt in der Regel Verkaufsfläche.

Eine dritte Variante der Gegenüberstellung von Kaufvolumen und Verkaufsfläche des Einzelhandels – einer bestimmten Branche – wäre es, wenn man die ermittelte Verkaufsfläche mit der durchschnittlichen Flächenleistung multipliziert. Dann erhält man die Umsatzkapazität des im Absatzgebiet bestehenden Einzelhandels. Liegt die Umsatzkapazität unter dem Kaufvolumen, ist noch Raum für neue Verkaufsflächen vorhanden, liegt sie über dem Kaufvolumen, so ist das Gebiet übersetzt.

Ein anderes Verfahren hat *Becker* entwickelt (*Becker, Fritz,* Quantitative und qualitative Aspekte zur Bestimmung der Wettbewerbssituation im Lebensmittel-Einzelhandel, in: Selbstbedienung – Dynamik im Handel, Nr. 12/1978, S. 83ff.). Er stellt Einwohnerzahl und Verkaufsfläche gegenüber. Seinen Berechnungen lag damals ein Pro-Kopf-Verbrauch von 1900 bis 2000 DM für Nahrungs- und Genußmittel und eine durchschnittliche Flächenleistung von 8500 DM/m^2 zugrunde. Tausend Personen stellen somit ein Kaufvolumen von rund 2 Mill. DM dar, das mit rund 240 m^2 Verkaufsfläche bewältigt werden kann. Die entscheidende Feststellung ist, daß auf 1000 Personen rund 240 m^2 Verkaufsfläche – für Lebensmittel und Ende der siebziger Jahre – entfallen. *Beckers* Untersuchungen haben weiterhin ergeben, daß im Lebensmittelhandel rund 60% bis 70% des Bedarfs in Nachbarschaftsgeschäften (wohnbezogen) und 30% bis 40% bei Großvertriebsformen (agglomeriert) gedeckt werden. Entsprechend teilt er die Verkaufsfläche auf, auf 1000 Personen rund 140 m^2 Verkaufsfläche für die Nahversorgung, rund 100 m^2 für überörtlich bedeutsame Verkaufsflächen. Diesen Soll-Werten stellt er dann die im untersuchten Gebiet ermittelten Ist-Werte gegenüber.

Teilt man den Ist-Wert durch den Soll-Wert, erhält man die **Wettbewerbskennziffer,** für die gilt:

WKZ = 1 : durchschnittlicher, normaler Wettbewerb,
WKZ >1 : harter Wettbewerb bis Verdrängungswettbewerb,
WKZ < 1 : mäßiger Wettbewerb.

Ähnliche Überlegungen finden sich bei: *Molinaro, Friedrich,* Damit müssen Sie rechnen! Standortanalyse im Dienste der Standortsicherung, in: Lebensmittel-Zeitung Nr. 17 vom 25. 4. 1980, S. F 14ff.

Abbildung 3/7: Zahlen zur Versorgung der alten Bundesländer (1989) und Gesamt-Deutschlands (1998) mit Verkaufsfläche für Lebensmittel

	1989	1998
Einwohnerzahl (Ende 1989/1998)	61,990 Millionen	82,037 Millionen
Zahl der LM-Einzelhandelsgeschäfte	60 361 Geschäfte	73 418 Geschäfte
Verkaufsfläche insgesamt	17,090 Millionen qm	24,310 Millionen qm
Geschäfte pro 1000 EW[1]	1,0	0,9
Einwohner pro Geschäft	1026	1117
Ø Verkaufsfläche pro Geschäft	283 qm	331 qm
Ø Umsatz pro Geschäft	2,94 Millionen DM	3,04 Millionen DM
Ø Flächenleistung	10 375,– DM/qm	9 180,– DM/qm
Kontrollrechnung von den Verbrauchsausgaben her:		
Ø Pro-Kopf-Verbrauch an Lebensmitteln pro Jahr[2]	ca. 3000 DM	ca. 3594 DM
Kaufvolumen pro 1000 EW	3,0 Millionen DM	3,6 Millionen DM
Ø Flächenleistung eines Geschäftes	10 600,– DM/qm	10 876,– DM/qm

[1] Ohne Aldi
[2] Ohne Gaststättenverzehr

Quelle: Handel aktuell 90, Dokumentation des Deutschen Handelsinstitutes Köln, Köln 1990, S. 23/30/36/37/39, Handel aktuell 99, Dokumentation des EuroHandelsinstitutes Köln, Köln 1999, S. 17/61/63/65, Vademecum des Einzelhandels 1990 und 1998, herausgegeben von der Bundesarbeitsgemeinschaft der Mittel- und Großbetriebe des Einzelhandels e. V., Köln 1990 und 1998, S. 21 und S. 23.

Die Zahlen der Abbildung 3/7 zeigen, daß der Konzentrationsprozeß im letzten Jahrzehnt des vorigen Jahrhunderts stagnierte. Das ist sicher eine Folge der Wiedervereinigung. Die Struktur des Lebensmittel-Einzelhandels in den neuen Bundesländern ist noch nicht auf dem Stand der alten Bundesländer. In dem vorhergehenden Jahrzehnt hatte sich die Zahl der Lebensmittelgeschäfte pro 1000 Einwohner von 1,8 auf 1,0 fast halbiert, die durchschnittliche Verkaufsfläche pro Geschäft von 120 qm auf 283 qm mehr als verdoppelt. Berücksichtigt man die anhaltende Sortimentsexpansion, so kann man nicht von einer Überversorgung an Verkaufsfläche für Lebensmittel sprechen. Ein Grund für die nur noch langsam fortschreitende Flächenexpansion im Lebensmitteleinzelhandel dürfte neben dem langsamen Anstieg der Verbrauchsausgaben für Lebensmittel die Tatsache sein, daß qualitativ gute Standorte immer schwerer zu beschaffen sind und qualitativ gute Verkaufsflächen immer teurer werden. Diese Feststellung gilt sicher nicht nur für den Lebensmittelhandel.

• **Kombination mehrerer Beurteilungskriterien in einem Bewertungsprofil**

Einen interessanten Vorschlag für die Beurteilung der geschätzten Umsatzerwartung macht die *Co-op* mit ihrem Bewertungsprofil. Hier werden neben quantitativen, wie sie bei den vorstehend dargestellten Möglichkeiten im Vordergrund stehen, auch qualitative Faktoren berücksichtigt. Das sind u. a. Wirtschafts- und Sozialstruktur, Erwerbs- bzw. Arbeitslosenquote, GfK-Kaufkraftkennziffer, Kaufkraftdichte und Einkommensstruktur. Weiterhin wird die künftige Entwicklung des fundamentalen Bestimmungsfaktors Einwohnerzahl in die Beurteilung einbezogen (vgl. *Abbildung 3/8*).

Abbildung 3/8: Coop-Bewertungsprofil

Bewertungsprofil	Objekt Ort, Anschrift				Supermarkt Ahausen			
	positiv			neutral	negativ			
Kriterien (Vorschlag)	+ 3	+ 2	+1	0	– 1	– 2	– 3	entscheidend:
Bevölkerungsentwicklung Ist von 1970 bis 1977		x						
Bevölkerungsentwicklung Planungen bis 1990					x			
Wirtschafts- und Sozialstruktur		x						
Erwerbs-/Arbeitslosenquote		x						
Haushaltsgröße						x		
GfK-Kaufkraftkennziffer				x				
Kaufkraft (Einkommen)					x			
Kaufkraftdichte			x					
örtliche Zentralität			x					
(verkehrstechnische) Zentralität des Standorts	x							
Verkehrs-/Lastfrequenz	x							
Topographie/Erreichbarkeit	x							
Sichtbarkeit								
Grundstücks-/Objektzuschnitt								

Quelle: Manager-Magazin, Nr. 5/1979, S. 83.

Dieses Bewertungsprofil ist eine Variante des Instruments „Standortcheckliste", die auch *Liebmann* als Möglichkeit der Beurteilung von Standorten erwähnt (*Liebmann*, a.a.O., Sp. 1913/14). Die Problematik dieses Verfahrens, so *Liebmann*, liegt darin, daß man qualitative Merkmale quantitativ bewerten will. Wir hatten auf diese Problematik bereits bei der Darstellung der Skalierungsmethode im Kapitel Marktforschung hingewiesen.

- **Die Analog-Methode**

Man kann, so meint *Applebaum* (zitiert bei *Liebmann*, a.a.O., Sp. 1914), die Beurteilung von Standorten auch auf die Ergebnisse früher getroffener Standortentscheidungen stützen. Er nennt dies „Analogmethode". So kann man für die Abgrenzung des Einzugsgebietes und die Festlegung der Marktanteile in den einzelnen Zonen des Einzugs- oder Absatzgebietes Erfahrungswerte verwenden. Dieses Verfahren ist sicher zulässig und wird in der Praxis auch häufig angewandt. Es muß nur mit der nötigen Vorsicht geschehen, denn im Grunde hat jeder Standort seine individuellen Merkmale.

- **Betriebswirtschaftliche Kriterien**

Eine Beurteilung der Umsatzerwartung und damit des untersuchten Standorts muß schließlich auch vom betriebswirtschaftlichen Standpunkt aus erfolgen. Damit werden die unter dem ersten Punkt angestellten Überlegungen fortgeführt. Geht man dabei ins Detail – was unumgänglich ist –, so setzt dies eine vollständige Rentabilitätsplanung voraus, die hier nicht dargestellt werden kann (vgl. dazu: *Oehme, Wolfgang,* Handelsmanagement, München 1993, S. 34ff.).

Zwei Punkte sollten geprüft werden:

Die **Rentabilität,** die zumindest auf lange Sicht erreicht werden muß. Kann man damit rechnen, am untersuchten Standort auf Anhieb rentabel wirtschaften zu können, dann umso besser. Einen solchen Standort sollte man sich nicht entgehen lassen. Es ist heute aber, besonders im Lebensmittel-Einzelhandel, auch durchaus üblich, einen Standort zu akzeptieren, der mit Sicherheit eine Durststrecke von einem oder gar mehreren Jahren mit roten Zahlen erwarten läßt, aber zukunftsträchtig ist.

Neben der Rentabilität sollte auch der **Cash flow** überprüft werden. Der Cash flow ist der Netto-Finanzmittelrückstrom, also in der Regel Afa + Reingewinn vor Steuern. Er ermöglicht nicht nur ein Urteil über die Liquidität eines Unternehmens, sondern gibt auch Hinweise auf die Lebensdauer eines Unternehmens, was im Einzelhandel angesichts der möglichen schnellen Entwertung von Standorten besonders wichtig ist. Vergleicht man im Rahmen einer Rentabilitätsplanung den zu erwartenden Cash flow mit dem investierten Kapital, so kann man feststellen, innerhalb wievieler Jahre dieses investierte Kapital zurückgeflossen sein wird. Bedenkt man, daß die Aufgabe eines Standortes, bevor alles investierte Kapital zurückgeflossen ist, in der Mehrzahl aller Fälle Verluste mit sich bringt, so wird man die Zeitspanne bis zum Rückfluß als Mindestlebensdauer eines Einzelhandelsgeschäftes betrachten können. Umgekehrt kann man von einer planmäßig festgelegten Mindestlebensdauer aus auch Forderungen an die Höhe der Investitionen und den anzustrebenden Roh- und Reingewinn stellen, die ja die Höhe des Cash flow wesentlich bestimmen. Birgt ein Standort hohe Risiken in sich, sollte eine nicht zu lange Lebensdauer der dort zu errichtenden Verkaufsfläche in Rechnung gestellt werden, also Vorsicht bei den Investitionen walten und, wenn dies möglich ist, auf einen guten Roh- und Reingewinn geachtet werden.

Erinnern wir uns noch einmal der auf den Standort von außen einwirkenden Wirkungsfaktoren und der vom Handelsbetrieb herkommenden Bestimmungsfaktoren, wie sie *Ruppmann* dargestellt hat, so sehen wir, daß die Beurteilung einer geschätzten Umsatzerwartung und damit eines untersuchten Standorts sowohl von den Wirkungsfaktoren als auch von den Bestimmungsfaktoren ausgehen kann. Bei Punkt 3 – Bewertungsprofil –, S. 106, wurden auch Wirkungsfaktoren in die Beurteilung einbezogen, und zwar deren zukünftige Entwicklung. Allerdings werden bei der Beurteilung einer Umsatzschätzung und eines Standortes überwiegend und ausschlaggebend die Bestimmungsfaktoren berücksichtigt, während die Wirkungsfaktoren schwerpunktmäßig die Umsatzschätzung bestimmen. Wir sehen hier noch einmal, was in der wissenschaftlichen Formulierung *Ruppmanns* nicht leicht zu erkennen ist, daß tatsächlich die Entscheidung für einen Standort voraussetzt, daß der von den externen Wirkungsfaktoren geprägte Standort, der Untersuchungsgegenstand ist, mit der Bedingungslage des Handelsbetriebes, die das Ergebnis der internen Bestimmungsfaktoren ist, übereinstimmt.

Jede Standort-Analyse sollte jährlich regelmäßig daraufhin überprüft werden, ob die in ihr enthaltenen Daten noch stimmen oder korrigiert werden müssen. Haben sich die Daten, in erster Linie die Einwohnerzahl und die Wettbewerbslage geändert, muß unter Umständen auch die Umsatzerwartung korrigiert werden.

3.4.2.4 Der Verkaufsflächen-Entwicklungsplan

Die Ergebnisse aller Standort-Untersuchungs-Aktivitäten, sowohl der Marktstruktur-Analyse als auch der Standort-Netzanalyse und der punktuellen Standort-Analyse, münden in den Verkaufsflächenentwicklungsplan ein. Er enthält einmal die zur Erreichung der gesetzten Ziele – Marktanteilskonsolidierung oder Marktanteilsexpansion – erforderlichen Verkaufsflächen als Planzahlen. Gegenübergestellt werden die bestehenden Verkaufsflächen, vermindert um die zu erwartenden Abgänge an Verkaufsflächen und erhöht um die Zugänge an Verkaufsfläche. Die Zugänge sind die Flächen der Standorte, über deren Realisierung bereits positiv entschieden wurde, und die Erweiterungsflächen, deren Errichtung ebenfalls endgültig beschlossen wurde.

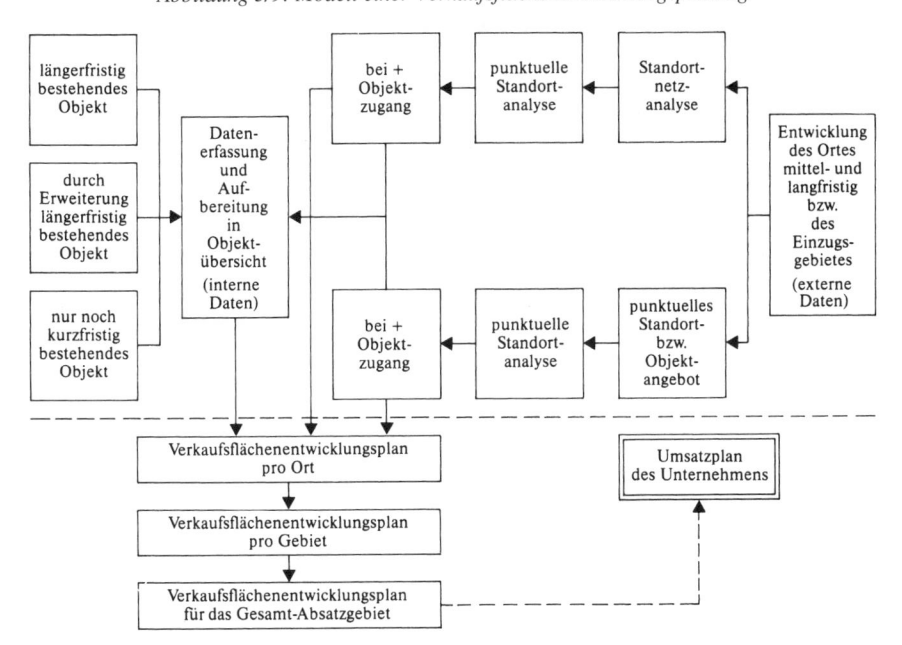

Abbildung 3/9 zeigt das Modell einer Verkaufsflächenentwicklungsplanung, wie es von *Nagel* dargestellt wurde (Standortsicherung durch langfristige Verkaufsflächenentwicklungsplanung, a.a.O., S. 54). Die Begriffe „Erhebung der internen Daten" und „Erhebung der externen Daten" links und rechts wurden von uns eingefügt. Sie sollen deutlich werden lassen, daß wir an diesen Stellen die beiden Bestandteile der Marktstruktur-Analyse vor uns haben. Die Aktivitäten der Verkaufsflächenentwicklungsplanung, das muß auch noch erwähnt werden, vollziehen sich vor dem Hintergrund der Zielsetzung, die sich aus der Marktstruktur-Analyse ergeben. Diese Zielsetzungen sind in der Darstellung nicht aufgeführt. Das Modell soll lediglich das Zusammenwirken der verschiedenen Untersuchungsmethoden deutlich erkennen lassen. Dieser Bereich der Datengewinnung und Datenanalyse

Abbildung 3/9: Modell einer Verkaufsflächenentwicklungsplanung

Quelle: *Nagel, Egon,* Standortsicherung durch langfristige Verkaufsflächenentwicklungsplanung, a.a.O., S. 54.

ist streng genommen keine Planung, wohl aber die Grundlage der Verkaufsflächenentwicklungsplanung. Man sollte zumindest gedanklich beide Bereiche eindeutig auseinanderhalten. Mit der eingefügten punktierten Linie wollen wir auf diese Überlegung hinweisen. Wir sind sicher, daß durch die somit gewonnene Klarheit der Begriffsbildung auch das Verständnis des umfangreichen Komplexes Standort-Marketing erleichtert wird.

In der Praxis wird so vorgegangen, daß die erhobenen internen und externen Daten in Objektübersichten eingehen, die einschließlich des erforderlichen Kartenmaterials in Gebietsmappen (Ortsmappen, Gebietsmappen überregional, Gebietsmappe für das gesamte Absatzgebiet) zusammengefaßt werden. Diese Aufgaben nehmen

Abbildung 3/10: Übersicht über eine Standortlage

Ansatzmöglichkeit

Ort, Stadt(bezirk):	Lfd. Nr.:
Standortlage:	Karte Nr.:
Mögl. Vertriebsform:	

Relevante Wettbewerber

Lage	W	qm	V	qm	D	qm	S	qm	M	qm	L	qm	E	qm	C	qm	Ges.qm
WKZ[1])																	
VKF[2])																	
NZ[3])									Bez.:								
NZ									Bez.:								

Verkehrssituation

PKW	Straßenart:
	Parken:
Fußgänger	Lauf:
	Öffentl. Verkehrsm.:

Einzugsgebiet

Grenzen evtl. Bezeichng.	
EW-Zahl im EZ:	EW-Zahl Ort, Stadt(bezirk):
Relevante Planungen:	

Flächenschätzung

Verkaufsfläche: qm bis qm

Standorthinweise

Bemerkungen

Schaubild 2

[1]) WKZ — Wettbewerbs-Kennziffer qm Verkaufsfläche je 1000 Einwohner

[2]) VKF — Verkaufsfläche

[3]) NZ — Nachbarzentrum

Quelle: *Nagel, Egon,* Standortsicherung durch langfristige Verkaufsflächenentwicklungsplanung, a. a. O., S. 56.

in der *Edeka Handelsgruppe* die Großhandelsunternehmen wahr. Die Übersicht über die Nahbereiche des gesamten Bundesgebietes mit Angabe der Marktanteile und der Marktführer fertigt die *Edeka Zentrale* mit Hilfe der EDV an. Auf der Grundlage dieser Übersicht werden dann entweder von der *Edeka Zentrale* oder den Großhandelsunternehmen die weiteren Schritte, wie Standort-Netzanalyse und punktuelle Standort-Analyse eingeleitet. Eine Zusammenfassung der Verkaufsflächenentwicklungspläne der einzelnen Großhandelsunternehmen besorgt dann wieder die *Edeka Zentrale*.

Für die Zusammenstellung der Daten der Standort-Netzanalyse schlägt *Nagel* das folgende Formular vor (vgl. *Abbildung 3/10)*.

Der Verkaufsflächenentwicklungsplan schließlich hat bei der *Edeka Handelsgruppe* die Form, die die *Abbildung 3/11 zeigt.*

Dieser Plan erlaubt nun, die Entwicklung der Verkaufsfläche und die auf Grund der Flächenentwicklung geplanten Einzelhandelsumsätze zu verfolgen. Die Planzahlen enthalten hier die bestehende Verkaufsfläche abzüglich der zu erwartenden Abgänge, zuzüglich der Zugänge aus neuen Standorten (beschlossen und gefunden) und Erweiterungen (beschlossen und vorgesehen). Die Ist-Zahlen geben dann die nach Ablauf eines Jahres tatsächlich erfolgte Entwicklung wieder. Soll-Ist-Differenzen ergeben sich dann aus zeitlich verzögerten Ab- und Zugängen, aus nicht erfolgten Abgängen und zwar gefundenen, aber nicht realisierbaren Standorten. Ob die Verkaufsflächenentwicklungsplanung zum Ziel einer Marktanteilskonsolidierung oder Marktanteilsexpansion führte, zeigt dann der Marktanteils-Entwicklungsplan, dessen Soll-Werte aus der Marktstruktur-Analyse und dessen Ist-Werte aus dem Verkaufsflächenentwicklungsplan kommen müssen.

Abbildung 3/11: Verkaufsflächenentwicklungsplan

Verkaufsflächenentwicklungsplan — (Zentral-) Ort: / Ortsteil: — Blatt: — E EDEKA

Fa., Ort und Straße bzw. Ort bzw. Ortsteil	1972	1973	1974				1975				1976				1977				1978
	TDM	TDM	qm			TDM	qm			TDM	qm			TDM	qm			TDM	qm
	Ist-Ums. Einzelh.	Ist-Ums. Einzelh.	Stand 1. Jan.	./. Abgang	+ Zugang	Plan-Ums. exclusive Infl.-Rate	Stand 1. Jan.	./. Abgang	+ Zugang	Plan-Ums. exclusive Infl.-Rate	Stand 1. Jan.	./. Abgang	+ Zugang	Plan-Ums. exclusive Infl.-Rate	Stand 1. Jan.	./. Abgang	+ Zugang	Plan-Ums. exclusive Infl.-Rate	Stand 1. Jan.
1	2	3	4	5	6	7	8	9	10	11	12	13	14	15	16	17	18	19	20
Planungs-Objekt SBW/VM																			
Planungs-Objekt E-Markt																			
Planungs-Objekt Diskount																			
PLAN insges. (tats. Infl.-Rate excl./incl.)																			
IST insges. (tats. Infl.-Rate incl.)																			

Marktanteil-Entw.-Plan	Einwohner 1974	Ausg./Ew. DM	Kaufvol. TDM	Marktant. %	Einwohner 1975	Ausg./Ew. DM	Kaufvol. TDM	Marktant. %	Einwohner 1976	Ausg./Ew. DM	Kaufvol. TDM	Marktant. %	Einwohner 1977	Ausg./Ew. DM	Kaufvol. TDM	Marktant. %	Einwohner 1978
PLAN (tats. Infl.-Rate excl./incl.)																	
IST (tats. Infl.-Rate incl.)																	

Schaubild 3

Sämtliche DM-Plan-Angaben „excl. Infl.-Rate" in Restwerten = zu konstanten Preisen des Basisjahres: 1973.
Tatsächliche Inflationsrate erst nach Ablauf des Planjahres in tats. eingetretener Höhe laut Statistik eintragen.

Quelle: *Nagel, Egon,* Standortsicherung durch langfristige Verkaufsflächenentwicklungsplanung, a. a. O., S. 57.

3.5 Anforderungen an einen Standort

Ein für ein Einzelhandelsunternehmen geeigneter Standort muß den folgenden Anforderungen genügen, die in geringerem Umfang und mit unterschiedlichen Schwerpunkten auch für die Standorte anderer Handelsunternehmen und anderer Handelsstufen gelten.

3.5.1 Quantitative Anforderungen

Es sind hauptsächlich drei quantitative Forderungen, die ein Standort für ein Einzelhandelsunternehmen erfüllen muß:

(1) Größe der Verkaufs- oder Lagerfläche oder des Grundstücks

Die am untersuchten Standort angebotenen Verkaufs- oder Lagerflächen müssen ausreichend groß sein. Es muß sich ein Handelsunternehmen oder ein Handelsbetrieb in einer Größe errichten und betreiben lassen, die betriebswirtschaftlich vertretbar ist und die auch vom Wettbewerb her nicht gefährdet werden kann. Größere Verkaufs- oder Lagerflächen sind im Wettbewerb oft den kleinen Flächen überlegen. Man kann auf größeren Flächen größere Sortimente führen, was die Verbraucher wegen der größeren Auswahl, die ihnen geboten wird, anzieht. Zum anderen kann auf größeren Flächen der Warenfluß – die innerbetriebliche Logistik – besser organisiert werden als auf kleinen Flächen. Das bringt Kostenvorteile mit sich und verschafft der Preispolitik Spielraum.

Die Mindestbetriebsgröße (siehe dazu Abschnitt 3.4.2.3 Die punktuelle Standort-Analyse, 5. Schritt, Die betriebswirtschaftlich erwünschte Unternehmensgröße, S. 103), die bei Entscheidungen über angebotene oder gefundene Standorte mit in die Überlegungen einbezogen werden muß, ist von Branche zu Branche und von Handelsstufe zu Handelsstufe sehr verschieden. Zwischen den Mindestbetriebsgrößen für ein Juwelier- und Uhrengeschäft und für ein Möbelhaus liegen Welten. Durch die in einer Überflußwirtschaft ständig größer werdenden Sortimente ist auch die Mindestbetriebsgröße ständig gestiegen. Vor etwa 15 Jahren waren 600 qm Verkaufsfläche mit ca. 5 bis 6 Mill. DM Jahresumsatz für einen Lebensmittel-Supermarkt eine ausreichende, die Marktstellung sichernde Betriebsgröße. Heute ist eine Verkaufsfläche erst von 1000 bis 1500 qm mit ca. 10 bis 15 Mill. DM Jahresumsatz zukunftsträchtig.

(2) Der Zuschnitt der Verkaufs- oder Lagerfläche oder des Grundstücks

Weder extrem schmale und lange noch quadratische Flächen eignen sich für einen Handelsbetrieb. Nur eine rechteckige Fläche – etwa doppelt so lang wie breit – ist für einen rationellen Warenfluß und eine verkaufsfördernde Warenpräsentation brauchbar. Sie erlaubt, die Gliederung eines Sortiments in Warengruppen für den Kunden übersichtlich darzustellen und den Kunden durch den gesamten Verkaufsraum zu führen. Die heute vorherrschenden Andienungsformen Selbstbedienung und Teil-Selbstbedienung (siehe zu den Andienungsformen Seite 229ff.) können auf solchen Flächen ihre verkaufsfördernde Wirkung voll zur Geltung bringen.

(3) Die Kosten

Die Miete, bzw. die Grundstücks- und Baukosten müssen es erlauben, die Verkaufs- oder Lagerflächen mit einer vertretbaren Kostenbelastung zu betreiben. Welche Belastung betriebswirtschaftlich vertretbar ist, das hängt sehr stark von der Branche, der Vertriebsform und der Handelsstufe ab. Fachgeschäfte an guten Standorten können 5% und mehr vom Netto-Umsatz als Mietbelastung tragen. Ein Lebensmittel-Supermarkt kann bis höchstens 5% gehen. Discounter akzeptieren vielleicht eine Mietbelastung von 3 bis 4% vom Netto-Umsatz. Manchmal wird bewußt eine höhere Mietbelastung in Kauf genommen, wenn der Standort sehr gut ist, mehrere Wettbewerber sich um ihn bemühen und das eigene Unternehmen an diesem Standort unbedingt vertreten sein will. Dann wird aus der „ökonomischen" eine „politische" Standortentscheidung. Die Zielsetzung der Standortpolitik steht dann an erster Stelle.

3.5.2 Qualitative Anforderungen

Drei Faktoren bestimmen die Standortqualität hauptsächlich.

(1) Die Bevölkerungsdichte und Nähe zum Verbraucher

Die Standorte der Handelsunternehmen müssen zwischen den Produktionsunternehmen und den Haushalten liegen. Die Standorte der Einzelhandelsunternehmen müssen sogar möglichst nahe bei den Haushalten liegen und von den Verbrauchern leicht zu erreichen sein. Mit der Sicherung solcher Standorte erfüllt der Handel die Raumüberbrückungsfunktion. Je näher der Standort zum Verbraucher liegt, desto besser ist die Standortqualität. Ein Punktmarkt kennt keine Raumüberbrückungsfunktion und damit auch keine Standorte unterschiedlicher Qualität.
Die Forderung nach der „Nähe zum Verbraucher" muß je nach Handelsstufe und Vertriebsform unterschiedlich beurteilt werden. Ein Großhandelsunternehmen muß nicht vor der Haustür seiner Kunden liegen. Und ein SB-Warenhaus kann die fehlende Nähe zum Verbraucher durch gute Verkehrsanbindungen kompensieren. Die Entfernung zwischen Wohnung und Standort eines Handelsunternehmens schätzt der Autokunde, der zum SB-Warenhaus fährt, anders ein als der zu Fuß gehende Kunde eines Nachbarschafts-Supermarktes. Je mehr Menschen in der Nähe eines Standorts wohnen, je dichter die Bebauung ist, desto höher ist die Standortqualität.

(2) Die Erreichbarkeit und die Sichtbarkeit des Standorts

Verbraucher lieben die Bequemlichkeit. Je leichter sie zu einem Standort, gleich ob mit dem Auto, zu Fuß oder mit öffentlichen Verkehrsmitteln, kommen können, umso mehr bevorzugen sie ihn. Gute Straßenanbindungen und in Großstadtregionen eine gute Anbindung an das Netz des öffentlichen Nahverkehrs steigern die Qualität einer Standortlage und der in ihr liegenden einzelnen Standorte. Für die großen Verkaufsflächen in der City von Großstädten und auf der grünen Wiese ergibt sich daraus zwingend die Notwendigkeit, für eine ausreichende Zahl von Parkplätzen zu sorgen.
Für die großen Verkaufsflächen auf der grünen Wiese ist die Sichtbarkeit ein wichtiges Qualitätmerkmal. Die dort ansässigen Handelsunternehmen muß man

von vorbeiführenden Autobahnen oder Ausfallstraßen gut sehen können. Es muß eine gute Anbindung an vorbeiführende Autobahnen oder Ausfallstraßen vorhanden sein. Das erfordert manchmal langwierige Verhandlungen mit den Behörden.

(3) Die Wettbewerbssituation

Die Wettbewerbssituation beeinflußt im Einzelhandel die Standortqualität sehr stark. Es gibt zwei Varianten der Wettbewerbssituation:

(a) Die branchenübergreifende Agglomeration

Befinden sich in der Nachbarschaft eines untersuchten Standorts bereits mehrere Einzelhandelsunternehmen anderer Branchen und zusätzlich Dienstleistungsunternehmen, so bezeichnet man diese Wettbewerbssituation als „branchenübergreifende Agglomeration". Sie verstärkt die Anziehungskraft – die „Zentralität" – der Standortlage, in der der untersuchte Standort liegt, ganz wesentlich und ist in der Regel positiv zu beurteilen. Voraussetzung ist allerdings, daß der „Branchenmix" ausgewogen ist, also viele unterschiedliche Branchen und Dienstleister ansässig sind. Ein oder zwei „Magneten", Handelsunternehmen oder Dienstleister mit überdurchschnittlich hoher Kundenfrequenz, verbessern die Qualität der Standortlage und damit des untersuchten Standorts zusätzlich.

(b) Die branchengleiche Agglomeration

In der Nachbarschaft eines zu beurteilenden Standorts befinden sich bereits mehrere Wettbewerber der gleichen Branche mit für das Einzugsgebiet ausreichend großen Verkaufsflächen. Einer solchen branchengleichen Agglomeration kann bei Ansiedlung eines weiteren Handelsunternehmens ein Verdrängungswettbewerb drohen. Durch das Hinzukommen eines weiteren Handelsunternehmens kann aber auch die Anziehungskraft – die „Zentralität" – der Standortlage gesteigert und in der Folge das Einzugsgebiet erweitert werden. Es flösse mehr Kaufkraft in die Standortlage und alle ansässigen Handelsunternehmen hätten ihr Auskommen. Die Konzentration von Möbelhäusern an der A 23 im Nordwesten von Hamburg – die „Wohnmeile" in Halstenbek – oder die wenige Kilometer nördlich davon anzutreffend Konzentration von Autohäusern verschiedener Marken – der „Auto-Port Nord" – sind Beispiele für branchengleiche Agglomerationen.

Die branchengleiche Agglomeration ist die Ausnahme, die branchenübergreifende Agglomeration die Regel. (Siehe dazu die Überlegungen zur Mobilität der Verbraucher und der Agglomerationsfähigkeit von Kaufkraft im Abschnitt 3.7, „Das zentrale Problem des Standort-Marketing", S. 117 ff.)

3.6 Die Standort-Kategorien im Einzelhandel

Bis zum Ende des 19. Jahrhunderts besetzte der Einzelhandel mit seinen zahlreichen kleinen Geschäften fast ausschließlich Standorte nahe bei den Wohnungen der Verbraucher. Mit diesem dichten Netz von „Nachbarschaftsstandorten" wurde die Raumüberbrückungsfunktion ideal erfüllt. Auf der Großhandelsstufe bestand ebenfalls ein dichtes Netz kleiner Großhandels-Unternehmen. Mit dem Aufkommen der ersten Warenhäuser Ende des 19. Jahrhunderts und mit der Ausprägung neuer Vertriebsformen im Gefolge der Einführung der Selbstbedienung ab den 50er Jahren des 20. Jahrhunderts entstanden neue Standort-Kategorien. Es können heute drei Standort-Kategorien unterschieden werden.

3.6.1 Kategorie 1: City-Standorte

Mit dem Begriff City bezeichnet man den Stadtkern und geschäftlichen Mittelpunkt einer großen Mittelstadt oder einer Großstadt. In Großstädten finden sich auch in den „Subzentren" – Stadtteilzentren – ausgeprägte City-Standorte. Die City ist der klassische Standort für Warenhäuser, Kaufhäuser und Fachgeschäfte des höheren Niveaus aller Branchen. Die räumliche Konzentration eines ungewöhnlich vielfältigen Angebots schafft für diese Standortlagen eine starke Zentralität, die Käufer aus einem großen Einzugsgebiet anzieht. Die City von Hamburg z.B. strahlt in einen großen Teil von Schleswig-Holstein, das nördliche Niedersachsen und das westliche Mecklenburg-Vorpommern aus. Die City ist leicht mit öffentlichen Verkehrsmitteln und – nach dem Bau von großen Parkhäusern – auch mit dem eigenen PKW zu erreichen. Die Mieten für Verkaufsflächen in der City sind hoch.

Vor allem in den 70er Jahren des 20. Jahrhunderts zogen die damals stürmisch expandierenden SB-Warenhäuser Kaufkraft aus der City ab. Trotzdem hat diese Standortlage dadurch kaum an Bedeutung verloren. Einmal gelang es den Warenhäusern, ihr Profil als „Verbund von Fachgeschäften unter einem Dach" gegenüber den SB-Warenhäusern eindeutig abzugrenzen. Die Annäherung an die Vertriebsform SB-Warenhaus durch Straffung der Sortimente – damit weniger Auswahl –, weniger Personal – dafür mehr Selbstbedienung – und niedrigeres Preisniveau hatte keinen Erfolg gebracht. (Siehe dazu auch 3.6.3 Kategorie 3: Verkehrsorientierte Standorte, S. 116) Zum anderen entstanden in der City Einkaufspassagen, die den Fachgeschäften neue Standorte boten. Und in jüngster Vergangenheit wurde mit dem Umbau der Eingangsbereiche von Großstadt-Bahnhöfen zu Einkaufs-Centern begonnen. In die Einzelhandels-Landschaft der City-Standortlagen ist also viel Bewegung gekommen, die ihre Attraktivität steigert.

3.6.2 Kategorie 2: Integrierte Standorte

Das sind die Standorte in Wohngebieten, die auch als Nachbarschafts-Standorte bezeichnet werden. Sie werden bevorzugt von Lebensmittel-Supermärkten und dem Nahrungsmittel-Handwerk – Bäcker und Metzger – besetzt. Sie sind für den Verbraucher nah gelegen und gut zu Fuß zu erreichen. Standorte in der Mitte von kleinen Gemeinden und Kleinstädten kann man ebenfalls als integrierte Standorte bezeichnen. Für den Lebensmittel-Einzelhandel, dessen Geschäfte viele Kunden wegen der Frischwaren täglich aufsuchen, sind die integrierten Standorte lebenswichtig. Aber nicht nur Lebensmittel- und Gemischtwarengeschäfte, auch andere Branchen und vor allem auch Dienstleistungsunternehmen sind an integrierten Standorten zu finden.

Das Netz integrierter Standorte im Lebensmittel-Einzelhandel wurde durch die Expansion der immer größer werdenden Lebensmittel-Supermärkte sehr weitmaschig. Die Raumüberbrückungsfunktion und damit die Nahversorgung wurden zunehmend mangelhaft erfüllt. In diese Lücke sind in den letzten Jahren die Tankstellen-Shops vorgestoßen. Sie sind heute mit ihrem zwar begrenzten, aber sehr sorgfältig zusammengestellten Sortiment – zum überwiegenden Teil ein „Convenience-Sortiment" – die Nahversorger im Lebensmittel-Einzelhandel. Die meisten Tankstellen verfügen nicht nur über eine hohe Kundenfrequenz, sie sind auch leicht zu erreichen, verfügen über Parkplätze und haben längere Öffnungszeiten als der Handel (s. S. 338 ff.).

Die Dienstleister Banken und Post haben damit begonnen, ihre Standortnetze auszudünnen. Die Banken reagieren damit auf das Aufkommen des „electronic banking" und des „direct banking", Die Post überträgt Teile der Funktionen ihrer Filialen an Lebensmittel-Supermärkte. Diese Entwicklung kann kleine integrierte Standortlagen negativ beeinflussen und damit die Standorte von Lebensmittel-Supermärkte abwerten.

3.6.3 Kategorie 3: Verkehrsorientierte Standorte

Diese Standorte „auf der grünen Wiese" sind die Domäne der Verbrauchermärkte, der SB-Warenhäuser, der Fachmärkte und der großen Einkaufszentren. Sie verfügen über eine hervorragende Straßenanbindung, sind von den vorbeiführenden Straßen aus gut einzusehen und haben große Parkplätze. Da die Grundstückspreise und damit die Mieten wesentlich niedriger als in der City liegen, kann man an diesen Standorten große Flächen in einer Ebene bauen. Die verkehrsorientierten Standorte sind das Ergebnis der merkantilen Revolution. Sie haben sich zu ernsthaften Wettbewerbern der City entwickelt, sowohl in Groß- als auch in Mittelstädten. Die Probleme, die die Warenhauskonzerne in den siebziger Jahren des 20. Jahrhunderts hatten, beweisen es. Den Angriff der „Grünen Wiese" konnten die City-Warenhäuser dann durch Trading-up und Profilierung als Verbund von „Fachgeschäften unter einem Dach" erfolgreich abwehren. Und damit wurde eine sinnvolle Arbeitsteilung zwischen City- und SB-Warenhäusern geschaffen. (Vgl. dazu: *Tietz, Bruno*, Warum die City und die grüne Wiese nicht ohneeinander existieren können, in: Marketing, Zeitschrift für Forschung und Praxis, Heft 2/1989, S. 77 ff.; Die City muß als Zentrum erhalten bleiben, Interview mit *Heinz Garsoffky*, Vorsitzender des Vorstands der *Horten AG*, in: Der Spiegel Nr. 34/1986, S. 54 ff.)

Bei der Kategorie 3 hat es in den achtziger Jahren einen bemerkenswerten Wandel gegeben. Zum einen haben vereinzelt SB-Warenhäuser Standorte in der City oder in Subcities besetzt. Zum anderen sind Discounter und Fachmärkte mit größeren Verkaufsflächen in Gewerbegebiete gegangen und haben sich somit für verkehrsorientierte Standorte entschieden. Dort konnten sie nicht nur größere Verkaufsflächen, sondern auch ausreichend große Parkplätze errichten. Auf der grünen Wiese sind seit Ende der 80er Jahre des 20. Jahrhunderts große „Einkaufsstädte" entstanden, die eine eigene und sehr starke Zentralität entwickelt haben. Vor allem in den neuen Bundesländern kann man diese Entwicklung beobachten. Der „Saale-Park" bei Merseburg ist ein Beispiel für eine solche Einkaufsstadt, in der sich auch Waren- und Kaufhäuser finden, die im Allgemeinen die City-Standorte bevorzugen.

Die negative Kehrseite dieser Entwicklung ist, daß ein Überhang an Verkaufsfläche entstand. Es ist nicht auszuschließen, daß in den nächsten zehn Jahren auch Verkaufsflächen, besonders auf der grünen Wiese, stillgelegt werden müssen.

Es ist, worauf bei Kategorie 1 bereits hingewiesen wurde, ein Wettbewerb zwischen den Standort-Kategorien entstanden. Zunächst war die grüne Wiese der Sieger in diesem Wettbewerb. Inzwischen haben aber die City-Standortlagen durch die Einkaufspassagen und die Bahnhofs-Einkaufszentren und die Nachbarschaftslagen durch die Tankstellen-Shops deutlich an Boden gewonnen und aufgeholt.

Jede der dargestellten Standort-Kategorien hat nun ihre Vorteile für bestimmte Branchen und Vertriebsformen, die wiederum sich nach der Fristigkeit des Bedarfs und der Ausdehnung des Absatzgebietes kennzeichnen lassen. Der Zusammenhang zwischen Vertriebsform und Standort wird an späterer Stelle noch ausführlich erörtert.

Behrens (Der Standort der Handelsbetriebe, a.a.O., S. 77ff.) setzt für Standort-Kategorie den Begriff Standort-Tendenz. Er entwickelt zunächst eine Typologie der Einzelhandelsgeschäfte und untersucht dann, zu welchen Standorten die verschiedenen Typen tendieren. Bei diesem Verfahren kommt er jedoch nicht zur Abgrenzung und Darstellung von eindeutig definierten Standort-Kategorien, wie dies hier versucht wurde. Eine Standorttendenz ist für *Behrens* eine Standortorientierung an einem primären Standortfaktor. Es gibt Tendenzen zu einer Absatzorientierung (integrierter Standort), zu einer Verkehrsorientierung sowohl an Straßen als auch an öffentlichen Verkehrsmitteln (City-Standorte und verkehrsorientierte Standorte) und zu einer Produktionsorientierung (Versandhandel). Diese in Ansätzen vorhandene Standort-Typologie wird jedoch bei *Behrens* durch die Darstellung der Geschäftstypen stark überdeckt und somit nicht klar erkennbar.

3.7 Das zentrale Problem des Standort-Marketing – der Widerstreit zwischen Nähe zum Verbraucher und wirtschaftlicher Betriebsgröße

3.7.1 Raumfunktion contra leistungsfähiges Distributionssystem

Es wurde bereits darauf hingewiesen, daß Standort-Marketing die Wahrnehmung der Raumfunktion, einer der dem Handel übertragenen gesamtwirtschaftlichen Funktionen, ist. Diese Funktion wird erfüllt, wenn in der Nähe der Wohnstätten des Verbrauchers oder an verkehrsgünstig gelegenen Punkten Verkaufsflächen errichtet werden, die für den Verbraucher leicht zu erreichen sind. Sieht man diese Aufgabe ausschließlich vom Standpunkt der Raumfunktion aus, so könnte man sagen, die Raumfunktion wird umso besser erfüllt, je näher am Verbraucher die Verkaufsflächen gelegen sind, je feinmaschiger das Einzelhandelsnetz ist, das ein Absatzgebiet überzieht. Das hätte eine Vielzahl kleiner Einzelhandelsgeschäfte aller Branchen zur Voraussetzung. Der vielgeschmähte und schon totgesagte, aber auch besungene „Tante-Emma-Laden" im Lebensmittelbereich, der Laden an der Ecke, erfüllt im Grund die Raumfunktion am besten. Allerdings arbeitet ein solch feinmaschiges Distributionsnetz mit hohen Kosten. Wünschte es der Verbraucher, müßte er bereit sein, höhere Preise zu bezahlen.

Dem Wunschbild vom feinmaschigen Distributionsnetz steht nun die Tatsache entgegen, daß größere Verkaufsflächen in der Regel kostengünstiger betrieben werden können als kleine Verkaufsflächen. Auf größeren Verkaufsflächen läßt sich der Mitarbeitereinsatz besser organisieren, die Personenumsatzleistung liegt höher. Die Einrichtungskosten pro m² Verkaufsfläche fallen mit größer werdender Verkaufsfläche. Die Investitionskosten werden günstiger, und damit auch Afa und Zinsen für Fremdkapital. Und die Reingewinne werden mit zunehmender Verkaufsfläche höher und attraktiver. Ohne Zweifel ist die größere Fläche leistungsfähiger als die kleine Fläche, wenn man es von den Kosten und Erträgen her beurteilt. Allerdings ist ein ausschließlich betriebswirtschaftlich orientiertes Distributionsnetz, das sehr weitmaschig ausfallen müßte, ebenso ein Wunschbild wie ein feinmaschiges Distributionsnetz. Der Konflikt zwischen Raumfunktion und Distributionskosten ist im Handels-Marketing gewissermaßen vorprogrammiert. An jedem Standort muß zwischen beiden Größen ein Kompromiß gefunden werden. Eine optimale Betriebsgröße läßt sich nicht festlegen. Die Betriebsgröße im Einzelhandel schwankt deshalb zwischen einer relativ sicher bestimmbaren Mindestgröße, die bereits untersucht wurde, und einer bei den meisten Branchen in etwa erkennbaren maximalen Betriebsgröße. Das Maximum ergibt sich offensichtlich daraus, daß der Verbraucher ab einer bestimmten Entfernung, die von Branche zu Branche unterschiedlich ist, nicht mehr bereit ist, eine Verkaufsfläche aufzusuchen. Oder daß dann Flächen des Wettbewerbs näher gelegen sind. Im Lebensmittel-Einzelhandel liegt das Minimum heute bei etwa 800 m² – 1000 m² Verkaufsfläche, das Maximum bei rund 2500 m². Mehr als das Maximum ist wahrscheinlich vom Sortiment – der Artikelzahl – her nicht erforderlich. Es gibt in der Bundesrepublik einige SB-Warenhäuser, die weit größere Verkaufsflächen für Lebensmittel betreiben. Sie erwecken allerdings den Eindruck, daß bei ihnen Größe mit einem überdurchschnittlich hohen Warenbestand und damit verbunden niedriger Umschlagshäufigkeit bezahlt wird.

Der Kompromiß zwischen Raumfunktion und Betriebsgröße ist umso leichter zu schließen, je größer die Kaufkraftdichte im Einzugsgebiet ist. Da sich, von Branche zu Branche unterschiedlich, festellen läßt, daß der Ausdehnung der Absatzgebiete deutlich meßbare Grenzen gesetzt sind, ist schließlich die Betriebsgröße im Einzelhandel zum überwiegenden Teile eine Funktion der Kaufkraftdichte im Einzugsgebiet. Die maximale Betriebsgröße wird in den Ballungsgebieten mit hoher Kaufkraftdichte erreicht. Von der Begrenzung der Einzugsgebiete her sind dann aber auch der Konzentration von Verkaufsfläche an einem Standort Grenzen gezogen. Ausdehnung des Einzugsgebietes und Betriebsgröße, darauf sei noch einmal nachdrücklich hingewiesen, sind sowohl von der Branche als auch von der Vertriebsform abhängig.

Die Folge des Widerstreits zwischen Raumfunktion und Distributionskosten ist eine Betriebs**größen**heterogenität im Einzelhandel, die wiederum wesentlicher Bestandteil einer Betriebs**typen**heterogenität im Einzelhandel ist. Mit den Auswirkungen der Betriebstypenheterogenität auf das Marketing von Handelsgruppen müssen wir uns noch beschäftigen.

3.7.2 Die Entwicklung der Mobilität der Verbraucher und der Agglomerationsfähigkeit von Kaufkraft

Die Frage, in welchem Maße der Verbraucher für ein feinmaschiges Distributionsnetz in Form höherer Preise zahlen will und welches Ausmaß an Weitmaschigkeit andererseits der Handel dem Verbraucher zumuten kann, beschäftigt den Handel, in besonderer Weise den Lebensmittel-Einzelhandel, schon seit geraumer Zeit.

Daß die Zahlungswilligkeit im Hinblick auf die Feinmaschigkeit und die mit ihr verbundenen relativ hohen Preise Grenzen hat, ist inzwischen deutlich sichtbar geworden. Viele kleine Geschäfte, nicht nur im Lebensmittelbereich, mußten schließen, weil sie vom Verbraucher nicht mehr aufgesucht wurden. Kleine Orte sind heute manchmal ohne Geschäfte, zumindest ohne Lebensmittelgeschäfte und Läden des Nahrungsmittelhandwerks. Erstaunlich ist nur, daß dieser vom Verbraucher selbst verursachte Zustand hinterher lautstark beklagt wird.

Welches Ausmaß an Weitmaschigkeit der Handel auf der anderen Seite dem Verbraucher zumuten kann, war bisher noch nicht eindeutig geklärt. Erst die Untersuchungen von *Becker* brachten für den Lebensmittel-Einzelhandel zu dieser Frage interessante Erkenntnisse (*Becker, Fritz,* Quantitative und qualitative Aspekte zur Bestimmung der Wettbewerbssituation im Lebensmittel-Einzelhandel, in: Selbstbedienung – Dynamik im Handel, Heft 12/1978, S. 4ff.). *Beckers* Untersuchung gliedert sich in zwei Abschnitte.

Im ersten Abschnitt wird der Verkaufsflächenbedarf im Lebensmittel-Einzelhandel untersucht. Teilt man den von *Becker* damals mit 1900 DM bis 2000 DM angesetzten Pro-Kopf-Verbrauch im Jahr an Lebensmitteln durch eine Flächenleistung von rund 8500 DM/m^2 im Jahr, erhält man einen Verkaufsflächenbedarf von 0,22 bis 0,24 m^2 pro Einwohner, bzw. 220 bis 240 m^2 pro 1000 Einwohner. Diese Zahl hatten wir bereits als Wettbewerbskennziffer kennengelernt (vgl. S. 115). Multipliziert man diesen Wert mit der Einwohnerzahl der Bundesrepublik in Höhe von 61,4 Mill., ergibt sich für die Verkaufsfläche der Lebensmittel-Branche ein rechnerischer Verkaufsflächenbedarf von 13,5 bis 14,7 Mill. m^2. Zum Zeitpunkt der Untersuchung wurden von Lebensmittel-Einzelhandel 14,2 Mill. m^2 Verkaufsfläche betrieben. In quantitativer Hinsicht hat also der Lebensmittel-Einzelhandel die Raumfunktion erfüllt. Diese Aussage gilt auch zu Beginn der neunziger Jahre unverändert, wie die folgenden Zahlen zeigen. Der Verkaufsflächenbedarf für Lebensmittel liegt heute bei rund 0,3 qm pro Einwohner, 300 qm pro 1000 Einwohner. Multipliziert mit einer Einwohnerzahl von rund 62 Millionen ergibt das eine Gesamtverkaufsfläche für Lebensmittel von 18,6 Millionen qm. Dieser „Soll"-Verkaufsfläche stand zum 1.1.1990 eine „Ist"-Verkaufsfläche von 17,1 Millionen qm gegenüber. In den neunziger Jahren des vorigen Jahrhunderts nach der Wiedervereinigung Deutschlands sind diese Zahlen fast unverändert geblieben. Der Verkaufsflächenbedarf für Lebensmittel für 1000 Einwohner liegt weiterhin bei 300 qm. Multipliziert man ihn mit der Bevölkerungszahl von nunmehr 82,1 Mill. Einwohnern, so ergibt sich für Lebensmittel eine Soll-Gesamtverkaufsfläche von 24,63 Mill. pm. Die Ist-Gesamtverkaufsfläche war 24,31 Mill. qm groß (Handel aktuell '98, hersg. vom EuroHandelsinstitut e.V. Köln, Köln 1998, Seiten 17 und 68/69). Diese Zahlen lassen allerdings nicht erkennen, daß in manchen Regionen, vor allem auf der grünen Wiese in den neuen Bundesländern, ein großer Verkaufsflächenüberbestand, in ländlichen Regionen dagegen ein Verkaufsflächenfehlbestand festzustellen sind.

Damit ist aber noch nichts über die Struktur des Distributionsnetzes gesagt. Dieser Frage wendet sich *Becker* im zweiten Abschnitt seiner Untersuchung zu, die sich mit der räumlichen Verteilung der Verkaufsflächen befaßt. Über lange Zeit galt die Faustregel, daß der überwiegende Teil des Lebensmittelumsatzes, nämlich 70% bis 80%, in Nachbarschaftsgeschäften gedeckt wird, also wohnbezogen ist. Nur 20% bis 30% waren, so bezeichnet es *Becker,* der agglomerierten Versorgung zuzurechnen, gingen an große Flächen mit überregionaler Marktbedeutung. Entsprechend wurde bei punktuellen Standort-Analysen das ermittelte Kaufvolumen um 20% bis 30% vermindert, um zum bereinigten Kaufvolumen im Absatzgebiet zu gelangen. *Becker* kommt bei seiner Untersuchung jedoch zu dem Ergebnis, daß das Verhältnis von wohnbezogener zu agglomerationsfähiger[*] Kaufkraft heute bei 60% zu 40%, in einzelnen Regionen sogar bei 50% zu 50% liegt. Dieses Ergebnis beruht auf einem Vergleich der Verkaufsflächenanteile von örtlich bedeutsamer und überörtlich bedeutsamer Fläche. In den untersuchten Regionen hatten im Schnitt rund 80 m² von der gesamten Lebensmittel-Verkaufsfläche in Höhe von rund 230 m² pro 1000 Einwohner überörtliche Bedeutung. Das sind rund 35%. Da die großen Flächen erfahrungsgemäß eine höhere Flächenleistung als kleine Geschäfte erzielen, ist das Ergebnis entsprechend auf die oben genannten Werte zu korrigieren.

Diese Untersuchung zeigt, daß bis jetzt jedenfalls der Verbraucher das durch den Strukturwandel und Konzentrationsprozeß im Handel weitmaschiger gewordene Distributionsnetz akzeptiert hat. Und sie zeigt in ihrem ersten Abschnitt auch, daß zumindest im Lebensmittelbereich ausreichend Verkaufsfläche vorhanden ist, der zukünftige Strukturwandel zu einem guten Teil auf einem Verdrängungswettbewerb beruhen wird. Der Lebensmittel-Einzelhandel hat bis jetzt auch die Raumfunktion in qualitativer Hinsicht erfüllt, wenn man das Urteil des Verbrauchers zugrunde legt.

Abbildung 3/9: Entwicklung der SB-Warenhäuser und SB-Center in den beiden letzten Jahrzehnten des 20. Jahrhunderts

Zeitpunkt/ Zeitraum	Anzahl	VK-Fläche in qm	Umsatz[1] in DM
1. 1. 1980	1314	1,95 Mio.	19,3 Mrd.
1. 1. 1990	1656	2,87 Mio.	35,3 Mrd.
Steigerung absolut	+ 342	+ 0,92 Mio.	+ 16,0 Mrd.
Steigerung in %	+ 26	+ 47	+ 83
1. 1. 1999[2]	2278	4,72 Mio.	56,7 Mrd.
Steigerung absolut	+ 622	+ 1,85 Mio.	+ 21,4 Mrd.
Steigerung in %	+ 38	+ 64	+ 61

[1] Umsätze für die Jahre 1979, 1989 und 1998
[2] Ab 1991 incl. die neuen Bundesländer und Aldi

Quelle: Handel aktuell 90, Dokumentation des EuroHandelsinstituts Köln, Köln 1999, S. 60 bis 54.

Die Entwicklung hat sich in den letzten beiden Jahrzehnten des 20. Jahrhunderts fortgesetzt, im letzten Jahrzehnt durch die Wiedervereinigung verstärkt.

---

[*] Hier wird unter Agglomeration die Ballung von Kaufkraft durch große Verkaufsflächen, nicht die Ballung von Handelsunternehmen – wie bei *Behrens* – verstanden.

Anfang der achtziger Jahre nahm man an, daß die Expansion der großen Flächen bald zu Ende gehen und es zu einem Stillstand kommen würde. Diese Annahme hat sich nicht bewahrheitet. Die SB-Center mit Verkaufsflächen von 1500 bis 3999 qm nahmen der Anzahl nach von 816 in 1980 auf 1013 in 1990 zu, eine Steigerung um 197 Objekte oder 24%. Die SB-Warenhäuser mit Verkaufsflächen über 4000 qm vermehrten sich von 498 in 1980 auf 643 in 1990, was einer Steigerung um 145 Objekte oder 29% entspricht. Das erklärt die in *Abbildung 4/10* ausgewiesene Steigerung der Verkaufsfläche um 47% im gleichen Zeitraum. Da zusätzlich die Flächenproduktivität gesteigert wurde, stieg der Umsatz in diesen zehn Jahren sogar um 83%. Diese Entwicklung überrascht. Denn die Standorte für große Verkaufsflächen sind spürbar knapp geworden und die Planung stößt bei den Städten und Gemeinden auf immer stärkeren Widerstand. Zumindest im Lebensmittelhandel wendet man sich deshalb verstärkt der Errichtung mittlerer Verkaufsflächen mit rund 1000 qm bis 1500 qm zu.

Becker hat nur den Lebensmittel-Einzelhandel untersucht. Sicher gelten seine Ergebnisse, wenn auch nur zum Teil und im weiteren Sinne, auch für andere Branchen, vielleicht sogar für den gesamten Einzelhandel.

3.7.3 Das Problem der Betriebstypenheterogenität und seine Auswirkungen

Dieses Problem, so hatten wir gesehen, ergibt sich hauptsächlich aus der Betriebs**größen**heterogenität. Diese wiederum ist die Folge des Kompromisses, der an jedem Standort zwischen der Erfüllung der Raumfunktion – als Nähe zum Verbraucher – und den Distributionskosten – u. a. eine Funktion der Verkaufsflächengröße – geschlossen werden muß. Mit diesem Problem, das sich nur bei den Handelsgruppen und in abgeschwächter Form bei den Filialunternehmen ergibt, hat sich sehr ausführlich *Zimmermann* beschäftigt (*Zimmermann, Peter,* Konsequenzen der Betriebstypenheterogenität für das genossenschaftliche Gruppenmarketing, Göttingen 1978).

Unter Betriebstypenheterogenität versteht *Zimmermann* die Ungleichartigkeit der Mitgliedsunternehmen, ihre Verschiedenartigkeit nach Größe der Verkaufsfläche, aber auch nach Sortiment und Preisgestaltung. Das Gegenteil wäre die Betriebstypenhomogenität, die ein Filialunternehmen bei seinen Verkaufsstellen anstrebt und auch weitestgehend verwirklichen kann. Die Ursache für diese Ungleichartigkeit der Mitgliedsunternehmen sieht *Zimmermann* in folgenden Tatbeständen:

- der wirtschaftlichen Selbständigkeit der Mitgliedskaufleute und ihrer individuellen Mentalität,
- den unterschiedlichen Bedingungen am Standort und im lokalen Absatzmarkt,
- der föderalistischen Gruppenstruktur.

Bei Filialunternehmen entfallen der erste und der letzte Punkt, der zweite bleibt bestehen. „All business is local", sagen die Amerikaner, und deshalb werden am Rand auch die Filialunternehmen vom Problem der Betriebstypenheterogenität betroffen. Aus der heterogenen Betriebstypenstruktur resultieren unterschiedliche Förderungswünsche der Mitglieder, und zwar unterschiedlich nach der Art und

Fristigkeit. Was den zuletzt genannten Punkt anbelangt, so überwiegt der Wunsch nach kurzfristiger Förderung. Dem stehen mehr langfristige Wachstumsziele des Gruppenmanagements entgegen. Es kommt, so *Zimmermann*, zu Konflikten, die – wohl zum kleinen Teil – offen ausgetragen werden oder – was überwiegen dürfte – zu einer verdeckten Ablehnung oder Aushöhlung des Gruppenmarketing führen. Die verdeckte Form des Konflikts nennt *Zimmermann* die „versteckte Interesseninfiltration" durch die Mitglieder. Zur Lösung des Problems empfiehlt *Zimmermann* zwei Maßnahmen:

- Die Informationsnivellierung zwischen Mitgliedern und Gruppenmanagement. In der Regel sind die Mitglieder schlechter informiert als das Gruppenmanagement, was Konflikte erst entstehen läßt oder sachlich begründete Konflikte unnötig verschärft und ihre Lösung erschwert.
- Die Betriebstypen-Segmentierung des Gruppenmarketing. Es soll also nicht versucht werden, eine Gruppe völlig homogen zu machen. Das hält *Zimmermann* für unmöglich. Vom Blickpunkt des Standort-Marketing aus wird man dem zustimmen müssen. Vielmehr sollte die Betriebstypenheterogenität bis zu einem gewissen Grade als Datum betrachtet und das Gruppenmarketing darauf abgestellt werden.

Der Vorschlag der Betriebstypen-Segmentierung ist u.E. für die Praxis des Handels-Marketing von großer Bedeutung. So haben die Handelsgruppen im Lebensmittelhandel seit Beginn der merkantilen Revolution in der Mitte der 50er Jahre unentwegt versucht, unter dem Schlagwort „Strukturbereinigung" eine Homogenisierung ihres Mitgliederbestandes zu betreiben.

Das Problem der heterogenen Betriebstypenstruktur besteht aber weiterhin. Es scheint tatsächlich unlösbar zu sein. Es erneuert sich, so könnte man sagen, immer wieder. Geschäfte, die vor zehn Jahren mit 200 qm Verkaufsfläche durchaus noch eine Zukunft zu haben schienen, sind heute klein und vom Verdrängungswettbewerb bedroht. Geschäfte mit 600 qm Verkaufsfläche, die heute als zukunftsträchtig angesehen werden, können im Jahre 2000 durchaus zu den kleinen und gefährdeten Geschäften gehören.

Ein weiteres Beispiel aus der Praxis wäre der Drogerie-Bereich. Durch das Aufkommen von Drogerie-Märkten und Drogerie-Discountern wurde eine relativ homogene Drogeriestruktur in kurzer Zeit zerstört. Nun versucht seit Jahren eine vom *Verband deutscher Drogisten* gegründete „*Drogerie-Marketing-Zentrale*" mit einem einheitlichen Gruppenmarketing zum Erfolg zu kommen und das den Drogerien verbliebene Terrain zu sichern (vgl. dazu: Vitamin „d" gegen Drogeriesterben, in: Absatzwirtschaft, Nr. 3/1979, S. 26ff.). Man ist sich zwar klar darüber, daß man nicht alle Mitglieder vollständig zufriedenstellen kann, wundert sich aber über die Schwierigkeiten, die sich bei der Realisierung des Konzepts ergeben. Wenn man die im Standort-Marketing wurzelnde Problematik der Betriebstypenheterogenität erkannt hat, wundert man sich über diese Schwierigkeiten nicht mehr.

Die Schuhhandelsgruppe *Nordwest-Ring* setzt auf ein Konzept mit drei Vertriebslinien: Unter der Bezeichnung „*Moda*" soll der anspruchsvolle und modebewußte Verbraucher, unter der Bezeichnung „*Norma*" der Normalverbraucher angesprochen werden. Unter „*Quick*" läuft die Discount-Linie mit einfacher Ausstattung und in Selbstbedienung.

Abschließend sei erwähnt, daß die Handelsgruppen im Lebensmittelhandel schon seit längerer Zeit das Problem der Betriebstypenheterogenität durch das Betreiben differenzierter Vertriebsformen – Feinkostmarkt, Nachbarschaftsmarkt, Verbrauchermarkt oder SB-Warenhaus, Discountmarkt – zu lösen oder wenigstens abzuschwächen versuchten. Und das auch mit Erfolg. Im Hinblick auf die unterschiedlichen Betriebsgrößen fehlt bisher noch ein Konzept. Man strebt immer noch danach, wenigstens eine Betriebsgrößenhomogenität zu schaffen. Das Mitglieder-Segment „kleine Fläche" wird mehr oder weniger aus dem Gruppen-Marketing ausgeklammert. Man meint, die kleinen Flächen sterben sowieso aus, schmelzen ab, wie man das elegant formuliert. In das entstandene Vakuum sind inzwischen die Tankstellen-Shops eingedrungen, die mit ihrer Convenience-Strategie die kleine Verkaufsfläche neu beleben (siehe Seite 338ff.).

Die bereits zitierte Untersuchung über die Marketingstrategien der Verbundgruppen (*Tietz* u.a. Die Standort- und Geschäftsflächenplanung im Einzelhandel, a.a.O., S. 287) zeigt einerseits, daß sich die Verbundgruppen, besonders im Lebensmittelhandel, der Nachteile der Betriebsgrößen- und Betriebstypenheterogenität durchaus bewußt sind. Sie bereiten bei der Durchsetzung und Realisation fundierter zukünftiger Marketingstrategien große Schwierigkeiten. Trotzdem ist auf der anderen Seite ein nicht zu übersehendes Streben nach Homogenität der Gruppe (*Tietz* u.a. Die Standort- und Geschäftsflächenplanung im Einzelhandel, a.a.O., S. 276ff.) festzustellen.

3.8 Die Strategien des Standort-Marketing

Aus den Zielsetzungen für das Standort-Marketing ergeben sich die Strategien für die Standort-Sicherung, die die Wege zur Erreichung der Ziele vorgeben. Die Standortstrategie eines Handelsunternehmens oder einer Handelsgruppe wird von drei Faktoren maßgeblich beeinflußt.

(1) Branche
Von der Branche, in der ein Handelsunternehmen arbeitet, hängen in erster Linie die Dichte des Standortnetzes, die richtige Standort-Kategorie und die Größe der einzelnen Verkaufsflächen am jeweiligen Standort ab.

(2) Vertriebsform
Sie beeinflußt ebenfalls die Dichte des Standortnetzes und die Standort-Kategorie.

(3) Organisationsform
Einzelunternehmen, die einen einzigen Standort suchen und besetzen wollen, haben eine andere Strategie als Filialunternehmen oder Handelsgruppen, die Standortnetze oder Standortsysteme aufbauen und leistungsfähig halten wollen. Bei ihren Standort-Entscheidungen müssen aber auch Einzelunternehmen berücksichtigen, daß sie Bestandteil eines Standortnetzes sind, das in diesem Fall aus einer Anzahl von selbständigen Einzelunternehmen besteht.

Um die Ziele Erwirtschaften von Erträgen und Sichern der Marktstellung erreichen zu können, stehen grundsätzlich drei Standort-Strategien zur Auswahl.

3.8.1 Das Besetzen eines einzigen Standortes

Dieser Strategie bedienen sich zahlreiche große Möbelhäuser, aber auch kleine Einzelhandelsgeschäfte, die Marktnischen abdecken. Das Problem, das sich bei dieser Strategie stellt, ist, ob man von einem einzigen Standort aus ein ausreichend großes Einzugsgebiet erfassen kann, das eine Unternehmensgröße erlaubt, mit der man seine Ware zu besten Konditionen beschaffen kann. Der Standort muß also erlauben, die dazu erforderliche Zentralität oder Anziehungskraft aufzubauen. Ein großes Möbelhaus kann dieses Problem ohne große Schwierigkeiten lösen. Seine Einkaufskonditionen erlauben marktgerechte Preise. Aber auch ein kleiner Nischenanbieter kann dieses Problem lösen, weil bei ihm die Preise und damit die Einkaufskonditionen meist sekundär sind. Das exclusive Sortiment ist seine Stärke. Auch bei einer Entscheidung für diese Strategie, darauf sei noch einmal nachdrücklich hingewiesen, muß sich das Handelsunternehmen als Teil eines Standortnetzes verstehen. Bei der Überprüfung eines neuen oder auch eines bestehenden Standortes müssen auch in diesem Fall eine Marktstruktur-Analyse und eine Standort-Netzanalyse durchgeführt werden.

3.8.2 Der Aufbau eines regionalen Standortnetzes

Diese Strategie findet man oft im Lebensmittel-Einzelhandel vor. Die Kleinfilialisten arbeiteten früher mit eigenen Zentrallagern und Zentralverwaltungen. Die hohen Kosten schmälerten ihre Wettbewerbsfähigkeit, sodaß viele aufgaben oder von den großen Filialunternehmen oder den Handelsgruppen übernommen wurden. Die heute noch am Markt tätigen Kleinfilialisten – die Edeka bezeichnet sie als „Mehrbetriebsunternehmen", (vergl. dazu: Organisationsformen, S. 351) – verzichten auf eigene Zentralen und Zentralläger und arbeiten mit den großen Handelsgruppen zusammen. Sie delegieren also einen Teil ihrer betrieblichen Funktionen – Einkauf und vor allem Logistik – an die Vorstufe.

3.8.3 Der Aufbau überregionaler und arbeitsteiliger vertriebsformenheterogener Standortnetze

Diese Aufgabe stellt sich allen Filialunternehmen und Handelsgruppen, die unterschiedliche Vertriebsformen betreiben, vom Discount bis zum Fachgeschäft. Solche Unternehmen finden sich keineswegs nur im Lebensmittelhandel. Es gibt Handelsunternehmen auch im Bereich der Unterhaltungselektronik, des Schuh- oder Textilhandels, die Fachgeschäfte in zentralen Lagen und gleichzeitig Fach- oder Discountmärkte auf der grünen Wiese betreiben. Beim Aufbau solcher Standortnetze müssen die Auswirkungen der einen auf die andere Vertriebsform berücksichtigt und auch die Sortimente zwischen den verschiedenen Vertriebsformen abgestimmt werden. Die angebotenen oder gefundenen Standorte müssen daraufhin geprüft werden, welche Vertriebsform am besten zu ihnen paßt.

Sowohl regionale als auch überregionale Standortnetze müssen ständig überwacht, „gepflegt" und aktualisiert werden. Zwei Aufgaben stellen sich dabei:

(1) Es müssen Standorte minderer Qualität oder Standorte, deren Qualität durch Veränderungen am Markt entwertet wurde, durch Standorte guter Qualität ersetzt werden.
(2) Es müssen, entsprechend der Entwicklung der Sortimente, kleine Verkaufsflächen durch größere Verkaufsflächen ersetzt werden. Die Verkaufsflächen-Größenstruktur eines Standortnetzes hat großen Einfluß auf seine Leistungsfähigkeit und damit auf die Sicherung der Marktstellung. Die Verbesserung der Standort-Netzstruktur ist eine Aufgabe, die sich ständig aufs Neue stellt.

Es ist zu erwarten, daß das Internet mit dem „E-Commerce" die Standortstrategien nachhaltig beeinflussen wird. Eine weitere stürmische Expansion des e-commerce, mit der gerechnet werden muß, wird Einzelhandels-Verkaufsfläche überflüssig machen, worauf bereits hingewiesen wurde. In welchem Umfang das E-Commerce Verkaufsfläche substituieren wird, ist zur Zeit noch nicht abzusehen. Das es aber dazu kommen wird, ist nicht auszuschließen.

3.9 Das Standort-Marketing ergänzende Maßnahmen

Das Standort-Marketing der Handelsgruppen hat, wenn ein geeigneter Standort gefunden und gesichert worden ist, noch ein zweites Problem zu lösen. Die neu geschaffene Verkaufsfläche muß auch personell besetzt werden, für sie muß ein Kaufmann gefunden werden, der den Mut zum unternehmerischen Risiko hat, der fachlich qualifiziert ist und der möglichst auch noch über Kapital verfügt. So umfassend stellt sich die Personalfrage bei den Filialunternehmen nicht. Für deren Marktleiter reicht in der Regel die fachliche Qualifikation als Voraussetzung zur Übernahme einer Verkaufsfläche aus. Die unternehmerischen Entscheidungen und Risiken nimmt ihnen die Zentrale ab, die auch das Kapital zur Verfügung stellt. Für die Handelsgruppen dagegen ist es manchmal einfacher, einen neuen Standort zu realisieren, als ihn mit einem selbständigen Kaufmann zu besetzen. Oft ist beim Nachwuchs zwar die fachliche Qualifikation vorhanden, aber es fehlt das Kapital.

Aus diesem Grunde haben manche Handelsgruppen Modelle zur Förderung der Existenzgründung entwickelt. Sie sollen dem kaufmännischen Nachwuchs den Start in die Selbständigkeit erleichtern.

4. Kapitel: Das Leistungsangebot der Handelsunternehmen

Die vollkommenen Märkte der klassischen Theorie sind Märkte für jeweils ein einziges homogenes Produkt. Die von den Anbietern auf diese Märkte gebrachten Produkte sind vollkommen identisch, und alle Nachfrager fragen nur das eine Produkt nach. Sortimente, Service und unterschiedliche Arten des Verkaufens kennt der vollkommene Markt nicht, sie werden von den Bedingungen dieser Marktform – homogene Güter und keine Präferenzen – untersagt. Gerade durch das Unterlaufen dieser Bedingungen, das Gestalten von Sortimenten, das Service-Angebot und die unterschiedlichen Arten des Verkaufens, bieten sich dem Marketing der Handelsunternehmen auf durch sie geschaffenen unvollkommenen Märkten vielfältige Möglichkeiten, das eigene Unternehmen zu profilieren, sich von den konkurrierenden Unternehmen zu unterscheiden, anders als die Anderen zu sein. Das Leistungsangebot steht gemeinsam mit der Kommunikation im Zentrum des Marketing-Mix jeden Handelsunternehmens.

4.1 Die Sortimentspolitik – das Sortiments-Marketing

Drei Feststellungen sind zu beachten, wenn man die Sortimentspolitik des Handels richtig verstehen und zutreffend beurteilen will.

(1) Das Angebot eines Handelsunternehmens besteht nicht nur aus der im Sortiment geführten Ware, sondern aus einem Verbund von Ware und Handelsleistung. Die Ware ist das Medium, mit dem die Handelsleistung zum Kunden transportiert wird. Dieser Sachverhalt wird oft übersehen, weil die Ware materiell ist, gesehen und angefaßt werden kann. Die Handelsleistung dagegen ist eine immaterielle Dienstleistung, die man nicht sieht und die man nicht anfassen kann. Indem er Artikel und Preise in den Vordergrund seiner Werbung stellte und noch stellt, hat der Handel bisher nicht allzu viel dazu beigetragen, diesen Sachverhalt den Verbrauchern verständlich zu machen. Seit einigen Jahren kann aber beobachtet werden, daß in der Handelswerbung immer öfter auch die Handelsleistung hervorgehoben wird. Und in der Sortimentsgestaltung richten sich die Handelsunternehmen tagtäglich danach. Bei der Kontrolle der im Sortiment geführten Artikel wird immer wieder überprüft, ob die Fähigkeit, Handelsleistung zu transportieren, noch in ausreichendem Maße vorhanden ist. Ist das nicht mehr der Fall, wird ein Artikel zum Langsamläufer, dann wird er ausgelistet und durch andere Artikel ersetzt. Die Handelsunternehmen können in der Sortimentspolitik sehr flexibel sein, was manchmal bei den Lieferanten auf Unverständnis stößt.

(2) Ein Artikel, der im Verbund eines Sortiments angeboten wird, wird wertvoller. Diese Wertsteigerung ergibt sich daraus, daß ein Sortiment Auswahl bietet. Ein Artikel kann dem Verbraucher gegenüber dadurch seine Stärken zeigen, weil

dieser ihn mit anderen konkurrierenden Artikeln – anderen Marken, anderen Qualitäts- und Preislagen – vergleichen kann. Dieser Vergleich kann aber auch Schwächen sichtbar machen und eine Kaufentscheidung zu Gunsten eines Konkurrenzartikels auslösen. Da die Sortimentspolitik aber Bestandteil der Handelsleistung ist, ergibt sich neben der Auswahl eine Wertsteigerung zusätzlich auch daraus, daß dem Artikel Handelsleistung hinzugefügt wird.

(3) Weil das Sortiment dem Verbraucher die Möglichkeiten der Auswahl und des Vergleichens bietet, entfaltet es eine „akquisitorische Wirkung". In jedes marktorientiert gestaltete und attraktiv und übersichtlich präsentierte Sortiment ist zwangsläufig Verkaufsförderung integriert. Der Verbraucher wird zu Zusatzkäufen und vor allem zu Impulskäufen animiert. Je stärker und je positiver sich das Sortiment eines Handelsunternehmens von den Sortimenten der Wettbewerber unterscheidet, desto stärker ist die akquisitorische Wirkung, die es entfaltet.

4.1.1 Der Begriff Sortiment

Als Sortiment bezeichnet man die Gesamtheit der Waren und auch Dienstleistungen, die ein Handelsunternehmen bewußt ausgewählt und sinnvoll zusammengestellt hat – „die es führt" – und dem Verbraucher anbietet. Die Waren, die in den Sortimenten der Handelsunternehmen geführt werden, sind fast ausschließlich Waren der Massenproduktion (zu den Begriffen Einzelfertigung und Massenfertigung vgl. Seyffert, Rudolf, Wirtschaftslehre des Handels, 5. Auflage, Opladen 1972, S. 56).

Der Begriff Sortiment ist dem Handel vorbehalten. Die Gesamtheit der Waren, die ein Hersteller anbietet – sofern er mehr als ein Produkt herstellt –, bezeichnet man als Programm.

Das gesamtwirtschaftliche Sortiment – alle Konsumgüter, die in einer Volkswirtschaft hergestellt und die importiert werden – läßt sich in Branchen-Sortimente gliedern. Das ist die Gliederung, die historisch gewachsen ist und die sich bis heute noch recht deutlich behauptet hat. Sie hat ihren Ursprung zum Teil in der Gliederung des Konsumgüter herstellenden Handwerks in Zünfte im Mittelalter. Es gibt kein Handelsunternehmen, dessen Sortiment das gesamtwirtschaftliche Sortiment der Handelswaren lückenlos umfaßt. Nur die traditionellen Warenhäuser kommen mit ihren großen Sortimenten in die Nähe des gesamtwirtschaftlichen Sortiments.

Die Branchen-Sortimente sind die Grundlage für die Unternehmens-Sortimente der einzelnen Handelsunternehmen. Ein Unternehmens-Sortiment kann weitestgehend ein Branchen-Sortiment, es kann aber auch ein branchenübergreifendes Sortiment sein. Im Verlaufe der merkantilen Revolution ist es zu vielen Branchenüberschneidungen gekommen, sodaß sich branchenübergreifende Sortimente ebenso häufig finden wie Branchen-Sortimente.

Das Unternehmens-Sortiment wird in Warenbereiche oder Teil-Sortimente gegliedert. Wenn ein branchenübergreifendes Sortiment geführt wird, können die Teil-Sortimente Branchensortimente sein. Das findet man am ausgeprägtesten bei den

Warenhäusern, deren Teil-Sortimente der einzelnen Abteilungen oft Branchen-Sortimente sind.

Die Warenbereiche gliedern sich in Warengruppen. Der Warenbereich Herren-Oberbekleidung läßt sich gliedern in die Warengruppen Mäntel, Anzüge, Sakkos, Hosen und so fort. Der Warenbereich Getränke in einem Supermarkt gliedert sich in die Warengruppen Bier, Wein, alkoholfreie Getränke, Spirituosen.

Die Warengruppen kann man in Sorten gliedern. Die Warengruppe Mäntel kann je nach Material in Wollmäntel, Staubmäntel oder wetterfeste Mäntel gegliedert werden. Die Sorte gliedert sich in Artikel. Der Artikel ist die kleinste Einheit eines jedes Sortiments. Er unterscheidet sich in mindestens einem Merkmal von den anderen Artikeln. Merkmale eines Artikels sind abgepackte Menge, Größe, Farbe, Design, Geschmack, Verpackungsart, Marke und Qualität. Eine 100 g-Tafel Vollmilchschokolade einer bestimmten Marke ist ein Artikel. Ein Oberhemd aus weißem Baumwollstoff mit einem bestimmten Kragenschnitt und in einer bestimmten Größe ist ein Artikel.

Die Abbildung 4/1 zeigt noch einmal zusammenfassend die besprochenen Begriffe, wie sie sich manchmal abweichend von der Literatur in der Praxis eingebürgert haben.

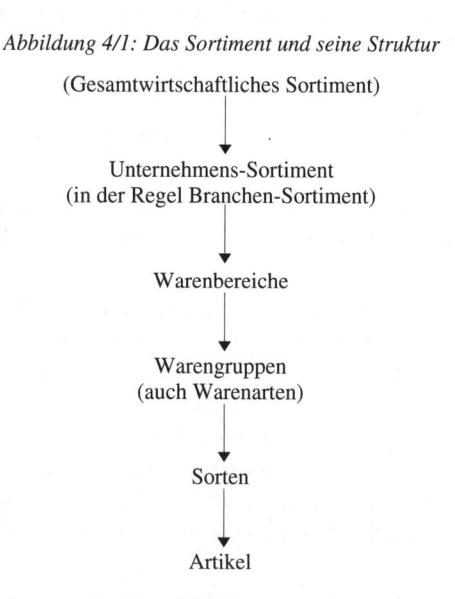

Abbildung 4/1: Das Sortiment und seine Struktur

(Gesamtwirtschaftliches Sortiment)

↓

Unternehmens-Sortiment
(in der Regel Branchen-Sortiment)

↓

Warenbereiche

↓

Warengruppen
(auch Warenarten)

↓

Sorten

↓

Artikel

Unterschieden werden kann weiterhin zwischen „geplantem" und „realisiertem" Sortiment. Es kann bei der Realisation eines Sortiments immer wieder einmal Probleme geben – wie Dispositionsfehler oder verspätete Lieferung –, die zu Lücken im Sortiment führen. Solche Fehlbestände bedeuten immer verschenkten Umsatz. Geplantes und realisiertes Sortiment sind dann nicht deckungsgleich.

Unterschieden wird auch zwischen „Lager-Sortiment" und „Bestell-Sortiment". Die im Fall des Bestell-Sortiments erst nach einem Vorverkauf beschaffte Ware erfordert nur eine unvollständige Handelsleistung. Streng genommen kann das Bestellsortiment damit nicht Gegenstand des Sortiments-Marketing sein. Es sei denn, ein Handelsunternehmen bietet ein bereits von ihm ausgewähltes Sortiment im Wege des Vorverkaufs an. Dann liegt im Ansatz zumindest Sortiments-Marketing vor. Um das unternehmerische Risiko zu vermindern, wird beim Vorverkauf auf einen Teil des Sortiments-Marketing verzichtet.

Fast vollständig muß aus dem Sortiments-Marketing des Großhandels das sogenannte Streckengeschäft ausgeklammert werden, das einmal im Lebensmittelhandel weit verbreitet war. Der Hersteller beliefert hier den Einzelhandel direkt und beeinflußt auf diese Weise auch dessen Sortiment, verrechnet wird über den zuständigen Großhandel.

Unter dem Begriff Sortiments-Marketing werden alle Erkenntnisse und Maßnahmen zusammengefaßt, die das Sortiment und seine Gestaltung betreffen. Das Sortiments-Marketing wird in zwei große Teilbereiche gegliedert:

Die Sortimentstheorie befaßt sich mit der Festlegung der Begriffe. Diese Aufgabe ist noch nicht ganz abgeschlossen. Einheitlich festgelegte und gebrauchte Begriffe sind aber besonders dann von großer Bedeutung, wenn es z.B. darum geht, bei der Sortimentskontrolle Sortimente vergleichbar zu machen. Sonst kann kein aussagefähiger Betriebsvergleich durchgeführt werden. Weiterhin untersucht die Sortimentstheorie denkbare Gestaltungsalternativen für das Sortiment und stellt sie systematisch dar. Zu ihren Aufgaben gehört schließlich noch die Untersuchung und systematische Darstellung der Faktoren, die die Sortimentsgestaltung beeinflussen, und die Darstellung der Auswahlkriterien für die Aufnahme einzelner Artikel in ein Sortiment.

Die Sortimentspolitik stellt die Strategien dar, auf deren Grundlage in einem aus vielen Einzelentscheidungen bestehendem Entscheidungsprozeß ein Sortiment aufgebaut wird. Dieser Entscheidungsprozeß beginnt mit der Festlegung der Zielsetzungen für das Sortiment und der Lösung möglicher Zielkonflikte. Dann folgt die Gestaltung des Sortiments anhand der ausgewählten, in der Strategie festgelegten Gestaltungsalternativen und die Auswahl der in das Sortiment aufzunehmenden Waren. Im Anschluß daran muß die Präsentation des Sortimentes – auf der Verkaufsfläche oder im Katalog – festgelegt werden. Und schließlich muß die Sortimentskontrolle ermitteln, ob die zur Gestaltung des Sortiments getroffenen Entscheidungen richtig waren und die festgelegten Ziele erreicht wurden. Mit Hilfe der elektronischen Datenverarbeitung und dem Aufbau geschlossener Warenwirtschaftssysteme ist auch mittleren und kleinen Handelsunternehmen eine exakte und detaillierte Sortimentskontrolle möglich, die ohne Schwierigkeiten kurzfristig erfolgen kann und schnell die für die Sortimentspolitik erforderlichen Daten liefert. Und eine exakte und detailliert Sortimentskontrolle trägt wirksam dazu bei, die mit allen Sortimentsentscheidungen verbundenen Risiken zu vermindern.

Der Handel hat gerade mit Hilfe der Warenwirtschaftssysteme seine Sortimentskontrolle intensiviert – manche Unternehmen haben sie perfektioniert – und in den letzten Jahren einen deutlichen Informationsvorsprung erringen und damit seine Stellung gegenüber der Industrie stärken können. Einen besonderen Wert hat für die Handelsunternehmen die Möglichkeit, das Sortiment artikelgenau kontrollieren zu können. Man wird zwar ein Sortiment, vor allem wenn es groß ist, nicht ständig artikelgenau kontrollieren. Die Auswertung der dann anfallenden großen Datenmenge würde einen Aufwand verursachen, der in keinem vernünftigen Verhältnis zum Wert der gewonnenen Erkenntnisse stünde. Aber wenn irgendeine Zahl – Umsatzanteil oder Handelsspanne – einen Verdacht auslöst, in einem Bereich des Sortiments, in einer Warengruppe oder in einer Sorte, könne etwas nicht stimmen, dann kann man diesen Bereich artikelgenau kontrollieren, ihn also gleichsam „unter die Lupe" nehmen.

4.1.2 Das Entstehen des Sortiments-Marketing

Über lange Zeiten, über Jahrhunderte hinweg, hat der Handel zwar Sortimente zusammengestellt und geführt, aber damit noch keine aktive Sortimentspolitik, kein Sortiments-Marketing betrieben. In der Vergangenheit bestimmte der Bedarf der Verbraucher, deren Nachfrage nach Gütern, das Sortiment. Später, zum Teil auch heute noch, bestimmten und bestimmen die Industrie, vor allem die Markenartikel-Hersteller, in manchen Bereichen die Sortimente des Handels ganz wesentlich, besonders im Lebensmittelhandel.

Die Erkenntnis, daß es im Handel ein eigenständiges Sortiments-Marketing gibt und daß dies etwas anderes als das Produkt-Marketing der Hersteller ist, reifte erst im Verlaufe der merkantilen Revolution. Die folgenden Gründe – es sind sicher nur die wichtigsten – zwangen den Handel förmlich dazu, sich mit dem Problem der Sortimentspolitik auseinanderzusetzen und eigene Vorstellungen über ein eigenständiges Sortiments-Marketing zu entwickeln.

1. Grund: Seit etwa Ende der fünfziger Jahre des vorigen Jahrhunderts, als das sogenannte „Wirtschaftswunder" in voller Blüte stand, wird der Handel mit einer von Jahr zu Jahr zunehmenden Flut neuer Produkte und Artikel überschwemmt. Im Bereich des Lebensmittelhandels wurden einer Erhebung der Lebensmittel-Zeitung nach von den Herstellern allein im Jahre 1969 1135 neue Artikel und 190 neue Packungen – die neuen Artikeln gleichzusetzen sind – auf den Markt gebracht und dem Handel angeboten. Die Zeitschrift Lebensmittel Praxis ermittelte, daß vom 1. 3. 98 bis 28. 2. 99 dem Lebensmittelhandel insgesamt 1583 neue und teilweise innovative Produkte und Artikel angeboten wurden (Lebensmittel Praxis, Heft 13/99. S. 28). Selbst wenn man berücksichtigt, daß nicht alle Neuheiten im gesamten Bundesgebiet angeboten werden, hatte jedes Handelsunternehmen durchschnittlich zehn oder mehr Entscheidungen pro Woche darüber zu treffen, ob ein neuer Artikel ins Sortiment aufgenommen werden sollte oder nicht und welcher Artikel gegebenenfalls auszulisten wäre. Die Industrie drängt den Handel ständig in Entscheidungssituationen hinein. Daran wird sich auch in Zukunft nichts ändern. Es gehört zu den Wesensmerkmalen einer Überflußwirtschaft, daß die Industrie ständig Innovationen entwickelt und auf den Markt bringt. Es gibt kaum einen Bereich des Handels, der von dieser Entwicklung ausgenommen wäre. Angesichts dieser Sortimentsexpansion konnte es nicht ausbleiben, daß sich die Handelsunternehmen intensiv mit ihren Sortimenten und deren Gestaltung beschäftigen.

2. Grund: Mit dem Fall der Preisbindung der zweiten Hand – nur wenige Ausnahmen blieben bestehen – schwand ein Teil des Einflusses der Industrie auf den

Handel. Solange die Preisbindung bestand, konnte der Handel in weiten Bereichen gar nichts anderes tun, als von den Herstellern mit einem großen Werbeaufwand „vorverkaufte" Markenartikel in sein Sortiment aufzunehmen und zu „verteilen". Er tat dies in der Regel auch ganz gern, weil ihm die Preisbindung einen sicheren Ertrag garantierte. Im Grund haben viele Handelsunternehmen für dieses Geld einen Teil ihrer Sortimentshoheit an die Industrie verkauft. Nach dem Wegfall der Preisbindung entfiel das Ertragsargument und der Handel wurde wieder freier. Er nutzt diese Freiheit auch. Allerdings ist er erst seit geraumer Zeit fähig, seine Freiheit voll auszuschöpfen und weitere Freiheiten zu erstreiten. Der fortschreitende Konzentrationsprozeß macht dies möglich.

3. Grund: Die Expansion der Discounter, der SB-Warenhäuser und der Fachmärkte hat in weiten Bereichen des Handels, vor allem im Lebensmittelhandel, die Spanne empfindlich geschmälert. Diese Entwicklung begann bereits in den 70er Jahren des 20. Jahrhunderts, wo der Lebensmittelhandel über mehrere Jahre Spanneneinbußen von etwa 1% pro Jahr hinnehmen mußte. Wenn die Handelsspanne von 20% auf 19% sinkt, dann sind das immerhin 5% Minderung. Und in den letzten Monaten des 20. Jahrhunderts löste das Vordringen von Wal Mart auf dem deutschen Markt erneut einen erbitterten Preiskampf aus (Vergl. dazu: Alles umsonst? Die Folgen der Preiskämpfe, Spezial der Lebensmittel Zeitung, Nr. 4/99). Das zwang den Handel dazu, die betriebswirtschaftliche Kontrolle seiner Sortimente zu intensivieren, was teilweise zu Zielkonflikten mit dem Marketing führt. Es stehen sich Kosten und Auswahl, Betriebswirtschaft und Marketing gegenüber.

In der ersten Phase des Sortiments-Marketing beschränkte sich die Sortimentspolitik der Handelsunternehmen darauf, die Sortimentsexpansion mit der Flächenexpansion in Übereinstimmung zu bringen. Die Sortimentsexpansion drohte der Flächenexpansion davonzulaufen. Der Handel wurde gezwungen, seine Aufgabe als „gate keeper" im Absatzkanal wahrzunehmen. Als zweite Aufgabe des Sortiments-Marketing wurde gesehen, festzustellen, wo im Sortiment Erträge erwirtschaftet wurden und wo nicht. Es galt also, die Ertragsstruktur des Sortiments sichtbar zu machen. Unumstritten war in dieser Phase, daß sich das Sortiment an der Nachfrage der Verbraucher auszurichten habe. Solange der Bedarf der Verbraucher ständig stieg und damit auch die Umsätze stetig wuchsen, war dieser Grundsatz sicher auch richtig.

In jüngster Vergangenheit – seit den 90er Jahren des 20. Jahrhundert – wird zunehmend deutlich erkennbar, daß das Handels-Marketing und damit auch das Sortiments-Marketing in eine zweite Phase treten, die man im Gegensatz zur ersten Phase der Anpassung und Kontrolle als die Phase der Aktivität oder gar Aggressivität bezeichnen kann. Diesen Wandel zeigt das Vorgehen der Warenhauskonzerne sehr deutlich. In der Regel wurde in der Vergangenheit den einzelnen Abteilungen und ihren Teil-Sortimenten die Verkaufsfläche zugewiesen, die ihrem Anteil am Gesamtumsatz entsprach. Sortimentsumfang und Verkaufsfläche orientierten sich also an der Nachfrage der Verbraucher. Nunmehr wird den Teil-Sortimenten, die im Trend liegen und ertragsstark sind oder die das Unternehmensprofil positiv beeinflussen, mehr Verkaufsfläche zugewiesen als ihrem Anteil am Gesamtumsatz entspricht. Die ersten Überlegungen zu einem solchen Sortiments-Marketing wurden bereits Ende der 70er Jahre des 20. Jahrhunderts angestellt (vergl. dazu: Grönemeyer, Heinz-Georg, Mehr herausholen aus jedem Standort, in: Lebensmittel-Zeitung Nr. 32 vom 10. 8. 1979, S. F 12 ff.; Sortimentsschwerpunkte, mit einem Interview mit Karl Vongries, Marketing-Direktor der Kaufhof AG Köln, in: Absatzwirtschaft Nr. 9/1979, S. 28 ff.). Es dauerte dann aber mehr als zehn Jahre, ehe diese Überlegungen in nennenswertem Umfang in der Praxis angewandt wurden. In der zweiten Hälfte der 80er Jahre des 20. Jahrhunderts hat dann das „Space Management" diese Überlegungen aufgegriffen und weiterentwickelt (siehe dazu S. 398 ff.). Dieses aggressive Marketing, das nicht nur Nachfrage befriedigt, sondern Nachfrage schafft, ist unter den Bedingungen der Überflußwirtschaft neben dem Verdrängungswettbewerb die einzige Möglichkeit, auf Dauer Umsatzsteigerungen zu erzielen. Sich lediglich auf die Nachfrage der Verbraucher zu verlassen, bedeutet Stagnation. Sortiments-Marketing kann deshalb auch nicht mehr ausschließlich mit dem Blick in die Vergangenheit und mit Hilfe von Umsatzstatistiken betrieben werden. Sortiments-Marketing muß – auch wenn damit höhere Risiken verbunden sind – mit dem Blick in die Zukunft betrieben werden. Es muß in erster Linie auf das Schaffen von Nachfrage, nicht auf das Befriedigen von Nachfrage ausgerichtet sein.

4.1.3 Das Sortimentsproblem in der Literatur

Die Literatur zum Sortiments-Problem bietet ein Bild, das dem der Literatur zum Standort-Problem sehr stark ähnelt.

Die Marketing-Literatur behandelt das Sortiments-Problem außerordentlich knapp. Bei *Nieschlag* finden sich zum Sortiment der Handelsunternehmen ca. vier Seiten, auf denen einige Gestaltungselemente und Gestaltungsalternativen – bei weitem nicht alle – vorgestellt werden (*Nieschlag/Dichtl/Hörschgen,* Marketing, 18. Auflage, Berlin 1997, S. 256 ff. und 434 ff.).

Einige, wiederum andere, Gestaltungsalternativen – er nennt es Gestaltungsaspekte – führt *Dornieden* auf (*Dornieden/Ulrich,* Produktpolitik, in: Operatives Marketing, Wiesbaden 1976, Heft 2, S. 21–23). Und bei *Harlander* finden sich nochmals einige andere Gestaltungsalternativen – als Sortimentsformen bezeichnet –, die durch kurze Ausführungen zur Sortimentsgestaltung ergänzt werden. Die Sortimentsgestaltung muß, soll sie zum optimalen Sortiment führen – was das ist, wird nicht erläutert –, in vier Stufen erfolgen (*Harlander, Norbert,* Optimales Marketing-Mix, in: Operatives Marketing, Wiesbaden 1978, Heft 4, S. 201 und 202).

Die ungewöhnliche Kürze der Darstellung des Sortiments-Problems und die schon fast an mangelnde Sorgfalt grenzende Handhabung der Begriffe sind nicht zu übersehen. Sie sind aber andererseits nicht verwunderlich und ein weiterer Beweis dafür, daß die gebräuchliche Marketing-Lehre eine ausgeprägte Hersteller- und Produktorientierung aufweist. Das zeigt auch, daß dem Thema Produkt-Programme mehr Raum zugebilligt und die Produktpolitik sehr ausführlich dargestellt werden.

In der Literatur zur Handelsbetriebslehre dagegen wird dem Sortimentsproblem eine sehr ausführliche Behandlung zuteil. Ohne Übertreibung kann man sagen, daß die Untersuchung von Sortimentsfragen bei *Seyffert, Gümbel* und *Flach* einen gewissen Höhepunkt erreicht (*Seyffert, Rudolf,* Wirtschaftslehre des Handels,

5. Auflage, Opladen 1972, S. 53 ff., die 1. Auflage erschien aber bereits 1951; *Gümbel, Rudolf,* Die Sortimentspolitik in den Betrieben des Wareneinzelhandels, Köln, Opladen 1963; *Flach, Hans Dieter,* Sortimentspolitik im Einzelhandel, Köln 1966). Seit dieser Zeit, also der ersten Hälfte der 60er Jahre, sind keine allzu großen Fortschritte mehr zu erkennen. Wirklich neue Gedanken tragen lediglich *Stahl* und *Hauzeneder* zur Verbundwirkung im Sortiment vor (*Stahl, Peter,* Verbundwirkungen im Sortiment, Münster 1977; *Hauzeneder, Rainer,* Der Sortimentsverbund im Einzelhandel – Grundlagen einer systemtheoretischen Analyse der Beziehungsstruktur im Einzelhandelssortiment, München 1975; derselbe, Sortimentsverbund, in: Das große Lexikon für Handel und Absatz, 2. Auflage, München 1982, S. 709 ff.). Auf diese Verbundwirkungen weist aber auch *Gümbel* schon hin (a.a.O., S. 30). Nicht unerwähnt darf bleiben, daß sich bei *Gümbel* eine ausgezeichnete Darstellung der Behandlung des Sortimentsproblems in der Literatur findet, die bei *Ludovici* 1768 (!) beginnt und etwa 1960 endet (*Gümbel,* a.a.O., S. 17 ff.). Diese Bibliographie hat *Gümbel* später im Handwörterbuch der Absatzwirtschaft fortgeführt (*Gümbel, Rudolf,* Stichwort „Sortimentspolitik", in: Handwörterbuch der Absatzwirtschaft, herausgegeben von *Bruno Tietz,* Stuttgart 1974, Sp. 1895 ff.). Und *Flach* bringt sehr interessante Ausführungen zum Sinn des Wortes Sortiment und zur Entwicklung des Sortimentsbegriffes (a.a.O., S. 11 ff.).

In der Literatur der achtziger Jahre, die sich nicht mehr nur Einzelfragen des Handels-Marketing widmet, sondern ausführliche und vollständige Darstellungen dieses Marketing-Teilbereiches bringt, nimmt auch das Sortiment einen breiten Raum ein. Drei dieser Darstellungen seien hier etwas ausführlicher erwähnt.

Müller-Hagedorn (*Müller-Hagedorn, Lothar,* Handelsmarketing, Stuttgart 1984, S. 143 ff.) sieht zwei Gründe, die die Handelsunternehmen veranlassen, sich mit ihren Sortimenten intensiv zu befassen. Einmal bindet das Sortiment einen erheblichen Teil des Kapitals der Unternehmen. Sortiment und Warenbestand sollten deshalb innerhalb betriebswirtschaftlich vertretbarer Grenzen gehalten werden. Zum anderen beeinflußt die Sortimentsgestaltung die Ertragssituation eines Handelsunternehmens nachhaltig. Das Sortiment sollte deshalb eine hohe akquisitorische Wirkung entfalten, die Kaufentscheidungen der Kunden sollten vorrangig vom Sortiment, nicht so sehr vom Preis ausgelöst werden. Den Sortimentsbegriff will *Müller-Hagedorn* auch auf Dienstleistungen ausgeweitet sehen. Die Sortimentsgestaltung ist für ihn ein fortlaufender Prozeß. Es gibt fünf „Dimensionen, in denen der Sortimentsbegriff verankert werden kann":

- Der **Zeitraum,** für den ein Sortiment angeboten wird (permanente oder Saison-Sortimente z.B.).
- Die **körperliche Anwesenheit** der Ware (Lager- und Bestell-Sortiment).
- Die **Kongruenz von Planung und Realisation** des Sortiments (geplantes und realisiertes Sortiment).
- Die **Beschaffung** der Ware (sie wird von Dritten gekauft oder sie wird selbst produziert).
- Der **Konkretisierungsgrad** der Ware (Sie liegt auf den Vorstufen auf Lager oder sie muß erst noch produziert – individuelle Einzelstücke – werden).
Es gibt, was Erstaunen auslösen muß, nur drei Entscheidungs-Alternativen für die Sortimentspolitik:

- Die Einengung des Sortiments (**Verkleinerung**).
- Die Ausweitung des Sortiments (**Expansion**).
- Den Austausch von Artikeln (**Strukturveränderung**).

Natürlich lassen sich alle Sortimentsentscheidungen letztlich auf diese drei Maßnahmen zurückführen. Aber es sind doch sehr quantitative Maßnahmen, die man als „Sortimentstechnik" bezeichnen könnte. Sortimentspolitik muß doch alternative Kriterien anbieten, nach denen Artikel gestrichen, neu aufgenommen oder ausgetauscht werden.

Entsprechend dem Hinweis, daß die drei ausgeführten Entscheidungs-Alternativen Auswirkungen auf die Kosten und Erlöse haben, ist auch die Sortiments-Kontrolle stark betriebswirtschaftlich orientiert. Es geht bei ihr um die Beurteilung der „Vorteilhaftigkeit" von Artikeln und Sortimentsteilen.

Abschließend geht *Müller-Hagedorn* aber auch auf zwei wichtige absatzpolitische Fragen ein:

- Einmal untersucht er die **Reaktionen der Nachfrager** auf sortimentspolitische Maßnahmen und weist auf Methoden hin, die Reaktionsstärke der Nachfrager zu messen.
- Zum anderen betont er die Bedeutung des **Sortimentsverbundes** – der Interdependenzen zwischen den Artikeln und Warengruppen im Sortiment –, den er als Folge der „Nachfrageverbundenheit" sieht. Verbraucher kaufen meist mehrere Artikel im Verbund – Bedarfsgruppen als Beispiel –, selten einzelne Artikel völlig isoliert. Die Nachfrageverbundenheit könnte man als Verbund von Kaufentscheidungen ansehen.

Tietz (Tietz, Bruno, Der Handelsbetrieb, München 1985, S. 304 ff.) widmet der **Sortimentspolitik** ein ausführliches Kapitel. Ausgangspunkt für die Sortimentspolitik sind die Daten über die produzierten Waren, die Kunden und die Lieferanten. Vom Sortimentsverbund wird die Forderung nach dem Sortimentsgleichgewicht abgeleitet. Es „kennzeichnet die Leistungsfähigkeit jedes Artikels des Sortiments, im Rahmen betriebstypenspezifischer Proportionen zum Umsatz beizutragen". Sortiments-Instrumente – dieser Begriff ist hier zutreffend – sind Neuaufnahme, Streichung und Austausch, so wie dies auch *Müller-Hagedorn* sieht. Zu den Instrumenten gehören aber auch die Konzepte der Präsenz- und Bestell-Sortimente und eine lange Reihe von Sortiments-Kategorien, die sich am Sortimentszyklus, an der Kundenstruktur, der Dauerhaftigkeit und Attraktion orientieren. Hier und bei den Waren-Kategorien finden sich viele Begriffe, die ausführlich erläutert werden.

Ausführlich geht *Tietz* auf die Frage der **Standardisierung von Sortimenten** ein, die für Filial-Unternehmen und Handelsgruppen ein wichtiges Problem ist.

Unter dem Begriff **Sortimentsgestaltung** werden zum Schluß von *Tietz* Kriterien für die Aufnahme neuer Artikel, Sortimentsleitsätze, die Sortimentsplanung und deren Organisation und schließlich das Problem der Sortimentsoptimierung vorgestellt.

Berekoven (Berekoven, Ludwig, Erfolgreiches Einzelhandelsmarketing, München 1990, S. 76 ff.) hält das **Sortiment** für den zentralen Bereich des Handelsunternehmens und seines Marketing. Seine Gestaltung wirkt sich aus auf:

- die **Größe** der Verkaufsfläche,
- die **Gestaltung** des Verkaufsraumes,
- den **Einkauf** der Waren,
- die **Preispolitik** des Unternehmens,
- die **Operatingkosten.**

Ergänzend muß man hier einfügen, daß sich diese Faktoren auch umgekehrt auf die Sortiments-Gestaltung auswirken oder auswirken können. Die Sortimentsmerkmale werden gegliedert in Sortimentsbausteine (von Warenbereich bis zum Artikel), Sortimentsdimensionen (Breite und Tiefe) und betriebsinterne Unterteilungen (Standard-/Zusatz-Sortiment oder Dauer-/Saison-/Aktions-Sortiment z. B.).

Die Gestaltung eines Sortiments wird von „betriebsstrukturellen" Faktoren beeinflußt (Branche, Preis- und Qualitätsniveau, Andienungsform, Vertriebsform, Größe der Verkaufsfläche, Standort und Kosten). Zwischen Sortiment und Kundenpotential bestehen deutliche Zusammenhänge. Je breiter ein Sortiment ist, desto größer der potentielle Kundenkreis. Je tiefer ein Sortiment ist, desto höher der Ausschöpfungsgrad. Auch für *Berekoven* ist die Sortimentsoptimierung mit dem Ziel einer Gesamtgewinnoptimierung eine wichtige Frage. Sie wird beeinflußt und auch in ihren Möglichkeiten begrenzt durch die Interdependenz der Artikel im Sortiment, den Sortimentsumfang und die Größe der Verkaufsfläche. Beim Sortimentsverbund unterscheidet *Berekoven* zwei Formen:

- den **Bequemlichkeitsverbund,** der über Sortimentsmagnete zum „One-Stop-Shopping" führen kann,
- den **Verwendungsverbund,** der durch die Komplementärgüter geschaffen wird.

Am Schluß bringt *Berekoven* Hinweise zur „konstitutiven Planung neuer Sortimente", die jedoch wenig ergiebig sind. Es folgen schließlich sehr ausführlich die Sortiments-Steuerung und die Sortiments-Kontrolle.

Überblickt man die hier aufgeführten Beispiele für die Literatur der achtziger Jahre, so kann man abschließend folgendes feststellen:

- Die zentrale Bedeutung des **Sortiments** für das Handelsunternehmen und seine Stellung im Mittelpunkt des Marketing-Mix werden von allen Autoren betont.
- Auf die **Verbundwirkungen** im Sortiment, die Interdependenzen zwischen den einzelnen Artikeln und Warengruppen, wird in allen Darstellungen ausführlich eingegangen. Sie machen das Sortiment letztlich unberechenbar und das Optimierungsproblem so gut wie unlösbar.
- Die **Systematik der Entscheidungsalternativen** ist allerdings noch unvollständig und zu wenig strukturiert.

Zusammenfassend kann man sagen, die Behandlung des Sortiments in der Literatur hat in den achtziger Jahren beträchtliche Fortschritte gemacht. Allerdings sind keine grundlegenden und revolutionär neuen Gedanken zu erkennen. Was vorgetragen wird, fußt auf Arbeiten, die in den zwei vorhergehenden Jahrzehnten veröffentlicht wurden.

Den in der Literatur vorgetragenen Überlegungen zur Sortimentsfrage verdanken wir eine Reihe wichtiger Erkenntnisse und Anregungen. Folgende Punkte sollen hervorgehoben und festgehalten werden:

- Über die Begriffe ist gründlich nachgedacht worden. Vor allem *Seyffert* hat sich sehr um die Begriffsbildung bemüht (a.a.O., S. 65) und besonders *Tietz* hat diese Arbeit mit Erfolg fortgesetzt (a.a.O., S. 312ff.). Leider haben diese Bemühungen bis heute noch nicht zu einem vollständig befriedigenden Ergebnis geführt. Ein einheitlicher Gebrauch der Begriffe ist weder in der Wissenschaft noch in der Praxis festzustellen. Offensichtlich ist das Problem der Begriffe – zumindest in der Praxis – nicht besonders drückend. Bis jetzt fehlen ja auch detaillierte Betriebsvergleiche zum Sortiment, die einen einheitlichen Gebrauch der Begriffe erzwingen würden.
- Es wurde sehr klar herausgearbeitet, daß man bei der Beschäftigung mit der Sortimentsfrage exakt unterscheiden muß zwischen:
  - Elementen oder Bestandteilen des Sortiments,
  - Gestaltungsalternativen der Sortimentspolitik,
  - die Sortimentspolitik beeinflussende Faktoren,
  - Auswahl- oder Beurteilungskriterien für in das Sortiment aufzunehmende Waren.
- Für eine aussagefähige Sortimentskontrolle werden detaillierte Konzepte angeboten, von denen allerdings in der Praxis vielfach noch nicht der rechte Gebrauch gemacht wird. Es sei hier auf die Sortimentszahlenbegriffe von *Seyffert* (Sortimentsbreitenzahlen, Sortimentslagerhaltungszahlen, Sortimentsdurchschnittszahlen) hingewiesen (a.a.O. S. 65), aber auch auf die Arbeiten von *Tietz* (a.a.O., S. 326ff.), *Berekoven* (a.a.O., S. 102, sehr ausführlich) und *Müller-Hagedorn* (a.a.O., S. 151ff.). Auch bei *Flach* finden sich Hinweise zur Sortimentskontrolle – er gibt Hinweise zu Betriebsvergleichen zur Sortenzahl und zu den Warengruppenanteilen (a.a.O., S. 44ff.). Betriebsvergleiche für die Warengruppenanteile sind heute in vielen Bereichen des Handels eine Selbstverständlichkeit.
- Eine wichtige Erkenntnis ist, daß die Sortimentsgestaltung nicht nur eine einmalige, bei der Gründung eines Handelsunternehmens zu lösende Aufgabe ist – eine konstitutive Entscheidung –, sondern vor allem auch ein permanenter Prozeß. Das Sortiment wird von Dynamik beherrscht, nicht von Statik. Freilich muß, worauf *Gümbel* aufmerksam macht, unterschieden werden zwischen einer konstitutiven Entscheidung über den Sortimentsrahmen und dem permanenten Entscheidungsprozeß zur Aufnahme der Waren, die innerhalb des Rahmens geführt werden sollen (*Gümbel*, a.a.O., S. 92 und S. 164, er untersucht folgerichtig Rahmenplanung und Detailplanung getrennt).
- Erwähnenswert ist schließlich die Erkenntnis, daß der Erfolg der Sortimentspolitik überwiegend von qualitativen Faktoren, so u.a. von der Präsentation des Sortiments, abhängt, was Kontrollen und Vergleiche stark erschwert, manchmal fast unmöglich macht. Eine Idee bewirkt oft alles.

So wertvoll diese Erkenntnisse und Anregungen auch sind, so kann doch andererseits nicht übersehen werden, daß die Literatur noch erhebliche Lücken hat. Schon *Gümbel* unterzieht die Literatur einer eingehenden Kritik (a.a.O., S. 51f.), aus der er das Ziel seiner Überlegungen ableitet, nämlich die noch offenstehenden Probleme zu lösen. *Gümbels* Kritik lautet:

- Die Literatur versäumt es, die Gestaltung der Sortimentspolitik aus dem Unternehmensziel abzuleiten.

4.1 Die Sortimentspolitik – das Sortiments-Marketing

- Es fehlt eine systematische Zusammenstellung der die Sortimentsbildung beeinflussenden Faktoren.
- Es wird nicht scharf getrennt zwischen der Festlegung des Sortimentsrahmens und den innerhalb des Rahmens erforderlichen Einzelentscheidungen (Rahmen- und Feinplanung).
- Das Gesamtsortiment wird nicht in Teilsortimente zerlegt und auch die Teilsortimente werden nicht in die Untersuchung einbezogen.
- Das begriffliche Instrumentarium ist noch nicht ausreichend verfeinert.
- Die Entwicklungsbedingungen, unter denen die Sortimentsgestaltung als Prozeß abläuft, sind noch nicht ausreichend dargestellt.
- Der Einfluß der Formen, in denen sich die Willensbildung der Unternehmensleitung vollzieht, wurde noch nicht berücksichtigt.

Sicher hat *Gümbel* mit seinem Beitrag zur Sortimentsfrage einen Teil dieser Kritik gegenstandslos gemacht. Einige Fragen sind dagegen bis heute noch nicht gelöst, worauf bereits hingewiesen wurde, besonders die letzten drei Punkte. Und neue Fragen sind hinzugekommen und harren ihrer Lösung. Unsere Kritik an der vorliegenden Literatur umfaßt die folgenden Punkte:

- Die gegenwärtige Realität der Sortimentsgestaltung und des Sortiments-Marketing wird nicht lückenlos erfaßt. Die Fragen, wie sich Sortiments-Marketing
  - unter den Bedingungen einer Überflußgesellschaft,
  - unter den Bedingungen eines Verdrängungswettbewerbes,
  - mit der Zielsetzung der Profilierung des Unternehmens vollziehen soll, sind überhaupt noch nicht gestellt worden.

- Das Sortiment wird als eine von den Beeinflussungsfaktoren abhängige Variable dargestellt, die mit Hilfe einer wirksamen Kontrolle einer ständigen Anpassung bedarf. Es ist im Grund kein Aktionsparameter der Unternehmensleitung. Bei *Flach* sieht das so aus (a.a.O., S. 58 ff.; siehe nächste Seite):
So erfaßt man nicht nur eine vorwiegend passive Sortimentspolitik, die es heute auch noch gibt –, sondern auch die zunehmend in den Vordergrund tretende aktive Sortimentspolitik. Das Sortiment wird nicht nur beeinflußt, sondern von ihm selber gehen auch Einflüsse aus. Diese Wechselwirkung wird überhaupt noch nicht gesehen. Über die Auswirkungen der Sortimentspolitik wird in der gesamten Literatur nur wenig gesprochen.

- Sobald die Sortimentspolitik der Zielsetzung des Unternehmens untergeordnet, aus ihr abgeleitet werden soll, gibt es Probleme. Das kommt mit daher, daß die Zielsetzung eines Unternehmens schwer allgemeingültig festzulegen ist. Auch in der Literatur finden sich Stimmen, die die bisher immer übliche Zielsetzung der Gewinn-Maximierung für nicht ausreichend halten (vgl. dazu: *Flach,* a.a.O., S. 124 ff.).

Eine betriebswirtschaftlich orientierte Sortimentspolitik, abgeleitet aus den Zielsetzungen Gewinnmaximierung durch Spannenmaximierung und/oder Kostenminimierung wird isoliert nicht möglich sein. Für das Erreichen dieser Ziele ist das Preis-Marketing mindestens ebenso wichtig, vielleicht noch wichtiger als das Sortiments-Marketing. Lediglich Kostengesichtspunkte können das Sortiments-Marketing unmittelbar beeinflussen und – sofern sie beachtet werden –

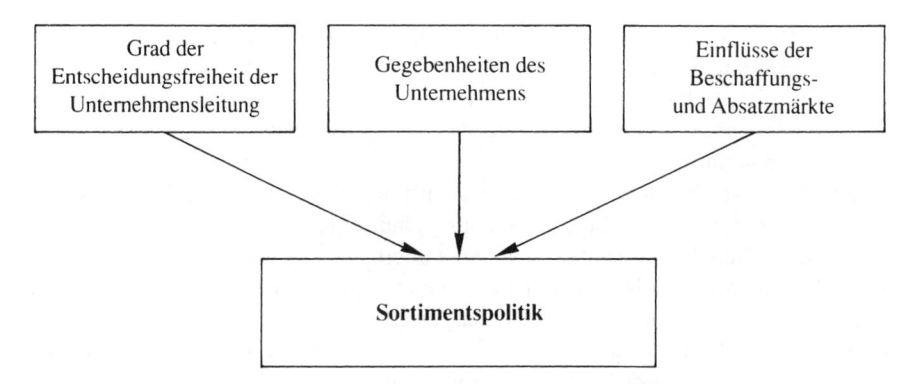

138 4. Kapitel: Das Leistungsangebot der Handelsunternehmen

```
┌─────────────────┐   ┌─────────────────┐   ┌─────────────────┐
│  Grad der       │   │ Gegebenheiten   │   │  Einflüsse der  │
│ Entscheidungs-  │   │    des          │   │  Beschaffungs-  │
│ freiheit der    │   │ Unternehmens    │   │ und Absatzmärkte│
│ Unternehmens-   │   │                 │   │                 │
│ leitung         │   │                 │   │                 │
└─────────────────┘   └─────────────────┘   └─────────────────┘
           ↘                   ↓                   ↙
                ┌──────────────────────────┐
                │    Sortimentspolitik     │
                └──────────────────────────┘
```

Man kann heute – und muß es vielleicht sogar – die Beziehungen auch umdrehen:

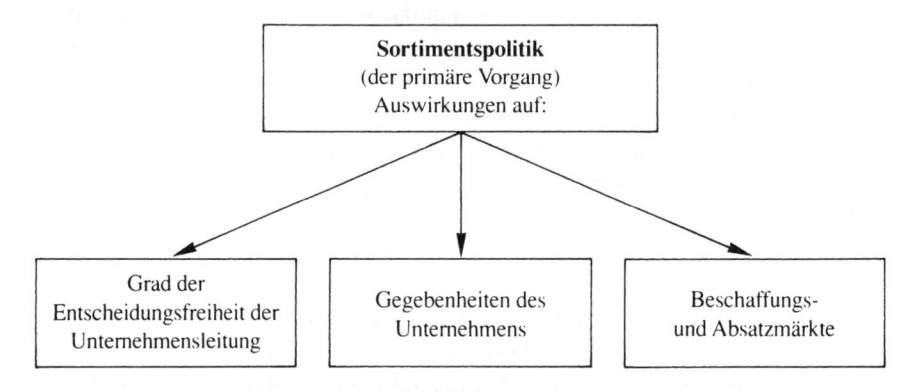

```
                ┌──────────────────────────┐
                │   Sortimentspolitik      │
                │   (der primäre Vorgang)  │
                │   Auswirkungen auf:      │
                └──────────────────────────┘
           ↙                   ↓                   ↘
┌─────────────────┐   ┌─────────────────┐   ┌─────────────────┐
│  Grad der       │   │ Gegebenheiten   │   │  Beschaffungs-  │
│ Entscheidungs-  │   │    des          │   │ und Absatzmärkte│
│ freiheit der    │   │ Unternehmens    │   │                 │
│ Unternehmens-   │   │                 │   │                 │
│ leitung         │   │                 │   │                 │
└─────────────────┘   └─────────────────┘   └─────────────────┘
```

zu besseren Reingewinnen führen. Über dieses Problem muß beim Thema Zielsetzung noch ausführlich gesprochen werden.
- Der Einfluß des Industrie-Marketing auf die Sortimentsgestaltung des Handels – nicht nur des Lebensmittelhandels – wird von der Literatur an keiner Stelle in die Untersuchungen einbezogen. Auch *Flach,* der doch über den Grad der Freiheit der Sortimentsentscheidungen nachdenkt (a.a.O., S. 60ff.), führt als Beschränkungen dieser Freiheit nur gesetzliche Vorschriften und Tradition, Religion und Sitte sowie den technischen Fortschritt an. Und *Gümbel* unterstellt bei einer Betrachtung der sortimentspolitischen Alternativen gegenüber Konkurrenzsortimenten eine vollständige Entscheidungsfreiheit der Handelsunternehmen, die somit alle zur Verfügung stehenden Alternativen in ihre Überlegungen einbeziehen könnten. Zwar ist der Einfluß des Industrie-Marketing auf die Sortimentspolitik des Handels insgesamt gesehen rückläufig. Aber in bestimmten Teilbereichen spielt er noch eine beträchtliche Rolle (*Gümbel,* a.a.O., S. 248ff.). Welchen Grad an Freiheit der sortimentspolitischen Entscheidungen heute der Handel erreichen kann, wenn er will und dazu fähig ist, das zeigt das Beispiel der *Rewe-Handelsgruppe.* Ihre sortimentspolitischen Aktivitäten streben nach einer Förderung mittlerer und kleiner Hersteller als Gegengewicht zur Konzentration auf seiten der Industrie, nach einem systematischen Ausbau des Handelsmarken-Sortiments und nach einer betonten Förderung ertragsstarker Artikel (*Wernien, Kurt,* Hart handeln, flexibel fördern, in: Rewe-Echo Nr. 14/1980, S. 34ff.).

4.1.4 Die Theorie des Sortiments-Marketing – die Gestaltungsalternativen

Eine Trennung des sehr umfangreichen und vielgestaltigen Themas Sortiments-Marketing in einen Bereich Sortiments-Theorie und einen Bereich Sortiments-Politik ist schon aus Gründen der Darstellung angebracht. So können unter dem Stichwort Theorie zunächst einmal die Elemente des Sortiments-Marketing beschrieben werden, während beim Stichwort Politik der Gebrauch, die Anwendung dieser Elemente im Vordergrund steht und weiterhin auf die wichtigsten Entscheidungs-Situationen im Sortiments-Marketing eingegangen werden kann. Das bringt sicher mehr Klarheit und Struktur in das Thema und erleichtert das Verständnis. In der Literatur wird, was etwas überrascht, diese Trennung nicht exakt vorgenommen. Eigentlich müßte dieser Abschnitt mit der Darstellung der Begriffe beginnen. Die Begriffe wurden aber bewußt an den Anfang des Kapitels gestellt. Denn man kann die Entstehung des Sortiments-Marketing und das Sortiment in der Literatur schließlich nur behandeln, wenn der Begriff Sortiment festgelegt ist, jeder also weiß, wovon die Rede ist.

4.1.4.1 Gestaltungs-Alternativen für das Sortiment

In der Literatur werden natürlich die Gestaltungs-Alternativen für das Sortiment behandelt. Dabei fällt aber folgendes auf:
- Sie werden in der Regel relativ, man kann schon sagen sehr kurz dargestellt, fast als wenig bedeutsam abgetan.
- Es werden unterschiedlichste Begriffe verwendet: Sortimentsstrategien, Sortimentsformen, Gestaltungsaspekte, Sortimentsstruktur, Sortimentsdimensionen, Sortimentsgliederung.
- Eine systematische und möglichst vollständige Darstellung der Gestaltungs-Alternativen fehlt völlig.

Eine solche möglichst umfassende Systematik der Gestaltungs-Alternativen ist aber dringend erforderlich und soll im folgenden versucht werden. Diese Darstellung soll aber nicht nur systematisch sein, sondern auch über die bisher bekannten Gestaltungs-Alternativen, die die Wirklichkeit nicht mehr vollständig abdecken, hinausführen und neue, im Entstehen begriffene Alternativen einbeziehen.

(1) Tradierte, konventionelle Gestaltungsalternativen

Diese Gestaltungsalternativen finden sich in der gesamten Literatur zum Sortiment. Sie lassen sich systematisch ordnen, wenn man die folgenden Gruppen und Arten unterscheidet.

a) Den Warencharakter betreffende Alternativen
Material – Bedarf

Ein Sortiment kann **materialbezogen (herkunftsbezogen)** gestaltet sein. Aus dieser Materialorientierung heraus sind die bis vor kurzem rein ausgeprägten Branchensortimente entstanden, die aber auch heute noch bei vielen Handelsunternehmen dominieren. Beispiele sind Lebens- und Genußmittel, Textil, Lederwaren, Schuhe, Möbel, Rundfunk und Fernsehen, Haushaltswaren. Teilweise ist die Materialorientierung noch von einer Produktionsorientierung überlagert, die auf die Gliederung der Produktion in verschiedene Handwerke in früher Zeit zurückgeht.

Ein Sortiment kann aber auch **bedarfsbezogen (hinkunftsbezogen)** gestaltet sein. Es werden in Anlehnung an bestimmte Arbeitsabläufe in den Haushalten der Verbraucher oder in Anlehnung an bestimmte Problemkomplexe Bedarfsgruppen gebildet und angeboten. Beispiele wären der Arbeitsablauf Kaffeekochen: Kaffee – Filterpapier – Kondensmilch – Filter – Kaffeemühle – Kaffeemaschine – Kaffeegeschirr. Oder der Problemkreis Babypflege, der eine Bedarfsgruppe schafft, die von der Babynahrung über Flaschen, Seife, Cremes bis zu Papierwindeln und Windelhöschen reicht. Eine Bedarfsgruppe für den Problemkreis Kleiden reicht von Anzügen oder Kleidern etc. über Schuhe, Socken und Strumpfhosen bis zu Gürteln, Handtaschen und Modeschmuck. Auf diese Weise haben sich die Branchengrenzen verwischt. Meist wird jedoch im Hintergrund noch ein Branchensortiment als dominierender Faktor sichtbar sein. In der Regel ist es die Branche, in der das Handelsunternehmen seinen Ursprung hatte. Und dieser dominierende Sortimentsteil wird dann oft auch aus Gründen der Tradition mit besonderer Sorgfalt gepflegt.

Nutzungsdauer und Einkaufsrhythmus

Von der Nutzungsdauer der Waren her gesehen kann ein Sortiment die folgenden Schwerpunkte haben.

Verbrauchsgüter können im Vordergrund stehen. Das sind Güter, die beim Konsum untergehen, die nur einmal ein Bedürfnis befriedigen. Lebensmittel sind das beste Beispiel für diese Warengattung.

Es können aber auch **Gebrauchsgüter** im Vordergrund des Sortiments stehen. Das sind Güter, die mehrfach und über längere Zeit genutzt werden können. Bei jeder Nutzung mindert sich ihr Wert um einen bestimmten Bruchteil ihres Neuwertes. Bekleidung oder Elektrogeräte sind Gebrauchsgüter.

Schließlich können **Dienstleistungen** Bestandteile eines Sortiments sein. Daß ein Sortiment nur aus Dienstleistungen besteht, kommt bei Handelsunternehmen nicht vor. Wer ausschließlich Dienstleistungen anbietet, ist kein Handelsunternehmen mehr. Vielmehr ist eine neue Unternehmensgattung entstanden, die Dienstleistungsunternehmen, die ausschließlich immaterielle Leistungen produzieren (Vergl. dazu *Meyer, Paul* und *Tostmann, Thomas,* Die Revolution findet nicht statt, in: Absatzwirtschaft, Sonderheft 10/1979, S. 22 ff.; beide Autoren lehnen es auch ab, den Handel als Dienstleistungssektor anzusehen, wie es immer wieder geschieht). Aber Bestandteile eines Sortiments neben anderen Bestandteilen können Dienstleistungen durchaus sein.

Als Beispiele können genannt werden die Zustellung von Waren im Lebensmittelhandel, ein Reparaturschnelldienst für Fernsehgeräte, das Ausarbeiten eines Möblierungsvorschlags für eine Küche im Möbelhandel oder das Reisebüro in einem Warenhaus.

Ob Verbrauchsgüter oder Gebrauchsgüter im Mittelpunkt eines Sortiments stehen oder ausschließlich das Sortiment bestimmen, ist u. a. von Bedeutung

- für den Umfang an Dienstleistungen, die aufgenommen werden müssen; Gebrauchsgüter werden in der Regel mehr Dienstleistungen erfordern als Verbrauchsgüter,

- für die Standortwahl; der Handel mit Verbrauchsgütern muß näher am Verbraucher sein als der Handel mit Gebrauchsgütern.

Der zuletzt genannte Punkt ist die Folge der unterschiedlichen Einkaufsrhythmen. Verbrauchsgüter werden in kürzeren Zeitabständen gekauft, zum Teil täglich, der Verbraucher will keinen langen Weg zum Einkauf zurücklegen. Bei den längeren Zeitabständen, zum Teil jährlich oder gar mehrjährig, in denen Gebrauchsgüter gekauft werden, nimmt der Verbraucher auch einen längeren Weg zum Handelsunternehmen in Kauf, was ganz besonders deutlich beim Möbelhandel zu beobachten ist.

Entsprechend dem Einkaufsrhythmus kann man ein Sortiment in Güter des **täglichen, mittelfristigen und langfristigen Bedarfs** gliedern.

Problemgehalt der angebotenen Waren

Waren können problemvoll und damit beratungsbedürftig sein. Ihr Nutzen und die Art ihrer Nutzung sind vom Verbraucher nicht auf den ersten Blick zu erkennen, sie müssen ihm vom Handel beim Kauf in einem Beratungsgespräch erläutert werden. Fernsehgeräte, Küchenmaschinen oder ganz besonders Personal Computer können als Beispiele genannt werden.

Waren können aber auch problemlos und damit sb-geeignet (zum Verkauf in Selbstbedienung geeignet) sein. Bei diesen Waren kennt der Verbraucher Nutzen und Nutzung. Oder es genügen einige Hinweise auf der Verpackung, um den Verbraucher zu informieren. Sehr viele Lebensmittel sind problemlose Waren. Infolgedessen war der Lebensmittelhandel auch der Vorreiter der Selbstbedienung.

Meyer leitet aus dieser Charakteristik von Waren die Andienungsform ab (*Meyer, Paul,* Einzelhandel: Ende einer Entwicklung? in: Der Verbraucher, Heft 6/1978, S. 8ff.).

Eine Ware kann durchaus im Laufe der Zeit an Problemgehalt verlieren, wandelt sich von der problemvollen zur problemlosen Ware, von der unbekannten Neuheit zum unentbehrlichen Gewohnheitsartikel. Wir werden auf diesen Sachverhalt noch bei anderen Gestaltungsalternativen zurückkommen.

Einkaufsgewohnheiten der Verbraucher

Auch die Einkaufsgewohnheiten der Verbraucher, von denen der bereits erwähnte Einkaufsrhythmus ein Teil ist, können Waren und Warengruppen kennzeichnen. *Kotler* unterscheidet hier (Kotler, Philip/Bliemel, Friedhelm, Marketing-Management, 8. Auflage, Stuttgart 1995, Seite 663ff.):

Convenience Goods, die der Verbraucher in der Regel häufig, ohne Zögern und mit einem Minimalaufwand an Vergleichs- und Kaufanstrengungen kauft. Viele Lebensmittel gehören dazu, aber auch Tabakwaren und Zeitungen.

Shopping Goods, für deren Auswahl und Kauf der Verbraucher größere Anstrengungen auf sich nimmt, indem er nach bestimmten Kriterien – Qualität, Preis, Aussehen – kritische Vergleiche anstellt.

Specialty Goods, bei deren Kauf der Verbraucher zu besonderen Kaufanstrengungen bereit ist, handelt es sich doch um hochwertige Güter mit teilweise einzigartigen Eigenschaften bis hin zu Luxusgütern.

Aspinwall, den *Kotler* zitiert, hat diese Gedanken fortgeführt und noch mehr Kriterien als Unterscheidungsmerkmale eingeführt. Er unterscheidet:

Rote Güter, die durch eine hohe Umschlagshäufigkeit, eine niedrige Spanne und geringe Such- und Konsumzeit gekennzeichnet sind. Lebensmittel gehören zu dieser Kategorie.
Orange Güter, die bei den genannten Merkmalen mittlere Werte aufweisen. Ein Beispiel wären Herrenanzüge.
Gelbe Güter, bei denen die Umschlagshäufigkeit niedrig, die Spanne hoch, Such- und Konsumzeit lang sind und eine Endanpassung erfolgen muß. Kühlschränke und Fernsehapparate könnten als Beispiel genannt werden.
Diese Gestaltungsalternativen sind, wenn man es recht bedenkt, eigentlich das Spiegelbild zu den unter dem Stichwort Problemgehalt aufgeführten Alternativen. Je größer der Problemgehalt einer Ware ist, desto größer müssen nicht nur die Verkaufsbemühungen des Handelsunternehmens sein, sondern desto größer sind auch die Kaufanstrengungen, die der Verbraucher unternehmen muß. Der Verkäufer muß sich genau überlegen, mit welchen Argumenten er die Ware anbieten will. Der Verbraucher muß sich genau überlegen, nach welchen Kriterien er die angebotene Ware beurteilen will, und er wird mehr Zeit aufwenden müssen, um sich einen Überblick über den Markt zu verschaffen.
Mit diesen Gestaltungsalternativen wird schon die Grenze zu den von uns als marketing-orientiert bezeichneten Alternativen erreicht.

b) Den Sortimentsumfang betreffende Alternativen

Von der Anzahl der von einem Handelsunternehmen geführten Waren hängt ab, ob ein Sortiment breit oder schmal ist. Die Sortimentsbreite ist z.B. bei den Warenhäusern ungewöhnlich groß, bei Fachgeschäften in der Regel klein. Anzahl der Waren bedeutet hier, daß es sich wirklich um unterschiedliche Waren und nicht um die Anzahl der Artikel handelt. *Seyffert* verwendet nur den Begriff Sortimentsbreite und definiert ihn als die Zahl der Sorten oder Artikel (a.a.O., S. 64). Das reicht aber nicht aus. Bei gleicher Artikelzahl kann ein Sortiment breit, ein anderes schmal sein.
Besser kann man ein Sortiment kennzeichnen, wenn man zu dem Begriff der **Breite** noch den Begriff der **Tiefe** einführt, wie das auch in Wissenschaft und Praxis üblich ist. Ein Sortiment kann also tief oder flach sein. Das hängt davon ab, wieviele Varianten von den einzelnen Produkten geführt werden. Es können Geschmack, Farbe und Dessin, Qualität und Preislage und auch die Größe variieren. So können z.B. von dem Produkt Wermutwein vier Geschmacksrichtungen (dry, weiß, rot, rosé), drei Qualitäts- und damit Preislagen (hoch, mittel, niedrig) und zwei Größen (0,7 und 1 Ltr. Flasche) geführt werden. Das Produkt Wermutwein ist mit 24 Artikeln im Sortiment vertreten. Und damit ist das Sortiment bei dieser Ware tief. Oder das Produkt Herren-Straßenschuh wird in 15 Designs, 2 Farben und 10 Größen geführt, ist dann mit 300 Artikeln im Sortiment vertreten. Auch in diesem Fall kann man von einem tiefen Sortiment sprechen.
Da die einzelnen im Sortiment geführten Artikel nie in der gleichen Menge nachgefragt und verkauft werden, sind sie auch in unterschiedlichen Mengen im Sortiment vertreten. Man bezeichnet das als die **Mächtigkeit** des Sortiments oder der Teilsortimente. Bei Textilien oder Schuhen wird in den gängigen Größen oder Farben die Mächtigkeit größer sein als in den Randgrößen oder bei

sehr ausgefallenen Farben. Oder bei Lebensmitteln muß im Teilsortiment der Grundnahrungsmittel die Mächtigkeit größer sein als im Teilsortiment der Grill- und Würzsoßen. Die Anpassung der Stückzahl pro Artikel eines bestimmten Produkts an die Nachfrage – die auch von der Vertriebsform beeinflußt wird –, führt zum Sortimentsgleichgewicht (vgl. dazu: *Tietz,* a.a.O., S. 307 ff.). Von der Mächtigkeit eines Artikels hängt dann im Lebensmittelhandel z.B. die Breite der Plazierung des Artikels im Verkaufsraum ab.
Zumindest im Lebensmittelhandel hängt der Sortimentsumfang aber noch von einem weiteren Faktor ab, nämlich von der Anzahl der Hersteller, die die gleiche Ware in gleichen Geschmacksrichtungen und Packungsgrößen anbieten. Es gibt also für eine Ware mehrere parallele Herstellerprogramme. Beispiele sind die Trockensuppen-Sortimente von *Maggi* und *Knorr,* die Kartoffelprodukte von *Pfanni, Maggi* und *Knorr.* Man könnte diesen Sachverhalt bei der Sortimentstiefe unterbringen und sagen, wenn alle Hersteller im Sortiment vertreten sind, dann ist das Sortiment tief. Das kann aber nicht recht befriedigen. Eigentlich handelt es sich hier um eine Variante der Mächtigkeit. Nur ist dieser Begriff – der die dritte Dimension des Sortimentsumfanges kennzeichnet – bereits für den einzelnen Artikel reserviert. Wir müssen deshalb hier einen anderen Begriff verwenden. Vielleicht sollte man sagen, auch die **Parallelität**, die Anzahl von Parallel-Sortimenten in bestimmten Teilsortimenten bestimmt den Sortimentsumfang. Der Wettbewerb mit Parallel-Sortimenten bietet in den einzelnen Branchen ein recht unterschiedliches Bild. Im Sektor Unterhaltungselektronik z.B. entscheiden sich viele Handelsunternehmen – die Warenhäuser ausgenommen – für das Produktprogramm eines Herstellers, das sie dann exclusiv führen. Und diese Entscheidung wird von den Herstellern gefördert, die keine Distribution von 100% anstreben. Im Lebensmittelhandel finden sich dagegen viele Parallel-Sortimente, weil die Hersteller in dieser Branche auf eine lückenlose Distribution Wert legen. Aus dem Sortimentsumfang leitet *Meyer* (Einzelhandel: Ende einer Entwicklung?, a.a.O., S. 9) die folgenden Begriffe ab:
Vollsortiment (eher breit und flach),
Fachsortiment (weniger breit, mehr tief),
Spezialsortiment (sehr schmal und tief).
Er will auf diese Weise mit Hilfe des Sortiments verschiedene Handlungsformen – besser vielleicht Vertriebsformen – kennzeichnen. Dieser Zusammenhang ist in der Praxis deutlich zu erkennen, wie die Zahlen der *Abb.* 4/2 zeigen. In den Frischwarenbereichen gibt es kaum Parallel-Sortimente. Die Artikelzahl ist deshalb bei Supermärkten, SB-Centern und SB-Warenhäusern trotz großer Unterschiede in der Verkaufsflächengröße fast konstant.

Abbildung 4/2: Sortimentsbreite des sb-fähigen Trockensortiments in verschiedenen Vertriebsformen des Lebensmittel-Einzelhandels

Vertriebsform	1988			1997		
	Artikel-anzahl	Artikel-anteil	Umsatz anteil	Artikel anzahl	Artikel anteil	Umsatz anteil
SB-Märkte Supermärkte	3093	51,5%	37,9%	3999	68,6%	69,7%
SB-Center	3870	29,3%	39,2%	6071	62,4%	65,2%

Vertriebsform	1988			1997		
	Artikel-anzahl	Artikel-anteil	Umsatz anteil	Artikel anzahl	Artikel anteil	Umsatz anteil
Verbrauchermärkte SB-Warenhäuser	5323	22,1%	33,0%	8208	59,7%	64,1%
Discountmärkte	1006	65,7%	47,9%	1901	72,1%	69,7%

Quelle: Handel aktuell '90, Dokumentation des Deutschen Handelsinstitutes Köln e. V., Köln 1990, S. 215 ff., Handel aktuell '99, Dokumentation des EuroHandelsinstitutes Köln e. V., Köln 1999, S. 227 ff.

c) Die Sortimentsstruktur betreffende Alternativen

Zur Kennzeichnung der Sortimentsstruktur verwendet *Seyffert* die folgenden Begriffe (Wirtschaftslehre des Handels, a. a. O., S. 64):

Kernsortiment (auch **Standardsortiment**), das ständig geführt wird und das Zentrum des Gesamtsortiments bildet. *Seyffert* spricht von der Sortimentsmitte. Dieses Kernsortiment wird hinsichtlich Umfang, Qualitäts- und Preislage und unter Umständen modischem Akzent bei jedem Handelsunternehmen anders sein und ist abhängig von der Zielgruppe von Verbrauchern, die angesprochen werden sollen. Um das Kernsortiment sind die Zusatz- und die Randsortimente angeordnet.

Zusatzsortimente ergänzen das Kernsortiment hinsichtlich von Qualitäts- und Preislagen nach oben und unten. Das ist die Erweiterung der Sortimentsmitte. Sie können aber auch die Grenzen des Kernsortiments hinsichtlich dessen Warencharakter überschreiten. Das ist die Ausdehnung des Sortiments, z. B. durch Schaffen von Bedarfsgruppen.

Die **Randsortimente** umfassen Artikel mit ausgefallenen Größen oder Farben und einer extrem niedrigen Umschlagshäufigkeit. Sie sind sehr problematisch und können nur aus dem Sortimentsverbund heraus beurteilt werden. *Seyffert* meint, sie ständen an der Grenze zwischen Kern- und Zusatzsortiment. Zutreffender ist wohl die Feststellung, daß sich Randsortimente als sehr kleine Teilsortimente sowohl im Kernsortiment als auch in den Zusatzsortimenten finden.

Mit diesen Begriffen läßt sich eine zeitpunktbezogene Analyse der Sortimentsstruktur durchführen. Die Sortimente von Handelsunternehmen unterliegen aber auch Veränderungen im Ablauf eines Jahres. Es ist also auch eine zeitraumbezogene Analyse der Sortimentsstruktur erforderlich. Für sie wären die Begriffe **Basissortiment** – was dem Kernsortiment nahe liegt – und **Saisonsortimente** brauchbar. Letztere werden nur zeitweise in Abhängigkeit von den Jahreszeiten geführt. Im Lebensmittelhandel sind bestimmte Süßwaren – Weihnachtsmänner oder Osterhasen – und Lebkuchen typische Beispiele für Saisonsortimente, die sich aber auch bei Textilien und Schuhen finden.

Zumindest im Lebensmittelhandel – sicher aber auch in anderen Branchen – läßt sich die Sortimentsstruktur noch durch die Begriffe **Mußartikel** und **Impulsartikel** kennzeichnen. Mußartikel braucht der Verbraucher unbedingt, er kann auf sie höchstens für kurze Zeit verzichten. Und er kauft sie planmäßig, nach Einkaufszettel. Die Grundnahrungsmittel zählen zu dieser Warengattung.

Impulsartikel muß der Verbraucher nicht haben. Er kann auch ohne sie leben. Durch sie wird das Leben allerdings in vielen Fällen schöner und angenehmer. Sie stehen kaum auf einem Einkaufszettel, sondern werden impulsiv gekauft, wenn sie der Verbraucher im Geschäft sieht. Viele Süßwaren sind z. B. Impulsartikel, aber auch ausgefallene Käsesorten und Feinkostsalate oder Schuhe und Modeschmuck.

Dieses Begriffspaar Mußartikel und Impulsartikel tendiert auch schon deutlich in Richtung der marketingorientierten Gestaltungsalternativen. Es korreliert auch deutlich mit der Vertriebsform. Bei Discountern z. B. überwiegen die Mußartikel im Sortiment.

Tietz stellt das **Basis-Sortiment** – das entspräche dem Kern- oder Standard-Sortiment – dem **Impuls-Sortiment** gegenüber. Beim Impuls-Sortiment unterscheidet er noch zwischen einem festen Impuls-Sortiment – die Angebote wiederholen sich, es ist der Sortiments-Strukturpolitik zuzurechnen – und einem variablen Impuls-Sortiment – keine Wiederholung der Angebote, es ist Teil der Sortimentsablaufpolitik (*Tietz, Bruno,* Stichwort „Sortimentspolitik", in: Marketing-Enzyklopädie, Bd. 3, München 1975, S. 231).

Bei Handelsunternehmen, die sehr breite, mehrere Branchen umfassende Sortimente führen, wie die Warenhäuser, aber auch der Lebensmittel-Supermarkt, wird die Struktur des Sortiments von den Anteilen der einzelnen Warengruppen geprägt. Dafür hat sich der Begriff Warengruppenstruktur eingebürgert. Mit Hilfe dieses Begriffes kann man auch wieder Vertriebsformen kennzeichnen. So haben bei Discountern die sogenannten Frischwaren (Frischfleisch und Frischwurst, Obst und Gemüse, Brot und Backwaren und Molkereiprodukte) einen Umsatzanteil von höchstens 40%, das sogenannte Trockensortiment entsprechend mindestens 60%. Bei einem Lebensmittel-Supermarkt liegen die Frischwaren bei über 50%, das Trockensortiment unter 50% Umsatzanteil (vgl. dazu *Abb. 4/2*). Man könnte nach *Meyer* diese Warengruppen auch als Fach- und zum Teil als Spezialsortimente bezeichnen, die zusammen das Vollsortiment ergeben (Einzelhandel: Ende einer Entwicklung?, a. a. O., S. 9).

Die Warengruppenstruktur könnte man als den Obergriff ansehen. Innerhalb der Warengruppen, die eine sehr grobe Gliederung darstellen, finden sich dann die Strukturelemente Kern-, Zusatz- und Randsortiment, die wiederum in Basis- und Saisonsortiment, Muß- und Impulssortiment aufgegliedert werden können.

(2) Neue, marketingorientierte Gestaltungsalternativen

Diese Alternativen sind das Ergebnis des Wandels von einem mehr passiven zu einem betont aktiven Handels-Marketing und zu einer eigenständigen Sortimentspolitik, die sich ohne Widersprüche in den Marketing-Mix einfügt und die absatzpolitischen Ziele der Handelsunternehmen in den Vordergrund stellt. Diese marketingorientierten Alternativen sind je nach Branche und Unternehmensgröße unterschiedlich stark entwickelt. Sie wurden zunächst am ausgeprägtesten von den traditionellen Warenhäusern und später von den Discountern eingesetzt.

(a) Am Marketingurheber orientierte Alternativen

Es geht bei diesen Alternativen darum, ob Markenartikel oder markenlose Produkte ein Sortiment dominieren. Diese Alternativen beeinflussen sehr stark das

Profil eines Handelsunternehmens. Daß das Sortiment zur Profilierung eines Handelsunternehmens bei den Verbrauchern und gegenüber dem Wettbewerb genutzt werden kann, steht außer Zweifel. Deshalb kommt diesen Gestaltungsalternativen im Handels-Marketing auch eine besondere Bedeutung zu. Auf dieses Problem der Profilierung durch das Sortiment hat bereits Seyffert hingewiesen (Seyffert, Rudolf, Wirtschaftslehre des Handels, 5. Auflage, Opladen 1972, S. 62). Er bezeichnete die Profilierung als besonders aktuelles Sortimentsproblem, begnügte sich jedoch mit diesem Hinweis und unterbreitete keine Vorschläge zu dessen Lösung. Das Problem wird auch heute noch gelegentlich unterschätzt, weil es noch nicht recht erkannt wird.

Im Hinblick auf den Marketing-Urheber stehen der Sortimentspolitik zwei Artikel-Kategorien zur Verfügung.

(aa) Markenartikel

Ohne zu übertreiben kann man den Markenartikel als eine der genialsten Schöpfungen des Marketing bezeichnen. Ein Markenartikel ist eine durch ein Warenzeichen markierte Ware besonderer Beschaffenheit (so Seyffert, a. a. O., S. 77). Markenartikel sind industrielle Fertigwaren, die ein Hersteller mit seiner Marke – meist ein gesetzlich geschütztes Warenzeichen – kennzeichnet (so Martino, H. D., Stichwort „Markenartikel" in: Das große Lexikon für Handel und Absatz, 2. Auflage, Landsberg/Lech 1982, S. 519ff.). Markenartikel sind Produkte bzw. Dienstleistungen, die auf Kundenutzen ausgerichtete unverwechselbare Leistungen standardisiert in gleichbleibender Qualität offerieren (Bruhn, Manfred, Stichwort „Markenartikel" in: Vahlens Großes Marketing Lexikon, hrsg. von Hermann Diller, 2. Auflage München 2001). Eine Marke kann aus einem Markennamen – verbal ausgedrückter Name – oder einem Markenzeichen – nichtverbales Zeichen oder Symbol – oder aus beiden bestehen (worauf Kotler hinweist, Marketing-Management, 8. Auflage, Stuttgart 1995, S. 679.). Zur Marke können auch ein bestimmter Schriftzug oder eine bestimmte Farbe gehören. (Vergl. dazu auch: Nieschlag/Dichtl/Hörschgen, Marketing, 18. Auflage, Berlin 1997, S. 234ff.) Eine erfolgreiche Marke oder ein erfolgreiches und gut eingeführtes Marken-Portefeuille sind heute als „geistiges Kapital" für den Unternehmenswert mindestens ebenso wichtig wie Sach- und Geldkapital (Vergl. Dazu: Kapferer, Jean-Noel, Die Marke – Kapital des Unternehmens, Landsberg/Lech, 1992; Dichtl/Eggers Hrsg., Markterfolg mit Marken, München 1996;).

Die Kennzeichen – die konstitutiven Merkmale – eines Markenartikels sind:
- die Markierung, die einen Artikel aus der Anonymität des Marktes heraushebt und durch die das Produkt individualisiert wird; durch die Markierung können homogene Produkte in heterogene Artikel verwandelt werden;
- die gleichbleibenden Aufmachung der Verpackung und der Ausstattung, die es dem Verbraucher erleichtert, einen Artikel mühelos wiederzuerkennen;
- die gleichbleibende Qualität, bei der nur eine Verbesserung statthaft ist; ein Bruch des Qualitätsversprechens ist der sichere Tod eines Markenartikels;
- die direkte Werbung beim Verbraucher, die dem Produkt Präferenzen verschaffen und wenn möglich den „bottle nack" Handel umgehen soll;
- ein hoher Bekanntheitsgrad, der durch die intensive direkte Werbung geschaffen werden muß;

4.1 Die Sortimentspolitik – das Sortiments-Marketing

– die Ubiquität, für die ein hoher Distributionsgrad die Voraussetzung ist; ein Markenartikel muß überall erhältlich sein;
– die hohe Innovationskraft; innovative Produkte kommen meist als Markenartikel auf den Markt oder werden früher oder später Markenartikel.

Früher war noch die Bindung des Endverbraucherpreises ein konstitutives Merkmal des Markenartikels. Nach dem Wegfall der Preisbindung der zweiten Hand ist dieses Merkmal entfallen. An seiner Stelle steht heute in vielen Fällen eine unverbindliche Preisempfehlung. Von den Herstellern wird aufmerksam verfolgt, ob sich die Handelsunternehmen an diese Preisempfehlung halten. Den Herstellern von Markenartikeln ist die Preispolitik des Handels keineswegs gleichgültig.

Der Markenartikel hat seinen Ursprung im Hersteller-Marketing. Über eine lange Zeit hinweg waren nur Herstellermarken am Markt. Aber bereits in den 30er Jahren des 20. Jahrhunderts entstanden die ersten Handelsmarken, deren Entwicklung im Verlauf der merkantilen Revolution von den Handelsunternehmen verstärkt betrieben wurde. In jüngster Vergangenheit sind auch Dienstleistungsmarken entstanden (Eurocard oder Visa auf dem Kreditkartensektor oder Talkline, D 1 oder D 2 im Bereich des Mobilfunks).

Es gibt folgende Varianten von Markenartikeln:
– die Einzelmarke: der Markenartikel ist ein einzelnes Produkt (Asbach Uralt);
– die Dachmarke: mehrere Produkte werden unter einem Markendach zusammengefaßt (Nivea, oder auch Volkswagen, wo unter dem Dach VW mehrere PKW-Typen als Einzelmarken vereint sind, Polo, Golf, Passat, Bora).
– Firmenmarken: Ikea, Obi, C&A, hier wird ein Handelsunternehmen zum Markenartikel (s. dazu: S. 368 ff.).

Es ist zu erwarten, daß im Hersteller-Marketing die Entwicklung von der Einzelmarke zur Dachmarke – Markenfamilie – tendiert und vielleicht einmal das Markenunternehmen – die Firmenmarke – im Vordergrund stehen wird (vergl. dazu: Kotler, Philip, Marketing-Management, 8. Auflage, Stuttgart 1995, S. 659 ff.; Nieschlag/Dichtl/Hörschgen, Marketing, 18. Auflage, Berlin 1997, S. 241 ff.; o. V., Marketing für eine Dachmarke – die Oetker-Strategie, in: Markenartikel, Heft 2/1989, S. 54 ff.).

Nach der Reichweite einer Marke kann unterschieden werden in:
– regionale Marken: finden sich sehr oft bei Biermarken: Holsten oder Astra z. B.;
– nationale Marken: häufig bei Zigaretten und Lebensmitteln anzutreffen: HB, Marlborough, Suchard, Dr. Oetker z. B.;
– internationale Marken: in der Unterhaltungselektronik Sony, aber auch Nestle oder Coca Cola.

Die Frage, ob ein Produkt bestimmte Eigenschaften haben muß, damit es ein Markenartikel werden kann, ob es also Produkte gibt, die zum Markenartikel prädestiniert sind, wird in der Literatur kaum gestellt. Grundsätzlich kann jedes Produkt zum Markenartikel werden oder gemacht werden. Lediglich bei Martino (Martino, H. D., Stichwort „Markenartikel", in: Das große Lexikon für Handel und Absatz, 2. Auflage, Landsberg/Lech 1982, S. 519) finden sich dazu einige Bemerkungen, die für das Marketing der Handelsunternehmen wichtig sind. Die wichtigsten Güter des täglichen Bedarfs, aber auch Gebrauchsgüter, können Markenartikel werden. Besonders geeignet erscheinen Martino aber Marken, um Innovationen zu popularisieren und Luxusgüter von heute zu Gütern des regulären Bedarfs von morgen zu machen. Das ist eine besonders für den Handel und die Sortimentspolitik der Handelsunternehmen wichtige Feststellung. Gerade für Innovationen kann die Marke zumindest für eine begrenzte Zeit ein Schutz gegen nachfolgende metoo-Produkte – Imitationen – sein. Und unter dem Schirm einer bei den Verbrauchern aufgebauten Markentreue – die die Grundlage für eine Dachmarke ist – können weitere Innovationen mit vertretbaren Risiken auf den Markt gebracht werden.

Für den Verbraucher hat der Markenartikel die folgenden Vorteile, die sich aus seinen Merkmalen ergeben und die zu seinem Erfolg beigetragen haben:

- Der Verbraucher hat Sicherheit beim Einkauf, denn er kauft kein anonymes Produkt, er kennt vielmehr den Hersteller; das Kaufrisiko wird, vor allem durch das Qualitätsversprechen, minimiert.
- Der Verbraucher kann sich mit einem Markenartikel identifizieren, er kann ihn mühelos wiedererkennen und von den Konkurrenzartikeln unterscheiden.
- Der Verbraucher wird durch Werbung und Verkaufsförderung eingehend über eine Marke informiert und er kann die produktbezogenen Informationen der Werbung ohne Schwierigkeiten dem Produkt zuordnen, was ihm seine Kaufentscheidungen erleichtert (vergl. dazu Kuß, Alfred, Stichwort „Markenwahlentscheidungen", in: Vahlens Großes Marketing Lexikon, hrsg. von Hermann Diller, 2. Auflage München 2001).
- Die Marke fördert zum Nutzen des Verbrauchers die Markttransparenz, was bei der Vielzahl der angebotenen Artikel ein großer Vorteil ist. Sie erleichtert dem Verbraucher, Branchen- und Unternehmenssortimente zu „lernen" und zu überblicken, u. dann gezielt auswählen zu können.
- Die Marke kann dem Verbraucher einen emotionalen Zusatznutzen bieten, zahlreiche Marken sind zu Statussymbolen geworden (Boss, Lagerfeld, Mercedes).
- Der Markenartikel ist langfristig konzipiert und hat am Markt der Produktgruppe, zu der er gehört, eine Leitfunktion. Das hilft, beim Verbraucher Vertrauen zu schaffen.
- Der Markenartikel ist immer aktuell, Forschung, Entwicklung und Produktion passen sich dem neuesten Stand der Technik und veränderten Verbraucherbedürfnissen an.
- Die Distribution über ein produktadäquates Vertriebssystem garantiert dem Verbraucher gleichbleibende überregionale Versorgung, Sicherung der Warenqualität, bequemen Einkauf und, wo dies erforderlich ist, einen fachkundigen Service.
- Der Markenartikel fördert durch Produktinnovationen den Wettbewerb und verhindert ein eintöniges Warenangebot. Es können Erfindungen aus anderen Bereichen in die Konsumgüterproduktion übertragen werden (Elektronik in Haushaltgeräte, neuartige Gewebe, Teflonbeschichtung). Es können mit Hilfe der Marke große Verbrauchergruppen angesprochen und die Innovationen infolge rationeller Massenfertigung zu einem angemessenen Preis auf den Markt gebracht werden.

4.1 Die Sortimentspolitik – das Sortiments-Marketing

– Markenartikel setzen Maßstäbe für wirtschaftlichen und technischen Fortschritt. Sie prägen die modernen Konsumgütermärkte.
(Vergl. dazu: Der Markenartikel, Verlagsbeilage der Frankfurter Allgemeinen Zeitung Nr. 121 vom 26. 5. 1987, die anläßlich des einhundersten Geburtstages des Markenartikels erschien und eine Reihe interessanter Beiträge zum Thema Markenartikel brachte; weiterhin: Markenartikel, Verlagsbeilage der Frankfurter Allgemeinen Zeitung Nr. 141 vom 22. 6. 1999; wo auch auf die Möglichkeiten der Marke im Internet eingegangen wird; Phantasieland Marke, Magische Kräfte binden Kunden im Discount-Zeitalter, Lebensmittel Zeitung Spezial 4/1997; Mit Marken Zeichen setzen, Absatzwirtschaft. Zeitschrift für Marketing, Sondernummer Oktober 1997.)

- Hersteller-Marken

Als Hersteller-Marke hat der Markenartikel seit seiner Entstehung vor über hundert Jahren einen unvergleichlichen Siegeszug zurückgelegt. Im Konsumgüterbereich dominiert heute, mit geringen Unterschieden von Branche zu Branche, der Markenartikel die Märkte und zum Teil auch die Sortimente der Handelsunternehmen. Aber auch im Investitionsgüterbereich haben sich Marken etabliert – meist Firmenmarken wie Thyssen, Mannesmann oder die Mayer-Werft als Markenzeichen für luxuriöse Kreuzfahrtschiffe –. Die Bereitschaft der Verbraucher, Markenartikel zu kaufen – ihre „Markenbereitschaft" – ist besonders ausgeprägt bei Parfum und Kosmetik, Lebensmitteln – besonders bei alkoholischen Getränken und Genußmitteln wie Zigaretten und Süßwaren – und schließlich auch bei Artikeln der Haushaltspflege (vergl. dazu: Mei-Folter. Antonelle/Barber, Felix, Am Markenhersteller vorbei wirtschaften, in: Lebensmittel-Zeitung Nr. 5 vom 1. 2. 1991, S. J 3).

Der ökonomische Hintergrund, vor dem sich die Entwicklung des Markenartikels vollzog, war die beginnende Industrialisierung in der zweiten Hälfte des 19. Jahrhunderts. Der Markenartikel ist ein Kind der industriellen Revolution und, so muß man heute rückblickend hinzufügen, der damaligen Marketing-Unmündigkeit eines zersplitterten und rückständigen Handels. Die Entwicklung der Industrie, die sich in einem Übergang zur Massenfertigung auch von Konsumgütern befand, und die Entwicklung des Handels, der weiterhin auf einem über Jahrhunderte gleichgebliebenen Stand verharrte, klafften stark auseinander. Erst die merkantile Revolution in der zweiten Hälfte des 20. Jahrhunderts brachte Handelssysteme zur Massendistribution hervor. Interessant ist in diesem Zusammenhang, worauf Kotler hinweist, daß Kunstwerke schon seit Jahrhunderten, ja Jahrtausenden signiert, also markiert wurden und deshalb als Vorläufer von Markenartikeln angesehen werden können.

Die Hersteller verfolgen mit dem Markenartikel die folgenden Ziele, die von Kotler (Kotler, Philip/Bliemel, Friedhelm, Marketing-Management, 8. Auflage, Stuttgart 1995, S. 678 ff.) und Martino (Martino, H. D., Stichwort „Markenartikel", in: Das große Lexikon für Handel und Absatz, 2. Auflage, Landsberg/Lech 1982, S. 519) sehr übersichtlich dargestellt werden.

– Die Sicherung eines langfristig kontinuierlichen Absatzes, der in der Produktion zu Kostendegression und verminderten Investitionsrisiken führt, worauf auch

schon Seyffert hinweist (Seyffert, Rudolf, Wirtschaftslehre des Handels, 5. Auflage, Opladen 1972, S 78).
- Die Identifikation des Verbrauchers mit dem Produkt, die eine Markentreue zur Folge hat. Martino bezeichnet dies als Vertrauensfunktion und Werbefunktion des Markenartikels.
- Der Schutz vor Imitationen, so weit dies möglich ist. Allerdings muß damit gerechnet werden, daß, je erfolgreicher ein Markenartikel ist, umso schneller me-too-Artikel am Markt erscheinen.
- Die Sicherung von Nachkäufen, weil der Verbraucher einen Markenartikel leicht erkennen und wiederfinden kann. Martino spricht hier von Orientierungsfunktion und Entlastungsfunktion. Kotler weist gleichzeitig darauf hin, daß der Verbraucher bei Enttäuschung das markierte Produkt aber auch leichter meiden kann.
- Die Abgrenzung gegenüber dem Wettbewerb, die Martino als Herkunftsfunktion bezeichnet.

Werden diese Ziele erreicht, dann ergeben sich für die Hersteller von Markenartikeln die folgenden Vorteile:

- Durch die Marke wird ein homogenes Produkt zum heterogenen Artikel. Durch eine attraktiv gestaltete Marke kann zumindest für kurze Zeit ein Leistungsmonopol geschaffen werden, das freilich über kurz oder lang durch me-too-Artikel angegriffen und aufgehoben werden kann. Auf vollkommenen Märkten sind Markenartikel – die Marke ist eine Präferenz – nicht zulässig.
- Wiederholungskäufe und Markentreue sichern die Stellung eines Marken produzierenden Unternehmens am Markt. Durch „Markenpflege" muß aber fortlaufend an dieser Absicherung gearbeitet werden.
- Die Marken, die hergestellt werden, profilieren auch das Unternehmen. Selbst führende Markenartikelhersteller sind relativ spät darauf gestoßen, daß ihre Marken auch das Unternehmensprofil positiv beeinflussen können und haben eine „corporate identity" aufgebaut. Diese corporate identity wiederum stützt und verstärkt das Markenprofil. Bis zur Mitte des vorigen Jahrhunderts waren den Verbrauchern die Hersteller vieler Markenartikel, selbst führender Marken, unbekannt. Zwischen dem Bekanntheitsgrad der Marke und dem Bekanntheitsgrad des Herstellers klaffte eine große Lücke.
- Die Werbung für Markenartikel muß sich nicht nur auf die Produkteigenschaften beschränken, sie kann auch auf einen emotionalen Zusatznutzen ausgedehnt werden. Die Marke dürfte sogar die Voraussetzung dafür sein, daß dem Produktnutzen ein emotionaler Zusatznutzen hinzugefügt werden kann. Die Artikel der Depot-Kosmetik sind ein gutes Beispiel für die Betonung eines emotionalen Zusatznutzens, der den Preis stark in den Hintergrund treten lassen kann.
- Mit Marken kann infolge der direkten Werbung beim Verbraucher Einfluß auf die Sortimentspolitik der Handelsunternehmen ausgeübt werden. Dies führt ständig zu Interessenkonflikten zwischen Herstellern und Handel.
- Daß mit Marken ein Gegengewicht zur Nachfragemacht des Handels geschaffen wird, wie dies gelegentlich behauptet wird, stimmt mit Sicherheit nicht. Schließlich waren die Markenartikel schon erfolgreich am Markt etabliert, als

4.1 Die Sortimentspolitik – das Sortiments-Marketing

der Handel noch gar nicht wußte, was Nachfragemacht ist. Eher muß man sagen, daß der Aufbau von Nachfragemacht auf seiten des Handels und das Entstehen eines autonomen Handels-Marketing die Folgen der starken Marktstellung – einer Angebotsmacht – der Hersteller von Markenartikeln waren.

Mit den Problemen, die sich für den Markenartikel aus der Existenz und zunehmenden Bedeutung der Handelsmarken und dem Entstehen von Gattungsmarken ergeben, befaßt sich ausführlich Becker (Becker, Jochen, Die strategische (Neu-) Verteilung von Märkten, in: Absatzwirtschaft, Sonderausgabe 10/1980, S. 78 ff.). Diese Probleme sind für ihn die Folge von „Marktschichtenveränderungen". Marktschichten sind die verschiedenen Qualitäts- und Preislagen auf einem Markt für ein Produkt oder eine Produktgruppe. Die Veränderungen bestehen darin, daß sich die klassische Marktform der „Zwiebel" zu einer Form der „Glocke" wandelt. Das ist die Folge davon, daß die Verbraucher heute immer mehr entweder teuer oder betont billig – Discount – einkaufen. Es kommt zu einer Ausdünnung der Marktmitte und damit zu einer Polarisierung der Märkte. Die Abbildung 4/3 zeigt die Marktschichtenveränderungen und die sich daraus für den Markenartikel ergebenden Marktrollenveränderungen. Dieses Phänomen wirft auch für den Handel erhebliche Probleme auf, die im nächsten Absatz „Die Marketing-Intensität betreffende Alternativen" noch deutlicher hervortreten werden. Die Entwicklung der 90er Jahre, vor allem der zweiten Hälfte der 90er Jahre des 20. Jahrhunderts mit der Stagnation der Konjunktur in Deutschland, hat diese Polarisation der Märkte verstärkt. Im Lebensmittelhandel konnten die Discounter von dieser Entwicklung profitieren. Und viele Hersteller versuchten, nicht zuletzt durch Marken für „Premium-Produkte", in den oberen Markt zu gelangen und sich dort auf Dauer zu etablieren.

- Handelsmarken

Die Handelsmarken sind die Markenartikel der Handelsunternehmen. Sie werden genau so professionell geschaffen und gepflegt wie die Markenartikel der Hersteller und stehen ebenbürtig neben den Herstellermarken. Sie haben die gleichen Merkmale wie die Herstellermarken, mit zwei Ausnahmen. Die Distribution ist begrenzt auf das Handelsunternehmen, das die jeweilige Handelsmarke geschaffen und eingeführt hat, und die Marketing-Urheberschaft liegt bei diesem Handelsunternehmen (Vergl. dazu: Oehme, Wolfgang, Stichwort „Handelsmarken" in: Vahlens Großes Marketing Lexikon, hrsg. von Hermann Diller, 2. Auflage, München 2001).

In Anbetracht der langen Erfolgsgeschichte der Hersteller-Markenartikel ist es eigentlich erstaunlich, daß auch die Handelsunternehmen eigene Markenartikel einführen wollen. Sie tun dies schon seit langer Zeit. Die ersten Handelsmarken brachte die Edeka in den 30er Jahren des 20. Jahrhunderts auf den Markt. Auf den ersten Blick könnte man vermuten, daß der Handel das Rad noch einmal erfinden will. Dieser Eindruck täuscht jedoch. Der Handel hat wichtige Gründe, eigene Marken zu schaffen und auf den Markt zu bringen. So genial die Idee des Markenartikels auch ist, die Herstellermarken haben aus der Sicht des Handels schwerwiegende Schwächen:

– Markierung und Qualitätsversprechen machen eine Herstellermarke unverwechselbar und für den Verbraucher leicht vergleichbar.

4. Kapitel: Das Leistungsangebot der Handelsunternehmen

Abbildung 4/3: Veränderungen der Marktschichten und der Positionierung von Markenartikeln

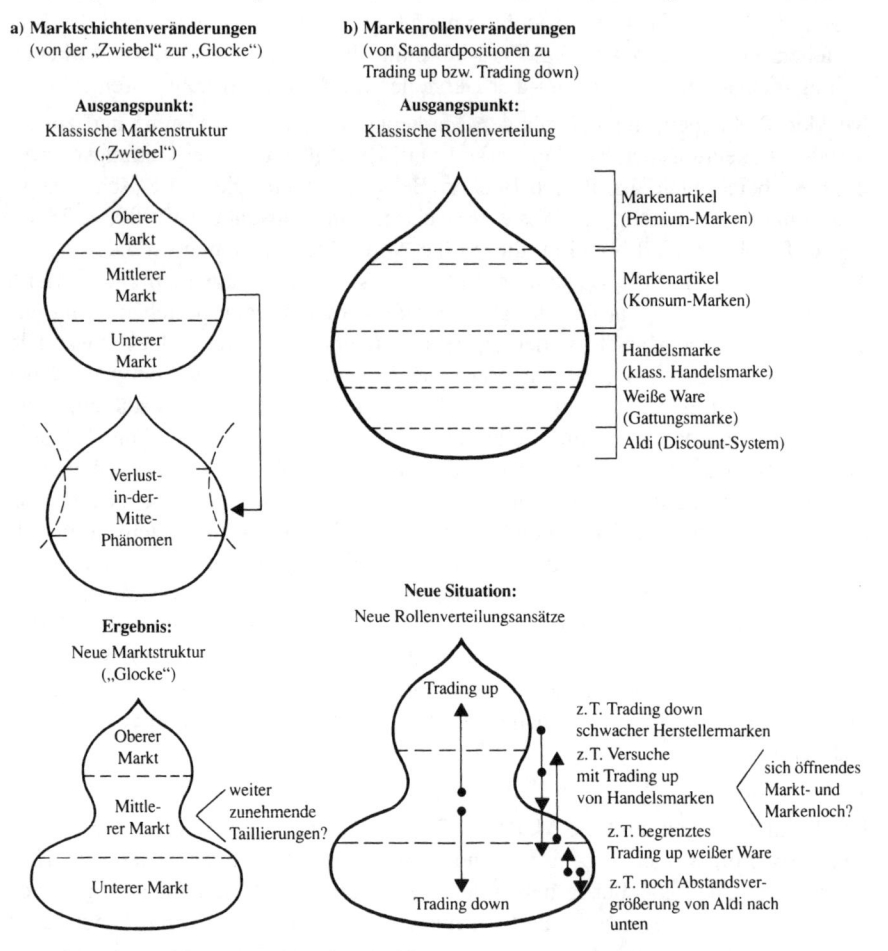

a) **Marktschichtenveränderungen**
(von der „Zwiebel" zur „Glocke")

Ausgangspunkt:
Klassische Markenstruktur
(„Zwiebel")

- Oberer Markt
- Mittlerer Markt
- Unterer Markt

Verlust-in-der-Mitte-Phänomen

Ergebnis:
Neue Marktstruktur
(„Glocke")

- Oberer Markt
- Mittlerer Markt
- Unterer Markt

weiter zunehmende Taillierungen?

b) **Markenrollenveränderungen**
(von Standardpositionen zu Trading up bzw. Trading down)

Ausgangspunkt:
Klassische Rollenverteilung

- Markenartikel (Premium-Marken)
- Markenartikel (Konsum-Marken)
- Handelsmarke (klass. Handelsmarke)
- Weiße Ware (Gattungsmarke)
- Aldi (Discount-System)

Neue Situation:
Neue Rollenverteilungsansätze

Trading up / Trading down

- z.T. Trading down schwacher Herstellermarken
- z.T. Versuche mit Trading up von Handelsmarken
- z.T. begrenztes Trading up weißer Ware
- z.T. noch Abstandsvergrößerung von Aldi nach unten

sich öffnendes Markt- und Markenloch?

Quelle: *Becker, Jochen,* Die strategische (Neu-)Verteilung von Märkten, in: Absatzwirtschaft Sonderausgabe 10/1986, S. 78 ff.

- Die dichte Distribution hat zur Folge, daß der Verbraucher eine bestimmte Herstellermarke überall erhält. Sie wird von fast allen Handelsunternehmen einer Branche geführt. Keines der Handelsunternehmen, die eine bestimmte Herstellermarke führen, hat irgendeine Präferenz noch kann es eine Präferenz schaffen. Präferenzen verschafft allein der Hersteller seiner Marke gegenüber konkurrierenden Herstellermarken. Der Nachteil der Ubiquität kann durch das Gewähren eines Gebietsschutzes abgeschwächt werden.

Diese vom Hersteller-Marketing gewollten Eigenschaften haben für den Handel nicht zu übersehende Nachteile zur Folge:

- Die gute Vergleichbarkeit führt fast zwangsläufig dazu, daß die Handelsunternehmen die Herstellermarken in den Preiskampf einbeziehen. Die Herstellermarke ist der geborene Aktionsartikel. Da der Verbraucher auch bei niedrigen Prei-

sen auf das Qualitätsversprechen vertrauen kann, ist der niedrige Aktionspreis für ihn ein Beweis für die Leistungsfähigkeit des anbietenden Handelsunternehmens.
- Stark von Herstellermarken dominierte Sortimente, wie sie zum Beispiel der Lebensmittelhandel führt, werden uniform. Sie leisten keinen nennenswerten Beitrag zur Profilierung des Handelsunternehmens durch das Sortiment. Nicht nur die geführten Herstellermarken sind vergleichbar, auch deren Präsentation ist uniform, von Unternehmen zu Unternehmen gleich. Eine Profilierung ist im Lebensmittelhandel z.B. in erster Linie nur durch die Frischwaren-Sortimente möglich, in denen sich kaum Herstellermarken finden oder überhaupt nicht vorkommen, in denen Handelsmarken an Bedeutung gewinnen – Markenfleisch z.B. – und die Spielraum für die Gestaltung der Warenpräsentation lassen.
- Durch die Einbeziehung der Herstellermarken in den Preiskampf ist deren Beitrag zum Ertrag deutlich zurückgegangen. Sie sind heute keine Stützen der Ertragskraft der Handelsunternehmen mehr.
- Da von zahlreichen Produkten mehrere Herstellermarken am Markt sind und alle Hersteller direkt beim Verbraucher werben, werden die Märkte solcher Produkte in „Markensegmente" aufgeteilt. Beim Handel, der sich diesem Vorgang der Marktsegmentierung nicht vollständig entziehen kann, entstehen „Parallel-Sortimente" – Knorr/Maggi ist eines der besten Beispiele –, die aus Substitutionsprodukten bestehen. Die Handelsunternehmen sind in solchen Fällen gezwungen, aus ihrer Sicht überflüssige Substitutionsprodukte zu führen, die Verkaufsfläche in Anspruch nehmen und Kosten verursachen. Auf den Verkaufsflächen vieler Handelsunternehmen findet der Kampf der Markenartikel um Marktanteile statt.
- Wenn von einem Produkt mehrere Herstellermarken geführt werden müssen, zersplittert dies den Einkauf. Es müssen bei mehreren Herstellern kleinere Mengen bezogen werden. Das verschlechtert die Konditionen und schwächt ebenfalls die Erträge.

Die Stärken der Herstellermarken werden aus der Sicht des Handels zu Schwächen, die mit den Handelsmarken ausgeglichen werden sollen. Im Vordergrund der Zielsetzungen für die Handelsmarken stehen deshalb abweichend von den Zielsetzungen für die Herstellermarken:

- Die Handelsmarken dienen dazu, auch das Sortiment als Profilierungsinstrument einsetzen zu können.
- Die Handelsmarken sollen Kundenbindung, und zwar sowohl an die Marke als auch an das Handelsunternehmen – Einkaufsstättentreue – herstellen, was eine attraktive Aufmachung und eine einwandfreie hohe Qualität voraussetzt.
- Die Handelsmarken sollen die Erträge verbessern. Da der Marketingaufwand deutlich niedriger als bei den Herstellermarken ist, kann dieses Ziel auch dann erreicht werden, wenn die Handelsmarken etwa 10% bis 15% unter dem Preis vergleichbarer Herstellermarken positioniert werden. Handelsmarken sollten aus dem Preiskampf herausgehalten werden. Gegen diese Forderung wird in der Praxis allerdings immer wieder verstoßen.
- Die Handelsmarken sollen helfen, das Entstehen von Parallel-Sortimenten zu begrenzen, indem sie eine qualitativ gleichwertige, aber preiswertere Alternative zur Herstellermarke bieten.

- Die Handelsmarken können dazu beitragen, die Abhängigkeit von großen Markenartikelherstellern zu vermindern. Das gilt besonders für den Lebensmittelhandel, in dessen Sortiment die Herstellermarken eine dominierende Stellung haben, die historisch bedingt ist und in der ersten Hälfte des 20. Jahrhunderts entstand. Werden größere Mengen einer Handelsmarke gebraucht, so können sie von mehreren mittelständischen Unternehmen produziert werden. Da die Marketing-Urheberschaft beim Handelsunternehmen liegt, kann die Produktion ohne Schwierigkeiten dezentralisiert werden.
- Handelsmarken ermöglichen es, die Beziehungen zwischen Handel und Industrie vom hektischen und kurzfristigen „Beeinflussungs-Management" zum langfristig angelegten „Beziehungs-Management" umzuwandeln. Dem Einkauf besonders großer Handelsunternehmen und Handelsgruppen wird dadurch viel von seiner Hektik – von der die sogenannten „Jahresgespräche" gekennzeichnet sind – genommen (Vergl. dazu: Diller, Hermann, Stichwort „Beziehungs-Management" in: Vahlens Großes Marketing Lexikon, 2. Auflage, München 2001).
- Handelsmarken tragen dazu bei, daß den Handelsunternehmen, die Handelsmarken in Auftrag geben, Informationen über die Kostenstruktur der Hersteller und diesen umgekehrt Informationen über die Kostenstruktur der Handelsunternehmen zugänglich werden. Dadurch wird das gegenseitige Verständnis gefördert und Vertrauen aufgebaut.

Bei einer Gegenüberstellung von Hersteller- und Handelsmarken wird erkennbar, daß der Wettbewerb auf den Verkaufs- und Lagerflächen des Handels in zwei Ebenen stattfindet. Die Herstellermarken konkurrieren mit ihren Produkten miteinander und die Handelsunternehmen konkurrieren mit ihren Verkaufsräumen, ihren Mitarbeitern und ihrer Standortqualität miteinander. Der Wettbewerb unter den Handelsunternehmen zwingt jedes Handelsunternehmen dazu, ein eigenes Profil zu entwickeln, das es vom Wettbewerber unterscheidet und abhebt. Wenn dies im Bereich des Sortiments mit Hilfe der Hersteller-Markenartikel nicht mehr oder nur noch unzureichend gelingt, dann müssen andere Möglichkeiten gesucht werden. Eine dieser Möglichkeiten sind die Handelsmarken. Da sie faktisch eine „Exklusivmarke" des Handelsunternehmens, das ihr Urheber ist, sind, wird durch sie auch eine Profilierung im Bereich des Sortiments möglich. Handelsmarken sind keineswegs nur ein Ersatz für markenlose Ware und auf das Gebiet der problemlosen und servicearmen Massenprodukte beschränkt, wie Gries meint (o. V., Der Markenartikel lebt vom Vergleich, ein Interview mit Erhard Gries, Hauptgeschäftsführer des Markenverbandes e. V. in Wiesbaden, in: Motive, Märkte, Menschen, Fachinformation der Union Deutsche Lebensmittelwerke GmbH für das Management im Handel, Heft 3/1978, S. 6ff.).

Viele Beispiele, besonders aus den Sortimenten großer Filialunternehmen und Handelsgruppen des Lebensmittelhandels – „Westbury" als Dachmarke für Herren-Oberbekleidung bei C&A oder „Schloß Königstein" als Einzelmarke für Sekt bei Edeka – zeigen, daß die Handelsmarken inzwischen vollwertige Einzel- und Dachmarken geworden sind. Der Name des Unternehmens oder der Gruppe findet sich nur noch in wenigen Fällen im Markennamen wieder. Die Handelsmarken sind oft totgesagt und von ihren Schöpfern manchmal auch stiefmütterlich behandelt worden. Sie haben aber gerade in den letzten Jahren eine Renaissance erlebt.

4.1 Die Sortimentspolitik – das Sortiments-Marketing

Alle großen Unternehmen und Gruppen arbeiten intensiv an ihren Handelsmarken. Sie streben dabei aber nicht an, die Hersteller-Marken vollständig zu ersetzen oder vom Markt zu verdrängen. Bereits 1987 wurde vom Vorstandvorsitzenden der Rewe-Zentrale, Hans Reischl, festgestellt: „Wir haben jedoch nicht den falschen Ehrgeiz, dadurch klassische Markenartikel zu verdrängen. Starke Marken (– gemeint sind Herstellermarken –) können und dürfen in unseren Geschäften nicht fehlen (o. V., Industrie ohne Konzeption, in: w&v, Zeitung für Kommunikation, Nr. 12 vom 20. 3. 1987, S. 1). Der Zeitpunkt dieser Äußerung zeigt, daß die Diskussion über die Handelsmarken und ihre Stellung gegenüber den Herstellermarken die ganze merkantile Revolution begleitet hat und auch heute noch nicht beendet ist. Die jüngsten sortimentspolitischen Entscheidungen von Aldi, der nunmehr konsequent alle Herstellermarken, die er bisher geführt hat, durch Handelsmarken ersetzt, hat diese Diskussion wieder belebt. Zu einer solchen rigorosen Politik ist allerdings auch nur ein Discounter mit der starken Marktstellung eines Aldi fähig. Auch wenn die Handelsmarken noch weiter an Boden gewinnen sollten, wird wohl die Regel sein, daß sowohl Hersteller- als auch Handelsmarken – beide sind ja gleichermaßen Markenartikel – gemeinsam am Markt und in den Sortimenten der Handelsunternehmen bleiben werden. Das fordert schon der Verbraucher, der eine große Auswahl wünscht.

Im Verlaufe ihrer Entwicklung haben die Handelsmarken mehrere Stadien durchlaufen, wie die Abbildung 4/4 zeigt. Zum Teil finden sich noch Reste der ersten und zweiten Generation in den Sortimenten der Handelsunternehmen. Die erste Generation hat als Handelsmarke der Niedrigpreislinie bis heute überlebt und dient im Lebensmittelhandel den Supermärkten zur Abwehr gegen die Discounter.

Wie bei den Herstellermarken können auch Handelsmarken sein:

- Einzelmarken – wie der bereits erwähnte Sekt „Schloß Königstein" der Edeka Handelsgruppe oder die neuen Handelsmarken von Aldi, z. B. „Akuta"-Maschinen-Geschirrspülmittel, „Mildeen"-Duschbad, „rio d´oro"– Orangensaft oder „delikato"-Tomaten-Ketchup;
- Dachmarken – wie „Mibell"-Molkereiprodukte oder „Blüten"-Weiß/-Zart/ -Weich Waschmittel der Edeka Gruppe.

Der Trend geht bei den Handelsmarken in Richtung Dachmarke.

In der zweiten Hälfte der 90er Jahre des 20. Jahrhunderts haben sich bei den Handelsmarken zwei Varianten entwickelt:

- Premiummarken im oberen Qualitätssegment, wie Sekt „Schloß Königstein" oder „Hanseaten"-Kaffee bei der Edeka. Die Zukunft der Handelsmarken dürfte bei den Premiummarken liegen.
- Handelsmarken der Niedrigpreislinie, die sich aus den no names entwickelt haben. Die genannten Waschmittel der Edeka müssen zu dieser Variante gerechnet werden.

Die Handelsmarken folgen damit dem Trend zu einer Polarisierung der Märkte und Marken (Vergl. dazu Abbildung 4/3). Einen interessanten Überblick über das bereits Anfang der 90er Jahre des 20. Jahrhunderts schon weit gefächerte Handelsmarken-Programm der Edeka gibt ein Spezial „Handelsmarken" zur Edeka HandelsRundschau Nr. 12/1990.

Abbildung 4/4: Die Entwicklung der Handelsmarken

	Erste Generation	Zweite Generation	Dritte Generation	90er Jahre Vierte Generation
1. Marke	No Name	„Quasi Marken"	Dachmarke des Handels	Segmentierte Handelsmarken „Gestalt-Marken"
2. Produkte	Basislebensmittel	Großvolumige Einzelartikel	Große Kategorien	Image-bildende Produkte
3. Technologie	Basistechnologie mit niedrigen Barrieren	Eine Generation im Rückstand gegenüber Marktführer	Näher an Marktführer	Innovativ
4. Qualität/Image	Geringer als Hersteller-Markenprodukt	Mittel, aber als geringer wahrgenommen	Wie führende Marken, Qualitätsgarantie des Handels	Besser/genauso gut wie führende Marke, Imageaura des Handels
5. Kaufmotivation	Preis	Preis	Produktqualität/ Preis	Besseres Produkt
6. Hersteller	National, meist nicht spezialisiert	National, z.T. Handelsmarkenspezialisiert	National, meist Handelsmarkenspezialisiert	Internat., meist Handelsmarkenspezialisiert

Quelle: The Boston Consulting Group, zitiert in: *Mei-Folter, Antonella/Barber, Felix,* Am Markenhersteller vorbei wirtschaften, in: Lebensmittel-Zeitung Nr. 5 vom 1. 2. 1991, S. J 3.

Handelsmarken können nur dann Erfolg haben und die ihnen vorgegebenen Ziele erreichen, wenn folgende Voraussetzungen gegeben sind:

- Die Qualität der Handelsmarke muß der Qualität der Herstellermarke ebenbürtig sein.
- Der Preis der Handelsmarke muß – wenigstens zur Zeit noch – in der Regel etwa 10% unter dem Preis der vergleichbaren Herstellermarke liegen.
- Handelsmarken sollten nicht in den Preiskampf einbezogen und als Aktionsware verkauft werden. Das schadet mit Sicherheit ihrem Produktimage, besonders wenn eine Handelsmarke noch nicht lange am Markt ist.
- Handelsmarken müssen immer wieder beworben und dabei Qualität und Produktnutzen, u.U. auch ein emotionaler Zusatznutzen – falls vorhanden –, in den Vordergrund gestellt werden.
- Handelsmarken müssen auf den Verkaufsflächen des Einzelhandels zumindest bei ihrer Einführung durch eine intensive Verkaufsförderung unterstützt werden. Sie sollten keinesfalls weniger verkaufsaktive Standorte im Verkaufsraum als die Herstellermarken zugewiesen bekommen. Der Verbraucher merkt sehr wohl, ob ein Handelsunternehmen hinter seinen Handelsmarken steht und von ihnen überzeugt ist oder ob sie ungeliebte Kinder sind.
- Auch Handelsmarken müssen gepflegt, ihre Qualität, wenn das möglich ist, verbessert und ihre Aufmachung aktualisiert werden.

4.1 Die Sortimentspolitik – das Sortiments-Marketing 157

Die folgenden Abbildungen 4/51 bis 4/54 bringen einige Zahlen zu den Handelsmarken. Die Abbildung 4/51 zeigt, daß die Stellung der Handelsmarken in den europäischen Staaten unterschiedlich stark ist. Großbritannien steht an der Spitze, Italien ist das Schlußlicht dieser Liste. Die Abbildung 4/52 gibt einen Überblick über die Entwicklung der Handelsmarken in Deutschland. Seit Mitte der 80er Jahre des zwanzigsten Jahrhunderts ist der Marktanteil der Handelsmarken nicht mehr nennenswert gewachsen. Der Umsatzanteil der Handelsmarken schwankt, wie Abbildung 4/53 zeigt, von Vertriebsform zu Vertriebsform beträchtlich. Eine Spitzenstellung nehmen die Discounter ein, bei denen allerdings die Herstellermarken noch nie eine starke Stellung hatten und auch nicht haben wollten, muß hinzugefügt werden. Die Sortimente der Discounter bestanden anfangs fast ausschließlich aus markenloser Ware. Einen interessanten Einblick in die Vorstellungen der Verbraucher gibt die Abbildung 4/54. Je geringer die Bereitschaft der Verbraucher ist, Herstellermarken zu kaufen, desto besser stehen die Chancen für die Handelsmarken und auch für die Handelsmarken der Niedrigpreislinie, in den entsprechenden Warengruppen Fuß zu fassen.

Abbildung 4/51: Marktanteile der Handelsmarken in europäischen Staaten 1997/98

Land	Marktanteil der Handelsmarken
Großbritannien	38%
Schweiz	31%
Frankreich	23%
Niederlande	21%
Belgien	21%
Deutschland	21%
Schweden	20%
Dänemark	18%
Spanien	12%
Italien	10%

Quelle: Lebensmittel Zeitung Nr. 17 vom 24. April 1998, S. 65

Abbildung 4/52: Entwicklung der Marktanteile von Herstellermarken und Handelsmarken

Jahr	Marktanteil	
	Herstellermarken	Handelsmarken
1975	88,3%	11,7%
1980	85,5%	14,5%
1985	81,7%	18,3%
1990	81,1%	18,9%
1995	79,5%	20,5%
1997	79,3%	20,7%

Quelle: Lebensmittel Zeitung Nr. 17 vom 24. April 1998, S. 74

(ab) Markenlose Produkte
Die markenlosen Produkte finden sich trotz der „Ausdünnung der Mitte" (siehe Abbildung Nr. 4/2) immer noch in beträchtlicher Zahl in den Sortimenten vieler Handelsunternehmen aller Branchen. Es sind meist Produkte, die im Wege des

Abbildung 4/53: Umsatzanteile der Handelsmarken bei verschiedenen Vertriebsformen

Vertriebsform	1996		in %	1997
	Food	Nonfood	Food	Nonfood
SB-Warenhäuser	5,2	5,4	5,8	6,0
Verbrauchermärkte				
Groß	4,7	6,1	5,2	6,4
Klein	7,6	9,5	8,4	9,6
Supermärkte	7,6	11,3	8,2	11,7
Discounter	23,3	33,1	24,2	33,7

Quelle: Lebensmittel Zeitung Nr. 17 vom 24. April 1998, S. 68

Abbildung 4/54: Die Markenbereitschaft der Verbraucher bei ausgewählten Warengruppen im Lebensmittelhandel in %

Warengruppe	Beim Einkauf achte ich eher	
	auf Markenartikel	weniger auf Markenartikel
Kosmetik/Körperpflege	81	19
Wäschepflege/Waschmittel	69	31
Süßwaren/Schokolade	65	35
Nahrungsfette/Öle	61	39
Alkoholfreie Getränke	59	41
Brotaufstriche	55	45
Molkereiprodukte	55	45
Tiefkühlkost	51	49
Putz- und Reinigungsmittel	49	51
Spirituosen	46	54
Reis/Nudeln/Kartoffelprodukte	46	54
Obst-/Gemüsekonserven	37	63
Fleisch- und Wurstwaren in SB	37	63
Hausratartikel	36	64
Haushalts- und Hygienepapiere	35	65

Quelle: Lebensmittel Zeitung Nr. 17 vom 24. April 1998, S. 74

Versorgungs- oder Plankaufs erworben werden. Für den Verbraucher stehen bei ihnen Produktnutzen, Qualität – eine gute mittlere Konsumqualität – und auch der Preis im Vordergrund. Man kann ihnen in der Werbung kaum einen emotionalen Zusatznutzen hinzufügen. Arbeits- und Hausschuhe, Haushaltswaren, Oberbekleidung für den Alltag und Grundnahrungsmittel sind meist markenlose Produkte. Die Discounter führten in ihrer Anfangszeit fast ausschließlich markenlose Produkte in ihren Sortimenten. Heute finden sich dort auch Hersteller- und vor allem Handelsmarken.

Im Bereich der markenlosen Produkte sind zwei Besonderheiten erwähnenswert.

• Handelsmarken der Niedrigpreislinie

Sie haben ihren Ursprung in den „no names" – auch weiße Produkte, produits libres oder Generics genannt –. Im durch die Discounter unter Druck geratenen Lebensmittelhandel kam man Ende der 70er Jahre des 20. Jahrhunderts auf die Idee, Produkte einfach weiß zu verpacken und auf die Verpackung nur den Produktnamen aufzudrucken. Diese extrem einfache und schlichte Aufmachung sollte Preiswürdigkeit signalisieren. Die no names waren das krasse Gegenteil vom Markenartikel und sollten es auch sein. Auch der Marketingaufwand sollte minimal sein. So sollten mit diesen Produkten trotz Preisen, die mit denen der Discounter vergleichbar waren, auch noch Erträge erwirtschaftet werden.

Die ersten weißen Produkte brachte 1976 das französische Handelsunternehmen Carrefour auf den Markt. Es folgten amerikanische Unternehmen. Im Herbst 1978 kam der Deutsche Supermarkt als erstes deutsches Handelsunternehmen mit seinen no names auf den Markt.

Die weißen Produkte entsprechen eigentlich weitestgehend den homogenen Produkten des vollkommenen Marktes. Infolge ihrer gleichförmigen Aufmachung haben sie keinerlei Präferenzen. Das einzige Marketing-Instrument ist der Preis. Und zur Profilierung des Sortiments leisteten die Weißen nicht den geringsten Beitrag. Gerade dieser Umstand verursachte den Marketing-Managern im Handel großes Unbehagen. Sie begannen von der reinen Lehre der weißen Produkte abzuweichen. Den Anfang machte der Deutsche Supermarkt, der statt der weißen eine gelbe Verpackung wählte. Es folgte das Filialunternehmen Tengelmann, das den Namen „A&P"-Produkte verwendete, die Spar mit den „Sparsamen" und die Rewe mit „Ja"-Produkten. Die Edeka beschränkte ihre Niedrigpreislinie zunächst auf Waschmittel – Blütenrein, Blütenfein und Blütenzart –. Aus den no names waren Handelsmarken der Niedrigpreislinie geworden. Sie haben sich bis in die Gegenwart in den Sortimenten der führenden Lebensmittelanbieter gehalten.

Ihre Kennzeichen sind:
- Einfache Verpackung, meist einfarbig. Weiß als Grundfarbe hat sich in vielen Fällen bis heute gehalten.
- Gute und gleichbleibende Qualität, die den Verbraucher nicht enttäuschen darf.
- Günstiger Preis, der deutlich unter dem Preis der Hersteller- und Handelsmarken liegen muß.
- Lückenlose und stets präsente Distribution im Handelsunternehmen. Der Verbraucher schließt sonst auf fehlende Identifikation mit diesen Handelsmarken der Niedrigpreislinie.
- Die Marketingurheberschaft liegt natürlich beim Handel.

Die Handelsmarken der Niedrigpreislinie haben sicher die Expansion der Discounter, die sich bis in die 90er Jahre des 20. Jahrhunderts fortsetzte, nicht aufhalten können. Diese Feststellung gilt in erster Linie für den Lebensmittelhandel. Trotzdem haben sich die Handelsmarken der Niedrigpreislinie als lebensfähig erwiesen, weil sie den Handelsunternehmen mehrere Vorteile boten:

- Sie erlauben die Standardisierung bestimmter, dazu geeigneter Sortimentsbereiche. Die Artikelzahl kann in diesen Bereichen vermindert werden, es wird Verkaufsfläche eingespart und die Verbraucher können das Angebot leichter überblicken. Es können Parallel-Sortimente beseitigt oder vermieden werden. Die eingesparte Verkaufsfläche kann für die Einführung von Innovationen oder die Herausstellung von Saison-Sortimenten verwendet werden. Gleichzeitig können Marktanteilskämpfe der Hersteller auf den Verkaufs- und Lagerflächen des Handels eingeschränkt werden.
- Es ergeben sich Preisvorteile für die Verbraucher und trotzdem infolge eines minimierten Marketingaufwandes gegenüber einer hektischen Aktionspolitik

verbesserte Erträge für die Handelsunternehmen. Man gewinnt Spielräume für eine aktive Preispolitik und kann den Discountern das Image der preiswerten Anbieter streitig machen. Die Verbraucher, die ja in der Regel nur über ein begrenztes Haushaltsbudget verfügen, können die beim Kauf von Handelsmarken der Niedrigpreislinie eingesparten Mittel für Premiumprodukte oder Innovationen ausgeben.
- Der Angebotskonzentration auf der Herstellerseite kann in der Weise begegnet werden, daß die Produktion auf mehrere mittelständische Hersteller verteilt wird. Solche Unternehmen, denen die finanziellen Möglichkeiten zum Aufbau starker Premium-Herstellermarken fehlen, sind durchaus in der Lage, eine den Herstellermarken ebenbürtige Qualität zu liefern. Eine Untersuchung des Verbrauchermagazins Plus, die 55 Discountartikel und no names den vergleichbaren Herstellermarken gegenüberstellte, ergab kaum Qualitätsdifferenzen (o.V., Aldi & Co: Markenprodukte mit Tarnkappe, in: Plus, Das aktuelle Verbrauchermagazin, Nr. 9, September 1997, S. 20ff.).
- Mit Hilfe der Handelsmarken der Niedrigpreislinie konnte vor allem im Lebensmittelhandel die in den 70er und 80er Jahren des 20. Jahrhunderts ausufernde hektische Angebotspolitik beendet oder zumindest eingedämmt werden. Diese Politik führte in die Irre, weil Angebote auf der einen Seite kaum Erträge bringen, vielmehr meist subventioniert werden müssen, auf der anderen Seite aber einen erhöhten Marketing- und Operatingaufwand verursachen. Der Versuch, diese Ertragsverluste im Wege der Mischkalkulation durch verbesserte Erträge im Normalsortiment auszugleichen, führte dazu, daß man dort zu teuer wurde. Man „kalkulierte sich aus dem Markt". (Dazu: Oehme, Wolfgang, Handelsmarketing: Abwehr von Discountern mit Aktionspolitik oder durch Dauer-Niedrigpreislinien, in: Marketing Casebook I, hrsg. von Werner Pepels, München 1999, S. 59ff.).
- Zumindest dem Lebensmittelhandel ist es mit Hilfe der Handelsmarken der Niedrigpreislinie und einem Ausbau der Frischwarenabteilungen gelungen, seine Marktanteile im Niedrigpreisbereich des Trockensortiments zu halten und sogar Marktanteile von den Discountern zurückzuholen.

Mit den Handelsmarken der Niedrigpreislinie kann man nur dann Erfolg haben, wenn die richtigen Produkte ausgewählt werden. Als die no names auf den Markt kamen, wurden alle Produkte, deren man im Einkauf billig habhaft werden konnte, „weiß gemacht". Der Irrweg wurde bald erkannt. Das Produktprofil muß zum Profil der Niedrigpreismarke passen (vergl. dazu Abbildung 4/54 auf S. 158). Produkte sind nur dann geeignet, eine Handelsmarke der Niedrigpreislinie zu werden, wenn sie folgende Eigenschaften haben:

- Es müssen nicht erklärungsbedürftige, problemlose und sich schnell umschlagende Produkte sein, die in einfachster Selbstbedienung angeboten werden können (siehe dazu: Andienungsformen, S. 229). Sie unterliegen keiner Mode.
- Der Verbraucher braucht die Produkte, kann nicht auf sie verzichten. Sie sind für seine Lebensführung unentbehrlich und er erwirbt sie im Wege des Plankaufs.
- Die Produkte sind nicht oder zumindest nicht kurzfristig durch andere Produkte substituierbar. Bieten mehrere Hersteller solch ein Produkt an, so sind allerdings diese Produkte der verschiedenen Hersteller in Grenzen natürlich substituierbar.

- Die Märkte für diese Produkte sind gesamtwirtschaftlich gesehen gesättigt, die Produkte sind also im Überfluß da und die Nachfrage ist meist unelastisch. Expansion ist deshalb nicht möglich. Es gibt nur Marktanteilskämpfe der Hersteller.
- Hersteller-Marketing ist nicht und Handels-Marketing nur in sehr geringem Umfang erforderlich. Im Sortiments- und Preis-Marketing des Handels erscheinen sie nur am Rande.
- Auch Herstellermarken können, wenn sie diese Eigenschaften aufweisen oder erworben haben, in die Niedrigpreislinie überwechseln. Im Lebensmittelhandel sind die Margarinemarken ein klassisches Beispiel für diesen Wechsel. Der führenden Herstellermarke Rama hat dieser Übergang in die Niedrigpreislinie nicht einmal das Profil beschädigt.

Das in den Handelsmarken der Niedrigpreislinie – auch den Premium-Handelsmarken – liegende Umsatz- und Profilierungspotential ist noch längst nicht ausreichend ausgeschöpft. Das hat vermutlich die folgenden Gründe:

- Nicht alle Handelsunternehmen, die Handelsmarken in ihrem Sortiment führen, haben sich vollständig mit ihren Handelsmarken identifiziert. So werden die Handelsmarken gelegentlich in den Preiskampf einbezogen, was mit ihrer Konzeption nicht zu vereinbaren ist. Und vor allem am POS werden sie nicht mit der erforderlichen Intensität gefördert.
- Die Präsentation im Verkaufsraum ist ein Problem. Der traditionelle Handel, besonders der Lebensmittelhandel, müßte eigentlich die Niedrigpreislinie geschlossen als Block präsentieren, um die Preisleistung überzeugend darstellen zu können. Bei den Discountern ist die kompakte Präsentation kein Problem. Ihr Sortiment umfaßt ausschließlich die Niedrigpreislinie. Der traditionelle Supermarkt oder das SB-Warenhaus laufen dagegen Gefahr, daß bei einer kompakten Präsentation der Niedrigpreislinie der Kunde von dem Niedrigpreisblock stark angezogen wird und die mittleren und oberen Preislagen nicht mehr ausreichend wahrnimmt und kauft (vergl. dazu: Oehme, Wolfgang, Die Problematik vertriebsformenheterogener Sortimente, in: Marketing, Zeitschrift für Forschung und Praxis, Heft 2/1985, S. 85 ff.). So werden die Handelsmarken der Niedrigpreislinie in der Warengruppe präsentiert, zu der sie gehören. Das fördert nicht gerade ihre Optik.
- Es wurden zu viele und zu wahllos Artikel zu Handelsmarken der Niedrigpreislinie gemacht. Bei der Auswahl gab oft der Einkaufspreis den Ausschlag.
- Die Preisdifferenzen zwischen Handelsmarken der Niedrigpreislinie und den in Aktionen oder auch ständig zu herabgesetzten Preisen angebotenen Herstellermarken sind oft so gering, daß der Verbraucher keinen wirksamen Anreiz sieht, die Handelsmarke zu kaufen und zur Herstellermarke greift.

Die Handelsmarken im Premiumbereich haben ihre Wurzel im Markenartikel, der durch das Hersteller-Marketing geschaffen wurde. Sie wurden deshalb auch im Abschnitt Markenartikel als Gegenstück zur Herstellermarke behandelt. Die Handelsmarken der Niedrigpreislinie haben ihre Wurzel in den no names und damit letztlich in den markenlosen Waren. Sie wurden deshalb hier im Abschnitt markenlose Produkte dargestellt. Die beiden Kategorien von Handelsmarken haben also völlig unterschiedlich Ausgangspunkte und auch Zielsetzungen.

Die Handelsmarken der Niedrigpreislinie sind weitestgehend identisch mit den im nächsten Abschnitt vorgestellten discountfähigen Produkten (s. S. 169, Den Umfang der Handelsleistung betreffende Alternativen).

- Eigenmarken

Markenlose Produkte, die ein Hersteller den Handelsunternehmen unter verschiedenen Namen und in unterschiedlicher Aufmachung anbietet, werden als Eigenmarken bezeichnet. Der Hersteller bietet alle oder die noch freien Varianten einem Handelsunternehmen an. Hat sich dieses für eine Variante entschieden, wird sie für dieses Unternehmen exclusiv reserviert. Oft handelt es sich dabei um Saisonware und oft macht das Handelsunternehmen von der Reservierung auch nur für eine begrenzte Zeit Gebrauch. Man kann so Namen und vor allem Aufmachung eines Produktes immer wieder einmal verändern, was etwas Abwechslung in das Sortiment bringt, ohne große Kosten zu verursachen. Im Lebensmittelhandel war und ist Tafelschokolade ein als Eigenmarke beliebtes Produkt. Die Marketing-Urheberschaft liegt hier beim Hersteller, der aber gegenüber dem Verbraucher kaum oder gar nicht in Erscheinung tritt. Die Eigenmarken haben gegenüber den Handelsmarken und vor allem gegenüber den Handelsmarken der Niedrigpreislinie stark an Boden verloren. Das ist sicher auch mit eine Folge der Polarisierung der Märkte (siehe Abbildung 4/3, S. 159).

(b) Den Umfang der Handelsleistung betreffende Alternativen

Seit der Einführung der Selbstbedienung, die die Grundlage für unterschiedliche Andienungsformen und Vertriebsformen ist, sind die Handelsunternehmen in der Lage, ihre Handelsleistung zu variieren. Sie können Produkte, die eine hohe Marketing-Intensität erfordern, mit einer hohen Handelsleistung, und sie können Produkte, die mit einer niedrigen Marketing-Intensität auskommen, mit einer niedrigen Handelsleistung anbieten. Der Begriff „Marketing-Intensität" steht für den Vertriebsaufwand, sowohl im Marketing- als auch im Logistik-Bereich, den das Beschaffen, Bewegen und Anbieten eines im Sortiment geführten Artikels verursacht. Vom Standpunkt der Handelsleistung aus gesehen, kann das Sortiment in die Artikel-Kategorien Innovationen (Neuheiten) – am Markt fest etablierte Artikel – und discountfähige Artikel gegliedert werden. Welcher Kategorie ein Artikel zuzurechnen ist, das hängt fast immer von seinem Lebensalter ab.

Artikel haben einen Lebenslauf. Es gibt zwei Möglichkeiten, den Artikelzyklus zu charakterisieren.

– Der Lebenslauf eines Artikels aus Sicht der Hersteller

Merkmal für die Abgrenzung der Lebensabschnitte ist der Ertrag pro Stück. Ein neu auf den Markt kommender Artikel bringt, bedingt durch Entwicklungs- und Einführungskosten, niedrige Erträge oder ist sogar mit Verlusten belastet. Setzt er sich am Markt durch, steigen, solange er über ein Leistungsmonopol verfügt, die Erträge pro Stück. Früher oder später kommen Me-too-Artikel auf den Markt und Marktanteilskämpfe beginnen. Je erfolgreicher ein Artikel ist, desto früher provoziert er Me-too-Artikel. Mit den Marktanteilskämpfen sinkt der Ertrag pro Stück, auch bei weiter steigenden Umsätzen. Nimmt man den Ertragsverfall hin, kann das zum Ausscheiden des Artikels aus dem Markt führen. Unterzieht man den Artikel dagegen einem Relaunch, so kann erneut für einige Zeit ein Leistungsmonopol begründet werden, was die Erträge pro Stück wieder steigen läßt. Das ist der klassische Lebenszyklus eines Artikels, in der Regel eines Markenartikels, aus der Sicht der Hersteller (vergl. dazu: Nieschlag/Dichtl/Hörschgen, Marketing, 18. Auflage, Berlin 1997, S. 903).

– Der Lebenslauf eines Artikels aus Sicht des Handels und der Verbraucher

Merkmal für die Abgrenzung der Lebensabschnitte ist hier die Intensität der Kaufgewohnheiten. Je erfolgreicher ein Artikel am Markt ist, desto intensiver werden die Kaufgewohnheiten der Verbraucher, bis zum „habituellen" Kauf hin. Für den Handel ergibt sich aus der Intensivierung der Kaufgewohnheit, daß der Kunde, für den letztlich irgendwann nur noch der Preis entscheidend ist, immer weniger Handelsleistung erwartet. Wird ein Artikel, der habituell gekauft wird, mit zu hoher Handelsleistung – und deshalb zu teuer – angeboten, ist der Verbraucher nicht bereit, diese von seinem Standpunkt aus gesehen zu hohe Handelsleistung – und mag sie auch perfekt erbracht werden – zu honorieren. Er wechselt zu einem anderen Anbieter (Ausführlich dazu S. 169 ff.). Den Zusammenhang zwischen Intensität der Kaufgewohnheit und Umfang der Handelsleistung hat die Entwicklung der Discounter sichtbar gemacht. Sie haben als erste Artikel, für die habituelle Kaufgewohnheiten bestehen, konsequent mit minimaler Handelsleistung und zu entsprechend niedrigen Preisen angeboten. Und sie haben trotz ihrer niedrigen Preise gute Erträge erwirtschaftet.

Der Handel muß deshalb, um seine Handelsleistung richtig und artikelspezifisch marktgerecht dimensionieren zu können, die folgenden Produktkategorien unterscheiden:

(ba) Innovationen

Das sind die Neuheiten, die jungen Artikel. Sie erfordern bei sich unter Umständen erst langsam entwickelnden Erträgen einen hohen Marketing-Aufwand. Sie sind mit einem hohen Risiko belastet. Sie sind unter den Bedingungen der Überflußgesellschaft aber eine der wichtigsten Voraussetzungen für Expansion. Sie sind heute schon – von Branche zu Branche unterschiedlich – recht weit verbreitet. So wären z. B. die Textil- und die Schuhbranche in einer beklagenswerten Lage, wenn sie keine Innovationen – die ihnen die ständig sich wandelnde Mode beschert – hätten. Stagnierende oder schrumpfende Umsätze müßten ohne Innovationen die unausweichliche Folge sein. Auch im Lebensmittelhandel gibt es Jahr für Jahr Innovationen in großer Zahl, so daß die Handelsunternehmen meinen, sich dagegen zur Wehr setzen zu müssen, was im Grundsatz bedenklich, ja falsch ist. Den Begriff der Innovationen darf man nicht zu eng fassen und nur auf revolutionäre Neuerungen beschränken, die doch recht selten sind. Solche grundlegenden Innovationen waren z. B. die Erfindung des Stereoklanges oder des Farbfernsehens im Bereich der Rundfunk- und Fernsehbranche, oder die Erfindung der Tiefkühlkost im Lebensmittelbereich. Vom Standpunkt des Marketing aus gesehen müssen als **Innovation** gewertet werden:

Echte Neuheiten: Das wären Innovationen im engeren Sinne, wie eben erwähnt das Fernsehen, das Farbfernsehen oder die Tiefkühlung. In solchen Fällen ist die Wertung als Innovation auch unumstritten.

Bedeutende Verbesserungen: Wandelt man ein Nahrungsmittel in ein Genußmittel um, macht aus der Ernährung das Genießen, aus dem physischen ein psychisches

Bedürfnis, so ist auch dies eine Innovation. Aber auch technische Verbesserungen, wie Bratpfannen mit Antihaft-Beschichtung, sind Innovationen.

Modische Neufassungen: Mode ist schon immer Innovation gewesen. Bei der Bekleidung z. B. steht heute nicht mehr die Zweckmäßigkeit im Vordergrund, sondern die modische Gestaltung. Ein Kleid, ein Anzug oder ein Schuh in neuer modischer Form, in neuer modischer Farbe sind eben kein herkömmliches und altbekanntes Kleidungsstück, sondern etwas völlig Neues, eine Innovation, für die erst ein Markt geschaffen werden muß.

Verwendung für neue Bedürfnisse: Eine innovative Leistung kann auch sein, einem Produkt einen neuen Sinn zu geben, es der Befriedigung eines neuen Bedürfnisses dienstbar zu machen. Das geschieht z. B., wenn man aus dem Fahrrad als Fortbewegungsmittel ein Trimm-Instrument macht, das nunmehr der Gesundheit dient. Oder wenn das Fahrrad mit einigen Veränderungen zum Heim-Trainer umgewandelt wird. Genauso, wie man aus einem Artikel für ein bekanntes Bedürfnis eine Innovation machen kann, indem man ihn verbessert, modisch neu gestaltet oder einem neuen Bedürfnis dienstbar macht, kann umgekehrt eine Innovation nach einer gewissen Zeit zu einem Artikel für bekannte Bedürfnisse oder gar zu einem Artikel des Grundbedarfs werden. Überspitzt könnte man sagen, eine Innovation hat für ihre Zukunft zwei Alternativen. Entweder wird sie ein Flop, was nicht sein muß. Oder sie wird nach längerer Zeit ein Artikel des Grundbedarfs, was unabwendbar ist, wenn die Innovation erfolgreich ist und sich am Markt durchsetzt.

Eine Branche, die in besonders starkem Ausmaß von Innovationen abhängig ist, ist die Spielwaren-Branche. Sie ist, so könnte man sagen, ein Symbol der Überfluß-Gesellschaft. Die Spielwaren-Branche könnte nie so großen Nutzen aus fortlaufend auf den Markt kommenden Innovationen ziehen, wenn die Masseneinkommen nicht so stark gewachsen wären (vgl. dazu: Spielzeug: Renner mit Nachbrenner, in: Absatzwirtschaft Nr. 12/1978, S. 22, wo über mehrere typische Beispiele für Innovationen berichtet wird). Eine bemerkenswerte Abhängigkeit von Innovationen kann man auch bei der Sportartikel-Branche beobachten. Ein Stillstand in der „Ski-Technologie" führte beim Handel zu einer spürbaren Umsatzflaute. Diese Beispiele zeigen sehr deutlich, daß von Innovationen nicht nur die Hersteller, sondern auch der Handel abhängig sind. Nur mit Hilfe von Innovationen kann an die Stelle eines quantitativen Wachstums, welches bei rückläufiger Bevölkerungszahl an seine Grenzen stößt, ein qualitatives Wachstum und eine langfristige Sicherung der Erträge treten. Der Handel muß sich mit den Innovationen auseinandersetzen, muß lernen, ihre Bedeutung zu erkennen. Die mit der Einführung von Innovationen verbundenen erhöhten Risiken muß auch der Handel mit tragen, was Mut zum unternehmerischen Wagnis voraussetzt. Bei Innovationen kann man heute das „Vorverkaufen" nicht mehr allein dem Hersteller überlassen.

Für Innovationen, das ist ein ganz wesentlicher Punkt, existiert in der Regel kein Bedarf. Der erforderliche Bedarf muß erst geschaffen werden. Ökonomisch ausgedrückt heißt dies, die Nachfrage-Elastizität ist unendlich groß. Zunächst jedenfalls, denn solange der Verbraucher ein Produkt noch nicht kennt, wird er kaum das Gefühl haben, etwas zu entbehren, wenn er den Artikel nicht kauft. Wird die Innovation ein Erfolg und setzt sich am Markt durch, dann kann die Nachfrage-Elastizität sehr schnell sinken.

Abbildung 4/6: Häufigkeit von Innovationen im Sortiment des Lebensmittel-Einzelhandels Zeitraum 1. 3. 98 bis 28. 2. 99

Warengruppe	Zahl neuer Produkte
Körperpflege/Kosmetik	267
Getränke	216
Süßwaren/Snacks	170
Molkereiprodukte	157
Tiefkühlkost/Eiscreme	108
Fleischwaren/Wurst/Geflügel	77
Wasch-, Putz- und Reinigungsmittel	75
Tiernahrung und -bedarf	69
Baby- und Kindernahrung	66
Nährmittel	65
Feinkost/Delikatessen	55
Nonfoods	54
Fertiggerichte ohne Tiefkühlkost	41
Diät-, Reform-, Naturkost	32
Brot/Backwaren	28
Gewürze/Würzen	24
Frühstücksprodukte	23
Obst und Gemüse	21
Tabakwaren/Zigaretten	19
Fisch/Fischerzeugnisse	16
Insgesamt	1583
Zum Vergleich 1979	1300
1981	1051

Quelle: Lebensmittel Praxis Heft 13/Juli 1999, S. 28; Zahlen 1979/1981: Lebensmittel Zeitung Nr. 21 vom 23. 5. 1980, S. F 32, Nr. 13 vom 2. 4. 1982, S. F 26 ff.

In welchem Umfang Innovationen auf den Markt gebracht werden, zeigt die Abbildung 4/6. Allein im Lebensmittel-Einzelhandel drängten 1979 und 1981 rund 1300 bzw. 1051 neue Artikel in die Regale. 1999 waren es fast 1600 Innovationen. Wahrscheinlich liegen die Zahlen höher, weil gar nicht alle Innovationen exakt erfaßt werden können. Der Trend zeigt also nach oben und wird auch weiterhin nach oben zeigen. Schwerpunkte im Lebensmittelhandel sind Design-Lebensmittel und Convenience-Produkte. Aber auch in anderen Branchen spielen Innovationen eine wichtige Rolle, man denke z. B. an den Mobilfunkbereich, der sich nach wie vor stürmisch entwickelt und wo weitere Innovationen – Verbindung Handy zu Internet – zu erwarten sind. Im Bereich der Kraftfahrzeuge sind heute in PKW´s der Mittelklasse Klimaanlagen bereits serienmäßig, demnächst werden es Navigationsanlagen sein.

Wollte ein Lebensmittel-Supermarkt alle innovativen Produkte in sein Sortiment aufnehmen, dann könnte er jährlich etwa ein Viertel seines Sortiments austauschen, alle vier Jahre würde er ein völlig neues Sortiment führen, vorausgesetzt, er trennt sich von genau so vielen Artikeln wie er Innovationen aufnimmt. Und das ist das Problem. Das eingeführte Sortiment veraltet nicht so schnell wie Innovationen auf den Markt drängen. Zwangsläufig expandieren die Sortimente im Handel, von Branche zu Branche mit unterschiedlichem Tempo, aber mit sicherer Regelmäßigkeit. Auch wenn der Handel seine Filterfunktion im Absatzkanal immer stärker ausübt, kann er diese Sortimentsexpansion nicht vollständig verhindern. Für das Ausüben der Filterfunktion muß sich der Handel gelegentlich von Seiten der Hersteller den Vorwurf mangelnder Risikobereitschaft gefallen lassen. Auch der Markt, also die Verbraucher, sorgen für einen Ausleseprozeß. Eine Analyse der Lebensmittel Zeitung im Lebensmittelhandel Anfang der 80er Jahre des zwanzigsten Jahrhunderts ergab, daß nach etwa 4 Jahren nur noch rund 15% der Innovationen am Markt sind. Zirka 85% sind also Flops. Den Herstellern, vor allem den Herstellern von Markenartikeln kann man also keinen Mangel an Risikobereitschaft vorwerfen.

Die folgende Abbildung 4/71 gibt einen Überblick über die „Flop-Quote" in einigen ausgewählten Warengruppen des Lebensmittelhandels. Diese Quote hat bei allen Warengruppen, ausgenommen Kosmetik, ständig zugenommen. Spitzenreiter sind die Spirituosen und die Süßwaren, typische Genuß- und Impulsartikel-Warengruppen, die Abwechslung brauchen und Innovationen provozieren, aber auch ein hohes Risiko einschließen.

Abbildung 4/71: Flop-Quote im Jahresvergleich im Lebensmittelhandel-Anteil der ausgelisteten Produkte an den ehemals neuen Artikeln ein bzw. zwei Jahr(e) nach der Einführung in Prozent.

Warengruppe	1997	1998	1999
Molkereiprodukte	35,6	53,5	56,7
Süßwaren	57,6	65,2	70,5
Tiefkühlprodukte	47,2	53,2	54,9
Spirituosen	57,0	74,2	85,1
Alkoholfreie Getränke	36,8	50,5	62,1
Kosmetik	53,2	48,9	61,3

Quelle; Lebensmittel Praxis, Heft 15/2000, Seite 49.

Die Abbildung 4/72 gibt für die Jahre 1990 und 1999 einen Überblick über die aus Sicht von Führungskräften zehn erfolgreichsten Innovationen im Lebensmittelhandel. Die Übersicht zeigt zum einen, daß die meisten Innovationen Markenartikel sind. Auf die Innovationskraft des Markenartikels wurde bereits hingewiesen. Sie zeigt aber auch, daß viele Innovationen Produktvarianten von Markenartikeln sind, die sich schon länger am Markt befinden. Echte Innovationen dürften in 1990 Raffaello und 1999 Vitasur gewesen sein. Daß diese Produkte so erfolgreich waren, hängt sicher damit zusammen, daß mit ihnen nicht nur ein Produkt, sondern auch Genuß – Raffeallo, HB, Mövenpick Eiscreme, Magnum, Warsteiner und Amicelli –, Umweltbewußtsein – Ariel, Persil, Meister Proper –, Tierliebe – Whiskas – und Gesundheit – Thomy extra leicht, Salatfix Leicht, Vitasur – angeboten werden. Ohne solch „emotionalen Zusatznutzen" kann heute ein Produkt, vor allem ein innovativer Markenartikel, nicht erfolgreich sein.

Der Flut neuer Artikel steht in der Regel auf Seiten der Verbraucher eine gewisse Skepsis gegenüber. Auch wenn der Verbraucher grundsätzlich beim Kauf neuer Produkte oder Artikel sein Risiko so gering als möglich halten möchte, kann man die Skepsis nicht verallgemeinern. Es gibt risikofreudige und risikoscheue Verbraucher. Die Bereitschaft ein Risiko einzugehen, hängt sicher auch vom Artikel, von seinem Preis und gegebenenfalls von der Abnahmemenge ab.

4.1 Die Sortimentspolitik – das Sortiments-Marketing

Abbildung 4/72: Die aus der Sicht des Lebensmittel-Einzelhandels zehn erfolgreichsten Produkt-Innovationen in den Jahren 1990 und 1999

1990		1999	
Produkt Hersteller	Index bezogen auf Nr. 1	Produkt Hersteller	Index bezogen auf Nr. 1
Ariel Ultra Procter & Gamble	100	Fanta Limette Coca Cola	100
Whiskas kl. Mahlzeit Effem	95	Persil Tabs Henkel	81
Thomy extra leicht Thomy	87	Magnum After Dinner Langnese-Iglo	76
Raffaello Ferrero	83	Knorr Fix Hähnchen Knorr	69
HB Lights B.A.T.	79	Gilette Mach 3 Gilette	68
Mövenpick Cremé Pfirs. Schöller	74	Warsteiner 5-Ltr.-Fäßchen mit Zapfhahn Warsteiner	67
Lecker-Locker Bahlsen	71	Die Ofenfrische Dr. Oetker	66
Salatfix leicht Kühne	70	Amicelli Mars	65
Splitz Kellog	69	Vitasur Apfelessigtrank Kühne	59
Meister Proper Essig-Kraft Procter & Gamble	67	Mondamin Süße Hauptgerichte Bestfoods	58

Quelle: 1990 Hit '90 – neue Produkte, Dokumentation einer Umfrage der Lebensmittel Praxis bei Leistungsträgern und Durchsetzern im Lebensmittel-Einzelhandel, Neuwied 1990, S. 12; 1999 Hit '99 – Lebensmittel Praxis Heft 13, Juli 1999, S. 26.

Die ganz natürliche Skepsis der Verbraucher neuen Artikeln gegenüber ist sicher der wichtigste Grund dafür, daß Innovationen, will man für sie einen neuen Markt schaffen, eine hohe Handelsleistung erfordern. Sie müssen intensiv beworben werden, sie müssen auffällig präsentiert werden, sie müssen entweder in Bedienung angeboten und verkauft werden oder erfordern eine starke Verkaufsförderung, wenn sie in ein Sortiment aufgenommen werden, das heute grundsätzlich in Selbstbedienung angeboten wird.

In den achtziger Jahren, so ergab eine Untersuchung, ist der Verbraucher innovationsfreudiger geworden. Anfang 1990, so das Ergebnis, waren rund 85% der Verbraucher, das sind fünf von sechs, neuen Produkten gegenüber grundsätzlich positiv eingestellt. Zwei Produktgruppen finden beim Verbraucher ein besonderes Interesse, wenn es um Innovationen geht:

- **„hedonistisch geprägte" Produkte,** „ich-nahe" Angebote aus den Bereichen Freizeit, Sport und Hobby, die dem Drang des Verbrauchers nach Perfektion, Professionalität, Vervollkommnung, Selbstentfaltung und Selbstverwirklichung entgegenkommen, und

- **"Convenience-betonte" Produkte,** die im Alltag die Haushaltsführung erleichtern. Diese Produkte finden das besondere Interesse der Hausfrauen, was die traditionelle Rollenteilung der Geschlechter bestätigt, die immer noch vorhanden ist (vgl. dazu: o.V., Innovationen wecken die Neugier, in: Lebensmittel-Zeitung Nr. 18 vom 4. 5. 1990, S. 66.).

Der Textilhandel mit modischer Damen-Oberbekleidung, um ein weiteres Beispiel aufzuführen, muß erhebliche Risiken in Kauf nehmen. Er kann nicht sicher voraussagen, ob ein neuer Modetrend von den Verbraucherinnen positiv aufgenommen wird. Kommt eine neue Mode nicht an, muß die eingekaufte Ware von den Handelsunternehmen mit beträchtlichen Abschriften verkauft werden. Innovationen sind immer mit teils erheblichen Risiken verbunden. Andererseits beleben sie die Handelssortimente und können Impulskäufe auslösen.

(bb) Am Markt etablierte expansive Artikel
Sie bilden den Großteil der Sortimente der Handelsunternehmen. Der Verbraucher kennt sie in der Regel, Bedarf und Nachfrage sind vorhanden. Die Nachfrage ist noch steigerungsfähig, Marktausweitung und für den Handel Umsatzexpansion sind durchaus noch möglich. Legt man ganz strenge Maßstäbe an, so kann man feststellen, daß der Verbraucher diese Produkte eigentlich nicht unbedingt braucht. Es ist eine relativ große Nachfrageelastizität gegeben. Der Verbraucher könnte zwar ohne diese Produkte leben – und überleben –, sie machen ohne Zweifel das Leben aber angenehmer und schöner, sind ein Teil Lebensqualität. Sie sind Kennzeichen einer Überflußwirtschaft und deren fester Bestandteil. Impulskäufe spielen bei dieses Produkten ebenfalls eine wichtige Rolle und sind die Grundlage für eine Expansion der Märkte. Sie sind in der oberen Hälfte der mittleren Marktschicht und im oberen Markt angesiedelt (s. Abbildung 4/3, S. 159), sind zum großen Teil Premiumprodukte und auch Markenartikel, sowohl Hersteller- als auch Handelsmarken. Sie vermitteln Genuß und befriedigen auch emotionale Bedürfnisse. Ein emotionaler Zusatznutzen kann also mit angeboten werden. Als Beispiele für diese Artikel-Kategorie seien die vielen Genußmittel im Lebensmittelhandel – Süßwaren, Weine, Sekt und Spirituosen, aber auch manche Artikel in den Warengruppen Obst und Frischfleisch – oder die Warenbereiche Kosmetik und Unterhaltungselektronik genannt. Alle Innovationen werden früher oder später zu etablierten und expansiven Artikeln, vorausgesetzt sie sind erfolgreich und kein Flop. Im Hinblick auf Umsatzanteil und Umschlagshäufigkeit sind sie mitunter keine starken Artikel. Trotzdem werden sie im Sortiment behalten, weil ein Handelsunternehmen gerade mit Artikeln dieser Kategorie Sortimentskompetenz beweisen kann. Die verschiedenen sozialen Schichten der Bevölkerung fragen unter Umständen diese Artikel auch mit unterschiedlicher Intensität nach. Im Bereich der etablierten Artikel finden sich auch Luxusgüter, die auf dem Wege zum alltäglichen Konsumgut sind. Farbfernseher, Hifi-Anlagen und auch Camcorder waren einmal Luxusgüter und sind heute alltägliche Konsumgüter. Manchmal ist die Qualität eines etablierten Produktes noch nicht ausgereift. In diesem Fall besteht die Möglichkeit, daß ein solches Produkt durch entscheidende Qualitätsverbesserungen vom Markt verdrängt wird. Die Qualitätsverbesserung macht vielleicht eine neue Technologie möglich, die dann als Innovation im weiteren Sinne angesehen werden kann. Ganz allgemein kann man sagen, daß Produkte dieser Kategorie durch innovative Sub-

stitutionsgüter vom Markt verdrängt werden oder ihre Stellung durch innovative Komplementärgüter gefestigt wird. So kann erwartet werden, daß in nicht zu ferner Zukunft Fernseher, Hifi-Anlage, PC, Anrufbeantworter und Faxgerät durch ein Haushalts-Kommunikationszentrum ersetzt und damit vom Markt verdrängt werden. Ein Beispiel für die Komplementärgüter wären die modernen Kunstfasern, deren Marktstellung gefestigt und deren Verbreitung durch die Entwicklung neuer Wasch- und Pflegemittel – ohne Zweifel Innovationen – gefördert wurde. Die Risiken, mit denen die etablierten Artikel belastet sind, sind sehr unterschiedlich und schwer abzuschätzen. In welchem Umfang Handelsleistung erforderlich ist, um diese Artikel anbieten und verkaufen zu können, ist von Artikel zu Artikel verschieden. Die Handelsunternehmen müssen in dieser Kategorie von Artikel zu Artikel sorgfältig prüfen, in welchem Umfang Handelsleistung erforderlich ist und vom Verbraucher honoriert wird. Grundsätzlich kann man annehmen, daß die erforderliche Handelsleistung abnimmt, je länger ein Artikel in dieser Kategorie am Markt ist. Und das kann unter Zuhilfenahme mehrerer Relaunches sehr lange sein.

(bc) Discountfähige Artikel
Das sind die Produkte, die der Verbraucher unbedingt braucht, um überhaupt leben zu können. Stünden ihm diese Produkte nicht zur Verfügung, würde er verdursten, verhungern, erfrieren oder sich tödliche Krankheiten zuziehen. Im Lebensmittelbereich nennt man diese Produkte deshalb auch die Produkte des Grundbedarfs oder auch die Muß-Artikel, die auf dem Einkaufszettel jeder Hausfrau stehen, Für sie bestehen habituelle Kaufgewohnheiten und sie werden im Wege des Plankaufs erworben. Die Nachfrageelastizität ist deshalb praktisch gleich Null. Ob diese Artikel teuer oder billig angeboten werden, der Verbraucher kauft die Mengen, die er gerade braucht, zumal ein Teil dieser Artikel – vor allem Lebensmittel – nur beschränkt lagerfähig ist. Gesamtwirtschaftlich gesehen, sind diese Märkte gesättigt und stagnieren. Eine Expansion wäre nur möglich, wenn die Einwohnerzahl zunehmen würde. Will ein Handelsunternehmen expandieren, muß es seinen Wettbewerbern Umsatzanteile wegnehmen. Preiskämpfe können nur Marktanteilsverschiebungen zur Folge haben. Diese Artikel „gehen immer", das Absatzrisiko ist minimal. Aber sie gehen hauptsächlich über den Preis. Ein harter Wettbewerb zwischen den Handelsunternehmen bis hin zum Verdrängungswettbewerb kennzeichnet die Märkte für diese Artikel.

Diese Artikel-Kategorie war zunächst am stärksten im Lebensmittelhandel ausgeprägt und gewann durch die Discounter zunehmend an Bedeutung. Die Discounter im Lebensmittelhandel begrenzten ihr Sortiment auf diese Artikelkategorie, die konstant gekauft wurde, sich schnell umschlug und kaum Marketingaufwand erforderte. Der Verbraucher ist, wenn der Preis seinen Vorstellungen entspricht, mit einer minimalen Handelsleistung zufrieden. Mit dem Übergang zu einer Überflußwirtschaft weiteten sich die Grenzen der Kategorie über die Produkte des Grundbedarfs hinaus aus. Das entscheidende Merkmal ist heute die habituelle Kaufgewohnheit, bei der weder Marken- noch Einkaufsstättentreue, sondern nur noch der Preis im Vordergrund stehen. Deshalb wird die Kategorie hier auch als „discountfähige Artikel" und nicht als „Artikel des Grundbedarf" bezeichnet. Heute können sehr wohl erfolgreiche Innovationen – die bei ihrem Erscheinen am

Markt streng genommen überflüssig sind – bei den Verbrauchern zu habituellen Kaufgewohnheiten führen und somit früher oder später discountfähig werden. Das gilt auch für Markenartikel, gleich ob Hersteller- oder Handelsmarken.

(bd) Die Entstehung von Kaufgewohnheiten

Diese Aufgliederung des Sortiments eines Handelsunternehmens ist nun nicht das Ergebnis einer willkürlichen Begriffsbildung, sondern läßt sich von zwei Seiten her erklären.

Einmal kann man die drei dargestellten Produktkategorien als das Ergebnis der gesamtwirtschaftlichen Entwicklung ansehen, die von der Wirtschaft im Mangel über die Wirtschaft in der Expansion zur Wirtschaft im Überfluß führte. So entstand, wie im 1. Kapitel, Abschnitt 1.1.5.3 (S. 16ff.) darzulegen versucht wurde, das dreigeteilte gesamtwirtschaftliche Sortiment. Das Sortiment vieler Handelsunternehmen spiegelt diese Dreiteilung wider. Natürlich braucht nicht jedes Handelsunternehmen alle drei Produktkategorien in sein Sortiment aufzunehmen, sondern kann sich durchaus auf eine oder auch zwei beschränken.

Zum anderen ergibt sich diese Dreiteilung aus den Lebenszyklen der einzelnen in einem Handels-Sortiment enthaltenen Produkte. Untersucht man den Lebenszyklus eines Produktes von der Frage her, wie sich der Verbraucher ihm gegenüber verhält, so kommt man zu dem Ergebnis, daß ein Produkt drei Phasen durchläuft. Das Verhalten des Verbrauchers einem Produkt gegenüber kann man als Kaufgewohnheit bezeichnen. Die Entstehung von Kaufgewohnheiten ist eingehend untersucht worden (vgl. dazu: *Kaas, Klaus* und *Dieterich, Michael,* Die Entstehung von Kaufgewohnheiten bei Konsumgütern, in: Marketing-ZFP, Heft 1, März 1979, S. 13ff.). Aufbauend auf der Theorie des Konsumentenverhaltens von *John A. Howard* und diese Theorie fortführend, konnten die beiden Autoren nachweisen, daß sich die Beziehungen zwischen einem Produkt und den Verbrauchern mit einer bestimmten Gesetzmäßigkeit entwickeln. **Drei Phasen** lassen sich bei diesem Prozeß unterscheiden:

Die Phase der Konzeptbildung: Ein neues Produkt nimmt der Verbraucher zunächst mit Skepsis auf. Ein Gefühl der Unsicherheit steht im Vordergrund und er meint, mit dem Kauf dieses neuen Produktes ein hohes Risiko einzugehen. Der Verbraucher hat in dieser Phase einen hohen Informationsbedarf, der sich ausschließlich auf das Produkt, seine Eigenschaften und seine Verwendungsmöglichkeiten bezieht. Das bedeutet, daß von seiten des Herstellers oder des Handels, der das Produkt in sein Sortiment aufnimmt, der Marketingaufwand hoch sein muß. Die Entscheidungsgeschwindigkeit des Verbrauchers ist sehr langsam. Es werden vorzugsweise kleine Packungen und kleine Mengen gekauft. Das Produkt wird vorwiegend von Fachgeschäften angeboten und zu einem relativ hohen Preis verkauft. Und diesen Preis akzeptiert der Verbraucher auch, vielleicht aus Neugier. Denn an sich müßte der Preis sein Risikogefühl verstärken. Die Entscheidungsgeschwindigkeit wird er sicher verlangsamen.

Phase der Konzeptausformung: Es erscheinen weitere Hersteller auf dem Markt, die das Produkt unter verschiedenen Marken anbieten. Das sind die beim Handel so gefürchteten **me-too-Produkte,** die Imitationen, die auch auf die knappe Verkaufsfläche wollen. Die Unsicherheit des Verbrauchers gegenüber dem Produkt weicht einer Unsicherheit gegenüber den am Markt erscheinenden und konkurrierenden Marken. Der Informationsbedarf des Verbrauchers nimmt ab und bezieht sich nun vorwiegend auf die unterschiedlichen Marken und deren Eigenschaften. Vom Verbraucher her gesehen, könnte der Marketingaufwand abnehmen. Er wird aber in der Regel steigen, weil an die Stelle von Information des Verbrauchers der Kampf um Marktanteile tritt. Die Entscheidungsgeschwindigkeit des Verbrauchers ist mittelschnell. Es werden noch relativ kleine und mittlere Mengen und Packungen gekauft, aber zu mittleren Preisen. Die Distribution der Hersteller wird breiter.

Die Phase der Konzeptanwendung: Der Verbraucher hat sich an das Produkt gewöhnt, er hat es akzeptiert. Seine Unsicherheit ist verschwunden. Er empfindet bei der Kaufentscheidung kein Risiko mehr. Sein Informationsbedarf ist gering, seine Entscheidungsgeschwindigkeit schnell. Eigentlich könnte, vom Verbraucher her gesehen, der Marketingaufwand drastisch gesenkt werden. Die Informationen, die der Verbraucher noch wünscht, sind „situative" Informationen, die sich auf die günstige Einkaufsquelle, auf Preise, Verfügbarkeit und Sonderangebote beziehen. Das hieße, so möchten wir hinzufügen, das Produkt könnte vollständig in das Handels-Marketing eingehen, denn diese situativen Informationen gibt vorzugsweise der Handel in seiner Werbung. Es werden in dieser Phase große Mengen und Packungen angeboten und gekauft. Das Produkt erscheint im Sortiment von Discountern und SB-Warenhäusern, wird zu niedrigen Preisen und auch in Sonderangebotsaktionen verkauft. Beim Verbraucher hat sich nun eine Kaufgewohnheit ausgebildet, seine Kaufentscheidung ist „habituell". Das scheint auch der Punkt zu sein, wo eine eventuell vorhandene Markentreue von einer Geschäftstreue verdrängt wird. Und das scheint weiterhin auch der Punkt zu sein, wo ein Produkt, sofern es die erforderlichen Eigenschaften besitzt, „weiß werden" kann. Wenn nämlich das Produkt für den Verbraucher unentbehrlich geworden ist, tritt an die Stelle einer freiwilligen Kaufentscheidung eine mehr oder weniger erzwungene Kaufentscheidung. Und unter dem Druck dieses Kaufzwanges wird der Verbraucher dann wahrscheinlich weder auf Marke noch Verpackung sehen, sondern nur noch auf Qualität und Preis. Das Hersteller-Marketing kann dann vollständig entfallen und der Aufwand für das Handels-Marketing kann auf ein Minimum sinken. Es wird, so kann man es auch formulieren, kein Produkt-Marketing mehr erforderlich sein, es genügt, wenn das Produkt im Sortiments-Marketing des Handels erscheint. Das Produkt ist dann ein no-name geworden.

Sofern das Sortiment eines Handelsunternehmens – was nicht immer sein muß, in der Regel aber sein wird – Produkte der unterschiedlichsten Lebensalter enthält, läßt es sich auch in die drei dargestellten Produkt-Kategorien gliedern, die einer unterschiedlichen Marketing-Intensität bedürfen.

Nicht nur einzelne Artikel, auch ganze Teil-Sortimente können entsprechend ihrem Lebensalter unterschieden werden. *Tietz* (Stichwort „Sortimentspolitik" in: Marketing-Enzyklopädie, a.a.O., S. 236) gliedert von diesem Gesichtspunkt aus:

Test-Sortimente (neu aufgenommen),

Trend-Sortimente (oft erfolgreiche Test-Sortimente),

Normal-Sortimente (über lange Zeit bewährt, unverzichtbar, durchschnittliches Wachstum),

Abbildung 4/8: Kennzeichen der Lebensphasen eines Produktes aus der Sicht des Sortiments-Marketing im Handel

Lebensphase / Kennzeichen	Innovationsphase (Konzeptbildung)	Expansionsphase (Konzeptausformung)	Sättigungsphase Konzeptanwendung)
Einstellung des Verbrauchers	Skepsis, Unsicherheit dem Produkt gegenüber, Scheu vor Risiko	Unsicherheit dem Produkt gegenüber vermindert sich	keine Unsicherheit mehr, es ist eine Kaufgewohnheit entstanden (manchmal Kaufzwang!)
Marketingträger	Überwiegend Hersteller, vor allem Markenhersteller, aber auch Handel (innovative Handelsmarken)	Hersteller und Handel – Markenartikel und Handelsmarken als Me-too-Produkte	Handel schiebt sich in den Vordergrund, besonders in Niedrigpreislagen
Informationsbedarf	hoch, bezieht sich auf das Produkt	abnehmend, wendet sich dem Hersteller zu	weiter abnehmend, wendet sich dem Handel zu (Geschäftstreue kann Markentreue ersetzen!)
Marketingintensität	sehr hoch	nimmt ab, trotzdem keine Reduzierung des Marketing-Aufwandes, weil Kampf um Marktanteile einsetzt	sehr gering, Marketingaufwand bei Herstellern und Handel dient ausschließlich dem Kampf um Marktanteile
Andienungsform	Bedienung/wenn SB, dann mit starker Verkaufsförderung	bevorzugt SB	einfachste SB (Verkauf aus Karton, von der Palette)
Entscheidungsgeschwindigkeit des Verbrauchers	sehr langsam	mittelschnell	schnell (habituell)
Abgabemengen	klein	werden größer	groß (Großpackungen/Mehrfachpackungen/Kisten bei Getränken)
Vertriebsform	Fachgeschäft/auch Nachbarschaftsgeschäft im Lebensmittelhandel	Nachbarschaftsgeschäfte, SB-Warenhäuser	SB-Warenhäuser, Discounter
Preis	relativ hoch (Entwicklungskosten müssen gedeckt werden)	rückläufig, Me-too-Produkte können billiger sein, erste Aktionen	niedrig, primäres Kriterium, Aktionen, feste Etablierung von Niedrigpreislagen

Nachverwertungs-Sortimente (wurden von Wettbewerbern bereits aufgegeben, deshalb für einige Zeit noch interessant),

Auslauf-Sortimente (werden aufgegeben).

Die Abbildung 4/8 stellt noch einmal in übersichtlicher Form die einzelnen Lebensphasen eines Artikels und ihre Kennzeichen gegenüber. Sie läßt deutlich erkennen, daß die Intensität der Kaufgewohnheit für einen Artikel letztlich den Umfang der Handelsleistung bestimmt, die diesem Artikel hinzugefügt werden kann.

4.1 Die Sortimentspolitik – das Sortiments-Marketing

Abbildung 4/9: Das dreifach gespaltene Sortiment

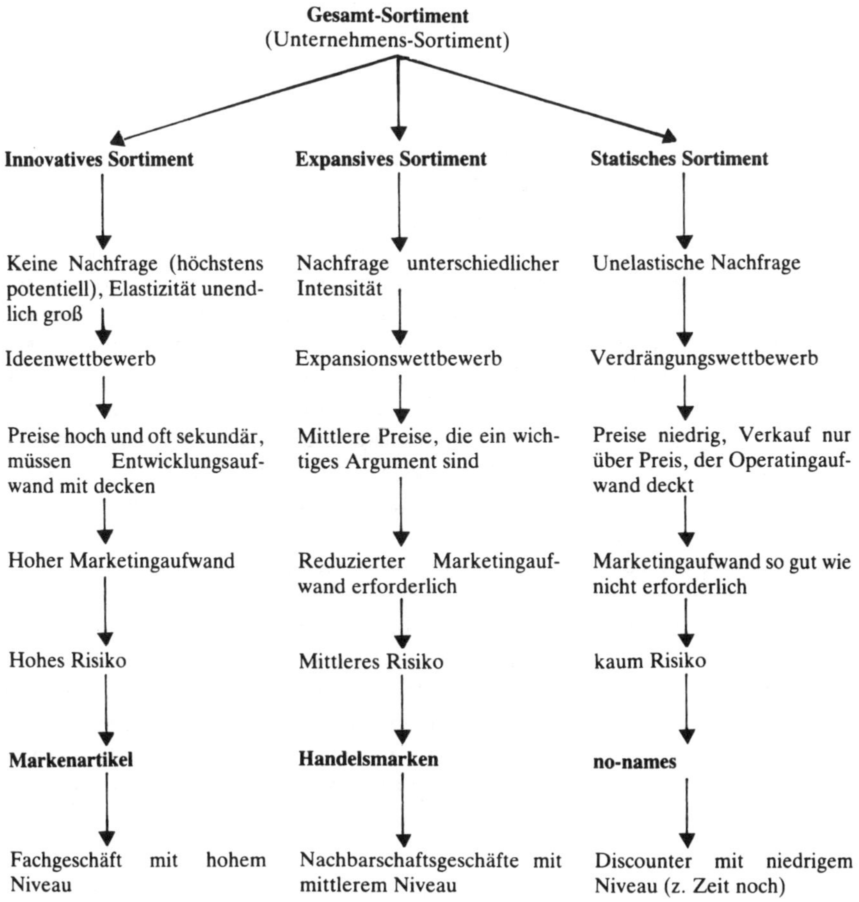

	Gesamt-Sortiment (Unternehmens-Sortiment)	
Innovatives Sortiment	**Expansives Sortiment**	**Statisches Sortiment**
Keine Nachfrage (höchstens potentiell), Elastizität unendlich groß	Nachfrage unterschiedlicher Intensität	Unelastische Nachfrage
Ideenwettbewerb	Expansionswettbewerb	Verdrängungswettbewerb
Preise hoch und oft sekundär, müssen Entwicklungsaufwand mit decken	Mittlere Preise, die ein wichtiges Argument sind	Preise niedrig, Verkauf nur über Preis, der Operatingaufwand deckt
Hoher Marketingaufwand	Reduzierter Marketingaufwand erforderlich	Marketingaufwand so gut wie nicht erforderlich
Hohes Risiko	Mittleres Risiko	kaum Risiko
Markenartikel	**Handelsmarken**	**no-names**
Fachgeschäft mit hohem Niveau	Nachbarschaftsgeschäfte mit mittlerem Niveau	Discounter mit niedrigem Niveau (z. Zeit noch)

Nur bei Beachtung dieses Zusammenhanges kommt ein marktgerechter Preis zustande, der den Erwartungen der Verbraucher entspricht und dem Handelsunternehmen einen Ertrag sichert.

Bei eingehender Betrachtung der letzten beiden Gestaltungsalternativen – nach Marketingträger und nach Marketingintensität – wird man feststellen, daß sie gewisse Parallelen aufweisen, eigentlich zwei Seiten einer Medaille sind. Der Bereich der Innovationen ist sehr stark mit Markenartikeln besetzt, aber auch Handelsmarken sind in ihm zu finden. Der Bereich der expansiven Artikel ist die Domäne der Handelsmarken, aber heute auch noch stark mit Markenartikeln belegt. Der Bereich der Artikel des Grundbedarfs war in der Vergangenheit ein Reservat der markenlosen Produkte, die die Discounter von Anfang an führten. Heute und in Zukunft werden in ihm die Handelsmarken der Niedrigpreis-Linie dominieren. Er wird aber auch von Markenartikeln besetzt, die ihrem Charakter nach Artikel des Grundbedarfs sind. *Abbildung 4/9* faßt noch einmal die Überlegungen zu den marketingorientierten Gestaltungsalternativen zusammen.

Die Probleme, die sich aus dem dreifach gespaltenen Gesamt-Sortiment für den traditionellen Einzelhandel ergeben, werden bei dem Begriff „Vertriebsformen-Segmente" behandelt (s. S. 203 ff.).

(c) Die Preislagen betreffende Alternativen

Die Gestaltung eines Sortiments nach Preislagen wird in der Literatur mehrfach erwähnt (u.a. Hauzeneder, Rainer, Stichwort „Sortimentspolitik" in: Das große Lexikon für Handel und Absatz, 2. Auflage, Landsberg/Lech 1982, S. 707ff.; Oehme, Wolfgang, Stichwort „Sortimentspolitik", in: Vahlens Großes Marketinglexikon, hrsg. von Hermann Diller, „2. Auflage, München 2001; Barth, Klaus, Betriebswirtschaftslehre des Handels, Wiesbaden 1993, S. 181) und ist auch in der Praxis bekannt und gebräuchlich. Die Preislage korreliert meist mit der Qualitätsstufe der Ware, wird aber auch von der Andienungsform und damit vom Umfang der erbrachten Handelsleistung beeinflußt. Bei einem Artikel, der in unterschiedlicher Qualität oder in verschiedenen Andienungsformen zu unterschiedlichen Preisen angeboten wird, kann man nicht von Preisdifferenzierung sprechen. Hier handelt es sich um unterschiedliche Preislagen (worauf Barth hinweist). Man kann, stark vereinfacht, hohe, mittlere und niedrige Preislagen unterscheiden. Der Einfluß der Andienungsform zeigt sich darin, daß Fachgeschäfte überwiegend hohe, Discounter niedrige Preislagen führen. Es finden sich in der Praxis Artikel, die eine Autobahn-Tankstelle zu einem hohen Preis und der Discounter zu einem wesentlich niedrigeren Preis anbieten. Die Artikel sind identisch, die erbrachte Handelsleistung aber ist sehr unterschiedlich. Im Laufe seines Lebens kann ein Artikel verschiedene Preislagen durchlaufen. Als Innovation kommt er in der Regel in der hohen Preislage auf den Markt. Als erfolgreicher etablierter Artikel wechselt er – auch unter dem Wettbewerbsdruck von Me-too-Artikeln – in die mittlere Preislage. Hat sich eine habituelle Kaufgewohnheit für ihn entwickelt, so findet man ihn in der Niedrigpreislage des Discount.

Ob man nun die Gestaltungsalternativen nach der Preislage dem Sortiments-Marketing oder dem Preis-Marketing zuordnen soll, ist eine schwer zu beantwortende Frage. Die Preislagen stehen auf der Grenze zwischen Sortiments- und Preis-Marketing. Die Gestaltung eines Sortiments unter dem Gesichtspunkt der Preislagen sollte aber doch besser dem Sortiments-Marketing zugerechnet werden. Die Preislinie als die auf die Spannbreite 0 reduzierte Preislage ist aber sicher eine Form des Preis-Marketing und wird deshalb auch dort behandelt (s. S. 267ff.).

(d) Die Andienungsform betreffende Alternativen

Ein Sortiment muß nicht nur durch Entscheidungen gestaltet, es muß auch angeboten werden, um es verkaufen zu können. Meyer spricht von andienen und hat den Begriff „Andienungsformen" geprägt, der sich auch in Literatur und Praxis durchgesetzt hat (Meyer, Paul W., Handels-Marketing, Band 7 der Materialien zu den Grundlagen des Marketing, 2. Auflage, Augsburg 1986, S. 9; Mattmüller, Roland, Handels-Marketing, in: Meyer, Paul W./Meyer, Anton, Hrsg., Marketing-Systeme, Grundlagen des institutionalen Marketing, Stuttgart 1990, S. 107ff.). Barth gebraucht den Begriff „Umsatzverfahren" (Barth, Betriebswirtschaftslehre des Handels, a.a.O., S. 60).

4.1 Die Sortimentspolitik – das Sortiments-Marketing

Die Andienungsformen und die eng mit ihnen zusammenhängende Sortimentspräsentation sind Bestandteil der Kommunikation des Sortiments. Sie werden auch dort ausführlich dargestellt (s. Seite 393 ff.). Da sie aber auch die Gestaltung des Sortiments beeinflussen, müssen sie hier wenigstens kurz erwähnt werden. Bei den Andienungsformen stehen folgende Alternativen zur Verfügung:

- Die Bedienung: der Kunde wird von einem Verkäufer nach seinen Wünschen gefragt und dann beraten und bedient. Mit der Bedienung wird eine sehr hohe Handelsleistung geboten, die auch entsprechend hohe Kosten verursacht.
- Die Teilselbstbedienung: diese Andienungsform gliedert sich in einen Bestandteil Selbstbedienung – der Kunde prüft das angebotene Sortiment und trifft eine Vorauswahl – und einen Bestandteil Bedienung – der Kunde läßt sich den Artikel, den er ausgewählt hat, erklären, läßt sich Alternativen zeigen, die für ihn passende Größe vorlegen und probiert u. U. an –.
- Die Selbstbedienung: der Kunde ist bei der Auswahl der Ware völlig auf sich selbst gestellt, kann aber auch Personal, das mit Arbeiten im Verkaufsraum beschäftigt ist, um Auskunft bitten. Nach der Auswahl geht der Kunde mit seiner Ware zur Kassenlinie – die „Checkout-Line" ist ein konstitutives Merkmal der Selbstbedienung – bezahlt und verläßt das Geschäft. Die Selbstbedienung hat drei Varianten entwickelt: die normale Selbstbedienung, die einfache Discount-Selbstbedienung und die lose Selbstbedienung.
- Der Katalog-Showroom: in einem Ausstellungsraum wird von jedem Artikel des Sortiments ein Exemplar präsentiert, das der Kunde besichtigen und prüfen kann. Will der Kunde einen Artikel kaufen, füllt er ein Bestellformular aus und gibt es an der Kasse bei der Bezahlung ab. An einem Ausgabeschalter wird ihm dann die gekaufte Ware ausgehändigt. Dieser Andienungsform liegt die Überlegung zu Grunde, daß es eigentlich unwirtschaftlich ist, die von Miete und Ausstattung her gesehen teure Verkaufsfläche auch als Lagerfläche zu nutzen. Bei der Selbstbedienung ist ohne Zweifel der Verkaufsraum auch Lagerraum. Der Katalog-Showroom ist im Grunde eine Variante der Selbstbedienung. In Deutschland hat sich diese Andienungsform allerdings nicht durchsetzen können.
- Der Automat: die für den Kunden gut sichtbar präsentierten Waren können gegen Einwurf einer Münze oder Eingeben eines Geldscheines gekauft und entnommen werden. Mit Automaten kann man nur kleine Artikel, die beim Einkauf oft vergessen werden, anbieten. Der Automat ist an keine gesetzlich vorgeschriebene Ladenöffnungszeit gebunden. Er verwirklicht das Prinzip der Selbstbedienung am vollständigsten und konsequentesten.
- Der Katalog: er ersetzt beim Versandhandel die Verkaufsfläche, auf der der stationäre Einzelhandel sein Sortiment anbietet.
- Der Telefonverkauf: Waren und Dienstleistungen können auch mit Hilfe des Telefons angeboten werden. Besonders geeignet für diese Andienungsform sind leicht verderbliche Waren und Waren, die innerhalb kurzer Frist geliefert werden sollen. Sogenannte „Pizza-Dienste" in der Gastronomie bedienen sich des Telefonverkaufs. Das Internet hat dem Telefonverkauf viel von seiner ehemaligen Bedeutung – vor allem im Großhandel – genommen.
- Das Internet: es bietet dem Handel völlig neue und noch gar nicht vollständig überschaubare Möglichkeiten der Andienung von Waren und Dienstleistungen.

Das Internet wird im Kapitel Kommunikation noch ausführlich behandelt. Es hat Btx und Fernsehen als Instrumente der Andienung vollständig verdrängt.

Die Andienungsformen unterscheiden sich durch die Marketing-Intensität und damit durch die Kosten, die das Marketing verursacht. Die Andienungsformen beeinflussen die Sortimentsgestaltung dadurch, daß zwischen ihnen und den durch die Marketing-Intensität gekennzeichneten Artikel-Kategorien enge Zusammenhänge bestehen. Diese Zusammenhänge müssen beachtet werden. Man kann, um dies an einem Beispiel deutlich zu zeigen, ein discountfähiges Grundnahrungsmittel nicht in Bedienung und als Geschenk verpackt verkaufen.

(e) Zielgruppen- und regionalorientierte Alternativen

Man kann Sortimente so gestalten, daß sie ausschließlich eine festumrissene und eindeutig abgegrenzte Zielgruppe ansprechen oder eine bestimmte Absatzregion erfassen. Das Textil-Handelsunternehmen H&M Hennes und Mauritz führt ein Sortiment für die Zielgruppe Teenager – Young fashion – und die Karstadt Warenhäuser müssen in Hamburg ein teilweise anderes Sortiment führen als in München. Die Zielgruppen- und regionalorientierten Sortimente sind die zwingende Folge einer Marktsegmentierung. Sobald ein Handelsunternehmen seinen Markt segmentiert, muß es für jedes Marktsegment das passende Sortiment anbieten. Textil-Handelsunternehmen für Oberbekleidung segmentieren ihren Markt heute in Bekleidung für junge Leute, Normalverbraucher und Senioren. (Vergl. dazu: Freter, Hermann, Stichwort „Marktsegmentierung" in: Vahlens Großes Marketinglexikon, hrsg. von Hermann Diller, 2. Auflage, München 2001; derselbe, Stichwort „Marktsegmentierungsmerkmale", in: a.a.O.; Diller, Hermann, Stichwort „Marktsegmentierung", in: Vahlens Großes Wirtschaftslexikon, 2. Auflage, München 1994, S. 1409; Meffert, Heribert, Marketing, 8. Auflage, Wiesbaden 1998, S. 174ff.; Oehme, Wolfgang, Marktsegmentierung durch Absatzaktivitäten, in: Handbuch „Marktsegmentierung", Hrsg. Werner Pepels, Heidelberg 2000, S. 201 ff.).

Die Zielgruppen- und Regionalorientierung eines Sortiments ist mehr als die schon länger bekannte und angewandte Bedarfsgruppenorientierung, die nur Komplementärprodukte zu Bedarfsgruppen zusammenfaßt. Bei der Zielgruppen- und Regionalorientierung wird ein Sortiment ausschließlich vom Markt her gesehen und gestaltet, Branchen und Bedarfsgruppen sind sekundär und lassen sich vielleicht in der Gliederung nur noch als Warenbereiche erkennen.

Die Regionalorientierung ist im Handel schon lange gebräuchlich. Die Zielgruppenorientierung von Sortimenten dagegen hat in der zweiten Hälfte der achtziger Jahre des 20. Jahrhunderts stark an Bedeutung gewonnen. Zwei Branchen zeigen dies besonders deutlich:

- Der **Einzelhandel mit Oberbekleidung** hat eigenständige Sortimente für die Senioren und für die jungen Verbraucher aufgebaut. Das Bekleidungshaus *Wöhrl* mit Sitz in Nürnberg hat dies sehr erfolgreich getan. In der Abteilung für die Senioren – erweitert um den Bereich Übergrößen – ist das Sortiment eher klassisch, bedient wird von Verkäuferinnen und Verkäufern über vierzig, die sich am besten in die Lebenssituation älterer Kunden versetzen können. Das Jugend-Sortiment wird in der „Jeans-World" oder der „Young-Fashion-Abteilung" von jungen Verkäuferinnen und Verkäufern angeboten. Mit dieser Zielgruppen-Orientierung wurde verhindert, daß Umsatz an Spezialgeschäfte für Übergrößen und Boutiquen für die Jugend verloren ging. (Siehe dazu: o.V., Vergessene Kundschaft mit großer Kaufkraft, in: Handelsblatt vom 24./25. 10. 1987, S. 20.)

- Im **Lebensmittelhandel** sind mehrere Zielgruppen-Sortimente, die stark expandierende „Trend-Sortimente" wurden, entstanden:
  für **Schlankheitsbewußte** das Sortiment der „Light-Produkte",
  für Gesundheitsbewußte das Sortiment für „Vollwert-Kost",
  für Genießer das „Gourmet-Sortiment", das auch viele fremdländische Spezialitäten enthält,
  für Singles das Sortiment kleiner Packungen und Convenience-Produkte, letztere in der Regel mikrowellengeeignet,
  für Umweltbewußte im Bereich der Wasch-, Putz- und Reinigungsmittel und der Körperpflege Warengruppen mit Öko-Produkten.

(Vgl. dazu: *Oehme, Wolfgang,* Frischer Wind im Trockensortiment – Trendsortimente, in: *Edeka* Handels-Rundschau Nr. 12/89 vom 19. 6. 1989, S. 20; derselbe, Trend-Sortimente als Grundlage für zielgruppenorientierte Sortimentspolitik und qualitatives Wachstum, in: Thexis, Zeitschrift zur Interaktion zwischen Theorie und Praxis in Marketing und Distribution, Nr. 2/1990, S. 17ff.)

Bei Lebensmitteln konnte man eigentlich am wenigsten erwarten, daß sich Verbraucher-Zielgruppen und Zielgruppen-Sortimente in dieser Deutlichkeit und diesem Umfang entwickeln würden. Das stellt, worauf noch einzugehen sein wird, den Lebensmittelhandel bei der Sortiments-Gestaltung und der Präsentation des Sortiments vor ganz neue Probleme.

(3) Am Ertrag orientierte betriebswirtschaftliche Gestaltungsalternativen

Für das Erwirtschaften der erforderlichen Erträge ist die richtige Gestaltung des Sortiments von großer Bedeutung. Im Interesse der Erträge müssen an das Sortiment eines Handelsunternehmens grundsätzlich zwei Forderungen gestellt werden:

- Das Sortiment muß marktgerecht sein und Auswahl bieten. Es müssen die Artikel geführt werden, die nachgefragt werden oder mit denen sich neue Nachfrage schaffen läßt und neue Märkte aufgebaut werden können. Selbst eine perfekt erbrachte Handelsleistung bringt keine Erträge, wenn sie mit den falschen Artikeln verbunden wird. Bei Beachtung der marketing-orientierten Gestaltungsalternativen kann diese Forderung erfüllt werden.
- Die Kosten, die das Sortiment verursacht, müssen in der Kalkulation unterzubringen sein. Über die am Markt zu erzielenden Preise werden letztlich die Kosten von der Wettbewerbssituation und damit vom Markt beeinflußt und begrenzt. Die Wirtschaftlichkeit des Sortiments darf also nicht außer acht gelassen werden.

Beide Forderungen stehen sich entgegen, enthalten einen Zielkonflikt.

(a) Die Aufgaben der Artikel betreffende Alternativen

Man kann, wie es Praktiker sehr oft tun, die folgenden **Artikel-Kategorien** unterscheiden:

Artikel mit Frequenzfunktion haben die Aufgabe, das Handelsunternehmen als leistungsfähig auszuweisen und Kunden anzuziehen, für eine hohe „Kunden-

Frequenz" zu sorgen. Die Frequenzfunktion fällt in der Regel den Angebots-Artikeln und den Artikeln der Dauer-Niedrigpreis-Linie zu, die der Kunde kennt und braucht und die zu einem attraktiven Preis angeboten werden.

Artikel mit Ertragsfunktion sorgen für die notwendigen Erträge. Es sind nicht immer, vielleicht sogar recht selten, Artikel mit hoher Spanne. Vielmehr zeichnen sich die Artikel mit Ertragsfunktion durch hohe Umsatzanteile und schnellen Umschlag aus. So ergab eine Sortiments-Untersuchung im Lebensmittel-Großhandel, daß knapp 7% der geführten Artikel einen Umsatzanteil von etwas über 50% hatten und fast 70% des Rohgewinns brachten. Das sind vorzugsweise die Artikel mit Ertragsfunktion (vgl. dazu: *Weller, Thorismund,* Artikel in Gnade und Ungnade, Hamburg, München 1980). *Wellers* Untersuchung bestätigt eindeutig die hier vorgetragene Sortiments-Gliederung in Frequenz-, Ertrags- und Ergänzungsartikel.

Artikel mit Ergänzungsfunktion runden ein Sortiment ab und legen wiederum Zeugnis von der Leistungsfähigkeit und Kompetenz des Handelsunternehmens ab. Sie können in der Regel gut kalkuliert werden, leisten jedoch infolge ihrer geringen Umsatzanteile und niedrigen Umschlagshäufigkeit keinen bedeutenden Beitrag zum Ertrag. Die Artikel mit Ergänzungsfunktion sind besonders schwer zu beurteilen. Betriebswirtschaftlich gesehen müßten diese Artikel in vielen Fällen aus dem Sortiment entfernt werden. Das kann sich jedoch sehr bald als Fehler herausstellen. Denn vom Marketing her gesehen sind diese Artikel unentbehrlich. Streicht man sie aus dem Sortiment, kann sich das auf andere Artikel auswirken und schlimmstenfalls zu Umsatzeinbußen führen, die man nie erwartet hätte und auch nicht vorhersehen konnte. Im Lebensmittelhandel könnte man vorzugsweise einen großen Teil der Gewürze zu den Ergänzungsartikeln zählen.

Ist bei den Ertragsartikeln die Mächtigkeit des Sortiments groß, kann sie bei den Ergänzungsartikeln niedrig sein.

Fachgeschäfte haben in ihren Sortimenten meist einen hohen Anteil an Ertrags- und Ergänzungsartikeln, die Discounter einen hohen Anteil an Frequenzartikeln.

Die betriebswirtschaftliche Analyse und Kontrolle des Sortiments hat in den achtziger Jahren große Fortschritte gemacht. DPR (Direkte Produkt-Rentabilität) und Space Management sind die Begriffe, die dabei im Vordergrund stehen. Sie werden bei der Warenpräsentation und der Sortimentskontrolle behandelt.

(b) Die Kalkulationsgruppen betreffende Alternativen

Ein Sortiment kann nach Kalkulations-, Aufschlags- oder Rohgewinngruppen gegliedert werden. Das sind in diesem Falle vollkommen gleiche Begriffe. Es wird also eine Artikelgruppe gebildet, die mit 25% Aufschlag kalkuliert ist und demnach 20% Handelsspanne – und bei 100 DM Umsatz 20 DM Rohgewinn – pro Artikel bringt. Andere Artikelgruppen sind dann durch andere Aufschläge gekennzeichnet. Diese Gliederung geht also quer durch alle Warengruppen, ist weder beschaffungs- noch nachfrageorientiert.

Sehr viel Erkenntnis bringt eine solche Gliederung des Sortiments also nicht. Als zusätzliche Gliederung kann sie jedoch in Erwägung gezogen werden. Vor allem dann, wenn es mit Hilfe der EDV möglich ist, ein Sortiment nach mehreren Gesichtspunkten zu gliedern und zu kontrollieren.

(c) Lieferanten betreffende Alternativen

Bei dieser Gliederung liegt ein Grenzfall vor. Einmal kann diese Gliederung marketingorientiert sein und dem Kunden helfen, das Angebot besser zu überblicken. Sie macht also einen bestimmten Teilmarkt transparenter. In Fachgeschäften für Rundfunk und Fernsehen kann man eine solche Sortimentsgliederung bisweilen beobachten.

Abbildung 4/10: Die Gestaltungsalternativen für Sortimente des Handels

Elemente \ Alternativen				
Waren-Charakter				
Warenart	herkunftsbezogen	hinkunftsbezogen		
Nutzungsdauer	Gebrauch	Verbrauch	Dienstleistungen	
Verkaufsintensität	problemvoll, beratungsbedürftig	problemlos SB-geeignet		
Einkaufsgewohnheiten	Convenience Goods	Shopping Goods	Specialty Goods	
Umfang/Struktur				
Sortiments-Umfang	Breite: breit und schmal	Tiefe: tief und flach	Mächtigkeit	Parallelität: Herstellerprogramme
Sortimentsstruktur	Kern-S. Basis-S. Muß-S.	Rand-S. Saison-S. Impuls-S.	Zusatz-S.	
Marketing-Orientierung				
Marketingträger	Markenartikel	Handelsmarken	no-names	
Marketing-Intensität	Innovationen	expansive Artikel	Artikel des Grundbedarfs	
Preislagen	hoch	mittel	niedrig	
Andienungsform	Bedienung	Teil-Selbstbedienung	Selbst-Bedienung normal, einfach und lose	Katalog-Showroom, Automat, Katalog, Telefon, Internet
Zielgruppen	Junioren, Twens Singles	Senioren Gesundheitsbewußte	junge Mütter Umweltbewußte	
Betriebswirtschaftliche Orientierung				
Aufgaben der Artikel Kalkulationsgruppen Lieferanten/Konditionen	Frequenz 10% Lieferant X	Ertrag 15% Lieferant Y	Ergänzung 25% Lieferant Z	30%

Zum anderen kann diese Gliederung für das Handelsunternehmen eine Gliederung nach Beschaffungskonditionen sein. Und das wäre eine Gliederung nach betriebswirtschaftlichen Gesichtspunkten, am Ertrag orientiert. So gesehen wäre die Gliederung nach Lieferanten(-konditionen) mit der Gliederung nach Kalkulationsgruppen verwandt.

Die Gestaltungs-Alternativen, die einem Handelsunternehmen für sein Sortiment zur Verfügung stehen, zeigt die Abbildung 4/10 noch einmal im Überblick. Es ist gut zu erkennen, daß sich manche Gestaltungs-Alternativen ergänzen, manche sich gegenseitig ausschließen.

4.1.4.2 Faktoren, die die Sortimentsgestaltung beeinflussen

Für die Praxis der Sortimentsgestaltung ist es wichtig, die Faktoren, die ihre Entscheidungen beeinflussen, zu kennen und dann auch beachten zu können. Es werden deshalb operationalisierte Empfehlungen erwartet, die man ohne große Umstände sofort umsetzen kann. Das Problem ist nur, daß diese Faktoren qualitativer Natur sind und nicht operationalisiert werden können (worauf schon vor langer Zeit Gümbel hinwies; Gümbel, Rudolf, Die Sortimentspolitik in den Betrieben des Wareneinzelhandels, Köln/Opladen 1963, S. VI, S. 92 ff. und S. 164 ff.). Es lassen sich keine sicheren Erfolgsrezepte anbieten. Die Kenntnis und Beachtung der Faktoren, die Sortimentsentscheidungen beeinflussen, kann die Risiken, die immer mit Sortimentsentscheidungen verbunden sind, nicht beseitigen.

Der Entscheidungsprozeß bei der Sortimentsgestaltung läuft in zwei Stufen ab. Erst werden Rahmenentscheidungen zum Sortimentsaufbau – zur Sortimentsstruktur – getroffen. Diese Grundsatzentscheidungen fallen nicht jeden Tag an. Dann kommen die vielen Entscheidungen zu den einzelnen Artikeln, sowohl zu deren Aufnahme in ein Sortiment als auch zu deren Auslistung. Das sind Entscheidungen, die fast täglich zu treffen sind.

Bei der Darstellung der Faktoren, die die Rahmenentscheidungen zum Sortiment betreffen, folgend wir mit einigen Änderungen Flach (Flach, Hans-Dieter, Sortimentspolitik im Einzelhandel, Köln 1966, S. 58 ff.). Es können die folgenden Faktoren unterschieden werden.

(1) Faktoren des Absatzmarktes

Die **Struktur des Absatzmarktes** ist ein Einflußfaktor für die Sortimentsgestaltung. Bedeutsam ist, ob Wettbewerb herrscht, ob der Markt die Form eines Oligopols oder gar – was selten vorkommt – die Form eines Monopols hat. Weiter wäre von Bedeutung, ob der Wettbewerb aus vielen kleinen Unternehmen oder wenigen großen besteht, ob ein Marktführer vorhanden ist und wer dies ist.

Das **Kaufkraftvolumen** und die sich aus ihm ergebende oder zu schaffende Nachfrage sind ein weiterer Einflußfaktor. Auch die soziale Struktur der Verbraucher ist hier von Bedeutung; ebenso die Entwicklung der Einkommen.

Weiterhin beeinflussen **gesamtwirtschaftliche Daten** – vor allem Konjunkturschwankungen – die Gestaltung des Sortiments. Schließlich sind noch **saisonale Schwankungen** als Einflußfaktoren zu nennen.

(2) Faktoren des Beschaffungsmarktes

Flach ordnet diese Faktoren zum Teil bei den „Gegebenheiten des Betriebes" ein – obwohl sie exogen, von außen wirkend, sind, und nicht endogen, im Unternehmen entstehend – und zum Teil bei den Marktfaktoren – er trennt nicht zwischen Absatz- und Beschaffungsmarkt –. Ihrer Bedeutung entsprechend haben wir für sie eine eigene Gruppe gebildet.

Die **Herstellerprogramme** und deren Wandel sind ein Einflußfaktor von Gewicht. Der Handel kann schließlich nur Waren in sein Sortiment aufnehmen, die von Herstellern produziert und angeboten werden.

Die **Struktur des Beschaffungsmarktes** – viele kleine oder wenige große Anbieter – ist von Bedeutung. Große Hersteller werden eher versuchen, die Marketingführerschaft zu übernehmen oder zu behalten als kleine. Und von der Marketingführerschaft hängt die Stärke des Einflusses auf die Sortimentsgestaltung ab.

Die **Konditionen der Hersteller** schließlich beeinflussen die Sortimentspolitik des Handels sehr stark. Wenn diese Konditionen den Bezug großer Mengen honorieren, also zu einer Einkaufskonzentration herausfordern, so wird das zu einer Straffung und Verkleinerung des Sortiments führen.

Auch die **Marketing-Konzeption** des Herstellers kann die Sortimentspolitik wirksam beeinflussen. So wird eine Entscheidung für bestimmte Absatzwege – es werden vielleicht nur Fachgeschäfte beliefert – oder andere Auswahlkriterien – Standort, Unternehmensgröße, Marktstellung oder Qualifikation der Mitarbeiter – in die Sortimentsgestaltung der ausgewählten Handelsunternehmen und ihrer von der Belieferung ausgeschlossenen Wettbewerber entscheidend eingreifen.

(3) Unternehmensinterne Faktoren

Daß die **Unternehmensstruktur** – Vertriebsform, Größe, Standort, weniger oder kaum die Rechtsform – die Sortimentsgestaltung beeinflußt, kann immer wieder festgestellt werden.

Von sehr großer Bedeutung sind weiterhin **Qualität und Quantität der Betriebsfaktoren,** also die Qualifikation der Mitarbeiter, Größe und Grundriß der Verkaufsfläche und die Kapitalausstattung des Handelsunternehmens. Riesen-Sortimente, wie sie von den Warenhäusern angeboten werden, können nur bei Vorhandenseins eines entsprechenden Kapitals, auf großen Flächen und mit Hilfe gut ausgebildeter Mitarbeiter aufgebaut werden.

Ausschlaggebend für die Sortimentspolitik können auch die **Grundsätze der gesamten Unternehmenspolitik** sein – man spricht heute gern von der „Unternehmensphilosophie". Ein Beispiel dafür ist die „*Migros*-Philosophie", die es verbietet, Tabakwaren und alkoholhaltige Getränke in das Sortiment aufzunehmen, und damit auf beträchtliche Umsätze verzichtet. Das Niveau des Sortiments oder auch die Vertriebsform – hier primär die Andienungsform – können als imageprägende Faktoren auf die Sortimentspolitik einwirken.

(4) Außerökonomische Faktoren

Daß **gesetzliche Vorschriften** die Sortimentspolitik beeinflussen, ist ohne weiteren Kommentar einsichtig. Alle Waren, die z. B. nicht dem deutschen Lebensmittel- und Bedarfsgegenständegesetz und den dieses Rahmengesetz ergänzenden Vorschriften entsprechen, können nicht in das Sortiment eines Handelsunternehmens in der Bundesrepublik aufgenommen werden, und mögen sie noch so attraktiv und preiswert sein.

Nicht zu unterschätzende Einflußfaktoren können aber auch die **Tradition oder religiöse Überzeugungen** sein. Daß z.B. die Braut in einem weißen Kleid zur Hochzeit geht oder bei Trauer schwarze Kleidung getragen wird, ist für den Handel mit Oberbekleidung ein wichtiger Gesichtspunkt für die Sortimentsgestaltung.

In den achtziger Jahren haben die steigenden Einkommen und Umweltkatastrophen zu einer Veränderung der Einstellungen der Verbraucher geführt. Man spricht von einem **Wertewandel.** Die steigenden Einkommen haben bewirkt:

- Hinwendung zum **Erlebniskauf** mit qualitativ hochwertigen Produkten in hohen Preislagen.
- Beschäftigung mit der **Freizeit** und ein Nachdenken über deren sinnvolle Nutzung.

Die Umweltkatastrophen hatten zur Folge:

- Starke **Sensibilisierung** für Umweltprobleme und Fragen des wirtschaftlichen Wachstums.
- Intensive Beschäftigung mit Fragen der **Gesundheit,** der gesunden Ernährung und der körperlichen Fitness. Ernährung und Übergewicht sind zum Problem geworden.

Dieser Wertewandel hat sich auch auf die Sortiments-Gestaltung des Handels ausgewirkt, von Branche zu Branche mit unterschiedlicher Intensität. Und er hat die Konkurrenz zwischen Handel und Anbietern von Dienstleistungen verschärft. (Vgl. dazu: *Redwitz, Gunter,* Handelsentwicklung – Wertewandel-Perspektiven für die Handelslandschaft, in: Wertewandel und Konsum, Landsberg/Lech 1990; *Oehme, Wolfgang,* MEGA-Trends als Herausforderung an das Marketing des Lebensmittelhandels, in: Der Handel für die Märkte von morgen, Perspektiven und Entwicklungen, Hrsg. *Gruber, Hansjörg* und *Titze, Wolfgang A.,* Frankfurt/Main 1990.)

Auch **Vorlieben** des Unternehmers – ausschließlich emotional bedingt – für bestimmte Teilsortimente können die Sortimentspolitik nachhaltig beeinflussen. Das Weinsortiment oder das Käsesortiment im Lebensmittelhandel wären Beispiele für solche Vorlieben.

Diese Aufzählung der die Sortimentsgestaltung in Handelsunternehmen beeinflussenden Faktoren ist sicher nicht vollständig. Sie läßt aber deutlich erkennen, daß Sortimentsgestaltung auf ein Umfeld Rücksicht nehmen muß, den Einflüssen dieses Umfeldes ausgesetzt ist. (Vergl. dazu auch: *Holme, Peter,* Darstellung und Systematisierung unterschiedlicher Einflußfaktoren auf die Sortimentsgestaltung im Handel, Augsburg 1982).

Betont sei noch einmal, daß zwar die Sortimentsgestaltung vielfältigen Einflüssen unterliegt. Andererseits hat die merkantile Revolution dahin geführt, daß ein im Rahmen eines aktiven Handels-Marketing gestaltetes Sortiment seinerseits wieder Einflußfaktor wird und auf seine Einflußfaktoren zurückwirkt. Hier entstehen immer häufiger und immer stärker Wechselbeziehungen. So bestimmen heute nicht nur große Handelsunternehmen ganze Herstellerprogramme, sie treiben sogar durch eine gezielte Auswahl ihrer Lieferanten – bei der sie mittlere und vielleicht auch kleine Unternehmen bevorzugen – so etwas wie eine Mittelstandspolitik. Der durch Konzentration – unter den mißbilligenden Blicken des Kartellamtes – groß und stark gewordene Handel stemmt sich gegen eine Konzentration auf der Herstellerseite. Eine außerordentlich interessante Entwicklung. Die Interessen des Handels, der sich auf der Herstellerseite einen regen Wettbewerb erhalten möchte, decken sich mit den Interessen des Staates.

4.1.4.3 Auswahlkriterien für die Aufnahme von neuen Produkten oder neuen Teilsortimenten in ein Sortiment eines Handelsunternehmens

Sicher werden die im vorangegangenen Abschnitt dargestellten Beeinflussungsfaktoren auch in zahlreichen Fällen zu Auswahlkriterien für die Entscheidung über ein einzelnes Produkt. Der Schwerpunkt dieser Faktoren wird aber doch bei den Rahmenentscheidungen liegen. Im folgenden sollen nun kurz die Kriterien aufgeführt werden, die bei den täglichen Einzelentscheidungen im Vordergrund stehen. Die aber natürlich auch angewandt werden können, wenn es um Rahmenentscheidungen für ein Gesamtsortiment oder für Teilsortimente geht.

Erste Ansätze für solche Auswahlkriterien finden sich bei *Seyffert*. Er nennt als wesentlich für die Beurteilung einer Ware den Umschlag (Umschlaghäufigkeit), die Lagermenge, den Platzbedarf und die Rentabilität (Wirtschaftslehre des Handels, a.a.O., S. 67ff.). Ausführlicher setzt sich *Gümbel* mit dieser Frage auseinander (Die Sortimentspolitik in den Betrieben des Wareneinzelhandels, a.a.O., S. 164ff.), dessen Darstellung wir auch folgen wollen. Er unterscheidet folgende Gruppen von Kriterien.

(1) Ertragswirtschaftliche Kriterien

Je besser ein Artikel zur **Vielfalt eines Sortiments** beiträgt, umso günstiger ist er zu beurteilen. Will man mit einem Sortiment Umsatz und Ertrag erwirtschaften, so muß es eine möglichst umfassende Auswahl bieten. Dann werden auch Kunden zum Kauf veranlaßt, deren Nachfrage weniger stark zielgerichtet ist. Diese Zielstrebigkeit des Kunden – das Wissen, was er will – ist unterschiedlich stark ausgeprägt. Die Extreme sind auf der einen Seite ein exakt festgelegter Kaufwunsch, der im Plankauf zum Ausdruck kommt. Auf der anderen Seite liegt das Fehlen jeglicher Vorstellung über einen Kauf, das zum Impulskauf führen kann, wenn die Auswahl des Sortiments ihn provoziert. Diese unterschiedliche Zielstrebigkeit der Kunden bezeichnet *Gümbel* als unterschiedlichen Grad der Nachfrage-Konkretisierung (a.a.O., S. 165ff.).

Ein Artikel ist positiv zu beurteilen, wenn er bereits geführte Artikel ergänzt – also komplementär ist – oder eine Alternative zu bereits im Sortiment befindlichen Artikeln darstellt – eine Substitution ermöglicht. Auf diese Weise entspricht ein Sortiment einer Verbundwirkung innerhalb der Nachfrage (*Gümbel*, a.a.O., S. 172ff.). Auf dieser Überlegung beruht ja das Schaffen von Bedarfsgruppen im Sortiment, die die traditionellen Branchengrenzen sprengen.

Artikel, die dazu beitragen, das Sortiment an **jahreszeitliche oder anderen Schwankungen** der Nachfrage anzupassen, sind günstig zu beurteilen und nach Möglichkeit aufzunehmen (*Gümbel*, a.a.O., S. 177ff.).

Schließlich ist zu prüfen, wie sich der Artikel in die vorhandenen **Preislagen** einfügt. Bereichert er die für das Unternehmensimage im Vordergrund stehende Preislage oder gehört er zu einer Preislage, die aus unterschiedlichsten Gründen nicht betont werden soll (*Gümbel*, a. a. O., S. 184 ff.). Somit werden die sekundären Preislagen gestrafft und damit der gesamte Sortimentsumfang in Grenzen gehalten.

Die genannten Kriterien können sicher dazu beitragen, ein Sortiment attraktiv und aktuell, auf die Nachfrage abgestimmt, zu gestalten und zu erhalten. Und das ist die unabdingbare Voraussetzung für Umsatz und Ertrag.

(2) Kostenwirtschaftliche Kriterien

Gümbel unterscheidet zwischen Auswirkungen einer Sortimentsentscheidung auf die Warenkosten und die Handlungskosten. Daß die **Warenkosten** ein praktikables Kriterium sind, ist anzuerkennen. Sie gliedern sich in den Einstandspreis, Verluste durch Verderb, Diebstahl oder andere Faktoren und auf eventuell verbleibende Restbestände vorzunehmende Abschreibungen. Diese Kosten im weiteren Sinne können auch einem Artikel hinreichend genau zugerechnet werden oder sind bei einer Neuaufnahme in etwa abzuschätzen. Ob ein Artikel für Verderb (Frischwaren) oder Diebstahl (Zigaretten) anfällig ist oder modischen Einflüssen unterliegt, ist sicher für seine Beurteilung wichtig.

Die **Handlungskosten** halten wir bei der Beurteilung eines einzelnen Artikels für kein brauchbares Kriterium. Einzelnen Artikeln die Kosten zuzurechnen, die sie verursachen, ist im Handel so gut wie unmöglich. Man kann höchstens einen Teil der Kosten bestimmten Warengruppen zurechnen, wie das bei der Deckungsbeitrags-Rechnung geschieht. Man kann dann anhand der Höhe der verursachten Teilkosten feststellen, ob eine Warengruppe besonders kostenintensiv ist (z. B. Tiefkühlkost). Und von dieser Erkenntnis aus könnte man ein Urteil über einen einzelnen Artikel fällen (*Gümbel*, a. a. O., S. 190 ff.).

Die Problematik einer Kostenträger-Rechnung im Handel als Vollkostenrechnung ist den letzten Jahren im Zusammenhang mit der Entwicklung der DPR-Methode – Direkte Produkt-Rentabilität – ausführlich diskutiert worden. Das Problem der Kostenzurechnung – zum Teil mit Hilfe von Schlüsseln – ist letztlich nicht exakt zu lösen. Es kann aber nicht übersehen werden, daß die DPR trotz ihrer unvermeidlichen Schwächen in Kombination mit einem EDV-gestützten Space Management bei der Vorbereitung von Entscheidungen zur Präsentation des Sortiments gute Dienste leisten kann.

(3) Finanzwirtschaftliche Kriterien

In erster Linie ist zu prüfen, ob die Neuaufnahme eines Artikels viel oder wenig **Kapital** erfordert. Das hängt einmal davon ab, ob dieser Artikel hoch- oder geringwertig ist. Die Neuaufnahme von Farbfernsehern hat andere finanzielle Auswirkungen als die Neuaufnahme mehrerer Tafelschokoladen. Und zum anderen hängt die Höhe der Kapitalbindung auch davon ab, welche Auftragsgröße vom Lieferanten gefordert wird. Mit dem zuletzt genannten Punkt hängt eng die Frage zusammen: Wie rasch läßt sich eine getroffene Sortimentsentscheidung korrigieren? Wird die Abnahme einer größeren Menge bei der Erstbestellung gefordert, so ist die Entscheidung nicht so mühelos zu korrigieren wie bei der Abnahme einer kleinen Menge, vor allem wenn diese kleine Menge noch zu vorteilhaften Konditionen angeboten wird.

Auch diese sehr knappe Übersicht über Kriterien zur Beurteilung sortimentsgestaltender Entscheidungen macht deutlich, daß diese Kriterien zumeist qualitativer Art sind und nicht auf dem Wege einer Quantifizierung operationalisiert werden können.

(4) Absatzwirtschaftliche Kriterien

Man kann die absatzwirtschaftlichen Kriterien in drei Gruppen gliedern:

a) Steigerung der akquisitorischen Wirkung: ein neuer Artikel sollte aktuell, attraktiv verpackt und besser, als ein bereits geführter gleichartiger Artikel sein; seine Verpackung sollte, sofern es ein sb-fähiger Artikel ist, die erforderlichen Informationen bieten, die der Verbraucher erwartet und für seine Kaufentscheidung auch braucht; er sollte ein Komplementärartikel zu einem bereits geführten Artikel sein; es sollte Nachfrage vorhanden sein oder es sollten begründete Aussichten bestehen, Nachfrage zu schaffen.

b) Steigerung der Sortimentskompetenz: der Artikel sollte neu – innovativ – sein und die Auswahl vergrößern; er sollte aber möglichst kein Parallelartikel – Metoo-Artikel – zu einem bereits geführten Artikel sein;

c) Profilierung des Sortiments: zumindest für eine bestimmte Zeit – während der Einführung z.B. – sollte der Artikel nicht von den Wettbewerbern geführt werden; er sollte zum Unternehmensprofil passen; er sollte u.U. qualifizierte Beratung und kompetente Qualitätspflege erfordern; er sollte u.U. bestimmte Dienstleistungen nach sich ziehen.

4.1.4.4 Die Eigenarten eines Sortiments

Zum Abschluß der Darlegungen zur Sortimentstheorie sollen noch mit einigen Thesen die Eigenarten des Sortiments aufgezeigt werden. Es geht dabei nicht um Kennzeichen, die bestimmte Sortimente voneinander unterscheiden oder Teilsortimente innerhalb eines Gesamtsortiments abgrenzen. Sondern es geht um das Sortiment ganz allgemein.

Ein Sortiment ist mehr als die Summe seiner Artikel. Eine Ansammlung beliebiger Waren ist kein Sortiment. Erst eine Gesamtheit sinnvoll ausgewählter Artikel wird durch eine geordnete Struktur und eine übersichtliche Präsentation zu einem Sortiment. Es gibt so etwas wie eine Infrastruktur des Sortiments, die einen einzelnen Artikel allein dadurch, daß er in diese Struktur eingefügt wird, in seinem Wert erhöht. Die wichtigsten Eigenarten eines Sortiments sind u.E. die folgenden.

(1) Die Interdependenz der Artikel

Die Artikel eines Sortiments stehen nicht beziehungslos nebeneinander. Zwischen vielen Artikeln oder auch Warengruppen bestehen Wechselwirkungen. Artikel können sich ergänzen – **komplementär** sein – oder können sich ersetzen – **substituieren**. Auf diesen Sachverhalt wird in der Literatur auch mehrfach hingewiesen. *Gümbel* spricht von einer ertragsmäßigen Verbundenheit (a.a.O., S. 30). Die Untersuchung von *Stahl* setzt sich das Ziel, die Wirkungen des Sortimentsverbundes zu messen (Verbundwirkungen im Sortiment, a.a.O., S. 11). Das setzt allerdings voraus, daß man diesen Sortimentsverbund quantifiziert. Sehr ausführlich hat sich auch *Hauzeneder* mit dem Sortimentsverbund beschäftigt (Stichwort „Sortimentsverbund", Das große Lexikon für Handel und Absatz, a.a.O., S. 709f.; Der Sortimentsverbund im Einzelhandel – Grundlagen einer systemtheoretischen Analyse der Beziehungsstruktur in Einzelhandelssortimenten, Diss. München 1975). *Hauzeneder* gliedert die Interdependenz der Artikel oder den Sortimentsverbund in folgende Kategorien auf:

- Verbund durch die Gesamtwirkung des Sortiments (**motivationaler Verbund:** Anziehungskraft des Sortiments),
- Verbund durch Auswahl zwischen substitutiven Waren (**kognitiver Verbund:** Auswahl),
- Verbund durch die Möglichkeit, pro Kauf mehrere Waren zu erwerben (**Verbund im engeren Sinne:** Zukauf),
- Verbund durch die Wiederholung von Käufen als Folge positiver Bewertung der ersten Kaufentscheidung (**habitueller Verbund:** Treue),
- Verbund durch Wechsel zu anderen Produkten infolge Unzufriedenheit (**dissonanter Verbund:** Wechsel oder Substitution).

Diese Verbundwirkungen sind auch der Praxis nicht unbekannt. So konnte vor Jahren, als der Lebensmittelhandel Frischfleisch und Frischwurst in sein Sortiment aufnahm, die Erfahrung gemacht werden, daß durch die Aufnahme dieses neuen Warenbereiches regelmäßig der Umsatz des bereits vorher geführten Sortiments um etwa 10% stieg. Oder eine genaue Kontrolle von Angebotsaktionen zeigt, daß z.B. ein Weinangebot den Umsatz der nicht im Angebot befindlichen qualitativ besseren und zu einem normalen Preis angebotenen Weinsorten mit nach oben zieht. Leider verursachen solche Kontrollen in der Vergangenheit und zum Teil noch heute – aber von Branche zu Branche unterschiedlich – einen sehr hohen Aufwand, so daß sie meist unterblieben und bis jetzt relativ wenig empirisches Material über die Wirkungen der Interdependenz der Artikel zur Verfügung steht. Durch das Vordringen der EDV auch im Einzelhandel werden aber in Zukunft entsprechende Daten leichter zu ermitteln sein und in größerem Umfange zur Verfügung stehen.

Selbst die Warenhauskonzerne mit ihrer sehr weit entwickelten Sortiments-Kontrolle konnten die Verbundwirkungen noch nicht transparent machen. Es steht für sie außer Zweifel, daß es Wechselwirkungen zwischen Abteilungen – und, so müßte man hinzufügen, auch Artikeln – gibt. Aber wer wen in welchem Maße beeinflußt, ist unbekannt. Gerade das zu wissen – und darüber hinaus noch, ob es vielleicht gar Gesetzmäßigkeiten gibt –, wäre für die Sortimentspolitik außerordentlich wichtig.

Man kann solche Verbundwirkungen immer nur nachträglich nach Art und Umfang feststellen, nie im voraus berechnen und zur Grundlage von Marketing-Entscheidungen machen. Es ist also nicht möglich, für einen förderungsbedürftigen Artikel oder auch eine förderungsbedürftige Warengruppe unterstützende Maßnahmen zu ergreifen, indem man einen anderen Artikel oder eine andere Warengruppe, zu der Interdependenzen bestehen und bekannt sind, fördert. Man kann das wohl versuchen, die Wirkungen aber nicht vorausberechnen, sondern nur nachträglich registrieren.

Bei der Interdependenz der Artikel stoßen auch betriebswirtschaftliche Kriterien, wie Umsatzanteil, Umschlagshäufigkeit oder Spanne, als Entscheidungsgrundlage für Neuaufnahme oder Streichung einzelner Artikel an die Grenzen ihrer Aussagekraft. Es kann durchaus sein, daß man einen Langsamdreher mit geringem Umsatzanteil und niedriger Spanne im Sortiment behalten muß, weil seine Entfernung andere Artikel oder Warengruppen in ihrem Erfolg schmälern würde. Oder die Neuaufnahme eines nicht sonderlich attraktiven Artikels fördert den Erfolg anderer sehr interessanter Artikel. Das kann man aber auch nicht vorausberechnen, sondern immer wieder erst nachträglich feststellen. Das macht die Sortimentsgestaltung und Sortimentspflege so ungemein schwierig, aber auch interessant. Ohne Intuition geht es da vielfach nicht.

Daß die Interdependenz der Artikel mit eine wesentliche Voraussetzung für die in vielen Handelsunternehmen gebräuchliche Mischkalkulation und die Angebotspolitik ist, sei hier nur am Rande erwähnt. Dieser Punkt wird beim Preis-Marketing im nächsten Kapitel darzustellen sein.

(2) Die hohe Flexibilität des Sortiments

Das Sortiment ist außerordentlich wandlungsfähig, besitzt eine sehr hohe Flexibilität. Das unterscheidet es wesentlich vom einzelnen Produkt. Ein Produkt kann – und ist es in vielen Fällen – ein Flop sein, also ein Produkt, über das der Markt und damit die Verbraucher negativ entscheiden. Diese Tatsache belastet das Produkt-Marketing der Hersteller mit ungewöhnlich hohen Risiken. Ein Flop ist meist sehr teuer. Das ist sicher ein wesentlicher Grund dafür, daß ein erfolgreiches Markenprodukt zum Kern einer ganzen Markenfamilie wird, was wir bereits erwähnten. Unter dem Schutzschild des Erfolges des ersten oder der ersten Produkte werden weitere Produkte mit dem gleichen Markennamen nachgeschoben. Ein Sortiment dagegen ist selten ein Flop. Höchstens neu aufgenommene Teilsortimente können sich als Flop erweisen. Fehler im Sortiments-Marketing können viel leichter korrigiert werden als Fehler im Produkt-Marketing. Somit ist das Sortiments-Marketing auch mit einem geringeren Risiko belastet. Hat man einen falschen Artikel in das Sortiment aufgenommen, so verkauft man ihn aus – notfalls zum halben Preis – und streicht ihn. Der finanzielle Verlust dabei wird sehr gering sein. Voraussetzung ist natürlich, daß das Sortiment fortlaufend regelmäßig kontrolliert wird. Sonst werden die Flops zu Ladenhütern.

Im Grundsatz kann behauptet werden, die Flexibilität des Sortiments sei unendlich groß. In der Praxis wird sie jedoch durch die Konditionen der Hersteller meist begrenzt. Wenn der Handel bei der Neueinführung eines Produktes durch große Bestelleinheiten, Mengenrabatte – bar oder natural – oder Werbekostenzuschüsse und Zugaben – vom Kofferradio über den Taschenrechner bis zum Schlauchboot – dazu gezwungen oder verleitet wird, große Mengen zu kaufen, so beeinträchtigt das die Flexibilität des Sortiments erheblich. Und es beeinträchtigt auch die Freiheit der Entscheidungen zur Gestaltung des Sortiments. Im Lebensmittelhandel sind solche Praktiken ziemlich weit verbreitet.

Andererseits kann das Streben nach möglichst hoher Sortimentsflexibilität für den Handel kein zwingender Grund sein, auf die Übernahme jeglicher Risiken zu verzichten oder die Übernahme von Risiken der Sortimentsgestaltung bedingungslos abzulehnen. Da hilft auch kein Hinweis, daß der Handel ja bereits die sehr hohen Risiken des Standort-Marketing trägt, dessen Entscheidungen nur schwer und unter erheblichen finanziellen Einbußen zu korrigieren sind. Zwischen Streben nach hoher Sortimentsflexibilität und vertretbaren Risiken bei sortimentsgestaltenden Maßnahmen muß ein Mittelweg gefunden werden. Daß die Hersteller danach trachten, einen Teil der hohen Risiken des Produkt-Marketing auf den Handel zu überwälzen, muß als legitimes Vorgehen akzeptiert werden. Aktives Handels- und Sortiments-Marketing bedeuten eben auch, Risiken zu übernehmen. Der Grad der Risikobereitschaft ist von Branche zu Branche unterschiedlich. In Branchen mit modischen Sortimenten scheint er relativ stark ausgeprägt zu sein, im Lebensmittelhandel weniger stark. Es sei natürlich nicht verkannt, daß eine Branche, die in einem ungewöhnlich scharfen Preiswettbewerb steht, nur sehr begrenzte Möglichkeiten in der Kalkulation hat, in den Preis eine Art Risikopuffer einzubauen.

(3) Der Sortimentsverschleiß

Für den Handel sind Ladenverschleiß – store erosion – und für die Hersteller von Markenartikeln der Artikelverschleiß zu feststehenden Begriffen geworden. Der Verbraucher liebt nicht nur Auswahl, sondern auch Abwechslung. Deshalb nutzen sich Läden und Markenartikel ab. Auch das Sortiment kann sich abnutzen, es gibt einen Sortimentsverschleiß. Dieser Verschleiß ist aber weder bei Läden noch bei Artikeln noch bei Sortimenten ein Vorgang, der mit unabänderlicher Gesetzlichkeit zu Niedergang und Tod führen muß. Die Praxis hat diese Erkenntnis inzwischen in überzeugender Form nachgewiesen.

Soll ein Sortiment vor Verschleiß bewahrt werden, so ist eine ständige Sortimentspflege erforderlich. Darauf weist schon *Seyffert* hin: „Die Sortimentsbildung ist nicht eine einmalige oder nur in größeren Abständen zu leistende Aufgabe, sondern eine kontinuierliche Sorge der aktiven Unternehmenspolitik" (*Seyffert*, Wirtschaftslehre des Handels, a.a.O., S. 64). Nicht nur der Wunsch der Verbraucher nach Abwechslung, auch die fortschreitende Entwicklung auf dem Gebiet der Güterproduktion und das Sortiments-Marketing der Wettbewerber zwingen jedes Handelsunternehmen dazu, sein Sortiment ständig zu überprüfen und zu überarbeiten. Diese Sortimentspflege gliedert *Hauzeneder* in zwei Bereiche (vgl. Stichwort „Sortimentspolitik", in: Das große Lexikon für Handel und Absatz, a.a.O., S. 707f.):

- **Sortimentsfortschreibung,** der Bereich der Sortimentsbereinigung und Sortimentserweiterung oder darüber hinausgehend der Sortimentsausweitung. Das ist eine mehr langfristig angelegte Sortimentspflege.
- **Sortimentsaktualisierung,** der Bereich der Sonderangebote, der temporären Herausstellung von Waren oder Warengruppen, der saisonal erforderlichen Anpassungen.

Diese ständige Fluktuation innerhalb eines Sortiments, diese Sortimentsdynamik, ist sicher in ihrem Ausmaß von Branche zu Branche verschieden. Und auch die Einstellung der Handelsunternehmen zu dieser Dynamik ist unterschiedlich. Branchen, deren Sortimente von je her z.B. starken modischen Einflüssen unterworfen waren, sind mit diesen Änderungen vertraut, wie z.B. der Handel mit Damen-Oberbekleidung, bei dem jährlich der überwiegende Teil des Sortiments zweimal ausgewechselt wird. Andere Branchen, wie der Lebensmittelhandel, tendieren eher in Richtung einer Sortimentsstatik.

Der Sortimentsdynamik sind aber auch Grenzen gesetzt. Einmal erfordert die Fluktuation im Sortiment eine fortlaufende Sortimentskontrolle. Und das Aussondern von Artikeln und die Neuaufnahme anderer Artikel sind mit zusätzlichen Arbeiten verbunden, wie z.B. Kalkulation, Präsentation und Information der Mitarbeiter. Im Lebensmittel-Einzelhandel hatte die hohe Zahl von Produkteinführungen zur Folge, daß die Handelsunternehmen über 30000 neue EAN-Codes anlegen mußten. Das verursacht erhebliche Kosten (o.V., Flop-Quote nimmt zu, in: Lebensmittel Praxis, Nr. 15/2000, S. 48/49). Auszusondernde Artikel müssen vielleicht weiterhin zu stark herabgesetzten Preisen ausverkauft werden. Der Aufwand für diese Maßnahmen muß sich natürlich in Grenzen halten. Wöchentlich ein völlig neues Sortiment anzubieten, wäre zwar denkbar, aber nicht praktikabel.

Auch der Verbraucher würde da streiken. Das ist der zweite Faktor, der der Sortimentsdynamik Grenzen setzt. Er will ja nicht nur Abwechslung haben, sondern bewährte Artikel auch nachkaufen können. Eine zu starke Fluktuation im Sortiment würde das verhindern, würde das Entstehen von Kaufgewohnheiten, von „habitualisierten Kaufentscheidungen", unterbinden. Der Verbraucher wäre, um mit *Gümbel* zu sprechen, gar nicht in der Lage, einen hohen Grad von „Nachfrage-Konkretisierung" zu erreichen, was er normalerweise für einen beachtlichen Teil seines Bedarfs zu tun in der Lage ist. Er stände bei jedem Einkauf hilflos und in Entscheidungsnöten vor einem neuen Sortiment.

4.1.5 Die Sortimentspolitik – die Gestaltungsentscheidungen

Sortimentspolitik ist das bewußte Gestalten eines geplanten Sortiments. Sie umfaßt alle Entscheidungen eines Handelsunternehmens zur Dimensionierung, Strukturierung und Anpassung des Sortiments an den Markt und an Marktsegmente. Und sie umfaßt alle Entscheidungen, die dem Aufbau neuer Märkte dienen. Die Sortimentspolitik entspricht dem Begriff Programmpolitik des Hersteller-Marketing, besitzt jedoch infolge der Eigenarten von Handelssortimenten spezifische Problembereiche und Gestaltungsgrundsätze. Gegenstand der Sortimentspolitik ist das geplante, geistig konzipierte Sortiment, gleich ob es immer vollständig präsent – Lagersortiment – oder nur zumindest für begrenzte Zeiträume teilweise präsent – zum Teil ein Bestell-Sortiment – ist.

Ohne Sortimentspolitik können auch Sortimente entstehen. Das sind dann keine geplanten, sondern gewachsene Sortimente. Sie sind das Ergebnis von Reaktionen auf die Vorgänge am Absatz- und auch am Beschaffungsmarkt. Sie sind meist durch eine gewisse Hektik und starke Fluktuation der geführten Artikel gekennzeichnet und sie haben keine ausgeprägte Struktur. Es werden überwiegend Warenpartien oder Warenposten gehandelt. Gewachsene Sortimente werden in der Regel keinen großen Umfang haben. Sie werden sonst für den Kunden unübersichtlich. Da keine Struktur vorhanden ist, lassen sie sich auch nicht übersichtlich präsentieren. Man kann im Fall der gewachsenen Sortimente streng genommen eigentlich nicht von Sortimentspolitik, höchstens von einer Art Chaos-Strategie sprechen.

4.1.5.1 Die Stellung der Sortimentspolitik im Marketing-Mix

Die Sortimentspolitik ist Teil des gesamten Marketing-Mix und bildet mit der Marktforschung, der Standortsicherung, der Preispolitik und der Kommunikation einen Verbund, den eigenständigen Markting-Mix jedes einzelnen Handelsunternehmens. Die Integration der Sortimentspolitik in den Marketing-Mix hat zur Folge, daß ihr Entscheidungsspielraum dadurch begrenzt wird. Die Sortimentspolitik muß mit den anderen Bestandteilen des Marketing-Mix abgestimmt werden. Der Verbund der Marketing-Instrumente im Marketing-Mix hat zur Folge:

- Zwischen den einzelnen Marketing-Instrumenten und den bei ihrer Anwendung getroffenen Entscheidungen bestehen Interdependenzen. Werden diese bei Einzelentscheidungen außer Acht gelassen, können Widersprüche in der Konzeption der Sortimentspolitik entstehen, die die akquisitorische Wirkung des Sortiments schmälern und das Sortiment bei den Verbrauchern weniger überzeugend aussehen lassen.
- Einem untereinander abgestimmten, widerspruchsfreien Einsatz der Marketing-Instrumente muß eine Marketing-Konzeption zu Grunde liegen, die nicht nur von Handelsunternehmen zu Handelsunternehmen anders aussehen kann – und muß! –, sondern deren Eigenart vor allem durch die gewählte Vertriebsform gekennzeichnet wird.

Aus diesen Zusammenhängen ergibt sich:

- Sortimentspolitik ist standortabhängig; sie muß die Einstellungen und die Kaufgewohnheiten der im Einzugsgebiet eines Handelsunternehmens lebenden Verbraucher und die jeweilige Wettbewerbssituation berücksichtigen.
- Sortimentspolitik ist vertriebsformenabhängig; entscheidet sich ein Handelsunternehmen für die Vertriebsform Discount, dann kann es kein hochwertiges und vor allem tiefes Fachgeschäfts-Sortiment mit problemvollen Artikeln in Bedienung anbieten.
- Sortimentspolitik ist von der zur Verfügung stehenden Verkaufs- und Lagerfläche abhängig. Allerdings zieht in der Regel ein Handelsunternehmen eher an einen neuen Standort, der eine ausreichend große Verkaufs- und Lagerfläche bietet, als daß es auf Dauer die Sortimentspolitik den Begrenzungen einer zu kleinen Fläche unterwirft. Es sei denn, die begrenzte Fläche an einem sehr gut gelegenen Standort führt zu der Entscheidung, mit einem kleinen Branchen-Teilsortiment – schmal und möglichst tief – eine vorhandene Marktnische zu besetzen.
- Sortimentspolitik bestimmt mit den Umfang der Handelsleistung, besonders den Handlingaufwand und damit die Kosten und letztendlich die Preispolitik.
- Sortimentspolitik bestimmt die Konditionen, zu denen die Ware beschafft werden kann. Ein Sortiment mit vielen Parallelartikeln und Parallelsortimenten zersplittert den Einkauf und verhindert das Aushandeln der besten Konditionen. Weiterhin verursacht ein solches Sortiment einen hohen Kontroll- und Dispositionsaufwand.

4.1.5.2 Die Zielsetzungen der Sortimentspolitik

Die Sortimentspolitik hat die folgenden Ziele zu verfolgen:

(1) Ein Sortiment muß sowohl die bestehende als auch eine zukünftige, noch zu schaffende Nachfrage befriedigen. Sortimentspolitik muß daher in Kooperation mit den Produzenten von Gütern auch dazu beitragen, daß neue Märkte für innovative Produkte geschaffen werden. Die Werbung muß die Verbraucher auf Innovationen mit Nachdruck hinweisen und über diese Neuheiten ausführlich informieren. Das Erreichen des Zieles, einen neuen Markt mit aufzubauen, ist mit teilweise erheblichen Risiken verbunden. Allerdings sind die Risiken für die Handelsunternehmen in der Regel geringer als für die Produzenten, die Märkte für innovative Güter aufbauen wollen. Korrekturen von Sortimentsentscheidungen lassen sich schneller und müheloser vornehmen als Korrekturen von Produktentscheidungen, denen aufwendige Entwicklungs- und Einführungsprozesse und Investitionen vorangegangen sind.

(2) Ein Sortiment muß aktuell gehalten werden, muß durch Fluktuation der Artikel – Neuaufnahmen wie auch Streichung – Leben und Dynamik bekommen. Stagnation führt schnell zu einem Sortimentsverschleiß, der von den Verbrauchern als mangelhafte Handelsleistung bewertet wird. Eine wichtige Rolle bei der Aktualisierung spielen die im vorhergehenden Absatz genannten Innovationen.

(3) Ein Sortiment muß Kundenfrequenz schaffen, was nur gelingt, wenn es sich an der Nachfrage der Verbraucher orientiert und aktuell ist. Es muß, soweit dies möglich ist, Artikel des Plankaufs ebenso enthalten wie Impulsartikel. Und es muß eine an den Vorstellungen der Verbraucher orientierte Preislagenstufung aufweisen.

(4) Ein Sortiment muß eine übersichtliche und sinnvolle Struktur aufweisen, die es dem Verbraucher erleichtert, das Sortiment „zu lernen". Sonst findet er sich bei der oft sehr großen Anzahl von Artikeln nicht zurecht. Die Warenpräsentation in den Verkaufsräumen des stationären Einzelhandels oder in den Katalogen des Versandhandels und den Ordersätzen des Großhandels muß diese Sortimentsstruktur „visualisieren", muß sie sichtbar machen und auf diese Weise kommunizieren. Die Warenpräsentation – gleich ob im Verkaufsraum oder in Katalog oder Ordersatz – ist ein „Sortiments-Lehrbuch".

(5) Ein Sortiment muß „akquisitorische Wirkung" entfalten, muß Kaufentscheidungen fördern oder gar provozieren. Die Sortimentspolitik muß in die Struktur eines Sortiments und die auf ihr aufbauende Präsentation des Sortiments „Verkaufsförderung" integrieren. Hier zeigt sich die Qualität der Sortimentspolitik und das Niveau der Handelsleistung. Der Kunde sollte immer mehr kaufen als er ursprünglich vorhatte.

(6) Ein Sortiment muß die Wettbewerbsfähigkeit und die Ertragsstärke eines Handelsunternehmens sichern. Die Sortimentskompetenz muß in der Kommunikation gleichberechtigt neben die Preiswürdigkeit treten. Sonst sind auf Dauer keine ausreichenden Erträge zu erwirtschaften. Eine hochwertige Sortimentsleistung muß nicht vorrangig über den Preis verkauft werden.

(7) Ein Sortiment muß zur Profilierung des Handelsunternehmens beitragen. Es ist ein wichtiger Bestandteil des „Markenartikels Handelsunternehmen", der „Retail Brand". Die Sortimentspolitik muß danach trachten, daß sich das Sor-

timent in der Struktur und in den Schwerpunkten bei den einzelnen Teilsortimenten von den Sortimenten der Wettbewerber unterscheidet. Und sie muß danach trachten, daß die Präsentation des Sortiment besser – optisch attraktiver und übersichtlicher – als die der Wettbewerber ist.

(8) Ein Sortiment muß zur Abwehr und Verdrängung des Wettbewerbs eingesetzt werden. Die Sortimentspolitik muß also ständig auch die Aktivitäten des Wettbewerbs in ihre Überlegungen und Entscheidungen einbeziehen. Gümbel hat darauf hingewiesen, daß Sortimentspolitik auch ein „konkurrenzwirtschaftliches Problem" ist (Gümbel, Rudolf, Die Sortimentspolitik in den Betrieben des Einzelhandels, Köln/Opladen 1963, S. 239ff.). Er unterscheidet zwischen Initialaktionen und Reaktionen. In der Regel wird die Abwehr, die ja auf sortimentspolitische Initiativen des Wettbewerbs hin erfolgt, aus Reaktionen bestehen, die Verdrängung aus Initialaktionen. Bei der aktiven Verdrängung oder Zurückdrängung des Wettbewerbs können die Innovationen eine wichtige Rolle spielen. Wer kalkulierbare Risiken nicht scheut, ein Gespür für den Markt hat und mit Innovationen zuerst am Markt ist, schafft sich Wettbewerbsvorteile in Form von zeitlich begrenzten Leistungsmonopolen. So wie in der Regel die größere Verkaufsfläche der kleineren überlegen ist, kann das größere Sortiment – breiter und tiefer – dem kleineren überlegen sein. Fläche und Sortiment hängen natürlich eng zusammen. Die Überlegenheit der großen Verkaufsfläche beruht ja gerade darauf, daß man auf ihr ein größeres Sortiment präsentieren kann. Um Wettbewerber zu verdrängen, kann man auch neue Teilsortimente aufnehmen, obwohl sie zunächst vielleicht keinen guten Ertrag versprechen, vielleicht sogar Verluste zu erwarten sind. Auch in der Sortimentspolitik können zuweilen betriebswirtschaftliche Gesichtspunkte sekundär sein und müssen dem Marketing den Vortritt lassen. Die Sortimentsexpansion, mag sie vom Marketing her gesehen noch so wünschenswert sein, stößt dann an ihre Grenzen, wenn die Umschlagshäufigkeit des Sortiments sich stark verringert und wenn durch einen zersplitterten Einkauf die Konditionen sich erheblich verschlechtern. Einen Überblick über die Zielkonflikte bei der Sortimentsgestaltung gibt die Abbildung 4/11.

4.1.5.3 Die Gestaltung des Sortiments – die Sortimentsstrategien

Die Sortimentspolitik erfüllt ihre zentrale Aufgabe, den Aufbau eines Sortiments, indem sie aus dem umfangreichen Bestand der Gestaltungsalternativen, wie sie im Abschnitt Theorie des Sortiments ausführlich dargestellt wurden, die zweckmäßigsten, der jeweiligen Zielsetzung am besten dienenden und damit erfolgversprechendsten Alternativen auswählt und anwendet. Jede Gestaltungsalternative ist zugleich die Grundlage für eine sortimentspolitische Entscheidung.

(1) Der Pluralismus der Sortimentsstrategien

Zur Gestaltung eines Sortiments müssen immer mehrere Alternativen herangezogen werden. Jedes Sortiment ist das Ergebnis eines **Pluralismus der Alternativen.** Ein nur unter Verwendung einer Alternative gestaltetes Sortiment ist nicht einmal denkmöglich. Das Minimum sind sicher drei Alternativen. Nehmen wir als Beispiel das Sortiment eines freien Heizölhändlers, das aus Heizöl und einigen anderen Brennstoffen besteht. Er hat wenigstens drei Entscheidungen getroffen:

4.1 Die Sortimentspolitik – das Sortiments-Marketing

1. Entscheidung: Warencharakter oder -art = Brennstoffe,
2. Entscheidung: Sortimentsumfang = schmal,
3. Entscheidung: Sortimentsumfang = flach.

In der Regel wird man mehrere Alternativen prüfen und Entscheidungen fällen müssen. Die Sortimentsgestaltung wird sich dann in drei Ebenen vollziehen:

1. Ebene: Warencharakter,
2. Ebene: Sortimentsumfang und -struktur,
3. Ebene: Marketing-Orientierung.

Abbildung 4/11: Zielkonflikte bei der Sortimentspolitik

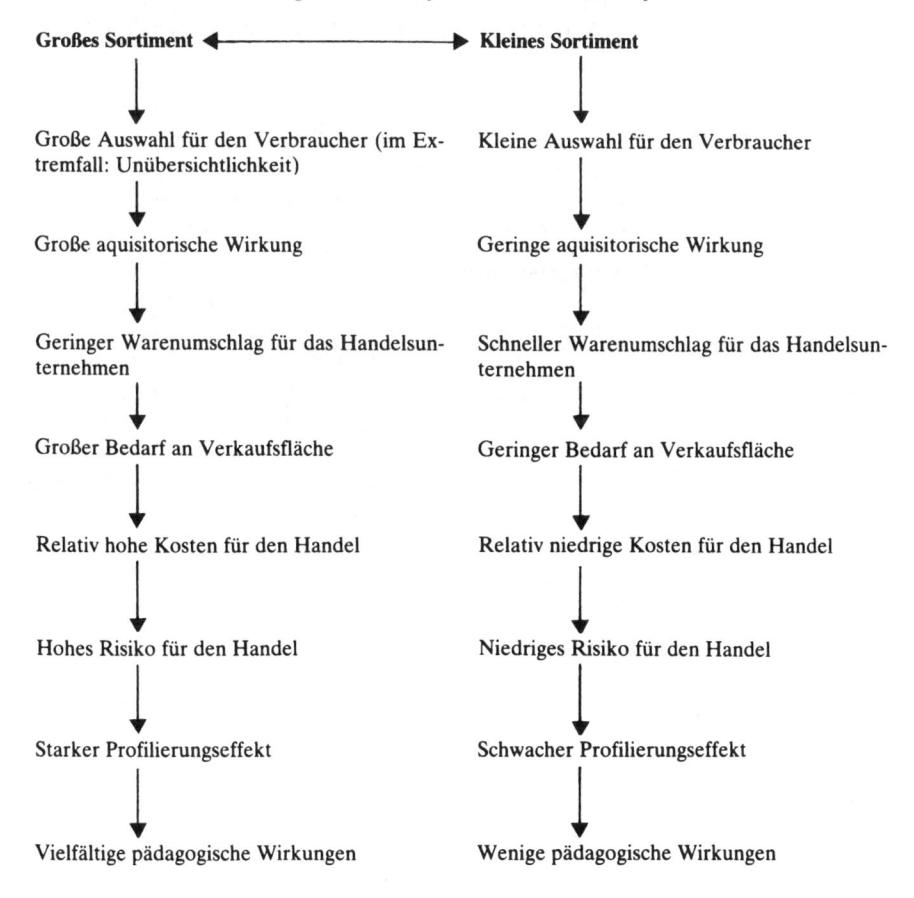

Großes Sortiment ←——————→	**Kleines Sortiment**
Große Auswahl für den Verbraucher (im Extremfall: Unübersichtlichkeit)	Kleine Auswahl für den Verbraucher
Große aquisitorische Wirkung	Geringe aquisitorische Wirkung
Geringer Warenumschlag für das Handelsunternehmen	Schneller Warenumschlag für das Handelsunternehmen
Großer Bedarf an Verkaufsfläche	Geringer Bedarf an Verkaufsfläche
Relativ hohe Kosten für den Handel	Relativ niedrige Kosten für den Handel
Hohes Risiko für den Handel	Niedriges Risiko für den Handel
Starker Profilierungseffekt	Schwacher Profilierungseffekt
Vielfältige pädagogische Wirkungen	Wenige pädagogische Wirkungen

Die dritte Ebene berücksichtigt die Bedingungen einer Überflußgesellschaft und eines zweischichtigen Wettbewerbs (Hersteller untereinander und Handelsunternehmen untereinander). Erst die dritte Ebene führt zu Entscheidungen, die ein aktives Handels- und Sortiments-Marketing kennzeichnen. Werden auf der dritten Ebene keine Entscheidungen getroffen, dann wird diese Dimension der Sortimentsgestaltung in der Regel den Herstellern mit ihrem produktorientierten Marketing überlassen. Ein Sortiment ist also, so könnte man es auch formulieren, ein räumlich zu sehender Entscheidungskomplex. Zwischen den einzelnen Alternativen gibt es Beziehungen, worauf auch *Nieschlag* hinweist (Marketing, 15. Auflage, a.a.O., S. 215). So können manche Alternativen sich ergänzen, manche anderen schließen sich gegenseitig aus. Bei einer spezialisierten Mode-Boutique korrelieren schmales Sortiment mit Sortimentstiefe und hohem Anteil an innovativen Waren. Bei einem Discounter für Lebensmittel korrelieren mittelbreites und flaches Sortiment mit hohem Anteil markenloser oder discountfähiger Produkte.

Abbildung 4/12 soll diese drei Ebenen – in der Darstellung besser drei Dimensionen – der Sortimentspolitik und den räumlich zu sehenden Entscheidungskomplex der Sortimentspolitik deutlich hervortreten lassen.

Die Entscheidungen der ersten und zweiten Ebene sind dem Handel von jeher geläufig. An Versuchen der Hersteller, Einfluß auf den Sortimentsumfang zu nehmen und – von Branche zu Branche unterschiedlich – auf eine Vergrößerung der Sortimente zu drängen, hat es zwar nicht gefehlt. Die knappe Verkaufsfläche zwingt den Handel aber immer wieder, auch in solchen Fällen seine Eigenständigkeit zu wahren. Die Entscheidungen der dritten Ebene werden zwar heute auch schon von vielen Handelsunternehmen – vor allem von Großunternehmen – eigenständig getroffen. Sie gehören aber noch nicht überall zum Alltag der Praxis.

(2) Die Strategien der Sortimentspolitik

Durch verschiedenartigste Kombination und Anwendung unterschiedlicher Gestaltungsalternativen können die folgenden Sortimentsstrategien festgelegt werden:

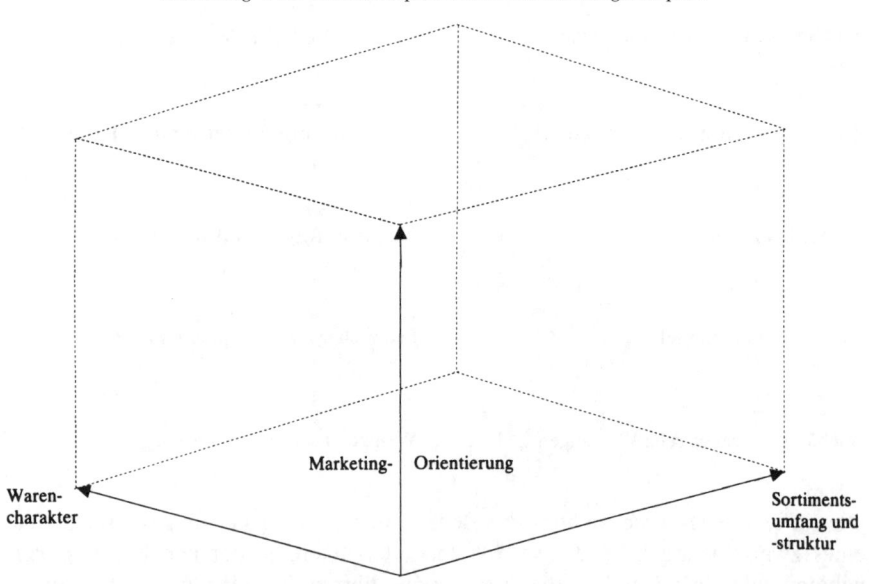

Abbildung 4/12: Sortimentspolitik als Entscheidungskomplex

(a) Konventionelle Sortimentsstrategien

Die konventionellen Sortimentstrategien verfolgt der Handel schon seit langen Zeiten und bevor die merkantile Revolution einsetzte.

(aa) Die Strategie des Branchen-Sortiments

Diese altbewährte Strategie wird auch heute noch vor allem von Fachgeschäften auf höherem Niveau angewandt und mit der Andienungsform Bedienung kombiniert. Sie setzt fast immer ein hohes Maß an Waren- und Beratungskompetenz voraus. Der Preis tritt dann in den Hintergrund. Branchen-Sortimente finden sich aber auch bei Discountern und Fachmärkten, dann aber oft mit fließenden Grenzen zu anderen Branchen hin.

(ab) Die Strategie des branchenübergreifenden Sortiments

Diese Strategie wurde Ende des 19. Jahrhunderts erstmals von den Warenhäusern angewandt und konnte seinerzeit als Marketing-Innovation angesehen werden. Branchenübergreifende Sortimente nutzen die Bequemlichkeit der Verbraucher, die alles „unter einem Dach" einkaufen wollen und können. Wenn man ein Sortiment nach der Nutzungsdauer der geführten Artikel – kurz- und mittelfristiger Verbrauch und Gebrauch und langfristiger Gebrauch – gestaltet, kommt man zwangsläufig zu einem branchenübergreifenden Sortiment.

(ac) Die Strategie des bedarfgruppenorientierten Sortiments

Es steht zwischen dem Branchen- und dem branchenübergreifenden Sortiment. Bedarfsgruppen lassen sich sowohl innerhalb eines Branchen-Sortiments als auch eines branchenübergreifenden Sortiments aufbauen. Es finden sich auch größere Bedarfsgruppen-Teilsortimente innerhalb von umfassenden Branchen-Sortimenten (im Branchen-Sortiment des Lebensmittel-Supermarktes z. B. die Bedarfsgruppen-Teilsortimente Tiernahrung und -zubehör, heiße Getränke oder Nahrung, Körperpflege und sonstiger Bedarf für Babies und Kleinkinder). Bedarfsgruppen-Sortimente nutzen die „verwandtschaftlichen Beziehungen" zwischen Komplementärprodukten aus. Ein für den Einkauf geplanter Artikel kann dann eine Reihe von Impulskäufen bei komplementären Artikeln auslösen.

(ad) Die Strategie des Sortimentsumfanges

Bei dieser Strategie werden meistens alle drei verfügbaren Gestaltungsalternativen – Breite, Tiefe und Mächtigkeit – im Verbund angewandt. Sehr enge Beziehungen bestehen zwischen den Alternativen „breit und flach" und „schmal und tief". Die Mächtigkeit – Stückzahl pro Artikel – hat mehr für die Logistik als für das Marketing Bedeutung. Sie kann Grundlage für die Warendisposition sein und helfen, Fehlartikel zu vermeiden.

(ae) Die Strategie der Sortimentsstruktur

Man kann sich für die Strategie des Vollsortiments – man ist dann meist in einer Branche ein Vollversorger, wie der Lebensmittel-Supermarkt mit allen Frischwaren-Teilsortimenten – entscheiden. Ein Vollsortiment tendiert mehr in die Breite als in die Tiefe. Es muß durch seine Gliederung in Teilsortimente und Warengruppen eine übersichtliche Struktur erhalten. Man kann sich aber auch für die Strategie des Teilsortiments entscheiden, das mehr in die Tiefe als in die Breite tendiert und leicht zu übersehen ist. Mit einem solchen Teilsortiment kann man u. U. eine Marktnische besetzen und sich als Spezialist sehr gut gegenüber großen Verkaufsflächen mit umfangreichen Vollsortimenten oder branchenübergreifenden Sortimenten und einer aggressiven Preispolitik behaupten.

(b) Marketingorientierte Sortimentsstrategien

Die marketingorientierten Sortimentsstrategien wurden vom Handel im Verlaufe der merkantilen Revolution entwickelt. Vor allem die Einführung der Andienungsform „Selbstbedienung" eröffnete der Sortimentspolitik ganz neue Möglichkeiten.

(ba) Am Marketing-Urheber der geführten Artikel orientierte Sortimentsstrategien

Als Marketing-Urheber wird das Hersteller- oder Handelsunternehmen bezeichnet, das einen Markenartikel entwickelt, am Markt einführt und dann auf seinem weiteren Lebensweg führt und pflegt. In dieser Kategorie von Sortimentsentscheidungen stehen vier Strategien zur Verfügung.

– Die Strategie des Herstellermarken-Sortiments

Im Sortiment werden ausschließlich Markenartikel der Hersteller geführt. Im Bereich der modischen Damenoberbekleidung kann man solche Sortimente finden. Grundsätzlich birgt ein solches Sortiment die Gefahr in sich, daß man mit den Wettbewerbern, die die gleiche Entscheidung getroffen haben und dieselben Marken führen, vergleichbar wird. Je mehr Wettbewerber vorhanden sind und je näher diese zum eigenen Standort liegen, desto größer ist diese Gefahr. Die Sortimente der am Markt agierenden Wettbewerber werden uniform und austauschbar. Das Sortiment scheidet als Marketing-Instrument aus, es bleibt nur noch der Preis als Instrument. Das stark von Herstellermarken dominierte sogenannte „Trockensortiment" – alle langfristig haltbaren vorverpackten Artikel in Packungen, Gläsern, Dosen, Tuben etc. – der Lebensmittel-Supermärkte gibt ein Beispiel für diese Situation. Warum soll der Verbraucher zum Supermarkt A gehen, wenn er im Supermarkt B die gleichen Markenartikel – Nestlé, Maggi, Knorr, Kühne, Hengstenberg oder Dr. Oetker – findet, in der gleichen Art und Weise präsentiert und oft noch zum gleichen Preis. Für den Verbraucher zählen dann nur noch der Preis – vor allem Aktionspreise –, eventuell vorhandene Standort-Präferenzen und Qualität und Preise in den Frischwarenabteilungen. Im Trockensortiment findet auf den Verkaufsflächen des Lebensmittel-Einzelhandels der Wettbewerb der Markenartikel-Hersteller statt, die mit Me-too-Produkten und Parallel-Sortimenten immer mehr Platz in den Regalen fordern. Die Hersteller von Markenartikeln beanspruchen damit auch einen Teil der Sortimentskompetenz der Handelsunternehmen. Der Gefahr einer zu weitgehenden Vergleichbarkeit mit Wettbewerbern kann nur durch einen Exklusiv-Vertrag mit Gebietsschutz begegnet werden, der aber rechtliche Probleme aufwirft. Dem Verlangen des Handelsunternehmens nach Gebietsschutz steht dann meist die Forderung des Herstellers gegenüber, keine Konkurrenzprodukte – andere Marken – zu führen, was die Auswahl einschränkt und die akquisitorische Wirkung des Sortiments schwächt. Auf der Seite des Herstellers wird der Distributionsgrad vermindert. Der Strategie des Herstellermarkenartikel-Sortiments sind deshalb enge Grenzen gezogen. Im Kraftfahrzeug-Vertrieb wird sie noch sehr konsequent gehandhabt. In diesem Bereich wird diese Vertriebsstrategie allerdings durch das eng mit ihr verbundene Servicegeschäft gestützt. Es ist aber nicht auszuschließen, daß in nicht zu ferner Zukunft ein Kraftfahrzeug-Händler Pkw´s mehrerer Marken führt oder daß SB-Warenhäuser Pkw´s anbieten. Verkauf und Service müssen nicht unbedingt gekoppelt sein, der Service kann sich auch verselbständigen.

- **Die Strategie des Handelsmarken-Sortiments**

Im Sortiment werden ausschließlich die eigenen Handelsmarken des jeweiligen Handelsunternehmens geführt. Grundsätzlich hat diese Strategie den Vorteil, daß das Sortiment als Marketing-Instrument eingesetzt werden und der Profilierung des Handelsunternehmens dienen kann. Voraussetzungen sind, daß die Handelsmarken professionell entwickelt, eingeführt und gepflegt werden, und daß man dem Druck der direkt an die Verbraucher gerichteten Werbung der mit den Handelsmarken konkurrierenden Herstellermarken standhalten kann. Da man in der Regel für jedes Produkt nur eine Handelsmarke schafft, wird die Auswahl eingeschränkt und die akquisitorische Wirkung des Sortiments vermindert. Auf dem Gebiet der Herstellermarken gibt es ja fast immer für ein Produkt mehrere Marken. Der Verbraucher hat eine größere Auswahl. Das Handelsunternehmen Stüssgen – ein früher im Kölner Raum tätiger Lebensmittel-Filialist – hat in den 60er Jahren des vorigen Jahrhunderts den Versuch unternommen, nur die eigene Handelsmarke im Sortiment zu führen. Der Versuch scheiterte. Das hing sicher auch damit zusammen, daß man das gesamte Sortiment unter einer einzigen Dachmarke – Cornelia – führte. Das hatte eine erschreckende Eintönigkeit des Sortiments und seiner Präsentation zur Folge, die die Verbraucher abschreckte und die Umsätz schrumpfen ließ. Aldi dagegen ersetzt zur Zeit – mit Beginn des Jahres 2000 – alle Herstellermarken durch eigene Handelsmarken, die zum Teil von den Produzenten der Herstellermarken geliefert werden. Da Aldi die Herstellermarken nicht durch eine einzige Handels-Dachmarke, sondern durch eine Vielzahl von Einzelmarken ersetzt und das Unternehmen als „Retail Brand" eine sehr starke Stellung gegenüber den Verbrauchern und den Herstellern hat, könnte dieser Übergang zu einer Strategie des Handelsmarken-Sortiments erfolgreich sein. Hinzu kommt, daß sich an der Qualität der Auswahl kaum etwas ändern wird. Aldi führt schon von jeher fast von jedem Produkt nur einen Artikel. Am Beispiel Aldi läßt sich die Gefahr der Vergleichbarkeit noch einmal deutlich zeigen. Die im Sortiment geführten Herstellermarken machten Aldi nicht nur mit seinen Wettbewerbern vergleichbar, sondern auch durch eine „Preispolitik der Nadelstiche" von seiten der Konkurrenz angreifbar. Den neuesten Informationen nach hat im Bereich der Süßwaren diese fast gewaltsame und kurzfristige Umstellung von Hersteller-Marken auf Handels-Marken Aldi teilweise erhebliche Umsatzeinbußen beschert (o.V., Aldis Verzicht wird Problem, Discounter verbucht nach Rauswurf von Süßwarenmarken teilweise drastische Einbußen, in: Lebensmittel-Zeitung Nr. 41 vom 13. 10. 2000, S. 1 und 3). Es ist also ein Machtkampf zwischen der Retail Brand Aldi und den Product Brands führender Markenartikel-Hersteller entbrant.

- **Die Strategie des markenlosen Sortiments**

Es werden weder Hersteller- noch Handelsmarken im Sortiment geführt. Mit dieser Strategie haben die Discounter angefangen. Sie läßt sich vor allem mit discountfähigen Produkten, für die habituelle Kaufgewohnheiten bestehen, erfolgreich anwenden (s. S. 165, Artikelkategorien).Bei diesen Produkten besteht kein stark ausgeprägtes Markenbewußtsein und kaum eine Markentreue. Es zählt nur der Preis. Sobald man aber den Bereich des geplanten Versorgungskaufs verläßt, mindern sich die Chancen eines markenlosen Sortiments. Und die grundsätzlich vorhandenen Möglichkeiten der Profilierung durch das Sortiment sind nur sehr schwer zu verwirklichen. Die Verbraucher verbinden mit markenloser Ware doch zu stark die Vorstellungen von Discount, Niedrigpreislage und mittelmäßiger Qualität.

– **Die Strategie des markenheterogenen Sortiments**

Sie ist die am häufigsten angewandte Sortimentsstrategie. Es werden Herstellermarken geführt. Man nutzt damit die starke Werbung der Hersteller großer Marken und auch deren Fähigkeit, ständig Innovationen zu kreieren und damit zur Belebung und Aktualisierung des Sortiments beizutragen. Daneben werden die eigenen Handelsmarken geführt, mit denen man sich profilieren und eine Kundenbindung aufbauen kann. Und es werden, vor allem in den Niedrigpreislagen – seit kurzem auch oft als „Einstiegspreislage" bezeichnet –, markenlose Artikel geführt, mit denen man Preiswürdigkeit demonstrieren kann. Das „Trockensortiment" der Lebensmittel-Supermärkte und der SB-Warenhäuser ist das beste Beispiel für die Anwendung der Strategie des markenheterogenen Sortiments. Aber auch die traditionellen City-Warenhäuser und im Bereich der Fachmärkte die Drogeriemärkte führen markenheterogene Sortimente.

(bb) An der Marketing-Intensität der geführten Artikel orientierte Sortimentsstrategien

Mit Marketing-Intensität wird hier, wie bereits erwähnt, der Vertriebs- und Handlingaufwand bezeichnet, der erforderlich ist, um bestimmte Waren anzubieten und zu verkaufen. Die an der Marketing-Intensität orientierten Sortimentsstrategien beruhen auf zwei Voraussetzungen, die im Verlauf der merkantilen Revolution geschaffen wurden. Zum einen erkannte der Handel, daß sich die Einstellungen und Kaufgewohnheiten der Verbraucher gegenüber einem Produkt mit dessen zunehmenden Lebensalter und steigender Bekanntheit verändern. Je länger ein Produkt am Markt und für die Verbraucher fast unentbehrlich geworden ist, desto geringer ist die für seinen Vertrieb erforderliche Marketing-Intensität. Zum anderen erlaubte die Selbstbedienung die Marketing-Intensität – und damit die Handelsleistung – zu variieren und entsprechend dem Produktcharakter zu dosieren (vergl. dazu S. 169). Es stehen hier die folgenden Sortimentsstrategien zur Verfügung.

– **Die Strategie hoher Marketing-Intensität und Handelsleistung**

Es werden nur Artikel im Sortiment geführt, die einen hohen Marketing-Aufwand erfordern, wie innovative Produkte, stark modische Produkte oder Produkte, die technisch sehr komplex sind. Das sind also die problemvollen Produkte. Viele Fachgeschäfte – Juweliere z.B. – führen solche Sortimente mit hoher Marketing-Intensität.

– **Die Strategie mittlerer Marketing-Intensität und Handelsleistung**

Es werden erfolgreich am Markt etablierte Produkte geführt, die zum Leben nicht unbedingt erforderlich sind, die aber die Lebensqualität beträchtlich erhöhen. Marketing ist in vermindertem Umfang erforderlich. Es hat die Aufgabe, diesen Produkten einen emotionalen Zusatznutzen hinzuzufügen und damit zu Impulskäufen anzuregen. In diesem Bereich verursachen Marktanteilskämpfe zwischen Innovationen und Me-too-Produkten einen erheblichen Marketingaufwand, der allerdings zum überwiegenden Teil zu Lasten der Hersteller geht. Diese Strategie der mittleren Marketing-Intensität wird von Lebensmittel-Supermärkten und Drogeriemärkten verfolgt.

- **Die Strategie niedriger Marketing-Intensität und Handelsleistung**

Es werden die Produkte der lebensnotwendigen Grundversorgung geführt, die von den Verbrauchern im Wege des Plankaufs erworben werden, bei denen der Preis im Vordergrund steht, die einer weitestgehend unelastischen Nachfrage gegenüber stehen und die nur einen minimalen Marketing-Aufwand erfordern und von den Kosten her gesehen vertragen. Das sind die problemlosen Artikel. Die Discounter im Lebensmittelhandel verfolgen diese Sortimentstrategie. Das Aldi-Sortiment ist ein Lehrbuchbeispiel für ein solches Sortiment. Das Sortiment der Lebensmittel-Discounter läßt aber auch erkennen, daß der Bereich der lebensnotwendigen Grundversorgung keine feste Größe ist. Die Zahl der für lebensnotwendig erachteten Produkte hat sich, wenn auch langsam, vergrößert. Es sind auch der Verbesserung der Lebensqualität dienende Produkte in diesen Bereich übergegangen. Und die Qualität der Produkte der Grundversorgung hat sich zum Teil erheblich verbessert. Zur Grundversorgung zählen heute durchaus auch Convenience-Produkte. Das hat aber nichts daran geändert, daß diese Produktkategorie nur eine minimale Marketing-Intensität erfordert, die niedrige Kosten verursacht und es ermöglicht, die Preise für diese Produkte auf einem niedrigen Niveau zu halten.

(bc) An der Andienungsform orientierte Sortimentsstrategien

Die Selbstbedienung ermöglichte es den Handelsunternehmen, unterschiedliche Andienungsformen zu entwickeln. Unter Andienungsform wird die Art und Weise verstanden, wie Ware angeboten wird und wie der Kaufvorgang abläuft. Eine Entscheidung für eine bestimmte Andienungsform ist immer zugleich eine Entscheidung über die Marketing-Intensität und die Höhe der Handelsleistung. Zwischen Andienungsform und Marketing-Intensität besteht also eine enge Beziehung. (Vergl. dazu die ausführliche Darstellung der Andienungsformen im Kapitel Verkaufspolitik, S. 229 ff.). Es stehen die folgenden Strategien zur Verfügung.

- **Die Strategie der Andienungsform Bedienung**

Sie umfaßt die qualifizierte Bedienung mit Verkaufsgespräch, Anprobe oder Vorführung und modischer und technischer Beratung – die Stärke der Fachgeschäfte – ebenso wie die einfache Bedienung mit dem Abfragen der Kundenwünsche – die Regel bei den Bedienungsabteilungen der Lebensmittel-Supermärkte –. Die Bedienung ist personal- und damit kostenintensiv. Die Bedienung ist der Kategorie von Produkten zuzuordnen, die eine hohe Marketing-Intensität erfordern.

- **Die Strategie der Andienungsform Teil-Selbstbedienung**

Diese Strategie ist eine Kombination von Bedienung und Selbstbedienung. Der Kunde tritt einem sb-gerecht präsentierten Sortiment gegenüber und trifft unbeeinflußt vom Verkaufspersonal eine Vorauswahl. Braucht er dann Beratung oder muß etwas anprobieren, setzt die Bedienung ein. Die Teil-Selbstbedienung ist den Produkten mit hoher und auch mit mittlerer Markting-Intensität zuzuordnen.

- **Die Strategie der Andienungsform Selbstbedienung**

Sie bedient sich der traditionellen Selbstbedienung – Präsentation der Ware in Regalen, Gondeln oder sonstigen Verkaufsmöbeln – ebenso wie der losen Selbstbedienung – der Kunde kann die Abnahmemenge, bei Obst und Gemüse z.B., selbst bestimmen und verpackt und wiegt die Ware selber – und der einfachsten Discount-Selbstbedienung – Verkauf aus dem Karton heraus und von der Palette aus –. Die Discount-Selbstbedienung ist den Produktkategorien zuzurechnen, die eine mittlere und vor allem eine nur niedrige Marketing-Intensität erfordern.

- **Die Strategie der Anwendung mehrerer Andienungsformen**

Die schon fast klassisch zu nennenden Beispiele für diese Strategie sind der Lebensmittel-Supermarkt und das SB-Warenhaus. Ihr Sortiment besteht aus so heterogenen Teil-Sortimenten, daß es die Anwendung mehrerer Andienungsformen erzwingt. Bei dieser Strategie können die Bedienungsabteilungen, vorausgesetzt sie sind mit kompetentem Personal besetzt, wesentlich zur Profilierung des Unternehmens beitragen. Von der Profilierung profitiert letztendlich auch das Trockensortiment. Das zählt umso mehr, als vom Trockensortiment kein wirksamer Beitrag zum Unternehmensprofil erwartet werden kann, und wiegt die höheren Kosten der Bedienungsabteilungen auf. Bei Anwendung der Strategie mehrerer Andienungsformen muß nur darauf geachtet werden, daß man möglichst nicht ein und dasselbe Produkt – eine bestimmte Käsesorte oder Frischfleisch z.B. – einmal in Bedienung und dann gleichzeitig vorverpackt in Selbstbedienung anbietet. Bei Frischfleisch tendieren die Verbraucher, vor allem die Frauen, dann meist zur Bedienung, der gegenüber die Selbstbedienung in diesem Fall nur geringe Chancen hat.

(c) Sortimentsstrategien der Marktsegmentierung

Mit dem Begriff „Marktsegmentierung" bezeichnet man die Aufteilung heterogener Gesamtmärkte in Teilmärkte, die in sich möglichst homogen und untereinander möglichst heterogen sind. (Vergl. dazu: Freter, Hermann, Stichwort „Marktsegmentierung" in: Vahlens Großes Marketing Lexikon, hrsg. von Hermann Diller, München 2. Auflage, 2001; derselbe, Stichwort „Marktsegmentierungsmerkmale", in: a.a.O.; Diller, Hermann, Stichwort „Marktsegmentierung" in: Vahlens Großes Wirtschaftslexikon, 2. Auflage, München 1994, S. 1409; Meffert, Heribert, Marketing, 8. Auflage, Wiesbaden 1998, S. 174 ff.; Oehme, Wolfgang, Marktsegmentierung durch Absatzaktivitäten, in: Marktsegmentierung – Marktnischen finden und besetzen, Herausgeber Werner Pepels, Heidelberg 2000, S. 201 ff.).

Dem Handel ist die Methode der Marktsegmentierung seit langem vertraut – Segmentierung nach Absatzregionen und Zielgruppen –, er hat sie im Verlaufe der merkantilen Revolution um eine neue und eigenständige Variante – die Vertriebsformensegmente – bereichert. Es stehen die folgenden Strategien zur Verfügung:

(ca) Die Strategie der regionalen Marktsegmentierung

Ein sehr großes Absatzgebiet – die Bundesrepublik Deutschland, in Zukunft Europa und darüber hinaus die gesamte Welt – wird in regionale Teilmärkte segmentiert. Das Marketing kann dann systematisch auf die Wesensmerkmale der einzelnen Segmente – Wertvorstellungen, kulturelle und religiöse Eigenheiten und Traditionen der Verbraucher jeder Region und daraus folgende Konsum- und Kaufgewohnheiten – eingehen. Das Sortiment oder zumindest Teile von ihm können auf die Besonderheiten der regionalen Marktsegmente abgestimmt werden. Bundes- oder europaweit operierende Handelsunternehmen verfolgen diese Strategie schon seit langem.

(cb) Die Strategie der Zielgruppensegmentierung
Als Grundlage für die Anwendung der Preisdifferenzierung ist diese Strategie schon seit längerem gebräuchlich. Mit dem Einsetzen der merkantilen Revolution – Einführung der Selbstbedienung, Expansion der Sortimente, zunehmender Verkaufsflächenwettbewerb – hat der Großhandel der Verbundgruppen des Handels, besonders des Lebensmittel-Einzelhandels, seine Mitglieder nach Größe, Einkaufskonzentration und Zukunftsfähigkeit segmentiert und auf der Grundlage dieser Segmentierung das Ausmaß seiner Förderung – Serviceangebot – und die Konditionen – Preisdifferenzierung – differenziert. Im Textileinzelhandel Oberbekleidung oder im Schuheinzelhandel wird das Sortiment seit jeher in Damen-, Herren- und Kinderoberbekleidung, also in Zielgruppensegmente, gegliedert. Die Teilsortimente für Damen und Herren wurden von manchen Handelsunternehmen später weiter in die Segmente „Junge Mode", „Normalverbraucher" und „Senioren" untergliedert. Sehr oft zieht die Strategie der Zielgruppen-Segmentierung ein branchenübergreifendes Sortiment nach sich.

(cc) Die Strategie der Vertriebsformen-Segmentierung
Die Sortimentsstrategien der Marktsegmentierung nach Absatzregionen und Zielgruppen könnte man als „reagierende" Strategien bezeichnen. Die Marktsegmente existieren bereits, sind das Ergebnis wirtschaftsendogener Ursachen. Es kommt nur darauf an, die bestehenden Marktsegmente zu definieren, abzugrenzen und das Marketing auf sie auszurichten. Mit dem Entstehen unterschiedlicher Vertriebsformen (vergl. dazu S. 316 ff.) hat der Handel eine neue Variante der Marktsegmentierung, einer „agierenden" Marktsegmentierung, geschaffen.

Bei der Darstellung der Sortimentsstrategien, die sich an der Marketingintensität der Artikel und der Andienungsform orientieren (S. 162 ff. und S. 174 ff.), wurde bereits erkennbar, daß das gesamte Konsumgüter-Sortiment in drei Segmente gegliedert werden kann, die nach den Merkmalen Problemgehalt der Ware, Intensität der Kaufgewohnheiten der Verbraucher, Marketing-Intensität, Umfang der Handelsleistung und Andienungsform in sich sehr homogen, untereinander aber deutlich erkennbar heterogen sind. Diese Segmente sind die Grundlage für das Entstehen unterschiedlicher Vertriebsformen. Besonders die „harten" Lebensmittel-Discounter wie Aldi haben die Erkenntnis gefördert, daß es diese Vertriebsformensegmente gibt und daß man sie bei den Entscheidungen der Sortimentspolitik berücksichtigen muß.

Die Vertriebsformensegmente lassen sich weder den regionalen noch den zielgruppenorientierten Marktsegmenten zuordnen. Fachgeschäfte, Lebensmittel-Supermärkte und Discounter finden sich in der gesamten Bundesrepublik und darüberhinaus in den meisten europäischen Ländern. Und bei ihnen kaufen alle Verbraucher ein. Die Zeiten, da die Discounter z. B. als „Arme-Leute-Läden" angesehen wurden, sind längst vorbei. Es gibt heute keinen typischen „Discountkunden" mehr, wie es ebenso keinen typischen „Fachgeschäftskunden" gibt. Der Verbraucher ist heute „schizophren". Auch der wohlhabende Verbraucher kann sich mit dem beim Discounter eingesparten Geld im hoch angesiedelten Fachhandel manchen Wunsch zusätzlich erfüllen. Beim Discounter schaut er auf den Pfennig (Cent), im Fachgeschäft kommt es auf die Mark (Euro) nicht an. Der Handel – der stationäre Einzelhandel – hat hier Marktsegmente sui generis geschaffen. Er nutzt dabei das produktspezifische Kaufverhalten der Verbraucher und die ihm zur Verfügung stehenden Andienungsformen aus. Ein typisch vertriebsformenheterogenes Sortiment mit unterschiedlichen Andienungsformen führt der Lebensmittel-Supermarkt. Volkswirtschaftlich gesehen hat der Handel auf diese Weise wesentlich dazu beigetragen, daß die Warendistribution mit einem geringstmöglichen Einsatz an Betriebsfaktoren und damit mit niedrigen Kosten erfolgt. (Vergl. dazu: Oehme, Wolfgang, Marktsegmentierung durch Absatzaktivitäten, in: Marktsegmentierung – Marktnischen finden und besetzen, Herausgeber Werner Pepels, Heidelberg 2000, Spalte 191 ff.).

Es stehen zwei Strategien zur Verfügung:

– Die Strategie des vertriebsformenhomogenen Sortiments

Bei Anwendung dieser Strategie besteht das Sortiment nur aus einem einzigen Vertriebsformensegment. Vertriebsformenhomogene Sortimente führen z.B. Aldi, Douglas oder Boutiquen mit hochmodischer Damenoberbekleidung. Die Strategie des vertriebsformenhomogenen Sortiments wirft kaum schwerwiegende Probleme auf. Die Präsentation des Sortiments, die Andienungsform, die Werbung und auch das Unternehmensprofil können sehr genau auf das Sortiment abgestimmt werden. Die Handelsleistung, so könnte man es auch sagen, kann in dem vom Segmentcharakter erforderlichen Umfang – beim Discount eine sehr niedrige, beim Fachgeschäft eine sehr hohe Handelsleistung – dem gesamten Sortiment sehr genau zugemessen werden. Eine Differenzierung der Handelsleistung nach Teilsortimenten oder einzelnen Warengruppen entfällt. Die Homogenität des Sortiments erlaubt es auch, die sortimentsinterne Mischkalkulation in engen Grenzen zu halten. Vertriebsformenhomogene Sortimente sind meist begrenzte Branchensortimente, deren Grenzen zu anderen Branchen aber an den Rändern verwischen können. Mit einem vertriebsformenhomogenen Sortiment gelingt es ohne große Schwierigkeiten, eine unverwechselbare und überzeugende „Retail Brand" zu schaffen. Der Marketing-Mix ist „aus einem Guß" und frei von jeglichen Widersprüchen. Aldi als Gattungsbegriff für Discount und Douglas als Gattungsbegriff für Parfumerie sind kaum zu übertreffende Beispiele dafür.

– Die Strategie des vertriebsformenheterogenen Sortiments

Fällt eine sortimentspolitische Entscheidung für die Aufnahme mehrerer Vertriebsformensegmente, so wird die Strategie des vertriebsformenheterogenen Sortiments verfolgt. Ein vertriebsformenheterogenes Sortiment ist hinsichtlich der Zumessung der differenzierten Handelsleistung an die unterschiedlichen Sortimentssegmente sehr schwer zu steuern. Man steht, vereinfacht gesagt, vor der Aufgabe, Discount und Fachgeschäft unter einem Dach und auf einer Ebene betreiben zu müssen. Es lassen sich weder die Betriebsfaktoren den einzelnen Segmenten ausreichend genau zumessen, noch lassen sich die einzelnen Segmente in der Präsentation und Preisoptik deutlich und für den Verbraucher verständlich abgrenzen. Und es muß eine relativ umfangreiche sortimentsinterne Mischkalkulation in Kauf genommen werden.

(d) Betriebswirtschaftlich orientierte Sortimentsstrategien

Obwohl die Sortimentspolitik ohne Zweifel in erster Linie ein Instrument des Marketing ist, steht sie gleichzeitig von der Betriebswirtschaft her unter dem Gebot der Wirtschaftlichkeit. Dies ist ein nicht zu vermeidender Zielkonflikt (s. Abb. 4/11 auf S. 193). Meist wird zu Gunsten des Marketing entschieden, in einzelnen Fällen aber auch zu Gunsten der Wirtschaftlichkeit. Es stehen die folgenden betriebswirtschaftlich orientierten Sortimentsstrategien zur Verfügung.

(da) Kalkulationsorientierte Sortimentsstrategien

Ein Sortiment kann in unterschiedliche Kalkulationsgruppen gegliedert werden. Es muß dann entschieden werden, ob nur eine oder mehrere Kalkulationsgruppen in das Sortiment aufgenommen werden. Bei einem Sortiment, das aus nur einer Kalkulationsgruppe besteht, läßt sich die Handelsspanne wesentlich leichter und genauer kontrollieren als bei einem Sortiment, das aus mehreren Kalkulationsgruppen besteht. Die kalkulationsorientierten Sortimentsstrategien werden meist sehr stark von der Preislagenpolitik abhängen oder sich an die Andienungsform anlehnen und damit kostenorientiert sein. Der Möbelhandel bedient sich in Teilen seines Sortiments dieser Strategie, wenn er für ein Produkt – eine Postergarnitur z. B. – unterschiedliche Kalkulationsgruppen bildet, die sich an der Qualität des Bezugsstoffes oder des Leders orientieren. Der Lebensmittelhandel hat schon seit langer Zeit die „sozial kalkulierten" Grundnahrungsmittel in einer Kalkulationsgruppe zusammengefaßt.

(db) Beschaffungsorientierte Sortimentsstrategien

Denkbar ist eine Strategie des straffen Sortiments, die nach dem Grundsatz verfährt: ein Produkt = ein Artikel (oft eine Marke) = ein Lieferant. In dieser Rigidität ist diese Strategie kaum praktikabel. Die Sortimentspolitik kann aber durchaus in diese Richtung tendieren. Das Gegenteil wäre eine Strategie des ausufernden Sortiments nach dem Grundsatz: ein Produkte = möglichst viele Artikel (meist Marken) = zahlreiche Lieferanten. Sie würde dem Kunden zwar eine sehr große Auswahl bieten, dem Handelsunternehmen aber hohe Kosten verursachen. Unter Lieferant wird hier das Hersteller-Unternehmen verstanden. Bei vielen Handelsgruppen ist es die Regel, daß fast das gesamte Sortiment von einem Lieferanten, dem Großhandelsunternehmen der Gruppe, bezogen wird. Der Einzelhandel muß dann seine Entscheidung über einen oder mehrere Lieferanten bzw. Marken innerhalb der Grenzen des Großhandelssortiments fällen. Die Entscheidung für mehrere Lieferanten hat, besonders bei markenloser Ware, grundsätzlich den Vorteil, mehr Unabhängigkeit zu gewinnen. Im Falle von Hersteller-Markenartikeln entstehen durch das Führen mehrerer Marken für ein Produkt, wie schon erwähnt, Parallelsortimente, die sich gegenseitig substituieren können und die aus der Sicht des Handels eigentlich überflüssig sind. Sie beanspruchen nur Verkaufsfläche und verursachen Kosten. Sie bieten andererseits den Kunden aber mehr Auswahl und verstärken die akquisitorische Wirkung des Sortiments. Bei der Anwendung einer beschaffungsorientierten Sortimentsstrategie sind zwei Grundsätze zu beachten:

- Parallelsortimente so wenig als möglich und so viel als nötig; hier kann man das Marketing der Markenartikel-Hersteller nicht völlig ausschalten.
- Je weniger Lieferanten, desto größer die Bezugsmenge je Lieferant und desto größer die Chance, gute Konditionen aushandeln zu können.

(3) Die Problematik vertriebsformenheterogener Sortimente und die Entscheidungsebenen der Sortimentspolitik

Die stürmische Expansion der Discounter – vor allem im Lebensmittelhandel – bis Ende der siebziger Jahre und der dann einsetzende Abwehrkampf des traditionellen Einzelhandels – gekennzeichnet durch die no-names und die Dauer-Niedrigpreis-Linien anstelle der zahlreichen Preis-Aktionen – zeigten deutlich, daß sich aus den an der Marketing-Intensität orientierten Artikel-Kategorien eigenständige Vertriebsformen-Segmente entwickelten, die sich durch alle Warenbereiche der traditionellen Sortimentsgliederung zogen. Damit bekam die Sortimentspolitik eine völlig neue Dimension und für den traditionellen Einzelhandel entstanden Probleme, die sich zwar mit dem Aufkommen der Discounter bereits andeuteten, die aber nun so drängend wurden, daß ihre Lösung keinen Aufschub mehr zuließ. Diese neue Dimension der Sortimentspolitik soll im folgenden etwas ausführlicher betrachtet werden.

Sortimente werden zum einen auf einer **warenorientierten Entscheidungsebene** gestaltet. Das ist die traditionelle Form der Sortimentspolitik, die es auch weiterhin geben wird. Diese Sortimentsgestaltung baut auf der Struktur des privaten Verbrauchs auf. So verwenden z.B. die privaten Haushalte ca. 20% ihrer Ausgaben für Nahrungs- und Genußmittel für den Kauf von Frischfleisch und Frischwurst. Entsprechend muß bei einem Handelsunternehmen, welches das volle Lebensmittel-Sortiment führt, der Umsatzanteil dieses Warenbereiches bei rund 20% liegen. Durch die warenorientierten Entscheidungen werden die **Sortimentsstruktur** (Warenbereichs- und Warengruppen-Gliederung) und der **Sortimentsumfang** (Breite, Tiefe und Mächtigkeit) festgelegt.

Die nach wie vor vorherrschende **Branchengliederung des Einzelhandels** ergibt von der Warenorientierung her gesehen überwiegend homogene Sortimente. Und selbst da, wo diese Branchengliederung gesprengt und die Branchengrenzen überschritten wurden, wo Fachgeschäfte bedarfsgruppenorientierte Sortimente schufen oder wo große Flächen, wie bei den Warenhäusern und SB-Warenhäusern, branchenübergreifende Sortimente ermöglichten, gab es kaum grundsätzliche und konzeptionelle Probleme. Diese Feststellung mag überraschen. Sie findet aber u.E. ihre Erklärung darin, daß diese Sortimente mit einer für alle Warengruppen und Artikel **einheitlichen Handelsleistung** angeboten werden können. Geringfügige Differenzierungen der Handelsleistung beschränken sich auf geschlossene Warengruppen und lassen damit kaum Probleme entstehen. Hier deutet sich bereits an, daß der Faktor Handelsleistung bei der Gestaltung von Sortimenten zunehmend in den Vordergrund tritt.

Sortimente werden heute, was in der Praxis noch gar nicht so recht erkannt worden ist, zum anderen auf einer **vertriebsfomenorientierten Entscheidungsebene** gestaltet. Vertriebsformen-Orientierung ist gleichbedeutend mit einer **Orientierung an der Handelsleistung.** Das ist die neue Form der Sortimentspolitik, die mindestens gleichberechtigt neben die traditionelle Form tritt und zukünftig eine wichtige Rolle spielen wird. Diese Sortimentsgestaltung baut auf der Struktur des Marktes auf, auf der bereits erwähnten Vertriebsformenstruktur. Wenn heute rund 25% des Lebensmittel-Umsatzes über die Discountschiene laufen, dann müssen die traditionellen Anbieter im Lebensmittelhandel überlegen, ob nicht auch etwa

4.1 Die Sortimentspolitik – das Sortiments-Marketing

25% ihres Umsatzes auf Dauer-Niedrigpreislagen entfallen müssen. Wenn das nicht der Fall und auch nicht zu ändern ist, dann müßten sie ein Viertel des Marktes abschreiben und den Discountern überlassen. Der Begriff „Voll-Versorger" würde dann auch nicht mehr auf sie zutreffen, denn sie würden nicht alle Vertriebsformen-Segmente in ihrem Sortiment führen. Der Begriff „Voll-Versorger" muß also auch neu definiert werden. Durch die vertriebsformenorientierten Entscheidungen wird eine Sortimentsstruktur nach Vertriebsformen-Segmenten geschaffen, nach Absatzintensität der Artikel und nach Marketing-Trägerschaft – Markenartikel, Handelsmarken, markenlose Ware oder no names –, alles marketingorientierte Gestaltungs-Alternativen für das Sortiment.

Sofern auf dieser Entscheidungsebene homogene Sortimente geschaffen werden – vertriebsformenhomogene Sortimente wie das Discount-Sortiment oder das hoch angesiedelte und vielleicht modische Fachgeschäfts-Sortiment –, entstehen wiederum kaum grundsätzliche und konzeptionelle Probleme. Man kann diesen Sortimenten nämlich genau die Handelsleistung zumessen, die sie aufgrund ihrer Absatz-Charakteristik brauchen und die damit auch zu verkaufen ist.

Um den Unterschied zwischen den beiden erläuterten Entscheidungsebenen noch deutlicher sichtbar werden zu lassen, kann als Beispiel der Wandel des Begriffes **Preislage** herangezogen werden. Der Handel kennt schon seit jeher Preislagen in seinen Sortimenten und gliedert seine Sortimente auch in Preislagen. Bisher waren Preislagen hauptsächlich das Ergebnis von unterschiedlichen Qualitätslagen und damit auf Einkaufspreislagen aufgebaut. Jede Preislage wurde mit der gleichen oder fast gleichen Handelsleistung belastet, also auch mit gleichem Aufschlag kalkuliert. Heute sind Preislagen hauptsächlich das Ergebnis unterschiedlicher Handelsleistung. Das Erfolgsrezept der Discounter besteht z.B. nicht nur aus einem günstigen Einkauf der von ihnen geführten Waren. Daß sie eine mittlere Konsumqualität infolge eines straffen Sortiments günstig einkaufen, ist vielleicht sogar nur der kleinere Erfolgsfaktor. Daß sie diese Ware mit einer minimalen Handelsleistung befrachten und somit extrem niedrige Kosten kalkulieren müssen, ist wahrscheinlich der größere Erfolgsfaktor. Viele Handelsunternehmen haben, verhaftet einer starken Warenorientierung ihres Denkens, lange gebraucht, bis sie dieses Erfolgskonzept erkannten; manche haben es heute noch nicht begriffen. Wettbewerb spielt sich heute hauptsächlich auf der Ebene der Handelsleistung ab, nicht auf der Ebene des Einkaufs, der freilich seine Bedeutung nicht ganz verloren hat und auch nicht verlieren wird. Der Einkauf kann jedoch sehr stark von der Sortimentspolitik – die wiederum ein Teil der Handelsleistung ist – beeinflußt werden.

Für die zukünftige Sortimentspolitik ist es von entscheidender Bedeutung, daß das Angebot eines Handelsunternehmens eindeutig und übersichtlich in **Ware und Handelsleistung getrennt** wird. Natürlich führen Handelsunternehmen Ware und bieten sie ihren Kunden an. Aber das ist in der heutigen Wettbewerbs-Situation nicht der primäre Teil ihres Angebots. Ware wird auch von den Wettbewerbern angeboten. Bei Markenartikeln ist es sogar die gleiche, unverwechselbare Ware. Die Sortimente des Lebensmittelhandels sind nicht zufällig – besonders im Bereich des sogenannten Trocken-Sortiments – uniform und austauschbar. Bei der Ware spielt sich auf den Verkaufsflächen des Handels der Wettbewerb der Industrie ab. Das ist die erste Ebene des Wettbewerbs. Entscheidend für den Handel ist heute aber, **wie** die Ware angeboten, d.h. wie und in welchem Umfang Handelsleistung erbracht wird. Das ist die zweite Ebene des Wettbewerbs, auf der die Handelsunternehmen Profil gewinnen können. *Abb. 4/13* faßt diesen Sachverhalt zusammen.

Abb. 4/13: Das Angebot eines Handelsunternehmens

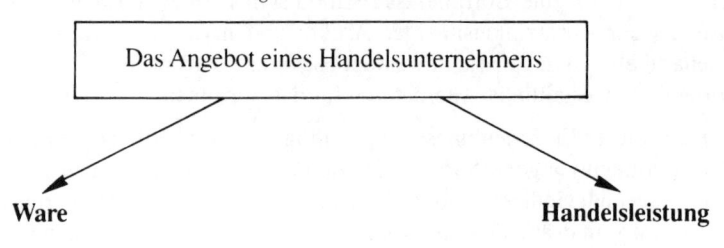

Das Angebot eines Handelsunternehmens

Ware

- auch von den Wettbewerbern angeboten
- bei Markenartikeln sogar die gleiche Ware
- Wettbewerb der Industrie auf den Verkaufsflächen der Handelsunternehmen

Handelsleistung

- sollte besser sein als die Handelsleistung der Wettbewerber
- Möglichkeiten der Profilierung und des Erreichens von Wettbewerbsvorsprüngen
- Wettbewerb der Handelsunternehmen untereinander auf dem Felde der Handelsleistung

1. Ebene des Wettbewerbs

Warenorientierung der Sortimentspolitik

2. Ebene des Wettbewerbs

Absatzorientierung der Sortimentspolitik

Daß die Praxis des Handels so stark warenorientiert denkt und die eigenständige Bedeutung der Handelsleistung als alleiniges Produkt des Leistungsprozesses eines Handelsunternehmens so wenig erkennt, hängt sicher damit zusammen, daß die **Ware gegenständlich,** die **Handelsleistung** jedoch **abstrakt** ist. Ware kann man sehen und greifen, Handelsleistung ist unsichtbar und nicht anfaßbar. Und doch ist sie der Mittelpunkt des Handels-Marketing, nicht die Waren (vgl. *Barth, Klaus,* Die erkenntnisfördernde Bedeutung der Handelsfunktionen – Plädoyer für einen verkannten Forschungsansatz, in: Mitteilungen des Instituts für Handelsforschung an der Universität Köln, 34. Jg. (1982), Heft 10, S. 106ff.). Das ideale Sortiment, wie es der führende Lebensmittel-Discounter in der Bundesrepublik Deutschland führt, ist sowohl waren- als auch vertriebsformenorientiert homogen. Probleme treten erst auf, wenn eine traditionelle Vertriebsform, wie z.B. der Le-

Abb. 4/14: Traditionelle und zukünftige Sortimentsentscheidungen

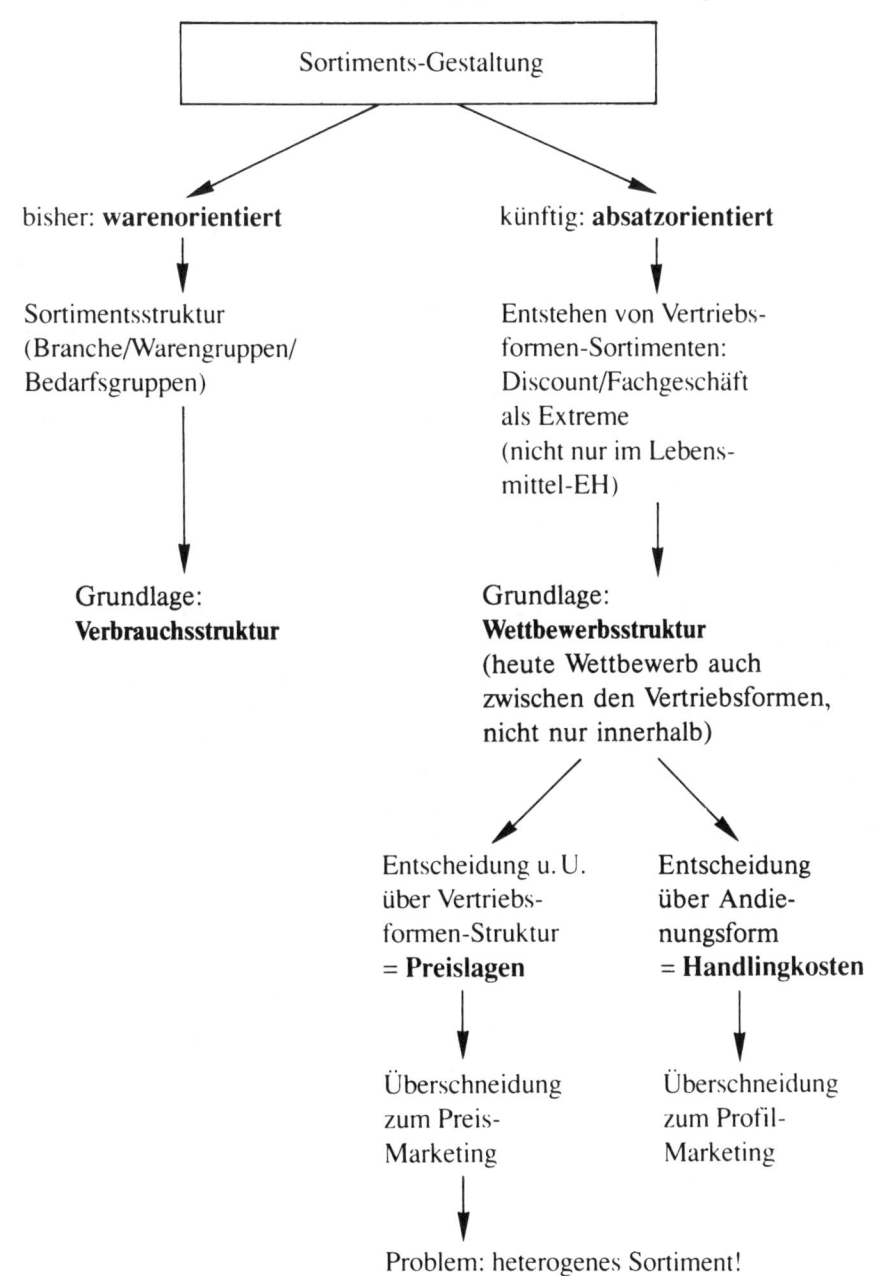

```
                    ┌─────────────────────────┐
                    │   Sortiments-Gestaltung │
                    └─────────────────────────┘
                      ↙                    ↘
       bisher: warenorientiert      künftig: absatzorientiert
                ↓                             ↓
       Sortimentsstruktur          Entstehen von Vertriebs-
       (Branche/Warengruppen/      formen-Sortimenten:
       Bedarfsgruppen)             Discount/Fachgeschäft
                                   als Extreme
                                   (nicht nur im Lebens-
                                   mittel-EH)
                ↓                             ↓
       Grundlage:                  Grundlage:
       Verbrauchsstruktur          Wettbewerbsstruktur
                                   (heute Wettbewerb auch
                                   zwischen den Vertriebsformen,
                                   nicht nur innerhalb)
                                       ↙            ↘
                            Entscheidung u. U.    Entscheidung
                            über Vertriebs-       über Andie-
                            formen-Struktur       nungsform
                            = Preislagen          = Handlingkosten
                                   ↓                    ↓
                            Überschneidung        Überschneidung
                            zum Preis-            zum Profil-
                            Marketing             Marketing
                                   ↓
                            Problem: heterogenes Sortiment!
```

bensmittel-Supermarkt, Marktanteile an den Discountsektor verliert und sich die Frage stellen muß, ob zur Abwehr dieses Angriffs Discount-Elemente in das Sortiment aufzunehmen sind. Dann entsteht ein **vertriebsformenheterogenes Sortiment.** Und das wirft eine ganze Reihe von Fragen auf, die zum Teil bereits beim Aufkommen der „no names" leidenschaftlich und kontrovers diskutiert worden sind. *Abb. 4/14* faßt die bis hierher angestellten Überlegungen zu einer neuen und zusätzlichen Orientierung der Sortimentspolitik noch einmal zusammen.

Legt man die drei sich aus der Marketing-Intensität ergebenden Artikel-Kategorien zugrunde, so läßt sich für die drei am Markt entstandenen Vertriebsformen-Segmente die folgende Typologie aufstellen:

- Kategorie I = Vertriebsformen-Segment I: **Innovatives Sortiment.** Dieses Sortiment wird von der Vertriebsform „Fachgeschäft" geführt. Schwerpunkte finden sich bei Damen-Oberbekleidung (z.B. in Mode-Boutiquen), bei Schuhen und bei der Unterhaltungs-Elektronik, um nur einige Beispiele zu nennen. Weniger ausgeprägt ist es beim Lebensmittel-Einzelhandel. Das innovative Sortiment verlangt eine hohe Handelsleistung und kann sie auch verkaufen.
- Kategorie II = Vertriebsformen-Segment II: **Normales Sortiment.** Im Lebensmittel-Einzelhandel ist dieses Sortiment ein Schwerpunkt der Vertriebsform „Nachbarschaftsgeschäft" oder „traditioneller Supermarkt". Aber auch in Fachgeschäften anderer Branchen findet es sich.
- Kategorie III = Vertriebsformen-Segment III: **Discount-Sortiment.** Dieses Sortiment bildet den Schwerpunkt bei den Lebensmittel-Discountern, einem Teil der Drogerie-Märkte und vielen Fachmärkten. Die erforderliche Handelsleistung ist minimal.

Interessant ist, daß diese Gliederung von Konsumgütern auf der Grundlage der Kaufgewohnheit unabhängig davon besteht, wer für ein Produkt der Marketing-Träger ist. Vom Standpunkt der Marketingträgerschaft kann man Markenartikel, Handelsmarken und markenlose Waren unterscheiden. Es gibt also durchaus Markenartikel, die von ihrer Kaufgewohnheits-Intensität her discountfähig sind. Man denke an Margarine oder Gemüsekonserven, um nur zwei Beispiele zu nennen. Das Lebensmittel-Sortiment besteht überhaupt zu einem großen Teil aus discountfähigen Artikeln. Ob solch ein Artikel, besonders ein Markenartikel, im Vertriebsformen-Segment Discount endet – was durchaus kein Makel ist –, steht nicht immer von vornherein fest. Aber fast alle discountfähigen Produkte, auch Markenartikel, finden sich in den Sortimenten der SB-Warenhäuser.

Um den Unterschied zwischen einer warenorientierten Sortimentsstruktur und einer vertriebsformenorientierten Sortimentsstruktur noch einmal in voller Schärfe sichtbar zu machen, ist in *Abb. 4/15* das Sortiment eines Lebensmittel-Supermarktes von beiden Gesichtspunkten aus gegliedert dargestellt.

Die vertriebsformenorientierte Gliederung des Sortiments zeigt sehr deutlich, mit welch unterschiedlicher Handelsleistung die einzelnen Segmente arbeiten. Die Bedienungs-Segmente liegen an der Spitze. Die Frischwaren-SB-Segmente liegen höher als das Trockensortiments-SB-Segment. Sie erfordern infolge der Kühlung auch eine höhere Handelsleistung. Am Ende liegt das Trockensortiments-Discount-Segment, dessen Rohgewinn heute von den Discountern – mit homogenem Sortiment! – und damit vom Markt vorgegeben wird.

Wenn sich Warenbereich und Vertriebsformen-Segment decken, ergeben sich keine Probleme. Der Frischwarenbereich Fleisch und Frischwurst ist als Bedie-

Abb. 4/15: Sortimentsstruktur eines Lebensmittel-Supermarktes

Die warenorientierte Sortimentsstruktur

	Umsatzanteil (in %)	Rohgewinn (in %)
Frischfleisch/Frischwurst	22	30
Obst und Gemüse	10	24
Molkereiprodukte	18	18
Tiefkühlkost	5	15
Brot und Backwaren	6	20
Frischwaren insgesamt	61	⌀ 23,3
Trockensortiment	39	12,0
Gesamtes Sortiment	100	⌀ 18,6

Die vertriebsformenorientierte Sortimentsstruktur

	Umsatzanteil (in %)	Rohgewinn (in %)
Frischwaren in Bedienung und loser SB (Fleischabteilung, Obst und Gemüse, Backwaren)	38	26,8
Frischwaren in SB (Molkerei-Produkte, Tiefkühlkost)	23	17,3
Trockensortiment normal in SB	23	13,9
Trockensortiment discountfähig	16	8,0
Gesamtes Sortiment	100	⌀ 18,6

nungsabteilung zugleich ein Vertriebsformen-Segment. In diesem Fall läßt sich die erforderliche Handelsleistung, die auch verkauft werden kann, genau auf den Warenbereich abstimmen. Der Warenbereich Obst und Gemüse umfaßt ein Vertriebsformen-Segment SB und ein Segment „lose Selbstbedienung".

Das Hauptproblem ergibt sich im Lebensmittel-Einzelhandel bei der **Gliederung des Trockensortimentes** in zwei Vertriebsformen-Segmente. Dieses Problem besteht aus einer Reihe von Einzelfragen, die auch die Preispolitik betreffen.

- **Plazierung im Verkaufsraum:** Soll das Vertriebsformen-Segment Discount geschlossen – etwa als Discount-Straße – präsentiert oder sollen seine Artikel den jeweiligen Warengruppen zugeordnet werden? Wahrscheinlich ist die Zuordnung der Artikel zu den jeweiligen Warengruppen die bessere Lösung. Sie ermöglicht dem Kunden den Vergleich mit dem Normal-Trockensortiment und führt ihn am gesamten Sortiment vorbei.
- **Durchsetzung beim Verbraucher:** Wird der Verbraucher das Discount-Vertriebsformensegment auch wahrnehmen, werden ihn die Preise überzeugen und von manchem Einkauf beim reinen Discounter abhalten? Diese Frage ist noch vollkommen offen. Ob damit das Preis-Image traditioneller Vertriebsformen deutlich verbessert wird, kann heute ebenfalls noch nicht gesagt werden.
- **Werbung:** Soll das Discount-Segment beworben werden und wenn ja, in welchem Umfang? Zumindest am Anfang wird Werbung – oder besser Preis-Information? – erforderlich sein. Eindeutig kann aber gesagt werden, daß sich im Discount-Segment Aktionen von selbst verbieten. Durch Aktionen würde eine Dauer-Niedrigpreislage unglaubwürdig.

- **Preisabstand zum reinen Discounter:** Kann man sich einen Preisabstand von einigen Prozent erlauben oder müssen (zumindest die wichtigsten) Preise des reinen Discounters als Marktdaten übernommen werden – eine Form imitativer Preispolitik? Wahrscheinlich wird nicht viel Abstand sein dürfen.
- **Dosierung der Handelsleistung:** Wird es organisatorisch möglich sein, die Handelsleistung und damit die Kosten für das Discount-Vertriebsformensegment so zu minimieren, daß dieses Segment in sich rentabel ist und nicht von anderen Segmenten subventioniert werden muß? Will man dieses Problem in den Griff bekommen, dann wird man

  – die Vertriebsformen-Segmente als **Kostenträger** ansehen und auch kontrollieren müssen und
  – den Operating-Bereich in **Funktionsbereiche und Einzelfunktionen** gliedern müssen, deren Kosten festzuhalten sind.

Man kann dann versuchen festzustellen, welche Funktionen ein Segment als Kostenträger in welchem Umfange in Anspruch nimmt und welche Handelsleistung es damit absorbiert. Damit wird es möglich zu kontrollieren, ob alle Vertriebsformen-Segmente rentabel arbeiten und damit eine Mischkalkulation zwischen ihnen nicht erforderlich wird.

Im Lebensmittel-Einzelhandel drängt die Lösung dieser Probleme sehr stark. Schlagen die Bemühungen, alle Vertriebsformen-Segmente auf einer Verkaufsfläche – unter einem Dach – zu führen, fehl, dann ist der traditionelle Supermarkt von den Vertriebsformen-Sortimenten her gesehen kein Vollversorger mehr. Und den großen Filialunternehmen und Handelsgruppen, die auf den Supermarkt setzten, bleibt nur noch die Alternative, die Vertriebsform Discount auf eigene Verkaufsflächen auszugliedern, ein Netz von Discount-Märkten aufzubauen, soweit sie dies nicht bereits getan haben.

Gegenwärtig sieht es so aus, als hätte nur der Lebensmittel-Einzelhandel die hier dargestellten Probleme. Da sich auch in anderen Branchen inzwischen bei vielen Artikeln des Sortiments starke Kaufgewohnheiten entwickelt haben und somit viele Artikel mehr oder weniger discountfähig geworden sind, dürften diese Probleme in nächster Zukunft mit Sicherheit auch andere Branchen beschäftigen. Sie werden dann von den Erfahrungen des Lebensmittel-Einzelhandels profitieren können. (*Oehme, Wolfgang,* Die Problematik vertriebsformenheterogener Sortimente, in: Marketing, Zeitschrift für Forschung und Praxis, Heft 2, Mai 1985, S. 85 ff., derselbe, Die Führung vertriebsformenheterogener Sortimente nach dem Profit-Center-Konzept, in: Thexis, Zeitschrift für Interaktion zwischen Theorie und Praxis in Marketing und Distribution, Heft 1/1988).)

(4) Sonderformen der Sortimentspolitik

(a) Die Diversifikation

Sofern man die traditionelle Branchengliederung des Handels für das einzig richtige Sortiments-Gestaltungsprinzip hält, ist die branchenübergreifende Gestaltung von Bedarfsgruppen als Teilsortimenten bereits eine Diversifikation, die dem Handel schon lange Zeit bekannt ist und heute eigentlich kaum noch als echte Diversifikation und Sonderform der Sortimentspolitik empfunden wird. Die Diversifikation im Sortiment gehört heute zum Alltag des Handels, ist nicht mehr die besondere unternehmerischen Mut erfordernde Ausnahmeentscheidung. Wir möchten die Diversifikation aber trotzdem als Sonderform der Sortimentspolitik ansehen, zumal das Stadium, in dem lediglich Branchengrenzen überschritten werden, längst der Vergangenheit angehört und heute auch andere Formen der Diversifikation angewandt werden. Besonders Handelsunternehmen, deren Sortimente vom Markt her zu einer Stagnation gezwungen werden oder nur geringe Expansion zugebilligt erhalten, wie z.B. im Lebensmittelhandel, halten immer Ausschau nach Möglichkeiten der Diversifikation. Sie bietet neben den innovativen Produkten eine weitere Möglichkeit, Umsatzwachstum zu erreichen. Diversifikation bedeutet immer die Aufnahme neuer Teilsortimente mit wachstumsträchtigen Produkten und auch die Aufnahme von Dienstleistungen. Für den Lebensmittelhandel nennt *Henksmeier* als Möglichkeiten zur Diversifikation: Do-it-yourself-Artikel, Sportartikel, Reisebedarf, Bücher (vor allem Taschenbücher), Zubehör für Phono, Foto und Optik. Als Dienstleistungen können angeboten werden: Reisedienste, Fotoannahmestellen, Zuschneidedienst im Do-it-yourself-Bereich, um nur einige Beispiele zu nennen. Auf diese Weise kann der geänderten Struktur der Ausgaben der Verbraucher, die zuungunsten der Lebensmittel, aber zugunsten der Bereiche Reisen, Freizeitgestaltung und Bildung verläuft, Rechnung getragen werden (vgl. dazu: *Henksmeier, K. H.,* Diversifizieren und Profilieren – Schlüssel zum Erfolg, in: Selbstbedienung – Dynamik im Handel, Nr. 10/1977, S. 8ff.). Für die Diversifikation durch Dienstleistungen bieten auch die Warenhäuser sehr viele Beispiele: Reisebüros, Schlüsseldienst und Schnellbesohlen von Schuhen, Montage und Einstellen von Skibindungen, Friseursalons, Zuschneiden von Stoffen und Restaurants.

Im Lebensmittelhandel schloß sich an eine begrenzte Diversifikation in den Sortimenten eine Diversifikation in Vertriebsformen an. Durch die teilweise weit branchenübergreifende Neugestaltung von Gesamtsortimenten und deren Gliederung in Vertriebsformen-Segmente entstanden gleichzeitig neue Vertriebsformen oder auch durch das Entstehen neuer Vertriebsformen wurden neue weit branchenübergreifende Gesamtsortimente geschaffen. Neben das traditionelle und frischwarenbetonte Nachbarschaftsgeschäft oder den Nachbarschafts-Supermarkt traten Discountmärkte, Verbrauchermärkte und SB-Warenhäuser. Diesen Aufbau mehrerer Vertriebslinien führten vor allem große Filialunternehmen, die *Coop* und die Handelsgruppen durch. Es gibt heute aber durchaus auch schon große Einzelhandelskaufleute, die mehrere Vertriebslinien führen. Die neuen Vertriebslinien firmieren durchwegs unter neu geschaffenen, teilweise fantasievollen Namen, um einen Kontrast zu den traditionellen Stammgeschäften herzustellen, um ein eigenes Vertriebslinienprofil zu schaffen. Bei *Edeka* finden sich Namen wie *Neukauf* und *Delta*, bei *Coop* die Bezeichnungen *Plaza* und *Basar*, bei der *Spar Euro-Markt* und bei *Rewe Kontra*. Die *Edeka* ist in jüngster Vergangenheit in den Bereich der Drogerie-Märkte unter der Bezeichnung „elkos" vorgestoßen, womit sowohl im Sortiment als auch in der Vertriebsform gleichzeit diversifiziert wurde. Ein markantes Beispiel für eine schon fast extrem zu nennende Diversifikation im Sortimentsbereich – eine horizontale Diversifikation – ist die Firma *Hussel*, die mit Süßwarenfachgeschäften begann und heute auch Cafés, Parfümerien, Drogerien, Lebensmittelmärkte, Schmuckgeschäfte, Buchhandlungen und ein Versandunternehmen betreibt (*Käckenhoff, Uwe,* Unternehmensstrategie Hussel – Wachstum mit Niveau, in: Manager Magazin Nr. 1/1980, S. 36ff.). Die Entwicklung dieser neuen Vertriebslinien bei der *Asko SB-Kaufhaus AG* in Saarbrücken, ehemals einem Unternehmen der *Coop*-Gruppe, hat *Wagner* sehr ausführlich und anschaulich beschrieben (*Wagner, Helmut,* Warum diversifiziert der Handel? in: Lebensmittel-Zeitung Nr. 3 vom 21. 1. 1977, S. X).

Die Diversifikation der großen Handelsunternehmen und Handelsgruppen bedroht vor allem die kleinen, **traditionellen Fachgeschäfte,** deren **Schwächen** sind:

- Konservatives Erscheinungsbild, das beim Kunden den Eindruck fachlicher Arroganz aufkommen läßt und Schwellenwiderstand aufbaut.
- Ein komplexes Sortiment wird nur vom Branchenstandpunkt aus gesehen und deshalb als homogenes Sortiment behandelt, während es aus der Sicht des Kunden (kurz- und langlebige, hoch- und geringwertige Artikel) und des Marketing (problemlose und beratungsintensive, schnell und langsam drehende Artikel) sehr heterogen ist.
- Bei einem Teil der geführten Artikel verzichtet der Verbraucher auf besondere fachliche Kompetenz. Das sind in erster Linie sicher die weißen und weiß gewordenen Produkte.

Diesen Schwächen des Fachgeschäftes stehen die **Stärken der neuen Vertriebsformen** und Großunternehmen des Handels gegenüber:

- Sie verfügen über gute Standorte und große Verkaufsflächen, die eine ausgeprägte Zentralität kennzeichnet und die das Einrichten von Spezialabteilungen erlauben.
- Sie gestalten ihr Sortiment nach Marketing-Gesichtspunkten und nehmen Artikel auf, die zwar branchenfremd, aber unter anderen Gesichtspunkten gesehen durchaus in das vorhandene Sortiment passen (Mitnahmeartikel des kurzfristigen Bedarfs, die problemlos sind).
- Sie können, da die Diversifikation zu einer besseren Auslastung der vorhandenen Unternehmenskapazität führt, attraktive Preise bieten.

Durch diese Entwicklung sind viele Fachgeschäfte gezwungen worden, ihr Sortiment mehr vom Standpunkt des Marketing her zu beurteilen und zu gestalten als vom Standpunkt der Branche.

(b) Die Self-Liquidators

Diese außerordentlich interessante Form der Sortimentspolitik war ursprünglich eine besondere Methode der Verkaufsförderung, eine neue Art von „Promotions", die „Selfliquidating Offers" (SLO) genannt wurde. Unter Self-Liquidators versteht man wegen ihres Preises oder ihrer Originalität besonders attraktive Angebote an die eigene Zielgruppe, die nicht ins angestammte Sortiment – oder Produkt-Programm – gehören. Und diese Angebote sollen sich selber tragen. Die Kosten für Entwurf, Auswahl, Beschaffung, Werbung und Vertrieb müssen durch die Verkaufserlöse gedeckt werden. Self-Liquidators sind also Werbemittel, die sich selber finanzieren.

In zweierlei Hinsicht haben die Self-Liquidators eine bemerkenswerte Entwicklung durchlaufen:

4.1 Die Sortimentspolitik – das Sortiments-Marketing

Sie wandelten sich von einer Promotions-Methode zu einer Sonderform der Sortimentspolitik. Das gilt besonders für den Einzelhandel, und hier in erster Linie für die beiden großen Kaffee-Röster *Eduscho* und *Tchibo*, die dieses Instrument meisterhaft beherrschen und schon seit längerer Zeit erfolgreich handhaben.

Der Grundsatz der Selbstfinanzierung wurde aufgegeben. Entweder werden neben dem Einkaufspreis nur die zusätzlich entstehenden Vertriebskosten kalkuliert, oder die Artikel dienen der Spannenverbesserung. In beiden Fällen bleibt aber das Ziel, mit unkonventionellen und ungewöhnlichen Angeboten auf das Stamm-Sortiment aufmerksam zu machen.

Wenn Self-Liquidators ein Erfolg werden sollen, müssen die folgenden Voraussetzungen gegeben sein:

Das Stamm-Sortiment muß schmal, nicht zu tief und extrem homogen sein und die angebotenen Produkte müssen an die Grenze der qualitativen Verfeinerung stoßen. Das ist besonders bei Kaffee oder Zigaretten der Fall, die außerdem nur in wenigen Packungsgrößen angeboten werden. Dieses Stamm-Sortiment soll nun in ein Umfeld – von Self-Liquidators – gestellt werden, das die Kunden erwünschte Qualitäten oder Qualitätsverbesserungen assoziieren läßt. Und sicher sollen die Self-Liquidators auch eine besondere Leistungsfähigkeit des anbietenden Unternehmens signalisieren.

Der als Self-Liquidator angebotene Artikel muß außerordentlich attraktiv und beim Kunden einen sehr starken Wunsch, ihn zu erwerben, auslösen. Durch den Kauf müssen Freude geweckt oder Prestige-Gewinn vermittelt werden. Die Auswahl der Artikel muß also sehr sorgfältig erfolgen und setzt umfassende Marktkenntnisse voraus, nicht nur in dem Segment des Stamm-Sortiments.

Der Preis des angebotenen Self-Liquidators muß überdurchschnittlich attraktiv sein und die Kunden, die man ansprechen will, regelrecht aktivieren. Attraktiv wird in der Regel bedeuten, daß der angebotene Artikel sehr billig ist. Eine Niedrigpreispolitik bereitet bei den Self-Liquidators auch kaum Schwierigkeiten, da große Mengen eingekauft werden, die eigene Spanne begrenzt werden kann und die Marketingkosten vom Stamm-Sortiment getragen werden. Trotz niedriger Preise kann es, vor allem wenn der Einkaufspreis günstig ist, dann noch zu Spannenverbesserungen kommen. Erfordert es das Produkt-Image, so kann auch ein sehr hoher Preis festgesetzt werden und attraktiv sein. Das war z.B. der Fall bei den John Player Special Lederartikeln.

Die Self-Liquidators dürfen die Distributionskanäle nicht stark belasten. Eine Belastung wird sich nicht vollständig vermeiden lassen. Deshalb ist der Absatz von Self-Liquidators eines Herstellers über den Handel meist recht schwierig. Am wenigsten Probleme haben Hersteller, die über ein eigenes Einzelhandels-Filialnetz verfügen, wie die genannten Kaffee-Röster. Für Hersteller ohne Filialen verbleibt dann nur noch der Direktversand an die Kunden mit Hilfe eines Bestellcoupons, der in eine Anzeige eingefügt ist.

Die Self-Liquidators sind wettbewerbsrechtlich oft sehr problematisch. Vor jeder Aktion sind daher von Juristen die Fragen einer rechtlichen Zulässigkeit zu prüfen. Die Self-Liquidators haben schon zahlreiche Prozesse verursacht (vgl. dazu z.B.:

Sonderverkäufe der Kaffeeröster untersagt, in: Frankfurter Allgemeine Zeitung, Nr. 116 vom 20. 5. 80, S. 11).

Der Self-Liquidator sollte mit dem Stamm-Sortiment verwandt sein und der Kunde sollte diese Verwandtschaft auch wahrnehmen. Wenn *Eduscho* z.B. einen Tee-Gläser-Set anbietet, so ist eine Verwandtschaft zum Stamm-Sortiment, in dem auch Tee geführt wird, vorhanden. Bei sehr schmalen Sortimenten ist die Auswahl an verwandten Artikeln, die als Self-Liquidators angeboten werden könnten, aber sehr bald erschöpft. Die Forderung nach Verwandtschaft von Stamm-Sortiment und Self-Liquidator läßt sich dann nicht mehr aufrechterhalten. Und dann bieten die Kaffee-Filialen eben auch Uhren und Bücher an. Mit den Angebot von Kleinmöbeln – durch Prospekt und mit Zustellung frei Haus –, Fahrrädern und Langlaufskiern dürften die Self-Liquidators allerdings an die Grenze ihrer Möglichkeiten vorgestoßen sein oder diese Grenze überschritten haben. Und dies ist von den anbietenden Unternehmen offensichtlich auch erkannt worden.

Prüft man die hier aufgeführten Voraussetzungen für einen Einsatz der Self-Liquidators als Sonderform der Sortimentspolitik, so wird man zu dem Ergebnis kommen, daß diese Voraussetzungen am weitestgehenden bei den Filialen der beiden genannten großen Kaffeeröster vorhanden waren. Sie betreiben diese Sortimentspolitik schon seit Jahren erfolgreich. Bei *Tchibo* haben die Self-Liquidators einen Umsatzanteil von über 20% erreicht und offensichtlich auch zur Verbesserung des Ertrages wesentlich beigetragen (Der Zwei-Mann-Konzern, Unternehmensanalyse *Tchibo*, in: Manager Magazin Nr. 2/1981, S. 44ff.; *Tchibo* ist auch ein Riese in der Ertragskraft, in: Frankfurter Allgemeine Zeitung, Nr. 167 vom 22. 7. 1980, S. 11). Wo die Voraussetzungen nur teilweise vorhanden waren oder gar fehlten, wie bei Handelsunternehmen mit breiten Sortimenten oder Herstellern ohne eigenen Distributionskanal, wurden die Self-Liquidators kein überragender Erfolg oder gleich gar nicht eingesetzt (vgl. zu dem gesamten Thema: Selfliquidators: Delikatessen für Zielgruppen, in: Absatzwirtschaft Nr. 2/1977, S. 24, wo sich auch eine umfassende und sehr interessante Übersicht über Selfliquidating-Aktivitäten in der Bundesrepublik Deutschland findet).

Charakteristisch für die Self-Liquidators ist, daß diese Sortimentspolitik fast immer eine permanente Angebotspolitik ist. Es wird kein ständiges Sortiment von Self-Liquidators geführt.

(c) Die Versandangebote der Warenhauskonzerne

Diese Sonderform der Sortimentspolitik betrifft die Andienungsform. Vor Jahren gingen die großen Versandhäuser, vor allem *Quelle* und *Neckermann*, in das sogenannte stationäre Geschäft. Sie eröffneten, wo sich Gelegenheit dazu bot, Warenhäuser und traten damit auf andere Weise zusätzlich und noch direkter in Konkurrenz zu den Warenhauskonzernen. Seit geraumer Zeit nun kontern die Warenhauskonzerne in der Weise, daß sie in Illustrierten und Fernseh-Programmzeitschriften in regelmäßigen Abständen Angebote bringen, die die Verbraucher bestellen können. Die Aufmachung dieser Anzeigen ähnelt den Katalogen der Versender. Neben einer genauen Beschreibung der Ware finden sich die Artikelnummer, selbstverständlich der Preis und auch die Bestellanschrift. Bei *Hertie* liefen diese Angebote unter der Bezeichnung „Glückskauf – die richtige Wahl für schnelle Rechner", beim *Kaufhof* unter „Das goldene Kaufhof-Angebot" und bei *Karstadt* unter „Karstadt aktuell". *Karstadt* verweist in diesen Anzeigen zunächst auf seine Häuser, fügt dann aber unmittelbar die Bestell-Anschrift an.

Der *Kaufhof* begann im Februar 1970 mit dieser Sonderform der Sortimentspolitik, einer Sonderform der Andienung, wie man es korrekt bezeichnen müßte. Innerhalb von zehn Jahren wurden 1,5 Mrd. DM umgesetzt. Im Jahre 1979 wurden über das Goldene-Kaufhof-Angebot 175 Mill. DM umgesetzt. Allerdings bestellte nur jeder zehnte Kunde per Postkarte oder Telefon, 90% des Umsatzes liefen über die Filialen (vgl. dazu: Seit zehn Jahren „*Goldenes-Kaufhof-Angebot*", in: Handelsblatt Nr. 34 vom 18. 2. 1980, S. 12). Ein großer und ständiger Erfolg sind die Versandangebote trotzdem nicht geworden. Sie wurden inzwischen eingestellt.

Diese Sonderform der Sortiments- und Verkaufspolitik, eine Diversifikation vom stationären Einzelhandel in den Versandhandel, ist inzwischen durch den Handel per Internet ersetzt worden (siehe dazu S. 243 ff.).

4.1.5.4 Die Sortimentspolitik als Prozeß

Verschiedentlich wurde schon darauf hingewiesen, daß ein Sortiment kein statisches Gebilde ist, sondern einer fortlaufenden Dynamik unterliegt. Diese Dynamik muß noch hinsichtlich ihrer Entstehungsgründe und Entscheidungsalternativen systematisiert werden.

Der **Sortimentsverschleiß** ist einer der Entstehungsgründe für fortlaufend notwendig werdende Sortimentsentscheidungen. Er ist, so könnte man es bezeichnen, endogen, entsteht im Sortiment selbst, aus ihm heraus. Die Zielsetzungen Aktualisierung und aquisitorische Wirkung des Sortiments sind sein Ursprung. In der Regel löst er zahlreiche mehr punktuelle Entscheidungen aus. Sie betreffen die Aufnahme komplementärer Artikel – die bereits geführte Artikel ergänzen – und den Austausch – die Substitution – gleichartiger Artikel. Es können aber auch, was sicher seltener vorkommt, ganze Teilsortimente erweitert oder verkleinert werden. Besonders innovative Artikel sind gut geeignet, dem Sortimentsverschleiß entgegenzuwirken.

Die **Wettbewerbsaktivitäten** sind der zweite Entstehungsgrund für unablässig anfallende Sortimentsentscheidungen. *Gümbel* (Die Sortimentspolitik in den Betrieben des Wareneinzelhandels, a.a.O., S. 252) bezeichnet diese Gruppe von Entscheidungen zutreffend als Reaktionen und unterscheidet folgende Entscheidungsalternativen:

- **Sortimentsanpassung:** direkt oder indirekt, total oder partiell;
- **Sortimentsexpansion:** total – Breite und Tiefe erfassend – und partiell – Breite oder Tiefe betreffend, unter Umständen auch nur Teilsortimente einbezogen;
- **Sortimentskontraktion:** wieder total – Breite und Tiefe – oder partiell – Breite oder Tiefe, unter Umständen nur für Teilsortimente.

Sowohl die Bekämpfung des Sortimentsverschleißes – *Hauzeneder* (Verbundwirkungen im Sortiment, a.a.O., S. 708) bezeichnet dies als Sortimentspflege, bestehend aus Aktualisierung und Fortschreibung des Sortiments – als auch die Abwehr von Wettbewerbsaktivitäten sind passive Formen der Sortimentspolitik, die der Markt dem Handelsunternehmen aufzwingt. Will es nicht vom Markt früher oder später verdrängt werden, muß es hier mit Entscheidungen reagieren, ob willig oder widerwillig.

Die **eigenen Sortimentsinitiativen** als Entstehungsgründe für immer wieder zu treffende Sortimentsentscheidungen leiten dann zum aktiven Handels- und Sortiments-Marketing über. Sie dienen der vorbeugenden Abwehr von Wettbewerbsaktivitäten, der Verdrängung von Wettbewerbern – zumindest der Verdrängung vom Platz des Marktführers – und dem Schaffen neuer Nachfrage, wenn innovative Produkte aufgenommen werden. Für diese von ihm als Initialaktionen bezeichneten Entscheidungen bringt *Gümbel* (a. a. O., S. 246f.) die folgende brauchbare Gliederung:

Expansion des Sortiments: nach Breite und Tiefe, total oder partiell und auch durch Aufnahme neuer Teilsortimente.

Kontraktion des Sortiments: nach Breite und Tiefe, total oder partiell, eventuell Entfernung ganzer Teilsortimente. Hier muß allerdings eingewandt werden, daß eine solche Politik kein aktives Sortiments-Marketing sein kann. Wenn diese Bezeichnung noch einen Sinn haben soll, dann müßten zumindest einer Kontraktion der Breite eine Expansion der Tiefe oder umgekehrt gegenüberstehen.

Substitution im Sortiment: Sie kann in der Tiefe – total oder partiell – oder auch in der Breite – total oder partiell – erfolgen.

Eine Entscheidung für eine Konstanz des Sortiments, wie sie denkmöglich ist und von *Gümbel* den Entscheidungen für die aufgeführten Sortimentsvariationen gegenübergestellt wird, ist keine aktive Sortimentspolitik und bleibt deshalb hier unberücksichtigt.

Gerade für die eigenen Sortimentsinitiativen sind die marketingorientierten Gestaltungsalternativen von besonderer Bedeutung. Aus ihrer Anwendung ergeben sich vielfältige Möglichkeiten einer kreativen Sortimentspolitik wie ein Blick in die Praxis immer wieder erkennen läßt.

Die Abbildung 4/16 gibt, die bisherigen Überlegungen zum Sortiment und zur Sortimentspolitik zusammenfassend, einen Überblick über die Kräfte, die auf die sortimentspolitischen Entscheidungen einwirken. Zum ersten müssen die Interessen des Handelsunternehmens gesehen werden. Das Sortiment soll ein effektives Marketing-Instrument sein, das Umsatz und Ertrag sichert. Es soll aber auch keine zu hohen Kosten verursachen. Der Zielkonflikt zwischen Marketing und Betriebswirtschaft ist nicht zu vermeiden. Als zweites müssen die Interessen und Wünsche der Kunden berücksichtigt werden. Sie wollen eine große Auswahl, aber auch eine gute Übersicht über das Sortiment haben. Auch in diesen Wünschen steckt ein Zielkonflikt. Je größer ein Sortiment ist, desto schwieriger ist die Forderung nach Übersicht zu erfüllen. Man kann letztlich den Kunden eigene Anstrengungen zum Gewinnen der Übersicht nicht ersparen. Und schließlich müssen die Einflüsse beachtet werden, die vom wirtschaftlichen, staatlichen und gesellschaftlichen Umfeld des Handelsunternehmens ausgehen. Diese die Sortimentspolitik beeinflussenden Kräfte ändern sich ständig. Sie zwingen die Sortimentspolitik dazu, ebenso ständig zu reagieren. Und sie muß auch agieren, die Kräfte zum Vorteil des eigenen Unternehmens zu beeinflussen versuchen. Sortimentspolitik muß ein Prozeß sein. Sortimente sind nicht statisch. Um ein Höchstmaß an akquisitorischer Wirkung zu erreichen, muß einem Sortiment eine starke Dynamik innewohnen.

4.1.5.5. Der Entscheidungsprozeß in der Praxis der Sortimentspolitik

In der Praxis der Sortimentspolitik verläuft der Entscheidungsprozeß keineswegs einheitlich. Vielmehr können **zwei Formen** festgestellt werden.

Einstufige Entscheidungsprozesse: Diese Form findet sich bei Einzelunternehmen. Der Inhaber oder eine für den Einkauf verantwortliche Führungskraft trifft die zur Gestaltung des Sortiments erforderlichen Entscheidungen. Da nur ein Geschäft oder Markt geführt wird, können die sortimentspolitischen Entscheidungen den Standortbedingungen genau angepaßt werden.

Aber auch bei Filialunternehmen findet sich die einstufige Form. Sie setzt aber voraus, daß ein homogenes Filialnetz vorhanden ist. Die Filialen sollten also hinsichtlich Größe der Verkaufsfläche und der Standort-Qualität möglichst gleich sein. Ist diese Bedingung nicht erfüllt, dann muß zumindest das Zentral-Sortiment größer als die Filialsortimente sein. Denn es muß ja die teilweise unterschiedlichen Filialsortimente vollständig abdecken. Die Homogenität des Filialnetzes hängt mit von der Größe des Absatzgebietes ab. Ein regionales Filialunternehmen wird der Homogenität näher kommen als ein Warenhaus-Konzern, der im gesamten Bundesgebiet vertreten ist. Deshalb kann man bei den Warenhauskonzernen auch eine Tendenz zur nächsten, zweistufigen Entscheidungsform feststellen. Der Zentraleinkäufer entscheidet über ein zentrales Rahmensortiment, die regionalen Abteilungsleiter wählen aus diesem Sortiment aus und treffen die Entscheidung über ihr eigenes standortspezifisches Abteilungs-Sortiment.

Zwei- und dreistufige Entscheidungsprozesse: Sie sind bei den Verbundgruppen des Handels, vor allem des Lebensmittelhandels, die Regel und eine Folge der Betriebsgrößen- und Betriebstypenheterogenität. Auf dieses Problem wurde bereits beim Standort-Marketing hingewiesen.

Die erste Entscheidung trifft hier das Großhandelsunternehmen, das z.B. im Lebensmittelhandel ein Sortiment von ca. 8000 bis 15 000 Artikeln für seine Mitglieder oder Kunden bereit hält. Der Großhandel trifft eine Art Vorauswahl.

Die zweite Entscheidung treffen die angeschlossenen Einzelhandels-Kaufleute. Sie gestalten somit ihr eigenes Sortiment unter Beachtung der Standort-Bedingungen. Im Lebensmittelhandel umfaßt das Einzelhandels-Sortiment ca. 6000 Artikel, also weniger als die Hälfte des Großhandels-Sortiments.

Bei den Handelsgruppen sind aber Bemühungen zu beobachten, den sortimentspolitischen Entscheidungen mehr Gewicht zu verschaffen und sie stärker auf die Entscheidungen des Einzelhandels einwirken zu lassen. Es soll wenigstens eine teilweise Kongruenz der Sortimente von Großhandel und Einzelhandel erreicht werden. Der Ausuferung der Rahmensortimente des Großhandels muß schon aus Kostengründen und Gründen der Einkaufskonditionen gegengesteuert werden. Außerdem möchte man sich dem Verbraucher möglichst einheitlich als Gruppe präsentieren.

Diesen Bemühungen dient das Voransetzten einer dritten Entscheidungsstufe, der Gruppen-Zentralen. Diese treffen nun die erste Entscheidung zur Sortimentspolitik – zumindest in Teilbereichen, der Großhandel die zweite, der Einzelhandel die dritte Entscheidung. Schwerpunkte der sortimentspolitischen Entscheidungen der

Abbildung 4/16 Die Entscheidungsgrundlagen der Sortimentspolitik

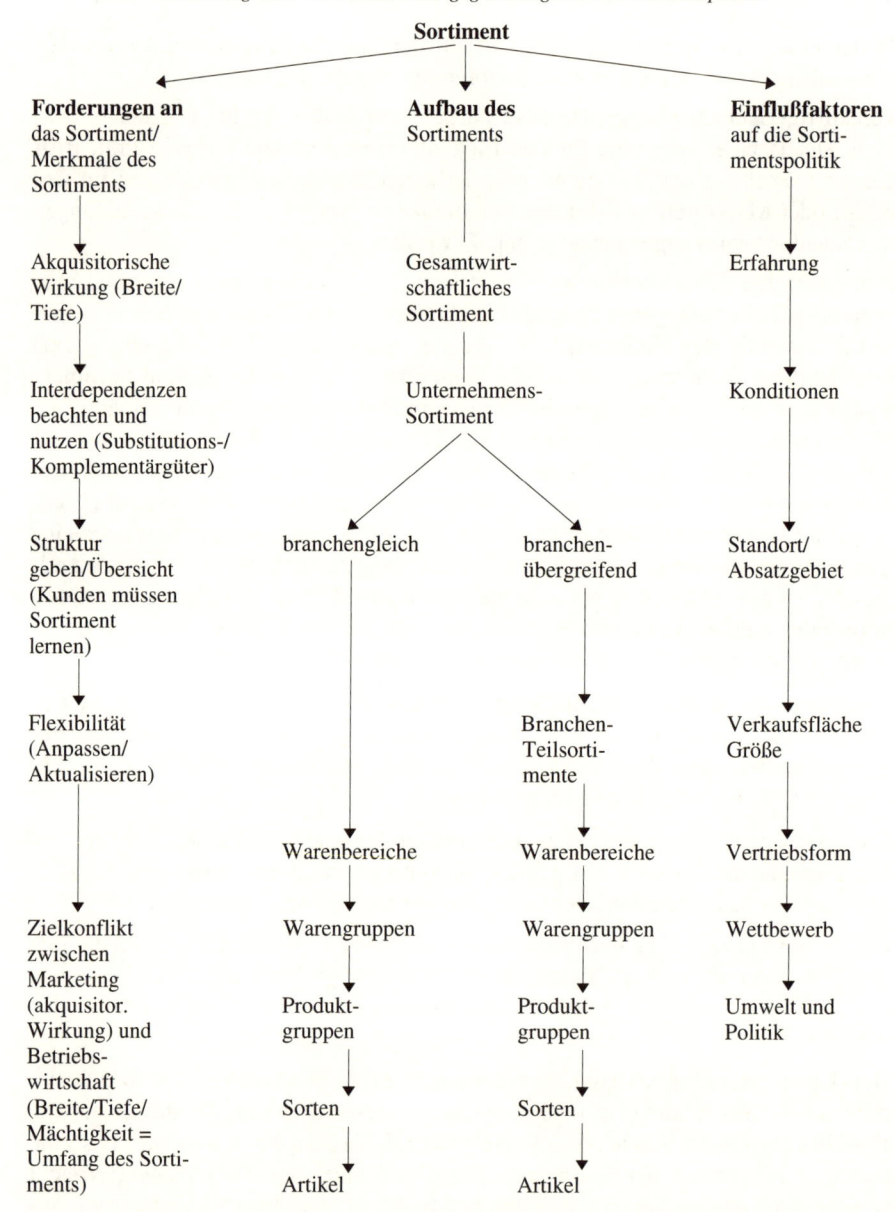

Sortiment

Forderungen an das Sortiment/ Merkmale des Sortiments	**Aufbau des** Sortiments	**Einflußfaktoren** auf die Sortimentspolitik
Akquisitorische Wirkung (Breite/Tiefe)	Gesamtwirtschaftliches Sortiment	Erfahrung
Interdependenzen beachten und nutzen (Substitutions-/Komplementärgüter)	Unternehmens-Sortiment	Konditionen
Struktur geben/Übersicht (Kunden müssen Sortiment lernen)	branchengleich / branchenübergreifend	Standort/Absatzgebiet
Flexibilität (Anpassen/Aktualisieren)	Branchen-Teilsortimente	Verkaufsfläche Größe
	Warenbereiche / Warenbereiche	Vertriebsform
Zielkonflikt zwischen Marketing (akquisitor. Wirkung) und Betriebswirtschaft (Breite/Tiefe/Mächtigkeit = Umfang des Sortiments)	Warengruppen / Warengruppen	Wettbewerb
	Produktgruppen / Produktgruppen	Umwelt und Politik
	Sorten / Sorten	
	Artikel / Artikel	

Gruppen-Zentralen sind der Aufbau eines nationalen Kern-Sortiments, der Aufbau eines schlagkräftigen Handelsmarken-Sortiments und auch der Aufbau bestimmter Schwerpunkt-Sortimente im Markenartikelbereich, die eine Auftrags-Konzentration auf ausgewählte Hersteller bewirken sollen, um bessere Einkaufs-Konditionen zu erreichen.

Für den Lebensmittelhandel hat dieses Entscheidungsproblem bei der Sortiments-Politik *Weller* untersucht [*Weller, Thorismund,* Wer bestimmt das Sortiment im gruppengebundenen Lebensmittelhandel?, Düsseldorf 1975; Artikel in Gnade und Ungnade, Hamburg, München 1980). *Weller* kommt zu dem Ergebnis, daß in Handelsgruppen der Einzelhandel nur beschränkt bereit ist, vom Großhandel nicht geführte Artikel durch gleichartige Artikel – z.B. anderer Hersteller – zu substituieren. Der Verbraucher zeigt eine größere Bereitschaft zur Substituierbarkeit. Als Folge des weiteren Fortschreitens des Konzentrationsprozesses ist der Einfluß des Einzelhandels auf die Sortimentsentscheidungen zurückgegangen, der **Einfluß der Großhandelsunternehmen** stark gestiegen. Und er wird mit einem weiteren Vordringen der EDV – Scanning, Warendisposition und Space Management –, das den „Kommunikationsverbund" zwischen Einzel- und Großhandel immer enger werden läßt, noch zunehmen. Dieser enger gewordene Kommunikationsverbund hat in den letzten Jahren die Kongruenz von Großhandels-Sortiment und Einzelhandels-Sortimenten ganz erheblich gefördert. Das Kongruenzproblem ist heute eigentlich in den Gesprächen zwischen Einzel- und Großhandel gar kein Thema mehr. Sicher haben z.B. die rund 10000 Einzelhändler der *Edeka* Handelsgruppe immer noch Einfluß auf die Sortimentsgestaltung. Den vom Großhandel festgesetzten Rahmen können sie jedoch kaum sprengen. Sie können dabei aus den rund 8000 bis 16000 Artikeln des Großhandels-Sortiments die etwa 6000 Artikel für ihr eigenes Einzelhandels-Sortiment auswählen. Es geht heute und in Zukunft in erster Linie darum, wie die Kompetenz in Sortimentsentscheidungen zwischen den z.Z. noch 11 *Edeka* Großhandels-Unternehmen und der *Edeka* Zentrale AG aufgeteilt wird. Nur wenn besonders bei den Sortimentsentscheidungen und bei der Warenbeschaffung eine sinnvolle und rationale Arbeitsteilung zwischen Einzelhandel und vor allem zwischen Großhandel und Zentrale verwirklicht werden kann, ist die Dreistufigkeit einer solchen Handelsgruppe auf Dauer betriebswirtschaftlich zu vertreten.

4.2 Die Service-Politik

Die Service-Politik umfaßt alle Dienstleistungen, die mit dem Verkauf der Ware direkt oder indirekt zusammenhängen. Diese Dienstleistungen können vom Warengeschäft her zwingend gefordert, sie können aber auch freiwillig angeboten werden. Und sie können kostenlos erbracht oder auch in Rechnung gestellt werden. Serviceleistungen sind zusätzlich zum Warengeschäft angebotene Dienstleistungen, die die direkt an die Ware gekoppelte Handelsleistung ergänzen und erweitern. Sie sind, wenn sie angeboten werden, ein wichtiger Bestandteil der Handelsleistung. Man kann also zwischen einer Handelsleistung im engeren Sinne – direkt mit der Ware untrennbar verbunden – und einer Handelsleistung im weiteren Sinne – Ergänzung der Handelsleistung durch Serviceleistungen, die kein konstitutives Merkmal der Handelsunternehmen sind – unterscheiden.

Das Anbieten von Serviceleistungen ist auf einem vollkommenen Markt nicht zulässig. Es kann nur auf unvollkommenen Märkten als Marketinginstrument eingesetzt werden. Denn es schafft persönliche, zeitliche, und durch Werbung, Verkaufsförderung und Andienungsform begründete Präferenzen, die das Funktionieren des Preis-Mechanismus zu Gunsten des Anbieters stören oder die den Preis-

Mechanismus gar außer Kraft setzen. Service kann auch tatsächlich erreichen, daß für ein Produkt ein höherer Preis am Markt durchzusetzen ist, als er sich auf einem vollkommenen Markt allein aus dem Verhältnis von Angebot und Nachfrage ergeben würde. Mit Hilfe des Service können sich u.U. Anbieter am Markt halten, die ohne Service im reinen Preiswettbewerb unterliegen und aus dem Markt ausscheiden würden. Durch einen guten Service können am Markt angebotene homogene Güter durch das den Service bietende Handelsunternehmen in heterogene Güter verwandelt werden. Mit Hilfe des Service kann ein Massenprodukt „individualisiert" werden. Und das Handelsunternehmen bekommt zusätzlich ein unverwechselbares Profil.

Die Servicepolitik gehört nicht zur Werbung und auch nicht zur Verkaufsförderung. Die Abgrenzung gegenüber diesen beiden Instrumenten des Marketing ist allerdings schwierig. Denn es gibt an manchen Stellen fließende Grenzen. Und eine gute Servicepolitik wirkt natürlich – und soll es auch – werbend und verkaufsfördernd.

Es gibt unzählige Möglichkeiten, Service anzubieten. Einer kreativen Servicepolitik sind fast keine Grenzen gesetzt. Lediglich die teilweise beträchtlichen Kosten ziehen eine Grenze. Service, der meist sehr personalintensiv ist, kann hohe Kosten verursachen. Nur eine kleine Zahl hochpreisiger Fachgeschäfte kann auf Dauer die Kosten für einen umfassenden Service in der Kalkulation unterbringen. Die anderen Handelsunternehmen müssen Service ihren Kunden in Rechnung stellen und eingehend prüfen, welche Kosten der Kunde für einen von ihm gewünschten Service zu zahlen bereit ist. Es fällt vielen Kunden schwer, den Preis für die immatrielle Dienstleistung Service zutreffend zu beurteilen. Mit zu hohen Servicepreisen kann u.U. ein gutes Preisimage beschädigt werden. Zwischen wünschenswertem Service und Kosten besteht ein Zielkonflikt. Jedes Handelsunternehmen, das Service in seinen Marketing-Mix aufnehmen will, muß sehr sorgfältig abwägen, in welchem Umfang Service kostenlos geboten werden kann – welchen Spielraum Ertragslage und Kalkulation bieten – und welchen Preis die Kunden zu zahlen bereit sind, wenn der Service in Rechnung gestellt werden muß. Der Kunde darf nicht den Eindruck gewinnen, daß zwar die Ware zu einem günstigen Preis angeboten, daß er aber beim Service übervorteilt wird. Dies kann vermieden werden, wenn, was besonders bei Reparaturen möglich ist, der Umfang des Service festgelegt und über die zu erwartenden Kosten gesprochen wird.

4.2.1 Aufgaben der Service-Politik

Die Service-Politik hat die folgenden Aufgaben zu erfüllen:

4.2.1.1 Die Förderung von Kaufentscheidungen

Kaufentscheidungen können durch den von einem Handelsunternehmen angebotenen Service sehr wirksam beeinflußt werden. Autos werden, wenn nicht eine sehr starke Markentreue im Vordergrund steht, oft wegen der Qualität des Kundendienstes und nicht primär wegen des Preises bei einem bestimmten Händler und damit bei einer bestimmten Marke gekauft. Das gilt auch für technische Geräte, wie

Waschmaschinen und Fernseher. Bei Investitionsgütern – wie bei Kühlmöbeln und Scannerkassen im Lebensmittel-Einzelhandel oder elektronischen Kassensystemen in anderen Branchen des Einzelhandels – ist der Service in der Regel für die Kaufentscheidung weitaus wichtiger als der Preis. Neben Preis- und Sortimentswettbewerb hat der Servicewettbewerb immer mehr an Bedeutung gewonnen.

4.2.1.2 Der Aufbau von Kundenbindung

Die Servicepolitik ist Ausdruck der Kundenorientierung eines Handelsunternehmens. Sie steht im Mittelpunkt aller Maßnahmen, die die Kundenorientierung des gesamten Marketing fördern sollen. Ziel ist es, mit Hilfe einer hohen Kundenzufriedenheit eine enge und dauerhafte Kundenbindung – eine Kundentreue – aufzubauen. Mit der zunehmenden Verschärfung des Wettbewerbs tendieren die Verbraucher bei ihren Einkäufen immer stärker zu einer Fluktuation zwischen den Handelsunternehmen. Untersuchungen der Marktforschung haben ergeben, daß die „Einkaufsstättentreue" stark zurückgegangen ist. Daran ist der Handel mit seiner Betonung des Preises als Wettbewerbsinstrument sicher nicht ganz unschuldig. Umso wichtiger ist es, wieder mehr auf die Kundenzufriedenheit zu achten und eine Bindung der Kunden an das eigene Unternehmen anzustreben.

Eine engere Bindung der Kunden an ein Handelsunternehmen kann auch zur Folge haben, daß von den Kunden wertvolle Informationen gewonnen werden. Der Service wird Teil der Marktforschung und Informationsquelle und übernimmt eine Art von „Sensorfunktion".

4.2.1.3 Sichern eines unverwechselbaren Unternehmensprofils

Je gleichartiger in einem bestimmten Bereich des Handels die Sortimente sind und je stärker sie von Hersteller-Markenartikeln dominiert werden und je eintöniger der Preiswettbewerb wird, desto größer sind die Möglichkeiten, durch das Unternehmensprofil Wettbewerbsvorteile zu erreichen. Und desto intensiver müssen die Möglichkeiten, die der Service zur Profilierung bietet, genützt werden. Bei elektrischen Haushaltsgeräten, bei den oft eine Marke „baugleich" mit anderen Marken ist und mehrere Marken von ein und demselben Hersteller kommen, ist der Service beim Aufstellen eines Gerätes und bei späteren Reparaturen ein wichtiges Verkaufsargument und beim Kunden ein wichtiger Grund, die Kaufentscheidung zu Gunsten eines bestimmten Handelsunternehmens zu treffen. Durch den Service werden von den geführten Waren her „homogene" Branchensortimente zu „heterogenen" Unternehmenssortimenten. Der Preis tritt in den Hintergrund. Man kann sich vom Preiswettbewerb abkoppeln. Die Erfolge von Handelsunternehmen, die einen guten Service bieten, zeigen immer wieder, daß die Verbraucher den Wert eines guten Service durchaus zu schätzen und bei der Beurteilung des Preises zu berücksichtigen wissen.

4.2.1.4 Erhöhung des Produktnutzens

Ein das Warenangebot ergänzender Service kann den Nutzen eines Produktes sowohl für den Kunden als auch für das Handelsunternehmen steigern.

(1) Nutzensteigerung für den Kunden

Der Kunde bekommt Ware und ergänzende Dienstleistung aus „einer Hand", was seiner Bequemlichkeit entgegenkommt. Das gilt besonders dann, wenn der Service ein „komplementäres Gut" vom gekauften Produkt ist. Bei einer Waschmaschine reicht nicht lediglich die Lieferung frei Wohnung, sondern als komplementäre Serviceleistung müssen das Aufstellen und Anschließen der Maschine hinzukommen.

(2) Nutzensteigerung für das Handelsunternehmen

Die Servicepolitik kann einem Handelsunternehmen zwei wichtige Vorteile verschaffen.

– Individualisierung des Angebotes

Mit Hilfe des Service kann ein Artikel oder ein Teil-Sortiment flexibler und in Varianten angeboten werden. Das steigert den Wert der Ware als Medium für die Handelsleistung. Der angebotene Service kann zum einen auf bestimmte Artikel des Sortiments oder auf Teilsortimente konzentriert werden. Man betreibt auf diese Weise eine bewußte und zielgerichtete Produktförderung. Wenn Großhandelsunternehmen des Lebensmittelhandels ihren Kunden oder Mitgliedern für deren Mitarbeiter Seminare über bestimmte Frischwarensortimente anbieten, dann werden durch diesen Service diese Frischwarensortimente gefördert.

Der angebotene Service kann aber auch auf bestimmte Kunden – große Kunden, Stammkunden oder neue Kunden – konzentriert werden. Dann betreibt man mit Hilfe der Servicepolitik eine wirksame Kundenselektion und verbessert u. U. seine Kundenstruktur, was wieder Auswirkungen auf die Kosten hat und neue Spielräume für die Preispolitik schaffen kann. Die meisten Großhandlungen im Lebensmittelhandel lassen Kunden nur von einer bestimmten Umsatzgröße ab von Verkaufsberatern besuchen. Sehr große Kunden können oft auf Grund ihres Einkaufsvolumens einen Service erzwingen. Die Kundenselektion zeigt dann u. U. negative Wirkungen. Neuen Kunden wird – vor allem von Großhandelsunternehmen des Lebensmittelhandels – oft ein umfangreicher Service kostenlos geboten, vor allem wenn sie ein Geschäft neu eröffnen.

– Verbesserung der Erträge

Die Servicepolitik erlaubt es, einerseits den Preis für ein Produkt sehr knapp zu kalkulieren und einen ergänzenden Service gegen gut kalkulierte Bezahlung anzubieten. Zwischen Ware und Service wird eine Mischkalkulation betrieben. Im Textileinzelhandel mit Oberbekleidung muß der Änderungsdienst in der Regel bezahlt werden. Durch das Abkoppeln des Servicepreises vom Warenpreis wird es möglich, Zugeständnisse beim Warenpreis durch den Servicepreis auszugleichen. Dieser Mischkalkulation sind aber Grenzen gesetzt. Der Kunde darf, worauf bereits hingewiesen wurde, nicht den Eindruck gewinnen, daß er beim Service übervorteilt wird und den günstigen Preis des gekauften Artikels selbst finanziert.

4.2.2 Systematik der Servicearten

Die sehr große Zahl dazu noch sehr heterogener Serviceleistungen läßt sich nach folgenden Gesichtspunkten in eine übersichtliche Systematik bringen.

4.2.2.1 Zeitpunkt/Zeitraum

Eine Serviceleistung kann zu unterschiedlichen Zeitpunkten und in unterschiedlichen Zeiträumen erbracht werden.

(1) Before-Sales-Service

Die Serviceleistung wird vor dem Kauf einer Ware ergänzend zu Werbung und Verkaufsförderung angeboten und erbracht. Die Probefahrt mit einem Kraftfahrzeug, die Vorführung einer technisch komplexen Maschine, das Ausarbeiten eines Kostenvoranschlags, die Vorführung einer Kollektion von Gardinen in der Wohnung des Kunden, die Durchführung von Koch-, Näh- oder Bastelkursen gehören in diese Kategorie.

(2) During-Sales-Service

Die Serviceleistung wird während des Kaufs eines Produktes angeboten und erbracht. Die Vorführung eines Gerätes, die Sitzecke für ein längeres Verkaufsgespräch, das Anbieten eines Getränkes gehören zu dieser Servicevariante. Man könnte im stationären Einzelhandel auch die Länge der Geschäftsöffnungszeit zu diesem Service rechnen.

(3) After-Sales-Service

Die Serviceleistung wird nach dem Kauf eines Produktes angeboten und erbracht. Die Zustellung – und gegebenenfalls Aufstellung und Anschluß – gekaufter Ware, besonders wenn sie schwer und voluminös ist, das Verpacken eines gekauften Artikels als Geschenk, Kunden- und Wartungsdienste, Änderungsdienst im Handel mit Oberbekleidung, Garantieleistung, Umtausch- oder Rückgaberecht, Inzahlungnahme gebrauchter und Rücknahme und Entsorgung defekter Produkte und die Möglichkeit zur bargeldlosen Zahlung der unterschiedlichsten Art gehören zum After-Sales-Service. Auch ein Anruf beim Kunden oder ein Brief an ihn, mit denen man sich danach erkundigt, ob der Kunde mit dem gekauften Artikel zufrieden ist oder irgendwelche Probleme hat, sind dieser Service-Kategorie zuzurechnen.

4.2.2.2 Zwang oder Freiwilligkeit

Hier stehen sich zwei Alternativen gegenüber.

(1) Muß-Service

Der Service hängt so eng mit dem Produkt zusammen, daß auf ihn nicht verzichtet werden kann. Ohne zusätzliches Serviceangebot hätte ein Handelsunternehmen kaum die Chance, ein bestimmtes Produkt zu verkaufen. Die Probefahrt mit dem Kraftfahrzeug, der Änderungsdienst im gehobenen Oberbekleidungshandel oder Lieferung und Anschluß einer Waschmaschine gehören zu dieser Serviceart. Wird dieser Service nicht geboten, müssen meist Zugeständnisse beim Preis gemacht werden oder man erreicht nur eine begrenzte Gruppe von Verbrauchern, die bereits Erfahrung mit dem Produkt hat (Wiederholungskäufer z. B.)

(2) Freiwilliger Service

Der Service ist nicht zwingend, jedoch sowohl für den Kunden als auch für das Handelsunternehmen vorteilhaft. Die Zustellung gekaufter Ware oder der Kindergarten – in Möbelhäusern z. B. – gehören hierher. Ebenso können, wenn viele Ausländer im Einzugsgebiet wohnen, fremdsprachliche Informationen im Verkaufsraum oder in der Werbung zu diesem Service gerechnet werden.

4.2.2.3 Selbständigkeit

Zwei Alternativen sind vorhanden.

(1) Selbständiger Service

Der Service ist nicht an das verkaufte Produkt gebunden, soll aber dem Kunden Vorteile bringen und kann auch von Nichtkunden und für Fremdprodukte genutzt werden. Parkhäuser – Nichtkunden zahlen eine höhere Gebühr –, Parkplätze, Tankstellen und Restaurants zählen zu diesem Service.

(2) Unselbständiger Service

Der Service kann nur in Zusammenhang mit dem Kauf eines Produktes erbracht werden, setzt diesen Kauf voraus und kann auch nur von Kunden in Anspruch genommen werden. Kunden können den Anspruch u. U. auch für Fremdprodukte in Anspruch nehmen. Der Änderungsdienst eines Oberbekleidungshauses ist ein solcher Service, den die Kunden auch für Fremdprodukte – die Änderung bei einem anderen Unternehmen gekaufter Kleidungsstücke – in Anspruch nehmen können.

4.2.2.4 Kosten

Zwei Alternativen stehen zur Verfügung.

(1) Kostenloser Service

Der Service wird von dem Handelsunternehmen bereits in der Kalkulation berücksichtigt und dem Kunden kostenlos geboten. Nur selten wird er Nichtkunden gewährt, und zwar dann, wenn die Aussicht besteht, aus einem Nichtkunden einen Kunden zu machen. Ein solcher Service kann die Probefahrt eines Kraftfahrzeugs durch einen Interessenten sein, der zwar schon seit langer Zeit eine bestimmte Automarke präferiert, aber neugierig darauf ist, was eine Konkurrenzmarke bietet.

(2) Bezahlter Service

Der Service muß bezahlt werden. Er kann auch von Nichtkunden in Anspruch genommen werden oder wird auch für Fremdprodukte angeboten. Reparatur- und Wartungsdienste für Kraftfahrzeuge und elektrische Geräte, Waschmaschinen oder Fernseher z. B. gehören zu diesem Service. Bei dieser Kategorie hat sich das Erbringen von Dienstleistungen weitestgehend vom Handelsgeschäft gelöst.

Die Übersicht zeigt, daß jede Servicevariante mehreren Kategorien zugeordnet werden kann. Es gibt bei der Servicepolitik wie auch bei der Sortimentspolitik einen Pluralismus der Entscheidungen. Es muß darauf geachtet werden, daß bei den Entscheidungen der Servicepolitik keine widersprüchlichen Alternativen zusammengefügt werden.

Die Qualität des Service, das ist die Folge seiner Personalintensität, hängt ganz wesentlich von der fachlichen Kompetenz und dem Auftreten der Mitarbeiterinnen und Mitarbeiter ab, die ihn erbringen. Nirgendwo als im Verkauf und im Service wird besser sichtbar, daß Mitarbeiter, die Kontakt mit den Kunden haben, Bestandteil des Marketing sind. Eine intensive Ausbildung und eine ständige Weiterbildung dieser Mitarbeiter ist unverzichtbar. Ein zweites Qualitätsmerkmal des Service ist die Schnelligkeit, mit der er zur Verfügung steht. Die Schnelligkeit ist besonders wichtig in Notfällen, wenn Kühlgeräte, Computer, Fernsehgeräte oder im Einzelhandel Kassensysteme ausfallen.

4.2.3 Die Strategien der Servicepolitik

Der Servicepolitik stehen zur Verfolgung ihrer Ziele die folgenden Strategien zur Verfügung.

4.2.3.1 Die Non-Service-Strategie

Das Handelsunternehmen, das sich für diese Strategie entscheidet, bietet keinen Service an. Wenn Artikel, die eines Service bedürfen, zeitweilig oder ständig im Sortiment geführt werden, so wird der Service an den Hersteller – bei importierten Radio- oder Fernsehgeräten z.B. an die für Deutschland zuständige Niederlassung – oder an ein externes Service-Unternehmen – wie es Lebensmittel-Discounter, die Computer oder Fernsehgeräte in Aktionen verkaufen, tun – delegiert. Wird eine Serviceleistung erforderlich – eine Garantieleistung z.B. –, so ist die Inanspruchnahme des Service für den Kunden mit Unbequemlichkeiten und Zeitverlusten verbunden. Da bei dem heutigen hohen Stand der Technik und Zuverlässigkeit der genannten Geräte kaum Serviceleistungen erforderlich werden, kann diese Non-Service-Strategie ohne nennenswerte Schwierigkeiten eingesetzt werden.

4.2.3.2 Die Strategie des an die verkaufte Ware gebundenen Service

Es wird ein Service geboten, der unmittelbar mit der verkauften servicebedürftigen Ware und dem Vorgang des Verkaufens zusammenhängt. Nur Kunden können diesen Service in Anspruch nehmen. Zwei Varianten sind möglich.

(1) Der Service ist kostenlos

Diese Variante wird in der Regel dann angewandt, wenn der Service bei jedem verkauften Artikel anfällt. Ein Beispiel ist die Frei-Haus-Lieferung, das Aufstellen und Anschließen einer Waschmaschine. Dieser Service ist in der Kalkulation des Preises enthalten. Er muß auch von jedem Kunden in Anspruch genommen werden. Denn so ein schweres und technisch kompliziertes Gerät kann kaum ein Kunde selber in seine Wohnung transportieren und anschließen. Es werden somit auch alle Kunden gleichmäßig behandelt.

(2) Der Service wird in Rechnung gestellt

Für diese Variante wird in der Regel dann entschieden, wenn nicht jeder Kunde den Service in Anspruch nehmen muß oder will. Ein Beispiel ist der Änderungs-Service beim Verkauf von Oberbekleidung. Manchen Kunden paßt die Konfektionsgröße, sie brauchen den Änderungs-Service nicht, und manchen Kunden paßt die Konfektionsgröße nicht, sie nehmen den Änderungs-Service in Anspruch. Auch wenn die Konfektionsgröße nicht perfekt paßt, muß der Kunde den angebotenen Service nicht in Anspruch nehmen. Er kann die Änderung selbst vornehmen oder zu einem in seiner Nähe ansässigen Änderungsschneider gehen. Dieser Änderungs-Service muß bezahlt werden. Es wäre gegenüber den Kunden, die den Service nicht in Anspruch nehmen, ungerecht, den Service im Preis zu kalkulieren. Und es gäbe, was vielleicht noch wichtiger ist, eine schlechte Preisoptik. Das Handelsunternehmen, das den Änderungs-Service im Preis kalkulierte, müßte damit rechnen, daß es von den Verbrauchern gegenüber den Unternehmen, die den Service nicht kalkulieren, sondern ihn berechnen, als zu teuer wahrgenommen wird.

4.2.3.3 Die Strategie des erweiterten Service

Der angebotene Service hängt zwar mit dem geführten Sortiment zusammen, er kann aber von allen Verbrauchern in Anspruch genommen werden und wird auch für Waren geleistet, die nicht im Handelsunternehmen gekauft wurden oder die von diesem Unternehmen gar nicht geführt werden. Der Änderungsdienst mancher Oberbekleidungshäuser nimmt z. B. auch Kleidungsstücke zur Änderung an, die nicht in dem Unternehmen gekauft wurden. Dieser Service wird in Rechnung gestellt und muß zu Preisen angeboten werden, die nicht nur die Kosten decken, sondern auch Gewinne sichern. Verkaufsfördernde Vorzugspreise würden auch die Nichtkunden bevorzugen. Oder man arbeitet mit zwei Preisen, einem für Kunden und einem für Nichtkunden.

Mit der Strategie des erweiterten Service wird die Grenze zum Dienstleistungs-Handwerk erreicht oder sogar überschritten. Es stellt sich hier die Frage, ob es betriebswirtschaftlich nicht vernünftiger ist, die Kooperation mit einem Dienstleistungs-Handwerksunternehmen zu suchen als den Service selber zu erbringen.

Die Strategie des erweiterten Service schließt die Strategie des an die verkaufte Ware gebundenen Service mit ein.

4.2.4 Die Abhängigkeit des Serviceangebotes von Branche und Vertriebsform

Zwischen der Servicepolitik auf der einen Seite und der Branche und Vertriebsform auf der anderen Seite bestehen deutlich erkennbare Zusammenhänge. Es gibt Handelsunternehmen, die würden ohne umfangreiches Serviceangebot nicht überleben. Und es gibt Handelsunternehmen, die kommen gut ohne Service aus.

4.2.4.1 Die Abhängigkeit des Serviceangebotes von der Branche

Die im Sortiment eines Handelsunternehmens geführten Güter – das Material, aus dem sie bestehen, die Fristigkeit des Bedarfs, ihr Volumen und Gewicht und ihr Problemgehalt – beeinflussen das Serviceangebot sehr stark.

Ist der Einkaufsrhythmus langfristig und wendet der Verbraucher für die Vorbereitung seiner Kaufentscheidung viel Zeit auf – wie bei Möbeln z. B., wo die Planung von Küchen und Bädern zum Service gehört – so ist das Serviceangebot in der Regel sehr umfangreich. Bei kurzfristigem Einkaufsrhythmus – bei Lebensmitteln z. B. – ist der Service meist schwach ausgeprägt. Ist das Gewicht und/oder das Volumen der angebotenen Güter groß, wie das bei Getränkekisten der Fall ist, oder stellen die Güter an das technische Verständnis der Nutzer hohe Anforderungen, wie bei PC´s, Küchengeräten oder Unterhaltungselektronik, wird ein ausreichender Service vom Verbraucher erwartet. An problemlose und kleine und leichte Güter, wie Glühlampen und viele Güter des Lebensmittelsortiments, stellt der Verbraucher keine Serviceansprüche. Der Lebensmittel-Einzelhandel hat allerdings lange Zeit die Non-Service-Strategie angewandt und die Servicepolitik vollständig vernachlässigt. Er scheute die Kosten, die der Service verursacht. Es wurde dabei übersehen, daß es auch im Lebensmittelsortiment Güter gibt, die Service gebrauchen können. Die Heimdienste für Getränke und Tiefkühlkost haben diese Servicelücke besetzt und dem stationären Lebensmittel-Einzelhandel beträchtliche Umsätze weggenommen.

Von der Eigenart des geführten Sortiments her gesehen, kann man zwischen „serviceintensiven" und „serviceschwachen" Branchen unterscheiden.

4.2.4.2 Die Abhängigkeit des Serviceangebotes von der Vertriebsform

Die schon wegen der Unterschiede in Sortiment, Andienungsform und Preisniveau bestehende Polarisierung zwischen Fachgeschäften und Discountern wird durch die Servicepolitik noch verstärkt.

Fachgeschäfte bieten in der Regel einen umfangreichen Service an, der teilweise auch Nichtkunden und für bei anderen Unternehmen gekaufte Ware zur Verfügung steht. Dieser Service wird in Rechnung gestellt. Als Beispiele für einen umfangreichen und intelligenten Service sei nicht nur die Geschenkverpackung erwähnt, sondern auch bei Fachgeschäften für Hausrat und Geschenkartikel die Steuerung der Geschenke für ein Brautpaar. Auf einem dekorierten Tisch werden alle vom Brautpaar gewünschten Artikel präsentiert. Und es wird Buch darüber geführt, welche Geschenke gekauft wurden, sodaß es keine doppelten Geschenke gibt. Die Servicepolitik gerade der Fachgeschäfte soll Kunden binden und auch neue Kunden gewinnen helfen.

Discounter oder discountierende Vertriebsformen dagegen verzichten weitestgehend auf Service und setzen die eingesparten Kosten im Preiswettbewerb ein. Sie delegieren aber auch, wie bereits erwähnt, unumgänglichen Service an externe Dienstleistungsunternehmen. Aldi geht diesen Weg bei seinen Verkäufen von Fernsehern, Radiogeräten oder PC´s. Baumärkte bieten gelegentlich den Service, daß sie ihren Kunden Handwerker nachweisen, die die gekauften Güter einbauen oder installieren, wenn dem Kunden die notwendigen Fertigkeiten fehlen. Baumärkte verleihen in manchen Fällen auch teure Geräte und Maschinen an ihre Kunden, Betonmischer z. B.

4.2.4.3 Die Servicepolitik im Marketing-Mix

Es gibt Vertriebsformen, deren Marketing-Mix Schwachpunkte aufweist, die durch die Servicepolitik kompensiert werden können.

Selbstbedienungswarenhäuser und Fachmärkte besetzen fast ausnahmslos Standorte „auf der grünen Wiese". Die „Ferne zum Verbraucher", die als mangelhafte Erfüllung der Raumüberbrückungsfunktion angesehen werden kann, wird durch

Serviceleistungen, wie Tankstelle, Restaurant, große ebenerdige Parkplätze oder Zubringerbusse, kompensiert.

Versandhandelsunternehmen bieten ihr Sortiment per Katalog oder zunehmend häufiger auch per Internet an. Der direkte Kontakt zur Ware fehlt bei diesen Andienungsformen. Diese Mängel versuchen sie durch folgende Serviceleistungen auszugleichen:

- Zuverlässigkeit: Die im Katalog angebotenen Artikel müssen immer verfügbar sein und auch richtig ausgeliefert werden. Fehlartikel und Falschlieferungen verärgern die Kunden.
- Schnelligkeit: Die bestellten Artikel sollten so schnell wie möglich beim Kunden sein. Der Verbraucher läßt sich für die Vorbereitung einer Kaufentscheidung oft viel Zeit. Hat er sich aber entschieden, will er die Ware sofort haben. Im stationären Einzelhandel kann der Kunde die gekaufte Ware sofort mitnehmen. Die Ungeduld des Kunden müssen die Versandhandelsunternehmen durch eine schnelle Lieferung – u. U. innerhalb 24 Stunden, dann aber oft gegen eine Gebühr – in Grenzen halten.
- Verpackung: Sie muß die Ware nicht nur vor Transportschäden schützen. Sie sollte auch ansprechend aussehen, denn sie ist Teil der Visitenkarte des Unternehmens. Und sie sollte ohne große Umstände für die Rücksendung der Ware verwendet werden können. Schließlich soll sie umweltschonend hergestellt worden und leicht recyclebar sein.
- Reklamationen und Umtausch: Sie müssen schnell und für den Kunden mühelos möglich sein. Der Kunde sollte sich nicht rechtfertigen müssen und sein Geld so schnell als möglich zurückerhalten. Reklamation und Umtausch sind gerade im Versandhandel eine wichtige Informationsquelle, die ein wertvolles „Feedback" liefert.

Die Unternehmen des Zustell-Großhandels, besonders im Lebensmittelhandel, haben ihre Betriebsabläufe stark rationalisiert und technisiert. Sie müssen deshalb von ihren Kunden oder Mitgliedern eine beträchtliche Anpassung an die eigene Organisation fordern. Die Kunden müssen sich organisatorischen Zwängen unterwerfen, wie Einhaltung des Termins für die Erteilung des Auftrags, Akzeptanz eines vorgegebenen Liefertermins, Reglementierung von Rücksendungen und Reklamationen, Bezahlung der Rechnung durch Bankeinzug am Tag der Lieferung. Diese Zwänge versuchen die Großhandelsunternehmen durch ihre Servicepolitik auszugleichen. Kompetente Mitarbeiter am Telefon, hohe Lieferbereitschaft, zuverlässige Einhaltung der Liefertermine, schnelle Abwicklung von Reklamationen, umfangreiche Unterstützung bei Neuerrichtung und Umbau von Geschäften und ständige Informationen über die Situation auf den Beschaffungsmärkten durch Messen und Börsen zählen zu diesem Service. Auch die Weiterbildung der Kunden und Mitglieder und deren Mitarbeiter ist Bestandteil dieses Serviceangebotes. Das Serviceangebot der Lebensmittel-Großhandelsunternehmen – die man deshalb auch als „Full-Service-Großhandelsunternehmen" bezeichnet – steht heute gleichberechtigt und gleichbedeutend neben dem Warengeschäft. Und die mittelständischen Kaufleute im Lebensmittel-Einzelhandel, die heute erfolgreich am Markt agieren, verdanken ihr Überleben und ihren Erfolg zum größten Teil dieser Servicepolitik.

Der Blick auf die Stellung des Service im Marketing-Mix zeigt, daß die Grenze zwischen Handelsleistung und Service fließend sein kann. Eine perfekt erbrachte Handelsleistung, die deutlich besser ist als die Handelsleistung der Konkurrenten, wird oft als Service angesehen und von den Kunden auch so bewertet. Eine schnelle und fehlerfreie Lieferung im Versand- oder im Großhandel und eine mühelose Rücksendung von nicht passender oder beschädigter Ware sind eigentlich Bestandteile einer mangelfreien Handelsleistung. Sie können aber in der Werbung als Service herausgestellt werden und werden von den Kunden auch als Service gewertet.

4.3 Die Verkaufspolitik – die Andienungsformen

Über Jahrtausende hinweg kannte der Handel nur eine Form des Verkaufens. Die Ware wurde meist in einfachster Art und Weise angeboten. Es gab keine Dekoration, keine verkaufsfördernden Möbel und keine die Ware vorteilhaft aussehenlassende Präsentation, die auch das Licht zu Hilfe nahm. Nur der Preis wurde angegeben. Eine Verkäuferin oder ein Verkäufer nahmen die Wünsche der Kunden entgegen, händigten die gekaufte Ware aus und kassierten den Kaufpreis. Diese Verkaufsform entspricht den Bedingungen des vollkommenen Marktes am ehesten. Vielleicht wurde die Ware auch mit Worten angepriesen, um die Kunden für das Angebot zu interessieren und vielleicht wurde auch ein Verkaufsgespräch geführt. Das müßte man schon als eine höhere Stufe des Verkaufens werten. Daß die klassische Theorie der Preisbildung durch das Verkaufen geschaffene Präferenzen ausdrücklich ausschließt, legt die Vermutung nahe, daß es wohl schon immer gute und schlechte Verkäufer und qualitativ unterschiedliche Formen des Verkaufens gegeben hat. Diese unterschiedlichen Formen des Verkaufens, bei denen Präferenzen geschaffen werden konnten, entsprechen nicht mehr den Bedingungen des vollkommenen Marktes. Die physische Präsenz der Ware und der Verkäuferin oder des Verkäufers waren die alleinigen Medien. Waren Verkäuferin oder Verkäufer kompetent und redegewandt und das Produkt gut, dann wurde die Ware von den Kunden bei ihnen und nicht bei den Konkurrenten gekauft. Werbung und Verkaufsförderung gingen meist in diesem einfachen Vorgang des Verkaufens auf. Auf Wochen- und Jahrmärkten wird heute noch diese Urform des Verkaufens angewandt.

Im Verlauf der merkantilen Revolution hat der Handel dann weitere, unterschiedliche Formen des Verkaufens entwickelt. Der Handel verfügt heute über ein Verkaufsinstrumentarium, das von dem überlieferten Bedienungsverkauf ohne oder mit mehr oder weniger intensiven Verkaufsgesprächen bis hin zur einfachsten Selbstbedienung, an deren Weiterentwicklung immer noch gearbeitet wird (Selfscanning sei als Beispiel genannt, die vollautomatisierte Kassenanlage ohne Personal), reicht. Diese unterschiedlichen Formen des Verkaufs sind die Grundlage der Vertriebsformen, deren Entwicklung noch nicht abgeschlossen ist. Factory oder Designer Outlets sind der neueste Typ der Vertriebsformen. Mit den unterschiedlichen Verkaufsformen hat der Handel ein Instrumentarium zur Hand, das es ihm erlaubt, den Umfang der Handelsleistung an den Charakter der Ware anzupassen, was letztlich Auswirkungen auf die Kosten und die Preispolitik hat (vergl. dazu S. 169, Abschnitt 4.1.4.1, Gestaltungsalternativen für das Sortiment, Ziffer (2) Neue marketingortientierte Gestaltungsalternativen, Buchstabe b, Den Umfang der Handelsleistung betreffende Alternativen).

Die Verkaufspolitik kann natürlich einmal als in die Handelsleistung, vor allem in das Sortiments-Marketing, integrierte Verkaufsförderung angesehen werden. Sie soll bei den Verbrauchern Kaufentscheidungen zugunsten des eigenen Unternehmens fördern, soll Umsatz und Marktanteil sichern und Vorsprünge gegenüber den Wettbewerbern schaffen. Zum anderen aber dient die Verkaufspolitik auch den Kunden. Sie erleichtert ihnen den Überblick über das angebotene Sortiment, bietet Informationen und Beratung und strebt danach, den Kunden das Einkaufen angenehm zu machen. Die Verkaufspolitik ist damit neben Sortiment und Service ein dritter und eigenständiger Bestandteil des Leistungsangebotes der Handelsunternehmen. Das Ergebnis einer qualitativ guten Verkaufspolitik ist, das kann mit Berechtigung festgestellt werden, eine „Verkaufskultur" auf hohem Niveau, die den Einkauf zum „Event" machen kann. (Vergl. dazu: Bolz, Norbert/Bosshart, David, Kult-Marketing, Die neuen Götter des Marktes, Düsseldorf 1995; Weinberg, Peter, Erlebnismarketing, München 1992; Nickel, Oliver (Hrsg.), Event Marketing, Grundlagen und Erfolgsbeispiele, München 1998; Gerken, Gerd/Merks, Michael J., Szenen statt Gruppen, Vom Produkt zum Kult, Frankfurt/Main 1996.) Die Einstellung der Verbraucher dazu, was als Event zu werten ist, kann sich allerdings ändern. Dadurch ist das Marketing heute auch modischen Einflüssen ausgesetzt und ist kurzlebig, fast hektisch geworden.

Die Verkaufspolitik steht auf der Grenze zwischen der festgelegten Marketing-Konzeption eines Handelsunternehmens und der Kommunikation dieser Konzeption. Die Verkaufspolitik hat zwei Seiten. Die eine Seite ist die Entscheidung über die für das Handelsunternehmen zweckmäßigste Methode. Die Darstellung der verfügbaren Methoden ist Gegenstand der folgenden Ausführungen. Die zweite Seite ist die Anwendung der ausgewählten Methode. Und da wird die Verkaufspolitik zur Kommunikation, die später behandelt wird (siehe S. 368 ff.).

4.3.1 Die Andienungsformen – die Gestaltungsalternativen der Verkaufspolitik

Der Begriff „Andienungsform" wurde von Meyer eingeführt (Meyer, Paul W., Einzelhandel: Ende einer Entwicklung? In: Der Verbraucher, Heft 6/1978, S. 88 ff., derselbe, Handels-Marketing, Band 7 der Materialien zu den Grundlagen des Marketing, 2. Auflage, Augsburg 1986, S. 9 ff.). Meyer bezeichnet die Andienungsformen auch als „Marktbearbeitungssysteme". Barth gebraucht den Begriff „Umsatzverfahren" und nennt ergänzend den Begriff „Akquisition" (Barth, Klaus, Betriebswirtschaftslehre des Handels, 2. überarbeitete und wesentlich erweiterte Auflage, Wiesbaden 1993, S. 51/52). Hier wird der Begriff Andienungsform übernommen, der dem Wesen des Handels am besten entspricht und als handelsspezifisch bezeichnet werden kann.

Heute stehen den Handelsunternehmen die folgenden Andienungsformen zur Verfügung.

4.3.1.1 Die Bedienung

Die Bedienung wird auch heute noch von einem beträchtlichen Teil des Handels eingesetzt. Fachgeschäfte mit problemvollen und beratungsbedürftigen Waren können auf die Bedienung nicht verzichten. Bei ihnen werden die Nachteile durch die Vorteile auch mehr als ausgeglichen. Die Bedienung hat, das wird heute manchmal übersehen, eine Reihe von Vorteilen. Der Kunde erhält, wenn er bedient wird, viele Informationen über die Ware oder kann Informationen, die ihm besonders wichtig erscheinen, erfragen. Es ist eine „Individualisierung des Verkaufens" möglich. Der Verkäufer andererseits erhält ein umfangreiches und aktuelles Feedback über die Vorstellungen und Wünsche des Kunden, wenn er das Verkaufsgespräch richtig zu führen versteht. Jedes Verkaufsgespräch ist für den Kunden Informationsquelle und Absicherung seiner Kaufentscheidungen, für den Verkäufer Möglichkeit zur Werbung und angewandte Marktforschung. Weiterhin kann sich ein guter Verkäufer rasch wechselnden Situationen im Verkaufsgespräch anpassen, er kann „situativ verkaufen".

Zu den Nachteilen der Bedienung zählt, daß der Kunde nicht direkt der Ware gegenübertritt und keinen Überblick über das gesamte Sortiment erhält. Die Optik der Warenpräsentation ist eingeschränkt. Auch ein guter Verkäufer wird einem Kunden, wenn er seine Wünsche erfragt hat, nur den Teil des Sortiments zeigen, der für ihn von Interesse ist oder sein könnte. Der Verkäufer ist gegenüber dem Kunden eine Art von „gate keeper" für den Zutritt zum Sortiment. Das erschwert Impulskäufe, auch wenn ein guter Verkäufer versuchen wird, zusätzliche komplementäre Artikel am Schluß eines Verkaufsgespräches anzubieten und zu verkaufen. Ein weiterer sehr schwerwiegender Nachteil ist, daß die Bedienung immer die „Kundenpräsenz" voraussetzt. Auch die beste Personaleinsatzplanung kann nicht verhindern, daß es immer wieder einen Überhang an Bedienungskapazität gibt, daß Verkäuferinnen und Verkäufer warten statt zu verkaufen. Das steigert die sowieso schon hohen Personalkosten dieser personalintensiven Andienungsform. Im Interesse des Marketing – um den Kunden zu lange Wartezeiten zu ersparen – muß ein gewisser Überhang an Bedienungskapazität in Kauf genommen werden.

Der Erfolg der Bedienung hängt fast ausschließlich davon ab, ob das Verkaufspersonal fachlich kompetent und in der Lage ist, ein Verkaufsgespräch sprachlich gewandt zu führen. Verkäuferinnen und Verkäufer sind bei der Andienungsform Bedienung ein außerordentlich wichtiger Marketingfaktor, sie sind Bestandteil des Marketing. Die Bedienung ist umso erfolgreicher, je besser das Verkaufspersonal ausgewählt und ausgebildet wird. Das Anforderungsprofil für die Aufgabe des Verkaufens ist sehr anspruchsvoll. Fachliche Kompetenz und sprachliche Gewandtheit müssen durch Kontaktfreudigkeit, Menschenkenntnis, ein ausgeglichenes Wesen – das ein gutes Betriebsklima voraussetzt – und ansprechendes Äußeres – Kleidung, Frisur, bei Verkäuferinnen das Make up – ergänzt werden. Diesen Anforderungen müssen nicht nur die Verkäuferinnen und Verkäufer im stationären Einzelhandel, sondern z.B. auch Verkaufspersonal im Außendienst der Großhandelsunternehmen entsprechen. Sie repräsentieren ihr Unternehmen beim Kunden allein, ohne Unterstützung durch einen attraktiven Verkaufsraum und eine wenn auch bescheidene Warenpräsentation.

Zwei Formen der Bedienung können unterschieden werden.

(1) Bedienung mit intensiven Verkaufsgesprächen

Bei dieser Variante der Bedienung wird ein ausführliches Verkaufsgespräch geführt. Der Kunde wird nach seinen Wünschen und Vorstellungen – eventuell nach Design, Qualität und Preis der Ware – gefragt. Dann wird ihm die gewünschte Ware präsentiert und angeboten. Ergänzt wird das intensive Verkaufsgespräch z. B. oft durch Anproben – bei Oberbekleidung –, durch Probefahrten – bei Kraftfahrzeugen – oder durch Kostproben – bei Weinverkäufen –.

Für den Ablauf eines überzeugenden Verkaufsgespräches empfiehlt die Psychologie drei Stufen:

– Eröffnung des Gesprächs

In dieser ersten Phase muß der Kontakt zum Kunden hergestellt und das Interesse an der angebotenen Ware geweckt werden. Es muß die Grundlage für eine positive Situation geschaffen werden. Dem Verkäufer weist die Eröffnung meist den weiteren Weg, den er bei seinem Verkaufsgespräch einschlagen muß.

– Das Angebot

Die Ware wird in der zweiten Phase angeboten und erklärt. Danach ist dem Kunden unbedingt Gelegenheit zu geben, seine Meinung und eventuell – das ist noch wichtiger – seine Gegenargumente zum Angebot zu äußern. Für den weiteren Verlauf des Verkaufsgesprächs ist diese „spontane Reaktion" des Kunden von großer Bedeutung. Ein Verkäufer, der die spontane Reaktion des Kunden unterdrückt, wird ein Verkaufsgespräch kaum erfolgreich abschließen können. Außerdem erhält er ohne spontane Reaktion vom Kunden kein Feedback. Das Gespräch wird in der Regel scheitern, ohne daß der Verkäufer erfährt, aus welchen Gründen. Beim Angebot muß der Verkäufer zu überzeugen versuchen. Sogenannte „Hochdruckverkäufe" bergen die Gefahr in sich, daß sich der Kunde überrumpelt und vielleicht sogar übervorteilt fühlt. Schon deshalb wird er unzufrieden sein. Weiterhin muß eine Verkäuferin oder ein Verkäufer in Rechnung stellen, daß mit dem Abschluß eines Kaufs für den Kunden dieser Vorgang noch längst nicht abgeschlossen ist. Er wird eine Zeit lang Angebote der Wettbewerber verfolgen und prüfen. Findet er bei der Konkurrenz ein besseres Angebot, ist die Unzufriedenheit vollständig, der Kunde ist für immer verloren.

– Der Abschluß

Hat der Kunde seine Kaufentscheidung getroffen, kann das Gespräch abgeschlossen werden. Das kann in der Form geschehen, daß man den Kunden in seiner Entscheidung bestätigt, ihm zu seiner Entscheidung gratuliert oder – bei Gebrauchsgütern – ihm viel Freude an dem erworbenen Gut wünscht. Kommt es zu keiner Kaufentscheidung, ist der Kunde höflich und freundlich zu verabschieden. Es ist das gute Recht eines Kunden, ein Angebot abzulehnen. Ihn Enttäuschung spüren zu lassen, ist schlechter Stil. Wichtig ist für den Verkäufer nur, daß er die Gründe für die Ablehnung erfährt. Dann hat das Verkaufsgespräch letztlich doch einen Nutzen gebracht.

(Vergl. dazu: Correll, Werner, Motivation und Überzeugung in Führung und Verkauf, 6. Auflage, Landsberg/Lech 1991).

(2) Bedienung mit einfachen Verkaufsgesprächen

Die Wünsche des Kunden werden einfach „abgefragt", wie das bei den Bedienungsabteilungen der Lebensmittel-Supermärkte in der Regel der Fall ist. Die gewünschte Ware wird dann abgewogen, verpackt und dem Kunden übergeben. Gute Verkaufskräfte werden allerdings den Kunden entweder auf günstige Angebote hinweisen oder zusätzliche Artikel, meist komplementäre Produkte, anbieten. So kann es auch bei der Bedienung mit einfachen Verkaufsgesprächen zu Impulskäufen kommen. Der Kunde kauft mehr, als er geplant hatte. Ergänzt werden kann das einfache Verkaufsgespräch, wie das im Lebensmittel-Supermarkt oft der Fall ist, durch Empfehlungen zur Verwendung oder Zubereitung der gekauften Ware. Bei Frischfleisch werden solche Empfehlungen gern entgegengenommen oder auch erfragt.

4.3.1.2 Die Selbstbedienung

Die Selbstbedienung ist, das kann ohne Übertreibung behauptet werden, die innovativste und in ihren Auswirkungen weitestreichende absatzpolitische Leistung des Handels-Marketing auf dem Gebiet des stationären Einzelhandels. Mit ihr begann die merkantile Revolution, und sie ist eine der wesentlichsten Grundlage der weiteren revolutionären Entwicklung im Handel. Die Selbstbedienung hat ihren Ursprung im stationären Lebensmittel-Einzelhandel. Sie wird heute in allen Branchen und auch im Großhandel eingesetzt. Die Einführung der Selbstbedienung auf breiter Front setzte in der damaligen Bundesrepublik Deutschland, den heutigen alten Bundesländern, in der zweiten Hälfte der 50er Jahre des vorigen Jahrhunderts ein. Den ersten Selbstbedienungsladen in Deutschland und darüber hinaus außerhalb der USA eröffnete Herbert Eklöh aber bereits 1938 in Osnabrück. Der Zweite Weltkrieg verhinderte, daß sich die Selbstbedienung schon damals in Deutschland ausbreiten konnte. (Vergl. dazu: 50 Jahre Selbstbedienung, Sonderausgabe der Zeitschrift „dynamik im handel", Köln, im Oktober 1988.).

Vier wesentliche Änderungen gegenüber der Andienungsform Bedienung begründen den innovativen Charakter der Selbstbedienung:

- Der Kunde tritt der Ware – und zwar dem gesamten Sortiment – unmittelbar gegenüber. Er kann das gesamte Sortiment überblicken und unbeeinflußt prüfen und auswählen. Der allein von der Präsenz des Verkaufspersonals ausgehende und von den meisten Kunden als unangenehm empfundene Druck entfällt. Es gibt keinen „gate keeper" an der Tür zum Sortiment. Erst dadurch werden Impulskäufe in größerem Ausmaß möglich.
- Die Selbstbedienung verschiebt das Verhältnis von kundenabhängigen zu kundenunabhängigen Arbeiten zugunsten der kundenunabhängigen Arbeiten. Das vermindert die Bedeutung der Kundenpräsenz, von der nur noch die Bedienungsabteilungen und die Kassenanlagen in den Supermärkten des Lebensmittel-Einzelhandels und in den SB-Warenhäuser abhängig sind. Die Handelsunternehmen, die nach dem Prinzip der Selbstbedienung arbeiten, können ihren Leistungsprozeß kontinuierlich und rationell organisieren.
- Die Selbstbedienung ermöglicht – und erfordert – den Einsatz von Sachkapital in weit größerem Umfang als die Bedienung. Darunter hat allerdings infolge des immer größer gewordenen Fixkostenblocks die Flexibilität der Handelsunternehmen gelitten, was zum Teil die Härte des Preiswettbewerbs erklärt.

– Die Selbstbedienung erlaubt es den Handelsunternehmen, ihre der Ware zugefügte Handelsleistung zu variieren und dem Charakter der im Sortiment geführten Ware anzupassen.

Die Selbstbedienung hat zweifellos großen Teilen des stationären Einzelhandels ermöglicht, die in den Wirtschaftswunderjahren und ab etwa 1980 in der Überflußwirtschaft ständig expandierenden Sortimente und wachsenden Warenmengen mit einem betriebswirtschaftlich vertretbaren Einsatz an Betriebsfaktoren zu bewältigen. Der Gesamtumsatz des deutschen Einzelhandels wuchs von 68,8 Mrd. DM in 1957 auf 552,8 Mrd. DM in 1987 – alte Bundesländer – und dann nach der Wiedervereinigung auf 623,3 Mrd. DM in 1997 – gesamte Bundesrepublik –. (Quelle: Zahlen für 1957 und 1987: 50 Jahre Selbstbedienung, Sonderausgabe der Zeitschrift „dynamik im handel", Köln, im Oktober 1988, S. 16; Zahl für 1997: Statistisches Jahrbuch für die Bundesrepublik Deutschland 1999, Wiesbaden 1999, S. 253.). Die Selbstbedienung hat überall dort, wo sie der Handel auf breiter Front einsetzte, zum Aufbau sehr leistungsfähiger Distributionssysteme geführt. Und sie zog den Aufbau einer bedeutenden Investitionsgüterindustrie nach sich.

Folgende Varianten der Selbstbedienung stehen den Handelsunternehmen heute zur Verfügung.

(1) Die konventionelle Selbstbedienung

Sie ist die originäre Form der Selbstbedienung, aus der heraus sich die anderen Varianten entwickelt haben. Für sie gelten die folgenden Regeln.

(a) Die Regeln der Selbstbedienung

– Das gesamte Sortiment muß im Verkaufsraum präsentiert werden. Die Warenpräsentation muß die Sortimentskonzeption „visualisieren". „Was nicht im Verkaufsraum gezeigt wird, wird auch nicht verkauft", lautet ein alter Erfahrungssatz der Selbstbedienung.
– Die Ware wird ausgepackt und Stück für Stück in die Verkaufsmöbel gestellt oder gelegt. Es muß genau festgelegt werden, in welcher Höhe ein Artikel plaziert wird. Regal- oder Gondelböden in Augenhöhe sind die verkaufsstärksten Plätze.
– Das Sortiment muß übersichtlich, in Waren- und Bedarfsgruppen gegliedert, präsentiert werden. Dem Kunden muß langes Suchen, was ihn verärgert, erspart werden. Im Verkaufsraum angebrachte Hinweistafeln auf die Warengruppen können besonders auf großen Verkaufsflächen das Suchen erleichtern. Bei der Warenpräsentation muß immer daran gedacht werden, daß der Kunden ein Sortiment – von u.U. mehreren tausend Artikeln – „lernen" muß, um sich in ihm ohne Schwierigkeiten zurechtzufinden.
– Die Warenpräsentation muß den Kunden durch den gesamten Verkaufsraum, auch an verkaufsschwachen Plätzen vorbei, führen. Die Kundenführung ist auf großen Verkaufsflächen kein leicht zu lösendes Problem.
– Die Warenpräsentation muß nach Möglichkeit Ladendiebstahl erschweren.
– Die Möblierung muß zweckmäßig, sie darf nicht übertrieben auffällig sein. Sie muß die Ware zur Geltung bringen. Die Ware soll verkauft werden, nicht die Warenträger.

- Am Ende des Rundganges – des Kundendurchlaufs – muß eine Kassenanlage vorhanden sein. Sie wird als „Check-out-line" bezeichnet. Registrierkassen, heute meist Kassen mit Lesestift und im Lebensmittel-Supermarkt Scannerkassen, addieren die gekauften Artikel auf und der Kunde bezahlt die Summe. Streng genommen ist die Kassenanlage eine „Bedienungsabteilung" und damit ein Fremdkörper im System der Selbstbedienung, auch bei Aldi. Das erklärt auch die häufig anzutreffenden Warteschlangen an den Kassen. Die Verkaufskapazität des in Selbstbedienung arbeitenden Verkaufsraums ist wesentlich größer als die Abfertigungskapazität der Kassenanlage. Das erklärt, warum schon seit geraumer Zeit versucht wird, auch die Kassenanlagen in Selbstbedienung zu betreiben. „Selfscanning" könnte die Problemlösung sein. Die Kassenanlage registriert von selber die Einkäufe und der Kunde zahlt mit EC- oder Kreditkarte.

Entspricht die Warenpräsentation diesen Regeln, dann kommt der Kunde bei seinem Rundgang durch den Verkaufsraum an allen im Sortiment geführten Artikeln vorbei. Er kann das gesamte Sortiment sehen und ungestört auswählen. Hat er eine Kaufentscheidung getroffen, nimmt er die Ware aus dem Regal oder der Gondel, legt sie in seinen Einkaufswagen und begibt sich zur Kassenanlage. Erst wenn die Ware an der Kasse registriert und bezahlt wurde, ist die Kaufhandlung abgeschlossen. Solange die Ware noch nicht registriert wurde, kann der Kunde seine Kaufentscheidung korrigieren. Und erst nach dem Passieren der Kassenlinie kann gegen einen Kunden der Vorwurf des Ladendiebstahls erhoben werden.

(b) Anforderungen an die sb-gerechte Verpackung von Waren

Da sich bei der Selbstbedienung die Ware selbst verkaufen muß, müssen an ihre Verpackung besondere Anforderungen gestellt werden.
- Der Verpackung müssen die Informationen die bei der Bedienung das Verkaufspersonal gibt, gut lesbar aufgedruckt werden. Die Beschriftung der Verpackung muß das Verkaufsgespräch ersetzen.
- Die Verpackung muß stapelfähig sein, damit die Ware platzsparend und rationell in den Verkaufsmöbeln präsentiert werden kann. Das kann Probleme verursachen. Manche Artikel brauchen einen Umkarton, um stapelfähig zu werden. Man denke an Beutel und Tuben. Solche Umverpackungen sind jedoch aus ökologischen Gründen unerwünscht. Manche Artikel – Kurzwaren oder kleine Hausratsartikel – werden auf einer Kartonunterlage mit Folie überzogen – „gebliestert" – und dann an besonderen Warenträgern aufgehängt.
- Die Größe der Verpackung und damit die Abnahmemenge müssen kunden- und marktgerecht sein. Sie dürfen weder zu groß noch zu klein sein. Eventuell muß ein Produkt in mehreren Packungsgrößen angeboten werden, was der Handel, der dann von einem Produkt mehrere Artikel führen muß, nicht gern sieht. Bei den Gewichten sollte auf den Verbrauchern vertraute Werte – 1 kg, 500 g oder 100 g – Rücksicht genommen werden.
- Die Verpackung soll das Profil des Artikels unterstreichen und ihn von anderen Artikeln – bei Parallelsortimenten u. U. vom gleichen Produkt, aber einer anderen Marke – unterscheiden. Die Verpackungen sollten vor allem durch ihre Farben die Optik der Warenpräsentation im Verkaufsraum beleben.
- Die Oberfläche der Verpackung muß so beschaffen sein, daß sie sich angenehm anfühlt.

(c) Vorzüge und Nachteile der Selbstbedienung für Kunden und Handel

− Vorzüge und Nachteile für den Kunden

Der Einführung der Selbstbedienung standen die Verbraucher zunächst sehr skeptisch gegenüber. Von ihnen wurde die Aufgabe eines von der Kindheit an gewöhnten Kaufverhaltens gefordert. Der Handel mußte einige Jahre intensiv daran arbeiten, die Verbraucher mit der Selbstbedienung vertraut zu machen. Heute ist der moderne Handel ohne Selbstbedienung nicht mehr denkbar.

• Vorzüge

Der Kunde kann ohne Zeitdruck, anonym und völlig unbeeinflußt von Verkaufspersonal das angebotene Sortiment prüfen, die Ware in die Hand nehmen, die auf der Verpackung aufgedruckten Informationen lesen und dann, wenn er sich entschieden hat, kaufen oder auch nicht kaufen.

Der Kunde ist in der Lage, das gesamte geführte Sortiment zu überblicken. Allein das Betrachten eines attraktiv präsentierten Sortiments kann Spaß machen. Dabei kann er Artikel sehen, die ihn daran erinnern, daß er sie bei seiner Einkaufsplanung übersehen hat.

Und er kann impulsiv Artikel kaufen, die ihm auf den ersten Blick gefallen und von denen er sich Freude oder Genuß verspricht. Einkaufen, natürlich in Maßen und den eigenen finanziellen Möglichkeiten entsprechend, kann durchaus ein Stück Lebensqualität sein.

• Nachteile

Der Kunde muß von Industrie und Handel vorgegebene Packungsgrößen und damit Abnahmemengen hinnehmen. Besonders in Lebensmittel-Supermärkten und Drogeriemärkten ist dies der Fall. Eine Zeit lang versuchte die Industrie, die Packungsgrößen ständig größer zu machen und auf diese Weise ihre Umsätze zu steigern, was besonders für Singles ein Problem war. Heute sind die Packungsgrößen weitestgehend verbrauchergerecht. Von vielen Produkten werden mehrere Packungsgrößen angeboten.

Ein Teil der Warenbewegung im Verkaufsraum − der Weg von den Präsentationsplätzen zu den Kassen − wird den Kunden übertragen. In SB-Warenhäusern mit ihren großen Verkaufsflächen transportieren die Kunden zum Teil beträchtliche Warenmengen und Gewichte über relativ lange Strecken.

Der Kunde muß sich selbst darum bemühen, den Überblick über zum Teil große Sortimente zu gewinnen. Dabei muß er „geistige Arbeit" leisten. Sollte er Fragen haben, ist es oft nicht leicht, im Verkaufsraum eine kompetente Verkaufskraft zu finden, die Antwort geben kann.

Schließlich muß der Kunde zu bestimmten Zeiten mehr oder weniger lange an den Kassen warten. Diese Nachteile der Selbstbedienung erregen heute aber kaum noch Ärgernis − ausgenommen zu lange Wartezeiten an den Kassen −, der Kunde hat sich an sie gewöhnt, nimmt sie kaum noch wahr.

− Vorzüge und Nachteile für die Handelsunternehmen

Der Handel sah zunächst die Kostenvorteile, die die Selbstbedienung versprach und von denen er eine übertriebene Vorstellung hatte. Manche Handelsunternehmen schreckten auch vor den hohen Investitionen zurück, die die Einführung der

Selbstbedienung erforderte. Die Vorteile dieser Andienungsform für das Marketing wurden anfangs noch nicht deutlich erkannt. Heute wissen die Handelsunternehmen, die in Selbstbedienung arbeiten, welche Vorteile ihnen diese Andienungsform bietet und wie sie mit ihrer Hilfe aktiv verkaufen können.

- Vorzüge

Der Kunde hat den direkten Kontakt zur Ware, er kann sie in die Hand nehmen. Was ein Kunde in die Hand nimmt, hat er meist schon halb gekauft, lautet ein Erfahrungssatz der Selbstbedienung. Der direkte Kontakt zur Ware ist nach wie vor, trotz Katalog und Internet, ein wichtiger Vorzug des stationären Einzelhandels und wird dies wohl auch bleiben. Und es kommt hinzu, daß der Kunde die gekaufte Ware sofort mitnehmen kann. Das trifft aber auf fast alle Andienungsformen zu.

Ein Teil der Handelsleistung, wie der Warentransport im Verkaufsraum, das Zusammenstellen des Einkaufs – besonders im Lebensmittelhandel, wo ja bei jedem Einkauf meist eine größere Zahl von Artikeln gekauft wird – und das Warten an den Kassen wird an die Kunden delegiert. Das bringt ohne Zweifel Kostenvorteile mit sich.

Wichtiger aber ist, daß ein im Vergleich zur Bedienung weitaus größerer Teil der im Leistungsprozeß anfallenden Arbeiten „kundenunabhängig" wird. Er kann in Zeiten einer schwachen Kundenfrequenz vorab erledigt werden. Ein Teil der immateriellen Dienstleistung wird gewissermaßen materialisiert. Statt des Verkaufspersonals – menschliche Arbeitskraft – übernehmen die Verkaufsmöbel – Sachkapital – die Warenpräsentation. Eine neue Faktorkombination wird möglich. Menschliche Arbeitskraft wird durch Verkaufsfläche und Sachkapital ersetzt. Die neue Kombination bringt nicht nur Kostenvorteile mit sich, sondern eröffnet auch der Organisation des Leistungsprozesses, besonders der Personaleinsatzplanung, neue Möglichkeiten. Vor allem können in der Selbstbedienung auch weniger qualifizierte Mitarbeiter eingesetzt werden, was den Personalkosten zugute kommt. Die Produktivität der Handelsunternehmen, die die Selbstbedienung einsetzen, ist deshalb auch deutlich gestiegen. So lag 1997 der Umsatz pro Mitarbeiter und Jahr bei einem überwiegend sb-geführten Lebensmittel-Supermarkt bei 394 Tsd. DM, bei in Bedienung geführten Fachgeschäften – Glas, Porzellan, Keramik oder Lederwaren – bei etwas über 200 Tsd. DM. Der Umsatz pro Quadratmeter Verkaufsfläche und Jahr lag bei 9 Tsd. DM bzw. 6 Tsd. DM (Quelle: Handel aktuell ´99, herausgegeben vom EuroHandelsinstitut Köln, Köln 1999, S. 208.).

Die Selbstbedienung hat auch den Einsatz der EDV zumindest wirksam gefördert. Scannerkassen mit edv-gestützten Warenwirtschaftssystemen haben den Ablauf des Leistungsprozesses gravierend verändert und liefern für die Steuerung der Unternehmen wichtige und detaillierte Daten.

Schließlich ist als Vorteil der Selbstbedienung für die Handelsunternehmen hervorzuheben, daß sie Impulskäufe ermöglicht und wirksam fördert. Im Hinblick auf Impulskäufe ist die Selbstbedienung der Bedienung haushoch überlegen.

- Nachteile

Der Kontakt zu den Kunden ist durch die Selbstbedienung stark vermindert worden. Man bekommt kein ausreichendes Feedback, erfährt nicht, wie die Kunden das angebotene Sortiment und seine Präsentation und die Preise beurteilen. Man erfährt nicht, ob die Kunden Artikel im Sortiment vermissen und warum sie manche Artikel kaufen und andere nicht. Dieses Feedback muß durch aufwendige Marktforschung in Form von Kunden- und Verbraucherbefragungen ersetzt werden.

Schließlich darf als Nachteil der Selbstbedienung nicht übersehen werden, daß sie erhebliche Investitionen erfordert. Diese Feststellung betrifft besonders den Lebensmittel-Einzelhandel und auch -Großhandel. In dieser Branche sind neben Möblierung und Lagereinrichtung, neben EDV und aufwendigen Kassenanlagen auch erhebliche Investitionen in Kühleinrichtung – gekühlte Lagerflächen, Pluskühlung für Frischfleisch und Frischwurst, teilweise auch für Obst und Gemüse, Tiefkühlschränke und Tiefkühltruhen und etikettendruckende Waagen – erforderlich. Die Handelsunternehmen sind durch die Selbstbedienung kapitalintensiv geworden und werden es in Zukunft noch mehr als heute sein. Das hat steigende Fixkosten zur Folge, die den Handelsunternehmen einen Teil ihrer Flexibilität nehmen. Es muß u.U. Umsatz um jeden Preis gemacht werden. Das erklärt die Härte des Preiswettbewerbs, die eher noch zunehmen statt abnehmen wird.

(2) Die Teil-Selbstbedienung – Vorwahl.

Diese Andienungsform steht zwischen Bedienung und Selbstbedienung und wurde zur gleichen Zeit wie die Selbstbedienung im Einzelhandel eingeführt.

Das Sortiment muß bei der Anwendung der Teil-Selbstbedienung wie bei der konventionellen Selbstbedienung vollständig und übersichtlich im Verkaufsraum präsentiert werden. In Sonderfällen reicht es aus, wenn von jedem Artikel nur ein Stück präsentiert wird – im Schuheinzelhandel z.B. –. Beim ersten Kontakt mit der Ware ist der Kunde allein und völlig unbeeinflußt. Diese erste Phase der Vorwahl nützt alle Vorteile der Selbstbedienung, wie sie im vorhergehenden Abschnitt ausführlich dargestellt wurden. Sie kämpft aber auch mit deren Nachteilen.

Hat der Kunde einen Artikel gefunden, der seinen Vorstellungen entspricht und den er eingehender prüfen – und vielleicht anprobieren – möchte, so wendet er sich an eine Verkäuferin oder einen Verkäufer. Dann setzt mit der Bedienung die zweite Phase des Verkaufsprozesses ein, mit allen Vorzügen – situatives Verkaufen und Feedback –, aber auch allen Nachteilen – Personal muß bereitgehalten werden, kann erst bei Kundenpräsenz tätig werden, deshalb hohe Personalkosten –, die dieser Andienungsform zu eigen sind.

Die Teil-Selbstbedienung wird vor allem von den Warenhäusern, vom Schuheinzelhandel und dem Oberbekleidungshandel eingesetzt. In Ansätzen ist sie aber auch in anderen Branchen zu finden. Sie eignet sich vor allem für Waren, die der Kunde zwar meist gut kennt und mit deren Gebrauch er vertraut ist – die also relativ problemlos sind –, bei denen aber schließlich doch eine Anprobe oder vielleicht eine modische Beratung erforderlich sind. Oder bei denen eine Beratung über die Eigenschaften des Materials, den Gebrauch oder die Pflege gewünscht wird.

Das Problem bei der Teil-Selbstbedienung ist, daß die sb-gerechte Warenpräsentation eine weitaus höhere Leistungskapazität als das Verkaufspersonal hat. In der ersten Phase der Selbstbedienung wird diese Andienungsform ohne Schwierigkeiten auch mit beträchtlichen Schwankungen in der Kundenfrequenz fertig. In der zweiten Phase der Bedienung kann es dann zu Engpässen beim Personal und zu Wartezeiten für die Kunden kommen. Der Personaleinsatz muß also sehr sorgfältig geplant und an die schwankende Kundenfrequenz angepaßt werden. Sonst hat man in Zeiten hoher Kundenfrequenz zu wenig Personal zur Verfügung und die Kunden laufen wegen langer Wartezeiten verärgert weg. Oder man hat in Zeiten niedriger Kundenfrequenz zu viel Personal im Einsatz – das dann mehr wartet als verkauft – und kämpft mit zu hohen Personalkosten.

Als eine Variante der Teil-Selbstbedienung kann der „Katalog-Schauraum" angesehen werden. Von jedem im Sortiment geführten Artikel ist ein Stück im Schauraum ausgestellt, der damit die Aufgaben eines Katalogs übernimmt. Der Kunde wählt, nachdem er die Ware in die Hand nehmen und prüfen konnte, und gibt dann seine Bestellung auf. Die Ware wird vom Lager bereitgestellt und nach der Bezahlung dem Kunden ausgehändigt. Diese Andienungsform eignet sich besonders für kleine und hochwertige Artikel, wie Uhren und Kameras, bei denen die Diebstahlsgefahr sehr groß ist. Der Grundgedanke ist, die teure und aufwendig möblierte Verkaufsfläche so klein als möglich zu halten und nicht, wie das die Selbstbedienung tut, als Lagerfläche zu nutzen. In Deutschland hat sich diese Andienungsform nicht durchgesetzt.

(3) Die lose Selbstbedienung

Bei dieser Andienungsform wird lose Ware – ein Teil des Obst- und Gemüsesortiments z. B. oder Bonbons im Süßwarensortiment – präsentiert. Der Kunde kann dann selbst die von ihm gewünschte Menge eines Artikels in bereitgestellte Plastikbeutel füllen, ist also an keine vorgegebene Abnahmemenge gebunden. Dann wiegt er selbst den Beutel, den er vorher verschlossen hat, an einer elektronischen Waage, die ein Etikett mit Angaben zu Gewicht, Kg-Preis und Packungspreis in Zahlen und als Balkencode auswirft. Dieses selbstklebende Etikett bringt er am Plastikbeutel an. Dieser Beutel ist durchsichtig, damit die Kassiererin die Angaben auf dem Preisetikett mit dem Inhalt vergleichen kann. An der Kasse wird der zum sb-fähigen Artikel gewordene Beutel wie alle anderen gekauften Artikel registriert. Es gibt heute auch mit einer Waage gekoppelte Kassen. Die Kassiererin wiegt dann den Plastikbeutel und ruft über einen Code den Kg-Preis ab. Der Packungspreis wird dann von der Waage direkt in die Kasse übertragen und auf dem Kassenbon ausgedruckt.

Die Einführung dieser Andienungsform stieß besonders beim Handel auf Widerstände. Es wurde befürchtet, daß manche Kunden nach dem Wiegen und Ausdrukken des Etiketts noch Ware nachfüllen würden, ehe sie den Plastikbeutel verschließen. Und es wurde befürchtet, daß die Kunden weniger kaufen würden als sie bei vorgegebenen Abnahmemengen kaufen müßten. Es zeigte sich aber sehr bald, daß nur sehr wenige Kunden beim Wiegen manipulieren. Und es wurde mehr gekauft als bei abgepackter Ware. Heute ist die Andienungsform lose Selbstbedienung für Kunden und Handelsunternehmen, besonders die Lebensmittel-Supermärkte, eine Selbstverständlichkeit. Die Obst- und Gemüse-Abteilungen der Lebensmittel-Supermärkte werden sowohl in Selbstbedienung – Stückware und vorverpackte Artikel – als auch in loser Selbstbedienung – Gewichtsware – geführt. Versuche, auch Grundnahrungsmittel, wie Mehl, Zucker oder Nudeln, in loser

Selbstbedienung zu verkaufen, schlugen fehl. In anderen Branchen als dem Lebensmittelhandel ist die lose Selbstbedienung nicht einsetzbar.

Die lose Selbstbedienung ist im Grunde angewandte Psychologie. Sie befreit den Kunden von dem Zwang, eine vorgegebene Warenmenge abnehmen zu müssen, ganz gleich, ob sie seinen Vorstellungen entspricht oder nicht. Die lose Selbstbedienung ist hinsichtlich der Abnahmemenge eine „individualisierte" Selbstbedienung, die zur Kundenzufriedenheit beiträgt. Gerade Singles wissen diesen Vorteil der losen Selbstbedienung sehr zu schätzen.

(4) Die Discount-Selbstbedienung

Sie ist die einfachste Form der Andienungsform Selbstbedienung und wurde von den Discountern im Lebensmittel-Einzelhandel entwickelt und von Anfang an eingesetzt. Die Ware wird bei dieser Andienungsform nicht ausgepackt und Stück für Stück in den Verkaufsmöbeln plaziert. Die Ware wird vielmehr zum überwiegenden Teil – Wein und Spirituosen sind die Ausnahme – in Kartons und anderen Umverpackungen in die Regale gestellt oder auf Paletten präsentiert. Die Verkaufsmöbel sind von einfachster Art. Es sind eigentlich gar keine Möbel, es sind rein funktionelle Warenträger. Die Kunden entnehmen die gewünschte Ware den Kartons und Umverpackungen, die sie teilweise selbst aufreißen müssen. Für Rückfragen steht kaum Personal zur Verfügung. Auf diese Weise können die Personalkosten extrem niedrig gehalten werden. Personal findet sich nur an den Kassen oder es ist zu bestimmten Zeiten damit beschäftigt, die angelieferte Ware einzuräumen. Die Kunden akzeptieren diese Andienungsform und auch die häufig langen Wartezeiten an den Kassen und die relativ häufig vorkommenden Fehlartikel, weil sie an den Preisen feststellen können, daß zumindest ein Teil der eingesparten Kosten an sie weitergegeben wird.

(5) Der Verkauf aus Automaten

Diese Andienungsform ist die extremste Form der Selbstbedienung. Man könnte sie auch „totale Selbstbedienung" nennen. Auch für das Bezahlen der Ware ist kein Personal erforderlich, nur für das Nachfüllen von Ware und das Entnehmen des Geldes. Automaten haben außerdem den Vorteil, an keine gesetzlich vorgegebene Öffnungszeit gebunden zu sein. Trotzdem werden die Automaten nur sehr begrenzt eingesetzt, zum Verkauf von Zigaretten vor allem und auf großen Bahnhöfen zum Verkauf von Reisebedarf und Vergeßlichkeitsartikeln. Mit Automaten können keine großen Sortimente und keine voluminösen oder schweren Artikel angeboten werden. Auch der Versuch, einen Getränkemarkt vollautomatisch zu betreiben, hat bis jetzt keine große Verbreitung gefunden.

(6) Selbstbedienung im Großhandel – Cash & Carry

Diese vom Lebensmittel-Großhandel entwickelte Andienungsform ist die Folge des hochgradig technisierten und rationalisierten Leistungsprozesses der Unternehmen des Lebensmittel-Großhandels. Dieser Leistungsprozeß setzt bestimmt Mindestauftragsgrößen voraus und läßt Lieferungen zwischen den geplanten Touren nicht zu. Um den Mitgliedern oder Kunden die Möglichkeit zu geben, bei der Bestellung vergessene oder vorzeitig ausgegangene Artikel beschaffen zu können, und um Kunden mit kleinen Aufträgen – besonders Kioske, Gastwirte, Metzger und Bäk-

ker – einen günstigen Einkauf bieten zu können, wurden die C&C-Märkte geschaffen. Sie folgen den Regeln der Selbstbedienung mit folgenden Abweichungen:
- Die Zielgruppe sind nicht Verbraucher – die keinen Zutritt haben –, sondern Gewerbetreibende, die nur mit Ausweis einkaufen können.
- Das Sortiment ist auf die Zielgruppe zugeschnitten und besteht überwiegend aus Großgebinden und Großpackungen.
- An den Kassen wird kein anonymer Kassenbon ausgedruckt, sondern es wird unter dem Namen des Kunden fakturiert. Stammkunden und Mitglieder können manchmal auch per Banklastschrift bezahlen.
- Die C&C-Märkte unterliegen nicht den gesetzlich vorgeschriebenen Ladenöffnungszeiten.

Die Andienungsform Cash & Carry – „zahle" unmittelbar nach dem Einkauf und „trage" die Ware selbst nach Haus – hat nicht nur in Deutschland eine weite Verbreitung gefunden.

Diese Übersicht über die Selbstbedienung und ihre Varianten zeigt deutlich, daß diese Andienungsform den Handel tiefgreifend verändert hat. Die Auswirkungen sollen abschließend in wenigen Sätzen noch einmal zusammengefaßt werden:
- Die Selbstbedienung erlaubt es dem Handel, Handelsleistung sowohl an die Hersteller – Vorverpackung der Ware und Preisauszeichnung mit einem Balkencode – als auch an die Verbraucher – informieren über die Ware, Zusammenstellung des Einkaufs, Transport im Verkaufsraum – zu delegieren. Diese Delegation von Handelsleistung ließ sich vor allem in den Lebensmittel-Supermärkten verwirklichen.
- Die Selbstbedienung erlaubt es dem Handel, seine Handelsleistung zu variieren und an den Charakter des geführten Sortiments anzupassen. Damit wurde die Grundlage für die Entwicklung von unterschiedlichen Vertriebsformen geschaffen.
- Die Selbstbedienung verwandelt einen Teil der früher kundenabhängigen in kundenunabhängige Arbeiten und erlaubt damit, den Leistungsprozeß im Einzelhandel rationeller zu organisieren.
- Die Selbstbedienung verändert die Qualifikationsstruktur der Mitarbeiter in den Handelsunternehmen. Es werden nur noch relativ wenige Führungskräfte gebraucht, die Zahl der weniger qualifizierten Mitarbeiter, die ausführende Arbeiten erledigen, nahm zu, was sich positiv auf die Personalkosten auswirkt.
- Die Selbstbedienung erlaubt es, zwischen Kunden und Ware einen direkten Kontakt herzustellen, was die Möglichkeiten zu Impulskäufen erheblich verstärkt.
- Die Selbstbedienung macht den Einzelhandel kapitalintensiv, die hohen Fixkosten vermindern die Flexibilität der Handelsunternehmen.
- Zwischen den Andienungsformen im stationären Einzelhandel und dem Charakter des geführten Sortiments bestehen enge Zusammenhänge. Nicht jede Andienungsform ist für jedes Sortiment geeignet.

4.3.1.3 Weitere Andienungsformen

Der „nichtstationäre" Einzelhandel, der seine Waren nicht auf Verkaufsflächen an festen Standorten anbietet, bedient sich anderer Andienungsformen als der „stationäre" Einzelhandel. Der ambulante Einzelhandel steht dem stationären Einzelhandel noch am nächsten. Er arbeitet in der Andienungsform Bedienung, bietet sein Sortiment jedoch an verschiedenen Standorten für begrenzte Zeiten an. Der direkte Kontakt zwischen Kunde und Ware ist aber vorhanden. Auch die Verkaufswagen, die in schwach besiedelten Regionen eingesetzt werden, kann man zum ambulanten Handel rechen.

Die anderen Handelsunternehmen des nichtstationären Einzelhandels haben es wesentlich schwerer, weil bei ihnen der Kontakt zwischen Kunde und Ware fehlt. Sie bedienen sich der folgenden Andienungsformen:

(1) Kataloge

Der Versandhandel und zum Teil der Großhandel ersetzen die Verkaufsfläche oder den Außendienst durch den Katalog. Der Nachteil des direkten Kontaktes zwischen Kunde und Ware wird dadurch kompensiert, daß der Kunde in seiner Wohnung und zu jeder Zeit, die ihm genehm ist, sei es Tag oder Nacht, auswählen und einkaufen kann. Weiterhin muß ein perfekter Service geboten werden – schnelle Lieferung, keine Fehlartikel oder Falschlieferungen, mühelose Rücksendung nicht gefallender Ware, schnelle Bearbeitung von Reklamationen, problemloser Zahlungsverkehr und schnelle Erstattung des Kaufpreises bei Rückgabe der Ware –. Die Versandhandels-Kataloge sind bei den Verbrauchern als Orientierungshilfe sehr beliebt. An ihnen wird zum Teil das Angebot des stationären Handels gemessen. Um zu hohe Streuverluste zu vermeiden, müssen die Kataloge heute meist bezahlt werden.

(2) Direktmarketing

Potentielle Kunden werden angeschrieben und mit einem Brief über die angebotenen Waren oder Dienstleistung informiert. Diese Andienungsform wird als „Direct-Mailing" bezeichnet. Dabei ist es möglich, die gewünschte Zielgruppe sehr genau abzugrenzen und für diese Zielgruppe auch aktuelles Adressenmaterial zu beschaffen, meist zu kaufen. Trotzdem sind die Streuverluste sehr hoch. Der Erfolg hängt viel davon ab, wie Anrede und Brief formuliert werden. Der Brief muß „persönlich" wirken. Der Kunde soll den Eindruck gewinnen, er gehört zu einem ausgewählten Kreis, dem das Angebot exklusiv vorgelegt wird. Oft werden Preisausschreiben und Verlosungen eingesetzt, um die Aufmerksamkeit für den Brief zu erhöhen. Der ADAC-Verlag handhabt diese Methode mit einiger Perfektion. Auch Lotterie-Einnehmer bedienen sich dieser Andienungsform.

Eine weitere Variante des Direktmarketing ist der Telefonverkauf. Potentielle Kunden werden angerufen und telefonisch über das Angebot informiert. Die Tätigkeit des Telefonierens kann man an „Call-Center" delegieren, die gegen Entgelt die Anrufe durch geschulte Mitarbeiter durchführen. Sofern feste Geschäftsbeziehungen bestehen – wie im Frischwarenhandel der Großhandelsunternehmen des Lebensmittelhandels – funktioniert diese Andienungsform gut. Sie ist sehr flexibel, das Angebot aktuell, die Aufgabe der Bestellung und die Lieferung reibungslos. Vertrauen in die Beschreibung der Ware und das Qualitätsversprechen des Verkäufers sind unverzichtbare Grundlage für den Erfolg. In anderen Fällen ist das Telefonmarketing nicht ganz ohne Probleme. Man weiß nie, zu welcher Zeit man den potentiellen Kunden erreicht und in welcher Situation er sich zur Zeit des Anrufes befindet. Der Anruf kann u. U. als Störung empfunden werden und ist dann zum Mißerfolg verurteilt.

(3) Das Internet – e-commerce

Diese Andienungsform, die sich in einem nicht vorhersehbar extremen Tempo ausbreitet, wird, das kann schon heute ohne Übertreibung gesagt werden, den Handel vielleicht ebenso tiefgreifend verändern wie vor 50 Jahren die Selbstbedienung. (Vergl. dazu: E-Commerce, Das Web revolutioniert die Handelswelt, Spezial 1/2000 der Lebensmittel Zeitung, Frankfurt/Main, Februar 2000; Print contra E-Communication, Heft 3/2000 der Zeitschrift „Thexis", Fachzeitschrift für Marketing der Universität St. Gallen, Publikation des Forschungsinstituts für Absatz und Handel an der Universität St. Gallen (HSG), 17. Jahrgang, St. Gallen, 5. Juni 2000; in diesem Heft werden die Unterschiede zwischen „Print-Kommunikation" und „Screen-Kommunikation" dargestellt; beide Formen der Kommunikation stehen zwar in Wettbewerb zueinander, sind aber trotzdem Geschwister.).

E-commerce ist, vom Standpunkt der Andienungsformen her gesehen, im Grunde Versandhandel. Er setzt an die Stelle des Katalogs das Internet. Und es ist kein Zufall, daß sich die Versandhandelsunternehmen neben den traditionellen Warenhäusern als erste Handelsunternehmen mit dem Internet beschäftigten. Ein Handelsunternehmen in Baden, das Lebensmittel anbietet, benutzt den Katalog als Brücke zum e-commerce. Es schickt den Haushalten in seinem Einzugsgebiet einen Katalog zu. Sie können dann schriftlich, telefonisch, per Fax oder per Internet bestellen. Parallel zum Katalog wird das Sortiment im Internet angeboten. Die Kunden, die einen Zugang zum Internet haben, können dann direkt dort einkaufen. Diese Verwandtschaft zum traditionellen Versandhandel erklärt zum Teil, weshalb der E-commerce in manchen Bereichen des Handels so schnell expandiert. Die Karstadt Quelle AG setzte in 1999 214 Mill. DM im E-commerce um, für das Jahr 2000 erwartet sie einen Umsatz von etwa 700 Mill. DM. Und sie kommentiert diesen Umsatzsprung mit der Bemerkung, ein Großteil dieses Umsatzes kommt aus der Ergänzung des angestammten Versandgeschäftes durch den Online-Handel (o. V., Elektronischer Handel als neues Geschäftsfeld bei Karstadt Quelle, Bericht über die Bilanzpressekonferenz für das Jahr 1999, in: Frankfurter Allgemeine Zeitung, 21. 6. 2000, Nr. 142, S. 21).

E-Commerce ist allerdings dem traditionellen Versandhandel weit überlegen:
- Die Web-Seiten und damit das Angebot können, wenn erforderlich, stündlich verändert und aktualisiert werden.
- Das Einzugsgebiet eines Handelsunternehmens wird, zumindest technisch ist das möglich, weltweit ausgedehnt. Wer im Internet anbietet, ist ein „Global Player".
- Es können – meist schmale – extrem tiefe Sortimente angeboten werden. Durch die Ausdehnung des Absatzgebietes finden sich auch für den ausgefallensten Artikel noch genügend Käufer, sodaß er eine für das Handelsunternehmen ausreichende Umschlagshäufigkeit erreicht und das Beschaffungsvolumen das Aushandeln guter Konditionen erlaubt.
- Durch e-commerce werden ganz neue Formen das Handels möglich, wie Bündelung der Nachfrage für einzelne hochwertige Gebrauchsgüter – PKW´s zum Beispiel – oder Versteigerungen.

- E-commerce macht die teuren Verkaufsflächen des stationären Einzelhandels überflüssig. Der heute schon bestehende Überhang an Verkaufsfläche im Einzelhandel wird mit Sicherheit in naher Zukunft erheblich vergrößert.
- Wie beim traditionellen Versandhandel ist für den Erfolg des e-commerce eine zuverlässige Logistik, eine schnelle und fehlerfreie physische Distribution der verkauften Waren, von entscheidender Bedeutung.
- Bei der Bezahlung der bestellten Ware per Kreditkarte – durch Angabe der Kreditkartennummer – sind noch nicht alle Probleme der Sicherheit gelöst.

4.3.2 Die Strategien der Verkaufspolitik

Der Verkaufspolitik stehen zwei praktikable Strategien und eine denkbare Strategie zur Verfügung.

(1) Die Strategie der Anwendung einer Andienungsform

Diese Strategie wird sehr oft angewandt und ist wahrscheinlich die dominierende Strategie. Aldi – einfachste Selbstbedienung –, Drogeriemärkte – konventionelle Selbstbedienung –, City-Warenhäuser, mit Ausnahme der Lebensmittelabteilungen – Teil-Selbstbedienung – und die Fachgeschäfte für Schmuck und Uhren oder die Douglas Parfumerien – Bedienung in intensiver Form – verfolgen eine Strategie der Anwendung nur einer Andienungsform.

Fast immer wird bei Anwendung dieser Strategie ein vertriebsformen-homogenes Sortiment geführt. Die Kombination eines vertriebsformen-homogenen Sortiments mit der Strategie einer Andienungsform erleichtert die Steuerung und Kontrolle eines Handelsunternehmens wesentlich.

(2) Die Strategie der Anwendung mehrerer Andienungsformen

Die Lebensmittel-Supermärkte und die aus dem Lebensmittelhandel kommenden SB-Warenhäuser bedienen sich der Strategie der Anwendung mehrerer Andienungsformen. In den SB-Warenhäusern kann man alle Andienungsformen, von der einfachen Discount-SB bis zur Bedienung mit Beratung finden. Sowohl die Lebensmittel-Supermärkte als auch die SB-Warenhäuser führen nicht nur vertriebsformen-heterogene Sortimente. Ihr Sortiment besteht auch aus sehr unterschiedlichen Teil-Sortimenten, die sich hinsichtlich der Warenbeschaffenheit und der Ansprüche der Ware an Pflege und Präsentation deutlich voneinander unterscheiden.

Die Steuerung und Kontrolle von Handelsunternehmen, die die Strategie der Anwendung mehrerer Andienungsformen anwenden, ist nicht einfach und verursacht einigen Aufwand. Solche Unternehmen müssen durch eine „tiefe" Organisation transparent gemacht werden.

(3) Die Strategie der parallelen Anwendung mehrerer Andienungsformen bei einer Warengruppe oder einem Teil-Sortiment

Diese Strategie ist eine Besonderheit der Lebensmittel-Supermärkte. Ihr liegt die Überlegung zu Grunde, daß es zwei Kategorien von Kunden gibt. Die eine Kategorie hat es immer eilig und weiß was sie will. Die andere Kategorie nimmt sich für den Einkauf Zeit und will oft auch beraten werden. Das Beratungsgespräch kann u. U. den Wunsch nach sozialem Kontakt erfüllen. Entsprechend diesen beiden Kundenkategorien hat man bestimmte Warengruppen – Versuche wurden bei Frischfleisch und Käse angestellt – sowohl in Selbstbedienung für die eiligen Kunden als auch in Bedienung für die Kunden, die sich Zeit nehmen, angeboten. Man kann in dieser Strategie eine Marktsegmentierung nach Zielgruppen sehen. Das Ergebnis der Versuche war, daß sich bei paralleler Anwendung der zwei Andienungsformen bei den genannten Warengruppen die Bedienung der Selbstbedienung als eindeutig überlegen erwies. Diese Strategie hat sich deshalb nicht durchgesetzt. Sie ist zwar denkbar, aber nicht praktikabel. Einzelne Artikel werden im Lebensmittel-Einzelhandel gelegentlich in mehreren Andienungsformen angeboten. So kann man Fleischsalat als SB-Artikel im Kühlregal finden. Man kann ihn aber auch in der Fleischabteilung und an der Feinkosttheke in Bedienung in der vom Kunden gewünschten Menge kaufen. Bei diesen Einzelfällen kann man aber nicht von der Anwendung einer Strategie sprechen.

Der Handel ist im Verlauf der merkantilen Revolution dann noch einen Schritt weiter gegangen. Er hat die Strategien der Verkaufspolitik mit den Sortimentsstrategien unter Einbeziehung der Servicealternativen kombiniert und auf diese Weise eine Vielzahl von Vertriebsformen entwickelt. Diese Vertriebsformen und ihre Entstehung werden im Kapitel 6, Der konstitutive Marketing-Mix, ausführlich dargestellt (siehe Seite 313 ff.).

5. Kapitel: Die Preispolitik der Handelsunternehmen – das Preis-Marketing

Der Preis ist wohl das am häufigsten eingesetzte Instrument des Marketing. Dies hängt sicher auch damit zusammen, daß der Preis ein quantitativer Faktor ist. Die Anbieter können ihre Forderung eindeutig mit einer Zahl formulieren. Und die Nachfrager können den in einer Zahl ausgedrückten Preis ebenso mühelos zur Kenntnis nehmen und zutreffend beurteilen. Der Preis macht die Angebote mehrerer Konkurrenten für ein einzelnes Produkt in idealer Weise vergleichbar. Das erklärt mit, daß das Marketing immer wieder versucht, den Preis in den Hintergrund zu rücken und zu Preisen zu verkaufen, die über denen der Wettbewerber und über den Vorstellungen der Verbraucher liegen. Das kann nur gelingen, wenn ein Produkt durch Marketing individualisiert wird. Je ähnlicher sich die von verschiedenen Herstellern auf den Markt gebrachten Varianten eines Produkts sind, desto mehr Gewicht bekommt der Preis.

Die Preispolitik der Handelsunternehmen hat sich, wie auch die anderen Marketing-Instrumente, im Verlauf der letzten drei Jahrzehnte des vorigen Jahrhunderts gewandelt. Vor der merkantilen Revolution haben die Hersteller lange Zeit nicht nur das Sortiment vieler Handelsunternehmen geprägt, sondern auch deren Preispolitik stark beeinflußt, wenn nicht entscheidend bestimmt. Solange noch die Preisbindung der zweiten Hand zulässig war – sie wurde erst 1973 untersagt –, betrieben viele Handelsunternehmen, vor allem kleine Einzelhändler im Lebensmittelhandel, so gut wie gar keine eigenständige Preispolitik. Inzwischen ist auch auf diesem Gebiet das Marketing der Handelsunternehmen mündig geworden. In welchem Ausmaß die Preispolitik des Handels selbständig geworden ist, das ist von Branche zu Branche unterschiedlich und auch von der Unternehmensgröße abhängig. Der Konzentrationsprozeß, der in den letzten vier Jahrzehnten im Handel stattfand, hat sicher wesentlich dazu beigetragen, daß die Preispolitik des Handels autonom wurde. Andererseits haben die ebenfalls immer größer gewordenen Herstellerunternehmen ihren Einfluß auf die Preispolitik des Handels nicht kampflos preisgegeben. Der Handel hat weiterhin auch erkannt, daß zwischen einer selbständigen Preispolitik und der Bereitschaft zur Übernahme von Risiken ein Zusammenhang besteht. Je mehr Risiken der Handel dem Hersteller überläßt oder zu übertragen versucht, desto größer kann dessen Einfluß auf die Preispolitik eines Handelsunternehmens werden. Das gilt auch, worauf bereits hingewiesen wurde, für die Sortimentspolitik. Im Lebensmittelhandel waren eine Zeit lang die sogenannten Werbekosten-Zuschüsse ein oft eingesetztes Instrument der Hersteller, um Einfluß auf die Sortiments- und Preispolitik der Handelsunternehmen zu gewinnen. Dieser Einfluß ist deutlich zurückgegangen.

Die Preispolitik der Handelsunternehmen, besonders im Einzelhandel, weist folgende Besonderheiten auf:
- Es muß eine Vielzahl von Einzelpreisentscheidungen getroffen werden. Bei einem Sortiment von 6000 Artikeln im Lebensmittel-Supermarkt, 50000 Arti-

keln im SB-Warenhaus oder gar 100000 Artikeln im traditionellen City-Warenhaus ist die Preispolitik nicht nur ein Marketing-, sondern auch auf Grund der großen Anzahl der zu treffenden Einzelpreisentscheidungen ein Organisations- und Kommunikationsproblem.
- Sortimentsverbund und Angebotspolitik machen eine Mischkalkulation unvermeidlich. Im Sortimentsverbund läßt sich eine Mischkalkulation, so wünschenswert das wäre, allein deshalb nicht vermeiden, weil der Vielzahl von Artikeln die Kosten, die sie verursachen, nicht exakt zugerechnet werden können. Eine genaue Kostenträgerrechnung ist nicht praktikabel.
- Die Kostenstruktur des Handels wird dadurch gekennzeichnet, daß die Kosten der Warenbeschaffung und die Beschaffungskonditionen eine dominierende Rolle spielen und stark auf die Preispolitik einwirken.

Das Preisverhalten der Verbraucher wird mit dadurch gekennzeichnet, daß sie u.a. ihre Einkaufsstätte nach dem Preis auswählen, daß sie bei günstigen Preisen eine Rückdelegation von Handelsleistung akzeptieren – z.B. die Anfahrtkosten zu einem auf der grünen Wiese gelegenen SB-Warenhaus – und daß für sie der bei Neueröffnung eines Geschäftes erste – positive – Eindruck vom Preisimage zu einer Geschäftstreue führen kann.

In der Werbung des Handels wird bis heute noch ein starker – ein zu starker – Zusammenhang zwischen Ware und Preis hergestellt. Die auch im Preis enthaltene Handelsleistung bleibt dem Verbraucher weitestgehend verborgen. Erst seit etwa Anfang der 90er Jahre des vorigen Jahrhunderts beginnen Handelsunternehmen, in der Werbung auch auf ihre Handelsleistung hinzuweisen. (Diller, Hermann, Preispolitik, 2. Auflage, Stuttgart 1991, S. 274 ff.)

5.1 Der Begriff „Preispolitik"

Ein Preis ist der in Geld ausgedrückte Tauschwert einer Ware, kann man in den meisten Nachschlagwerken lesen. Damit ist über das Entstehen eines Preises noch gar nichts gesagt. Das gilt auch für die etwas weitergehende Definition, der Preis eines Gutes ist in einer Geldwirtschaft die Menge der Geldeinheiten, die man für eine Mengeneinheit dieses Gutes zahlt. Ergänzend müßte hinzugefügt werden: ... die Menge der Geldeinheiten, die man für eine Mengeneinheit eines Gutes festsetzt und vom Käufer fordert und die dann der Käufer zahlt. Das Festsetzen von Preisen ist das Wesentliche, ist der Mittelpunkt des Preis-Marketing. Dieses Festsetzen von Preisen wird Preispolitik genannt. Gehen wir noch einen Schritt weiter, so können wir sagen: Eine in ein Marketing-Konzept eingefügte und auf die anderen Marketing-Instrumente abgestimmte Preispolitik ist Preis-Marketing.

Beim Preis-Marketing geht es um ein bewußtes, autonomes und absatzförderndes Festsetzen von Preisen für die im Sortiment geführten und dem Verbraucher angebotenen Waren. Es kommt nicht darauf an, objektiv richtige Preise – was ist objektiv richtig? –, sondern zweckadäquate – der Zielsetzung des Handelsunternehmens dienende – Preise festzusetzen (so *Bidlingmaier, Johannes*, Marketing, Bd. 2, Reinbek 1973, S. 279). So gesehen ist Preis-Marketing weitaus mehr als die heute noch verbreitete Meinung von Preispolitik im traditionellen Sinne.

Zum einen ist Preis-Marketing nicht nur das Akzeptieren von am Markt entstandenen Preisen. Die Übernahme von Marktpreisen ist nur eine der vielen Möglichkeiten des Preis-Marketing, die man als passive Preispolitik bezeichnen könnte. Preise sind eben nur selten für die Unternehmen, besonders die Handelsunternehmen, vom Markt vorgegebene Daten. Das heißt nicht, daß es keine Marktpreise gäbe und daß Marktpreise nicht oft als Maßstab dienen. Mit Hilfe des Marktpreises, sofern man ihn zutreffend ermitteln kann, läßt sich z.B. abschätzen, wie weit man von ihm abweichen muß – nach unten oder oben –, um bestimmte Unternehmensziele zu erreichen.

Zum anderen ist Preis-Marketing auch mehr als Kalkulation. Im Handel entstehen Preise nicht nur durch Kalkulation. Natürlich entstehen durch Kalkulation Preise, besser: Preisforderungen. Ob man diese Preisforderungen später am Markt durchsetzen kann oder will, ist eine andere Frage. Unabhängig davon sollte jeder Preis zunächst einmal traditionell progressiv kalkuliert werden. Er kann dann als Maßstab dienen und die Entscheidung erleichtern, ob man die Preisforderung aus Marketinggründen höher oder niedriger festsetzen sollte. Hinter der Überbetonung der Aufschlagkalkulation steckt vermutlich die alte, heute nicht mehr der Wirklichkeit entsprechende Vorstellung vom Handel als Absatzmittler, der keine selbständige Preispolitik betreibt, sondern die Herstellerpreise um seinen Handlungskostenaufschlag erhöht an die Verbraucher weitergibt. Die eigentliche Preisbildung vollzieht sich auf der Ebene der Hersteller.

5.2 Preispolitik in vollkommenen Märkten

Im ersten Kapitel – der Grundgedanke des Marketing – wurde festgestellt, daß unter den Bedingungen des vollkommenen Marktes eigentlich gar kein Marketing möglich sei. Die Absatzpolitik eines Anbieters besteht lediglich aus einem Reagieren auf die Preise und angebotenen Mengen der Konkurrenten und das Verhalten der Nachfrager. Unter den wirtschaftlichen Bedingungen des ausgehenden 18. Jahrhunderts ist der Abstand zwischen der sehr abstrakten Theorie und der wirtschaftlichen Wirklichkeit wahrscheinlich gar nicht einmal so groß gewesen, wie man heute vermutet (darauf weisen hin: Nieschlag, Robert/Dichtl, Erwin/Hörschgen, Hans, Marketing, 18. Auflage, Berlin 1997, S. 295ff.; das für die klassische Volkswirtschaftslehre grundlegende Werk von Adam Shmith, An Inquiry into the Nature and Causes of the Wealth of Nations erschien 1776). In den seitdem vergangenen über 200 Jahren ist der Abstand zwischen der Theorie – den vollkommenen Märkten – und der wirtschaftlichen Wirklichkeit – den unvollkommenen Märkten – sehr groß geworden (worauf neben Nieschlag/Dichtl/Hörschgen, a.a.O., auch hinweist: Woll, Artur, Allgemeine Volkswirtschaftslehre, 13. Auflage, München 2000, S. 201ff.).

Auf das Modell des vollkommenen Marktes soll hier noch einmal eingegangen werden. Die von der klassischen Theorie vorgegebenen Bedingungen sollen nicht verändert werden. Infrage gestellt werden soll aber die Behauptung, auf vollkommenen Märkten sei kein Marketing, damit auch keine Preispolitik möglich. Ist auf einem vollkommenen Markt die Preispolitik wirklich nur ein Reagieren auf Preise

5.2 Preispolitik in vollkommenen Märkten

und Mengen der Wettbewerber und die Kaufentscheidungen der Nachfrager? Bei näherer Betrachtung kommen Zweifel auf. Sie beruhen auf folgenden Überlegungen:

Anbieter und Nachfrager auf vollkommenen Märkten sind „homines oeconomici", die als Anbieter nach Gewinnmaximierung und als Nachfrager nach Nutzenmaximierung streben. Eine Strategie der Gewinn- bzw. Nutzenmaxinierung kann kurzfristig – sofortiges Ausschöpfen aller Marktchancen – oder auch langfristig – Verzicht auf sofortige Vorteile zugunsten einer langfristigen Sicherung der Marktstellung – angelegt sein. Das geht aus den Bedingungen nicht hervor. Auch eine trägheitslos getroffene Entscheidung kann langfristig sein.

Wenn langfristige Entscheidungen zulässig sein sollten, dann kann ein Anbieter unter zeitlich begrenzter Hinnahme von Verlusten bei fallenden Preisen länger am Markt bleiben als bei kosten- und gewinndeckenden Preisen eigentlich zulässig oder möglich wäre. Auf diese Weise kann er Wettbewerber verdrängen und seinen Marktanteil erhöhen. Machtstreben wäre das Motiv, eigentlich ein außerökonomisches Verhalten. Und Nachfrager könnten auf Grund von Sicherheitsdenken zu höheren Preisen kaufen, als das eigentlich ökonomisch sinnvoll wäre. Sie fürchten, eine Ware könnte knapp werden. Beide Verhaltensweisen lassen sich an den Bedingungen der Theorie nicht ablesen.

Durch ein effektives Kostenmanagement kann sich ein Anbieter preispolitischen Spielraum verschaffen und Wettbewerbsvorteile gegenüber seinen Konkurrenten verschaffen. Er kann sich bei fallenden Preisen länger am Markt halten als die Konkurrenz. Und er kann durch niedrige Preise die nachgefragte Menge aktiv vergrößern. Diese Situation ist noch am ehesten aus dem gesamten Zusammenhang der Preisbildung an vollkommenen Märkten abzuleiten.

Die Mengen werden ohne zwingende ökonomische Gründe nach oben oder unten manipuliert, um so die Preise im eigenen Interesse zu beeinflussen. Die Opec betreibt auf diese Weise Preispolitik.

Diese Überlegungen lassen den Schluß zu, daß auch auf vollkommenen Märkten reale oder zumindest latente Möglichkeiten für Markting, in erster Linie ein Preis-Marketing vorhanden sind. Ob es sich um vollkommene oder um unvollkommene Märkte handelt, die entscheidende Bedingung ist, daß sowohl Anbieter als auch Nachfrager miteinander in Wettbewerb treten. Im Wettbewerb liegt die Wurzel des Marketing. Das erklärt wohl auch, warum unvollkommene Märkte funktionieren, obwohl das zulässige Marketing fortwährend die Bedingungen des vollkommenen Marktes erfolgreich unterläuft. Und das beweist die hohe intelektuelle Leistung der Klassiker, die das Modell des vollkommenen Marktes schufen, das sich im Verlauf der weiteren wirtschaftlichen Entwicklung als außerordentlich anpassungsfähig erwies.

Die Gegenüberstellung von vollkommenem und unvollkommenem Markt läßt auch und nicht zuletzt erkennen, wo alle Marketing-Aktivitäten an ihre Grenze stoßen. Marketing hat auch etwas mit Macht zu tun, mit dem Aufbau von eigenen Machtpositionen und der Zerstörung oder zumindest Schwächung von Machtpositionen der Konkurrenz. Marketing, daran sei noch einmal erinnert, besteht ja zu einem großen Teil darin, eigene Leistungsmonopole aufzubauen und bestehende

Leistungsmonopole der Konkurrenz anzugreifen und aufzuheben. Marketing darf aber nie dazu führen, daß der Wettbewerb auf den Märkten lahmgelegt wird. Damit würde sich Marketing selbst überflüssig machen.

Adam Smith hat selbst zugestanden, das an Märkten Machtpositionen entstehen – durch vom Staat verliehene Monopole – oder von einem Teil der Anbieter Preisabsprachen getroffen werden können – die Kartelle zur Folge haben –. Solche Vorgänge stören das Gleichgewicht eines Marktes und lassen keinen Gleichgewichtspreis zustande kommen. Diese vom Smith aufgeführten Beispiele könnte man im Fall der Monopole als vom Staat sanktioniertes und im Fall der Preisabsprachen als illegales Preis-Marketing bezeichnen. (Smith, Adam, Der Wohlstand der Nationen, übersetzt und herausgegeben von Horst Claus Recktenwald, TB-Ausgabe, 8. Auflage, München 1999, S. 54 und S. 112.) Daß einzelne Anbieter oder auch einzelne Nachfrager Verkaufs- oder Kaufentscheidungen bewußt und unter Hinnahme von wirtschaftlichen Nachteilen vorziehen oder verzögern können, um den Markt und vor allem den Wettbewerb in ihrem Interesse zu beeinflussen, wird von Smith nicht erwähnt. Ein solches Verhalten, daß das Entstehen eines Gleichgewichtspreises ebenfalls behindern würde, ist freilich auch nicht zu erkennen und zu kontrollieren und damit auch nicht als Verstoß gegen den Wettbewerb zu bestrafen. Es kann hier aber eingewandt werden, daß so handelnde Unternehmer oder Verbraucher keine homines oeconomici mehr seien, solches Verhalten von Smith mit der Bedingung des homo oeconomicus ausgeschlossen wurde.

5.3 Die Auswirkungen der klassischen Theorie auf die Preispolitik bis zur Gegenwart

Daß die klassische Preistheorie auch auf unvollkommenen Märkten funktionieren kann, ist nur ein Indiz dafür, daß ihre Wirksamkeit bis in die Gegenwart zu spüren ist. Auf einer beträchtlichen Anzahl von unvollkommenen Teilmärkten der modernen Volkswirtschaften verhalten sich Anbieter und Nachfrage so, wie es die klassische Theorie beschreibt, und es bilden sich Gleichgewichtspreise. Es lassen sich aber noch weitere Indizien feststellen.

5.3.1 Die Stärken des Marketing-Instruments Preispolitik

Es ist kein Zufall, daß die Preispolitik so häufig und manchmal auch voreilig und leichtfertig als Marketing-Instrument eingesetzt wird. Diese Bevorzugung des Preises ist ein weiteres Indiz für die bis in die Gegenwart reichende Wirksamkeit der klassischen Theorie, die das Denken vieler Kaufleute auch heute noch beeinflußt. Dieses Denken wird gefördert durch die Stärken der Preispolitik, die sie gegenüber den anderen Marketing-Instrumenten auszeichnen.

5.3.1.1 Die starke Wirksamkeit des Preises

Der Preis ist ein außerordentlich wirksamer Faktor zur Beeinflussung des Absatzes. Diese von den Klassikern der Nationalökonomie – Adam Smith und David

Ricardo – übernommene Feststellung gilt in Grenzen heute noch. Für die Klassiker und ihr wirtschaftliches Umfeld war der Preis sogar die einzige Variante zur Beeinflussung des Absatzes. Man konnte sich darauf verlassen, daß bei Preisänderungen auch die gewünschte Wirkung zuverlässig eintrat, daß bei Preiserhöhungen der Absatz sank, bei Preissenkungen der Absatz stieg. Diese Aussage ist heute nicht mehr uneingeschränkt richtig. Das ändert aber nichts an der Bedeutung des Preises für den Absatz, worauf auch z.B. Nieschlag zu Recht hinweist (Nieschlag/Dichtl/Hörschgen, Marketing, 18. Auflage, Berlin 1997, S. 295.). Das Wissen um die heutigen Grenzen der klassischen Preistheorie darf nicht durch einen unerschütterlichen Glauben an deren unbegrenzte Wirksamkeit verdrängt werden. Das führt zu preispolitischen Fehlentscheidungen.

5.3.1.2 Die rasche Einsetzbarkeit der Preispolitik

Das Instrument Preis-Marketing kann jederzeit und unverzüglich, ohne langwierige Vorbereitungen und ohne aufwendige Investitionen eingesetzt werden. Entscheidungen über Preise können in Sekunden erfolgen und in Minuten realisiert werden. Nach der Entscheidung über einen Preis bedarf es nur kurzer Zeit, um den Kunden über diesen Preis zu informieren. Welch großer Unterschied zum Standort-Marketing, bei dem einer Entscheidung lange Informationsprozesse vorangehen und die Verwirklichung getroffener Entscheidungen Monate oder gar Jahre in Anspruch nimmt. Weiterhin spiegelt sich gerade das Preis-Marketing in Zahlen. Es spricht damit eine Sprache, die der Verbraucher direkt und sehr gut versteht. Und es wird somit gezielt einsetzbar, beliebig differenzierbar und exakt meßbar (worauf nachdrücklich hinweist: *Schmitz, Gerhard*, Stichwort „Preispolitik" in: Das große Lexikon für Handel und Absatz, a.a.O., S. 628 ff.). Die Rechenhaftigkeit und Zahlenbetonung beim Preis-Marketing kommen dem Pragmatismus vieler Praktiker sehr entgegen. Manchmal kommt es auch auf diese Weise zu einer Überbetonung und gar Überschätzung der Möglichkeiten des Preis-Marketing. Dem steht allerdings in der Praxis bei manchen Unternehmern eine gewisse Abneigung gegen das Preis-Marketing gegenüber (dieser Hinweis findet sich bei *Nieschlag*, 18. Auflage, a.a.O., S. 413). Diese preispolitische Trägheit oder gar Enthaltsamkeit, zu der wohl überwiegend kleine Unternehmer neigen, wird, so meint *Nieschlag*, durch einige Faktoren gefördert:

- Sorge vor den Reaktionen der Wettbewerber und schließlich einem ruinösen Wettbewerb,
- Preisempfehlungen der Hersteller, die als Kalkulationshilfe deklariert werden, aber mehr dem Einfluß auf die Endpreise dienen sollen,
- die durch Betriebsvergleiche gewonnenen branchenüblichen Aufschläge, die die „Kalkulation" so wunderbar bequem machen,
- die Mühen der Preisaus- und -umzeichnung.

Theisen meint sogar, man könne – zwar von Branche zu Branche unterschiedlich – in der Praxis ein Vorherrschen der folgenden beiden preispolitischen Verhaltensweisen feststellen:

Preisstabilisierung: Die Tendenz zu diesem Verhalten hängt nicht nur von der Branche, sondern auch von der Nachfrageelastizität der gehandelten Güter ab; eine unelastische Nachfrage fördert die Preisstabilität.

Konkurrenzmeidung: Dieses Verhalten wurzelt oft in der Mentalität der Handelsunternehmer, die sich mehr als Kollegen denn als Wettbewerber empfinden und nach dem Grundsatz „Leben und leben lassen" handeln.

Diese Meinung wurde allerdings vor mehr als vierzig Jahren vertreten (*Theisen, Paul*, Die betriebliche Preispolitik im Einzelhandel, Köln, Opladen 1960, S. 31 ff.). In den seitdem vergangenen vierzig Jahren haben die Verschärfung des Wettbewerbs, der Strukturwandel im gesamten Einzelhandel mit seinem Trend zu mittleren und großen Unternehmen und die Sättigung vieler Märkte zu einer gründlichen Umwandlung der Situation geführt. Wer heute glaubt auf systematisches und auf die gesamte Marketingkonzeption abgestimmtes Preis-Marketing verzichten zu können, der wird in der Regel mit solch einer Entscheidung zu preispolitischer Abstinenz sein eigenes Todesurteil unterschreiben.

5.3.1.3 Die Logik des Preis-Mechanismus

Die von den Klassikern der Nationalökonomie geschaffene Preistheorie mit ihrem Preis-Mechanismus bietet eine einleuchtende und somit überzeugende Erklärung für die Steuerungsvorgänge in einer Volkswirtschaft. Eleganter kann man das gesamtwirtschaftliche Lenkungsproblem eigentlich gar nicht lösen als es die klassische Preistheorie beschreibt. Und im Prinzip und unter bestimmten Voraussetzungen ist diese Theorie heute noch gültig. Um das zu erkennen, braucht man nur den Agrarmarkt der *Europäischen Gemeinschaft* zu betrachten, von den zentral verwalteten Volkswirtschaften der Ostblockländer ganz abgesehen. Der Zusammenbruch der Zentralverwaltungswirtschaften des **Ostblocks** und deren Versuche, die Marktwirtschaft einzuführen, sind ein überragender Triumph der klassischen Theorie und der wirtschaftspolitischen Leitbilder des Neoliberalismus. Die klassische Preistheorie war sicher mit ein Grund, daß das Preis-Marketing in der Literatur so ausführlich behandelt wird. Von allen Autoren wird deshalb die klassische Preistheorie auch zumindest erwähnt, oft auch ausführlich beschrieben, eingehend kritisiert und teilweise weiterzuentwickeln versucht. Ihre grundlegenden Begriffe, wie Angebot und Nachfrage, Elastizität von Angebot und Nachfrage, Marktformen oder Gewinn-Maximierung werden übernommen.

Die Kritik an der klassischen Preistheorie richtet sich hauptsächlich gegen die Bedingungen, unter denen sie funktioniert. Diese Bedingungen werden von den meisten Autoren als unrealistisch bezeichnet. Trotz aller Kritik und wenn sie auch nicht alles erklärt, so gilt die klassische Preistheorie noch für viele Märkte, entstehen viele Preise nach ihren Regeln und übt der Preis-Mechanismus seine Lenkungsfunktion noch in weiten Bereichen der Wirtschaft aus. Man muß aber beachten, daß die klassische Preistheorie eine volkswirtschaftliche Theorie ist, die gesamtwirtschaftliche Abläufe erklären will und die deshalb nicht unbesehen zur Grundlage eines Preis-Marketing im Handel gemacht werden kann. Eine Darstellung des Preis-Marketing im Handel kann aber auch nicht einfach an der klassischen Preistheorie vorübergehen und sie unbeachtet lassen.

5.3.2 Die Zweiteilung der Preispolitik

Die Preispolitik läßt sich in zwei sehr unterschiedliche Bereiche und damit Entscheidungskategorien gliedern. Auch diese Gliederung ist ein Indiz dafür, daß die klassische Theorie heute noch das unternehmerische Denken beeinflußt.

5.3.2.1. Die auf die klassische Theorie zurückgehende kostenorientierte Preispolitik

In diesem Bereich der Preispolitik bestimmen zwei Faktoren den Preis. Zum einen ist das der Einkaufspreis der Ware, zum anderen die Höhe der Handlungskosten. Auf diese Weise – aber nicht nur auf diese Weise – ist im Handel seit Jahrhunderten Preispolitik betrieben worden, schon lange bevor die klassische Theorie entwickelt wurde. Man kann deshalb die kostenorientierte Preispolitik auch als konventionelle Preispolitik bezeichnen. Das Ergebnis einer solchen langfristig angelegten Preispolitik sind „rationale Preise". Sie entsprechen den Anforderungen der betriebswirtschaftlichen Vernunft. Die Aufgabe der kostenorientierten Preispolitik ist es, für Erträge zu sorgen.

5.3.2.2 Die am Marketing orientierte Preispolitik

In diesem Bereich der Preispolitik bestimmt der Markt den Preis. Entweder soll mit dem Preis der Markt aktiv und unter Ausübung von Macht verändert werden oder es werden Preise vom Markt als Datum oder als Orientierungspunkt für die eigene Preispolitik übernommen. Das Ergebnis einer solchen in der Regel kurzfristig angelegten Preispolitik sind zum überwiegenden Teil „irrationale Preise". Sie sind, streng genommen, betriebswirtschaftlich unvernünftig, trotzdem absatzwirtschaftlich sinnvoll. Die Aufgabe der marketingorientierten Preispolitik ist es, Aufmerksamkeit am Markt zu erzeugen, auf das eigene Unternehmen und seine Leistungsfähigkeit hinzuweisen.

Abbildung 5/1: Die beiden grundsätzlichen Alternativen der Preispolitik

Preis-Marketing
(jede Preisfestsetzung, Oberbegriff)

Konventionelle Preisfestsetzung
= Kalkulation, kostenorientiert

Preisbildung auf der Herstellerebene, geht durch den Handel hindurch auf die Endpreise über

Autonome Preisfestsetzung
= aktive Preispolitik, marketingorientiert

Zweite Preisbildungsebene im Handel, der eigene Ziele verfolgt und die Herstellerpreise nicht in jedem Fall als Datum für seine Preispolitik übernimmt

5.4 Die preispolitischen Gestaltungsalternativen

Handels-Marketing ist sortimentsorientiert. Die Preispolitik muß deshalb sowohl das Sortiment als auch die einzelnen Artikel in ihre Überlegungen einbeziehen. Preispolitik umfaßt deshalb zum einen die „Preisstrukturpolitik", die die Preislagen festlegt. Die Preislagen gliedern das Sortiment und setzen den Rahmen für die Einzelpreis-Entscheidungen. Die „Preisablaufpolitik" befaßt sich mit den zahlreichen Preisentscheidungen für die einzelnen Artikel, die im Sortiment geführt werden. Die Preispolitik der Handelsunternehmen erfolgt in zwei Schritten. Am Anfang muß die Preistrukturpolitik stehen, auf der dann die Preisablaufpolitik mit ihren vielen Einzelentscheidungen aufbauen kann. Die langfristig angelegte Preisstrukturpolitik darf nicht zugunsten der kurzfristig angelegten Preisablaufpolitik vernachlässigt werden. Diese Gefahr besteht, weil die Hektik und die Vielzahl der Einzelentscheidungen der Preisablaufpolitik oft nicht ausreichend Zeit lassen, sich mit den strategischen Entscheidungen der Preisstrukturpolitik zu beschäftigten.

Entsprechend der Gliederung der Preispolitik in zwei Bereiche können wir zwei Kategorien von preispolitischen Gestaltungsalternativen festlegen.

5.4.1 Konventionelle Gestaltungsalternativen

Die konventionellen Gestaltungsalternativen der Preispolitik sind kosten- und ertragsorientiert. Dieser Bereich der Preispolitik hat sicherzustellen, daß ein Handelsunternehmen rentabel arbeitet und ausreichend Erträge erwirtschaftet. Die Preise müssen so festgesetzt werden, daß nicht nur die Kosten gedeckt werden, sondern auch noch ein ausreichend hoher Gewinn – hier Reingewinn – erzielt wird. Das Ergebnis der Preispolitik in diesem Bereich muß sein, daß eine Handelsspanne erwirtschaftet wird, die Kosten und Gewinn abdeckt. Dieses Ziel kann nur erreicht werden, wenn der überwiegende Teil der im Sortiment geführten Artikel – das sind die Artikel mit „Ertragsfunktion" – normal kalkuliert wird. Die Preise werden mit Hilfe der „klassischen" Kalkulation, einer „progressiven" Kalkulation ermittelt.

Die progressive Kalkulation geht in folgenden Schritten vor:

    Listenpreis der Ware
- Konditionen (Rabatte/Boni/Skonti)
= Einkaufspreis der Ware
+ Bezugskosten
= Einstandspreis der Ware
+ Handlungskosten
= Selbstkostenpreis der Ware
+ Gewinnaufschlag
= Nettoverkaufspreis der Ware
+ Mehrwertsteuer
= Bruttoverkaufspreis der Ware

Dieses zum kaufmännischen Grundwissen gehörende Kalkulationsschema wird hier als Checkliste verwandt. Bei jeder Position des Schemas soll geprüft werden, welcher preispolitische Spielraum bei der Kalkulation der normalen Preise mit Ertragsfunktion vorhanden ist.

(1) Der Listenpreis

Der Listenpreis ist – sofern mit Listenpreisen gearbeitet wird – die Preisforderung des Lieferanten. Er wird zunächst lediglich zur Kenntnis genommen und dient in der Regel als Verhandlungsgrundlage.

(2) Die Konditionen

Die Konditionen sind ein Ansatzpunkt dafür, durch geschicktes und hartes Verhandeln den finanziellen Spielraum der Preispolitik zu erweitern. Je größer ein Handelsunternehmen ist, je stärker seine Marktstellung und je größer die Auftragsvolumina sind, desto besser sind die Möglichkeiten, günstige Konditionen auszuhandeln und damit Wettbewerbsvorteile zu erzielen. Die sogenannte „Konditionenspreizung" – das Ergebnis der Anwendung der Methode der Preisdifferenzierung (s. S. 306 ff.) – hat in manchen Branchen ein Ausmaß erreicht, das betriebswirtschaftlich kaum noch zu rechtfertigen ist. Die Hersteller haben dadurch, daß sie bei der Vereinbarung der Konditionen vorrangig immer nur Größe berücksichtigten und belohnten, den Konzentrationsprozeß im Handel wirksam gefördert. Die Konditionen sind eine Frage der Macht und der Machtverteilung zwischen Hersteller- und Handelsunternehmen.

Ab Mitte der 90er Jahre des vorigen Jahrhunderts bis in die Gegenwart hinein hat der immer härter werdende Wettbewerb die großen Handelsunternehmen und Handelsgruppen – besonders im Lebensmittelhandel – dazu angeregt, bei der Erfindung immer neuer Rabattvarianten mit teilweise fantasievollen Namen eine beachtliche Kreativität zu entwickeln. So wurden bei Fusionen ein „Hochzeitsrabatt", beim Aufkauf kleinerer Wettbewerber ein „Umstellungsrabatt" oder für die Sicherung neuer Standorte ein „Verkaufsflächenentwicklungsrabatt" gefordert. Auf diese Weise konnten Konditionenverbesserungen in beachtlicher Höhe erreicht werden.

(3) Der Einkaufspreis der Ware

Er kann als rein rechnerischer Wert angesehen werden und entsteht durch die Substraktion der Konditionen von den Listenpreisen.

(4) Die Bezugskosten

Sofern es nicht üblich ist, „frei Haus" des Handelsunternehmens zu liefern, sind die Bezugskosten den Versuch wert, über sie nachzudenken. Entweder kann versucht werden, sie auf den Lieferanten zu überwälzen, ohne daß dies die Konditionen negativ beinflußt. Oder man überprüft, ob man die kostengünstigste Transportart gewählt hat. Ist die „Frei-Haus-Lieferung" die Regel, kann ein Handelsunternehmen darüber nachdenken, ob es nicht zur „Ab-Werk-Lieferung" übergeht und den Transport der Ware gegen entsprechende Konditionenverbesserungen selbst übernimmt. Durch die Beeinflussung der Bezugskosten ist aber keine nennenswerte Vergrößerung des preispolitischen Spielraums zu gewinnen.

(5) Der Einstandspreis

Der Einstandspreis ist der Preis, den man nach Abzug der Konditionen und Addition der Bezugskosten oder ausgehandelt als sogenannten „Netto-Netto-Preis" tatsächlich für die Ware zu bezahlen hat. Er ist einer der entscheidenden Posten im Schema der konventionellen Kalkulation. Er ist ein Kostenfaktor. Die Warenbeschaffungskosten sind die Kosten für das „Medium Ware". Das erklärt mit, warum die Handelsunternehmen fortlaufend und so hartnäckig darum kämpfen, diese Kosten möglichst niedrig zu halten. Das Kalkulationsschema erweckt auf den ersten Blick den Eindruck, der Einstandspreis und damit die Warenbeschaffungskosten seien ein Datum, das die Handelsunternehmen unbesehen von den Herstellern übernehmen. Das mag in manchen Bereichen des Handels vor der merkantilen Revolution so gewesen sein. Heute zweifelt kein Handelsunternehmer mehr daran, daß die Ware ein Kostenfaktor, und zwar der Kostenfaktor mit dem größten Gewicht, ist.

(6) Die Handlungskosten

Hinter diesem etwas nostalgischen Begriff verbergen sich die gesamten Kosten eines Handelsunternehmens, wie sie in der Kostenartenrechnung ausgewiesen werden. Trotz einer in den letzten Jahrzehnten durchgeführten tiefgreifenden Rationalisierung bieten die Handlungskosten auch heute noch Ansatzpunkte dafür, den finanziellen Spielraum der Preispolitik zu erweitern. Drei Möglichkeiten bieten sich an:

(a) Kostenmanagement

Durch ein straffes Kostenmanagement müssen Menge und Qualität der zur Erstellung der Handelsleistung erforderlichen Betriebsfaktoren so niedrig als möglich gehalten werden, ohne daß darunter die Qualität der Handelsleistung leidet. Durch die ständige Suche nach Rationalisierungsmöglichkeiten und nach neuen Möglichkeiten für den Einsatz von Sachkapital – damit nach einer Veränderung der Faktorkombination – muß die Produktivität fortlaufend gesteigert werden. „Kostenführerschaft" ist die Voraussetzung für eine erfolgreiche Preispolitik, die attraktive marktgerechte Preise und ausreichende Erträge zugleich sichert. Große Handelsunternehmen haben beim Kostenmanagement beträchtliche Vorteile.

(b) Reduzierung der Handelsleistung

Es muß immer wieder überprüft werden, ob der Umfang der erstellten und den Verbrauchern angebotenen Handelsleistung noch stimmt oder ob nicht eine zu hohe und vom Verbraucher teilweise nicht erwünschte Handelsleistung angeboten wird.. Eine Reduzierung der Handelsleistung vermindert den Einsatz an Betriebsfaktoren und damit die Kosten. Man kann das Sortiment straffen – weniger Parallel-Sortimente führen –, das Sortiment oder Teile von ihm in Selbstbedienung führen – ein Wechsel in der Andienungsform –, die Ware weniger aufwendig präsentieren oder den Betriebsablauf so organisieren, daß weniger qualifiziertes und teures Personal gebraucht wird. Hier werden sich aber sehr bald Zielkonflikte zwischen Marketing und Betriebswirtschaft ergeben. Wie weit, das ist die Frage, kann man die Handelsleistung reduzieren, ohne die Kunden regelrecht zu vertreiben. Selbstverständlich muß auch eine reduzierte Handelsleistung frei von Mängeln angeboten werden. Umfang der Handelsleistung und Qualität der Handelsleistung sind zwei unterschiedliche Größen. Eine niedrige Handelsleistung muß nicht zwingend qualitativ schlecht und eine hohe nicht zwingend qualitativ gut sein.

(c) Delegation von Handelsleistung

Handelsleistung kann man an Lieferanten – Zahlungsziele, Abrufaufträge, Verkaufsförderung – oder an Kunden – Selbstbedienung im Einzelhandel, Einhaltung von festen Bestell- und Lieferterminen und Vorgabe von Mindestauftragsgrößen im Zustell-Großhandel – delegieren. Das führt zu Kostenvorteilen, sofern man zum Ausgleich nicht den Lieferanten höhere und den Kunden niedrigere Preise zugestehen muß.

(7) Der Gewinn

Der harte Wettbewerb in Deutschland und darüber hinaus in Europa hat die Gewinne bei vielen Handelsunternehmen aller Branchen, vor allem bei den Groß-Unternehmen des Lebensmittelhandels, so schrumpfen lassen, daß sie der Preispolitik keinen nennenswerten zusätzlichen Spielraum mehr bieten.

(8) Die Mehrwertsteuer

Nach dem Willen des Gesetzgebers soll diese Verbrauchssteuer von den Kunden getragen werden. Der Handel vereinnahmt sie im Auftrag des Staates. Das ist in der Regel auch so. Gelegentlich, vor allem wenn die Mehrwert-Steuer erhöht wird oder wenn ab 2002 der Euro alleiniges Zahlungsmittel in der Europäischen Union sein wird, kann es sich bei Umstellung und Anpassung der Preise ergeben, daß aus Gründen der Preisoptik bei manchen Artikeln die Handelsunternehmen doch einen Teil der Mehrwertsteuer übernehmen. Daß bei solchen Anlässen Preise unbemerkt erhöht werden könnten, läßt der Wettbewerb nicht zu.

Die Überprüfung der einzelnen Positionen der klassischen Kalkulation zeigt sehr deutlich, daß sie keinen überragend großen Spielraum für die Preispolitik bieten. Kalkuliert man das gesamte Sortiment normal, so wird man – vorausgesetzt man hat gute Konditionen ausgehandelt und die Kosten im Griff – zwar zu „marktgerechten Preisen" anbieten, sich aber im Wettbewerb kaum deutlich bemerkbar machen und sich nicht markant von seinen Wettbewerbern unterscheiden können. Marktgerechte Preise sind ihrem Wesen nach Preise, zu denen das Gros der Wettbewerber anbietet. Die klassische Kalkulation verschafft zudem den Großunternehmen eindeutige Vorteile. Sie wirkt, wenn auch nicht sehr stark, konzentrationsfördernd. Mit der klassischen Kalkulation allein kann man im heutigen Wettbewerb keine erfolgreiche Preispolitik betreiben.

Die konventionell progressiv kalkulierten Einzelpreise werden durch Preislagen ergänzt, die sich aus der unterschiedlichen Qualität der Artikel, die in ihnen geführt werden, ergeben. Preislagen sind in diesem Bereich der Gestaltungsalternativen immer Qualitätslagen. Die durch die Qualität bestimmten unterschiedlichen Einstandspreislagen finden sich in den Verkaufspreislagen wieder.

5.4.2 Marketingorientierte Gestaltungsalternativen

Preise haben neben der Ertragsfunktion auch eine Signalfunktion. Mit Hilfe seiner Preise soll es einem Handelsunternehmen möglich sein, auf sich aufmerksam zu machen und seine Leistungsfähigkeit zu beweisen. Diese Fähigkeit haben die ertragsorientierten Preise kaum. Sie sind „marktgerechte" Preise. Und marktgerecht kann nur heißen, daß ein solcher Preis für einen bestimmten Artikel gleich den Preisen ist, die – gleiche Leistungsfähigkeit vorausgesetzt – die Wettbewerber auch verlangen, oder daß er zumindest nicht wesentlich von den Preisen der Wettbewerber abweicht. Die Signalfunktion müssen die Angebotspreise erfüllen. Sie werden marketingorientiert festgesetzt und sind, mißt man sie mit dem Maßstab der klassischen Preistheorie, meist irrational und betriebswirtschaftlich „unvernünftig" kalkuliert. Immer zwingt der Markt dazu, einen solchen irrationalen Preis festzusetzen. Anlaß können Preise der Wettbewerber sein oder das eigene Bestreben, den Markt und damit das Verhalten der Wettbewerber und der Verbraucher zu beeinflussen. Der vom Markt ausgehende Zwang verleitet oftmals dazu, vom Markt vorgegebene Preise als Datum zu übernehmen. Diese Preise müssen aber auch kalkuliert werden. Bei der Angebotskalkulation wird die klassische progressive Kalkulation „auf den Kopf gestellt". Es wird die „retrograde" oder „Abschlagskalkulation" angewandt.

Die retrograde Kalkulation geht wie folgt vor.

    Bruttoverkaufspreis = Marktpreis als Datum
- Mehrwertsteuer
= Nettoverkaufspreis der Ware
- Gewinn
= Selbstkostenpreis der Ware
- Handlungskosten = wie bei den Ertragsartikeln kalkuliert
= Einstandspreis der Ware = rechnerisch erforderlicher „Soll"-Einstandspreis
- Einstandspreis der Ware = tatsächlich zu bezahlender „Ist"-Einstandspreis
= Preissubvention = der tatsächlich zu bezahlende Einstandspreis wird fast immer höher liegen als der rechnerisch erforderliche Einstandspreis

Da es jedem Handelsunternehmen freigestellt ist, die Preissubvention beliebig hoch festzusetzen, ist bei der retrograden Kalkulation der preispolitische Spielraum sehr groß. Zum Beispiel können anläßlich des 50-jährigen Firmenjubiläums eine Reihe von Artikeln zu Preisen verkauft werden, die im Gründungsjahr des Unternehmens gültig waren. Eine solche viel Aufmerksamkeit erregende Aktion ist mit normal kalkulierten Artikeln nicht möglich. Es ist im Grunde gleichgültig, ob über, zum oder unter dem Ist-Einstandspreis verkauft wird. Die Ware darf nur nicht verschenkt werden. Eine Überprüfung der einzelnen Positionen der Kalkulation auf ihren preispolitischen Spielraum hin hat hier die Aufgabe, die Höhe der Preissubvention möglichst niedrig zu halten. Besonders die Handlungskosten und der Ist-Einstandspreis sollten und müssen kritisch überprüft werden.

Will ein Handelsunternehmen über längere Zeit eine aggressive, Signale setzende Preispolitik durchhalten ohne seine Existenz zu gefährden, so müssen zwei Voraussetzungen gegeben sein:

(1) Ertragskraft

Das Handelsunternehmen muß gute Erträge erwirtschaften, es muß ertragsstark sein. Ertragsstärke setzt voraus, daß ein aktuelles Sortiment geführt und eine qualitativ einwandfreie Handelsleistung angeboten werden. Dann kann ein Verzicht auf Handelsspanne hingenommen werden. Die Preissubventionen können in der Kalkulation der normal progressiv kalkulierten Ertragsartikel untergebracht werden. Dieser Ertragsausgleich zwischen verschiedenen Artikeln oder auch Warengruppen, der als „Mischkalkulation" bezeichnet wird, darf aber nicht grenzenlos ausgeweitet werden. Die für die Mischkalkulation erforderliche solide Ertragsbasis muß mit „marktgerechten", nicht überhöhten Normalpreisen geschaffen werden.

(2) Handlungskosten

Bei den aggressiv kalkulierten Angebotsartikeln oder Warengruppen muß versucht werden, die Kosten drastisch zu senken. Diese Artikel oder Warengruppen müssen mit einer möglichst stark eingeschränkten Handelsleistung durch das Handelsunternehmen geschleust werden. Diese Aufgabe zu lösen ist sehr schwierig. Es ist fast unmöglich, Handelsleistung und damit Kosten „artikelgenau zu dosieren". Oft wird man obendrein feststellen müssen, daß Aktionsware höhere Handlingkosten verursacht als Normalware. Die Preissubvention besteht also, genau besehen, in vielen Fällen aus zwei Teilen, aus Handelsspannenverzicht und Handlungskostenzuschlag.

Die Signalpreise der retrograden Kalkulation sind keine unseriösen Schleuderpreise, wie das oft behauptet wird. Und die Mischkalkulation ist kein Betrug am Kunden. Es muß dem Handel freigestellt bleiben, innerhalb seines Sortiments einen Ertragsausgleich vorzunehmen, was er übrigens schon immer getan hat. Die Preissubventionen für die Signalpreise sind eigentlich keine Erlösschmälerungen, sondern Werbeaufwand.

Bei der marktorientierten Angebotskalkulation mit Signalfunktion muß beachtet werden:

(1) Wirkung

Die Wirkung von Angebotspreisen darf nicht überschätzt werden. Untersuchungen haben ergeben, daß bei Übereinstandspreis-Angeboten viele Stammkunden Einkäufe nur vorziehen. Der Angebotspreis ist eine Art Treuebonus für die Stammkunden. Die Angebotspreise dienen hier der Kundenbindung, was durchaus sinnvoll ist. Der Mehrumsatz gleicht in etwa den Handelsspannenverzicht aus, der Rohgewinn in DM bleibt also etwa gleich. Bei Untereinstandspreis-Angeboten lockt man die Angebotsjäger an, die nur die Angebotsartikel kaufen. Es findet kein Ertragsausgleich durch Mehrumsatz statt. (Siehe dazu: Diller, Hermann, Preispolitik, 2. Auflage, Stuttgart 1991, S. 275 ff.)

(2) Discounter

Das erfolgreiche Vordringen der Discounter hat vor allem im Lebensmittelhandel die Angebotspolitik, die von den traditionellen Supermärkten über Jahre hinweg als Abwehr betrieben wurde, zunehmend abgewertet und auch die Grenzen der zwar unvermeidbaren, bei einer exzessiven Angebotspolitik aber ausufernden Mischkalkulation gezeigt. Die Ertragsartikel wurden zu teuer. Bei discountfähigen Artikeln bevorzugt der Verbraucher eindeutig „Dauerniedrigpreise", also eine Dauerniedrigpreislage statt hektischer Aktionen. Die Dauerniedrigpreislagen machen im Lebensmittelhandel der Angebotspolitik schon seit längerer Zeit das Feld streitig. Bei den Dauerniedrigpreislagen kehrt man zur progressiven Normalkalkulation zurück, aber mit drastisch verminderter Handelsleistung und entsprechend niedrigen Kosten. Außerdem kann bei einer Beschränkung auf eine mittlere Konsumqualiät die Ware zu niedrigen Preisen beschafft werden.

(3) Nachteile

Die beträchtlichen Nachteile, die die Angebotspolitik mit Signalpreisen einem Handelsunternehmen bringt, dürfen nicht übersehen werden. Es kommt sehr viel Unruhe in das Sortiment. Die dauernden Preisveränderungen und die teilweise neuen Angebotsartikel erschweren den Kunden die Übersicht. Es ist immer schwierig, den Kunden nach Ablauf eines Angebots den folgenden höheren Preis zu erklären, obwohl bei den Kunden eine gewisse Gewöhnung festzustellen ist. Vor allem bei bekannten Markenartikeln, die ständig im Sortiment geführt werden und häufig als Angebotsartikel eingesetzt werden, kann es Verärgerungen geben. Oder die Kunden warten gezielt das nächste Angebot ab. Trotzdem haben sich die Verbraucher, besonders im Lebensmittelhandel, auf die Angebotspolitik eingestellt und sind sehr „preissensibel" geworden.

Um die Preissubventionen beherrschen zu können und zu keiner Gefahr für das Handelsunternehmen werden zu lassen, müssen alle Aktionen und auch die Dauer-Niedrigpreislagen, soweit sie Subventionen erfordern, retrograd kalkuliert werden. Man ist so jederzeit über die Höhe der Suventionen, die man limitieren sollte, im Bilde. Weiterhin ist die ständige Kontrolle der Angebotsartikel unerläßlich, die zwar einigen Aufwand verursacht. Unterbleibt sie, so expandiert das Sortiment und besteht nach einiger Zeit zu einem beträchtlichen Teil aus Angebotsresten. Gleichzeitig erhöht sich der Warenbestand, was zusätzliche Kosten verursacht.

5.5 Die preispolitischen Entscheidungen – die Preisstrategien

Auf den beiden Eckpfeilern der Preispolitik, den Ertragspreisen und den Signalpreisen, bauen die Preisstrategien auf. Die Zweiteilung der Preispolitik in die Aufgaben der Ertragssicherung und der Signalaussendung findet sich auch bei den Preisstrategien, sowohl bei den Preislagenstrategien als auch bei den Einzelpreisstrategien, wieder.

5.5.1 Die preispolitischen Basisstrategien

Zwei grundlegende Strategien stehen zur Wahl, die sich praktisch gegenseitig ausschließen. Die Entscheidung für eine dieser Strategien bindet das Handelsunternehmen langfristig an sie. Ein kurzfristiger Wechsel der Basisstrategie, gar ein Pendeln zwischen beiden Strategien, kann der preispolitischen Glaubwürdigkeit des Handelsunternehmens Schaden zufügen.

5.5.1.1 Die Strategie des billigsten Anbieters

Diese Strategie fordert, daß das Handelsunternehmen fast ausnahmlos bei jedem geführten Artikel zum niedrigsten Preis anbietet. Im Durchschnitt des Sortiments der billigste Anbieter zu sein reicht nicht aus. Den Sortimentsdurchschnitt kann der Verbraucher nicht erfassen und nicht beurteilen. Ausschließlich über den Preis zu verkaufen, ist ein einfacher Weg und deshalb auch weit verbreitet, wenn auch nicht in dieser Rigorosität, wie sie diese Strategie fordert.

Langfristig kann ein Handelsunternehmen diese Strategie nur durchhalten, wenn es die Kostenführerschaft besitzt. Sonst ist der Bestand des Unternehmens mangels ausreichender Erträge gefährdet. Eine Mischkalkulation ist ausgeschlossen. Neben einem straffen und rigorosen Kostenmanagement wird ein solches Handelsunternehmen auch ständig prüfen, wo die angebotene Handelsleistung reduziert werden kann. Ein Trend zum Trading-Down ist dieser Basisstrategie inhärent. Sie führt deshalb unweigerlich in die Nähe der Vertriebsform Discount oder in diese Vertriebsform hinein, von deren Preisen man abhängig wird. Außerdem droht unter Umständen ein Verlust an Profil. Aldi ist ein typisches Beispiel für die Anwendung dieser Strategie. Er reagiert sofort, wenn ihn ein Wettbewerber unterbietet und senkt dann seinen Preis für einen bestimmten Artikel unter den Preis des Wettbewerbers.

5.5.1.2 Die Strategie des preiswertesten Anbieters

Diese Strategie fordert, daß das Handelsunternehmen das günstigste Preis-Leistungs-Verhältnis bietet. Die Handelsleistung, ein wesentlicher Bestandteil der angebotenen Leistung, rückt in den Vordergrund. Das ist, vom Standpunkt des Marketing aus gesehen, der schwierigere Weg zu Umsatz und Ertrag. Die Handelsleistung muß, in Abstimmung mit dem geführten Sortiment, in ihrem Umfang den Vorstellungen der Verbraucher entsprechen und perfekt erbracht werden. Handelsleistung und Preis-Leistungs-Verhältnis müssen in der Werbung an vorderster Stelle stehen.

Auch die Strategie der Preiswürdigkeit setzt ein straffes Kostenmanagement voraus, das gegenüber den Wettbewerbern zu einem Kostenvorsprung führt. Der Verbraucher ist nicht bereit, für die Handelsleistung, auch wenn er sie wünscht und wenn sie perfekt erbracht wird, jeden Preis zu zahlen. Zumal er zumindest einen Teil der Handelsleistung nicht bewußt wahrnimmt und nicht über sie reflektiert. Ihn stimmen das Unternehmensprofil und im stationären Einzelhandel die Verkaufsatmosphäre positiv. Hinter beiden Faktoren steht die Gesamtheit der Handelsleistung.

Ganz gleich, für welche Strategie sich ein Handelsunternehmen entscheidet, es wird danach streben müssen, in seinem Absatzgebiet auf jeweils unterschiedlichem, der gewählten Strategie entsprechendem Niveau die Preisführerschaft zu erringen und langfristig zu behaupten.

5.5.2 Die Preislagenstrategien

Der Handel hat schon immer in seiner Preispolitik mit Preislagen gearbeitet. Das Anbieten eines Produktes in mehreren Preislagen erlaubt es dem Kunden, seine Anforderungen an die Qualität eines Produktes mit seinen Nutzenvorstellungen abzustimmen. Im Verlauf der merkantilen Revolution hat die Preislagenpolitik an

Bedeutung gewonnen. Einmal konnten die immer größer werdenden Sortimente mit Hilfe der Preislagen übersichtlich gehalten werden. Zum anderen entwickelte sich eine vertriebsformenspezifische Preislagenpolitik.

5.5.2.1 Die zur Verfügung stehenden Strategien

Es stehen drei Strategien zur Wahl.

(1) Die Strategie einer Preislage

Es wird nur eine Preislage geführt. Diese Strategie begrenzt sehr stark die Tiefe eines Sortiments, hat also ein extrem flaches Sortiment zur Folge. Für die Verbraucher ist ein solches Sortiment sehr leicht zu überblicken. Aber es bietet keine allzu große Auswahl. Das gilt sowohl für Hochpreis- als auch für Niedrigpreislagen. Die Einschränkung der Auswahl muß eventuell durch günstige Preise kompensiert werden. Dem Handelsunternehmen bietet das flache Sortiment den Vorteil, mit einer relativ kleinen Anzahl von Lieferanten auszukommen. Pro Lieferant können dann in der Regel große Mengen bezogen werden, was günstige Beschaffungskonditionen zur Folge hat. Die Discounter im Lebensmittel-Einzelhandel sind ein typisches Beispiel für die Anwendung der Ein-Preislagen-Strategie. Aber auch zahlreiche Fachgeschäfte bedienen sich dieser Strategie. Sie ist weitgehend eine vertriebsformenspezifische Preislagenstrategie, sowohl als Niedrigpreislagen- als auch als Hochpreislagen-Stratgie.

Entscheidet sich ein Handelsunternehmen für die Strategie einer Preislage mit Niedrigpreisen, so muß es zwei Auswirkungen bedenken.

- Es verbleibt kaum ein Spielraum für eine Aktionspolitik. Einmal werden die Möglichkeiten der Mischkalkulation drastisch eingeschränkt. Zum anderen widersprechen sich Niedrigpreislage und Aktionspolitik. Wenn in der Werbung versprochen wird, man biete Dauer-Tiefstpreise, dann ist für Preis-Aktionen kein Raum mehr. Dieses Versprechen der Dauer-Tiefstpreise zu überpüfen, ist für den Verbraucher sehr schwer. Es muß in diesem Falle die Sortimente mehrerer Handelsunternehmen vergleichen und beurteilen.
- Man bietet den Wettbewerbern, vor allem denen, die mit mehreren Preislagen arbeiten, eine Angriffsfläche. Sie können mit einer „Politik der Nadelstiche" einzelne Artikel – es müssen gar nicht viele sein – gezielt im Preis unterbieten. Da beim Führen von mehreren Preislagen in der Regel die Mischkalkulation ausreichenden Spielraum bietet, können diese Unterbietungen sehr deutlich ausfallen. Läßt man sich dann auf einen Preiskampf ein, werden die Verbraucher fragen, wie es möglich ist, Tiefstpreise noch einmal herabzusetzen. Diese Erfahrung macht gegenwärtig Aldi, der sich mit Wal Mart auf einen Preiskampf eingelassen hat.

(2) Die Strategie mehrerer Preislagen

Mit der Entscheidung für mehrere Preislagen wird ein Preisgefüge gestaltet. Es wird – der Begriff ist in der Literatur verbreitet – „Preisstruktur-Politik" betrieben. Die von der Preislagenpolitik her verliehene Struktur macht das Sortiment übersichtlicher, erleichtert dem Kunden die Orientierung und erleichtert auch infolge der Möglichkeit des Vergleichens der unterschiedlichen Preislagen viele

Kaufentscheidungen. Mehrere Preislagen haben unausweichlich eine größere Sortimentstiefe zur Folge. Die Anzahl der Lieferanten nimmt zu und das Bestellvolumen pro Lieferant wird kleiner, was sich ungünstig auf die Beschaffungskonditionen auswirken kann. Die „Mehr-Preislagen-Strategie" wird von vielen Handelsunternehmen angewandt. Der Lebensmittel-Supermarkt ist ein typisches Beipiel dafür. Aber auch die SB-Warenhäuser – mit Betonung der unteren Hälfte des Preislagenspektrums – und die traditionellen City-Warenhäuser – mit Betonung der oberen Hälfte des Preislagenspektrums – sind Beispiele für die Anwendung dieser Strategie.

(3) Die Strategie des unstrukturierten Sortiments
Es wird vollständig auf eine Strukturierung des Sortiments durch Preislagen verzichtet. Diese Strategie wird zwar selten angewandt, ist aber durchaus zu verwirklichen. Sie steht in einem engen Zusammenhang mit der sortimentspolitischen Strategie des gewachsenen Sortiments (s. S. 196, 4.1.5). Die Realisierung ist nicht ganz einfach, da sich bereits an den Beschaffungsmärkten Preislagen finden. Verzichtet man auf Preislagen, so wird das Sortiment eine amorphe Masse von Artikeln. Für den Verbraucher ist es sehr mühsam, ein solches Sortiment zu überblicken. Ein Artikel wird dann in einer hohen Preislage, ein anderer in einer niedrigen Preislage geführt. Die akquisitorische Wirkung eines solchen unstrukturierten Sortiments ist sehr gering. Sowohl die Strategie des gewachsenen Sortiments als auch die Strategie des Verzichts auf Preislagen sind sortimentspolitisch kontraproduktiv.

Die Abbildung 5/2 gibt einen zusammenfassenden Überblick über die Strategien der Preislagenpolitik.

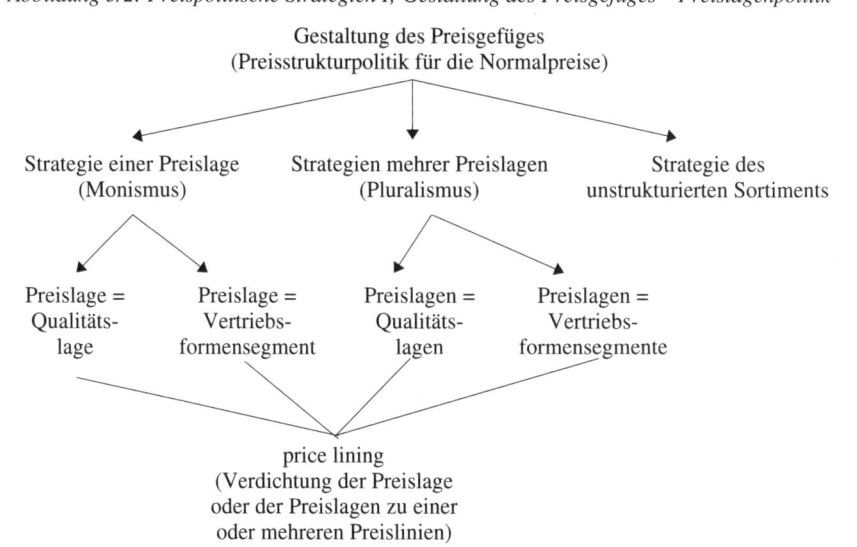

Abbildung 5/2: Preispolitische Strategien I; Gestaltung des Preisgefüges – Preislagenpolitik

```
                  Gestaltung des Preisgefüges
            (Preisstrukturpolitik für die Normalpreise)
           ↙                    ↓                    ↘
  Strategie einer Preislage   Strategien mehrer Preislagen   Strategie des
       (Monismus)                 (Pluralismus)         unstrukturierten Sortiments
       ↙        ↘                 ↙        ↘
 Preislage =   Preislage =    Preislagen =   Preislagen =
 Qualitäts-    Vertriebs-     Qualitäts-     Vertriebs-
    lage       formensegment     lagen       formensegmente
                    ↘         ↙
                  price lining
             (Verdichtung der Preislage
              oder der Preislagen zu einer
              oder mehreren Preislinien)
```

Der besseren Übersicht wegen kann man die aufgeführten Strategien in einer „bipolaren Reihe" darstellen, wie es die Abbildung 5/3 zeigt.

Abbildung 5/3: Bipolare Reihe der Alternativen der Preisstruktur-Politik

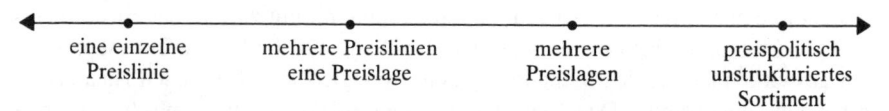

| eine einzelne Preislinie | mehrere Preislinien eine Preislage | mehrere Preislagen | preispolitisch unstrukturiertes Sortiment |

5.5.2.2 Der Begriff der Preislage und die Arten von Preislagen

Der Begriff der Preislage hat im Verlauf der merkantilen Revolution eine Erweiterung erfahren. Die Einführung der Selbstbedienung und die durch sie möglich gewordene Variierbarkeit der Handelsleistung ließen neben der traditionellen Qualitätslage eine zweite Form der Preislage, das Vertriebsformen-Segment, entstehen. Die Preislagenpolitik muß seitdem darauf achten, mit welcher Art von Preislage oder Preislagen sie ein Preisgefüge aufbauen will.

(1) Die traditionelle Preislage – die „Qualitätslage"

Schon seit langer Zeit bedienen sich Handelsunternehmen des Instruments der Preislagen – die auch als Preisklassen bezeichnet werden –, um ihre Sortimente auch vom Preis her zu systematisieren oder sich durch Betonung bestimmter oder Beschränkung auf bestimmte Preisklassen bei ihren Kunden zu profilieren. Man denke an die in den USA schon vor dem Ersten Weltkrieg aufkommenden Einheitspreisgeschäfte, die sich durch das Herausstellen der Preislagenpolitik das Image eines neuen und eigenständigen Vertriebstyps schufen (eine sehr übersichtliche und interessante Darstellung der Entwicklung des Preisklassensystems im Einzelhandel findet sich bei: *Kääpä, Markku*, Das Preisklassensystem als Vertriebsmethode von Einzelhandelsbetrieben, unveröffentlichte Diplomarbeit für Betriebswirte, Hamburg 1976. S. 3. ff.).

Sehr bald hat sich dann auch die Betriebswirtschaftslehre mit den Preislagen oder Preisklassen befaßt. *Seyffert* z. B. definiert: „Preisstaffeln oder Preisreihen, Preisstufungen, sind Reihen gestufter Preise, die für Waren gleicher Zweckbestimmung, aber unterschiedlicher Ausstattung, Qualität, Menge, Größe usw. ausgebildet werden." (*Seyffert, Rudolf,* Wirtschaftslehre des Handels, Köln und Opladen 1951, S. 472 ff.).

Seyffert faßt den Begriff der Preisstufe aber sehr weit und vertritt die Meinung, Preisstufen könnten nach den folgenden Merkmalen geschaffen und damit auch systematisiert werden:

Wareneigenschaften, wie Qualität oder Ausstattung,

Größen oder Dimensionen,

Abnahmemengen, die z. B. unterschiedliche Rabatte bedingen,

Abnehmergruppen, wie Wiederverkäufer oder Endverbraucher,

Absatzgebieten, wie Inland oder Ausland

Absatz- oder Erzeugungszeiten, die zu Saisonpreisen führen,

Erzeuger oder Erzeugergruppen,

Erzeugergebiete,

Verwendungszwecke, wie privater oder gewerblicher Verbrauch.

Seyffert vermischt hier eindeutig die Begriffe der Preislagen und der Preisdifferenzierung. So weit kann der Begriff Preislage also nicht gefaßt werden. Preislagen werden festgelegt nach den Merkmalen:

- **Warenqualität** einschließlich bestimmter Beschaffenheit und Ausstattung;
- **Größe**, sofern sie ein Qualitätsmerkmal darstellt (wie etwa bei Eiern), Strümpfe unterschiedlicher Größe, wie von *Seyffert* angeführt, sind verschiedene Artikel, werden für sie unterschiedliche Preis festgesetzt, so entstehen dadurch keine Preislagen;
- **Erzeuger oder Erzeugergebiete**, wenn sie eindeutig unterschiedliche Qualitäten liefern; so wird auf Grund der Qualität und des Aussehens Schwetzinger Spargel in einer höheren Preislage gehandelt als französischer Spargel.

Die Qualität ist im Grunde genommen das entscheidende Merkmal für die Festlegung von Preislagen oder Preisklassen. Der Begriff muß also eng begrenzt und kann dann wie folgt definiert werden: Preislagen sind unterschiedliche Preise für Waren gleicher Art und Zweckbestimmung, aber unterschiedlicher Qualität. Die Qualität bestimmt die Preislage.

Die Preislagen haben sich inzwischen zu Preisniveaus weiter entwickelt, die sich auch innerhalb einzelner Handelsunternehmen feststellen lassen. Die zu unterschiedlichen Preisniveaus angebotenen Sortimentsteile sind nun nicht mehr vollkommen deckungsgleich. Bestimmte Artikel finden sich dann nur auf gehobenem Preisniveau, wie z.B. exotische Früchte und Gemüse, andere auf niedrigem Preisniveau, wie z.B. Zucker und Mehl. Zur Qualität tritt nun als weiteres Merkmal ein bestimmtes Produktimage.

Filene, der sich bereits 1930 zum Problem der Preislagen äußerte, unterscheidet folgende Preislagen:

- Höchste gangbare Preislage (einzelne besonders teure Stücke),
- erste obere Normalpreislage,
- Zwischenpreislage für kleine Mengen,
- zweite Normalpreislage = Hauptpreislage,
- Zwischenpreislage für kleine Mengen,
- dritte untere Normalpreislage,
- niedrigste gangbare Preislage

(*Filene, E.. A.,* Mehr Rentabilität im Einzelhandel, übersetzt und bearbeitet von *L. Herzberg,* Berlin 1927, S. 28; zitiert bei: *Kääpä, Markku,* a.a.O., S. 8. Ähnliche Darstellungen sind heute auch in Lehrbüchern zu finden, so z.B. bei: *Falk/Wolf,* Handelsbetriebslehre, 9. Auflage, Landsberg/Lech 1991, S. 298, wo auch darauf hingewiesen wird, daß die geführten Preislagen den Typ eines Einzelhandelsunternehmens mit bestimmen).

Dem Handelsunternehmen stehen somit für seine Preisstrukturpolitik drei Hauptpreislagen und vier Nebenpreislagen zur Verfügung. Innerhalb dieser Preislagen oder Preisklassen, die eine gewisse Bandbreite haben – welche sicher von Branche zu Branche und wahrscheinlich auch von Vertriebsform zu Vertriebsform schwankt – und die von einer unteren und einer oberen Preisschwelle begrenzt werden, erfolgt dann die Festlegung des überwiegenden Teiles der Einzelpreise. Durch Preislagen entstehen Sortimentsbereiche, deren Grenzen quer durch verschiedenartigste Warenbereiche verlaufen können und die somit einem Sortiment auf einer weiteren Ebene eine neue Struktur geben können. Die Preisdifferenzierung dagegen bezieht sich ausnahmslos auf einzelne Artikel und strukturiert Absatzgebiete oder die Kunden eines Handelsunternehmens, gibt dem Sortiment aber keine zusätzliche Struktur.

Innerhalb eines Sortiments Preislagen zu schaffen empfiehlt sich aus folgenden Gründen:

Zusätzliche Marktsegmente können von einem Handelsunternehmen mit seinem Sortiment abgedeckt werden. Solche unterschiedlichen Marktsegmente können sich sogar bei einem einzelnen Produkt ergeben. Ein Verbraucher bevorzugt als Angehöriger einer bestimmten sozialen Schicht eine mittlere Preislage. Ein anderer bevorzugt auf Grund seines Einkommens eine niedrige Preislage. Und ein Dritter entscheidet sich für eine hohe Preislage, weil er dem Produkt ganz individuell einen sehr großen Wert beimißt und deshalb eine Spitzenqualität – mit Statusgewinn – erwerben möchte. Als Beispiele seien Genußmittel wie Wein oder Sekt und auch Damen- und Herrenoberbekleidung genannt.

Das **Unternehmens-Image** wird von den Preislagen mit beeinflußt. Die Betonung bestimmter Preislagen kann nicht nur den Ruf einer überdurchschnittlichen Leistungsfähigkeit begründen, von den Preislagen her wird der Verbraucher auch Rückschlüsse auf das Sortiments- und Angebotsniveau ziehen. Hat ein Handelsunternehmen bereits ein ausgeprägtes, bei seinen Kunden fest verankertes Image, so kann umgekehrt dadurch die Entscheidungsfreiheit des Unternehmens bei der Festlegung von Preislagen erheblich eingeschränkt sein.

Der **Verbraucher denkt in Preislagen** und beurteilt eine Preisdifferenz, die innerhalb einer Preislage vorgefunden wird, anders als eine Preisdifferenz, die über die Grenzen einer Preislage hinausgeht. Das haben neuere psychologische Untersuchungen ergeben (vgl. dazu: *Rosenstiel, Lutz von,* und *Ewald, Guntraum,* Marktpsychologie; Bd. II: Psychologie der absatzpolitischen Instrumente, Stuttgart 1979, S. 74 ff.).

Rosenstiel zeigt und belegt diese Denkart des Verbrauchers am Beispiel eines Kaufs von Wein. Eine Vorstellung von der Preislage hat der Verbraucher offensichtlich schon, ehe er zu dem Handelsunternehmen kommt und dessen Weinsortiment und Preise prüft. Wein jenseits der unteren Preisschwelle wird in die detaillierten Überlegungen vor der Kaufentscheidung nicht einbezogen. Es besteht die Sorge, er könnte qualitativ nicht den eigenen Vorstellungen entsprechen, was eine subjektive Vermutung ist. Oder man glaubt, Gästen so etwas Billiges nicht vorsetzen zu können. Ein Statusgesichtspunkt, der sicher um so stärker zur Geltung kommt, wenn man befürchten muß, die Gäste könnten den Preis wissen, erkennen oder später erfahren. Wein jenseits der oberen Preisschwelle scheidet aus, weil die eigenen, individuellen Wertvorstellungen niedriger liegen, weil man die Ausgabe für eine Verschwendung hält oder weil man einfach nicht so viel Geld hat. Es bleibt also eine bestimmte Preislage übrig, z.B. zwischen 3,– DM und 8,– DM. Innerhalb dieser Preisschwellen wird der Preis nun auf einmal völlig sekundär und es wird schließlich nach ganz anderen Kriterien, wie Anbaugebiet, Rebsorte, Qualitätsstufe oder auf dem Etikett aufgeführte Geschmacksrichtung entschieden.

5.5 Die preispolitischen Entscheidungen 267

Aus dieser Denkart des Verbrauchers ergibt sich weiterhin, worauf *Rosenstiel* hinweist, daß Preisveränderungen, in der Regel Verteuerungen, vom Verbraucher unterschiedlich wahrgenommen oder erlebt werden. Innerhalb einer Preislage werden sie unter Umständen nur schwach oder gar nicht registriert; gehen sie über die obere Preisschwelle hinaus, veranlassen sie den Verbraucher, zu einem Substitutionsprodukt überzugehen, dessen Preis innerhalb der gewünschten Preislage geblieben ist. Preisveränderungen, die die Preisschwellen einer Preislage nicht überschreiten, können deshalb auch kaum Veränderungen der Nachfrage bewirken.

Ein Problem ist es allerdings zu erkennen, welche Preislagenvorstellungen der Verbraucher hat. Sie sind keineswegs einheitlich und werden vom Einkommen – damit vom subjektiven Geldwert –, vom Bildungsstand, von der sozialen Stellung und vom Charakter des Produkts mit beeinflußt und bestimmt. Trotzdem kann man in zahlreichen Branchen, wie z.B. im Lebensmittelhandel, aus Erfahrung durchaus mit einiger Sicherheit sagen, welcher Preislage ein Artikel mit einem bestimmten Preis zuzuordnen ist oder wieviel ein Artikel kosten darf, den man in eine bestimmte Preislage einordnen will.

(2) Die neue Preislage – das „Vertriebsformen-Segment"

Bei der Darstellung der Gestaltungsmöglichkeiten für das Sortiment wurde erläutert, daß man heute ein Sortiment in drei Artikel-Kategorien gliedern kann, die sich durch den Umfang der Handelsleistung, die ihnen zugemessen wird, unterscheiden. Diese Artikel-Kategorien ziehen sich durch das gesamte Sortiment hindurch und wurden als Vertriebsformen-Segmente bezeichnet (S. 207ff.). Ein Vertriebsformen-Segment ist eine neue Form von Preislage, die nicht durch die Qualität der Ware, sondern durch den Umfang der Handelsleistung (bei der die Andienungsform eine wichtige Stellung einnimmt) gekennzeichnet wird. Die Entscheidung über die Preislagenstruktur wird dadurch auch mit eine Entscheidung darüber, ob ein vertriebsformen-homogenes Sortiment (Discounter oder spezialisiertes Fachgeschäft) oder ein vertriebsformen-heterogenes Sortiment geführt werden soll, wie das beim traditionellen Lebensmittel-Einzelhandel der Fall ist. Das Sortiment hat damit eine zweite Strukturebene bekommen, die sich zwar, wie ausgeführt wurde, nicht in der Warenpräsentation sichtbar machen läßt, die jedoch tatsächlich vorhanden ist. Innerhalb der Vertriebsformen-Segmente kann es wiederum sehr wohl auf der Qualität der Artikel beruhende Preislagen geben.

Die discountierenden Vertriebsformen haben dafür gesorgt, daß die Verbraucher heute nicht nur in den traditionellen Preislagen, sondern auch in Vertriebsformen-Segmenten denken. Sie kaufen bestimmte – discountfähige – Artikel, bei denen sie gute bis Markenartikel-Qualität erwarten, nur nach dem Preis und nehmen Einschränkungen der Handelsleistung (keine Preisauszeichnung am Artikel, einfachste Präsentation) und deren Delegation an sie selber (Sortimentslücken, Wartezeiten an den Kassen) ohne Widerspruch hin.

(3) Begriff, Möglichkeiten und Grenzen des „price lining"

Wenn man die innerhalb einer Preislage zwischen unterer und oberer Preisschwelle streuenden Preise der zu dieser Preislage gehörenden Artikel auf einen Preis, also einen Einheitspreis, reduziert, erhält man eine **„price line"**. Dieser Begriff wurde in der amerikanischen Literatur geprägt (vgl. *Duncan, Delbert,* und

Philips, Charles, Retailing Principles and Methods, 3. Auflage, Chicago 1951, S. 372; zitiert bei *Kääpä, Markku,* a.a.O., S. 2). Man verringert also den Abstand zwischen den Preisschwellen so lange, bis untere und obere Preisschwelle deckkungsgleich sind. Eine Preispolitik, die das Sortiment nach price lines gliedert, wird dann als **„price lining"** bezeichnet. Könnte man den Begriff price line noch ohne Schwierigkeiten mit Preislinie übersetzen, so macht die Übersetzung des Begriffes price lining einige Mühe. Man müßte dann Politik der Preislinien oder Preislinienpolitik sagen. Es ist deshalb damit zu rechnen, daß sich zumindest der Begriff price lining als Terminus in der deutschen betriebswirtschaftlichen Fachsprache einbürgern wird.

Dem Festlegen von Preislinien geht eine eingehende Umsatzanalyse nach Verkaufspreisen voraus. Auf Grund des Ergebnisses dieser Analyse werden die gängigsten Verkaufspreise ausgewählt, zu Preislinien verdichtet und das Sortiment nur zu diesen einigen wenigen Preisen angeboten und verkauft. Für die Gestaltung des Sortiments nach Preislinien kann man wieder die Gliederung verwenden, die bereits für die Preislagen vorgeschlagen wurde und die auf *Filene* zurückgeht. Man kann also zwischen drei Hauptpreislinien und vier Nebenpreislinien wählen. Es ist keine Frage, daß ein nach wenigen Preislinien strukturiertes Sortiment für den Verbraucher außerordentlich transparent wird. Für das Handelsunternehmen ergeben sich aus der Anwendung, die nur unter bestimmten Voraussetzungen erfolgen kann, sowohl Vor- als auch Nachteile. Die folgenden **Voraussetzungen** sollten gegeben sein, wenn eine Politik der Preislinien Erfolg haben soll:

- Es sollte eine möglichst **homogene Kundschaft** vorhanden sein. Dann lassen sich am mühelosesten und auch relativ genau die Preisvorstellungen dieser Kunden ermitteln und die Preislinien darauf abstimmen. Diese Überlegungen gehen auf eine Untersuchung von *Filene* zurück (auf die *Falk/Wolf*, a.a.O., S. 298, hinweisen), die ergab, daß auf bestimmten Teilmärkten die Masse der Kunden einen ähnlichen Geschmack hatte, die Individualisten in einer sehr kleinen Minderzahl waren. Die Masse der Kunden kann deshalb auch mit einem mehr oder weniger uniformen Angebot befriedigt werden. Und das erleichtert die Handhabung von Preislinien. Die Kunden des Handelsunternehmens müssen weiterhin auf Preise stark reagieren. Das wird in einkommensschwachen und sozial tiefer liegenden Bevölkerungsschichten am ehesten der Fall sein. Für eine Politik der Preislinien sind deshalb am meisten Geschäfte geeignet, die das mittlere und niedrige Bedarfsniveau decken.
- **Gebrauchsgüter des periodischen Bedarfs** eignen sich bevorzugt für ein Angebot nach Preislinien. Bei diesen auch „shopping goods" genannten Gütern erwartet der Kunde ein sehr breites Sortiment hinsichtlich der Größe, Farben, Dessins oder Materialien, welches sich kaum in mehreren Preislagen anbieten läßt. Man denke an Textilien aller Art und Schuhe. Gebrauchsgüter des aperiodischen Bedarfs eignen sich weniger für Preislinien. Bei ihnen haben die Kunden meist zahlreiche individuelle Wünsche und ihr Wert ist in der Regel sehr hoch. Da man sie auch nicht jede Woche oder jeden Monat kauft, nimmt man sich ausreichend Zeit zum Gewinnen einer gründlichen Marktübersicht. Bei Verbrauchsgütern, vorzugsweise Lebensmitteln, steht das große Sortiment den

5.5 Die preispolitischen Entscheidungen

Preislinien entgegen. Außerdem sind die Sortimente der verschiedenen Handelsunternehmen sowieso schon uniform genug. Sie würden durch Preislinien noch uniformer.
- Es sollte ein **ruhiger Wettbewerb** vorherrschen, das Handelsunternehmen, welches nach Preislinien anbietet, sollte eine gut abgesicherte, ja fast monopolistische Stellung haben. Dann werden seine Preislinien von den Wettbewerbern nicht zerstört, der Verbraucher muß sie fast zwangsläufig akzeptieren und kann sich nicht die „Rosinen" aus dem Sortiment picken. Der Wettbewerb kann die Preislinien zerstören, indem er alle Artikel, die beim Einpassen in die Preislinie überdurchschnittlich gut kalkuliert wurden und werden mußten, unterbietet und damit den Kunden das „Rosinenpicken" ermöglicht. In Citylagen mit starkem Preis- und Sortimentswettbewerb ist deshalb ein Arbeiten mit Preislinien sehr schwer, ja fast unmöglich.
- **SB-Warenhäuser** in Mittelstädten und auf der grünen Wiese eigenen sich besonders für eine Politik der Preislinien. Zumindest in einzelnen Abteilungen dieser Handelsunternehmen, die vom Verbraucher als Massendistributoren akzeptiert sind, finden sich die erforderlichen Voraussetzungen am ehesten und in genügend starker Ausprägung. Den klassischen City-Warenhäusern verbietet, wie aufgeführt, der starke Wettbewerb die Anwendung von Preislinien. Verbrauchermärkte mit ihrer aggressiven Preispolitik und ihrem niedrigen Preisniveau verfügen in der Regel nicht über einen ausreichenden Ertragsspielraum, um Preislinien anwenden zu können.
- **Handelsmarken und anonyme Produkte** sollten im Sortiment vorherrschen. Diese Produkte können am besten aus Preisvergleichen, die der Verbraucher anstellt, herausgehalten werden. Das aber bedeutet, daß der Wettbewerb die eigenen Preislinien nur schwer stören oder gar zerstören kann.
- Eine **Koordination mit der Industrie** muß erfolgen. Die Hersteller müssen ihre Produktion und ihre Konditionen auf die von dem zu beliefernden Handelsunternehmen angewandten Preislinien abstimmen.

Fehlt eine dieser Voraussetzungen, so bedeutet dies nicht unbedingt, daß die Anwendung von Preislinien völlig unmöglich wird. Je mehr dieser Voraussetzungen erfüllt sind und je stärker sie ausgeprägt sind, umso leichter wird die Anwendung dieses Prinzips und umso sicherer führen die Preislinien zum Erfolg. Die aufgeführten Voraussetzungen lassen aber auch erkennen, daß sich die Preislinien nicht auf breiter Front anwenden lassen und in der Praxis bis heute auch nicht durchgesetzt haben.

Mit der Anwendung der Preislinien sind die folgenden **Vorteile** verbunden:
- Das Sortiment wird übersichtlich und transparent, was den Verbrauchern die Auswahl und die Kaufentscheidungen erleichtert.
- Von den Preislinien geht ein mehr oder weniger sanfter Druck zur Sortimentsstraffung aus. Es werden weniger Artikel geführt, das Sortiment läßt sich leichter kontrollieren.
- Die kleinere Zahl von Artikeln erreicht eine höhere Umschlagshäufigkeit. Das durch das Sortiment gebundene Kapital sinkt im Verhältnis zum Umsatz.
- Bei weniger Artikeln treten auch geringere Fehlbestände auf. Durch Fehlartikel bewirkte Umsatzverluste werden vermieden.

- Die Standardisierung des Sortiments ermöglichst das Aushandeln günstiger Einkaufskonditionen, denn es werden weniger Artikel in größeren Mengen gekauft.
- Die berufliche Qualifikation der Mitarbeiter kann niedriger sein, was die Personalkosten günstig beeinflußt.
- Die Warenbewegung (das Operating) erfordert einen geringeren Manipulationsaufwand, was sich wiederum günstig auf die Kosten auswirkt.
- Die Werbung kann effektiver betrieben werden. Die begrenzte Anzahl von Preisen prägt sich dem Verbraucher stärker ein, wird von ihm intensiver wahrgenommen.

Diese Aufzählung der Vorteile der Preislinien erhebt keinen Anspruch auf Vollständigkeit. Sie enthält aber sicher die wichtigsten Vorzüge. Ihnen stehen aber auch mehrere **Nachteile** gegenüber, die nicht übersehen werden dürfen:

- Die Kalkulationsfreiheit ist eingeschränkt. Den Preislinien, die ein Handelsunternehmen für seinen Absatzmarkt festlegt, stehen ja keine Preislinien auf den Beschaffungsmärkten gegenüber. Dort finden sich höchstens Preislagen. Die innerhalb dieser Preislagen streuenden Einkaufspreise müssen nun auf Verkaufspreis-Preislinien gebracht werden. Bei jeder Kalkulation müssen die Preislinien beachtet werden. Bei einem Artikel kann der Aufschlag etwas höher ausfallen, beim anderen Artikel muß er niedriger sein. Jede Preislinie ist im Grunde genommen das Ergebnis einer Mischkalkulation. Bei Anwendung des Prinzips der Preislinien endet die Preispolitik praktisch mit dem Festlegen einer oder mehrerer Preislinien. Preisstrukturpolitik und Preisablaufpolitik sind eine Einheit. Ein weitergehendes autonomes Festsetzen von Einzelpreisen entfällt.
- Artikel, die sich in das vorgegebene System der Preislinien nicht einpassen lassen, werden nicht geführt. Dieses Phänomen wird als „blinder effect" bezeichnet (*Gist, Ronald,* Retailing: Concepts and Decisions, New York, London, Sydney 1968, S. 391; zitiert bei: *Kääpä, Markku,* a.a.O., S. 9). Dadurch müssen ganz bewußt gegebene Umsatzmöglichkeiten unberücksichtigt bleiben. Das Akquisitionspotential des Sortiments wird vermindert.
- Die Flexibilität gegenüber den Preisaktivitäten der Wettbewerber wird deutlich verringert. Unterbieten die Wettbewerber – unter Umständen ganz systematisch und gezielt – immer wieder einzelne Artikel einer Preislinie, so kann darauf nicht reagiert werden, wenn nicht das ganze System geopfert werden soll. Und reagierte man jedesmal mit der Änderung einer ganzen Preislinie, so würde das mit Sicherheit in ein preispolitisches Chaos führen. Von den Kosten der Umzeichnung der Artikel bzw. der Umstellungen in der EDV ganz zu schweigen.
- Preisanhebungen bei den Beschaffungspreisen werden mit deutlicher zeitlicher Verzögerung an die Verkaufspreise weitergegeben. Denn diese Weitergabe ist erschwert, es muß ja immer eine vollständige Preislinie erhöht werden. Und wieder verursacht die Umzeichnung oder Umstellung erhebliche Kosten.
- Markenartikel lassen sich in ein System von Preislinien so gut wie nicht einfügen. Der Verzicht auf sie kann erhebliche Umsatzverluste mit sich bringen. Das gilt ganz besonders für die Branchen, in denen die Markenartikel noch eine recht starke Stellung einnehmen, wie z.B. im Lebensmittelhandel.

Von diesen Nachteilen her gesehen wird noch einmal deutlich erkennbar, daß ohne die dargestellten Voraussetzungen des Prinzip der Preislinien nicht zu realisieren ist. Je weniger Voraussetzungen erfüllt sind und je schwächer die Voraussetzungen ausgeprägt sind, umso stärker kommen die Nachteile zum Vorschein. Und da die Voraussetzungen nur schwer zu erfüllen sind, war dem Prinzip der Preislinien bisher noch keine weite Verbreitung beschieden.

Zumindest in der Bundesrepublik Deutschland findet man deshalb in der Praxis des Einzelhandels wenig vom Prinzip der Preislinien. Ansätze zu seiner Verwirklichung lassen sich gleichwohl erkennen. So gibt es bei den Süßwaren mit den 20 Pfg.-, 50 Pfg.- oder 1 DM-Artikeln so etwas wie Preislinien, deren Bedeutung aber abgenommen hat. Bietet ein Konfektionshaus einen Karusselständer Damenkleider zu 60,- DM oder 120,- DM an, so ist dies eine Preislinie im kleinen. Auch bei manchen Discountern finden sich im Hintergrund Preislinien, die den Kassiererinnen das Auswendiglernen der Preise erleichtern sollen und für den Verbraucher kaum erkennbar sind. Immer werden diese Ansätze zu einer Politik der Preislinien von anderen Prinzipien der Sortimentsgestaltung überlagert. Sie stehen nie im Vordergrund und sind für den Verbraucher kaum sichtbar, helfen ihm also nicht, das Sortiment besser und leichter überblicken zu können. Meist stehen bei uns die Gliederung des Sortiments nach Herkunft und Material – also die traditionelle Branchengliederung – oder die Gliederung nach Bedarfsgruppen im Vordergrund.

Eine interessante Möglichkeit der Preisstruktur-Politik ist das Prinzip der Preislinien trotzdem. Und als zusätzliches und ergänzendes Sortimentsgestaltungsprinzip kann es in kleinen Teilbereichen sicher da und dort gute Dienste leisten.

5.5.2.3 Die Positionierung der Preislagen oder Preislinien

Die Entscheidungen über die Höhe der Preislagen können sich an den folgenden Kriterien orientieren.

Entsprechend den Kriterien, die bei der Entscheidung im Vordergrund stehen, lassen sich die folgenden Alternativen unterscheiden:

(1) Orientierung an den Preisvorstellungen der Verbraucher

Eine solche ausschließlich auf den Absatzmarkt bezogene Entscheidung ist ohne jede Einschränkung marketingorientiert. Mit Hilfe der Marktforschung und auch der Sortiments- und Umsatzkontrolle – Analyse des Umsatzes nach Preislagen – lassen sich die Preisvorstellungen der Verbraucher relativ genau ermitteln. Diese Preisvorstellungen sind dann alleinige Richtschnur für das Festlegen der Höhe der Preislinien und Preislagen. Dies ist die mehr oder weniger passive Seite der Preisstruktur-Politik. Sie kann durch eine aktive Politik ergänzt werden, die die Aufgabe hätte, den Verbraucher zu veranlassen, vom Handel gewollte und in bestimmter Höhe festgelegte Preislagen zu akzeptieren. Wenn ein neuer Markt geschaffen werden soll, z.B. für eine bestimmte Zielgruppe von Verbrauchern, kann sich diese Aufgabe durchaus in der Praxis stellen.

(2) Orientierung an den Kosten

Die Höhe der Kosten bestimmt die Höhe des Rohgewinnes, der erwirtschaftet werden muß, um einmal diese Kosten zu decken und darüber hinaus noch einen

Reingewinn zu erzielen. Der Rohgewinn ist zu einem überwiegenden Teil das Ergebnis der Kalkulation. Bestehen also in einem Handelsunternehmen sehr feste Vorstellungen von der Höhe des Rohgewinns, der realisiert werden soll, so muß auf diese Vorstellungen bei der Festlegung von Preislagen und Preislinien Rücksicht genommen werden. Hat sich ein Handelsunternehmen dafür entschieden, ein zwar schmales, aber sehr tiefes Sortiment hochwertiger Qualitäten in Bedienung in einem sehr kultiviertem Verkaufsraum anzubieten, so hat es sehr hohe Kosten und kann nur hohe Preislagen führen.

(3) Orientierung am Beschaffungsmarkt

Die Preise, die am Beschaffungsmarkt zu zahlen sind, bestimmen die Verkaufspreise ganz wesentlich. Also muß gegebenenfalls bei der Festlegung von Preislagen und Preislinien auf den Beschaffungsmarkt und die dort ausgewählten Hersteller Rücksicht genommen werden.

Für alle aufgeführten Entscheidungsalternativen gilt, daß sich die genannten Beziehungen auch umkehren lassen. Lassen sich keine Preislagen schaffen, die den Vorstellungen der Verbraucher entsprechen, so muß versucht werden, dem Verbraucher die realisierbaren Preislagen so anzubieten, daß er sie akzeptiert. Werden bestimmte Preislagen als marktgerecht erkannt, so müssen unter Umständen die Kosten – und der Umfang der Handelsleistung! – angepaßt werden. Und liegen bestimmte Preislagen fest und haben sich auf Grund der erzielten Umsätze als richtig erwiesen, so muß sich an ihnen umgekehrt die Beschaffung orientieren, müssen Lieferanten ausgewechselt oder Artikel, die sich nicht einfügen lassen, aus dem Sortiment entfernt werden. So läßt sich bei einem führenden Lebensmittel-Discounter beobachten, daß er Artikel aus dem Obst- und Gemüse-Sortiment nur während der Saison führt. Außerhalb der Saison sind die Beschaffungspreise so hoch, daß sich bei knappster Kalkulation Verkaufspreise ergeben würden, die nicht in seine Preislage passen. So werden z. B. Grapefruits nur im Januar und Februar geführt.

Offen bleibt jetzt noch die Frage, welche Breite bei den Preislagen gewählt werden soll. Darüber scheinen keine Untersuchungen angestellt worden zu sein. Es wäre sehr interessant zu erfahren, ob vielleicht zwischen der Höhe der Preislage und ihrer Breite ein Zusammenhang besteht, vielleicht in der Weise, daß mit zunehmender Höhe einer Preislage deren Breite größer werden kann.

Das Festlegen von Preislagen und Preislinien dient ausschließlich dem Ziel, eine ausreichende Rentabilität sicherzustellen. Auf dieses Ziel kann vielleicht einmal für kurze Zeit, um sich gegenüber Wettbewerbern in einen Markt hineindrängen zu können, verzichtet werden, auf lange Sicht aber nicht. Und nur, wenn mehrere Preislinien oder Preislagen geführt werden, kann eine davon – in der Regel wird dies die unterste sein - so aggressiv unter Vernachlässigung des Ertragsgesichtspunktes gestaltet werden, daß sie ausschließlich dem Ziel des Leistungsbeweises dient.

Daraus ergibt sich, daß die Preisstruktur-Politik den Rahmen für die Normalpreise setzt. Oder umgekehrt kann man definieren, Normalpreise sind Preise, die im Rahmen der Preislagen festgelegt werden. Und die Mehrzahl der Preise wird in der Regel Normalpreise sein.

5.5.3 Die Strategien für die Einzelpreispolitik

Die unzähligen, jeden Tag zu treffenden Entscheidungen über das Festlegen von Einzelpreisen sind Aufgabe der Preisablaufpolitik. Ein Großteil dieser Entscheidungen erfolgt im Rahmen der durch die Preisstrukturpolitik geschaffenen Preislagen. Ein nicht geringer Teil dieser Entscheidungen aber sprengt den Rahmen der Preislagen, setzt sich über deren Grenzen hinweg. Es stellt sich dann bei einzelnen Artikeln die Frage, ob man sie – u.U. unter Hinnahme von Spannenverlusten – in eine Preislage einpasst oder ob man auf sie verzichtet. Das trifft besonders auf Entscheidungen über die Preise neu aufzunehmender Artikel zu. Das sind sicher die interessantesten, in der Praxis immer wieder umstrittensten und am heftigsten diskutierten Entscheidungen. Die Discounter z.B. stehen vor dieser Entscheidungssituation, wenn der Preis eines saisonabhängigen Artikels – aus dem Obst- und Gemüsesortiment z.B.- außerhalb der Saison stark ansteigt. Der Artikel fügt sich dann nicht mehr in die Niedrigpreislage ein und wird aus dem Sortiment genommen.

5.5.3.1 Die konventionellen Preisstrategien

Für die Preispolitik im Bereich der den Ertrag sichernden Normalpreise stehen die folgenden Strategien zur Verfügung.

(1) Beschaffungsorientierte Strategien

Der Entscheidung über den Verkaufspreis liegt der Einkaufspreis zugrunde. Vom Einkaufspreis gelangt man dann durch Anwendung eines Kalkulationsaufschlages, der in der Regel die Rentabilität des Handelsunternehmens sichern soll, zum Verkaufspreis. Es wurde bereits darauf hingewiesen, daß dies auch heute noch nach Vorstellung vieler ehrbarer Kaufleute die normale und seriöse Preisbildung im Handel ist. Viele Normalpreise entstehen auch so. Aber – und das darf nicht übersehen werden – die Preise macht in diesem Falle der Hersteller. Preisentscheidungen dieser Art erfolgen aufgrund exogener Daten, nämlich der Einkaufspreise. Die Preispolitik ist im Prinzip passiv. Preisdifferenzen zwischen verschiedenen Handelsunternehmen, die das gleiche Produkt anbieten, kann es nur noch als Folge unterschiedlich hoher Kosten und Konditionen geben.

So mag Preispolitik auch in vielen Fällen in der Praxis ablaufen, sicher jedoch mit abnehmender Tendenz. Damit sind aber die preispolitischen Aktionsmöglichkeiten von Handelsunternehmen im Rahmen der beschaffungsorientierten Entscheidungsalternative keineswegs erschöpft. Ein Handelsunternehmen muß ja die Preise der Hersteller nicht widerspruchslos hinnehmen. Und es kann auch nicht gezwungen werden, nach der normalen und konventionellen Kalkulationsmethode Verkaufspreise festzusetzen.

Die weitergehenden Aktionsmöglichkeiten können durch zwei Verhaltensweisen des Handelsunternehmens bestimmt werden, die wir als zyklisch bzw. antizyklisch bezeichnen wollen.

Beim **zyklischen** Verhalten bleiben bei konstanten Herstellerpreisen auch die Verkaufspreise des Handelsunternehmens konstant. Steigen die Herstellerpreise, steigen auch die Verkaufspreise, fallen die Herstellerpreise, fallen auch die Verkaufspreise. Das Handelsunternehmen folgt also mit seinen Verkaufspreisen den Preisen am Beschaffungsmarkt. Dieses Anpassen an die Preisschwankungen am Beschaffungsmarkt muß aber nun nicht automatisch und im gleichen Ausmaß erfolgen. Um seine eigene Ertragslage zu verbessern oder um Preiserhöhungen zu dämpfen oder Preisermäßigungen zu verstärken – beides als Beweis der Leistungsfähigkeit – kann das Handelsunternehmen in zweifacher Weise aktiv werden.

Es kann einmal versuchen, durch **Bezug großer Mengen** seine Einkaufskonditionen zu verbessern. Diesen Versuchen hat in der Vergangenheit die Industrie in der Regel zum Erfolg verholfen. Dadurch wurde bewirkt, daß die Handelsunternehmen einmal danach strebten, immer größer zu werden, und zum anderen ihre Politik der Sortimentsstraffung verstärkten, also weniger Artikel, diese aber in größeren Mengen kauften. Die Industrie hat durch ihre Preis- und Konditionenpolitik die Konzentration in weiten Bereichen des Handels, besonders im Lebensmittelhandel, provoziert. Es muß deshalb verwundern, wenn dieselbe Industrie heute die Nachfragemacht des Handels beklagt. Letztlich hat der Handel durch seine Konzentration ja auch dazu beigetragen, die gesamtwirtschaftlichen Distributionskosten bemerkenswert niedrig zu halten und der Industrie die Massenproduktion im großen Stil zu ermöglichen.

Zum zweiten kann ein Handelsunternehmen durch Hinweis auf seine Distributionsleistung versuchen, **bessere Konditionen auszuhandeln,** ohne irgendwelche Verpflichtungen hinsichtlich der Abnahmemengen einzugehen. Manchmal genügt da schon der Hinweis auf die Größe und auf den Marktanteil und das Versprechen, den Artikel im Sortiment zu führen. Solche Verhandlungen erfolgen sicher meist mit dem Ziel, die Ertragssituation des Handelsunternehmens zu verbessern oder zu konsolidieren, um auch ausreichend Spielraum für weitere Rationalisierungs- und natürlich auch Expansionsinvestitionen zu bekommen. Die Verhandlungen können aber auch anstreben, mit Hilfe günstiger Verkaufspreise, in die die Erfolge solcher Verhandlungen dann eingehen, beim Verbraucher besondere Leistungsfähigkeit zu demonstrieren. Und sie können auch unter dem Zwang erfolgen, Artikel in einer bestimmten Preislage zu halten. Schlagen die Verhandlungen in diesem letzten Fall fehl, so muß das Handelsunternehmen nach einem anderen Lieferanten suchen oder den Artikel aus dem Sortiment nehmen.

Die Verhandlungen zwischen Handel und Industrie haben in den letzten Jahren als Folge der Wettbewerbsverschärfung eine Härte angenommen, wie man sie früher nie für möglich gehalten hätte. Zum einen sind dadurch verzerrte Konditionen entstanden, die die Leistung bestimmter Handelsunternehmen und Handelsstufen nicht mehr ausreichend berücksichtigen. Auf diesen Umstand weist nachdrücklich *Klußmann* hin, der für eine vernünftige Mengenhonorierung pro Verkaufsplatz, ergänzt durch ein Jahresbonussystem, plädiert und dies für einen gangbaren Weg hält, Konditionen- und Wettbewerbsverzerrungen zu beseitigen (Faire Leistung, fairer Lohn, Interview mit *Hans-Jürgen Klußmann*, in: Food und Nonfood, Nr. 4/1980, S. 27ff.). Wie willkürlich manchmal die Hersteller Konditionen festlegen und einzelnen Handelsunternehmen Vorteile gewähren, konnte der Handel immer wieder bei Fusionen erkennen. Ein großes Handelsunternehmen stellte nicht selten fest, daß ein kleineres, von ihm übernommenes Unternehmen bei einer Reihe von Lieferanten über bessere Konditionen verfügte als das große übernehmende Unternehmen.

Zum anderen versucht der Handel seine immer härteren Forderungen mit einem Hinweis auf die Gewinnsituation der Industrie zu rechtfertigen. Im Hintergrund werden hier die ersten Anfänge des Kampfes um die Führungsstellung im Marketing sichtbar. Der Handel will mehr Einfluß und Aktivitäten, die Geld kosten. Dieses Geld soll von der Industrie kommen, die ihren Marketingaufwand reduzieren soll. Dieser Kampf dürfte noch über viele Runden gehen. Durch die Wiedervereinigung der beiden deutschen Staaten, die die Tür zu einem unterversorgten und unerschlossenen Markt mit rund 16 Millionen Verbrauchern öffnete, ist die Stellung der Industrie gegenüber dem Handel wesentlich gestärkt worden. Verhandlungen über Konditionen sind seitdem erheblich schwieriger geworden als sie es in der zweiten Hälfte der achtziger Jahre waren.

Für ihre Verhandlungen mit dem Handel hat die Industrie inzwischen aber auch Methoden entwickelt, die ihr erlauben, sehr flexibel zu sein und trotzdem betriebswirtschaftlich weitestgehend abgesicherte Preisentscheidungen zu treffen.

Die zweite Verhaltensweise ist ein **antizyklisches** Verhalten. Das Handelsunternehmen setzt seine Verkaufspreise ganz bewußt entgegengesetzt den Schwankungen der Einkaufspreise fest. Steigen die Einkaufspreise, so werden die Verkaufspreise reduziert, und umgekehrt. Wenn z.B. ein Handelsunternehmen die ersten Frühkartoffeln, die aus Nordafrika importiert werden, zu einem niedrigen Preis anbietet, obwohl der Einkaufspreis sehr hoch ist, verhält es sich antizyklisch zu den Schwankungen der Preise am Beschaffungsmarkt. In diesem Falle nimmt es den Saisonpreis schon vorweg. Werden beim zyklischen Verhalten in der Regel Normalpreise angestrebt, so entstehen durch antizyklische Preispolitik Angebots- oder Sonderpreise, die ausschließlich Leistungsfähigkeit signalisieren sollen. Diese Preispolitik ist aktiv und beruht auf endogenen (unternehmensinternen) Daten. Sie unterstellt, das ist der Schlüssel zum Erfolg, daß sich der Wettbewerb beim gleichen Artikel zyklisch verhält. Tun alle beim gleichen Artikel daselbe, so ist die Zielsetzung „Leistungsfähigkeit signalisieren" nicht mehr zu verwirklichen. Am besten eignen sich für solche Aktionen Artikel, die starken saisonalen Preisschwankungen unterliegen. Beschaffungsorientierte antizyklische Preispolitik kann temporär – auf kurzfristige Aktionen beschränkt – und auch langfristig betrieben werden. In beiden Fällen beruht sie auf dem Prinzip der Mischkalkulation. Der Ausgleich für die Ertragsminderungen, die unvermeidlich sind, muß von anderen Artikeln kommen. In der Praxis wird eine solche antizyklische Preispolitik fast nur temporär betrieben. Sie ist nicht auf den Lebensmittelhandel beschränkt.

Eine schwächere Form antizyklischer Preispolitik, die dafür meist etwas langfristiger durchgehalten wird, ist das zeitliche Hinauszögern von Preiserhöhungen, wie es die Versandhandelsunternehmen mit ihrer Preisgarantie für jeweils ein halbes Jahr praktizieren, oder das zeitliche Vorwegnehmen von Preisermäßigungen. Hier kann dann manchmal Mischkalkulation in der Weise angewandt werden, daß beim gleichen Artikel zu einem anderen Zeitpunkt der Ausgleich gefunden wird.

(2) Kostenorientierte Strategien

Der Entscheidung über den Verkaufspreis liegen die Kosten des Handelsunternehmens zugrunde. Eigentlich müßte man sagen, liegen die Kosten mit zugrunde. Denn bei einer an den Kosten orientierten Preisfestsetzung wird in der Regel auch der Einkaufspreis – ganz gleich, ob unbesehen akzeptiert oder hart ausgehandelt – als Datum eingesetzt. Die Kostenorientierung ist damit das zweite wesentliche Element der konventionellen Kalkulation. Sie ist aber im Unterschied zur Beschaffungsorientierung endogen, beruht also auf betriebsinternen Fakten. Und sie ist nicht notwendigerweise eine passive Preispolitik, die die entstandenen Kosten ungeprüft als Datum übernimmt, keine Möglichkeiten der Kostenbeeinflussung sieht und keine Maßnahmen zur Kostengestaltung, in der Regel zur Kostensenkung, ergreift.

In der Praxis des Handels lassen sich zumindest vier Möglichkeiten, die Kosten zu beeinflussen und damit zu senken, beobachten:

(1) Durch **Rationalisierung** wird die Produktivität des Handelsunternehmens erhöht. Mit der gleichen Menge an Produktionsfaktoren kann mehr Leistung erbracht werden. Es erfolgt eine **echte Kostensenkung**, die schwerpunktmäßig den Operatingbereich des Handelsunternehmens betrifft. Der Erfolg dieser Rationalisierung zeigt sich sehr deutlich in der Leistungsmeßziffer jährlicher Umsatz pro Person, der z.B. im Lebensmitteleinzelhandel in den letzten Jahren beträchtlich gestiegen ist (vgl. *Abbildung 5/4*).

Abbildung 5/4: Die Entwicklung der Leistungsmeßziffern Umsatz/Mitarbeiter und Jahr im deutschen Fachhandel in DM

	1970	1980	1990	1995
Umsatz/Mitarbeiter	111 300	196 400	259 800	262 800

Quelle: Vademecum des Einzelhandels 1998, herausgegeben von der Bundesarbeitsgemeinschaft der Mittel- und Großbetriebe des Einzelhandels e.V. (BAG), Köln 1998, S. 52.

Neben der echten Kostensenkung, die natürlich auch durch eine Verminderung des Betriebsfaktoreneinsatzes bei gleichbleibender Leistung erreicht wird, gibt es noch zwei weitere Varianten der Rationalisierung. Einmal kann der **Einsatz der Betriebsfaktoren** innerhalb des Unternehmens **verlagert** werden. Es kann in einem Handelsunternehmen durchaus Artikel oder Warengruppen geben, die vom Markt her unter Preisdruck stehen und den Faktoreinsatz, den sie in Anspruch nehmen, mit ihren Erträgen nicht abdecken. Ihnen stehen Warengruppen gegenüber, die ertragsstark sind, aber im Hinblick auf den Faktoreinsatz vernachlässigt werden, was ihre Ertragsstärke auf längere Sicht gefährden könnte. Ertragsausgleich durch Mischkalkulation ist die Folge, zugleich aber auch ein Ansatzpunkt für Rationalisierungsmaßnahmen. Weiterhin, das ist die dritte Variante, kann die **Betriebsfaktoren-Kombination verändert** werden. Durch Ersatz von menschlicher Arbeitskraft durch Verkaufsfläche oder Sachkapital kann eine bessere Kostenstruktur und damit eine Senkung der Gesamtkosten erreicht werden. Die Entwicklung der in *Abbildung 5/4* aufgeführten Leistungsmeßziffer wurde zum Teil auch durch eine Veränderung der Faktorkombination verursacht.

(2) Eine **Reduzierung der Angebotsqualität** – eine Verminderung des Umfanges der Handelsleistung – ermöglicht einen verminderten Einsatz an Produktionsfaktoren. Es erfolgt im Grunde eine **Kostensenkung zu Lasten des Verbrauchers**, eine scheinbare Kostensenkung durch unzureichende Wahrnehmung der Handelsfunktionen. Ein Blick auf bestimmte Vertriebsformen, die besonders preisaggressiv sind, zeigt dies:

Discounter (primitive Präsentation der Ware, schmales Sortiment, überdurchschnittlich viele Fehlartikel, Wartezeiten an den Kassen);

SB-Warenhaus (weite Wege, keine Verbrauchernähe, beschränktes, standardisiertes Sortiment).

Es wäre falsch, deshalb diese Vertriebsformen an den Pranger zu stellen. Solange der Verbraucher akzeptiert, daß die Handelsfunktionen nur eingeschränkt wahrgenommen werden, solange er auf ein Einkaufserlebnis verzichtet, sich bückt und streckt beim Greifen der Ware, Kartons schleppt und weite Wege zum Einkaufen zurücklegt, sofern diese Mühen nur mit niedrigen Preisen belohnt werden, ist alles in Ordnung. Es fragt sich nur, wo die Grenze liegt, die der Verbraucher nicht mehr zu überschreiten gewillt ist.

Eine Kostensenkung zu Lasten der Verbraucher ist eine Delegation von Handelsleistung an die Kunden. Ihr steht die Möglichkeit gegenüber, Handelsleistung an die Lieferanten (Hersteller oder beim Einzelhandel Hersteller und Großhandel) zu delegieren. Das setzt aber eine gewisse Unternehmensgröße und starke Stellung am Beschaffungsmarkt voraus.

(3) Durch eine **Straffung des Sortiments** lassen sich die Kosten für Disposition und Lagerhaltung wirksam senken. Dazu kommt in der Regel eine Verbesserung der Konditionen, weil weniger Artikel in größeren Mengen eingekauft werden können. Für die Kunden hat die Straffung des Sortiments eine meist geringfügig eingeschränkte Auswahl zur Folge. Im Grunde liegt auch hier eine Verminderung der Handelsleistung vor. Das Problem ist weniger eine mögliche Unzufriedenheit der Kunden, die durch Information und Warenpräsentation vermindert werden kann, als vielmehr die Abwehr der Aktivitäten der Hersteller, die manchmal um jeden Preis im Sortiment eines Handelsunternehmens vertreten sein wollen und sich mit ihrer Werbung direkt an die Kunden wenden.

(4) Eine Möglichkeit, Kosten zu reduzieren, bietet auch das **Outsourcing,** die Auslagerung von Unternehmensfunktionen an Vorstufen oder externe, auf bestimmte Aufgaben spezialisierte Unternehmen. Sie können die ihnen übertragenen Leistungen meist kostengünstiger als das delegierende Handelsunternehmen erbringen, weil sie durch die Bedienung mehrerer Kunden ihre Kapazität besser auslasten können. Möglichkeiten zum Outsourcing bieten sich bei den Aufgaben der EDV, der Werbung, der Buchhaltung und Steuerberatung, der Logistik im Großhandel und der Weiterbildung der Mitarbeiter. Durch Outsourcing können fixe in variable Kosten verwandelt werden. (Vergl. dazu: Oehme, Wolfgang, Sortiment und Handelsleistung als Ansatzpunkte für Rationalisierungs-Strategien, in: Texis, Zeitschrift zur Interaktion zwischen Theorie und Praxis in Marketing und Distribution, Heft 1/1989, Seite 16ff.)

Ganz gleich, welche Möglichkeit der Kostenbeeinflussung gewählt wird, die kostenorientierte Preisentscheidung führt zu Normalpreisen. Auch wenn manche Discounter mit „Dauer-Niedrigstpreisen" werben, so sind dies Normalpreise. Sie sind kein besonderer Leistungsbeweis, es sei denn, man bewertet die Idee, durch begrenzte Wahrnehmung der Handelsfunktionen und damit minimierte Handelsleistung den Einsatz an Produktionsfaktoren zu reduzieren, als besondere Leistung, was heute sicher nicht mehr der Fall ist.

Kostenorientierte Preise entstehen durch Anwendung der Aufschlagkalkulation. In der Regel wird ein bestimmter Prozentsatz des Einkaufspreises aufgeschlagen, um den Verkaufspreis zu erhalten. Die Höhe des Aufschlags richtet sich nach der Höhe der Handelsspanne, die man erzielen muß, um die Kosten zu decken und einen angemessenen Reingewinn zu erwirtschaften. Rückschlüsse auf die erforderliche Handelsspanne zieht man aus den Zahlen der kurzfristigen Erfolgsrechnung und der Jahresabschlüsse. Da die Handelsspanne eine Abschlagszahl ist, wird sie in einen Aufschlagswert umgerechnet. Will man also 25% Handelsspanne erzielen, so muß mit einem Aufschlag von 33% kalkuliert werden, die Mehrwertsteuer nicht berücksichtigt.

Für die Berechnung der Aufschlagspanne bieten sich zwei Möglichkeiten an, die relative Spanne (in % des Einkaufspreises) und die absolute Spanne (in DM pro Artikel), was bereits ausführlich dargestellt wurde. Es sei hier aber noch einmal besonders auf die Problematik der relativen Spanne bei ihrer Anwendung auf Artikel, die starken, z.B. saisonalen, Preisschwankungen unterliegen, hingewiesen.

Es müßte als Idealfall bezeichnet werden, wenn ein Handelsunternehmen eine uneingeschränkt kostenorientierte Preispolitik betreiben, der Kalkulation jeden Artikels exakt die Kosten zugrunde legen könnte. Zwei Gründe stehen in der Hauptsache einem solchen Vorgehen im Wege:

Das Streben nach Preisoptik und nach Preiswürdigkeit als Beweis der Leistungsfähigkeit, das auf Verbrauchererwartungen beruht, nimmt keine Rücksicht darauf, ob ein Artikel hohe oder niedrige Kosten verursacht. Der Markt zieht in vielen Fällen enge Grenzen, die bei ausschließlicher Kostenorientierung des Preises überschritten würden.

Ein Handelsunternehmen, das ein mittleres oder großes Sortiment führt, ist gar nicht in der Lage, jedem Artikel die Kosten, die er verursacht, zuzurechnen. Es bereitet oft schon Schwierigkeiten, einer Warengruppe die Kosten zuzurechnen, mit denen sie belastet werden müßte. Eine Kostenträgerrechnung ist im Handel nie vollständig und exakt zu verwirklichen.

Diese Gründe haben dazu geführt, daß die Kostenorientierung bei der Entscheidung über Einzelpreise relativ wenig Bedeutung hat. Das gilt besonders für die Fälle, in denen sich marktorientierte Preise und kostenorientierte Preisvorstellungen schroff entgegenstehen. So werden dann Artikel, deren Manipulationskosten aller Wahrscheinlichkeit nach schätzungsweise niedrig liegen, gut kalkuliert, weil der Markt den verhältnismäßig hohen Preis akzeptiert. Und umgekehrt werden Artikel mit wahrscheinlich höheren Manipulationskosten niedrig kalkuliert, weil der Verbraucher keine höheren Preise bewilligt. Dieser Tatbestand sollte jedoch nicht ergeben hingenommen werden, obwohl er sicher nicht völlig aus der Welt zu schaffen ist. Er birgt zweifellos ein beachtliches Rationalisierungspotential in sich, worauf bereits hingewiesen wurde.

Der nicht exakt gesteuerte Einsatz der Betriebsfaktoren, der einen Zwang zur Mischkalkulation auslöst, läßt sich gut mit einem Beispiel aus dem Lebensmittel-Einzelhandel belegen. Um in bestimmten Frischwarenbereichen, vor allem Obst und Gemüse, Frischfleisch und Frischwurst, in bestehende Märkte einzudringen und Marktanteile zu gewinnen, wurde ein harter Preiskampf geführt. Den Ertragsausgleich mußte das damals noch durch die Preisbindung bei vielen Artikeln abgeschirmte Trockensortiment bringen. In dieser Subventionierung der Frischwaren durch das Trockensortiment (die traditionellen Kolonialwaren) sahen dann die Discounter ihre Chance. Und als die Preisbindung der zweiten Hand auf breiter Front fiel, wurde es immer schwerer, diese Art der Mischkalkulation durchzuhalten. Bei einer strengen Kostenorientierung hätte nämlich umgekehrt verfahren werden müssen, die Frischwaren hätten höher, das Trockensortiment knapper kalkuliert werden müssen. Eine Untersuchung der Kostensituation im Lebensmittel-Einzelhandel ergab für Märkte mit vollem Sortiment (d.h. einschließlich Frischfleischabteilung) beim Trockensortiment Handlungskosten in Höhe von 9% (davon 4,48% fix und 4,52% variabel) und bei den Frischwaren in Höhe von 17,8% (davon 9,21% fix und 8,59% variabel); (s. *Kling, Franz,* Frischware verursacht doppelte Kosten, in: Lebensmittel-Zeitung Nr. 19 vom 9. Mai 1975, S. VIII). In diesem Fall war die Kostenorientierung von anderen Gesichtspunkten völlig in den Hintergrund gedrängt worden.

Hätten nicht die Discounter das Preisniveau im Trockensortiment so unter Druck gesetzt, wäre auch alles weiterhin gut gegangen. So aber stand man vor der zwingenden Notwendigkeit, bei den Frischwaren wieder der Kostenorientierung ausreichend Geltung zu verschaffen. Es war kein Zufall, daß die Stimmen, die eine Neuorientierung bei der Mischkalkulation forderten, immer lauter wurden.

(3) Preisgefügeorientierte Strategien

Es war bereits darauf hingewiesen worden, daß das Vorhandensein von Preislagen die Entscheidungsfreiheit beim Festlegen von Einzelpreisen einengen kann. Preislinien engen diese Entscheidungsfreiheit zwingend ein. Das gehört zu ihrem Wesen. Werden Einzelpreisentscheidungen preisgefügeorientiert getroffen, so sind zwei Möglichkeiten offen.

(a) Preisfortsetzung

ist möglich, wenn der Einkaufspreis sich nicht oder nur geringfügig ändert. Es ist auch denkbar, daß Preiserhöhungen dadurch abgewendet werden konnten, daß eine größere Menge des fraglichen Artikels gekauft wurde oder daß weitere Artikel des gleichen Lieferanten in das Sortiment aufgenommen wurden. Um das Gefüge der Preislagen nicht zu zerstören, kann ein Handelsunternehmen ein großes Interesse an der Preisfortsetzung haben und dafür einem Lieferanten beachtliche Konzessionen zugestehen.

(b) Preiseinpassung

wird erforderlich, wenn sich der Preis eines Artikels ändert, in der Regel erhöht, oder ein neuer Artikel in eine Preislage aufgenommen werden soll, dessen Einkaufspreis der gewünschten Preislage nicht entspricht. Hier muß eine Preiseinpassung vorgenommen werden. Um beurteilen zu können, ob diese Preiseinpassung gerechtfertigt und sinnvoll ist, müssen zwei Fragen beantwortet werden:

Ist der Artikel so wichtig, z.B. aufgrund seiner Ergänzungsfunktion oder auch Frequenzfunktion, daß auf ausreichenden Ertrag verzichtet werden kann?

Ermöglicht es die Mischkalkulation, vielleicht sogar in der gleichen Preisklasse durch Aufnahme eines Artikels mit sehr günstigem Einkaufspreis und hoher Aufschlagspanne, die eintretenden Ertragsminderungen auszugleichen?

Kann eine dieser Fragen oder können vielleicht auch beide mit ja beantwortet werden, dürfte eine Preiseinpassung zu vertreten sein.

Eine am Preisgefüge orientierte Preispolitik ist endogen – die Preislagen sind ja unternehemensintern gesetzte Daten – und im Falle der Preisfortsetzung passiv, im Falle der Preiseinpassung aktiv.

Die Abbildung 5/5 faßt die Strategien für die Einzelpreisentscheidungen im Normalpreisbereich noch einmal in einem Überblick zusammen.

5.5.3.2 Die marketingorientierten Strategien

Für die Preispolitik im Bereich der Signalpreise stehen die folgenden Strategien zur Verfügung.

(1) Wettbewerbsorientierte Strategien

Sehr viele Einzelpreisentscheidungen sind wettbewerbsorientiert, vor allem, wenn sie der Zielsetzung dienen sollen, Leistungsfähigkeit zu signalisieren. Aufgrund dieser Zielsetzung werden solche Entscheidungen oft uneingeschränkt autonom, völlig losgelöst von Beschaffungspreis und Kosten, getroffen. Fast ist man versucht, in solchen Fällen von ökonomisch irrationalen Entscheidungen zu sprechen, sofern man den Begriff „ökonomisch" auf „Gewinn erwirtschaften" reduziert.

Eine wettbewerbsorientierte Preispolitik wird von exogenen Daten gesteuert. Sie kann sowohl passiv als auch aktiv sein. Zwei Formen der wettbewerbsorientierten Preisfestsetzung lassen sich unterscheiden:

(a) Die Preisanpassung

Das ist die passive Form der wettbewerbsorientierten Einzelpreisentscheidung. Die Preise des Wettbewerbs oder eines überdurchschnittlich starken Wettbewerbers werden einfach übernommen. Man könnte auch von einer **imitativen Preispolitik** sprechen. Solange der oder die Wettbewerber eine Normal- oder gar Hochpreispolitik betreiben, ist die Preisanpassung die bequemste Preispolitik, die sogar zu wirtschaftlichen Erfolgen verhilft, aber auch in die Abhängigkeit führt oder in der Abhängigkeit verbleiben läßt. Kritisch wird es, wenn der oder die Wettbewerber eine Niedrigpreispolitik verfolgen, die in einen Verdrängungswettbewerb mündet. Dann kann nur solange mitgehalten werden, wie das die Kosten erlauben oder ein Ausgleich in der Mischkalkulation gefunden wird. Sind diese beiden Möglichkeiten erschöpft, dann bleibt auf längere Sicht nur die Aufgabe oder das Unterlaufen des Wettbewerbs durch eine Veränderung des Sortiments.

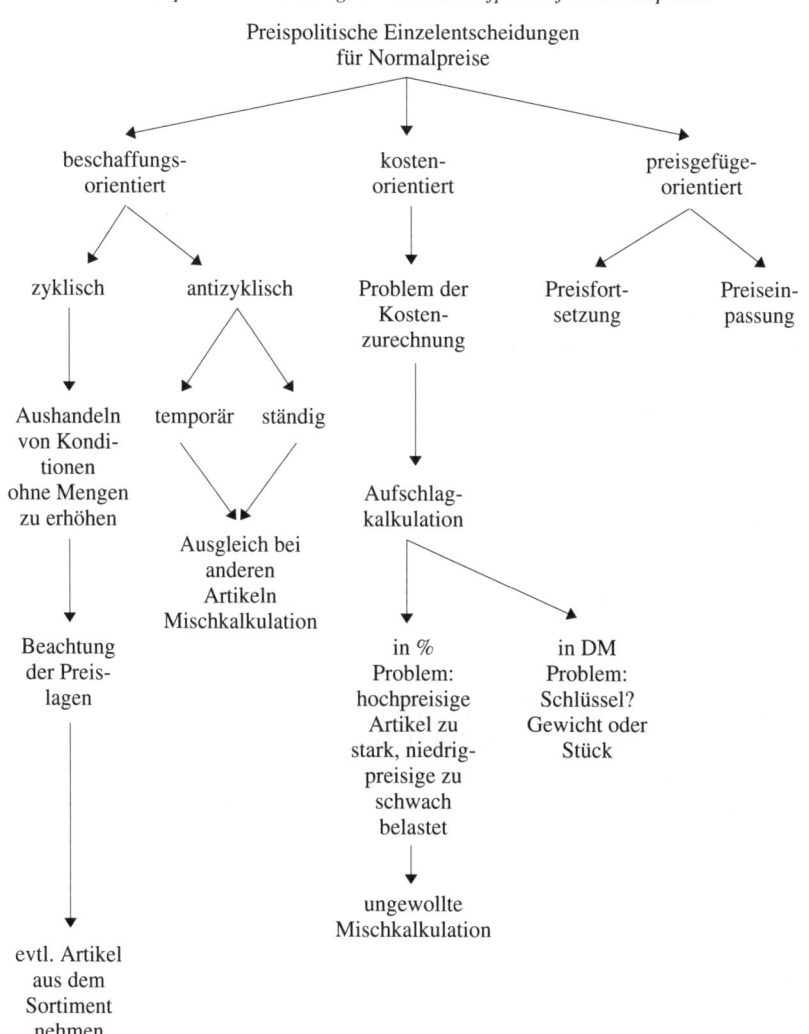

Abbildung 5/5: Preispolitische Strategien II
Einzelpreis-Entscheidungen – Preisablaufpolitik für Normalpreise

```
                    Preispolitische Einzelentscheidungen
                            für Normalpreise
        ┌───────────────────────┼───────────────────────┐
   beschaffungs-            kosten-              preisgefüge-
   orientiert              orientiert             orientiert
   ┌──────┐                     │                  ┌──────┐
zyklisch  antizyklisch    Problem der         Preisfort-  Preisein-
   │         │            Kosten-             setzung     passung
   │         │            zurechnung
Aushandeln  temporär  ständig
von Kondi-     │         │
tionen         └────┬────┘
ohne Mengen         │
zu erhöhen     Ausgleich bei
   │            anderen
   │            Artikeln        Aufschlag-
Beachtung      Mischkalkulation kalkulation
der Preis-                      ┌──────┐
lagen                         in %    in DM
   │                       Problem:  Problem:
   │                       hochpreisige Schlüssel?
   │                       Artikel zu  Gewicht oder
   │                       stark, niedrig- Stück
   │                       preisige zu
   │                       schwach
   │                       belastet
   │                          │
   │                       ungewollte
   │                       Mischkalkulation
evtl. Artikel
aus dem
Sortiment
nehmen
```

Die imitative Preispolitik ist bei kleinen Handelsunternehmen weit verbreitet. Erstaunlich dabei ist, daß viele dieser Handelsunternehmen sich gar nicht bewußt werden, wie gefährlich sie mit dieser Preispolitik leben. Sie sind dem Wettbewerb und vor allem Wettbewerbsveränderungen auf Gedeih und Verderb ausgeliefert.

(b) Die Marktführerschaft

Das ist die aktive Form der wettbewerbsorientierten Einzelpreisentscheidung.

In der Literatur wird – in Anlehnung an die klassische Preis-Theorie – überwiegend mit dem Begriff **„Preisführerschaft"** gearbeitet. In einer Gruppe von Unternehmen, die miteinander im Wettbewerb stehen, übernimmt ein Unternehmen hinsichtlich Zeitpunkt und Intensität von Preisveränderungen die Führung. Damit ein

Unternehmen die Preisführerschaft übernehmen kann, sind **zwei Voraussetzungen** erforderlich:
- der Markt, auf dem es zu einer Preisführerschaft kommt, muß ein Oligopol sein,
- das führende Unternehmen ist in der Regel weitaus größer als die anderen Mitglieder der Gruppe.

Das Ziel einer Preisführerschaft ist die Koordination des Preis-Marketing im Oligopol, die keinen Nachweis der Absprache ermöglicht, jedoch eine Annäherung an den Monopolpreis anstrebt, damit die gemeinsamen Gewinne der Oligopolisten maximiert werden können. Durch die Preisführerschaft wird also, so könnte man es auch formulieren, ein Oligopol zu einem „Defakto-Monopol". Folgende Arten der Preisführerschaft können unterschieden werden:

Die dominierende Preisführerschaft

Ein Anbieter ist um vieles größer als die anderen Anbieter. Er dominiert deshalb am Markt und verfügt praktisch über ein Teilmonopol. Da er im Interesse seiner Erträge kaum eine Niedrigpreispolitik treiben wird, fördert er ungewollt Außenseiter und Newcomer, was oft zu einer Schwächung seiner Marktposition führt.

Die kolludierende Preisführerschaft

Sie ist ein geheimes, besser wohl einvernehmliches Zusammenspiel ohne formale und vertragliche Absprachen. Jeder Oligopolist kann Preisführer sein und die Preisführerschaft kann auch rotieren.

Die barometrische Preisführerschaft

Der Preisführer ist mit seinen Preisen das Barometer für die Marktlage, an dem die anderen Anbieter ablesen, welche Situation am Markt gegeben ist und welche Trends sich abzeichnen. Oft folgen die anderen Anbieter dem Preisführer, sie tun es aber nicht immer. Zwischen kolludierender und barometrischer Preisführerschaft sind die Grenzen fließend.

Sowohl die kolludierende als auch die barometrische Preisführerschaft sind wirksame Koordinationsmechanismen zur Vermeidung von Preiskonflikten und damit von Preiskämpfen. Die Preisführerschaft kann somit auch als Medium angesehen werden, das Preiserhöhungen und Preissenkungen signalisiert und auf lange Sicht, das gilt besonders für die kolludierende Preisführerschaft, zu monopolistisch überhöhten Preisen führt.

Der Begriff der Preisführerschaft ist – das gilt besonders für den Handel – zu eng gefaßt. Einmal vermittelt er den Eindruck, daß Preisführerschaft immer nur den Nutzen der Anbieter mehre, den Nachfragern aber, weil sie überhöhte Preise zu zahlen haben, schade. Die mit der Preisführerschaft in der Regel verbundene wirtschaftliche Macht kann aber auch innerhalb der Gruppe der am Markt anbietenden Unternehmen mißbraucht werden und zu einem gnadenlosen Verdrängungswettbewerb führen. Dann greift der Preisführer nicht nur in die Preispolitik seiner unterlegenen Wettbewerber, sondern auch in deren Produkt- und Vertriebspolitik ein (auf diesen Gesichtspunkt der wirtschaftlichen Macht weist besonders hin: *Arndt, Helmut,* Wirtschaftliche Macht, München 1977, S. 135f.; in jüngster Vergangenheit hat das neu auf den deutschen Markt drängende US-Handelsunternehmen Wal Mart seinen deutschen Wettbewerbern, vor allem Aldi und Lidl, die Preisführerschaft streitig zu machen versucht und damit einen gnadenlosen Verdrängungswettbewerb ausgelöst.).

Zum anderen kennzeichnen den Begriff Preisführerschaft zu einseitig quantitative Merkmale, die Marktform des Oligopols, also eine begrenzte Anzahl von Anbietern, und die Größe des führenden Unternehmens.

Deshalb soll hier der weiter gefaßte Begriff „**Marktführerschaft**" angewandt werden (wie ihn auch *Arndt* verwendet; *Kotler* bezeichnet den Marktführer als Marktpionier, in: Marketing Management, 8. Auflage, Stuttgart 1995, S. 570ff. u. 606ff.). Marktführerschaft beruht auf:

Einem Markt in Form des Oligopols: Da, wie wir bereits feststellen mußten, Handelsunternehmen grundsätzlich auf oligopolistischen Märkten tätig sind, findet sich eine Marktführerschaft in der Praxis sehr häufig.

Der Unternehmensgröße: Der Marktführer kann sich sowohl durch die Größe seiner Verkaufsfläche als auch durch die Höhe seines Umsatzes deutlich von den anderen Wettbewerbern abheben. Daß sich die an einem Markt anbietenden Handelsunternehmen sehr deutlich in der Größe unterscheiden, ist in der Praxis auch überaus häufig zu beobachten.

Beide Merkmale fanden sich auch beim Begriff des Preisführers. Marktführerschaft kann aber in Verbindung mit diesen beiden Merkmalen weiterhin beruhen auf:

Der besseren Standort-Qualität: Die Standort-Qualität ist ein handelsspezifisches Merkmal, das bei Produktionsunternehmen nie die Bedeutung erlangt, die es bei Handelsunternehmen, besonders bei Unternehmen des Einzelhandels besitzt.

Der stärkeren aquisitorischen Wirkung des Sortiments: Dieses Merkmal steht zwar in enger Verbindung mit dem Merkmal Unternehmensgröße, in erster Linie der Größe der Verkaufsfläche. Je größer die Verkaufsfläche ist, desto größer kann das Sortiment sein. Es geht hier aber nicht allein um die Größe des Sortiments, sondern vielmehr um seine Struktur als Ergebnis einer systematischen und kreativen Sortimentspolitik. Die Sortimentsqualität kann deshalb durchaus die Verkaufsflächengröße in den Hintergrund rücken.

Der besseren Qualität der Andienung: Die Atmosphäre des Verkaufsraumes, die gekonnte Warenpräsentation, besonders in der Selbstbedienung, und die Qualifikation der im Verkauf tätigen Mitarbeiter, besonders die fachliche Kompetenz des Personals in den Bedienungs-Abteilungen, prägen dieses handelsspezifische Merkmal.

Durch die Ergänzung der quantitativen Merkmale um eine Reihe von qualitativen Merkmalen wird der Begriff Marktführer realitätsnäher als der Begriff Preisführer. Marktführer, so kann man jetzt sagen, muß nicht immer der Größere sein. Marktführer kann auch der Bessere, der Leistungsfähigere sein.

Die qualitativen Merkmale der Marktführerschaft zeigen aber auch mit aller Deutlichkeit, daß man Marktführerschaft nicht unterbinden kann, auch wenn sie den Keim des Mißbrauchs in sich trägt. Man müßte dann alle Handelsunternehmen zur Uniformität zwingen, müßte jeden Leistungswettbewerb unterbinden. Und das ist sicher nicht durchsetzbar und auch nicht wünschenswert. Der Handel würde dann ein Bild bieten wie es der Staatshandel in den Ostblockländern bot. Die Gefahr des Mißbrauchs kann nicht bestritten, sollte aber auch nicht überschätzt werden. Da Marktführerschaft auch auf qualitativen Merkmalen beruht, tendiert sie in Richtung prozessuales Monopol und ist damit in vielen Fällen angreifbar und keineswegs für alle Zeiten festgeschrieben. Ohne Zweifel ergeben sich aus der Marktführerschaft gewisse Freiheiten, die zu einem aktiven Preis-Marketing genutzt werden können. Marktführerschaft schließt die Fähigkeit zur Preisführerschaft ein, verleiht die Kompetenz des Preisführers.

Bei seinen wettbewerbsorientierten Entscheidungen zum Preis-Marketing bieten sich dem Marktführer zwei Alternativen:

Die Hochpreispolitik: Die Preise werden hoch angesetzt, so hoch als es der Markt erlaubt. Zur Wettbewerbsorientierung wird in diesem Falle in sehr starkem Maße die Nachfrageorientierung, die anschließend noch zu betrachten ist, hinzukommen. Von den meisten kleineren Wettbewerbern wird die Hochpreispolitik des Marktführers dankbar angenommen. Sie segeln sorglos im Kielwasser dieser Preispolitik. Sie können sich mit einer imitativen Preispolitik bescheiden, was außerordentlich bequem ist. Einzelne kleinere Wettbewerber können aber auch im Windschatten des Marktführers sehr gute Erträge erwirtschaften, die es ihnen erlauben, eines Tages stark zu expandieren und die Stellung des Marktführers anzugreifen, ihn vielleicht sogar zu verdrängen. Darin liegt die Gefahr der Hochpreispolitik für den Marktführer. Ihr steht der Vorteil gegenüber, gute Gewinne erzielen zu können.

Die Niedrigpreispolitik: Die Preise werden möglichst niedrig angesetzt. Der Marktführer strebt danach, immer der billigste, zumindest – unter Berücksichtigung der Qualität der Waren – der preisgünstigste Anbieter zu sein. Diese Alternative der Preispolitik wird in erster Linie der Sicherung oder Erweiterung des Marktanteils oder des Beweises der Leistungsfähigkeit dienen. Sie ist für die kleineren Wettbewerber lästig und auch gefährlich. Sie kann in einen Verdrängungswettbewerb einmünden. Die kleineren Wettbewerber können ihre imitative Preispolitik nur solange durchhalten, als es ihre Kosten erlauben.

Aber auch der Marktführer muß sich die Frage stellen, für welchen Zeitraum er eine Niedrigpreispolitik festlegen kann. Zwei Möglichkeiten bieten sich an:

Eine **kurzfristige Niedrigpreispolitik**, die sicher keine besonderen Schwierigkeiten verursacht. Die Mischkalkulation dürfte für einen Ausgleich bei anderen Artikeln oder Warengruppen sorgen. Gerade für den Beweis der Leistungsfähigkeit wird sich eine kurzfristige Niedrigpreispolitik eignen.

Eine **langfristige Niedrigpreispolitik**, die problematisch sein kann und sehr gut durchdacht sein muß. In vielen Fällen wird sie, wenn der Marktanteil gesichert oder erweitert werden soll, unumgänglich sein. Sie läßt sich nur verwirklichen, wenn eine der folgenden vier Voraussetzungen gegeben ist:

- **bessere Einkaufskonditionen** als die Wettbewerber, vielleicht auf Grund der Größe oder des strafferen Sortiments,
- **niedrigere Kosten** als die Wettbewerber, vielleicht auch auf Grund der Größe oder der besseren Organisation und Mitarbeiterführung,
- **umfangreichere Delegation** von Handelsleistung an Verbraucher oder Lieferanten als die Wettbewerber aufgrund einer starken Stellung sowohl auf dem Beschaffungs- als auch auf dem Absatzmarkt,

- **weitergehende Möglichkeiten der Mischkalkulation** als die Wettbewerber auf Grund eines größeren Sortiments.

Bei der langfristigen Niedrigpreispolitik besteht am ehesten die Möglichkeit, daß sie in ihren Auswirkungen auf die kleineren Wettbewerber zum Verdrängungswettbewerb wird.

Daß eine Marktführerschaft entstehen kann und daß sie auch funktioniert, kann sicher damit erklärt werden, daß einmal die kleineren und schwächeren Wettbewerber die Sorge haben, es könnte, falls sie eine preispolitische Oppositon betreiben, zu einem rücksichtslosen Verdrängungswettbewerb kommen. Zum anderen beruht die Bereitschaft zur Anpassung und zum Vermeiden von Preiskonflikten auch auf einer bestimmten zur Passivität tendierenden Mentalität vieler Unternehmer im Einzelhandel. Diese geistige Haltung nimmt aber seit geraumer Zeit ab, es vollzieht sich ein deutlicher Wandel vom Kaufmann zum Unternehmer.

Für die Marktführerschaft im Einzelhandel ist schließlich noch kennzeichnend:

- Selten wird es einem Einzelhandelsunternehmen möglich sein – und es wird dies auch nicht anstreben –, mit dem gesamten Sortiment Marktführer zu sein. Eine Marktführerschaft wird sich in der Regel nur bei einzelnen Artikeln oder Warenbereichen verwirklichen lassen.
- Ein Einzelhandelsunternehmen hat durchaus die Möglichkeit, als Marktführer bei einem Artikel oder einer Warengruppe eine Hochpreispolitik, bei einem anderen Artikel oder einer anderen Warengruppe eine Niedrigpreispolitik zu verfolgen. Es gibt also so etwas wie eine gespaltene Marktführerschaft.
- Da Handelsunternehmen als Oligopolisten nicht notwendigerweise deckungsgleiche Sortimente haben müssen, kann ein Marktführer bei Anwendung einer gespaltenen Preispolitik manche kleineren Wettbewerber durch die Hochpreispolitik in bestimmten Sortimentsbereichen begünstigen und zur Expansion ermuntern (*Machlup:* Er hält einen Schirm über die Außenseiter und bekommt darunter selbst zusehends nasse Füße!). Andere kleinere Wettbewerber kann er durch eine Niedrigpreispolitik in bestimmten Sortimentsbereichen bedrängen und gar zur Aufgabe zwingen.
- Im Einzelhandel kann der Marktführer durch seine Preisaktivitäten bei den kleineren Wettbewerbern nicht nur Preis-Reaktionen, sondern auch Sortiments-Aktivitäten und Profil-Aktivitäten auslösen, mit denen die Preisführerschaft als Teil der Marktführerschaft unterlaufen wird.

(2) Nachfrageorientierte Strategien

Die Überschrift hätte auch „verbraucherorientierte" Entscheidungen lauten können. Denn schließlich sind es die Verbraucher, von denen Nachfrage ausgeht, die mit ihren Kaufentscheidungen Nachfrage schaffen.

Der Verbraucher ist in den letzten zehn Jahren zunehmend preisbewußt geworden. Eine Untersuchung im Lebensmittel-Einzelhandel ergab, daß lediglich beim Warenbereich Fleisch- und Wurstwaren die Mehrzahl der Käufer (50%) die Qualität höher einschätzt als den Preis, auf den Preis achteten primär 36%. Und die Treue zu einem Stammgeschäft beruht ebenfalls vorrangig auf günstigen Preisen und günstigen Sonderangeboten. Mit der Steigerung des Preisbewußtseins war eine Verstärkung der Rationalität der Preisbeurteilungen und Preisentscheidungen beim

Verbraucher verbunden. Aber es gibt immer noch Produkte und Branchen, bei denen der Verbraucher auf die Preise irrational reagiert und entscheidet. In diesen Fällen wird der Verbraucher von Emotionen, aus dem Unterbewußtsein heraus gesteuert und verhält sich nicht wie ein homo oeconomicus. Die Nachfrageorientierung bei Entscheidungen im Preis-Marketing ist deshalb von außerordentlich großer Bedeutung, gleichrangig mit der Wettbewerbsorientierung, vielleicht sogar noch höher einzustufen. Dem steht gegenüber, daß gerade bei nachfrageorientierten Entscheidungen die Auswirkungen mit am schlechtesten abzuschätzen sind. Ob eine Preisfestsetzung den gewünschten Erfolg hat, läßt sich nie mit letzter Sicherheit voraussagen. Zweifellos ist auch bei wettbewerbsorientierten Entscheidungen eine beachtliche Unsicherheit gegeben. Bei den nachfrageorientierten Entscheidungen dürfte sie aber größer sein. Wie die Wettbewerbsorientierung beruht auch die Nachfrageorientierung auf exogenen Daten.

Die Bedeutung der Nachfrageorientierung im Preis-Marketing hat in den letzten Jahren stark zugenommen. Das ist die Folge davon, daß die Verbraucher bei vielen Einkäufen – nicht nur bei Lebensmitteln – zwischen Versorgungskauf und Erlebniskauf unterscheiden. Es ist, worauf schon hingewiesen wurde, zu einer Polarisierung zahlreicher Märkte gekommen. Beim Versorgungskauf dominiert der Preis. Beim Erlebniskauf stehen Gefühle im Vordergrund, der Preis ist sekundär. Diese auf vielen Märkten neu entstandene Situation muß eine nachfrageorientierte Preispolitik berücksichtigen.

Für nachfrageorientierte Entscheidungen im Preis-Marketing ist es von grundlegender Bedeutung, zu wissen, ob bereits Nachfrage vorhanden ist – ein Markt bereits existiert – oder ob Nachfrage erst geschaffen werden muß – ein Markt noch nicht vorhanden ist.

(a) Nachfrage ist vorhanden

In diesem Fall muß noch einmal unterschieden werden, ob die Nachfrage elastisch oder unelastisch ist.

Für die **elastische Nachfrage** gilt, daß preispolitische Maßnahmen Erfolg haben können. In der Mehrzahl der Fälle werden Preisreduzierungen zu Mehrumsatz führen, zu einem Mehrumsatz, der auf einer Vergrößerung des Marktvolumens beruht und in der Regel nicht zu Lasten von Wettbewerbern geht. Und Preiserhöhungen werden den Umsatz sinken lassen, weil das Marktvolumen schrumpft, und nicht, weil andere Wettbewerber ihren Marktanteil erhöhen. Die Auswirkungen von Preisaktivitäten wären also so, wie sie von der klassischen Preistheorie beschrieben werden. Es kann bei elastischer Nachfrage – das wurde bereits erwähnt – aber auch umgekehrt sein, Preiserhöhungen bewirken Mehrumsatz, Preisreduzierungen Umsatzrückgang. Aber auch in diesem Fall zeigen Preisveränderungen deutlich Wirkung, wenn diese Wirkung auch der klassischen Preistheorie widerspricht.

Für die **unelastische Nachfrage** gilt, daß Preisaktivitäten das Marktvolumen nicht verändern, also gesamtwirtschaftlich wirkungslos sind. Das bedeutet aber nicht, daß sie deshalb für das einzelne Handelsunternehmen sinnlos wären. Preisveränderungen führen in diesem Falle zu einer Umverteilung von Marktanteilen. Erhöht ein Handelsunternehmen die Preise, geht der Umsatz zurück, weil viele Verbraucher zum Wettbewerb abwandern, der damit seinen Marktanteil erhöht. Senkt ein

Handelsunternehmen die Preise, hat es die Chance, Verbraucher vom Wettbewerb abzuziehen und zu Lasten des Wettbewerbs Umsatz und Marktanteil zu erhöhen. Gäbe es keinen Wettbewerb und würden die an einem Markt operierenden Handelsunternehmen eine abgestimmte Preispolitik betreiben, so könnten sie Preiserhöhungen ziemlich gefahrlos vornehmen, der Umsatz würde nicht zurückgehen, aber auch die Marktanteile blieben unverändert.

Welchen Umfang Marktanteilsverschiebungen haben, hängt von der Größe des Absatzgebietes, auf dem ein Handelsunternehmen agiert, ab. Ein mittlerer Einzelhändler, der als Oligopolist mit seinen Wettbewerbern ein relativ kleines Einzugsgebiet abdeckt, wird durch seine Preis-Aktivitäten kaum weltbewegende Marktanteilsverschiebungen bewirken. Andere Dimensionen haben Marktanteilsverschiebungen bei den bundesweit arbeitenden Mineralöl-Unternehmen.

(b) Nachfrage muß geschaffen werden

Das ist sicher der aufregendste Entscheidungsanlaß im gesamten Preis-Marketing. Es muß abgeschätzt werden, welchen Geldbetrag der Verbraucher für ein neu geschaffenes Produkt, für eine Innovation, auszugeben bereit ist. Man könnte hier auch von **intuitiver Preispolitik** sprechen. Ein Beispiel soll dies deutlich machen. Als *Maggi* eine neue Sorte von Fertiggerichten konzipierte, entschied man sich im ersten Versuch für französische Gerichte mit einem hohen Fleischanteil. Der Endpreis tendierte deshalb in Richtung Zehn-Mark-Grenze. Soviel wollten die Verbraucher, nahm man an, für ein Fertiggericht, auch wenn es eine gehobene Qualität aufwies, nicht ausgeben. Es hätten keine nennenswerten Umsätze erzielt werden können. Man mußte die Rezeptur ändern und zu italienischen Gerichten mit geringem Fleischanteil übergehen. Der Preis lag unter der Fünf-Mark-Grenze. Das akzeptierten die Verbraucher und ein Markt konnte geschaffen werden. Das Produkt wurde also vom Preis her entwickelt. Es bedurfte zweier Versuche, den akzeptablen Preis zu ermitteln.

Wir hatten bereits gesehen, daß der Verbraucher oft in Preislagen denkt, die von Preisschwellen begrenzt werden. Er kennt darüber hinaus noch bestimmte Preisgrenzen, die offensichtlich mit der Stückelung der Währung zusammenhängen. 1 DM, 2 DM, 5 DM oder 10 DM sind solche Grenzen. Man kann sie nicht durch mechanisches Umrechnen mit Hilfe des Kurses in andere Währungen übertragen. Für den Österreicher sind 10,– öS oder 50,– öS solche Grenzen. Umgerechnet sind für den Deutschen 1,40 DM oder 7,– DM keine markanten Beträge, wie für den Österreicher 35,– öS, also 5,– DM oder 70,– öS, also 10,– DM, keine auffälligen Beträge darstellen. Mit der Einführung des Euro ab 2001/2002 wird es in den davon betroffenen europäischen Staaten zu einer neuen Festlegung dieser Preisgrenzen kommen, an die sich die Handelsunternehmen mit ihren Preisen, ihrer Preisstruktur und ihrer Preisoptik werden anpassen müssen.

Der Lebensmittel-Einzelhandel hat im Blumengeschäft ebenfalls deutliche Preisgrenzen in Erfahrung bringen können. So kann man in einem Supermarkt Blumensträuße, je nach Saison, bis zu 2,– DM oder 3,– DM verkaufen, Blattpflanzen bis zu 5,– DM. Überschreitet der Preis diese Grenzen, werden keine nennenswerten Umsätze mehr erzielt. Der Verbraucher bevorzugt bei höherpreisigen Sträußen und Pflanzen den Floristen, dem er mehr Fachkompetenz zubilligt.

Wo beim einzelnen Verbraucher die Preisgrenzen im Einzelfall liegen, die er einem bestimmten Produkt setzt, hängt sicher mit von seinem Einkommen, also vom subjektiven Geldwert ab. Für einen Verbraucher mit mittleren Einkommen liegt die Preisgrenze für ein bestimmtes innovatives Produkt vielleicht bei 5,- DM, für einen Bezieher eines hohen Einkommens beim gleichen Produkt bei vielleicht 10,- DM oder gar 20,- DM. Es ist auch für Marktforscher sehr schwer, solche Preisgrenzen im vorhinein zu erkunden. Sie können ja noch kein Produkt vorweisen. Erst wenn der Verbraucher dem Produkt gegenübersteht, wird er es in sein System der Preisgrenzen einordnen. Da muß der Preis aber bereits festgelegt sein. Erleichtert kann die Suche nach Preisgrenzen werden, wenn das neue Produkt für eine bestimmte, gut abgrenzbare Zielgruppe bestimmt ist, zu deren Merkmalen soziale Stellung, Bildungsniveau und Einkommenshöhe gehören.

Bei dieser Entscheidungsalternative helfen also wirklich nur Intuition und Erfahrung weiter, so unwissenschaftlich das auch klingt. Und erfahrene Absatz-Strategen haben ein ausgesprochenes „feeling" für Preisgrenzen. Das gilt für den Handel vielleicht in noch stärkerem Maße als für die Produktion. Es sei aber abschließend noch bemerkt, daß Innovationen nicht allein am Preis scheitern. Es gibt noch eine ganze Reihe anderer Gründe, wie mißverständlicher Werbe-Slogan oder die Tatsache, daß es sich nur anscheinend um eine Innovation handelt.

(3) Produktorientierte Strategien

Bei Entscheidungen im Bereich des Preis-Marketing muß auch der Charakter – das Image oder das Profil – des Produktes, dessen Preis festgesetzt werden soll, berücksichtigt werden. Dabei wäre zu prüfen und zu unterscheiden, ob ein Produkt bereits einen Charakter hat – dann würde dieser den Preis beeinflussen – oder erst einen Charakter bekommen soll – dann würde der Preis den Charakter mit bestimmen können. Aus der Sicht des Preis-Marketing bestimmen im wesentlichen zwei Faktoren den Charakter eines Produktes – sein Image – und damit auch die Marketing-Intensität. Beide Faktoren sollten deshalb bei der Festsetzung des Preises berücksichtigt werden.

(a) Das Image eines Produktes

In der Literatur wird mehrfach darauf hingewiesen, daß der Verbraucher auf Preisveränderungen nicht immer in der Weise reagiert, wie das in der klassischen Preistheorie angenommen wird. Preiserhöhungen müssen nicht unbedingt zu Umsatzrückgängen, sie können auch zu Umsatzsteigerungen führen. Und Preisreduzierungen lassen manchmal die Umsätze schrumpfen, statt sie kräftig steigen zu lassen. Bei unserer Übersicht über die Literatur zum Preis-Marketing wurde dies bereits erwähnt. Für den Verbraucher ist der Preis also nicht nur eine Entscheidungshilfe für das Festlegen der zu kaufenden Mengen, sondern auch Hinweis auf das Image des Produktes, seine Qualität, seine Exklusivität, den zu erwartenden Nutzen. Für das Preis-Marketing bedeutet diese Erkenntnis:

Hohe Preise können helfen, ein Image der Qualität und Exklusivität aufzubauen. Bei Innovationen kann dies ein sehr wesentlicher Gesichtspunkt sein. Zwar wird man dann nur bestimmte Zielgruppen der Verbraucher ansprechen und keine großen Märkte aufbauen oder halten können. Dafür lassen sich gute Erträge erwirtschaften.

5.5 Die preispolitischen Entscheidungen

Niedrige Preise können helfen, ein Image des preiswerten Konsumartikels für die breite Masse der Verbraucher aufzubauen. Große Märkte lassen sich erschließen und beliefern. Die kostengünstige Massenfertigung sichert auch bei niedrigen Preisen noch Erträge, auch wenn diese sehr bescheiden sind. Das Image des preiswerten Konsumartikels finden wir bei vielen expansiven und vor allem bei den weißen Artikeln. Bei ihnen empfiehlt sich eine Politik der niedrigen Preise.

Diese Preis-Ideologie, so möchten wir es bezeichnen, führt immer wieder zu Konflikten zwischen Industrie und Handel.

Bei der **Industrie**, vor allem bei den Markenartikel-Herstellern, kann man einen Trend zum hohen Produkt-Image beobachten. Mit Blick auf die Erträge möchte man über ein solches Produkt-Image hohe Preise am Markt durchsetzen. Und dem Handel verspricht man, daß auch er auf diese Weise und mit diesen Produkten – „Premium-Produkte" – seine Erträge verbessern könnte.

Beim **Handel** dagegen strebt man ein hohes Unternehmens-Image an, das vorrangig Leistungsfähigkeit signalisiert. Und dieses Ziel glaubt man in erster Linie mit Hilfe günstiger Preise erreichen zu können. Viele Handelsunternehmen, besonders im Lebensmittelhandel, glauben den Idealfall im Preiskampf dann geschaffen zu haben, wenn sie einen gut eingeführten Markenartikel – den die Verbraucher gut beurteilen können und der einen mühelosen Preisvergleich erlaubt – mit hohem Produkt-Image zum Sonderpreis an den Mann bringen. Die Markenartikel-Hersteller fürchten nichts mehr als dies, da der Handel dann mit Hilfe des Preises das mühsam aufgebaute Produkt-Image ruiniert.

Das ist auch mit ein Grund dafür, daß sich namhafte Markenartikel-Hersteller anfangs weigerten, preisaggressive Vertriebsformen wie Discounter und SB-Warenhäuser zu beliefern. Sie verkannten oder wollten nicht zur Kenntnis nehmen, daß auch Markenartikel problemlose Schnelldreher und damit discountfähig werden können. Im Lebensmittelhandel finden sich viele Beispiele für diese Feststellung. Und diese Beispiele zeigen, daß ein niedriger Preis, der die Folge einer minimierten Handelsleistung ist, das Image eines renomierten Markenartikels nicht zwingend ruinieren muß. (Vgl. dazu: o. V., Die Markenartikler stecken im Dilemma, in: Absatzwirtschaft, Heft 10/1982, S. 6ff.; *Schröder, Hendrik,* Wenn die Handelswerbung zum Problem wird, in: Absatzwirtschaft, Heft 7/1990, S. 72ff.; *Schröder* behandelt das Problem der Gefährdung von Markenartikeln durch den Handel und seine Werbung sehr ausführlich und kompetent.).

Ist der Konfliktfall eingetreten, überhäuft man sich gegenseitig mit Vorwürfen. Die Industrie wirft dem Handel vor, er sähe nur den Preis und überbewerte ihn damit. Sein Marketing-Mix sei deshalb einseitig und dürftig und beweise, daß er von den Marketing-Fähigkeiten her gesehen noch recht hilflos sei. Marketing müsse eben letzten Endes doch der Hersteller betreiben (vgl. dazu: Der Handel lebt nicht vom Rabatt allein, in: Absatzwirtschaft Nr. 9/1979, S. 6ff.).

Und der Handel entgegnet, die Industrie drücke ihm laufend teure und zum Teil auch neue Produkte in die Regale, die sich nur schleppend oder gar nicht verkaufen ließen, jedenfalls nicht zu den Preisen, die sich die Hersteller vorstellen. Die versprochenen höheren Spannen ließen sich nicht realisieren.

Wird so argumentiert, so werden sehr extreme Positionen vertreten, die sich nicht in jedem Fall halten lassen. Der Handel überschätzt tatsächlich manchmal die

Möglichkeiten, mit Hilfe des Preis-Marketing sein Unternehmens-Image wirkungsvoll verbessern zu können. Und von den Markenartikel-Herstellern, bei der Darstellung der weißen Produkte wurde bereits darauf hingewiesen, wird der Einfluß niedriger Preise auf das Produkt-Image oft überschätzt. Hier scheint aber ein Umdenken einzusetzen. „Die Wahrheit liegt doch in der Mitte. Markenartikel in der Mittelpreislage geben dem Verbraucher die Sicherheit, ein Qualitätsprodukt gekauft zu haben, das nicht mit dem Makel der Überteuerung behaftet ist", äußerte ein Markenartikel-Hersteller schon vor geraumer Zeit (Mittelpreislage kein Makel für ein Markenprodukt, in: *Edeka* Handelsrundschau Nr. 20/1978, S. 14). Und die schon seit Jahren zu beobachtenden Sonderverkäufe von z.B. *Rama* und *Coca Cola* im Lebensmittel-Einzelhandel lassen erkennen, daß niedrige Preise dem Image eines eingeführten Markenartikels nicht unbedingt schaden müssen.

Ganz abgesehen von der Streitfrage, wie hoch die Wirkung des Preises und des Preis-Marketing auf Produkt-Image oder Unternehmens-Image einzuschätzen sei, die Preis-Image-Ideologie funktioniert in der Praxis nur teilweise. Im Bereich der Depot-Kosmetik z.B. funktioniert die Beziehung Preis – Produkt-Image ohne Zweifel einwandfrei. In anderen Fällen, wie Joghurt oder Tafelschokolade, um zwei Beispiele zu nennen, ist diese Beziehung nicht herzustellen. Ein Hersteller von Joghurt ergänzte deshalb sein Produktionsprogramm um Fertig-Desserts und war damit sehr erfolgreich. Und ein namhafter Hersteller von Tafelschokolade warf, erbost über seine Probleme, dem Handel vor: „Da wird Tafelschokolade als Kampfinstrument zur Profilierung eingesetzt und die Hersteller werden zu Munitionslieferanten im Preiskrieg der Einzelhändler" (vgl. dazu: Preiserlebnis: Klasse statt Masse, in: Absatzwirtschaft, Nr. 1/1979, S. 18 ff., wo sich eine sehr interessante Darstellung der unterschiedlichsten „Preisphilosophien" von Markenartikel-Herstellern findet).

Die Beziehung Preis – Produkt-Image dürfte also nicht der einzige Gesichtspunkt sein, der bei produktorientierten Entscheidungen im Preis-Marketing zu berücksichtigen ist.

(b) Die Marketing-Intensität eines Produktes

Bei der Darstellung des Sortiments-Marketing wurde über eine Untersuchung berichtet, die ergeben hatte, daß ein Produkt beim Verbraucher einen bestimmten Lebenszyklus durchläuft. Wir greifen diese Gedanken hier wieder auf, weil sie auch für das produktorientierte Preis-Marketing von Bedeutung zu sein scheinen.

Die **Konzeptbildung** steht an der Wiege eines Produktes. Der Verbraucher bildet sich über das **Produkt** – das eine Innovation ist – eine Meinung. In dieser Phase dürfte es mit ziemlicher Sicherheit möglich sein, den Preis zur Gestaltung des Image einzusetzen. In Abstimmung mit den anderen Marketing-Instrumenten wird man versuchen, mit Hilfe eines in der Regel hohen Preises ein auf hohem Niveau liegendes Produkt-Image aufzubauen. Daran hat nicht nur der Hersteller, der an seine Entwicklungskosten denken muß, ein berechtigtes Interesse, daran sollte auch ein Handelsunternehmen interessiert sein. In dieser Phase ihres Lebens stehende Produkte in den Preiskampf einzubeziehen, wäre sicher ein Fehler. Viele Verbraucher würden wohl daraus den Schluß ziehen, daß die Innovation ein Flop ist und nun möglichst schnell ausverkauft werden soll. Wir vermögen nicht zu beurteilen, ob ein solcher Fehler immer dem Handel anzulasten ist oder ob nicht auch in manchen Fällen der Hersteller die Schuld hat, wenn er mit hohen Einführungsrabatten und Zuschüssen zur Einführungswerbung den Handel regelrecht dazu verführt, ein solches Produkt in den Preiskampf einzubeziehen.

Die **Konzeptausformung** ist die nächste Phase im Leben eines Produktes. Der Verbraucher sieht sich nun auch den Angeboten von me-too-Produkten gegenüber und versucht herauszufinden, welcher Hersteller wohl das beste Produkt liefert. Am einmal aufgebauten Image wird jetzt nicht mehr viel zu ändern sein, über den Preis sicher gar nicht. Den bei der Einführung festgelegten Preis wird man sicher noch eine Weile halten können – wenn das Produkt gut ist und ein Markt geschaffen werden konnte, was hier unterstellt wird –, dann wird der Wettbewerb wahrscheinlich zu einer Reduzierung führen, was aber zu steigenden Umsätzen führt, denn in dieser Phase ist der Markt noch nicht gesättigt, die Nachfrage mit abnehmender Tendenz elastisch. In dieser Phase scheint das klassische Modell der Preisbildung am ehesten zu funktionieren.

Die **Konzeptanwendung** ist die letzte Lebensphase eines Produktes. Der Verbraucher ist mit dem Produkt so vertraut, die Produktion aufgrund der großen Nachfrage so gesteigert worden und die Handelsunternehmen haben es in zunehmenden Maße in den Preiskampf oder die Dauer-Niedrigpreis-Linie einbezogen, daß den Verbraucher nur noch interessiert, welches Handelsunternehmen bietet das Produkt am günstigsten an. Es kann nur noch mit Niedrigpreisen operiert werden. Der Markt ist gesättigt und der Preiskampf der Handelsunternehmen geht nur um Marktanteile. Der Marketingaufwand kann auf ein Minimum reduziert werden. Marketing sollte nur noch im Rahmen des Handels-Marketing betrieben und die Kosteneinsparungen im Preis weitergegeben werden. Das Produkt, so zeigt es die Praxis, ist „weiß" oder „discountfähig" geworden. Ein Anheben der Preise ist unmöglich geworden, auch nicht in nennenswertem Umfange durch Qualitätsverbesserungen. Beim Verbraucher geht in dieser Phase Preis vor Qualität. In diese Phase kann auch ein Markenartikel geraten, ohne daß sein einmal aufgebautes Image unbedingt Schaden nehmen müßte, wie sich immer wieder in der Praxis beobachten läßt. Es sei denn, die Niedrigpreispolitik verführt zu Qualitätsverminderungen. Sonst braucht man eigentlich den Preis nicht mehr unbedingt zur Imagepflege. Ganz abgesehen davon, daß man auf lange Sicht nicht bei ein und demselben Artikel einen hohen Normalpreis halten kann, wenn man permanent mit niedrigen Aktionspreisen operiert. Der Verbraucher kauft mit großer Sicherheit bei jeder Aktion so viel, daß der Vorrat bis zur nächsten Aktion reicht. Permanente, in regelmäßigen Abständen durchgeführte Aktionen mit einem Artikel haben dieselbe Wirkung wie eine Aufnahme dieses Artikels in die Dauer-Niedrigpreislage.

Die produktorientierten Entscheidungen im Preis-Marketing beruhen auf endogenen Zielvorstellungen als Daten.

Die Abbildung 5/6 faßt die Strategien für die Einzelpreisentscheidungen im Signalpreisbereich noch einmal in einem Überblick zusammen.

Daß sich mehrere Arten der Orientierung in beiden Gruppen finden, weist darauf hin, daß es bei Entscheidungen im Preis-Marketing keinen **Monismus** der Orientierung gibt, daß keine Entscheidung ausschließlich auf einer Orientierungsmöglichkeit beruht. Jede Entscheidung wird sich an mehreren Möglichkeiten orientie-

Abbildung 5/6: Preispolitische Strategien III
Einzelpreis-Entscheidungen – Preisablaufpolitik für Aktions- und Angebotspreise

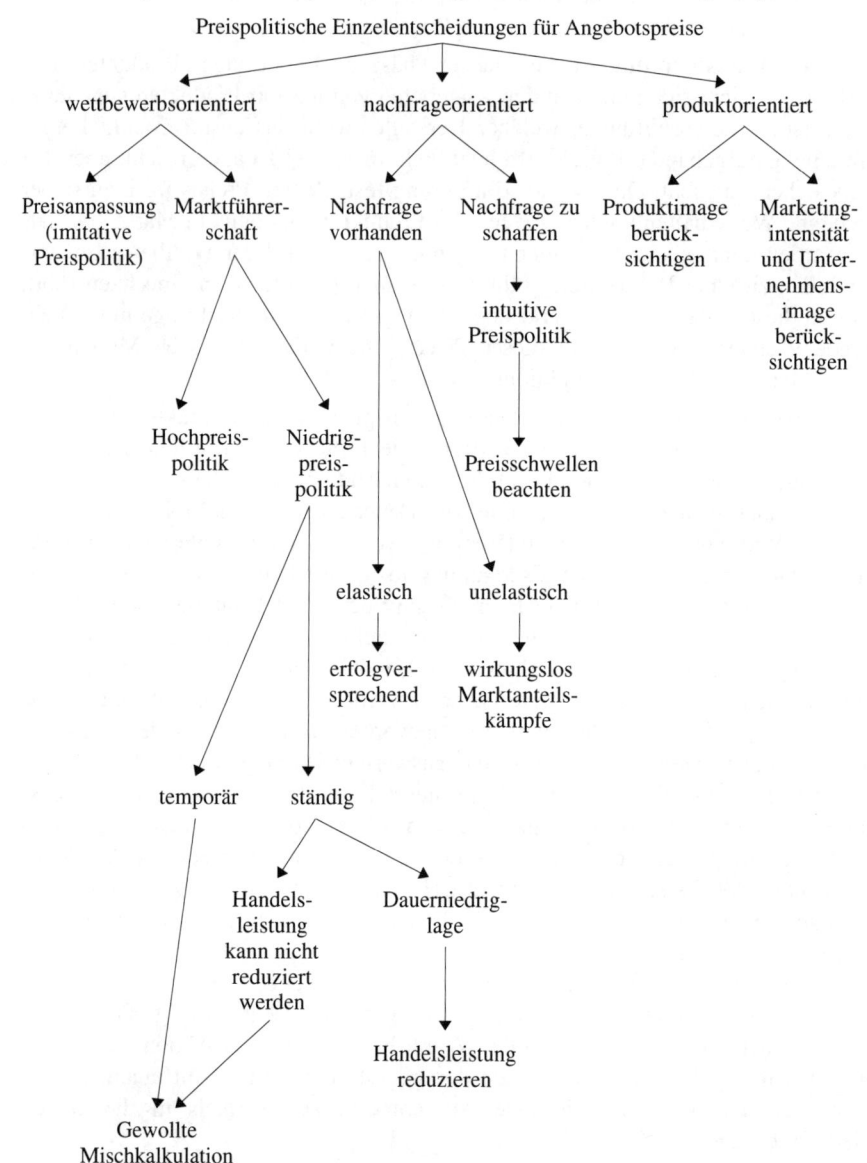

Preispolitische Einzelentscheidungen für Angebotspreise

- wettbewerbsorientiert
  - Preisanpassung (imitative Preispolitik)
  - Marktführerschaft
    - Hochpreispolitik
    - Niedrigpreispolitik
      - elastisch → erfolgversprechend
      - unelastisch → wirkungslos Marktanteilskämpfe
      - temporär → Handelsleistung kann nicht reduziert werden
      - ständig → Dauerniedriglage → Handelsleistung reduzieren
  - Gewollte Mischkalkulation
- nachfrageorientiert
  - Nachfrage vorhanden
  - Nachfrage zu schaffen → intuitive Preispolitik
  - Preisschwellen beachten
- produktorientiert
  - Produktimage berücksichtigen
  - Marketingintensität und Unternehmensimage berücksichtigen

ren. Es gibt nur einen **Orientierungs-Pluralismus**. Wobei mehrere Möglichkeiten der Orientierung gleichberechtigt nebeneinander stehen können, aber auch eine Orientierung der Schwerpunkt sein und den Ausschlag geben kann. Dann kann auch eine Entscheidung für einen bestimmten Angebotspreis durchaus im überkommenen kaufmännischen Sinne ökonomisch irrational sein. Das kennzeichnet die Autonomie des Handels im Preis-Marketing. Abschließend sei noch darauf hingewiesen, daß sich alle Orientierungsmöglichkeiten auch umkehren lassen. So kann nicht nur der Preis beschaffungsorientiert sein, auch die Beschaffung kann preisorientiert sein. Es können schließlich auch mehrere Orientierungsmöglichkeiten mit unterschiedlichen Einflußrichtungen in einem Entscheidungsprozeß vorkommen. So kann ein Preis nachfrage- und produktorientiert festgesetzt werden und an diesem Preis orientiert sich dann wiederum die Beschaffung. Die Entscheidungsprozesse im Preis-Marketing sind also außerordentlich komplex.

5.6 Das Problem und die Bedeutung der Mischkalkulation

Der Begriff der Mischkalkulation wurde bereits mehrfach gebraucht. Der Bedeutung der Mischkalkulation wegen soll hier noch einmal eine kurze Zusammenfassung zu diesem Begriff gegeben werden.

5.6.1 Varianten der Mischkalkulation

Es können zwei Formen der Mischkalkulation unterschieden werden.

(1) Die ungewollte und unvermeidbare Mischkalkulation

Sie ist die Folge des nicht lösbaren Kostenzurechnungsproblems. Es ist im Handel unmöglich, jedem einzelnen im Sortiment geführten Artikel die Kosten, die er verursacht, exakt zuzurechnen. Selbst bei kleinen, nur wenige Artikel umfassenden Sortimenten gibt es nicht direkt zurechenbare Kosten, die mit Hilfe von Schlüsseln den einzelnen Artikeln als Kostenträger zugerechnet werden müssten. Genau genommen müssten ja jedem Stück eines Artikels die Kosten zugerechnet werden. Die Anwendung pauschaler Kalkulationsaufschläge zieht unvermeidbar eine Mischkalkulation nach sich. Auch mit Blick auf die Preisoptik festgesetzte Preise können eine Mischkalkulation erfordern. Im Bereich der Normalpreise werden also Erträge zwischen einzelnen Artikeln oder Warengruppen übertragen, werden bestimmte Artikel zu Lasten anderer Artikel subventioniert.

(2) Die gewollte Mischkalkulation

Sie wird durch die Kalkulation von Signal- oder Angebotspreisen, zum Teil auch durch die Aufnahme von Dauer-Niedrigpreislagen ausgelöst. Im Fall der gewollten Mischkalkulation werden ganz bewußt Artikel oder Warengruppen zu Lasten anderer Artikel oder Warengruppen subventioniert. Diese Subventionen, darauf sei noch einmal mit Nachdruck hingewiesen, sind, genau besehen, Kosten für Werbung, kein Spannenverzicht. Diese „Subventions-Kosten" müssen festgehalten, kontrolliert und auch limitiert werden.

Übrigens gibt es auch in den Produktprogrammen von Industrieunternehmen, vor allem wenn sie einen größeren Umfang haben, eine ungewollte Mischkalkulation. Und auch Industrieunternehmen wenden eine gewollte Mischkalkulation in ihrer Preispolitik an.

5.6.2 Möglichkeiten und Gefahren der Mischkalkulation

Auf der einen Seite verschafft die Mischkalkulation der Preispolitik der Handelsunternehmen einen beträchtlichen Aktionsspielraum. Dieser Aktionsspielraum ist umso größer, je besser ein Handelsunternehmen seine Kosten im Griff hat und durch eine professionell erbrachte Handelsleistung gute Erträge erwirtschaftet. Dann kann unter bewußtem Einsatz der Mischkalkulation eine Preisoptik geschaffen werden, die das Image des Unternehmens mit prägt und die diesem Unternehmen im Markt zu einem unverwechselbaren Profil verhilft.

Gefahren gehen von der Mischkalkulation aus, wenn sie unkontrolliert ausufert. Das kann dann der Fall sein, wenn zu leichtfertig mit Angebotspreisen umgegangen wird. Der Subventionsbedarf wird dann so hoch, daß die Normalpreise zum Ausgleich so stark angehoben werden müssen, daß sie nicht mehr marktgerecht sind. Man „kalkuliert sich aus dem Markt hinaus". Die Nachteile, die sich für den Bereich der Normalpreise ergeben, können durch die eventuellen Vorteile der Angebotspreise nicht ausgeglichen werden. Gefahren können von der Mischkalkulation auch ausgehen, wenn sie von leistungsschwachen Handelsunternehmen in Krisensituationen unkontrolliert und exzessiv angewandt wird. Die Mischkalkulation ist kein Heilmittel gegen Ertragsschwäche. Sie setzt vielmehr Ertragsstärke voraus. Zwar kann man mit Hilfe von aggressiven Preisen, die Mischkalkulation nach sich ziehen, in der Regel die Umsätze steigern. Dieser Effekt wird besonders in Krisensituationen vorrangig gesehen und bereits als Problemlösung betrachtet. Diese Umsatzsteigerungen gehen jedoch zunächst zu Lasten der Erträge. Und ob sie so langfristig anhalten, daß sie später auch die Erträge positiv beeinflussen, läßt sich nicht mit absoluter Sicherheit voraussehen.

5.6.3 Der Wandel der Preispolitik des deutschen Lebensmittel-Einzelhandels im Verlauf der merkantilen Revolution

Die Preispolitik des deutschen Lebensmittel-Einzelhandels hat sich im Verlauf der merkantilen Revolution grundlegend gewandelt. Gerade vom Standpunkt der Mischkalkulation aus gesehen, war diese Entwicklung sehr interessant und bemerkenswert. Der Lebensmittel-Einzelhandel nahm dabei eine Vorreiterrolle ein, später folgten anderer Branchen.

(1) Normalpreise und Preisbindung der zweiten Hand – das erste Kapitel in der Preispolitik des Handels

Nach dem zweiten Weltkrieg knüpfte die Preispolitik des deutschen Handels zunächst an die Verhältnisse der Vorkriegszeit an. Die Einzelhandels-Verkaufspreise entstanden auf zweierlei Weise:

(a) Festlegen der Preise durch die Hersteller – Preisbindung der zweiten Hand

Besonders die Hersteller von Markenartikeln sicherten bereits zu Anfang des 20. Jahrhunderts ihren Einfluß auf die Verkaufspreise ihrer Markenartikel vertraglich ab, indem sie ihre Abnehmer, sowohl Groß- als auch Einzelhandel, verpflichteten, die von ihnen festgelegten Verkaufspreise einzuhalten. Sie fakturierten gegenüber dem Großhandel zu End-Verkaufspreisen und zogen dann Einzelhandels- und Großhandelsrabatt ab. Der Großhandel fakturierte gegenüber dem Einzelhandel ebenfalls zu End-Verkaufspreisen und zog den Einzelhandelsrabatt ab. Dieses Vorgehen wird „Preisbindung der zweiten Hand" oder „vertikale Preisbindung" genannt. Diese Preisbindung dominierte besonders die Preispolitik – sofern man da noch von Preispolitik sprechen kann – des Lebensmittelhandels, dessen Sortiment von Markenartikeln stark geprägt wurde und noch wird. Da der Wettbewerb damals in relativ ruhige Bahnen verlief, konnten die Hersteller die Rabatte und damit die Spannen von Großhandel und Einzelhandel großzügig zu Gunsten der Handelsunternehmen festlegen. Der Handel konnte mit dieser Regelung, die ja auch den Wettbewerb innerhalb des Handels dämpfte, gut leben. Daß der Handel damit einen Teil seiner preispolitischen Autonomie an die Hersteller verkaufte, störte wenig. Die Preisbindung der zweiten Hand war bis zum Ende des Jahres 1973 zulässig. Ab 1974 ist sie nur in Ausnahmefällen erlaubt – z.B. Buchhandel, Zeitschriften, Pharmazeutika –. (Siehe dazu auch: Nieschlag/Dichtl/Hörschgen, Marketing, 18. Auflage, Berlin 1997, S. 413/414.)

(b) Festlegen der Preise durch progressive Kalkulation

Die markenlosen Artikel wurden fast ausschließlich progressiv kalkuliert, also zu Normalpreisen angeboten. Angebote waren nicht vorrangig Preisangebote. Der im Vergleich zur Gegenwart ruhige Wettbewerb erlaubte eine solche Strategie. Sofern die Handelsunternehmen ihre Kosten beherrschen, brauchten sie sich wenig Sorgen um ihre Ertragslage zu machen. Sie hatten ausreichend Spielraum, um auch einmal vom Normalpreis abzuweichen. Im Lebensmittel-Einzelhandel waren schon damals „sozial kalkulierte Artikel" – Milch, Butter, Mehl, Zucker – bekannt, eigentlich Vorläufer der Dauer-Niedrigpreislage.

(2) Angebots- und Aktionspreise – das zweite Kapitel in der Preispolitik des Handels

Es waren zwei einschneidende Ereignisse, die den traditionellen Handel – wieder in erster Linie den Lebensmittel-Einzelhandel – zwangen, seine Preispolitik in eigene Hände zu nehmen und grundlegend zu ändern. Das erste Ereignis war der Wegfall der Preisbindung der zweiten Hand. Die Hersteller versuchten, mit dem Institut der „unverbindlichen Preisempfehlung" zu retten, was zu retten war. Viel Erfolg war diesem Versuch nicht beschieden. Der zunehmend rauhere Wettbewerb sorgte dafür, daß viele Handelsunternehmen die Preispolitik zur Abwehr der Discounter und zur Profilierung des eigenen Unternehmens einsetzten und die Preisempfehlungen nicht beachteten. Das zweite Ereignis war das Aufkommen der Discounter. Sie führten zunächst überwiegend markenlose Ware, sodaß ihnen kaum beizukommen war, auch als noch die Preisbindung der zweiten Hand bestand. Als die Discounter nach und nach Markenartikel in ihr Sortiment aufnahmen, unterliefen sie die Preisbindung der zweiten Hand permanent und trugen viel zu deren Aufhebung bei. Die Preise der Discounter schockierten zunächst den traditionellen Einzelhandel stark. Er kalkulierte die Discountpreise retrograd nach und setzte dabei seine eigenen Handlungskosten ein. So kam er zu für ihn unbegreiflichen Einstandspreisen. Dabei wurde übersehen, daß der Discount seine Handelsleistung „minimiert" und trotz niedriger Preise gute Erträge erwirtschaftet.

Der traditionelle Lebensmittelhandel versuchte, die Discounter mit Hilfe von Angeboten und Aktionen zu Signalpreisen abzuwehren. Als diese Politik immer hektischer wurde – spöttisch wurde von „Aktionitis" gesprochen – zeigte sich, daß sie ein Irrweg war. Auf der einen Seite stiegen die Preissubventionen stark an. Auf der anderen Seite verursachten die Aktionen viel höhere Kosten als das Handling der Normalpreisware. Der Normalpreisbereich des Sortiments war nicht mehr in der Lage, die erforderlichen Subventionen der Aktionspolitik zu tragen. Die Mischkalkulation pervertierte, wurde mißbraucht und ihre Möglichkeiten wurden überschätzt. Es drohte die Gefahr, sich durch zu starke Anhebung der Normalpreise aus dem Markt hinauszukalkulieren. Und in einzelnen Fällen wurde die Gefahr zur Wirklichkeit, es mußten bedrohliche Marktanteilsverluste hingenommen werden. Es wurde auch zu oft und zu schnell auf Signalpreise zurückgegriffen und nicht immer Artikel ausgewählt, die sich für Aktionen eignen. Hier wird deutlich erkennbar, daß der traditionelle Handel damals nicht die Bedeutung der Handelsleistung und die durch die Selbstbedienung möglich gewordenen Variationen der Handelsleistung erfaßt hatte.

(3) Die Dauer-Niedrigpreislage – das dritte Kapitel in der Preispolitik des Handels

Als die verhängnisvollen Folgen der Aktionspolitik immer deutlicher sichtbar und ihre Auswirkungen zum Problem wurden, setzte ein Umdenken ein, das auf folgenden Erkenntnissen beruhte.

a) Die Aktionspolitik konnte den Vormarsch der Discounter nicht verhindern und hat kaum Marktanteile verschoben. Marktanteile konnte man Anfang der 80er Jahre des 20. Jahrhunderts hauptsächlich durch eine Verkaufsflächenexpansion gewinnen, die inzwischen aber auch an ihre Grenzen gestoßen ist.

b) Die Angebotspolitik brachte viel Unruhe in das Sortiment, förderte die Expansion der Artikelzahl und damit die Erhöhung der Warenbestände, besonders wenn der Ablauf der Aktionen nicht exakt kontrolliert wurde. Dem stand und steht bis heute eine zunehmende Verknappung der Verkaufsfläche gegenüber. Qualitativ gute Standorte sind immer schwerer zu finden. Eine zu starke Flächenexpansion, so sie möglich wäre, läßt auf der anderen Seite die Flächenproduktivität sinken und führt zu Rentabilitätsproblemen. In den neuen Bundesländern kann man dieses Problem gegenwärtig gut erkennen.

c) Die erforderlichen Preissubventionen überstiegen die Möglichkeiten der Mischkalkulation.

Das Umdenken wurde dadurch gefördert, daß der traditionelle Handel das Discountprinzip zu verstehen begann. Discounter sind eben keine unseriösen Preisschleuderer, sie haben vielmehr ein eigenständiges Marketing-Konzept, in dessen Mittelpunkt ein straffes Sortiment problemloser und schnelldrehender Artikel und eine minimierte Handelsleistung stehen. Die Lösung des Problems, das wurde mühelos erkennbar, konnte nur die Aufnahme von Dauer-Niedrigpreislagen, also dem „Vertriebsformensegment Discount", in das traditionelle Supermarkt-Sortiment sein. Zwar kann man „unter einem Dach" mit anderen Vertriebsformensegmenten die Handelsleistung für das Discountsegment nicht so exakt dosieren und damit die Kosten so stark senken wie gewünscht. Aber der Rest an Mischkalkulation, der verbleibt, kann vom restlichen Sortiment getragen werden. (Siehe dazu: Oehme, Wolfgang, Handels-Marketing: Abwehr von Discountern mit Aktionspolitik oder durch Dauer-Niedrigpreislinien, in: Marketing Casebook I, hrsg. von Werner Pepels, München 1999, S. 59ff.)

Die Dauer-Niedrigpreislage, die manchmal auch als „Einstiegspreislage" bezeichnet wird, ist heute fester Bestandteil der Sortiments- und Preispolitik aller führenden Unternehmen und Gruppen im Lebensmittelhandel. Sie hat auch Eingang in andere Branchen gefunden. Gefahren drohen allerdings, wenn man ausschließlich eine Strategie des Dauer-Niedrigpreises verfolgt. Man wird dann gegen eine „Nadelstichpolitik" des Wettbewerbs verwundbar. Auf diese Gefahr wurde bereits bei der Darstellung der Basis-Strategien hingewiesen (S. 260ff.). Diese Erfahrung hat in jüngster Vergangenheit auch Aldi machen müssen, für den die Niedrigpreislage wichtiger Bestandteil seiner Unternehmensmarke ist und der sorgfältig darauf achtet, die Preis- und Marktführerschaft im Discountbereich nicht zu verlieren.

5.6.4 Merkmale von Angebotsartikeln

Die Dauer-Niedrigpreislage kann die Angebotspolitik nicht vollständig ersetzen. Das Sortiment würde bei einem vollständigen Verzicht auf Angebote zu statisch wirken. Angebote signalisieren Aktivität und Dynamik. Das Erreichen dieses Zieles setzt nicht unbedingt niedrige Preise voraus. Meist werden aber Angebotspreise aggressive niedrige Preise sein. Damit die durch die Mischkalkulation aufgebrachten Preissubventionen so effektiv als möglich eingesetzt werden können, müssen die Angebotsartikel sorgfältig ausgewählt werden.

Nicht jeder Artikel eignet sich für ein Angebot zu einem Sonderpreis. Ein Angebotsartikel sollte die folgende Merkmale – oder jedenfalls einige dieser Merkmale – aufweisen:

- Der Artikel muß beim Verbraucher **aktuell** sein, er muß ihn brauchen und in bemerkbarer Menge kaufen können. Dann bringt das Angebot eine spürbare Ersparnis mit sich und der Artikel wird als interessant empfunden.
- Der **Wert** des Artikels darf nicht allzu hoch liegen, sonst wird die Preissubvention für das Handelsunternehmen zu teuer. Ein Angebot mit Brötchen kostet nicht viel, ein Angebot mit einem hochwertigen Markenwhisky, einem Designerkostüm oder einem Camcorder kommt das Handelsunternehmen teuer zu stehen, soll der Angebotspreis ins Auge fallen.
- Der Artikel sollte wenigstens eine mittlere **Qualität** haben. Mit Schund kann man keine Leistungsfähigkeit demonstrieren.
- Die **Marketing-Intensität** sollte bei dem Angebotsartikel nicht zu hoch sein. Der Verbraucher muß den Artikel kennen und bei niedrigem Preis keinen Zweifel an der Qualität bekommen.
- Unterliegt der Preis des Angebotsartikels **saisonalen Schwankungen**, ist das sehr günstig. Es erlaubt einmal eine antizyklische Preispolitik und erleichtert zum anderen die Rückkehr zu einem normalen Preis.

Ohne Zweifel, das zeigt die Praxis der Angebotspolitik, eignen sich für Angebote **Markenartikel** besonders gut. Sie decken zum einen die genannten Merkmale weitestgehend ab. Es kommen zwei Merkmale hinzu, die von den Handelsunternehmen als außerordentlich günstig eingeschätzt werden:

- Die gängigen und vom Verbraucher gern gekauften Markenartikel führt in der Regel der Wettbewerber auch. Dem Verbraucher wird deshalb der Vergleich der

Preise und der Leistungsfähigkeit der Handelsunternehmen sehr erleichtert. Die von den Herstellern angestrebte **hohe Distribution** schlägt auf diese Weise gegen ihre Schöpfer zurück. Sie erweist sich von diesem Standpunkt aus gesehen als ausgesprochen nachteilig.

- Es ist bereits ein **gefestigtes Produkt-Image** vorhanden, das ein Handelsunternehmen nun zur Vertrauenswerbung für sich selber nutzen kann. Obendrein verhindert dieses Produkt-Image in der Regel, daß der Verbraucher bei stark reduzierten Preisen Zweifel an der Qualität bekommt. Der Handel wird zum Trittbrettfahrer der Markenartikel-Hersteller.

In welchem Umfang die Handelsunternehmen gegebenenfalls bei ihrer Angebotspolitik auf Markenartikel zurückgreifen, zeigt ein Handzettel der Magnet-SB-Warenhäuser für die Woche vom 25. bis 30. 9. 2000. Auf der ersten Seite werden 6 Artikel angeboten, davon 5 Markenartikel. Auf Seite 4 sind von 8 angebotenen Artikeln 7 Markenartikel. Und die Seite 6 führt nur Markenartikel – 8 Stück – auf. Daß die Markenartikel-Hersteller gegen diese Praktiken des Handels, die vor allem im Lebensmittel-Einzelhandel ihren Schwerpunkt haben, ankämpfen, ist verständlich. (Siehe dazu auch Seite 152 ff.)

In welchem Umfange einem Handelsunternehmen solche für Angebotsaktionen besonders geeigneten Artikel zur Verfügung stehen, ist sicher von Branche zu Branche unterschiedlich. Der Lebensmittel-Einzelhandel dürfte in dieser Hinsicht keine allzu großen Schwierigkeiten haben. Für ein Uhrenfachgeschäft ergeben sich da mit Sicherheit einige Probleme. Die aufgeführten Kriterien für die Eignung eines Artikels zum Angebotsartikel gelten in gleicher Weise für seine Aufnahme in eine Dauer-Niedrigpreis-Linie.

Eine sehr detaillierte und aufwendige Untersuchung der Angebotspolitik des Lebensmittel-Einzelhandels führte zu folgenden Ergebnissen:

- Für Angebote werden bevorzugt **Frischwaren und bekannte Markenartikel** benutzt. Vom Preis der Markenartikel aus lassen sich Rückschlüsse auf das Preisniveau eines Handelsunternehmens ziehen. Der Preisvorteil im gesamten Sortiment ist jedoch nicht so groß, wie die günstigen Markenartikelpreise erwarten lassen.
- Angebote laufen nur über einen **sehr kurzen Zeitraum**, höchstens drei bis sechs Tage, werden in vielen Fällen mit Abgabebeschränkungen versehen und enden mit beträchtlichen Preiserhöhungen für die beworbenen Artikel.
- Eine attraktive Angebotspolitik muß **nicht unbedingt für ein günstiges Preisniveau im gesamten Sortiment** stehen.

Mit den Auswirkungen der Angebotspolitik auf die Ertragslage im Lebenmittel-Einzelhandel befaßt sich eine von *Diller* durchgeführte Untersuchung, die bereits in anderem Zusammenhang erwähnt wurde. Sie kommt zu dem Ergebnis, daß die Preis-Subventionen bei Unter-Einstandspreis-Angeboten durch die erzielten Mehrumsätze nicht kompensiert oder gar übertroffen werden. Liegt der Angebotspreis über dem Einstandspreis oder ist er dem Einstandspreis gleich, so übertrifft der durch den Mehrumsatz erzielte Ertrag die Preis-Subvention, allerdings nur geringfügig (vgl. dazu: *Diller, Hermann,* Sonderangebote auf dem Prüfstand, in: Absatzwirtschaft Nr. 11/1981, S. 50 ff.; derselbe, Verkäufe unter Einstandspreisen, in: Marketing ZFP, Nr. 1/1979, S. 7 ff.).

5.7 Die Zielsetzungen der Preispolitik

Im 1. Kapitel wurde vorgetragen, daß Marketing sich nach seiner Entstehung zunächst mit dem Absatz der Einzelunternehmen befaßte. Es hat aber auch eine gesamtwirtschaftliche Aufgabe, die sich aus den Bedingungen einer Überflußwirtschaft ableiten läßt. (Siehe S. 46 ff.) Bei der Preispolitik wird diese Zweiteilung noch einmal deutlich sichtbar. Die Preispolitik verfolgt gesamtwirtschaftliche und einzelwirtschaftliche Ziele.

5.7.1 Die gesamtwirtschaftlichen Zielsetzungen der Preispolitik

Die gesamtwirtschaftlichen Zielsetzungen der Preispolitik sind im Ansatz bereits in der klassischen Volkswirtschaftstheorie recht genau beschrieben worden. Die Preise sollen Märkte steuern. Diese Aufgabe erfüllen die Preise, indem sie die folgenden Funktionen wahrnehmen.

Die Informationsfunktion (Barometerfunktion): Der Preis signalisiert Veränderungen im Verhältnis der Marktdaten. Er liefert somit die Informationen, die Unternehmen und Haushalte für ihre wirtschaftlichen Entscheidungen brauchen.

Die Anpassungsfunktion (Lenkungsfunktion): Der Preis veranlaßt Anbieter und Nachfrager, sich seinen Bewegungen anzupassen. Sie reagieren mit ihren Entscheidungen auf seine Veränderungen. Hier wird noch einmal deutlich, daß die Unternehmen reagieren müssen, nicht agieren können.

Die Ausgleichsfunktion: Die Marktpreise sorgen dafür, daß Angebot und Nachfrage zum Ausgleich kommen. Sie machen es möglich, daß ein Markt „geräumt wird", eine Formulierung, die sich heute noch in Marktberichten über z.B. Viehmärkte findet.

Die Motivationsfunktion (Ausweitungs- und Ausscheidungsfunktion): Die Gewinnchancen, die sich für die Unternehmen an den Märkten bieten, veranlassen sie, unentwegt danach zu streben, immer bessere und auch billigere Produkte herzustellen und gegebenenfalls auch die Produktion auszuweiten. Die Verbraucher werden dann dazu motiviert, ihren Konsum zu steigern.

Andererseits führen hohe Preise dazu, daß die Verbraucher bestimmte Produkte in geringeren Mengen oder auch gar nicht kaufen. Minder wichtiger Bedarf wird so von den Preisen ausgeschieden.

Die Allokationsfunktion (Ausrichtungsfunktion): Die Preise sorgen dafür, daß die Unternehmen, die mit zu hohen Kosten arbeiten, aus dem Markt ausscheiden. Kosten sind die Preise für die Produktionsfaktoren. Durch das Ausscheiden aus dem Markt werden Produktionsfaktoren für andere Unternehmen am gleichen Markt – die aber wirtschaftlicher arbeiten – oder für Unternehmen an anderen Märkten frei. So werden die Produktionsfaktoren, die auch knappe Güter sind, zu der bedarfsgerechtesten und wirtschaftlichsten Verwendung gelenkt. Da die Preise für die Produktionsfaktoren zu Einkommen werden – die Kosten der Unternehmen sind letztlich die Einkommen der Haushalte –, sorgen die

Marktpreise schließlich für eine sinnvolle Einkommensverteilung, in der Theorie jedenfalls. (Siehe dazu: Woll, Artur, Allgemeine Volkswirtschaftslehre, 13. Auflage, München 2000, S. 79).

Allerdings werden diese Ziele von den Einzelunternehmen nicht bewußt verfolgt. Die Daten, die die einzelnen Unternehmen von ihrer einzelwirtschaftlichen Preispolitik an den Markt geben, versetzen diesen in die Lage, parallel und gleichsam in Vertretung der Unternehmen die gesamtwirtschaftlichen Ziele anzusteuern.

Zu dieser gesamtwirtschaftlichen Zielsetzung kommt aber auch bereits bei den Klassikern eine einzelwirtschaftliche Zielsetzung der Preise. Wenn wir den Begriff des Preis-Marketing weit fassen, dann ist eine Alternative des Preis-Marketing sicher die adaptive Preispolitik. Mit ihrer Hilfe verfolgt der einzelne Unternehmer das Ziel, möglichst hohe Gewinne zu erwirtschaften. Lassen die Marktpreise das Erreichen dieses Zieles nicht mehr zu, verläßt der Unternehmer den Markt und wendet sich gegebenfalls anderen Märkten zu.

Es lassen sich also bereits bei der klassischen Preis-Theorie eine gesamtwirtschaftliche und eine einzelwirtschaftliche Zielsetzung der Preise unterscheiden. Es ist wichtig und sinnvoll, darauf nachdrücklich hinzuweisen. Diese einzige einzelwirtschaftliche Zielsetzung der Preise ist in der klassischen Preistheorie zwar sekundär und ihre Bedeutung liegt darin, daß sie eine Voraussetzung für das Funktionieren des gesamtwirtschaftlichen Preis-Mechanismus ist.

Durch die merkantile Revolution und das Entstehen einer Überflußwirtschaft ist neben die Steuerung der Märkte als zweites gesamtwirtschaftliches Ziel das Schaffen neuer Märkte und damit das Sichern des Absatzes der durch den technischen Fortschritt ständig expandierenden Warenmengen hinzugekommen.

5.7.2 Die einzelwirtschaftlichen Zielsetzungen der Preispolitik

Die einzelwirtschaftlichen Zielsetzungen der Preispolitik stehen zumindest gleichberechtigt neben den gesamtwirtschaftlichen Zielsetzungen, wenn nicht oft vor ihnen. Der einzelwirtschaftlichen Preispolitik ist ein ganzes Zielbündel vorgegeben, das eingehender betrachtet werden soll.

Für die Preispolitik der Herstellerunternehmen führt Kotler folgende Ziele auf:

(1) Fortbestand des Unternehmens

Die Preispolitik hat, besonders in Zeiten eines harten Wettbewerbs oder bei einschneidenden Veränderungen der Märkte, dafür zu sorgen, daß der Fortbestand des Unternehmens gesichert wird. Das Erreichen dieses Zieles kann erfordern, daß zeitweilig auf Gewinne verzichtet wird. Das kann aber nur eine kurzfristige Strategie sein. Auf lange Sicht würde dies den Bestand des Unternehmens gefährden, also gerade das Gegenteil bewirken.

(2) Kurzfristige Gewinnmaximierung

Eine zu starke Betonung dieses Zieles bringt die Gefahr mit sich, daß langfristige Gewinnerwartungen und die Einsatzmöglichkeiten anderer Marketinginstrumente zu wenig beachtet werden. Die Preispolitik kann hektisch und kurzatmig werden.

(3) Kurzfristige Umsatzmaximierung

Das Verfolgen dieses Zieles kann zu Lasten der Erträge gehen. Zumindest ist unsicher, ob maximaler Umsatz auch einen maximalen Gewinn nach sich zieht. Handelsunternehmen, die Sortimente anbieten, stehen vor dem Problem, bei welchen Artikeln sie mit welchen Preisen ansetzen sollen, um den Umsatz maximieren zu können. Die meisten Aussichten auf Erfolg hat man auf Märkten, die noch expansionsfähig sind. Bei stagnierenden Märkten muß man sich mit sehr aggressiven Preisen auf einen Kampf um Marktanteile und einen Verdängungswettbewerb einlassen.

(4) Maximales Absatzwachstum

Durch die Preispolitik soll ein ständiges Wachstum des Marktanteils gesichert werden. Kotler bezeichnet dieses Ziel auch als „Preispolitik der Marktpenetration". Die Erreichung dieses Zieles erhofft man sich meist durch niedrige Preise. Auch bei der Verfolgung dieses Zieles sind die Erfolgsaussichten umso besser, je expansionsfähiger der Markt ist.

(5) Maximale Marktabschöpfung

Bei der Einführung neuer Produkte wird der Preis zunächst so hoch als möglich angesetzt. Das durch das neue Produkt begründete Leistungsmonopol gestattet dieses Vorgehen in Grenzen. Ist der Bedarf der Gruppe von Verbrauchern, die den hohen Preis zu zahlen bereit sind, gedeckt, senkt man den Preis, um neue Käuferschichten gewinnen zu können. Kotler nennt hier den Begriff „Skimming-Strategie".

(6) Qualitätsführerschaft

Diese Zielsetzung bedingt fast zwangsläufig eine Hochpreispolitik, denn ein hohes Qualitätsniveau verursacht hohe Kosten.

Handelsunternehmen werden, da sie Sortimente anbieten, diese Zielsetzungen nicht vollständig und auch nicht unverändert übernehmen können. (Kotler, Philip/ Bliemel, Friedhelm, Markting-Management, 8. Auflage, Stuttgart 1995, S. 748 ff.) Diller führt als Zielsetzungen für die Preispolitik – er bezeichnet sie als „preisdominante Marketingstrategien" – auf:

(1) Profilierungseffekt

Die Preispolitik kann dazu beitragen, das Unternehmen zu profilieren, es von anderen Unternehmen, mit denen es im Wettbewerb steht, zu unterscheiden. Dieses Ziel wird meist durch eine Niedrigpreisstrategie angestrebt, kann aber auch durch eine Hochpreisstrategie erreicht werden.

(2) Imageeffekt

Dieses Ziel ist nur zu erreichen, wenn ein geschlossenes Konzept einer Niedrigpreisstrategie, auf die die anderen Marketinginstrumente abgestimmt werden, angeboten wird. Diller nennt hier Aldi als Beispiel. Profilierungs- und Imageeffekt gehen ineinander über.

(3) Anlockeffekt

Durch aggressive Preise – u.U. Unter-Einstandspreis-Angebote – sollen einmal Kunden zu vermehrten Käufen und zum anderen zusätzliche Kunden gewonnen werden.

(4) Mengeneffekt

Die Preispolitik muß erreichen, daß im Handel Spannenverluste durch Mehrumsätze ausgeglichen werden. Der in % verminderten Spanne muß ein in DM gleichbleibender Rohgewinn gegenüberstehen.

(5) Machteffekt

Durch die Preispolitik erzielte Umsatzzuwächse vergrößern das Beschaffungspotential und helfen, Nachfragemacht aufzubauen.

(6) Rationalisierungseffekt

Umsatzsteigerungen können zu schnellerem Lagerumschlag und zu einer besseren Auslastung der Leistungskapazität führen.

(7) Trading-Down-Effekt

Eine agrressive Preispolitik erzwingt, wenn sie längere Zeit durchgehalten werden soll, eine Verminderung der Handelsleistung. Das birgt die Gefahr in sich, daß ein Handelsunternehmen, das Trading-Down als Ziel anstrebt, in zu große Nähe zu den Discountern gerät und sich dann an deren Preispolitik orientieren muß.

(8) Ausgleichseffekt

Dieses Ziel läßt sich nur erreichen, wenn genügend Spielraum für die Mischkalkulation vorhanden ist. Der Ausgleich kann in einer Subventionierung eines Artikels oder einer Warengruppe durch einen anderen Artikel oder eine andere Warengruppe erfolgen. Er kann aber auch, hier muß Diller ergänzt werden, in einem Auffangen saisonaler Preisschwankungen bei einem einzigen Artikel oder einer einzigen Warengruppe bestehen.

Diese praxisnahen Zielsetzung für die Preispolitik können weitestgehend von Handelsunternehmen übernommen werden (Diller, Hermann, Preispolitik, 2. Auflage, Stuttgart 1991, S. 282ff.).

Die heute von den Handelsunternehmen verfolgten Ziele lehnen sich an die in der Literatur vorherrschenden Zielsetzungen an und können wie folgt beschrieben werden.

(1) Sichern von Erträgen und des Fortbestandes des Unternehmens

Diese Zielsetzung kann nicht außer Acht gelassen werden. Das würde die Existenz des Unternehmens gefährden. Auf lange Sicht gesehen, muß diesem Ziel die Förderung des Umsatzes untergeordnet werden. Dieses Ziel hat eine besondere Bedeutung, wenn sich ein Handelsunternehmen vorwiegend im Niedrigpreis-Bereich bewegt.

(2) Beweis der Leistungsfähigkeit

Vor allem mit Hilfe der Signalpreise soll die Preispolitik eines Handelsunternehmens dessen Leistungsfähigkeit zur Geltung bringen. Die Preise stehen für effektives Kostenmanagement und Ertragstärke.

(3) Umsatzsteigerung

Marktgerechte günstige Preise sollen den Umsatz steigern. Sie können entweder dazu führen, daß die Stammkunden pro Einkauf mehr kaufen oder daß neue Kunden gewonnen werden. Im Interesse der Umsatzsteigerung wird manchmal kurzfristig auf Erträge verzichtet.

(4) Steigerung des Marktanteils

Die Strategie der Umsatzsteigerung kann, wenn sie langfristig angelegt und von den Erträgen her abgesichert ist, in eine Strategie der Steigerung des Marktanteils einmünden.

(5) Verdrängung von Wettbewerbern

In stagnierenden, nicht mehr expansionsfähigen Märkten wird die Preispolitik ausnahmslos in den Verdrängungswettbewerb führen. Nur so sind Marktanteile zu halten oder gar zu steigern.

(6) Hinweis auf das Leistungsniveau

Die Preispolitik muß dem Umfang der angebotenen Handelsleistung entsprechen und das Niveau der Handelsleistung erkennen lassen. Ein Discounter verfolgt deutlich erkennbar ein Strategie der Niedrigpreise, ein Fachgeschäft eine Strategie der Hochpreise.

Die Preisablaufpolitik, das lassen die aufgeführten Zielsetzung deutlich erkennen, ist sehr stark marketingorientiert und oft kurzfristig angelegt. Sie kann, wenn es sein muß und im Interesse des Unternehmens liegt, die Regeln der klassischen Preistheorie außer Acht lassen, ja sie verstößt bewußt sehr oft gegen diese Regeln.

Die Preisstrukturpolitik dagegen ist sehr stark betriebswirtschaftlich und an den Erträgen orientiert und langfristig angelegt. Damit spielen für sie die Kosten eine sehr wichtige Rolle. Sie kann die Regeln der klassischen Preistheorie nicht außer Acht lassen, nicht einmal für kurze Zeit. Für die Preisstrukturpolitik verbleibt damit auch weitaus weniger Entscheidungsspielraum als für die Preisablaufpolitik. In der Preisstrukturpolitik spielt der Umfang der geplanten und erbrachten Handelsleistung eine dominierende Rolle, in der Preisablaufpolitik kann er meist vernachlässigt werden.

5.8 Die Grenzen der autonomen Preispolitik der Handelsunternehmen

Da die Preispolitik schnell und mühelos eingesetzt werden kann, ihr Einsatz nahezu keine Kosten verursacht und Preise quantitative, leicht verständliche und vergleichbare Daten sind, wird die Preispolitik gelegentlich überschätzt. Wegen der unmittelbaren und schnell greifenden Wirkungen der Preispolitik auf die Ertragslage eines Handelsunternehmens müssen aber ihre Grenzen beachtet werden. Marketing besteht nicht nur aus Preisen. Es gibt auch noch die anderen Instrumente im Marketing-Mix.

5.8.1 Die Obergrenze

Über die Obergrenze der Preise wird so gut wie nicht in der Öffentlichkeit diskutiert. Das hängt sicher damit zusammenen, daß die Obergrenze in der Regel von den Verbrauchern und vom Wettbewerb gezogen wird, für das einzelne Handelsunternehmen also ein exogener Faktor ist. Die Obergrenze ist in gesättigten Märkten fast nicht zu überschreiten, höchstens in Einzelfällen und für sehr kurze Zeit. Diese Märkte heißen nicht zu Unrecht Käufermärkte, denn der Verbraucher gibt den Ton an.

Anders liegen die Dinge auf Verkäufermärkten, auf denen die Anbieter, die Handelsunternehmen in unserem Fall, die stärkere Position einnehmen. Hier läßt sich der Preis, je nach Stärke des Anbieters, mehr oder weniger, teilweise beträchtlich über das Niveau heben, das sich bei einer konventionellen Kalkulation ergeben würde. Der Spielraum bis zu der Grenze, die die Moral zieht, wo also Preispolitik zum Wucher wird, kann erheblich breit sein. Allerdings ist schwer zu bestimmen, wo die durch die Moral gezogene Grenze liegt. Befindet sich ein Handelsunternehmen in einem Verkäufermarkt, was heute selten genug vorkommt, so muß es entscheiden, ob es seine starke Position kurzfristig ohne Einschränkung ausnutzt und damit vielleicht weitere Wettbewerber regelrecht anlockt, oder ob es im Interesse einer langfristigen Ertragssicherung freiwillig auf einen Teil der durchaus möglichen Gewinnmitnahmen verzichtet.

Nahezu unbeschränkt nach oben offen sind die Antiquitäten- und Kunstmärkte. Wenn Unikate zum Verkauf stehen oder von Käufern gesucht werden, werden meist emotionale Kaufentscheidungen getroffen. Die Preise sind ökonomisch irrational. Nur wenn solche Unikate als Objekte der Geldanlage gesehen werden und mit zukünftigen Wertsteigerungen zu rechnen ist, werden Kaufentscheidungen rational und unter wirtschaftlichen Gesichtspunkten getroffen.

5.8.2 Die Untergrenze

Die Untergrenze steht immer wieder im Mittelpunkt lebhafter Diskussionen, sowohl im Handel selbst als auch in der Öffentlichkeit. Vielleicht hängt dies damit zusammen, daß diese Grenze ein endogener Faktor ist, von den Handelsunternehmen selbst bestimmt wird. Überschreitet ein Handelsunternehmen die Untergrenze oder legt es sie tiefer, so wird es niemand an diesem Tun hindern können und die Verbraucher werden so gut wie nie Widerstand leisten, abgesehen von den wenigen Fällen, wo die Verbraucher aufgrund der Eigenarten des angebotenen Produkts bei einem niedrigen Preis hinsichtlich der Qualität mißtrauisch werden. Und die moralische Verurteilung durch die Wettbewerber wiegt meist nicht schwer. Wo liegt nun diese Untergrenze im Preis-Marketing der Handelsunternehmen?

5.8.2.1 Die Rentabilität

Ohne Zweifel zieht die Rentabilität der Preisstruktur-Politik und der Festlegung der Normalpreise im Rahmen der geführten Preislagen eine eindeutige Untergrenze. Kein Handelsunternehmen kann für die Mehrzahl der in seinem Sortiment geführten Artikel auf lange Sicht die Preise unter dieser Grenze festsetzen. Es würde fortlaufend Verluste ausweisen und früher oder später in Konkurs gehen. Erzwingen Verbraucher und Wettbewerber ein Absenken des Preisniveaus, so muß versucht werden, entweder den Preisdruck an die Hersteller weiterzugeben oder die Kosten durch Rationalisierung zu senken. Andere Möglichkeiten gibt es nicht.

5.8.2.2 Der Einstandspreis

Die durch die Rentabilität gezogene Untergrenze muß für die Festsetzung von Preisen für einzelne Artikel nicht in jedem Fall gelten. Angebotspreise können auch darunter liegen. Die Mischkalkulation macht es möglich. Wieweit Preise unter der Rentabilitätsgrenze liegen können, das ist eine heftig diskutierte und heiß umstrittene Frage. Manche Hersteller vertreten die Meinung, der Einstandspreis ist für Angebotspreise eine eindeutige Untergrenze. Nicht alle Handelsunternehmen schließen sich dieser Meinung an, es kommt zum Streit. Ein solcher Streit – wahrscheinlich wird es nicht der letzte sein – wurde vor einiger Zeit vor Gericht ausgetragen (*Asbach* kontra *Esbella*; vgl. dazu: Klare Entscheidung – und Unsicherheit!, in: Food und Nonfood, Nr. 3/1980, S. 6/7; Ein Armutszeugnis; Interview mit *Helmut Sturm*, persönlich haftender Gesellschafter der Weinbrennerei *Asbach & Co.*, in: Lebensmittel-Zeitung Nr. 16 vom 18. 4. 1980. S. F 6 ff.). Interessant an diesem Streit sind zwei Dinge:

(1) Die Argumentation der Hersteller

Die Hersteller beklagen, daß der Handel – hier der Lebensmittel-Einzelhandel – seine Leistungsfähigkeit dadurch zu beweisen versucht, daß er Markenartikel zu Aktionspreisen anbietet. Sie befürchten, dies ist der Kern ihrer Argumentation, daß die Verbraucher mit den niedrigen Aktionspreisen einen Qualitätsverlust verbinden. Die Hersteller sorgen sich also um das Image – das Qualitätsimage – ihrer altehrwürdigen und erfolgreichen Markenartikel.

(2) Die Begründung des von dem Gericht gefällten Urteils

Das Gericht hat der Klage eines Herstellers, den Verkauf unter Einstand zu untersagen, entsprochen. Bei einem Verkauf unter Einstand sei eine Irreführung der Verbraucher zu befürchten. Die Irreführung sei der Wettbewerbsverstoß, nicht der Verkauf unter Einstand.

Die Diskussion über die untere Grenze der Preispolitik ist bis in die Gegenwart hinein nicht zur Ruhe gekommen. Durch den Eintritt des amerikanischen Handelsunternehmens Wal Mart mit seinen aggressiven „Smart-Preisen" und die darauf folgenden Preisaktionen deutscher Handelsunternehmen hat sie vielmehr neuen Auftrieb erhalten. (Siehe dazu: o.V., Aldi mit eindeutiger Botschaft – Deutliche Preissenkungen als Antwort auf Wal-Mart, und: o.V., Wal-Mart drückt Verkaufspreise in den Keller, in: Lebensmittel Zeitung Nr. 25 vom 23. 6. 2000, S. 1 und S. 4.) Kleine Lebensmittelhändler und Kioskbetreiber forderten kürzlich eine Abschaffung der bis jetzt zulässigen Begrenzung der Abgabe von Aktionsware in nur haushaltsüblichen Mengen. Sie wollen die Möglichkeit haben, bei Aktionsware die großen Wettbewerber „leerzukaufen". Denn die Aktionspreise liegen nicht selten unter den Preisen, die diese „Kleinstunternehmer" sonst beim Großhandel oder im C&C bezahlen müßten.

5.8.2.3 Der Null-Tarif

Der – salopp formuliert – Null-Tarif würde bedeuten, es wird Ware verschenkt. Das ist sicher die absolute Untergrenze von Aktionspreisen. Denn es wäre sinnlos, Ware zu verschenken und dann den Verbraucher obendrein noch mit Geld dafür zu belohnen, daß er die geschenkte Ware annimmt. Sicher würde der Verbraucher in einem solchen Verhalten auch keinen Beweis von Leistungsfähigkeit mehr sehen, eher einen Gag.

Zum Null-Tarif stößt in der Praxis kein Unternehmen vor. Er käme auch mit dem Gesetz gegen unlauteren Wettbewerb in Konflikt. Obendrein hat eine Ware, die verschenkt wird, ja gar keinen Preis mehr. Folglich könnte man in solchen Fällen auch nicht von Preis-Marketing sprechen.

Recht nahe kommen dieser Grenze Aktionspreise jedoch öfter als man denkt. Wenn anläßlich eines sagen wir 50jährigen Firmen-Jubiläums einen Tag lang bestimmte Angebote zu dem Preis verkauft werden, der im Jahr der Firmengründung galt, dann dürfte die Untergrenze des Null-Tarifs nicht mehr weit entfernt sein.

5.9 Das technische Instrumentarium der Preispolitik – die Darbietung der Preise

Preise sind zunächst intern getroffene Entscheidungen über abstrakte Preisforderungen. Diese Preisforderungen müssen „kommuniziert" werden. Wie dies geschieht, das beeinflußt wesentlich die „Preisoptik" und die Erfolgsaussichten, die Preisforderungen am Markt durchzusetzen. Hier grenzt die Preispolitik an die Kommunikation. Dieser Abschnitt gehört eigentlich, wie vorher schon der Abschnitt Verkaufspolitik, teilweise zum Thema Kommunikation. Das würde aber den Zusammenhang zwischen der preispolitischen Konzeption und ihrer Umsetzung durch die Kommunikation zerreißen. Deshalb wird das technische Instrumentarium zur Darbietung der Preise an dieser Stelle behandelt.

Unabhängig davon, wie die Entscheidung über die Höhe einer Preisforderung, für die sich auch der Begriff „originäre Preisfestsetzung" findet, vorbereitet und getroffen wird, kann man in der Praxis der Preispolitik unterschiedliche Arten des Vorgehens bei der Realisierung einer Preisentscheidung beobachten. Nur in dem Falle, daß eine Preisforderung am Markt von den Nachfragern nicht akzeptiert wird, muß der Preis geändert werden. Es entsteht ein „derivativer Preis". Nur dann ist die Unterscheidung zwischen Preisforderung und realisiertem Preis, der dann als „echter" oder „bezahlter Preis" bezeichnet wird, von Bedeutung. Der derivative Preis wird fast immer unter der originären Preisfestsetzung liegen.

5.9.1 Die Möglichkeiten der Preis-Variation

Sie bestimmen sehr stark die Preisoptik und gehören zum alltäglich eingesetzten Handwerkszeug der Preispolitik. Es gibt die folgenden Möglichkeiten der Preis-Variation:

5.9.1.1 Preis-Änderungen

Preise können sowohl erhöht als auch herabgesetzt werden. Die Entscheidungsanlässe für Preis-Änderungen können vielfältiger Art sein. Bei Preis-Herabsetzungen kann ein Anlaß zur Entscheidung die Tatsache sein, daß ein originär festgesetzter Preis von den Nachfragern am Markt nicht akzeptiert wird. Dann entsteht durch die Herabsetzung, wie eben erwähnt, ein derivativer oder bezahlter Preis. Er ist das Ergebnis der Korrektur eines originär festgesetzten Preises oder einer Preisforderung.

5.9.1.2 Preis-Differenzierungen

Eine Preis-Differenzierung liegt vor, wenn für ein und dasselbe Gut unterschiedliche Preise festgesetzt werden. Es müssen die folgenden Arten von Preis-Differenzierungen unterschieden werden:

(1) Räumliche Preis-Differenzierungen

An verschiedenen Orten des Verkaufs, die man auch als Gebietsmärkte bezeichnet, werden für ein Gut unterschiedliche Preise festgesetzt. Der Preis für ein bestimmtes Gut ist also am Gebietsmarkt Köln ein anderer als am Gebietsmarkt Kassel. Im Handel haben nur die überregional tätigen Filialunternehmen oder die Warenhaus-Konzerne die Möglichkeit der räumlichen Preis-Differenzierung. Ursache können unterschiedliche Transport- und Distributionskosten sein, aber auch die Wettbewerbsverhältnisse am Ort des Verkaufes spielen eine Rolle.

(2) Zeitliche Preis-Differenzierungen

Zu verschiedenen Zeiten werden für ein bestimmtes Gut unterschiedliche Preise festgesetzt. So wird modische Ware zunächst, wenn sie neu auf den Markt kommt, zu relativ hohen Preisen angeboten und auch gekauft. Im Schlußverkauf werden dann die Preise reduziert. Auch Güter, deren Herstellerpreise starken saisonalen Schwankungen unterliegen, wie Obst oder Gemüse, werden je nach Jahreszeit zu sehr unterschiedlichen Preisen angeboten. Ein interessantes Beispiel für zeitliche Preis-Differenzierung war vor Jahren der Versuch eines großen schweizerischen Filialunternehmens des Lebensmittelhandels, durch Preisnachlässe an den ersten drei Tagen der Woche die Umsatzspitzen des Wochenendes – Freitag und Samstag – auf den Wochenanfang zu verlagern, wenigstens zu einem bescheidenen Teil. Hotels bedienen sich der zeitlichen Preis-Differenzierung, wenn sie in der Saison oder zu Messe-Terminen höhere Preise als in der übrigen Zeit festsetzen.

(3) Preis-Differenzierung nach Zielgruppen

Für unterschiedliche Zielgruppen oder Käufergruppen werden unterschiedliche Preise festgesetzt. So erhalten z.B. Mitarbeiter einer bestimmten Firma Sonderpreise oder Schüler, Studenten und Rentner Preis-Nachlässe. Auch der Verkauf an die eigenen Mitarbeiter mit einem Personalrabatt wäre eine solche Art von Preis-Differenzierung.

(4) Preis-Differenzierung nach Abnahmemenge

Je nach Abnahmemenge gelten unterschiedliche Preise. Als Beispiel sei die Übung im Lebensmittelhandel angeführt, wo eine Flasche Wein einen bestimmten Betrag kostet, bei Abnahme eines Kartons mit sechs Flaschen ermäßigt sich der Preis, es werden z.B. nur fünf Flaschen berechnet.

(5) Preis-Differenzierung nach Verwendungszweck

Je nach dem, ob die verkauften Güter in den privaten Verbrauch oder einen Gewerbebetrieb gehen, werden unterschiedliche Preise festgesetzt. Ein Lebensmittel-Kaufmann kann u.U. vom privaten Verbraucher einen anderen Preis fordern als von einem Gastronomen.

(6) Preis-Differenzierung nach Angebotsintensität

In Bedienung kann ein Gut auf Verlangen des Kunden „ausgehändigt" oder mit Hilfe eines qualifizierten Verkaufsgespräches angeboten und verkauft werden. In Selbstbedienung kann ein Gut in einem Korb geschüttet angeboten oder sorgfältig aufgebaut präsentiert werden. In beiden Angebotsformen lassen sich je nach der Intensität der Verkaufsbemühungen unterschiedlich hohe Preise festsetzen und auch realisieren.

(7) Preis-Differenzierung durch Produktvarianten

Mit Hilfe unterschiedlicher Verpackung eines Gutes lassen sich durchaus unterschiedliche Preise verwirklichen.

Theisen gliedert die Arten der Preis-Differenzierung in zwei Gruppen:

Horizontale Preis-Differenzierung nach Käuferschichten unterschiedlicher Zahlungswilligkeit; zu dieser Gruppe zählen die zeitliche Preis-Differenzierung und die Preis-Differenzierung nach Käufergruppen und Produktvarianten;

Vertikale Preis-Differenzierung nach Teilmärkten; zu dieser Gruppe zählen die räumliche Preis-Differenzierung und die Preis-Differenzierung nach Abnahmemengen und Verwendungszweck (*Theisen, Paul*, Stichwort „Preis-Differenzierung", in: Das große Lexikon für Handel und Absatz, a.a.O., S. 626ff.). Die Preis-Differenzierung nach Angebotsintensität, die sich bei *Theisen* nicht findet, würden wir zur Gruppe der horizontalen Preis-Differenzierung rechnen.

5.9.1.3. Preis-Unifizierung

Eine Preis-Unifizierung wird praktiziert, wenn mehrere Güter zum gleichen Preis angeboten werden. Um dies zu erreichen, werden einzelne Güter einer solchen Gütergruppe mit einem sehr geringen Aufschlag kalkuliert, bei anderen Gütern kann ein normaler Aufschlag oder auch ein hoher Aufschlag vorgenommen werden. Es muß also eine Mischkalkulation „en miniature" angewandt werden. Preis-Unifizierung findet sich oft bei Angebotsaktionen, bei denen zehn oder mehr Artikel zum Preis von 0,99 DM – z.B. bei Lebensmitteln – oder zum Preis von 10,– DM angeboten werden. Preis-Unifizierung kann aber auch bei Warengruppen oder ganzen Sortimentsteilen angewandt werden, was unter dem Begriff „price lining" behandelt wurde (s. S. 267ff.).

5.9.1.4 Preis-Stabilisierung

Preis-Stabilisierung ist der Verzicht auf rasch wechselnde Preisänderungen, die meist stark schwankende Einkaufspreise zur Ursache haben. Die Kosten der Preisumzeichnung können bei rasch aufeinanderfolgenden Preisänderungen unter Umständen höher sein, als Spannenminderungen bei einer Erhöhung der Einkaufspreise. In diesem Falle stößt ein preisstabilisierendes Verhalten auch auf keine Hindernisse. Schwieriger wird es bei einer Ermäßigung der Einkaufspreise, bei der die Verbraucher erwarten, daß sie sofort an sie weitergegeben wird, mag sie auch noch so geringfügig sein. Da ist mit dem Kostenargument wenig anzufangen und eine Preis-Stabilisierung nur schwer zu realisieren.

5.9.1.5 Preis-Segmentierung

Man versteht unter Preis-Segmentierung das Schaffen von Preisklassen und Preislagen. Man kann auf diese Weise ein Sortiment gliedern und übersichtlicher machen. Dieser Begriff wurde bereits eingehend behandelt (s. S. 264 ff.). Die zuletzt aufgeführten Begriffe Preis-Stabilisierung und Preis-Segmentierung sind eigentlich nicht nur Instrumente des Preis-Marketing, sondern darüber hinaus Grundsätze, die der Erreichung bestimmter Unternehmensziele dienen können. So hilft die Preis-Stabilisierung nicht nur, Kosten zu vermeiden, sie erspart auch dem Verbraucher die fortlaufende Auseinandersetzung mit stark schwankenden Preisen. Und die Preis-Segmentierung erleichtert dem Verbraucher die Übersicht über zum Teil sehr umfangreiche Sortimente.

5.9.2 Die Möglichkeiten der Preis-Darbietung

Preise müssen nicht nur festgesetzt, sie müssen dann auch dem Nachfrager, beim Handel dem Verbraucher, zur Kenntnis gebracht werden. Preise sind also einmal ein unternehmerisches Entscheidungsproblem, zum anderen im Verhältnis zum Kunden ein Informations- oder gar ein Kommunikationsproblem, was wesentlich von der Andienungsform abhängt. Bei der Selbstbedienung ist ein Informations-, bei der Bedienung mit Verkaufsgespräch ein Kommunikationsproblem zu lösen. Die Art der Preis-Präsentation kann von großer Bedeutung für die Entscheidung des Verbrauchers sein, ob er überhaupt kauft oder ob er bei einem bestimmten Handelsunternehmen oder dessen Wettbewerber kauft.

5.9.2.1 Preis-Präsentation

In der Bundesrepublik Deutschland unterliegen alle Einzelhandelsunternehmen – denn sie bieten regelmäßig Waren und Dienstleistungen dem Letztverbraucher an – der Preisauszeichnungspflicht. Diese Pflicht wird begründet durch die Verordnung über Preisangaben vom 10. 5. 1973. Auszuzeichnen ist der Endpreis einschließlich der Umsatzsteuer und sonstiger Preisbestandteile. Dem Preis müssen zugefügt werden die Angabe der Verkaufseinheit (Gewicht, Maß, Stück- und Gütebezeichnungen, z. B. Handelsklassen). Ergänzt wird die Preisangabenverordnung im Lebensmittelhandel durch Vorschriften des Eichgesetzes und des Lebensmittelrechts.

(1) Auszeichnung am Artikel

Bei vielen Waren wird direkt am Artikel ausgezeichnet. Das erleichtert dem Verbraucher die Information über den Preis und vermeidet Irrtümer. Außerdem beschleunigt es bei der Selbstbedienung den Kassiervorgang erheblich und reduziert spannenmindernde Kassierfehler auf ein Minimum. Die Auszeichnung am Artikel ist aber auch relativ aufwendig, vor allem wenn es um große Massen-Displays geht. Sie muß jedoch auch als Service für den Kunden gesehen werden. Werden elektronische Kassen eingesetzt, die den Preis von einem Balkencode ablesen können, wird die Auszeichnung am Artikel durch den – meist auf der Verpackung aufgedruckten – Preiscode ersetzt.

(2) Auszeichnung neben dem Artikel

Die Preisauszeichnung kann auch durch Preisschilder unterschiedlicher Größe neben dem Artikel erfolgen, an der Regalschiene z.B. Ebenso werden größere Plakate eingesetzt, die über der Ware hängen. Diese Arten von Preisauszeichnung finden sich vorwiegend bei Angebotsaktionen. Sie ersparen unter Umständen nicht nur das Auszeichnen oder Umzeichnen größerer Warenmengen, sondern fallen dem Verbraucher auch besser ins Auge als die kleinen Preis-Etiketten am Artikel.

(3) Akustische Preis-Präsentation

In Warenhäusern und Lebensmittel-Supermärkten wird – ergänzend zu den Preisschildern und Plakaten – auch über Lautsprecher auf Preise hingewiesen. In der Regel handelt es sich dabei um Hinweise auf besonders günstige Angebotspreise.

(4) Preis-Präsentation im Verkaufsgespräch

Mit Hilfe von Verkaufsgesprächen kann über Preise verhandelt und können Preisvorstellungen oder Preisforderungen erläutert werden. Der Verbraucher erhält auf diese Weise zusätzliche Informationen, die ihm seine Kaufentscheidung erleichtern helfen. Und der Verkäufer erfährt etwas über die Preisvorstellungen des Kunden, wenn er das Kommunikationsproblem zu lösen versteht.

(5) Preis-Präsentation außerhalb des Handelsunternehmens

Die bisher aufgeführten Arten der Preis-Präsentation erfolgen im Handelsunternehmen, in seinem Verkaufsraum. Es gibt aber auch eine ganze Reihe von Möglichkeiten, die Preis-Präsentation außerhalb des Handelsunternehmens vorzunehmen und bis in die Haushalte der Verbraucher hineinzutragen. Genannt seien hier Zeitungsanzeigen, Preislisten, Kataloge, Prospekte, Ordersätze oder Bestell-Listen, Angebotsschreiben und Fernsehspots.

Die gesetzliche Preisauszeichnungspflicht enthebt uns der Überlegung, ob es grundsätzlich sinnvoll ist, eine Ware immer unter Angabe des Preises anzubieten. Bei hochwertigen und damit auch hochpreisigen Gütern kann es durchaus sinnvoll sein, zunächst die Qualität, das Aussehen und den Nutzen in den Vordergrund des Angebots zu stellen, der Preis folgt dann im Laufe des Verkaufsgesprächs, welches vielleicht gar nicht zustande gekommen wäre, wenn der Preis gleich zu Anfang genannt worden wäre. Auf solchen Überlegungen beruht offensichtlich die Art und Weise, in der immer wieder z.B. große Lexika oder mehrbändige Sammelwerke über Geschichte, Literatur oder Kunst angeboten werden. Die Prospekte, die Zeitungen beiliegen oder per Post zugestellt werden, enthalten den Preis so versteckt und klein gedruckt, daß man einige Mühe hat, ihn zu entdecken. Aber auch geschulte und talentierte Verkäufer nennen nicht gleich zu Beginn eines Verkaufsgespräches den Preis.

5.9.2.2 Ganze oder gebrochene Preise

Ergibt die Kalkulation eines Artikels einen Preis von 1,02 DM, so wird dieser Artikel so gut wie nie zu diesem Preis angeboten werden. Entweder wird dieser Artikel mit 1,– DM ausgezeichnet – das wäre ein ganzer Preis – oder der Preis wird auf 0,99 DM festgesetzt – das wäre ein gebrochener Preis.

Seit langer Zeit herrscht auch heute noch der gebrochene Preis vor, wie ein Blick in die Anzeigen und Handzettel der Handelsunternehmen immer wieder beweist. Unter 10,– DM wird der Preis bis auf den Pfennig angegeben – 0,89 DM, 1,49 DM, 4,98 DM und so fort –, bis etwa 50,– DM wird auf Zehnpfennig angegeben – 19,90 DM 39,50 DM, 44,80 DM zum Beispiel –, über 50,– DM hinaus finden sich meist Preise wie 69,– DM oder 98,– DM.

Die Bevorzugung der gebrochenen Preise beruht auf der Meinung, der Verbraucher würde die Preise von links nach rechts lesen und die links stehende Zahl würde ihn mehr beeindrucken als die dann folgenden Zahlen. So würde er 0,99 DM oder 9,90 DM als eindeutig preiswerter beurteilen als 1,– DM oder 10,– DM. Diese Meinung wird allerdings auch bestritten.

5.9.2.3 Preisgegenüberstellungen

Mit der Formulierung „Statt bisher 2.89 DM jetzt 1.99 DM" oder „Alter Preis 4.48 DM, neuer Preis 3.98 DM" werden zwei Preise gegenübergestellt. Auf Preisschildern oder in Anzeigen wird der alte Preis oft kräftig durchgestrichen. Der alte Preis ist meist ein Normalpreis, der neue Preis ein Angebotspreis. Der alte Preis wird oft auch mit dem Zusatz „ab sofort 20% billiger" versehen. Diese Preisgegenüberstellungen sind zulässig. Sie sind keine Irreführung und verstoßen nicht gegen das Gebot der „Preisklarheit" und der „Preiswahrheit". Diesem Gebot wird entsprochen, wenn die Preisauszeichnung eindeutig der entsprechenden Ware zugeordnet werden kann, deutlich lesbar ist und die Endpreise incl. MWSt deutlich erkennbar sind. (Vergl. dazu: Diller, Hermann, Preispolitik, 2. Auflage, Stuttgart 1991, S. 250ff.)

5.9.2.4 Brutto-Preise und Netto-Preise

Grundlage des festzusetzenden Preises ist ein Bruttopreis, der dann um einen bestimmten Prozentsatz oder bestimmte Prozentsätze (die als Rabatte, Boni oder Skonti bezeichnet werden) ermäßigt wird. Es gibt aber auch das umgekehrte Verfahren, daß ein Grundpreis um bestimmte Prozente erhöht wird (Kost-Plus-System). Darüber hinaus können Bruttopreise durch die Lieferungs- und Zahlungsbedingungen erheblich variiert werden. Alle den Bruttopreis verändernden Faktoren, Preisabschläge, Lieferungs- und Zahlungsbedingungen, ferner Werbekostenzuschüsse, Naturalrabatte und Lieferungen z. B an verschiedene Abladeplätze, werden als Konditionen bezeichnet.

Mit Hilfe der Konditionen kann das Instrument der Preis-Differenzierung ohne großen Aufwand virtuos gehandhabt werden. In den Preislisten oder Katalogen werden Bruttopreise aufgeführt, die über lange Zeit stabil bleiben können. Diese Bruttopreise sind aber eigentlich nur eine Verhandlungsgrundlage. Durch die

Konditionen wird dann der Bruttopreis im Hinblick auf Zeitpunkte, Teilmärkte, Abnahmemengen, Auftragsgrößen oder Angebotsaktionen variiert. Der sich dann ergebende Nettopreis kann erheblich vom Bruttopreis abweichen.

Im Handels-Marketing spielen die Konditionen nicht die überragende Rolle wie im Hersteller-Marketing. Aber sie werden doch in einem von der Branche abhängigen Maße angewandt. Im Lebensmitteleinzelhandel sind sie so gut wie vollständig aus der Übung gekommen, während der Lebensmittelgroßhandel sie in großem Umfang anwendet. Bei Möbeln gibt es in der Regel, bei elektrischen Geräten manchmal Barzahlungsrabatt oder Zahlungsziel. Versandhandelsunternehmen arbeiten wieder teilweise mit Teilzahlung ohne Aufschlag. Bei Möbeln und von Warenhäusern wird aber auch umgekehrt verfahren, der ausgezeichnete Preis ist ein „Mitnahme"-Preis, bei Lieferung frei Haus wird ein Aufschlag berechnet, im Prinzip ein Kost-Plus-System im Einzelhandel.

Die Möglichkeiten, mit einer geschickten Preis-Darstellung oder mit Hilfe eines ins Auge fallenden Preis-Nachlasses auf einen hohen Preis den Eindruck des preisgünstigen Anbieters zu erwecken oder den Preisvergleich mit dem Wettbewerb zu erschweren, werden in der Praxis umfassend wahrgenommen. Entsprechend groß ist die Zahl der Rechtsstreitigkeiten und Urteile (eine informative Übersicht findet sich bei: Was ist erlaubt? Was ist verboten? in: Lebensmittel-Zeitung Nr. 30 vom 25. 7. 1980, S. F 10ff.).

Ein eigenes Kapitel innerhalb des Problemkreises Preisnachlässe sind die Schlußverkäufe (Winter- und Sommerschlußverkauf). Sie werden seit geraumer Zeit durch vorgezogene Sonderverkäufe zunehmend entwertet. Die Rechtsprechung zu dieser Entwicklung ist uneinheitlich.

6. Kapitel: Der konstitutive Marketing-Mix – die Vertriebsformen

Mit den Entscheidungen über den Standort, die Sortimentspolitik und die Preispolitik und die zur Vorbereitung – und später zur Kontrolle – dieser Entscheidungen ganz gezielt eingesetzte Marktforschung wird die Marketing-Konzeption festgelegt, die als Marketing-Mix bezeichnet wird.

6.1 Der Begriff Marketing-Mix

6.1.1 Der Begriff

Im Marketing-Mix wird der qualitative, quantitative und zeitliche Einsatz der Marketing-Instrumente festgelegt und aufeinander abgestimmt (siehe dazu: Kaas, Klaus Peter, Stichwort „Marketing-Mix" in: Vahlens Großes Marketing Lexikon, hersg. von Hermann Diller, 2. Auflage, München 2001). Der isolierte Einsatz einzelner Marketing-Instrumente ist nicht möglich. Jeder Versuch, eines der Marketing-Instrumente einzeln und für sich einzusetzen, ist zum Scheitern verurteilt. Marketing muß immer als Verbund aller verfügbaren Instrumente betrieben werden. Das gilt für alle Varianten des Marketing.

So braucht ein Hersteller, wenn er Umsatz machen will:
ein Produkt, welches den Verbrauchern verkauft werden kann und was die Verbraucher auch tatsächlich kaufen (Produktpolitik),
einen Preis, den die Verbraucher zu zahlen bereit sind (Entgeltpolitik),
einen Vertriebsweg, auf dem das Produkt zum Verbraucher gelangen kann (Distributionspolitik),
die Werbung, mit der dem Verbraucher mitgeteilt wird, welches Produkt er zu welchem Preis an welchem Ort kaufen kann (Kommunikationspolitik).

Und ein Handelsunternehmen braucht, wenn es Umsatz und Ertrag erwirtschaften will:
einen Standort, den die Kunden bequem erreichen können – stationärer Einzelhandel – oder der Vorteile für die Logistik bietet – Groß- und Versandhandel –,
ein Sortiment, dessen Artikel die Verbraucher kaufen,
einen Preis, den die Verbraucher zu zahlen bereit sind,
die Werbung, die über das Leistungsangebot des Handelsunternehmens informiert.

6.1.2 Die Merkmale des Marketing-Mix der Handelsunternehmen

Der Marketing-Mix der Handelsunternehmen hat eine Besonderheit. Deshalb wurde im ersten Satz dieses Kapitels ganz bewußt die Kommunikation weggelassen. Der Verbund von Standort-, Sortiments- und Preispolitik bestimmt im Handel die Vertriebsform und soll als „konstitutiver Marketing-Mix" bezeichnet werden. Er ist wesentlicher Bestandteil der Unternehmensverfassung. Innerhalb des Rahmens, den der konstitutive Marketing-Mix vorgibt, läuft dann das Tagesgeschäft ab. Es werden Artikel in das Sortiment aufgenommen oder ausgelistet, es werden Aktionen jeglicher Art durchgeführt, die Preisablaufpolitik wird betrieben und die gesamte Marketing-Konzeption wird kommuniziert. Auch das Tagesgeschäft erfordert den Einsatz der Marketing-Instrumente im Verbund. So müssen z.B. für eine einzelne Aktion im Einzelhandel die zweckmäßigsten Artikel ausgesucht werden (entspricht der Sortimentspolitik), der Präsentationsstandort auf der Verkaufsfläche muß bestimmt werden (Auswahl des „inneren Standorts"), attraktive Preise müssen festgelegt werden (entspricht der Preispolitik) und die Kommunikation muß auf Artikel und Preise abgestimmt werden. Dieser Verbund kann als „operativer Marketing-Mix" bezeichnet werden. Der operative Marketing-Mix mit dem Schwerpunkt Kommunikationspolitik kann, richtig angelegt, das Handelsunternehmen zum Markenartikel machen, zur „retail brand". Die Kommunikation ist gewissermaßen die Verpackung der Handelsleistung, die dem Verbraucher sagt, daß das Handelsunternehmen, bei dem er kauft oder kaufen will, ein unverwechselbarer Markenartikel ist, auf dessen Seriosität und Leistungsfähigkeit er sich verlassen kann. Die Kommunikation, die natürlich auch Bestandteil des Marketing-Mix ist, wird wegen ihrer großen Bedeutung im folgenden dritten Teil dieses Buches gesondert dargestellt.

Der konstitutive Marketing-Mix ist strategisches, langfristig angelegtes Marketing. Man kann ihn nicht jede Woche ändern. Wollte man es tun, würde man beim Verbraucher unglaubwürdig und außerdem entständen erhebliche Kosten. Man müßte jedesmal von neuem anfangen, einen hohen Bekanntheitsgrad aufzubauen. Jede Marke, gleich ob es ein Produkt oder ein Handelsunternehmen ist, muß sorgfältig und professionell gestaltet und eingeführt, laufend gepflegt und von Zeit zu Zeit einem Relaunch unterzogen werden. Nur so kann man Kundenbindung und Markentreue aufbauen.

Der operative Marketing-Mix ist überwiegend kurzfristig angelegtes Marketing. Er kann, wenn es sein muß, wöchentlich oder gar täglich verändert werden und es somit einem Handelsunternehmen ermöglichen, flexibel am Markt zu agieren. Er muß sich allerdings, und da ist auch er langfristig festgelegt, an den Rahmen des konstitutiven Marketing-Mix halten und damit die Eigenarten der Vertriebsform des Handelsunternehmens beachten.

6.1.3 Die Interdependenzen im Marketing-Mix

Bei der Gestaltung des Marketing-Mix muß beachtet werden, daß zwischen den einzelnen Marketing-Instrumenten Beziehungen bestehen. Diese Beziehungen können folgender Art sein:

Substitution: Es besteht eine teilweise Substituierbarkeit der Marketing-Instrumente; die Werbung kann z.B. zeitweise die Preispolitik ersetzen oder die Sortimentspolitik kann Schwächen des Standorts ausgleichen.

Komplementarität: Die Marketing-Instrumente ergänzen sich gegenseitig; die Preispolitik wird durch Werbung oder Verkaufsförderung ergänzt.

6.1 Der Begriff Marketing-Mix

Interdependenz: Es bestehen gegenseitige Abhängigkeiten, deren Nichtbeachtung zu Zielkonflikten innerhalb des Marketing-Mix führt; ein Produkt hoher Qualität und mit exclusivem Design kann nicht primitiv präsentiert und zum Discountpreis angeboten werden.

Die Interdependenzen zwischen den Marketing-Instrumenten erlauben es einem Handelsunternehmen, seinen Marketing-Mix zu variieren. Kurzfristig können der operative, langfristig der konstitutive Marketing-Mix variiert werden. Es können bestimmte Instrumente in den Vordergrund gestellt, andere in den Hintergrund gerückt werden. So lassen sich neue Schwerpunkte setzen, die das eigene Unternehmen von den Wettbewerbern unterscheiden. Die beiden gängigsten Strategien zur Variation des konstitutiven Marketing-Mix sind das „trading down" – die Senkung der Handelsleistung – und das „trading up" – die Erhöhung der Handelsleistung.

Diese Beziehungen zwischen den Marketing-Instrumenten, sowohl im konstitutiven wie auch im operativen Marketing-Mix, erschweren die Aufgabe der Gestaltung des bestmöglichen und wirkungsvollsten Marketing-Mix. Die fortlaufend sich stellende und sehr komplizierte Aufgabe der Gestaltung des Marketing-Mix war Anlaß, Entscheidungsmodelle auszuarbeiten, die die Lösung der Aufgabe erleichtern und nach Möglichkeit die Risiken vermindern sollen. Ein voller Erfolg ist diesen Versuchen jedoch bis heute noch nicht beschieden gewesen. Auch mit Hilfe solcher Modelle kann man nicht zuverlässig ermitteln, wie im Einzelfall der „optimale" Marketing-Mix beschaffen sein muß. Das ist die Folge davon, daß die Gestaltung des Marketing-Mix in erster Linie ein qualitatives, zur Lösung Kreativität forderndes, kein quantitatives Problem ist. Und man kann vor allem nicht voraussehen, wie der Wettbewerb und wie die Verbraucher auf die eigenen Marketing-Entscheidungen reagieren. Ein Rest unternehmerischen Risikos bleibt immer, auch bei gründlich und sorgfältig vorbereiteten und getroffenen absatzpolitischen Entscheidungen. (Vergl. dazu: Nieschlag/Dichtl/Hörschgen, Marketing, 18. Auflage, S. 22, wo auf dieses Problem hingewiesen wird.)

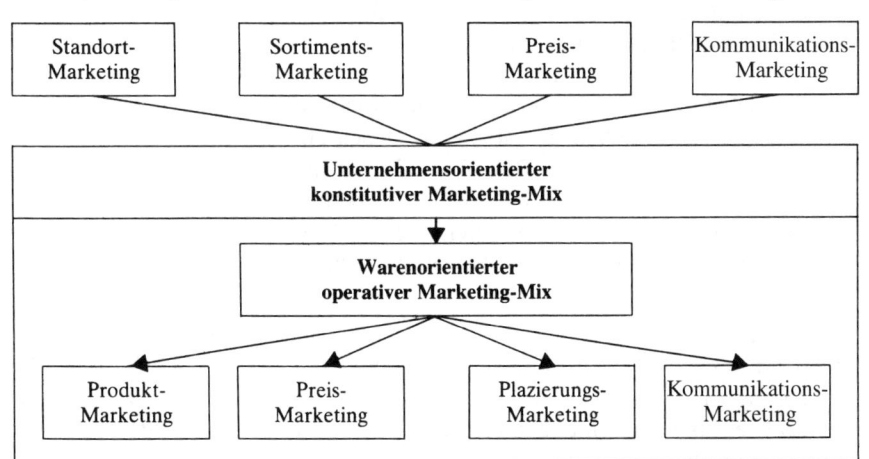

Abbildung 6/1: Die beiden Formen des Marketing-Mix im Handels-Marketing

```
┌─────────────┐  ┌─────────────┐  ┌─────────────┐  ┌─────────────────┐
│ Standort-   │  │ Sortiments- │  │ Preis-      │  │ Kommunikations- │
│ Marketing   │  │ Marketing   │  │ Marketing   │  │ Marketing       │
└─────────────┘  └─────────────┘  └─────────────┘  └─────────────────┘
        │               │                │                  │
        ▼               ▼                ▼                  ▼
┌──────────────────────────────────────────────────────────────────┐
│                  Unternehmensorientierter                        │
│                  konstitutiver Marketing-Mix                     │
└──────────────────────────────────────────────────────────────────┘
                              │
                              ▼
              ┌───────────────────────────────┐
              │      Warenorientierter        │
              │    operativer Marketing-Mix   │
              └───────────────────────────────┘
         │             │              │              │
         ▼             ▼              ▼              ▼
  ┌────────────┐ ┌────────────┐ ┌──────────────┐ ┌─────────────────┐
  │ Produkt-   │ │ Preis-     │ │ Plazierungs- │ │ Kommunikations- │
  │ Marketing  │ │ Marketing  │ │ Marketing    │ │ Marketing       │
  └────────────┘ └────────────┘ └──────────────┘ └─────────────────┘
```

Im konstitutiven Marketing-Mix der Handelsunternehmen sind die Interdependenzen stärker ausgeprägt als im operativen Marketing-Mix. Die Abbildung 6/2 stellt diese Interdependenzen als „Magisches Viereck" dar und läßt durch diese Form der Darstellung erkennen, daß die Interdependenzen nicht nur eine gegenseitige Verstärkung der Wirksamkeit der einzelnen Marketing-Instrumente zur Folge haben, sondern daß auch erhebliche Zielkonflikte entstehen können.

6.2 Die Vertriebsformen als Varianten des konstitutiven Marketing-Mix

Die Ausprägung unterschiedlicher Vertriebsformen zählt, neben der Selbstbedienung, zu den großen, bahnbrechenden und innovativen Leistungen des Handels. Diese Entwicklung setzte mit der Einführung der Selbstbedienung in den 30er Jahren des vorigen Jahrhunderts in den USA ein. Nach dem zweiten Weltkrieg griff sie auf Europa über und begann in Deutschland Ende der 50er Jahre. (Siehe dazu die ausführliche Darstellung der Selbstbedienung S. 229 ff.)

6.2.1 Der Begriff Vertriebsform

Zur Charakterisierung der unterschiedlichen Typen von Handelsunternehmen wurde in der Betriebswirtschaftslehre der Begriff „Betriebsformen" eingeführt. Durch Nieschlag´s These von der „Dynamik der Betriebsformen" (Nieschlag, Robert, Die Dynamik der Betriebsformen im Handel, Essen 1954; siehe die ausführliche Besprechung dieser These S. 322 ff.) wurde die Verwendung dieses Begriffes gefördert und seine Stellung als Terminus technicus in der Betriebswirtschaftslehre gefestigt. Der Begriff Betriebsform bezeichnet aber die Unterschiede zwischen den verschiedenen Varianten von Handelsunternehmen nicht zutreffend. Außerdem werden bei seinem Gebrauch die Begriffe „Betriebsform" und „Organisationsform" unzulässig vermischt. Handelsunternehmen unterscheiden sich nicht in erster Linie durch ihren „Betrieb", der heute als „Operatingbereich" oder „Logistikbereich" bezeichnet wird. Handelsunternehmen unterscheiden sich vielmehr durch ihre „Absatzkonzeption". Geßner definiert deshalb die Betriebsform – den unzutreffenden Begriff behält er bei – als „Institutionalisierung der einzelhandelsbetrieblichen Marketingkonzeption" (Geßner, Hans-Jürgen, Stichwort „Betriebsformen des Einzelhandels" in: Vahlens Großes Marketing Lexikon, hersg. von Hermann Diller, 2. Auflage, München 2001). Anstelle des der Wirklichkeit nicht entsprechenden Begriffes „Betriebsform" wird hier der Begriff „Vertriebsform" verwendet. Er läßt eindeutig erkennen, daß ein vertriebsformenspezifischer Marketing-Mix die unterschiedlichen Varianten oder Typen von Handelsunternehmen – und zwar sowohl der Einzelhandels- als auch der Großhandelsunternehmen – kennzeichnet.

Eine Vertriebsform ist eine originäre und charakteristische Kombination der Marketing-Instrumente. Im konstitutiven Marketing-Mix einer Vertriebsform werden Umfang und Art – Quantität und Qualität – der zu erbringenden, der Eigenart des Sortiments entsprechenden und am Markt absetzbaren Handelsleistung festgelegt. Die heute am Markt operierenden Vertriebsformen unterscheiden sich also durch

6.2 Die Vertriebsformen als Varianten des konstitutiven Marketing-Mix 317

ihren vertriebsformenspezifischen konstitutiven Markting-Mix. Die Entscheidung über die anzuwendende Vertriebsform fällt der Marketing- oder Vertriebsbereich eines Handelsunternehmens, nicht der Operating- oder Betriebsbereich. Der Begriff „Betriebsform" ist deshalb nicht zutreffend, vielmehr irreführend. Es muß „Vertriebsform" heißen. Der von der gewählten Vertriebsform geforderte Umfang der Handelsleistung ist dann ein Datum für den ausführenden Operatingbereich, den man als Dienstleister für den Marketingbereich ansehen kann. Der Operatingbereich ist kein charakteristisches Merkmal der Unternehmensverfassung. Die Warenbewegungen im Supermarkt- und im Discountbereich oder im Warenhaus- und SB-Warenhausbereich unterscheiden sich nicht wesentlich voneinander. Große Handelsunternehmen, die mit mehreren Vertriebslinien arbeiten, können durchaus die Logistik für alle Vertriebslinien über ein Logistiksystem abwickeln.

Die unterschiedlichen Vertriebsformen haben sich im Verlauf der merkantilen Revolution fest am Markt etabliert und bewährt. Abbildung 6/3 gibt einen Überblick über die wichtigsten Vertriebsformen, die im Verlauf der merkantilen Revolution neu entstanden sind. Der Einzelhandelsumsatz für Gesamtdeutschland lag 1997 bei 952,3 Mrd. DM und dürfte in den folgenden zwei Jahren – wenn überhaupt – nur geringfügig gestiegen sein. Legt man die Zahl von 1997 zu Grunde, so erreichten diese neuen Vertriebsformen, die es vor 50 Jahren noch gar nicht gab, einen Marktanteil von 20,3%. Einen Überblick über den Umsatz 1997 des gesamten deutschen Einzelhandels gegliedert nach Vertriebsformen gibt die Abbildung 6/4. Die Gliederung dieser Abbildung weicht von der Gliederung der Abbildung 6/3 ab, was den Vergleich erschwert. Es läßt sich aber erkennen, daß die Fachgeschäfte, die überwiegend auf kleineren Verkaufsflächen arbeiten, nur noch rund die Hälfte des Einzelhandelsumsatzes erwirtschaften. Und der Bereich der Fach-

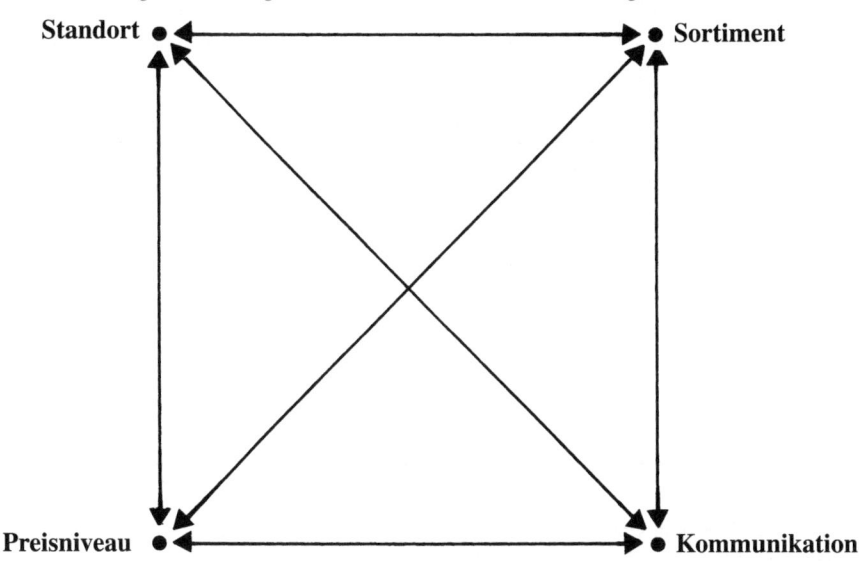

Abbildung 6/2: Das magische Viereck im konstitutiven Merketing-Mix des Handels

märkte geht weit über den Bereich der Drogeriemärkte und der Bau- und Heimwerkermärkte hinaus, die nur etwas mehr als ein Drittel des Fachmärkteumsatzes an sich ziehen.

Abbildung 6/3: Ausgewählte, im Verlauf der merkantilen Revolution entstandene neue Vertriebsformen (Stand 1999)

Vertriebsform	Anzahl	Verkaufsfläche in Mio. qm	Umsatz in Mrd. DM
Verbrauchermärkte und SB-Warenhäuser	2.278	9,39	54,50
Discounter im LM-Einzelhandel (Filialen in 1998)	12.367		72,85
Bau- und Heimwerkermärkte	2.929		29,30 (1998)
Drogeriemärkte (1998)	10.300		16,40
Getränkeabholmärkte (1998)	9.400		5,92
Shopping-Center	266	8,63	
Tankstellen (ohne freie und sonstige Tankstellen)	11.731	0,82[1]	14,08[2]
Gesamtumsatz (ohne Shopping-Center)			193,05

[1] Geschätze durchschnittlich 70 qm pro Shop × 11.7731
[2] Geschätzter durchschnittlicher Umsatz pro Shop 1,2 Mill. DM im Jahr × 11.731
Quelle: Handel aktuell '99, hersg. vom Euro-Handelsinstitut e. V., Köln 1999, S. 70 ff.

Abbildung 6/4: Einzelhandelsumsatz in Gesamtdeutschland nach Vertriebsformen 1997

Vertriebsform	Umsatz 1997 in Mrd. DM	Marktanteil in %
Fachgeschäfte und filialisierter Fachhandel	467,0	49,2
Versandhandel	38,3	4,0
Verkaufsstände, freie Tankstellen, Lagerverkauf	28,8	3,0
Lebensmittel-Discounter	68,2	7,2[1]
Supermärkte	62,3	6,5
SB-Warenhäuser und Verbrauchermärkte	54,5	5,7
Lebensmittelfachhandel	69,7	7,3
Warenhäuser	35,0	3,6
Fachmärkte	128,5	13,5
Gesamt	923,3	100,0

[1] Anteil am Gesamtumsatz 1997 Lebensmittel-Einzelhandel = 30,9%, fast ein Drittel des Lebensmittel-Einzelhandelsumsatzes läuft heute über die Discountschiene.

Quelle: Handel aktuell '99, hersg. vom Euro-Handelsinstitut, Köln 1999, S. 57 und 58

6.2 Die Vertriebsformen als Varianten des konstitutiven Marketing-Mix

Die Abbildung 6/5 führt die charakteristischen Merkmale der einzelnen Marketing-Instrumente der wichtigsten verschiedenen Vertriebsformen auf, deren Kombination dann den vertriebsformenspezifischen Marketing-Mix der Handelsunternehmen ergibt. Die Übersicht läßt mühelos erkennen, daß sich die einzelnen Vertriebsformen deutlich voneinander unterscheiden und gut gegeneinander abgrenzen lassen. Natürlich gibt es gelegentlich auch Mischformen, die aber recht selten sind und bei ihrem Eintritt in den Markt ein beträchtliches Risiko eingehen. Es gibt auch bei den Vertriebsformen Flops.

Abbildung 6/5: Die Vertriebsformen im Einzelhandel

Vertriebsform / Marketing-Instrumente	Nachbarschaftsmarkt (meist Lebensmittel, aber auch andere Branchen)	Fachgeschäft	Discounter	SB-Warenhaus Fachmarkt	Klassisches Warenhaus	Versandhandel
Standort	Wohngebiet integriert	City oder Ortsmitte	zentrale Lage, auch integriert	grüne Wiese, verkehrsorientiert	City, Groß- und Mittelstädte	verkehrsorientiert
Sortiment	begrenzt, Lebensmittel-frischwaren-betont	begrenzt tief. U.U. modisch betont	stark begrenzt (Schnelldreher, problemlos)	umfassend, breit, weniger tief	umfassend, breit und tief	umfassend, breit und tief
Andienungsform	SB/B	B/Teil-SB	einfachste SB	SB/B	Teil-SB	Katalog
Preisniveau	normal	über normal	beträchtlich unter normal	unter normal	normal und darüber	normal
Ausstattung und Profil	gut	sehr gut	einfach	einfach bis gut	gut bis sehr gut	entfällt

Eine Systematik der Vertriebsformen versucht die Abbildung 6/6 aufzustellen. Sie ordnet die Vertriebsformen nach dem Grad ihrer Marketing-Intensität – mit Schwerpunkt Raumüberbrückungsfunktion – und damit nach ihrer Leistung für den Verbraucher. Man erkennt, daß die Intensität der Handelsleistung mit der Höhe des Preisniveaus korrespondiert.

Der Umfang der vom konstitutiven Marketing-Mix einer Vertriebsform festgelegten Handelsleistung bestimmt in starkem Maße den Umfang des Operating, den Faktoreinsatz und damit die Kosten eines Handelsunternehmens. Bei jeder Vertriebsform steht dem charakteristischen konstitutiven Marketing-Mix ein quantitativ charakteristischer Umfang der Warenmanipulation gegenüber. Somit ergeben sich für jede Vertriebsform kennzeichnende Werte für Handelsspanne und Kosten.

Abbildung 6/6: Die Vertriebsformen geordnet nach ihrer Merketing-Intensität – mit Schwerpunkt Raumüberbrückungsfunktion – und damit nach ihrer Leitung für den Verbraucher

Standort des Handelsunternehmens						Wohnung des Verbrauchers
Handelsleistung niedrig	↑ Discountmarkt in Selbstbedienung, Selbstbedienungswarenhaus Fachmarkt	↑ Warenhäuser in Teilselbstbedienung	↑ Nachbarschaftsmärkte in Selbstbedienung	↑ Bedienungsgeschäfte	↑ Frei-Haus-Lieferung	Handelsleistung hoch

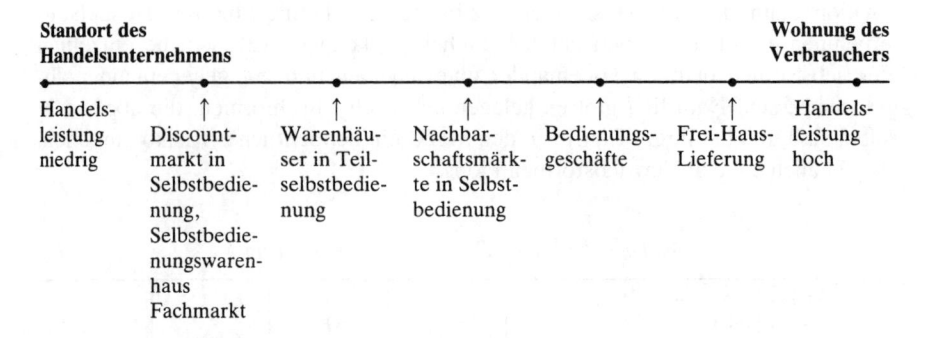

Abbildung 6/7 gibt einen Überblick über diese Werte für die wichtigsten Vertriebsformen im Einzelhandel. Es sind ungefähre Durchschnittszahlen, die von Unternehmen zu Unternehmen eine gewisse Schwankungsbreite aufweisen. Die Zahlen sind über die letzten 10 bis 15 Jahre aber erstaunlich konstant geblieben. Sie dürften in den letzten 3 Jahren infolge des harten Wettbewerbs und der durch ihn erzwungenen fortlaufenden Rationalisierung wahrscheinlich etwas gesunken sein. Die Abstände zwischen den Vertriebsformen sind aber weitestgehend unverändert geblieben. Das zeigt deutlich, wie fest sich die unterschiedlichen Vertriebsformen am Markt etabliert haben und auch vom Verbraucher mit ihrer unterschiedlichen Marketing-Intensität und damit Handelsleistung akzeptiert werden.

Abbildung 6/7: Handelsspanne und Kosten der Vertriebsformen

Vertriebsform Kennzahlen	Nachbarschaftsgeschäft	Feinkost-Markt	Discounter	SB-Warenhaus		Klassisches Warenhaus
				nur Food	insgesamt	
Umsatz (ohne MWSt)	100%	100%	100%	100%	100%	100%
./. Wareneinsatz	80%	73%	87%	85%	83%–81%	65%
= **Handelsspanne**	20%	27%	13%	15%	17%–19%	35%
./. Kosten	16%	19%	11%	14%	16%–17%	33%
= **Reingewinn**	4%	8%	2%	1%	1%– 2%	2%
Bemerkungen	Frischwarenbetont (ca. 60% Umsatzanteil)	zum Teil mit Stadtküche, auch klass. Warenhaus mit seiner LM-Abt.	in der Regel problemloses Trockensortiment, wenig Frischwaren	Nonfood-Anteil 15%–35%, im Food-Teil Frischwaren		Foodanteil ca. 20%, frischwarenbetont Hohe Personalkosten und aufgrund City-Lage hohe Raumkosten

6.2 Die Vertriebsformen als Varianten des konstitutiven Marketing-Mix   321

Bei der Beurteilung des Reingewinns, darauf muß noch hingewiesen werden, ist die Unternehmensgröße und damit auch der Reingewinn als absolute Größe in DM zu berücksichtigen. Nachbarschaftsgeschäfte und Feinkostmärkte – ähnlich wird es bei den Fachgeschäften anderer Branchen sein – werden in der Regel von selbständigen Kaufleuten betrieben. Es sind kleine und mittlere Unternehmen. Sie weisen erstaunlich hohe Reingewinne aus. Aber wenn ein Umsatz von 2 Mill. DM erwirtschaftet wird, dann sind 4% bis 8% Reingewinn 80 000 DM bis 160 000 DM. Der Reingewinn in % ist also anders zu beurteilen als ein Reingewinn von 1% oder 2% bei einem Großunternehmen mit Milliardenumsätzen. Diese großen Handelsunternehmen weisen trotz des niedrigen Prozentsatzes dann in DM immer noch zwei- bis dreistellige Millionenbeträge als Reingewinn aus. Außerdem muß berücksichtigt werden, daß im Reingewinn kleiner und mittlerer Unternehmer der Unternehmerlohn und die Verzinsung des Eigenkapitals enthalten sind.

Aus der Abbildung 6/8 ist zu ersehen, daß sich die Vertriebsformen nach 1988 völlig anders entwickelten als Prognosen annahmen. Die Vertriebsform Discount, dies ist das am meisten auffallende Ergebnis, wuchs weitaus stärker als vorausgesagt. Gegenüber 1988 steigerten die Discounter ihren Marktanteil um fast 50% von 23,3% auf 32,1%. Die SB-Warenhäuser und Verbrauchermärkte erfüllten die in sie gesetzten Erwartungen nicht. Sie verloren rund ein Drittel ihres Marktanteiles von 1988 und fielen von 36,8% auf 25,4%. Die Supermärkte dagegen steigerten ihren Marktanteil um mehr als das Doppelte von 11,5% auf 27,6%, was nicht erwartet wurde. Die übrigen, meist kleineren SB-Geschäfte verloren, was vorauszusehen war, weiter an Marktanteil von 20,4% auf 14,7%. Diese starken Abweichungen von der Prognose lassen sich aus der Wiedervereinigung Deutschlands

Abbildung 6/8: Die Entwicklung der Vertriebsformen im Lebensmittel-Einzelhandel nach Anzahl der Geschäfte und Marktanteilen von 1968 bis 2000

Vertriebsform	Anzahl der Geschäfte absolut und in %					Umsatzanteil Gesamtumsatz Lebensmittel absolut in Mrd. DM, Anteil in %							
	1968	1970	1973	1977	1988	1968	1970	1973	1977	1988	1995	2000	1998
absolut	158780	148000	116910	87500	73401	47,1	55,0	72,6	95,0	153,4	(geschätzt)		Ist
davon in %:													
Discounter	1,1	1,5	1,6	3,9	9,5	9,1	8,0	6,5	13,0	23,3	14,3	15,1	32,1
Verbrauchermärkte, SB-Warenhäuser*	0,2	0,4	0,8	1,8	6,1	3,1	6,6	12,7	19,2	36,8	49,4	52,0	25,4
Warenhäuser*	0,2	0,3	0,5	0,7	0,4	5,1	5,9	7,1	7,3	2,5	–	–	
Super-SB-Geschäfte	3,9	5,2	7,2	11,0	5,0	21,9	25,6	28,4	26,9	11,5	12,7	12,5	27,6
Große SB-Geschäfte	7,3	8,5	10,0	12,5	5,3	16,8	15,9	15,3	14,1	7,4			
Mittlere SB-Geschäfte	26,9	34,9	15,7	16,0	13,2	26,6	27,4	13,3	10,6	8,0	23,6	20,4	14,7
Kleine SB-Geschäfte	60,4	49,2	64,2	54,1	60,5	17,4	10,6	16,7	8,9	10,5			

* Nur Lebensmittelabteilung.

Quelle: Motive, Märkte, Menschen, Fachinformationen der *Union Deutsche Lebensmittelwerke GmbH* für das Management im Handel, Nr. 3/1979, S. 11; Zahlen für 1988: Der Deutsche Lebensmittel-Einzelhandel im Spiegel der Statistik 1989, herausgegeben vom Hauptverband des Deutschen Lebensmittel-Einzelhandels e. V., Bonn 1989; Schätzung für 1995 und 2000: o. V., Veränderte Gewichte, Prognose des Lebensmitteleinzelhandels 1995–2000: Die Großen legen zu, in: Absatzwirtschaft Heft 12/1990, S. 7; Ist-Werte 1998: Handel aktuell '99, Hrsg. Euro-Handelsinstitut e. V., Köln 1999, S. 64/65.

und der in der zweiten Hälfte der 90er Jahre des vorigen Jahrhunderts schwachen Konjunktur erklären. Die Verbraucher der neuen Bundesländer verfügten nach der Wiedervereinigung nur über eine begrenzte Kaufkraft. Die Verbraucher der alten Bundesländer übten sich angesichts ungewisser Aussichten für die Zukunft und einer Stagnation der Einkommen teilweise in merklicher Kaufzurückhaltung. Die Entwicklung der Discounter wurde darüber hinaus dadurch gefördert, daß gerade das Lebensmittel-Sortiment eine große Anzahl discountfähiger Artikel aufweist. Die SB-Warenhäuser litten unter einer zunehmenden Knappheit qualitativ guter Standorte, was eine weitere Flächenexpansion behinderte.

6.2.2 Nieschlags These von der „Dynamik der Betriebsformen"

Der traditionelle Einzelhandel stand den neuen Vertriebsformen – vor allem den Discountern im Lebensmittel-Einzelhandel, die am meisten Unruhe stifteten – zunächst ratlos und feindlich gegenüber. Da sie sich ihren Zugang zum Markt durch eine aggressive Preispolitik erzwangen, wurden sie als bösartige und unseriöse Preisdrücker diffamiert. Und es wurde ihnen ein baldiges und unrühmliches Ende vorausgesagt. Diese Voraussage ist bis heute nicht Wirklichkeit geworden. Und schon lange wartet niemand mehr darauf, daß die Discounter aller Arten und die zum Discount tendierenden Vertriebsformen an ihren niedrigen Preisen zugrunde gehen. Auch der traditionelle Einzelhandel, soweit er noch am Markt ist, hat inzwischen erkannt, daß die neuen Vertriebsformen über neue unkoventionelle Absatzkonzepte verfügen und daß vor allem die Discounter einen ganz markanten Marketing-Mix verwirklichen. Das straffe, schnelldrehende Sortiment – mit discountfähigen Artikeln – und die minimale Handelsleistung – mit niedrigen Kosten – sind ihr Erfolgsrezept. Sie können deshalb die Strategie der Niedrigpreislage nicht nur auf Dauer durchhalten, sie erwirtschaften auch noch beachtliche Gewinne. Die neuen, vor allem die discountierenden Vertriebsformen haben vom Marketing-Mix her eine solide betriebswirtschaftliche Basis. Und sie haben sich einen festen Platz am Markt erobert. Vom Lebensmittel-Einzelhandel ausgehend griff das Discountprinzip schon sehr bald auf andere Branchen und die SB-Warenhäuser über. Und es hat den traditionellen Einzelhandel und die Handelsunternehmen, die sich für eine Strategie der Hochpreislage entschieden, dazu veranlaßt, sich mit ihrer Sortiments- und Preispolitik sehr sorgfältig und für den Verbraucher deutlich erkennbar von den discountierenden Handelsunternehmen abzugrenzen. Der Discount ist, so kann man es sehen, der Geburtshelfer für das Profil-Marketing, für das Streben vieler Handelsunternehmen, ein eigenständiges und unverwechselbares Erscheinungsbild zu erlangen, zur „retail brand" zu werden. (Siehe dazu: Brandes, Dieter, Konsequent einfach, Die ALDI-Erfolgsstory, Frankfurt/Main 1998; Brandes zitiert in seinem Buch am Anfang der Einführung Karl Albrecht, der 1953 einen kurzen Überblick über die Grundsätze seines Unternehmens gab. Aus diesem Zitat geht hervor, daß die Brüder Albrecht mehr durch Zufall auf das Discount-Prinzip gekommen sind. Eigentlich wollten sie zunächst ein ganz normales traditionelles Lebensmittel-Einzelhandelsunternehmen mit Filialen aufbauen. Ein Mangel an Kapital zwang dazu, das Sortiment klein und die Investitionen in Sachkapital niedrig zu halten. Als sie erkannten, daß man trotz eines kleinen Sortiments und bescheidener Ladenausstattung auch Geld verdienen konnte, sind sie bei dieser Form des Handels geblieben und haben auf ein Trading-up verzichtet. Die Vertriebsform „Discount" war geboren.)

Daß der traditionelle Handel so große Schwierigkeiten hatte, das Discountprinzip zu verstehen, und daß er lange Zeit hoffte, der Discount sei eine vorübergehende Modeerscheinung, ist sicher mit auf Nieschlag's These von der Dynamik der Betriebsformen zurückzuführen. Die erste Fassung wurde 1954 formuliert und zu Beginn der siebziger Jahre des vorigen Jahrhunderts überarbeitet (Nieschlag, Robert, Dynamik der Betriebsformen des Handels, in: Handwörterbuch der Absatzwirtschaft, Stuttgart 1974, Spalte 366ff.) Die Nieschlag'sche These hat in den Anfangsjahren der merkantilen Revolution in der deutschen Betriebswirtschaftslehre und darüber hinaus in der Handelspraxis eine außerordentlich starke Beachtung gefunden.

6.2.2.1 Die These von der Dynamik der Betriebsformen

Neue Betriebsformen – Neuerer oder Pioniere –, die als Reaktion auf die Entwicklung an ihren Absatz- und Beschaffungsmärkten neue Marketing-Konzepte geschaffen haben, dringen mit Hilfe einer aggressiven Preispolitik in den Markt ein und versuchen auf diese Weise, ihr neues Konzept durchzusetzen. Ihr Erfolg veranlaßt andere Handelsunternehmen zur Nachahmung. Diesen Nachahmern und des durch sie angefachten Wettbewerbs versuchen die Pioniere durch Trading-up zu entgehen. Aber auch der Wunsch, ihren Kunden mehr an Leistung zu bieten, veranlaßt sie zu einem Trading-up. Gleichzeitig sind die Pioniere Lehrmeister der bestehenden – konventionellen – Handelsunternehmen, die von ihnen Elemente der neuen Betriebsform übernehmen. Es kommt letztlich zur Assimilation, zur Integration der Pioniere in den bestehenden Handel. Auch die Pionierunternehmen werden konventionell.

Wörtlich heißt es da bei *Nieschlag:* „Neue Betriebsformen geben mithin einen Teil der Prinzipien, nach denen sie ihren Weg beginnen und die ihnen zu bedeutendem Erfolg verholfen haben, nach kürzerer oder längerer Zeit wieder preis. Dies gilt vorzugsweise für ihre preispolitische Aktivität. Damit ist die Voraussetzung gegeben, daß wieder eine neue Betriebsform aufkommen kann, die sich diese ‚Lücke' im System der Warendistribution zunutze macht, sich durch preispolitische Aktivität Zugang zum Markt verschafft und damit gewissermaßen erneut zum Exponenten des Fortschritts im Handel wird. Diese ‚Spitzenstellung' geht aber im Laufe der Zeit ebenso verloren wie die der Vorgängerin, weil sich auch der neue Betriebstyp dem soeben beschriebenen Assimilationsprozeß nicht entziehen kann. So lösen die Betriebsformen im Handel einander gleichsam ab. Im Laufe der letzten 100 bis 120 Jahre ist eine Vielzahl einander gefolgt, ein Prozeß, der als die **‚Dynamik der Betriebsformen'** bezeichnet wird." (*Nieschlag, Robert*, Dynamik der Betriebsformen des Handels, a.a.O., Spalte 373; etwas ausführlicher, modifiziert und aktualisiert: *Nieschlag, Robert/Kuhn, Gustav*, Binnenhandel und Binnenhandelspolitik, Berlin 1980, S. 74ff., besonders S. 85ff.)

6.2.2.2 Die Kernpunkte dieser These

Die *Nieschlag'sche* These läßt sich in vier Punkten zusammenfassen, die für ihr Verständnis wichtig sind und bei denen ihre Auslegung und Überprüfung ansetzen muß.

- Die Pioniere oder Newcomer entwickeln eine neue Marketing-Konzeption und setzen diese Konzeption mit Hilfe aggressiver Preise am Markt durch. Sie kennen keine wirksamere Waffe als den Preis. Diese **Hochschätzung des Preises** – man kann fast von Überschätzung sprechen – ist auch heute noch weit verbreitet. Da die Dynamik von neuen Marketing-Konzepten ausgeht, ersetzen wir den Begriff „Betriebsformen" durch den Begriff „Vertriebsformen", der zutreffender ist.
- Nach den ersten Erfolgen wird fast zwangsläufig ein **Trading-up** betrieben. Diese Entwicklung ist eine „Einbahnstraße" und nicht in ein „Trading-down" umkehrbar, was *Nieschlag* ausdrücklich erwähnt (Spalte 375). Dieses Trading-up ist Ausdruck des Wunsches, den Kunden mehr Leistung zu bieten und sich gegenüber Nachahmern zu profilieren. Das Trading-up ist mit höheren Kosten verbunden und schränkt die Möglichkeiten der aggressiven Preispolitik ein.
- Der **konventionelle Handel übernimmt** seinem Urteil nach erfolgversprechende Elemente der Konzeption der Pioniere und kommt ihnen damit einen Schritt entgegen. Am Ende der Entwicklung steht die Assimilation der Newcomer durch den konventionellen Handel.
- Die Dynamik bezieht sich in erster Linie auf das **einzelne Handelsunternehmen**, das im Verlaufe seines – fast gesetzmäßig ablaufenden – Lebens unterschiedliche Entwicklungsstadien durchläuft und verschiedene Vertriebsformen annimmt. Das ständige Auftreten von Newcomern induziert natürlich im gesamten Handel ebenfalls eine Dynamik, die zu einer Leistungssteigerung des gesamten Handels führt.

Nieschlag spricht immer wieder von „Prozeß", „Entwicklungsstufen", „Erfahrungen" und stellt die Frage, „ob es sich hier um einen typischen Entwicklungsgang handelt, demzufolge mit großer Wahrscheinlichkeit damit gerechnet werden muß, daß neue Betriebsformen des Handels bestimmte Phasen durchlaufen – ähnlich dem sogenannten Lebenszyklus der Produkte, ..." (Spalten 369 und 370). Diese Formulierungen und die These von der Assimilation dürften der Grund dafür sein, daß die *Nieschlag'sche* These auch in der Praxis des Handels so starke Beachtung fand – und zum Teil falsch verstanden wurde. Das zeigt – und erklärt vielleicht – die Hilflosigkeit des konventionellen Lebensmittel-Einzelhandels beim Aufkommen und Vordringen der Discounter. Man war zunächst schockiert und verärgert über die „Unruhestifter", dann aber bald relativ gelassen. Man wartete – und hoffte – auf das Trading-up und die Assimilation. Und darauf wartet mancher Handelsunternehmer auch heute noch.

6.2.2.3 Die wissenschaftliche Diskussion über Nieschlags These

Die Diskussion über die „Dynamik der Betriebsformen des Handels" erhielt einen neuen Anschub durch einen Aufsatz von *Müller-Hagedorn,* den dieser anläßlich der Vollendung des 80. Lebensjahres von *Nieschlag* veröffentlichte.

Müller-Hagedorn bezeichnet *Nieschlags* „Dynamik der Betriebsformen" als interessante Beobachtungen über die Geschäftspolitik von Innovatoren und als einen Versuch, deren Verhalten zu begründen. Er meint, *Nieschlags* These könne die Grundlage für weitere wissenschaftliche Arbeiten sein, die sich vorzugsweise zwei Fragen zuwenden könnten:

- Inwieweit können wissenschaftstheoretische Regeln Hinweise zur Formulierung einer These von der Dynamik der Betriebsformen" liefern? Das ist der **theoretische Ansatz** für weitere Forschung.
- Soll sich ein Entscheidungs-Subjekt – ein Unternehmer – so verhalten, wie das bei früheren Innovatoren bislang beobachtet werden konnte? Das ist der **pragmatische Ansatz** für weitere Überlegungen. Dabei wäre zu klären, ob der Einstieg in einen Markt mit Hilfe einer Niedrigpreispolitik und das anschließende Trading-up eine optimale dynamische Geschäftspolitik darstellen.

Müller-Hagedorn leitet aus diesen beiden Grundsatzfragen eine Fülle von Detailfragen ab. Es liegt in der Natur seines Beitrages, keine Antworten zu geben, sondern durch Fragen zu weiteren Überlegungen anzuregen (*Müller-Hagedorn, Lothar*, Die Dynamik der Betriebsformen, in: Marketing – Zeitschrift für Forschung und Praxis, Heft 1/1985, S. 21 ff.).

Marzen greift die Anregung von *Müller-Hagedorn* zu weiterer Arbeit am Thema Vertriebsformen auf und untersucht, ob und inwieweit die Prognosen – die Verwendung dieses Begriffes ist bemerkenswert – von *Nieschlag* durch die wirtschaftliche Entwicklung bestätigt worden sind oder nicht. Er kommt zu folgenden Ergebnissen:

- Die These von der **Assimilation** hat sich nicht bestätigt.
- Als Antwort auf die aggressive Preispolitik der neuen Vertriebsformen hat der konventionelle Handel – so möchten wir es formulieren – sein **Sortiment in zwei Stufen gespalten**:

1. Stufe: Normalwaren und (preisaggressive) Angebotswaren,

2. Stufe: Normalwaren und (preisaggressive) Dauer-Niedrigpreislagen (Vorläufer die no-names), nachdem sich die Angebotspolitik langfristig nicht durchhalten ließ (vgl. dazu die Überlegungen zu den Vertriebsformen-Segmenten und den vertriebsformen-heterogenen Sortimenten, S. 201 ff.).

- Es entstanden **neue Vertriebsformen** durch Sortiments-Individualisierung, eine innovative Sortimentspolitik, die z.B. die Fachmärkte entwickelten. Es entstanden auch, so müßte man anfügen, **neue Fachgeschäfte** mit einem vertriebsformen-homogenen Sortiment auf hohem Niveau.
- Die **Konzentration im Handel** hat die unterschiedlichen Beschaffungs-Konditionen weitestgehend eingeebnet. Aber nicht vollständig, muß man anmerken.
- Discounter – wie *Aldi* z.B. – haben am **Discountprinzip festgehalten** und kein Trading-up betrieben. Ein marginales Trading-up durch Sortimentsausweitung schwächt diese Feststellung nicht ab. Die SB-Warenhäuser dagegen betreiben Trading-up, um über mehr Einkaufskomfort zum Erlebniskauf zu gelangen, was spürbare Auswirkungen auf die City-Warenhäuser hatte.

- Es kam zu **„Standort-Kooperationen"**. SB-Warenhäuser zogen Fachgeschäfte und Fachmärkte an ihre Standorte und wurden somit zu Kristallisationspunkten für Einkaufs-Zentren auf der grünen Wiese.
- Es kam zur **Ausdehnung des Discountprinzips** auf problemvolle Markenartikel (Offprice-Retailing).
- Neue Kommunikations- und Informationstechniken schufen **neue Vertriebsformen**, wie z.B. das Teleshopping, das inzwischen durch den E-Commerce abgelöst wurde. Es gibt auch innovative Marketing-Konzepte, die zu Flops wurden und in Zukunft weiterhin werden können.

Zusammenfassend stellt *Marzen* fest:

Die Konzeption von der „Dynamik der Betriebsformen" ist durch die wirtschaftliche Entwicklung in allen wesentlichen Punkten **nicht bestätigt** worden.

Die Entwicklung im Handel verlief wesentlich **komplizierter, differenzierter und vielgestaltiger** als in der „Dynamik der Betriebsformen" prognostiziert. *Marzen* sieht hier einen Beweis für die Fragwürdigkeit von Prognosen. Er meint – was aber auch eine Prognose ist! – bis zum Jahre 2000 werde es kaum neue Vertriebsformen, wohl aber weitere innovative Vertriebstypen geben. Vertriebstypen sind Variationen einer Vertriebsform – z.B. Discounter in neuen Branchen oder mit zielgruppen-orientierten Sortimenten – (*Marzen Walter*, Die „Dynamik der Betriebsformen" aus heutiger Sicht, in: Marketing – Zeitschrift für Forschung und Praxis, Heft 4/1986, S. 279ff).

Potucek kritisiert die Ausführungen von *Marzen* heftig. Er stellt fest und belegt dies mit Zitaten von *Nieschlag* (Fassung der These von 1974):

- Die Niedrigpreispolitik ist nicht die alleinige Antriebskraft für eine Vertriebstypen-Differenzierung. Vielmehr initiieren **Bedürfnisse, Wünsche und Vorstellungen der Verbraucher** bzw. bestimmter Verbrauchergruppen neue Vertriebsformen. Das neue Marketing-Konzept ist das primäre Merkmal neuer Vertriebsformen, die Niedrigpreis-Politik nur ein Instrument zu seiner Durchsetzung am Markt. Entsteht zwischen den Unternehmern einer neuen Vertriebsform – den Pionieren und den Nachahmern – ein starker Wettbewerb, wie das z.B. bei den SB-Warenhäusern der Fall war, so hält *Nieschlag* eine aggressive Preispolitik oder deren Fortsetzung für ein ungeeignetes Instrument des Marketing.
- Unter Assimilation darf nicht der totale Abbau der Gegensätze zwischen konventionellem Handel und den Newcomern verstanden werden. Assimilation bedeutet eine **Verminderung des Wettbewerbsvorsprunges** der neuen Vertriebsformen gegenüber dem konventionell geführten Handel.

Potucek hält die Kritik von *Marzen* an *Nieschlags* These für unberechtigt. Obendrein lenkt sie seiner Meinung nach von ordnungspolitischen Fragen ab. Eine dieser Fragen wäre, wie die Differenzierung der Vertriebsformen aussähe, wenn einige Oligopolisten mit jeweils mehreren Vertriebsformen (auch Vertriebsschienen genannt, aus denen ein vertriebsformen-heterogenes Standort-Netz aufgebaut wird) dominierten und den Markt praktisch schließen würden (*Potucek, Vladimir*, Die „Dynamik der Betriebsformen des Handels" – aus heutiger Sicht, Kritik einer Kritik, in: Marketing – Zeitschrift für Forschung und Praxis, Heft 4/1987, S. 289ff.).

6.2 Die Vertriebsformen als Varianten des konstitutiven Marketing-Mix

Köhler findet, daß die gegensätzlichen Äußerungen der genannten Autoren für die Praxis wenig hilfreich sind. Er stellt noch einmal die Argumente pro – 10 – und contra – 6 – *Nieschlag* gegenüber und kommt dabei zu dem Ergebnis, daß *Nieschlags* These – in der er ein Modell sieht – wesentliche, aber nicht alle Strukturwandlungen im Einzelhandel erfaßt. Er schlägt deshalb eine **Modellerweiterung** vor. Zunächst „visualisiert" er *Nieschlags* Modell wie folgt:

Instrumental- einsatz	Marktphase	Entstehung und Aufstieg	Reife und Assimilation
Nichtpreispolitik			○
Niedrigpreispolitik		○	

Dann schlägt er folgende Erweiterung vor:

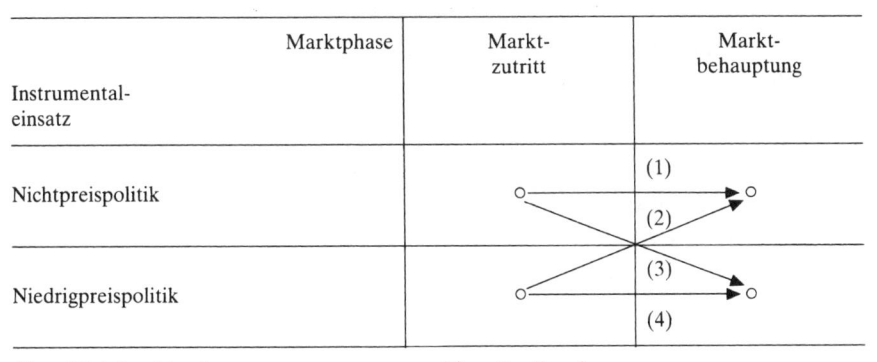

Instrumental- einsatz	Marktphase	Markt- zutritt	Markt- behauptung
Nichtpreispolitik		○	(1) ○ (2)
Niedrigpreispolitik		○	(3) ○ (4)

(1) = High-level-trading   (3) = Trading-down
(2) = Trading-up   (4) = Low-level-trading

Für dieses erweiterte Modell bringt er dann in einer Übersicht empirische Belege, die *Abbildung 6/9* vorstellt.

Köhler stellt abschließend fest, daß *Nieschlags* „Dynamik der Betriebsformen" ihre Aktualität nie eingebüßt hat. Das beweist ihr Eingehen in viele Lehrbücher und Aufsätze in Fachzeitschriften. Sein erweitertes Modell enthält seiner Meinung nach mögliche Ansatzpunkte für die zukünftige strategische Planung im Handel *(Köhler, Friedrich W.,* Die „Dynamik der Betriebsformen des Handels", Bestandsaufnahme und Modellerweiterung, in: Marketing – Zeitschrift für Forschung und Praxis, Heft 1/1990, S. 59 ff.).

6.2.2.4 Anmerkungen zur Diskussion über Nieschlags These

Wie ein roter Faden zieht sich durch die Diskussion die Frage: Ist *Nieschlags* These nun ein Gesetz oder nicht? Daß diese Frage aufkommen konnte und so kontrovers diskutiert wurde, liegt sicher mit daran, wie und mit welchen Begriffen

Nieschlag seine These formulierte, worauf schon hingewiesen wurde. Heute kann man wohl sagen: Die These ist kein Gesetz. Dafür liefert eigentlich *Köhler* – gewollt oder ungewollt – mit seiner Modellerweiterung den besten Beweis. Sein erweitertes Modell ist eine Darstellung aller denkmöglichen und auch in der Praxis verwirklichten Entscheidungs-Alternativen. Ein Newcomer hat, wenn er in einen Markt eindringen will, vier Entscheidungs-Alternativen:
- Eintritt mit hohem Preisniveau und dessen Beibehaltung,
- Eintritt mit hohem Preisniveau und Trading-down (u. U. vom Markt erzwungen),
- Eintritt mit Niedrigpreisen und deren Beibehaltung,
- Eintritt mit Niedrigpreisen und Trading-up.

Damit wird die Wirklichkeit zwar vollständig erfaßt. Aber eine Gesetzmäßigkeit läßt sich aus diesem Modell nicht ableiten. Das ist auch gar nicht möglich. Welche Alternative ein Unternehmer wählt, hängt vom Markt, seinem unternehmerischen Gespür und seiner kreativen Begabung ab. Damit verliert das Modell seine Brauchbarkeit für Prognosen, auf denen der Handel seine strategische Planung aufbauen könnte. Die Hilfe, die sich *Köhler* für die Praxis erhofft, kann sein erweitertes Modell nicht bieten.

Ausgangspunkt für neuen Vertriebsformen sind immer veränderte Verbraucher-Einstellungen und ein verändertes Verbraucher-Verhalten, aber auch gesamtwirtschaftliche Veränderungen durch technischen Fortschritt und steigendes Wohlstandsniveau mit einer Fülle neuer Güter. Die neuen Vertriebsformen reagieren auf diese Veränderungen durch innovative Marketing-Konzepte. Die aggressive Niedrigpreispolitik ist nur – ein – Instrument zu deren Durchsetzung am Markt, nicht aber der Grund für die Entstehung neuer Vertriebsformen. Hier hat die Diskussion sicher die wünschenswerte Klarstellung gebracht.

Offen bleiben zwei wesentliche Fragen:
- Wie waren eigentlich die innovativen Marketing-Konzepte beschaffen, die von den neuen Vertriebsformen am Markt erfolgreich durchgesetzt wurden oder die sich als Flop erwiesen?
- Welche Ziele wurden mit den neuen Marketing-Konzeptionen verfolgt, Stärkung der Stellung am Beschaffungsmarkt oder überdurchschnittliche Erträge oder Sicherung hoher Marktanteile?

Auf diese Fragen wird im folgenden Abschnitt eine Antwort versucht.

6.2.3 Die Geschichte der Vertriebsformen

Die Entstehung eigenständiger Vertriebsformen im Handel der westlichen Industriestaaten ist ein sehr interessanter wirtschaftlicher Prozeß. Dieser Prozeß ist ein wichtiges Kapitel der Wirtschafts- und Handelsgeschichte. Er bietet einen sehr interessanten Anschauungsunterricht darüber, wie Marketing-Konzepte innovativ gestaltet werden können und von dynamischen Unternehmern verwirklicht werden. Die Wissenschaft nahm sich dieses Prozesses bald an. McNair war vor Nieschlag mit seiner Theorie des „Wheel of Retailing" 1931 wohl einer der ersten Wirtschaftswissenschaftler, der sich mit der Entwicklung des Handels beschäftigte. Überblickt man den Prozeß der Entstehung der Vertriebsformen, so wird man an

Schumpeters These von der „schöpferischen Zerstörung", die das Werk dynamischer Pionierunternehmer ist, erinnert. (Koesters, Paul-Heinz, Ökonomen verändern die Welt, Hamburg 1982, S. 157ff..) In der Tat haben die neuen Vertriebsformen viele Unternehmen des traditionellen Handels, vor allem Lebensmittelgeschäfte mit kleinen Verkaufsflächen, vom Markt verdrängt. Auch die traditionelle klassische Drogerie z.B. ist vollständig durch die Drogeriemärkte ersetzt worden.

Abbildung 6/9: Vertriebsformen nach Unternehmensstrategien gegliedert

Preispolitik	Verlaufsrichtung	up	down
Veränderung		**Trading-up:** Warenhaus Konsumgenossenschaft Versandhandel Einheitspreisgeschäft Supermarkt Verbrauchermarkt SB-Warenhaus Serviceorientierter Fachmarkt	**Trading-down:** SB-Filialen des Fachhandels *(Hettlage)* Discountfilialen der NuG-Filialisten Warenhaustypen[1]: • *Karstadt:* „Spartaner" • *Horten:* „Horten extra" • *Hertie:* „Nahversorger" Betriebstypeninklusion: • *Breuninger-U* (Basement store) • *Karstadt* „Schnäppchenmärkte" Partievermarktung der Kaffee-Filialisten
Beibehaltung		**High-level-trading:** Automat Betriebstypenexklusion: z.B. *Beck* Boutique City-Passage Heimdienst „Kaffeefahrten" Kiosk Tankstellen-Shops Markt-/Straßenhandel Spezialgeschäft Verkaufsauto	**Low-level-trading:** *Aldi* (NuG-Discounter) *C & A* (Textil-Kaufhaus) Discount-orientierter Fachmarkt *Schlecker* (Drogeriemarkt) Postengeschäfte (Havariesupermärkte) *NKD* (Textil-Minipreismärkte)

[1] Die Trading-down-Warenhaustypen waren Flops. Sie wurden inzwischen durch Trading-up-Konzepte – Galeria-Konzept bei Horten/Kaufhof z.B. – ersetzt.
Quelle: *Köhler, Friedrich W.,* Die „Dynamik der Betriebsformen des Handels", Bestandsaufnahme und Modellerweiterung, in: Marketing – Zeitschrift für Forschung und Praxis, Heft 1/1990, S. 62.

Der folgende kurze Rückblick auf die Geschichte der Vertriebsformen soll zeigen, daß die **gesamte Marketing-Konzeption** tatsächlich das primäre Kennzeichen einer Vertriebsform ist und nicht die Niedrigpreispolitik, die nur eine Alternative eines Marketing-Instruments darstellt. Er soll weiterhin zeigen, daß für die Entstehung von neuen Vertriebsformen meist **gesamtwirtschaftliche Veränderungen,** verbunden mit Änderungen von Einstellungen und Verhalten der Verbraucher, die Ursache waren und sein werden. Überwiegend **exogene Faktoren** bestimmten und bestimmen die Entwicklung neuer Vertriebsformen. Der Handel hat also mit neuen Vertriebsformen bisher in der Regel reagiert. Er kann aber auch durch Agieren, durch neue Vertriebsformen, die durch endogene Faktoren ins Leben gerufen und bestimmt wurden, gesamtwirtschaftliche Veränderungen und Wandlungen der Verbraucher bewirken. Die Selbstbedienung und die Vertriebsform Supermarkt haben z. B. sowohl den Verbraucher als auch die Produktion von Gütern – die sbfähig sein mußten – nachhaltig beeinflußt. Weiterhin soll versucht werden, in die Vielfalt der Vertriebsformen so weit als möglich eine Systematik zu bringen. Es wird dagegen nicht nach Gesetzmäßigkeiten gesucht, die als Grundlage für möglichst sichere Prognosen dienen könnten.

6.2.3.1 Die Handelsleistung als Gestaltungsobjekt der Marketing-Konzeption

Die Marketing-Konzeption ist nicht nur für die Vertriebsformen und deren Entwicklung ein primäres Kennzeichen. Sie ist auch der dominierende Bestandteil des Leistungsangebotes, das jedes Handelsunternehmen erbringt. Will man die Vertriebsformen systematisch gliedern, kann man auf beide Begriffe nicht verzichten. Dies um so weniger, als zwischen beiden Begriffen enge gegenseitige Beziehungen bestehen. Die *Abbildung 6/10* soll den Inhalt der Begriffe und die bestehenden Interdependenzen erkennbar werden lassen.

Die Handelsleistung weist drei Eigenheiten auf, die nicht übersehen werden dürfen:

- **Handelsleistung ist delegierbar.** Sie kann sowohl in Richtung Verbraucher als auch in Richtung Lieferanten – gleich ob Großhandel oder Industrie – delegiert – besser vielleicht überwälzt – werden.
  Die Delegation **zum Verbraucher** hin funktioniert nur, wenn die infolge des geringeren Faktoreinsatzes erzielten Kosteneinsparungen im Preis weitergegeben werden. Beispiele für die Delegation von Handelsleistung zum Verbraucher hin sind:
  Standorte auf der grünen Wiese, zu denen der Verbraucher einen längeren Weg zurücklegen muß,
  Fehlartikel infolge niedrigen Warenbestandes, die den Verbraucher zwingen, wiederzukommen,
  Die Delegation **zum Lieferanten** hin ist von der Marktstellung des Handelsunternehmens abhängig. Beispiele dafür sind:
  Abrufaufträge (Lieferant übernimmt Lagerfunktion)
  Zahlungsziele (Lieferant übernimmt Kreditfunktion)
  Regaldienst (Lieferant übernimmt Warenpräsentation mit Quantitäts- und Qualitätsfunktion)
- **Handelsleistung ist nicht in jedem Umfang absetzbar**, und mag sie noch so professionell erbracht werden. Handelsleistung muß heute, wenn ein vertriebsformen-heterogenes Sortiment geführt wird, nach Vertriebsformen-Segmenten

6.2 Die Vertriebsformen als Varianten des konstitutiven Marketing-Mix 331

differenziert erbracht werden (vgl. dazu die Darstellung der Sortiments-Gestaltung nach der Marketing-Intensität der Artikel und die Vertriebsformen-Segmente, S. 162 ff. und S. 201 ff.).
- **Handelsleistung** als letztlich abstrakte, aber an die Ware gebundene Dienstleistung **ist nur zum Teil auf Vorrat produzierbar.** Je nach Vertriebsform und der zugehörigen Andienungsform ist die Produktion der Handelsleistung mehr oder weniger von der Kundenfrequenz oder dem Bestelleingang abhängig.

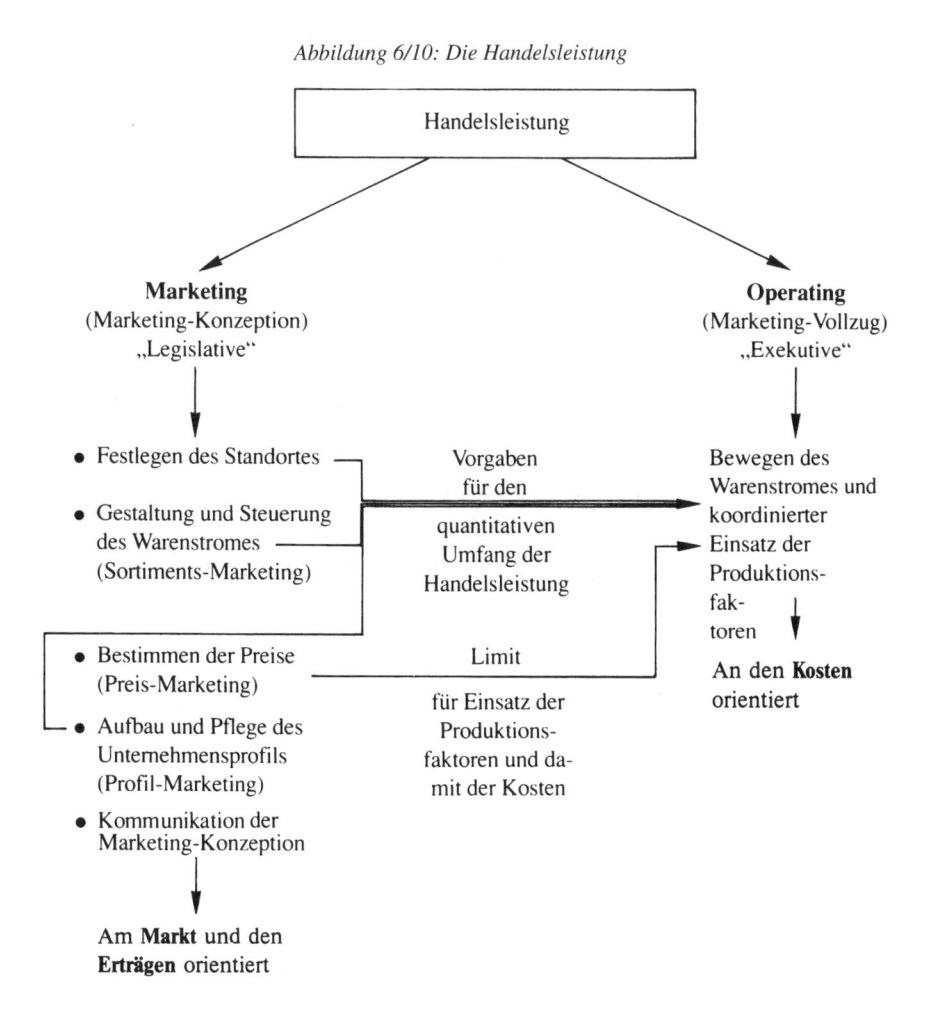

Abbildung 6/10: Die Handelsleistung

```
                        ┌─────────────────┐
                        │ Handelsleistung │
                        └─────────────────┘
                         ↙             ↘
        Marketing                           Operating
   (Marketing-Konzeption)               (Marketing-Vollzug)
        „Legislative"                       „Exekutive"
             ↓                                   ↓
• Festlegen des Standortes ─┐     Vorgaben        Bewegen des
                            │     für den         Warenstromes und
• Gestaltung und Steuerung  │  quantitativen      koordinierter
  des Warenstromes          │     Umfang der      Einsatz der
  (Sortiments-Marketing) ───┤   Handelsleistung   Produktions-
                            │                     fak-
                            │                     toren
• Bestimmen der Preise      │     Limit           ↓
  (Preis-Marketing)         │  für Einsatz der   An den Kosten
└ • Aufbau und Pflege des   │  Produktions-       orientiert
  Unternehmensprofils       │  faktoren und da-
  (Profil-Marketing)        │  mit der Kosten
• Kommunikation der         │
  Marketing-Konzeption      │
             ↓
    Am Markt und den
    Erträgen orientiert
```

Mit Hilfe der beiden Begriffe **Marketing-Konzeption** und **Handelsleistung** lassen sich die heute existierenden Vertriebsformen gut charakterisieren und vergleichen. Überblickt man die Entwicklung der Vertriebsformen, so fällt auf, daß zum einen um die Jahrhundertwende – etwa 1870 bis 1910 – neue Vertriebsformen entstanden. Dann folgte in Deutschland eine Zeitspanne des Stillstands, sicher bedingt durch die beiden Weltkriege. Ende der fünfziger Jahre kam dann ein zweiter

„innovativer Schub", zu dessen Beginn vor allem die inzwischen in den USA erfolgte Entwicklung nachgeholt wurde. Deshalb werden die heute existierenden Vertriebsformen hier in zwei „Generationen" gegliedert, die sich deutlich voneinander unterscheiden.

6.2.3.2 Die erste Generation der Vertriebsformen im Einzelhandel

Die sogenannte „industrielle Revolution", die schon zu Beginn des 19. Jahrhunderts einsetzte, hatte anfangs wenig Einfluß auf den Handel. Sie vollzog sich vorrangig im Investitionsgüterbereich, hinter den die Konsumgüterproduktion zurücktreten mußte. Erst in der zweiten Hälfte des 19. Jahrhunderts erfolgte ein tiefgreifender Wandel, der sich mit den Stichworten Verstädterung der Bevölkerung, zurückgehende Selbstversorgung, Beginn der Konzentration in der Industrie und Beginn der Massenproduktion von Konsumgütern kennzeichnen läßt. Vor diesem Hintergrund begann die Entstehung neuer Vertriebsformen, mit denen sich der Handel dem Wandel in Wirtschaft und Gesellschaft anpaßte.

Der Ende des neunzehnten Jahrhunderts bestehende Handel, den man als Urform des Handels bezeichnen könnte, von der alle neuen Vertriebsformen abstammen, wies die folgenden Merkmale auf:

- Kleine Sortimente, im Vergleich zu heute sehr schmal und flach. Das gesamtwirtschaftliche Konsumgüter-Sortiment war sehr klein und bestand überwiegend aus Versorgungsgütern.
- Kleine Verkaufsflächen, dafür zahlreiche Standorte, die als engmaschiges Standort-Netz das Land überzogen; die Raumüberbrückungsfunktion wurde gut erfüllt, was auch erforderlich war, denn die Bevölkerung war kaum mobil.
- Strenge Gliederung nach Branchen, die zum Teil auf der Zunftgliederung des Handwerks im Mittelalter beruhte.
- Es gab nur die Andienungsform der Bedienung.
- Die Ausstattung der Geschäfte und die Präsentation der Ware waren meist sehr einfach gehalten.
- Der Großhandel war ebenfalls in viele kleine Unternehmen zersplittert. Er präsentierte sein Sortiment durch Reisende oder Vertreter. Durch großzügige Gewährung von langen Zahlungszielen brachte er – vorwiegend im Lebensmittelhandel – viele Einzelhändler in seine Abhängigkeit.
- Fast alle Handelsunternehmen – sowohl im Einzel- wie auch im Großhandel – wurden von selbständigen Kaufleuten geführt.
- Das warenkundliche Wissen der Kaufleute war in der Regel sehr gut und wurde in der Ausbildung auch ausreichend vermittelt. Das betriebswirtschaftliche Bildungsniveau – das kaufmännische Wissen – befand sich, von Branche zu Branche unterschiedlich, meist auf einem niedrigen Niveau.

Diese Urform des Handels hat sich im streng branchenorientierten Fach-Einzelhandel und zum Teil auch im Spezialgroßhandel bis heute erhalten. Dieser „traditionelle Handel" hat seine Sortimente, die Warenpräsentation und auch sein Operating dem jeweiligen Stand der Entwicklung angepaßt. Aber die konstitutiven Merkmale kleines Sortiment, kleine Fläche und Bedienung sind geblieben.

(1) Die Warenhäuser

Die **Warenhäuser** entwickelten eine **Marketing-Konzeption**, in deren Mittelpunkt zwei Innovationen standen:

- Das **„branchenübergreifende Sortiment"** war die erste Innovation im Marketing-Mix der Warenhäuser. Dieses Sortiment sprengte die Grenzen der bis dahin vorherrschenden Branchengliederung. Die Sortiments-Idee wurde ergänzt durch die Entscheidung, überwiegend schnelldrehende Artikel zu führen, die man in großen Mengen zu günstigen Preisen beschaffen konnte. Entsprechend attraktiv konnten die Verkaufspreise sein, die die Einführung von Festpreisen und der Barzahlung erleichterten.
- Die **„Filialisierung"** folgte als zweite Innovation im Marketing-Mix. Vorher hatten Einzelhandelunternehmen in der Regel nur einen Standort besetzt. Es wurden anfangs ausschließlich „City-Standorte" in den Großstädten besetzt, nach dem zweiten Weltkrieg ging man auch in Mittelstädte. Die Filialisierung erlaubte eine starke Expansion und den Aufbau einer Nachfragemacht.

Nachdem sie mit einer Niedrigpreispolitik erfolgreich in den Markt eingedrungen waren und ihre Stellung behauptet hatten, gingen die Warenhäuser zu einer Politik des Trading-up über. Sie verbesserten die Ausstattung ihrer Verkaufsräume und der Warenpräsentation, was zu leicht steigenden Preisen führte. Über Jahrzehnte hinweg waren die Warenhäuser mit diesem Marketing-Konzept sehr erfolgreich. Aber gegen Ende der siebziger Jahre gerieten sie in eine Krise. Sie mußten einen Zweifronten-Krieg führen. Auf der einen Seite griffen die SB-Warenhäuser mit aggressiven Preisen und auf der anderen Seite die Fachgeschäfte mit verstärktem Trading-up an. Zunächst reagierten die Warenhäuser mit einem Trading-down. Sie verkleinerten das Sortiment, reduzierten Personal und damit Service und besetzten zweitklassige Standorte in Mittelstädten. Die Flächenexpansion hatte eine deutlich sinkende Flächenproduktivität zur Folge, zur Sicherung des Marktanteils trug sie kaum bei. Als diese Politik des Trading-down wenig Erfolg brachte, gingen die Warenhäuser in den achtziger Jahren wieder zum Trading-up über – das Galerie-Konzept von *Horten* ist ein Beispiel dafür – und konnten auf diese Weise und durch die Aufgabe unrentabler Standorte ihre Krise überwinden (s. dazu: *Strohmeyer, Klaus,* Warenhäuser, Berlin 1980, wo ein sehr interessanter Überblick über die Geschichte der Warenhäuser gegeben wird; *Fuchs, Konrad,* Ein Konzern aus Sachsen, Das Kaufhaus *Schocken* 1901–1953, Stuttgart 1990; Pearson Michael, Das Warenhaus, Reinbeck 1982).

(2) Die Versandhandelsunternehmen

Die **Versandhandels-Unternehmen** ersetzten in ihrem Marketing-Mix die Verkaufsfläche durch den **Katalog**. Das war ihre innovative Marketing-Idee. Sie konnten damit von einem einzigen, beschaffungs- oder verkehrsorientierten Standort aus ein großes Sortiment flächendeckend anbieten. Das wäre mit stationären Verkaufsflächen niemals möglich gewesen. Mit Hilfe des Katalogs dagegen konnten sie mit einem Warenhaus-Sortiment bis in das letzte Dorf und in die gute Stube des Verbrauchers vordringen. Ein Ausflug in den stationären Warenhaus-Bereich – durch Neckermann und Quelle – war nicht sehr erfolgreich. Man kann ihn getrost als Flop bezeichnen.

Nach einer preisaggressiven Anfangsphase folgten Trading-up – Sortiments-Erweiterung und verbesserte Katalogausstattung – mit leicht steigenden Preisen. Hinsichtlich des Preis-Niveaus sind klassische Warenhäuser und Versandhandels-Unternehmen heute gar nicht so weit voneinander entfernt.

(3) Die Filialunternehmen

Die **Filialunternehmen** besetzten **mehrere Standorte**. Zu ihrer Zeit war das eine innovative Idee. Die Filialisierung gab dem Standort-Marketing eine ganz neue Dimension. Es wurden Standort-Netze aufgebaut, was auch für die anderen Marketing-Instrumente Folgen hatte. So stellte sich beim Sortiments-Marketing die Frage, in welchem Maße man ein Sortiment, das an verschiedenen Standorten angeboten wird, standardisieren kann. Das Preis-Marketing mußte sich fragen, ob für unterschiedliche Standorte zentral festgelegte einheitliche Preise nicht zu einer Einbuße an Flexibilität führen. Und das Profil-Marketing mußte dafür sorgen, daß alle Filialen ein einheitliches und unverwechselbares Bild boten.

Zwei Vorteile bot die Filialisierung:

- Es konnte stark **expandiert** werden, mit entsprechenden Auswirkungen auf das Einkaufsvolumen und die Konditionen.
- Zwischen den einzelnen Filialen wurde ein **Ertragsausgleich** – eine neue Variante der Mischkalkulation – möglich, der es erlaubte, auch riskante Standorte zu besetzen und ertragsschwache Filialen weiterzuführen, wenn dies aus unternehmenspolitischen Gründen wünschenswert erschien. Das Standort-Marketing wurde von da an nicht nur von der Rentabilität, sondern auch von der Unternehmenspolitik her gesteuert. Und die Unternehmenspolitik kann auch andere Ziele als die Gewinn-Maximierung haben.

Auf diese Weise verschafften sich die Filialunternehmen gegenüber dem selbständigen Einzelhandel erhebliche Wettbewerbsvorsprünge. Den Filialunternehmen sind die Konsumgenossenschaften gleichzusetzen. Sie hatten zwar hinsichtlich der Preispolitik und der Ertragsziele eine andere, von der Genossenschafts-Idee geprägte Unternehmens-Philosophie. Ihrem Marketing-Mix nach sind sie aber Filialunternehmen.

(4) Die Handelsgruppen

Die **Handelsgruppen** verwirklichten die innovative Idee der **Funktions-Delegation**. Der Sinn dieses Prinzips war, einen Teil der Handelsleistung der Einzelhandels-Unternehmen an neu geschaffene Vorstufen – den Großhandel und die Zentralen – zu delegieren. Es ging dabei vorrangig um Handelsleistungen aus dem Marketing-Bereich.

Damit wurde eine Stärkung der Leistungsfähigkeit des selbständigen Einzelhandels auf zwei Wegen erreicht:

- Durch **Auftragsbündelung** konnten die Vorstufen große Einkaufsvolumina schaffen, die sie gegenüber der Industrie in eine starke Position brachten und das Aushandeln günstiger Konditionen erlaubten. Die Warenbeschaffung war anfangs die primäre Aufgabe. Und am Beginn des Ringens um bessere Konditionen stand der Kampf der Einkaufsgenossenschaften um ihre Anerkennung als Großhandelsunternehmen. Diese Anerkennung mußte der Industrie mühsam abgerungen werden.

- Eine Reihe von **Marketing-Aufgaben** konnte **auf den Vorstufen** von qualifizierten Spezialisten übernommen werden, deren Beschäftigung den kleinen Einzelhändlern aus finanziellen Gründen nicht möglich gewesen wäre. Solche Marketing-Aufgaben waren und sind auch heute noch die Gemeinschaftswerbung, die Schaffung von Handelsmarken, die Sicherung neuer Standorte, die Entwicklung neuer Konzepte im Ladenbau, die Aus- und Weiterbildung und die Herausgabe von Fach- und Kundenzeitschriften.

Mit der Idee der Funktionsdelegation sind die Handelsgruppen bis heute sehr erfolgreich. Ihre Stärke ist der selbständige Kaufmann, der heute unternehmerisch denkt, z.T. auch mehrere Standorte besetzt hält und in eigener Ergebnisverantwortung weitaus flexibler agiert als die großen Filialunternehmen.

(5) Die Einheitspreisgeschäfte und Kleinpreiswarenhäuser

Die **Einheitspreisgeschäfte** und **Kleinpreiswarenhäuser** sind, obwohl sie nicht besonders erfolgreich waren, eigentlich die interessanteste Vertriebsform der ersten Generation. Mehrere innovative Ideen kennzeichnen ihre Marketing-Konzeption:

- Das branchen- und bedarfsgruppenübergreifende Sortiment ähnelt dem Sortiment der klassischen Warenhäuser.
- Die Beschränkung auf geringwertige Artikel war dem Gemischtwarengeschäft entlehnt.
- Die Komprimierung der Preise in einer oder mehreren Preislinien machte die Struktur des Sortiments transparent.
- Das Sortiment wurde in Teil-Selbstbedienung mit entsprechender Warenpräsentation angeboten.

Daß der Erfolg bescheiden blieb, dürfte folgende Gründe gehabt haben:

- Durch ein Trading-up wurde das Profil dieser Vertriebsform verwischt, sie geriet in die Nähe der klassischen Warenhäuser. Trading-up war ein Widerspruch zur ursprünglichen Marketing-Konzeption.
- Die Preislinie führten zu einer umfangreichen Mischkalkulation, die die Flexibilität einschränkte und auf Dauer nicht durchzuhalten war.
- Geeignete Standorte waren nur in den Ballungsgebieten zu finden und deshalb sehr knapp. Da für die angebotenen Artikel die Ausgabenbeträge der Haushalte sehr klein waren, mußten die Einzugsgebiete, sollte ein nennenswerter Umsatz erreicht werden, sehr dicht besiedelt sein.

Vergleicht man die Vertriebsformen der ersten Generation miteinander und sucht nach Gemeinsamkeiten, so fällt zweierlei auf:

Die Vertriebsformen der ersten Generation sind mit einer Niedrigpreispolitik in den Markt eingedrungen und haben nach ihrer Etablierung am Markt Trading-up betrieben. Das branchenübergreifende Sortiment bedeutete für den Verbraucher mehr Auswahl. Der Aufbau von Standortnetzen oder der Versand von Katalogen hatten eine größere Nähe zum Verbraucher zur Folge. Die Funktions-Delegation brachte eine höhere Leistungsfähigkeit und professionelles Marketing zum Nutzen der Verbraucher mit sich. Die innovativen Marketing-Konzepte und die damit verbundene Steigerung der Handelsleistung betrafen aber das einzelne Unternehmen. Die Unternehmen, das ist wesentlich, wurden leistungsfähiger, produzierten eine höhere Handelsleistung. So gesehen gilt für die Vertriebsformen der ersten Generation bis in die fünfziger Jahre hinein die *Nieschlag'sche* These von der Dynamik im Handel fast uneingeschränkt. Sie gilt sogar für die Einheitspreisgeschäfte, obwohl diese eine gewisse Sonderstellung einnahmen.

Prüft man die Frage, in welchem Umfang dem einzelnen Artikel im Sortiment Handelsleistung zugefügt wurde, kommt man zu einem anderen Ergebnis. Die dem einzelnen Artikel hinzugefügte Handelsleistung war fast konstant. Es fand weder ein Trading-up noch ein Trading-down statt, mit Ausnahme der Einheitspreisgeschäfte, die mit der Teil-Selbstbedienung die Handelsleistung pro Artikel reduzierten, damit einen ersten Schritt in Richtung Discount taten. Somit waren die Newcomer der ersten Generation bei ihrem Auftreten am Markt vom konventionellen Einzelhandel gar nicht so weit entfernt. Und sie unterschieden sich auch untereinander relativ wenig. Es gab als Andienungsform nur die Bedienung, die eine Variation der Handelsleistung pro Artikel kaum zuließ. Dies hat sicher den Prozeß der Assimilation erleichtert. Erst mit dem Aufkommen der Selbstbedienung wurde es möglich, die dem einzelnen Artikel zuzumessende Handelsleistung zu variieren, also auch beim einzelnen Artikel ein Trading-up oder ein Trading-down – vor allem letzteres – zu betreiben.

Die Ziele, die die Vertriebsformen der ersten Generation verfolgten, waren zum einen die Stärkung ihrer Stellung an den Beschaffungsmärkten, die das Aushandeln guter Konditionen erlaubte. Zum zweiten aber wollten sie mit ihren neuen Marketing-Konzeptionen im Wettbewerb mit dem konventionellen Handel und auch untereinander bestehen, ihre Marktanteile ausweiten oder sichern und gute Erträge erwirtschaften.

(6) Der mobile institutionelle Einzelhandel

Es lassen sich zwei Varianten unterscheiden:

- Der ambulante Handel

Diese Form des mobilen Handels ist wahrscheinlich älter als der stationäre Handel. Der ambulante Einzelhandel baut seine Verkaufsstände auf Wochenmärkten, Jahrmärkten und Volksfesten auf. Er führt meist kleine Branchensortimente. Die Preispolitik ist nicht aggressiv. Durch eine trotz der einfachen Verkaufsstände attraktive Warenpräsentation muß er Impulskäufe provozieren. Die Grenzen zu den Schaustellern können fließend sein.

- Der Handel mit Verkaufswagen

Er findet sich nur im Lebensmittel-Einzelhandel und ersetzt in dünn besiedelten Regionen die ausgestorbenen „Tante-Emma-Läden". Das Sortiment ist sehr begrenzt, vor allem sehr flach. Es werden fest geplante Touren befahren. Wochentag einer Tour, Haltepunkte und Haltezeiten liegen eindeutig fest. In den Verkaufswagen des Lebensmittel-Einzelhandels kann man einen Vorläufer der Heimdienste sehen, die teilweise aus kleinen Großhandelsunternehmen hervorgegangen sind.

6.2.3.3 Die zweite Generation der Vertriebsformen im Einzelhandel

(1) Der Supermarkt im Lebensmittel-Einzelhandel

Es sind im wesentlichen drei Entwicklungen, die die wirtschaftliche Situation, in der die Vertriebsformen der zweiten Generation bis in die Gegenwart hinein entstanden, kennzeichnen.

Die Wirtschaft im Überfluß führte zu einer völlig neuen **Gliederung der Handels-Sortimente,** die quer durch alle Branchen ging. Im Abschnitt „Sortimentsgestaltung nach der Marketing-Intensität der Artikel" (S. 162ff.) wurde diese Gliederung ausführlich erläutert. Für den Einzelhandel ergibt sich daraus, daß der Verbraucher mit zunehmender Intensität der Kaufgewohnheit beim jeweiligen Artikel eine verringerte Handelsleistung zugunsten niedrigerer Preise akzeptiert, ja sogar erwartet. Bei jedem Produkt muß heute überlegt werden, welche Handelsleistung es braucht, wieviel Handelsleistung der Verbraucher zu zahlen gewillt ist und welchem Vertriebsformen-Segment es zuzuordnen ist. Dieses Trading-up und vor allem Trading-down beim einzelnen Artikel ist für die Vertriebsformen der zweiten Generation ein zentraler Anlaß, sich den Einstellungen der Verbraucher zu den einzelnen Artikel-Kategorien anzupassen. Ein Trading-up und Trading-down beim einzelnen Artikel hat erst die Selbstbedienung ermöglicht. Das begründet ihre herausragende Bedeutung für die merkantile Revolution. Die Selbstbedienung führte zu einer eindeutigen Ausprägung unterschiedlicher Andienungsformen, die dem Handel eine breitgefächerte Differenzierung der Handelsleistung erlauben.

Die Verbraucher gliedern sich in immer **mehr Zielgruppen**, es entstehen immer mehr Teilmärkte und Marktnischen quer durch viele Branchen-Sortimente und Vertriebsformen-Segmente hindurch. Die Wünsche der Verbraucher werden zunehmend von deren Individualismus geprägt. Auch das war der Anlaß für die Entstehung neuer Vertriebsformen, die diesen Individualismus berücksichtigen.

Durch die Teilung der Güter in Versorgungs- und Erlebnisgüter und die unterschiedliche Einstellung der Verbraucher gegenüber dem Versorgungskauf und dem Erlebniskauf polarisieren sich immer **mehr Teilmärkte und auch Vertriebsformen**. Das Mittelfeld wird immer schwächer, was konventionelle Handelsunternehmen regelrecht zwingt, durch Trading-up oder Trading-down in neue Vertriebsformen zu wechseln oder in mehrere Vertriebsformen zu diversifizieren.

Der Supermarkt im **Lebensmittel-Einzelhandel** spielt in der zweiten Generation der Vertriebsformen eine gewisse Schlüsselrolle. Sein Marketing-Mix weist zwei innovative Elemente auf:

- Die **Selbstbedienung** als vorherrschende Andienungsform stellt eine Verminderung der Handelsleistung dar. Es wird Handelsleistung sowohl an die Kunden – die ihre Ware selbst „kommissionieren" müssen – als auch an die Industrie – die sb-fähige Ware liefern muß – delegiert.
- Die **Expansion des Sortiments** bis hin zum „Voll-Sortiment" – das alle Lebens- und Genußmittel einschließlich der Frischwaren umfaßt – wurde durch die Selbstbedienung erst ermöglicht und stark gefördert.

Die schwache Stelle des Supermarktes ist sein vertriebsformen-heterogenes Sortiment, das ihn vor allem von seiten der Discounter angreifbar macht. Auf diese Angriffe wurde sowohl durch Trading-up (im selbständigen Lebensmittel-Einzelhandel der Handelsgruppen) als auch durch Trading-down (meist bei den Filialunternehmen, vom „rationalisierten Supermarkt" bis hin zur eigenen Discount-Linie) reagiert.

Damit hat der Supermarkt eine eigene Dynamik entwickelt. Er hat eine Reihe von Vertriebstypen hervorgebracht, vom discountierenden Supermarkt bis zum Feinkost-Supermarkt mit hohem Frischwaren-Anteil, umfangreichem Delikatessen- und Spezialitäten-Sortiment und teilweise Stadtküche mit Party-Service. Auch die unterschiedlichen Verkaufsflächen-Größenklassen werden von den Filialunternehmen und Handelsgruppen als eigene Vertriebstypen angesehen und entsprechend gekennzeichnet, z.B. bei der Edeka:

- bis 400 qm –, **E** (Nachbarschaftsmarkt, mit Inhabernamen)
- 400 bis 1000 qm –, **E aktiv markt** (Supermarkt)
- 1000 bis 2500 qm –, **E neukauf** (Verbrauchermarkt)
- über 2500 qm –, **E center** (SB-Warenhaus).

Im Verlauf des letzten Jahrzehnts des vorigen Jahrhunderts sind die Supermärkte immer stärker von den Discountern unter Druck gesetzt worden. Ihr Marktanteil stagniert bei etwa 12% des Lebensmittelmarktes. Wachstum, wenn auch in den letzten Jahren in abgeschwächter Form, haben nur noch die SB-Warenhäuser und vor allem die Discounter zu verzeichnen. Beide Vertriebsformen hatten in den Jahren von 1984 bis 1994 ihre besten Zeiten. In diesem Zeitraum wuchs der Marktanteil der SB-Warenhäuser von 33,8% auf 41,1%, der Marktanteil der Discounter von 18,6% auf 27,9%. Der Supermarkt ist die Vertriebsform der Marktmitte, die unter der Polarisierung des Marktes (vergl. dazu S.152) besonders leidet. Als Ausweg aus der Krise bleiben nur die discountierende Niedrigpreis-Strategie – man nähert sich mit ihr aber immer mehr den Discountern und wird schließlich von deren Preispolitik abhängig – oder die Hochpreis-Strategie mit betontem Frischwaren- und Spezialitäten-Sortiment – die nicht an jedem Standort zu verwirklichen ist und mit der man meist nur eine Marktnische besetzen kann – (vergl. dazu: Scharrer, Jürgen, Mühsame Standortbestimmung, Supermarktbetreiber suchen nach Wegen aus der Krise, in: Lebensmittel Zeitung Nr. 40 vom 6. 10. 1995, S. 38; Groner, Bruno, SB-Filialen im Kennzahlen-Spiegel, in: Lebensmittel Zeitung Nr. 12 vom 22. 3. 1996, S. 56). Angesichts der Schwierigkeiten, mit denen filialisierende Supermarkt-Unternehmen am Markt zu kämpfen haben, hat sich die Fa. Tengelmann 1999 von ihren Supermärkten getrennt.

(2) Die Discountmärkte

Die ersten Discountmärkte entstanden im Lebensmittel-Einzelhandel. Bis heute gültige Maßstäbe setzte für diese Vertriebsform das Discount-Unternehmen Aldi. Diese Vertriebsform erlaubt kaum Varianten. Alle Versuche, den Dsicount abzuwandeln, bergen die Gefahr des Trading-up in sich. So sind denn auch die anderen führenden Discounter – Lidl, Norma, Plus – mehr oder weniger Imitationen von Aldi. Sie haben es sehr schwer, sich gegenüber Aldi zu profilieren. Wendet man die Strategie des Trading-up an, so führt der Weg früher oder später im Lebensmittel-Einzelhandel zum discountierenden Supermarkt, in anderen Branchen zum Fachmarkt. Das eindeutige Discountprofil geht dann verloren. Die Grenzen zu diesen beiden Vertriebsformen sind fließend. Das Discountprinzip ist im Verlauf der merkantilen Revolution auch in andere Branchen vorgedrungen.

Die **Discount-Märkte** stellen ein begrenztes Sortiment „discountfähiger"Artikel, zu denen der Verbraucher eine ganz bestimmte Einstellung und Erwartung hat, in den Mittelpunkt ihrer innovativen Marketing-Konzeption. Diese Konzeption erlaubt ihnen:

- durch Einkauf großer Mengen bei relativ wenigen Artikeln sehr **günstige Konditionen** zu erreichen und einen Teil ihrer Handelsleistung an die Lieferanten zu delegieren,
- die **Handelsleistung zu minimieren,** u. a. auch durch Überwälzung an den Verbraucher, was dieser angesichts der geführten Artikel-Kategorie auch erwartet und akzeptiert,
- sowohl die Einkaufs- als auch die Kostenvorteile in den Preisen an den Verbraucher weiterzugeben, also ein sehr aggressives **Dauer-Niedrigpreis-Marketing** zu betreiben.

Mit ihrem Konzept – dem vertriebsformen-homogenen Sortiment und den auf günstigem Einkauf und minimierten Kosten beruhenden Niedrigpreisen – sind die Discounter nach wie vor sehr erfolgreich. Und die „echten" Discounter haben auch nicht daran gedacht, durch Trading-up ihre Konzeption zu verlassen. Sie behaupten eine sichere Stellung am Markt – besonders im Lebensmittel-Einzelhandel – und haben eine Arbeitsteilung zwischen ihnen und dem konventionellen Lebensmittel-Einzelhandel erzwungen, bei deren Entstehung der konventionelle Handel die Rolle des reagierenden Teils übernehmen mußte.

Die Dicounter hatten im Gefolge der Wiedervereinigung Mitte der 90er Jahre des vorigen Jahrhunderts in ihrer Expansion einen Höhepunkt. Sie drangen u. a. auch auf den französischen und den englischen Markt vor. Gegen Ende dieses Jahrzehnts flachte das Wachstum ab. Der Stagnation versuchten und versuchen heute noch die führenden Discounter ALDI und LIDL durch verstärkte Nonfood-Angebote zu begegnen. Spektakulär waren die PC-Aktionen der beiden Unternehmen im Jahr 1999. Sie zeigten, daß heute nicht nur Radiogeräte, Küchenmaschinen und Fernsehgeräte, sondern auch PC´s discountfähig geworden sind. (Siehe dazu: Dawson, Mike, Lidl und Aldi sind Kriegsmaschinen, Die deutsche Discountlogik ist den Franzosen noch fremd, in:Lebensmittel Zeitung Nr. 13 vom 31. 3. 1995, S. 38; o.V., Aldis Discount-Herrschaft ist ungebrochen, in: Lebensmittel Zeitung Nr. 39 vom 29. 9. 1995, S. 4; Scharrer, Jürgen, Ein Aldi auf der Großfläche, in: Lebensmittel Zeitung Nr. 44 vom 1. 11. 1996.) Das Vordringen des us-amerikanischen Unternehmens Wal Mart auf den deutschen Markt hat Ende der 90er Jahre des vorigen Jahrhunderts den Discountern große Schwierigkeiten bereitet und in der Mitte des Jahres 2000 zu heftigen Preiskämpfen geführt. Aldi verteidigt seine Preisführerschaft im Discount-Segment mit allen ihm zur Verfügung stehenden Mitteln (siehe dazu auch: Brandes, Dieter, Konsequent einfach, Die ALDI-Erfolgsstory, Frankfurt/Main 1998; er zitiert Karl Albrecht mit den Worten: „Wenn uns bei der Kalkulation etwas beschäftigt, dann nur, wie billig wir eine Ware verkaufen können und nicht, welchen höchsten Verkaufspreis wir erzielen können.". Das ist die „Basisstrategie des billigsten Anbieters" in ihrer konsequentesten und reinsten Ausprägung.).

(3) Die Selbstbedienungs-Warenhäuser und Verbrauchermärkte

Die **Selbstbedienungs-Warenhäuser** kennzeichnen zwei innovative Ideen in ihrem Marketing-Mix:
- Sie bieten das Warenhaus-Sortiment in **Selbstbedienung** an.
- Sie besetzen **verkehrsorientierte Standorte** auf der „grünen Wiese".

Beide Kennzeichen stehen für eine im Vergleich zu den klassischen City-Warenhäusern und Fachgeschäften niedrige Handelsleistung. Deren Sortimente sind tiefer und werden in Teil-Selbstbedienung und Bedienung angeboten.

Die Selbstbedienungs-Warenhäuser kommen vom Lebensmittelhandel. Heute noch liegt der Umsatzanteil der Lebensmittel bei ihnen bei mindestens 60% (klassische Warenhäuser, sofern sie Lebensmittel führen, ca. 20%). Eine Vorstufe von ihnen waren die Verbrauchermärkte, aus denen durch Trading-up die Vertriebsform SB-Warenhaus hervorging. Das Marketing-Konzept der SB-Warenhäuser, das mit einer Niedrigpreispolitik am Markt eingeführt wurde, ist nach wie vor sehr erfolgreich. Sie sind die typischen Massendistributoren, die qualititiv hochwertige Massenprodukte auf mittlerem bis gehobenem Niveau zu attraktiven Preisen anbieten. Sie haben ihre Kostenvorteile zum Teil in den Preisen an ihre Kunden weitergegeben und zu einem breiten Wohlstand beigetragen. Ihre Expansion wurde Ende der siebziger Jahre durch die Novellierung des § 11 der Baunutzungsverordnung und auch durch eine deutliche Verknappung geeigneter Standorte stark eingeschränkt.

In jüngster Vergangenheit ließen sich im SB-Warenhaus-Sektor zwei bemerkenswerte Entwicklungstrends beobachten. Einmal wurden Versuche unternommen, mit SB-Warenhäusern auch City- oder integrierte Standorte zu besetzen (*Kaufmarkt* in Nürnberg, *Suba* in Hamburg-Harburg und Hamburg-Bergedorf). Zum anderen entstanden Einkaufs-Zentren auf der grünen Wiese mit SB-Warenhäusern als Mittelpunkt. Die SB-Warenhäuser zogen Fachgeschäfte und Fachmärkte an ihre Standorte, begründeten eine branchenübergreifende Agglomeration von Einzelhandelsunternehmen. In beiden Trends kann man Zeichen eines Trading-up sehen.

(4) Die Fachmärkte

Die **Fachmärkte** weisen in ihrem Marketing-Mix drei innovative Ideen auf:
- Sie besetzen überwiegend **verkehrsorientierte Standorte**, u.U. als Nachbarn von SB-Warenhäusern.
- Sie bieten ihr **Sortiment in Selbstbedienung** an, was zwei Gründe haben kann: Das Sortiment, das vorher fest in der Hand von Fachgeschäften war, wurde zum Teil oder überwiegend **discountfähig**. Die Drogerie-, die Schuh-, die Bekleidungs- und vielleicht auch die Möbelmitnahme- und Teppichmärkte sind Beispiele für diesen Fall. Diese Gruppe von Fachmärkten könnte man als discountierende Fachmärkte bezeichnen.
- Das Sortiment wendet sich an **bestimmte Zielgruppen**, die über ein fundiertes Fachwissen verfügen und für die die an sich problemvollen und beratungsbedürftigen Artikel sb-fähig geworden sind. Die Baumärkte, die Gartenmärkte, die branchenübergreifenden Medienmärkte und die Fachmärkte für Unterhaltungs-

elektronik und Computer sind Beispiele für diesen zweiten Fall. Man könnte sie als Normalpreis-Fachmärkte bezeichnen.

Das Fachmarkt-Konzept ist bis heute sehr erfolgreich. Nicht wenige Fachhandelsunternehmen haben in die Vertriebsform Fachmarkt diversifiziert und arbeiten zielgruppenorientiert mit zwei Vertriebsformen. Die Wurzel des Erfolgs der zielgruppenorientierten Fachmärkte könnte man in der Tatsache sehen, daß technologisch hochentwickelte und problemvolle Produkte die Verbraucher in zwei Zielgruppen teilen: Die mit Fachkenntnissen, das können auch Verbraucher sein, die ein Produkt zum zweiten oder dritten Mal kaufen, und die ohne Fachkenntnisse, das können auch Erstkäufer sein. Dies haben sich die Fachmärkte zunutze gemacht.

(5) Die Heimdienste

Die **Heimdienste** ersetzen in ihrem Marketing-Konzept die stationäre Verkaufsfläche durch die Zustellung frei Haus und Wohnung. Mit dieser innovativen Marketing-Idee boten sie dem Verbraucher eine Problemlösung an, die Getränke-Heimdienste den Transport schwerer Getränkekisten, die Tiefkühl-Heimdienste die nicht unterbrochene Kühlkette. Beide Konzepte (mehr sind es nicht geworden) sind erfolgreich und haben dem stationären konventionellen Lebensmittel-Einzelhandel spürbar Umsatz weggenommen. Im Getränkebereich reagierten die Supermärkte und, soweit sie Raum dafür hatten, die kleineren Märkte mit eigenen Getränkemärkten.

(6) Die innerstädtischen Einkaufspassagen, Markthallen, Galerien und Fußgängerzonen und die Einkaufszentren auf der grünen Wiese

Die **Einkaufspassagen, Markthallen, Galerien und Fußgängerzonen** sind sowohl neue Vertriebsformen als auch neue Organisationsformen. Selbständige Einzelhandelsunternehmen aus verschiedenen Branchen und manchmal auch mit verschiedenen Vertriebsformen besetzen einen Standort. Es entstehen branchengleiche – Markthallen – und branchenübergreifende – Einkaufspassagen, Galerien und Fußgängerzonen – Agglomerationen (dazu: *Müller-Hagedorn, Lothar,* Fußgängerzonen – ein wettbewerbspolitisches Instrument des innerstädtischen Einzelhandels, in: Ffh Mitteilungen XXVI Juni 1985, S. 1 ff.; Cornelßen, Ingo, Auf der Spur der Yuppies, in: Manager-Magazin, Heft 10/1986, S. 204 ff.).

Die innovative Marketingidee ist, daß mehrere Einzelhandelsunternehmen gemeinsam einen Standort besetzen. Sie erreichen mit dieser Agglomeration, daß dem Verbraucher mehr Auswahl bei großer Bequemlichkeit – kurze Wege und zum Teil unabhängig vom Wetter – geboten wird. Sie schaffen dadurch für ihren gemeinsamen Standort eine starke Zentralität, die für eine hohe Kundenfrequenz sorgt. Die Städte sind an dieser Vertriebsform interessiert, weil sie die Innenstädte belebt und vor einer Verödung bewahrt. Das gilt vor allem dann, wenn sich noch Restaurants und Dienstleistungsunternehmen in einem solchen Verbund befinden. Es wird überwiegend das obere Fachgeschäftssegment besetzt. Die Einkaufszentren und Einkaufsparks auf der grünen Wiese sind vor allem für kleine Gemeinden von großer Bedeutung. Sie verschaffen ihnen hohe Einnahmen aus der Gewerbesteuer. In den neuen Bundesländern hat in den 90er Jahren des vorigen Jahrhunderts eine starke Expansion der Großflächen zu erheblichen Überkapazitäten an Verkaufsfläche auf der grünen Wiese geführt.

Ab Mitte der 90er Jahre des vorigen Jahrhunderts entstand eine völlig neue Variante der innerstädtischen Einkaufspassagen durch den Umbau großer Hauptbahnhöfe zu Einkaufszentren. (Siehe dazu: Scholz, Carola, Shoppingmall mit Gleisanschluß, in: Der Handel, Das Wirtschaftsmagazin für Handelsmanagment, Nr. 7/96, S. 28 ff..) Die Hauptbahnhöfe in Hamburg und Leipzig sind zwei herausragende Beispiele für diese Vertriebsform. Sie nützt die Vorteile zentraler Standorte, hoher Passantenfrequenz und verlängerter Ladenöffnungszeiten. In diesen innerstädtischen Einkaufspassagen lassen sich Fachgeschäfte der unterschiedlichsten Branchen und gastronomische Betriebe nieder. Mit den innerstädtischen Einkaufspassagen kehrt die Idee des Gemeinschaftswarenhauses, die schwedischen Ursprungs ist, nach Deutschland zurück. Im ersten Anlauf Anfang der siebziger Jahre des vorigen Jahrhunderts war dieser Vertriebsform, die eigentlich eine Organisationform ist, kein großer Erfolg beschieden (vergl. dazu: Geßner, Hans-Jürgen, Stichwort „Gemeinschaftswarenhaus", in: Vahlens Großes Marketing Lexikon, hersg. von Hermann Diller, 2. Auflage München 2001.)

Diese Vertriebsform ist mit Hilfe ihrer Standort-Präferenzen und der Ausstrahlung der Agglomeration in den Markt eingedrungen, nicht mit einer aggressiven Preispolitik. War das Vordringen auf den Markt problematisch, so wurde auch zu aggressiven Preisen und Trading-down Zuflucht genommen. Aber diese Politik war meist der Anfang vom Ende. Für einen dauerhaften Erfolg sind die Qualität des Standorts (die Zentralität der City und ihr Einzelhandels-Potential) und der Branchen-Mix von entscheidender Bedeutung. Stimmen diese beiden Faktoren nicht, helfen weder aggressive Preise noch Trading-down.

(7) Die Tankstellen-Shops

Die Tankstellen-Shops verdanken ihr Entstehen der unbefriedigenden Ertragslage der Tankstellen. Die Betreiber forderten von den Mineralölgesellschaften höhere Provisionen. Die höheren Provisionen wurden von den Mineralölgesellschaften nicht gewährt. Dafür empfahlen sie ihren Partnern, zusätzlich zur Tankstelle einen Handel mit Autozubehör zu betreiben und boten ihnen an, beim Aufbau dieses Handelsgeschäftes zu helfen. Im Laufe der Jahre wurde das Sortiment ständig vergrößert. Heute sind die Tankstellen-Shops kleine Supermärkte. Sie haben die Aufgabe des „Nahversorgers" vom ausgestorbenen „Tante-Emma-Laden" übernommen. Die Mineralölgesellschaften sorgen durch eigens eingerichtete Abteilungen für ein einheitliches Marketing der Shops ihrer Tankstellen und geben den Namen – „Shell-Select" oder „Aral Store" z.B. –, das Sortiment und das Preisniveau vor. Und sie haben die gesamte Warenbeschaffung übernommen. Das Shop-Geschäft wird wie das Mineralölgeschäft „im Namen und für Rechnung" der Mineralölgesellschaft betrieben. Das innovative Marketing-Konzept ist die Konzentration auf das „Convenience-Geschäft" und das Nutzen der Präferenzen, über die die Tankstellen schon seit jeher verfügen. Der Convenience-Markt ist innerhalb des Lebensmittelmarktes ein Markt für sich. Und die Tankstellen-Shops sind Convenience-Geschäfte und wollen mehr sein als „Einzelhandel mit Zapfsäule". Ihre Preispolitik muß auf der einen Seite das hohe Serviceniveau, vor allem die fast unbegrenzte Öffnungszeit, berücksichtigen. Auf der anderen Seite muß sie dazu beitragen, daß sich die Tankstellen-Shops vom Image des teuren Anbieters befreien können.

6.2 Die Vertriebsformen als Varianten des konstitutiven Marketing-Mix 343

Die Tankstellen-Shops nutzen die folgenden Präferenzen, über die die Tankstellen schon immer verfügen, aus:

- Gute Erreichbarkeit – qualitativ gute verkehrsorientierte Standorte.
- Ausreichend Parkplätze direkt vor der Ladentür, auf denen die Kunden jederzeit einen freien Platz finden.
- Hoher und gut ausgeführter Service, worauf die Gesellschaften besonders achten und was Schwerpunkt ihrer Kommunikationspolitik und der Aus- und Weiterbildung der Betreiber und ihrer Mitarbeiter ist.
- Keine Begrenzung der Öffnungszeiten.
- Die durchschnittliche erforderliche Verkaufsfläche liegt zwischen 70 qm und 100 qm. Größere Verkaufsflächen sind nicht geplant. Mehr Platz braucht das Convenience-Sortiment nicht.

Der Jahresumsatz der Tankstellen-Shops – nur das Shop-Geschäft ohne Treibstoffe, Reifen und Zubehör – erreicht inzwischen mehr als 15 Mrd. DM. Der Umsatzanteil von Treibstoffen, Reifen und Zubehör am Gesamtumsatz der Tankstellen ist inzwischen auf schätzungsweise rund 10% gesunken. (o.V., Shops schöpfen Gewinne, in: Motive, Märkte, Menschen, Fachinformation der UNION Deutsche Lebensmittelwerke für das Management im Handel, Ausgabe Mai/Juni 1999, S. 14/15.)

Gemeinsames Kennzeichen der Vertriebsformen der zweiten Generation ist, daß sie durch konsequente Nutzung der zur Verfügung stehenden Andienungsformen die Handelsleistung artikelbezogen variieren. Sie haben sich damit der Wirtschaft im Überfluß, der Warenfülle und den als Folge davon entstandenen Artikel-Kategorien angepaßt. Das zeigt sich besonders deutlich bei den Vertriebsformen, die vertriebsformen-homogene Sortimente führen und die mit diesen Sortimenten den konventionellen Handel, soweit er vertriebsformen-heterogene Sortimente führte, in erhebliche Schwierigkeiten brachten.

Mit dieser Variation der Handelsleistung – sowohl durch einen variablen Faktoreinsatz als auch, im Falle der Reduzierung, durch eine Überwälzung an Verbraucher und Lieferanten –, verfolgen die neuen Vertriebsformen das Ziel, ihre Marktstellung zu konsolidieren und ausreichende Erträge zu erwirtschaften, auch im Bereich des Niedrigpreis-Segments mit discountfähigen Artikeln.

Im letzten Viertel des 20. Jahrhunderts führte im Lebensmittel-Einzelhandel ein zunehmend stärker werdender Wettbewerb zu erheblichen Marktanteilsverschiebungen zwischen den einzelnen Vertriebsformen. Gewinner waren die Discounter, deren Marktanteil sich verfünffachte, und die SB-Warenhäuser und Verbrauchermärkte, deren Marktanteil sich verdoppelte. Verlierer waren die Supermärkte, auf deren Probleme schon hingewiesen wurde und die im letzten Jahrzehnt des 20. Jahrhunderts 20% Marktanteilsverlust hinnehmen mußten. Zu den Verlierern zählten vor allem die kleinen Geschäfte – Bedienungsläden und SB-Geschäfte unter 400 qm Verkaufsfläche –, sie wurden fast ganz vom Markt verdrängt. Das Wachstum der Discounter und der discountierenden SB-Warenhäuser und Verbrauchermärkte wurde durch die gesamtwirtschaftliche Situation stark gefördert. Eine stagnierende, teilweise rückläufige Konjunktur, eine hohe Arbeitslosigkeit und eine steigende Steuerbelastung ließen im letzten Jahrzehnt des vorigen Jahrhunderts die Einkommen der privaten Haushalte ebenfalls stagnieren oder sogar sinken. Weiterhin sparten viele Haushalte am Essen, um nicht auf die gewohnten Urlaubsreisen und auf Güter für die Freizeitgestaltung und für die Ausübung von Hobbies verzichten zu müssen. Die folgende Abbildung 6/11 gibt einen detaillierten Überblick über die Marktanteilsverschiebungen zwischen den Vertriebsformen.

Die zweite Generation der Vertriebsformen läßt bei ihrem Entstehen und ihrer weiteren Entwicklung keinerlei Gesetzmäßigkeiten erkennen. Der Markteintritt erfolgt sowohl mit Niedrig- als auch mit Hochpreispolitik, zur Marktbehauptung wurden sowohl Trading-up wie auch Trading-down eingesetzt. Die *Köhler'sche* „Modell"-Erweiterung gibt sowohl von der ersten wie auch von der zweiten Generation der Vertriebsformen ein zutreffendes Bild. Die *Nieschlag'sche* These aber läßt sich auf sie nicht anwenden. Der Handel bleibt unberechenbar.

Abschließend sei erwähnt, daß es in der zweiten Generation der Vertriebsformen auch Flops gegeben hat. In der Bundesrepublik Deutschland war dem Marketing-Konzept des Gemeinschafts-Warenhauses, das aus Schweden kam, kein Erfolg beschieden. Das Konzept verlangte Einordnung, zu der der individualistische deutsche Handelsunternehmer offenbar nicht bereit war. Der Versuch der Versandhandelsunternehmen, in ihrem Marketing-Mix den Katalog durch den Bildschirmtext zu ersetzen, war ein Fehlschlag. Tele-Shopping dagegen erwies sich als praktikabel. Schließlich ließ sich auch das Konzept des Catalogue-Showrooms (der Kunde kann durch einen Katalog angebotene Ware in einem Schauraum besichtigen und, falls er kauft, mitnehmen oder zustellen lassen) nicht in nennenswertem Umfange realisieren (vgl. dazu: *Henkel, Kurt,* Stichwort „Catalogue-Showroom", in: Das große Lexikon für Handel und Absatz, Landsberg/Lech 1982, S. 134ff.).

Abbildung 6/11: Verschiebung von Marktanteilen zwischen den Vertriebsformen im Lebensmittel-Einzelhandel in %

	Marktanteil im Jahr					
Vertriebsform	1973	1978	1983	1989	1993	1998
Discounter	6,7	10,3	14,7	16,5	26,3	34,0
Supermärkte 400–1500 qm	28,3	32,6	35,7	38,2	30,3	30,3
Großflächen[1)]	15,0	19,7	22,0	26,9	23,8	31,7
Übrige SB-Geschäfte[2)]	50,0	37,4	27,6	18,4	19,6	4,0

[1)] SB-Warenhäuser und Verbrauchermärkte mit mehr als 1500 qm Verkaufsfläche
[2)] Bedienungsläden und SB-Geschäfte mit weniger als 400 qm Verkaufsfläche
Quelle: Wolfskeil, Jürgen, Der Kampf der Supermärkte, in: Sortimente im Visier, Spezial der Lebensmittel Zeitung 3/1999, Frankfurt/Main, S. 12.

6.2.3.4 Die Vertriebsformen im Großhandel

Die Andienungsformen, die dem Großhandel zur Verfügung stehen – Ordersatz, Katalog, Angebotsschreiben, Vertreterbesuch, Telefonverkauf und Internet –, unterscheiden sich von den Andienungsformen im Einzelhandel wesentlich. Die von ihnen verursachten Kosten differieren weitaus weniger stark als im Einzelhandel.

Und zwischen ihnen und den Artikel-Kategorien bestehen keine Beziehungen, bis jetzt jedenfalls noch nicht. Deshalb ist die Vielfalt der Vertriebsformen im Großhandel kleiner und die Unterschiede zwischen den Vertriebsformen sind weniger ausgeprägt als im Einzelhandel.

Die erste Generation von Vertriebsformen im Großhandel hat zwei Varianten:

(1) Der Sortimentsgroßhandel

Der **Sortimentsgroßhandel** baute besonders im Lebensmittelhandel große und teils branchenübergreifende Sortimente auf. Er ermöglichte es der Vertriebsform Supermarkt, das für sie kennzeichnende Voll-Sortiment aus einer Hand zu beziehen. Im Bereich Frischfleisch und Frischwurst und später auch Backwaren ging der Großhandel mit der Errichtung von eigenen Fleischwerken und Bäckereien sogar in die Produktion.

Die anfänglich vorherrschende Andienungsform Vertreterbesuch wurde von den meisten Großhandelsunternehmen schon vor geraumer Zeit durch die Andienungsformen Ordersatz und Telefonverkauf – diese besonders in den Frischwarenbereichen des Lebensmittelhandels – ersetzt.

Der Sortimentsgroßhandel arbeitet in der Form des Zustell-Großhandels, erbringt damit eine relativ hohe Handelsleistung.

(2) Der Spezialgroßhandel

Der **Spezialgroßhandel** führt begrenzte, aber tiefe Spezial-Sortimente, mit denen er nicht selten dem Sortimentsgroßhandel überlegen ist. Andienungsform sind der Vertreterbesuch – Variante der Verkaufsfahrer –, der Ordersatz und das Telefon. Der Spezialgroßhandel ist ein Zustellgroßhandel.

Zwei besonders interessante Varianten des Spezial-Zustellgroßhandels sind der Apotheken-Großhandel und der Sortiments-Buchhandel. Herausragende Bestandteile ihres Marketing-Konzeptes sind:
ein überdurchschnittlich **breites und tiefes Sortiment,** das ihre Kunden aus Rentabilitätgründen niemals führen könnten,
die **Schnelligkeit der Zustellung,** die teilweise im 4-Stunden-Takt erfolgt und sehr kostenintensiv ist.

Alle Vertriebsformen sind mit ihren Marketing-Konzepten nach wie vor erfolgreich.

Zur zweiten Generation von Vertriebsformen im Großhandel kann man die folgenden Formen rechnen:

(3) Der C & C-Großhandel oder Selbstbedienungs-Großhandel

Der **C&C-Großhandel oder Selbstbedienungs-Großhandel** ist die dominierende Innovation. Er bietet das Großhandels-Sortiment bestimmten Zielgruppen – Einzelhandel, Gastronomie und Nahrungsmittelhandwerk – in Selbstbedienung an. Damit wurde sein Marketing-Mix dem des Einzelhandels sehr ähnlich. Der Eintritt in den Markt erfolgte durch eine aggressive Preispolitik. Ein Trading-up wurde durch Vergrößerung des Sortiments, durch attraktive Verkaufsräume bzw. -hallen und durch Zustellung der vom Kunden kommissionierten Ware gegen zusätzliche Berechnung verwirklicht.

Das C&C-Konzept ist nach wie vor erfolgreich und hat zunächst dem Zustell-Großhandel und auch den SB-Warenhäusern Umsatz weggenommen. Heute besteht zwischen dem Zustell-Großhandel und dem C&C-Großhandel eine eindeutige, von den Zielgruppen bestimmte Arbeitsteilung. Kleine Einzelhändler und vor allem Gastwirte sind zum Teil vom C&C-Großhandel zum SB-Warenhaus abgewandert, das mindestens ebenso preiswert ist und nicht unter Festhalten des Namens fakturiert.

(4) Der Rack Jobber

Die **Rack Jobber** sind fast ausnahmslos aus dem Großhandel hervorgegangen. Ihre innovativen Marketing-Ideen sind:
Sie mieten von Einzelhandelsunternehmen in deren Verkaufsräumen Regalfläche oder, wenn sie mit eigenen Warenträgern arbeiten, Verkaufsfläche. Meist wird die Miete durch eine umsatzabhängige Provision ergänzt oder ganz ersetzt.
Sie bieten ein streng begrenztes Sortiment an, das sich vom Sortiment des Vermieters deutlich unterscheidet und von diesem aus Gründen der Rentabilität oder des fehlenden Know-hows nicht geführt wird, dessen Sortiment aber sinnvoll ergänzt.
Sie nehmen schwer verkäufliche und deshalb langsamdrehende Artikel zurück und verlagern sie an andere Standorte ihres Kundennetzes.
Die Preise und die Art der Warenpräsentation bestimmen die Rack Jobber. Beispiele für diese Vertriebsform sind Kurzwaren, Bücher, Spielwaren, Fotoartikel, Kleintextilien, Papier, Modeschmuck und Kosmetika im Lebensmittel-Supermarkt, der der bevorzugte Partner der Rack Jobber ist.
Die Konzeption des Rack Jobbing ist auch heute noch aktuell und erfolgreich. Da die Rack Jobber qualifizierte Spezialisten sind, mit der Ware auch Know-how verkaufen, brauchten sie sich den Zutritt zum Markt nicht mit Hilfe einer Niedrigpreispolitik zu verschaffen. Zwischen Vermieter und Rack Jobber besteht eine vertraglich festgehaltene Funktions-Teilung. Das Marketing-Konzept und einen Teil des Operating liefert der Rack Jobber, den Rest des Operating übernimmt der Vermieter.
Eine Variante des Rack Jobbers kann man im Automaten-Großhandel sehen, der im Tabakwarenhandel eine bedeutende Rolle spielt. Statt einer Regal- oder Verkaufsfläche mietet der Automatengroßhändler eine Wand oder Bodenfläche zum Aufhängen bzw. Aufstellen seiner Automaten. Die Beschaffung der Automaten, die Gestaltung des Sortiments, das von Standort zu Standort verschieden sein kann, und die Logistik sind Aufgaben des Großhändlers. Der Automaten-Großhandel findet sich nicht nur im Bereich der Gastronomie, sondern auch, wenngleich weniger verbreitet, im Bereich des Lebensmittel-Einzelhandels.
Die Übersicht zeigt, daß die Vertriebsformen im Großhandel längst nicht die Bedeutung haben, die ihnen im Einzelhandel zukommt. Aber auch mit den wenigen Vertriebsformen hat sich der Großhandel gesamtwirtschaftlichen Veränderungen und gewandelten Wünschen seiner Kunden angepaßt. Das Instrument der Preispolitik spielte bei der Einführung neuer Marketing-Konzeptionen nur eine sekundäre Rolle.
Seit einigen Jahren deuten sich Verschiebungen zwischen den Vertriebsformen des Großhandels – besonders im Lebensmittelhandel – und den Herstellern und dem

Einzelhandel an. Sowohl Hersteller als auch die großen Filialunternehmen streben danach, Großhandelsaufgaben in eigene Regie zu übernehmen. Sie versprechen sich davon Kostenvorteile. Der selbständige Großhandel – die Großhandels-Unternehmen der Handelsgruppen des Lebensmittelhandels ausgenommen – wird dieser Entwicklung nur begegnen können, indem er vermehrt Service anbietet und sich weiter spezialisiert (vergl. dazu: Kapell, Elisabeth, Aufbrauch oder Aussterben, Großhandel – der Strukturwandel setzt die Branche unter Druck, in: Lebensmittel Zeitung Nr. 28 vom 28. 2. 1997, S. 38 ff.).

6.2.3.5 Vertriebsformen im funktionalen Handel

Der auch als „Direktvertrieb" bezeichnete funktionale Handel der Hersteller-Unternehmen hat die folgenden Vertriebsformen entwickelt:

(1) Außendienst

Die Mitarbeiter des Herstellers suchen die Verbraucher in ihren Wohnungen auf und bieten dort ihre Produkte, meist verbunden mit deren Vorführung, an. Hat der Kunde den Kaufvertrag unterschrieben und den Kaufpreis bezahlt, wird die Ware meist per Post oder Paketdienst ausgeliefert. Vorwerk Staubsauger, Avon Kosmetik und Tupperware bedienen sich dieser Vertriebsform.

(2) Versandhandel

Der Hersteller verschickt Kataloge an die Verbraucher, die dann wie beim institutionellen Versandhandel bestellen und die Ware zugestellt bekommen. Textilien, Schuhe – besonders handwerklich nach Maß gefertigte hochpreisige Schuhe – und Haushaltsgeräte – Dampfreiniger z. B. – werden auf diese Weise vertrieben.

(3) Factory Outlet Stores und Factory Outlet Center (FOC)

Ein „Factory Outlet Store" ist eine Verkaufsstelle eines bestimmten Herstellers, in der dieser auslaufende Modelle, Ware mit leichten Fehlern oder auch normale Ware zu ermäßigten Preisen verkauft. Factory Outlets werden überwiegend von Herstellern modischer Waren – Bekleidung, Lederwaren, Schuhe –, von Porzellan und von Kosmetika betrieben. Auch die Shops von Winzern und Winzergenossenschaften mit Probierstube kann man zu den Factory Outlet Stores rechnen.

Unter der Bezeichnung „Fabrik-Verkauf" ist diese Form des Handels schon länger bekannt. Die Hersteller von Oberbekleidung – Boss z. B. – betreiben schon seit längerer Zeit Fabrikläden, wie diese Verkaufsstellen ursprünglich genannt wurden. In jüngster Vergangenheit gerieten die Factory Outlet Stores in den Mittelpunkt heftiger Diskussionen, weil eine Reihe sehr bekannter Markenartikelhersteller und einige Bauträger planen, auf der grünen Wiese große „Factory Outlet Center" – Agglomerationen von Factory Outlet Stores – zu errichten, durch die sich der institutionelle stationäre Einzelhandel bedroht sieht. Deshalb sind die Factory Outlet Center in Deutschland zu einem Politikum geworden.

Man kann die Factory Outlets eigentlich nicht als neue Vertriebsform bezeichnen. Sie werden deshalb hier auch nicht den Vertriebsformen der zweiten Generation zugeordnet. Sie sind „stationärer funktioneller Einzelhandel". Neu ist die Idee, eine Vielzahl von Factory Outlets auf der grünen Wiese zu einem Einkaufszentrum, zu einem „Factory Outlet Center", zusammenzufassen. Das beunruhigt natürlich den betroffenen innerstädtischen „stationären institutionellen Fach-Einzelhandel". In den USA und in Großbritannien sind die Factory Outlet Center sehr erfolgreich. Ob sie sich in Deutschland werden durchsetzen können, kann heute kaum vorausgesagt werden. Zumindest wird es sehr lange dauern, bis sich die Factory Outlet Center am deutschen Markt werden etablieren können. Es wäre aber durchaus denkbar, daß wegen der Widerstände der FOC-Handel auf das Internet ausweicht und fester Bestandteil des E-Commerce wird. Dann stünden die Hersteller, die sich des Internet bedienen, aber vor der Aufgabe, ein eigenes Logistiksystem aufzubauen.

(Siehe dazu: Doepner, Frauke, Die Zeit ist reif, Fabrikverkaufszentren, in: Der Handel, Das Wirtschaftsmagazin für Handelsmanagement Nr. 4/97, S. 16/17; Ruda, Walter, Ein Pilotprojekt für Zweibrücken, Investorengruppe plant Ansiedlung eines Factory-Outlet Centers, in: Lebensmittel Zeitung Nr. 15 vom 11. 4. 1997, S. 63; o. V., Gedämpfte Stimmung, FOC/Viele Pläne bereits gescheitert/Nur wenige haben gute Chancen, in: Lebensmittel Zeitung Nr. 34 vom 27. 8. 1999, S. 38.)

6.2.3.6 Die Zukunft der Vertriebsformen

Die Entwicklung der Vertriebsformen der ersten Generation folgte noch, wie das Nieschlag beschrieben hatte, einer gewissen Gesetzmäßigket. Aber bei der Entwicklung der Vertriebsformen der zweiten Generation lassen sich keine Gesetzmäßigkeiten feststellen. Deshalb ist es auch sehr schwer, eine Prognose für die zukünftige Entwicklung der Vertriebsformen zu geben. Bis in die zweite Hälfte der neunziger Jahre des vorigen Jahrhunderts konnte aus guten Gründen behauptet werden, die Entwicklung der Vertriebsformen sei abgeschlossen. Denn die bei jedem Marketing-Instrument verfügbaren Alternativen und ihre möglichen Kombinationen waren in der Praxis des Handels angewandt worden:

• alle Standorte-Kategorien sind besetzt,
• alle Alternativen der Sortiments-Gestaltung sind verwirklicht, besonders: branchenorientiert und branchenübergreifend,
vertriebsformen-homogen und vertriebsformen-heterogen,
zielgruppenorientiert und zielgruppenübergreifend,
• alle Alternativen der Andienungsformen werden eingesetzt,
• alle Möglichkeiten der Preispolitik sind ausgeschöpft und
• das Profil-Marketing wird auf den gesamten Marketing-Mix abgestimmt.

Das spricht für die Feststellung, die auch *Marzen* traf: Es wird in Zukunft wohl **keine neuen revolutionär innovativen Vertriebsformen** mehr geben. Alle sogar denkmöglichen und konfliktfreien Alternativen für den Marketing-Mix sind bekannt. Ein weiterer origineller konstitutiver Marketing-Mix, der eine neue Vertriebsform begründen könnte, ist nach heutigem Kenntnisstand kaum denkbar. Aber es wird innerhalb der Vertriebsformen sicher immer wieder neue Vertriebstypen geben. Ein „Light-Supermarkt", dessen Sortiment ausschließlich aus kalorienarmen oder -reduzierten Artikeln für Übergewichtige und Figurbewußte besteht, wäre ein solcher zielgruppenorientierter Vertriebstyp innerhalb der Vertriebsform

Supermarkt. Zu neuen Vertriebstypen führten aber auch die folgenden Entwicklungen:

- Der **Lebensmittelhandel** versucht, zwischen Discounter und Supermarkt einen Übergang zu schaffen. Einmal stellen Discounter wie *Lidl* den Markenartikel in den Mittelpunkt ihres Trocken-Sortiments (erstaunlich ist, wieviele Markenartikel-Hersteller diesen Discount-Typ beliefern) und nehmen in sehr begrenztem Umfang Frischwaren in ihr Sortiment auf. Es entstand ein Typ „Mittelklasse-Discount". Zum anderen kombinieren traditionelle Lebensmittel-Einzelhändler ein Discount-Trocken-Sortiment mit normalen Frischwaren-Sortimenten, was die einen „Rationalisierten Supermarkt", die anderen „Edel-Discounter" nennen.
- Im **Fachhandel** engagieren sich zunehmend auch Filialunternehmen, die nach Branchen unterschiedliche Vertriebslinien aufbauen, wie Süßwaren-Fachgeschäfte, Parfümerien, Drogerien oder Bücher- und Zeitschriftenläden. *Hussel* ist ein Beispiel für diese Geschäftspolitik.
- Verschiedene Handelsgruppen reagieren auf die Novellierung der Baunutzungsverordnung mit einer **„neuen Generation" von Lebensmittel-Märkten,** die auch als „Klein-Verbrauchermärkte" bezeichnet werden. Sie haben eine Verkaufsfläche von durchschnittlich 1500 qm und führen weitestgehend problemlose Artikel, sowohl aus dem Food- wie auch aus dem Nonfood-Bereich.

In allen drei Fällen wird man sicher nicht davon sprechen können, daß neue Vertriebsformen entstehen. Wenn im Markt etablierte Vertriebsformen ihren konstitutiven Marketing-Mix variieren, so entsteht dadurch nicht gleich zwangsläufig eine neue Vertriebsform.

Die weitere Entwicklung des Handels und damit auch der Vertriebsformen wird von der gesamtwirtschaftlichen Entwicklung, dem technischen Fortschritt und auch Veränderungen in der Gesellschaft, die die Einstellungen und das Verhalten der Verbraucher beeinflussen – Wertewandel –, bestimmt werden. Der Handel kann mit seinen unterschiedlichen Vertriebsformen nur die Waren distribuieren, die auf der einen Seite die Hersteller produzieren und auf der anderen Seite die Verbraucher kaufen. Das entspricht seiner gesamtwirtschaftlichen Stellung und Aufgabe zwischen Produktion und Konsum. Der Handel kann nur dann am Aufbau neuer Märkte mitwirken, wenn entweder die Hersteller neue Produkte herausbringen oder die Verbraucher neue Produkte verlangen. Da bleibt für die Gestaltung der eigenen Entwicklung nur ein begrenzter Spielraum.

Innerhalb der ihm gezogenen Grenzen wird der Handel immer auf der Suche nach neuen Formen seines konstitutiven Marketing-Mix, also nach neuen Vertriebsformen und Vertriebstypen sein. Das erzwingt schon der in fast allen Branchen ungewöhnlich harte Wettbewerb, dem sich heute z.B. auch die Apotheken stellen müssen. Das Schaffen neuer Formen des konstitutiven Marketing-Mix gehört zu den Aufgaben der Handelsunternehmen, ist sogar ein ganz wesentlicher Teil ihrer Handelsleistung. Ob der Verbraucher dann eine Neuschöpfung auch akzeptiert, ist eine andere Frage. Es wurde bereits erwähnt, daß neue Vertriebsformen auch Flops sein können. Es wurde aber auch manche neue Form des konstitutiven Marketing-Mix, der man keine Chancen einräumte, doch vom Verbraucher honoriert und machte dann Handelsgeschichte. Man denke an die Discounter und die Verbrauchermärkte und SB-Warenhäuser (s. dazu auch: *Mathieu, Günter,* Betriebstypenpolitik – Strategie, Entwicklung, Einführung, in: Absatzwirtschaft, Heft 10/1980, S. 116 ff.).

Das überraschend schnelle und von vielen so nicht erwartete Vordringen des E-Commerce auch in den Handel stellt die Frage nach der Zukunft der Vertriebsformen neu. Es kommen Zweifel an der Behauptung auf, die Entwicklung der Vertriebsformen sei abgeschlossen. Es ist nicht auszuschließen, gegenwärtig aber noch nicht eindeutig zu übersehen, daß neue Vertriebsformen entstehen werden. Vom Standpunkt des Handels-Marketing aus gesehen, ist der E-Commerce zunächst einmal eine neue Form der Verkaufspolitik von Handelsunternehmen und damit eine neue Form der Kommunikation. Er wurde deshalb bereits bei den Andienungsformen (S. 243) aufgeführt. Überprüft man die einzelnen Marketing-Instrumente vom Standpunkt des E-Commerce her gesehen, so läßt sich feststellen:

(1) Marktforschung: Sie ist wie bisher unverzichtbar und wird unterstützt durch ein im E-Commerce intensives Feedback; es lassen sich vor allem die Zusammenhänge zwischen Kunden und Kaufvorgängen eindeutig herstellen und auswerten. Bei der Dokumentation der Kaufvorgänge können die Käufe den Kunden zugeordnet werden.
(2) Standort: Viele Einzelhandelsstandorte werden entfallen und durch die Web-Seiten ersetzt. Aber: die verkaufte Ware muß „physisch distribuiert" werden. Der Operatingbereich des Handels wird sich vielleicht geringfügig verändern, ist aber unverzichtbar.
(3) Sortiment: Ein Sortiment muß vorhanden sein. Ohne Sortiment gibt es keinen Handel.
(4) Preispolitik: Manche Varianten des E-Commerce versuchen Preisvorteile zu bieten, wie Auktionen oder Sammelbestellungen hochwertiger Gebrauchsgüter. Andere Varianten bieten einen zusätzlichen Service – Schnelligkeit der Lieferung, Convenience – oder weisen auf die besondere Qualität ihrer Handelsleistung hin – Tiefe des Sortiments – und dringen deshalb nicht mit aggressiven Preisen in den Markt ein.
(5) Kommunikation: Auf diesem Feld verändert sich die Handelswelt voraussichtlich revolutionär. Das neue Medium Internet macht Märkte praktisch grenzenlos, was – worauf bereits eingegangen wurde (S. 243/44) – vor allem der Sortimentspolitik neue Möglichkeiten eröffnet.

Wenn man die Kommunikationspolitik dem konstitutiven Marketing-Mix zurechnet, was man durchaus tun kann, dann werden sicher sehr bald neue Vertriebsformen auf den Markt drängen. Betrachtet man Kommunikationspolitik jedoch nicht als Bestandteil des konstitutiven Marketing-Mix, dann hat die Feststellung, die Entwicklung der Vertriebsformen sei im wesentlichen abgeschlossen, weiterhin Geltung. (Siehe dazu: E-Commerce, Das Web revolutioniert die Handelswelt, Spezial 1/2000 der Lebensmittel Zeitung, Frankfurt/Main 18. 2. 2000, und die dort auf S. 100 aufgeführte Literatur; weiterhin: Rosmanith, Uwe, Die Partner prüfen sich, Internet, Fabrikverkauf und Marken-Shops – hat die Industrie die Macht, den Handel auszukontern?, in: Der Handel, Das Wirtschaftsmagazin für Handelsmanagement, Heft 11/1998, S. 14 ff.).

Das Vorgehen von „Markant Easy Shopping", dem E-Commerce Projekt der Markant-Südwest Handels AG in Pirmasens, zeigt sehr gut, daß E-Commerce in erster

Linie den Kommunikationsbereich des Handels betrifft und verändern wird. Dieses Unternehmen bietet zunächst sein Sortiment parallel zum Internet mit einem Katalog an. Die Kunden, die noch keinen Zugang zum Internet haben, können telefonisch, per Fax oder E-mail bestellen. Sobald sie über einen Internet-Anschluß verfügen, können sie dann ihre Bestellungen über das Internet aufgeben. Ausgeliefert wird über ein und dasselbe Logistik-System, dem es naturgemäß völlig gleichgültig ist, auf welchem Wege die Bestellung eingegangen ist. Hier werden – zunächst noch – mehrere Varianten der Kommunikation mit einem einzigen Logistiksystem kombiniert. Den gleichen Weg gehen seit geraumer Zeit schon die Warenhaus-Konzerne und die Versandhandels-Unternehmen. Das spricht dafür, im E-Commerce keine neue Vertriebsform zu sehen. Vielmehr bedienen sich bestehende Vertriebsformen des E-Commerce als neuer Variante der Kommunikation. (Siehe dazu: Schenk, Heinrich, Easy Shopping, ein individueller Lieferservice, in: Dokumentation über den 38. MMM-Kongreß Februar 2000, hersg. vom MMM-Club für moderne Markt-Methoden, Icking bei München 2000, S. 42ff.).

6.3 Die Organisationsformen

Die Organisationsformen müssen eindeutig von den Vertriebsformen und den Rechtsformen getrennt werden. Grundsätzlich kann jede Vertriebsform in jeder Organisationsform und in jeder Rechtsform betrieben werden. Zwischen den Vertriebsformen und den Rechtsformen bestehen so gut wie keine gegenseitigen Beziehungen. Die gewählte Rechtsform korrespondiert meist mit der Unternehmensgröße. Die Rechtsformen brauchen deshalb bei einer Darstellung des Handels-Marketing nicht berücksichtigt zu werden. Zwischen Vertriebsformen und Organisationsformen dagegen lassen sich gegenseitige Beziehungen erkennen. Bestimmte Vertriebsformen bevorzugen bestimmte Organisationsformen, wie sich bei der Behandlung der einzelnen Organisationsformen noch zeigen wird. Und die Organisationsform kann sehr wohl den Marketing-Mix einer Vertriebsform beeinflussen.

6.3.1 Das Entstehen der Organisationsformen und der Begriff Organisationsform

Im Verlauf der merkantilen Revolution wurde ein Zielkonflikt immer deutlicher sichtbar und in seinen Auswirkungen immer unangenehmer spürbar. Einerseits mußten infolge expandierender Sortimente die Verkaufsflächen immer größer werden. Die Mindestbetriebsgröße für die Handelsunternehmen stieg ständig. Mit einer Verkaufsfläche konnten immer größere Einzugsgebiete versorgt werden, die Dichte des Standortnetzes nahm ab. Und nur ab einer bestimmten Größe konnten Handelsunternehmen rentabel geführt werden. Das Netz des Einzelhandels kann aber nicht beliebig ausgedünnt werden. Hinzu kam, daß der Konzentrationsprozeß in der Industrie den Handel in den meisten Branchen, vor allem im Lebensmittelhandel, dazu zwang, ebenfalls durch Konzentration eine wirksame Nachfragemacht aufzubauen. Die Mindestbetriebsgröße, selbst wenn sie betriebswirtschaftlich ausreichend war, hatte aber in der Regel noch keine schlagkräftige Nachfragemacht zur Folge. Der Zielkonflikt zwischen Mindestbetriebsgröße – betriebswirtschaftlich gefordert und für die Nachfragemacht unverzichtbar – und der Raumüberbrückungsfunktion – Handelsstandorte in der Nähe der Wohungen der Verbraucher und leicht erreichbar – war eine unvermeidbare Folge der merkantilen Revolution und des Übergangs zur Überflußwirtschaft. Auf diesen Zielkonflikt wurde bereits im Kapitel Standortsicherung hingewiesen (S. 117ff.).

Der Handel hat diesen Zielkonflikt mit Hilfe der Organisationsformen gelöst, zumindest weitestgehend entschärft. Wenn ein Einzelunternehmen keine wirksame Nachfragemacht entfalten kann, weil seiner Größe von der Raumüberbrückungsfunktion her Grenzen gezogen werden, kann es auf andere Organisationsformen ausweichen. Und diese Organisationsformen trennen den Marketingbereich vom Operatingbereich. Der Marketingbereich und damit auch die Warenbeschaffung werden zentralisiert. Es kann eine wirkungsvolle Nachfragemacht aufgebaut werden. Der Marketingbereich ist ein Unternehmensbereich, in dem überwiegend Entscheidungsaufgaben angesiedelt sind. Und Entscheidungskompetenzen kann man sehr gut konzentrieren. Der Operatingbereich – die Logistik – bleibt dezentralisiert und muß es bleiben. Die Raumüberbrückungsfunktion erzwingt eine dezentrale physische Distribution der Waren. Das ist der Grundgedanke der Organisationsformen. Das Marketing – einschließlich der Warenbeschaffung – wird zentralisiert, das Operating, die Logistik, bleibt wegen der Raumüberbrückungsfunktion dezentral.

Nicht nur zwischen Vertriebsform und Organisationsform bestehen gegenseitige Beziehungen. Discount und zum Teil auch Fachgeschäfte tendieren zur Filialisierung, kleinere selbständige Handelsunternehmen zu den Verbundgruppen des Handels. Auch zwischen Branche und Organisationsform gibt es Beziehungen. Möbelhäuser können sehr groß werden und tendieren zum Einzelunternehmen. Sie führen Güter des langfristigen Gebrauchs in ihrem Sortiment. Der Verbraucher sucht sie nur in längeren Zeitabständen auf und ist bereit, längere Entfernungen zurückzulegen. Der Lebensmittelhandel – das andere Extrem – kann, soweit er die Nahversorgung übernimmt, keine sehr großen Betriebe pro Standort errichten. Er führt Artikel des kurzfristigen Verbrauchs und wird teilweise täglich von seinen Kunden aufgesucht. Er muß nahe am Verbraucher liegen, schnell und bequem erreichbar sein. Die Verbraucher sind nicht bereit, längere Wege in Kauf zu nehmen. Das gilt auch für die Tankstellen und ihre Shops.

Bestimmte Organisationsformen – Verbundgruppen des Handels und Franchise-Systeme – ermöglichten es kleineren und mittleren Handelsunternehmen, die Vorteile von Großunternehmen zu erlangen. Das Prinzip der Funktionsdelegation erlaubt es, den Einkauf zumindest teilweise und auch bestimmte Funktionen des Marketing an die Vorstufe zu delegieren. Diese Aufgaben können dann von qualifizierten, aber auch teuren Spezialisten wahrgenommen werden. Vor allem die Verbundgruppen des Handels wandten damit bereits „Outsourcing" und „Lean Management" an, als diese Begriffe noch gar nicht bestanden und zur „Heilslehre für modernes Managment" erhoben wurden.

Die Organisationsformen erlauben es dem Handel, sowohl der Forderung der Raumüberbrückungsfunktion nach Nähe zum Verbraucher als auch der betriebswirtschaftlichen Forderung nach einer rationellen und kostengünstigen Warendistribution nachzukommen. Die Organisationsformen sind für den Handel charakteristisch. Sie waren die Grundlage für das Entstehen mehrstufiger Handelsunternehmen oder Handelsgruppen. Im Falle der Filialunternehmen könnte man von einer vom Einzelhandel ausgehenden vertikalen Diversifizierung in Richtung Großhandel und Handelszentrale sprechen. Die Funktionsdelegation der Handelsgruppen ist eine Neuverteilung der Aufgaben nach dem Subsidiaritätsprinzip. Jede Stufe übernimmt die Aufgaben, die sie am besten erfüllen kann. Es entsteht eine föderalistische Gruppenstruktur. Ähnliche Organisationsformen finden sich sonst nur noch im Dienstleistungsbereich – Mister Minit z.B. – und in der Gastronomie – MacDonald z.B. –, wo die Organisationsformen der Filialisierung und des Franchising angewandt werden. Die folgenden Organisationsformen können unterschieden werden:

6.3.2 Die Arten von Organisationsformen

(1) Das Einzelunternehmen

Das Einzelunternehmen ist nicht nur juristisch und wirtschaftlich selbständig, es ist auch im Hinblick auf sein konstitutives und operatives Marketing-Mix vollständig autonom. In der Statistik werden die Einzelunternehmen unter der Bezeichnung „Nichtorganisierter Einzelhandel" geführt. Ihr Marktanteil ist von 38% in 1964 auf 22% in 1978 zurückgegangen und wurde für 1990 auf noch 12% geschätzt. Die Verteilung der Einzelunternehmen auf die einzelnen Branchen ist sehr unterschiedlich. Im Lebensmittelhandel gibt es nur noch sehr wenige Einzelunternehmen. Sie werden jedoch mit Sicherheit nicht aussterben. Und es entstehen auch immer wieder neue Einzelunternehmen, wie z.B. die von Gastarbeitern gegründeten Spezialgeschäfte für ihre Landsleute, die Produkte der Heimatländer beschaffen und anbieten. In der Gestaltung ihres konstitutiven und operativen Marketing-Mix sind die Einzelunternehmen nicht nur autonom, sondern auch sehr flexibel. Sie können sehr rasch Marktnischen aufspüren und besetzen. Daß diese Einzelunternehmen oft relativ klein sind, ist dabei eher von Vorteil als von Nachteil. Das Marketing-Instrumentarium beherrschen sie oft recht gekonnt und originell.

Beim Einzelunternehmen kann, nach Branchen unterschiedlich, die größere Verkaufsfläche das größere Einzugsgebiet und damit den höheren Umsatz bedingen. Der Ausdehnung des Einzugsgebietes und damit der Unternehmensgröße sind jedoch, von Branche zu Branche unterschiedlich, objektive Grenzen gesetzt. Das Einzelunternehmen kann deshalb in der Regel kein Großunternehmen werden. Große Möbelhäuser sind die Ausnahme. Um Großunternehmen schaffen zu können, mußte der Einzelhandel andere Organisationsformen entwickeln, wie sie in den folgenden Abschnitten dargestellt werden.

(2) Die Handelsgruppen – Verbundgruppen – des Handels

Die Handelsgruppen definiert *Nieschlag* als kooperative Gebilde selbständiger Kaufleute, die sich zu gemeinsamem Handeln vereinigt haben (*Nieschlag, Robert,* Die Stellung der Gruppen in der Absatzwirtschaft heute, Heft 5 der aktuellen Beiträge zur Markt- und Wettbewerbspolitik, Schriftenreihe des *Edeka Verbandes e.V.*, Hamburg 1971, S. 11). Aus dem gemeinsamen Handeln ist im Laufe der Entwicklung eine sehr intensive Kooperation zwischen Gruppenleitung und Mitgliedern mit einer sehr effektiven Funktionsteilung geworden.

Die Handelsgruppen haben ihren Ursprung im Genossenschaftswesen. Als eine Form unter einer Vielzahl von unterschiedlichsten Formen von Genossenschaften entstanden in der zweiten Hälfte des 19. Jahrhunderts Einkaufsgenossenschaften selbständiger Kaufleute. Sie waren, wie alle Genossenschaften, Kinder der Not und sollten der Abwehr gegen die ersten Großunternehmen des Einzelhandels, die Warenhäuser, die Filialunternehmen und die Konsumgenossenschaften, dienen. Der in § 1 des Genossenschaftsgesetzes festgelegte Förderungsauftrag für ihre Mitglieder war die Grundlage ihrer Arbeit und ist bis heute die Grundlage der Unternehmensphilosophie der genossenschaftlichen Handelsgruppen, der ersten Form der Handelsgruppen, geblieben. Der Schwerpunkt der ersten Gründungen von Einkaufsgenossenschaften lag im Lebensmittelhandel. Die Eigenart dieser Einkaufsgenossenschaften und damit der genossenschaftlichen Handelsgruppen war und ist bis heute geblieben, daß Mitglieder (als Entscheidungsträger und Kapitalgeber) und Kunden identisch sind. Zumindest in den Gründerjahren gab es auf Grund dieser Eigenart bei den Genossenschaften starke emotionale Bindungen zwischen dem Mitglied und „seinem" Unternehmen. Als sich eine Reihe von Einkaufsgenossenschaften des Lebensmittelhandels im Jahre 1907 zum *Edeka Verband* – dem ersten Fachprüfungsverband im Genossenschaftswesen – und zur *Edeka Zentrale* – als Zentrale für das Warengeschäft – zusammenschlossen, hatte sich damit auch die erste Handelsgruppe formiert. Ende der zwanziger Jahre kam dann die *Rewe* als zweite genossenschaftlich strukturierte Handelsgruppe hinzu.

(Zur Geschichte der beiden genossenschaftlichen Handelsgruppen und zum Förderungsauftrag siehe: *Stubbe, Helmut*, Stichwort „*EDEKA*", in: Handwörterbuch des Genossenschaftswesens, Wiesbaden 1980, Sp. 309ff.; *Heeger, Dietrich/Meier, Gert*, Die *Rewe*-Gruppe, Auftrag der Gegenwart, 2. Auflage, Düsseldorf 1979; *Nieschlag, Robert*, Die Förderung der Genossenschaftsmitglieder aus heutiger Sicht, in: Zeitschrift für das gesamte Genossenschaftswesen, Band 28, Heft 3/1978, S. 213ff.; *Scheer, Werner*, Das genossenschaftliche Mehr: Hauptziel bleibt die Förderung der Mitglieder, in: *Edeka* Handelsrundschau, Nr. 21/1979, S. 5ff.)

Das **Prinzip der Funktions-Delegation** wurde von den Handelsgruppen in zwei Schritten verwirklicht.

1. Schritt: Zunächst wurde die Funktion des Einkaufs von den Mitgliedern an die Vorstufen (Genossenschaften und Zentralen) delegiert. Durch gemeinsamen Einkauf wurde erreicht, daß die Waren zu Konditionen bezogen werden konnten, wie sie die Großunternehmen zugestanden bekamen. Nach langen Kämpfen wurde den Genossenschaften auch die Großhandelsfunktion zuerkannt und der Großhandels-Rabatt gewährt.

2. Schritt: Es wurde ein gemeinsames Marketing aufgebaut. Von den Anfängen einer Gemeinschaftswerbung über Handelsmarken bis hin zum einheitlichen konstitutiven Marketing-Mix führte der Weg zum geschlossenen Gruppen-Marketing (vgl. dazu: *Oehme, Wolfgang*, Aufgaben der Genossenschaften des Handels im

Dienste der Verbraucherversorgung, in: Gegenwartsprobleme genossenschaftlicher Selbsthilfe, Festschrift für *Paul König*, Hamburg 1960, S. 155 ff., besonders S. 162 ff.). Das operative Marketing-Mix verbleibt zum überwiegenden Teil (mit Ausnahme eines großen Teils der Angebotspolitik) beim Einzelhandel, also beim Mitglied der Handelsgruppe.

Im Verlaufe dieses Entwicklungsprozesses sind die Genossenschaften zu echten Unternehmen geworden und das Verhältnis der Mitglieder zu ihren genossenschaftlichen Unternehmen wurde sehr weitgehend „entideologisiert". Vor allem im Lebensmittelhandel wurden die Großhandelsunternehmen zu „Full-Service-Großhandelsunternehmen" ausgebaut, die nicht nur Ware, sondern auch Dienstleistungen anbieten und damit dem Mitglied ermöglichen, eine ganze Reihe von Funktionen des eigenen Unternehmens zu delegieren und von qualifizierten Spezialisten ausführen zu lassen, wie das bei Großunternehmen eben möglich ist. Zum Teil war mit dieser Entwicklung auch ein Wandel der Rechtsformen verbunden, Zentralen wurden in AG's, Großhandelsunternehmungen in GmbH's umgewandelt. Dieser Wandel der Rechtsformen hat aber an der geistigen Basis der genossenschaftlichen Handelsgruppen, an ihrer Bindung an den Förderungsauftrag, nichts geändert.

Obwohl die genossenschaftlichen Handelsgruppen eine sehr erfolgreiche Entwicklung zu verzeichnen haben und heute über eine starke Marktstellung verfügen, haben sie doch andererseits mit Durchsetzungsproblemen zu kämpfen. Diese Probleme treten vor allem in den Beziehungen zwischen Großhandel und Einzelhandel auf. Und sie ergeben sich meist im Marketing-Bereich. So ergeben sich Probleme, wenn große und/oder risikoreiche Verkaufsflächen errichtet werden, die von einem einzelnen Mitglied nicht bewältigt werden können und die dann der Großhandel als sogenannten „Regiebetrieb" führt. Probleme gibt es auch, wenn Niedrigpreislinien aufgebaut werden sollen. Auch hier wird auf den Regiebetrieb, aber auch auf andere Formen der Kooperation, zurückgegriffen (vgl. dazu: *Mathieu, Günter*, Das Kontraktmarketing, in: Lebensmittel-Zeitung Nr. 7 vom 13. 2. 1981, S. F 26 ff.; *Edeka*-Filialen unter Beschuß: „Notwendig zum Überleben", in: Lebensmittel-Zeitung Nr. 1 vom 4. 1. 1980, S. 6; aus rechtlicher Sicht befaßt sich mit diesem Durchsetzungsproblem: *Pröpper, Heinrich*, Muß ich da mitmachen? Über die Teilnahme selbständiger Einzelhändler an der allgemeinen Gruppenwerbung, in: Lebensmittel-Zeitung Nr. 3 vom 18. 1. 1980, S. F 2).

Erwähnt sei noch, daß nicht nur im Lebensmittelhandel, sondern auch in anderen Branchen genossenschaftliche Handelsgruppen entstanden und sich erfolgreich entwickelten, sich von der Einkaufsgruppe zur Marketinggemeinschaft wandelten (ein Überblick findet sich bei: *Diederichs, Erich*, Hauptprobleme der modernen Kooperation im Handel, in: Zeitschrift für das gesamte Genossenschaftswesen, Band 14, Heft 1/1964, S. 51 ff.).

Nach dem zweiten Weltkrieg, in den fünfziger Jahren beginnend, faßten auch in der Bundesrepublik Deutschland die freiwilligen Handelsketten Fuß: *Spar* (1932 in den Niederlanden gegründet), *A&O, Vivo, Centra* u.a.; sie stellen die zweite Form der Handelsgruppen dar und arbeiten ebenso wie die genossenschaftlichen Gruppen nach dem Prinzip der Funktionsdelegation. Ihre Anfangserfolge waren beachtlich und sicher zu einem guten Teil auf ihre konsequente Selektionspolitik bei der Aufnahme neuer Mitglieder zurückzuführen. Gerade an diesem Punkt zeigte sich, daß sie im Gegensatz zu den genossenschaftlichen Gruppen, die sich auch der Förderung kleiner Kaufleute verpflichtet fühlten, keinerlei ideologischen und traditionellen Ballast mit sich trugen und deshalb weitestgehend rational und ökonomisch entscheiden und vorgehen konnten.

Der fundamentale Unterschied zu den genossenschaftlichen Gruppen besteht darin, daß bei den freiwilligen Ketten keine Identität zwischen Kapitalgebern/Entscheidungsträgern und Abnehmern besteht. Gleich ist bei den freiwilligen Ketten (wie bei den genossenschaftlichen Gruppen), daß die Gestaltung des konstitutiven Marketing-Mix weitestgehend von der Gruppe vorgenommen wird, die Gestaltung des operativen Marketing-Mix zum überwiegenden Teil in der Hand der Mitglieder im Einzelhandel verbleibt.

Die Handelsgruppen beider Formen verbinden den Vorteil großer Flexibilität ihrer Mitglieder, die sehr rasch auf die an ihren lokalen Märkten herrschenden Verhältnisse eingehen können, mit dem Vorteil wirksamer Rationalisierung (vor allem im Operatingbereich), wie er sonst nur von großen Handelsunternehmen wahrgenommen werden könnte.

Beide Formen von Handelsgruppen müssen sich fortlaufend mit zwei Problemen auseinandersetzen.

Einmal stellt sich ihnen immer wieder das **Problem der Durchsetzung** ihrer Marketing-Konzeption bei den Mitgliedern. Auf dieses Problem wurde bereits näher eingegangen.

Zum anderen müssen sie immer wieder mit dem **Problem der organisatorischen Zwänge** kämpfen. Wo liegt das Gleichgewicht zwischen der unternehmerischen Freiheit des Mitglieds im Einzelhandel und der Forderung der Gruppe nach Einordnung und gemeinsamen Vorgehen? Diese Frage stellen nicht nur Außenstehende, sondern immer wieder auch Mitglieder. Ohne eine Einordnung der Mitglieder kann eine Handelsgruppe aber nicht erfolgreich arbeiten. Ohne Einschränkung frei ist das Mitglied einer Handelsgruppe nur bei der Frage, ob es Mitglied werden will oder nicht. Der Preis für die Förderung ist eine Einschränkung der Selbständigkeit. Trotz der Einordnung in eine Handelsgruppe verbleiben dem Mitglied aber noch eine Fülle von unternehmerischen Aufgaben und auch das unternehmerische Risiko.

Gerade den genossenschaftlichen Handelsgruppen, deren Förderungsleistung für ihre Mitglieder nicht bestritten werden kann, vorzuwerfen, durch eine Verselbständigung des Managements von Großhandel und Zentrale werde ihre innere Struktur ausgehöhlt, ist ungerecht und oberflächlich geurteilt. Nach wie vor wird in den genossenschaftlichen Handelsgruppen ein Stück Wirtschaftsdemokratie verwirklicht. Daran ändert die Tatsache nichts, daß eine begrenzte Funktionsdelegation völlig ohne Übertragung von Entscheidungsfreiheit – und übrigens auch Risiken – auf vorgelagerte Stufen undenkbar ist.

Daß die freiwilligen Ketten insgesamt gesehen längst nicht so erfolgreich waren wie die genossenschaftlichen Handelsgruppen, dürfte zu einem guten Teil damit zusammenhängen, daß der Individualismus und das Machtstreben der privaten Großhandelsunternehmen den Aufbau starker Zentralen verhinderten. Das zeigt sehr deutlich, daß eine Einschränkung der unternehmerischen Selbständigkeit sehr wohl sinnvoll sein kann und Früchte trägt.

(3) Die Mehrbetriebs-Unternehmen

Unter Mehrbetriebs-Unternehmen versteht man ein Einzelhandels-Unternehmen, das mehrere Betriebe – Geschäfte, Märkte oder Supermärkte – an unterschiedlichen Standorten betreibt. Diese Organisationsform hat sich etwa ab Anfang der siebziger Jahre besonders innerhalb der Handelsgruppen entwickelt.

Die Mehrbetriebs-Unternehmen waren zunächst, so kann man es sagen, Kinder der Not. Sie entstanden oft dadurch, daß der das Standort-Marketing betreibende Großhandel der Handelsgruppen mehr gute Standorte sichern konnte, als qualifizierte Kaufleute zu deren Besetzung verfügbar waren. Da lag es nahe, erfolgreichen und finanziell starken Kaufleuten einen zweiten und später auch einen dritten und vierten Markt zu übertragen. Von Ausnahmen abgesehen, bewährte sich dieses Vorgehen, und die Mehrbetriebs-Unternehmen sicherten sich einen festen Platz im Einzelhandel der Handelsgruppen. Kinder der Not sind sie nicht mehr. In der *Edeka-Handelsgruppe* arbeiten heute ca. über 10% der Mitglieder als Mehrbetriebs-Unternehmer und erwirtschaften rund 20% des Einzelhandelsumsatzes der Gruppe.

Man könnte die Unternehmen dieser Organisationsform auch als Klein-Filialisten bezeichnen. Da der Begriff Filialist oder Filialunternehmen in den Augen der Handelsgruppen mit einem negativen Image belastet ist, entschied man sich für die Bezeichnung Mehrbetriebs-Unternehmen (vgl. dazu: *Edeka* Handelsrundschau, Heft November 1980, das unter dem Thema „Warum nur auf einem Bein?" steht, sowie Dezember 1982, mit dem Titel „Mehr Betriebe für eine sichere Zukunft"). Auf diese Weise soll betont werden, daß der selbständige Kaufmann das Leitbild der Gruppe ist, nicht der unselbständige Filialleiter.

Die wichtigsten Merkmale, die ein Mehrbetriebs-Unternehmen kennzeichnen und zugleich vom Filialunternehmen abgrenzen, sind:

- Die **Größe** eines Mehrbetriebs-Unternehmens ist begrenzt. Die Zahl der Betriebe dürfte zwischen vier und zehn liegen. Zwar ist ein Unternehmen mit zwei Betrieben formal bereits ein Mehrbetriebs-Unternehmen, aber in Wirklichkeit noch nicht vollständig entwickelt und in der Lage, die angestrebten Vorteile zu bringen. Je nach Größe der einzelnen Betriebe wird der Jahresumsatz insgesamt 20 bis 60 Mill. DM, aber auch mehr, betragen. Das Absatzgebiet wird kaum einen Radius von 20 bis 50 km überschreiten. Der Radius sollte eher bei 20 km und darunter liegen. Aber da spielt die Größe der einzelnen Betriebe eine entscheidende Rolle.
- **Überschaubarkeit** und **Führbarkeit** des Unternehmens durch eine Person, den Kaufmann und Unternehmer, sind die Folge der begrenzten Größe. Vor allem kann auf den Aufbau einer schriftlich festgelegten und detaillierten Führungshierarchie – Stellenbeschreibungen, Arbeits- und Dienstanweisungen, Führungsanweisungen – teilweise verzichtet werden, was Aufwand spart.
- Es existiert **kein zentrales Warenlager**. Diese Funktion wird an ein Großhandelsunternehmen delegiert. Dadurch kann auf den Aufbau eines eigenen Logistik-Systems – mit aufwendigem Fuhrpark – verzichtet werden.

- Die **Zentrale** des Mehrbetriebs-Unternehmens beschränkt sich auf das Rechnungswesen, das Personalwesen und unter Umständen die Zusammenfassung und Kontrolle der Warendispositionen der einzelnen Betriebe. Sie sollte sich unter gar keinen Umständen Produktionsbetriebe, z. B. ein Fleischwerk, angliedern.
- Die **Kooperation** mit einem leistungsfähigen Großhandelsunternehmen – in der Regel einem Großhandelsunternehmen einer Handelsgruppe – ist für das Mehrbetriebs-Unternehmen von entscheidender Bedeutung. Ohne diese Kooperation wäre es kaum leistungsfähig, vielleicht in vielen Fällen nicht einmal lebensfähig.
- Das **konstitutive Marketing-Mix,** vor allem das Unternehmensprofil, wird infolge des Kooperationszwanges stark von dem Partner mitgeprägt, mit dem man sich verbündet hat. Das operative Marketing-Mix dagegen verfügt oft über mehr Spielraum, als dies bei den Mitgliedern von Handelsgruppen, die nur ein Geschäft führen, der Fall ist.

Mit Hilfe eines Mehrbetriebs-Unternehmens kann ein aktiver Kaufmann nicht nur eine Risiko-Streuung erreichen. Er kann auch seinen Gewinn erheblich steigern und durch eine Festigung seiner Marktstellung vorbeugend Konkurrenz abwehren. Trotz der Vorteile einer zwar begrenzten, aber an einem einzelnen Standort nicht zu realisierenden Expansion bleibt dem Mehrbetriebs-Unternehmen die Flexibilität des Einzelunternehmens fast vollständig erhalten. Mehrbetriebsunternehmen finden sich heute auch im Bereich der Tankstellen-Shops. Ihr wesentlichstes Unterscheidungsmerkmal gegenüber Filialunternehmen ist, wie bei den Mehrbetriebsunternehmen des Lebensmittel-Einzelhandels, daß sie kein zentrales Warenlager haben. Für die Logistik sorgt die jeweilige Mineralölgesellschaft oder ein von dieser beauftragtes Großhandelsunternehmen.

(4) Die Franchise-Systeme

Mit dem Begriff Franchising bezeichnet man die auf vertraglicher Basis beruhende Lizenzübernahme eines Marketing-Konzeptes. Franchising ist „die Gewährung eines Vorrechtes in wirtschaftlichen Belangen (für gewöhnlich die Teilnahme an einem aussichtsreichen Marketing-Programm) gegen ein bestimmtes Entgelt" und somit eine besondere Form der Zusammenarbeit mit vertraglicher Regelung der Nutzung wirtschaftlicher Rechte gegen Entgelt (so: *Haenle, Peter*, Franchising: Marktorientierte Zusammenarbeit, Zürich 1970, S. 5 und 9).

Ein Franchise-System besteht aus einem Franchise-Geber und einer Vielzahl von Franchise-Nehmern. Der Franchise-Geber verfügt über ein originelles und erfolgversprechendes Marketing-Konzept und verkauft dieses Marketing-Know-how an selbständige Unternehmer. So baut er eine Vertriebskette auf, die unter seinem Namen oder dem Namen seiner Gesellschaft ein bewährtes Sortiment von Produkten und Dienstleistungen oder einem von beiden anbietet. Die Franchise-Nehmer bezahlen dem Franchise-Geber für das Know-how eine Lizenzgebühr (die Franchise) und haben in der Regel einen einmaligen finanziellen Beitrag zur Geschäftsausstattung zu leisten. In einem Franchise-Vertrag werden die gegenseitigen Rechte und Pflichten festgehalten (so beschreibt es: *Haenle, Peter*, a. a. O., S. 10).

Das erste Franchise-System baute der Amerikaner *A. L. Tunick* mit seiner „Chicken-Delight-Kette" auf, einem Vertriebssystem für gebratene Hähnchen.

Die folgenden **zwölf Merkmale** charakterisieren ein Franchise-System und lassen seine Eigenart deutlicher erkennen als es eine knappe Definition vermag (wir folgen hier: *Boehm, Hubertus*, Franchising als Organisationsinstrument vertikaler Vertriebssysteme, in: Franchising als Organisationsform freiwilliger Verbundgruppen, Bericht über die unternehmenspolitische Tagung am 2. 10. 1975 anläßlich der Jahresversammlung 1975 der *Bundesvereinigung deutscher Einkaufsverbände*, S. 2f.):

- Es besteht eine intensive Kooperation zwischen einem Franchise-Geber, der Zentrale des Systems, und einem oder – in der Regel – mehreren Franchise-Nehmern.
- Die Kooperation basiert auf einem Vertrag, dem Franchise-Vertrag, der ein Dauerschuldverhältnis mit bestimmter oder unbestimmter Dauer begründet.
- Franchise-Geber und Franchise-Nehmer bilden eine vertikale Vertriebsorganisation.
- Der Franchise-Nehmer ist de jure selbständiger Unternehmer; er setzt eigenes Kapital ein und trägt in vollem Umfang das unternehmerische Risiko.
- Der Franchise-Nehmer stellt Arbeitskraft zur Verfügung, und zwar – in der Regel – sowohl seine eigene als die seiner Angestellten.
- Der Franchise-Nehmer hat ein bedingtes Nutzungsrecht an geschützten Wettbewerbsvorteilen des Franchise-Gebers, wie z. B.:
Image oder Marke,
exklusive Produkte,
attraktives Sortiment,
vorteilhafte Instrumente,
Know-how.
- Der Franchise-Geber unterstützt die Franchise-Nehmer umfassend beim Betriebsaufbau, im Marketing und in der Betriebsführung. Hierzu gehört vor allem intensive Schulung und ständiges Training.
- Der Franchise-Geber und die Franchise-Nehmer treten in der Öffentlichkeit einheitlich auf, sind also durch ein gemeinsames Image verbunden.
- Der Handlungsspielraum des Franchise-Nehmers wird durch die vom Franchise-Geber entwickelte Marketing-Konzeption begrenzt.
- Der Franchise-Geber besitzt zur Durchsetzung seiner Marketing-Konzeption ein beschränktes vertragliches Weisungsrecht; der Franchise-Nehmer und seine Angestellten arbeiten nach einem vorgegebenen Handlungsschema.
- Der Franchise-Geber kontrolliert den Erfolg des Franchise-Nehmers und die konsequente Anwendung des Marketing-Konzepts (vertragliches Kontrollrecht).
- Der Franchise-Geber erhält vom Franchise-Nehmer eine direkte und/oder indirekte Vergütung für die Nutzung der Wettbewerbsvorteile und die Unterstützung.

Sind alle zwölf Merkmale gegeben, so liegt ein reines Franchise-System vor. Fehlen einzelne Merkmale oder sind sie durch andere rechtliche Regelungen ersetzt, so handelt es sich um ein Quasi-Franchise-System.

In einem Franchise-System, so können wir zusammenfassend feststellen, werden das konstitutive und auch fast vollständig das operative Marketing-Mix vom

Franchise-Geber gestaltet. Das ist sein Know-how. Für den Franchise-Nehmer verbleibt nur ein sehr kleiner Spielraum zur Beeinflussung des operativen Marketing-Mix, manchmal wird er auch gar keinen Einfluß auf das operative Marketing haben. Er ist ausschließlich für das Operating zuständig. Die Beeinflussung und Kontrolle der Kosten ist eine seiner Hauptaufgaben. Die andere Hauptaufgabe ist die konsequente Anwendung des vorgegebenen Marketing-Know-how.

Franchise-Systeme und Handelsgruppen sind sich in manchen Punkten recht ähnlich, was Anlaß zu der Feststellung gab, die Handelsgruppen seien Franchising ohne vertragliche Grundlage. In dieser Feststellung steckt ein Korn Wahrheit, schließlich arbeiten beide Organisationsformen nach dem Prinzip der Funktionsdelegation. Folgende **Gemeinsamkeiten** lassen sich feststellen:

- Beide Organisationsformen sind kooperative Systeme, in denen die Funktionen des gesamten Systems jeweils den Gliedern oder Stufen zugewiesen werden, die sie am besten wahrnehmen können.
- In beiden Organisationsformen besteht bei den Gliedern, beim Franchising bei Geber und Nehmern, juristische Selbständigkeit und ökonomische Eigenverantwortung. Allerdings ist die Eigenständigkeit des Franchise-Nehmers weitaus stärker eingeschränkt als die des Mitglieds einer Handelsgruppe, was Konflikte auslösen kann. Durchsetzungsprobleme kann es in beiden Formen geben.
- Beide Organisationsformen werden ausschließlich im mittelständischen Bereich der Wirtschaft und im Sektor Handel und Dienstleistungen angewandt.

Die **Unterschiede** zwischen den beiden Organisationsformen treten in folgenden Punkten deutlich hervor:

- Der Prozeß der Willensbildung läuft völlig verschieden ab. Beim Franchising vollzieht sich die Willensbildung in der Zentrale, beim Franchise-Geber oder Systemkopf, und zwar ausschließlich dort. Die getroffenen Entscheidungen werden an den Franchise-Nehmer weitergegeben, der sich daran zu halten hat. Der Entscheidungsprozeß, vom Treffen einer Entscheidung über die Weiterleitung bis zur Ausführung, ist eine Einbahnstraße. Bei den Handelsgruppen war dies ursprünglich auch eine Einbahnstraße, aber in umgekehrter Richtung, vom Mitglied zu den vorgelagerten Stufen, von unten nach oben. Aus der Funktionsdelegation, vor allem im Marketing-Bereich, ergab sich inzwischen zwangsläufig, daß aus der Einbahnstraße ein Gegenverkehr geworden ist, Entscheidungen und Informationen auch von oben nach unten laufen.
- Die Bindungen zwischen den einzelnen Gliedern des Systems sind bei den Handelsgruppen weitaus schwächer und nur zu einem kleinen Teil vertraglich geregelt. Bei den Franchise-Systemen dagegen besteht eine umfassende vertragliche Regelung der Beziehungen. Die Verbindlichkeit der Beziehungen ist bei den Franchise-Systemen viel stärker als bei den Handelsgruppen.
- Im Franchise-System will die Zentrale für sich Gewinne erwirtschaften, in einer Handelsgruppe wollen die vorgelagerten Stufen, Großhandelsunternehmen und Zentralen, die Unternehmen ihrer Mitglieder wirtschaftlich fördern. Das ist ein fundamentaler Unterschied.
- Im Franchise-System ist immer die Zentrale als Franchise-Geber zuerst vorhanden und sucht dann Abnehmer für ihr Know-how. Bei den Handelsgruppen

waren und sind immer die Mitglieder zuerst vorhanden und bauen dann die vorgelagerten Stufen auf, um ihnen Funktionen ihrer eigenen Unternehmen übertragen zu können.

Die Vorteile eines Franchise-Systems sind für den Franchise-Geber, daß er mit seinem Know-how unmittelbar Gewinne erwirtschaften kann. Er hat nur geringe Investitions-, Finanzierungs- und Liquiditätsprobleme. Durchsetzungsprobleme sind nicht so ausgeprägt wie bei den Handelsgruppen, denn die konsequente Anwendung seines Know-how und die Kontrolle über seine Partner sind vertraglich gesichert. Diesen Vorzügen stehen beim Franchise-Geber kaum Nachteile gegenüber. Natürlich ist er von der Qualifikation und auch Loyalität seiner Franchise-Nehmer abhängig. Die Risiken dieser Abhängigkeit werden durch die Kontrollrechte aber wirksam gemindert.

Für den Franchise-Nehmer ergibt sich der Vorteil, ein geschlossenes und in der Regel auch bewährtes Marketing-Konzept übernehmen zu können. Das verkleinert sein unternehmerisches Risiko wesentlich. Da Franchise-Nehmer oft branchenfremd sind, ist es für sie ohne ein solches Marketing-Konzept und weiteres Know-how gar nicht möglich, als selbständige Unternehmer erfolgreich zu arbeiten. Zunächst reicht es aus, wenn sie etwas Kapital und vor allem ausgeprägte unternehmerische Initiative in das System einbringen. Dem steht freilich beim Franchise-Nehmer der Nachteil gegenüber, daß er starke Bindungen eingeht, auf einen beachtlichen Teil seiner unternehmerischen Selbständigkeit verzichtet. Durch Umsatzvorgaben und die Verpflichtung zur Zahlung einer Franchise-Gebühr wird er sogar einem starken Leistungsdruck unterworfen, der nicht nur vom Markt, sondern hauptsächlich von seinem Partner ausgeht, soweit man im Franchise-System noch von Partnerschaft sprechen kann. Die Franchise-Systeme haben sich, wo sie konsequent realisiert wurden, manchmal als schlagkräftiger und damit auch erfolgreicher erwiesen als die Handelsgruppen. „Denn ‚Franchise-Partner' treten nämlich nicht nur mit weitgehend genormten Leistungs- und Warenangeboten an, sondern auch unter gemeinsamer Geschäftsbezeichnung. Schutzmarke und Symbole eines ganzen Systems stehen ihnen ausschließlich zur Verfügung. Wenn diese bekannt sind als Garantie für die Qualität eines begehrten Angebotssortiments, dann ist der Umsatz so gut wie gesichert" (meint: *Haenle, Peter*, a.a.O., S. 5). Der wichtigste Grund für ihren Erfolg ist, daß sie ihr Marketing-Konzept mit uneingeschränkter Konsequenz verwirklichen, was ihnen auch möglich ist, da sie im Unterschied zu den Handelsgruppen weniger mit Durchsetzungsproblemen zu kämpfen haben.

Begonnen hatte die Entwicklung von Franchise-Systemen, wie bereits erwähnt wurde, im Nahrungsmittel-Sektor, mit dem Verkauf gebratener Hähnchen. Inzwischen finden sich in vielen Wirtschaftsbereichen Franchise-Systeme, im Handel, im Gaststättenbereich, im Touristikgeschäft, bei Schönheitssalons und Reinigungsunternehmen.

Im Handel haben in der Bundesrepublik Deutschland u.a. die folgenden Unternehmen Franchise-Systeme aufgebaut:
- **Ihr platz** im Drogerie-Bereich. Zur *„Ihr platz"*-Gruppe gehörten 1980 487 eigene Filialen und 71 Franchise-Nehmer. Mit dem Aufbau des Franchise-Systems wurde 1969 begonnen. Das Sortiment umfaßt 12 000 Standard-Artikel und rund 3000 Saison-Artikel. Es wurden mit den Filialen 523 Mill. DM, mit

den Franchise-Nehmern 35 Mill. DM im Jahre 1979 umgesetzt. 1988 lag der Umsatz bei 951 Mill. DM. 1998 setzten 750 Filialen 1,67 Mrd. DM um.
- **Obi-Heimwerkermärkte** im Do-it-yourself-Bereich. Die *Obi*-Kette begann 1970/71 mit dem Aufbau ihres Franchise-Systems und konnte innerhalb von fünf Jahren mit 16 Märkten auf einen Umsatz von ca. 38 Mill. DM kommen. 1989 wurden mit 188 Filialen 1,368 Mrd. DM, 1998 mit 327 Filialen 5,19 Mrd. DM Umsatz erreicht. Sie bietet in acht Bedarfsgruppen dem Heimwerker ein Voll-Sortiment und berät ihn auch fachgerecht. Es werden also Ware und Dienstleistung angeboten. Inzwischen gehört Obi zur Tengelmann-Gruppe.

(Handel aktuell '99, hersg vom Euro Handelsinstitut Köln, S. 82 und 87)

Bei den Gemeinsamkeiten, die sie aufweisen, liegt es nahe, daß sich auch die Handelsgruppen eingehend mit dem Franchise-System beschäftigten und es in einigen Fällen ergänzend anwandten. So hat die *Rewe-Handelsgruppe* in ihr Vertriebswege-Konzept die Organisations-Alternative Franchising aufgenommen und auch in zahlreichen Fällen realisiert (vgl. dazu: Zugpferd ist die Niedrigpreis-Linie R-Kauf, in: Lebensmittel-Zeitung Nr. 21 vom 24. 5. 1974, S. 22ff.; *Reischl, Hans*, Wir müssen unsere Energie bündeln, in: *Rewe*-Echo Nr. 13 vom 1. 7. 1977, S. 14ff., wo darauf hingewiesen wird, daß sich das Franchise-System sehr gut dafür eignet, Teilsortimente oder Sortimente von Lebensmittelgeschäften mit gastronomischen Dienstleistungen zu integrieren, mit einem Party-Service z.B.; dies wäre dann eine Kombination von Handelsgruppe und Franchise-System, der selbständige Kaufmann wäre in Personalunion Mitglied der Handelsgruppe und zugleich Franchise-Nehmer eines von der Handelsgruppe aufgebauten Franchise-Systems im Dienstleistungsbereich).

Die *Rewe-Handelsgruppe* arbeitet offensichtlich sehr erfolgreich mit ihrem Franchise-System. Bei genauerer Prüfung der Veröffentlichungen über das *Rewe*-Franchising erkennt man, daß nicht die Gewinnerwirtschaftung im Vordergrund steht, sondern die Förderung selbständiger, meist junger Kaufleute und die Minderung der Risiken, die der Großhandel durch die Finanzierung dieser Kaufleute übernimmt. Die *Rewe-Handelsgruppe* konnte ihr Franchise-System von 68 Geschäften im Jahre 1975 auf 255 Geschäfte mit 1,2 Mrd. DM Umsatz im Jahre 1979 ausbauen. Für 1980 wurden 275 Geschäfte mit 1,4 Mrd. DM Umsatz angestrebt (Rewe-Gruppe, Über 700 Geschäfte wurden modernisiert, in: Handelsblatt vom 24. 9. 1980, S. 29).

Die *Edeka-Handelsgruppe* dagegen hat bisher kein Franchise-System aufgebaut. Sie setzt ausschließlich auf das förderungswirtschaftliche Prinzip der genossenschaftlich strukturierten Handelsgruppe. Lediglich Kaufleute, deren neu errichtete Geschäfte die Gruppe – in der Regel der Großhandel – finanziert, müssen eine enge Anbindung an die Gruppe und auch Kontrollen akzeptieren, was dem Franchise-System ähnelt.

Es bleibt abzuwarten, ob die genossenschaftlichen Handelsgruppen nicht noch ein Franchise-System entwickeln, bei dem die Franchise-Nehmer Anteilseigner des Systemkopfes sind und an dessen Willensbildung teilhaben. Bei einem solchen System ließe sich der Förderungsauftrag sehr stark in den Vordergrund rücken.

Ein erfolgreicher Einsatz des Franchising ist offensichtlich auch im Nahrungsmittelhandwerk möglich, worauf erste Versuche hinweisen. Es kann durchaus sinnvoll sein, wenn eine Fleischwaren- oder Backwarenfabrik selbständigen Metzgern oder Bäckern ein erprobtes Marketing-Know-how im Wege des Franchising anbietet und damit deren Leistungsfähigkeit steigert. Gute Handwerker sind sehr oft unvollkommene Marketing-Spezialisten. Das angebotene Know-how kann sich auch auf Finanzierung und Betriebsberatung erstrecken.

Es sollte nicht übersehen werden, wie bereits angedeutet wurde, daß auch Franchise-Systeme Durchsetzungsprobleme haben. Gute Franchise-Nehmer sind meist auch bis zu einem gewissen Grade Individualisten. Mit zunehmendem Erfolg werden sie selbstbewußter werden, mehr Freiheit fordern, sich gegen die Kontrollen wehren und die abgeschlossenen Verträge zu ihren Gunsten sehr großzügig auslegen. Der Franchise-Geber muß dann damit rechnen, daß seine Rolle als Know-how-Lieferant sehr kritisch gesehen wird. Er kann keine blinde Gefolgschaft mehr erwarten, wie vielleicht zu Beginn der geschäftlichen Beziehungen. Will der Franchise-Geber solche Gefahren vollständig vermeiden, müßte er sehr unerfahrene und intellektuell wenig begabte Franchise-Nehmer suchen. Dann wäre aber sicher der Erfolg in Gefahr. Franchise ist also auch ein Durchsetzungs- und damit ein psychologisches Problem.

(5) Die Filialunternehmen

Die ersten Filialunternehmen wurden vor rund hundert Jahren gegründet. Eines der ersten, trotz mancher politisch bedingten Rückschläge auch heute noch erfolgreichen Filialunternehmen ist „*Kaiser's Kaffee-Geschäft*". Aber auch junge Filialunternehmen sind sehr erfolgreich, wie z.B. die *Rewe KGaA,* die im Jahre 1998 33,0 Mrd. DM Jahresumsatz auswies.

Den Filialunternehmen der unterschiedlichsten Vertriebsformen, die vom hochstehenden Fachgeschäft bis zum Discountmarkt reichen, müssen die *Coop-Gruppe* und die Warenhaus-Konzerne hinzugerechnet werden, die beide ohne Zweifel Filialunternehmen darstellen. *Abbildung 6/12* zeigt, daß sich die Filialunternehmen insgesamt sehr erfolgreich entwickelt haben, obwohl die *Coop-Gruppe* und die Warenhauskonzerne in den letzten Jahren eine Reihe von Problemen zu lösen hatten und ihren Marktanteil gerade halten konnten.

Charakteristisch für die Filialunternehmen ist ihre Funktionsaufteilung zwischen Zentrale und den Filialen.

Die **Zentrale** ist bei ihnen zuständig:

- für das konstitutive Marketing-Mix vollständig;
- für das operative Marketing-Mix fast vollständig;
- für das Operating überwiegend; in diesem Punkt unterscheiden sich die Filialunternehmen von den anderen Organisationsformen wesentlich.

Die **Filialen** sind zuständig:

- für das operative Marketing-Mix zu einem kleinen Teil; dabei geht es mehr um die Ausführung als um Entscheidungskompetenzen;
- für das Operating zu einem Teil, soweit es von der Zentrale nicht gesteuert werden kann.

Unter Zuständigkeit ist dabei die Entscheidungskompetenz zu verstehen, nicht die Ausführung der getroffenen Entscheidungen. Dieses Konzept der Funktionsaufteilung war, wie die Zahlen zeigen, offensichtlich recht erfolgreich.

Die Vorteile der Filialunternehmen liegen bei dem straffen Management, das keine Durchsetzungsprobleme kennt, rasch agieren kann und eine exakte Ergebniskontrolle möglich macht. Gerade den Filialunternehmen ist es möglich, die betriebswirtschaftlichen Vorteile eines Großunternehmens in großem Umfange wahrzunehmen und trotzdem auch die Raumfunktion zu erfüllen. Ein besonderer Vorteil ist in der breiten Risikostreuung zu sehen. Erweist sich eine Entscheidung im Standort-Marketing als Fehlentscheidung, so gerät dadurch ein großes und solides Filialunternehmen keineswegs in Schwierigkeiten. Für ein Einzelunternehmen ist solch eine Fehlentscheidung tödlich.

Die Nachteile der Filialunternehmen sind darin zu sehen, daß sie eine gewisse Uniformität der Filialen anstreben müssen und daß die einzelne Filiale nicht immer ausreichend flexibel reagieren kann. Eine vollständige Anpassung an die manchmal rasch wechselnden Bedingungen des Standorts ist nur schwer möglich. Das dürfte mit ein Grund dafür sein, daß manche Filialunternehmen in letzter Zeit ein gewisses Maß an Dezentralisation anstreben, vor allem die Warenhaus-Konzerne. Aber dabei stellt sich das nächste Problem, das als Nachteil zu werten ist. Es ist für die Filialunternehmen nicht einfach, gute Führungskräfte – Filialleiter, in den Warenhaus-Konzernen Abteilungsleiter – zu finden und zu halten, die mit stark eingeschränkten Kompetenzen annähernd so engagiert arbeiten wie selbständige Unternehmer. Hier liegt die besondere Stärke der Handelsgruppen.

Die Handelsgruppen bedienen sich seit geraumer Zeit in Teilbereichen der Organisationsform des Filialunternehmens. So sind bei der *Edeka Handelsgruppe* die Einzelhandelstochterunternehmen – die sogenannten Regiebetriebe – Filialunternehmen, die inzwischen über 30% des gesamten Einzelhandelsumsatzes der Gruppe erwirtschaften.

Die folgende Abbildung 6/12 gibt einen Überblick über Umsätze und Marktanteile von Organisationsformen. Die Handelsstatistik erfaßt leider die Organisationsfor-

Abbildung 6/12: Marktanteile ausgewählter Organisationsformen und führender Unternehmen in den Organisationsformen im deutschen Einzelhandel, Stand 1. 1. 1999

Organisationsform	Umsatz Mrd. DM	Marktanteil in % von 952,3 Mrd. DM
Einzelunternehmen		
Versandhandel	28.83	
Möbel Kraft	1.00	
	29.83	3,13
Filialunternehmen		
Baumärkte[1]	25.17	
Warenhäuser	32.40	
Drogeriemärkte	16.38	
SB-Warenhäuser	63.63	
	140.58	14,76
Handelsgruppen[2]	42.00	4,41
	212.41	22.30

[1] Z. T. in der Organisationsform des Franchising.
[2] Nur selbständiger Einzelhandel, geschätzt.
Quelle: Handel aktuell '99, hrsg. vom EuroHandelsinstitut e. V., Köln 1999, S. 93 und 105 ff.

men nicht getrennt von den Vertriebsformen, so daß keine lückenlosen Daten vorliegen. Nur wenn sich Organisationsform und Vertriebsform decken – wie bei den Versandhandelsunternehmen und den Warenhauskonzernen –, erhält man zuverlässige Zahlen. Aber bereits diese lückenhafte Übersicht gibt einen interessanten Einblick in die Organisationsstruktur des deutschen Handels. Der hohe Anteil der Filialunternehmen fällt auf. Insgesamt dürfte wahrscheinlich ein Viertel bis ein Drittel des Handels filialisiert sein. Hier erkennt man, von einer ganz anderen Seite her gesehen, die Folgen des Konzentrationsprozesses, der im deutschen Handel etwa von 1960 ab stattfand und heute noch nicht zu Ende gekommen ist.

6.3.3 Vergleichende Übersicht der Organisationsformen

Jede Organisationsform, so kann man es formulieren, zeichnet sich durch eine bestimmte, für sie charakteristische Verteilung der Funktionen und Kompetenzen aus. Mit Hilfe dieser Charakteristik kann man die Organisationsformen in eine feste, logische Reihenfolge bringen, wie *Abbildung 6/13* zeigt. Diese Reihe führt von der Selbständigkeit zum Verbund, von der Dezentralisation zur Zentralisation. Am linken Ende der Reihe steht das völlig autonome Einzelunternehmen, am rechten Ende das straff organisierte Filialunternehmen. Dazwischen liegen die Handelsgruppen, die Mehrbetriebs-Unternehmen und die Franchise-Systeme.

Abbildung 6/13: Die Verteilung der Funktionen und Kompetenzen in den Organisationsformen des Handels

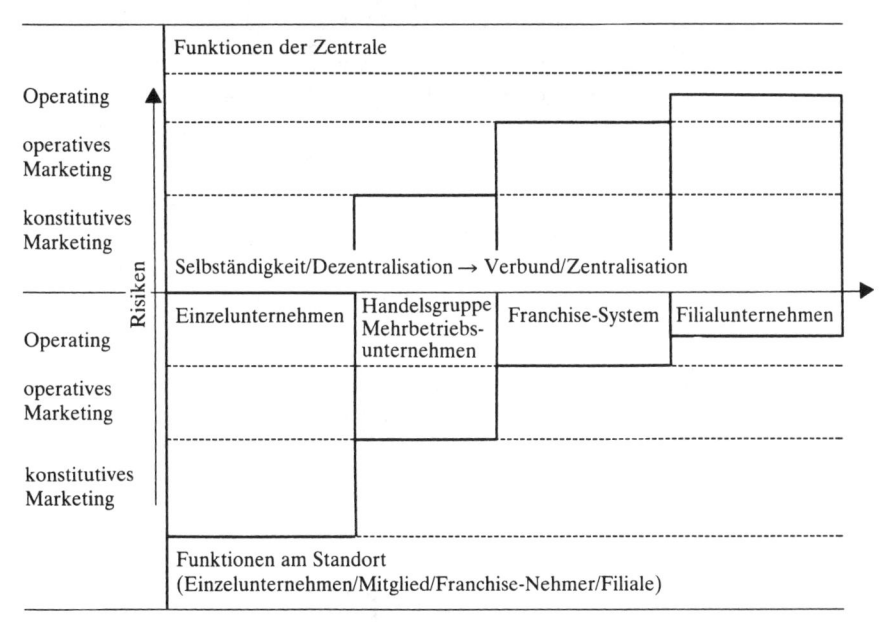

Es könnte durchaus die Frage gestellt werden, ob diese Organisationsformen nicht Bestandteil des konstitutiven Marketing-Mix sind. Man kann diese Frage durchaus mit einem Ja beantworten. Zwar kann grundsätzlich jede Organisationsform für

Abbildung 6/14: Die Vertriebskonzeption der Rewe Handelsgruppe, das konstitutive Marketing-Mix betreffend

Vertriebswege	Einzelhandels-Vertriebswege															
Linien = Service u. Preisabhängig	Discontpreis-Linie				Niedrigpreis-Linie				Normalpreis-Linie				Gehobene Preis-Linie			
Systeme = Organisationsabhängig	RE-Di				R-Kauf				REWE				+			
Typen = Größenabhängig	Vertriebs-Systeme				Vertriebs-Systeme				Vertriebs-Systeme				Vertriebs-Systeme			
	Konvent Einzelh. (1)	Franchising (2)	Filiale (3)	Regieladen (4)	Konvent Einzelh. (5)	Franchising (6)	Filiale (7)	Regieladen (8)	Konvent Einzelh. (9)	Franchising (10)	Filiale (11)	Regieladen (12)	Konvent Einzelh. (13)	Franchising (14)	Filiale (15)	Regieladen (16)
Laden-Typen: SB-Laden 100–250 m² (A)									REWE							
SB-Markt 250–400 m² (B)					R-Kauf				REWE							
Supermarkt 400–1000 m² (C)	RE-DI	RE-DI	RE-DI	RE-DI	R-Kauf	R-Kauf	R-Kauf	R-Kauf	REWE	REWE	REWE	REWE				
– fließende Grenze –																
SB-Center 1500–3500 m² (D)						R-Kauf Center	R-Kauf Center	R-Kauf Center		REWE Center	REWE Center	REWE Center				
– fließende Grenze –																
SB-Warenhaus ab 5000 m² (E)								R-Kauf SB-Warenhaus				REWE Warenhaus				

Quelle: Rewe Gruppe, Vertriebswege im Einzelhandel, Köln o. J. (wahrscheinlich 1975), S 44.

jede Vertriebsform verwendet werden. Es bestehen aber andererseits auch Interdependenzen zwischen Organisationsform und Vertriebsform, die eine bestimmte Organisationsform einer bestimmten Vertriebsform zuweisen. Die Vertriebsform Discount z.B. kann nicht in der Organisationsform des Einzelunternehmens geführt werden. Ein Einzelunternehmen könnte niemals die Größe und damit die Marktmacht erreichen, die zur Lösung des Waren-Beschaffungsproblems erforderlich wären. Und in der Form einer Handelsgruppe könnte Discount auch nicht organisiert werden. Der Individualismus der selbständigen Mitglieder würde die notwendige straffe Organisation, die kompromißlose Durchsetzung des Marketing-Konzeptes und die uniforme Gestaltung der einzelnen Discountmärkte unterlaufen. Keine Handelsgruppe hat deshalb auch nur den Versuch unternommen, mit selbständigen Kaufleuten eine Discountschiene aufzubauen. Wenn Discount betrieben wurde, dann nur in der Form eines Regieunternehmens, also in der Organisationsform eines Filialunternehmens, das eine hundertprozentige Tochter des Großhandelsunternehmens ist. Auch die traditionellen City-Warenhäuser und die SB-Warenhäuser sind, von kleineren Häusern abgesehen, nur in der Organisationsform der Filialunternehmen – und der Rechtsform der AG oder der GmbH – zu führen. Wiederum spielt bei der Warenbeschaffung die Nachfragemacht eine große Rolle. Und der Kapitalbedarf würde die Möglichkeiten eines einzelnen Unternehmers in der Regel überschreiten. Die Organisationsformen als organisatorische Alternativen zur Durchsetzung von Marketing-Konzeptionen können deshalb durchaus als Bestandteil des konstitutiven Marketing-Mix angesehen werden.

Die unterschiedlichen Vertriebsformen und die verschiedenen Organisationsformen sind die Bausteine, mit denen man eine umfassende Marketing-Konzeption aufbauen kann, wie das die *Rewe Gruppe* getan hat. *Abbildung 6/14* gibt einen Überblick über diese Konzeption. Daß man bei der Ausarbeitung dieser Konzeption bestimmten Vertriebslinien auch bestimmte Organisationsformen zugeordnet hat, hängt mit der Notwendigkeit zusammen, daß die Zentrale bei bestimmten Vertriebslinien mehr Risiken tragen muß und deshalb auch mehr Durchgriffsmöglichkeiten, also Kompetenzen, haben will. Das zeigte ja unsere vorhergehende Abbildung auch deutlich. Mit zunehmender Zentralisation bekommt die Zentrale zwar mehr Kompetenzen, übernimmt aber auch mehr Risiken.

Diese Vertriebslinien-Konzeption ist nicht vollständig realisiert worden und inzwischen auch nicht mehr geltendes Leitbild für die Rewe-Gruppe. Mehrfach ist diese Konzeption variiert und dem Markt angepaßt worden. Sie zeigt aber, wie man eine Vertriebskonzeption aus Vertriebsformen, Organisationsformen und Verkaufsflächengrößen zusammensetzen kann. Deshalb ist diese Konzeption als grundlegendes Modell und Beispiel heute noch gültig und für strategische Überlegungen als Vorlage brauchbar. Vertriebsformen, Organisationsformen und Verkaufsflächengrößen sind die Bausteine, aus denen ein vertriebsformenheterogenes und arbeitsteiliges großes Handelsunternehmen, sowohl ein Filialunternehmen als auch eine Handelsgruppe, aufgebaut werden kann, das sein Einzugsgebiet weitestgehend ausschöpft.

Teil C: Die Kommunikation der Marketing-Konzeption – die Kommunikationspolitik

7. Kapitel: Aufgabe und Bedeutung der Kommunikationspolitik

Das Ausarbeiten einer marktorientierten Marketing-Konzeption, die auf vom Markt beschafften und sorgfältig ausgewerteten Daten aufbaut, ist ein unternehmensinterner Vorgang. Wenn am Ende dieses Vorganges, der ein komplexer Entscheidungsprozeß ist, alle Instrumente zu einem widerspruchsfreien Marketing-Mix zusammengefügt wurden, dann ist damit die Grundlage für ein erfolgreiches Marketing geschaffen worden. Aber noch kennt kein einziger Verbraucher – und auch kein Wettbewerber – diese hoffentlich erfolgversprechende Konzeption. Sie muß den Verbrauchern mitgeteilt werden. Und, das läßt sich nicht vermeiden, nebenbei erhält auch der Wettbewerb Kenntnis von ihr und bezieht sie in seine Absatzpolitik ein. Ohne Kommunikation kann die Wirtschaft nicht leben. Ehe Produktionsfaktoren eingesetzt und Güter und Dienstleistungen ausgetauscht werden können, müssen in den Unternehmen aller Art unzählige Entscheidungen getroffen und am Ende dieses Prozesses die Ergebnisse der Entscheidungen kommuniziert werden. Ohne Kommunikation kommen weder das einzelne Unternehmen noch der gesamtwirtschaftliche Kreislauf in Gang.

Auf vollkommenen Märkten reduziert sich Kommunikation auf die physische Präsenz der Ware, die Bekanntgabe des Preises und den Abschluß des Kaufvertrages, gleich in welcher Form. Alle darüber hinaus gehende Kommunikation würde Präferenzen schaffen, die nicht zulässig sind. Auf unvollkommenen Märkten hat die Kommunikation die Aufgabe und befreit vom Präferenzverbot die Möglichkeit, ständig Präferenzen für das eigene Unternehmen zu sichern und neue Präferenzen aufzubauen und damit das Unternehmen von den Wettbewerbern zu unterscheiden und zu individualisieren. Eine gute Kommunikation macht aus einem Handelsunternehmen ein Unikat.

7.1 Die Aufgabe der Kommunikation

Mit dem konstitutiven Marketing-Mix wird über Umfang und Art der Handelsleistung, die ein Handelsunternehmen am Markt anbieten will, entschieden. Und es wird darüber entschieden, mit welcher Ware diese Handelsleistung verbunden und welcher Zielgruppe sie angeboten werden soll. Diese Feststellung trifft ausnahmslos für alle Handelsunternehmen zu. Ein Unternehmen, daran sei hier noch einmal erinnert, das nicht Handelsleistung und Ware verbindet, ist kein Handelsunternehmen.

Die Kommunikation hat nun die Aufgabe, die Verbraucher über das aus Handelsleistung und Ware und eventuell noch Service bestehende Leistungsangebot zu informieren. Sie muß das Leistungsangebot so ansprechend verpacken, daß es in der

7.1 Die Aufgabe der Kommunikation

Flut der Informationen, die auf die Verbraucher einstürmt, wahrgenommen und zutreffend beurteilt wird und schließlich zu Kaufentscheidungen zu Gunsten des eigenen Unternehmens führt. Das ist der Weg der Informationen vom Unternehmen zum Verbraucher.

Kommunikation darf aber keine Einbahnstraße sein. Sie muß auch dafür sorgen, daß Informationen von den Verbrauchern und den Wettbewerbern zurück in das Unternehmen fließen. Diese vom Markt kommenden Informationen sind unverzichtbar, weil sie zu erkennen erlauben, wie die eigene Marketing-Konzeption vom Markt wahrgenommen und beurteilt wird. Man kann feststellen, ob die eigene Marketing-Konzeption marktkonform ist. Dieser Datenrückfluß kann nicht nur aus Zahlen über Umsätze und Handelsspannen bestehen. Natürlich liefern diese quantitativen Daten erste Anhaltspunkte darüber, ob die Marketing-Konzeption den erhofften Erfolg bringt. Die quantitativen Daten reichen aber nicht aus. Denn bei der Kommunikation stehen sich Menschen gegenüber, deren Verhalten und deren Reaktionen nie genau vorausgesehen werden können. Kommunikation hat deshalb und vor allem auch eine qualitative Seite, es müssen qualitative Daten vom Markt beschafft werden. Hier schließt sich der Kreis. Am Anfang jeder marktorientierten Unternehmensführung und besonders jeder Marketing-Konzeption steht die Marktforschung. Und am Ende steht sie wieder. Dieses Wechselspiel zwischen Marktforschung und Kommunikation ist für die Steuerung und den Erfolg eines Handelsunternehmens lebenswichtig. Es entsteht, so könnte man es bezeichnen, ein „Datenkreislauf".

Die Tatsache, daß Kommunikation immer von Menschen ausgeht und sich an Menschen richtet, macht diese Aufgabe so ungemein abwechslungsreich und anziehend. Kommunikation erfordert Kreativität, sie lebt von Ideen. Und wenn noch irgendwo in der rationalisierten und zahlenorientierten Unternehmensführung ein Rest von Fingerspitzengefühl und Gespür für den Markt erforderlich ist und der Reiz des Risikos spürbar wird, dann ist es im Bereich der Kommunikation.

Kommunikation kann, wenn sie gut und überzeugend ist, Kundenbindung schaffen. Voraussetzung dafür ist die Kundenzufriedenheit, für die die Markting-Konzeption und das Operating zu sorgen haben. Das Warengeschäft muß so ablaufen, daß es das, was die Kommunikation anbietet und verspricht, auch hält. Zwischen dem „Schein" der Kommunikation und der „Wirklichkeit" des Warengeschäftes darf es keinen Unterschied geben.

Es ist sinnvoll, die Kommunikation nach ihrem zeitlichen Ablauf zu gliedern in:

- Before-Sales-Kommunikation: Alle Vorgänge, die Verbraucher zu einem Handelsunternehmen hinführen sollen, die vor der Kaufentscheidung liegen und die das Treffen einer Kaufentscheidung durch den Verbraucher fördern.
- During-Sales-Kommunikation: Alle Vorgänge, die die Kaufentscheidung auslösen und die formale Abwicklung des Kaufvorganges betreffen.
- After-Sales-Kommunkation: Alle Vorgänge, die nach dem Kauf ablaufen, wie Lieferung und Service (siehe S. 220 ff. Serviceangebot).

Ganz besonders die After-Sales-Kommunikation, die in der Praxis manchmal vernachlässigt wird, trägt zur Kundenzufriedenheit und Kundenbindung bei. In gleicher Weise wurde das Serviceangebot gegliedert (s. S. 223), das wie auch die

Andienungsformen auf der Grenze zwischen konstitutivem Marketing-Mix und Kommunikationspolitik steht.

7.2 Die Entwicklung der Kommunikationspolitik im Verlauf der merkantilen Revolution

Während der zwei Weltkriege im vorigen Jahrhundert war der Handel dazu verurteilt, im staatlichen Auftrag knappe Waren zu verteilen. Handel bestand, mit heutigen Begriffen beschrieben, nur aus Logistik. Marketing gab es nicht, es war auch nicht erforderlich. In der ehemaligen DDR dauerte dieser Zustand bis 1990 an. Die Handelsstrukturen, die man nach der Wiedervereinigung in den neuen Bundesländern vorfand, waren fast genau die gleichen, die 1939 bestanden. Die Verteilermentalität beeinflußte das Denken des Handels und der Handelsunternehmer auch noch zu Beginn der merkantilen Revolution. Die vielen kleinen Handelsunternehmen hatten kein ausgeprägtes Profil. Ausnahmen bildeten die Warenhäuser, die genossenschaftlichen Verbundgruppen Edeka und Rewe, die Konsumgenossenschaften und einige mittlere Filialisten, die ihr zu Beginn des zwanzigsten Jahrhunderts aufgebautes Profil über die Zeiten hatten bewahren können.

Der mit dem Beginn der merkantilen Revolution stärker werdende Wettbewerb und die zu diesem Zeitpunkt einsetzende Konzentration in Industrie und Handel veränderten die Situation grundlegend. Die immer größer werdenden Handelsunternehmen erkannten zunehmend die Bedeutung der Kommunikationspolitik und ihre Auswirkungen auf das Unternehmensprofil. Ein wichtiger und zentraler Bestandteil der Kommunikationspolitik wurde ein eigenständiges Profil-Marketing, das sich innerhalb der Kommunikation entwickelte und die Aufgabe der Kommunikation über die Information hinaus zum Profilaufbau erweiterte. Auch die Wissenschaft nahm sich des Profil-Marketing an. Berekoven sieht im Profil-Marketing der Handelsunternehmen eine eigenständige Marketingaufgabe und stellt sie abgegrenzt von den übrigen Marketing-Instrumenten dar. Dabei versucht er, die für den Markenartikel geltenden Grundsätze anzuwenden (Berekoven, Ludwig, Erfolgreiches Einzelhandelsmarketing, München 1990, S. 274 und S. 425 ff.).

Besonders von den folgenden Faktoren ging ein Zwang zu einer verstärkten und systematischen Kommunikationspolitik und einem verstärkten Streben nach Unternehmensprofil aus.

7.2.1 Die totale Unternehmenspräsentation

Ein Handelsunternehmen präsentiert sich dem Verbraucher vollständig, total. Der Kunde nimmt nicht – abgesehen von den Versandhandelsunternehmen – schriftlich oder telefonisch Kontakt mit dem Handelsunternehmen auf, er kommt **in das Unternehmen** hinein. Außer Lager und Büro – bei den Filialunternehmen den Zentralen – sieht er alles, von der Fassade über die Ordnung und Sauberkeit bis zum letzten Mitarbeiter. Er kann auch alle Schwächen bemerken, von Fehlern in der Warendarbietung bis hin zu unwissenden oder infolge eines schlechten Betriebsklimas mißgelaunten Mitarbeitern. Keine Schwachstelle kann kaschiert oder verborgen werden, wenn man so wie ein Handelsunternehmen auf dem Präsentierteller sitzt.

Die totale Unternehmenspräsentation hat die fatale Folge, daß bei mangelhaftem oder unterlassenem Profil-Marketing nicht lediglich positive Wirkungen ausbleiben, sondern daß fast immer einem negativen Image Vorschub geleistet wird. Ein Handelsunternehmen kann also der Aufgabe des Profil-Marketing nicht ausweichen, es muß sie erfüllen, ob es will oder nicht.

Das Profil-Marketing hat großen und entscheidenden Anteil daran, ob ein Handelsunternehmen Passanten zu Gelegenheitskunden, Gelegenheitskunden zu Neukunden oder Neukunden zu Stammkunden umwandeln kann.

Gerade bei der Aufgabe des Gewinnens neuer Kunden steht das Profil-Marketing in vielen Fällen eindeutig noch vor dem Sortiment und dem Preis. Ein attraktives und sympathisches Unternehmensprofil veranlaßt den Kunden erst, sich mit dem Sortiment und den Preisen zu beschäftigen und diese zu prüfen. Für die Unternehmensführung bringt diese totale Präsentation eine Fülle von Einzelaufgaben und deren ständige Überwachung mit sich, was nicht selten als unangenehmer Druck empfunden wird. Andererseits bietet diese totale Unternehmenspräsentation aber auch ungezählte Möglichkeiten, zum Kunden Kontakt aufzunehmen, sich als fachkundiges und leistungsstarkes Handelsunternehmen zu empfehlen, und auf diese Weise manchmal auch den Preis in den Hintergrund zu drängen.

Diese Zwänge, aber auch Chancen des Profil-Marketing ergeben sich für alle Einzelhandelsunternehmen. Ausgenommen sind nur, wie bereits erwähnt, die Versandhandelsunternehmen (bei denen der Katalog für das Profil-Marketing eine zentrale Bedeutung hat) und die direkt in den Haushalten anbietenden Handelsunternehmen oder Hersteller mit Handelsfunktion (bei denen der Verkäufer oder die Verkäuferin das Unternehmensprofil wesentlich mitbestimmt, man denke an die „*AVON*-Beraterin").

Profil-Marketing muß auch der Großhandel betreiben. Der C & C-Großhandel befindet sich dabei in derselben Situation wie der Einzelhandel. Beim Zustell-Großhandel sind alle die Aufgabenbereiche in das Profil-Marketing einzubeziehen, die Kontakt zu den Kunden haben, wie Telefonverkehr (besonders die telefonische Auftragsannahme und Reklamationsbearbeitung), Außendienst (so vorhanden) und das Personal des Fuhrparks. Auch der Zustand der Fahrzeuge – Farbe und Sauberkeit – ist für das Unternehmensprofil von Bedeutung.

Im Hinblick auf die Unternehmenspräsentation und deren Intensität unterscheidet sich ein Produktionsunternehmen grundlegend von einem Handelsunternehmen. Das Produktionsunternehmen präsentiert sich dem Verbraucher hauptsächlich mit den Gütern, die es herstellt. Und es kann sich auch nur mit diesen Gütern profilieren. Die Verbraucher wissen oft gar nicht, wo ein bestimmtes Produktionsunternehmen seinen Standort hat und ob es in alten oder modernen Gebäuden produziert. Meist interessiert dies die Verbraucher auch gar nicht, sie interessiert in erster Linie die Brauchbarkeit, die Qualität und der Preis der Produkte. Handelsunternehmen haben es deshalb viel leichter, beim Verbraucher bekannt zu werden, als Produktionsunternehmen. So ergab 1968 eine Untersuchung, daß die *Edeka-*

Handelsgruppe bei etwas über 20% Marktanteil einen Bekanntheitsgrad von 96% besaß (*Diederichs, Erich H.,* Der *Edeka*-Kaufmann im zukünftigen Wettbewerb, Hamburg 1968, S. 3). Zehn Jahre später mußte die *Beiersdorf AG* feststellen, daß sie über einen Bekanntheitsgrad von gerade 28% verfügte (Corporate Identity: Teure Liebe, in: Absatzwirtschaft Nr. 4/1979, S. 24 ff.). Die wichtigsten Produkte dieses Unternehmens, *Nivea, Hansaplast, Tesa* oder *8 × 4*, dagegen kennt wohl jeder Verbraucher, ja, jedes Kind.

7.2.2 Die austauschbaren Sortimente

Ein intensives und erfolgreiches Hersteller-Marketing, wie es schon seit langer Zeit die Markenartikel-Hersteller betreiben, kann dazu führen, daß bei den Handelsunternehmen bestimmter Branchen die Sortimente zu einem großen Teil austauschbar sind. Das betrifft besonders stark den Lebensmittel-Einzelhandel. In den Supermärkten der Filialunternehmen und der Handelsgruppen findet man eine erstaunliche Übereinstimmung der Sortimente. Eine Möglichkeit, gegen diesen die Profilierung erschwerenden Umstand anzugehen, sind die Handelsmarken, worauf beim Sortiments-Marketing bereits eingegangen wurde. Die zweite Möglichkeit ist systematisches Profil-Marketing. Je nach Branche ist der Zwang dazu unterschiedlich stark. Im Lebensmittel-Einzelhandel reicht der Einfluß des Hersteller-Marketing manchmal sogar in den Bereich des Profil-Marketing hinein – Markenartikel-Werbung an der Fassade, die aber besonders bei größeren Unternehmen stark zurückgedrängt wurde, und Markenartikel-Displays in den Verkaufsräumen –. Sofern ein Hersteller bei Gewährung von Exklusivität dem Handelsunternehmen einen Gebietsschutz zusichert (im Elektro-Einzelhandel läßt sich dies beobachten), ergibt sich kein austauschbares Sortiment. Dafür tritt das Unternehmensprofil des Handelsunternehmens hinter das Herstellerprofil zurück und das Sortiment verliert infolge beschränkter Auswahl für den Verbraucher an akquisitorischer Wirkung.

7.2.3 Die uniformen Verkaufsräume

Als Folge der Einführung der Selbstbedienung und der mit ihr verbundenen tiefgreifenden Rationalisierung in manchen Bereichen des Einzelhandels – hier wieder besonders stark im Lebensmittel-Einzelhandel – wurden die Verkaufsräume weitgehend uniform. Verkaufsmöbel sind eben nur in großen Serien preiswert herzustellen. Und bei dem starken Wettbewerb spielt auch bei Investitionen der Preis für die Handelsunternehmen eine entscheidende Rolle. Zum anderen aber kann auch nicht übersehen werden, daß sich die Ausstattung der Verkaufsräume auch am Sortiment und der Andienungsform orientiert, also auch von dieser Seite her ein Trend zur Uniformität begründet wird. Die Gestaltung der Filialen der großen Kaffeeröster – *Eduscho* und *Tchibo* – und ein Blick in die Warenhäuser zeigen dies. Auch da, nicht nur im Lebensmittel-Einzelhandel, ergeben sich offensichtlich sehr schwer zu lösende Profilierungsprobleme. In den SB-Geschäften und Supermärkten des Lebensmittel-Einzelhandels stand bisher die Zweckmäßigkeit der Verkaufsräume sicher zu stark im Vordergrund. In den Bereichen dagegen, in denen in Bedienung angeboten wird, kann man nicht selten wahre Kleinodien von Verkaufsräumen vorfinden. Man denke an Bäckereien und Metzgereien oder auch an Apotheken.

Es gilt auch heute noch, wenngleich eingeschränkt, die Regel: Je austauschbarer die Sortimente und je uniformer die Verkaufsräume sind, desto zwingender ist systematisches Profil-Marketing erforderlich.

Die Technik des Ladenbaus hat allerdings in den achtziger Jahren des vorigen Jahrhunderts große Fortschritte gemacht und viel zur Lösung des durch die Selbstbedienung geschaffenen Problems „Uniforme Verkaufsräume" beigetragen. Die Verkaufsmöbel sind farbiger und vielgestaltiger geworden, mit Dekorations-Elementen können Verkaufsräume sehr individuell gestaltet werden. Im Lebensmittel-Einzelhandel ist der Möblierung der Frischwaren-Abteilungen sehr viel Aufmerksamkeit geschenkt worden. Die Gestaltung der Verkaufsräume kennzeichnet im gesamten Einzelhandel ein deutliches Trading-up (vgl. dazu: *Edeka Handels-Rundschau* Nr. 1/90, die sich ausführlich dem Thema „Aktuelle Trends in Ladenbau und -technik" widmet und viele Beispiele für modernes „Verkaufsraum-Design" aus dem Lebensmittel-Einzelhandel bringt).

7.2.4 Der neue Kunde und seine Erwartungen an die Kommunikation

Der hohe Wohlstand breiter Massen und das gestiegene Bildungsniveau der Bevölkerung haben einen neuen Typ von Kunden entstehen lassen:
- Er ist **kritischer und anspruchsvoller** als es Kunden je zuvor waren.
- Er hat **neue Bedürfnisse**, die sich nicht auf Ware beschränken.
- Er hat ein **anderes Kaufverhalten** und steht bei vielen Produkten nicht unter Kaufzwang, kann Käufe vielmehr aufschieben oder ganz auf sie verzichten.

Dieser neue Kunde wird auch neue Ansprüche an den Handel stellen:
- Er will mit der Ware auch **Status kaufen** und voll akzeptiert werden.
- Er will dazugehören, **Partner sein** und sich mit dem Geschäft identifizieren können.
- Er **will mitmachen**, möchte von Zeit zu Zeit in die Aktivitäten des Geschäfts einbezogen werden.

(So sieht es: *Mauch, Willy*, Profilieren oder verlieren – das ist die Alternative, in: BAG-Nachrichten Heft 12/1986, S. 20 ff.)

Für diesen neuen Kunden steht nicht die Ware im Vordergrund – daß das Warenangebot stimmt, ist eine Selbstverständlichkeit –, sondern die Art und Weise, wie die Ware präsentiert und verkauft wird und wie mit ihm selbst umgegangen wird. Bei ihm haben profilierte Geschäfte die besten Chancen.

Um nicht nur mit ihren Marken, sondern auch als Unternehmen bekannt zu werden, begannen Ende der siebziger Jahre des vorigen Jahrhunderts, große Markenartikel-Hersteller, aber auch Banken und Automobilproduzenten, für ihre Unternehmen eine „Corporate Identity" zu entwickeln – die meist durch ein markantes Signet symbolisiert wurde – und diese Corporate Identity intensiv zu kommunizieren. Diese Kommunikationspolitik hatte auch Erfolg. Heute wissen die meisten

Verbraucher, daß hinter Nivea, Tesa und Hansaplast das Unternehmen Beiersdorf steht. Und daß Audi, Seat, Skoda, Bentley, Bugatti, Lamborghini und Rolls Royce zu VW gehören.

Der Handel, besonders der Einzelhandel, mit Ausnahme des Versandhandels, braucht diesen aufwendigen Umweg nicht zu beschreiten. Die totale Unternehmenspräsentation als Teil der Kommunikation schließt das Entstehen einer Corporate Identity mit ein. Nur für die Großhandelsunternehmen und die Handelsgruppen ist eine Corporate Identity von Interesse. Ihre Corporate Identity hat aber nicht das Gewicht wie in der Industrie. Der Großhandel kommuniziert nicht mit den Verbrauchern, sondern mit dem Einzelhandel als Kunden. Die Beziehungen zu den Kunden sind deshalb überwiegend sachlich und rational und auf Ware, Preis, Lieferzuverlässigkeit und Lieferpünktlichkeit fixiert. Und bei den Zentralen und Großhandelsunternehmen der Handelsgruppen wird das Entstehen einer Corporate Identity durch die totale Unternehmenspräsentation ihrer Mitglieder wirksam gefördert.

Die Frage, was der Verbraucher vom Profil-Marketing eines Handelsunternehmens erwartet, ist ungleich schwerer zu beantworten als beim Sortiments- oder Preis-Marketing. Vom Sortiment erwartet der Verbraucher eine große Auswahl, vom Preis-Marketing günstige Preise. Die Vorstellungen der Verbraucher sind recht gut bekannt. Und die betriebswirtschaftlichen Konflikte, die sie auslösen, werden sofort sichtbar.

Was aber der Verbraucher vom Profil-Marketing erwartet, ist nicht so einfach zu sagen. Die wenigsten Verbraucher werden auch über die Frage, was ein Unternehmensprofil ist und was es ihnen nützt, nachdenken. Ein Unternehmensprofil wird sicher selten rational wahrgenommen und beurteilt. Es wirkt mehr im Unterbewußtsein. Und das erschwert die Entscheidung, welche Kriterien bei seiner Gestaltung vorrangig beachtet werden sollen. Sind es ästhetische Kriterien oder soziale oder psychologische?

Neuere Untersuchungen der Marktforschung lassen erkennen, daß ein großer Teil der Bevölkerung schon seit geraumer Zeit nach mehr **Lebensqualität** strebt. Unter Lebensqualität wird dabei nicht nur ein hohes Einkommensniveau mit einer reichlichen Ausstattung mit Konsumgütern aller Art verstanden. Es werden zunehmend auch wieder Emotionen, Gefühle entdeckt, die befriedigt werden sollen. Teil der Lebensqualität ist ein Trend zur konservativen Wertorientierung. Begriffe, über die man vor nicht allzu langer Zeit noch lächelte, spielen wieder eine Rolle: Verläßlichkeit, Vertrauenswürdigkeit, Reinheit, Ehrlichkeit, Präzision, Exaktheit, Nützlichkeit, Familie, Heimat, Natur und so fort. Auf den Handel und sein Profil-Marketing übertragen heißt dies, daß nicht nur rational und preisbewußt gekauft wird. Einkaufen kann auch eine Freizeitbeschäftigung und ein Vergnügen sein. Es kann auch helfen, Einsamkeit zu überwinden und Kontakte zu finden. Etwa 60% der Verbraucher, überwiegend Hausfrauen, aber auch Männer, betrachten das Einkaufen als ein Vergnügen. Nur berufstätige Frauen empfinden es als Last. Es gibt somit zwei Arten von Einkäufen, einmal die funktionalen, zweckorientierten, auf Effizienz ausgerichteten Einkäufe. Zum anderen die emotionalen, teilweise zweckfreien, auf das Vergnügen ausgerichteten Einkäufe. Und der Verbraucher erwartet auch vom Verkaufsort, damit vom Handelsunternehmen, einen funktionalen und einen emotionalen Nutzen. „Das Geschäft ist nicht nur ein Raum der Effizienz in der Abwicklung einer notwendigen Tätigkeit, ist nicht nur ein Raum der persönlichen Befriedigung, der Emotionalität, sondern es ist ein sozialer Raum und damit auch ein Statussymbol" (*Lakaschus, Carmen*, Wertvorstellungen im Wandel, in: Selbstbedienung – Dynamik im Handel, Nr. 5/1977, S. 15ff., deren Überlegungen hier weitestgehend gefolgt wurde). Schon in den siebziger Jahren des vorigen Jahrhunderts begann also die Ausprägung der beiden Formen **„Versorgungskauf"** und **„Erlebniskauf"**, die das Verhalten des Verbrauchers und teilweise die Entwicklung des Handels bis zur Gegenwart kennzeichnen. Und der Erfolg des „Erlebniskaufes" ist kein Zufall.

Die Möglichkeiten des Einkaufens, die die Handelsunternehmen bieten, können offensichtlich ein Stück Lebensqualität sein. Bei der Gestaltung des Profil-Marketing müssen ästhetische, soziale und psychologische neben betriebswirtschaftlichen Kriterien beachtet werden. Hier wird noch einmal deutlich, daß Profil-Marketing tatsächlich eine interdisziplinäre Aufgabe ist, die den Einsatz unterschiedlichster Spezialisten erfordert.

Es darf nicht übersehen werden, daß der Verbraucher jedoch für Lebensqualität beim Einkaufen nicht jeden Preis zu zahlen bereit ist. Man muß durchaus mit der Assoziation „schön = teuer" rechnen. Dem Profil-Marketing werden also betriebswirtschaftliche Grenzen gezogen. Und diese Grenzen werden mit von dem Sortiment beeinflußt, welches das Handelsunternehmen führt. Das Sortiment spielt sicher bei den Erwartungen der Verbraucher eine Rolle. Profil-Studien im Lebensmittelhandel haben mehrfach gezeigt, daß die Verbraucher von Lebensmittel-Einzelhandelsunternehmen nicht nur günstige Preise und aktuelle Angebote erwarten, sondern auch Sauberkeit und Frische. Die beiden letzten Forderungen, besonders die Frische, wird man kaum bei einem Textilgeschäft stellen. In dieser Branche tritt die Mode an die Stelle der Frische. Die Eigenarten der im Sortiment geführten Waren müssen auch im Unternehmensprofil zum Ausdruck kommen. Nur so kann dann Profil-Marketing das angebotene Sortiment und damit das Sortiments-Marketing stützen, beim Verbraucher Vertrauen schaffen und ein Unterscheiden vom Wettbewerb ermöglichen.

7.3 Die Bedeutung der Kommunikation

Die Kommunikationspolitik ist nur dann erfolgreich, wenn sie neben der Information der Verbraucher über das Leistungsangebot eines Handelsunternehmens auch ein Unternehmensimage, ein Unternehmensprofil, aufbauen kann, das das Handelsunternehmen unverwechselbar macht. Sie kann diese Aufgabe auch lösen. Die Kommunikation ist sicher das Marketing-Instrument, das am stärksten profilbildend wirkt. Die Kommunikation macht aus der vom konstitutiven Marketing-Mix nach Art und Umfang bestimmten Handelsleistung eine Unternehmenspersönlichkeit. Das Leistungsangebot eines Handelsunternehmens kann natürlich Schwerpunkte aufweisen, die es von konkurrierenden Unternehmen unterscheiden und die die Profilbildung erleichtern und fördern. Aber erst die Kommunikationspolitik verwirklicht die Vorstellungen vom Unternehmensprofil. Sie ergänzt das „Was soll vermarktet werden?" um das „Wie soll es vermarktet werden?". Auf diese Weise kann die Kommunikationspolitik ein Handelsunternehmen zur „Retail Brand" machen. Der Metro-Chef Hans-Joachim Körber hat diese Aufgabe der Kommunikation wie folgt beschrieben: „Im schärfer werdenden Wettbewerb muß man nicht nur über vermarktungsfähige Konzepte verfügen, sondern diese auch richtig kommunizieren und emotionalisieren". Auf diesem Gebiet habe der Handel noch einen riesigen Nachholbedarf, fährt er fort. (Zitiert in: Lebensmittel-Praxis, Nr. 14 vom 23. 7. 1999, S. 8). Er will durch seine Kommunikationspolitik die Einzelhandels-Vertriebslinien „Real", „Extra" und „Galeria Kaufhof" zu eigenständigen Retail Brands machen. Große Handelsunternehmen, die mehrere Vertriebslinien betreiben, müssen, das zeigt das Beispiel Metro, jede Vertriebslinie zu einer eigenständigen Retail Brand machen. Nur so können sie die unterschiedlichen Absatzkonzepte eindeutig voneinander abgrenzen und dem Verbraucher glaubwürdig darstellen. Sie betreiben damit „Marktsegmentierung nach Vertriebsformen" und nutzen auf diese Weise die Umsatzpotenziale besser aus, als wenn sie nur unter einer einheitlichen Unternehmens- Retail Brand agieren würden. (Vergl. dazu auch: o.V., Metro will Töchter zu Marken machen, in: Lebensmittel Zeitung Nr. 21 vom 28. 5. 1999, S. 4; o.V., Der Handel muß zur Marke werden, in: Lebensmittel Zeitung Nr. 5 vom 5. 2. 1999, S. 54; o.V. Die Einzelhändler sind austauschbar, in: Lebensmittel Zeitung Nr. 8 vom 26. 2. 1999, S. 60; Oehme, Wolfgang, Marktsegmentierung durch Absatzaktivitäten, in: Marktsegmentierung – Marktnischen finden und besetzen, Hrsg. Werner Pepels, Heidelberg 2000, S. 201 ff.)

Die Kommunikationspolitik der Handelsunternehmen ist weitaus umfangreicher und komplexer als die Kommunikationspolitik der Herstellerunternehmen. Der Handel muß unternehmensbezogen kommunizieren, der Hersteller produktbezogen. Auch hier zeigt sich deutlich, daß das Handels-Marketing unternehmensorientiert ist. Für die Handelsunternehmen besteht ein starker Zwang zur Kommunikation, denn selbst Untätigkeit wird von den Verbrauchern wahrgenommen und bleibt nicht folgenlos. Sie hat, ebenso wie eine mangelhafte Kommunikation, ein schlechtes Image zur Folge – von einer Retail Brand ganz zu schweigen –, was in der Regel durch niedrige Preise ausgeglichen werden muß. Es ist fast schon ein ehernes Gesetz im Marketing des Handels: „Schwächen bei Standort, Sortiment, Service und Kommunikation zwingen zu einem verstärkten Einsatz der Preispolitik und schwächen die Ertragskraft eines Handelsunternehmens". Wie man auch im Discountbereich durch erfolgreiche Kommunikation eine Retail Brand aufbauen kann, das zeigt das Beispiel Aldi. Eine Übersicht über die „Top-Ten der deutschen Marken" enthielt als einzige Retail Brand den Discounter Aldi mit einem Bekanntheitsgrad von 93% (Lebensmittel Zeitung Nr. 5 vom 5. 2. 1999, S. 54).

Der Teil der Kommunikation, der sich mit dem Unternehmensimage und seiner Ausprägung zur Retail Brand befaßt, ist langfristig angelegt. Er ergänzt den konstitutiven Marketing-Mix und macht ihn vollständig. Wer einmal eine Retail Brand geschaffen und einen hohen Bekanntheitsgrad erlangt hat, der wäre schlecht beraten, seine Marke in kurzen Zeitabständen zu ändern und jedes Mal mit der Durchsetzung der Marke am Markt bei Null zu beginnen. Wie jede Marke unterliegt auch die Retail Brand einem langsamen Verschleiß. Man wird sie deshalb von Zeit zu Zeit einem behutsamen Relaunch unterziehen, vor allem das Signet überarbeiten und modernisieren müssen.

Der andere Teil der Kommunikation, der über das Leistungsangebot eines Handelsunternehmens und seine Angebotsaktivitäten informiert, ist kurzfristig angelegt und muß dem operativen Marketing-Mix zugerechnet werden. Hier muß die Kommunikation kurzfristig agieren, muß durch Sortiments-, Service- und Preispolitik den Markt zum eigenen Gunsten zu verändern versuchen – wenn möglich die Marktführerschaft anstreben – oder zumindest wirksam auf Veränderungen des Marktes und Aktivitäten des Wettbewerbs reagieren. Die weitreichenden Freiheiten dürfen aber nicht vergessen machen, daß auch die operative Kommunikation den vom konstitutiven Marketing-Mix gesetzten Rahmen nicht überschreiten darf.

7.4 Der Stand der Kommunikation im Alltag der Praxis

Der im vorhergehenden Absatz zitierte Metro-Chef Körber äußerte die Meinung, der Handel hätte auf dem Gebiet der Kommunikation noch einen riesigen Nachholbedarf. Diese Feststellung wurde Anfang des Jahres 1999 getroffen, ist also sehr aktuell. Und sie überrascht auch ein wenig. Immerhin hat der Handel runde 50 Jahre merkantile Revolution hinter sich und redet seit mindestens 25 Jahren über die Profilierung der Unternehmen. Die Lebensmittel Zeitung diskutierte Mitte 1979 mit Verbraucherinnen über die Geschäfte des Lebensmittel-Einzelhandels. Eine der Teilnehmerinnen an dieser Diskussion formulierte ihre Eindrücke beim Einkauf von Lebensmitteln wie folgt: „Hier ist immer so viel vom Image die Rede. Man könnte es hart ausdrücken: Sie haben überhaupt keines. Wenn ich in ihre Läden gehe, dann sehe ich eigentlich immer nur die Images der Herstellerfirmen. Sonst herrscht im Grunde ein Einheitsbrei – von der Ladeneinrichtung bis zur Plakatierung. Das ist bereits alles so konfektioniert wie bei den internationalen Hotelketten. Das finde ich sehr bedauerlich." (o.V., Wie kann sich der Handel besser verkaufen, Eine Diskussion, in: Lebensmittel Zeitung Nr. 36 vom 7.9. 1979, S. 141 ff.). Zu dieser Zeit waren die Geschäfte des Lebensmittel-Einzelhandels wirklich deprimierend uniform. Das war ein Folge der nur auf Zweckmäßigkeit ausgerichteten „funktionalen" Möblierung und der fast ausschließlich in Weiß gehaltenen Verkaufsräume, die Frische und Sauberkeit signalisieren sollten. Die Selbstbedienung hat diese funktionale Möblierung stark gefördert. Inzwischen hat sich einiges geändert, auch im Lebensmittel-Einzelhandel. Und auch in anderen Branchen hat man die Bedeutung der Kommunikation und Profilierung erkannt, wie die erfolgreichen Retail Brands Ikea, C&A, dm-Drogeriemärkte oder Douglas Parfumerien zeigen. Wenn trotzdem noch Nachholbedarf festgestellt wird und Unzufriedenheit herrscht, dann lassen sich dafür hauptsächlich drei Gründe aufführen.

- Der Handel aller Branchen ist immer noch sehr stark warenorientiert. In der Kommunikation wird die Ware zu stark in den Vordergrund gestellt. Daß man sich mit der Ware nur schwer profilieren kann – mit Herstellermarken gleich gar nicht –, wurde im Kapitel Sortimentspolitik bereits dargestellt (S. 149ff. und 196ff.). Die Kommunikation muß sich mehr auf die Handelsleistung als die

Ware konzentrieren. Daran fehlt es noch, besonders im Lebensmittelhandel. Aber ein Umdenken ist bereits seit geraumer Zeit zu erkennen.
- Es wird zu wenig berücksichtigt, wie umfassend und komplex die Kommunikation im Handel ist. In der Praxis verengt sich Kommunikation zu stark auf Werbung und Verkaufsförderung. Dadurch werden viele der unzähligen Möglichkeiten, die die Kommunikation bietet, ungenutzt gelassen. Vor allem werden Möglichkeiten, den Preis etwas in den Hintergrund zu rücken, verschenkt.
- Die Erkenntnisse von der Bedeutung und den Möglichkeiten der Kommunikation sind vorhanden und der gute Wille auch. Es fehlt aber an einer dauerhaft konsequenten Umsetzung der Erkenntnisse. Kommunikation ist eine Aufgabe, die sich täglich aufs Neue stellt und damit regelrecht lästig werden kann. Dann droht die Gefahr, daß die besten Vorsätze langsam im Sande versickern. Da sich nachlassende und mangelhaft werdende Kommunikation nicht sofort, sondern mit beträchtlicher zeitlicher Verzögerung im Umsatz bemerkbar macht, werden die nachteiligen Folgen einer vernachlässigten Kommunikationspolitik spät, manchmal zu spät, erkannt. (Siehe dazu: Knowing your Customer, Wie Kundeninformationen den Lebensmittel-Einzelhandel revolutionieren werden, Projekt VII, März 1997, Eine Studie der The Boston Consulting Group im Auftrag der The Coca-Cola Retailing Research Group Europe (CCRRG, E).) Diese Untersuchung gibt Hinweise darauf, wie ein Handelsunternehmen vom „Mass Marketing", das warenorientiert ist und dem die Vorstellung vom „durchschnittlichen" Kunden zu Grunde liegt, zum kundenorientierten und zielgruppenspezifischen Marketing gelangen kann.)

8. Kapitel: Die Kommunikation durch das Handelsunternehmen selbst – das Unternehmen als Medium

Die Handelsunternehmen päsentieren sich den Verbrauchern und Kunden wie ein aufgeschlagenes Buch. Die weitreichensten und tiefsten Einblicke in seine Unternehmen gewährt der stationäre Einzelhandel. Mit dem Betreten der Verkaufsräume stehen die Verbraucher nicht nur den Handelsunternehmen gegenüber, sie treten in die Unternehmen ein. In eingeschränktem Maße ist dies aber auch beim Großhandel der Fall, wo z.B. der Zustand des Fuhrparks oder das Auftreten der Mitarbeiter, die Kontakt zu den Kunden haben, Rückschlüsse auf das Unternehmen zulassen und das Profil beeinflussen können. Der Versandhandel kommuniziert mit Hilfe seiner Kataloge und ebenfalls durch seine Mitarbeiter, soweit sie Kontakt mit den Kunden haben. Die Handelsunternehmen kommunizieren also durch sich selbst. Diese in die Handelsunternehmen integrierte Kommunikation findet immer statt, man kann ihr nicht entrinnen, man kann sie nicht zeitweilig aussetzen und man kann sie auch nicht unterbinden. Wird dieser Bereich nicht bewußt in die Kommunikationspolitik aufgenommen und gesteuert, so hat das zwangsläufig ein negatives Unternehmensprofil zur Folge. Die negativen Auswirkungen werden verstärkt, wenn die Handelsleistung Mängel aufweist. Alle Dienstleistungsunternehmen, die direkten Kontakt zu ihren Kunden haben – Banken, Post, öffentliche Verwaltungen, aber auch Ärzte und Rechtsanwälte –, weisen ebenfalls eine in das Unternehmen integrierte Kommunikation auf.

Ganz anders ist die Lage bei den Unternehmen, die Güter produzieren. Den Verbraucher interessiert es kaum, wo und unter welchen Umständen ein Produkt hergestellt wird. Wenn es den gewünschten Nutzen stiftet, von guter Qualität ist, ein ansprechendes Design hat und der Preis stimmt, wird es gekauft. Diese Unternehmen kommunizieren – zu ihrem Leidewesen, muß man hinzufügen – fast ausschließlich durch ihre Produkte. Allerdings hat ein Wandel in den Einstellungen der Verbraucher dazu geführt, daß sich viele von ihnen heute dafür interessieren, ob ein Produkt umweltfreundlich und ob es unter humanen Bedingungen – keine Kinderarbeit z.B. – hergestellt wird.

Der Handel, vor allem der Einzelhandel, begann sehr zeitig, etwa Ende der 70er Jahre des vorigen Jahrhunderts, sich mit dem Imageproblem und damit mit der in seine Unternehmen intergrierten Kommunikation zu befassen. Die damals gefundenen Problemlösungen und die aus ihnen abgeleiteten Grundsätze für die unternehmensintegrierte Kommunikation haben sich bewährt und haben heute noch Geltung.

Die in jedes Handelsunternehmen integrierte Kommunikation setzt sich aus folgenden Faktoren zusammen, die je nach Branche und Vertriebsform ein unterschiedliches Gewicht haben können.

8.1 Das Unternehmenssymbol

Ein Symbol ist ein Sinnbild, das für eine Vorstellung oder ein Gefühl steht. Eigentlich brauchte ein Handelsunternehmen gar kein Unternehmens-Symbol. Es ist nicht lebensnotwendig. Es gibt nicht wenige Handelsunternehmen, die ohne Symbol auskommen, die sich nur mit dem Familiennamen des Unternehmers und einem Hinweis auf die Branche kennzeichnen, und die trotzdem sehr erfolgreich sind. Die meisten Handelsunternehmen, vor allem die filialisierten Handelsunternehmen und die Handelsgruppen, verwenden ein Unternehmenssymbol. Das fördert die Wirksamkeit, ja ermöglicht überhaupt erst eine regionale und überregionale Werbung. So kann eine im gesamten Bundesgebiet vertretene Handelsgruppe nicht ein Angebot mit sechs oder zehn Artikeln herausbringen und darunter vermerken: „Diese Artikel bekommen Sie in jedem der folgenden 10000 Geschäfte unserer Handelsgruppe." Hier kann nur ein Gruppen-Symbol helfen. Bei der Besprechung des Marketing-Instruments „Corporate Identity" hatten wir den Begriff **„Signet"** kennengelernt. Das Signet als markantes Firmenzeichen ist unabdingbare Voraussetzung für Corporate Identity (S. 371 und 373). Wir verwenden hier den Begriff **Symbol**, der nicht so eng wie der Begriff Signet ist. Wir brauchen einen weiteren Begriff, weil sich in der Praxis drei Arten von Unternehmenssymbolen feststellen lassen:

8.1.1 Die Unternehmensfarben

Sehr viele Handelsunternehmen verfügen über sogenannte **Hausfarben**, Farben die das Unternehmen und vielleicht auch seinen Charakter kennzeichnen sollen. Im Lebensmittelhandel sind die Farben Gelb/Orange die Farben der *Rewe*, Blau/Gelb die der *Edeka*, Rot die der *Spar*, Blau die der *Coop*. Auch die Warenhaus-Konzerne verfügen über Hausfarben, so bei *Horten* Blau, bei *Kaufhof* Grün und bei *Karstadt* Blau/Rot. Bei den großen Kaffeeröstern steht Braun im Vordergrund, dem Sortiment und der Ware entsprechend. Bei Textil-Handelsunternehmen mit gehobenem Sortiment findet man oft Dunkelbraun oder Schwarz, Farben die eine gewisse Eleganz signalisieren sollen. Die Farben im Lebensmittelhandel dagegen sollen auf Frische hinweisen. Die Hausfarben als Unternehmenssymbol ziehen sich wie ein roter Faden durch das gesamte Profil-Marketing, von der Fassade des Unternehmens bis zur Kleidung der Mitarbeiter im Verkauf. Probleme kann es geben, wenn die Hausfarben gleichzeitig Traditionsfarben sind und vor langer Zeit ohne Berücksichtigung farbpsychologischer Erkenntnisse festgelegt wurden. Hausfarben und Charakter des Unternehmens sind dann in manchen Fällen nicht deckungsgleich, ja widersprechen sich.

8.1.2 Das Unternehmenskennzeichen

Das Unternehmenskennzeichen, deckungsgleich mit dem Begriff Signet bei der Corporate Identity, kann eine **Buchstabenfolge oder ein einzelner Buchstabe** sein. So wurde, um Beispiele zu nennen, aus dem Firmennamen „*Einkaufsverband* *der Kolonialwarenhändler"* der Begriff „*Edeka"* und später, noch weiter verdichtet, das Gruppenkennzeichen „*E".* Aus „*Rheinisch-Westfälische Einkaufsgenossenschaften"* wurde „*Rewe"* und später das „*R".* Karstadt kennzeichnet sich mit einem stilisierten „*K".* Aus *Albrecht-Discount* wurde zunächst der Begriff „*Aldi"* und später ein „*A".*

In jüngster Vergangenheit läßt sich hinsichtlich der Unternehmenskennzeichen im Schuhhandel eine sehr interessante Entwicklung beobachten. Um einem verstärkten Abwandern von Umsätzen vom Fachgeschäft zu den Warenhäusern und SB-Warenhäusern hin zu begegnen, betreiben die meisten Einkaufsvereinigungen des Schuhfachhandels mit Nachdruck Profil-Marketing und bedienen sich dabei auch charakteristischer Signets, so z. B. *Nord-West-Ring, Ariston, Rexor* und *Garant-Schuh*. Das Unternehmenskennzeichen muß aber nicht unbedingt aus Buchstaben oder einem Buchstaben bestehen, die oder der dem Unternehmensnamen entnommen sind oder nicht. Die *Spar-Handelsgruppe* hat als Unternehmenskennzeichen z. B. eine stilisierte Tanne. Die *Rewe-Gruppe* hat für ihre *Penny*-Discountläden eine Ein-Pfennig-Münze zum Unternehmenskennzeichen gemacht. Diese Kennzeichen sind aber die Ausnahme, die Regel sind die Buchstaben oder Buchstabenfolgen.

8.1.3 Die Unternehmenssymbolfiguren

Eine ganze Reihe von Handelsunternehmen hat Symbolfiguren zu ihrer Kennzeichnung eingeführt. Mit diesen Symbolfiguren, die Menschen oder auch Tiere sein können, sollen das Unternehmen oder die Gruppe personifiziert werden. In den Eigenschaften der Symbolfigur sollen die Eigenschaften des Unternehmens zum Ausdruck kommen und in manchen Fällen soll sich auch der Verbraucher mit dieser Symbolfigur identifizieren können. Bei der *Spar* ist es der „schlaue Spatz" – und schlaue Verbraucher kaufen eben bei *Spar!* –, bei *Tengelmann* im Bereich der SB-Warenhäuser der „Bär", der eine „bärenstarke" Leistung verspricht. Die *A&O-Gruppe* setzt „Banni Sparsam" ein – sparsame Verbraucher sind bei *A&O* Kunden. Oder, um eine andere Branche zu nennen, bei *C&A* wird der Schnupperhund eingesetzt, was sicher bedeuten soll, sowohl Verbraucher, die bei *C&A* kaufen, als auch *C&A* selbst haben ein besonderes Gespür, eine gute Nase für günstige Preise. Die Symbolfiguren müssen von „hoher kommunikativer Qualität" sein und den folgenden Anforderungen genügen:

- In den Symbolen müssen die **werblichen Aussagen** auf das Wesentliche reduziert werden.
- Symbole müssen **auf einen Blick erkannt** bzw. wiedererkannt, verstanden und im Sinne der werblichen Konzeption erlebt werden.
- Die Symbole müssen ein großes Maß an **Originalität** besitzen, um unverwechselbar und merkfähig zu sein.
- Während das Erscheinungsbild und die Aussage einer über einen längeren Zeitraum dauernden Werbekampagne im Interesse einer Aktualisierung verändert werden können, müssen die Symbole die **Wiedererkennbarkeit** der Aktion sichern. Das bedeutet aus gestalterischer Sicht, daß sie sich in eine modifizierte Fortführung der Kampagne stilistisch integrieren lassen müssen.
- Aus technischer Sicht müssen optimale Symbole in allen Drucktechniken und in den unterschiedlichsten Größen **reproduzierbar** sein. Sie müssen auch bei

starker Verkleinerung und mangelhafter drucktechnischer Qualität erkennbar bleiben. (*Siehler, Dieter*, Die wichtigsten Anforderungen an Symbolfiguren, in: Absatzwirtschaft Nr. 2/1980, S. 43; vgl. weiterhin: Symbolfiguren: Wie sie verkaufen helfen, in: Absatzwirtschaft Nr. 2/1980, S. 30ff., ein sehr informativer Beitrag zu diesem Thema, in dem noch viele weitere Beispiele für Symbolfiguren, auch aus dem Bereich der Industrie, aufgeführt werden).

Eine neue Spielart der Symbolfigur ist dadurch entstanden, das Unternehmen und sein Image durch einen prominenten Schauspieler, Showmaster oder Sportler darstellen zu lassen. Auch Politiker lassen sich für diesen Zweck einsetzen. So *Wim Thoelke* für *Europa-Möbel, Rudi Carell* für die *Edeka Handelsgruppe, Muhammad Ali* für das Getränk *Capri Sonne, Hans-Jörg Felmy* für *Polaroid*-Kameras, um nur einige Beispiele zu nennen. Bei den Symbolfiguren hat sich inzwischen ein Wandel vollzogen. Heute stehen prominente Spitzensportler im Vordergrund. Mit Hilfe einer durch ein Marktforschungs-Institut durchgeführten Verbraucher-Befragung konnte die *Edeka Handelsgruppe* feststellen, daß sich das beim Verbraucher bestehende Berufsprofil des *Edeka* Lebensmittel-Kaufmanns sehr weit mit dem Persönlichkeits-Profil von *Rudi Carell* deckte, dieser Showmaster also sehr gut die *Edeka Handelsgruppe* personifizieren und die *Edeka Handelsgruppe* von der Popularität des Showmasters wirkungsvoll profitieren konnte.

Alle Arten von Unternehmenssymbolen können im gesamten Profil-Marketing eines Handelsunternehmens durchgängig angewendet werden, bilden eine Klammer für die einzelnen Instrumente des Profil-Marketing. Es braucht nicht nur eine Art von Unternehmenssymbol angewandt zu werden, es können auch zwei oder alle drei Arten sein. So verwendet heute die *Edeka Handelsgruppe* nicht nur ihre Hausfarben Blau/Gelb, sondern parallel auch ihr Kennzeichen „*E*". Die Symbolfigur „Großer Freund" wurde 1986 aufgegeben. Durch ein Unternehmenssymbol, gleich in welcher Art, wird die Eigenständigkeit des Profil-Marketing eines Handelsunternehmens unterstrichen und gefördert.

8.2 Das Umfeld des Unternehmens

Das weitere Umfeld eines Handelsunternehmens ergibt sich aus der Entscheidung über den Standort und muß so akzeptiert werden, wie es bei der **Standortwahl** vorgefunden wurde. Im Interesse des Profil-Marketing eines Handelsunternehmens kann nicht ein ganzes Stadtviertel umgestaltet werden. Wenn ein Handelsunternehmen bei der Prüfung eines Standorts zu der Überzeugung gelangt, die weitere Umgebung dieses Standorts läßt sich nicht mit dem Firmenimage vereinbaren, so muß es diesen Standort ablehnen.

Bei zahlreichen Handelsunternehmen ergeben sich Möglichkeiten, das engere Umfeld in das Profil-Marketing einzubeziehen. Das ist besonders dann der Fall, wenn das oder die Betriebsgebäude frei auf einem Grundstück stehen und um sie herum Verkehrsflächen und Parkplätze angelegt werden. Meist stehen dann noch ausreichende Flächen zur Verfügung, die als Grünanlagen attraktiv gestaltet werden können. Das ist besonders bei SB-Warenhäusern der Fall. Nicht immer werden solche Möglichkeiten genutzt und mancher Parkplatz bietet einen sehr tristen Anblick und ist obendrein noch von brachliegendem Gelände umgeben. Mit der Hilfe eines Gärtners könnte da viel zum Besseren gewendet werden und die Kunden erhielten bereits vor dem Betreten der Verkaufsräume einen erfreulichen Anblick. Auch bei Handelsunternehmen mit kleineren Verkaufsflächen sind manchmal Vorplätze vorhanden, die gärtnerisch gestaltet werden könnten. In den USA finden sich viele gute Beispiele dafür, wie Parkplätze aussehen können, besser: aussehen müssen.

Speziell bei SB-Warenhäusern sind die manchmal sehr großen **Parkplätze** nicht nur eine Funktionsfläche, sondern gleichzeitig auch Informationsträger. Der Verbraucher, der einen solchen Parkplatz aufsucht, muß darüber informiert werden, in welcher Richtung die einzelnen Straßen befahren werden können, wo die Ausfahrt ist, wo es zur Tankstelle und zur Waschanlage geht, wo er leere Korbwagen vorfindet, um vielleicht Leergut zu transportieren, und wo er sie abstellt, nachdem er die gekaufte Ware in seinen Wagen umgeladen hat, wo sich die Leergutannahme und wo der Eingang befinden. Weiterhin muß darauf hingewiesen werden, welche Regeln für den Verkehr auf dem Parkplatz gelten und daß das Handelsunternehmen bei Unfällen auf dem Parkplatz nicht haftet.

Wird das Grundstück, auf dem sich das Handelsunternehmen niedergelassen hat, von einer stark befahrenen Straße aus gut eingesehen, so muß bereits bei der Bauplanung darauf geachtet werden, daß die Anlieferzone und das Leergutlager nicht auf die Seite des Gebäudes gelegt werden, die von der Straße aus eingesehen werden kann. Weiterhin müssen sich Anlieferzone und Leergutlager auch dann in einem sauberen und aufgeräumten Zustand befinden, wenn sie an einer nicht einsehbaren Rückfront des Betriebsgebäudes liegen. Eine vorbeiführende stark befahrene Straße muß auch Anlaß sein, auf eine ausreichend große, von der Straße aus lesbare Kennzeichnung – an der Fassade oder auf Tafeln, die an der Grundstücksgrenze aufgestellt werden – zu achten.

Es gibt also eine Fülle von Informationen, die bereits außerhalb der Verkaufsräume an den Verbraucher übermittelt werden können. Natürlich wird der Fahrer oder die Fahrerin eines Wagens, der einen solchen Parkplatz ansteuert, in erster Linie auf die den Verkehr betreffenden Informationen achten. Da aber sehr oft zwei Personen in einem Wagen sitzen, werden über den Verkehr hinausgehende Informationen sicher nicht unbeachtet bleiben. Ob bereits auf dem Parkplatz Werbung für Angebote betrieben werden soll, ist heute umstritten. Diese Frage wird später eingehender geprüft.

Ein Umfeld, das in vielen Fällen auf hohem Niveau steht, schaffen die modernen Einkaufszentren, gleich ob offen oder überdacht, für die in ihnen ansässigen Geschäfte.

8.3 Die Fassade des Unternehmens und die Schaufenster

8.3.1 Die Fassade des Unternehmens

Die Fassade ist die Vorderfront des Betriebsgebäudes oder der Betriebsräume und gleichzeitig die nach außen gerichtete Schauseite des Handelsunternehmens. Damit die Fassade zur Geltung kommen und als **Profilierungsinstrument** eingesetzt werden kann, muß das Betriebsgebäude bzw. müssen die Betriebsräume so beschaffen und gelegen sein, daß die Fassade auch gestaltet und gut eingesehen werden kann. Diese Feststellung scheint eine Selbstverständlichkeit zu sein. Es gibt aber Fälle, wo Handelsunternehmen auf das Instrument Fassade so gut wie verzichten müssen. Ein Verbraucher-Markt in einem Hinterhof eines alten Großstadt-Viertels hat hinsichtlich der Fassade erhebliche Probleme. Und der Neubau eines Warenhaus-Konzerns in einem dichtbebauten Altstadtviertel mit historischem Charakter hat sowohl hinsichtlich der Gestaltung als auch hinsichtlich der Sichtbarkeit seiner Fassade Abstriche vorzunehmen (Beispiele dafür sind *Karstadt* in Nürnberg und vormals *Hertie* in Würzburg).

Die Gestaltungselemente der Fassade sind das Material (Ziegel, Fachwerk, Beton, Aluminium, Glas, Platten aller Art), die Farbe (evtl. Einbeziehung der Hausfarben), die Form und bei Dunkelheit das Licht. Mehr als lediglich diese Hinweise kann an dieser Stelle zu den architektonischen und technischen Fragen der Fassadengestaltung nicht gesagt werden. Ihrem Charakter nach ist die Fassade langfristig angelegt und statisch. Vielleicht kann sie sogar eine psychologische Hemmschwelle darstellen. Bei Anblick einer eleganten Fassade könnte einem Verbraucher der Gedanke kommen, da kann man nicht hineingehen, der Laden ist zu vornehm und zu teuer. Es ist sicher von Branche zu Branche verschieden, ob und in welchem Maße eine Fassade auch eine psychologische Hemmschwelle darstellt. Um den statischen Charakter der Fassade abzuschwächen, werden in der Praxis unterschiedlichste Maßnahmen ergriffen. So kann man, um nur die wichtigsten Versuche zu nennen, beobachten:

Vor-der-Tür-Verkäufe: z.B. Kleintextilien, besonders während der Schlußverkäufe, oder Saison-Artikel des Obst- und Gemüse-Sortiments;

Shops für Laufkunden: Imbißshops, Shops für Backwaren und Früchte;

Fahnen: meist mit dem Firmen-Kennzeichen oder in den Hausfarben;

Licht: vor allem in der Vorweihnachtszeit wird Licht bevorzugt und oft auch sehr effektvoll eingesetzt.

Die Funktionen und damit auch die Bedeutung der Fassade sind heute in der Praxis des Handels unumstritten.

„Im Zuge der Gleichbehandlung müssen wir streng genommen davon ausgehen, daß die Geschäftsfassade ja nichts anderes als ein **Werbe-Medium** ist, das werbliche Informationen aussendet und Werbe-Wirkungen produziert. In einem Bereich ist sie aber allen anderen Medien überlegen: Die Außenfassade gibt dem Kunden die letzte Informations-Chance vor dem Betreten der Verkaufsräume" (Schaufenster-Gestaltung, Die letzte Chance, in: Lebensmittel-Zeitung Nr. 19 vom 9. 5. 1980, S. F 26ff.). Die Funktion der Fassade als Werbe-Medium kann man in zwei Bereiche aufgliedern:

Werbung für das Handelsunternehmen: In der Fassade bereits kann sich ein Handelsunternehmen als der leistungsfähige und sympathische Partner des Verbrauchers darstellen. Von einer Handelsgruppe im Lebensmittelbereich wird das so formuliert: „Moderne Fassadengestaltung gewinnt für Lebensmittelgeschäfte immer mehr an Bedeutung. Es gilt, sich bereits von weitem – wenn die Kunden noch die Wahl haben, zum Mitbewerber zu gehen – als die richtige, weil schon

8.3 Die Fassade des Unternehmens und die Schaufenster

optisch attraktive Einkaufsstätte zu profilieren" (Attraktivere Fassaden für *Rewe*-Geschäfte, in: *Rewe*-Echo Nr. 11/1979, S. 36ff.). Die *Edeka Handelsgruppe* ist sich ebenfalls der Bedeutung der Fassade als Instrument des Profil-Marketing bewußt. „Das Gesicht, der Eindruck eines Geschäftes, ist unlöslich verbunden mit der allgemeinen Vorstellung vom Inhaber als in der Wirtschaft tätigen Menschen, mit der positiven Vorstellung von seiner kaufmännischen Tätigkeit", meint *Schoel* (vgl. dazu: *Schoel, Ulrich*, Die Fassade ist eine Visitenkarte, in: Selbstbedienung – Dynamik im Handel, Nr. 2/1978, S. 6ff.). Für die Handelsgruppen und die Filialunternehmen sind das Unternehmens-Kennzeichen und die Hausfarben die zentralen Gestaltungselemente auch der Fassade.

Mit Hilfe einer originellen Fassadengestaltung und dem Einsatz weiterer Profilierungsinstrumente versucht heute der Lebensmittelhandel auch kleinere Verkaufsflächen wieder attraktiv zu machen und leistungsfähig zu erhalten.

Im Lebensmittel-Einzelhandel soll eine Fassade den folgenden Kriterien entsprechen (vgl.: Schaufenster-Gestaltung, Viel Lärm um nichts? in: Lebensmittel-Zeitung Nr. 36 vom 5. 9. 1980, S. F 18ff.):

- Die Fassade soll sich in das Erscheinungsbild der übrigen Werbemittel – d.h. die übrigen Instrumente des Profil-Marketing – einordnen, damit eine hohe **Erinnerungswirkung** erzielt wird und der Kunde das gesamte Firmenbild auf der Fassade wiedererkennt.
- Die Fassade muß **aggressiv gestaltet** werden, damit sie sich vom gesamten Umfeld des Geschäftes abhebt und vom Kunden schon von weitem erkannt wird.
- Die Fassade muß als Erkennungszeichen den vorhandenen **Firmenschriftzug** enthalten, der auch aus größerer Entfernung erkennbar sein muß. Wenigstens zwei Farben sollten verwendet werden.
- Die Fassadengestaltung muß die unterschiedlichen Standortbedingungen, besonders die zur Verfügung stehenden unterschiedlich großen **Flächen**, beachten.
- Die Fassade soll ein **fröhliches und vertrauenerweckendes Firmenimage** im Bewußtsein der Verbraucher schaffen und fest verankern. Ein Bild-Motiv und ein Slogan als markante Information sollen auch eiligen Passanten ein Bild von dem Handelsunternehmen vermitteln und letztlich dazu beitragen, aus Passanten eines Tages vielleicht Stammkunden zu machen.

Werbung für Angebots-Aktionen: Dieser Bereich wird besonders von den Lebensmittel-Supermärkten und SB-Warenhäusern benutzt. Im Lebensmittelhandel wird die Fassadenwerbung für Angebote mit einer solchen Hingabe und Perfektion betrieben, daß man manchmal den Eindruck gewinnt, hier wird Werbung in Routine und Eintönigkeit pervertiert. Ihr liegt ein unerschütterlicher Glaube an die Wirksamkeit dieser Art von Werbung zugrunde. Eine Untersuchung ergab jedoch, daß der nicht unbeträchtliche Aufwand für die Fassadenwerbung sinnlos vertanes Geld ist (vgl. dazu: Schaufenster-Gestaltung. Die letzte Chance, in: Lebensmittel-Zeitung Nr. 19 vom 9. 5. 1980, S. F 26ff.; Schaufenster-Gestaltung, Wunsch und Wirklichkeit, in: Lebensmittel-Zeitung Nr. 26 vom 27. 6. 1980, S. F 2ff.; Abgefragt: *ALDI*-Discount in Frankfurt, Einflüsse und Auswirkungen der Gestaltung von Verkaufsstellen-Fassaden auf das Einkaufsverhalten, in: Lebensmittel-Zeitung Nr. 36 vom 5. 9. 1980, S. F 22ff.).

Diese Untersuchung zeigte: Der Verbraucher beachtet die Fassadenwerbung für Angebote kaum. Das gilt besonders für Stammkunden eines Geschäftes, die zu diesem Geschäft ein Vertrauensverhältnis haben und die wissen, daß Zeitungsanzeige – die in der Regel sehr aufmerksam gelesen wird –, Handzettel und Fassadenwerbung identisch sind. Die Fassade nimmt der Verbraucher mehr unbewußt wahr. Wird die Fassade als attraktiv, sympathisch oder interessant erlebt, wird der Verbraucher ein solches Geschäft früher oder später einmal betreten. Gut gestaltete Fassaden senden also Hinstimmungssignale aus, gegen die sich im Grunde kein Verbraucher wehren kann.

Die Fassade sollte stärker zur Firmen- oder Unternehmenswerbung genutzt werden, von der stärkere Wirkungen ausgehen und die besser beachtet wird als die Angebotswerbung.

Es sollten nicht alle Schaufenster zugeklebt werden. Der Blick in einen sauberen und attraktiven Verkaufsraum ist wirkungsvoller als eine mit Plakaten der Angebotswerbung verzierte Fassade.

Richtig genutzt – die Betonung muß auf richtig liegen – ist die Fassade also ohne Zweifel ein wichtiges Profilierungs-Instrument, mit dem sich sehr erfolgreich operieren läßt. Die Wirkungen einer Fassade sind allerdings sehr unterschiedlich zu beurteilen und u.a. von folgenden Faktoren abhängig:

- Vom **Standort**; für ein Warenhaus in der City hat die Fassade eine andere Bedeutung als für einen Lebensmittel-Supermarkt an einem integrierten Standort.
- Von der **Branche** und **Vertriebsform**; für ein Oberbekleidungs-Fachgeschäft in zentraler Lage hat die Fassade einen anderen Stellenwert als für einen Discounter in einem Gewerbegebiet.
- Von den **Kunden**; wenn der Standort durch eine hohe Passantenfrequenz gekennzeichnet ist und viele der Passanten auswärtige Besucher der Stadt sind, dann ist die Fassade für ein an einem solchen Standort angesiedeltes Handelsunternehmen viel wichtiger als für ein Nachbarschaftsgeschäft mit überwiegend Stammkunden.

8.3.2 Die Schaufenster des Unternehmens

Schon immer mußte ein Handelsunternehmen die Waren zeigen, die es verkaufen wollte. Der Verbraucher kauft ungern etwas, was er nicht vorher gesehen und damit geprüft hat. In alten Zeiten begann es mit Marktständen, die man heute noch auf Wochen- und Jahrmärkten und Messen vorfindet, später kam das Schaufenster hinzu. Beim Versandhandel ersetzt der Katalog das Schaufenster. Das Schaufenster ist also seit langer Zeit ein wichtiges Instrument der Einzelhandelsunternehmen. Es steht am Anfang des Dialogs mit dem Verbraucher.

Zwei Aufgaben hat das Schaufenster zu erfüllen:

(1) Es soll **erste Einblicke in das Sortiment** geben. Also muß Ware gezeigt werden. Wollte man mit Hilfe des Schaufensters lediglich schriftliche Informationen an den Verbraucher heranbringen, so wäre der Effekt sicher ebenso gering wie bei der Fassadenplakatierung. Der Verbraucher will im Schaufenster sicher nicht

lesen, sondern er will sich Gegenstände ansehen – Gegenstände, die ihn interessieren. Somit eignet sich nicht jede Ware, im Schaufenster gezeigt zu werden.

Zwei Arten von Artikeln dürften über eine besondere Eignung für das Schaufenster verfügen:

Saison-Artikel, die in Angeboten herausgestellt werden, ganz gleich ob es um saisonal reichlich verfügbare Lebensmittel oder um Kleidung (Bade- oder Wanderbekleidung) für den Urlaub geht. Mit solchen Artikeln können auch oft sehr originelle Verbundangebote gestaltet werden, die für den Verbraucher eine hilfreiche Problemlösung darstellen. Denn oft weiß der Verbraucher, daß er einen Artikel mit einem komplementären Gut kombinieren müßte, z. B. im modischen Bereich, er weiß aber nicht, mit welchem. Ebenso oft sind dem Verbraucher Kombinationsmöglichkeiten komplementärer Güter völlig unbekannt.

Innovative Artikel, gleich, ob es sich um modische oder technische Innovationen handelt. Hier informiert das Schaufenster über Trends im Warengeschäft. Besonders in der Damen-Oberbekleidungs-Branche und der Elektro-Branche kann man immer wieder feststellen, daß das Schaufenster zur Lösung dieser Aufgabe sehr wirkungsvoll eingesetzt wird.

(2) Es soll **Leistungsfähigkeit und Sachverstand des Handelsunternehmens signalisieren** und damit zur Gestaltung des Profils beitragen. Das Schaufenster soll also nicht nur das Sortiments-Marketing, wie vorstehender Punkt zeigt, sondern auch das Profil-Marketing unterstützen. Hier kommt es auf die Art der Dekoration an, auf ihre Originalität und die in ihr zum Ausdruck kommenden Ideen. Das erfordert schon fast künstlerische Fähigkeiten.

Das Instrument Schaufenster wird in der Praxis von den Handelsunternehmen in sehr unterschiedlicher Weise angewandt. Folgende Anwendungsformen können unterschieden werden:

Wenige, mit Plakaten zugeklebte oder gar keine Schaufenster: In diesem Falle ist das Schaufenster Bestandteil der Fassade und hat jede Eigenständigkeit verloren. Der Lebensmittelhandel praktiziert diese Form der Schaufensternutzung bis zum Überdruß, deren Nutzen bereits bei den Bemerkungen zur Fassade erörtert wurde.

Auch die Schaufensterscheibe, das kann heute aufgrund von Verbraucherbefragungen mit großer Sicherheit festgestellt werden, taugt wenig als Informationsträger. Das gilt in erster Linie für die Angebotswerbung, wahrscheinlich aber auch für die Image-Werbung, was überrascht, aber vielleicht noch gründlicher untersucht werden sollte.

Traditionelle Schaufenster über die gesamte Front: Das ist die normale Lösung, die sich bei allen Branchen finden läßt. Je breiter die Geschäftsfront ist, desto wirkungsvoller kann das Instrument Schaufenster eingesetzt werden.

Erweiterung der Schaufenster in den Verkaufsraum hinein: Es entsteht eine mehr oder weniger große Schaufenster-Passage. Solche Schaufenster-Passagen findet man vor allem bei Textil-, Schuh-, Elektro- und Möbel-Geschäften. Sogar mittlere und auch kleinere Handelsunternehmen der genannten Branchen bedienen sich auf diese Weise des Instruments Schaufenster in sehr intensiver Weise.

Nicht selten geht die Passage ohne Unterbrechung in den Verkaufsraum über; während der Ladenöffnungszeit sind die Türen also ständig weit geöffnet oder können zur Seite geschoben oder in den Fußboden versenkt werden.

Integration des Schaufensters in den Verkaufsraum: Der gesamte Verkaufsraum wird zum Schaufenster, was in sehr wirkungsvoller Weise bei der Selbstbedienung zu verwirklichen ist. Das gilt wieder in besonderer Weise für den Lebensmittelhandel, der dann aber glaubt, auf die nach außen gerichteten Schaufenster verzichten zu können, diese im Interesse von möglichst viel Stellfläche für Regale nach Möglichkeit vermeidet oder, wenn vorhanden, mit Plakaten zuklebt.

Die Reihenfolge, in der die Anwendungsformen aufgezählt und erläutert wurden, soll gleichzeitig die Nutzungsintensität des Schaufensters widerspiegeln. Man könnte darüber streiten, ob der erste und der letzte Fall die beiden Extremfälle darstellen oder ob sie identisch sind. Letzteres hieße dann: Wenn nach außen nur Fassade gezeigt wird, muß der Verkaufsraum Schaufenster sein, oder, wenn der Verkaufsraum Schaufenster ist, kann nach außen hin nur Fassade gezeigt werden.

In welcher Form und damit Intensität ein Handelsunternehmen das Instrument Schaufenster anwendet, dürfte primär nicht von der Branche, sondern von der Marketing-Intensität des geführten Sortiments abhängen. Da diese Marketing-Intensität des geführten Sortiments bei manchen Branchen größer ist als bei anderen, entsteht bei oberflächlicher Betrachtung der Eindruck, die Branche sei ausschlaggebend. Bei den marketingintensiven Produkten befindet sich der Verbraucher in der Regel im Stadium der Konzeptbildung. In diesem Stadium möchte er zunächst anonym bleiben und ungestört prüfen können, wozu er Informationen braucht – über das Produkt, wie wir bereits gesehen haben. Er wird in diesem Stadium das Betrachten eines Schaufensters dem Gespräch mit einem Verkäufer sicher vorziehen und dankbar anerkennen, wenn er im Schaufenster das gewünschte Produkt erst einmal sehen und einige Informationen über es erhalten kann. Hat er beim Betrachten der Schaufenster mehrerer Handelsunternehmen einen ersten Marktüberblick gewonnen, wird er den Verkaufsraum eines oder auch mehrerer dieser Handelsunternehmen betreten, um im Gespräch mit dem Verkäufer weitere Informationen einzuholen und dann seine Kaufentscheidung zu treffen. Nebenbei kann ein gut und informativ gestaltetes Schaufenster auch noch mit dazu beitragen, die oftmals beim Verbraucher vorhandene Schwellenangst abzubauen. Das Schaufenster kann deshalb auch nur in den Verkaufsraum integriert werden, wenn in Selbstbedienung angeboten wird. Der Verbraucher weiß dann, daß er auch nach Betreten des Verkaufsraumes anonym bleibt und ungestört prüfen kann.

Schaufenster haben, das kann ohne Übertreibung gesagt werden, nichts von ihrer Bedeutung eingebüßt. Das gilt für alle Branchen. Denn in den Sortimenten aller Branchen finden sich Innovationen und andere marketingintensive Artikel mehr denn je zuvor. Ihre originelle Präsentation im Schaufenster ist gleichzeitig eine wirkungsvolle Unterstützung des Profil-Marketing des Handelsunternehmens. Bei der heutigen Wettbewerbssituation kann es sich kein Handelsunternehmen leisten, auch nur ein einziges Instrument des Profil-Marketing ungenutzt zu lassen.

8.4 Der Verkaufsraum des Unternehmens

Der Verkaufsraum ist zweifellos das Zentrum jedes Einzelhandelsunternehmens. In ihm treffen Verbraucher und Ware aufeinander, fallen die Kaufentscheidungen. Der Verkaufsraum erfüllt drei Aufgaben:

(1) Er stellt die für die **Präsentation des Sortiments** erforderliche Verkaufsfläche zur Verfügung. In dieser Funktion steht der Verkaufsraum im Dienste des Sortiments-Marketing.

(2) Er ist **Informationsträger** und in dieser Funktion Bestandteil des Profil-Marketing. Wenn der Verkaufsraum diese Aufgabe erfüllt, werden zwei Ziele erreicht:

Der Verbraucher wird an die Ware herangeführt. Das ist der rationale Bereich der Informationsaufgabe. Je größer der Verkaufsraum oder die Verkaufsräume und je größer die Sortimente sind, umso wichtiger ist diese Aufgabe. In großen Warenhäusern oder großflächigen SB-Warenhäusern würden viele Verbraucher hilflos umherirren, wenn diese Informationsaufgabe ungelöst bliebe. Mit (eventuell beleuchteten) Lageplänen muß über den Standort der einzelnen Warenabteilungen informiert werden. Wegweiser, vielleicht in Form von Piktogrammen, müssen zu den Abteilungen hinführen. Innerhalb der Warenbereiche sind wichtige Artikelgruppen zu kennzeichnen, unter Umständen mit Hilfe dekorativer Leuchttableaus. Es sind Hinweise auf Fluchtwege, Toiletten und, wenn vorhanden, auf das Restaurant zu geben.

Es wird eine spürbare Verkaufsatmosphäre geschaffen. Das ist der emotionale Bereich der Informationsaufgabe. Mit Hilfe von Dekorationen, Farben, Licht, Hintergrundmusik, aber auch – nicht zu vergessen – übersichtlicher Ordnung und Sauberkeit ist dieses Ziel zu erreichen. Der Verkaufsraum soll auf diese Weise zum Erlebnisfeld, zur Bühne werden. Wir konnten bereits feststellen, daß die Erwartungen der Verbraucher auch in diese Richtung gehen. Hier tut sich ein weites Arbeitsfeld für Innenarchitekten auf, das durch das Vordringen des Erlebniskaufes zunehmend an Bedeutung gewonnen hat. Die neuen innerstädtischen Einkaufs-Zentren und Einkaufs-Passagen sind architektonisch bemerkenswerte Leistungen. Neben dem Schaffen einer verkaufsfördernden Einkaufsatmosphäre spielt auch das Problem, die kostengünstige Selbstbedienung für beratungsbedürftige Sortimente zu nutzen, eine Rolle. Die u.a. unter den Namen „organisch-dynamische Wegführung" und „Arena-Prinzip" angebotenen Problemlösungen konnten sich jedoch bisher noch nicht auf breiter Front durchsetzen (vgl. dazu: *Häusel, Hans-Georg*, Weg von den rechten Winkeln, in: Lebensmittel-Zeitung Nr. 26 vom 22. 6. 1984, S. F 8 und F 9).

(3) Er ist **Arbeitsraum** für die Mitarbeiter und in dieser Funktion Bestandteil des Operating-Bereiches eines Handelsunternehmens. Zum einen müssen deshalb an den Verkaufsraum Forderungen vom Standpunkt eines humanen Arbeitsplatzes her gestellt werden: Belüftung, Temperatur (hier kann sich ein Zielkonflikt ergeben, denn der Verbraucher betritt den Verkaufsraum in einer an der Außentemperatur orientierten Kleidung), Beleuchtung, Sitzgelegenheiten. Zum anderen ergeben sich Forderungen aus betriebswirtschaftlicher Sicht, in deren Mittelpunkt die Kosten stehen.

(Vgl. dazu: *Diller, Hermann/Kusterer, Marion/Schröder, Axel,* Der Einfluß des Ladenlayouts auf den Absatzerfolg im Lebensmitteleinzelhandel, Eine empirische Analyse, Arbeitspapier, Institut für Marketing, Universität der Bundeswehr Hamburg, Hamburg 1987).

So wirksam die Gestaltung des Verkaufsraumes für das Unternehmensprofil sein kann, so sind ihr auch deutlich sichtbare Grenzen gesetzt. Der Verkaufsraum unterliegt zweifellos starken Sachzwängen, die ein bestimmtes Maß an Rationalität und Funktionalität unvermeidlich machen. Diese Sachzwänge gehen aus von:

- Dem **Sortiment** und damit von den Warenträgern und der erforderlichen Technik. Dieser Sachzwang besteht in besonders starkem Maße im Lebensmittelhandel. Die Einführung der Selbstbedienung und die Expansion des Sortiments in die Frischwarenbereiche hinein, erforderten den Einsatz umfangreicher Technik (Kühleinrichtungen, Waagen, Kassen), was natürlich auch das Aussehen des Verkaufsraumes beeinflußte. Wenn früher das Verhältnis der Kühlmöbel zu den Trockenmöbeln 40 : 60 betrug, heute aber umgekehrt 60 : 40, so muß dieser Wandel das Gesicht des Verkaufsraumes mit beeinflussen, und zwar in Richtung Funktionalität. Sehr stark beeinflussen in letzter Zeit die elektronischen Sicherungsanlagen gegen Warendiebstahl mit ihren Antennen das Bild der Kassenanlagen und Ausgänge der Verkaufsräume. Sie haben sich jedoch als wirksame Abwehr gegen den zunehmenden Ladendiebstahl in allen Handelsunternehmen, die vollständig oder teilweise in Form der Selbstbedienung verkaufen, erwiesen. Deshalb nimmt man eine negative Optik in Kauf. Durch den verstärkten Aufbau von Bedienungsabteilungen in den Frischwarenbereichen kann diesem Trend aber im Lebensmittel-Einzelhandel entgegengewirkt werden.
- Dem **Gesetz** – zu nennen wären Sicherheits- und Hygiene-Vorschriften. Hier hat z.B. die Neufassung der Arbeitsstättenrichtlinie – die völlig neue, „humanere" Kassenplätze vorschreibt – das Aussehen aller SB-Geschäfte wesentlich beeinflußt. Die Arbeitsplätze „Kasse" müssen strengen Anforderungen hinsichtlich Anordnung der Laufbänder, des Tastenfeldes der Kasse, der Sitzhöhe der Kassiererin, der Temperatur und der Beleuchtung entsprechen. Das besonders bei Discountern im Lebensmittelhandel stark verbreitete Kassieren nach dem „Wagen-in-Wagen-System" ist verboten worden.

Die wichtigsten Elemente für die Gestaltung des Verkaufsraumes, das sollen zwei Beispiele aus dem Lebensmittelhandel zeigen, sind bei *Edeka*:

- dekorative Friesgestaltung (die Wand über den Regalen),
- Einzug von Zwischendecken, mit denen man bestimmte Warenbereiche hervorheben und als „Shop in the shop" kenntlich machen kann,
- Warengruppen-Farbfotos, die die Orientierung erleichtern,
- Warengruppen-Hinweisschilder,
- Hintergrundmusik,
- Beleuchtungseffekte, Spotlampen z.B.;

bei *Rewe*:

- abgehängte Decken aus verschiedenartigen Materialien,
- Holzverkleidung für das SB-Brotregal,
- Schindeldächer für das Wurstgehänge,

- Fachwerkverblendungen, Kacheldekorstreifen für die Frischfleischabteilung,
- Warengruppen-Symbole,
- Angebotsschilder in Form von Aufschnittbrettern.

Ein außerordentlich interessantes Beispiel für Profil-Marketing durch Verkaufsraumgestaltung gab das *Nordwest-Lotto*. Zur Kennzeichnung seiner Annahmestellen entwickelte es zunächst ein markantes Signet, eine aus sechs Dreiecken zusammengesetzte Wabe, die als Leuchtnase und auch als dekorative Klinke an der Eingangstür die Annahmestellen für den Verbraucher kenntlich macht. Auf der Grundlage dieses Signets wurde dann im gleichen Dreieck-Raster eine neue Ladenarchitektur konzipiert, nach dem Motto: „Der Ladenbau: Kleid fürs Handelsmarketing". Dieses Lotto-Ladenbauprogramm, eine „Totallösung, die sich auf die gesamte Geschäftsgestaltung erstreckt", soll erreichen:

- den Lotto-Annahmestellen ein charakteristisches Erscheinungsbild zu geben,
- die zukünftige Existenz der Lotto-Annahmestellen – die ohne ergänzende Sortimente, vor allem Tabakwaren, nicht existenzfähig sind, vor allem an guten Standorten nicht – sichern und ausbauen helfen (vgl. dazu: Lotto-Vertrieb: Glück für Tabakwarenhändler, in: Absatzwirtschaft Nr. 6/1980, S. 48 ff.).

In diesem Fall wurde der totalen Unternehmenspräsentation ganz konsequent die totale Verkaufsraumgestaltung gegenübergestellt. Der rote Faden dieser Konzeption ist das markante Signet, das Glück symbolisieren soll. Da es ja besonders schwierig ist, Dienstleistungen – wozu das Lotto zu rechnen wäre – zu verkaufen, bedurfte es zu einer wirksamen Förderung des Absatzes auch einer besonders kreativen Idee.

8.5 Die Warenpräsentation des Unternehmens

Die Warenpräsentation dient naturgemäß in erster Linie der Unterstützung des Sortiments-Marketing. Die Ware und auch die von der Eigenart der Ware geforderte Technik stehen im Vordergrund. Somit ist die Warenpräsentation ihrem Wesen nach überwiegend rational und funktional.

Die Warenpräsentation kann aber auch dem Profil-Marketing nutzbar gemacht werden. Denn das unmittelbare Umfeld der Ware ist durchaus gestaltungsfähig. Man denke, um einige Beispiele aufzuzählen, an:
- das Preisetikett an der Ware;
- das Preisschild am Warenträger (Regal, Ständer, Korb etc.);
- die Preistafel, die am Standort eines Artikels von der Decke herabhängt und außer dem Preis noch die Artikelbezeichnung enthält;
- Regaleinsätze, die bestimmte Artikel (Angebote oder auch Innovationen) hervorheben; im Lebensmittelhandel sehr oft angewandt;
- beleuchtete Warenträger (bei Glas und Porzellan, Schmuck und auch Lebensmitteln zu finden);
- Dekoration im Verkaufsraum unmittelbar neben der Ware, wie sie im Textil-Bereich, besonders bei der Damenoberbekleidung, häufig anzutreffen ist; auf diese Weise können auch sehr gut die Kombinationsmöglichkeiten komplementärer Güter vorgeführt werden; sehr oft auch im Möbelbereich zu sehen;

- besondere Warenträger für Angebote und Neuheiten (Körbe, Displays aus verschiedensten Materialien); im Lebensmittelhandel weit verbreitet.

Bei der Gestaltung dieser Präsentationshilfen lassen sich meist Unternehmenssymbole, gleich ob Hausfarbe, Kennzeichen oder Symbolfigur, gut verwenden. Mit einem Medium kann so einmal warenbezogen und rational, zum anderen auch unternehmensbezogen und emotional informiert werden.

Einige interessante Sonderfälle der Warenpräsentation im Lebensmittelhandel seien noch erwähnt:

- Bassins für angebotene Speisefische im Verkaufsraum,
- beleuchtete Tiefkühlschränke,
- Backöfen im Verkaufsraum (zum Aufbacken tiefgekühlter Backwaren),
- Grillgeräte im Verkaufsraum.

In den letzten beiden Fällen wird der Geruchssinn des Verbrauchers in das Marketing mit einbezogen.

In der Praxis wird der Warenpräsentation, wie es auch bei der Verkaufsraumgestaltung der Fall ist, sehr viel Aufmerksamkeit geschenkt. Daß man sich dieses Profilierungs-Instruments meist mit einiger Hingabe bedient, mag mit dem Umstand zusammenhängen, daß eine gute Warenpräsentation in der Regel nicht viel Geld kostet. In erster Linie sind Ideen erforderlich. Mit Informationsschauen haben die Verbände des Lebensmittelhandels auf den großen Messen *Anuga* in Köln und *Ikofa* in München jedes Jahr interessante Anregungen für ein Trading-up im Profil-Marketing gegeben (vgl. dazu: *Oehme, Wolfgang/Schoel, Ulrich*, Mit neuen Konzeptionen zu neuen Ufern, eine Dokumentation der *Ikofa*-Sonderschau 1986, herausgegeben vom *Ikofa* Arbeitskreis, Hamburg 1986; *Oehme, Wolfgang/Schoel, Ulrich*, Die leistungsstarke Obst- und Gemüseabteilung, Hamburg 1986; *Oehme, Wolfgang,* Frisch und fertig für den Verzehr, Dokumentation der *Anuga*-Sonderschau Handelsforum 1987, Hamburg 1987, Sonderdruck aus *Edeka* Handels-Rundschau und *Food* und *Nonfood*).

Die erheblichen Investitionen, die die Verkaufsraumgestaltung meist erfordert und die der Anschaffung relativ langlebiger Güter dienen, lassen einen so häufigen Wechsel wie bei der Warenpräsentation nicht zu. Insofern sind Verkaufsraumgestaltung und Warenpräsentation zwei Profilierungs-Instrumente, die sich sehr gut ergänzen.

Auch heute noch, besonders gilt dies für den Lebensmittelhandel, versuchen viele Hersteller von Markenartikeln, Einfluß auf die Warenpräsentation im Einzelhandel zu nehmen. Diese Bestrebungen werden als „Merchandising" bezeichnet und sicher deshalb so gern in das Hersteller Marketing eingefügt, weil sie relativ wenig kosten und doch sehr wirksam sein können. Diese verkaufsfördernden Maßnahmen sollen natürlich in erster Linie der Profilierung der Produkte des jeweiligen Herstellers dienen. Oft bleibt, wenn ein Handelsunternehmen solchen Versuchen keinen Widerstand entgegensetzt, sein Unternehmensprofil auf der Strecke. Das haben viele Handelsunternehmen auch erkannt und es ist für die Hersteller zunehmend schwieriger geworden, „Merchandising" am „point of sales" zu betreiben.

Die Versandhandelsunternehmen integrieren die drei Faktoren Schaufenster, Verkaufsraum und Warenpräsentation in ihre Kataloge, die die Aufgaben aller drei

Faktoren übernehmen und gleich intensiv kommunizieren sollen wie Schaufenster, Verkaufsraum und Warenpräsentation im stationären Einzelhandel.

8.5.1 Die Präsentation als Visualisierung der Sortiments-Konzeption für die Kunden

Ein Sortiment kann optimal gestaltet sein, ohne Fehl und Tadel, unter Berücksichtigung aller Einflußfaktoren und Erfahrungen, es wird keinen Erfolg haben, wenn diese Gestalt, seine Struktur, die ja einen geistig-abstrakten Charakter hat, dem Verbraucher nicht sichtbar gemacht wird. Wie soll ein Verbraucher ein Sortiment von mehreren tausend Artikeln beherrschen und seine Kaufentscheidungen treffen, wenn er die Struktur, die zugrunde liegende Idee nicht erkennt? Die Präsentation hat die Struktur des Sortiments und die Gestaltungsprinzipien sichtbar, ja transparent zu machen. Sie ist deshalb ebenso wichtig wie die Gestaltung des Sortiments und ein unverzichtbares Element des Sortiments-Marketing.

Die Bedeutung einer übersichtlichen Präsentation ist in den letzten Jahren gestiegen, und zwar parallel zu einer Abnahme der Kundentreue. Der Handel muß damit rechnen, daß nur noch ein kleiner Teil der Kunden – allerdings von Branche zu Branche unterschiedlich – Stammkunde ist. Man schätzt, daß heute im Lebensmittelhandel jeder Haushalt drei Geschäfte hat, bei denen er regelmäßig einkauft, zwei frischwarenbetonte Märkte und einen Discounter. Auch dem Kunden, der nicht Stammkunde ist, muß es möglich gemacht werden, das angebotene Sortiment rasch zu überschauen und die gewünschten Waren zu finden. Umso erstaunlicher ist es, daß in der Literatur zwar viel über die Gestaltung des Sortiments nachgedacht wurde, die Präsentation aber keine Erwähnung findet. Weder kann man die Präsentation als isolierte Technik ansehen noch der Verkaufsförderung – dem Merchandising – zurechnen. Sie ist das Spiegelbild der Sortimentspolitik und des von ihr gestalteten Sortiments.

Nicht nur die von der Sortimentspolitik vorgegebene Sortimentsstruktur legt die Präsentation fest, sie wird auch von der Andienungsform – Bedienung oder Selbstbedienung –, dem Grundriß der Verkaufsfläche und deren Größe und dem Kundenverhalten beeinflußt.

Sehen wir zunächst einmal von der Andienungsform ab, so werden die Sortimente aller Branchen in Warengruppen gegliedert präsentiert. Diese Warengruppen können **herkunftsorientiert** sein, wie das Obst- und Gemüse-Sortiment im Lebensmittelhandel oder das Leder-Bekleidungs-Sortiment in einem Geschäft für Oberbekleidung. Sie können aber auch **hinkunftsorientiert** sein und damit zu einer Bedarfsgruppe werden, wie das Kaffee-Sortiment im Lebensmittelhandel mit Kaffee, Tee, Filterpapier, Filtern und Kondensmilch. Warengruppen können weiterhin **herstellerorientiert** sein, wie man das in großen Parfumerien findet, die ihr Sortiment in die Hersteller-Depots, die sie führen, gliedern. Schließlich können Warengruppen **preislagenorientiert** sein, wie man das in der Bekleidungsbranche oft findet, sehr stark ausgeprägt vor allem bei *C & A Brenninkmayer*. Bei den Warenhäusern wird diese Warengruppengliederung überlagert von einer Abteilungsgliederung, die sich auf größere Teilsortimente bezieht. Diese Abteilungsgliederung ist in der Regel herkunfts- oder bedarfsorientiert.

Sofern ein Sortiment in **Bedienung** angeboten wird, ist die Präsentation ziemlich unproblematisch. Es stehen ja die Mitarbeiter bereit, den Verbraucher an das Sortiment heranzuführen, nachdem er bei der Betrachtung der Schaufenster oder aus sonstigen Gründen den Entschluß faßte, das Angebot des Handelsunternehmens zu prüfen. Die Präsentation des Sortiments dient hier mit – oder machmal in erster Linie – der Orientierung der Mitarbeiter.

Bei einer Reihe von Sortimenten, die in Bedienung verkauft werden und auch verkauft werden müssen, wünschen sich die Kunden, das Angebot zunächst einmal ungestört prüfen zu können. Erst wenn sie es interessant finden, Fragen haben und Beratung wünschen, setzt die Bedienung ein. In diesen Fällen muß das Sortiment ebenso übersichtlich präsentiert werden wie bei der Selbstbedienung. Oberbekleidung, Schuhe, Unterhaltungselektronik oder Bücher sind Beispiele für diese Übergangsform von der Bedienung zur Selbstbedienung, die **Teil-Selbstbedienung** genannt wird und bei den Andienungsformen bereits erwähnt wurde.

Problematischer wird die Präsentation bei der **Selbstbedienung.** In diesem Fall muß sie nicht nur die Sortimentsstruktur transparent machen, sie muß den Verbraucher auch an alle Warengruppen heranführen. Denn der Verbraucher hat die Eigenart, vorwiegend nach rechts zu blicken und Ecken auszusparen. So entstehen auf der Verkaufsfläche verkaufsaktive und verkaufsinaktive Plätze. Alles was links vom Weg des Verbrauchers, in Ecken oder in Stichgängen plaziert ist, wird weniger beachtet, alles was rechts und auf Auflaufflächen plaziert ist, fällt dem Verbraucher ins Auge. Dazu kommt, daß Waren, die in Augenhöhe stehen, ebenfalls stark beachtet werden. Da dem Handelsunternehmen an einer effektiven Nutzung der gesamten Verkaufsfläche gelegen sein muß, kommt es darauf an, durch geschickte Präsentation die verkaufsinaktiven Plätze in verkaufsaktive Plätze zu verwandeln. Und das ist in bestimmten Grenzen auch möglich, indem man z. B. Mußartikel auf die verkaufsinaktiven Plätze stellt. Da sie der Verbraucher auf dem Einkaufszettel stehen hat, sucht er sie, wenn sie ihm nicht sofort ins Auge fallen. Die Selbstbedienung kennzeichnet in erster Linie den Lebensmittelhandel, der ihr Vorreiter war, hat inzwischen aber auch auf andere Branchen übergegriffen. Ihre Präsentationsregeln haben sich so bewährt, daß sie heute nur mit geringen Unterschieden von allen Handelsunternehmen angewandt werden. Zumindest im Lebensmittelhandel kann man heute schon von einer Austauschbarkeit auch der Warenpräsentation sprechen.

Für die Selbstbedienung sind weiterhin zwei Faktoren von erheblicher Bedeutung. Zum einen kann die **Mächtigkeit** der Präsentation der einzelnen Artikel variiert werden. Ein Artikel kann also entweder im Regal und in seine Warengruppe eingeordnet in geringer Stückzahl präsentiert werden. Er kann aber auch als Massenstapel angeboten und von einer Palette weg verkauft werden. Da eine Massenpräsentation weniger Aufwand als die normale Präsentation im Regal verursacht, bevorzugt man sie für Mußartikel, die sich schnell umschlagen. Der Erfahrungsgrundsatz lautet: „Masse hilft Masse verkaufen". Eine hohe Mächtigkeit des Angebots hat schließlich noch den Vorteil, daß die in die Haushalte hineinverkauften großen Mengen für einige Zeit die Angebote der Wettbewerber beim gleichen Artikel blockieren. Der zweite Faktor ist die **Abgabemenge,** die bei der Selbstbedienung durchaus variiert werden kann. Man kann Artikel einzeln abgeben, man kann sie zu Zweier-, Dreier- oder Sechser-Packungen zusammenfassen und den Verbraucher auf diese Weise zum Kauf größerer Mengen eines Artikls veranlassen. Die Vier-Dosen-Packung bei Kondensmilch oder die Zwei-Stück-Packung für Strumpfhosen sind Beispiele für diese Technik. Der Erfolg ist der gleiche wie beim Massenangebot. In den Haushalten entstehen Vorräte. Der Verbraucher kauft unter Umständen beim Wettbewerber weniger. Man kann diese Sonderformen der Warenpräsentation natürlich noch mit preispolitischen Maßnahmen koppeln, indem man den Karton mit zwölf Weinflaschen zum Preis von elf Flaschen anbietet.

Erwähnt sei nur am Rande, daß die Präsentation des Sortiments in Selbstbedienung eine sb-gerechte Verpackung der Ware voraussetzt. Die Artikel müssen die für den Verbraucher notwendigen Informationen auf der Packung haben, stapelfähig sein und nicht zu viel Platz im Regal beanspruchen, um nur die wichtigsten Kriterien zu nennen.

Die Präsentation des Sortiments unterliegt, wie das Sortiment selbst, einem Verschleiß. Um dem zu begegnen, muß die Präsentation in gewissen Zeitabständen überprüft und verbessert oder geändert werden. Das darf aber zu keiner Unruhe in der Präsentation führen, die dem Verbraucher erschweren würde, das Sortiment zu übersehen. Jede Veränderung der Präsentation, vor allem in der Selbstbedienung, muß beim Verbraucher neue Lernvorgänge auslösen.

Die Versandhandelsunternehmen integrieren, worauf bereits hingewiesen wurde, die drei Faktoren Schaufenster, Verkaufsraum und Warenpräsentation in ihre Kataloge, die deren Aufgabe übernehmen und möglichst gleich intensiv kommunizieren sollen wie Schaufenster, Verkaufsraum und Warenpräsentation im stationären Einzelhandel. Ähnlich verfahren die Großhandelsunternehmen mit ihren Bestell-Listen oder Ordersätzen.

8.5.2 Die Probleme der Präsentation von Vertriebsformen-Segmenten und Zielgruppen-Sortimenten

Bei der Beurteilung der no-names (S. 157ff.) und den Überlegungen zu den Vertriebsformen-Segmenten (S. 204ff.) wurde bereits angedeutet, daß deren Präsentation problematisch ist. Es gibt zwei Gründe, die es nahe legen würden, das Niedrigpreis-Segment als geschlossene Einheit zu präsentieren, wenn ein vertriebsformen-heterogenes Sortiment geführt wird, wie es bei vielen Unternehmen des traditionellen Einzelhandels der Fall ist. In erster Linie ist dieses Problem aber ein Problem des Lebensmittelhandels.

Dem Kunden würde bei kompakter Präsentation – in Form einer Niedrigpreis-Zone im Verkaufsraum oder, besonders im Lebensmittel-Einzelhandel, in Form einer Discount-Straße mit überwiegender Paletten-Präsentation – die Preisleistung unübersehbar und sicher auch überzeugend vor Augen geführt. Das wäre mit Blick auf die Discounter mit ihren homogenen Sortimenten – sie führen nur das Segment Niedrigpreis-Linie – sehr wichtig.

Das Niedrigpreis-Segment könnte mit genau dosierter Handelsleistung und damit mit minimierten Kosten als eigenständiges Profit-Center geführt und kontrolliert werden. Es könnte exakt die für dieses Segment einzig mögliche Andienungsform – einfachste Selbstbedienung, Verkauf aus dem Karton heraus oder von der Palette weg, keine Preisauszeichnung am Artikel – angewandt werden. Auch bei der Warendisposition und in der Logistik des Großhandels bestünden Rationalisierungsmöglichkeiten. Das Profit-Center Niedrigpreis-Segment kann durchaus profitabel sein. Die Discounter schreiben ja auch keine roten Zahlen.

Die Erfahrungen, die schon vor vielen Jahren beim Aufkommen der Discounter gemacht wurde, sprechen allerdings gegen eine kompakte Präsentation des Niedrigpreis-Segments. Die Kunden steuern nach dem Betreten des Verkaufsraumes meist unverzüglich das Niedrigpreis-Segment an und vernachlässigen das restliche Sortiment mit den mittleren und oberen Preislagen. Es geht auch die Möglichkeit des direkten Vergleichs von mehreren Preis- und Qualitätslagen eines Produkts verloren, die bei einer Präsentation besteht, die die verschiedenen Preislagen an einem Platz nebeneinander stellt. Deshalb mußte man auch auf die unbestreitbaren betriebswirtschaftlichen Vorteile der kompakten Präsentation des Niedrigpreis-Segments verzichten und weiterhin eine Mischkalkulation, die das Niedrigpreis-Segment wegen seiner zu hohen Kosten subventioniert, in Kauf nehmen.

(Vgl. dazu: *Oehme, Wolfgang,* Die Führung vertriebsformenheterogener Sortimente nach dem Profit-Center-Konzept, in: Thexis, Zeitschrift zur Interaktion zwischen Theorie und Praxis in Marketing und Distribution, Nr. 1/1998, S. 20ff.)

Die Präsentation von Zielgruppen-Sortimenten – meist Zielgruppen-Teilsortimenten – wirft nur Probleme auf, wenn die Zielgruppen-Sortimente warengruppenübergreifend sind und innerhalb eines nach Warengruppen gegliederten großen Sortiments geführt werden. Die an Zielgruppen orientierte Warenpräsentation bei Oberbekleidung – Damen, Herren, Kinder, Senioren, Young-fashion – und das an nur einer Zielgruppe – den Teenagern – orientierte Sortiment von H & M Hennes und Mauritz, das als zielgruppenhomogenes Sortiment bezeichnet werden könnte, sind unproblematisch. Beispiel für ein Zielgruppen-Sortiment, das in ein zielgruppenheterogenes größeres Gesamt-Sortiment eingebettet ist, sind die Light-Produkte. Zielgruppe sind Verbraucher mit Übergewichtsproblemen und Verbraucher, die sich eine gute Figur erhalten wollen. Dieses Light-Sortiment zieht sich durch das gesamte Lebensmittel-Sortiment hindurch. Es gibt Konserven, Fertiggerichte tiefgekühlt und nicht kühlbedürftig, Frischwurst und Wurstkonserven, Frischkäse, alkoholfreie Erfrischungsgetränke und Bier, um nur die wichtigsten Produkte zu nennen. Das „Du darfst"-Programm deckt dieses Zielgruppen-Sortiment schon zu einem guten Teil ab. Man könnte heute ein Sortiment für einen „Light-Supermarkt" als Vollversorger zusammenstellen. Und der Lebensmittelhandel muß eigentlich befürchten, daß sich einmal ein solcher ausschließlich zielgruppenorientierter Spezial-Supermarkt etabliert. Vorbeugen kann man einer solchen denkbaren Entwicklung nur durch eine geschlossene Präsentation der Light-Produkte in einem „Light-Shop". Diese Überlegungen gelten in gleicher Weise für Vollwert-Produkte, Single-Produkte oder Feinschmecker-Spezialitäten. Das würde besonders im Lebensmittelhandel ein völlig neues „Verkaufsraum-Design" ergeben, das auch eine klare Gliederung des Verkaufsraumes in eine Erlebniszone und eine Zone des Versorgungskaufes erlaubte. Dies ist durchaus mög-

8.5 Die Warenpräsentation des Unternehmens 397

lich. Es erfordert nur ein gründliches Umdenken. Erste Ansätze zu diesem neuen Verkaufsraum-Design sind bei der Errichtung neuer Supermärkte bereits sichtbar. Die folgende Abbildung zeigt den Entwurf für ein solch neues Verkaufsraum-Design eines Lebensmittel-Supermarktes. (Vgl. dazu *Oehme, Wolfgang*, Der Supermarkt des Jahres 2000 – wie wird er aussehen? in: *Edeka* Handels-Rundschau Nr. 1/1990 vom 2. Januar 1990, S. 9ff.) Der in diesem Entwurf ausgewiesene Disountbereich ist bisher Theorie geblieben und wird Theorie bleiben, was bereits begründet wurde.

Abbildung 8/1: Entwurf für ein zielgruppen-orientiertes Verkaufsraum-Design eines Lebensmittel-Supermarktes

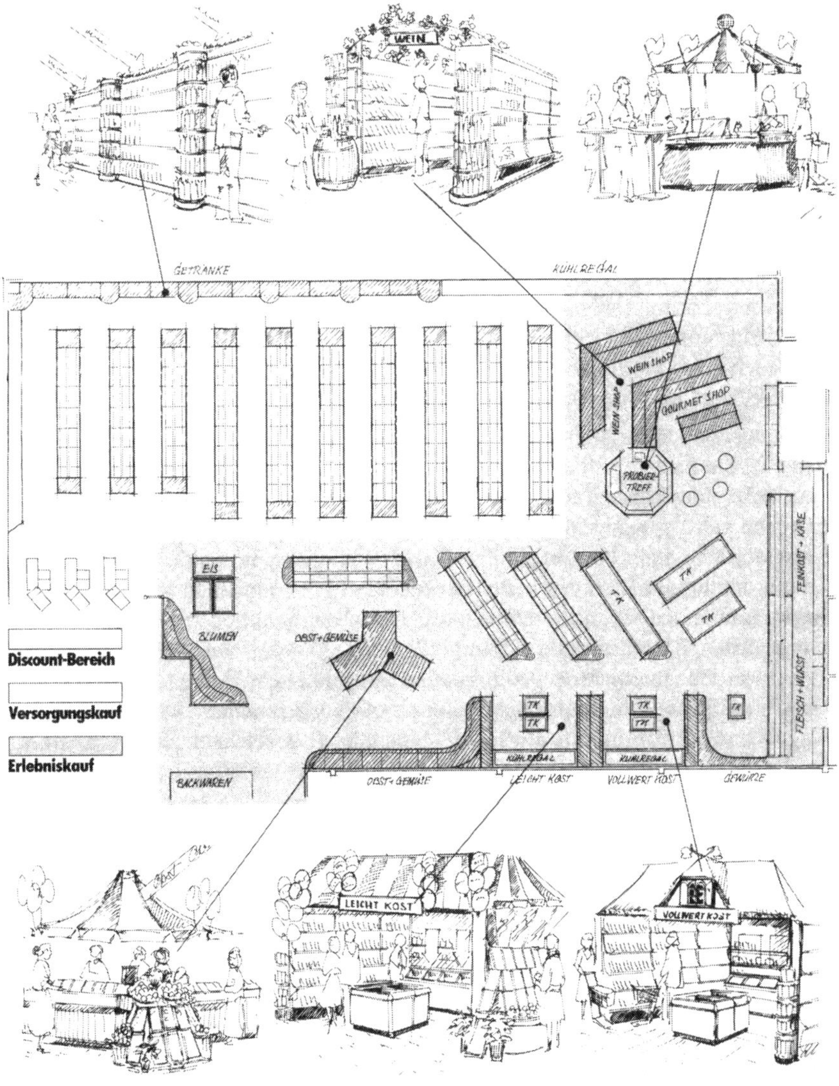

8.5.3 Space-Management und Regaloptimierung

Es ist dem Handel schon lange bekannt, daß zwischen dem Umsatz eines Artikels und der Verkaufs- bzw. Lagerfläche, die ihm zugeteilt wird, ein Zusammenhang besteht. Schon *Seyffert* wies bei der Erläuterung des Begriffes Mächtigkeit darauf hin, daß Artikel mit hoher Umschlaghäufigkeit und meist auch hohem Umsatzanteil mit einer großen Stückzahl am Lager gehalten werden müßten. Je größer die Stückzahl eines Artikels, je höhe seine Mächtigkeit also, desto mehr Verkaufs- bzw. Lagerfläche beansprucht er. Die Zuteilung von Fläche war damals, was beachtet werden muß, eine von Umsatz und Umschlagshäufigkeit abhängige Größe. sie war eine Reaktion, eine passive Umsetzung von Daten, die der Absatzbereich des Handels-Unternehmens vorgab.

Die Analyse der Raumnutzung kann als zweiter Schritt auf dem Wege zum Space-Management angesehen werden. Mit Hilfe der Kennziffer „Laufmeter-Produktivität" kann die einem Artikel oder einer Warengruppe zur Verfügung stehende Verkaufsfläche dem Umsatz angepaßt werden. Aber auch diese Methode dient vorrangig der Kontrolle, ist also vergangenheitsorientiert, und löst Anpassungsvorgänge aus.

In der zweiten Hälfte der siebziger Jahre schlugen die Warenhäuser einen neuen Weg ein. Sie hatten bisher jeder Abteilung so viel Verkaufsfläche von der Gesamtfläche eines Hauses zugewiesen, wie ihrem Umsatzanteil am Gesamtumsatz entsprach, also **vergangenheitsorientiert** entschieden. Nunmehr bezogen sie die Ertragsstärke einer Abteilung in ihre Entscheidung ein und teilten den Abteilungen mit den hohen Erträgen mehr Verkaufsfläche zu, als ihnen auf Grund ihres Umsatzanteiles zugestanden hätte. Auf diese Weise sollten die Umsatzanteile ertragsstarker Abteilungen erhöht und die Ertragslage des gesamten Hauses verbessert werden. Jetzt wurde also **zukunftsorientiert** entschieden und die Zuteilung von Verkaufsfläche an einzelne Abteilung aktiv vorgenommen. Man kann dieses Vorgehen eigentlich bereits als Space Management bezeichnen, eine sehr einfache Art zwar und ohne Einsatz technischer Hilfsmittel, aber im Prinzip das Space Management von heute.

Space Management – man kann ruhig von Verkaufsraum-Management sprechen, auch wenn dies weniger bedeutend klingt –, so wie es heute mit Hilfe der EDV betrieben werden kann, ist die aktive, zukunfts- und marketingorientierte Zuweisung von Verkaufsfläche an einzelne Artikel. Man sollte in diesen Begriff die vorangehende Zuteilung von Verkaufsfläche an die einzelnen Warenbereiche und Warengruppen und deren Anordnung im Verkaufsraum einbeziehen. Am Beispiel eines zur *Edeka*-Handelsgruppen gehörenden Lebensmittel-Supermarktes soll Space-Management vorgestellt werden. Folgende Voraussetzungen müssen gegeben sein, damit ein erfolgreiches Space-Management im Supermarkt durchgeführt werden kann:

- Der Markt sollte eine **Verkaufsfläche** von mindestens 800 qm haben. Kleinere Verkaufsflächen lohnen den Aufwand nicht und sind auch leichter zu überblicken, so daß kein Problemdruck in Richtung systematisches Space Management vorhanden ist.

- Es muß für jeden Artikel eine **Regalplatz-Sicherung** mit Hilfe des „Bar-Code" eingeführt sein. Diese mit einem Strichcode versehenen Etiketten, die der Großhandel zur Verfügung stellt, dienen auch der Waren-Disposition mit Hilfe der Mobilen Datenerfassung und des Lesestiftes. Ohne Regalplatz-Sicherung droht die Gefahr, daß die geplante Waren-Plazierung über kurz oder lang versandet und von einer gewachsenen, informellen Plazierung völlig überdeckt wird.
- **Scannerkassen** sind wünschenswert, jedoch nicht zwingend erforderlich. Mit Hilfe von Scanning kann, das ist der Vorteil, mühelos und schnell die Kontrolle von Space Management und Regaloptimierung vorgenommen werden.
- Da die **EDV des Großhandels** im Hintergrund mit ihren Daten eine wichtige Rolle spielt, sollten keine nennenswerten Fremdkäufe erfolgen, sondern der Warenbezug auf den Großhandel der Gruppe konzentriert werden. Ohne Großhandels-EDV im Hintergrund müßte die Mindest-Unternehmensgröße, ab deren Space Management möglich wäre, wesentlich höher liegen als die genannten 800 qm Verkaufsfläche, die in etwa einem Jahresumsatz von 6 bis 8 Millionen DM entsprechen. Denn das Einzelhandelsunternehmen müßte dann über eine autonome Datenverarbeitung verfügen.

Der entsprechend programmierten EDV – die Entwicklung spezieller Programme kostete viel Zeit und Geld – werden die folgenden **Daten** eingegeben:

- Die Listen – **„Renner- und Penner-Listen"** – des Großhandels mit der Umschlagshäufigkeit der einzelnen im Sortiment geführten Artikel. Sie erlauben eine Wertung der Artikel, in die auch die Marktanteilszahlen von GfK Nürnberg und Nielsen Frankfurt einbezogen werden.
- **Erfahrungswerte** des betreffenden Unternehmers oder Filialleiters und am jeweiligen Standort festgestellte Kundenwünsche, die zu einer Korrektur der Großhandelsdaten führen können.
- Das zu führende **Sortiment** und die zur Verfügung stehenden laufenden **Regalmeter,** gegliedert nach Warengruppen. Für jede Warengruppe müssen die geführten Artikel und die Präsentationsfläche angegeben werden. Das setzt voraus, daß der Verkaufsraum nach Warengruppen exakt ausgemessen wird.
- Die vom Großhandel festgelegten **Bestelleinheiten** pro Artikel, die für den Aufwand, der beim Nachfüllen der Regale im Verkaufsraum erforderlich ist, den evtl. sich ergebenden Fehlartikelbestand und u. U. den Einkaufspreis von Bedeutung sind.
- **Empfehlungen** des Großhandels und der Industrie – mit entsprechenden Marktforschungs-Ergebnissen – zur Aufnahme neuer Artikel und gleichzeitig zur Auslistung bzw. Reduzierung der Frontstücke im Sortiment verbleibender Artikel. Solche Empfehlungen sind unverzichtbar, wenn das Sortiment lebendig bleiben und jederzeit aktuell sein soll. Neue Artikel können weder Renner noch Ertragsstars sein, sie können es aber sehr wohl werden.

Nach Verarbeitung dieser Daten mit Hilfe spezieller Programme liefert die EDV – nach Warengruppen gegliedert – folgende Werte:

- Die Anzahl der Frontstücke – **„Facings"** – pro Artikel.
- Den **Regalboden,** auf dem der Artikel placiert werden soll.

Die *Abbildung 8/2* zeigt das anhand dieser Werte gezeichnete Plazierungs-Schema für die Warengruppe „Snack-Artikel". Das ist der **„Spiegel eines optimierten**

Regals". Nach der erstmaligen Bestückung werden die optimierten Regale fotografiert und die Fotos in einem Handbuch zusammengefaßt. In diesem Plazierungs-Handbuch können die Mitarbeiter jederzeit nachsehen, wie die optimale Plazierung aussieht. Dieses Handbuch ist neben den bereits erwähnten Bar-Code-Etiketten an den Regalen im Verkaufsraum die zweite Sicherung dafür, daß die geplante Warenpräsentation erhalten bleibt.

Dieses Beispiel zeigt deutlich, Space Management ist zukunfts- und marketingorientiert, ist aktive Gestaltung der Verkaufsraum-Aufteilung. Die mit Space Management von einem Großhandelsunternehmen der *Edeka* Handelsgruppe gewonnenen Erfahrungen zeigen:

- Die **Umsatzentwicklung** von Groß- und Einzelhandel wird positiv beeinflußt.
- Im Einzelhandel tendiert die erwirtschaftete **Handelsspanne** eindeutig nach oben.
- Es werden die **richtigen Artikel** auf vorhandener Verkaufsfläche an der richtigen Stelle in der richtigen Breite plaziert.
- Die **Deckungsgleichheit** von Großhandels-Sortiment und Einzelhandels-Sortiment wird verbessert. Die Einkaufskonzentration des Einzelhandels wird gesteigert.
- Es wird eine sinnvolle **Sortiments-Bereinigung** gefördert. Die Warenbestände können bei Groß- und auch Einzelhandel in betriebswirtschaftlich vernünftigen Grenzen gehalten werden.

Der nächste Schritt zur Vervollkommnung des Space Management wird sein, **Handelsspanne und Kosten** des einzelnen Artikels in die Planung einzubeziehen. An der Kombination von Space Management und DPR Direktor Produkt-Rentabilität wird bereits intensiv gearbeitet. In diese Ehe wird die DPR freilich all ihre Probleme, die sie bei der Zurechnung der Kosten hat, einbringen.

Space Management mit dem Ergebnis der Regaloptimierung ist eine Methode, auf die in besonderer Weise Handelsunternehmen in Zukunft nicht verzichten werden können, die folgende Merkmale aufweisen:

- **Große Sortimente** mit einem hohen Anteil schnelldrehender Artikel und ständiger Fluktuation im Sortiment durch Innovationen.
- **Selbstbedienung** als vorherrschende Andienungsform.
- **Begrenzt zur Verfügung stehende Verkaufsfläche,** aus welchen Gründen auch immer (was eigentlich für alle Handelsunternehmen gilt).

Es kann deshalb nicht überraschen, daß wieder einmal der Lebensmittelhandel bei der Einführung von Space Management eine Vorreiterrolle übernommen hat. (Vgl. dazu: *Oehme, Wolfgang,* Space Management und Regal-Optimierung – Schlagworte oder Voraussetzungen zum Erfolg, in: *Edeka* Handels-Rundschau Nr. 12/1990 vom 18. 6. 1990, S. 76 ff.; *Wolfskeil Jürgen,* Eine stille Revolution im Einzelhandel, in Lebensmittel-Zeitung Nr. 20 vom 19. 5. 1989, S. J 4 ff.; *Gaul, Reiner,* Warenpräsentation im Einzelhandel, Optimierungsansätze unter besonderer Berücksichtigung gegenwärtig genutzter Flächenmanagementmethoden und -programme, unveröffentlichte Diplomarbeit an der Fachhochschule Giessen-Friedberg, Fachbereich Wirtschaft, Giessen-Friedberg 1990; *Heidel, Bernd,* und *Müller-Hagedorn, Lothar,* Plazierungspolitik nach dem Verbundkonzept im stationären Einzelhandel, Eine Wirkungsanalyse, in: Marketing, Zeitschrift für Forschung und

Praxis, Heft 1/1989, S. 19 ff.; *Kinateder, Petra,* Optimierung von Regalbelegungsplänen in Supermärkten, Eine empirische Untersuchung zu Klassifizierungsleistungen bei Erwachsenen, in: Marketing, Zeitschrift für Forschung und Praxis, Heft 2/1989, S. 86 ff.)

Abbildung 8/2: Computer-Ausdruck des Spiegels eines optimierten Regals im Lebensmittel-Supermarkt für die Warengruppe Snacks

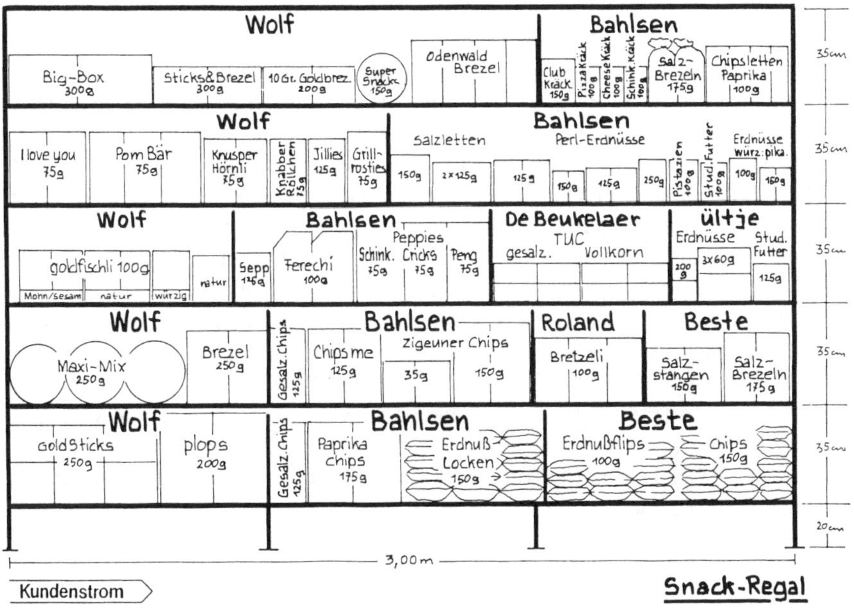

Quelle: Edeka Handels-Rundschau Nr. 12/1990, S. 78.

8.6 Die Mitarbeiter des Unternehmens

Die Mitarbeiter sind neben der Werbung das wichtigste Kommunikations-Instrument eines Handelsunternehmens. Im Einzelhandel sind das die im Verkaufsraum tätigen Mitarbeiter, gleich, ob sie mit der Aufgabe des Verkaufens oder mit anderen Aufgaben, wie z.B. Kassieren, Warennachschub oder Warenpräsentation, betraut sind. Im Großhandel sind es alle Mitarbeiter, die über Telefon, Besuche oder bei der Anlieferung der Ware Kontakt zu den Kunden haben. Darauf wurde beim Stichwort „totale Unternehmenspräsentation" (S. 370 ff.) bereits hingewiesen.

Im Einzelhandel ist der Mitarbeiter auch Kommunikations-Instrument, wenn die Andienungsform Selbstbedienung angewandt wird. Das wird in der Praxis oft übersehen. Vielleicht sind gerade bei der Selbstbedienung die im Verkaufsraum anwesenden Mitarbeiter ein wichtiger Profilierungs-Faktor. Sie müssen sehr genau unterscheiden können, ob ein Kunde in Ruhe gelassen werden und ungestört auswählen will oder ob er Hilfe braucht. Und freundliche Hilfsbereitschaft fällt gerade in einem Selbstbedienungsgeschäft außerordentlich angenehm auf. Die im Verkaufsraum tätigen Mitarbeiter sind die Repräsentanten des Handelsunternehmens. Sie gestalten sein Image sehr wirksam mit. Für das Profil-Marketing eines Handelsunternehmens sind sie somit einer der bedeutendsten Faktoren. Gerade bei der Rolle, die die Mitarbeiter im Marketing spielen, wird der Unterschied zwischen Handels- und Industrie-Unternehmen noch einmal mehr als deutlich erkennbar.

Vom Standpunkt des Profil-Marketing aus müssen drei Forderungen an die Mitarbeiter eines Handelsunternehmens als Kommunikationsfaktoren gestellt werden:

Fachliche Qualifikation: Die Mitarbeiter müssen über die im Sortiment geführten Waren Bescheid wissen. Je marketingintensiver – und damit in der Regel beratungsintensiver – ein Produkt ist, desto besser muß es der Mitarbeiter kennen. Er muß über seine Verwendung, seine sachgemäße Behandlung, seine Qualität und – was sicher nicht für alle Branchen zutrifft – das Material, aus dem es hergestellt ist, Auskunft geben können. Diese Aufgabe ist bei Artikeln, bei denen es um Mode oder Geschmack geht (Textilien oder Genußmittel), besonders schwierig. Er muß auch erklären können, was Artikel verschiedener Preislagen unterscheidet. Nur mit Hilfe eines soliden Fachwissens kann der im Verkauf tätige Mitarbeiter eines Handelsunternehmens ein beratender und gleichberechtigter Partner des Verbrauchers sein. Er muß überzeugen, denn er hat dem Kunden gegenüber keine Weisungsbefugnis. Mißlingt ein Kontakt mit dem Kunden, sieht das Handelsunternehmen diesen Kunden unter Umständen nie wieder. Es gibt immer Mitbewerber, die die gleiche Ware zum meist fast gleichen Preis anbieten – und die den Kunden besser behandeln, fachkundiger und aufmerksamer. Fachliche Qualifikation kann auch durch noch so intensive Freundlichkeit nicht ersetzt werden.

Kontaktfähigkeit: Die Mitarbeiter müssen in der Lage sein, Kontakt zum Kunden zu gewinnen. Das setzt mit voraus, daß sie freundlich, aufmerksam und hilfsbereit sind. Die Fähigkeit, sich einigermaßen der Sprache bedienen, sich ausdrücken und verständlich machen zu können, kommt hinzu. Ohne Sprache keine Kommunikation. Die Mitarbeiter im Verkauf brauchen eine solide Menschenkenntnis, die durch ein psychologisches Hintergrundwissen abgesichert ist. Ein bedeutendes Filialunternehmen des Lebensmittelhandels stellte deshalb für seine Mitarbeiter im Verkauf die Weiterbildungsarbeit unter das Thema „Differenzierung durch besseren Service". Ein wesentlicher Teil des besseren Service ist in den Augen dieses Unternehmens der kontaktfreudige Mitarbeiter. In einem Bericht über ein japanisches Warenhaus wurde das Verhalten der Mitarbeiter als eine „Orgie des Lächelns" bezeichnet. Die Mitarbeiter sind aber nicht nur lächelnd, sondern auch mit Disziplin, mit Leistungsbereitschaft und Hingabe am Werk. Ein deutsches Warenhaus soll bereits Mitarbeiter nach Japan geschickt haben, um diese Methode des Verkaufens studieren zu können.

Äußeres Aussehen: Von den Mitarbeitern im Verkauf muß verlangt werden, daß sie sauber und gepflegt zur Arbeit erscheinen. Man muß somit hinsichtlich Kleidung und Frisur von den Mitarbeitern ein gewisses Maß an Anpassung und Anpassungsfähigkeit verlangen können. Wer meint, durch besonders saloppe und exotische Kleidung um jeden Preis seine Persönlichkeit demonstrieren zu müssen, der kann nicht im Verkauf tätig sein. Den meisten Verbrauchern wird eine solche Aufmachung mißfallen. Und von den wenigen Kunden, denen sie gefällt, kann ein

Handelsunternehmen nicht leben. Im Falle der Frisur kann das heute bei jungen Männern durchaus zu Zielkonflikten führen.

In manchen Handelsunternehmen ist es üblich, die Mitarbeiter in einer markanten Berufskleidung arbeiten zu lassen, die vielleicht durch die Hausfarben oder das Unternehmenskennzeichen geprägt ist. Für den Verbraucher hat dies den Vorteil, daß er die Mitarbeiter ohne Schwierigkeiten erkennen kann. Vom Mitarbeiter verlangt es dagegen Anpassung. Ein Zielkonflikt „Uniformität kontra Individualität" kann nicht ausgeschlossen werden.

Ein guter Mitarbeiter im Verkauf muß allen drei Forderungen genügen. Vom Standpunkt des Profil-Marketing aus kann auf keine dieser Forderungen verzichtet werden. Wenn man in der Werbung dem Kunden einen fachkompetenten und freundlichen Verkäufer verspricht oder den Mitarbeitern ein Label an Anzug oder Bluse mit dem Text „*Willkommen bei.......*" heftet, dann muß man dieses Versprechen auch einlösen. Kunden nehmen hier einen Wortbruch mit Sicherheit besonders übel.

Die Bedeutung der Mitarbeiter für das Profil-Marketing ist in der Praxis auch weitestgehend erkannt worden. In die Aus- und Weiterbildung der Mitarbeiter werden erhebliche Summen investiert (vgl. dazu: Warenhäuser im Bildungsboom, in: Absatzwirtschaft Nr. 5/1979, S. 18 ff., wo berichtet wird, daß die Warenhaus-Konzerne klar erkannt haben, daß sie eine Politik des „trading up" ohne Verbesserung der fachlichen Qualifikation ihrer Mitarbeiter nicht verwirklichen können; sie streben ein Qualifikationsniveau an, wie es die Mitarbeiter der Fachgeschäfte haben). Mit Aus- und Weiterbildung allein ist es jedoch nicht getan. Kein Unternehmen ist so auf ein umfassendes, psychologisch orientiertes und damit motivierendes Mitarbeiterführungssystem angewiesen wie ein Handelsunternehmen. Im Aufbau eines solchen Führungssystems liegen für viele Handelsunternehmen noch erhebliche Leistungsreserven. Ein motivierendes Führungssystem sollte den folgenden Forderungen entsprechen:

- Es sollte nach dem **kooperativen und** – wo dies möglich ist – nach dem **partnerschaftlichen Prinzip** geführt werden. Möglichst viele Kompetenzen sollten also an die Mitarbeiter delegiert werden. Führungskräfte sollten nach Zielvorgaben, nach der Methode „management by objectivs" geführt werden.
- **Fachliche Weiterbildung** und **verkäuferisches Training** sind unverzichtbar und fortlaufend durchzuführen. Diese Aufgabe endet nie. Jede Innovation im Sortiment bringt eine Bildungsaufgabe mit sich. Und verkäuferische Fähigkeiten können sich auch abnutzen und zu eintöniger Routine degenerieren.
- Es müssen regelmäßig **Mitarbeiterbesprechungen** durchgeführt werden, damit ein umfassender Informationsfluß – auch Hintergrund-Informationen – sichergestellt wird. Die Wirksamkeit von „management by information" kann nicht hoch genug eingeschätzt werden. In diesen Besprechungen und auch in ergänzenden Einzelgesprächen mit den Mitarbeitern können die Instrumente Kritik und – vor allem – Lob gezielt eingesetzt werden.
- Die Mitarbeiter sollten regelmäßig **beurteilt** werden. Das verursacht zwar einige Mühe und kostet Zeit, wirkt aber sehr stark motivierend.
- Es muß eine **leistungsgerechte Bezahlung** angestrebt werden. Diese Forderung ist allerdings sehr problematisch. Ein exakt zu berechnender Leistungslohn kann

im Handel nur in wenigen Fällen praktiziert werden. Die von der Kundenfrequenz abhängige Verkaufstätigkeit entzieht sich meist einem Leistungslohn.

• Es muß eine **systematische Nachwuchsausbildung** betrieben werden, die wenigstens in bescheidenen Grenzen eine Mitarbeiter-Selektion erlaubt.

Das Personalproblem wird für den Handel, besonders den Einzelhandel, wohl auf lange Zeit ein ständiger Begleiter bleiben. Dazu trägt auch das nicht sehr hohe Sozialprestige des Einzelhandels, besonders des Lebensmitteleinzelhandels, und die ungünstige Arbeitszeit bei. In einer Studie untersuchte die *Coca-Cola* Retailing Research Group Europe das Personalproblem des Lebensmittel-Einzelhandels und arbeitete eine Reihe von Lösungsvorschlägen aus (vgl. dazu: Arbeitskräfte für den Lebensmittelhandel in den neunziger Jahren, Eine Studie von *Booz, Allen & Hamilton*, London 1989, im Auftrag der *Coaca-Cola* Retailing Research Group Europe).

Zum Zeitpunkt des Verkaufs, im Kontakt mit dem Kunden, ist der Verkäufer der einsamste Mensch. Keiner kann ihm da helfen, keiner kann ihn auch hindern, Fehler zu machen. Zu dieser Zeit zeigt sich, ob er fachkundig und engagiert ist und sich mit „seinem" Unternehmen identifiziert. Nur stark motivierte Mitarbeiter bestehen gegenüber diesen täglich an sie gestellten Anforderungen. Und der Verbraucher merkt sofort, ob ein Mitarbeiter motiviert ist oder nicht. Und das formt sein Bild vom Unternehmen mit.

In welchem Ausmaß sich das Führungsproblem stellt, das hängt sicher mit von der Unternehmensgröße ab. Je größer ein Handelsunternehmen ist, desto umfassender muß die Organisation sein, desto spürbarer sind die Sachzwänge, die von der Organisation auf die Mitarbeiter ausgehen. Nur durch starke Motivation kann der Druck dieser Sachzwänge kompensiert werden. Kleinere Handelsunternehmen sind in dieser Hinsicht oftmals gegenüber den Großen im Vorteil, ganz abgesehen davon, daß die Aus- und Weiterbildung und Motivation einer kleinen Zahl von Mitarbeitern weniger problematisch ist als bei mehreren tausend Beschäftigten (vgl. zur Frage einer motivierenden Führung: *Correll, Werner*, Motivation und Überzeugung in Führung und Verkauf, 6. Auflage, Landsberg/Lech 1991; *Oehme, Wolfgang*, Führen durch Motivation. Eine Führungskonzeption für die Praxis, Essen 1979).

Die in das Handelsunternehmen integrierte und das Unternehmensprofil stark beeinflussende Kommunikation ist langfristig angelegt und dem konstitutiven Marketing-Mix zuzurechnen. Aldi verdankt seinen hohen Bekanntheitsgrad und seine Stellung unter den Top Ten der deutschen Marken nicht zuletzt dem Laden-Layout seiner Filialen, das er sorgfältig auf die Vertriebsform Discount abstimmte und an dem er seit seiner Gründung unbeirrt festhielt. Nur das Firmen-Logo wurde modernisiert.

9. Kapitel: Die Kommunikation mit externen Medien

In diesem Bereich, vor allem in der Werbung, wird in der Praxis des Handels der Schwerpunkt der Kommunikation gesehen. Die Kommunikation unter Einsatz externer Medien ist zweifellos ein wesentlicher, wenn nicht der wichtigste Bestandteil des operativen Marketing-Mix. Sie ist kurzfristig angelegt und befindet sich im ständigen Dialog mit dem Markt. Sie muß überzeugend Dynamik und Flexibilität signalisieren und auf die Aktualität des Leistungsangebotes hinweisen.

Zu den Themen Public Relations, Werbung und Verkaufsförderung ist eine umfangreiche Literatur vorhanden, deren Inhalt hier nicht umfassend wiedergegeben werden kann. Es können nur einige grundsätzliche Überlegungen vorgetragen und auf häufig vorkommende Schwächen hingewiesen werden. Die Entwicklung der Werbung dürfte, was die Methoden und Medien anbetrifft, zu einem zumindest vorläufigen Abschluß gekommen sein. Das Internet als neues Medium eröffnet der Werbung zusätzliche Möglichkeiten und wird bewährte Medien, wie den Katalog der Versandhandelsunternehmen, ergänzen und vielleicht eines Tages auch ersetzen. Der Handel hat im Verlauf der merkantilen Revolution seine Werbung auf ein hohes Niveau gebracht und sich alle Erfahrungen der Herstellerwerbung und alle wissenschaftlichen Erkenntnisse zunutze gemacht.

Die Kommunikation mit externen Medien erfolgt in folgenden Bereichen.

9.1 Die Öffentlichkeitsarbeit – die Public Relations

Die Gestaltung der **„Public Relations"** wird in der deutschen Sprache in der Regel mit Öffentlichkeitsarbeit bezeichnet. Sie hat die Aufgabe, durch systematische Informationen zu erreichen, daß sich die Öffentlichkeit, und das sind nicht nur die Verbraucher, von dem Unternehmen das Bild macht, das sich die Unternehmensführung wünscht und das auch der Wirklichkeit entspricht. Die Konzeption der Öffentlichkeitsarbeit muß langfristig angelegt sein und gehört zum konstitutiven Marketing-Mix. Sie hat die Aufgabe der Prophylaxe. Kommt es zu einem Unglück – BSE-Seuche, Radiumspuren in Mineralwasser, Mängel im Fahrverhalten des Audi TT, Elchtest bei den A4-Modellen von Mercedes –, dann muß das Unternehmensprofil so gefestigt sein, daß es keinen bleibenden Schaden davon trägt. Die Alltagsarbeit – das Eingehen auf aktuelle Vorkommnisse am Markt oder das Reagieren auf unliebsame Vorfälle – ist dem operativen Marketing-Mix zuzurechnen. Das ist die Aufgabe der Therapie.

Der Handel hat PR-Arbeit besonders dringend notwendig. Schon seit Jahrzehnten – wahrscheinlich schon weit länger – sieht sich der Handel dem Vorwurf ausgesetzt, er erziele ein müheloses Einkommen und verteuere die Ware auf dem Wege vom Produzenten zum Verbraucher nur unnötig. Als Folge der Leistungsfähigkeit des Distributionssystems, das die Handelsunternehmen geschaffen haben, ist dieser

Vorwurf heute nur noch selten zu vernehmen. Aber mit den Argumenten „Direkt vom Hersteller, kein Zwischenhandel" oder „Direkt ab Großhandel" können Hersteller oder kleine Großhändler immer noch Verbraucher in ihre Verkaufsräume locken. Und wollen Handelsunternehmen für ihre Bauvorhaben die Genehmigung haben, stoßen sie nicht selten bei den zuständigen Behörden auf deutlich spürbare Aversionen. Was dem Handel heute viel größere Probleme schafft ist der Versuch, ihn immer wieder zum Prügelknaben für Umweltbelastungen zu machen. Dabei ging es in letzter Zeit besonders um die Verpackung. Die Verbraucher wurden dazu aufgerufen, alle überflüssige Verpackung – was ist überflüssig? – in den Verkaufsräumen des Handels zurückzulassen. Daß Verpackung der Hygiene dient, daß sie einen rationellen Warenumschlag ermöglicht und auch zur Information des Verbrauchers genutzt wird, wurde dabei völlig übersehen. Es ist deshalb unbedingt erforderlich, daß Industrie und Handel gemeinsam ein intensives **„Umwelt-Marketing"** betreiben, das im Kern PR-Arbeit ist.

Es ist für den Handel auch ohne Zweifel sehr schwer, seine Leistung als Distributionssystem der Volkswirtschaft dem Verbraucher einsichtig darzulegen. Die Wahrnehmung der Handelsfunktionen ist eben eine abstrakte Dienstleistung. Was an kostenintensiver Logistik erforderlich ist, ehe die Ware in den Verkaufsräumen präsentiert werden kann, sieht kein Verbraucher.

Systematische PR-Arbeit ist in der Praxis des Handels heute aktueller und wichtiger denn je. Der Handel, besonders der Einzelhandel, hat den direkten Kontakt zum Kunden. Er bekommt dessen Unwillen zuerst zu spüren, auch wenn ihn keine Schuld trifft. Man denke an den Hormonskandal, den Eiskandal bei Nudeln oder den Weinskandal. Diese Beispiele zeigen, daß der Lebensmittelhandel besonders gefährdet ist und PR-Arbeit am dringendsten nötig hat. Möglichkeiten einer erfolgreichen PR-Arbeit können sein:

- Die Herausgabe von **Kundenzeitschriften** (z.B. *„Die Kluge Hausfrau"* bei der Edeka, *„Lukullus"* bei den Fleischereien, *„Bäckerblume"* bei den Bäckern, *„Neue Apotheken Illustrierte"* und *„Ratgeber aus der Apotheke"* bei den Apotheken), in denen neben unterhaltenden Beiträgen immer wieder auch auf die Leistungen der Handelsunternehmen hingewiesen werden kann. Seit längerer Zeit schon tendieren viele Kundenzeitschriften, vor allem im Lebensmittelhandel, in Richtung Werbung. Sie enthalten Warenangebote und Preiswerbung und Unterhaltung im Stil der Boulevardpresse, die Öffentlichkeitsarbeit wird vernachlässigt oder entfällt. Darunter leidet die Kundenbindung, die eine der Hauptaufgaben der Kundenzeitschriften ist. (Siehe dazu: Diller, Hermann, Kundenbindung als Zielvorgabe im Beziehungs-Marketing, Arbeitspapier Nr. 40 des Lehrstuhls für Marketing an der Universität Erlangen/Nürnberg, Nürnberg 1995.)
- Die Herausgabe informativer **Geschäftsberichte** bei den Großunternehmen des Handels (Filialunternehmen, Warenhauskonzerne und Handelsgruppen), mit denen besonders bei den Zielgruppen Behörden, Wissenschaft, Industrie, Banken und Aktionären wirksam Öffentlichkeitsarbeit betrieben werden kann.
- Die Durchführung von **Betriebsbesichtigungen**, die den Verbrauchern die „Etappe" des Handels zeigen, die Zentralen, die Großhandelsunternehmen, angegliederte Produktionsbetriebe und so fort.

- **Sponsoring von Kultur- und Sportveranstaltungen**, die im Vordergrund des öffentlichen Interesses stehen. So wurden in der Vergangenheit von großen Handelsgruppen „Volksläufe" bis hin zum „Hanse-Marathon" in Hamburg und Pferderennen gesponsert. Bei der Industrie erfreut sich diese Variante der PR-Arbeit, die im Grunde zur Hälfte auch Werbung ist, zunehmender Beliebtheit. Der Handel hat ihre Möglichkeiten bisher nur unzureichend genützt (vgl. dazu: Werbung auf neuen Wegen – Sport und Kultur als Vehikel für das Marketing?, Bericht über den 12. Augsburger Marketingtag, Arbeitspapiere zur Schriftenreihe Schwerpunkt Marketing, Bd. 14, Augsburg 1987).
- Das Unterhalten **ständiger Kontakte** zu Schulen, Vereinen, Parteien, karitativen Organisationen und Behörden und Kammern.

Jedes Handelsunternehmen sollte über wenigstens einen Mitarbeiter verfügen, in kleinen Unternehmen muß es der Chef selber sein, der bei diesen Institutionen als Referent in Vorträgen über die Leistungen des Handels informieren kann.

Entsprechend ihrer Bedeutung sind die Methoden der PR-Arbeit heute auf einem hohen Stand und werden, auch unter Beteiligung der Wissenschaft, ständig weiterentwickelt. Es existiert eine umfangreiche Literatur zum Thema PR-Arbeit (vgl. auch *Hundhausen, D.,* Public Relations, Berlin 1969, um nur ein grundlegendes Werk zu nennen).

9.2 Die Werbung

Die Werbung ist eines der wichtigsten Kommunikations-Instrumente auch im Handel. Sie muß den Verbraucher über die Leistungen des Handelsunternehmens – und nicht vorrangig über die im Sortiment geführten Waren – informieren und bei ihm die Entscheidung veranlassen, einmal in dem Werbung treibenden Unternehmen und zum anderen die beworbenen Artikel zu kaufen. Die Werbung muß letztlich die gesamte Marketing-Konzeption des Handelsunternehmens sichtbar machen, so daß sie der Verbraucher erkennen kann. Entsprechend ihrer großen Bedeutung nimmt sie sowohl in der Marketing-Praxis als auch in der Wissenschaft eine zentrale Stellung ein. Die Wissenschaft hat den Erkenntnisgegenstand gründlich erforscht. Eine Fülle von Fachbüchern legt davon Zeugnis ab.

Trotz dieser zentralen Stellung der Werbung in Praxis und Wissenschaft kann hier keine umfassende Darstellung des Werbeinstrumentariums gegeben werden. Es müssen jedoch einige Betrachtungen über die Werbung, über die Anwendung ihrer Instrumente, angestellt werden. Besonders ist zu prüfen, welche Bedeutung die Werbung für das Profil-Marketing hat und ob die Praxis Werbung auch als Instrument zur Profilierung einsetzt. Hier werden sicher Unterschiede zwischen Herstellerwerbung (sehr stark produktorientiert) und Handelswerbung (auch unternehmensorientiert) sichtbar werden. Das Instrumentarium, das sowohl Hersteller als auch Handel einsetzen, ist dagegen weitestgehend gleich.

Will man etwas über Werbung, über die Anwendung ihres Instrumentariums aussagen, so erweist es sich als sehr hilfreich, zunächst ihr Wesen, ihre Natur mit wenigen Strichen zu skizzieren:

Werbung ist sehr **schnellebig**. „Nichts ist so alt wie eine Werbung von gestern", könnte man in Anlehnung an ein Bonmot über den Charakter von Tageszeitungen sagen. Zumindest bei den meisten Verbrauchern fällt jede abgeschlossene Werbeaktion in die Tiefe des Vergessens. Sie befassen sich bereits mit den laufenden Angeboten und erwarten die folgenden Aktionen. Aus dieser Schnellebigkeit resultieren zwei Gefahren:

Es werden oft **Abstriche an der Qualität** (hinsichtlich Drucktechnik, Layout und Text) gemacht, die zu einer deutlichen Eintönigkeit führen. Warum sich besonders anstrengen, wenn morgen das Ergebnis der Anstrengungen schon wieder vergessen und im Papierkorb gelandet ist, scheint oft die Devise zu sein.

Es besteht die Gefahr einer **Hektik und Kurzatmigkeit**. Die Werbung von heute soll morgen bereits die Umsatzkurve steil nach oben treiben. Ist der Umsatz heute unbefriedigend, wird morgen schnell geworben. Das sich die Wirkungen einer Werbung oft erst mit zeitlicher Verzögerung zeigen, wird nicht selten übersehen. Und mit langfristiger Planung, soweit sie nicht von der Warenbeschaffung her erzwungen wird, beschäftigt man sich manchmal gar nicht. Werbung wird dann zur hektischen Reaktion auf die Veränderungen des Marktes, der Effekt nimmt laufend ab. Die Gefahr der Hektik und Kurzatmigkeit hat aber deutlich abgenommen.

Werbung ist sehr **komplex**. Es gibt eine Vielzahl von Gestaltungs-Elementen und Element-Alternativen. *Abbildung 9/1* zeigt dies deutlich. In der Hektik des Werbe-Alltags und unter dem andauernden Zeitdruck geht der Überblick über alle Elemente und alle Alternativen oft verloren. Manche Möglichkeiten zu einer originellen und interessanten Gestaltung der Werbung bleiben ungenutzt.

Werbung ist noch stark **warenbezogen und rational**. Diese Eigenschaft ist sicher eine historische Belastung, die aus der Zeit stammt, als eine dominierende Herstellerwerbung einen profillosen Handel in den Hintergrund drängte. Handelswerbung muß nicht ausschließlich warenbezogen und rational sein. Sie kann auch unternehmensbezogen und emotional gestaltet und damit in den Dienst des Profil-Marketing gestellt werden. Besser, als durch die ständige, regelmäßig wiederkehrende Werbung, die viele Kontakte zum Verbraucher schafft und damit auch eine Langzeitwirkung hat, kann am Unternehmensprofil gar nicht gearbeitet werden. Werbung sollte gleichermaßen dem Sortiments-, dem Preis- und dem Profil-Marketing dienen.

Mit der Verschärfung des Wettbewerbs hat sich auch die Intensität der Werbung gesteigert. Die Werbe-Etats vieler Unternehmen, sowohl bei den Herstellern als auch beim Handel, haben einen steigenden Trend. Die Meinung, Werbung könne sehr vieles, vielleicht sogar alles bewirken, steigert sich zur Gläubigkeit an die Werbung. Es scheint kein Zufall zu sein, daß die Werbung überwiegend im Dienste des Preis-Marketing steht und fast ausschließlich, zumindest gilt dies für einige Branchen, den Lebensmittelhandel voran, Angebotswerbung ist. Der Preis, das konnte bereits festgestellt werden, wird ja auch von weiten Kreisen der Praxis für das wirksamste Marketing-Instrument gehalten.

Vielleicht liegt es mit in der Natur der Werbung, unzweifelhaft aber an der Überschätzung des Preises, daß die Entwicklung in die Richtung Preis- und Aktionswerbung gegangen ist. Dieser Ist-Zustand der Werbung verursacht allerdings seit geraumer Zeit bei vielen Fachleuten des Handels und auch der Werbung großes Unbehagen. Harte Kritik wurde laut, die sich in erster Linie an die Handelsunternehmen richtete. Eine schonungslose, aber sicher zutreffende Analyse des Ist-Zustandes der Werbung führte *Happel* durch, dessen Kritik sich mit den folgenden Thesen wiedergeben läßt:

- Werbe-Aktivitäten werden in den meisten Unternehmen zu kurzfristig geplant und verbreitet, weil das Klingeln der Ladenkassen oberstes Handlungskriterium ist, so daß kaum mehr Zeit, Bereitschaft und Energie für mittelfristige Werbeziele verbleiben, obwohl gerade sie es sind, die einen gehörigen Beitrag zur langfristigen Existenzsicherung des Unternehmens leisten können.
- In Zeiten einer schwächeren Nachfrage kann kein noch so hoher finanzieller Mitteleinsatz das Verbraucher-Verhalten wesentlich und spürbar verändern. Wer in solchen Zeiten mit Kanonen nach Spatzen schießt, vergeudet Werbegelder, die nachher fehlen, wenn sie mit mehr Aussicht auf Erfolg eingesetzt werden können.
- Es ist ein großer Fehler, Werbemaßnahmen ausschließlich am kurzfristigen Klingeln der Kassen messen zu wollen, denn nur ein Teil schlägt spontan in klingender Münze zu Buche.
- Es lohnt sich durchaus, im Bereich der Werbung eigene Anstrengungen zu machen, eine gewisse Profilierung zum Mitbewerber durchzusetzen, denn die unterschiedlichen Kombinationsmöglichkeiten der eigenen Handelsleistungen sind ja eines der wesentlichsten Profilierungs-Instrumente.
- Beim Verbraucher spielen auch enorme subjektive Empfindungen eine Rolle, so daß wenigstens ein Teil unserer Werbe-Informationen an das Gefühl gerichtet sein muß.
- Bis auf wenige Ausnahmen haben wir es noch immer mit der reinen Sonderangebotswerbung zu tun. Da die Unternehmen sich aber durchwegs einheitlich verhalten, zum Beispiel, weil vor allem Artikel des täglichen Bedarfs beworben werden, die im Brennpunkt des Verbraucher-Interesses stehen, können reine Sonderangebotswerbungen kaum mehr einen Beitrag zur Unternehmensprofilierung im Absatzmarkt leisten.
- Dieses Verhalten bedeutet nichts anderes, als daß die Unternehmen von der Hand in den Mund leben. So lösen sich preislistenmäßig aufgemachte Sonderangebots-Aktivitäten kontinuierlich ab, heben sich Werbewirkungen gegeneinander auf, werden Handelsleistungen und Firmen-Images öfter als angenommen gegeneinander austauschbar.
- Die Bewerbung von Sonderangebots-Informationen stellt demnach lediglich einen Einkaufs-Wochen-Bonus für Stammkunden dar, von den Mitbewerbern werden keine Stammkunden abgeworben.
- Wer sich mehr von der Vorstellung leiten läßt, daß die beworbene Einkaufsquelle als „Einkaufsstätten-Persönlichkeit" profiliert werden muß, liegt richtig. Das passende „Profilierungskleid" ist die unverwechselbare Werbe-Konzeption. Es ist erlaubt, sich beim Werben um den Verbraucher ruhig etwas auffälliger zu kleiden. Extravagantes ist mit Sicherheit erfolgversprechender als anonyme Uniformität (*Happel, Heinrich,* Anzeigen wirken nicht automatisch, in: Selbstbedienung – Dynamik im Handel, Nr. 3/1980, S. 8ff.).

Abbildung 9/1: Die morphologische Methode, am Beispiel Werbung dargestellt

Systemelemente	Alternativen											
Zielsetzung	Beweis der Preiswürdigkeit	Beweis des Niveaus	Beweis der Frische	Steigerung des Umsatzes		Langfristige Umsatzsicherung	Abwehr des Wettbewerbs	Bedarf wecken	Marktanteil gewinnen	Steigerung des Gewinns	Minderung des Gewinns	
Irrationale Wünsche	Geltung (Status)	Geselligkeit	Geborgenheit	Gewinn	Gesundheit	Genuß	Brutpflege	Besitz	Bequemlichkeit	Sicherheit	Schönheit	Neugier
Artikel (Art)	Frischwaren	Trockensortiment Konsumwaren	Trockensortiment Markenartikel	Eigenmarken	Nonfoods	Dienstleistungen	Neu einzuführende Artikel	Sich ergänzende Artikel (Verbundangebot)				
Artikel (Zahl)	1	2	3	4	5	mehr						
Preisgestaltung	Schlagerpreis (subventioniert)	Sonderpreis (kostendeckend)	Normalpreis (gewinnbringend)	Seltenheits- (Liebhaber-)preis, allein nachfrageorientiert	Preisdifferenzierung	Preisunifizierung	mehr					
Abgabemenge	1 Stck./kg/Pkt.	2 Stck. etc.	3 Stck. etc.									
Medien	Preisschild, Plakat	Verpackung	Zugaben, Rezepte	Handzettel	Tageszeitung, Illustrierte	Rundfunk, Fernsehen, Kino, Productplacement	Sportplatz, Sponsoring	Verkehrsmittel	Werbedame	Ausrufer, Verkaufsgespräch	Spots im Laden, Display	Flugzeug

9.2 Die Werbung

	Jugend	normal	Alter	einfache Bevölkerung	gehobene Bevölkerung	Männer	Frauen	Mütter	Tierhalter	Schlankheitsbewußte	Gesundheitsbewußte
Zielgruppe											
Zeitpunkt	Wochenende	Wochenanfang	Festtage	Eröffnung des Betriebes	Vor Wettbewerbsaktionen	Nach Wettbewerbsaktionen	Saison	Örtliche Ereignisse	Jubiläum	Artikelneueinführung	Artikelabverkauf
Zeitdauer	1 Stunde	1 Tag	2 Tage	2 Wochen	länger						
Finanzierung	Einzelhandel	Einzelhandel und Industrie	Industrie	Großhandel	Zentrale						
Placierung im Verkaufsraum	Beginn Kundenumlauf	Mitte Kundenumlauf	Ende Kundenumlauf	Regal	Fenster	Vorplatz	Display				
Kontrolle	Umsatz	Gewinn	aufgewandte Subvention	Auswirkungen auf andere Artikelgruppen	Auswirkung auf Image	Reaktion des Wettbewerbs					
Personalinformation	Mitarbeitersprechung	Kassenaufkleber	Aktennotiz								
Gesetzliche Vorschriften											
Gestaltung	Farbe	Text									
Beschäftigung/Logistik											

Diese Analyse läßt an Deutlichkeit nichts zu wünschen übrig. Besonders der Lebensmittelhandel muß diese Kritik gegen sich gelten lassen. Es muß allerdings hinzugefügt werden, daß sich vieles zum Besseren gewendet hat, außerhalb des Lebensmittelhandels mehr, beim Lebensmittelhandel weniger.

Zum Vorwurf der Eintönigkeit hat sich in letzter Zeit der Vorwurf der Manipulation gesellt. Der zum „Trommelfeuer" gesteigerte Einsatz der Werbung beeinflusse die Verbraucher in unzulässiger Weise, wird behauptet. Die Erfahrungen, die sich aus der Kontrolle der Werbewirkungen ergeben, widerlegen diesen Einwand. Offensichtlich kann sich die Werbung selbst nicht besonders gut verkaufen, sonst müßte sie eigentlich verhindern können, zum „Buhmann der Nation" aufgebaut zu werden.

Die Werbung wird sich also in Zukunft auch dem Profil-Marketing zuwenden müssen. Sie darf nicht nur im Dienste von Sortiments- und vor allem Preis-Marketing stehen. In der Praxis deutet sich auch bereits ein Prozeß des Umdenkens an. Eine Befragung von Unternehmen des Lebensmittelhandels ergab, daß man in Zukunft einen Teil der Preiswerbung durch Imagewerbung ersetzen oder ergänzen will. Dazu zwingt die infolge des Preiskampfes geschrumpfte Handelsspanne. Das legt aber zum anderen auch einen Trend zu höheren Qualitäten und Spezialitäten nahe. Der Profilierung soll auch eine verstärkte Werbung für Handelsmarken dienen. Die Zielsetzungen für die Werbung müssen überdacht und neu formuliert werden, so lautet eine andere Empfehlung. Erstes Ziel muß sein, ein Langzeit-Konzept auszuarbeiten. Mit dessen Hilfe muß das Image des Unternehmens in jeder Weise verbessert werden. Das Image muß in der Lage sein, die Verbraucher zum Unternehmen hinzuführen. Das Image verbessern bedeutet im Detail:

- Bewußtmachen der Vorteile des Unternehmens,
- Korrektur negativer Vorstellungen vom Unternehmen,
- Herausstellen des Handelsunternehmens als Stätte der Begegnung und Nachbarschafts-Treffpunkt,
- Aufbau von Erlebnisbereichen im Verkaufsraum,
- Popularisierung des Unternehmens.

Eine in dieser Weise neu orientierte Werbung dürfte nicht, was die Befürchtung vieler Handelsunternehmen ist, am Verbraucher vorbei gehen und ohne Wirkung bleiben. Eine Untersuchung hat vor geraumer Zeit ziemlich eindeutig ergeben, daß die folgenden Faktoren die Bildung eines Unternehmensimages beim Verbraucher beeinflussen:

- **Das Sortiment:** Breite, Tiefe, Qualitätslagen, Packungsgrößen.
- **Die Ausstattung:** Gestaltung der Verkaufsräume, Beleuchtung, Zweckmäßigkeit der Warenträger.
- **Die Preisgestaltung:** Allgemein (Niveau der Normalpreis), Sonderangebote, Abteilungen (Warengruppen), Saisonartikel.
- **Der Service:** Erfüllen von Sonderwünschen, Zustelldienst, Kulanz bei Reklamationen, Kreditgewährung, andere Konditionen, Wartungs- und Reparaturservice
- **Die Mitarbeiter:** Allgemeine Behandlung durch die Mitarbeiter, Informationswilligkeit, Freundlichkeit, Kontaktfähigkeit, Hilfsbereitschaft.

- **Die Werbung:** Häufigkeit und Intensität, Wahrheit, Niveau, Häufigkeit und Intensität der Verkaufsförderung, Ideenreichtum der Verkaufsförderung, Qualität der PR-Aktivitäten.

Die Faktoren Ausstattung, Mitarbeiter, Service und Werbung sind wichtige Bestandteile des Profil-Marketing. Das Ergebnis dieser Untersuchung unterstreicht noch einmal die Bedeutung des Profil-Marketing und rechtfertigt den Einsatz der Werbung auch für das Profil-Marketing. Im Hinblick darauf, daß Werbung durch ihren Stil Teil des Unternehmensprofils werden und sein soll, sind die folgenden Gestaltungselemente von besonderer Bedeutung:

Schriftform (z. B. Druckbuchstaben oder Handschrift),

Farben (evtl. Verwendung von Hausfarben),

Slogans (die den Verbraucher sympathisch und ohne Übertreibungen ansprechen sollen),

Text (einwandfreies Deutsch, Wahrheit, informativ),

Layout (originell und hohe Aufmerksamkeit erzeugend, übersichtlich, evtl. Verwendung des Unternehmenssymbols).

Erste Beispiele aus der Praxis zeigen, daß diese neue Linie der Werbung Fuß zu fassen beginnt. So warb ein Verbrauchermarkt-Unternehmen im fränkischen Raum mit den folgenden Fakten:

- seiner **Größe**, die auf Leistungsfähigkeit beruht;
- den **Vorteilen**, die es den Verbrauchern bietet (Parkplätze, günstige Preise, breites Sortiment unter einem Dach, Autoservice);
- seinem günstigen **Standort**, zentrale und verkehrsgünstige Lage. Die Preiswerbung trat deutlich etwas zurück.

Und ein Textil-Handelsunternehmen – Herren-Oberbekleidung – warb mit dem Slogan: Wir machen die Mode, die Männer mitmachen.

Damit wird fachliche und modische Zuständigkeit in den Vordergrund der Werbung gestellt. Der gesamte Prospekt, der unter diesem Motto stand, war auf Eleganz und Qualität abgestimmt und enthielt nicht einen einzigen Preis.

Mit dieser Verschiebung der Akzente der Handelswerbung von der Artikel-Orientierung zur unternehmensbezogenen Profil-Orientierung war auch ein deutliches Erstarken der Handelswerbung gegenüber der Herstellerwerbung verbunden, was sicher anhalten wird. Die zukünftige Werbung des Handels wird von zwei Erkenntnissen stark beeinflußt werden:

Die **produktorientierte** Werbung der Hersteller kann dem Handel durchaus Nutzen bringen und sollte als Ergänzung der eigenen Werbung angesehen werden.

Der Handel, besonders der Lebensmittelhandel, hat einen großen Nachholbedarf an **unternehmensorientierter** Werbung, die nicht immer nur Ware und Preis in den Mittelpunkt stellt, sondern auch auf die Leistungen der Handelsunternehmen hinweist, die über Ware und Preis hinausgehen.

Werbung kann in zwei Varianten untergliedert werden.

- Die Massenkommunikation, die überwiegend mit Hilfe der Printmedien erfolgt. Ihr großes Problem sind die beträchtlichen Streuverluste. Für den Verbraucher

ist es mühsam, aus der Vielzahl der Informationen die für ihn wichtigen Informationen herauszusuchen.
- Die Individualkommunikation versucht den direkten Kontakt zwischen Anbieter und Nachfrager herzustellen. Werbung wird nur an ausgesuchte Zielgruppen adressiert. Sie erfolgt in Form der Individual-Ansprache. Sie ist kundenorientiert und kundenfreundlich. Die elektronischen Medien bieten der Individualwerbung neue Möglichkeiten z.B. durch den Versand von E-Mails.

(Siehe dazu: Mühlbacher, Hans, Stichwort „Werbung", in: Vahlens Großes Marketing Lexikon, hrsg. von Hermann Diller, 2. Auflage München 2001.)

9.3 Die Verkaufsförderung

Hat ein Verbraucher, durch die Werbung gefördert, den Entschluß gefaßt, das Angebot eines Handelsunternehmens eingehender zu prüfen – indem er dessen Verkaufsraum aufsucht oder Katalog oder Prospekte intensiv liest –, dann setzt die Verkaufsförderung ein. Sie soll am „point of sales" – POS – eine Kaufentscheidung fördern und schließlich diese Entscheidung auslösen. Sie soll aus interessierten Verbrauchern Kunden machen. Zwischen der Öffentlichkeitsarbeit – wendet sich an die Allgemeinheit –, der Werbung – die durch eine gute Öffentlichkeitsarbeit glaubwürdiger wird und sich an die Verbraucher wendet – und der Verkaufsförderung – die aus Verbrauchern Kunden macht – besteht ein logischer Zusammenhang. Öffentlichkeitsarbeit und vor allem Werbung verfolgen die „Pull-Strategie", die Verkaufsförderung bedient sich der „Push-Strategie".

(Siehe dazu auch: Berekoven, Ludwig, Erfolgreiches Einzelhandelsmarketing, München 1990, S. 274ff.)

Verkaufsförderung besteht in der Regel aus einmaligen Aktionen, die sich mit einer bestimmten Zielsetzung – Umsatzsteigerung, Einführung neuer Produkte, Eingehen auf saisonale oder lokale Ereignisse – an eine bestimmte Zielgruppe – Verbraucher, Händler und deren Mitarbeiter – wenden. Verkaufsförderung im engeren Sinne hat ihren Schwerpunkt im Einzelhandel. Aber auch Großhandel und Industrie betreiben Verkaufsförderung, nicht nur bei ihren Kunden, sondern zum Teil auch direkt beim Verbraucher. Das Kommunikationsbudget großer Herstellerunternehmen geht geschätzt etwa zu 60% in die Werbung, zu 40% in die Verkaufsförderung. Etwa ein Drittel der Aufwendungen für Verkaufsförderung entfällt auf Verkaufsförderung, die sich direkt an den Verbraucher wendet, die also im Einzelhandel am POS stattfindet.

Die Verkaufsförderung der Handelsunternehmen muß wesentlich breiter angelegt werden als die Verkaufsförderung und Werbung der Industrie. Die Hersteller konzentrieren sich auf einzelne Artikel oder Artikelgruppen. Ein Handelsunternehmen muß sein gesamtes Sortiment und alle Serviceleistungen in seine Verkaufsförderung einbeziehen. Eine für den Handel typische Verkaufsförderung muß die Handelsleistung in denVorgrund stellen. Diese Aufgabe stellt sich auch den Groß- und Versandhandelsunternehmen, die ihren POS im Ordersatz oder Katalog haben.

Auf den Verkaufsflächen des Einzelhandels und in den Ordersätzen und Katalogen von Groß- und Versandhandel findet eine Verkaufsförderung auf zwei Ebenen statt. Die eine Ebene ist die artikelbezogene Verkaufsförderung der Hersteller. Die zweite Ebene ist die auf die Handelsleistung gerichtete Verkaufsförderung der Handelsunternehmen, die sie nicht an die Hersteller delegieren können. Beide Ebenen sollten sich ergänzen. Es kann aber auch zu Interessenkonflikten kommen. Früher dominierte die Verkaufsförderung der Hersteller, die mit ihrer Verkaufsförderung in die Sortiments- und Verkaufspolitik der Handelsunternehmen eingriffen. Im Verlauf der merkantilen Revolution wurde die Verkausförderung der Handelsunternehmen zum vorherrschenden Element. Sie führen heute nicht mehr die Verkaufsförderungsaktionen durch, die sich die Hersteller wünschen, sondern sie schreiben den Herstellern die Aktionen vor, die sie für erforderlich halten und die in ihr Verkaufsförderungskonzept passen.

Die Verkaufsförderung als Kommunikationsinstrument und der Service als Teil des Leistungsangebotes eines Handelsunternehmens überschneiden sich. Es kommt oft vor, daß Service und Verkaufsförderung identisch sind (Siehe S. 219/220.) Es ist aber auch schwierig, integrierte und externe Verkaufsförderung gegeneinander eindeutig abzugrenzen.

9.3.1 Die Arten der internen Verkaufsförderung

(1) Dekoration: Der stationäre Einzelhandel kann Wandbilder, Deckenhänger, Zwischendecken unde besondere Lichteffekte einsetzen. Die Dekoration kann zwei Schwerpunkte haben:
- Das Herausstellen von bestimmten Waren oder Warengruppen oder ganzer Abteilungen. Durch Dekoration kann man ein „Shop-in-the-shop-System" sehr gut optisch kenntlich machen und die Abgrenzung der einzelnen Shops unterstreichen. Der Charakter der einzelnen Abteilungen als „selbständige Fachgeschäfte" wird hervorgehoben.
- Lokale oder saisonale Anlässe – Feste und Jubiläen oder Saisonsortimente und kirchliche Feiertage – können Anlaß für besondere Dekorationen werden.

(2) Information der Kunden über die Sortimentsanordnung im Verkaufsraum: Damit sich die Kunden auf großen Verkaufsflächen leichter zurechtfinden, werden von den City-Warenhäusern und den SB-Warenhäusern im Eingangsbereich Informationstafeln aufgestellt oder Informationsstände eingerichtet. So wird den Kunden ein zeitraubendes Suchen erspart.

(3) Ladenöffnungszeit: Sie ist ohne Frage für den stationären Einzelhandel ein Instrument der Verkaufsförderung, das seit Ende 1996 nunmehr, wenn auch begrenzt, angewandt werden kann. Wieso sich der Handel so lange sträubte, sich dieses Instruments zu bedienen, bleibt sein Geheimnis. Es kommt bei der Ladenöffnungszeit gar nicht darauf an, die Geschäfte möglichst lange offenzuhalten. Sie müssen vielmehr zur richtigen Zeit für die Kunden geöffnet sein.

(4) Aktionen und deren Kennzeichnung: Es gibt eine nahezu unbegrenzte Zahl von Möglichkeiten, Aktionen durchzuführen und damit die Aufmerksamkeit der Verbraucher auf das eigene Unternehmen zu lenken. Waren-, Preis- oder Gut-

scheinaktionen, Verteilung von Kostproben oder Warenproben und Verlosungen oder Preisausschreiben signalisieren Dynamik und Engagement für den Kunden. Die optische Ergänzung – Preisschilder, Zweitplazierungen, Dekorationen – können den Verkaufsraum beleben.

(5) Gestaltung des Katalogs: Der Versandhandel muß den Katalog als Instrument der Verkaufsförderung nützen. Der Katalog hat es schwerer als der Verkaufsraum, seine Aufgabe als Instrument der Verkaufsförderung zu erfüllen. Der direkte Kontakt zur Ware fehlt und es kann deshalb nie die „Verkaufsatmosphäre" geschaffen werden, die von einem gut und originell gestalteten Verkaufsraum ausgeht. Die Anordnung der Ware, die die Gliederung des Sortiments sichtbar werden lassen soll, muß nach ähnlichen Regeln erfolgen wie die Anordnung eines Sortiments in einem Verkaufsraum. Nicht nur ein Verkaufsraum hat verkaufsstarke und verkaufsschwache Standorte, auch ein Katalog hat verkaufsstarke und verkaufsschwache Seiten.

(6) Kundenclubs und Kundenkarten: Kundenclubs – Ikea und Audi – und unternehmenseigene Kreditkarten – City-Warenhäuser – sind wirksame Instrumente der Kundenbindung. Club-Mitglieder und Karteninhaber werden nicht nur umfassender als normale Kunden mit Informationen versorgt. Sie erhalten zum Teil eigens für sie herausgegebene Kundenzeitschriften. Es werden ihnen auch Angebote exclusiv unterbreitet und es werden ihnen Zahlungsziele gewährt. Bei allen Aktivitäten muß genau darauf geachtet werden, daß nicht gegen die Vorschriften des Wettbewerbsrechts verstoßen wird. (Siehe dazu: Diller, Hermann, Was leisten Kundenclubs? In: Marketing Zeitschrift für Forschung und Praxis, Heft 1, 1. Quartal 1997, S. 33 ff.; o. V., Reisen, Rabatte und Seminare für Punktesammler, Karstadt und Real wollen Kundenbindung durch Kundenclubs fördern, in: Lebensmittel-Zeitung Nr. 16 vom 20. 4. 2000, S. 54.)

9.3.2 Arten der externen Verkaufsförderung

Der POS muß nicht immer im Verkaufsraum eines stationären Einzelhandelsunternehmens oder im Katalog eines Versandhandelsunternehmens liegen. Er kann sich auch außerhalb der Handelsunternehmen befinden. Es gibt deshalb auch eine externe Verkaufsförderung. Sie kann teilweise sehr aufwendig sein, sodaß von den interessierten Kunden ein Kostenbeitrag gefordert wird. Der wird auch bereitwillig gezahlt, sofern die Verkaufsförderungsaktion interessant ist und vielleicht sogar zum „Event" wird. Hinzu kommt, daß die bei solchen Verkaufsförderungs-Veranstaltungen anwesenden Mitarbeiter des Handelsunternehmens meist mehr Zeit für die Kunden haben als während der Geschäftszeit in den Verkaufsräumen. Zur externen Verkaufsförderung können gezählt werden:

(1) Modenschauen: Unternehmen des Oberbekleidungshandels führen Modenschauen nicht nur in ihren Verkaufsräumen durch, sondern auch in meist repräsentativen Hotels an anderen Orten ihres Einzugsgebietes. Die vorgeführte Bekleidung kann gleich im Anschluß an die Modenschau gekauft werden und wird dann meist frei Haus geliefert.

(2) Kochkurse: Der Lebensmittel-Einzelhandel führt solche Kurse – manchmal in Zusammenarbeit mit einer Volkshochschule, einem Energie-Versorgungsunter-

nehmen oder einem befreundeten Unternehmen des Elektrogerätehandels – durch. Sie können der Einführung neuer Produkte, der Information über gesunde Ernährung oder der Beratung über die Gestaltung von Parties dienen. Manchmal steht auch die Küche eines beliebten Urlaubslandes im Mittelpunkt.

(3) Zuschneide- und Nähkurse: Für Unternehmen, die Stoffe oder Nähmaschinen anbieten, sind solche Kurse eine interessante Variante der Verkaufsförderung. Sie vermitteln den Teilnehmern – meist Teilnehmerinnen – die Problemlösung für die Nutzung oft schon gekaufter Ware.

(4) Kunsthandwerkkurse: Spielwarengeschäfte, die ihr Sortiment um Hobbyartikel erweitert haben, bieten solche Kurse an. Auch hier wird die Problemlösung zur Nutzung der gekauften Waren geboten.

(5) Studienreisen: Einzelhandelsunternehmen, die Weine oder Teppiche führen, bieten Studienreisen mit fachkundiger Führung in die Ursprungsländer der von ihnen geführten Waren an. Da als Teilnehmer an solchen Studienreisen in der Regel nur finanziell gut situierte Verbraucher infrage kommen, ist dies eine sehr interessante und erfolgversprechende Art der Verkaufsförderung.

(6) Werksbesichtigungen: Die meisten Automobil-Hersteller bieten ihren Kunden an, das gekaufte neue Auto beim Werk abzuholen. Verbunden wird die Abholung mit dem Angebot einer Werksbesichtigung. Mit solchen Werksbesichtigungen, bei denen ja die Kunden „in das Unternehmen" kommen, wird der Aufbau einer Corporate Identity gefördert (Siehe S. 371 und 373).

9.4 Sonderformen der externen Kommunikation

In den letzten beiden Jahrzehnten des zwanzigsten Jahrhunderts haben zwei Sonderformen der Kommunikation stark an Bedeutung gewonnen, das „Product Placement" und das „Sponsoring". Beide Formen wurden zunächst – und werden auch heute noch – überwiegend von der Industrie genutzt. In zunehmendem Maße aber bedient sich auch der Handel dieser Kommunikationsformen. Beide Formen können helfen, sowohl eine „Product Brand" als auch eine „Retail Brand" am Markt durchzusetzten und ihr einen hohen Bekanntheitsgrad zu verschaffen. Sie können auch die Erinnerung an eine eingeführte Marke wachhalten. (Siehe dazu: Auer, Manfred/Diederichs, Frank A., Werbung below the line, Product Placement, TV-Sponsoring Licensing …, Landsberg/Lech 1993.)

9.4.1 Product Placement

Product Placement ist die bewußte Integration von Markenartikeln – das können auch Handelsmarken sein – als Requisiten in Spiel- und Fernsehfilme. Das beste Beispiel, das in den letzten Wochen wieder sehr aktuell wurde, ist James Bond, der BMW-Autos fährt. Ob er nach dem Verkauf von Rover durch BMW auch weiterhin BMW-Autos fahren wird, wird zur Zeit intensiv diskutiert. Ein anderes Beispiel ist Derrick, der in seinen Fernseh-Krimis ebenfalls BMW-Autos fuhr. Andere Kommissare fahren Mercedes oder trinken deutlich sichtbar Coca Cola. Die Botschaft,die vermittelt werden soll, lautet, wenn schon ein bekannter Schauspieler ein Auto einer bestimmten Marke fährt oder ein bestimmtes Getränk zu sich nimmt, dann müssen diese Produkte auch zu den besten auf dem Markt gehören. Es wird also ein Imagetransfer vom prominenten Schauspieler zum Produkt angestrebt. Diese Botschaft lassen sich die Unternehmen großer Marken viel Geld kosten. (Vergl. dazu: Auer, Manfred/Kalweit, Udo/Nüßler, Peter, Product Placement, Düsseldorf 1988.) Zusätzlich werden die Fernsehzuschauer immer wieder an den Markennamen erinnert und damit der Bekanntheitsgrad der Marke gefördert.

9.4.2 Sponsoring

Gesponsert werden heute nicht nur Sportvereine, Sportveranstaltungen oder Spitzensportler, sondern auch Kulturveranstaltungen – ein Museum, ein Theater oder das Schleswig-Holstein Musik-Festival – und Fernsehsendungen – der Wetterbericht von Hexal oder Vaillant –. Der Grundgedanke des Sponsoring ist, ebenfalls einen Imagetransfer vom Gesponsorten zum Sponsor zu erreichen. Voraussetzung dafür ist natürlich, daß der Gesponsorte entsprechend prominent ist. Ein beträchtlicher Teil des Leistungssports wäre heute ohne Sponsoring gar nicht mehr denkbar. Und einzelne Spitzensportler – man denke an die Sportarten Fußball, Tennis, Skispringen oder Schwimmen – sind durch Sponsoring zu wohlhabenden Leuten geworden. Es droht durch Sponsoring aber auch eine „Kommerzialisierung" von Sport und Kultur, was immer mehr beklagt wird, aber wohl kaum zu vermeiden ist. (Vergl. dazu: Bruhn,Manfred, Sponsoring, Systematische Planung und integrativer Einsatz, Frankfurt/Main/Wiesbaden 1998.) Das Sponsoring ist aber auch mit Risiken verbunden. Wenn ein Sportler oder eine Mannschaft keinen Erfolg mehr haben, kann auch ein negativer Imagetransfer entstehen. Zur Zeit dürfte man bei Daimler-Chrysler ernsthaft überlegen, ob man die deutsche Fußball-Nationalmannschaft, die in der Vorrunde zur Europa Meisterschaft 2000 sang- und klanglos unterging, noch weiter sponsort oder auf zukünftige Erfolge wartet.

10. Kapitel: Der Lebenszyklus von Retail Brands

Retail Brands bedürfen, darauf wurde bereits hingewiesen, wie alle Markenartikel einer ständigen Pflege und müssen von Zeit zu Zeit einem Relaunch unterzogen werden. Denn Marken nützen sich ab, sie haben einen Lebenszyklus. Dieser Sachverhalt ist im Bereich des Hersteller-Marketing schon seit langem bekannt und wurde ausführlich untersucht und beschrieben. Man stellte fest, daß mit zunehmendem Lebensalter eines Markenartikels dessen Ertrag pro Stück zunächst ansteigt, später aber abnimmt. Erfolgt kein Relaunch, kann dies zum Tode dieses Markenartikels führen, er scheidet aus dem Markt aus. (Siehe S. 169/170; weiterhin dazu ausführlich: Kotler, Philip/Bliemel, Friedhelm, Marketing-Management, 8. Auflage, Stuttgart 1995, S. 557 ff.)

Die Frage, ob auch Einzelhandelsunternehmen einen Lebenszyklus aufweisen, wurde in den sechziger Jahren des vorigen Jahrhunderts von amerikanischen Wirtschaftswissenschaftlern gestellt. Diese Frage griff Sylvia Berger auf. Sie untersuchte den Lebenszyklus von Lebensmittel-Einzelhandelsgeschäften. Die Ergebnisse sind mit geringfügigen Abweichungen aber für alle Handelsunternehmen zutreffend. Der Lebenszyklus eines Handelsunternehmens zeigt sich im Einzelhandel auffälliger als im Groß- oder Versandhandel. Für den Einzelhandel läßt sich feststellen, daß alle Vertriebsformen einen Lebenszyklus aufweisen. Für die mit zunehmendem Lebensalter nachlassende Attraktivität von Einzelhandelsgeschäften führte Berger den Begriff „Ladenverschleiß" oder „Store Erosion" ein. Diesem Verschleiß unterliegen Aldi genau so wie Ikea oder Douglas. Der Prozeß der Store Erosion kann, wie beim Markenartikel, nur durch einen Relaunch gestoppt werden. (Vergl. dazu die umfassende Untersuchung von: Berger, Sylvia, Ladenverschleiß (Store Erosion), Ein Beitrag zur Theorie des Lebenszyklus von Einzelhandelsgeschäften, Göttingen 1977, in deren Mittelpunkt der Supermarkt von Filialunternehmen des Lebensmittel-Einzelhandels steht.)

10.1 Der Begriff der Store Erosion

Mit Store Erosion bezeichnet man das Veralten von Einzelhandelsgeschäften. „Store Erosion bedeutet im Einzelhandel den Verschleiß aller den Betrieb ausmachenden Komponenten, hervorgerufen durch den Warendurchfluß und aller damit verbundenen Leistungen" (*Berger*, a.a.O., S. 5). Man kann zwei Arten von Ladenverschleiß unterscheiden:

Der **exogene Ladenverschleiß** ist der Verschleiß des Standorts eines Einzelhandelsgeschäftes. Durch Änderungen der Wettbewerbssituation im Einzugsgebiet oder durch Veränderungen bei der Bebauung kann ein Standort mehr oder weniger entwertet werden. Er kann auf diese Weise natürlich auch aufgewertet werden.

Der **endogene Ladenverschleiß** ist der Verschleiß des Geschäftes selber, seiner Fassade und seiner Einrichtung, die einem Abnutzungsprozeß unterliegen (so sieht es auch: *Berger*, a. a. O., S. 28 ff., die endogene und exogene Bestimmungsfaktoren unterscheidet). Vom Standpunkt des Profil-Marketing her gesehen, interessiert hier besonders der endogene Ladenverschleiß, den man wie folgt definieren kann:

Der **endogene Ladenverschleiß** ist ein **Defizit an Kommunikation und ein mangelhaftes Unternehmensprofil,** verursacht durch die Abnutzung der statischen oder zur Statik tendierenden Elemente des Profil-Marketing, wozu zu rechnen wären die Fassade, die Schaufenster, der Verkaufsraum und die Warenpräsentation, besonders die Warenträger.

Das Sortiment kann, wenn es nicht ständig aktualisiert wird, ebenfalls verschleißen. Das Preis-Marketing als dynamisches, einem steten Wandel unterworfenes Marketing-Instrument ist dagegen kaum vom Verschleiß bedroht.

10.2 Das Erscheinungsbild der Store Erosion

Der Ladenverschleiß hat deutliche Auswirkungen auf Umsatz und Ertrag eines Einzelhandelsgeschäftes. Am Verlauf von Umsatz- und Ertragsentwicklung – bei Filialen stehen für den Ertrag die Deckungsbeiträge – kann man den Lebenszyklus eines Einzelhandelsgeschäftes ablesen. *Abbildung 10/1* zeigt den Lebenszyklus als Idealtypus. Am Anfang steht die Einführungsphase, die oft, vom Ertrag her gesehen, eine Durststrecke ist. Dann folgt das Wachstum. Umsatz und Ertrag steigen. Hat der Ertrag sein Maximum erreicht, setzt die Reifephase ein. Zunächst steigen die Umsätze noch, die Erträge fallen, später ist auch der Umsatz rückläufig. Die Reifephase geht dann in die Degenerationsphase über. Spätestens dann ist auch mit einem Imageverschleiß, einem Verschleiß des Unternehmens-Profils zu rechnen.

Einem Ladenverschleiß sind wahrscheinlich alle Einzelhandelsunternehmen unterworfen. Nur die Stärke der Auswirkungen und die Länge der Lebenszyklen dürften von Branche zu Branche schwanken. Am stärksten wirkt sich der Ladenverschleiß im Lebensmittelhandel aus. In dieser Branche dürften auch die Lebenszyklen die kürzesten sein. Eine Dauer von zehn Jahren ist wohl das Maximum für einen Lebenszyklus im Lebensmittelhandel, in vielen Fällen dürften es wohl nur fünf bis sieben Jahre sein.

Abbildung 10/1 zeigt einen Lebenszyklus, der auf den Auswirkungen des endogenen Ladenverschleißes beruht. Durch stark wirksame exogene Bestimmungsfaktoren kann ein solcher Lebenszyklus abrupt unterbrochen werden.

Die Wirkungen des Ladenverschleißes setzen schon sehr frühzeitig ein, in Wirkungsphase I, die durch eine degressive Umsatzsteigerung gekennzeichnet ist. In Wirkungsphase II, zur degressiven Umsatzsteigerung kommen fallende Erträge, sollte mit dem Einsetzen von Gegenmaßnahmen begonnen werden. Läßt man ein Einzelhandelsgeschäft erst voll in die Degenerationsphase kommen, so schafft man in seinem Einzugsgebiet regelrecht ein Wettbewerbs-Vakuum, welches Mitbewerber förmlich anzieht. Und dann kommt zum fortgeschrittenen endogenen schnell ein sehr wirksamer exogener Ladenverschleiß, der meist das Ende bedeutet.

Abbildung 10/1: Die Darstellung von Wirkungsphasen der Store Erosion (im Rahmen des idealtypischen Lebenszyklus von Einzelhandelsgeschäften)

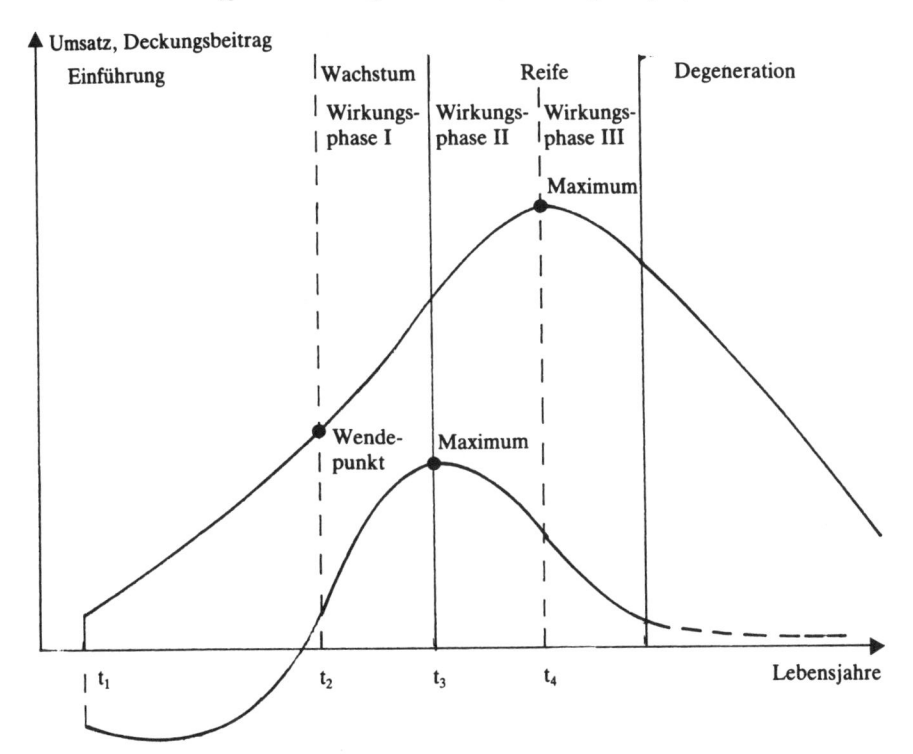

Quelle: *Berger, Sylvia*, Ladenverschleiß, a. a. O., S. 194.

10.3 Maßnahmen gegen Store Erosion

Den exogenen Ladenverschleiß kann man, sind wirksame Bestimmungsfaktoren erst einmal aufgetreten, zunächst wohl nur mit dem **Mittel des Preiskampfes** abzuwehren versuchen. Befindet sich das eigene Geschäft dabei am Ende der Einführungsphase oder am Anfang der Wachstumsphase, so hat der Preiskampf sicher auch viel Aussicht auf Erfolg. Später, wenn der endogene Ladenverschleiß stärker eingesetzt hat, wird es kritisch, in der Degenerationsphase ist ein Preiskampf wohl fast aussichtslos. Somit ist die rechtzeitige Bekämpfung des endogenen Ladenverschleißes sicher auch die beste Abwehr gegen exogenen Ladenverschleiß.

Der endogenen Store Erosion kann man nur durch ständige und systematische Imagepflege und eine kreative Kommunikationspolitik beggnen. Pflege und Erneuerung der Fassade, ständige neue Gestaltung der Schaufenster, Renovierung des Verkaufsraumes in kürzeren Zeitabständen, Erneuerung der Möbel, aber auch von Zeit zu Zeit eine Überprüfung der Gestaltung der Werbung und ständige Weiterbildung der Mitarbeiter sind die unumgänglichen Maßnahmen. Nur so erreicht man eine „Aktivierung bestehender Standorte". Ein solches Vorgehen erfordert in vielen Fällen mehr Ideen als Geld. Und man kann in diesem Bereich des Profil-Marketing nicht immer Ideen durch Geld ersetzen.

Exogener und endogener Ladenverschleiß müssen nicht gemeinsam auftreten und treten in der Praxis glücklicherweise auch recht selten gleichzeitig in Erscheinung. Das erleichtert den Kampf gegen den Ladenverschleiß beträchtlich.

Betriebswirtschaftlich freilich gibt es, vor allem im Lebensmittelhandel, oft recht erhebliche Probleme. Neue Technik und allgemeiner Fortschritt erfordern, daß die Geschäfte alle fünf bis acht Jahre modernisiert werden, um den Ladenverschleiß nicht zu weit fortschreiten zu lassen. Unzureichende Erträge und eine zu lange Lebensdauer der qualitativ hochwertigen Ladenmöbel verhindern, daß dieser Rhythmus eingehalten wird. Vom Standpunkt des Profil-Marketing aus wäre deshalb die Forderung aufzustellen, kurzlebigere und damit auch billigere Ladeneinrichtungen herzustellen. Das wäre eine wirksame Hilfe zur Bekämpfung des endogenen Ladenverschleißes.

In diesem Zusammenhang sei noch einmal darauf hingewiesen, daß eine ständige Aktualisierung des Sortiments, die jeglichen Sortimentsverschleiß unterbindet, alle Maßnahmen, die auf dem Gebiete des Profil-Marketing gegen den Ladenverschleiß ergriffen werden, wirksam unterstützt.

11. Kapitel: Kommunikation und Innovation

Die Kommunikation ist sicher der Aufgabenbereich im Marketing, in dem fast täglich neue Ideen gefordert werden und in dem sich Kreativität uneingeschränkt entfalten kann. Kommunikation und Innovation gehören untrennbar zusammen. Kommunikation ist nur dann erfolgreich, wenn sie ideen- und abwechslungsreich ist. Und innovative Ideen können nur dann etwas bewegen, wenn sie kommuniziert werden. Ideen haben obendrein den Vorteil, daß ihr Entstehen keine Kosten verursacht. Nur ihre Umsetzung kann, muß aber nicht immer, mit Kosten verbunden sein.

Die Kommunikation ist deshalb für Innovationen so weit offen, weil sie „interdisziplinär" ist. An der Gestaltung der Kommunikation und damit des Profil-Marketing sind Marktforscher, Psychologen, Techniker, Architekten, Grafiker, Designer, Sprachwissenchaftler und Betriebswirte beteiligt. Eine breit angelegte und perfekte Kommunikation kann heute ein Handelsunternehmen in der Regel nicht selbst durchführen. Es muß sich Dienstleistungen von Spezialisten hinzukaufen.

Da es heute nicht mehr reicht, gelassen auf zündende Ideen zu warten, der Bedarf an Ideen vielmehr so groß ist, daß man sie planmäßig produzieren muß, wurden „Methoden zur systematischen Ideenfindung" entwickelt, deren sich auch der Handel bedienen kann und in Zukunft noch stärker bedienen sollte. Hier soll auf einige dieser Methoden hingewiesen werden. Es sind Methoden, die bereits nach kurzer Übungszeit erfolgreich angewandt werden können. Zunächst wurden die Methoden systematischer Ideenfindung im technisch-naturwissenschaftlichen Bereich entwickelt und zeigten dort erstaunliche Ergebnisse. Inzwischen wurden sie so variiert, daß sie auch im ökonomisch-sozialen Bereich angewandt werden können. Diese Methoden ergänzen den kreativen Einzelgänger, der der Nachfrage nach Ideen oft nicht gewachsen ist, durch Teamarbeit. Dadurch wird die Produktivität der Ideenfindung deutlich gesteigert, vor allem dann, wenn die Teams interdisziplinär zusammengesetzt sind.

11.1 Das Innovationsproblem

Die Erkenntnis, daß das Entwickeln von Ideen eine Aufgabe der Unternehmensführung ist, ist noch nicht sehr alt. Bis in die jüngste Vergangenheit wurde dieser Aufgabe von der Betriebswirtschaftslehre keine Beachtung geschenkt. Das war sicher ein Fehler. Es wäre aber ebenso ein Fehler, nun von Ideen und den Methoden systematischer Ideenfindung die Lösung aller auftretenden Probleme zu erwarten. Die meisten Probleme, die in einem Unternehmen, vor allem im Betriebsbereich, auftreten, sind entweder Entscheidungsprobleme oder Kommunikationsprobleme.

Wenn sich für die Lösung eines Problems mehrere bekannte und praktikable Möglichkeiten anbieten, so muß entschieden werden, welche Lösungsmöglichkeit die beste ist. Für die meisten Planungs-, Organisations- oder Kontrollprobleme gibt es bereits erprobte Lösungen. Man muß sich nur für die bestmögliche entscheiden. Auch für die Übertragung von Informationen, also die Lösung von Kommunikationsproblemen, gibt es meist bekannte Möglichkeiten, von denen die beste gewählt werden muß.

Ganz anders ist es bei Innovationsproblemen. Für sie kennt man noch keinen Weg zum Ziel der Lösung. Bei ihnen besteht die Möglichkeit, kreative – oder innovative, originäre, neuartige – Lösungen zu finden. Diese Probleme müssen durch Ideen gelöst werden.

Die merkantile Revolution bietet uns mehrere Beispiele für echte und erfolgreiche Innovationen. So war die Entwicklung des Prinzips der Selbstbedienung eine innovative Tat. Auch die Entdeckung des Discount- und Warenhausprinzips kann man ohne Übertreibung so nennen. Als Innovation möchten wir auch das Abgehen von den Warengruppen und die Hinwendung zu Bedarfsgruppen bezeichnen. Und die innovativen und kreativen Werbeslogans schließlich sind in sehr großer Zahl vorhanden. Auch hier sei ein Beispiel genannt. Ein Kaufmann namens *Frauen* – dies ist ein Fall aus der Praxis – nutzt seinen Namen zur Gestaltung des Slogans: „Ohne Frauen geht es nicht!" Das ist eine sprachlich kreative Leistung ersten Ranges. Kein Wort davon, ob er billig sei oder nicht. Er ist der unentbehrliche Partner seiner Verbraucher. Und ein Tropfen Sex ist in diesem Slogan auch noch enthalten. Der Erfolg war entsprechend groß und anhaltend.

Wer ein Handelsunternehmen erfolgreich führen will, muß also Ideen haben, möglichst täglich mehrere. Es kommt beim Handel nicht nur darauf an, ein den Verbrauchererwartungen entsprechendes Sortiment anzubieten. Die Vertriebsaktivitäten müssen darüber hinaus beim Verbraucher Kaufentschlüsse auslösen. Das ist bei der heutigen Wettbewerbslage das Entscheidende und der schwierigere Teil der Marketingaufgabe.

Es ist kein Zufall, daß sich die Idee immer stärker als Alternative zum Preis in den Vordergrund des Marketing geschoben hat. Ein Ideen-Wettbewerb ist immer deutlicher neben den Preis-Wettbewerb getreten, neben einen Preis-Wettbewerb, der in Eintönigkeit und Einfallslosigkeit zu pervertieren drohte. Ohne Frage wird es immer Preis-Wettbewerb geben. Mit Hilfe von Ideen kann man ihn aber erträglicher machen, kann entweder Preiswürdigkeit betonen oder den Preis in den Hintergrund treten lassen. Diese Erkenntnis hat sich im gesamten Handel durchgesetzt.

11.2 Für den Handel praktikable Methoden systematischer Ideenfindung

Drei Methoden sind ohne Zweifel im Handelsunternehmen anwendbar.

11.2.1 Das Brainstorming

Das Brainstorming („Ideenwirbel") ist ein Verfahren zur Lösung praktischer wirtschaftlicher Probleme durch Sammlung von Einfällen zu dieser Frage. Eine Gruppe von Personen äußert ihre Ideen zu einem bestimmten Problem, die ohne Kritik gesammelt werden. Je größer die Zahl der zu einem Problem gefundenen Ideen, um so größer ist die Wahrscheinlichkeit, die optimale Lösung oder eine Anregung zur Lösung zu finden.

Das Brainstorming erweckt den Anschein, die einfachste Methode zu sein, die jederzeit sofort angewandt werden kann. Es müssen jedoch einige Regeln beachtet werden, die in *Abbildung 11/1* zusammengestellt sind. Die Teilnehmer müssen Übung haben, ihrer Phantasie ungezügelten Lauf zu lassen.

Die Quantität der produzierten Ideen geht vor deren Qualität. Wenn 5% der Vorschläge brauchbar sind und weiter verfolgt werden können, so ist das ein gutes Ergebnis einer Brainstorming-Sitzung.

Auf folgende Punkte sollte bei einer Brainstorming-Sitzung besonders geachtet werden:

- Es können die Vorschläge eines Teilnehmers von anderen Teilnehmern aufgegriffen und fortgeführt werden. Es entstehen dann **„Assoziationsketten"**, die oft zu besonders originellen Vorschlägen führen.
- Kein Teilnehmer hat einen **Anspruch auf Urheberrechte** für einen von ihm geäußerten Vorschlag, auch wenn er sich hinterher als zur Problemlösung geeignet erweist und realisiert wird. Über diesen Punkt muß jeder Teilnehmer unmißverständlich informiert sein.
- Kritik an Vorschlägen einzelner Teilnehmer führt zu **Denkblockaden** und ist verboten. Denkblockaden kann auch die Anwesenheit von Chefs auslösen. Sie ist deshalb unzweckmäßig.

Abbildung 11/1: Regeln für effektives Brainstorming

1. Teilnehmerzahl	5–10 Personen, auch Damen
2. hierarchische Stellung der Teilnehmer	gleiche Ebene, ohne „Chef"
3. Einladung	2 Tage vorher, damit sich Teilnehmer mit dem Problem identifizieren können
4. Dauer	max. 30–40 Minuten
5. Sitzungsleiter	ausschlaggebend für Erfolg, muß unauffällig, aber straff führen
6. Atmosphäre	gelockert, ruhiger Ort
7. Ziel = Lösen des Problems	Problem muß konkret definiert sein
8. Phantasie	freier Lauf; Quantität der Gedanken geht vor Qualität, alles äußern
9. Kritik	verboten
10. Kombination-Assoziation	fördern
11. Protokollierung	aller vorgetragenen Ideen
12. Auswertung des Brainstorming	durch andere Personen als die Teilnehmer
13. Glocke	einsetzen bei Nichtbeachtung der Regeln 8 und 9

- Da beim Brainstorming die Intuition, das **Unterbewußtsein**, ins Spiel kommen soll, ist die Anwesenheit von Damen sehr erwünscht. Ihre emotionale Begabung kann eine Gruppe sehr bereichern.

Das Brainstorming gehört, wie die Basic-Synektik-Methode auch, zu den intuitiv-kreativen Methoden der Ideenfindung. Die morphologische Methode dagegen ist den logisch-systematischen Methoden zuzuordnen.

11.2.2 Die morphologische Methode

Die **Morphologie** ist die **Lehre von den Gebilden, Formen, Gestalten** oder **Strukturen**.

Da fast jedes Problem, vor allem wenn es komplexer Art ist, eine Struktur hat, kann es sinnvoll sein, wenn diese Struktur untersucht wird. Das tut die morphologische Methode der Ideenfindung und daher hat sie ihren Namen.

Der **erste Schritt** dieser Methode ist die **Problemanalyse**. Das Problem wird in seine Elemente zerlegt. Ein Element ist ein wichtiger, unverzichtbarer Bestandteil des Problems. Er charakterisiert das Problem mit. Würde er fehlen, wäre das Problem nur unzureichend dargestellt.

Nehmen wir als Beispiel das Problem „Werbung". Ohne die Elemente Zielgruppe oder Medium wäre das Problem unvollständig beschrieben und auch nicht vollständig lösbar.

Der zweite Teil der Analyse besteht darin, nun für jedes Problemelement alle denkmöglichen **Alternativen zu finden**. Für das Element Zielgruppe, um bei unserem Beispiel zu bleiben, gibt es viele Alternativen: Hausfrauen, Kinder, Senioren, junge Mütter, Tierfreunde, um nur einige zu nennen. Die Elemente und ihre Alternativen, also das Ergebnis der Problemanalyse, werden im „morphologischen Kasten" zusammengefaßt. Bis hierher ist diese Methode rational, erfordert die Anwendung der Vernunft und des Verstandes.

Der **zweite Schritt** ist die **Synthese**. Für die Problemlösung muß die beste, die originellste Kombination der Elementalternativen gefunden werden. Es sollte möglichst eine Kombination gefunden werden, die es vorher noch nicht gegeben hat, was natürlich nicht immer möglich ist.

Bei diesem Schritt der Synthese ist auf jeden Fall Kreativität erforderlich, wenn innovative Kombinationen zur Problemlösung gefunden werden sollen.

Bei der Synthese wird sich immer wieder zeigen, daß die Kombination bestimmter Elementalternativen unmöglich ist. Bei einer Werbeaktion, die sich an junge Mütter wendet (= Alternative des Elements Zielgruppe), kann man zwar Babynahrung, aber nicht Whisky (= Alternative des Elements Artikelart) anbieten. Oder man kann bei der Zielsetzung „Preiswürdigkeit beweisen" nicht hochpreisige Markenartikel oder ausgefallene Spezialitäten anbieten. Eine gründliche Durchsicht des morphologischen Kastens wird noch mehr solcher Widersprüche erkennen lassen.

Das Erkennen solcher Widersprüche ist ein **Vorteil dieser Methode**. Ein weiterer Vorteil ist, daß man die Analyse vorsorglich und damit nicht unter Zeitdruck durchführen kann. Der morphologische Kasten ist dann auch als Checkliste anwendbar und verhindert, daß bei der Lösung eines Problems wesentliche Punkte übersehen werden. Muß ein Problem unter Zeitdruck gelöst werden, besteht immer die Gefahr, daß wichtige Punkte übersehen werden und die Lösung unvollständig ist. In der Praxis des Handels kann diese Methode sehr gut und erfolgreich angewandt werden.

Im Abschnitt „Die Werbung des Handelsunternehmens" wurde der morphologische Kasten angewandt, um die Komplexität dieses Marketing-Instruments zu zeigen (s. S. 410/411).

11.2.3 Die Basic-Synektik-Methode

Das Wort „**Synektik**" ist ein künstlich geschaffener Begriff und heißt wörtlich übersetzt „**Zusammenzwingen**".

Die Basic-Synektik arbeitet mit Wunschsätzen. Die Teilnehmer haben im **ersten Teil** der Sitzung zunächst **Lösungsvorschläge für das Problem** zu unterbreiten, die alle mit den Worten beginnen: „Man müßte erreichen, daß....". Dieser erste Schritt ist damit ein Solo-Brainstorming der einzelnen Teilnehmer. Ungehemmtes Wunschdenken ist hier erforderlich, unbelastet von Wissen und Erfahrung. Wenn jeder Teilnehmer etwa fünf Wunschsätze formuliert hat, wird diese Phase abgebrochen und alle Wunschsätze werden an die Tafel geschrieben. Man wird feststellen, daß manche Sätze sich gleichen, andere Sätze ähnlich sind und sich zu Gruppen zusammenfassen lassen.

Im **zweiten Teil** der Sitzung werden die einzelnen **Wunschsätze auf ihre Realisierbarkeit untersucht** und von der Gruppe zu ihrer Verwirklichung Vorschläge gemacht. Das ist ein Gruppen-Brainstorming. Auch dem verrücktesten Vorschlag wird nachgegangen. Gerade verrückte Vorschläge sind oft sehr originell, liegen aber unter Umständen weit weg vom Problem. Es verursacht dann einige Mühe, solche Vorschläge zum Problem hinzuführen, man muß **Vorschlag und Problem „zusammenzwingen"**, woher diese Methode ihren Namen hat.

Sofern bei den Teilnehmern die Fähigkeit zum Wunschdenken vorhanden und entwickelt ist, bedarf es bei dieser Methode keiner großen Einübung. Die Methode ist sehr praktikabel und bringt oft erstaunliche Ergebnisse.

11.3 Die Voraussetzungen für eine erfolgreiche Anwendung der Methoden

Es wurde bereits der Begriff „Wunschdenken" gebraucht. Wunschdenken ist eine wesentliche Voraussetzung für kreatives Arbeiten. Wer sich mit Hilfe einer stark ausgeprägten Phantasie die unmöglichsten Wünsche ausdenken kann, ohne im Augenblick des Denkens zu fragen, ob diese Wünsche erfüllbar sind, der ist auch in der Lage, kreative Problemlösungen zu finden. Entscheidend ist, daß für einige Zeit die Vernunft zugunsten der Phantasie abgeschaltet werden kann. Und auch die gesammelten Erfahrungen sollten in einer Phase kreativen Denkens vergessen werden. Erfahrungen haben natürlich auch ihren Wert. Sie bewahren davor, Fehler zu wiederholen, die man selbst oder die andere einmal begangen haben. Aber mit Hilfe von Erfahrung kommt man zu keiner Innovation, sondern nur zur Imitation.

Die zweite Voraussetzung für kreatives Arbeiten ist die **Fähigkeit des divergierenden Denkens.** Wer auf die Frage, wieviel ist 2 × 2 mit 4 antwortet, der denkt konvergierend, angepaßt. Wer mit $\sqrt[2]{16}$ antwortet, der kann divergierend denken.

Wunschdenken und divergierendes Denken kann man bis zu einem gewissen Grade – sicher nicht vollständig – trainieren. Hilfreich können dabei die folgenden Unterscheidungen sein.

Ein Problemlösungsvorschlag, der einem ausgeprägten Wunschdenken entspringt, kann völlig „utopisch" sein. Er läßt sich z. B. mit den Gesetzen von Natur und Technik nicht – noch nicht! – in Einklang bringen. Einen solchen Vorschlag muß man zu den Akten legen.

Ein Vorschlag kann aber auch **„denkmöglich"** sein. Man kann sich vorstellen, daß die Problemlösung so erfolgen könnte, wenngleich es zunächst sehr unwahrscheinlich ist. Der Vorschlag muß weiterverfolgt werden.

Es wird sich dann herausstellen, ob der Vorschlag auch **„realisierbar"**, technisch durchführbar ist. Wenn ja, dann ist noch zu prüfen, ob die Lösung auch **„wirtschaftlich"** ist. Ist sie wirtschaftlich vertretbar, dann muß der Vorschlag in die engere Wahl gezogen werden.

Die meisten Menschen verbauen sich den Weg zum kreativen Denken selbst, indem sie immer gleich an die Wirtschaftlichkeit denken. Dabei steht das wirtschaftliche Kriterium ganz am Ende des Denkprozesses.

Ein Beispiel aus der jüngsten Vergangenheit und der Gegenwart des Handels, das diese verschiedenen Arten des Denkens anschaulich vorzuführen erlaubt, sind die elektronischen Kassen und Warenwirtschaftssysteme, die im Handel heute Standard sind. Wenn vor 30 Jahren ein Team mit Hilfe der Basic-Synektik über das Kassenproblem nachgedacht hätte und es wäre der Wunschsatz geäußert worden: „Man müßte erreichen, daß die Kassen die Preise der Artikel selber lesen können, dann gäbe es beim Kassieren weniger Fehler und es ginge schneller", so hätte man diesen Vorschlag als reine Utopie abtun müssen. Nur wenige Jahre später wurde dieser Wunsch denkmöglich, bald darauf die Problemlösung technisch möglich. Und heute ist sie auch wirtschaftlich vertretbar, und zwar für die breite Masse der Handelsunternehmen, auch der mittleren und kleinen Unternehmen.

Das Management by Innovation stellt der Unternehmensführung die Aufgabe, kreativ begabte Mitarbeiter, die es nicht wie Sand am Meer gibt, zu erkennen, zu fördern und weiterzubilden. Es gibt manchen Mitarbeiter, der gar nicht weiß, wie kreativ er ist. Ihn zu fördern und zu entwickeln und dann auch richtig im Marketing-Bereich des Unternehmens – nicht in der Buchhaltung oder Revision – einzusetzen, ist eine Investition in Geistkapital, die sich immer auszahlen wird. Im Marketing-Bereich eines Handelsunternehmens, und besonders bei den Aufgaben des Profil-Marketing, braucht man kreative Mitarbeiter dringend. Gerade mit ihnen kann man auch unter Zuhilfenahme der Methoden systematischer Ideenfindung ein sehr wirksames Profil-Marketing betreiben, originell, spritzig, beim Verbraucher starke Sympathien schaffend.

Teil D: Die Absatzkonzeption der Handelsunternehmen – Darstellung und Vergleich mit der Absatzkonzeption der Herstellerunternehmen

**12. Kapitel: Konstitutiver und operativer Marketing-Mix –
die vollständige Absatzkonzeption**

Mit dem Zusammenfügen von konstitutivem und operativem Marketing-Mix ist die Absatzkonzeption eines Handelsunternehmens vollständig. Der gegensätzliche Charakter der beiden Bestandteile – konstitutiver Marketing-Mix langfristig und strategisch angelegt, operativer Marketing-Mix kurzfristig und taktisch angelegt – läßt es als zweckmäßig erscheinen, sie streng getrennt voneinander darzustellen. Damit ist aber nicht gesagt, daß beide Teile völlig voneinander losgelöst gestaltet und verwirklicht werden könnten. Wenn eine Absatzkonzeption frei von Widersprüchen und überzeugend sein soll, dann müssen beide Teile eine untrennbare Einheit sein. Und es müssen die Interdependenzen im operativen Marketing-Mix und zwischen konstitutiven und operativen Marketing-Mix beachtet werden. (Die Interdependenzen im konstitutiven Marketing-Mix wurden im 6. Kapitel, S. 314 ff., dargestellt.) Wenn der operative Marketing-Mix – die Preispolitik ist besonders anfällig dafür – die vom konstitutiven Marketing-Mix gezogenen Grenzen mißachtet, dann wird das Unternehmensprofil zunehmend unscharf und geht schließlich ganz verloren.

12.1 Die Interdependenzen der Marketing-Instrumente im operativen Marketing-Mix der Handelunternehmen

Der operative Marketing-Mix des Handels ist dem Marketing-Mix der Hersteller sehr ähnlich. Die im Mix bestehenden Interdependenzen zwischen den einzelnen Instrumenten gleichen sich im Handels- und im Hersteller-Marketing weitestgehend. Sie führen auch zum selben Ergebnis. In beiden Fällen prägt die Eigenart des Marketing-Mix den Charakter des Produktes, für das er entworfen und festgelegt wurde. Im Handel aber prägt der Charakter des Produktes, der ja vom Hersteller-Marketing vorgegeben wird, umgekehrt auch die Eigenart des operativen Marketing-Mix.

Für den Charakter eines Produktes gibt es, sehr vereinfachend und mit allem Vorbehalt gesagt, drei Alternativen:

Konsumware – Qualitätsware – Luxusware.

Nennt man die Alternativen in dieser Folge, so ergibt sich eine Reihe mit steigendem Wert- und Image-Niveau.

Entsprechend dem Charakter eines Produktes, der geschaffen werden soll, müssen dann abgestimmt und festgelegt werden:

- die Produktgestaltung (Materialqualität, Design, Verpackung);
- die Präsentation im Verkaufsraum (An welchem Platz? Welche anderen Artikel im Umfeld der Präsentation? Stil der Dekoration?);
- die Werbung (Wahl der Medien, Stil der Gestaltung);
- der Preis (Höhe, Art, Darstellung).

Eine sehr wichtige Grundsatzentscheidung ist in der Praxis des Handels die Gestaltung des operativen Marketing-Mix bei den Handelsmarken. Es stellt sich für das Handels-Unternehmen, das in diesem Falle allein die Entscheidungen treffen muß, die Frage, welcher Charakter aufgebaut und in welcher Preislage und wo im Markt die Handelsmarken positioniert werden sollen. Will man dem Verbraucher gegenüber mehr die Leistungsfähigkeit des Unternehmens herausstellen, so wird man den Preis betonen müssen. Will man mehr Profil im Sortiment anstreben, so müssen die Produktaufmachung, die Präsentation und der Stil der Werbung in den Vordergrund gerückt werden. Zwischen beiden Zielen können sich durchaus Konflikte ergeben. Der Lebensmittelhandel hat z.B. lange Zeit bei seinen Handelsmarken den Beweis der Leistungsfähigkeit in den Vordergrund gestellt und deshalb diese Produkte bewußt unterhalb der klassischen Markenartikel angesiedelt. Heute deuten viele Anzeichen darauf hin, daß das Streben nach mehr Profil im Sortiment den Vorrang hat und die Handelsmarke, wenn es geht, dem Markenartikel ebenbürtig sein soll. Da man Handelsmarken besser aus dem Preiskampf heraushalten kann, der Wettbewerber führt sie ja nicht, läßt sich auf diese Weise auch der Ertrag verbessern, der durch den Preiskampf gerade bei vielen klassischen Markenartikeln manche Einbuße hinnehmen mußte.

Soll der operative Marketing-Mix für Artikel festgelegt werden, die man in einem Angebot besonders herausstellen will, so ergibt sich oft ein besonderes Problem. Gerade bei Qualitäts- und in Einzelfällen auch bei Luxuswaren ist die Versuchung sehr groß, einen Angebotspreis festzulegen, der zum Charakter des Produktes stark kontrastiert und so in besonders augenfälliger Weise die Leistungsfähigkeit des Handelsunternehmens bezeugt. Wo, das ist das Problem, liegt in diesen Fällen der Preis, der attraktiv und aktuell ist, damit also Leistungsfähigkeit signalisiert, und trotzdem den Charakter des herausgestellten Produktes nicht zerstört und damit das Angebot unglaubwürdig macht. Dieses Problem bekommt ein besonderes Gewicht, wenn es sich bei dem Angebotsartikel um eine Handelsmarke handelt.

Würde ein zu niedrig angesetzter Preis den Produktcharakter zerstören, der operative Marketing-Mix an seinem inneren Widerspruch scheitern, so träfen die Folgen das Handelsunternehmen selbst, das ja für den Aufbau dieser Handelsmarke in der Regel viel Geld investiert hat. Eine Handelsmarke kann man nicht so schnell und mühelos aus dem Sortiment nehmen und durch eine andere Handelsmarke ersetzen, wie das bei einer Herstellermarke möglich ist.

12.2 Die Interdependenzen zwischen konstitutivem und operativem Marketing-Mix der Handelsunternehmen

Zwischen beiden Bereichen des Handels-Marketing bestehen enge Beziehungen, die beachtet werden müssen, soll es nicht zu Widersprüchen im gesamten Marketing eines Handelsunternehmens kommen. Die aus solchen Widersprüchen entstehenden Zielkonflikte würden ein Handelsunternehmen beim Verbraucher unglaubwürdig erscheinen lassen.

Der konstitutive Marketing-Mix eines Handelsunternehmens setzt den Rahmen, innerhalb dessen die fortlaufend zu schaffenden und kurzfristig erforderlichen operativen Marketing-Mixe gestaltet werden. Auf diese Weise wird den operativen Marketing-Mixen vom konstitutiven Marketing-Mix auch vorgegeben, in welcher Weise sie das Unternehmensprofil zu betonen und den Produktcharakter zu fördern haben. Konstitutiver Marketing-Mix und operative Marketing-Mixe müssen also qualitativ weitestgehend deckungsgleich sein.

Probleme können sich auch hier wiederum beim Festlegen des operativen Marketing-Mix für Angebots-Artikel ergeben. Das Bemühen, dem Verbraucher Leistungsfähigkeit zu dokumentieren, kann die Versuchung entstehen lassen, mit dem operativen Marketing-Mix für den Angebots-Artikel den Rahmen des konstitutiven Marketing-Mix zu sprengen. Diese Versuchung wird in erster Linie von dem Marketing-Instrument Preis ausgehen, kann aber auch die anderen Marketing-Instrumente betreffen.

Die Lösung dieses Problems kann darin bestehen, den Beweis der Leistungsfähigkeit dadurch zu erbringen, daß neue, niedrigere Preislagen aufgenommen werden. Die Gefahr, daß durch eine solche Ergänzung oder Korrektur des konstitutiven Marketing-Mix das Unternehmens-Image gefährdet wird, dürfte sehr gering sein, kann aber nicht ausgeschlossen werden. In der City von Hamburg z.B. vollzogen sich solche Wettbewerbsprozesse vor einiger Zeit im Bereich des Einzelhandels mit Oberbekleidung. Ein preisaggressiver Anbieter veranlaßte den traditionellen Fachhandel, sein Sortiment durch neue und niedrige Preislagen zu erweitern. Sie sollten die Leistungsfähigkeit beweisen. Das qualitativ und modisch höherwertige Sortiment sollte nach Möglichkeit aus einem harten Preiskampf herausgehalten werden. In Teilbereichen des Sortiments wurde bewußt „trading down" betrieben. Inzwischen hat der preisaggressive Wettbewerber sein Sortiment durch höhere Preislagen ergänzt und mit diesen Sortimentsbereichen ein „trading up" vorgenommen. Durch diese Form des Wettbewerbs mit Preislagen sind sich die Wettbewerber im Profil ähnlicher geworden als sie es früher waren. Übrigens kann man in diesem Sektor der Oberbekleidung auch sehr gut beobachten, daß sich die operativen Marketing-Mixe der einzelnen Preislagen deutlich voneinander unterscheiden. Qualitativ und modisch hochwertige Ware ist nicht nur teuer, sondern wird auch ganz anders präsentiert und in der Werbung mit anderen Argumenten und in einem anderen Stil herausgestellt. In Einzelfällen fehlt in der Werbung der Preis vollständig, es wird nur mit der Qualität und dem modischen Chic argumentiert.

Widersprüche zwischen konstitutivem und operativem Marketing-Mix und damit Probleme können sich auch ergeben, wenn große Unternehmen wie die Warenhauskonzerne Sortimente aufnehmen oder führen, die vom Marketing-Mix des Fachhandels stark geprägt wurden, z.B. Uhren und Schmuck. Beim Fachhandel stimmen meist konstitutiver und operativer Marketing-Mix ideal überein. Übernimmt das Warenhaus den operativen Marketing-Mix des Fachgeschäftes, so ergibt das u.U. keine volle Übereinstimmung mit dem eigenen konstituven

Marketing-Mix und auch kein deutliches Abheben vom Fachgeschäft. Prägt das Warenhaus dagegen in diesem Fall seinen eigenen operativen Marketing-Mix in Abstimmung zum konstitutiven Marketing-Mix neu aus, so ergibt sich unter Umständen ein Widerspruch zum Charakter der im Teil-Sortiment geführten Produkte. Von hier erklärt sich, warum die Warenhauskonzerne vor geraumer Zeit mit Nachdruck darum bemüht waren, ihren konstitutiven Marketing-Mix zu verändern und sich das Image des kompetenten Fachgeschäftes aufzubauen, was ihnen auch in beachtlichem Umfang gelungen ist.

12.3 Die Interdependenzen zwischen dem Marketing-Mix im Handels-Marketing und dem Marketing-Mix im Hersteller-Marketing

Zwischen dem Marketing-Mix des Herstellers für ein bestimmtes Produkt und dem konstitutiven Marketing-Mix und den operativen Marketing-Mixen des Handelsunternehmens, das dieses Produkt im Sortiment führt, bestehen ohne Zweifel eindeutige Beziehungen und gegenseitige Abhängigkeiten. Beiden Seiten sollte daran gelegen sein, hier keine tiefgreifenden Widersprüche entstehen zu lassen.

Es ergeben sich kaum Probleme, wenn

- der produktorientierte Marketing-Mix des Hersteller-Unternehmens,
- der unternehmensorientierte konstitutive Marketing-Mix des Handels-Unternehmens,
- der produkt- und unternehmensorientierte operative Marketing-Mix des Handelsunternehmens

weitestgehend übereinstimmen. Diese Übereinstimmung ist in der Praxis nicht immer gegeben. Zumindest gehen häufig die Meinungen darüber auseinander, was Übereinstimmung sei und was nicht. Dann hält der Produzent Dinge für nicht vereinbar, die in den Augen des Handels durchaus vertretbar sind.

Die schwerwiegendsten Probleme, die harten und ausdauernden Streit verursachen, entstehen dann, wenn der Hersteller für seine Produkte einen ausgeprägten Marketing-Mix geschaffen und damit versucht hat, seinen Produkten einen unverwechselbaren Charakter zu geben. Da ein solches systematisches und oft auch gekonntes Marketing erhebliche Kosten verursacht, ist der Hersteller natürlich auch stark daran interssiert, daß der geschaffene Produktcharakter erhalten bleibt. Er möchte um jeden Preis sicherstellen, daß die Handelsunternehmen, die er beliefert, den Charakter seiner Produkte nicht verändern und in seinen Augen damit verfälschen, ganz gleich, ob dies unbewußt oder bewußt geschieht. Dieses Interesse des Herstellers, besonders stark ausgeprägt bei den Produzenten klassischer Markenartikel, ist verständlich. Schließlich trägt er das volle Risiko. Richtet ein Handelsunternehmen einen Artikel dadurch zugrunde, daß es Widersprüche zwischen dem Marketing-Mix des Herstellers und seinem eigenem, meist operativen Marketing-Mix zuläßt oder begründet, dann nimmt es diesen Artikel eben aus dem Sortiment und nimmt einen neuen Artikel auf. Es wurde bereits darauf hingewiesen, daß Handelsunternehmen dieses Problem ganz anders sehen, wenn es um die selbst geschaffenen Handelsmarken geht, bei denen sie das volle Risiko tragen.

In welcher Weise dieses Problem gelöst wird, hängt von der Stärke der Marktstellung ab. Ist der Hersteller in der stärkeren Position, dann verweigert er dem Handelsunternehmen die Belieferung. Das war z.B. der Fall, als ein namhafter Produzent von Fernsehgeräten die Belieferung eines SB-Warenhaus-Unternehmens verweigerte. Der Hersteller sah in diesem Fall in erster Linie einen Widerspruch zwischen seinem Marketing-Mix und dem konstitutiven Marketing-Mix des Handelsunternehmens. Erst als das Handelsunternehmen zusagte, seinen operativen Marketing-Mix dem des Fachhandels anzugleichen, vor allem die Preisempfehlungen des Herstellers zu beachten und für einen ausreichenden Kundendienst zu sorgen, wurde es beliefert.

Ist andererseits das Handelsunternehmen in der stärkeren Position, der Hersteller im Interesse einer dichten Distribution auf dieses Handelsunternehmen angewiesen, so würde sich der Hersteller mit einer Verweigerung der Belieferung nur selbst schaden. Es verbleibt ihm nur der Versuch, das Handelsunternehmen vom Wert des Produktcharakters, den er geschaffen hat, zu überzeugen. Im Lebensmittelhandel müssen die Hersteller klassischer Markenartikel diesen Versuch tagtäglich unzählige Male unternehmen. Denn nach dem Wegfall der Preisbindung der zweiten Hand ist ihre Stellung in dieser Hinsicht deutlich geschwächt worden. In vielen Fällen hat sich aber auch herausgestellt, daß ein zunächst widersprüchlich erscheinender operativer Marketing-Mix des Handels den Charakter eines Produktes nicht veränderte, was in jedem Fall für die Qualität und Intensität des Marketing-Mix des Herstellers spricht.

13. Kapitel: Die Unterschiede zwischen Handels-Marketing und Hersteller-Marketing

Bei der Darstellung der Instrumente des Handels-Marketing wurde darauf hingewiesen, daß in vielen Punkten erhebliche und grundsätzliche Unterschiede zum Hersteller-Marketing vorhanden sind. Eine vergleichende Gegenüberstellung von Handels-Marketing und Hersteller-Marketing soll diese Unterschiede in übersichtlicher Weise noch einmal deutlich sichtbar machen. Und sie soll die vielfältigen Hinweise auf diese Unterschiede in den vorangegangenen Kapiteln zusammenfassen und systematisieren. Mit Hilfe einer solchen Gegenüberstellung können grundlegende Unterschiede nicht nur erklärt werden. Es kann auch versucht werden, auf Fragen wie z.B., ob es ein kooperatives Marketing von Handel und Industrie gibt oder ob eine Kooperation grundsätzlich unmöglich ist, eine Antwort zu finden. Wenn eine Kooperation wegen grundsätzlicher und völlig normaler Interessengegensätze nicht möglich ist, dann müßte im Einzelfall derjenige seine Interessen durchzusetzen versuchen, der über die größere Macht verfügt oder der vom Markt her unter stärkerem Druck steht. Der Versuch einer Kooperation wäre dann unnütz und von vornherein zum Scheitern verurteilt. Es wurde bereits darauf hingewiesen, daß solche Fragen in jüngster Vergangenheit gelegentlich sehr kontrovers diskutiert wurden. Und daß diese Diskussionen deutlich erkennen ließen, es besteht große Unsicherheit darüber, wie die Fragen zu beantworten seien. Die folgenden Überlegungen sollen helfen, diese Unsicherheit zu beseitigen.

13.1 Die Verwandtschaft zwischen Handels-Marketing und Hersteller-Marketing

Beide Bereiche des Marketing sind, daran kann kein Zweifel bestehen, miteinander verwandt. Denn beide Bereiche lassen sich aus den Handelsfunktionen, wie sie z.B. von *Oberparleiter* oder *Seyffert* beschrieben wurden, ableiten. Aus der gleichen Wurzel entwickelten sich dann aber zwei eigenständige, in vielen Einzelheiten unterschiedliche und damit markante Zweige des Marketing.

Die Handelsfunktionen könnte man als die **„Charta des Marketing"** bezeichnen. Es ist doch sehr bemerkenswert und interessant, daß diese Funktionen von der Wirtschaftswissenschaft dem Handel zugewiesen wurden. Sie wurden Handelsfunktionen genannt und nicht Absatzfunktionen. Als Handelsfunktionen sind sie in die wirtschaftswissenschaftliche Literatur eingegangen. Man könnte sie aber ebensogut als Absatzfunktionen bezeichnen. Und mancher Hersteller hat diese Funktionen auch vollständig in eigene Regie übernommen, was man dann interessanterweise als funktionellen Handel bezeichnet, nicht als Absatzfunktionen des Hersteller-Unternehmens.

13.1 Die Verwandtschaft zwischen Handels-Marketing und Hersteller-Marketing

Ein Blick in die Wirtschaftsgeschichte zeigt uns, daß ein großer Teil des historisch gewachsenen institutionellen Handels zunächst gar nicht in der Lage war, die Handelsfunktionen vollständig zu übernehmen und professionell zu erfüllen. Er war zersplittert und schwach. Es fehlten die finanziellen Mittel und die fachliche Qualifikation der Handelsunternehmer, um auf der Basis der Handelsfunktionen eine systematische Absatzpolitik aufzubauen. Auf dem Gebiet des Warengeschäfts (Einkauf, Warenkenntnis, Kenntnis der Warenpflege) waren die Handelsunternehmen zwar schon immer sehr versiert. Aber wie eine eigenständige Absatzpolitik, ein autonomes Handels-Marketing, beschaffen sein muß, das wußte kaum jemand. In manchen Bereichen des Einzelhandels, vor allem in kleinen Unternehmen, ist das übrigens heute noch so. Die Einkäufer-Mentalität oder die Verteiler-Mentalität sind immer noch nicht ganz ausgestorben.

In allen Bereichen des Handels, in denen dieser Zustand der Zersplitterung und Unkenntnis auch zu Beginn des vorigen Jahrhunderts anhielt, stießen die Hersteller in das absatzwirtschaftliche Vakuum vor. Das war unter anderem auch die Geburtsstunde des Markenartikels. Gewissermaßen stellvertretend für den Handel hat die Industrie von da ab systematisch ein Marketing und dessen Instrumente aufgebaut und bis heute zu einem hohen Niveau und großer Wirksamkeit entwickelt. Natürlich wurde dieses Marketing maßgerecht auf die Interessen der Hersteller zugeschnitten und dem Handel die Rolle eines ausführenden Organs der Hersteller zugewiesen. Es entstand ein Hersteller-Marketing mit ganz charakteristischen Zügen.

Erste Ansätze zur Entwicklung eines eigenständigen Handels-Marketing kann man zwar in der Gründung der ersten Filialunternehmen und Warenhausunternehmen einige Zeit vor oder nach der Jahrhundertwende sehen. Auch die Gründung der *Edeka* im Jahre 1907 als erste Handelsgruppe kann so gesehen werden. Auf breiter Front begann sich ein eigenständiges Handels-Marketing im Einzelhandel jedoch erst nach dem zweiten Weltkrieg Ende der fünfziger Jahre durchzusetzen. Es baut ebenso wie das Hersteller-Marketing auf den Handelsfunktionen auf, ist jedoch orientiert an den Interessen der Handelsunternehmen. Es hat ebenso charakteristische Züge wie das Hersteller-Marketing.

Abbildung 13/1 stellt Handels-Marketing und Industrie-Marketing gegenüber und zeigt die Handelsfunktionen als ihre gemeinsame Grundlage. Sie läßt aber auch deutlich erkennen, daß aus bestimmten Handelsfunktionen im Handels- und im Industrie-Marketing sehr unterschiedlich geprägte Instrumente hervorgegangen sind.

Das ist einmal der Fall bei der Raumüberbrückungsfunktion. Sie stellt dem Handel die Aufgabe, an geeigneten Standorten in Verbrauchernähe Verkaufsflächen zu errichten und dort den Verbrauchern die Waren anzubieten. Das Standort-Marketing ist die Wahrnehmung der Raumüberbrückungsfunktion. Zwischen Handelsfunktion und Instrument des Handels-Marketing besteht ein direkter Zusammenhang, der auf den ersten Blick zu erkennen ist. Auf diese vom Handel geschaffenen Verkaufsflächen kann sich die Industrie stützen. Bei ihr tritt an die Stelle des Standort-Marketing das Distributions-Marketing.

Da beide Instrumente die gleiche Wurzel, die Raumüberbrückungsfunktion, haben, sind sie ohne Zweifel verwandt. Trotzdem weisen sie aber auch erhebliche Unterschiede auf und ihre Verwandtschaft ist sicher nicht auf den ersten Blick zu erkennen. Standort-Marketing im Handel und Distributions-Marketing in der Industrie sind sehr verschieden. Es ist doch ein erheblicher Unterschied zwischen der Entscheidung, wo eine Verkaufsfläche errichtet werden soll, und der Entscheidung, auf welcher der vorhandenen Verkaufsflächen die produzierten Waren angeboten werden sollen.

Abbildung 13/1: Die Marketing-Instrumente von Handel und Herstellern nach ihrer Funktionsverwandtschaft gegenübergestellt

Instrumente des Handels-Marketing	Handels-Funktionen (nach *Seyffert*)	Instrumente des Hersteller-Marketing
Marktforschung	Markterschließungsfunktion	Marktforschung
Standort-Marketing	Raumüberbrückungsfunktion	Distributions-Marketing (Wahl des Absatzweges)
Sortiments-Marketing	Zeitüberbrückungsfunktion, Quantitäts- und Qualitätsfunktion, Sortimentsfunktion, Kreditfunktion	Produkt-Marketing (Produktentwicklung und -betreuung, Gestaltung von Produktprogrammen, Lagerhaltung)
Preis- und Konditionen-Marketing	Preisausgleichsfunktion	Preis- und Konditionen-Marketing
Profil-Marketing	Markterschließungsfunktion, Interessenwahrungs- und Beratungsfunktion	Werbung und Merchandising

Im zweiten Fall werden mehrere Handelsfunktionen zur Grundlage von Marketing-Instrumenten. Die Zeitüberbrückungs-, die Quantitäts-, die Qualitäts- und die Sortimentsfunktion erfüllt der Handel mit Hilfe seines Marketing-Instruments Sortiments-Marketing. Auch wenn nicht wenige Hersteller Produkt-Programme, also auch eine Art von Sortiment, herstellen und anbieten, so beeinflussen die aufgezählten Handelsfunktionen sie weitaus weniger als die Handelsunternehmen. Anstelle des Sortiments-Marketing hat sich im Hersteller-Marketing das völlig andere Produkt-Marketing entwickelt. Man könnte sagen, die Verwandtschaft zwischen Sortiments-Marketing und Produkt-Marketing ist sehr weitläufig. Aber sie ist vorhanden. Die Verschiedenheit der beiden Marketing-Instrumente zeigt sich z.B. auch dadurch, daß ein Hersteller immer mit der Gefahr des Produkt-Verschleißes rechnen muß, während sich ein Sortiment immer wieder fast von selbst erneuert, die Gefahr des Sortiment-Verschleißes sehr klein ist. Dafür muß ein Handelsunternehmen immer mit der Gefahr des Standort-Verschleißes kämpfen.

Schließlich haben sich noch, das wäre der dritte Fall, aus der Markterschließungs-, Interessenwahrungs- und Beratungsfunktion im Handels- und Hersteller-Marketing zwei recht unterschiedliche Instrumente entwickelt. Im Handels-Marketing entstand im Laufe der Zeit das sehr komplexe Instrument des Kommunikations- und Profil-Marketing. Es verdankt seine große Bedeutung dem Umstand, daß sich jedes Handelsunternehmen dem Verbraucher total präsentiert. Das ist beim Industrieunternehmen völlig anders, es präsentiert sich dem Verbraucher lediglich mit seinen Produkten. Anstelle des Profil-Marketing entwickelte sich im Industrie-Marketing das Instrument Werbung und Verkaufsförderung, welches im Vergleich zum Profil-Marketing des Handels weniger komplex ist. Auch beim Vergleich

Profil-Marketing – Werbung/Verkaufsförderung könnte man feststellen, die Verwandtschaft ist nicht allzu eng, allerdings enger als zwischen Sortiments- und Produkt-Marketing.

Bei den Instrumenten Marktforschung und Preis- und Konditionen-Marketing bestehen zwischen Handels- und Industrie-Marketing keine allzu großen Unterschiede. Die Verwandtschaft ist unverkennbar sehr eng und die Anbindung an die zugrunde liegende Handelsfunktion sehr direkt.

Abschließend sei noch einmal nachdrücklich darauf hingewiesen, daß trotz aller Verwandtschaft das Handels-Marketing sehr stark unternehmensorientiert, das Hersteller-Marketing sehr stark produktorientiert ist. Dieser Umstand hat mit zur Folge, daß es im Handels-Marketing schon seit geraumer Zeit einen konstitutiven Marketing-Mix gibt, der zur Ausprägung von unterschiedlichen Vertriebstypen führte und in dieser Form im Hersteller-Marketing nicht vorhanden ist.

13.2 Die Unterschiede in der zeitlichen Reihenfolge der Anwendung der Instrumente des Handels- und des Hersteller-Marketing

Die unterschiedlichen Formen des Leistungsprozesses – der eine produziert Güter, der andere Dienstleistungen – bei Handels- und Industrieunternehmen und damit auch deren unterschiedliche Interessen führten trotz bestehender Verwandtschaft zu verschiedenen Ausprägungen einzelner Instrumente im Handels- und im Industrie-Marketing. Handels- und Industrie-Marketing unterscheiden sich aber auch, wenn man die zeitliche Reihenfolge der Anwendung der einzelnen Marketing-Instrumente betrachtet. In *Abbildung 13/2* sind die einzelnen Instrumente des Handels- und des Hersteller-Marketing nach der Reihenfolge ihrer Anwendung geordnet und einander gegenübergestellt.

Sowohl beim Handels- als auch beim Hersteller-Marketing steht am Anfang die Marktforschung, die möglichst exakt ermitteln soll, welche Leistung in welchem Umfang und zu welchem Preis – auch zu welchem Zeitpunkt – am Markt absetzbar ist und welche Wettbewerber die gleiche oder eine ähnliche Leistung abzusetzen beabsichtigen.

Dann jedoch trennen sich die Wege von Handels- und Hersteller-Marketing. Ein Handelsunternehmen muß auf der Grundlage der Ergebnisse der Marktforschung zunächst Standort-Marketing betreiben. Bevor ein Handelsunternehmen nicht weiß, ob es eine Verkaufsfläche errichten kann und wo diese Verkaufsfläche sich befinden wird und wie groß sie sein kann oder sein muß, kann es die anderen Marketing-Instrumente nicht anwenden. Der Standort ist für das Handelsunternehmen der Schlüssel zum Markt. Und er ist mit seiner Verkaufsfläche die Grundlage für die Anwendung der anderen Marketing-Instrumente. Das beste Sortiments-Marketing, das attraktivste Preis-Marketing und das ideenreichste Profil-Marketing nützen nichts, wenn keine Verkaufsfläche vorhanden ist. Eine Ausnahme, darauf sei noch einmal hingewiesen, macht in diesem Punkt nur der Versandhandel, bei dem der Katalog die Verkaufsfläche ersetzt.

Anders ist es beim Hersteller-Marketing. Bei ihm muß auf die Marktforschung das Produkt-Marketing folgen. Ein Industrieunternehmen muß erst auf der Grundlage der Ergebnisse der Marktforschung entscheiden, welches Produkt oder welche

Produkte es herstellen will und auch herstellen kann, bevor es die anderen Marketing-Instrumente anzuwenden in der Lage ist. Für ein Industrieunternehmen ist das Produkt der Schlüssel zum Markt. Der Standort ist zwar in manchen Fällen nicht völlig bedeutungslos, aber doch eindeutig sekundär. Ohne Produkt fehlen sowohl dem Preis-Marketing wie auch dem Distributions-Marketing und der Werbung die Grundlagen ihrer Anwendung. Natürlich können von diesen zeitlich nachfolgenden Marketing-Instrumenten auch Einflüsse auf das Produkt-Marketing ausgehen und zu Veränderungen der Produkt-Konzeption führen. Das gilt auch für den Handel, wo die Standort-Entscheidung vom Sortiments-, Preis- und Profil-Marketing beeinflußt werden kann. Das ändert aber nichts an der Tatsache, daß im Handel das Standort-Marketing und in der Industrie das Produkt-Marketing die Grundlage für das gesamte Marketing sind und im Denkprozeß des Marketing auf die Marktforschung mehr oder weniger zwingend folgen müssen.

Beim Handelsunternehmen folgen auf das Standort-Marketing die Anwendung des Sortiments- und des Preis-Marketing. Ist die Verkaufsfläche vorhanden, kann festgelegt werden, welche Waren man auf dieser Fläche anbieten will. Und ist das Sortiment gestaltet, kann über die Preise entschieden werden. Man kann aber auch zuerst bestimmte Preisvorstellungen – das wäre die Entscheidung über die Preislagen als erste Stufe des Preis-Marketing – festlegen und dann das Sortiment gestalten. Ganz zwingend ist die Reihenfolge an dieser Stelle wahrscheinlich nicht. In der Praxis werden die Entscheidungsprozesse zum Sortiments- und zum Preis-Marketing sehr oft parallel ablaufen.

Beim Industrieunternehmen folgen auf das Produkt-Marketing das Preis- und das Distributions-Marketing. Hat man ein Produkt, so kann man auch seinen Preis exakt festlegen und mit Produkt und Preis dann zum Handel gehen und diesen dafür zu gewinnen versuchen, das Produkt in sein Sortiment aufzunehmen. Hier scheint die Reihenfolge in der Anwendung von Preis- und Distributions-Marketing festzuliegen. Ohne Preis kann man ebensowenig Distributions-Marketing betreiben wie ohne Produkt.

Ab dem fünften Schritt verlaufen dann Handels- und Hersteller-Marketing – bei unterschiedlicher Ausprägung der Instrumente natürlich – wieder parallel. An fünfter Stelle stehen beim Handel das Profil-Marketing, bei der Industrie die Werbung und die Verkaufsförderung, letztere auch Merchandising genannt, die das Produktprofil mit prägen. Und an sechster und letzter Stelle steht in beiden Marketingbereichen die Ergebnis-Kontrolle, die bei Soll-Ist-Differenzen eine Abweichungsanalyse auslöst.

Anhand *Abbildung 13/2* zur zeitlichen Reihenfolge der Anwendung der Marketing-Instrumente lassen sich auch recht gut die völlig normalen Interessen-Konflikte zwischen dem Marketing von Handels- und von Industrieunternehmen zeigen. Zwischen der Sortimentsgestaltung des Handelsunternehmens und den Distributionsvorstellungen eines Industrieunternehmens bestehen grundsätzliche Interessen-Konflikte, die in der Praxis auch immer wieder aufbrechen. Das Handelsunternehmen muß das Sortiment mit der vorhandenen Verkaufsfläche in Übereinstimmung bringen und auch die Kosten des Sortiments – vor allem die Kosten für die Finanzierung des Warenbestandes – in Grenzen halten und auch auf die Beschaffungskonditionen achten. Ein Handelsunternehmen kann deshalb gar nicht allen Distributionswünschen der Industrieunternehmen entsprechen, die wiederum völlig legal und normal nach einer möglichst lückenlosen Distribution streben. Zwischen dem Preis-Marketing des Handels und dem Preis-Marketing der Industrie bestehen ebenfalls völlig normale Interessen-Gegensätze. Das ist besonders dann der Fall, wenn ein Handelsunternehmen ein bestimmtes Produkt in den Preiskampf einbezieht und damit seine Leistungsfähigkeit beweisen will, während der Hersteller um sein mühsam aufgebautes Produkt-Image fürchten muß. Und schließlich gibt es völlig normale Interessen-Konflikte zwischen dem Profil-Marketing eines Handelsunternehmens und der Werbung und Verkaufsförderung der Industrie. Beide Instrumente können von der Aussage und vom Stil her durchaus gegensätzlich sein. Diese hier angedeuteten Konflikte lassen sich sicher auch durch „kooperatives Marketing" nicht beseitigen.

Abbildung 13/2: Die Marketing-Instrumente von Handel und Herstellern in der zeitlichen Reihenfolge ihrer Anwendung gegenübergestellt

Instrumente des Handels-Marketing	Instrumente des Hersteller-Marketing
(1) Marktforschung	(1) Marktforschung
(2) Standort-Marketing	(2) Produkt-Marketing
(3) Sortiments-Marketing	(3) Preis- und Konditionen-Marketing
(4) Preis-Marketing	(4) Distributions-Marketing
(5) Profil-Marketing	(5) Werbung und Verkaufsförderung
(6) Ergebnis-Kontrolle und Abweichungsanalyse	(6) Ergebnis-Kontrolle und Abweichungsanalyse

Normale und unvermeidbare Interessen-Konflikte:
3 ◄─────────► 4
4 ◄─────────► 3
5 ◄─────────► 5

13.3 Die Unterschiede in der Gewichtung der einzelnen Marketing-Instrumente im Handels- und im Hersteller-Marketing

Betrachten wir die Bedeutung, die den einzelnen Marketing-Instrumenten im Marketing-Mix zugemessen werden muß und in der Praxis auch zugemessen wird, so ergeben sich ebenfalls deutliche Unterschiede zwischen dem Handels-Marketing und dem Hersteller-Marketing. In *Abbildung 13/3* werden die Instrumente beider Marketing-Bereiche entsprechend ihrer Bedeutung gekennzeichnet und gegenübergestellt.

Die Marktforschung ist sowohl für den Handel als auch für die Industrie von großer Bedeutung. Sie hat aber, und da liegt der Unterschied, im Handels-Marketing andere Schwerpunkte als im Hersteller-Marketing. Im Handels-Marketing ist die Marktforschung eindeutig standortorientiert und profilorientiert, und damit unternehmensorient. Die Marktforschung im Hersteller-Marketing dagegen ist produktorientiert. Betrachtet und beurteilt man die Marktforschung des Handels ausschließlich durch die Brille des Hersteller-Marketing, kommt man leicht zu dem Ergebnis, sie sei unterentwickelt. Sie ist aber nur zum Teil unterentwickelt – z.B. im Hinblick auf das Sortiments-Marketing und das Preis-Marketing –, zum anderen Teil hat sie völlig andere Schwerpunkte als die Marktforschung im Hersteller-Marketing.

Der gewichtigste Schwerpunkt im Handels-Marketing, das kann man ohne Übertreibung sagen, ist das Standort-Marketing. Und im Hersteller-Marketing gilt diese Feststellung und Wertung dem Produkt-Marketing. Das ist sicher kein Zufall. Sowohl im Standort-Marketing des Handels als auch im Produkt-Marketing der Industrie werden die grundlegenden und strategischen, kaum oder nur schwer zu korrigierenden Entscheidungen gefordert und auch getroffen. Diese Entscheidungen ziehen Investitionen – meist in beachtlicher Höhe – nach sich und sind deshalb mit erheblichen Risiken belastet. Der Handel stellt in vielen Fällen im Standort-Marketing die Weichen für die künftige Entwicklung, die Industrie im Produkt-Marketing. Und beide Wirtschaftsbereiche lassen sich bei der Anwendung dieser Instrumente weitestgehend in Ruhe. Die Industrie redet dem Handel nicht in sein Standort-Marketing hinein, der Handel redet der Industrie nicht oder kaum in ihr Produkt-Marketing hinein. Und das ist angesichts der riskanten Entscheidungen, die in beiden Marketing-Bereichen getroffen werden müssen, kein Wunder.

Im Handels-Marketing hat sich im Laufe der Entwicklung ein zweiter Schwerpunkt gebildet, das Profil- und Kommunikations-Marketing. Auch bei diesem Instrument ziehen die Entscheidungen, die getroffen werden müssen, Investitionen nach sich und sind somit mit erheblichen Risiken belastet. Es soll nicht übersehen werden, daß im Bereich des Hersteller-Marketing Werbung und Verkaufsförderung ebenfalls einen beachtlichen Aufwand verursachen, vor allem, wenn es um die Einführungswerbung für ein neues Produkt geht. Trotzdem scheint uns dieses Marketing-Instrument nicht das gleiche Gewicht zu haben wie das Profil- und konstitutive Kommunikations-Marketing im Handel.

Abbildung 13/3: Gegenüberstellung der unterschiedlichen Schwerpunkte im Handels-Marketing und Hersteller-Marketing

Instrumente des **Handels-Marketing**	Instrumente des **Hersteller-Marketing**
(1) **Marktforschung:** standort-orientiert profil-orientiert	(1) **Marktforschung:** produkt-orientiert
(2) **Standort-Marketing:** strategische und kaum korrigierbare Entscheidungen Investitionen Risiken hoch	(2) **Produkt-Marketing:** strategische und kaum korrigierbare Entscheidungen Investitionen Risiken hoch
(3) Sortiments-Marketing (4) Preis-Marketing	(3) Preis- und Konditionen-Marketing (4) Distributions-Marketing
(5) **Profil-Marketing/konstitutives Kommunikations-Marketing:** Investitionen Risiken hoch	(5) Werbung und Verkaufsförderung
(6) Ergebnis-Kontrolle	(6) Ergebnis-Kontrolle

Beurteilen wir die Bedeutung der einzelnen Marketing-Instrumente, wie wir es eben getan haben, vom Standpunkt des Aufwandes und der Korrigierbarkeit der getroffenen Entscheidungen her, so treten beim Handel Sortiments- und Preis-Marketing und die Ergebnis-Kontrolle, beim Industrie-Marketing Preis-, Distributions-Marketing, Werbung und Verkaufsförderung und ebenfalls die Ergebnis-Kontrolle eindeutig in die zweite Reihe zurück. Und beim Sortiments-Marketing versucht die Industrie den Handel zu beeinflussen, beim Preis-Marketing versuchen Industrie und Handel sich gegenseitig zu beeinflussen. Denn in diesen Fällen ist schon der Einsatz geringer Mittel erfolgversprechend.

Die drei besprochenen Gegenüberstellungen von Handels- und Hersteller-Marketing zeigen mit großer Deutlichkeit, daß sich im Laufe der Zeit, vor allem in jüngster Vergangenheit, zwei sehr eigenständige Marketing-Bereiche entwickelt haben, mit unterschiedlich ausgeprägten Instrumenten, mit einer voneinander abweichenden zeitlichen Reihenfolge in der Anwendung der Instrumente und mit verschiedenen und charakteristischen Schwerpunkten.

13.4 Die Voraussetzungen für ein uneingeschränkt autonomes Handels-Marketing

Das Vorhandensein zweier großer Marketing-Bereiche, eines selbständigen und hochentwickelten Hersteller-Marketing und eines ebenso selbständigen, sich noch in der Entwicklung befindlichen Handels-Marketing, dessen Instrumentarium aber noch nicht in allen Bereichen des Handels vollständig und konsequent angewandt wird, stellt zwangsläufig die Frage, wie das Verhältnis zwischen diesen beiden Marketing-Bereichen beschaffen ist. Arbeiten beide Bereiche miteinander, nebeneinander oder gegeneinander? Gibt es ein kooperatives Marketing, wie manche namhaften Markenartikel-Hersteller behaupten? Da auf Dauer ein Gegeneinander beider Bereiche sicher sinnlos wäre, bleibt eigentlich nur die Möglichkeit einer Kooperation, die aber möglichst exakt zu definieren wäre, damit sie von beiden Bereichen sachlich und mit Aussicht auf Erfolg praktiziert werden könnte.

Erinnern wir uns noch einmal, daß das Marketing der Hersteller überwiegend produktorientiert ist und daß die Produktionsunternehmen die gesamtwirtschaftliche Aufgabe haben, durch den sinnvollen und nutzbringenden Einsatz von Produktionsfaktoren Güter zu erzeugen, die die Menschen, die in einer Volkswirtschaft leben, zum Leben brauchen oder die das Leben angenehmer machen.

Das Marketing der Handelsunternehmen ist dagegen überwiegend unternehmensorientiert und die Handelsunternehmen haben die gesamtwirtschaftliche Aufgabe, die produzierten Güter zum Verbraucher zu bringen und gleichzeitig, da sie unter dem Diktat einer immer knapper werdenden Verkaufsfläche stehen, die Produktion mit zu steuern. Der Versuch, Einfluß auf die Produktion zu gewinnen, wird sehr oft das Ziel verfolgen, die Herstellung paralleler Produkte und das Entstehen von Parallel-Sortimenten nicht ausufern zu lassen.

Da beide Marketing-Bereiche deutliche Unterschiede aufweisen, die nicht beseitigt werden können, und da Produktions- und Handelsunternehmen unterschiedliche

Orientierung und gesamtwirtschaftliche Aufgaben haben, kann ein kooperatives Marketing nur in einer koordinierten Aufgaben- und Arbeitsteilung beider Marketing-Bereiche bestehen. Kooperatives Marketing kann weder bedeuten, daß die Produktionsunternehmen ausführende Organe des Handels sind, noch daß die Handelsunternehmen der verlängerte Arm der Industrie sind. Durch eine koordinierte Arbeitsteilung kann dann auch erreicht werden, daß die immer wieder auftretenden und unvermeidbaren Interessenkollisionen zwischen Industrie und Handel durch Kompromisse zufriedenstellend gelöst werden. Ob bei diesen Kompromissen beide Bereiche des Marketing im gleichen Umfang nachgeben oder einmal der und einmal jener etwas mehr, ist eine Frage der wirtschaftlichen Macht, über die Hersteller- und Handelsunternehmen verfügen. Es wäre unrealistisch zu übersehen, daß es im Marketing zwischen Industrie und Handel Interessenkonflikte gibt und sogar geben muß und daß auch wirtschaftliche Macht eine Rolle spielt.

Diese Erkenntnis beginnt sich auch im Handel durchzusetzen. Auf dem Deutschen Marketing-Tag 1980 in Hamburg führte *Hartwig Knetter* aus: „Die Marktwirtschaft ist ein Konfliktmodell." Und weiter sinngemäß: „Das heute auf vielen unterschiedlichen Produktions- und Marktstufen praktizierte ‚vertikale' oder ‚Kooperationsmarketing' habe immer auch die fatale Konsequenz, den horizontalen Wettbewerb der Unternehmen auf der gleichen Stufe zu verringern. Das Ziel ist nicht eine kurzfristige ‚taktisch-listige' Kooperation, bei der die Industrie versuchen könnte, den Handel mit seiner wachsenden Macht abzubremsen. Es kommt auf die ‚langfristig-strategische' Zusammenarbeit in den engen von elementaren Interessenkonflikten abgesteckten Grenzen an, um einen gemeinsamen schöpferischen Ausbruchsversuch aus den immer enger werdenden Märkten zu wagen" (Deutscher Marketing-Tag: Brillante Theorie fürs Überleben, in: Lebensmittel-Zeitung Nr. 45 vom 7. 11. 1980, S. 32 ff.). Das Umdenken hat also im Handel bereits begonnen. Besonders hervorzuheben ist, daß diese Überlegungen aus dem Lebensmittelhandel kommen, der in Anbetracht des Vorhandenseins einer starken Markenartikel-Industrie besonders hart um die Verwirklichung eines autonomen Handels-Marketing ringen muß.

Da es in bestimmten Branchen und bei bestimmten Vertriebsformen bereits ein vollständig autonomes Handels-Marketing gibt, können die Voraussetzungen dafür in der Praxis festgestellt und empirisch beschrieben werden. Die Warenhaus-Konzerne, Textil- und technische Kaufhäuser und andere große Unternehmen des Handels betreiben heute schon ein weitestgehend selbständiges Handels-Marketing.

In anderen Bereichen des Handels, u. a. auch im Lebensmittelhandel, hat man diesen Zustand des Handels-Marketing noch nicht ganz erreicht. Dort bedeutet oft Partnerschaft – man betont diesen Begriff – einfach die Dominanz des Hersteller-Marketing. Dazu müssen sich allerdings die Hersteller auch ermutigt fühlen, wenn eine Befragung der Handelsunternehmen ergibt, daß von einem leistungsfähigen Hersteller – neben einem guten und aktuellen Produkt selbstverständlich – auch eine schlagkräftige Verkaufsförderung in den Medien und am „point of purchase", eine klare Staffelung der profitablen Handelsspannen und Rabatte und eine kontinuierliche Beratung und Betreuung erwartet werden (Mit dem Handel anstoßen, in: Absatzwirtschaft, Nr. 6/1980, S. 26 ff.). Da wird die Abtretung eines Teiles der Marketing-Kompetenz ja förmlich angeboten.

13.4 Die Voraussetzungen für ein uneingeschränkt autonomes Handels-Marketing

Wenn große Handelsunternehmen oder Zusammenschlüsse von Handelsunternehmen sehr vernehmlich über ihre Handelsleistung sprechen und darauf hinweisen, daß sie in zunehmenden Maße auch Absatzleistungen, also Marketingleistungen, erbringen, und dann von den Herstellern bessere Konditionen fordern, so bleiben viele Hersteller außerordentlich skeptisch. Dem Druck des Handels geben in vielen Fällen dann nur kleinere Hersteller-Unternehmen nach, die keine sehr starke Marktstellung besitzen.

13.4.1 Die Voraussetzungen beim Hersteller-Marketing

Damit die Handelsunternehmen erfolgreich ein selbständiges Marketing betreiben können, sollten auf der Seite des Hersteller-Marketing zumindest die folgenden wichtigen Voraussetzungen gegeben sein.

13.4.1.1 Bei der Marktforschung

Die Hersteller müssen ihre produktorientierte Marktforschung wie bisher fortsetzen. Die Aufgabe der Marktforschung kann sicher niemals allein dem Handel zugewiesen werden. Das wäre zwar denkbar, aber nicht praktikabel. Denn das hieße nicht mehr und nicht weniger, als daß die Hersteller ausschließlich nach den Anweisungen des Handels produzieren würden. Mit einer Marktforschung für hunderte oder gar tausende von Produkten wäre der Handel überfordert. Die Schwerpunkte der Marktforschung des Handels liegen beim Standort- und beim Sortiments-Marketing und müssen dort auch verbleiben.

Die Ergebnisse der produktorientierten Marktforschung des Hersteller-Marketing sollten den Handelsunternehmen möglichst umfassend zur Kenntnis gebracht werden, damit sie sie in ihr eigenständiges Handels-Marketing einbeziehen können.

Zusätzlich zum Verbraucher muß die Marktforschung des Hersteller-Marketing auch den Handel zu ihrem Erkenntnisobjekt machen. „Eigener Erfolg als Hersteller ist nur möglich, wenn ich so umfassend wie möglich die Probleme meines Abnehmers kenne und löse. (Das gilt sinngemäß auch für den Handel in seinem Verhältnis zum Verbraucher.)", meint *Baader* und weist damit auf einen äußerst wichtigen Punkt hin (*Baader, Dieter*, Der Manager der 80er Jahre, in: Selbstbedienung – Dynamik im Handel, Nr. 5, 1980, S. 14). Er fährt fort: „Das heißt nicht mehr und nicht weniger, als daß ich individuell ein möglichst umfassendes Wissen über seine Strategie, seine Struktur, seine Zahlen und Daten, seine Nöte und Sorgen und seine Ziele haben sollte."

13.4.1.2 Beim Produkt-Marketing

Unter den Bedingungen einer Überfluß-Wirtschaft ist es sehr wichtig, daß laufend echte Innovationen und nicht so viele Me-too-Produkte auf den Markt gebracht werden. Wer Me-too-Produkte anbietet, darf sich nicht wundern, wenn er beim Handel, der ja unter dem Diktat einer immer knapper und teurer werdenden Verkaufsfläche steht, auf Ablehnung stößt. Auf die Bedeutung von Innovationen brauchen die meisten Hersteller heute gar nicht mehr nachdrücklich hingewiesen zu werden. Sie kennen den Wert von Innovationen für ihr Unternehmen und seine Stellung am Markt nur zu gut.

Dem Mut zur Innovation sollte der Mut zum weißen – oder discountfähig gewordenen – Produkt beigesellt werden. Wenn ein Produkt discountfähig geworden ist und die entsprechenden charakteristischen Merkmale aufweist, dann sollte es auch als Discount-Produkt behandelt werden. Im Grunde genommen können eigentlich nur erfolgreiche Produkte discountfähig werden, auch Markenartikel. Diese Feststellung gilt in erster Linie für den Lebensmittelhandel und andere Branchen mit schnelldrehenden Verbrauchsgütern. Es ist erstaunlich, daß in diesen Bereichen des Handels angesichts der immer drückender werdenden Verkaufsflächenknappheit die Möglichkeiten der Disount-Produkte und des Vertriebsformen-Segments „Dauer-Niedrigpreislinie" noch nicht vollständig erkannt wurden. Man konzentriert vielmehr einen beachtlichen Marketing-Aufwand auf den Vertrieb dieser Produkte, was eigentlich völlig überflüssig ist und nur Marktanteilsverschiebungen zur Folge hat.

13.4.1.3 Beim Profil-Marketing

Der beginnende Aufbau eines Profil-Marketing bei den Herstellerunternehmen – unter der Bezeichnung „corporate identity" – sollte verstärkt fortgesetzt werden. In manchen Fällen wäre es bestimmt besser, wenn ein Herstellerunternehmen mehr Mühe auf den Aufbau einer wirksamen corporate identity verwenden würde statt sklavisch an bestimmten Markenartikeln – und mögen sie noch so erfolgreich gewesen sein – festzuhalten. Eine solche Einstellung erfordert ohne Zweifel ein starkes Umdenken, das bei der starken Produktorientierung des Hersteller-Marketing große Schwierigkeiten verursacht. Es wäre aber durchaus denkbar, daß in nicht zu ferner Zeit viele Handelsunternehmen bei den Herstellern der von ihnen geführten Produkte eine ausgeprägte und starke corporate identity höher einschätzen als die angebotenen Markenartikel. Die Zukunft könnte einer Kombination von corporate identity des Herstellerunternehmens und Handelsmarke des Handelsunternehmens gehören. Zumindest wird die durch eine starke corporate identity gestützte Handelsmarke gleichberechtigt neben den klassischen Markenartikel als reine Herstellermarke treten. Vielen Handelsunternehmen, und das gilt wieder besonders für den Lebensmittelhandel, wird im Interesse einer Profilierung mit Hilfe ihrer Sortimente gar keine andere Wahl bleiben, als verstärkt Handelsmarken zu schaffen und in ihren Sortimenten einen bevorzugten Platz einzuräumen.

13.4.1.4 Bei der Werbung

Die Werbung der Hersteller muß primär den Handel als Zielgruppe haben, nicht den Verbraucher. Sie muß dann in erster Linie produktorientiert und informativ statt emotional sein. Im Vordergrund müßten stehen:

Betriebswirtschaftliche Fakten, wie Umsatzerwartungen, mögliche Handelsspannen, mögliche Umschlagshäufigkeit, komplementäre Güter, Platzbedarf und Kundendienst, Kapitalbindung, Marktvolumen;

Fakten über den Nutzen für den Verbraucher, wie Hinweise über Verwendung oder Anwendung, Lebensdauer, Zweitnutzen, komplementäre und konkurrierende Produkte, Verbrauchstrends, beim Verbraucher festgestellte Probleme oder zu schaffende Probleme, zu erwartende Preisvorstellungen.

Auf diese Weise werden viele Ergebnisse der Marktforschung an den Handel weitergegeben, der sie dann in die Argumentation seiner eigenen, auf den Verbraucher gerichteten Werbung einbeziehen kann.

Auch dieser Wandel in der Werbung wird in manchen Bereichen der Wirtschaft, wieder muß der Bereich Lebensmittel hervorgehoben werden, ein deutliches Umdenken erfordern. Man fühlt sich heute einfach um vieles wohler, wenn man seine Werbung direkt an den Verbraucher richtet und traut dem Handel nicht zu, für die eigenen Produkte wirksam Werbung zu treiben. Zum Teil ist dieses Mißtrauen auch berechtigt. Denn, wie wir noch sehen werden, muß natürlich auch der Handel bestimmte Voraussetzungen erfüllen, wenn diese Art von Arbeitsteilung in der Werbung funktionieren soll. Andererseits müßte es für jedes Herstellerunternehmen aber auch erstrebenswert sein, eine sachliche und informative Werbung an eine fachlich qualifizierte Zielgruppe, nämlich den Handel, richten zu können. Eine solche Werbung müßte in ihrer Wirkung berechenbarer sein als die emotionale Werbung bei der großen Menge der Verbraucher. Und weniger Aufwand erfordert sie sicher obendrein.

13.4.2 Die Voraussetzungen beim Handels-Marketing

Auch auf seiten des Handels-Marketing müssen bestimmte Voraussetzungen gegeben sein, wenn die Handelsunternehmen erfolgreich autonom agieren wollen. Die wichtigsten Voraussetzungen können wie folgt beschrieben werden.

13.4.2.1 Bei der Marktforschung

Die Handelsunternehmen müssen eine intensivere Marktforschung als bisher betreiben. In manchen Branchen wird auf diesem Gebiet in Zukunft erheblich mehr getan werden müssen als in der Vergangenheit. Die Marktforschung darf nicht nur den Schwerpunkt im Standort-Marketing haben, sondern muß auch sortiments- und warengruppenorientiert sein. Viele Handelsunternehmen, vor allem die kleinen und auch mittleren Unternehmen im Lebensmittelhandel, wissen wenig über ihr Sortiment, häufig ist ihnen weder die Struktur ihres Sortiments (Umsatzanteile der einzelnen Warengruppen) noch die Ertragskraft der einzelnen Warengruppen bekannt. Ein ausreichend gegliedertes Sortiment mit Zielsetzung – Mbo – und Ergebniskontrolle – Mbr – für jeden Sortimentsbereich muß Bestandteil der Handels-Marktforschung sein. Wie alle Marktforschung kosten auch Zielsetzung und ausreichend gegliederte Ergebniskontrolle Geld. Die Erkenntnisse müssen jedoch diesen Aufwand wert sein. Die elektronische Datenverarbeitung hat zur Lösung der anstehenden Probleme in diesem Bereich wesentlich beigetragen. Ein geschlossenes Warenwirtschaftssystem, das mit Hilfe der elektronischen Datenverarbeitung arbeitet, wird die Probleme lösen und ist als Teil der Marktforschung im Handels-Marketing – als sehr wichtiger Teil sogar – zu sehen.

Die Ergebnisse der Marktforschung im Handels-Marketing sollten den Herstellern zur Auswertung und Ergänzung der Marktforschung im Hersteller-Marketing zur Verfügung stehen. Umgekehrt sollten die Handelsunternehmen auch sehr intensiv die Ergebnisse der Hersteller-Marktforschung auswerten. Zwischen Hersteller-Marketing und Handels-Marketing muß es eine intensive Kommunikation geben, in beiden Richtungen natürlich. Auf dem Deutschen Marketing-Tag 1980 in Hamburg vertrat *Knetter* sehr nachdrücklich die Meinung, „ein erster wichtiger Schritt zur sinnvollen Kooperation wäre schon dann vollzogen, wenn Industrie und Handel bessere und aufrichtigere Informationen austauschen würden, etwa zur Beurteilung der Absatzschubkraft eines Produktes oder – im Gegenzug – zur Beurteilung der Leistungsfähigkeit eines Vertriebsapparates. Bessere Kenntnisse von Marktforschungsergebnissen, Organisations-Interna oder Konzept-Details würden den Konkurrenten in Partnerschaft die Orientierung schon wesentlich erleichtern. Der Austausch von Informationen, ja besser: das Verstehen der Denkweise des anderen, könne jedoch auch durch einen Austausch des Marketing-Nachwuchses bewerkstelligt werden (Deutscher Marketing-Tag: Brillante Theorie fürs Überleben, a. a. O., S. 33). Eine bessere Formulierung könnte man kaum finden. Trotz aller Wandlungen in den Beziehungen zwischen Handel und Industrie sind diese Feststellungen Knetters heute noch gültig. Es ist sicher kein Zufall, daß diese Äußerungen aus dem Lebensmittelhandel kommen. Im Bereich der Lebensmittelwirtschaft gibt es zwischen den starken Markenartikel-Herstellern und den erstarkten Handelsunternehmen und Handelsgruppen in dieser Hinsicht noch viel nachzuholen. In anderen Bereichen des Handels ist dagegen die Marktforschung schon gut ausgebaut und unverzichtbarer Bestandteil eines autonomen Handels-Marketing.

Man darf natürlich nicht verkennen, daß der Besitz von detaillierten Marktforschungs-Ergebnissen auch einen Machtvorsprung bedeutet. Lange Zeit war da die Industrie im Vorteil. Durch Scanning und Warenwirtschaftssysteme zieht der Handel heute gleich.

13.4.2.2 Beim Sortiments-Marketing

Im Bereich des Sortiments-Marketing muß zwischen mehreren Voraussetzungen unterschieden werden.

(1) Innovationen

Der Handel muß von den Herstellern entwickelte und angebotene Neuheiten (innovative Artikel) sehr sorgfältig prüfen, muß ihnen grundsätzlich mit Wohlwollen gegenüberstehen und muß den Mut zur Aufnahme in sein Sortiment haben – in manchen Bereichen des Handels weitaus mehr Mut als bisher. Das Sortiment eines Handelsunternehmens ist keine statische Anhäufung von einzelnen Artikeln, sondern ein sich wandelnder, stetig erneuernder Bestandteil des Handelsunternehmens. Zwischen einem Herstellerunternehmen und einem Handelsunternehmen dürfte es eigentlich hinsichtlich von Innovationen keinen Interessenkonflikt geben, sofern es echte Innovationen sind. Beide Unternehmen können aus Innovationen Nutzen ziehen. In der Praxis sieht es oft anders aus. „Man scheitert heute nicht am Verbraucher, sondern am Handel", stellte *Haller* fest (Marktrenner – Zufall oder gesteuerter Erfolg? 5 Fallstudien, in: Absatzwirtschaft Nr. 8/1980, S. 34).

Mit der Feststellung, daß zu einem autonomen Handels-Marketing unverzichtbar der Mut zur Innovation gehört, mit deren Hilfe sich ein Sortiment ständig erneuert und der Gefahr der Langweile und des Sortiments-Verschleißes begegnet wird, kann es jedoch nicht sein Bewenden haben. Einige Detailfragen sind noch zu stellen und zu beantworten.

Was sind Innovationen?
Vom Wortlaut her sind Innovationen neue, originelle, bis zu ihrem Erscheinen noch nicht vorhandene Produkte. So eng darf man den Begriff in der Wirtschaft sicher nicht sehen. Innovationen entstehen auch dann, wenn

- **Convenience** (Bequemlichkeit, Dienstleistung) in ein Produkt eingebaut wird (z. B. Fertiggerichte),
- **neue Erkenntnisse der Ernährungswissenschaft** bei der Herstellung von bereits bekannten Produkten berücksichtigt werden (z. B. die Trend-Sortimente „Light-Produkte" und „Vollwert-Ernährung"),
- **Verpackung** verbessert wird (besserer Schutz, Verkleinerung oder Zweitnutzen).
- Produkte und ihre Verpackung **umweltfreundlicher** gestaltet werden (z. B. Wasch- und Putzmittel, Papierprodukte).
- Produkte einer neuen Mode folgen.

Daß Innovationen mit den Wünschen und Bedürfnissen der Verbraucher übereinstimmen müssen, ist nicht richtig. Für Innovationen, das gehört zu ihren Wesensmerkmalen, gibt es zunächst keinen Markt. Dieser Markt muß erst geschaffen werden.

Wer soll für Innovationen Märkte schaffen?
Sollen die Hersteller von Innovationen oder die Handelsunternehmen, die diese Innovationen in ihre Sortimente aufnehmen, die Märkte schaffen? Welche Rolle spielen die Verbraucher und ihre Verbände? Über diese Fragen ist bisher noch wenig intensiv diskutiert worden. Das ist sicher kein Zufall. Denn derjenige, der einen Markt neu schaffen will, trägt auch das volle Risiko. Obwohl es ohne Zweifel bereits zahlreiche Handelsunternehmen gibt, die in der Lage sind, Märkte zu machen, hält sich der Handel bei dieser Frage verständlicherweise stark zurück. Viele Handelsunternehmen überlassen wegen der hohen Risiken das Märktemachen lieber den Herstellern. Eine Haltung, die eigentlich mit einem autonomen, agierenden Handels-Marketing nicht recht in Einklang zu bringen ist.

Aus dieser Frage ergibt sich weiterhin die Überlegung, ob Innovationen als Herstellermarken – wie die klassischen Markenartikel – oder als Handelsmarken auf den Markt kommen sollen. Die Herstellermarke bietet, so hatten wir bereits gesehen, wenig Gelegenheit zur Profilierung des Handelsunternehmens. Die Handelsmarke dagegen profiliert wirksam; bringt jedoch höhere Risiken mit sich. Es hat übrigens schon echte Innovationen gegeben, die als Handelsmarken auf den Markt kamen. Die erste Halbfett-Margarine brachte z. B. die *Edeka Zentrale AG* als Handelsmarke auf den Markt („Die Leichte von *Wertkost*"). Kommen Innovationen als Herstellermarken auf den Markt, was die Regel sein wird, so ergibt sich für die Handelsunternehmen auf der einen Seite das Profilierungs-Problem. Für die Hersteller auf der anderen Seite ergibt sich das Distributionsproblem. Streben sie nach einer breiten, möglichst lückenlosen Distribution, so wird die Innovation, wenn sie ein Erfolg ist, schnell sehr bekannt und damit zu einem sehr brauchbaren Maßstab für die Beurteilung der Leistungsfähigkeit der Handelsunternehmen durch die Verbraucher. Das „prominent" gewordene Produkt findet der Verbraucher in den Sortimenten so gut wie aller einschlägigen Handelsunternehmen. Der Preis, zu dem es vom einzelnen Handelsunternehmen angeboten wird, eignet sich für den Verbraucher vorzüglich als Beurteilungsmaßstab für dessen Leistungsfähigkeit. Das Produkt, eben noch eine Innovation, wird von den Handelsunternehmen über kurz oder lang in den Preiskampf einbezogen. Das ist dann der „Fluch" der Profilierungs- und Distributionsanstrengungen des Herstellers. Der Lohn für seine Marketingarbeit ist oft die Furcht, sein mühsam entwickeltes Produkt könnte vom Handel im Preiskampf mißbraucht werden und sein Image verlieren. Ein solches Vorgehen muß dem Hersteller sinnlos erscheinen, das Handelsunternehmen verspricht sich einen Nutzen davon und hat, von seinem Standpunkt aus gesehen, gar nicht einmal so unrecht.

Was ist von Me-too-Produkten zu halten?

Über diese Produkte, die im Windschatten der echten Innovationen auf den Märkten segeln, wird immer wieder und sehr kontrovers diskutiert. Durch das Entwickeln eines Produktes und dessen Auf-den-Markt-Bringen baut sich ein Hersteller ein – wie es *Arndt* nennt – Leistungs-Monopol auf. Würde man Innovationen ausnahmslos gesetzlich schützen, so schriebe man unzählige Leistungsmonopole auf lange Zeit fest. Das wäre sicher ordnungspolitisch bedenklich und würde besonders die Handelsunternehmen in die Abhängigkeit vieler Hersteller bringen. Deshalb sollten Me-too-Produkte, also Nachahmungen von Innovationen, besonders von den Handelsunternehmen nicht grundsätzlich verdammt werden. Ein Me-too-Produkt kann unter zwei Voraussetzungen seinen Sinn und seine Berechtigung haben:

Wenn es das **Leistungsmonopol** eines Herstellers **bricht** und damit Anlaß zur Entwicklung weiterer Innovationen wird.

Wenn es dem innovativen Produkt zu einer **weiten Verbreitung** hilft, die infolge begrenzter Produktionskapazitäten des Innovators sonst nicht möglich gewesen wäre.

Natürlich ist es für ein Unternehmen, das eine Innovation mit erheblichem Aufwand entwickelt hat, nicht erfreulich, nach kurzer Zeit eine Imitation dieses Produkts auf dem Markt zu finden. Hinzu kommt noch, daß die Me-too-Produkte in der Regel wegen der eingesparten Entwicklungskosten billiger als die Innovationen angeboten werden. Für die Handelsunternehmen sind Me-too-Produkte aber oft echte Beschaffungs-Alternativen, die ihre Selbständigkeit und Unabhängigkeit ohne Zweifel fördern und stützen, durch die aber auch Parallel-Artikel und -Sortimente entstehen.

(2) Handelsmarken

Für ein autonomes Handels-Marketing sind Handelsmarken unverzichtbar. Sie ermöglichen, darauf wurde bereits hingewiesen, mit Hilfe des Sortiments-Marketing eine Profilierung des Handelsunternehmens. In der Entwicklung der Handelsmarken lassen sich mehrere Abschnitte feststellen. Die Handelsmarken der ersten Generation waren in der Regel Produkte, auf deren Markt es keine Markenartikel gab, wie z.B. im Bereich des Lebensmittelhandels Zucker, Mehl oder auch Streichhölzer. Wesentliches Merkmal war, daß die Markenbezeichnung den Namen des Unternehmens oder Bestandteile davon enthielt, z.B. *Edeka*-Mehl oder *Eka*-Gebäck-Mischung bei der *Edeka Handelsgruppe*.

Die Handelsmarken der zweiten Generation enthalten in ihrem Namen keinen Hinweis mehr auf das Handelsunternehmen oder die Handelsgruppe und wurden zum Teil zu echten Konkurrenten der klassischen Markenartikel. In der Praxis bezeichnet man sie deshalb auch als klassische Handelsmarken. Als Beispiele wären aus dem Bereich der *Edeka Handelsgruppe Hanseaten-Kaffee* oder Sekt *Schloß Königstein* zu nennen. Die Handelsmarken der dritten Generation könnten dadurch entstehen, was bereits angedeutet wurde, daß die corporate identity des Herstellers genützt wird und ein solches Produkt einen Hinweis auf seinen Hersteller trägt, der dann natürlich eine angesehene Firma sein muß.

(3) Discountfähige Produkte
Die Discount-Produkte sind eigentlich, was heute nicht mehr umstritten ist, ebenso unverzichtbar für ein Handelsunternehmen, das ein autonomes Handels-Marketing betreiben will, wie die Innovationen und die Handelsmarken. Die bisher vorliegenden Erfahrungen zeigen, daß man mit dieser Produkt-Kategorie Erfolg hat, wenn man die richtigen Produkte für dieses Vertriebsformen-Segment auswählt und wenn man auf hohe Qualität achtet. Wenngleich die Diskussion über die Discount-Produkte zwar immer wieder einmal aufflackert, aber nicht mehr so heftig wie Ende der siebziger Jahre des vorigen Jahrhunderts geführt wird, haben immer mehr konventionelle Handelsunternehmen diese Produkt-Kategorie und dieses Vertriebsformen-Segment in ihre Sortimente eingeführt.

13.4.2.3 Beim Preis-Marketing

Generell darf der Handel nicht sein alleiniges Heil im Preiskampf sehen, was auch nicht alle Handelsunternehmen tun. Zwei Punkte scheinen hier von besonderer Bedeutung zu sein. Die Leistungsfähigkeit eines Handelsunternehmens, wie sie sich u. a. auch in seinem Preis-Marketing offenbart, beruht mit darauf, welche Einkaufspreise es aushandeln kann. Günstige Einkaufspreise wird man von seinen Herstellern nur dann bekommen, wenn man nicht nur über Preise spricht, sondern auch über feste Abnahmemengen. Alles Reden über Preise bleibt Stückwerk und macht ein Handelsunternehmen in den Augen der Industrie unglaubwürdig, wenn keine Bereitschaft besteht, feste Mengen zu ordern. Damit wird natürlich wieder das Risiko-Problem sichtbar. Das Ordern fester Mengen bedeutet, daß ein Handelsunternehmen auch Risiken übernimmt. Aber nur dadurch kann es günstige Einkaufspreise aushandeln.

Beim Preiskampf mit Angebotsartikeln sollte die Gliederung des Sortiments in Innovationen, expansive Artikel und Discount-Produkte nach Möglichkeit beachtet werden. Innovationen sollten grundsätzlich nicht in den Preiskampf einbezogen werden, es sei denn, sie erweisen sich als Flop und müssen ausverkauft werden. Die expansiven Artikel sollte man nach Möglichkeit aus dem Preiskampf heraushalten, was sicher nicht immer einfach ist. Ohne Einschränkung können die Discount-Produkte in den Preiskampf einbezogen werden. Sie laufen, wie wir sahen, sowieso nur über den Preis und bei ihnen sucht der Verbraucher auch ganz gezielt die günstige Einkaufsquelle. Verstößt man, ohne dazu gezwungen zu sein, gegen diese Regeln, so opfert man Erträge, ohne auf der anderen Seite eine besondere Wirkung zu erzielen.

13.4.2.4 Bei der Kommunikationspolitik

Auf diesem Gebiet wäre Voraussetzung für ein autonomes Handels-Marketing die Verstärkung der Werbung, die dann nicht mehr ausschließlich Preiswerbung sein darf, sondern auch informieren muß und letztlich neue Märkte aufzubauen hat. Neben der Preiswerbung hätte als zweiter Schwerpunkt die Information über Produkte und über die Leistungen des Handelsunternehmens zu stehen. Werbung dieser Art kann man in der Handelslandschaft auch heute durchaus beobachten. In anderen Bereichen des Handels überläßt man diese informative Werbung und das Schaffen neuer Märkte den Herstellern. In diesen Bereichen müßte die Werbung neu orientiert und erheblich verstärkt werden, wenn ein autonomes Handels-Marketing verwirklicht werden soll.

Aber nur durch diese Neuorientierung und Verstärkung können die Handelsunternehmen, die diese Aufgabe noch vor sich haben, bei den Herstellern Verständnis für ein autonomes Handels-Marketing und Anerkennung für die eigene absatzpolitische Leistungsfähigkeit erringen. In manchen Bereichen des Handels greifen die Hersteller immer wieder stark in das Handels-Marketing ein oder sind nicht bereit, den direkten Draht zum Verbraucher aufzugeben, weil sie von der Fähigkeit der Handelsunternehmen zum effektiven Vertrieb nicht überzeugt sind und ihre Interessen beim Handel nicht in den besten Händen wähnen. Erst wenn es in diesen Bereichen den Handelsunternehmen gelingt, die Hersteller davon zu überzeugen, daß sie ihre Interessen kennen und verstehen, können sie umgekehrt Verständnis dafür gewinnen, daß der Handel ein eigenständiges Handels-Marketing aufbauen muß. Gerade in jüngster Vergangenheit bemühten sich Handel und Hersteller sehr intensiv um ein besseres gegenseitiges Verstehen. Das Ergebnis dieser Bemühungen könnte und sollte sein, das im Verhältnis zwischen Handel und Industrie immer noch dominierende Beeinflussungs-Management durch ein Beziehungs-Management zu ersetzen (siehe dazu: Diller, Hermann, Stichwort „Beziehungsmanagement", in: Vahlens Großes Marketing Lexikon, hrsg. von Hermann Diller, 2. Auflage München 2001).

13.4.3 Die Neuverteilung des Marketing-Aufwandes

In all den Bereichen des Handels, in denen der Aufbau eines autonomen Handels-Marketing erst begonnen hat oder noch nicht abgeschlossen ist und deshalb die Industrie noch eine starke Stellung im Marketing hat, ist eine Neuverteilung des Marketing-Aufwandes in Richtung von der Industrie zum Handel erforderlich. Dieser Aufwand ist, historisch gewachsen, in einem ganz bestimmten Verhältnis auf die Hersteller und den Handel verteilt, mit unterschiedlichen Schwerpunkten. Die Hersteller haben den Schwerpunkt Produkt-Marketing, die Handelsunternehmen den Schwerpunkt Standort-Marketing. Es ist deshalb so gut wie unmöglich zu behaupten, die Hersteller oder aber der Handel trügen den Hauptteil des Marketing-Aufwandes.

Wenn es zum Aufbau eines autonomen Handels-Marketing kommt, so wird der Marketing-Aufwand der Hersteller mit Sicherheit sinken, der der Handelsunternehmen steigen. Das wurde bereits dargelegt. Diese Neuverteilung des Marketing-

13.4 Die Voraussetzungen für ein uneingeschränkt autonomes Handels-Marketing

Aufwandes hat in den davon betroffenen Branchen bereits auf breiter Front begonnen und vollzieht sich in der Form des harten Kampfes um die Konditionen. Dieser „ökonomische" Kampf wird ergänzt und begleitet von einem „psychologischen" Feldzug in Form zahlreicher Diskussionen und Beiträge in den Fachzeitschriften. Das ist gewissermaßen der ideologische Hintergrund der in den Büros der Einkäufer der Handelsunternehmen tagtäglich stattfindenden Konditionengefechte.

In diesem Kampf ist in der Regel der Handel im Angriff, die Hersteller verteidigen sich. Lange Zeit stand das Argument, vom Handel vorgetragen, im Vordergrund, die Handelsunternehmen müßten für ihre Distributionsleistungen von den Herstellern angemessen honoriert werden. Das betraf vor allem die Großhandelsunternehmen im Lebensmittelhandel, die ohne Zweifel mehr Kosten für die Distribution aufwenden als große SB-Warenhäuser, die die gleichen Konditionen von den Herstellern bekommen. Das führte zu der Frage der gerechten Konditionen, die im Grunde unbeantwortet bleiben muß.

Der Kampf um die Konditionen und die ihn begleitende Diskussion würden sicher an Sachlichkeit und Klarheit gewinnen, wenn man klar sehen und exakt unterscheiden würde, daß der Handel zwei Leistungen erbringt, eine Distributionsleistung und eine Marketingleistung. Und je mehr er seine Marketingleistung ausbaut, um so mehr Mittel muß er haben, die er sich bei den Herstellern holen muß. Wenn er völlig autonom sein will, dann kann er sich nicht damit begnügen, daß ihm Marketingaufwand produktgebunden in Form von Werbekostenzuschüssen oder ähnlichen Vergütungen erstattet wird. Dann muß er generell niedrigere Preise von den Herstellern fordern. Denn in Form höherer Preise kann er sich den erforderlichen Marketingaufwand angesichts des harten Wettbewerbs und des Preisbewußtseins der Verbraucher nicht vom Markt holen. Und entsprechende Reserven sind in den Erträgen nicht vorhanden. Die Handelsspannen sind als Folge von Wettbewerb durch Preiskampf bei vielen Handelsunternehmen, vor allem bei großen Unternehmen, bemerkenswert gesunken. 1% bis 2% vom Umsatz als Reingewinn vor Steuern sind heute bei großen Handelsunternehmen keine Seltenheit.

Wenn sich der Handel den erforderlichen und von Jahr zu Jahr steigenden Aufwand für sein eigenständiges Marketing beschaffen will, bleibt in der Regel nur die „Verbesserung der Beschaffungsbedingungen", wie es *Nieschlag* formuliert. Ein sehr wichtiger Weg zu diesem Ziel ist die Konzentration, die den Handelsunternehmen mehr Einfluß auf die Konditionen verschafft und darüber hinaus sehr oft auch noch Kostendegressionen möglich macht (vgl. dazu: *Nieschlag, Robert*, Die Konzentration bestimmt die Entwicklung im Handel, in: Frankfurter Allgemeine Zeitung vom 4. 3. 1981, S. 14). Aber auch das ist ein sehr dorniger Weg, auf dem das Ziel keineswegs mühelos zu erreichen ist. So ist es auch keine Sensation, wenn eine Handelsgruppe wie die *Rewe* eingesteht, in einem bestimmten Zeitraum die geplanten und erhofften Handelsspannen nicht realisiert zu haben (*Rewe* ist zum weiteren Wachstum gezwungen, Magere Handelsspannen im vergangenen Jahr, in: Frankfurter Allgemeine Zeitung vom 6. 3. 1981, S. 14).

Es stellt sich nun natürlich die Frage, welche Faktoren diesen Kampf um die Neuverteilung des Marketingaufwandes beeinflussen. Zumindest drei gewichtige Faktoren lassen sich erkennen:

Die wirtschaftliche Macht

Sie ist sicher ein sehr bedeutender Faktor, aber nicht der einzige, wie *Sandler* anzunehmen scheint (*Sandler, Guido,* Wir möchten Sie zu einem Grundsatzgespräch einladen – über das Kräftefeld zwischen Industrie und Handel, in: Lebensmittel-Zeitung Nr. 42 vom 19. 10. 1979, S. F 2ff.; auf die Frage, was heute den Preis bestimmt, gibt er mit Resignation die Antwort: „Ich denke, wir stimmen weitgehend überein: Es ist das Kräftefeld zwischen den Partnern, das letztendlich den Preis bestimmt."). Hier wäre auch noch anzumerken, daß die Konzentration im Handel, besonders im Lebensmittelsektor, nicht zuletzt auch mit eine Folge der Konzentration in der Industrie war.

Das gegenseitige Vertrauen

Auf diesem Felde ist noch viel zu tun. Der Handel einerseits mißtraut der Industrie und wirft ihr undurchsichtige Konditionen vor, was sich vor allem auf die Umwandlung von Funktionsrabatten in Eintrittsgelder (für zur Verfügung gestellte Regalfläche) und Dienstleistungen (Preisauszeichnung und Regal-Pflege) bezieht. *Knetter* meint dazu, mit zunehmender Besinnung des Handels auf seine Marketingaufgabe werde der direkte Zugriff zum Regal in vielen Fällen wieder abnehmen und sich der intransparente Nebenleistungs-Dschungel etwas lichten (in: Brillante Theorie fürs Überleben, a. a. O.).

Im Verlaufe zahlreicher Fusionen in den achtziger Jahren, besonders im Lebensmittelhandel, konnten die übernehmenden großen Unternehmen bei Einsicht in die Konditionen der fusionierten kleineren Unternehmen nicht selten feststellen, daß diese bei manchen Firmen, darunter auch großen Markenartiklern, bessere Konditionen hatten als sie selbst. Die Größe und das Beschaffungsvolumen waren offensichtlich nicht immer die für die Konditionen ausschlaggebenden Faktoren. Zum Aufbau eines Vertrauensverhältnisses zwischen Industrie und Handel haben solche Erkenntnisse nicht gerade beigetragen.

Umgekehrt mißtraut die Industrie dem Handel, er werde die in den Preisen übertragenen Mittel bedenkenlos in seinem Preiskampf einsetzen und somit verschleudern. Dies ist, was den Lebensmittelhandel anbetrifft, bei vielen Handelsunternehmen nicht von der Hand zu weisen. Man hat sich so in den Preiskampf verrannt, daß man jede Konditionsverbesserung und jeden Rationalisierungserfolg ohne große Umschweife in den Preisen an die Verbraucher weitergibt. Hier muß noch ein intensives Umdenken einsetzen, daß Marketing nicht nur aus Preiskampf besteht.

Die Risiko-Bereitschaft

An dieser Stelle kommt selbstverständlich die Risikofrage wieder zum Vorschein und läßt noch einmal ihre große Bedeutung erkennen. In Konditionengesprächen kann man eben nicht nur über Preise reden und die eigene Größe in den Vordergrund stellen. Man muß auch die Abnahme fester Mengen von seiten des Handels anbieten und abschließen.

Eine vermehrte Übernahme von Risiken könnte für die Entwicklung eines autonomen Handels-Marketing sogar recht nützlich sein. Die Handelsunternehmen müßten dann unter Einsatz des gesamten Marketing-Instrumentariums die fest georderte Ware verkaufen, nicht lediglich vom Hersteller über eine aufwendige Werbung bereits vorverkaufte Ware abrufen und verteilen.

Und letztendlich würde die vermehrte Risikoübernahme durch die Handelsunternehmen das Vertrauen der Hersteller in die absatzpolitische Leistungsfähigkeit der Handelsunternehmen stärken. Nur unter Berücksichtigung dieser Faktoren läßt sich ein autonomes Handels-Marketing aufbauen. Daß dies möglich ist, zeigen manche Bereiche des Handels eindeutig.

Es ist zu verstehen, daß manchen stolzen Markenartikler Wehmut befällt, wenn er seine Marketing-Kompetenz langsam aber sicher an den Handel übergehen sieht.

In seiner Untersuchung „Herstellermarketing im Wettbewerb um den Handel", die im Hintergrund allerdings noch eine starke Orientierung am klassischen Hersteller-Marketing erkennen läßt, sieht *Dingeldey* die abgelaufene und künftige Entwicklung in vielen Punkten sehr richtig. Er warnt die Hersteller vor der Tatsache, daß der erstarkte Handel für sie zum „Engpaß-Faktor" werden könnte. Wir möchten sagen, daß der Handel die Marketing-Funktion voll übernehmen und damit zum Engpaß-Faktor werden muß. Er hat gar keine andere Wahl. Der immer unbarmherziger werdende Druck einerseits der knapper werdenden Verkaufsfläche, andererseits der Flut neuer Produkte zwingt ihn dazu. Daß die Hersteller auf die, wie es *Dingeldey* nennt, Rückwärtsintegration des Handels, das An-sich-Ziehen von Marketing-Funktionen, mit einer Vorwärtsintegration, einer Beeinflussung des Handels und seiner Absatzpolitik, antworten, ist nur verständlich. Dies wird jedoch den Handel nicht hindern dürfen, seinen Weg zu einem autonomen Handels-Marketing zu gehen und dabei alle sich ihm bietenden Chancen zu nützen und allen ihm bereits zugewachsenen Einfluß geltend zu machen (vgl. dazu: *Dingeldey, Klaus*, Herstellermarketing im Wettbewerb um den Handel, Berlin 1975, besonders S. 197f.).

13.5. Vertikales Marketing

Das Entstehen eines eigenständigen Handels-Marketing hat im Verhältnis zwischen Herstellern und Handel ein Problem entstehen lassen. Die vorangegangenen Abschnitte dieses Kapitels deuteten es bereits an. Dieses Problem sollte nicht zum beide Seiten belastenden chronischen Konflikt werden. Es stellt beide Seiten vor die folgenden Aufgaben:

- **Handel** und **Hersteller** müssen jeder für sich die Voraussetzungen für ein effektives eigenständiges Handels-Marketing schaffen, das in beider Interesse liegt.
- Die **Neuverteilung** der Absatzfunktionen und des Marketing-Aufwandes ist nicht zu umgehen und sollte ohne übermäßige Reibungsverluste erfolgen.
- Der **Zielkonflikt** zwischen dem produktorientierten Hersteller-Marketing und dem unternehmensorientierten Handels-Marketing kann zwar nicht überwunden werden. Durch einen sinnvollen Interessenausgleich sollte jedoch erreicht werden, daß er einer Zusammenarbeit nicht als unüberwindliches Hindernis im Wege steht.

Für die Lösung des Problems gibt es zwei extreme Alternativen:

- Der **Handel verzichtet auf jegliches Marketing**, sieht sich als Absatzmittler und läßt sich auf die Erfüllung von lediglich Logistik-Aufgaben zurückdrängen. Das hieße, das Rad der Handelsgeschichte um hundert Jahre zurückdrehen.

- Das **Handels-Marketing ersetzt das Hersteller-Marketing** vollständig. Das ist eine zwar denkbare, aber realitätsferne Illusion.

Beide Extrem-Alternativen scheiden aus. Die Lösung muß in der Mitte liegen. Sowohl die Industrie als auch die Wissenschaft haben in den letzten Jahren intensiv daran gearbeitet, einen Mittelweg zu finden.

13.5.1 Ansätze zur Lösung des Problems bei der Industrie

Von Beginn an organisierte die Industrie ihr Marketing nach außen regional. Das Absatzgebiet wurde z.B. in Gebietsverkaufs-Direktionen, Bezirksverkaufs-Leitungen und Vertreter-Bezirke aufgeteilt. Innerhalb des Unternehmens wurde in der Regel funktional organisiert. Als sich bei den Markenartikel-Herstellern die Produktion auf eine begrenzte Anzahl von Produkten oder Marken konzentrierte, wurde in die Marketing-Organisation eine zweite Ebene eingefügt, das Produkt-Marketing-Management. Ein Marketing-Manager war nun für ein Absatzgebiet, ein anderer Marketing-Manager für ein Produkt oder eine Marke zuständig (vgl. dazu: *Nieschlag/Dichtl/Hörschgen*, Marketing, a.a.O., S. 940ff.; *Kotler, Philip*, Marketing-Management, a.a.O., S. 607ff.).

Der fortschreitende Konzentrationsprozeß im Handel, besonders im Lebensmittelhandel, erforderte neue Lösungen. Es wurde eine dritte Ebene geschaffen.

13.5.1.1 Das Key-Account-Management

Man bezeichnet diese Form der Marketing-Organisation auch als Kundengruppen-Marketing. Marketing wird nunmehr kunden- oder handelsorientiert organisiert. Ein Marketing-Manager ist für einen oder mehreren Kunden (in der Regel Großkunden) zuständig und muß seine Arbeit sowohl mit dem regionalen wie auch mit dem produktorientierten Marketing koordinieren. Wenn man in einem Großkunden ein eigenes Marktsegment des Absatzmarktes sieht, so ist das Key-Account-Management dem von *Kotler* beschriebenen Märkte-Management gleichzusetzen. Eigenständige Märkte sind dort Branchen, Zielgruppen oder Institutionen wie Handel, Gastronomie und Großküchen (*Kotler*, a.a.O., S. 616).

Eine Untersuchung von *Diller* ergab, daß heute rund 56% der Unternehmen der deutschen Lebensmittel-Industrie in den alten Bundesländern zumindest formal Key-Account-Management betreiben. Bei 39% der Unternehmen ist Key-Account-Management eine Stabsstelle, bei weiteren 39% in eine Matrix-Organisation eingebunden und bei 22% eine Linienfunktion.

Ein Key-Account-Manager hat die folgenden Aufgaben:

- **Informationsaufgabe:** er hat alle wichtigen Informationen über seinen oder seine Kunden zu sammeln, auszuwerten und weiterzuleiten.
- **Planung und Promotion:** es sind alle den Kunden betreffenden Absatz- und Marketingplanungen durchzuführen, die das Geschäft mit ihm fördern.
- **Koordination**: alle Güter, Geld und Informationen betreffenden Vorgänge mit dem Kunden sind zu koordinieren. Mit dem Kunden ist Kontakt zu halten und sind Verträge abzuschließen (Diplomatenfunktion).

- **Kontrolle:** die Beziehungen zum Kunden und die Abwicklung der Geschäfte mit ihm sind zu kontrollieren.

Die Aufgaben sind auf der Grundlage einer Key-Account-Management-Strategie wahrzunehmen. Die Ziele einer solchen Strategie müssen sein:

- **Rückgewinnung der Initiative** in den Beziehungen Hersteller – Kunde, die in den siebziger Jahren des vorigen Jahrhunderts in vielen Fällen vom Handel ergriffen worden war.
- **Neuverteilung der Absatzfunktionen**, vor allem auch auf dem Gebiet der Logistik, wo der technische Fortschritt einen Wandel mit sich brachte.
- **Neuordnung der Informationsbeziehungen**, bei denen die EDV, besonders die Scannerkassen, dem Handel eine Informationshoheit verschafften. In entgegengesetzter Richtung aber konnte die Industrie z.B. durch Space-Management ihren Informationsvorsprung dem Handel nutzbar machen, was die Kundenbindung verbesserte.
- **Synergiepotentiale erschließen**, um Reibungsverluste zu mindern, Fehlentscheidungen bei Me-too-Produkten zu vermeiden und ökologischen Forderungen– Verpackungsprobleme – Rechnung zu tragen.

Key-Account-Management soll dazu beitragen, auf die Veränderungen im Handel – Konzentration und neue Entscheidungsstrukturen – „koevolutiv" zu reagieren und tradiertes Denken zu überwinden, das sich in drei Formen äußert:

- **Streben nach hohem Distributionsgrad**, Artikel soll ubiquitär sein (ubiquitärer Vertrieb),
- **Streben nach Führerschaft im Absatzkanal**, was u.a. intensive Verbraucherwerbung nach sich zieht, die der Handel nicht selten als Bevormundung ansieht,
- **kompromißloses Festhalten am Markenartikel** und strikte Weigerung, Handelsmarken zu produzieren.

(Vgl. dazu: *Diller, Hermann*, Key-Account-Management als vertikales Marketingkonzept, Theoretische Grundlagen und empirische Befunde aus der deutschen Lebensmittel-Industrie, in: Marketing – Zeitschrift für Forschung und Praxis, Heft 4/1989, S. 213ff.)

13.5.1.2 Trade-Marketing

Das Trade-Marketing, das bisher erst von wenigen Herstellern betrieben wird, hat die Aufgabe, eine neue Kommunikationsschiene zwischen Hersteller und dem Absatz- oder Vertriebs-Marketing eines Handelsunternehmens aufzubauen. Das muß in enger Verbindung zum und in Abstimmung mit dem Key-Account-Management geschehen. Man könnte das Trade-Marketing als funktionsorientiertes Marketing zum Handel hin bezeichnen.

Zwei Aufgaben sind dem Trade-Marketing gestellt:

- **Abstimmung** der Zielsetzungen und Interessen von Handel und Industrie und deren Integration in Angebotskonzepte, die den Interessen von Industrie, Handel und Verbrauchern gerecht werden. Aus dieser Aufgabenstellung könnte sich, wenn sie ernst genommen wird, eine ganz neue Qualität der Jahresgespräche ergeben. Im einzelnen kann es dabei um Fragen der Logistik, der Plazierung der Ware, des Merchandising, der Verkaufsförderung und der Werbung gehen.

- **Unterstützung** der Handelsunternehmen und der eigenen Verkaufs- bzw. Außendienstorganisation bei ihrer Arbeit. Mit einem solchen Service-Angebot kann u. U. kleineren Handelsunternehmen wirksam geholfen werden, sich am Markt zu behaupten. Das wäre ein Beitrag zur Erhaltung eines mittelständischen Fachhandels, der für bestimmte Branchen des Fachhandels (Rundfunk und Fernsehen z. B.) von großer Bedeutung ist.

Trade-Marketing betreiben *Coca-Cola, Procter & Gamble* und *Mars* im Lebensmittelbereich. Beispiele für andere Branchen sind *Blaupunkt* und *Continental*. Sie leisten insbesondere bei der Einführung von Space-Management und bei der DPR-Analyse Hilfe, stellen aber auch vollständige Konzepte für das Handels-Marketing zur Verfügung (vgl. dazu: *Zentes, Joachim*, Trade-Marketing, Eine neue Dimension in den Hersteller-Händler-Beziehungen, in: Marketing – Zeitschrift für Forschung und Praxis, Heft 4/1980, S. 224 ff.).

13.5.2 Vertikales Marketing als Gegenstand wissenschaftlicher Untersuchungen

Parallel zu den Entwicklungen im Marketing der Hersteller und dessen Differenzierung hat sich die Wissenschaft unter dem Begriff „Vertikales Marketing" mit dem Wandel im Absatzkanal beschäftigt.

Vertikales Marketing, so *Diller*, besteht aus folgenden Komponenten:

- **Marktselektions-Konzept:** Man kann sich für zwei Alternativen entscheiden, für den ubiquitären Vertrieb mit hoher Distributionsquote oder den Exklusiv-Vertrieb mit ausgewählten Handelsunternehmen und der Besetzung von Markt-Segmenten oder Markt-Nischen. Wie die Entscheidung ausfällt, ist mit eine Frage der Größe sowohl des Hersteller- als auch des Handelsunternehmens.
- **Macht-Konzept:** Man kann sich entscheiden für
  die **Umgehung des Handels**, den man durch intensive Verbraucherwerbung zwingt, die eigenen Artikel zu listen, oder den man durch direkten Vertrieb vollständig ausschaltet;
  Stärke, die Herrschaft im Absatzkanal anstrebt, was zumindest überragend gute Produkte voraussetzt und Marktführerschaft auf dem angestammten Markt des Hersteller-Unternehmens;
  Partnerschaft, die nach einem Interessenausgleich mit dem Handel strebt, ohne daß sich ein Hersteller-Unternehmen dabei selbst aufgibt;
  Anpassung, die alle Wünsche des Handels zu erfüllen trachtet und die eigenen Marketing-Aktivitäten auf ein Minimum reduziert, was überwiegend von kleinen Hersteller-Unternehmen durchgeführt wird.
- **Marketing-Mix-Konzept**: Für dessen Gestaltung steht eine Vielzahl von Elementen zur Verfügung, z. B. Endverbraucher-Marketing, intensive persönliche Kontakte, gute Vertriebsorganisation, handelsorientierte Verkaufsförderung, günstige Konditionen oder innovative Produkte.

Aus diesen Komponenten lassen sich drei vertikale Marketing-Typen aufbauen, die folgende Strategien verfolgen:

13.5. Vertikales Marketing

- **Anpassungs-Strategie**, die man als defensiv-kooperatives Verhalten kennzeichnen könnte. Das machtpolitische Konzept der Anpassung steht in ihrem Mittelpunkt. Sie findet sich häufig bei kleinen Hersteller-Unternehmen.
- **Kampf-Strategie**, die man als offensiv-kooperatives Verhalten kennzeichnen könnte. Eine Partnerschaft, die auch die Austragung von Konflikten nicht scheut.
- **Autonomie-Strategie**, eine Strategie der Stärke, die den Handel fordert und, wenn es sein muß, auch umgeht. Sie kann nur von großen und sehr erfolgreichen Hersteller-Unternehmen angewandt werden.

(Vgl. dazu: *Diller, Hermann*, Key-Account-Management als vertikales Marketingkonzept, a.a.O., S. 215 ff.; weiterhin zum gesamten Komplex vertikales Marketing: *Ahlert, Dieter*, Distributionspolitik, Stuttgart 1985; *Irrgang, Wolfgang*, Strategien im vertikalen Marketing, München 1989; Irrgang, Wolfgang, Hrsg., Vertikales Marketing im Wandel, München 1993.)

Das vertikale Marketing ist, so könnte man es formulieren, die logische Folge davon, daß ein eigenständiges Handels-Marketing entstanden ist und daß sich seit etwa zehn Jahren Hersteller-Marketing und Handels-Marketing ebenbürtig gegenüberstehen. Trotz unterschiedlicher Interessen und Ziele sind sie zur Zusammenarbeit verurteilt. Sie können sich nicht aus dem Wege gehen. Das vertikale Marketing kann zu einer sinnvollen und effektiven Zusammenarbeit beitragen, indem es das Problem und die Alternativen zu seiner Lösung systematisch darstellt und den Absatzkanal transparenter macht. Der Beitrag kann vor allem bewirken, daß

- die Industrie von realitätsfernen Kooperations- und Partnerschaftsvorstellungen befreit wird,
- der Handel vor der Versuchung einer ebenso realitätsfernen Macht-Überheblichkeit bewahrt wird.

Das vertikale Marketing (eine Brücke zwischen Hersteller- und Handels-Marketing) erweist damit auch dem Handels-Marketing und seiner weiteren Entwicklung einen guten Dienst.

Teil E: Die Operationalisierung der Absatzkonzeption durch Zielsetzungen (Mbo)

Eine Absatzkonzeption ist ihrem Wesen nach von qualitativer Art. Sie ist weitestgehend verbal formuliert. Wenn Zahlen verwendet werden, dann sind es immer Prozentzahlen, mit denen z. B. ein Teil-Sortiment ins Verhältnis zum Gesamt-Sortiment gesetzt wird oder die angestrebte Handelsspanne in Prozent des Umsatzes angegeben wird. Das gilt sowohl für den konstitutiven als auch für den operativen Marketing-Mix. Wenn man eine Absatzkonzeption realisieren, die zu ihrer Verwirklichung erforderlichen unternehmerischen Entscheidungen treffen will, dann muß man die qualitativen Vorgaben in quantitative Daten transformieren. Diese Aufgabe übernimmt die Standort-Analyse, die bei der Gründung eines Handelsunternehmens durchgeführt wird und die später in regelmäßigen Abständen immer wieder überprüft und aktualisiert werden muß. Hier wird also wieder auf die Marktforschung zurückgegriffen, ohne die eine marktorientierte Umsetzung der Absatzkonzeption nicht möglich ist. Durch die Transformation der qualitativen Vorgaben in quantitative Daten wird die Absatzkonzeption „operationalisiert", sie wird „handhabbar". Die Operationalisierung ist standortabhängig. Ein und dieselbe Absatzkonzeption kann an verschiedenen Standorten operationalisiert sehr unterschiedliche Zahlen enthalten. Filialunternehmen arbeiten nach einer einzigen Absatzkonzeption, die sie dann für jede Filiale entsprechend dem Standort operationalisieren müssen. Für jede Filiale werden sich dann unterschiedliche quantitative Daten, unterschiedliche Ziele ergeben.

14. Kapitel: Die Methode der Zielsetzung (Mbo)

Die Zielsetzung ist die Schnittstelle zwischen dem Marketingbereich eines Handelsunternehmens und seinem Operatingbereich. Ohne Zielsetzung kann man auf der einen Seite den Marketingbereich nicht kontrollieren, auf der anderen Seite den Operatingbereich nicht steuern. Die Anwendung der Methode der Zielsetzung verursacht zwar einigen Aufwand. Dem stehen zwei Vorteile gegenüber, die den Aufwand mehr als kompensieren.

- Die Zielsetzung zwingt das Management eines Handelsunternehmens dazu, sich ständig mit dem Markt zu beschäftigen. Unterbleibt diese ständige Auseinandersetzung mit dem Markt, so verlieren die Ziele an Aktualität und werden schließlich unrealistisch. Die Zielsetzung fällt in sich zusammen wie ein Kartenhaus und kann dann getrost aufgegeben werden. Fast ist man versucht zu sagen: lieber keine Ziele als falsche Ziele.

– Die Zielsetzung – realistische Ziele vorausgesetzt – liefert die Maßstäbe für die Ergebniskontrolle. Ohne Zielsetzung ist ein Soll-Ist-Vergleich nicht möglich. Ohne Zielsetzung können Ergebnisse dann nur noch festgestellt und zur Kenntnis genommen, nicht aber beurteilt werden.

14.1 Marktorientierte Unternehmensführung durch Zielsetzung

Zielsetzung braucht die qualitativen Vorgaben der Absatzkonzeption und die quantitativen Daten vom Markt und gibt ihre Entscheidungen als Informationen an den Marketing-Bereich zurück und an Planung und Organisation weiter. Der Marketing-Bereich erhält Ziele für Umsatz und Handelsspanne, die man als Minimalziele kennzeichnen könnte. Werden sie überschritten, so kann dies positiv bewertet werden. Die Gründe für das Überschreiten müssen aber ebenso genau untersucht werden wie die Gründe für ein Nichterreichen der vorgegebenen Ziele. Der Operatingbereich beschafft nach den Vorgaben des Marketing-Bereiches die erforderlichen Produktions- oder Betriebsfaktoren und legt damit die Kostenziele fest. Die Kostenziele sind Maximalziele, die nicht überschritten werden sollten.

14.1.1 Marktorientierte Unternehmensführung

Das Management eines Handelsunternehmens hat, so läßt sich kurz formulieren, drei Aufgaben zu erfüllen:
– Es muß den Warenstrom gestalten, die richtigen Waren zu marktgerechten Preisen anbieten. Das ist die Aufgabe des Marketing-Bereiches.
– Es muß den Warenstrom bewegen und die dafür erforderlichen Produktionsfaktoren beschaffen und einsetzen. Das ist die Aufgabe des Operatingbereiches, den man auch als Logistik-Bereich bezeichnet.
– Es muß den Geldstrom, der im Handelsunternehmen eine sehr große Bedeutung hat, kontrollieren und vor Gefahren schützen und das Unternehmen kontrollieren. Das ist die Aufgabe des Verwaltungsbereiches.

Werden diese Aufgaben zufriedenstellend gelöst, dann werden auch drei Forderungen an das Handelsunternehmen erfüllt.
– Ein Handelsunternehmen muß „produktiv" sein, was einen sparsamen Einsatz der Produktionsfaktoren voraussetzt und die Kosten niedrig hält. Die Produktivität schafft preispolitische Spielräume.
– Ein Handelsunternehmen muß „rentabel" sein, was ein marktgerechtes Sortiment und eine ertragsorientierte und trotzdem marktgerechte Preispolitik voraussetzt.
– Ein Handelsunternehmen muß jederzeit „liquide" sein, was eine Planung und Kontrolle der Einnahmen und Ausgaben voraussetzt.

Die Erfüllung dieser Aufgaben und der sich aus ihnen ergebenden Forderungen stellt die Unternehmensführung vor ein grundsätzliches Problem. Marktpotential und Unternehmenspotential müssen – wenigstens annähernd – deckungsgleich sein. Dieses Problem kann nur gelöst werden, wenn die Absatzkonzeption durch die Zielsetzungen operationalisiert wird. Die Ziele binden die Absatzkonzeption an den Markt an, sie individualisieren eine Absatzkonzeption vom Standort her.

Ist das Marktpotential größer als das Unternehmenspotential, so werden nicht alle Chancen, die der Markt bietet, genutzt. Es wird Umsatz verschenkt.

Ist das Unternehmenspotential größer als das Marktpotential, so wird die vorhandene Umsatzkapazität des Unternehmens nicht ausreichend genutzt. Die Kosten, vor allem die fixen Kosten, erdrücken das Unternehmen. Es schreibt rote Zahlen.

Sind Marktpotential und Unternehmenspotential nicht aufeinander abgestimmt, weichen vielmehr langfristig mehr oder weniger voneinander ab, so ist das ein Anzeichen für eine mangelhafte Unternehmensführung. Auf den ersten Blick mag das zu große Unternehmenspotential als der bedrohlichere Mangel erscheinen. Rote Zahlen können auch schnell in den Abgrund führen. Aber die unzureichende Nutzung des Marktpotentials ist nicht weniger gefährlich. Sie lädt die Wettbewerber förmlich ein, sich im Absatzgebiet festzusetzen und auszudehnen. Und das kann früher oder später zur Verdrängung des mangelhaft geführten Unternehmens führen. Die Wirkungen einer unzureichenden Nutzung des Marktpotentials sind vielleicht sogar die heimtückischere Gefahr, weil sie erst mit zeitlicher Verzögerung auftreten. Verlorene Marktanteile sind schwerer zurückzuholen als hohe Kosten zu senken.

(1) Das Marktpotential

Das Marktpotential ist die Größe, an der alle in einem Markt operierenden Handelsunternehmen teilhaben wollen. Für Marktpotential kann man auch „einzelhandelsrelevantes Kaufvolumen" in einem bestimmten Markt sagen. Von den einzelhandelsrelevanten Kaufvolumina der zahlreichen Teilmärkte in einer Volkswirtschaft können auch die Großhandels- und die Produktionsunternehmen ihre Umsatzerwartungen und ihre Zielsetzungen zu einem großen Teil ableiten.

Der Anteil, den sich ein Handelsunternehmen von diesem Kaufvolumen sichern kann, ist sein Marktanteil. Ehe ein Handelsunternehmen abzuschätzen in der Lage ist, welchen Marktanteil es verwirklichen kann, muß es den Markt genau abgrenzen und meist auch in Teilmärkte aufgliedern. Für die Beurteilung des Marktes und der Chancen, die er bietet, sind für die Unternehmensführung folgende drei Faktoren von Bedeutung:

- **Die Wettbewerbs-Intensität,** wobei drei Wettbewerbssituationen einen Markt kennzeichnen können:
  - **Wachsendes Marktpotential:** Der Markt expandiert und es herrscht ein relativ „normaler" Wettbewerb. Ein Handelsunternehmen steigert seine Umsätze, auch dann, wenn es weniger stark als die Wettbewerber expandiert. Der Marktanteil aber kann nur gesteigert werden, wenn man sich von den Zuwächsen des Marktes mehr holt als die Wettbewerber. Es wachsen alle, die erfolgreichen Unternehmen wachsen aber schneller als die weniger erfolgreichen. Wachstumsmärkte der jüngsten Vergangenheit und der Gegenwart sind z. B. die Märkte für Personal-Computer, für Video-Kameras, für Mobilfunkgeräte, für Vollwert-Ernährung und für kalorienreduzierte Produkte. Auch die Garten-Fachmärkte arbeiten in einem immer noch wachsenden Markt.

- **Stagnierendes Marktpotential:** Auf solchen Märkten setzt sehr schnell ein „Verdrängungs"-Wettbewerb ein. Ein Handelsunternehmen kann seinen Umsatz nur noch zu Lasten anderer Wettbewerber steigern. Umsatzsteigerung ist hier gleichzeitig Steigerung des Marktanteils. Der Verdrängungswettbewerb führt letztlich dazu, daß die weniger erfolgreichen Handelsunternehmen aus dem Markt ausscheiden oder von den erfolgreichen Unternehmen aufgekauft werden, sofern sie noch über ein brauchbares Standortnetz verfügen. Der Markt für Rundfunk- und Videogeräte und viele Teilmärkte für Lebensmittel sind, teilweise seit geraumer Zeit, stagnierende Märkte.
- **Schrumpfendes Marktpotential:** In solchen Märkten verschärft sich der Verdrängungs-Wettbewerb ungemein und führt schon fast zu einem Vernichtungswettbewerb. Da solche schrumpfenden Märkte für Handelsunternehmen meist nur Teilmärkte sind, die einen begrenzten Sektor des gesamten Sortiments betreffen, spielt sich der Vernichtungswettbewerb meist zwischen den Produktionsunternehmen, weniger zwischen den Handelsunternehmen ab. Die Teilmärkte für herkömmliche – optische – Fotoapparate und für Videorecorder sind schrumpfende Märkte.
• **Die Größe des einzelhandelsrelevanten Kaufvolumens:** Die Größe des einzelhandelsrelevanten Kaufvolumens läßt sich sehr exakt in einem Geld-Betrag angeben und zeigt, wieviel Geld die in einem Absatzgebiet lebenden Verbraucher auf einem bestimmten Markt – einem Branchen-, Produktgruppen-, Bedarfsgruppen- oder Produktmarkt – ausgeben. Das Kaufvolumen ist keineswegs allein von der Höhe und Entwicklung der „Einkommen" abhängig, sondern wird von der Höhe und Entwicklung der „Privatausgaben" der Haushalte bestimmt. Und auf diese Ausgaben wirken ein:
- **Der Staat:** Er nimmt zunächst durch seine Wirtschaftspolitik Einfluß auf die Einkommensentwicklung. Dann begrenzt er durch Steuern und soziale Abgaben die verfügbaren Einkommen der Haushalte, aus denen die Privatausgaben kommen.
- **Die Verbraucher:** Sie entscheiden darüber, welcher Teil des verfügbaren Einkommens ausgegeben und welcher Teil gespart wird. Eine hohe Sparneigung vermindert die Privatausgaben der Haushalte. Eine niedrige Sparneigung oder gar ein Entsparen erhöht sie. Die Auswirkungen der Sparneigung auf die einzelnen Märkte sind sehr unterschiedlich. Von einer Kaufzurückhaltung werden die Märkte für Grundnahrungsmittel kaum, die Märkte für Textilien, Elektrogeräte oder Autos dagegen oft stark betroffen.
- **Änderungen der Verbrauchsstruktur:** Die Ausgaben der privaten Haushalte haben eine bestimmte Struktur. So werden für Lebensmittel ca. 20%, für Textilien und Schuhe ca. 8% usw. ausgegeben. Diese Struktur kann sich ändern. Damit ändern sich auch die Marktpotentiale der davon betroffenen Märkte. So haben in jüngster Vergangenheit die Verbraucher ihren Frischfleisch-Konsum verringert, den Konsum von Vollwertnahrungsmitteln und kalorienreduzierten Lightprodukten gesteigert. Das Marktpotential des Frischfleischmarktes schrumpfte, das des Marktes für Vollwert- und Lightprodukte wuchs.
• **Die Vertriebsformen:** Für die Beurteilung des Marktpotentials und der eigenen Umsatzchancen ist letztlich auch von großer Bedeutung, welche Vertriebsfor-

men in dem fraglichen Markt arbeiten, welche Vertriebsformen vorherrschen und für welche Vertriebsform sich die Führung eines Handelsunternehmens entschieden hat oder entscheiden will. Denn die Vertriebsform entscheidet mit darüber, ob man in mehreren Branchenmärkten, nur einem Branchenmarkt oder nur bestimmten Teilmärkten eines Branchenmarktes tätig werden will. Und die Vertriebsform bestimmt den Umfang der Handelsleistung und damit das Unternehmenspotential ganz wesentlich.

Die Zielsetzung als Zentrum der marktorientierten Unternehmensführung zwingt also zu einer ständigen und intensiven Beschäftigung mit dem Absatzmarkt, zu seiner Beobachtung und zur Analyse der Veränderungen, die auf ihm ablaufen. Dieser Zwang zur Hinwendung zum Absatzmarkt, der Zwang zur Informationsbeschaffung und -auswertung dürfte der wichtigste Grund dafür sein, sich der Methode der Zielsetzung zu bedienen. Dies gilt übrigens für alle Unternehmen, Produktions- wie Handels- oder auch Dienstleistungsunternehmen. Unternehmen ohne Zielsetzung gleichen Schiffen ohne Kompaß. Sie wissen nie, in welchen Hafen sie einlaufen werden, in den Hafen des Erfolgs oder den Hafen des Konkurses.

Weitere Gründe, die für die Zielsetzung sprechen, sind die Verminderung des unternehmerischen Risikos und die Möglichkeit zu einer motivierenden Mitarbeiterführung.

Die ständige und intensive Beobachtung des Marktpotentials ist die Grundlage für „realistische Ziele". Wunschdenken ist bei der Zielsetzung nicht angebracht. Mit Wunschdenken werden die Enttäuschungen, die unweigerlich die Folge davon sind, daß die Ziele nicht erreicht werden, schon vorprogrammiert. Mit der ständigen und intensiven Beobachtung des Marktpotentials werden die Voraussetzungen für eine funktionsfähige Zielsetzung geschaffen. Diese Voraussetzungen sind:

- **Einwandfreie Daten,** die folgenden drei Anforderungen entsprechen müssen:
  - **Ausreichender Umfang:** Es müssen möglichst viele Daten beschafft werden. Es genügt nicht, z.B. eine Umsatzzielsetzung allein auf die Prognose für ein gesamtwirtschaftliches Wachstum zu gründen. Der Markt, auf dem das Unternehmen tätig ist – das wird immer ein Teilmarkt sein – muß untersucht, von ihm müssen Daten beschafft werden. Es müssen zusätzlich Informationen und Daten darüber beschafft werden, ob sich neue steuerliche Belastungen oder Entlastungen ergeben werden, ob sich die Sparneigung der Verbraucher verändern könnte oder ob zwischen den Branchen Verschiebungen zu erwarten sind, ob vielleicht in nächster Zukunft mehr Möbel als Bekleidung gekauft werden oder ob die Ausgaben für Reisen und Freizeit eine steigende Tendenz haben.
  - **Zuverlässige Ermittlung:** Aus Kostengründen wird oft auf Zahlen zurückgegriffen, die statistische Ämter, Marktforschungsinstitute oder Industrieunternehmen ermittelt haben. Solche Zahlen der „Sekundärstatistik" müssen auf ihre Aktualität und Richtigkeit hin überprüft werden. Werden z.B. Zahlen einer Stichprobe verwendet, die nach einem zweifel- oder fehlerhaften Auswahlverfahren gewonnen wurden und obendrein drei Jahre alt sind, so kann es unangenehmen Überraschungen geben. Selbst erhobene Zahlen – „Primärstatistik" – sind zwar teurer, aber auch sicherer.

- **Zutreffende Beurteilung:** Aus den vorhandenen Zahlen dürfen keine falschen Schlüsse gezogen werden. Ein dicht besiedeltes Einzugsgebiet mit einer großen Einwohnerzahl und einem hohen Kaufvolumen ist nicht ohne weiteres die sichere Grundlage für hohe Umsätze. Ein 30 Kilometer entferntes großes Einkaufszentrum oder eine attraktive City können einen erheblichen Teil des Kaufvolumens abziehen. Der falsche Schluß wäre in diesem Falle die Illusion, man könnte diesen Kaufkraftabfluß stoppen oder gar reduzieren.
- **Marktorientierte Daten:** Diese Voraussetzung ergibt sich eigentlich aus den Ausführungen zum Marktpotential von selbst. Der nochmalige Hinweis auf die Marktorientierung der für eine realistische Zielsetzung erforderlichen Daten ist trotzdem nicht überflüssig. Weil es so einfach und zudem preiswert ist, werden immer wieder Ziele auf Zahlen gegründet, die im eigenen Unternehmen im Rechnungswesen sozusagen als Abfallprodukte anfallen. So werden z.B. Umsatzziele festgelegt, indem die Umsatzentwicklung vorhergehender Jahre fortgeschrieben wird. Was am Absatzmarkt oder auch am Beschaffungsmarkt vor sich geht und ob sich das Marktpotential in der Zwischenzeit grundlegend gewandelt hat, wird nicht überprüft und auch nicht wahrgenommen. Da kann man von Glück reden, wenn als Folge solcher Mängel in der Anwendung der Zielsetzung nur Umsatz verschenkt wird. Wenn ein zu hohes Unternehmenspotential die Folge ist, kann dies den Ruin des Handelsunternehmens bedeuten.

(Siehe hierzu auch die Kapitel Marktforschung und Standort-Marketing, S. 51 ff. und S. 79 ff.)

(2) Das Unternehmenspotential

Wenn ein Handelsunternehmen Handelsleistung produzieren will, muß es Produktions- oder Betriebsfaktoren einsetzen. Diese Faktoren müssen in der richtigen Menge, Qualität und Kombination eingesetzt werden. So entsteht das Unternehmenspotential. Dessen Leistungsfähigkeit wird von folgenden Faktoren bestimmt:

- **Die Verkaufs- oder die Lagerfläche:** Verkaufsfläche – im Einzelhandel – oder Lagerfläche – im Groß- und Versandhandel – werden durch den Einsatz des Betriebsfaktors „Grund und Boden" geschaffen.
Zwischen der Größe der Verkaufs- oder Lagerfläche und dem Sortimentsumfang besteht ein enger Zusammenhang. Je größer die Fläche ist, desto größer kann das Sortiment sein. Je größer das Sortiment ist, desto größer muß die Fläche sein. Da der Umfang des Sortiments mit von der Vertriebsform abhängt, beeinflußt diese auch die Größe der Verkaufs- oder Lagerfläche.
Die Größe der Verkaufsfläche bestimmt im Einzelhandel aber auch die Anziehungskraft des Handelsunternehmens und seine Bewertung durch den Wettbewerb. Mit einer großen Verkaufsfläche kann man u.U. ein größeres Einzugsgebiet schaffen und gegebenenfalls Wettbewerber davon abhalten, sich ebenfalls in diesem Gebiet niederzulassen. Die Größe der Lagerfläche im Großhandel hat diese absatzwirtschaftliche Wirkung nur in begrenztem Maße.
Neben der Größe der Verkaufs- oder Lagerfläche bestimmt aber auch deren Qualität das Unternehmenspotential wesentlich mit. Die Qualität ergibt sich aus der Lage der Fläche im Absatzgebiet. Besonders im Einzelhandel ist die Quali-

tät des Standorts für die Wettbewerbsfähigkeit eines Handelsunternehmens von entscheidender Bedeutung.
- **Die Zahl der Mitarbeiter:** Die Mitarbeiter repräsentieren den Betriebsfaktor „menschliche Arbeitskraft". Im Einzelhandel hängt ihre Anzahl, bei gleichem Umsatz, ganz wesentlich von der Art der Andienung und damit von der Vertriebsform ab. Bedienung erfordert mehr und qualifiziertere Mitarbeiter als Selbstbedienung. Auch im Großhandel beeinflußt die Andienungsform die Mitarbeiterzahl. Sie kann z. B. niedriger gehalten werden, wenn das Sortiment konsequent mit Hilfe eines Ordersatzes, der den Kunden per Post zugeht, angeboten wird und kein personalintensiver Außendienst unterhalten werden muß.

Auswirkungen auf die Mitarbeiterzahl ergeben sich ebenfalls, wenn die Kunden eines Großhandelsunternehmens mit Hilfe der „Mobilen Daten-Erfassung" (MDE) ihre Aufträge erteilen können.

Die Zahl der Mitarbeiter wird aber auch sehr stark von deren Leistungsbereitschaft beeinflußt. Mit einer kleinen Zahl motivierter Mitarbeiter kann man die gleiche Leistung schaffen wie mit einer großen Zahl nicht motivierter, frustrierter Mitarbeiter.
- **Die Geschäfts- oder Unternehmensausstattung:** Die Geschäfts- oder Unternehmensausstattung stellt den Betriebsfaktor „Sachkapital" dar. Im Einzelhandel bestimmen die Branche und die Vertriebsform die Geschäftsausstattung ganz entscheidend. Zwischen einem Discounter und einem Fachgeschäft oder City-Warenhaus gibt es beim Einsatz von Sachkapital sehr große Unterschiede.
- **Die Qualität der Unternehmensführung:** Die Unternehmensführung ist, wenn man *Gutenberg* folgen will, der „dispositive Faktor" oder eine Variante des Faktors „menschliche Arbeitskraft". Gerade im Handel, und da wieder im Einzelhandel, ist die Unternehmensführung ein wichtiger Bestandteil des Unternehmenspotentials. Sie bestimmt die Anziehungskraft und das Profil des Handelsunternehmens wesentlich, hat als Ziel den Aufbau einer Retail Brand. Wettbewerb, besonders Verdrängungswettbewerb, wird heute zu einem großen Teil auf dem Felde der Qualität der Unternehmensführung ausgetragen.

Bei der Abstimmung von Markt- und Unternehmenspotential werden bei den meisten Handelsunternehmen für das Unternehmenspotential Grenzen erkennbar. Man kann das Unternehmenspotential nicht an jedes beliebig große Marktpotential anpassen. Zwei Grenzen werden sichtbar:
- **Die Untergrenze:** Ein leistungsfähiges Handelsunternehmen muß eine bestimmte Mindestbetriebsgröße haben. Mini-Unternehmen sind nicht lebensfähig. Die Mindestbetriebsgröße schwankt je nach Branche und Vertriebsform ganz erheblich. Eine Boutique für hochmodische Damenoberbekleidung kann vielleicht schon mit 100 Quadratmetern Verkaufsfläche lebensfähig sein, ein Möbelhaus braucht mehrere tausend Quadratmeter. In weiten Bereichen des Handels, besonders im Lebensmittel-Einzelhandel, ist die Mindestbetriebsgröße ständig gewachsen. 1970 lag die Mindestbetriebsgröße – für zukunftsträchtige Geschäfte, muß man hinzufügen – bei etwa 200 bis 300 Quadratmetern Verkaufsfläche, heute liegt sie bei 1000 bis 1500 Quadratmetern. Nicht nur die ständig expandierenden Sortimente haben die Mindestbetriebsgröße wachsen lassen. Auch die zunehmende Kapitalintensität im Handel hat dazu beigetragen.

- **Die Obergrenze:** Man kann Absatzgebiete von Handelsunternehmen nicht beliebig groß abgrenzen. Das widerspräche der Erfüllung der Raumüberbrückungsfunktion. Außerdem sind die Verbraucher auch nicht bereit, jede beliebige Entfernung von ihrer Wohnung bis zum Handelsunternehmen zu überwinden. Das gilt in erster Linie für den Einzelhandel. Je nach Branche und Vertriebsform hat die Betriebsobergrenze eine große Spannweite. Ein Lebensmittel-Supermarkt, der Waren des kurzfristigen Bedarfs, zu einem großen Teil verderbanfällige Frischwaren, anbietet, hat eine relativ kleine Höchstbetriebsgröße. Der Verbraucher ist auch nicht bereit, zu diesem Markt mehr als 10 Minuten zu laufen oder mit dem Auto zu fahren. Bei einem Möbelhaus ergibt sich ein ganz anderer Wert. Zu einem leistungsfähigen Möbelhaus fährt der Verbraucher anstandslos mit dem Auto 100 bis 200 km. Beim Versandhandel ist der Betriebsgröße theoretisch keine Grenze gesetzt.

Trotz begrenzter Betriebsgrößen kann man durch Filialisierung sehr große Unternehmensgrößen schaffen, das sei hier angefügt. Die Begriffe Betriebsgröße und Unternehmensgröße müssen hier also eindeutig getrennt werden.

Im Großhandel sind große Unternehmen möglich und auch die Regel. Im Lebensmittel-Großhandel finden sich heute Unternehmen mit 4 bis 7 Milliarden DM Jahresumsatz. Sie arbeiten aber zum Teil mit mehreren Zweiglägern, um die Raumüberbrückungsfunktion erfüllen zu können. Das zeigt, daß man – besonders im Zustellgroßhandel – die Ware nicht über beliebig große Entfernungen transportieren kann.

Und es zeigt aber auch, daß die Aufgabenbereiche Marketing und Verwaltung viel stärker zentralisiert werden können als der Aufgabenbereich Operating, dessen Aufgabe die Erfüllung der Raumüberbrückungsfunktion ist.

Die ständige Beschäftigung mit dem Marktpotential ist Aufgabe des Marketingbereiches, der Aufbau des Unternehmenspotentials Aufgabe des Operating- und Verwaltungsbereiches in einem Handelsunternehmen. Die Erkenntnisse und Vorstellungen des Marketingbereiches müssen in den Operating- und Verwaltungsbereich transferiert werden. Das Medium, mit dem diese Aufgabe zu lösen ist, sind die Zielsetzungen. Die Zielsetzungen stehen also tatsächlich an der Schnittstelle zwischen Marketingbereich auf der einen, und Operating- und Verwaltungsbereich auf der anderen Seite. Und sie müssen dort stehen. Sie nehmen eine zentrale Stellung in der Unternehmensführung im Handelsunternehmen ein.

14.1.2 Der Begriff Ziel und die Arten von Zielen

Es gibt verschiedene Arten von Zielen. Nicht alle Ziele sind wirtschaftliche Ziele und nicht alle wirtschaftlichen Ziele lassen sich operationalisieren. Es ist deshalb unumgänglich, die Begriffe festzulegen und voneinander abzugrenzen.

(1) Der Begriff Ziel

Ziele sind in der Zukunft liegende Zustände, die man durch unternehmerische Aktivitäten erreichen will. Je weiter ein Ziel in die Zukunft reicht, je länger der Zeitraum bis zu seinem Erreichen ist, desto größer sind die unternehmerischen Risiken. Auch dieser Zusammenhang zwischen Fristigkeit und Risiko verweist auf die Marktforschung und unterstreicht deren Bedeutung. Marktforschung kann zwar unternehmerische Risiken nicht vollständig ausschalten – mit dieser Aufgabe wäre sie überfordert –, wohl aber kann sie diese Risiken deutlich vermindern, wenn die von ihr beschafften Daten sorgfältig analysiert und zutreffend beurteilt werden.

Die für das Festsetzen der Ziele erforderlichen Daten vom Markt sind vergangenheitsbezogen. Sie beschreiben eine abgelaufene Entwicklung und die gegenwärtige Situation, die sich aus dieser Entwicklung ergeben hat. Ob sich die Entwicklung fortschreiben läßt, ist die Frage. Es ist vielmehr damit zu rechnen, daß sich sowohl die Einstellungen der Verbraucher als auch das Verhalten der Wettbewerber ändern können. Die zum Zeitpunkt der Zielformulierung vorgesehenen Marketing-Maßnahmen zum Erreichen der Ziele können also empfindlich vor allem durch den Wettbewerb und auch durch die Verbraucher gestört werden. Diese nicht oder nur unvollkommen vorhersehbaren Störungen sind die Ursachen für die unternehmerischen Risiken, die sich vor allem im Marketing-Bereich eines Handelsunternehmens konzentrieren. Auch an diese Störungen muß beim Festlegen der zukunftsorientierten Ziele gedacht werden. Ein Teil der Störungen ist voraussehbar, wenn man nicht nur den eigenen Markt, auf dem man agiert, beobachtet, sondern auch die Vor- und Nachmärkte, konkurrierende Märkte – für den Handel die Märkte für Touristik, Freizeit und Gastronomie – und den technischen Fortschritt – gegenwärtig die expansive Entwicklung von Telekommunikation und Internet – im Auge behält. Die Zielsetzung zwingt also nicht nur zur intensiven Beobachtung des eigenen Absatzmarktes und der eigenen Beschaffungsmärkte, sondern auch zu einer Beschäftigung mit der gesamten wirtschaftlichen Entwicklung.

(2) Die Arten von Zielen

Ziele haben alle Unternehmen und Unternehmer. Es sind jedoch oft sehr unklare Vorstellungen von der Zukunft, die als Ziele angesehen werden. Und oft beruhen diese Vorstellungen auf einem ausgeprägten Wunschdenken. Sie haben mit den Zielen, die als Instrument der Unternehmensführung gebraucht werden, nur eines gemeinsam, sie beschreiben in der Zukunft liegende Zustände, die verwirklicht werden sollen. Das aber reicht für die Anwendung der Methode „Management by Objectives" nicht aus.

Man kann zwei große Gruppen von Zielen unterscheiden:

Private Ziele
Jeder Mensch hat private Ziele, nach deren Erreichen er strebt. Ausreichend oder mehr Freizeit, mehr Zeit für die Ausübung bestimmter Hobbies, die Gründung einer Familie, Erhalt oder Wiedergewinnung der Gesundheit und ausgedehnte Reisen sind solche privaten Ziele. Sie spielen im Leben des einzelnen Menschen sehr oft eine zentrale Rolle. Diese Ziele scheiden hier jedoch aus. Auch wenn zu ihrer Erfüllung in der Regel wirtschaftlicher Erfolg im Beruf die Voraussetzung ist, sind es doch keine wirtschaftlichen Ziele.

Wirtschaftliche Ziele
Sie sind die zweite Gruppe von Zielen, in die hier die wirtschaftspolitischen Ziele des Staates mit einbezogen werden. Wirtschaftliche Ziele sind Ziele, die sich Un-

ternehmen und Unternehmer setzen. Innerhalb dieser Gruppe muß untergliedert werden in:

- **Meßbare Ziele:** es sind Ziele, die sich in Zahlen formulieren und deshalb auch exakt kontrollieren lassen. Sie werden anschließend noch eingehender dargestellt.
- **Nicht meßbare Ziele:** Folgende nicht meßbaren Ziele lassen sich für Unternehmen, nicht nur für Handelsunternehmen, festlegen:
  - das Image des Unternehmens, das das Ergebnis eines systematischen Profil-Marketing ist (vergl. dazu Teil C: Die Kommunikation, S. 368f.),
  - das Betriebsklima, das für das Wohlbefinden und die Leistungsbereitschaft der Mitarbeiter, auf die es besonders im Einzelhandel ankommt, ausschlaggebend ist,
  - der Stil und die Effizienz der Kommunikation, die mit dem Unternehmensprofil übereinstimmen müssen.

  Diese Ziele, die für die Unternehmensführung eine wichtige Rolle spielen, sind nicht direkt meßbar. Man kann sie nur indirekt mit Hilfe der Marktforschung – Image und Kommunikation – oder durch Ermitteln von Kennzahlen – Fluktuationsrate und Krankmeldungen als Indikator für das Betriebsklima – in Zahlen überführen und dann kontrollieren.

Die Methode der Zielsetzung – MbO – kann nur mit meßbaren wirtschaftlichen Zielen angewandt werden.

(3) Die Merkmale meßbarer – operationalisierter – wirtschaftlicher Ziele

Die meßbaren wirtschaftlichen Ziele müssen drei Merkmale aufweisen:

- **Erstes Merkmal: die Zahl.** Ein Ziel muß in einer exakten Zahl ausgedrückt werden. Diese Zahl kann ein Geld-Betrag, eine Prozentzahl oder ein Multiplikator sein.
  Am Beispiel eines Umsatzzieles sei dies erläutert:
  - „Der Umsatz muß gesteigert werden" reicht als Zielsetzung nicht aus.
  Es muß formuliert werden:
  - Der Umsatz ist von 5 Millionen DM/Euro auf 10 Millionen DM/Euro zu steigern.
  - Der Umsatz von 5 Millionen DM/Euro ist um 100% zu steigern.
  - Der Umsatz von 5 Millionen DM/Euro ist zu verdoppeln.
  - Der Marktanteil ist von 25% auf 30% zu erhöhen.
- **Zweites Merkmal: der Geltungsbereich.** Es muß eindeutig festgelegt werden, für welchen Bereich eines Unternehmens und für welche für die Zielerreichung verantwortliche Führungskraft das in einer Zahl formulierte Ziel gilt. Sind die oben genannten 5 Millionen DM/Euro Mehrumsatz zu erreichen:
  - vom gesamten Unternehmen oder
  - von einem einzelnen – und dann von welchem – Unternehmensbereich.

  Es kann sein, daß der Bereich A – im Handel ein Warenbereich – den Umsatz um 1 Million DM/Euro, der Bereich B um 4 Millionen DM/Euro steigern soll. Der Marketingbereich hätte dann durch die Beobachtung des Marktes festgestellt, daß sich der Markt für das Teilsortiment des Bereiches A bereits auf einem hohen Niveau befindet und der Sättigung nähert. Der Markt für das Teil-

sortiment des Bereiches B dagegen ist ein junger und stark expandierender Markt.
- **Drittes Merkmal: der Zeitraum.** Schließlich muß festgelegt werden, bis wann ein Ziel zu erreichen ist, welcher Zeitraum für seine Verwirklichung zur Verfügung steht. Es könnte sein, daß die Umsatzsteigerung um 5 Millionen DM/Euro in einem Monat, aber auch in einem Quartal oder einem Jahr zu verwirklichen ist. Zwischen einem Monat und einem Jahr ist aber ein erheblicher Unterschied. Es könnte aber auch sein, daß die Umsatzsteigerung während einer zeitlich eindeutig begrenzten Verkaufsaktion zu erreichen ist.

Nur wenn diese drei Merkmale vorliegen, sind Zielsetzungen für die Unternehmensführung brauchbar. Das hat im wesentlichen drei Gründe:

- Hinsichtlich Zahl, Geltungsbereich und Zeitraum eindeutig definierte Ziele sind „operationalisierte" Ziele. Nur operationalisierte Ziele lassen sich als „Soll-Werte" später bei der Kontrolle den „Ist-Werten" gegenüberstellen und ermöglichen eine exakte Kontrolle.
- Eine Zielsetzung ohne Ergebniskontrolle ist wertlos. Zielsetzung – MbO – und Ergebniskontrolle – MbR – gehören untrennbar zusammen. Ohne marktorientiert festgelegte Ziele und Ergebniskontrolle kann man die Ergebnisse eines Unternehmens zwar „feststellen", aber nicht zutreffend „beurteilen". Denn es fehlt der Beurteilungsmaßstab, eben das operationalisierte Ziel.
- Ohne operationalisierte Ziele und deren Kontrolle kann keine „Abweichungsanalyse" durchgeführt werden. Die Suche nach den Ursachen von Zielabweichungen wird unmöglich. Sie ist für die Unternehmensführung aber unverzichtbar. Eine Abweichungsanalyse muß sowohl bei Nichterreichen eines Zieles wie auch bei einer Zielüberschreitung durchgeführt werden. Bei Nichterreichen eines Zieles können z.B. eine falsche Beurteilung des Marktes oder Fehler im Marketing die Ursache sein, bei der Überschreitung z.B. eine falsche Beurteilung des Marktes oder Fehler der Wettbewerber.

14.1.3 Die zentralen Ziele eines Handelsunternehmens

Im Mittelpunkt der Unternehmensführung durch Zielsetzung steht eine überraschend kleine Zahl von Zielen, die man als „Hauptziele" oder „Oberziele" bezeichnen kann. Wegen ihres unterschiedlichen Charakters empfiehlt es sich, die Ziele des Marketingbereiches und die der Bereiche Operating und Verwaltung getrennt darzustellen.

(1) Die Ziele des Marketingbereiches

Die Hauptziele dieses Bereiches sind:

- **Umsatz und Umsatzstruktur:** Nur ein einziges Ziel für den Gesamtumsatz eines Handelsunternehmens festzulegen, reicht nicht aus. Dies wäre nur möglich und sinnvoll, wenn das Sortiment dieses Unternehmens aus wenigen und gleichartigen – homogenen – Artikeln bestände.
Je größer und verschiedenartiger – heterogener – das Sortiment eines Handelsunternehmens ist, desto wichtiger ist es, dieses Sortiment:

14.1 Marktorientierte Unternehmensführung durch Zielsetzung

- in Warenbereiche oder Teilsortimente zu gliedern,
- für jedes Teilsortiment ein Umsatzziel festzulegen und
- die Anteile der Umsätze der Teilsortimente am Gesamtumsatz, also die Sortimentsstruktur, in die Zielsetzung einzubeziehen.

Nur so wird ein Sortiment transparent und es wird erkennbar, ob die Sortimentsstruktur der Verbrauchsstruktur entspricht. Wenn die privaten Haushalte etwa 20% ihrer Ausgaben für Lebensmittel für Frischfleisch und Wurst aufwenden, dann sollte bei einem Lebensmittel-Supermarkt der Umsatzanteil der Fleischabteilung am Gesamtumsatz ebenfalls bei rund 20% liegen, was in der Praxis auch die Regel ist. Das ergibt sich aus dem Anspruch eines solchen Supermarktes, „Vollversorger" für Lebensmittel zu sein. Seine Sortimentsstruktur muß dann mit der Verbrauchsstruktur im Bereich Lebensmittel übereinstimmen. Und diese Übereinstimmung muß von der Zielsetzung angestrebt und von der Ergebniskontrolle überwacht werden.

Die Umsätze der Teilsortimente werden natürlich im Gesamtumsatz zusammengefaßt.

- **Handelsspanne und Handelsspannenstruktur:** Für die Handelsspannenziele gilt ebenso, was bei den Umsatzzielen ausgeführt wurde. Für jedes Teilsortiment muß ein Handelsspannenziel festgelegt werden. Und der Anteil des Rohgewinns am gesamten Rohgewinn des Unternehmens muß ebenfalls in die Zielsetzung einbezogen werden. Für die Strukturzielsetzung muß statt der Handelsspanne – Differenz zwischen Einstandspreis netto und Verkaufspreis netto in % des Verkaufspreises – der Rohgewinn – die gleiche Differenz in DM – verwendet werden.

Auf diese Weise wird die Ertragsstruktur eines Sortiments transparent. Die Handelsspannen und Rohgewinne der einzelnen Teilsortimente können u.U. sehr unterschiedlich sein. Die Rohgewinnstruktur kann von der Umsatzstruktur beträchtlich abweichen.

- **Kennziffernziele:** Die beiden wichtigsten Kennziffern im Marketingbereich sind:
  - Die Umschlagshäufigkeit: Eine hohe Umschlagshäufigkeit ist der Wunsch jedes Unternehmers im Handel. Sie mindert das Risiko – kein „Verderb" oder „kein aus der Mode kommen" – und sichert hohe Erträge bei niedrigem Warenbestand. Weiterhin kann sie zu einer Verbesserung der Einkaufskonditionen beitragen und bei entsprechenden Zahlungszielen die Finanzierung des Unternehmens verbessern.
  - Der Warenbestand: Das Gegenstück zur Umschlagshäufigkeit ist der Warenbestand. Hohe Umschlagshäufigkeit ermöglicht einen niedrigen Warenbestand und umgekehrt. Abweichungen von dieser Regel können durch die Festlegung großer Abnahmemengen durch die Industrie notwendig werden. Der niedrige Warenbestand steht dann gegen die günstigen Konditionen.

Beide Kennziffern sind für die Zielsetzung im gesamten Handel, unabhängig von Vertriebsform und Stufe, unverzichtbar.

Das Merkmal der Ziele im Marketingbereich – ausgenommen das Ziel für den Warenbestand – ist, daß sie nicht unterschritten werden dürfen. Es sind, darauf wurde bereits hingewiesen, Minimalziele. Je größer die Überschreitung ist, desto positiver ist das Ergebnis zu bewerten. Aber auch eine Überschreitung, besonders wenn sie sehr groß ausfällt, bedarf einer Abweichungs-Analyse.

(2) Die Ziele im Operating- und Verwaltungsbereich

Die Hauptziele dieses Bereiches sind:

- **Kapazitätsziele:** Es müssen Ziele für die Größe der Verkaufs- oder Lagerfläche, für die Größe der Büro- und Sozialräume, für die Zahl der Mitarbeiter und für die Investitionen in Sachkapital festgelegt werden.
- **Kostenziele:** Sie sind das Gegenstück zu den Kapazitätszielen. Geben die Kapazitätsziele an, in welchen Mengen die Betriebsfaktoren zu beschaffen sind, so sind die Kostenziele eine Richtschnur für die Preise, die für die Beschaffung der Faktoren gezahlt werden können.
- **Kennziffernziele:** Sie betreffen die Produktivität – nicht die Rentabilität! – des Handelsunternehmens. Zu ihnen zählen der „Umsatz pro Quadratmeter Verkaufsfläche in einer Zeitspanne", der „Umsatz pro Mitarbeiter in einer Zeitspanne", der „Umsatz pro Kasse in einer Zeitspanne", der „Einkaufsbetrag pro Kunde", im Großhandel die „durchschnittliche Auftragsgröße pro Kunde" und ebenso wie im Einzelhandel der Umsatz pro Quadratmeter – hier Lagerfläche – und pro Mitarbeiter.

Die Ziele im Operating- und Verwaltungsbereich sind, wie bereits erwähnt, Maximalziele. Sie dürfen nicht überschritten werden. Sie sind nach oben limitiert. Positiv zu bewerten sind Ergebnisse, die die gesetzten Ziele unterschreiten. Eine Ausnahme machen hier nur die Kennziffernziele, die möglichst hoch sein sollten und auch überschritten werden dürfen.

(3) Zielkonflikte und ihre Lösung

Die Ziele eines Unternehmens bilden ein Zielsystem. Sie stehen nicht isoliert nebeneinander. Zwischen den Zielen eines Zielsystems bestehen unterschiedliche Beziehungen. Drei Arten von Beziehungen lassen sich feststellen:

- **Ziele ergänzen sich:** Wenn gleichzeitig für den Umsatz eine bestimmte Steigerung als Ziel festgelegt und das Sortiment durch Aufnahme eines neuen Warenbereiches erweitert und ein höherer Werbeetat beschlossen werden, so ergänzen sich diese Zielsetzungen. Es entsteht ein Zielverbund. Ein Ziel fördert das andere.
- **Ziele widersprechen sich:** Werden die Ziele für Umsatz und auch Handelsspanne gleichzeitig deutlich höher als die bisherigen Ist-Werte angesetzt, so widersprechen sich diese Ziele in der Regel. Denn die Umsatzsteigerung erfordert meist eine aggressive Preispolitik, die zu Lasten der Handelsspanne geht. Und will man die Handelsspanne erhöhen, dann ist ein Stagnieren des Umsatzes schon ein Erfolg. Es entsteht in diesem Falle ein Zielkonflikt. Entweder wird der Umsatz gesteigert oder die Handelsspanne erhöht. Beide Ziele werden sich meist nicht gleichzeitig erreichen lassen.
- **Ziele verhalten sich neutral zueinander:** Solche Ziele üben keinen Einfluß aufeinander aus. Eine Umsatzsteigerung durch verbesserte Nutzung der Unternehmenskapazität und eine Erhöhung des Eigenkapitals stehen nicht miteinander in Beziehung. Erfordert die Umsatzsteigerung aber eine Vergrößerung des

Unternehmenspotentials durch Investitionen, ist ein Zusammenhang mit einer Eigenkapitalerhöhung gegeben.

Der Problemfall, der eine Lösung erfordert, ist der Zielkonflikt. In der Regel lassen sich Zielkonflikte weder vollständig vermeiden noch vollständig lösen. Man müßte sonst eines der Ziele, die sich widersprechen, aufgeben. Und das ist meist nicht möglich. Der Zielkonflikt zwischen Umsatz und Handelsspanne ist für ein Handelsunternehmen schon fast ein „klassischer Zielkonflikt". Man kann einen solchen Zielkonflikt aber erträglich machen, wenn man eine „Zielrangfolge" bildet, wenn man eine „Zielhierarchie" aufstellt. Die Ziele werden dann entsprechend ihrer Bedeutung für das Unternehmen wie folgt gegliedert:

- **Mußziele:** Sie sollen auf jeden Fall erreicht werden und stehen wegen ihrer Bedeutung für das Unternehmen an erster Stelle. Ihnen werden alle anderen Ziele untergeordnet. Je nach der Situation, in der sich ein Unternehmen befindet, kann einmal der Umsatz, ein anderes Mal die Handelsspanne das vorrangige Ziel sein. In der Anlaufphase eines neugegründeten Handelsunternehmens wird z.B. der Umsatz an erster Stelle der Ziele stehen, die Handelsspanne muß zurücktreten. In einer späteren Konsolidierungsphase, wenn eine zufriedenstellende Position am Markt gesichert ist, wird es umgekehrt sein.
- **Wunschziele:** Ihr Erreichen ist wünschenswert aber nicht Bedingung. Die Wunschziele werden den Mußzielen untergeordnet. Wenn der Umsatz das Mußziel ist, so kann dennoch gleichzeitig durch eine kreative Werbung versucht werden, die Preisaggressivität zu mildern und die Handelsspanne wenigstens zu halten oder sogar ein wenig zu steigern. Wird das Wunschziel erreicht, ist dies ein Erfolg, wird es nicht erreicht, so wertet man dies nicht als Niederlage und berücksichtigt bei der Abweichungsanalyse die gewollte Unterordnung unter das Mußziel.
- **Unbedeutende Ziele:** Sie könnten festgelegt werden, werden in der Praxis aber meist außer acht gelassen. So ein Ziel könnte der durchschnittliche Einkaufsbetrag pro Kunde sein. Es hat wenig Bedeutung, ob nun eine Umsatzsteigerung durch eine Erhöhung des Einkaufsbetrages pro Kunde oder eine Steigerung der Kundenfrequenz erreicht wird.

Zielkonflikte sind nicht nur lästige Probleme, die die Anwendung der Zielsetzung stören und erschweren. Ziele, die sich widersprechen, können sich andererseits auch gegenseitig kontrollieren. Diesen Umstand kann man bei der Führung von Führungskräften nutzbringend einsetzen. Wird ein Abteilungsleiter, der die Kompetenz hat, über sein Sortiment und dessen Kalkulation zu entscheiden, mit Hilfe von Umsatz- und Handelsspannenzielen geführt, so kann er weder über den Preis den Umsatz nachhaltig steigern noch zu Lasten des Umsatzes eine hohe Handelsspanne erwirtschaften. Wird er nur mit einem dieser Ziele geführt, kann er das Erreichen oder das Übertreffen dieses Zieles zu Lasten des anderen Zieles ohne Schwierigkeiten verwirklichen. Bei Vorgabe der beiden Ziele aber ist er zu einer ständigen Gratwanderung gezwungen. Er muß seine Entscheidungen sorgfältig überlegen und abwägen. Und er kann nicht ein Unterschreiten des Umsatzzieles z.B. der zu hohen Kalkulation seines Chefs zuschreiben.

14.1.4 Zielsetzung und Ergebniskontrolle

Die Zielsetzung ist für die Ergebniskontrolle unentbehrlich. Nur wenn die Methode der Zielsetzung angewandt wird, können eine aussagefähig Ergebniskontrolle und eine zutreffende Abweichungsanalyse durchgeführt werden. Denn die Ziele sind der Maßstab für die Beurteilung der Ergebnisse. Ohne Zielsetzung kann man Ergebnisse nur feststellen, erst bei Vorhandensein von Zielen als Maßstab können Ergebnisse beurteilt werden. Es kann ein Soll-Ist-Vergleich durchgeführt werden. Da die Ziele, wenn sie sorgfältig und realistisch formuliert werden, immer auf Daten vom Absatzmarkt beruhen, zeigt die Ergebniskontrolle zuverlässig an, wie Verbraucher und Wettbewerb auf das Leistungsangebot des Handelsunternehmens reagierten.

Andererseits ist aber auch die Ergebniskontrolle für die Zielsetzung unentbehrlich. Anhand der nach Ablauf eines Zeitraumes ermittelten Ergebnisse kann die Zielsetzung erkennen, ob sie die vom Markt erhaltenen Daten richtig beurteilt und dann realistische Ziele festgelegt hat. Soll-Ist-Abweichungen müssen immer – gleich ob ein Ziel nicht erreicht oder übertroffen wurde – Anlaß für eine Abweichungsanalyse sein. Und die Abweichungsanalyse wird immer als erstes einen Blick auf den Absatzmarkt werfen. Sie wird fragen, ob das Verbraucherverhalten und die Wettbewerbssituation bei der Festlegung der Ziele falsch beurteilt wurden oder ob sich beide Faktoren grundlegend verändert haben.

Strikt zu beachten ist die Regel, daß jedes festgelegte Ziel auch kontrolliert werden muß. Ein Ziel, das nicht kontrolliert wird, ist im Grunde ein überflüssiges Ziel. Der Aufwand, der durch die Festlegung eines solchen Zieles verursacht wurde, ist zum überwiegenden Teil verschenktes Geld. Diese Regel zwingt zum Nachdenken darüber, wieviele Ziele man festlegen soll. Eine zu große Zahl von Zielen erhöht den Kontrollaufwand, ohne u. U. über die Stellung des Unternehmens am Markt und die Qualität der angebotenen Handelsleistung wesentlich umfassendere Erkenntnisse zu bringen. Bei einer ausufernden Anzahl von Zielen droht dann die Gefahr, daß ein Teil der Ziele nicht kontrolliert wird. (Siehe dazu das nächste Kapitel „Zielsysteme"). Übersehen werden darf aber andererseits nicht, daß die Abweichungsanalyse umso schneller Schwachstellen findet, je größer die Zahl der Teilziele ist.

Die Zielsetzung ist aber auch, das soll hier am Rande vermerkt werden, die Grundlage für eine partnerschaftliche Führung zumindest der Führungskräfte eines Handelsunternehmens. Große Handelsunternehmen sind ohne Zielsetzung überhaupt nicht für- und kontrollierbar. Die Inhaber oder Manager an der Unternehmensspitze würden die Flut der erforderlichen detaillierten Anweisungen und der zu kontrollierenden Ergebnisse nicht bewältigen (Siehe dazu: Oehme, Wolfgang, Handelsmanagement, München 1993, Seite 220ff.). Wenn mit Zielvorgaben geführt wird, dann wird Ergebnisverantwortung delegiert. Die Führungskraft wird an den Ergebnissen ihrer Arbeit kontrolliert und beurteilt. Wie sie die Ziele erreicht, das ist ihre Sache. Das muß sie auf Grund ihrer beruflichen Qualifikation und Erfahrung wissen. Sie muß bei ihrer Arbeit aber die rechtlichen Vorschriften und die Unternehmensphilosophie beachten. Wird ohne Zielvorgaben geführt, so wird

Handlungsverantwortung delegiert. Dem Mitarbeiter – in nicht wenigen Handelsunternehmen sind dies auch Führungskräfte der mittleren Ebene – wird gesagt, was er zum Erreichen der Ziele zu tun hat. Dann muß natürlich auch detailliert kontrolliert werden, ob die angewiesenen Aufgaben zuverlässig erfüllt wurden. Gerade im Marketingbereich eines Handelsunternehmens, der sehr flexibel sein und schnell auf neue Situationen am Markt reagieren muß, ist die Führung durch Zielsetzung die einzig richtige Methode zur Führung von Führungskräften. Sie setzt eine entsprechende Qualifikation der Führungskräfte und den Mut der Unternehmensführung, ihren Mitarbeitern auch einmal das Begehen von Fehlern zuzugestehen, voraus.

In der zweiten Hälfte der achtziger Jahre des vorigen Jahrhunderts hat das Controlling die Zielsetzung in sein System aufgenommen. Die formulierten Ziele werden im Controlling als „Budgets" bezeichnet. In einem Handelsunternehmen werden also Umsatzbudgets, Handelsspannen- oder Ertragsbudgets und Kostenbudgets festgelegt, die von den für diese Budgets verantwortlichen Mitarbeitern zu erfüllen sind. Die Kontrolle umfaßt dann nicht nur die Ergebnisse, sondern auch die Richtigkeit der festgelegten Budgets. Das Controlling erklärt sich also auch für die Zielsetzung zuständig und beeinflußt damit den gesamten Marketingbereich. (Siehe dazu: Köhler, Richard, Stichwort „Marketing-Controlling" in: Vahlens Großes Marketing Lexikon, hrsg. von Hermann Diller, 2. Auflage, München 2001; Witt, Frank-Jürgen, Handelscontrolling, München 1992).

15. Kapitel: Das Zielsystem – die operationalisierte Absatzkonzeption

Es ist durchaus denkbar, ein Handelsunternehmen mit drei Zielen – man könnte sie als „Generalziele" bezeichnen – zu führen. Das sähe dann in der Praxis so aus:

Gesamtumsatz für das folgende Jahr: 11,6 Mill. DM brutto = 15% Marktanteil
                                                                                    = 5% Umsatzsteigerung

                                    10,0 Mill. DM netto
                                    (5,93 Mill. Euro brutto/5,11 Mill. Euro netto)

Gesamt-Handelsspanne für das folgende Jahr: 35% = 3,50 Mill. DM/1,79 Mill.
(in % vom Nettoumsatz)   Euro
                                                                                (Rohgewinn in DM/Euro)

Gesamtkosten für das folgende Jahr: 25% = 2,50 Mill. DM/1,28 Mill. Euro

Wenn diese Ziele realistisch festgelegt wurden, dann zeigt eine Soll-Ist-Abweichung Unstimmigkeiten an. Das können Veränderungen des Marktes oder Schwächen im eigenen Leistungsangebot sein. Wenn man die Ursachen für die Soll-Ist-Abweichungen ermitteln will, kommt man bei einer Beschränkung der Zielsetzung auf die drei Generalziele nicht weit. Man muß das gesamte Unternehmen durchsuchen. Und das ist sehr aufwendig, denn man hat keine detaillierten Ist-Zahlen – auch aus den vorhergehenden Jahren – zur Verfügung. Ein Unternehmen, das nur mit den drei Generalzielen geführt wird, ist nicht transparent. Eine Soll-Ist-Abweichung kann in diesem Fall nur anzeigen, daß eine Schwachstelle vorhanden sein muß. Die Abweichung ist dann lediglich eine Warnung oder Vorwarnung. Sie kann aber nicht sagen, wo der Fehler liegt. Die erforderliche Abweichungs-Analyse steht vor einer so gut wie unlösbaren Aufgabe.

Selbst wenn es keine Soll-Ist-Abweichung bei den Generalzielen gibt, ist das noch kein Grund, sorglos zu sein. So kann ein Sortimentsbereich Umsatzrückgänge haben, die jedoch durch Umsatzsteigerungen in einem anderen Sortimentsbereich kompensiert werden. Oder eine Kostenart steigt, was durch Senkung bei einer anderen Kostenart ausgeglichen wird. Es können im Unternehmen Fehlentwicklungen entstehen und sich bedrohlich ausweiten, weil sie von positiven Entwicklungen an anderer Stelle im Unternehmen kompensiert werden und deshalb nicht wahrgenommen werden können. Es kann nicht rechtzeitig gegengesteuert werden.

Mit den drei Generalzielen allein ist also ein Handelsunternehmen nicht zu steuern. Die Zielsetzung muß so angelegt werden, daß ein Handelsunternehmen transparent wird. Das gelingt nur dann, wenn ein Zielsystem aufgebaut wird. Gerade der Marketing-Bereich, der zum Absatzmarkt, aber auch zu den Beschaffungsmärkten engen Kontakt halten muß, braucht die Transparenz, um das Sortiment steuern und kurzfristig an Marktveränderungen anpassen zu können. Und Operating- und Verwaltungsbereich brauchen Kostentransparenz.

15.1 Der Aufbau eines Zielsystems – Gesamtziele und Teilziele

Grundlage für das Zielsystem des Marketing-Bereiches wird in der Regel die Gliederung des Sortiments, die Sortimentsstruktur sein. Im Operating-Bereich wird nach Kostenarten und Kostenstellen gegliedert. Die Kostenstellen, die mit Teil-Sortimenten identisch sein können, interessieren aber auch den Marketing-Bereich. Mit der Gliederung des Sortiments legt der Marketing-Bereich also auch die Struktur des Zielsystems fest.

Wie umfangreich ein Zielsystem sein muß, das hängt von der Unternehmensgröße ab. Ein selbständiger Kaufmann mit einem einzigen Geschäft, in dem er ein reines Branchen-Sortiment führt, wird mit einem verhältnismäßig kleinen Zielsystem auskommen. Ein Filialunternehmen oder ein Warenhaus-Konzern brauchen sehr umfangreiche, breite und tiefe Zielsysteme.

Ein Zielsystem umfaßt alle für die Führung eines Handelsunternehmens erforderlichen Ziele. Es legt genau fest – das ist unumgänglich, sonst wäre es mangelhaft –:

- für welche Größen (Faktoren) Ziele gesetzt werden und welche Höhe sie haben,
- für welche Unternehmensbereiche die Ziele gelten,
- welcher Zeitraum für das Erreichen zur Verfügung steht.

Diese drei Forderungen an das Zielsystem ergeben sich zwingend aus den Merkmalen der operationalisierten wirtschaftlichen Ziele.

Abbildung 15/1 zeigt ein Zielsystem für ein Handelsunternehmen. Für Filialunternehmen und große Großhandelsunternehmen ergeben sich weitaus umfangreichere Zielsysteme, die aber zu einem großen Teil nur eine Aneinanderreihung von Urformen sind. Ein Filialunternehmen wird für jede Filiale ein Zielsystem brauchen, das lediglich im Bereich der Ziele für den Operating- und Verwaltungsbereich verkürzt wird, weil ein Teil der Operatingaufgaben und die gesamten Verwaltungsaufgaben von der Zentrale wahrgenommen werden.

Zu dem in *Abbildung 15/1* vorgestellten Zielsystem sind noch folgende Anmerkungen vorzunehmen:

- Je größer die **Zahl der Warenbereiche oder Teilsortimente** ist, desto transparenter wird das Sortiment. Eine „vollkommene Transparenz" würde sich bei einer artikelgenauen Zielsetzung und Kontrolle ergeben. Sie verursacht allerdings einen sehr hohen Aufwand, den die Ergebnisse wohl kaum rechtfertigen könnten.
- Aus den Zielen des **Marketingbereiches** können – und werden heute auch – weitere Ziele für das Space-Management und eine optimale Warenpräsentation abgeleitet. (Siehe S. 391 ff.)
- Die Ziele für den **Umsatz der einzelnen Warenbereiche** werden in D-Mark/ Euro und in Prozent des Gesamtumsatzes formuliert. Zunächst werden diese Ziele als Brutto-Werte – inklusive der Mehrwert-Steuer – festgelegt. Für die Ermittlung der Handelsspanne werden aber auch die Nettowerte gebraucht.

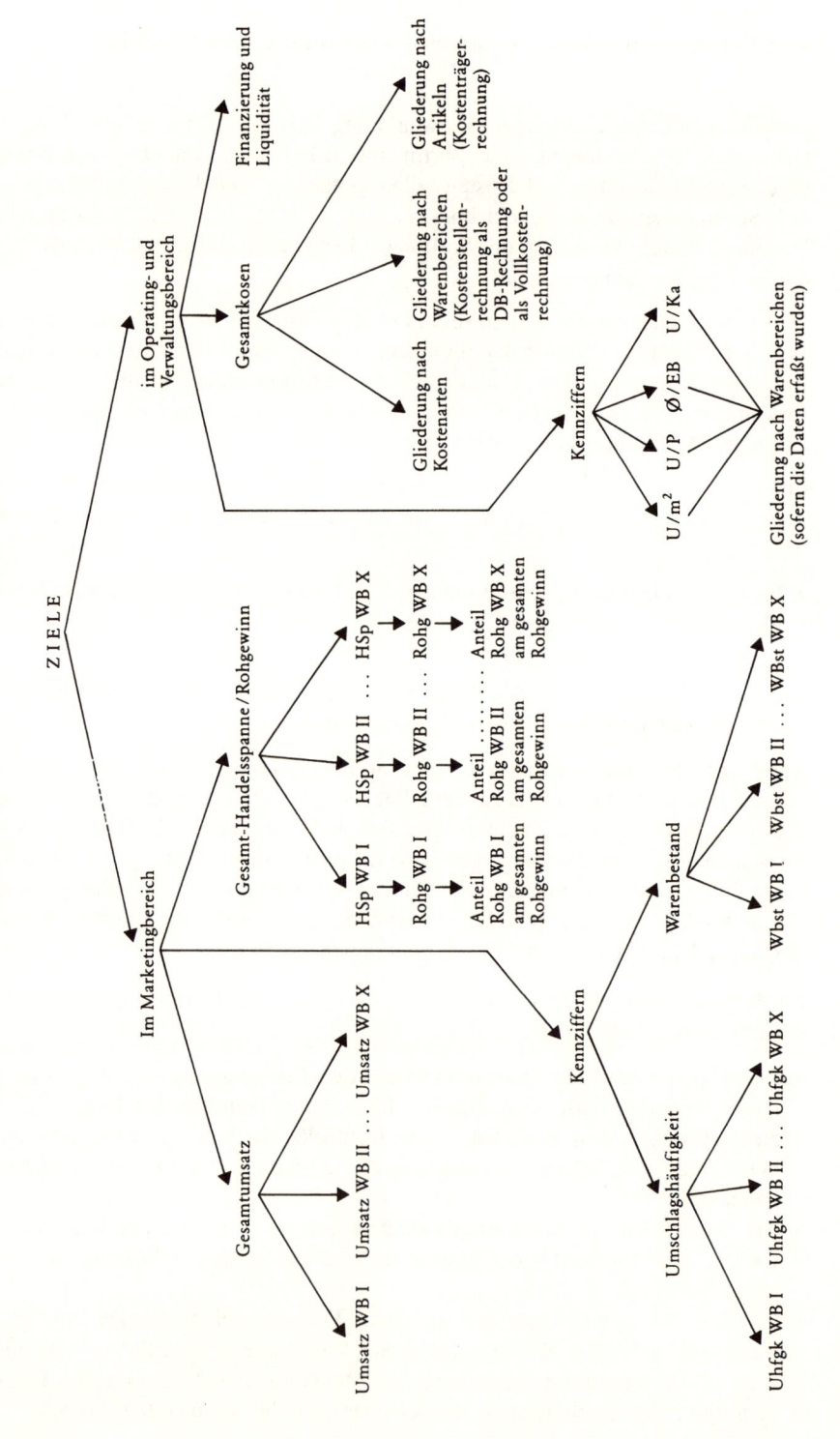

Abbildung 15/1: Das Zielsystem eines Handelsunternehmens

ZIELE

Im Marketingbereich

- Gesamtumsatz
  - Umsatz WB I
  - Umsatz WB II
  - ...
  - Umsatz WB X

- Gesamt-Handelsspanne / Rohgewinn
  - HSp WB I → Rohg WB I → Anteil Rohg WB I am gesamten Rohgewinn
  - HSp WB II → Rohg WB II → Anteil Rohg WB II am gesamten Rohgewinn
  - ...
  - HSp WB X → Rohg WB X → Anteil Rohg WB X am gesamten Rohgewinn

- Kennziffern
  - Warenbestand
    - Wbst WB I
    - Wbst WB II
    - ...
    - Wbst WB X
  - Umschlagshäufigkeit
    - Uhfgk WB I
    - Uhfgk WB II
    - ...
    - Uhfgk WB X

im Operating- und Verwaltungsbereich

- Finanzierung und Liquidität

- Gesamtkosten
  - Gliederung nach Kostenarten
  - Gliederung nach Warenbereichen (Kostenstellenrechnung als DB-Rechnung oder als Vollkostenrechnung)
  - Gliederung nach Artikeln (Kostenträgerrechnung)

- Kennziffern
  - U/m^2
  - U/P
  - $\emptyset/EB$
  - U/Ka
  - Gliederung nach Warenbereichen (sofern die Daten erfaßt wurden)

- Die Ziele für die **Handelsspanne** werden in Prozent des Nettoumsatzes festgelegt und gleichzeitig in der Form des Rohgewinnes in D-Mark/Euro formuliert. Für jeden Warenbereich wird weiterhin der Rohgewinn in % des gesamten Rohgewinnes ausgewiesen und damit die Ertragsstruktur festgeschrieben oder beeinflußt.
- Das Ziel für die **Gesamtkosten** wird hier zunächst in Ziele für die einzelnen Kostenarten – wieder in D-Mark/Euro und Prozent der Gesamtkosten – gegliedert. Weitere Gliederungsmöglichkeiten für die Kosten und damit für deren Ziele werden später im Kapitel „Ergebniskontrolle" behandelt.
- Die Ziele für den **Gesamtumsatz** und die **Gesamthandelsspanne** des Unternehmens sind „Oberziele", Umsatz- und Handelsspannenziele der einzelnen Warenbereiche Teilziele. Sie können als „Ergebnisziele" bezeichnet werden. Zu ihrer Erreichung müssen „Maßnahmenziele" festgelegt werden, die „Unterziele" sind. Zum Teilziel Umsatz des Warenbereiches I können folgende Unterziele festgelegt werden:
  - Artikelzahl und Stückzahl pro Artikel
  - Kalkulationsvorgaben
  - Zahl der Werbeaktionen und Höhe des Werbeetats

  Ein weiteres Beispiel für diese Gliederung der Ziele wäre:
  - Oberziel – Steigerung des Gewinns
  - Teilziel – Steigerung des Gewinns im Warenbereich I
  - Zwischenziel – Steigerung der Produktivität im Warenbereich I
  - Unterziele – Reduzierung der Artikelzahl, Konzentration auf weniger Lieferanten, Verbesserung der Konditionen,
  - Reduzierung der im Warenbereich I beschäftigten Mitarbeiter

  Abbildung 15/2 zeigt die über die Teilziele hinausgehende Gliederung der Ziele in Zwischen- und Unterziele.
- Ober- und Teilziele werden zusätzlich zeitlich untergliedert. Für ein Handelsunternehmen mit 10 Warenbereichen und Monatszielen ergeben sich für das Oberziel 12 Teilziele, für die Warenbereiche 120 Teilziele. Die Zeiträume für die Zielerreichung sollten möglichst kurz gewählt werden. Je kürzer der Zeitraum ist, der für das Erreichen eines Zieles festgelegt wurde, desto schneller und müheloser kann bei Soll-Ist-Differenzen die Abweichungsanalyse durchgeführt werden.
- *Abbildung 15/3* bringt ein Zahlenbeispiel für ein Zielsystem. Der Lebensmittel-Einzelhandel eignet sich besonders für ein Beispiel, weil:
  - sein Sortiment aus einer größeren Zahl von Teilsortimenten besteht,
  - diese Teilsortimente sehr heterogen sind,
  - die unterschiedlichsten Andienungsformen angewandt werden.

Abbildung 15/2: Vertikale Zielgliederung

```
        Steigerung des
  Unternehmens-Gesamtumsatzes  ──────────────►  Oberziel
              │
              ▼
        Steigerung des
   Umsatzes Warenbereich I  ─────────────────►  Teilziel
              │
              ▼
    Erhöhung der Artikelzahl ─────────────────►  Zwischenziel
         ╱    │    ╲
        ▼     ▼     ▼
  Vergrößerung  Erhöhung  Steigerung  ─────────►  Unterziele
  der zugewiesenen  des Werbe-  der Zahl der
  Verkaufsfläche    etats       Verkaufs-
                                förderungs-
                                aktionen
```

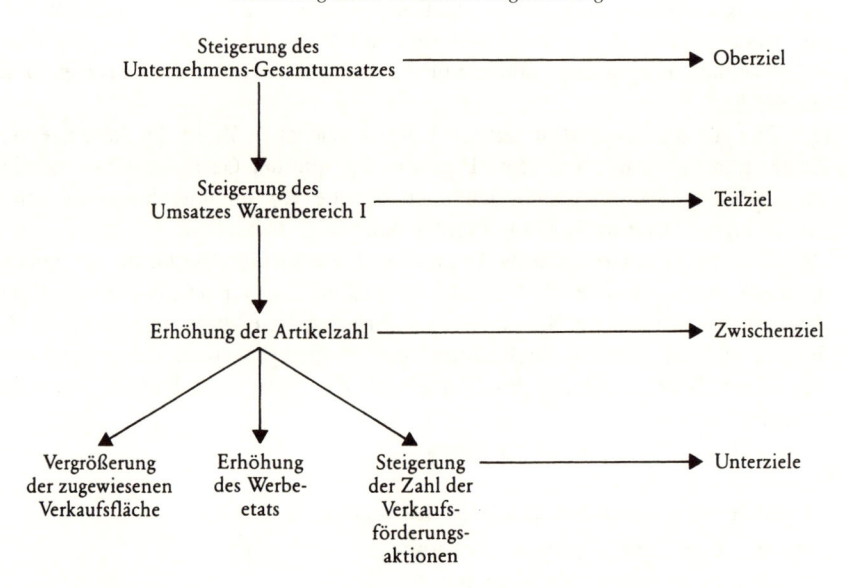

Abbildung 15/3: Zielsystem für den Marketingbereich eines Lebensmittel-Supermarktes

Bruttoumsatz: 10,780 Mill. DM, Netto-Umsatz: 10,000 Mill. DM (pro Jahr)

Warenbereich (Teil-Sortiment)	Jahresziele für die Warenbereiche[1]							Wareneinsatz Netto-Umsatz abz. Rohgewinn	Kennziffernziele	
	Umsatzziele				Ziele für Handelsspanne und Rohgewinn					
	Umsatz anteil	MWSt-[2] Satz	Brutto-Umsatz DM	Netto-Umsatz DM	HSp %	Rohgewinn		DM	Umschlags-häufigkeit	Waren-bestand
						DM	in %			
Frischfleisch Frischwurst	20%	7%	2,140	2,000	30	0,600	27,8	1,400	104 x	13 462,—
Obst und Gemüse	10%	7%	1,070	1,000	26	0,260	12,0	0,740	160 x	4 625,—
Käse in Bedien.	5%	7%	0,535	0,500	34	0,170	7,9	0,330	52 x	6 346,—
Molkereiprodukte in SB	15%	7%	1,605	1,500	16	0,240	11,1	1,260	70 x	18 000,—
Tiefkühlkost	5%	7%	0,535	0,500	23	0,115	5,3	0,385	20 x	19 250,—
Brot und Backw. in Bedienung	5%	7%	0,535	0,500	32	0,160	7,4	0,340	200 x	1 700,—
Frischwaren ges.	60%	7%	6,420	6,000	⌀ 25,75	1,545	71,5	4,455	⌀ 70,30 x	63 383,—
Trocken-Sortiment I	13%	9,5%[3]	1,424	1,300	12 ↓ (⌀ 15,38) ↑	0,156	7,2	1,144	15 x	76 266,—
Trocken-Sortiment II	27%	9,5%[3]	2,957	2,700	17	0,459	21,3	2,241	10 x	224 100,—
Insgesamt	100%	7,8%	10,801	10,000	21,60	2,160	100,0	7,840	⌀ 21,60 x	363 749,—

[1] In Millionen DM, außer Warenbestand
[2] Abschlag: 7% = 6,45%, 9,5% = 8,65%, 16% = 13,8%
[3] 30% UA zu 16% MWSt, 70% UA zu 7% MWSt = 9,5%, dieser Mischsatz kann je nach Zusammensetzung des Sortiments nach oben oder unten schwanken.

Das hier vorgestellte Zielsystem eines Lebensmittel-Supermarktes soll durch zwei Beispiele, einmal aus dem Textil-Einzelhandel und zum anderen aus dem Großhandel, ergänzt werden. Beide Beispiele stehen in einem starken Kontrast zum Lebensmittel-Supermarkt, bedingt durch das Sortiment und die Handelsstufe, und zeigen, wie vielgestaltig die Handelsunternehmen und deren Absatzkonzeptionen und damit auch die Zielsysteme sein können.

Abbildung 15/4 zeigt das Zielsystem eines Textil-Einzelhandelsunternehmens. Das Sortiment ist, mit Ausnahme der Bettwaren und der Kurzwaren zielgruppenorientiert gegliedert. Für Oberbekleidung gibt es keine sinnvollere Gliederung. Die Schwerpunkte des Umsatzes liegen bei Herren- und Damen-Oberbekleidung und Herren- und Damen-Artikel. Diese vier Warengruppen bringen 76,45% des Gesamtumsatzes, also mehr als drei Viertel. Und ihr Anteil an der Gesamtzahl der verkauften Teile liegt bei 74,81%. Diese Sortimentsstruktur muß bei der Zuweisung der verfügbaren Verkaufsfläche an die einzelnen Warenbereiche beachtet werden.

Die Handelsspannen der einzelnen Warenbereiche weichen relativ wenig voneinander ab. Das ist die Folge davon, daß dieses Einzelhandelsunternehmen bei allen Warenbereichen nur eine Andienungsform anwendet, eine Kombination von Bedienung mit Teil-Selbstbedienung. Die Bedienung hat in dieser Kombination das größere Gewicht.

Die Führung eines solchen Textil-Einzelhandelsunternehmens ist weitaus weniger problematisch als die Führung eines Lebensmittel-Supermarktes mit seinem sehr heterogenen Sortiment und den unterschiedlichen Andienungsformen. Trotzdem sollte das Textil-Sortiment mindestens so weit aufgegliedert werden wie das in *Abbildung 15/4* vorgenommen wurde. Es kann durchaus sein, daß einzelne Warenbereiche in eine ungewöhnliche Wettbewerbs-Situation kommen, die eine aggressive Preispolitik erfordert. Die Auswirkungen einer solchen Preispolitik sowohl auf die betreffende Warengruppe als auch auf das gesamte Sortiment kann man nur dann eindeutig erkennen, wenn das Sortiment transparent, also ausreichend gegliedert ist und in dieser Gliederung auch kontrolliert wird.

Abbildung 15/5 zeigt das Zielsystem eines Großhandels-Unternehmens, das Unternehmen des Dachdecker-Handwerks beliefert. Das Sortiment ist materialorientiert gegliedert. Obwohl auch in diesem Falle wieder nur eine Andienungsform angewandt wird – ob Ordersatz oder Außendienst mit Vertretern ist nebensächlich –, weichen die Handelsspannen der einzelnen Warenbereiche beträchtlich voneinander ab. Diese Abweichungen können sich aus unterschiedlichen Marktsituationen oder unterschiedlichen Handlingkosten ergeben.

Zwei Warengruppen fallen auf. Einmal die relativ hohe Spanne der Warengruppe 3, die ausschließlich im Streckengeschäft vertrieben wird. Muster des Teilsortiments dieser Warengruppe müssen jedoch in einem Ausstellungsraum präsentiert werden, damit sich Bauhandwerker und vor allem Bauherren die Ziegel aussuchen können, die ihnen am besten gefallen und deren Preis ihren Vorstellungen entspricht. Das verursacht Kosten, die kalkuliert werden müssen. Zum anderen fällt die sehr hohe Handelsspanne der Warengruppe 7 auf. Sie erklärt sich daraus, daß die Materialien dieser Warengruppe nach Maß zugeschnitten und, wenn gewünscht, gebogen oder abgekantet werden. Hier wird also zusätzliche Dienstleistung verkauft, deren Kosten kalkuliert werden müssen.

Abbildung 15/4: Zielsystem für ein Textil-Einzelhandelsunternehmen (3,6 Mill. DM brutto Jahresumsatz)

Warengruppe	Umsatz brutto		Handelsspanne[1] %	Rohgewinn[1]		Menge[2] %
	DM	%		DM	%	
HaKa Herrenkonfektion	524 880.–	14,58	46,7	245 118.96	13,73	7,86
DOB Damen-Oberbekleidung	975 600.–	27,10	50,4	491 702.40	27,53	10,35
KOB Kinder-Oberbekleidung	83 160.–	2,31	43,0	35 758.80	2,00	2,43
Herren-Artikel	700 200.–	19,45	51,2	358 502.40	20,08	24,31
Damen-Artikel	551 520.–	15,32	52,1	287 341.92	16,09	32,29
Kinder- und Baby-Artikel	126 360.–	3,51	48,5	61 284.60	3,43	7,39
Bettwaren	305 640.–	8,49	52,0	158 932.80	8,90	8,05
Junge Mode	318 240.–	8,84	43,6	138 752.64	7,77	4,45
Diverse Kurzwaren	14 400.–	0,40	58,1	8 366.40	0,47	2,87
	3 600 000.–	100,00	Ø 49,6	1 785 760.92	100,00	100,00
– 13,8% Mehrwert-Steuer	496 800.–			246 435.–		
Netto-Jahresumsatz	3 103 200.–		Ø 49,6[3]	1 539 325.92		

[1] Inclusive Mehrwert-Steuer
[2] Anzahl der verkauften Teile
[3] Betriebsvergleich BAG: 46,7% Quelle: Vademecum des Einzelhandels 1990, herausgegeben von der Bundesarbeitsgemeinschaft der Mittel- und Großbetriebe des Einzelhandels e. V., Köln 1991, S. 53.

*Abbildung 15/5: Zielsystem für ein Großhandelsunternehmen für
Dachdecker-Material und -Zubehör*

Warengruppe		Umsatzanteil	Handelsspanne	Rohgewinnanteil
Nr.	Bezeichnung	in %	in %	in %
0	Bitumen- und Kunststoffdachbahnen	20,26	12,4	15,43
1	Fassaden- und Dachdämmstoffe	6,54	14,0	5,54
2	Flachdachartikel (ohne Dachbahnen)	9,40	24,7	12,85
3	Dachziegel und Formstücke	25,11	11,9	18,43
4	Steildachzubehör (ohne Rinnen und Ziegel)	16,47	19,6	18,67
5	Welldachplatten etc.	7,67	19,0	8,44
6	Fassadenplatten	2,41	27,3	3,56
7	Klempnerei etc.	8,67	30,0	13,83
8	Handwerkergeräte	1,45	19,0	1,60
9	Werkzeuge	2,02	13,4	1,65
Gesamt		100,00	Ø 16,9	100,00

Diese beiden Beispiele zeigen sehr deutlich, daß der Lebensmittel-Einzelhandel das vom Standpunkt der Unternehmensführung aus gesehen anspruchsvollste Sortiment führt. Es ist sehr heterogen. Zwischen einer leicht verderblichen Frischware und einer lange Zeit haltbaren Konserve bestehen erhebliche Unterschiede, aus denen sich im Hinblick auf den Umfang der erforderlichen Handelsleistung und die Höhe der Kosten beträchtliche Differenzen ergeben. Und es werden alle verfügbaren Andienungsformen angewandt, von der qualifizierten Bedienung bei Fleisch und Käse z.B. bis zur einfachsten Selbstbedienung etwa bei Zucker und Mehl. Die Personalkosten der einzelnen Warenbereiche weichen also stark voneinander ab.

Aus diesem Grunde wird in den folgenden Kapiteln Planung, Organisation und Kontrolle das Beispiel des Lebensmittel-Supermarktes auf der Grundlage des in *Abbildung 15/3* vorgestellten Zielsystems fortgeführt. Die Unternehmensführung in den anderen Branchen des Einzelhandels ist zweifellos einfacher als im Lebensmittel-Einzelhandel. Und im Großhandel stellt der Lebensmittel-Großhandel sicher auch höhere Anforderungen an die Unternehmensführung als das in anderen Branchen der Fall ist. Natürlich erfordern Großhandels-Unternehmen mit Jahresumsätzen von mehreren Milliarden DM einen erheblichen Führungsaufwand. Es fragt sich jedoch, ob die grundlegenden Probleme der Unternehmensführung größer und schwieriger zu lösen sind als im Lebensmittel-Supermarkt. Das City-Warenhaus dürfte im Hinblick auf seine Führung gleich anspruchsvoll oder gar noch anspruchsvoller sein als der Lebensmittel-Supermarkt. Es ist ob seiner Größe jedoch unübersichtlicher und als Demonstrationsobjekt weniger geeignet als der Supermarkt im Lebensmittel-Einzelhandel.

Ein zweiter Grund kommt hinzu. Der Lebensmittel-Einzelhandel stellt bereitwillig detaillierte betriebswirtschaftliche Daten für die Weiterbildung und den Erfahrungsaustausch zur Verfügung. Es wäre kaum möglich gewesen – und wenn, dann nur unter großen Mühen – Daten in dem Umfang aus der Praxis zu erhalten, wie sie für die Fortführung des Zahlenbeispiels erforderlich gewesen wären. Es war schon schwierig genug, die Zahlen für die in diesem Absatz erläuterten Zielsysteme von Unternehmen aus dem Textil-Einzelhandel und dem Dachdecker-Großhandel zu bekommen. Viele Handelsunternehmen betreiben mit ihren betriebswirtschaftlichen Daten eine regelrechte Geheimniskrämerei.

15.2 Das Zielsystem als Grundlage der Planung und Organisation

Die Organisation wird ebenfalls auf das Zielsystem zurückgreifen und für jedes Teilziel eine Stelle – einen Verantwortungsbereich – schaffen. (Siehe dazu: Oehme, Wolfgang, Handelsmanagement, München 1993, S. 81 ff.). Und daß die Kontrolle die Struktur des Zielsystems haben muß, ist selbstverständlich. Es ergibt sich also eine durchgehende Linie:

Sortimentsstruktur	– orientiert sich am Charakter der Waren oder an den Andienungsformen.
=	
Struktur des Zielsystems	– macht das Sortiment für die Kontrolle und Steuerung transparent.
=	
Organisationsstruktur	– Stellen sind objektorientierte Verantwortungsbereiche für Teilsortimente im Marketingbereich oder funktionsorientierte Verantwortungsbereiche für Aufgaben im Operatingbereich.
=	
Struktur des Kontrollsystems	– jedes Teilziel des Zielsystems muß kontrolliert werden.

Alle vier Strukturen müssen deckungsgleich sein. Nur wenn diese Forderung erfüllt ist, wird ein Handelsunternehmen vollkommen transparent und kann seine Absatzkonzeption am Markt erfolgreich in Umsätze und Erträge umwandeln.

Schließlich ist das Zielsystem auch für die Planung unentbehrlich. Sie kann anhand der Umsatz- und Ertragsziele für die einzelnen Teil-Sortimente sehr genau den Einsatz der Produktionsfaktoren – hinter dem ja die Kosten stehen – festlegen. Space Mangement ist ohne Zielsetzung nicht möglich (Siehe dazu Seite 391 ff.). Die Verteilung von Verkaufs- oder Lagerflächen an die Teil-Sortimente sollte nicht nur anhand physischer Daten – wie Artikelzahl und Artikelvolumina – erfolgen, sondern auch unter Marketinggesichtspunkten. Die Aufteilung besonders von Verkaufsflächen ist auch eine Marketingaufgabe. Je verschiedenartiger die Teil-Sortimente eines Gesamt-Sortiments sind, desto dringender ist die Planung auf das

15.2 Das Zielsystem als Grundlage der Planung und Organisation

Zielsystem angewiesen. Nur wenn sie die Umsatz- und Ertragsziele der einzelnen Teil-Sortimente kennt, kann sie die Flächenaufteilung, den Bedarf an Mitarbeitern und den Sachkapitaleinsatz zuverlässig und betriebswirtschaftlich gesichert festlegen und daraus realistische Kostenziele ableiten. (Siehe dazu: Oehme, Wolfgang, Handelsmanagment, München 1993, Seite 31 ff.). Besonders hohe Ansprüche werden im Lebensmittel-Einzelhandel an die Planung gestellt. Die einzelnen Teil-Sortimente eines Lebensmittel-Supermarktes erfordern einen sehr unterschiedlichen Einsatz an Sachkapital. Zwischen dem Trocken-Sortiment mit seiner vergleichsweise bescheidenen Ausstattung an Regalen und Gondeln und dem Tiefkühlbereich, der Molkereiprodukte-Abteilung oder der Fleisch-Abteilung mit ihrer aufwendigen Ausstattung mit Kühlmöbeln liegen Welten.

In die Zielsetzung geht eine Vielzahl von Daten ein. Es ist bei der Festlegung von Zielen zu beachten, daß nicht nur Daten vom Markt Grundlage für die festzulegenden Ziele sind. Es müssen auch Daten des eigenen Unternehmens in die Entscheidungen über die Ziele einbezogen werden. Bei neu zu gründenden Unternehmen wird man in der Regel eine Leistungskapazität aufbauen können, die den vom Markt abgeleiteten Umsatzprognosen entspricht. Ist dies nicht möglich, weil z.B. das Grundstück am Standort zu klein ist, dann wird man sehr sorgfältig prüfen müssen, ob es vertretbar ist, auf einen Teil des verfügbaren Marktpotentials zu verzichten, oder ob man den Standort erst gar nicht realisiert. Bei bestehenden Unternehmen muß sich die Zielsetzung neben dem Markt auch am Leistungspotential des eigenen Unternehmens orientieren und gegebenenfalls auf eine volle Ausschöpfung der vom Markt gebotenen Chancen verzichten. Die Zielsetzung nimmt eine zentrale Stellung in einer marktorientierten Unternehmensführung ein. Nur unter Einsatz der Zielsetzung kann ein Handelsunternehmen nicht nur kurzfristig – und vielleicht zufällig – erfolgreich wirtschaften, sondern auch langfristig und zuverlässig seine Stellung am Markt sichern und ausbauen.

Teil F: Die Kontrolle der Ergebnisse der operationalisierten angewandten Absatzkonzeption

16. Kapitel: Die Ergebniskontrolle

Die Kontrolle der Ergebnisse des Leistungsprozesses in einem abgelaufenen Zeitraum zeigt dem Marketing-Bereich, ob seine im Rahmen der Absatzkonzeption getroffenen strategischen und operativen Entscheidungen richtig waren. Die Ergebnisse lassen erkennen, ob das Sortiment und die Preise marktgerecht waren, ob die richtige Andienungsform gewählt wurde, ob die Warenpräsentation übersichtlich und verkaufsfördernd vorgenommen wurde und ob die Werbung und die Aktionspolitik die Verbraucher von der Leistungsfähigkeit des Handelsunternehmens überzeugen konnten. Für das Marketing eines Handelsunternehmens ist besonders wichtig, daß die Ergebniskontrolle erkennen läßt, ob die produzierte Handelsleistung zu vertretbaren Kosten erstellt wurde und ob sie in einem marktgerechten Umfang mit den richtigen, vom Markt gewünschten Artikeln verbunden werden konnte. Das Sortiment muß so gestaltet sein, daß es ein brauchbares Medium für den Transport der kostengünstig erstellten Handelsleistung zum Verbraucher ist.

Hier sei noch einmal darauf hingewiesen, daß jede Kontrolle Zielsetzung voraussetzt. Management by Objectivs (MbO) und Management by Results (MbR) gehören in einer marktorientierten Unternehmensführung untrennbar zusammen. Sie bedingen einander. Das Kontrollsystem, darauf wurde bereits hingewiesen, muß deshalb in seiner Gliederung genau dem Zielsystem entsprechen. Beide Systeme müssen deckungsgleich sein.

Die Kontrolle eines Handelsunternehmens gliedert sich in fünf Bereiche:

- Die Kontrolle des Umsatzes und der Umsatzstruktur – sie hat die Aufgabe, die Sortimentspolitik zu kontrollieren.
- Die Kontrolle der Handelsspanne – sie hat die vom Markt abhängigen Erträge zu kontrollieren und ist das Zentrum der Kontrolle; im Mittelpunkt steht die Kontrolle der Preispolitik.
- Die Kontrolle der Kosten – die weit differenzierter als die einmal pro Jahr vom Finanzamt für das gesamte Unternehmen geforderte Kostenartenrechnung erfolgen muß. Sie kontrolliert den Einsatz der Betriebsfaktoren.
- Die Ablaufkontrolle – die Kontrolle der zum Erreichen der Ziele erforderlichen Maßnahmen auf Kosten und Einhaltung der Termine hin.
- Die Kontrolle der „Corporate Identity" – die Kontrolle darüber, ob das Marketing-Ziel, eine „Retail Brand" zu schaffen, erreicht wurde und ob diese Retail Brand einen hohen Bekanntheitsgrad erreichen konnte.

An die Kontrolle müssen folgende Anforderungen gestellt werden:

- Genauigkeit – die Ergebnisse müssen nicht nur genau ermittelt werden, die Kontrolle muß auch entsprechend der Gliederung des Zielsystems sehr detailliert erfolgen, wenn sie aussagekräftig sein soll.

- Wirtschaftlichkeit – die Kontrolle muß sich in ihrem Umfang an der Größe des Betriebes oder Unternehmens orientieren, denn jede Kontrolle verursacht Kosten.
- Durchsetzbarkeit – die Kontrolle muß in ihrem Aufbau einfach und verständlich sein, damit sie von den Mitarbeitern, die an ihr mitwirken, nicht unterlaufen wird. Wenn Mitarbeiter vom Sinn einer Kontrolle nicht überzeugt sind oder das Kontrollverfahren nicht verstehen, dann können sie sehr wirksam passiven Widerstand leisten, indem sie z. B. Daten oberflächlich schätzen statt genau zu erheben oder Kontrollarbeiten zeitlich verzögern. Die Forderung nach Durchsetzbarkeit ist in großen Unternehmen nicht leicht zu erfüllen. Sie muß besonders bei der Gestaltung der zur Datenerfassung erforderlichen Formulare berücksichtigt werden.
- Kurzfristigkeit und Schnelligkeit – gerade im Handel mit seinem oft von Verlusten bedrohten Warenfluß muß die Kontrolle in möglichst kurzen Zeitabständen erfolgen. Die Ergebnisse müssen schnell zur Verfügung stehen.

16.1 Die Umsatzkontrolle

Die Umsatzkontrolle hat zwei Aufgaben zu erfüllen:

16.1.1 Die Kontrolle der Entwicklung des Gesamt-Umsatzes

Der in einem Zeitraum erzielte Gesamt-Umsatz wird immer vierfach kontrolliert:

– Soll-Ist-Vergleich

Der ermittelte Ist-Umsatz wird dem Soll-Wert der Zielsetzung gegenüber gestellt. Treten Soll-Ist-Abweichungen auf, muß – sowohl bei negativen wie auch bei positiven Differenzen – eine Abweichungs-Analyse folgen (Siehe Seite 508 ff.).

– Zeitvergleich

Der Umsatz einer Zeitspanne wird unternehmensintern mit den Umsätzen vorangegangener Zeiträume verglichen. Der Jahresumsatz wird mit den Umsätzen der Vorjahre verglichen. Wenn man monatlich kontrolliert, ergibt das eine Reihe von 12 Monatsumsätzen. Jeder Monatsumsatz kann mit dem Vormonat und dem gleichen Monat des Vorjahres verglichen werden. Zusätzlich kann man die Veränderungen zwischen den Jahren und den Monaten – Umsatzsteigerungen oder Umsatzverluste – in Prozent ausrechnen, kann eine Indexreihe mit dem ersten Monat als 100%-Basis aufstellen und gleitende Durchschnitte, die saisonale oder andere Schwankungen unterdrücken und Trends erkennen lassen, ausrechnen. Schließlich kann man die gleichen Monate mehrerer Jahre vergleichen. Man erhält dann eine Reihe von Umsätzen eines bestimmten Monats, die man wie oben angegeben statistisch weiterverarbeiten kann.

– Betriebsvergleich

Der nächste Schritt der Umsatzkontrolle ist der brancheninterne Betriebsvergleich. Der eigene Umsatz eines bestimmten Zeitraumes wird mit dem Durchschnittsumsatz einer größeren Anzahl anderer vergleichbarer Unternehmen verglichen. Vergleichbare Unternehmen sind Unternehmen gleicher Umsatzgröße, gleicher Sortimente, gleicher Verkaufs- oder Lagerflächengröße, gleicher Standortmerkmale und gleicher Andienungsform. Die Durchschnittszahlen kann man den Veröffentlichungen von Verbänden oder des Europäischen Handelsinstituts in Köln entnehmen. Einen Betriebsvergleich führen auch die Steuerberater und Steuerberatungsgesellschaften für ihre Mandanten durch. Bei der Verwendung externer Betriebsvergleiche muß berücksichtigt werden, daß Durchschnittszahlen auch die Zahlen schlechter Unternehmen enthalten, die den Durchschnitt nach unten ziehen. Als Zielsetzung sind Durchschnittszahlen aus Betriebsvergleichen kaum und nur mit großer Vorsicht zu gebrauchen. Es besteht die Gefahr, daß man Ziele zu niedrig festsetzt, die Chancen des Marktes nicht voll ausnutzt und dem Wettbewerb den Vortritt läßt.

– Marktanteil

Vom Markt, dem eigenen Absatzgebiet her, kontrolliert man den Umsatz, indem man ihn mit dem vorhandenen, sorgfältig ermittelten Kaufvolumen vergleicht. Die Größe des Kaufvolumens muß immer wieder überprüft werden. Denn das Kaufvolumen kann sich verändern. Durch den Vergleich des eigenen Gesamtumsatzes mit dem Kaufvolumen des Absatzgebietes kontrolliert man den eigenen Marktanteil und dessen Entwicklung. Das Ergebnis kann z.B. sein, daß bei steigenden eigenen Umsätzen der Marktanteil sinkt. Das Kaufvolumen wächst dann schneller als der eigene Umsatz. Zumindest ein Wettbewerber muß sich vom Zuwachs des Kaufvolumens dann mehr geholt und damit seinen Marktanteil gesteigert haben. Dieses Beispiel zeigt, daß die unternehmensinterne Umsatzkontrolle – sie weist ja steigende Umsätze aus und verführt zur Zufriedenheit, der sinkende Marktanteil bleibt verborgen – nicht ausreicht. Die Kontrolle des Marktanteils zwingt dazu, die Situation im Absatzgebiet – besonders die Wettbewerbssituation – zu beobachten und auch die Entwicklung des Kaufvolumens zu verfolgen. Der Marktanteil ist ein Indikator für die Stärke der Marktstellung und für das eigene Gewicht am Beschaffungsmarkt. Auf die Kontrolle des Marktanteils kann deshalb nicht verzichtet werden. Der Marktanteil zeigt zuverlässiger und frühzeitiger Gefahren an, als es die Umsatzentwicklung zu tun vermag.

16.1.2 Die Kontrolle der Umsatzstruktur

Die Umsätze der einzelnen Teil-Sortimente und – wenn das Sortiment tiefer gegliedert ist – ihrer Warengruppen werden mit dem Gesamtumsatz verglichen. Die Kontrolle der Umsatzstruktur setzt natürlich voraus, daß für jedes Teil-Sortiment und gegebenenfalls jede Warengruppe ein Ziel existiert und die Ist-Werte im Rechnungswesen festgehalten werden. Dann kann man für alle Teile des Sortiments die Entwicklung ihres Umsatzes und dessen Anteil am Gesamt-Umsatz kontrollieren. Gerade die Kontrolle der Umsatzanteile der Teil-Sortimente am Gesamt-Umsatz sagt mehr über die Sortimentsgestaltung und ihre Stärken und Schwächen aus als die Kontrolle der Entwicklung des Gesamt-Umsatzes.

Das folgende Zahlenbeispiel zeigt, wie Zusammenhänge zwischen Sortiments- und Preispolitik bei dieser Kontrolle deutlich sichtbar werden.

16.1 Die Umsatzkontrolle

Abbildung 16/1: Umsatz- und Rohgewinnanteile einzelner Teil-Sortimente am gesamten Umsatz in % des Netto-Umsatzes und in % des gesamten Rohgewinnes

Warengruppe	Umsatzanteil in %		Rohgewinnanteil in %	
	Soll	Ist	Soll	Ist
I	25	30	20	14
II	33	28	18	26
III	42	42	62	60
Gesamt-Sortiment	100	100	100	100

Diese Zahlen können z. B. eine ganz bestimmte Absatzpolitik widerspiegeln. Der Umsatzanteil der Warengruppe I könnte zu Lasten des Rohgewinns durch knapp kalkulierte Preise gesteigert worden sein. Bei der Warengruppe II könnte es umgekehrt gewesen sein, die Steigerung des Rohgewinns ließ den Umsatz sinken.

Von einem zu niedrigen Umsatzanteil eines Teil-Sortiments kann man auch auf Lücken im Sortiment, zu viele Fehlartikel oder eine zu knappe Verkaufsfläche, die eine übersichtliche Präsentation dieses Teil-Sortiments nicht zuläßt, schließen. Ein hoher Anteil dagegen kann anzeigen, daß es erfolgreich gelungen ist, einen Sortiments-Schwerpunkt zu setzen. Im Lebensmittel-Einzelhandel entsprechen die Anteile wichtiger Teil-Sortimente am Gesamt-Umsatz in etwa der Struktur der Ausgaben der privaten Haushalte für Nahrungs- und Genußmittel, was bereits erwähnt wurde. Die Haushalte geben durchschnittlich 20% für Fleisch und Wurst aus, die Frischfleisch-Abteilung – inklusive Frischwurst – eines Lebensmittel-Supermarktes hat in der Regel einen Anteil von rund 20% am Gesamt-Umsatz. Weicht dieser Anteil erheblich nach unten ab, so hat entweder das Teil-Sortiment Frischfleisch/Frischwurst Schwächen oder die Abteilung wird schlecht geführt. Weicht der Anteil erheblich nach oben ab, so weist das restliche Sortiment Schwächen auf. Solche Erkenntnisse fördert die Kontrolle der Entwicklung des Gesamt-Umsatzes nicht zu Tage.

Einen Betriebsvergleich, der für einzelne Branchen die Umsätze auch der Teil-Sortimente ausweist, gibt es nicht. Er ist wahrscheinlich nicht durchführbar, da auch innerhalb einer Branche die Unternehmen ihre Sortimente unterschiedlich gliedern können und die Umsatzanteile der Teil-Sortimente standortabhängig sind und stark von der Absatzpolitik des einzelnen Handelsunternehmens beeinflußt werden. Die Kontrolle der Umsatzstruktur ist deshalb nur als unternehmensinterner Zeitvergleich möglich. Die Umsatzanteile der Teil-Sortimente am Gesamt-Umsatz können die Festlegung der Umsatz- und Ertragsziele für diese Teil-Sortimente stark beeinflussen.

Zusammenfassend kann man sagen, daß man mit einer regelmäßigen Kontrolle der Umsatzentwicklung und der Umsatzstruktur und einem Vergleich der Soll-Ist-Werte feststellen kann, ob die Ziele realistisch festgelegt wurden, ob das geführte Sortiment vollständig ist und den Erwartungen der Verbraucher entspricht und ob marktgerechte Preise gefordert werden. Eine ständige, kurzfristige und detaillierte Umsatzkontrolle, die nicht nur die eigene Umsatzentwicklung verfolgt, kann mehr über die Absatzkonzeption aussagen, als man auf den ersten Blick annimmt.

16.1.3 Die Kontrolle von mit dem Umsatz zusammenhängenden Leistungsmeßziffern

Es gibt zwei Leistungsmeßziffern, die in einem engen Zusammenhang mit dem Umsatz stehen und die regelmäßig ermittelt und kontrolliert werden müssen und für die auch Ziele formuliert werden können.

(1) Der durchschnittliche Einkaufsbetrag pro Kunde im Einzelhandel und die durchschnittliche Auftragsgröße im Großhandel

Diese Werte können leicht ermittelt werden, denn moderne Kassensysteme im Einzelhandel und die EDV im Großhandel halten die Kundenzahl und die Umsätze pro Kunde fest. Man kann sie im Einzelhandel stündlich an den Kassen ablesen und so für jede Tagesstunde den durchschnittlichen Einkaufsbetrag ermitteln. Er spielt in den Unternehmen eine wichtige Rolle, die umfangreiche Sortimente mit einer großen Artikelanzahl führen. Das sind in erster Linie Lebensmittel-Supermärkte, Drogeriemärkte oder Baumärkte, im Großhandel die Unternehmen des Lebensmittelhandels. Es gibt auch Betriebsvergleiche, in denen diese Leistungsmeßziffer ausgewiesen wird. Für diese Leistungsmeßziffer können Ziele festgelegt werden, die von Branche zu Branche und auch von Vertriebsform zu Vertriebsform und Handelsstufe zu Handelsstufe erheblich schwanken können.

Liegt der durchschnittliche Einkaufsbetrag pro Kunde erheblich unter dem Durchschnitt oder sinkt er im innerbetrieblichen Zeitvergleich stark ab, so weist das auf Schwächen im Sortiment hin. Das Sortiment kann Lücken haben, es können viele Fehlartikel infolge von Dispositionsfehlern auftreten oder bestimmte Artikel oder Warengruppen sind zu teuer. Aber auch Standortmerkmale können diese Leistungsmeßziffer beeinflussen. Einzelhandels-Unternehmen mit viel Laufkundschaft werden niedrigere Werte ausweisen als Unternehmen mit Stammkundschaft, die u. U. Vorratskäufe vornimmt. Und der Spezial-Großhandels weist kleinere Auftragsgrößen aus als die Vollsortimenter im Lebensmittelhandel.

(2) Die Umschlagshäufigkeit des durchschnittlichen Warenbestandes

Diese Leistungsmeßziffer zu ermitteln fordert einigen Aufwand, da der durchschnittliche Warenbestand nicht als Nebenprodukt bei den Kassensystemen oder der Fakturierabteilung anfällt. Der durchschnittliche Warenbestand in seiner einfachsten Form ergibt sich, wenn Anfangs- und Endbestand einer Zeitspanne addiert und dann durch 2 geteilt werden. Ein zu hoher Warenbestand, den eine zu niedrige Umschlagshäufigkeit anzeigt, kann folgende Ursachen haben:

– Es wird zu viel Ware disponiert, um Fehlartikel zu vermeiden.
– Es wird zu viel Ware disponiert, um günstige Einkaufskonditionen auszunutzen.
– Infolge unzureichender Warenbestandskontrollen sammeln sich zu viele langsamdrehende Artikel – in der Praxis „Penner" genannt – an oder es bleiben zu viele Aktionsartikel unverkauft.
– Das Sortiment ist zu tief und enthält zu viele Parallel-Artikel oder Parallel-Sortimente.

Da hohe Warenbestände Kosten verursachen – Raum- und Finanzierungskosten – und die Gefahr in sich bergen, daß die Qualität der Ware leidet oder die Ware an

Aktualität verliert, müssen sie vermieden werden. Das kann durch ständige Kontrollen der Warenbestände und eine richtige Lieferantenauswahl geschehen. Lieferanten, die kurzfristig, zuverlässig und zu vertretbaren Konditionen liefern, können viel dazu beitragen, daß sich der Warenbestand schnell umschlägt. Die Umschlagshäufigkeit des durchschnittlichen Warenbestandes ist branchen- und vertriebsformenabhängig und schwankt erheblich.

16.2 Die Kontrolle der Handelsspanne

Bei der folgenden Darstellung der Handelsspannen-Kontrolle eines Handelsunternehmens wurde als Zahlenbeispiel das sogenannte Trocken-Sortiment eines Lebensmittel-Supermarktes gewählt. Das Zahlenbeispiel soll das nicht ganz leichtverständliche Vorgehen bei der Soll-Spannen-Kontrolle leichter verständlich machen. Aus Gründen der Übersichtlichkeit und der Verständlichkeit wird dieses Kontrollsystem dabei so dargestellt, als ob es manuell angewandt würde. Große Handels-Unternehmen werden zur Soll-Spannen-Kontrolle natürlich die EDV einsetzen. Aber auch kleine und mittlere Unternehmen können mit Hilfe eines PC diese Kontrolle gut und mühelos kurzfristig durchführen. Die EDV kann zwar die Rechenarbeit abnehmen und innerhalb kürzester Zeit erledigen, sie kann aber nicht die erforderliche Kenntnis über dieses System ersetzen. Man muß dieses Kontrollsystem verstanden haben und beherrschen, wenn man die richtigen Daten festhalten – was auch eine Organisationsfrage ist – und in die EDV eingeben will. Den EDV-Programmen zu der Soll-Spannen-Kontrolle liegt in der Regel das hier vorgestellte System zu Grunde.

Das Trocken-Sortiment des Lebensmittel-Supermarktes wurde deshalb ausgewählt, weil es eine sehr große Anzahl von Artikeln umfaßt – 4000 bis 6000 –, die zwar kaum verderbgefährdet, dafür aber stark diebstahlgefährdet sind. Es umfaßt alle in Gläsern, Dosen, Kartons, Tuben, Tüten oder sonstwie vorverpackten Artikel und wird vollständig in Selbstbedienung angeboten.

Die Handelsspanne ist der zentrale Nerv jeden Handelsunternehmens. Sie unterliegt den Einflüssen des Marktes, den Preisvorstellungen und Kaufentscheidungen der Kunden und den Aktionen und Reaktionen der Wettbewerber. Zwischen dem Kalkulationsaufschlag und der schließlich realisierten Handelsspanne können – je nach Branche verschieden – erhebliche Differenzen bestehen. Früher war die Kontrolle der Handelsspanne regelrecht gefürchtet, weil man zu ihrer Ermittlung den Wareneinsatz brauchte, was wiederum eine Inventur mit aufwendiger Erhebung des Warenbestandes und seiner Bewertung erforderte. Das erklärt, warum die vor allem kurzfristige Kontrolle der Handelsspanne oft vernachlässigt wurde und von kleineren Unternehmen auch heute noch vernachlässigt wird.

Bei der Kontrolle der Handelsspanne haben ausschließlich betriebswirtschaftliche Gesichtspunkte zu gelten. Sie darf nicht mit dem Blick auf die Steuererklärung erfolgen. Eine aus steuerlichen Gründen manipulierte Handelsspanne – auch wenn die Manipulation rechtlich zulässig ist – hat keine Aussagekraft und kann nicht Grundlage einer zukünftigen Geschäftspolitik sein.

16.2.1 Der Begriff der Handelsspanne

Die Handelsspanne ist die Differenz zwischen dem Einkaufspreis eines Artikels oder einer Ware und dem Verkaufspreis. Das ist die Stammform der Handelsspanne. Die Handelsspanne wird immer in % des Verkaufspreises angegeben. Da es zwei Verkaufspreise gibt, den Netto- und den Brutto-Verkaufspreis, gibt es auch zwei Varianten der Handelsspanne:

- die Brutto-Handelsspanne, die die Mehrwertsteuer enthält,
- die Netto-Handelsspanne, die keine Mehrwertsteuer enthält.

Da die Mehrwertsteuer ein durchlaufender Posten ist, der für das Ergebnis keine Bedeutung hat, wird hauptsächlich mit der Netto-Handelsspanne gearbeitet. Sie findet sich auch in den meisten Betriebsvergleichen. Im Lebensmittelhandel ist die Netto-Handelsspanne deshalb unverzichtbar, weil zwei Steuersätze angewendet werden. Da das Verhältnis der Umsatzanteile von 7%-Ware und 16%-Ware infolge der Sortimentsstruktur verschieden sein kann, ist die Brutto-Handelsspanne für Betriebsvergleiche unbrauchbar.

Die Differenz zwischen Einkaufspreis und Verkaufspreis in DM/Euro ausgedrückt ist der Rohgewinn. Entsprechend den beiden Verkaufspreisen gibt es einen Brutto- und einen Netto-Rohgewinn.

Es ist hier und auch in der folgenden Darstellung der Soll-Spannen-Kontrolle ohne Bedeutung, ob die aufgeführten Zahlen Beträge in DM, Euro, Gulden oder Pfund angeben. Der Rechengang verändert sich deshalb nicht.

Die Differenz zwischen Einkaufspreis und Verkaufspreis, ausgedrückt in % des Einkaufspreises, ist die Aufschlagsspanne oder der Kalkulationsaufschlag. Auch hier gibt es eine Brutto- und eine Netto-Aufschlagsspanne.

Bei der Kalkulation muß beachtet werden, daß es zwischen Einkaufs- und Einstandspreis – als Folge der Konditionen – Unterschiede gibt. Man kann der Kalkulation den Einkaufspreis zugrunde legen und mit einem etwas niedrigeren Aufschlag kalkulieren. Oder man legt der Kalkulation einen Netto-Netto-Einstandspreis zugrunde und wählt u. U. einen etwas höheren Aufschlag. Die erste Form der Kalkulation birgt etwas mehr Sicherheit in sich – die Konditionen als stille Ertragsreserve –, die zweite Art ist transparenter.

Unabhängig von der Art der Kalkulation wird der Wareneingang in der Regel zu Einkaufspreisen gebucht. Die Konditionen, die zu einem Teil erst später vergütet werden, werden in der Gewinn- und Verlustrechnung gesondert ausgewiesen.

16.2.2 Die klassische Ist-Ausgangs-Handelsspannen-Kontrolle

Sie geht in der Weise vor, daß sie zunächst den Wareneinsatz ermittelt (alle Werte zu Einkaufspreisen netto):

    Warenanfangsbestand (vom vorhergehenden Zeitraum übernommen)
+ Wareneingang (oder -einkauf)
= verfügbare Ware

16.2 Die Kontrolle der Handelsspanne

− Warenendbestand (ermittelt durch Inventur)
= Wareneinsatz (oder Umsatz zu Einkaufspreisen)

Der Wareneinsatz wird dann vom Umsatz − brutto oder netto − abgezogen und man erhält den Rohgewinn. Der Rohgewinn in % des Verkaufspreises ist die Handelsspanne.

Diese Kontroll-Methode hat zwei gravierende Nachteile:
Zur Ermittlung des Warenendbestandes muß eine Inventur durchgeführt werden.

- Die Höhe des Warenbestandes − in DM/Euro − kann man entweder in der Weise ermitteln, daß man die bei der Inventur aufgenommene Ware anhand der Lieferantenrechnungen zu Einkaufspreisen bewertet.
- Oder man erhebt bei der Inventur mit den Mengen auch die Verkaufspreise und bewertet mit ihnen. Dann kann man mit einem Abschlag in Höhe der Handelsspanne des vorhergehenden Zeitraumes zum Wert des Warenbestandes zu Einkaufspreisen gelangen. Dieses Verfahren ist weniger aufwendig, aber etwas ungenauer.

Es wird die **"Ist-Ausgangs-Handelsspanne"** ermittelt. Was der Ware auf dem Wege durch das Handelsunternehmen widerfährt bleibt im dunkeln. Eine gezielte Analyse von Schwachstellen ist unmöglich. Welchen Einflüssen die ermittelte Ist-Handelsspanne unterliegt, läßt sich nicht feststellen. Damit kann die Ist-Handelsspanne auch nicht genau beurteilt werden.

Trotzdem kann mit der klassischen Ist-Spannen-Kontrolle unter folgenden Voraussetzungen gearbeitet werden:

- Kontrolliert werden kleine − keine große Artikelzahl − und schnelldrehende Sortimente, die nur niedrige Warenbestände aufweisen.
- Diese Sortimente werden in Bedienung angeboten, was Verluste durch Kunden-Diebstahl weitestgehend ausschließt.
- Die Sortimente werden in sehr kurzen Zeiträumen kontrolliert − wöchentlich oder monatlich −.

Im Lebensmittelhandel, vor allem im Einzelhandel, sind es die Frischwaren-Sortimente, die diese Voraussetzungen aufweisen und deren Handelsspanne auf diese Weise kontrolliert wird.

Die *Formulare 11* und *12* im Anhang zeigen, wie bei dieser Spannenkontrolle vorgegangen wird. Die in *Formular 11* aufgeführte Umsatzkontrolle ist eine Besonderheit des Lebensmittel-Einzelhandels. Auf dem Weg zwischen den Bedienungsabteilungen mit den Anweisungskassen und den Hauptkassen besteht für die Ware die Gefahr, von Ladendieben versteckt zu werden und die Hauptkasse ohne Bezahlung zu passieren. Dieser Gefahr unterliegt vor allem hochwertige Ware, wie Frischfleisch und Wurst. Ein Vergleich der Umsätze der Bedienungsabteilungen mit den von den Hauptkassen registrierten Umsätzen zeigt, ob und in welchem Umfang Ladendiebstahl dieser Art vorkommt. Durch eine Verbindung der elektronischen Waagen der Bedienungsabteilungen mit den Hauptkassen kann dieser Ladendiebstahl unterbunden werden.

16.2.3 Die Soll-Spannen-Kontrolle

Diese Kontrollmethode wurde von den Filialunternehmen zur Kontrolle ihrer Filialbetriebe entwickelt und wird deshalb auch heute noch als „Filial-Abrechnung" bezeichnet. Dieser Name verstellt leicht den Blick dafür, daß diese Kontrollmethode universell in allen Handelsunternehmen einsetzbar ist.

Die Soll-Spannen-Kontrolle ermöglicht es, große Sortimente mit einer hohen Artikelzahl und hohem Warenbestand, die sich weniger schnell umschlagen, exakt zu kontrollieren. Kontroll-Inventuren sind nur in längeren Zeitabständen – pro Quartal oder Tertial eine Inventur – erforderlich. Trotzdem hat man die Handelsspanne auch zwischen den Inventurterminen jederzeit unter Kontrolle.

Die Soll-Spannen-Kontrolle wird nachfolgend am Beispiel des normalen Trocken-Sortiments eines Lebensmittel-Supermarktes erläutert. Dieses Sortiment hat zwischen 4000 bis 6000 Artikel. Manchmal auch erheblich mehr. Vom Zielsystem werden die folgenden Zahlen übernommen:

Brutto-Jahresumsatz	2 956 500 DM/Euro
Netto-Jahresumsatz	2 700 000 DM/Euro
Netto-Handelsspanne geplant	17 %
Netto-Rohgewinn	459 000 DM/Euro
Netto-Wareneinsatz	2 241 000 DM/Euro
Warenanfangsbestand netto	224 100 DM/Euro
Durchschnittl. MWSt-Satz	9,5 %

Die Soll-Spannen-Kontrolle geht in folgenden Schritten vor (dazu *Abbildung* auf Seite 493 ff.):

16.2.3.1 Die Kontrolle der Eingangs-Handelsspanne

Der Wareneingang wird zu Einkaufspreisen (netto) und zu Verkaufspreisen (netto und brutto) erfaßt. Das Wareneingangsbuch muß also neben der Vorsteuerspalte drei Spalten für die Ware haben. Jeder Wareneingangsbeleg muß mit den drei Preisen durchgerechnet werden. Falls Lieferanten in ihrer Faktura bereits realistische Verkaufspreise als Preisempfehlung ausweisen und pro Lieferung nur die Endsummen in das Wareneingangsbuch übernommen werden müssen, vereinfacht dies die Arbeit ganz wesentlich. Ansonsten muß jeder Wareneingang, gleich ob Lieferschein oder Rechnung beigefügt sind, sofort kalkuliert werden. Mit dem Brutto-Verkaufspreis kann anschließend an die Kalkulation die Preisauszeichnung der Ware erfolgen, oder – bei Scanner-Kassenanlagen – der Preis gespeichert oder ein bereits gespeicherter Preis überprüft werden.

Am Ende eines Zeitraumes – das kann eine Woche oder ein Monat, aber auch ein Tag sein – werden die drei Spalten des Wareneingangsbuches aufaddiert. Ohne Schwierigkeiten kann man dann den Netto- und den Brutto-Rohgewinn und die Netto- und die Brutto-Eingangs-Handelsspanne feststellen.

Die Eingangs-Handelsspanne kann innerhalb kurzer Zeiträume beträchtlich schwanken, wenn ein Sortiment geführt wird, dessen Waren sehr unterschiedlich

Position	Einstands-preis netto in DM/Euro	Verkaufspreis in DM/Euro	
		netto	brutto
Warenanfangs-bestand	224 100.—	270 040.50	295 694.35
Handelsspanne netto/brutto		17,0%	24,1%
Aufschlag netto/brutto		20,5%	31,95%
Rohgewinn in DM netto/brutto		45 940.50	71 594.35
Wareneingang (Jahr)	2 280 000.—	2 827 200.—	3 095 784.—
Handelsspanne = Eingangsspanne netto/brutto		19,4%	26,35%
Aufschlag netto/brutto		24,0%	35,8%
Rohgewinn = Eingangsroh-gewinn in DM netto/brutto		547 200.—	815 784.—
Korrektur des Wareneinganges in DM (1. Fassung)	– 123 000.—	– 141 450.—	– 154 887.75
Handelsspanne netto/brutto		13,0%	20,6%
Aufschlag netto/brutto		15,0%	25,9%
Rohgewinn in DM netto/brutto		18 450.—	31 887.75
Korrigierter Wareneingang	2 157 000.—	2 685 750.—	2 940 896.25
Handelsspanne netto/brutto		19,7%	26,7%
Rohgewinn in DM netto/brutto		528 750.—	783 896.25
Verfügbare Ware			
Warenanfangs-bestand	224 100.—	270 040.50	295 694.35
Wareneingang korrigiert	2 157 000.—	2 685 750.—	2 940 896.25
Verfügbare Ware	2 381 100.—	2 955 790.50	3 236 590.60

16. Kapitel: Die Ergebniskontrolle

Position	Einstands-preis netto in DM/Euro	Verkaufspreis in DM/Euro	
		netto	brutto
Übertrag: Verfügbare Ware	2 381 100.—	2 955 790.50	3 236 590.60
Handelsspanne netto/brutto		19,4%	26,4%
Aufschlag netto/brutto		24,1%	35,9%
Rohgewinn in DM netto/brutto		574 690.50	855 490.60
Abzüglich erfaßbare Veränderungen: **(alles zu VK brutto)** Bruch/Verderb (0,2% der verfügbaren Ware)			− 6 556.71
Betrieblicher Eigenverbrauch (0,2% der verfügbaren Ware)			− 6 556.71
Preisveränderungen Erhöhungen			+ 9 767.18
Ermäßigungen			− 22 790.01
		− 23 875.46[1]	− 26 136.25
Korrigierte verfügbare Ware		2 931 915.04	3 210 454.35
Soll-Warenrohgewinn (netto/brutto)		550 815.04[2]	829 354.35
Soll-Handelsspanne netto/brutto		18,78%[3]	25,34%
1) 8,65% von 26 136.25 = 2 260.79, 26 136.25 − 2 260.79 = 23 875.46 2) Rohgewinn aus verfügbarer Ware 574 690.50 Erfaßbare Veränderungen − 23 875.46 Soll-Warenrohgewinn 550 815.04 3) Verfügbare Ware 2 955 790.50 Erfaßbare Veränderungen − 23 875.46 Korr. Verfügbare Ware 2 931 915.04 550 815.04 : 2 931 915.04 = 18,78%			
Ermittlung des Soll-Warenbestandes (alle Werte Brutto-Verkaufspreise)			
Korrigierte verfügbare Ware Abzüglich Jahresumsatz (nach Plan siehe S. 478, Trocken-Sortiment II)			3 210 454.35 2 956 600.—
Soll-Warenbestand Ist-Warenbestand nach Inventur			253 854.35 235 077.31
Inventurdifferenz			18 777.04
in % vom Brutto-Umsatz		0,64%	

Position	Einstands-preis netto in DM/Euro	Verkaufspreis in DM/Euro	
		netto	brutto
Korrektur der Soll-Handelsspanne			
Soll-Handelsspanne netto/brutto		18,78%	25,34%
Abzüglich Inventurdifferenz		0,64%	0,64%
Ist-Handelsspanne netto/brutto		18,14%	24,70%
Geplante Handelsspanne netto/brutto		17,00%	24,10%
Entwicklung des Warenbestandes			
Warenanfangsbestand zu Brutto-Verkaufspreisen			295 694.35
Warenbestand nach Inventur zu Brutto-Verkaufspreisen			235 077.31
Reduzierung des Warenbestandes im abgelaufenen Jahr			60 617.04
oder (alle Werte zu Brutto-Verkaufspreisen):			
Korrigierter Wareneingang			2 940 896.25
Erfaßbare Veränderungen			− 26 136.25
Inventurdifferenz			− 18 777.04
Verfügbarer Wareneingang			2 895 982.96
Umsatz			− 2 956 600.—
Reduzierung des Warenbestandes im abgelaufenen Jahr			60 617.04

Soll-Spannen-Ermittlung für das normale Trocken-Sortiment (Die Zahlen für Warenanfangsbestand, Wareneingang und Umsatz stammen vom Zielsystem Abbildung 15/3, S. 474. Die durchschnittliche Mehrwertsteuer in diesem Warenbereich beträgt 9% vom Hundert, 8,26% im Hundert zufügen)

kalkuliert sind. Überwiegt in einem Zeitraum der Eingang knapp kalkulierter Ware, wird die Eingangsspanne niedrig sein. Überwiegt der Eingang besser kalkulierter Ware, ist es umgekehrt.

Die Eingangs-Handelsspanne ist zunächst einmal das Ergebnis der Kalkulation. Sie ist das Spiegelbild des Kalkulationsaufschlages. Das darf nicht übersehen werden. Eine hohe Eingangs-Handelsspanne bietet noch keinen Anlaß zu Freude und Zufriedenheit. Sie befindet sich zunächst im Verkaufsraum des Einzelhandels oder im Lager des Groß- und Versandhandels und muß erst durch Umsatz realisiert werden. Hinter der Eingangs-Handelsspanne stehen die Preisforderungen des Handelsunternehmens. Ob die geforderten Preise von den Kunden auch bezahlt werden, ist eine andere Frage. Die Eingangs-Handelsspanne vermittelt deshalb fast immer ein zu positives Bild. Sie muß eine Reserve für Verluste, die beim Durchlauf der Ware durch das Handelsunternehmen entstehen, enthalten und höher ausfallen als die schließlich realisierte Handelsspanne. Das muß bei ihrer Beurteilung berücksichtigt werden. Aber sie ist ein erster Anhaltspunkt und sie kontrolliert die Kalkulation.

Eine Kontrolle lediglich der Eingangs-Handelsspanne reicht nicht aus. Sie erfaßt nicht die Faktoren, die beim Durchlauf der Ware durch den Handelsbetrieb den Warenstrom oft beträchtlich beeinflussen.

Am Anfang der Soll-Spannen-Ermittlung für das normale Trocken-Sortiment steht die Erfassung des Warenanfangsbestandes. Er enthält einen Rohgewinn von

45 940.50 DM netto und 71 594.35 DM brutto. Die Handelsspanne liegt bei 17,0% netto und 24,2% brutto.

Wenn hier und bei den folgenden Schritten auch die Aufschlagsspannen netto und brutto ermittelt werden, so soll das eine Hilfe für die Kalkulation sein. Die Aufschlagsspannen können ohne Umrechnung sofort als Maßstab bei der Kalkulation dienen.

Daran schließt nun die Erfassung des Wareneinganges an. Nach Ablauf eines Jahres – wie bereits erwähnt werden in der Praxis die Zeiträume kürzer sein – läßt sich feststellen, der Warenrohgewinn des Wareneinganges beträgt netto 547200.– DM und brutto 815784.– DM. Die Eingangs-Handelsspanne liegt bei netto 19,4% und brutto 26,35%.

16.2.3.2 Die Korrektur des Wareneingangs

Der Wareneingang muß um alle Retouren wegen Reklamation oder Lieferung falscher Ware und um alle Warenumlagerungen – bei Filialunternehmen – korrigiert werden. In diesen Fällen erfolgt eine Gutschrift sowohl zum Einkaufspreis wie auch zum Verkaufspreis. Es entsteht kein Verlust. Diese Warenrückläufe werden auf allen drei Konten storniert. Wenn ein Sortiment aus Artikeln besteht, die mit annähernd gleichem Aufschlag kalkuliert wurden, ist der Warenrücklauf spannenneutral. Anders ist es, wenn im Sortiment sehr unterschiedlich kalkulierte Artikel geführt werden, wie das im Trockensortiment des Lebensmittelhandels der Fall ist. Im Beispiel wurden knapp kalkulierte Artikel – durchschnittliche Eingangsspanne 13% – zurückgegeben. Die Eingangs-Handelsspanne netto verbessert sich dadurch von 19,4% auf 19,7%. Ein anderes Bild ergibt sich bei den Zahlen auf dieser Seite unten und auf Seite 497.

Die Eingangs-Handelsspanne netto verminderte sich durch die Rückgabe höher kalkulierter Ware von 19,4% auf 19,0%.

Es gilt also die Regel:
- Spanne der Retouren liegt im Durchschnitt – spannenneutral,
- Spanne der Retouren liegt unter dem Durchschnitt – Eingangs-Handelsspanne erhöht sich,
- Spanne der Retouren liegt über dem Durchschnitt – Eingangs-Handelspanne vermindert sich.

Position	Einstandspreis netto in DM/Euro	Verkaufspreis in DM/Euro	
		netto	brutto
Wareneingang	2 280 000.—	2 827 200.—	3 095 784.—
Korrektur (2. Fassung)	– 123 000.—	– 163 959.—	– 179 535.11
	2 157 000.—	2 663 241.—	2 916 248.89
Eingangs-Handelsspanne der Retouren netto 25,0%			
Eingangs-Rohgewinn netto 40 959.— DM/Euro			

Korrigierter Wareneingang[1]	2 157 000.—	2 663 241.—	2 916 248.89
Eingangs-Handelsspanne netto 19,0% Eingangs-Rohgewinn netto 506 241.—			

[1] Übertrag von Seite 496

16.2.3.3 Die verfügbare Ware

Die drei Werte für den Warenanfangsbestand und den korrigierten Wareneingang werden addiert. Da der Warenanfangsbestand nur eine Handelsspanne von netto 17% und brutto 24,1% ausweist, vermindert sich bei der verfügbaren Ware die Eingangs-Handelsspanne netto von 19,7 auf 19,4%, brutto von 26,7% auf 26,4%. Der Warenanfangsbestand macht nur etwas mehr als ein Zehntel des Wareneinganges aus, weshalb die Reduzierung der Spanne der verfügbaren Ware sehr gering ist.

Mit diesem Schritt endet die Ermittlung und Kontrolle der Eingangs-Handelsspanne.

16.2.3.4 Die Ermittlung der Soll-Handelsspanne

Um zur Soll-Handelsspanne zu gelangen, ist jetzt nur noch eine Warenbestandsfortschreibung zu Brutto-Verkaufspreisen erforderlich. Denn alle Verluste, die jetzt auftreten, sind voll spannenwirksam. Es erfolgen keine Gutschriften, die vom Warenbestand zu Netto-Einkaufspreisen abgebucht werden müßten. Die Netto-Einkaufspreise sind von hier ab ohne Bedeutung.

(1) Die erfaßbaren Veränderungen des Warenbestandes

Manche Veränderungen des Warenstromes können erfaßt werden. Das sind:
- Bruch/Verderb oder andere Qualitätseinbußen, die Ware unverkäuflich machen.
- Betrieblicher Eigenverbrauch von im Sortiment geführter Ware. Diesen Eigenverbrauch wird es nicht in allen Branchen geben. Im Lebensmittelhandel handelt es sich z. B. um Putz- und Reinigungsmittel.
- Preisveränderungen, die zur Korrektur der Kalkulation vorgenommen werden müssen. Es müssen sowohl Preiserhöhungen als auch Preisermäßigungen erfaßt werden.

Im vorgestellten Beispiel des Lebensmittel-Supermarktes ergibt sich saldiert zu Brutto-Verkaufspreisen ein Minusbetrag von 26 136.25 DM, der von der verfügbaren Ware zu Brutto-Verkaufspreisen abgezogen werden muß. Die Netto-Soll-Handelsspanne erhält man, wenn aus diesem Betrag die Mehrwert-Steuer mit 8,65% (im Hundert) herausgerechnet wird. Die Mehrwert-Steuer beträgt 2 260.79 DM/Euro. Von der verfügbaren Ware zu Netto-Verkaufspreisen müssen dann 23 875.46 DM/Euro abgezogen werden.

Das Ergebnis ist eine Soll-Handelsspanne von netto 18,78% und brutto 25,34%.

(2) Die Kontrolle des Warenbestandes

Zieht man von der verfügbaren Ware zu Brutto-Verkaufspreisen den Brutto-Umsatz ab, so erhält man den Soll-Warenbestand zu Brutto-Verkaufspreisen.

Diesem Warenbestand wird der durch eine Inventur ermittelte Ist-Warenbestand zu Brutto-Verkaufspreisen gegenüber gestellt. Die Inventur erfordert relativ wenig Aufwand. Denn es müssen nur Menge und Verkaufspreis brutto erhoben werden. Dann werden beide Werte multipliziert und man erhält den Warenbestand in DM/Euro.

Der Ist-Warenbestand wird in der Regel niedriger sein als der Soll-Warenbestand. Diese Differenz wird als „Inventur-Differenz" bezeichnet. In ihr sind die nicht erfaßbaren Veränderungen des Warenbestandes enthalten. Das sind hauptsächlich:

- Diebstahl durch Kunden, Mitarbeiter und Lieferanten. Letztere können bei der Anlieferung der Ware, wenn die Wareneingangskontrolle mangelhaft ist, die Menge manipulieren. Es wird weniger Ware geliefert, als auf dem Lieferschein oder der Rechnung aufgeführt ist.
- Kassierfehler zugunsten der Kunden – es werden zu niedrige Preise eingegeben –, die bei der Kassenkontrolle nicht bemerkt werden können. Passiert ein Fehler zuungunsten des Kunden, so wird er fast immer vom Kunden bemerkt und reklamiert. Durch den Einsatz von Scanner-Kassen oder Kassen mit Lesestift kann diese Fehlerquelle beseitigt werden.
- Fehler bei der Abgrenzung des Wareneinganges, die sich jedoch in vielen Fällen finden und beseitigen lassen.

Inventurdifferenzen können auch positiv sein. Die Ursache dafür können wieder Abgrenzungsfehler, aber auch nicht erfaßte Preiserhöhungen, nicht erfaßte Warenumlagerungen – bei Filialunternehmen – und nicht erfaßte Naturalrabatte von Lieferanten sein. Ergeben sich öfter positive Inventurdifferenzen, so sollte dies als Anzeichen für Mängel in der Organisation gesehen werden. Die Organisation von Waren- und entsprechendem Belegfluß wäre zu überprüfen.

(3) Die Ist-Handelsspanne

Die Inventur-Differenz muß von der Soll-Handelsspanne abgezogen werden. Das Ergebnis ist die Ist-Handelsspanne. Es ist, so müßte man genau sagen, die Ist-Ausgangs-Handelsspanne. In dem Beispiel wird eine Inventur-Differenz von 0,64% vom Brutto-Umsatz ermittelt. Sie vermindert die Soll-Handelsspanne von netto 18,78% und brutto 25,34% auf eine Ist-Handelsspanne von netto 18,14% und brutto 24,70%. Geplant waren netto 17% und brutto 24,10%. Da das normale Trocken-Sortiment einen Umsatzanteil von knapp 35% hat, führt diese Spannenverbesserung auch zu einer Verbesserung der Ist-Handelsspanne des gesamten Sortiments.

Eine Inventur-Differenz von 0,64% ist im Lebensmittel- Einzelhandel ein überdurchschnittlicher Wert, der Anlaß zu einer Analyse der möglichen Ursachen sein muß. Inventur-Differenzen bis zu 0,5% sind „normal" und können toleriert werden.

(4) Die Entwicklung des Warenbestandes

Ein Vergleich von Warenanfangs- und Warenendbestand zeigt, daß der Bestand im abgelaufenen Geschäftsjahr um etwas über 60000.-- DM vermindert wurde. Das kommt der Liquidität zugute. Es sollte aber geprüft werden, in welchem Umfang es Fehlartikel gegeben hat.

Mit Hilfe von Scanner-Kassen oder Kassen mit Lesestift ist es heute mühelos möglich, eine artikelgenaue Ist-Ausgangs-Handelsspanne zu ermitteln und zu kontrollieren. Diese Kontrolle reicht ebenso wenig aus wie eine alleinige Kontrolle der Eingangs-Handelsspanne. Es kann nicht erkannt werden, welchen Gefährdungen der Warenstrom ausgesetzt ist und welche Verlustquellen im Handelsunternehmen bestehen.

Die Verlustquellen können auch nicht genau geortet werden, wenn sowohl Eingangs- als auch Ausgangs-Handelsspanne ermittelt und verglichen werden. Die Differenz zwischen beiden Handelsspannen wird in der Regel größer als die Inventur-Differenz sein. Die Ursachen der Differenz bleiben jedoch im Dunkeln. Es muß die gesamte Methode eingesetzt werden. Und die ist bei allen Handelsunternehmen einsetzbar. Großhandel und Versandhandel haben dabei infolge ihrer großen Datenverarbeitungsanlagen weniger Probleme als mancher kleine und mittlere Einzelhändler.

Abbildung 16/2 zeigt die Methode noch einmal im Überblick. Sie verfolgt den Durchlauf einer bestimmten Warenmenge durch das Handelsunternehmen. Der Anfangsbestand wird dabei außer acht gelassen. An bestimmten Stellen wird ein Querschnitt durch den Warenstrom vorgenommen. Auf diese Weise werden die verschiedenen Varianten der Handelsspanne und die Veränderungen des Warenstromes deutlich sichtbar. Die eingefügten Nummern beziehen sich auf die Formulare, die man zur Erhebung der Daten braucht (siehe Anhang).

Die Soll-Spannen-Kontrolle wird im Lebensmittelhandel zur Kontrolle der folgenden Warenbereiche eingesetzt:

- normales Trocken-Sortiment, wie im Beispiel erläutert,
- Trocken-Sortiment zu Dauer-Niedrigpreisen (Discount-Sortiment),
- Nonfood-Sortiment,
- Molkereiprodukte-Sortiment, bei dem sehr unterschiedlich kalkuliert wird (zwischen Butter und Dessert-Spezialitäten bestehen große Unterschiede),
- Tiefkühl-Sortiment, das ebenfalls sehr unterschiedlich kalkuliert wird.

Die *Formulare 1* bis *10* im Anhang zeigen noch einmal detailliert die Rechenoperationen, die zur Ermittlung der Soll-Handelsspanne erforderlich sind. Mit ihrer Hilfe kann die Kontrolle manuell durchgeführt werden.

Die Methode der Soll-Handelsspannen-Ermittlung und -Kontrolle ist, darauf sei noch einmal nachdrücklich hingewiesen, im Handel universell einsetzbar und wird von vielen Handelsunternehmen durchgeführt. Besonders große Sortimente und große Umsätze kann man, wenn die EDV eingesetzt wird, sehr wirksam kontrollieren und nennenswerte Verluste vermeiden.

Die Abbildungen 16/2 und 16/3 geben einen Überblick über die Soll-Handelsspannen-Kontrolle, stellen deren Begriffe in einen übersichtlichen Zusammenhang und machen das gesamte System damit leichter verständlich. Die Soll-Handelsspannen-Kontrolle ist ein spezifisch einzelhandelsorientiertes Kontrollsystem. Es wurde auch im Einzelhandel von den Filialunternehmen im Lebensmittel-Einzelhandel entwickelt, die es als „Filialabrechnung" bezeichnen. Mit der Kennzahl „Inventur-Differenz" hat man ein zuverlässiges Instrument zur Führung und Kontrolle der Filialen in der Hand.

Die Großhandels-Unternehmen, die ihre Kunden zu unterschiedlichen Konditionen beliefern – also Preis-Differenzierung nach Auftragsgröße und/oder Quartalsumsatz betreiben –, haben Probleme bei der Berechnung der Eingangsspanne. Sie müßten für jeden Auftrag entsprechend den Abgabekonditionen eine eigene Eingangsspanne berechnen. Sie könnten, wenn sie dieses Kontrollsystem anwenden wollten, nur eine durchschnittliche Eingangsspanne kalkulieren – z. B. mit dem höchsten Preis, also der schlechtesten Kondition –, und dann bei jedem Auftrag, der davon abweicht – dessen Preise niedriger liegen –, den Warenbestand mit der Differenz als Preissenkung korrigieren (Formular 5). Auch wenn für einzelne Aufträge Sonderkonditionen ausgehandelt werden, müßte so verfahren werden. Die Eingangs-Handelsspanne würde dann faktisch durch eine „Nachkalkulation" korrigiert.

16.2 Die Kontrolle der Handelsspanne

Abbildung 16.2: Durchlauf einer bestimmten Warenmenge durch das Handelsunternehmen

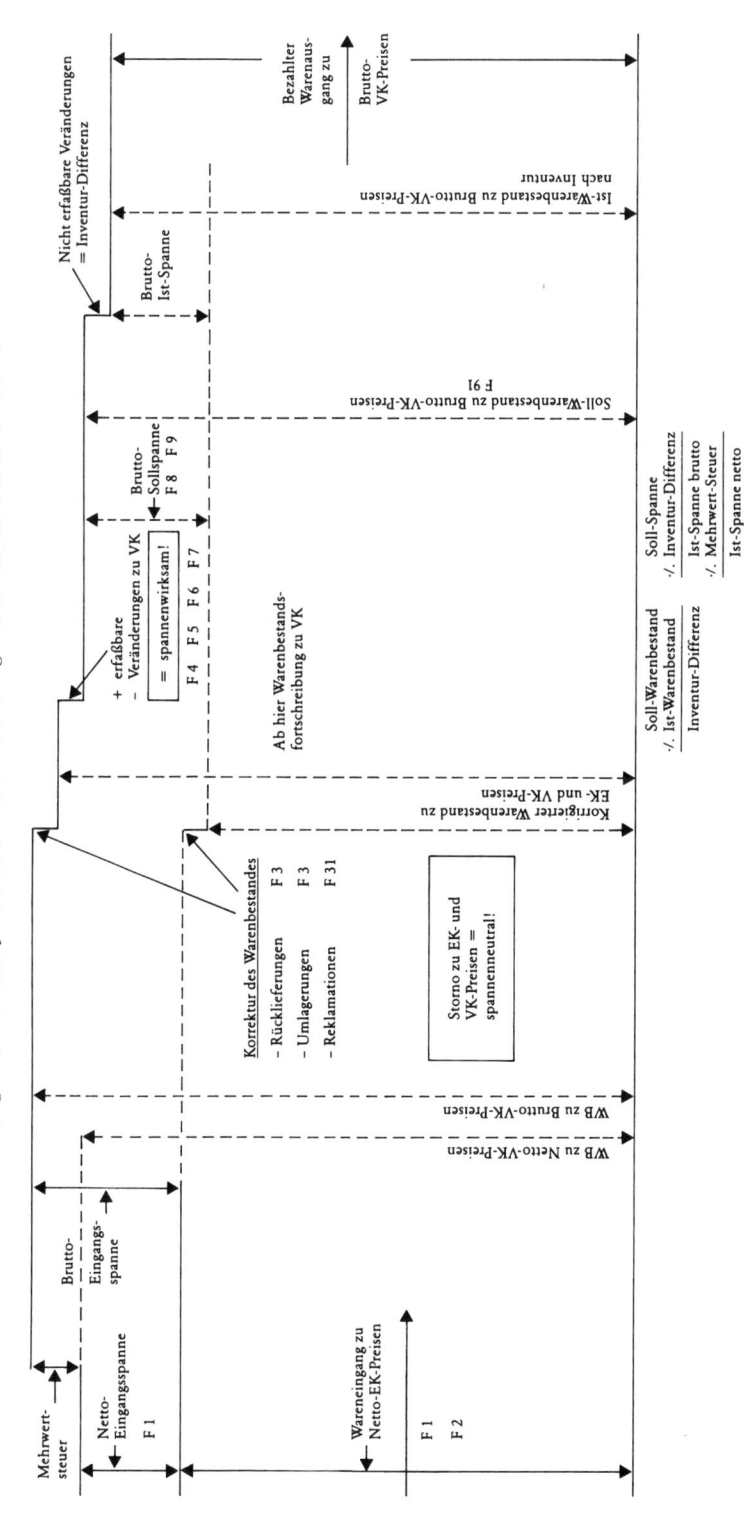

Abbildung 16/3: Übersicht zur Soll-Handelsspannen-Kontrolle ohne Berücksichtigung von Warenanfangs- und Warenendbestand

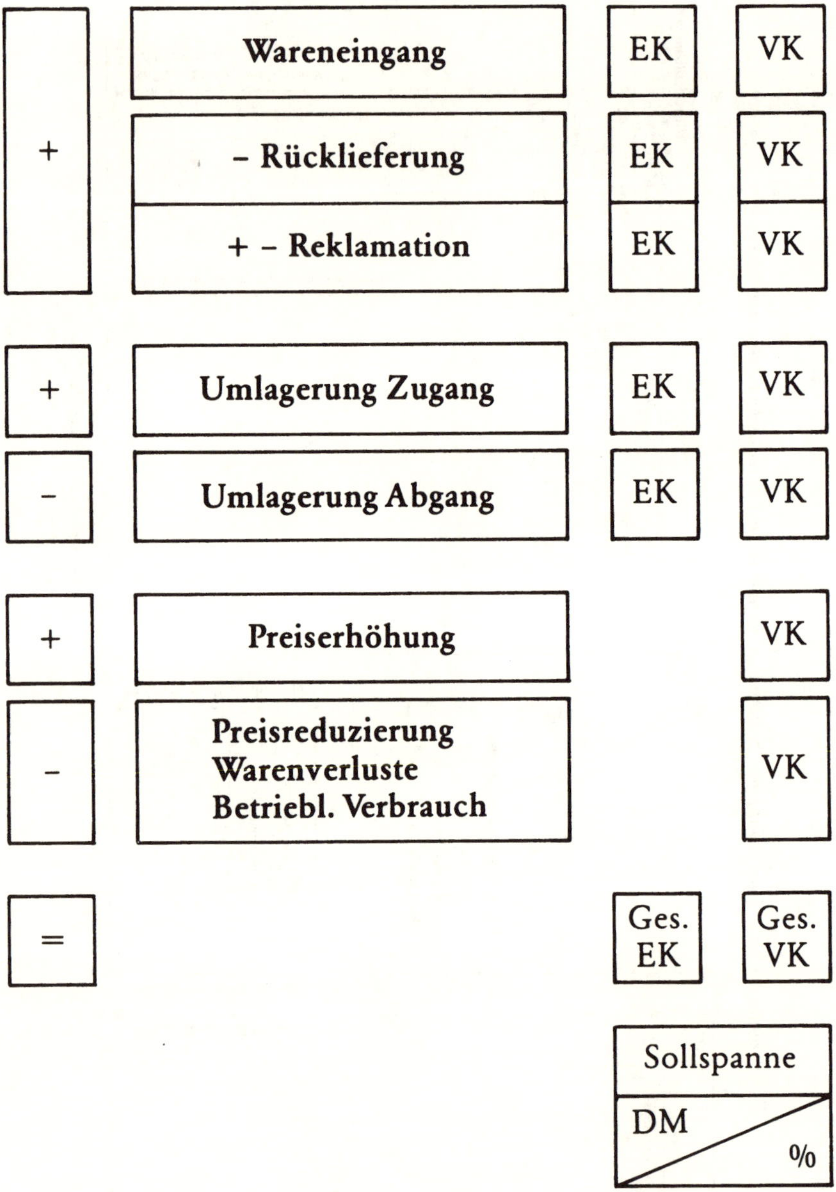

+	Wareneingang	EK	VK
	− Rücklieferung	EK	VK
	+ − Reklamation	EK	VK
+	Umlagerung Zugang	EK	VK
−	Umlagerung Abgang	EK	VK
+	Preiserhöhung		VK
−	Preisreduzierung Warenverluste Betriebl. Verbrauch		VK
=		Ges. EK	Ges. VK

Sollspanne
DM / %

16.3 Die Kostenkontrolle

Die Kostenkontrolle betrifft zum überwiegenden Teil den Operatingbereich. Den Marketingbereich aber interessieren bei der Kostenkontrolle drei Punkte.
– Die Höhe und Entwicklung der eigenen Kosten, der Kosten des Unternehmensbereichs Marketing muß kontrolliert werden. Denn dieser Unternehmensbereich, der der Kopf jedes Handelsunternehmens ist, muß, wie auch die Bereiche Operating und Verwaltung, Betriebsfaktoren einsetzen und dabei mit diesen Betriebsfaktoren sparsam umgehen.
– Die Höhe der Kosten des Operatingbereiches ist für den Marketingbereich insofern von Interesse, als sie seinen preispolitischen Spielraum beeinflusst. Hohe Kosten engen ihn ein, niedrige Kosten weiten ihn aus. Preis- und Marktführerschaft setzen in der Regel Kostenführerschaft voraus. Der Operatingbereich als Dienstleister für den Marketingbereich muß deshalb hinnehmen, daß sich der Marketingbereich für seine Kosten interessiert und auch einmal unbequeme Fragen stellt.
– Die Höhe der Marketingkosten betrifft den Marketingbereich unmittelbar. Diese Kosten hat er zu verantworten. Zu diesen Kosten gehören:
  • Kosten für Konzeption und Medien:
    Die Kosten für Aufträge, die an externe Agenturen vergeben werden, und die Kosten für die Medien, also für TV-Werbung, Anzeigen und sonstige Printmedien, müssen kontrolliert werden. Meist wird für diese Kosten ein Werbebudget festgelegt, das die Kosten limitiert. Die Kontrolle hat darauf zu achten, daß dieses Budget nicht überschritten wird. In gleicher Weise ist mit den Kosten für die PR-Arbeit zu verfahren.
  • Die Kosten für den Außendienst:
    Der Außendienst ist sehr personalintensiv und teuer. Mit der Kostenkontrolle muß auch immer wieder überprüft werden, welche Aufgaben er zu erfüllen hat. Wenn er lediglich Aufträge einholt, ist er meist zu teuer. Wenn ein Handelsunternehmen – in der Regel handelt es sich meist um Großhandelsunternehmen – eine hohe Kundenbindung aufgebaut hat, können Aufträge auch per Post eingeholt oder heute direkt vom Computer des Kunden in den Computer des Großhandels eingegeben werden. Der Außendienst hat eigentlich nur eine Berechtigung, wenn er Beratungsaufgaben wahrnimmt. Dann müssen aber auch sehr qualifizierte Mitarbeiter eingestellt werden, die hohe Kosten verursachen. Mit der Beratung können sehr gut Kundenzufriedenheit und Kundenbindung aufgebaut werden.
  • Kosten für Verkaufsförderungsaktionen:
    Sie müssen kontrolliert und dem erzielten Erfolg – Umsatzsteigerungen oder Ertragsverbesserungen – gegenübergestellt werden. Da solche Verkaufsförderungsaktionen, für die es eine Vielzahl von Anlässen gibt und die einem Handelsunternehmen ein aktives und dynamisches Image verleihen können, sehr personalintensiv sind, ist eine Kontrolle der Kosten unerläßlich.
  • Kontrolle der Personalkosten in den Bedienungsabteilungen:
    Das ist eine nur für Lebensmittel-Supermärkte wichtige Kontrolle. Sie wirft unter Umständen die Frage auf, ob an der Andienungsform Bedienung fest-

gehalten werden oder eine andere kostengünstigere Andienungsform gewählt werden soll. In diesem Zusammenhang ist immer wieder zu prüfen, ob die angewandte Andienungsform verkaufsfördernd wirkt. Die Lebensmittel-Supermärkte haben in ihren Obst- und Gemüse-Abteilungen durch den Übergang sowohl von der Bedienung als auch von der Selbstbedienung zur „losen Selbstbedienung" zwar nicht in erster Linie Personalkosten eingespart, sie haben vielmehr den Einkaufsbetrag pro Kunde deutlich steigern können.

- Werbekosten, die durch Preissubventionen entstehen:
Sie sollten nicht einfach in der Handelsspanne „untergehen" und als unkontrollierte Erlösschmälerung hingenommen werden. Preissubventionen, gleich aus welchen absatzpolitischen Gründen sie gewährt werden, sollten als Werbekosten erfaßt, kontrolliert und limitiert werden. Damit werden der Kalkulation von Signalpreisen Grenzen gezogen. Wenn man nicht so verfährt, dann weiß man am Ende eines Zeitraumes nicht, um wieviel die Preissubventionen die Handelsspanne vermindert haben und kann die Höhe der Handelsspanne nicht zutreffend beurteilen.

16.4 Die Ablaufkontrolle

Die Verwirklichung absatzpolitischer Maßnahmen, die Umsetzung von Ideen in Umsatz und Ertrag, erfordert die Planung der Beschaffung und des Einsatzes der erforderlichen Betriebsfaktoren, von Verkaufs- und Lagerflächen, Ware, Werbematerial und nicht zuletzt von Mitarbeitern. Dieser Teil des betrieblichen Leistungsprozesses ist nicht nur hinsichtlich der Kosten und Erträge, sondern auch hinsichtlich des geplanten zeitlichen Ablaufs und der Einhaltung der gesetzten Termine zu kontrollieren. Bei der Kontrolle der Handlingkosten für Werbeaktionen wird man meist feststellen, daß sie höher sind als die Kosten der „normalen" Warenbewegung. Die Preissubventionen sind also nur ein Teil des Aktionsaufwandes. Das Marketing steht hier vor einem Zielkonflikt. Ertragsschmälerungen stehen erhöhte Kosten gegenüber.

Wichtige Teilaufgaben der Ablaufkontrolle im Einzelhandel sind die Kontrollen des Ablaufs von Werbe-, Verkaufsförderungs- und PR-Aktionen. Es ist besonders die Einhaltung der Termine zu kontrollieren. Das Werbematerial muß rechtzeitig zur Verfügung stehen, die Anzeigenaufträge müssen rechtzeitig erteilt werden, Handzettel müssen rechtzeitig verteilt werden, die Ware muß rechtzeitig in der geplanten Menge eintreffen, die Frage von Nachbestellungen muß geklärt sein und im Verkaufsraum des Einzelhandelsunternehmens – oder im Lager des Großhandels – müssen Aktionsplätze zur Verfügung stehen. Man muß nur einmal beobachten, wie im Oktober eines jeden Jahres die Weihnachts-Saisonware die Warenpräsentation in vielen Lebensmittel-Supermärkten in ein Chaos stürzt. Gerade bei Aktionen erwartet der Verbraucher aber einen reibungslosen Ablauf. Er wünscht die beworbene Ware zum angekündigten Zeitpunkt im Verkaufsraum in ausreichender Menge vorzufinden. Alles andere interessiert ihn nicht. Jeder Fehler wird als mangelhafte Handelsleistung wahrgenommen und schadet dem Image des Handelsunternehmens.

Im Großhandel sind wichtige Aufgaben der Ablaufplanung die Tourenplanung des Außendienstes, der seine Besuche pünktlich zur vereinbarten Zeit durchführen sollte. Das gilt auch für die Liefer-Tourenplanung im Zustell-Großhandel. Pünktlichkeit ist nicht nur ein Zeichen der Höflichkeit, sondern auch ein Beweis für Kundenorientierung. Sie hat Kundenzufriedenheit und Kundenbindung zur Folge. Hier wird der Operating-Bereich zum Marketing-Instrument. Bedeutende Aufgaben der Ablaufkontrolle sind im Großhandel auch die Kontrolle von Messen oder Börsen. Aufbau und Abbau solcher Ausstellungen müssen sorgfältig geplant und kontrolliert werden. Die meist hohen Kosten sind zu kontrollieren. Besucherzahlen und Umsätze sind festzuhalten und mit den Zahlen vorangegangener Ausstellungen zu vergleichen.

16.5 Die Kontrolle der „Corporate Identity"

Das Unternehmensprofil – in seiner perfektesten Ausprägung die „Retail Brand" – ist ein qualitativer Faktor. Das Festlegen eines Zieles ist sehr schwierig. Ein Ziel kann nur verbal festgelegt werden. Entsprechend ist die Kontrolle ebenfalls schwierig. Der einzige in Zahlen faßbare Indikator ist der Bekanntheitsgrad. Die Kunden, die ja „Marketing-Laien" sind, nehmen das Unternehmensprofil nur zu einem kleinen Teil bewußt wahr. Es wirkt überwiegend auf das Unterbewußtsein der Kunden ein. Es wird mehr „gefühlt" als gesehen und reflektiert. Untersuchungen haben deutlich gezeigt, daß aber trotzdem mit dem Unternehmensprofil, wenn es überzeugend kommuniziert wird, die Erwartungen der Verbraucher deutlich beeinflußt werden. Es zeigte sich z. B., daß bei einer Imageprofil-Studie der Discounter Aldi im Vergleich zu den Lebensmittel-Supermärkten der traditionellen Handelsgruppen überraschend gut abschnitt. Die Kunden bescheinigten ihm, daß es „Spaß" mache, bei ihm einzukaufen. Erklären kann man dieses erstaunliche Ergebnis nur damit, daß Aldi den Verbrauchern von Anfang an sehr präzise gesagt hat, was sie von ihm zu erwarten haben, welche Waren und welche Handelsleistung er anbietet. Das hat die Erwartungen der Verbraucher beeinflußt. Wenn sie bei Aldi einkaufen, finden sie ihre Erwartungen bestätigt. Kundenzufriedenheit und Kundenbindung sind die Folge. Es ist schon bemerkenswert, daß es gerade einem Discounter gelungen ist, die Aufgabe, sein Unternehmen zur Retail Brand zu machen, perfekt zu lösen. (Siehe dazu: Brandes, Dieter, Konsequent einfach, Die Aldi-Erfolgsstory, Frankfurt/Main 1998.)

In Zusammenhang mit der Entscheidung über die Vertriebsform muß über die Positionierung im Markt entschieden werden. Abbildung 16/4 gibt einen Überblick über die Möglichkeiten der Positionierung. Wesentliche Bestimmungsfaktoren der Positionierung sind die Handelsleistung und das Preisniveau. Beide Faktoren korrelieren sehr stark. Der Wettbewerber A hat eine widersprüchliche Positionierung vorgenommen, die ihm wenig Erfolg bringen dürfte. Er gehört in den unteren linken Quadranten. Oder er muß durch eine deutliche Erhöhung seiner Handelsleistung in den oberen rechten Quadranten aufzusteigen versuchen. Innerhalb der Quadranten kann noch versucht werden, durch ein besseres Preis-Leistungs-Verhältnis eine bessere Position als die Wettbewerber zu erreichen. Der Wettbewerber B bringt z.B. mehr Handelsleistung zu günstigeren Preisen und ist damit dem eigenen Unternehmen überlegen. Erst auf der Grundlage der Positionierung kann die Kommunikationspolitik daran gehen, ein überzeugendes Leistungsversprechen zu formulieren. Kundenzufriedenheit und Kundenbindung kann man nur erreichen, wenn man nicht hinter seinem Leistungsversprechen zurückbleibt.

Es ist für die Marktforschung keine leichte Aufgabe, qualitative Faktoren zu kontrollieren. Für den Marketing-Bereich und den Erfolg seiner Arbeit ist es aber von großer Bedeutung, daß qualitative Ziele festlegt, verfolgt und dann auch kontrolliert werden. Die „qualitativen Daten" müssen „verbal" erhoben werden. Es müssen teilweise sehr aufwendige Verbraucherbefragungen von qualifizierten Interviewern durchgeführt werden. Mit Hilfe der Methode der Skalierung können dann die Ergebnisse ausgewertet und vergleichbar gemacht werden.

Ein Beispiel für eine solche Untersuchung ist das „Deutsche Kundenbarometer", auf das bereits hingewiesen wurde (Vergl. S. 78). Hinweise zum Unternehmensprofil gibt auch das „Haushaltspanel" der GfK Nürnberg. Man kann seinen Ergebnissen entnehmen, ob und zu welchen Unternehmen, bei denen die Panel-Teilnehmer einkaufen, eine „Geschäftstreue" besteht. Zahlreiche Stammkunden lassen auf große Kundenzufriedenheit und als Folge auf eine ausgeprägte Geschäftstreue schließen. Ein unverwechselbares Unternehmensprofil fördert diese Treue.

Die Abbildung 16/5 zeigt das Ergebnis einer Untersuchung zur Kundenzufriedenheit und Kundenbindung. Auch diese beiden Faktoren korrelieren deutlich. Eine Steigerung der Zufriedenheit dürfte u. U. zu einer überproportionalen Steigerung der Kundenbindung führen. In dem Beispiel ist die Fa. Müller der Fa. Reichelt überlegen. Allerdings muß hier berücksichtigt werden, daß auch Standort-Präferenzen Kundenbindung bewirken können. Darauf deuten die Ergebnisse für die Apotheken und die Tankstellen hin. Standortpräferenzen würde man erkennen, wenn bei der Untersuchung die Faktoren, die Kundenzufriedenheit und Kundenbindung zur Folge haben, detailliert abfragt werden.

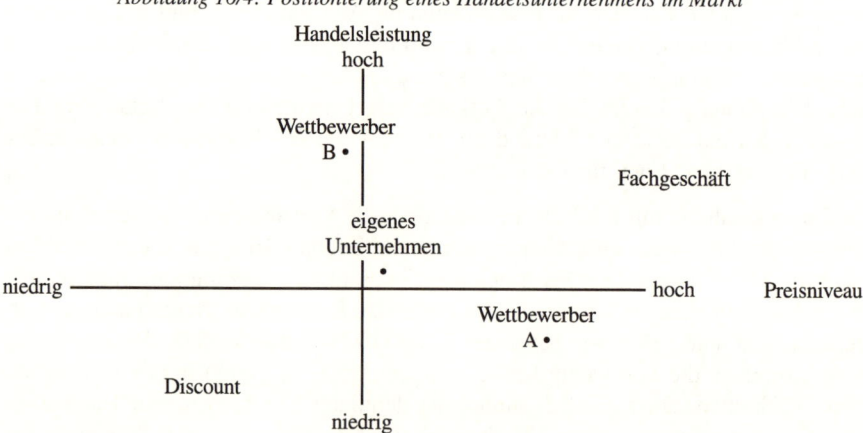

Abbildung 16/4: Positionierung eines Handelsunternehmens im Markt

16.5 Die Kontrolle der „Corporate Identity"

Abbildung 16/5: Kontrolle der Positionierung anhand der Kundenzufriedenheit

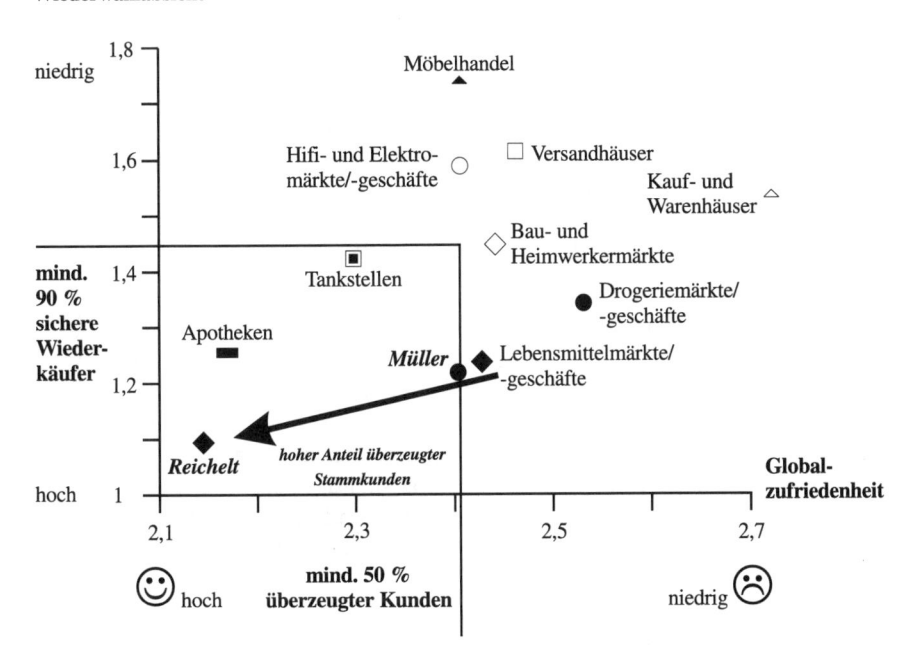

Quelle: Das Deutsche Kundenbarometer 1994, Eine Studie zur Kundenzufriedenheit in der Bundesrepublik Deutschland, Herausgeber: Deutsche Marketing-Vereinigung und Deutsche Bundespost Postdienst, Düsseldorf 1994, S. 51.

17. Kapitel: Abweichungs-Analyse und Wert-Analyse

Nach Ablauf eines Zeitraumes, in dem ein Handelsunternehmen auf der Grundlage von Zielsetzungen Umsätze und Erträge erwirtschaftet hat, wendet sich mit der Abweichungs-Analyse und der Wert-Analyse der Blick wieder dem Markt zu. Er ist das Maß aller Dinge für eine marktorientierte Unternehmensführung. Die Abweichungs-Analyse befaßt sich mit den Soll-Ist-Differenzen bei den Ergebnissen, die Wert-Analyse befaßt sich mit der Handelsleistung und der Frage, ob diese Handelsleistung nach Art und Umfang noch marktgerecht ist.

Beide Analyse-Methoden setzen eine kurzfristige Erfolgskontrolle als Grundlage voraus und führen sie fort. Die Ergebnisse beider Analysen werden dem Marketing-Bereich mitgeteilt. Neben der Zielsetzung sind Abweichungs- und Wert-Analyse die zweite Schnittstelle zwischen Marketing- und Operating-/Verwaltungsbereich. Die Ziele erhält der Operating-Bereich vom Marketing-Bereich, die Ergebnisse von Abweichungs- und Wert-Analyse gehen in umgekehrter Richtung vom Operating- an den Marketing-Bereich. Sie sind das Feedback für den Marketing-Bereich. In der Regel werden Abweichungs- und vor allem Wert-Analyse in gemeinsamer Arbeit von Marketing- und Operating-Bereich durchgeführt.

17.1 Die Abweichungs-Analyse

Wenn die von der Ergebniskontrolle festgestellten Ist-Werte von den vorgegebenen Zielen, den Soll-Werten, abweichen, so entsteht ein betriebswirtschaftliches Problem. Das gilt, was gelegentlich übersehen wird, sowohl für negative wie auch positive Abweichungen. Bei Zielüberschreitungen – bei Kostenzielen sind es Zielunterschreitungen – wird oft aus Zufriedenheit mit dem Ergebnis eine Abweichungs-Analyse für überflüssig gehalten.

Die Abweichungs-Analyse soll die Ursachen der Abweichungen der Ist-Werte von den Zielen finden. Handelt es sich um Umsatz- und Ertragsziele, so muß, wenn die Ursachen gefunden wurden, anschließend der Marketing-Bereich die zur Lösung des Problems erforderlichen Maßnahmen ergreifen. Bei Kostenzielen ist dies Aufgabe des Operating-Bereiches.

Die Abweichungs-Analyse setzt voraus:

– ein transparentes und detailliert gegliedertes Unternehmen,
– eine in kurzen Zeitabständen durchgeführte Ergebniskontrolle.

Beide Voraussetzungen erleichtern es, aufgetretene Soll-Ist-Abweichungen räumlich und zeitlich schnell einzugrenzen. Wenn es um Abweichungen von Umsatz- und Ertragszielen geht, muß der Marketing-Bereich, wenn erforderlich, mit Marktforschung Hilfe leisten.

Die Abweichungs-Analyse ist das Spiegelbild der Zielsetzung. Ehe man mit der Suche nach Ursachen für Soll-Ist-Differenzen beginnen kann, müssen drei Faktoren möglichst exakt ermittelt werden:

- Die Höhe der Abweichung: Sie muß genau beziffert, in einer Zahl ausgedrückt werden. Vage Feststellungen wie „sehr hoch" oder „geringfügig" reichen nicht aus.
- Der Unternehmensbereich: Ihn kann man nur abgrenzen und damit die Soll-Ist-Differenz eingrenzen, wenn das Unternehmen ausreichend detailliert in Sortiments- und Funktionsbereiche gegliedert ist. Je tiefer die Gliederung und damit je detaillierter das Zielsystem sind, desto schneller findet man einen Fehler.
- Der Zeitraum: Es muß genau ermittelt werden, in welchem Zeitraum die Soll-Ist-Abweichung auftrat. Je kürzer die Kontroll-Intervalle sind, desto leichter läßt sich ein Fehler finden. Das ist für den Marketing-Bereich, der oft schnell auf Veränderungen am Markt reagieren muß oder der kurzfristig den Erfolg seiner Marketing-Aktivitäten überprüfen will, von großer Bedeutung.

Diese drei Faktoren entsprechen genau den drei Merkmalen – Zahl-Bereich-Termin –, die ein operationalisiertes wirtschaftliches Ziel aufweisen muß. Wenn die aufgeführten Faktoren ermittelt worden sind, kann man auf die Suche nach den Ursachen von Soll-Ist-Abweichungen gehen. Man wird dann die Ursache oder die Ursachen schnell, zuverlässig und mit einem vertretbaren Aufwand finden. In vielen Fällen kann man u. U. auf das Datenmaterial zurückgreifen, das bei der Festsetzung der Ziele als Grundlage diente.

Ursachen für Soll-Ist-abweichungen können sein:

Aktivitäten des Wettbewerbs: die Werbung des Wettbewerbs, die verwendeten Slogans, die Angebotspreise und -artikel, die Zeitpunkte und Zeiträume von Werbeaktionen und das Auftreten neuer Wettbewerber müssen deshalb sorgfältig beobachtet und dokumentiert werden. Die Unterlagen sollten für eine kürzere Zeitspanne – ein bis höchstens zwei Jahre – aufbewahrt werden. Die Abweichungs-Analyse liefert u. U. wichtige Hinweise dafür, wie sich Kampfpreise auf die Ertragslage auswirken und wie weit man im Preiskampf gehen kann.

Verhalten der Verbraucher: wird ein Sortiment in Bedienung angeboten, so gewinnt man im Verlaufe des Verkaufsgespräches wertvolle Informationen über die Meinungen der Kunden zum angebotenen Sortiment und zum eigenen Unternehmen. Verkaufsgespräche sollten deshalb ausgewertet und wichtige Einwände der Kunden festgehalten und analysiert werden. Wird mit der Andienungsform Selbstbedienung gearbeitet, erhält man vom Kunden nur sehr wenig „Feedback" und muß die Marktforschung zum Suchen und Finden von Schwachstellen einsetzten. Verbraucher-, nicht Kundenbefragungen bringen oft erstaunliche Ergebnisse. Ursachen für Abweichungen können zu hohe Preise oder eine mangelhafte Handelsleistung sein. Der sich aus Mängeln in der Handelsleistung ergebende Imageverlust ist nur sehr schwer wettzumachen.

Führungsmängel: sie lassen oft die Personalkosten ansteigen. Nicht motiviertes und inkompetentes Personal sind aber auch ein Mangel in der Handelsleistung. Darüber hinaus vermißt man bei nicht motivierten Mitarbeitern fast immer ein kostenbewußtes Denken.

Zielsetzungen falsch: die Ziele wurden entweder zu hoch oder zu niedrig festgesetzt.

Die aufgrund der Abweichungsanalyse zu ergreifenden Maßnahmen zur Lösung der betriebswirtschaftlichen Probleme müssen entweder die festgestellten Mängel beseitigen oder die Ziele überprüfen und korrigieren. Sowohl der Marketing- als auch der Operating-Bereich müssen aktiv werden, je nachdem, um was für eine Soll-Ist-Abweichung es sich handelt.

Die Abbildung 17.1 faßt noch einmal die Ausführungen zur Zielsetzung und zur Abweichungs-Analyse zusammen. Sie zeigt, welche Vielzahl von Daten in die Zielsetzung eingeht und wie andererseits diese Daten der Abweichungs-Analyse Anhaltspunkte bei der Suche nach Ursachen für Soll-Ist-Abweichungen geben können. Zu beachten ist, daß nicht nur Daten vom Markt in die Zielsetzung eingehen und für die Abweichungs-Analyse von Bedeutung sind. Es müssen auch unternehmensinterne Daten – Leistungskapazität und Unternehmensphilosophie – und Daten aus dem Umfeld eines Handelsunternehmens – Rechtsvorschriften – beachtet werden. So können eine zu kleine Leistungskapazität – zu kleine Verkaufs- oder Lagerfläche – oder Rechtsvorschriften – begrenzte Ladenöffnungszeiten im Einzelhandel oder begrenzte Arbeitszeit der Mitarbeiter in Einzel- und Großhandel – zumindest kurzzeitig verhindern, daß alle Möglichkeiten des Marktes ausgeschöpft werden.

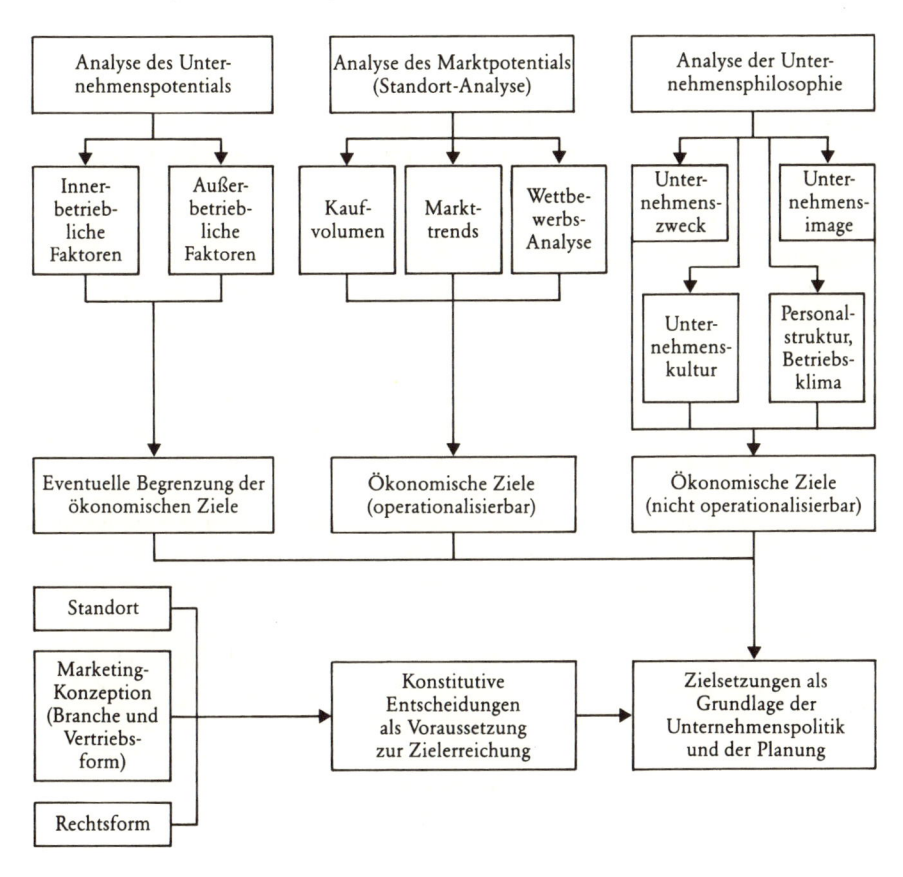

Abbildung 17/1: Zusammenfassende Übersicht zur Zielsetzung und ihres Umfeldes

17.2 Die Wert-Analyse

Diese Methode ist weiten Bereichen des Handels noch nicht vertraut. Sie wird jedoch in Zukunft an Bedeutung gewinnen.

17.2.1 Der Begriff der Wert-Analyse

Die Wert-Analyse ist ein Vergleich von Erlösen und Kosten eines Produktes oder einer Dienstleistung. Die Differenz zwischen Erlösen und Kosten, der Ertrag, sollte möglichst groß sein. Der Ertrag ist keine sichere Größe, er hängt vom Markt ab. Das angebotene Produkt oder die angebotene Dienstleistung müssen sich ständig am Markt dem Wettbewerb stellen. Der Einfluß des Marktes kann den Ertrag steigern, aber auch schmälern. Die von einem Unternehmen hergestellten Produkte oder Dienstleistungen müssen deshalb immer wieder auf ihr Verhältnis von Kosten zu Erlösen überprüft werden. Ein Handelsunternehmen produziert eine Handelsleistung. Gegenstand der Wert-Analyse muß deshalb die Handelsleistung sein.

17.2.2 Das Konzept der Wert-Analyse

Will man die Ertragskraft eines Produktes oder einer Dienstleistung stärken, so gibt es dazu zwei Wege, über die im Rahmen einer Wert-Analyse nachgedacht werden muß.

Steigerung der Erlöse
Hohe Erlöse lassen sich nur dann erwirtschaften, wenn angebotenes Produkt oder angebotene Dienstleistung in den Augen der Verbraucher einen hohen Nutzen haben. Um die Höhe des Nutzens beurteilen und gegebenenfalls steigern zu können, muß überprüft werden:

- Wie schätzt der Verbraucher den Nutzen des Produktes oder der Dienstleistung ein? Verbraucher und Produzent können sehr unterschiedliche Vorstellungen vom Nutzen eines Produktes oder einer Dienstleistung haben.
- Wie kann der Nutzen eines Produktes oder einer Dienstleistung ohne wesentliche Steigerung der Kosten verbessert werden? Es sind manchmal Kleinigkeiten, die den Nutzen deutlich erhöhen. Oder wieviel Geld ist der Verbraucher auszugeben bereit, wenn der Nutzen nur mit Kostensteigerungen zu verbessern ist?

Senkung der Kosten
Die Höhe der Kosten hängt keineswegs nur allein davon ab, ob Produkt oder Dienstleistung rationell hergestellt werden. Es gibt von jedem Produkt und jeder Dienstleistung mehrere Varianten, die sich in ihrer Qualität und im Umfang ihres Nutzens unterscheiden. Welche Qualitäts- und welche Nutzenvorstellungen hat der Verbraucher? Auf diese Vorstellungen müssen Produkt oder Dienstleistung abgestimmt werden. Qualität und Nutzen dürfen weder zu hoch noch zu niedrig sein.

Auf den Handel übertragen heißt dies, daß Handelsunternehmen fortlaufend den Umfang ihrer Handelsleistung, die sie mit den im Sortiment geführten Produkten kombinieren, überprüfen müssen. Sie müssen sich die Frage stellen:

- Könnten mit mehr Handelsleistung – die der Kunde nützlich findet und über einen entsprechend hohen Preis honoriert – oder
- könnten mit weniger Handelsleistung – die der Kunde in Anbetracht niedriger Preise akzeptiert –

die Erträge gesteigert werden.

Am Beispiel des Marketingkonzeptes der Discounter läßt sich gut zeigen, was eine Wert-Analyse ist und was sie zu leisten vermag. Die Discounter haben sehr frühzeitig erkannt, daß bei bestimmten Artikeln, die man als discountfähig bezeichnen kann, vom Verbraucher nur eine niedrige Handelsleistung erwartet wird. Die Verbraucher wünschen einen niedrigen Preis bei mittlerer Qualität und sind nicht bereit, für eine ihrer Meinung nach zu hohe und teilweise überflüssige Handelsleistung, und mag sie perfekt erbracht werden, zu bezahlen. Die Discounter haben deshalb die Handelsleistung reduziert – manchmal minimiert – und die Kosten drastisch gesenkt. Das versetzte sie in die Lage, ihre Ware zu niedrigen Preisen anzubieten. Dieses Vorgehen hat ihrer Ertragskraft keineswegs geschadet. Niedrigpreislagen, mit reduzierter Handelsleistung angeboten, können durchaus höhere Erträge bringen als Hochpreislagen mit hoher Handelsleistung. Entscheidend für den Ertrag ist die Differenz zwischen Erlösen und Kosten. Auf welchem Niveau sich diese Differenz ergibt – zwischen hohen Preisen und hohen Kosten oder niedrigen Preisen und niedrigen Kosten –, das ist ohne Bedeutung.

Seit dem Aufkommen der Selbstbedienung und der Entwicklung unterschiedlicher Andienungsformen ist der Handel in der Lage, seine Handelsleistung in erheblichem Umfange zu variieren. Zwischen der von einem Discounter eingesetzten einfachsten Selbstbedienung und der Bedienung durch qualifizierte Verkäufer in einem Fachgeschäft bestehen sehr große Unterschiede.

Die Wert-Analyse kann verhindern, daß zwei Fehler begangen werden:

Der Kunde wünscht eine hohe Handelsleistung – bietet man zuwenig Handelsleistung an, obwohl das Produkt oder ein Warenbereich mehr Handelsleistung zum Kunden transportieren könnten, verschenkt man Erträge. Der Fehler wiegt besonders schwer, wenn das Mehr an Handelsleistung nur mit geringfügig höheren Kosten zu erbringen wäre.

Der Kunde erwartet eine niedrige Handelsleistung – durch das Anbieten einer hohen Handelsleistung, die der Kunde im Preis nicht zu honorieren bereit ist, verschenkt man ebenfalls Erträge. Denn der Kunde bekommt beim Wettbewerb die Ware mit weniger Handelsleistung zu einem niedrigeren Preis. Will man den Kunden nicht verlieren, so muß man auf diesen Preis eingehen.

Die Wert-Analyse ist also nicht nur eine formale Methode zur Untersuchung der Ertragskraft von Produkten und Dienstleistungen. Sie ist vielmehr eine bestimmte Art des Denkens, eines marktorientierten Denkens. Sie regt an, darüber nachzudenken, wie die Wertvorstellungen der Verbraucher vom Nutzen eines Produktes oder einer Dienstleistung mit den eigenen Wertvorstellungen in Einklang zu bringen sind. Die Wert-Analyse ist somit durchaus auch im Handel anwendbar.

17.2.3 Das Vorgehen der Wert-Analyse

Die Methode der Wert-Analyse läuft in folgenden Schritten ab:

Vorbereitende Maßnahmen
- Auswahl des Untersuchungsobjektes (der Anlaß für eine Wert-Analyse kann sich aus der Ergebniskontrolle ergeben).
- Festlegen der Kostenziele oder des Umfanges der Handelsleistung.
- Bestimmen des Untersuchungsteams.
- Festsetzen von Terminen.

Ermitteln des Ist-Zustandes
- Beschreiben des Untersuchungsobjektes.
- Beschaffen von Informationen vom Untersuchungsobjekt (was in der Regel Marktforschung erfordert).

Prüfen des Ist-Zustandes
- Prüfen der gegenwärtigen Handelsleistung.
- Prüfen der Kosten.

Suchen von Lösungen, die das Problem beseitigen

Prüfen der Lösungen
- Auf ihre Durchführbarkeit hin (das kann heute auch die Umweltverträglichkeit einschließen).
- Auf ihre Wirtschaftlichkeit hin.

Auswahl einer Lösung und deren Verwirklichung

Auch bei der Wert-Analyse müssen alternative Lösungen ausgearbeitet werden. Ihre kritische Prüfung muß sich auf die folgenden Punkte konzentrieren:

- **Vorstellungen der Verbraucher:** Es ist zu prüfen, ob die Vorstellungen der Verbraucher von der Marktforschung hinreichend genau und umfassend ermittelt worden sind. Das Ergebnis der ausgearbeiteten Lösungen muß sich mit den Vorstellungen der Verbraucher decken.
- **Durchführbarkeit:** Es ist zu prüfen, ob die ausgearbeiteten Lösungen
  - technisch durchführbar sind,
  - mit dem Unternehmensbild und dem Unternehmensprofil übereinstimmen; im Handel muß sich z.B. ein profiliertes Fachgeschäft sehr kritisch fragen, ob es in sein auf hohem Niveau liegendes Sortiment Discount-Segmente einfügen kann und will oder ob es nicht lieber auf bestimmte Umsätze verzichtet,
  - die Mitarbeiter motivieren.

Die ausgewählte Lösung muß:

- einen verbesserten und am Markt absetzbaren Nutzen zu vertretbaren Kosten ermöglichen, oder
- einen unveränderten Nutzen zu spürbar reduzierten Kosten herzustellen erlauben.

18. Kapitel: Ausgewählte Beispiele für erfolgreiche und erfolgreich kommunizierte Marketing-Konzeptionen

Zur Gestaltung ihres Marketing, das sie im Verlauf der merkantilen Revolution ständig weiterentwickelten, stand den Handelsunternehmen kein Lehrbuch zur Verfügung. Sie lieferten vielmehr umgekehrt mit ihren Marketing-Ideen und deren Umsetzung am Markt den Stoff für ein Lehrbuch. Überblickt man die in der zweiten Hälfte des zwanzigsten Jahrhunderts abgelaufene merkantile Revolution, so stellt man fest, daß die Entwicklung des Handels sehr systematisch erfolgte und sogar eine ganze Reihe von Gesetzmäßigkeiten aufweist. So, als hätte es ein Lehrbuch gegeben. Bemerkenswert ist auch, daß es beim Aufbau eines selbständigen Handels-Marketing relativ wenige Flops gegeben hat. Es schmälert die absatzpolitischen Leistungen und die Kreativität des Handels nicht, wenn hier noch einmal darauf hingewiesen wird, daß dem Handel mit den Handelsfunktionen eine wegweisende Leitlinie vorgegeben worden war. Sie führten, abgeleitet aus der gesamtwirtschaftlichen Aufgabe des Handels, die zentralen Instrumente des Handels-Marketing auf, Standort, Sortiment, Preis und Kommunikation. Daran hat sich bis heute nichts geändert. Das läßt erkennen, daß die Formulierung und Weiterentwicklung der Handelsfunktionen eine überragende wissenschaftliche Leistung ist.

Zum Abschluß dieses Buches soll an einigen Beispielen noch einmal gezeigt werden, welche Systematik und Logik erfolgreichen und widerspruchsfreien Marketing-Konzeptionen innewohnt. Es gibt im deutschen und darüber hinaus im europäischen Handel eine unüberschaubar große Anzahl von Handelsunternehmen, die mit ihrer Marketing-Konzeption erfolgreich sind. Ausgewählt wurden hier einige Handelsunternehmen, die nicht nur systematisch eine widerspruchsfreie Marketing-Konzeption ausgearbeitet haben, deren Konzeption darüber hinaus vielmehr noch eine innovative Idee zu Grunde liegt. Diese Pionier-Unternehmen haben mit ihrer Marketing-Idee nicht nur den Forderungen ihres Absatzmarktes entsprochen. Sie haben mit ihrer Idee Märkte gestaltet und neue Märkte geschaffen. Und sie haben sich zum Teil ein sehr dauerhaftes Leistungsmonopole aufgebaut, das nach dem Auftreten von „Me-too-Unternehmen" meist zumindest in die Marktführerschaft einmündete.

18.1 IKEA

Dieses aus Schweden kommende Unternehmen hat den deutschen Möbelmarkt stark beeinflußt und tiefgreifend verändert. Die 23 deutschen IKEA-Häuser setzten 1997/98 3,0 Mrd. DM um (Handel aktuell '99, herausgegeben vom EuroHandelsinstitut Köln, Köln 1999, Seite 93).

18.1.1 Die innovativen Marketing-Ideen

Es sind drei Ideen, die diesem Unternehmen zum Erfolg verholfen haben:

- Das Angebot skandinavischer Möbel, mit dem eine bestimmte Zielgruppe, die in der Mehrzahl aus jungen Familien mit Kindern besteht, angesprochen wird. Es wird also Marktsegmentierung betrieben.
- Das Anbieten von Möbeln in Selbstbedienung, nur am Rande kann Beratung in Anspruch genommen werden, wird also Teil-Selbstbedienung angewandt.
- Das Mitnahmeprinzip von transportgerecht zerlegten und verpackten Möbeln.

Der Erfolg von IKEA veranlaßte zahlreiche deutsche Möbelhäuser, sich „Mitnahme-Märkte anzugliedern. Sie betreiben, so kann man dies bezeichnen, ein „Me-too-Marketing".

18.1.2 Die Standortpolitik

Es werden, wie das im Möbel-Einzelhandel die Regel ist, verkehrsorientierte Standorte auf der grünen Wiese besetzt. Der Möbel-Einzelhandel braucht sehr große Verkaufsflächen, besonders wenn er in Selbstbedienung arbeitet, und große Flächen für Parkplätze.

Es wird die Strategie der Besetzung mehrerer Standorte verfolgt, was zur Organisationsform der Filialisierung führt.

18.1.3 Die Sortimentspolitik

Es wird ein branchenübergreifendes Sortiment angeboten. Neben Möbeln werden Heim-Textilien, Haushaltsartikel, Glas und Porzellan, Lampen und andere elektrische Artikel sowie Pflanzen geführt. Es dominieren Produkte mit skandinavischem Design, die u. a. auch in Ländern des ehemaligen Ostblocks hergestellt werden. Dieses Sortiment richtet sich vor allem an die Zielgruppen der jungen Singels und jungen Familien.

Das Sortiment besteht ausschließlich aus IKEA-Handelsmarken. Alle Artikel tragen einen schwedischen Namen.

18.1.4 Die Servicepolitik

Es wird eine „Non-Service-Strategie" verfolgt, also grundsätzlich kein Service angeboten. Der Kunde muß die selbst transportierten Möbel zu Hause selbst zusammen bauen. Wünscht er Service, wird er an externe Partner-Unternehmen verwiesen, die den Transport und Zusammenbau gegen Bezahlung übernehmen. Ausnahmen von dieser Regel werden bei der Verkaufspolitik gemacht und ergeben sich aus der angewandten Teil-Selbstbedienung.

18.1.5 Die Verkaufspolitik

Es wird konsequent die Andienungsform der Selbstbedienung angewandt, mit wenigen Ausnahmen die Teilselbstbedienung – bei Küchen- oder Büro-Möbeln oder

der Einrichtung ganzer Wohnungen z.B. –. Die Teil-Selbstbedienung besteht, wenn gewünscht, aus einer Beratung über die vom Kunden in die engere Wahl gezogenen Artikel und aus dem Ausdrucken eines Lagerentnahmescheines, mit dem an der Check-Out-Linie bezahlt wird und an der Warenauslieferung die gekauften Möbel ausgehändigt werden.
Bei der Einrichtung von Küchen, Büros und ganzer Wohnungen wird eine Mithilfe bei der Planung angeboten.

18.1.6 Die Preispolitik

Die Selbstbedienung, der Verzicht auf Service und die Auslieferung zerlegter Möbel erlauben eine Politik relativ günstiger Preise. Kostenvorteile werden zu einem beträchtlichen Teil an die Kunden weitergegeben. Die Kunden würden sonst auch die Selbstbedienung, den Serviceverzicht und den Eigentransport kaum akzeptieren.

18.1.7 Die Kommunikationspolitik

Die Kommunikation hat folgende Schwerpunkte.
- Das Unternehmen wird durch das „schwedische Nationaltier" Elch personifiziert. Durch die konsequente Verwendung der schwedischen Nationalfarben Blau und Gelb wird das schwedische Unternehmensprofil unterstrichen.
- Das skandinavische Design der im Sortiment geführten Artikel wird betont.
- Die durch das Mitnahmeprinzip gesicherte sofortige Verfügbarkeit der gekauften Möbel wird stark herausgestellt. Dadurch werden die Mühen des eigenen Transports in den Hintergrund gerückt.
- Dem Kunden wird erklärt, daß das selbst durchgeführte Zusammenbauen der gekauften Möbel viel Spaß machen kann und eine sinnvolle Freizeitgestaltung darstellt. Infolge der sehr sorgfältigen Fertigung der Möbel – exakte Paßgenauigkeit der Teile –, der beigefügten Werkzeuge und der gutverständlichen Montageanleitungen ist das Montieren der Möbel kein Problem.
- Mit der „IKEA family Plus Card" wird die Mitgliedschaft in einem Kundenclub angeboten und Kundenbindung geschaffen. Mit der Mitgliedschaft ist eine Reihe von Vorteilen verbunden. (Siehe dazu: Oehm, Christine, Kundenclubs als Instrument des Beziehungsmarketing, in: Zanger, Cornelia/Griese, Kai-Michael, Hrsg., Beziehungsmarketing mit jungen Zielgruppen, München 2000, S. 249 ff.)
- Einmal jährlich wird ein Katalog versandt, der Verbraucher zum Besuch der IKEA-Häuser veranlassen soll und nach dem auch bestellt werden kann. Die Auslieferung der bestellten Ware erfolgt durch eine externe Spedition und muß bezahlt werden.
- Monatlich werden Aktionsangebote gemacht, die zum Teil mit schwedischen Bräuchen in Verbindung stehen – Frühlingsfest, Midsommar – und im Katalog unter der Überschrift „Aktivitätskalender" aufgeführt werden.
- Ein Restaurant bietet schwedische Spezialitäten und andere Gerichte zu günstigen Preisen an.

Die gesamte Kommunikation betont bewußt und nachhaltig das schwedische Profil des Unternehmens, dessen Grundlage sich schon im Sortiment findet. Die das Sortiment ergänzende Kommunikation hat wesentlich dazu beigetragen, daß IKEA zu einer unverwechselbaren „Retail Brand" geworden ist.

18.2 ALDI

Aldi hat die merkantile Revolution stark beeinflußt und mitgeprägt. Er hat dem traditionellen Lebensmittel-Einzelhandel hart zugesetzt und ihn zu Anpassungen gezwungen. Das Aldi-Unternehmen besteht aus zwei Gesellschaften. Aldi Nord wurde von Theo Albrecht, Aldi Süd von Karl Albrecht aufgebaut. Die Unternehmen wurden 1948 und 1949 gegründet. Sie haben also die merkantile Revolution von Anfang an mitgemacht und mitgestaltet und schon bald nach ihrer Gründung bis zur Gegenwart die Preisführerschaft und Marktführerschaft im Lebensmittel-Discount unangefochten behaupten können.

18.2.1 Die innovative Marketing-Idee

Die Absatzidee ist, ein Lebensmittel-Sortiment zu führen, das nur aus schnell drehenden und problemlosen Artikeln besteht, dieses Sortiment in einfachster Selbstbedienung anzubieten und die sich daraus ergebenden Kostenvorteile der Preispolitik zur Verfügung zu stellen und damit an die Kunden weiterzugeben. Diese Idee war nicht von Anfang an da. Ursprünglich wollten die Brüder Albrecht ein ganz „normales" Lebensmittel-Filialunternehmen aufbauen. Da die Verkaufsflächen klein und die finanziellen Mittel beschränkt waren, konnte nur ein kleines Sortiment geführt werden. Als sie erkannten, daß auch mit diesem begrenztem Sortiment „ein gutes Geschäft" gemacht werden konnte und dieses begrenzte, vor allem sehr flache Sortiment mit niedrigen Kosten zu handeln war, blieben sie dabei. Sie machten dieses Sortiment, das man heute als Discount-Sortiment bezeichnen kann, zur Grundlage ihrer Unternehmensphilosophie. (Siehe dazu: Brandes, Dieter, Konsequent einfach, Die ALDI-Erfolgsstory, Frankfurt/Main 1998, S. 19ff.)

18.2.2 Die Standortpolitik

Es werden teilweise integrierte, überwiegend aber verkehrsorientierte Standorte in Gewerbegebieten besetzt. Da bei Aldi zu einem beträchtlichen Teil Vorratskäufe getätigt werden, kommen die Verbraucher nicht jeden Tag und benutzen zum Einkauf meist das Auto. Ausreichend große Parkplätze müssen vorhanden sein. Die Absatzgebiete der Aldi-Märkte sind deshalb auch meistens größer als die Absatzgebiete traditioneller Lebensmittel-Supermärkte.

Aldi besetzt eine große Zahl von Standorten und wird in der Organisationsform des Filialunternehmens betrieben. Das ist mit Sicherheit die für die Vertriebsform Discount geeignetste Organisationsform. Diese Vertriebsform als Verbundgruppe mit selbständigen Kaufleuten führen zu wollen, ist unmöglich. Edeka und Rewe haben dies gar nicht erst versucht. Soweit diese Handelsgruppen Discount-Märkte haben, werden sie von Tochterunternehmen der Großhandelsunternehmen ebenfalls als Filialunternehmen betrieben. Aldi erzielte 1998 mit 3175 Filialen einen Gesamtumsatz von rund 35 Mrd. DM – geschätzt – was einem Marktanteil von knapp 16% entsprach (Handel aktuell '99, herausgegeben vom EuroHandelsinstitut e.V., Köln 1999, Seiten 58 und 76).

18.2.3 Die Sortimentspolitik

Für die Sortimentspolitik gelten folgende Grundsätze:
- Es werden nur problemlose und schnelldrehende Artikel geführt. Das sind, mit anderen Worten beschrieben, discountfähige Artikel, die habituell gekauft werden. Zunächst war Aldi mit diesem begrenzten Sortiment ein „Teil-Versorger" im Niedrigpreis-Bereich des Lebensmittel-Einzelhandels. Die traditionellen Lebensmittel-Supermärkte dagegen strebten von Anfang an durch die Aufnahme aller Frischwaren-Teilsortimente danach, „Voll-Versorger" zu werden und mehrere Preislagen anzubieten..
- Von jedem Produkt wird in der Regel – einige Ausnahmen gibt es – nur ein Artikel geführt. Das engt zwar für die Kunden die Auswahl ein, hält aber die Kosten der Warenwirtschaft niedrig und erlaubt pro Artikel den Einkauf großer Mengen, was die Grundlage für das Aushandeln guter Konditionen ist. Aldi war von Anfang an bewußt, daß der Mangel an Auswahl durch niedrige Preise kompensiert werden mußte
- Diese Grundsätze gelten auch für die später aufgenommenen Teil-Sortimente Obst und Gemüse, Brot und Backwaren, Tiefkühlprodukte und sb-verpackten Käse, Wurst und Salate. Alle Frischwaren sind sb-gerecht verpackt. Die Aufnahme dieser Frischwaren kann deshalb nicht als Trading-Up angesehen werden. Heute ist Aldi Lebensmittel-Voll-Versorger im Niedrigpreis-Bereich.
- Im Getränke-Sortiment werden nur Einweggebinde – Dosen, Flaschen, Tetrapack – geführt. Das erspart die Rücknahme und das Sortieren von Mehrwegflaschen und damit erhebliche Kosten.
- Die bis Ende des vorigen Jahrhunderts geführten Hersteller-Markenartikel werden zur Zeit aus dem Sortiment genommen und durch eigene Handels-Markenartikel ersetzt.
- Da das Sortiment der discountfähigen Lebensmittel keine nennenswerte Expansion mehr erlaubt, werden in regelmäßigen Abständen Aktionen mit Nonfoods – Textilien, Schuhe, Hausrat bis hin zu Computern und Fernseh- und Radiogeräten – durchgeführt, die den Fachhandel zum Teil erheblich bedrängen.

18.2.4 Die Servicepolitik

Es wird konsequent eine „Non-Service-Strategie" verfolgt. Soweit bei technischen Nonfoodartikeln Service üblich ist, wird er an externe Firmen delegiert. Wenn man will, kann man die Qualitätsgarantie, verbunden mit dem Rücknahmeversprechen, als einen marginalen Ansatz von Service ansehen.

18.2.5 Die Verkaufspolitik

Die Ware wird durchgängig und ohne Ausnahme in einfachster Selbstbedienung angeboten. Die Verkaufsmöbel sind einfach und zweckmäßig. Der überwiegende Teil des Sortiments wird in den Transport-Kartons plaziert, was Personalkosten spart. Bei aller Einfachheit sind die Aldi-Märkte jedoch sauber und die Warenpräsentation ist ordentlich.

18.2.6 Die Preispolitik

Es wird konsequent die Niedrigpreislage geführt. Der Preis ist das wichtigste Marketing-Instrument. „Wenn uns bei der Kalkulation etwas beschäftigt, dann nur, wie billig wir eine Ware verkaufen können und nicht, welchen höchsten Verkaufspreis wir erzielen können". Diese Feststellung traf Karl Albrecht in einem Vortrag im Jahre 1953. Und bei dieser Preispolitik ist das Unternehmen bis heute geblieben. Es will Preisführer sein und bleiben. Bei Angriffen durch die Konkurrenz reagiert Aldi schnell und hart. Ein Preisvergleich zwischen Aldi und einem traditionellen Filial-Supermarkt, der 1973 vom DGB durchgeführt wurde, ergab für einen bestimmten Warenkorb bei Aldi einen Einkaufsbetrag von 56.80 DM, beim Supermarkt von 99.06 DM (Brandes, Dieter, Konsequent einfach, Die ALDI-Erfolgsstory, Frankfurt 1998, S. 253). Ein Mitte des Jahres 2000 durchgeführter Preisvergleich mit einem Warenkorb, der acht Artikel enthielt, ergab für Aldi Nord einen Einkaufsbetrag von 10.52 DM, für Lidl 10.78 DM, für Aldi Süd 10.81 DM und für Wal Mart 11.02 DM (o. V., Aldi – Doch der billigste, in: Lebensmittel Praxis Heft 15/2000, S. 6). Aldi behauptet also nach wie vor die Preisführerschaft.

18.2.7 Die Kommunikationspolitik

Die Kommunikationspolitik ist denkbar einfach und bescheiden. PR-Arbeit findet kaum statt, die Werbung ist ausschließlich rational und informativ, Verkaufsförderung gibt es nicht. Das Unternehmen gilt als ausgesprochen publikationsscheu. Damit kommt Aldi aus, weil er seinen Kunden von Anfang an gesagt hat, was er bietet und was nicht. Und da er seiner Konzeption treu geblieben ist, wissen die Kunden inzwischen sehr genau, was sie von Aldi erwarten können. Die Erwartungen der Kunden decken sich mit der Realität, die sie in den Aldi-Märkten vorfinden. Befragungen haben ergeben, daß die meisten Kunden mit Aldi zufrieden sind und gern bei ihm einkaufen. Und es kaufen nicht nur einkommensschwache Verbraucher bei ihm ein.

Die fehlende PR-Arbeit hat sich allerdings gelegentlich nachteilig ausgewirkt. So z. B., als Aldi angegriffen wurde, weil er Getränke nur in Einweg-Verpackungen verkauft.

Die Marketing-Konzeption von Aldi ist aus einem Guß. Er ist die führende Retail-Brand im Lebensmittel-Discountbereich. Zwei ergänzende Bemerkungen mögen dies unterstreichen. Vor einigen Jahren wurde im Fernsehen darüber berichtet, daß eine Behörde für die Berechnung der Höhe der Sozialhilfe einen Warenkorb von

Aldi-Artikeln zu Grunde gelegt hatte. In der 2000 aufgeführten Neuinszenierung von Wagners Ring der Nibelungen läßt der Regisseur Jürgen Flimm in Rheingold Alberich mit einer Aldi-Einkaufstüte auf der Bühne auftreten. „Alberich, der Selfmade-Mann aus einfachen Verhältnissen, kann seine Herkunft nicht verleugnen. Mit der Aldi-Tüte macht er sich an den Raub, nachdem er mit dem Fahrstuhl aus der Unterwelt emporgefahren ist". (Voskamp, Jens, Wirtschaftskrimi um Nibelheim, in: Erlanger Nachrichten vom 28. 7. 2000, S. 22.) Hier wird die Aldi-Tüte allerdings als negatives Symbol verwendet, ein Irrtum von Flimm. Aber davon abgesehen, es ist eine Aldi-Tüte und keine Edeka- oder Spartüte. Mehr kann man eigentlich durch Marketing nicht erreichen. Das Unternehmen ist nicht nur eine Retail-Brand, es ist eine Institution, Teil der Kultur.

18.3 DALLMAYR

Der Dallmayr-Markt in München, zutreffender müßte man ihn als Dallmayr-Geschäft bezeichnen, denn mit einem Supermarkt hat er wenig gemeinsam, ist aus einem Kaffee-Geschäft hervorgegangen. Die Kaffeerösterei ist heute noch der Schwerpunkt des Unternehmens, das den Lebensmittelhandel in ganz Deutschland beliefert. Dallmayr ist das krasse Gegenteil zu Aldi. Wer in München auf sich hält, kauft zumindest gelegentlich „beim Dallmayr" ein. Der Einkauf bei ihm ist ein Erlebnis, ein „Event". Dallmayr distanziert sich unübersehbar von den traditionellen Lebensmittel-Supermärkten.

18.3.1 Die innovative Marketing-Idee

Ganz bewußt wird das Hochpreis- und Hochqualitäts-Segment besetzt. Dallmayr bedient den oberen Bereich des Marktes, betreibt also Marktksegmentierung (siehe dazu S. 176). Er versorgt die Kunden nicht, er verkauft Genuß. Diese Idee läßt deutlich erkennen, daß sie aus dem Kaffeegeschäft, dem Geschäft mit einem Genußmittel, entstammt. Der Einzelhandel wird durch Gastronomie ergänzt.

18.3.2 Die Standortpolitik

Dallmayr besetzt in der Mitte Münchens, hinter dem Rathaus in der Dienerstraße, einen City-Standort. Der nahe gelegene Marienplatz ist das Zentrum des öffentlichen Nahverkehrs in München, was die Standortqualität erhöht. Ein Geschäft, wie es Dallmayr betreibt, kann nur in zentraler Lage einer Millionen-Metropole existieren. Nur an einem solchen Standort ist das Marktsegment „Genuß und Erlebnis" so groß, daß ein betriebswirtschaftlich erforderlicher Umsatz erwirtschaftet werden kann.

Es wird nur ein Standort besetzt. Organisationsform ist das Einzelunternehmen.

18.3.3 Die Sortimentspolitik

Das Sortiment besteht aus hochpreisigen Artikeln mit entsprechend hoher Qualität. Bei Dallmayr findet man Artikel, die der traditionelle Supermarkt nicht führt. Es werden selbst hergestellte Spezialitäten – Pralinen, Canapés z.B. – angeboten. Es werden nur Lebensmittel geführt, keine Waschmittel oder andere Haushaltsartikel z. B., wie sie im Sortiment des normalen Supermarktes zu finden sind. Es wird also die Strategie des Lebensmittel-Branchen-Sortiments verfolgt, nicht die des Vertriebsformen-Sortiments Supermarkt. Eine optisch attraktive Präsentation der Ware ist unverzichtbar. Dieses Sortiment lebt von Impulskäufen.

18.3.4 Die Servicepolitik

Schwerpunkt des Service ist die Gastronomie. Die Kunden können Artikel, die sie gesehen haben und die sie kaufen möchten, vorher probieren. Dieser Service muß bezahlt werden. Die Gastronomie bietet den Besuchern der Innenstadt Münchens die Möglichkeit, nach einem Stadt- und Einkaufsbummel eine Verschnaufpause einzulegen. Sie zieht Verbraucher in das Geschäft, die meist hinterher noch einkaufen. Zum Service gehört auch, daß gekaufte Artikel als Geschenk verpackt werden. Vom Kunden als Bohne gekaufter Kaffee wird auf Wunsch gemahlen.

18.3.5 Die Verkaufspolitik

Es wird in Bedienung gearbeitet. Eine andere Andienungsform ist bei dem beratungsbedürftigen Sortiment auch kaum denkbar. Das Personal ist fachlich kompetent und dem Charakter des Geschäftes entsprechend gekleidet.

18.3.6 Die Preispolitik

Es wird eine Hochpreispolitik betrieben, die den hohen Kosten entspricht, die aber auch das Profil des Sortiments betont. Das Anbieten einer Niedrigpreislage wäre ein Widerspruch in der Marketing-Konzeption.

18.3.7 Die Kommunikationspolitik

Der Abstammung aus dem Kaffeegeschäft entsprechend sind die Farben im Verkaufsraum braun und dunkel gehalten. Die Möblierung ist vornehm und etwas nostalgisch. Die Werbung informiert über die angebotenen Spezialitäten, die zum Teil entsprechend der Jahreszeit geführt werden. Sie betont aber auch sehr stark den emotionalen Zusatznutzen, der geboten wird. Bei Dallmayr kauft man mit der Ware Genuß, Lebensfreude und sozialen Status. Mit einer Dallmayr-Tragetasche zeigt man anderen Menschen, daß man Lebensstil hat, zumindest was das Essen und Trinken angeht. In der Fernsehwerbung wird gezeigt, daß Dallmayr und seine Mitarbeiterinnen und Mitarbeiter ihr Geschäft mit Liebe zum Detail betreiben – jeden Morgen wird das Firmenschild aus Messing geputzt – und die Kunden sehr aufmerksam behandeln – sie kennen und merken sich die Wünsche ihrer Stammkunden –.

Dallmayr ist, zumindest im Großraum München, aber darüber hinaus in Bayern, eine Retail-Brand mit hohem Bekanntheitsgrad. Eine ähnliche Marketing-

Konzeption haben die Filialen von Tschibo und Eduscho, die aber eine andere Sortimentsstrategie verfolgen. Sie führen als Stammsortiment Kaffee, Tee, Kakao und Süßwaren. In Aktionen werden Nonfoods – die sogenannten Self-Liquidators – verkauft, die auch mit einem kleinen Katalog angeboten werden und bestellt werden können. Der stationäre Einzelhandel wird also durch einen Versandhandel ergänzt.

18.4 DOUGLAS

Douglas ist heute eine der führenden Parfümerien in Deutschland. Sie hat sich sehr erfolgreich gegenüber den Drogeriemärkten durchsetzen, abheben und behaupten können.

18.4.1 Die innovative Marketing-Idee

Es wird ein qualitativ hochwertiges und hochpreisiges Parfümerie- und Kosmetik-Sortiment geführt. Die Marketing-Konzeption ist ein auffallendes Kontrastprogramm zu den Drogeriemärkten. Die Douglas Filialen sind auf hohem Niveau arbeitende Fachgeschäfte.

18.4.2 Die Standortpolitik

Es werden fast ausschließlich City-Standorte besetzt. Die 402 deutschen Douglas-Filialen erwirtschafteten in 1998 einen Umsatz von 2,017 Mrd. DM (Handel aktuell '99, herausgegeben vom EuroHandelsinstitut Köln, Köln 1999, S. 124). Im ersten Halbjahr 2000 wurde ein Umsatz von fast 1,1 Mrd. DM erreicht (o. V., Douglas peilt ein Umsatz- und Gewinnplus von 10% an, in: Frankfurter Allgemeine Zeitung vom Donnerstag, den 10. 8. 2000, Nr. 184, S. 24). Die Organisationsform ist das Filialunternehmen.

18.4.3 Die Sortimentspolitik

Es werden hochwertige Parfümerie- und Kosmetik-Erzeugnisse angeboten. Alle führenden Unternehmen der „Depot-Kosmetik" sind im Sortiment vertreten. Daneben werden Randsortimente von Kosmetik- und Badeutensilien und Modeschmuck geführt. Das Sortiment ist also ein reines Branchen-Sortiment. Eine optisch attraktive, sorgfältig auf das Sortiment abgestimmte Verkaufsraum-Gestaltung und Warenpräsentation sind Voraussetzung für den Erfolg. Denn im Bereich von Parfümerie und Kosmetik kommt es zu vielen Impulskäufen.

18.4.4 Die Servicepolitik

Verpackung der gekauften Artikel als Geschenk und selbstverständlich Akzeptanz aller Kreditkarten gehören zum Service, für den sich in dieser Branche kaum weitere Chancen bieten.

18.4.5 Die Verkaufspolitik

Es wird in Bedienung gearbeitet. Das sehr stark beratungsbedürftige Sortiment erfordert kompetente Mitarbeiterinnen – es werden fast ausschließlich Frauen beschäftigt –, die mit viel Gespür auf die Vorstellungen und Wünsche der Kundinnen – nur vor dem Muttertag und vor Weihnachten sind bei Douglas Männer in nennenswerter Anzahl zu sehen – eingehen und diese ihrem Typ entsprechend beraten müssen. Dekorative Kosmetik ist nicht nur eine Frage der Warenqualität, sondern auch des Geschmacks. Kundinnen zu beraten, die zwar Geld, aber keinen Geschmack und Stil haben, ist ein sehr schwieriges Unterfangen.

18.4.6 Die Preispolitik

Es wird eine Strategie der Hochpreislage verfolgt. Mehrere Preislagen oder gar eine Niedrigpreislage wären ein Widerspruch im Markting-Konzept.

18.4.7 Die Kommunikationspolitik

Die Kommunikation betont die Exclusivität des Sortiments und den gebotenen emotionalen Zusatznutzen. Douglas verkauft in erster Linie Schönheit, Gesundheit und auch Status und Lifestyle, dann erst die als Medium für den emotionalen Zusatznutzen dienende Ware. Deshalb ist der Preis eine sekundäre Größe. Die Prospekte, die vor Ostern, Muttertag und Weihnachten zu kleinen erweiterten Katalogen werden, und die Tragetaschen sind graphisch anspruchvoll gestaltet und aus hochwertigem Material gefertigt. Die gesamte Kommunikation ist dem Sortiment entsprechend edel und hochwertig und rechtfertigt im Unterbewußtsein der Kunden die Hochpreispolitik.

Douglas ist auch in Mittelstädten vertreten. Das Marktsegment für hochwertige Parfümerien und Depot-Kosmetik ist also erstaunlich groß. In diesem Segment ist Douglas eine unverwechselbare Retail-Brand mit hohem Bekanntheitsgrad.

18.5 BOFROST und EISMANN

Beide Unternehmen betreiben „Tiefkühl-Heimdienste" und arbeiten nach der gleichen Marketing-Konzeption. Sie haben sich, wie auch weitere kleine Heimdienste, erfolgreich am Markt durchgesetzt und dem stationären Groß- und Einzelhandel im Lebensmittel-Bereich, der hohe Investitionen in seine Tiefkühllager und Tiefkühlmöbel vornahm, beachtliche Umsätze weggenommen. Vom Marketing-Konzept her gesehen sind Tiefkühl-Heimdienste und Getränke-Heimdienste eng verwandt. Sie sind dem institutionellen ambulanten Einzelhandel zuzurechnen.

18.5.1 Die innovative Marketing-Idee

Der innovative Kern der Marketing-Konzeption der Tiefkühl-Heimdienste ist eine Problemlösung. In der Tiefkühlkette klafft zwischen den Kühlmöbeln des stationären Lebensmittel-Einzelhandels und den Kühltruhen der Haushalte eine teilweise beachtliche Lücke. Auf dem Transport der Ware vom Supermarkt oder vom SB-Warenhaus zum Haushalt taut die Ware an und es bildet sich innerhalb der Packungen Schnee. Dieses für die Verbraucher ärgerliche Problem – sie werden nach dem Kauf von Tiefkühlware einem Zeitdruck ausgesetzt, müssen möglichst schnell die Wohnung erreichen – kann der stationäre Lebensmittel-Einzelhandel nicht lösen. Auch nicht dadurch, daß er an den Tiefkühlmöbeln spezielle isolierte Tragetaschen anbietet. Aber die Heimdienste können mit der Lieferung der Ware durch Tiefkühlfahrzeuge frei Haus das Problem sehr gut lösen. Das ist der Schlüssel zu ihrem Erfolg. Tiefkühlung erfordert auf dem Weg der Ware vom Hersteller über den Großhandel bis hin zum Einzelhandel Temperaturen von –20 Grad bis –30 Grad.

18.5.2 Die Standortpolitik

Der Standort hat nur für die Unternehmenszentrale mit ihrem Tiefkühllager Bedeutung und wird in der Regel verkehrsorientiert sein. An der Stelle der Verkaufsflächen des stationären Einzelhandels stehen die Verkaufsfahrzeuge mit den tiefgekühlten Container-Aufbauten. Die Standortpolitik wird durch die Tourenplanung ersetzt.

18.5.3 Die Sortimentspolitik

Es werden, was auch anders gar nicht möglich ist, nur tiefgekühlte Lebensmittel geführt. Es ist ein Branchen-Teilsortiment. Das Sortiment enthält sowohl Hersteller-Markenartikel als auch Handels-Markenartikel. Heute überwiegen die Handelsmarken. Haushaltsgerechte Vorratspackungen sind im Sortiment sehr stark vertreten.

18.5.4 Die Servicepolitik

Es ist kein Service erforderlich. Tiefkühlkost ist heute nicht mehr beratungsbedürftig und wird teilweise habituell gekauft. Tiefkühlkost kann den Convenience-Produkten zugerechnet werden und bietet damit Singles und großen Familien eine beträchtliche Arbeitsersparnis im Haushalt.

18.5.5 Die Verkaufspolitik

Das Sortiment wird in der Regel mit einem Katalog angeboten und von den Kunden bestellt. Die bestellte Ware wird dann zu einer vereinbarten Zeit frei Wohnung geliefert. Der früher einmal übliche Ab-Wagen-Verkauf wurde eingestellt. Er führte zu einer ungleichen Behandlung der Kunden. Die Kunden am Anfang einer Tour hatten das vollständige Sortiment zur Auswahl, die Kunden am Ende der Tour fanden ein ausgesuchtes und lückenhaftes Sortiment vor.

18.5.6 Die Preispolitik

Die Anschaffung der teuren Spezialfahrzeuge und deren Unterhalt, die kapital- und energieintensiven Zentrallager und die beträchtlichen Personalkosten erlauben es den Tiefkühl-Heimdiensten nicht, eine aggressive Niedrigpreispolitik zu betreiben. Die Problemlösung hat ihren Preis. Aber der Preis steht bei den Kunden, die die angebotene Problemlösung zu schätzen wissen, auch nicht im Vordergrund.

18.5.7 Die Kommunikationspolitik

Mit den Tiefkühlartikeln kann man kaum emotionalen Zusatznutzen verkaufen, höchstens Genuß bei Eiscreme und tiefgefrorenen Torten. Es kann nur in begrenztem Rahmen mit der einfachen Verarbeitung der Tiefkühlprodukte im Haushalt – Bequemlichkeit – und der gegenüber Konserven aller Art besseren Qualität – Sicherheit – emotional geworben werden. Die Kommunikation mit Hilfe der Kataloge ist deshalb überwiegend rational-informativ. Es besteht eine starke Kundenbindung und man beliefert fast ausschließlich Stammkunden. Von Zeit zu Zeit wird der Katalog breiter in die Haushalte des Absatzgebietes gestreut und dann telefonisch nachgefragt, um neue Kunden zu gewinnen. Einen zweiten Schwerpunkt hat die Kommunikation im Zustand und Aussehen der Fahrzeuge und dem Auftreten der Fahrer, die die Ware an der Wohnungstür dem Kunden übergeben. Das Fahrpersonal repräsentiert das Unternehmen und muß sich dessen auch bewußt sein. Saubere Kleidung und höfliches Benehmen sind deshalb sehr wichtig.

Da sich die Marketing-Konzepte der Tiefkühl-Heimdienste sehr ähnlich sind, was gar nicht anders sein kann, bleiben nur wenige Möglichkeiten, sich der Öffentlichkeit so zu präsentieren, daß das einzelne Unternehmen als unverwechselbares Unikat wahrgenommen wird. Die farbliche Gestaltung der Fahrzeuge und die graphische Gestaltung der Seitenwände und der Rückwand der Fahrzeugaufbauten als Werbemedium und die Zuverlässigkeit der Belieferung der Haushalte, sowie das Auftreten der Fahrer sind die wenigen Möglichkeiten, sich von den Wettbewerbern zu unterscheiden. Bofrost und Eismann kann man trotzdem als Retail-Brands ansehen, wenn auch als relativ schwach ausgeprägte.

18.6 METRO

Die Metro ist das führende deutsche C&C-Großhandels-Unternehmen. Es wurde von Anfang an nur mit der Vertriebsform C&C-Großhandel gearbeitet. Auch als Metro mit u.a. Kaufhof und Real in eine Metro-Holding überführt wurde, blieb die Metro-Division ein reines C&C-Unternehmen (Die marktbedeutenden Handelsunternehmen 1999, herausgegeben von der Lebensmittel Zeitung, Frankfurt/Main 1999, S. 16).

Die Metro hat auf dem Gebiet des C&C-Großhandels in Deutschland zweifellos Pionierarbeit geleistet.

18.6.1 Die innovative Marketing-Idee

Die immer größer werdenden Unternehmen des Zustell-Großhandels der Verbundgruppen benachteiligten zunehmend ihre kleinen Mitglieder und Kunden. Unter dem Druck des Wettbewerbs rationalisierten sie ihre Betriebsabläufe so weitreichend, daß für kleine Aufträge und Abholer kein Raum mehr blieb. Die Kunden mußten sich an den Leistungsprozeß ihres Großhandels anpassen. Die Kioskbetreiber, Gastwirte und Bäcker und Metzger mit Lebensmittel-Randsortiment bekamen Schwierigkeiten bei ihrer Warenbeschaffung. Wenn sie überhaupt noch beliefert werden wollten, so mußten sie hohe Preise zahlen. In diese Marktnische drang der C&C-Großhandel vor. Metro hat diese Marktnische sehr zeitig erkannt und besetzt.

Konkurrenz ist dem C&C-Großhandel und damit auch der Metro durch die Großverbraucher-Abteilungen des Zustell-Großhandels entstanden, die Hotels, Kliniken und Seniorenheime beliefern. Diese Kunden haben früher oft auch im C&C-Großhandel gekauft.

18.6.2 Die Standortpolitik

Es werden nur verkehrsorientierte Standorte auf der grünen Wiese oder in Gewerbegebieten besetzt. Auf eine überdurchschnittliche Standortqualität wird großer Wert gelegt. Die Standorte der Metrohäuser sind gut zu erreichen, liegen oft an Autobahnausfahrten und sind gut einsehbar. Da C&C-Kunden ausschließlich mit dem Auto zum Einkauf kommen, ist die gute Erreichbarkeit ein sehr wichtiger Marketing-Faktor. Es werden mehrere Standorte besetzt. Die Metro verfügte 1998 über 341 Häuser, die 36,15 Mrd. DM netto umsetzten (Handel aktuell '99, herausgegeben vom EuroHandelsinstitut Köln e.V., Köln 1999, S. 140). Die Organisationsform ist das Filialunternehmen.

18.6.3 Die Sortimentspolitik

Es wird einmal ein umfangreiches, auf die Bedürfnisse der Kunden – Großverbraucher und Wiederverkäufer – ausgerichtetes Lebensmittel-Sortiment mit Schwerpunkt Großpackungen geführt. Alle führenden Hersteller-Markenartikel sind in diesem Sortiment zu finden. Der Zutritt zum Lebensmittelbereich ist nur mit einem Ausweis möglich, den ausschließlich Gewerbetreibende erhalten. Daneben wird ein umfangreiches Nonfood-Sortiment geführt, das frei zugänglich ist.

18.6.4 Die Servicepolitik

Es wird kaum Service geboten, außer den am Abend langen Öffnungszeiten. Der C&C-Großhandel fällt nicht unter das Ladenschlußgesetz.

18.6.5 Die Verkaufspolitik

Es wird nur mit der Selbstbedienung gearbeitet. Lediglich einige Frischwaren werden am Rand in Bedienung angeboten.

18.6.6 Die Preispolitik

Es wird eine Strategie der normalen, kostenorientierten Preise verfolgt.

18.6.7 Die Kommunikationspolitik

Es wird eine rational-informative Kommunikation mit den kaufenden und mit den potentiellen Kunden betrieben. Die Zielgruppe besteht schließlich aus „Fachleuten", die rational und planmäßig kaufen. Impulskäufe stehen da nicht im Vordergrund, kommen aber vor. Im Vordergrund der Kommunikation muß neben der sachlichen Information der Kunden eine übersichtliche Warenpräsentation stehen.

Der Metro ist es gelungen, im Bereich des C&C-Großhandels zu einer Retail-Brand zu werden. Sie verfügt aber auch außerhalb ihrer Kunden-Zielgruppe über einen beachtlichen Bekanntheitsgrad. Dazu hat sicher die gute Qualität ihrer Standorte, vor allem die gute Sichtbarkeit der Metrohäuser, beigetragen. Metro kann man eigentlich kaum übersehen, wenn man in Deutschland mit dem Auto unterwegs ist.

18.7 C&A BRENNINKMEYER

C&A ist ein Textil-Einzelhandelsunternehmen mit dem Schwerpunkt Oberbekleidung. Es wird hier nicht so sehr seiner innovativen Marketing-Konzeption wegen, die nicht überdurchschnittlich kreativ ist, in die Auswahl aufgenommen. Vielmehr ist dieses Unternehmen seiner Schwierigkeiten wegen von Interesse, in denen es seit mehr als zwei Jahren steckt. Es mußte 1999 einen Umsatzrückgang von 7,2% auf 5,66 Mrd. DM hinnehmen und erwirtschaftete einen Verlust von knapp 150 Mill. DM. 1998 betrug der Verlust fast 260 Mill. DM (o.V., C&A widmet sich wieder seinen Stammkunden, in: Frankfurter Allgemeine Zeitung vom Dienstag, den 8. 8. 2000, Nr. 182, S. 19 und 26).

18.7.1 Die innovative Marketing-Idee

C&A führte als erster Oberbekleidungs-Einzelhändler seine Textil-Kaufhäuser in Selbstbedienung. Die dadurch erzielten Kosteneinsparungen nutzte er dazu, breiten Schichten der Bevölkerung qualitativ gute und modische Kleidung zu günstigen Preisen anzubieten. An diesem Prinzip hat er bis heute festgehalten. Seine Konkurrenten arbeiten größtenteils in Teil-Selbstbedienung mit Trend zu Bedienung.

18.7.2 Die Standortpolitik

C&A besetzt zentrale City-Standorte in Großstädten – in sehr großen Städten auch in den Subcities – und in Mittelstädten. Das sind nicht nur die für die Warenhäuser, sondern auch die für die Kaufhäuser aller Branchen typischen Standorte. Er besetzt mehrere Standorte, seine Organisationsform ist also das Filialunternehmen. Im Jahre 1998 verfügte C&A über 196 Häuser und kam damals auf einen Umsatz von 6,11 Mrd. DM (Handel aktuell '99, herausgegeben vom EuroHandelsinstitut e.V. Köln, Köln 1999, S. 122).

18.7.3 Die Sortimentspolitik

Die Sortimentspolitik ist durch zwei Merkmale gekennzeichnet:
- Neben der überwiegend markenlosen Ware wurden schon bald einige Handels-Marken geführt – Westbury und Canda z.B. –. Später kamen „Designer"-Handelsmarken, so könnte man sie bezeichnen, dazu – Yessica, Litrico und Your Sixth Sense –, die preislich über dem normalen Sortiment lagen.
- Das Sortiment wurde durch die Aufnahme neuer Teil-Sortimente erweitert. Schuhe und Sportbekleidung sind die wichtigsten neuen Teil-Sortimente.

Es wurde eine Strategie des Trading-up betrieben. Und diese Strategie wurde von den Kunden nicht ausreichend honoriert. Der typische C&A-Kunde fand daß Unternehmen nach und nach als zu teuer. Der kaufkräftige Kunde, den man hinzugewinnen wollte, blieb fern, weil er in C&A den Händler für die kleinen Leute sah. Er kaufte seinen Bekleidung bei Unternehmen, die auch sozialen Status boten. Man will sich nun in Zukunft verstärkt mit einem breiten Angebot im mittleren und unteren Preis-Segment an „ganz normale Familien mit ganz normalen Einkommen" wenden. Zielgruppe soll die „typische C&A-Familie" sein. Es wurde also offensichtlich die „Qualität des C&A-Images" und seine Anziehungskraft auf kaufkräftige und anspruchsvolle Zielgruppen überschätzt.

18.7.4 Die Servicepolitik

Es wird ein Änderungsdienst angeboten, der bezahlt werden muß. Der Umtausch von Ware wird schnell und unkompliziert vorgenommen. Der Kunde erhält sein Geld zurück.

18.7.5 Die Verkaufspolitik

Es wird in Selbstbedienung gearbeitet. Das Personal in den Verkaufsräumen gibt zwar Auskunft und ist auch zu einer Beratung bereit. Der Schwerpunkt seiner Aufgaben liegt aber darin, die Warenpräsentation in Ordnung zu halten und den Verkaufsraum zu beaufsichtigen. Die Mitarbeiterinnen und Mitarbeiter sprechen die Kunden nicht an. Wenn man Hilfe braucht, muß man u.U. lange suchen und warten, bis man eine Mitarbeiterin oder einen Mitarbeiter zu Gesicht bekommt.

18.7.6 Die Preispolitik

Es wurden zunächst mittlere und untere Preislagen, später auch höhere Preislagen geführt. Die höheren Preislagen werden in Zukunft aufgegeben.

18.7.7 Die Kommunikationspolitik

Die bisherige Kommunikationspolitik glich einem Spagat. Durch das Trading-up mit dem Trend zu modischer Eleganz und Designermarken sollte das bestehende Image als preiswerter Anbieter nicht beschädigt werden. Das ist, wie bei der Sortimentspolitik bereits erläutert wurde, mißlungen. Entsprechend der Ausrichtung des Sortiments auf ganz normale Familien mit ganz normalen Einkommen wird die Kommunikation in Zukunft sicher die Preiswürdigkeit in den Mittelpunkt stellen. Sie muß dabei aber vermeiden, daß C&A zum „billigen Jakob" wird.

Die Warenpräsentation ist übersichtlich und kommuniziert die Sortimentskonzeption gut. Die Verkaufsräume sind in einem ansprechenden, auf das Sortiment abgestimmten Zustand. Die Werbung bewegt sich in Inhalt und Aufmachung im üblichen Rahmen des Textileinzelhandels mit Oberbekleidung, betont aber immer wieder den Preis.

C&A ist eine, wenn auch nicht besonders stark ausgeprägte Retail Brand, die sich nicht übermäßig deutlich von anderen Oberbekleidungs-Kaufhäusern, wie z.B. P&C Peek und Cloppenburg, abhebt.

18.8 REWE

Die REWE-Handelsgruppe entstand in den 20er Jahren des vorigen Jahrhunderts durch den Zusammenschluß von Einkaufsgenossenschaften des Lebensmittel-Einzelhandels. Ihr Schwerpunkt lag im rheinisch-westfälischen Raum. Die REWE hat sich im Gegensatz zur EDEKA nicht über das gesamte Gebiet des damaligen Deutschen Reiches und auch später nicht über das gesamte Gebiet der Bundesrepublik Deutschland ausgebreitet. Sie stand im Schatten der EDEKA. Das räumlich begrenzte Absatzgebiet und die Beschränkung auf den Lebensmittelhandel, die sich gegen Ende des vorigen Jahrhunderts nachteilig bemerkbar machten, waren Auslöser von Marketing-Aktivitäten, ohne die die Gruppe wahrscheinlich kaum überlebt hätte. Die grundlegende Veränderung der Gruppenstrategie wurde sicher auch dadurch gefördert, daß Ende der 60er Jahre des vorigen Jahrhunderts eine Fusion mit der EDEKA-Gruppe, die kurz vor dem Abschluß stand, scheiterte.

18.8.1 Die innovative Marketing-Idee

Die innovative Marketing-Idee ist die Diversifikation, die in zwei Stufen und zwei Varianten erfolgte.

Die Mitte der 70er Jahre erfolgte Beteiligung an dem Filialunternehmen Leibrand, das später vollständig übernommen wurde, war die erste Stufe. Die REWE, ein Zusammenschluß von Genossenschaften des Lebensmittel-Großhandels, diversifizierte vertikal in den Lebensmittel-Einzelhandel und die Organisationsform des Filialunternehmens. Mit dieser Diversifikation sollte einmal die Begrenzung des

Absatzgebietes auf den rheinisch-westfälischen Raum überwunden und die Ausdehnung des Absatzgebietes über die gesamte Bundesrepublik Deutschland erreicht werden. Zum anderen wurde der Aufbau eines vertriebsformen-heterogenen Standortnetzes möglich. Neben die traditionellen Supermärkte der selbständigen REWE-Kaufleute und des Leibrand-Unternehmens – HL und Minimal – traten u.a. die Penny-Discountmärkte und die Toom-SB-Warenhäuser. Die Vertriebsformen Discount und SB-Warenhaus, das zeigt auch die Entwicklung der EDEKA, wären mit den selbständigen REWE-Kaufleuten, den Mitgliedern der REWE-Einkaufsgenossenschaften, nicht oder kaum zu verwirklichen gewesen.

Der Einstieg in das Touristik-Geschäft in den 90er Jahren des vorigen Jahrhunderts war die zweite Stufe der Diversifikation. Die REWE diversifizierte horizontal in den Dienstleistungsbereich. Mit dieser Diversifikation soll die Ertragslage der REWE-Gruppe gestärkt werden. Der härter werdende Wettbewerb im Lebensmittelhandel – der Eintritt von Wal Mart in den deutschen Markt brachte eine neue Welle von Preissenkungen – ließ die Erträge weiter sinken. Im Dienstleistungsbereich sind dagegen trotz zunehmenden Wettbewerbs noch befriedigende Erträge zu erwirtschaften. In einem Interview stellte Hans Reischl, der Vorstandsvorsitzende der REWE-Zentrale in Köln, fest: „Mit unserem Engagement in neue Geschäftsfelder haben wir in kürzester Zeit Werte geschaffen, von denen wir im Lebensmitteleinzelhandel nur träumen können." (o. V., „Werte geschaffen", Rewe-Chef zu LTU, Pro 7 und dem Stammgeschäft, in: Lebensmittel Zeitung Nr. 34 vom 25. 8. 2000, S. 6). Mit der vollständigen Übernahme der LTU Touristik GmbH und einer 40%-Beteiligung an der LTU-Fluggesellschaft hat diese Diversifikation zunächst einen Abschluß gefunden. (o. V., Rewe Touristik schließt mit dem Einstieg bei der LTU zu den beiden Marktführern auf, in: Frankfurter Allgemeine Zeitung, Mittwoch 23. 8. 2000, Nr. 195, S. 20; o. V., Rewe-Gruppe holt LTU an Bord, in: Lebensmittel Zeitung Nr. 34 vom 25. 8. 2000. S. 6; Wolfskeil, Jürgen, Großer Wurf Nummer zwei, in: Lebensmittel Zeitung Nr. 34 vom 25. 8. 2000, S. 2, Wolfskeil weist auch deutlich auf die Risiken des Touristikgeschäftes hin.) Mit der Übernahme von LTU wird die REWE rund 14 Mrd. DM im Touristikgeschäft erwirtschaften und in Deutschland einen Marktanteil von über 22% erreichen. Sie steht dann in Deutschland nach TUI und C&N an dritter Stelle.

18.8.2 Die Standortpolitik

Zur Zeit verfügt die Rewe Gruppe über zwei Standortnetze. Im Lebensmittelhandel einschließlich des SB-Warenhausbereiches besteht ein vertriebsformenheterogenes Standortnetz. Im Touristikbereich, der bis jetzt noch keine ausgeprägten Vertriebsformen wie der Lebensmittelhandel kennt, ist ein homogenes Standortnetz vorhanden. In Zukunft könnten Reisebüros in die vorhandenen SB-Warenhäuser integriert werden – soweit dies nicht schon geschehen ist – und die Supermärkte in die Vertriebsaktivitäten der Touristik eingebunden werden. Das Standortnetz der Reisebüros könnte dann ausgedünnt werden, was sicher erhebliche Kosteneinsparungen mit sich brächte. Es bleibt abzuwarten, ob die Rewe diese Strategie der Standortpolitik verfolgen wird.

18.8.3 Die Sortiments- und Leistungspolitik

Auf die Sortimentspolitik des Handelsbereiches der Rewe wird die Diversifikation in das Touristikgeschäft keine Auswirkungen haben.

Im Leistungsangebot des Touristikbereiches ist, soweit das zur Zeit übersehen werden kann, noch nicht an einschneidende Veränderungen gedacht. Das Angebot soll aber offensichtlich transparenter gemacht werden. Die übernommenen „Veranstaltermarken" sollen an ihren bisherigen Standorten erhalten bleiben. Es soll aber im Bereich der Pauschalreisen deutlich erkennbar gegliedert werden:

Jahnreisen im oberen Preissegment
ITS im mittleren Preissegment
Tjaereborg im unteren Preissegment
Smile&Fly im Last-Minute-Geschäft

Auch für Dertour und Meier's Weltreisen ist eine Preisdifferenzierung vorgesehen. Die Profile dieser Veranstaltermarken müssen deutlich erkennbar und koordiniert werden. Es sollen, alles deutet darauf hin, unverwechselbare „Touristik Brands" geschaffen werden. Bei der Lösung dieser Aufgabe können sicher die Erfahrungen im Vertriebsformen-Marketing des Lebensmittelhandels, über die die Rewe verfügt, nutzbringend eingesetzt werden. (o. V., Rewe Touristik schließt mit dem Einstieg bei der LTU zu den beiden Marktführern auf, in: Frankfurter Allgemeine Zeitung, Mittwoch, 23. 8. 2000, S. 20.)

18.8.4 Die Servicepolitik

Auswirkungen der Diversifikation auf die Servicepolitik sowohl im Handels- wie auch im Touristikbereich sind zur Zeit nicht erkennbar.

18.8.5 Die Verkaufspolitik

Die Verkaufspolitik im Handelsbereich wird sicher nicht von der Diversifikation beeinflußt.

Im Touristikbereich wird weiterhin vor allem die Andienungsform Bedienung mit Beratung eingesetzt. Diese Andienungsform wird in Zukunft wahrscheinlich durch den Verkauf von Pauschalreisen über das Internet ergänzt.

18.8.6 Die Preispolitik

Die Preispolitik im Handelsbereich bleibt unbeeinflußt. Im Touristikbereich soll die „Preislagen-Politik", wie bereits beim Leistungsangebot erwähnt, verstärkt und für die Verbraucher deutlich erkennbar herausgestellt werden.

18.8.7 Die Kommunikationspolitik

Im Handelsbereich wird die Kommunikation daran arbeiten müssen, die Stellung der Retail Brands Rewe, HL, Minimal, Penny und Toom am Markt zu sichern und diese Vertriebsformen im Wettbewerbsumfeld kundenorientiert zu positionieren. Das ist keine leichte Aufgabe.

Im Touristikbereich hat die Kommunikation die Aufgabe, die bestehenden Veranstaltermarken in echte Touristik Brands mit einem hohen Bekanntheitsgrad zu verwandeln. Gerade im Bereich der Pauschalreisen ist dies eine sehr schwierige Aufgabe. Die Angebote aller Touristik-Unternehmen sind in diesem Bereich immer uniformer geworden, das Marketing immer schwieriger. Der Trend geht offensichtlich in Richtung Erlebnis- und Kulturreisen.

Sowohl der Handels- wie auch der Touristikbereich erfordern wegen ihrer Unterschiedlichkeit eine eigenständige Kommunikationspolitik.

Anhang

**Formulare zur Datenerfassung für die
Kontrolle der Handelsspanne**

Formular 1

Tagesübersicht Wareneingang   Nr.:

Warenbereich: Datum:

Beleg Nr.	Wareneingang von Firma	Einkaufswert netto in DM	Verkaufswert brutto in DM	
			E 7%[1]	A 16%[2]
1	2	3	4	5
Summe +/− Warenrückgaben Reklamationen (Formular 3)				
Summe				
Gesamter Wareneingang zu VK-Preisen brutto ⟶			+	⟵
Summe VK-Preise netto[2]				
Gesamter Wareneingang zu VK-Preisen brutto ⟶			+	⟵
Durchschnittliche Eingangs-Handelsspanne netto:			brutto:	

[1] z. Z.: ermäßigter MWSt-Satz 7%, allgemeiner MWSt-Satz 16%
[2] Mehrwertsteuer mit 6,54% bzw. 13,79% herausrechnen

Formular 2

Ersatzbeleg für Wareneingang/Naturalrabatt[1]   Nr.

Firma: Datum:

Warenbereich:

Von Firma.............. Anschrift..........
wurde heute folgende Ware ohne Rechnung/Lieferschein angeliefert:

Lfd. Nr.	Artikel		Menge	Einkaufswert netto in DM		Verkaufswert brutto in DM		
	Nr.	Bezeichnung		einzeln	gesamt	einzeln	gesamt[2]	
							E 7%	A 16%
1	2	3	4	5	6	7	8	9
1								
2								
3								
4								
5								
6								
7								
8								
9								
10								
11								
12								
13								
14								
Summe: wird in Formular 1 übernommen						———		

_____   _____

Lieferant   Warenannahme

[1] Nichtzutreffendes streichen
[2] E : ermäßigter / A : allgemeiner Mehrwertsteuer-Satz

Formular 3

Tagesübersicht Korrektur des Wareneinganges Nr.:
(Warenrückgaben/Warenumlagerungen/Reklamationen)

Warenbereich: Datum:

| Lfd. Nr. | Artikel | | Menge | Einkaufswert netto in DM | | Verkaufswert brutto in DM | | |
| | Nr. | Bezeichnung | | einzeln | gesamt | einzeln | gesamt[2] | |
							E 7%	A 16%
1	2	3	4	5	6	7	8	9
1								
2								
3								
4								
5								
6								
7								
8								
9								
10								
11								
12								
13								
14								
Summe: wird in Formular 1 übernommen								

Ware übergeben: Ware abgeholt/erhalten:

_____ _____
Unterschrift Unterschrift

Datum:

[1] E : ermäßigter / A : allgemeiner Mehrwertsteuer-Satz

Formular 31

Reklamationsmeldung Nr.:
Lieferung der Fa. Rechnungs-Nr.:
(Lieferschein)

Warenbereich: Datum:

Lfd. Nr.	Artikel		Menge	Einzelpreis		Differenz gesamt +/−[1]		
	Nr.	Bezeichnung		EK DM	VK DM	EK netto	VK brutto[2]	
							E = 7%	A = 16%
1	2	3	4	5	6	7	8	9

An Formular 3
Spalte 6 ⟶
Spalte 8 ⟶
Spalte 9 ⟶

[1] + = zuviel gelieferte Ware/− = zuwenig gelieferte Ware
[2] E = ermäßigter Mehrwertsteuer-Satz, A = allgemeiner Mehrwertsteuer-Satz

Formular 4

Preiserhöhungen Nr.:

Warenbereich: Datum:

Artikelbezeichnung	Menge	Einzelpreis in DM		Differenz in DM	Belastung in DM[1] (erhöht Warenbestand)	
		alt	neu		E = 7%	A = 16%
1	2	3	4	5	6	7
Summe: wird in Formular 8 übernommen						

_____ _____
Unterschrift Abteilungsleiter Unterschrift Unternehmer
(bei Filialunternehmen: Filialleiter/Revision)

[1] E : ermäßigter / A : allgemeiner Mehrwertsteuer-Satz

Formular 5

Preisreduzierungen   Nr.:

Warenbereich: Datum:

Artikelbezeichnung	Menge	Einzelpreis in DM		Differenz in DM	Entlastung in DM[1] (mindert Warenbestand)	
		alt	neu		E = 7%	A = 16%
1	2	3	4	5	6	7
Summe: wird in Formular 8 übernommen						

_____   _____
Unterschrift Abteilungsleiter   Unterschrift Unternehmer
(bei Filialunternehmen: Filialleiter/Revision)

[1] E : ermäßigter / A : allgemeiner Mehrwertsteuer-Satz

Formular 6

Warenverluste   Nr.:

Warenbereich: Zeitraum vom … bis …

Lfd. Nr.	Datum	Artikel		Menge	Einzel-preis in DM	Entlastung in DM[1] mindert Warenbestand		Begrün-dung
		Nr.	Bezeichnung			E = 7%	A = 16%	
1	2	3	4	5	6	7	8	9
Summe: wird in Formular 8 übernommen								

_____   _____
Unterschrift Abteilungsleiter   Unterschrift Unternehmer
(bei Filialunternehmen: Filialleiter/Revision)

[1] E : ermäßigter / A : allgemeiner Mehrwertsteuer-Satz

Formular 7

Betrieblicher Eigenverbrauch   Nr.:

Warenbereich: Zeitraum vom . . . bis . . . .

Lfd. Nr.	Datum	Artikel		Menge	Einzel-preis in DM	Entlastung in DM[1] (mindert Warenbestand)		Begrün-dung
		Nr.	Bezeichnung			E = 7%	A = 16%	
1	2	3	4	5	6	7	8	9
Summe: wird in Formular 8 übernommen								

_____   _____
Unterschrift Abteilungsleiter   Unterschrift Unternehmer
(bei Filialunternehmen: Filialleiter/Revision)

[1] E : ermäßigter / A : allgemeiner Mehrwertsteuer-Satz

Anhang 543

Formular 8

Sammelbogen für Formular 9 „Ermittlung der Soll-Handelsspanne"
(Dieses Formular kann mit 6 Zeilen für eine Woche oder mit 27 Zeilen für einen Monat angelegt werden. 13 Wochenbögen oder 3 Monatsbögen können zu einer Quartalsübersicht zusammengefügt werden.)

Warenbereich: Woche/Monat:

Datum	Wareneingang Formulare 1			Preiserhöhungen Formular 4 DM	Preisreduzierungen Formular 5 DM	Warenverluste Form. 6 DM	Betriebl. Eigenverbrauch Formular 7 DM
	EK-Wert netto DM	VK-Wert brutto DM	netto DM				
1	2	3	4	5	6	7	8
Summen							

Formular 9

Ermittlung der wöchentlichen/monatlichen Soll-Handelsspanne

Warenbereich: Woche/Monat

Lfd. Nr.	Position		DM	%
1	2		5	6
1	Wareneingang zu Brutto-Verkaufspreisen			
2	– Mehrwertsteuer			
3	Wareneingang zu Netto-Verkaufspreisen			100,0
4	– Wareneingang zu Netto-Einkaufspreisen			
5	Rohgewinn netto in DM			
6	Eingangs-Handelsspanne in % netto			
7	Preis-Reduzierungen			
8	Warenverluste			
9	Betrieblicher Eigenverbrauch			
10	Spannenverluste brutto			
11	– Mehrwertsteuer			
12	Spannenverluste netto	→	–	
13	Zwischensumme			
14	Preiserhöhungen			
15	– Mehrwertsteuer			
16	Preiserhöhungen netto	→	+	
17	Soll-Rohgewinn in DM			
18	Soll-Handelsspanne in % netto			

Formular 10

Ermittlung des Soll-Warenbestandes zu Verkaufspreisen brutto

Warenbereich: Datum:

Lfd. Nr.	Position	DM
1	2	3
1	Anfangsbestand[1]	
2	+ Wareneingang (Zeile 1 von Formular 90)	
3	Verfügbare Ware	
4	− Spannenverluste (Zeile 10 von Formular 90)	
5	Zwischensumme	
6	Preiserhöhungen (Zeile 14 von Formular 90)	
7	Zwischensumme	
8	− Umsatz zu Brutto-Verkaufspreisen	
9	Soll-Warenbestand	
10	− Ist-Warenbestand nach Inventur	
11	Inventurdifferenz +/− in DM	
12	Inventurdifferenz in % von Brutto-Umsatz	

[1] Entweder Fortschreibung des Soll-Warenbestandes oder Übernahme des durch Inventur ermittelten Ist-Warenbestandes vom Ende des vorgehenden Zeitraumes.

Formular 11

Tagesübersicht Wareneingang Spezialabteilungen[1]   Nr.:
(Abteilungen mit klassischer Handelsspannen-Kontrolle
aufgrund von Inventuren)
Abteilung: Datum:

Lfd. Nr.	Wareneingänge von Firma	Beleg-Nr.	Einkaufs-preis netto DM	Verkaufs-preis brutto DM	Handels-spanne brutto
1	2	3	4	5	6
Summe:					
Korrektur des Wareneingangs (Retouren/Abschriften wegen Verderb)					
Summe Korrekturen					
Berichtigter Wareneingang					
Umsatzkontrolle (Bruttoumsatz in DM)					
Soll-Umsatz nach Anweisungskasse – Fehlbons Anweisungskasse					
Umsatz Anweisungskasse – Umsatz Hauptkasse					
Differenz +/-					

[1] Im Lebensmittel-Einzelhandel sind dies die Frischwaren-Abteilungen, mit Ausnahme von Molkereiprodukten und Tiefkühlkost, die in SB geführt und mit Hilfe der Soll-Spannen-Ermittlung kontrolliert werden. Diese Abteilungen führen nur Waren zum ermäßigten Mehrwertsteuersatz von 7%.

Formular 12

Warenbestands- und Spannen-Kontrolle von Spezialabteilungen[1]   Nr.:
(Abteilungen mit klassischer Handelsspannen-Kontrolle aufgrund
von Inventuren)
Abteilung: Zeitraum:

Lfd. Nr.	Position	DM	%
1	2	3	4
	I. Warenbestands-Kontrolle[2]		
1	Anfangsbestand zum . . . . . . nach Inventur		
2	+ Wareneingänge (Summe Formulare 11)		
3	Verfügbare Ware		
4	– Brutto-Umsatz		
5	Soll-Bestand		
6	Ist-Bestand zum . . . . . . nach Inventur		
7	Differenz in DM		
8	Differenz in % vom Brutto-Umsatz		
	II. Handelsspannen-Kontrolle		
9	Anfangsbestand zum . . . . . . nach Inventur zu Netto-Einkaufspreisen		
10	+ Wareneingang netto		
11	Verfügbare Ware netto		
12	– Endbestand zum . . . . . . nach Inventur zu Netto-Einkaufspreisen		
13	Wareneinsatz netto		
14	– Umsatz zu Brutto-Verkaufspreisen		
15	– 6,54% Mehrwertsteuer[2]		
16	Umsatz zu Netto-Verkaufspreisen		
17	– Wareneinsatz Zeile 13		
18	Erzielter Warenrohgewinn netto in DM		
19	Erzielte Ist-Ausgangs-Handelsspanne in %		
20	Entspricht einem Kalkulationsaufschlag von %		

[1] Im Lebensmittel-Einzelhandel sind dies die Frischwaren-Abteilungen, mit Ausnahme von Molkereiprodukten und Tiefkühlkost, die in SB geführt und mit Hilfe der Soll-Spannen-Kontrolle kontrolliert werden. Diese Abteilungen führen nur Waren zum ermäßigten Mehrwertsteuersatz von 7%.
[2] Alle Werte Brutto-Verkaufspreise.

Literaturverzeichnis

1. Bücher

Ahlert, Dieter: Distributionspolitik, Stuttgart 1985.
Arndt, Helmut: Wirtschaftliche Macht, München 1977.
Arndt, Helmut: Die Irrwege der Politischen Ökonomie, München 1979.
Auer, Manfred/Diederich Frank A.: Werbung below the line, Product Placement, TV-Sponsoring, Licensing, Landsberg/Lech 1993.
Auer, Manfred/Kalweit, Udo/Nüßler, Peter: Product Placement, Düsseldorf 1988.
Barth, Klaus: Betriebswirtschaftslehre des Handels, 2. Auflage, Wiesbaden 1993.
Behrens, Karl Christian: Der Standort der Handelsbetriebe, Opladen 1965.
Behrens, Karl Christian: Allgemeine Standortbestimmungslehre, Opladen 1971.
Berekoven, Ludwig: Erfolgreiches Einzelhandelsmarketing, Grundlagen und Entscheidungshilfen, München 1990.
Berger, Sylvia: Ladenverschleiß (Store Erosion), Ein Beitrag zur Theorie des Lebenszyklus von Einzelhandelsgeschäften, Göttingen 1977.
Bidlingmaier, Johannes: Marketing, Band 1 und 2, Reinbek 1973.
Bolz, Norbert: Das kontrollierte Chaos, Düsseldorf 1994.
Bolz, Norbert/Bosshart, David: Kult-Marketing, Düsseldorf 1995.
Brandes, Dieter: Konsequent einfach, Die ALDI-Erfolgsstory, Frankfurt/Main 1998.
Bruhn, Manfred: Sponsoring, Systematische Planung und integrativer Einsatz, Frankfurt/Main/ Wiesbaden 1998.
Corell, Werner: Motivation und Überzeugung in Führung und Verkauf, 6. Auflage, Landsberg/ Lech 1991.
Dichter, Ernest: Das große Buch der Kaufmotive, Düsseldorf 1981.
Dichtl/Eggers, Hrsg.: Markterfolg mit Marken, München 1996.
Diederichs, Erich H.: Der Edeka-Kaufmann im zukünftigen Wettbewerb, Hamburg 1968.
Diller, Hermann: Preispolitik, 2. Auflage, Stuttgart 1991.
Diller, Hermann/Kusterer, Marion/Schröder, Axel: Der Einfluß des Ladenlayouts auf den Absatzerfolg im Lebensmitteleinzelhandel, Eine Empirische Analyse, Arbeitspapier, Institut für Marketing, Universität der Bundeswehr Hamburg, Hamburg 1987.
Diller, Hermann: Kundenbindung als Zielvorgabe im Beziehungs-Marketing, Arbeitspapier Nr. 40 des Lehrstuhls für Marketing an der Universität Erlangen/Nürnberg, Nürnberg 1995.
Dingeldey, Klaus: Herstellermarketing im Wettbewerb um den Handel, Berlin 1975.
Duncan, Delbert/Philips, Charles: Retailing Principles and Methods, 2. Auflage, Chicago 1951.
Falk, Bernhard/Wolf, Jakob: Handelsbetriebslehre, 10. Auflage, Landsberg/Lech 1991.
Filene, E.A.: Mehr Rentabilität im Einzelhandel, Berlin 1927.
Flach, Hans-Dieter: Sortimentspolitik im Einzelhandel, Köln 1966.
Fuchs, Konrad: Ein Konzern aus Sachsen, Das Kaufhaus Schocken 1901- 1953, Stuttgart 1990.
Galbraith, J.K.: Gesellschaft im Überfluß, München/Zürich 1963.
Gaul, Reiner: Warenpräsentation im Einzelhandel, Optimierungsansätze unter besonderer Berücksichtigung gegenwärtig genutzter Flächenmanagementmethoden und -programme, unveröffentlichte Diplomarbeit an der Fachhochschule Gießen-Friedberg, Fachbereich Wirtschaft, Gießen-Friedberg 1990.
Gerken, Gerd/Merks, Michael, Hrsg.: Szenen statt Zielgruppen, Frankfurt/Main 1996.
Gist, Ronald: Retailing: Concepts and Decisions, New-York/London/Sydney 1968.
Gümbel, Rudolf: Die Sortimentspolitik in den Betrieben des Wareneinzelhandels, Köln/Opladen 1963.
Gümbel, Rudolf: Handel, Markt und Ökonomik, Wiesbaden 1985.
Haenle, Peter: Franchising: Marktorientierte Zusammenarbeit, Zürich 1970.
Hansen, Ursula: Absatz- und Beschaffungsmarketing des Einzelhandels, 2 Bände, Göttingen 1976.

Happel, Heinrich: Wie der Einzelhandel in Zukunft handelt, Prognosen-Meinungen-Argumente, Stuttgart 1989.
Hartung/Römermann, Hrsg.: Marketing- und Management-Handbuch für Anwälte, München 1999.
Hauzeneder, Rainer: Der Sortimentsverbund im Einzelhandel – Grundlage einer systemtheoretischen Analyse der Beziehungsstruktur im Einzelhandelssortiment, München 1975.
Heeger, Dietrich/Meier, Gert: Die Rewe-Gruppe, Auftrag der Gegenwart, 2. Auflage, Düsseldorf 1979.
Holme, Peter: Darstellung und Systematisierung unterschiedlicher Einfluß-Faktoren auf die Sortimentsgestaltung im Einzelhandel, Augsburg 1982.
Hundhausen, D.: Public Relations, Berlin 1969.
Irrgang, Wolfgang: Strategien im vertikalen Marketing, München 1989.
Irrgang, Wolfgang: Vertikales Marketing im Wandel, München 1993.
Jary, Michael/Schneider, Dirk/Wileman, Andrew: Markenpower, Wiesbaden 1999.
Kääpa, Markku: Das Preisklassensystem als Vertriebsmethode von Einzel-Handelsbetrieben, unveröffentlichte Diplomarbeit für Betriebswirte, Hamburg 1976.
Kapferer, Jan-Noel: Die Marke – Kapital des Unternehmens, Landsberg/Lech 1992.
Köhler, Richard/Majer, Wolfgang/Wiezorek, Heinz, Hrsg., Erfolgsfaktor Marke, Neue Strategien des Markenmanagements, München 2001.
Koesters, Paul-Heinz: Ökonomen verändern die Welt, Hamburg 1982.
Kotler, Philip/Bliemel, Friedhelm: Marketing Management, 4. Auflage, Stuttgart 1982; 8. Auflage, Stuttgart 1995; 9. Auflage, Stuttgart 1999.
Ladwig-Winters, Simone: Wertheim – Geschichte eines Warenhauses, Berlin 1997.
Lenz, Rudolf: Karstadt – ein deutscher Warenhauskonzern, Stuttgart 1995.
Meffert, Heribert: Marktforschung, Wiesbaden 1986.
Meffert, Heribert: Marketing, 8. Auflage, Wiesbaden 1998.
Meyer, Paul W.: Handels-Marketing, Band 7 der Materialien zu den Grundlagen des Marketing, 2. Auflage, Augsburg 1986.
Meyer, Paul W., Hrsg.: Marketing-Systeme, Grundlagen des institutionalen Marketing, Stuttgart 1990.
Müller-Hagedorn, Lothar: Handelsmarketing, Stuttgart 1984.
Nickel, Oliver: Event Marketing, München 1998.
Nieschlag, Robert: Die Stellung der Gruppen in der Absatzwirtschaft heute, Heft 5 der aktuellen Beiträge zur Markt- und Wettbewerbspolitik, Schriftenreihe des Edeka Verbandes e. V., Hamburg 1971.
Nieschlag, Robert/Dichtl, Erwin/Hörschgen, Hans: Marketing, 15. Auflage, Berlin 1988; 18. Auflage, Berlin 1997.
Nieschlag, Robert/Kuhn, Gustav: Binnenhandel und Binnenhandelspolitik, 3. Auflage, Berlin 1980.
Obergfell, Eugen: Die Führungsrolle des Handels im Absatzweg von Konsumgütern, Eine aktionsanalytische Untersuchung der gate-keeper-Position, Frankfurt/Main/Zürich 1977.
Oberparleiter, Karl: Funktionen und Risiken des Warenhandels, 2. Auflage, Wien 1955.
Oehme, Wolfgang: Handelsmanagement, München 1993.
Oehme, Wolfgang/Schoel, Ulrich: Mit neuen Konzeptionen zu neuen Ufern, Dokumentation der Ikofa-Sonderschau 1986, Hamburg 1986.
Oehme, Wolfgang/Schoel, Ulrich: Die leistungsstarke Obst- und Gemüse-Abteilung, Hamburg 1986.
Oehme, Wolfgang/Oehme, Steffen: Marketing für niedergelassene Ärzte, München 1995.
o. V.: Knowing your Costumer, Wie Kundeninformationen den Lebensmittelhandel revolutionieren werden, Projekt VII, März 1997, Eine Studie der Boston Consulting Group im Auftrag der The Coca-Cola Retailing Research Group Europe (CCRRG, E).
o. V.: Kunden machen Marketing – Verbraucher fordern Wirtschaft und Gesetzgeber heraus, Bericht über den Unternehmerkongreß 1989 des BSF Bundesverband der Filialunternehmen und Selbstbedienungs-Warenhäuser, Bonn/Gräfelfing 1989.
o. V.: Arbeitskräfte für den Lebensmittelhandel in den neunziger Jahren, Eine Studie von Booz, Allen & Hamilton, London 1989, im Auftrag der Coca-Cola Retailing Research Group Europe (CCRRG, E).

o. V.: 50 Jahre Selbstbedienung, Sonderausgabe der Zeitschrift „dynamik im handel", Köln 1988.
o. V.: Werbung auf neuen Wegen – Sport und Kultur als Vehikel für das Marketing?, Bericht über den 12. Augsburger Marketingtag, Arbeitspapier zur Schriftenreihe Schwerpunkt Marketing, Band 14, Augsburg 1987.
o. V.: E-commerce, Das Web revolutioniert die Handelswelt, Spezial 1/2000 der Lebensmittel Zeitung, Frankfurt/Main, Februar 2000.
o. V.: Print contra E-Communication, Heft 3/2000 der Zeitschrift „Thexis", Zeitschrift für Interaktion zwischen Theorie und Praxis in Marketing und Distribution, St. Gallen, Juni 2000.
Pearson, Michael: Das Warenhaus, Reinbek 1982.
Pepels, Werner, Hrsg.: Moderne Marktforschungspraxis, Neuwied 1999.
Rist, K. N.: Die Standortuntersuchung als Grundlage moderner Marktgestaltung, München 1968.
Rosenstiel, Lutz von/Ewald, Guntraum: Marktpsychologie, Band II: Psychologie der absatzpolitischen Instrumente, Stuttgart 1979.
Ruppmann, Reiner: Die Standortbestimmung für Verkaufsstätten im Einzelhandel, Entwurf einer theoretischen Grundkonzeption und ihrer Anwendung in der Praxis, Berlin 1968.
Scheuch, Fritz: Dienstleistungsmarketing, München 1982.
Scheuch, Fritz: Marketing, München 1986.
Seyffert, Rudolf: Wirtschaftslehre des Handels, 1. Auflage Köln und Opladen 1951; 5. Auflage, Opladen 1972.
Smith, Adam: Der Wohlstand der Nationen, hrsg. von Horst C. Recktenwald, TB-Ausgabe, 8. Auflage, München 1999.
Stahl, Peter: Verbundwirkungen im Sortiment, Münster 1977.
Strohmeyer, Klaus: Warenhäuser – Geschichte, Blüte und Untergang im Warenmeer, Berlin 1980.
Theisen, Paul: Die betriebliche Preispolitik im Einzelhandel, Köln/Opladen 1960.
Tietz, Bruno: Die Standort- und Geschäftsflächenplanung im Einzelhandel, Ein Beitrag zur regionalen Handelsforschung, Zürich 1969.
Tietz, Bruno: Der Handelsbetrieb, München 1985.
Weinberg, Peter: Erlebnismarketing, München 1992.
Weller, Thorismund: Artikel in Gnade und Ungnade, Hamburg/München 1980.
Weßner, Konrad: Strategische Marktforschung mittels kohortenanalytischer Designs, Wiesbaden 1989.
Winter, Helen/Rommel, Thomas: Adam Smith für Anfänger, München 1999.
Witt, Frank-Jürgen: Handelscontrolling, München 1992.
Wolf, Jakob: Marktforschung, Praktische Anwendung mit Arbeitsblättern, Checklisten und Fallbeispielen, Landsberg/Lech 1988.
Woll, Artur: Allgemeine Volkswirtschaftslehre, 13. Auflage, München 2000.
Zimmermann, Peter: Konsequenzen der Betriebstypenheterogenität für das Genossenschaftliche Gruppenmarketing, Göttingen 1978.

2. Aufsätze in Fachzeitschriften und Stichworte in Lexika

Baader, Dieter: Der Manager der 80er Jahre, in: Selbstbedienung – Dynamik im Handel, Nr. 5/1980.
Barth, Klaus: Die erkenntnisfördernde Bedeutung der Handelsfunktionen, Plädoyer für einen verkannten Forschungsansatz, in: Mitteilungen des Instituts für Handelsforschung an der Universität zu Köln, Jg. 34, Nr. 10, Oktober 1982.
Batzer, Erich/Greipl, Erich: Standort-Analyse im Handel, in: Marketing-Enzyklopädie, Bd. 3, München 1975.
Bauer, Hans H.: Marktforschung, in: Das große Lexikon für Handel und Absatz, 2. Auflage, Landsberg/Lech 1982.
Becker, Fritz: Quantitative und qualitative Aspekte zur Bestimmung der Wettbewerbssituation im Lebensmittel-Einzelhandel, in: Selbstbedienung – Dynamik im Handel, Nr. 12/1978.
Becker, Fritz: Wo kommt der Umsatz her? Untersuchungen über die räumliche Verteilung des Umsatzes und der Kunden, in: Selbstbedienung – Dynamik im Handel, Nr. 8/1980.

Becker, Jochen: Die strategische (Neu-)Verteilung von Märkten, in: Absatz-Wirtschaft. Sonderausgabe 10/1986.
Behrens, Karl Christian: Marktforschung, in: Gablers Wirtschafts-Lexikon, 9. Auflage, Wiesbaden 1975.
Boehm, Hubertus: Franchising als Organisationsinstrument vertikaler Vertriebssysteme, in: Franchising als Organisationsform freiwilliger Verbundgruppen, Bericht über die unternehmenspolitische Tagung am 2. 10. 1975 anläßlich der Jahresversammlung 1975 der Bundesvereinigung deutscher Einkaufsverbände.
Bruhn, Manfred: Markenartikel, in: Vahlens Großes Marketing Lexikon, hrsg. von Hermann Diller, 2. Auflage, München 2001.
Coeppicus, Leo: Standortbestimmung, in: Fachblatt für Selbstbedienung, Nr. 12, Dezember 1972.
Cornelßen, Ingo: Auf der Spur der Yuppies, in: Manager Magazin,, Heft 10/1986.
Dawson, Mike: Lidl und Aldi sind Kriegsmaschinen, in: Lebensmittel Zeitung Nr. 13 vom 31. 3. 1995.
Diederichs, Erich H.: Hauptprobleme der modernen Kooperation im Handel, in: Zeitschrift für das gesamte Genossenschaftswesen, Band 14, Heft 1/1964.
Diller, Hermann: Verkäufe unter Einstandspreis, in: Marketing, Zeitschrift für Forschung und Praxis, Heft 1/1979.
Diller, Hermann: Sonderangebote auf dem Prüfstand, in: Absatzwirtschaft, Heft 11/1981.
Diller, Hermann: Key-Account-Management als vertikales Marketingkonzept, Theoretische Grundlagen und empirische Befunde aus der deutschen Lebensmittel-Industrie, in: Marketing, Zeitschrift für Forschung und Praxis, Heft 4/1989.
Diller, Hermann: Was leisten Kundenclubs? in: Marketing, Zeitschrift für Forschung und Praxis, Heft 1/1997.
Diller, Hermann: Beziehungs-Management, in: Vahlens Großes Marketing Lexikon, hrsg. von Hermann Diller, 2. Auflage, München 2001.
Diller, Hermann: Marktsegmentierung, in: Vahlens Großes Wirtschaftslexikon, hrsg. von Hermann Diller, 2. Auflage, München 1994.
Doepner, Frauke: Die Zeit ist reif – Fabrikverkaufszentren, in: Der Handel, Das Wirtschaftsmagazin für Handelsmanagement, Nr. 4/1997.
Dornieden, Ulrich: Produktpolitik, in: Dornieden/Scheibler/Weihrauch,Studien-Hefte für operatives Marketing, Heft 2, Wiebaden 1976.
Dreher, A.M.: Träume an der Ruhr, in: Lebensmittel-Zeitung Nr. 16 vom 23. 4. 1999.
Freter, Hermann: Marktsegmentierung, in: Vahlens Großes Marketing Lexikon, hrsg. von Hermann Diller, 2. Auflage, München 2001.
Freter, Hermann: Marktsegmentierungsmerkmale, in: Vahlens Großes Marketing Lexikon, hrsg. von Hermann Diller, 2. Auflage, München 2001.
Gadeib, Andera: Baggern im Netz, Marketing goes online, in: Frankfurter Allgemeine Zeitung Nr. 135 vom 13. 6. 2000, Verlagsbeilage „E-Conomy".
Geßner, Hans-Jürgen: Betriebsformen des Einzelhandels, in: Vahlens Großes Marketing Lexikon, hrsg. von Hermann Diller, 2. Auflage, München 2001.
Groner, Bruno: SB-Filialen im Kennzahlen-Spiegel, in: Lebensmittel-Zeitung Nr. 12 vom 22. 3. 1996.
Gümbel, Rudolf: Sortimentspolitik, in: Handwörterbuch der Absatzwirtschaft, hrsg. von Bruno Tietz, Stuttgart 1974.
Häusel, Hans-Georg: Weg von den rechten Winkeln, in: Lebensmittel-Zeitung Nr. 26 vom 22. 6. 1984.
Haller: Marktrenner – Zufall oder gesteuerter Erfolg? 5 Fallstudien, in: Absatzwirtschaft Nr. 8/1980.
Hamann, Peter: Marktforschung, in: Vahlens Großes Wirtschaftslexikon, hrsg. von Erwin Dichtl und Otmar Issing, TB-Ausgabe, 2. Auflage, München 1994.
Happel, Heinrich: Anzeigen wirken nicht automatisch, in: Selbstbedienung – Dynamik im Handel, Nr. 3/1980.
Harlander, Norbert: Optimaler Marketing-Mix, in: Dornieden/Scheibler/Weihrauch, Studienhefte für operatives Marketing, Heft 4, Wiesbaden 1978.
Hauzeneder, Reiner: Sortiment, in: Das Große Lexikon für Handel und Absatz, 2. Auflage, Landsberg/Lech 1982.

Hauzeneder, Reiner: Sortimentspolitik, in: Das Große Lexikon für Handel und Absatz, 2. Auflage, Landsberg/Lech 1982.
Hauzeneder, Reiner, Sortimentsverbund, in: Das Große Lexikon für Handel und Absatz, 2. Auflage, Landsberg/Lech 1982.
Heidel, Bernd/Müller-Hagedorn, Lothar: Plazierungspolitik nach dem Verbund-Konzept im stationären Einzelhandel, Eine Wirkungsanalyse, in: Marketing, Zeitschrift für Forschung und Praxis, Heft 1/1989.
Henkel, Kurt: Catalogue-Showroom, in: Das Große Lexikon für Handel und Absatz, 2. Auflage, Landsberg/Lech 1982.
Kaas, Klaus Peter: Marketing-Mix, in: Vahlens Großes Marketing Lexikon, hrsg. von Hermann Diller, 2. Auflage, München 2001.
Kaas, Klaus/Dieterich, Michael: Die Entstehung von Kaufgewohnheiten bei Konsumgütern, in: Marketing, Zeitschrift für Forschung und Praxis, Heft 1/1979.
Kapell, Elisabeth, Aufbruch oder Aussterben, Großhandel – der Strukturwandel setzt die Branche unter Druck, in: Lebensmittel-Zeitung Nr. 28 vom 28. 1. 1997.
Kinateder, Petra: Optimierung von Regalbelegungsplänen in Supermärkten, Eine empirische Untersuchung zu Klassifizierungsleistungen bei Erwachsenen, in: Marketing, Zeitschrift für Forschung und Praxis, Heft 2/1989.
Köhler, Friedrich W.: Die „Dynamik der Betriebsformen", Bestandsaufnahme und Modellerweiterung, in: Marketing, Zeitschrift für Forschung und Praxis, Heft 1/1990.
Köhler, Richard: Marketing-Controlling, in: Vahlens Großes Marketing Lexikon, hrsg. von Hermann Diller, 2. Auflage, München 2001.
Kroemer, Sabine: Tempel des Körperkults, in: Lebensmittel-Zeitung Nr. 16 vom 23. 4. 1999.
Kuß, Alfred: Markenwahlentscheidungen, in: Vahlens Großes Marketing Lexikon, hrsg. von Hermann Diller, 2. Auflage, München 2001.
Lakaschus, Carmen: Wertvorstellungen im Wandel, in: Selbstbedienung – Dynamik im Handel, Nr. 5/1977.
Liebmann, Hans-Peter: Standort, in: Handwörterbuch der Absatzwirtschaft, hrsg. von Bruno Tietz, Stuttgart 1974.
Martino, Horst Dieter: Markenartikel, in: Das Große Lexikon für Handel und Absatz, 2. Auflage, Landsberg/Lech 1982.
Marzen, Walter: Die „Dynamik der Betriebsformen" aus heutiger Sicht, in: Marketing, Zeitschrift für Forschung und Praxis, Heft 4/1986.
Mathieu, Günter: Betriebstypenpolitik – Strategie, Entwicklung, Einführung, in: Absatzwirtschaft, Heft 10/1980.
Mathieu, Günter: Das Kontraktmarketing, in: Lebensmittel-Zeitung Nr. 7 vom 13. 2. 1981.
Mauch, Willy: Profilieren oder verlieren – das ist die Alternative, in: BAG-Nachrichten, Heft 12/1986.
Mei-Folter, Antonella/Barber, Felix: Am Markenhersteller vorbei wirtschaften, in: Lebensmittel-Zeitung Nr. 5 vom 1. 2. 1991.
Meyer, Paul W.: Einzelhandel: Ende einer Entwicklung?, in: Der Verbraucher, Heft 6/1978.
Meyer, Paul W./Tostmann, Thomas: Die Revolution findet nicht statt, in: Absatzwirtschaft, Sonderheft 10/1979.
Meyer, Paul W./Mattmüller, Roland: Ein Ansatz zur Systematik des Handels, in: FGM-Information 3/1987, Augsburg 1987.
Meyer, Paul W./Mattmüller, Roland: Zur Problematik handelsspezifischer Prognosen, in: Handelsforschung, Grundsatzfragen, Jahrbuch der Forschungsstelle für den Handel Berlin (FfH) e. V., Wiesbaden 1989.
Molinar, Friedrich: Damit müssen Sie rechnen, Standortanalyse im Dienste der Standortsicherung, in: Lebensmittel-Zeitung Nr. 17 vom 25. 4. 1980.
Mühlbacher, Hans: Werbung, in: Vahlens Großex Marketing Lexikon, hrsg. von Hermann Diller, 2. Auflage, München 2001.
Müller-Hagedorn, Lothar: Die Dynamik der Betriebsformen, in: Marketing, Zeitschrift für Forschung und Praxis, Heft 1/1985.
Müller-Hagedorn, Lothar: Fußgängerzonen – ein wettbewerbspolitisches Instrument des innerstädtischen Einzelhandels, in: FfH-Mitteilungen XXVI Juni 1985.

Nagel, Egon: EDV-gesteuerte Entwicklung der Verkaufsflächen, in: Handels-Magazin FSB, Nr. 6/1977.
Nagel, Egon: Standortsicherung durch langfristige EDV-gesteuerte Verkaufsflächenentwicklungsplanung, in: Selbstbedienung – Dynamik im Handel, Nr. 9/1977.
Nagel, Egon, Standortnetzplanung, in: Das große Lexikon für Handel und Absatz, 2. Auflage, Landsberg/Lech 1982.
Nieschlag, Robert: Dynamik der Betriebsformen des Handels, in: Handwörterbuch der Absatzwirtschaft, Stuttgart 1974.
Nieschlag, Robert: Die Förderung der Genossenschaftsmitglieder aus heutiger Sicht, in: Zeitschrift für das gesamte Genossenschaftswesen, Band 28, Heft 3/1978.
Nieschlag, Robert: Die Konzentration bestimmt die Entwicklung im Handel, in: Frankfurter Allgemeine Zeitung vom 4. 3. 1981.
Oehme, Wolfgang: Aufgaben der Genossenschaften des Handels im Dienste der Verbraucherversorgung, in: Festschrift für Paul König, Hamburg 1960.
Oehme, Wolfgang: Das autonome Preismarketing des Einzelhandels, in: Marketing, Zeitschrift für Forschung und Praxis, Heft 4/1982.
Oehme, Wolfgang: Weiße Produkte, in: Das große Lexikon für Handel und Absatz, 2. Auflage, Landsberg/Lech 1982.
Oehme, Wolfgang: Preis-Marketing im Einzelhandel, in: Thexis, Zeitschrift für Interaktion zwischen Theorie und Praxis in Marketing und Distribution, Heft 1/1985.
Oehme, Wolfgang: Die Problematik vertriebsformenheterogener Sortimente, in: Marketing, Zeitschrift für Forschung und Praxis, Heft 2/1985.
Oehme, Wolfgang: Die Führung vertriebsformenheterogener Sortimente nach dem Profit-Center-Konzept, in: Thexis, Zeitschrift für Interaktion zwischen Theorie und Praxis in Marketing und Distribution, Heft 1/1988.
Oehme, Wolfgang: Mega-Trends als Herausforderung an das Marketing des Lebensmittel-Einzelhandels, in: Der Handel für die Märkte von morgen – Perspektiven und Entwicklungen, Hrsg. Gruber, Hansjörg/Tietze, Wolfgang, Frankfurt/Main 1990.
Oehme, Wolfgang: Sortiment und Handelsleistung als Ansatzpunkte für Rationalisierungs-Strategien, in: Thexis, Zeitschrift für Interaktion zwischen Theorie und Praxis in Marketing und Distribution, Heft 1/1989.
Oehme, Wolfgang: Trend-Sortimente als Grundlage für zielgruppenorientierte Sortimentspolitik und qualitatives Wachstum, in: Thexis, Zeitschrift für Interaktion zwischen Theorie und Praxis in Marketing und Distribution, Heft 2/1990.
Oehme, Wolfgang: Standortforschung im Handel, in: Pepels, Werner, Hrsg., Moderne Marktforschungspraxis, Neuwied 1999.
Oehme, Wolfgang: Handels-Marketing: Abwehr von Discountern mit Aktionspolitik oder durch Dauer-Niedrigpreislinien, in: Marketing Casebook I, hrsg. von Werner Pepels, München 1999.
Oehme, Wolfgang: Handelsmarken, in: Vahlens Großes Marketing Lexikon, hrsg. von Hermann Diller, 2. Auflage, München 2001.
Oehme, Wolfgang: Sortimentspolitik, in: Vahlens Großes Marketing Lexikon, hrsg. von Hermann Diller, 2. Auflage, München 2001.
Oehme, Wolfgang: Marktsegmentierung durch Absatzaktivitäten, in: Handbuch Marktsegmentierung, Hrsg. Werner Pepels, Heidelberg 2000.
o. V.: Deutscher Marketingtag: Brilliante Theorie fürs Überleben, in: Lebensmittel-Zeitung Nr. 45 vom 7. 11. 1980.
o. V.: Marketing für eine Dachmarke – die Oetker-Strategie, in: Markenartikel, Heft 2/1989.
Aldi und Co: Markenprodukte mit Tarnkappe, in: Plus, Das aktuelle Verbrauchermagazin, Nr. 9, September 1997.
o. V.: Harte Zeiten – Flächenübersatz und Preiskampf machen Druck, in: Lebensmittel-Zeitung Nr. 35 vom 29. 8. 1997.
o. V.: Alles umsonst? Die Folgen der Preiskämpfe, Spezial der Lebensmittel-Zeitung, 4/1999, Frankfurt/Main.
o. V.: Gedämpfte Stimmung, FOC/Viele Pläne bereits gescheitert, in: Lebensmittel-Zeitung Nr. 34 vom 27. 8. 1999.
o. V.: Shops schöpfen Gewinne, in: Motive, Märkte, Menschen, Fachinformation der Union Deutsche Lebensmittelwerke, Mai/Juni 1999.

o. V.: Forderungen – Die Verkaufsflächen werden weiter wachsen, in: Lebensmittel Praxis, Nr. 21/1999.
o. V.: Standortwahl, in: Gablers Wirtschaftslexikon, 14. Auflage, TB-Ausgabe, Wiesbaden 1997.
Potucek, Vladimir: Die „Dynamik der Betriebsformen" – aus heutiger Sicht, Kritik einer Kritik, in: Marketing, Zeitschrift für Forschung und Praxis, Heft 4/1987.
Pröpper, Heinrich: Muß ich da mitmachen? In: Lebensmittel-Zeitung Nr. 3 vom 18. 1. 1980.
Redwitz, Gunter: Handelsentwicklung: Wertewandel – Perspektiven für die Handelslandschaft, in: Wertewandel und Konsum, Bericht über ein Forschungsprojekt der GfK Nürnberg, Landsberg/Lech 1990.
Rosmanith, Uwe: Die Partner prüfen sich, Internet, Fabrikverkauf und Markenshops, in: Der Handel, Das Wirtschaftsmagazin für Handelsmanagement, Heft 11/1998.
Rothhaar, Peter: Die Standortplanung von Einzelhandelsbetrieben, in: Blätter für Genossenschaftswesen, Nr. 17, September 1973.
Ruda, Walter: Ein Pilotprojekt für Zweibrücken, Investorengruppe plant Ansiedlung eines Factory Outlet Centers, in: Lebensmittel-Zeitung Nr. 15 vom 11. 4. 1997.
Scharrer, Jürgen: Mühsame Standortbestimmung, Supermarktbetreiber suchen nach Wegen aus der Krise, in: Lebensmittel-Zeitung Nr. 40 vom 6. 10. 1995.
Scharrer, Jürgen: Ein Aldi auf der Großfläche, in: Lebensmittel-Zeitung Nr. 44 vom 1. 11. 1996.
Scheer, Werner: Das genossenschaftliche Mehr: Hauptziel bleibt die Förderung der Mitglieder, in: Edeka Handelsrundschau, Nr. 21/1979.
Schenk, Heinrich: Easy Shopping, ein individueller Lieferservice, in: Dokumentation über den 38. MMM-Kongreß Februar 2000, hrsg. vom MMM-Club, Icking/bei München 2000.
Schmitz, Gerhard: Preispolitik, in: Das große Lexikon für Handel und Absatz, 2. Auflage, Landsberg/Lech 1982.
Schoel, Ulrich: Die Fassade ist eine Visitenkarte, in: Selbstbedienung – Dynamik im Handel, Nr. 2/1978.
Scholz, Carola: Shoppingmall mit Gleisanschluß, in: Der Handel, Das Wirtschaftsmagazin für Handelsmanagement, Nr. 7/1996.
Schrader, Karl: Demoskopische Marktforschung, in: Dornieden/Scheibler/Weihrauch, Studienhefte für operatives Marketing, Heft 1, Wiesbaden 1977.
Schröder, Hendrik: Wenn die Handelswerbung zum Problem wird, in: Absatzwirtschaft, Heft 7/1990.
Siehler, Dieter: Die wichtigsten Anforderungen an Symbolfiguren, in: Absatzwirtschaft, Heft 2/1980.
Stubbe, Helmut: Edeka, in: Handwörterbuch des Genossenschaftswesens, Wiesbaden 1980.
Theisen, Paul: Preis-Differenzierung, in: Das große Lexikon für Handel und Absatz, 2. Auflage, Landsberg/Lech 1982.
Thiess, Michael: Marktforschung, in: Gablers Wirtschaftslexikon, 12. Auflage, Wiesbaden 1988.
Tietz, Bruno: Sortimentspolitik, in: Marketing-Enzyklopädie, Band 3, München 1975.
Tietz, Bruno: Standortpolitik, in: Vahlens Großes Wirtschaftslexikon, hrsg., von Erwin Dichtl und Otmar Issing, 2. Auflage, TB-Ausgabe, München 1994.
Wolfskeil, Jürgen: Eine stille Revolution im Einzelhandel, in: Lebensmittel-Zeitung Nr. 20 vom 19. 5. 1989.
Zentes, Joachim: Trade-Marketing, Eine neue Dimension in den Hersteller-Händler-Beziehungen, in: Marketing, Zeitschrift für Forschung und Praxis, Heft 4/1980.

Personenverzeichnis

Aldi 518
Ahlert, Dieter 457
Albrecht, Karl 322
Applebaum 107
Arndt, Helmut 282, 283, 448
Aspinwall Leo V. 141
Auer, Manfred 417, 418

Baader, Dieter 443
Barber, Felix 149, 156
Barth, Klaus 13, 174, 206, 230
Batzer, Erich 100, 101
Bauer, Hans 55, 67
Becker, Fritz 103, 105, 119, 120
Becker, Jochen 151
Behrens, Karl Christian 53, 69, 86, 99, 117
Berekoven, Ludwig 82, 88, 90, 134, 135, 136, 370, 414
Berger, Sylvia 419, 420
Bidlingmeier, Johannes 247
Bliemel, Friedhelm (siehe Kotler, Philip)
Boehm, Hubertus 359
Bofrost 524
Bolz, Norbert 23, 230
Bosshart, David 23, 230
Brandes, Dieter 322, 339
Bruhn, Manfred 146, 418

Coeppicus, Leo 100
Corell, Werner 232, 404
Cornelßen, Ingo 341
C&A Brenninkmeyer 528

Dallmayr 521
Dawson, Mike 339
Dichter, Ernest 22
Dichtl, Erwin (siehe Nieschlag, Robert)
Diederichs, Erich H. 355, 372
Diederichs, Frank 417
Dietrich, Michael 170
Diller, Hermann 154, 176, 200, 247, 259, 298, 301, 311, 390, 406, 416, 450, 454, 456, 457
Dingeldey, Klaus 453
Doepner, Frauke 348
Dornieden, Ulrich 132
Douglas 23, 523
Dreher, A.M. 23
Duncan, Delbert 267

Eismann 524
Eklöh, Herbert 233
Ewald, Guntraum 266

Falk, Bernd 265, 268
Filene, E.A. 265, 268
Fisher, 101
Flach, Hans Dieter 132, 133, 136, 137, 138, 180
Freter, Hermann 176, 200
Fuchs, Konrad 333

Gadeib, Andera 78
Galbraith, John Kennet 16
Garsoffky, Heinz 116
Gaul, Reiner 400
Gerken, Gerd 23, 230
Geßner, Hans-Jürgen 316, 342
Gist, Ronald 270
Greipl, Erich 100, 101
Gries, Erhard 154
Groner, Bruno 338
Gümbel, Rudolf 12, 44, 132, 133, 136, 138, 180, 183, 184, 185, 189, 192, 216

Haenle, Peter 358, 361
Haller 446
Hamann, Peter 67
Hansen, Ursula 25
Happel, Heinrich 67, 409
Harlander, Norbert 132, 133
Hartung 101
Hartung, Wolfgang 21
Häusel, Hans-Georg 389
Hauzeneder, Rainer 133, 174, 185, 186, 188, 215
Heeger, Dietrich 354
Heidel, Bernd 400
Hörschgen, Hans (siehe Nieschlag, Robert)
Holme, Peter 182
Howard, John A. 170
Huff, D.L. 101, 103
Hundhausen, D. 407

Ikea 515
Irrgang, Wolfgang 457

Kääpä, Markku 264, 265, 268, 270
Kaas, Klaus 170,
Kaas, Klaus Peter 313
Kaldeweit, Udo 418
Kapell, Elisabeth 347
Kinateder, Petra 401
Kling, Franz 279
Klußmann, Hans-Jürgen 274
Knetter, Hartwig 442, 446, 452

Köhler, Friedrich W. 327, 344
Köhler, Richard 473
Körber, Hans Joachim 376
Koesters, Paul Heinz 329
Kotler, Philip (auch: Bliemel, Friedhelm) 14, 54, 61, 68, 85, 91, 92, 141, 146, 147, 149, 150, 283, 300, 301, 419, 454
Krömer, Sabine 23
Kuhn, Gustav 323
Kusterer, Marion 390
Kuß, Alfred 148

Lakaschus, Carmen, 375
Lewin, Kurt 25
Liebmann, Hans Peter 100, 101
Ludovici 133

Machlup, Fritz 285
Malthus, Thomas 2
Martino, Horst Dieter 146, 147, 149, 150
Marzen, Walter 325
Mathieu, Günter 349, 355
Mattmüller, Roland 38, 67
Mauch, Willy 373
McNair, M.P. 328
Meffert, Heribert 53, 78, 200
Meier, Gert 354
Mei-Folter, Antonella 149, 156
Merks, Michael 23, 230
Metro 526
Meyer, Paul W. 38, 67, 140, 141, 143, 145, 174, 230
Molinario, Friedrich 105
Müller-Hagedorn, Lothar 133, 136, 325, 341, 400
Mühlbacher, Hans 414

Nagel, Egon 92, 99, 100, 104, 106, 109
Nickel, Oliver 23, 230
Nieschlag, Robert (auch: Dichtl, Erwin/ Hörschgen, Hans) 16, 21, 60, 64, 65, 68, 69, 70, 78, 85, 132, 146, 147, 163, 194, 248, 251, 295, 315, 322, 344, 353, 354, 451, 454
Nüßlein, Peter 418

Obergfell, Eugen 25, 29, 30
Oberparleiter, Karl 11

Pearson, Michael 333
Pepels, Werner 75, 78
Peters, Wolfgang 10
Philips, Charles 268
Potucek, Vladimir 326
Pröpper, Heinrich 355

Redwitz, Gunter 182
Reilly, William 92, 101, 103
Reischl, Hans 362, 531
Rewe 530
Ricardo, David 1, 251
Rist, K.N. 100
Römermann, Volker 21
Rommel, Thomas 2
Rosenstiel, Lutz von 266
Rosmanith, Udo 350
Rothhaar, Peter, 100
Ruda, Walter 348
Ruppmann, Reiner 85, 91, 108

Sandler, Guido 452
Scharrer, Jürgen 338, 339
Scheer, Werner 354
Schenk, Heinrich 350
Scheuch, Erwin 19
Scheuch, Fritz 21
Schmitz, Gerhard 251
Schoel, Ulrich 392
Schrader, Karl 56
Schröder, Axel 390
Schröder, Hendrik 289
Schumpeter, Josef 329
Seyffert, Rudolf 13, 54, 56, 63, 69, 70, 86, 127, 132, 136, 142, 144, 146, 150, 183, 188, 264, 398
Siehler, Dieter 382
Smith, Adam 1, 248, 250
Stahl, Peter 133, 185
Strohmeyer, Klaus 333
Stubbe, Helmut 354

Theisen, Paul 251, 252, 308
Thünen, Johann Heinrich von 86
Tietz, Bruno 80, 82, 88, 91, 92, 93, 116, 123, 133, 134, 136, 143, 145, 171
Tostmann, Thomas 140
Tunick, A.L. 359

Wagner, Helmut 212
Weber, Alfred 86
Weinberg, Peter 23, 230
Weller, Thorismund 178, 218, 219
Weßner, Konrad 56
Winter, Helen 2
Witt, Frank-Jürgen 473
Wolf, Jakob 78, 265, 268
Wolfskeil, Jürgen 473
Woll, Artur 248, 300

Zentes, Joachim 456
Zimmermann, Peter 121

Sachverzeichnis

Absatzgebiet 101, 102
Absatzkanal 16, 21, 25, 131
Absatzkonzeption 429 ff., 458
  operationalisierte – 458, 484
Absatzmittler 16, 21, 24, 248, 453
Abweichungsanalyse 468, 472, 508
Adressenstichprobenverfahren 60
Agglomeration (von Handelsunternehmen) 99, 114, 342
  branchengleiche – 99, 114, 341
  branchenungleiche – (auch branchenübergreifende –) 99, 114, 340, 341, 347
Agglomeration(s) (von Kaufkraft) -fähigkeit 119
akquisitorische Wirkung (des Sortiments) 127, 133, 185, 190, 191, 196, 197, 203, 263, 283, 372
Aktionspolitik 262
Aktionspotential 30
Analogmethode (zur Beurteilung von Standorten) 107
Analysemethoden (siehe: Marktforschung)
Andienungsform(-en) 141, 162, 174, 181, 195, 199 ff., 201, 202, 229 ff., 336, 337, 343, 350, 393, 464, 484
Andienungsqualität 283
Angebot(s) 2
  artikel (siehe Artikel)
  konzentration 160
  macht 151
  politik 160, 187, 247, 296
apparative Methoden 60
Arbeiten (oder Tätigkeiten) im Einzelhandel
  kundenabhängige – 34, 233
  kundenunabhängige – 34, 233, 237
Artikel 128
  Aktions-/Angebots- 152, 297
  Ausufern der – zahl 46
  Convenience- 199
  discountfähige – 162, 169, 197, 210, 267, 449
  expansive – 168
  Grundbedarfs- 164, 169, 199
  Impuls- 144, 145, 166, 191
  innovative – (siehe: Innovationen)
  Interdependenz der – 185, 186
  komplementäre – 176, 183, 185, 195, 230
  markenlose – 145 (siehe auch: no-names, weiße Artikel, Generics)
  Muß- 144, 145, 169

Parallel- 185
  substituierbare – 183, 185, 218
Artikel
  -kategorien 163 ff., 177
  -verschleiß 188
  -zyklus 162
Assimilation 323 ff., 336
Assoziationsketten 425
Aufschlag (siehe: Kalkulation)
Auftragsbündelung 334
Außendienst 347
Auswahl 126
Auswahlkriterien (für Aufnahme von Produkten in ein Sortiment) 183
Auswahlverfahren 60
Automat (Verkaufs-) 175, 240, 346

Bahnhöfe (als Einkaufszentren) 81, 115, 342
Basic-Synektik-Methode 427
Bedarf
  agglomerierter – 105
  aperiodischer – 268
  langfristiger – 141
  mittelfristiger – 141
  periodischer – 268
  täglicher – 141
  wohnbezogener – 105
Bedarfsgruppen 140, 144, 176
Bedienung 175, 195, 199, 230 ff., 394
  Selbst- 175, 199, 233 ff., 394
    einfache/Discount- 175, 200, 240
    lose – 175, 199, 240
    normale/konventionelle – 175, 234
  Teilselbst- 175, 199, 238, 394
Bedienungsform (siehe: Andienungsform)
Bedingungsfaktoren (für den Standort) 87
Beeinflussungs-Management 154
Befragung 59, 509
Bekanntheitsgrad 146, 150, 505
Beobachtung 58
Bestell-Liste 34
Bestimmungsfaktoren (für den Standort) 88, 108
Betriebsbesichtigungen 406
Betriebsfaktoren 463
Betriebsformen, Dynamik der (siehe: Vertriebsformen)
Betriebsgröße
  Maximal- (maximale) 118
  Mindest- (minimale) 103, 112, 118, 464

optimale – 118
Betriebsgrößenheterogenität 118, 121, 217
Betriebsgrößenstruktur (heterogene) 94
Betriebsklima 75, 76
Betriebstypen
-heterogenität 118, 121 ff., 217
-homogenität 121
-segmentierung 122
Betriebsvergleich 129
Bevölkerungsdichte (siehe auch: Kaufkraft) 113
Bewertungsprofil (für Standorte) 106
Beziehungsmanagement 154
Binnenwanderung (der Bevölkerung) 80
Bi-Polarität (des Handels-Marketing) 14
blinder effect 270
Brainstorming 424 ff.
Branchen 72, 123, 176, 226, 332
-grenzen, Verwischung der 36, 140
-mix 114
serviceintensive – 227
serviceschwache – 227
Breite (siehe: Sortiment)

Call Center 242
Cash-and-Carry-Großhandel (C&C-Großhandel) 240, 345
Cash flow 108
Catalogue Showroom 344
Checkout-Line 175
City-Standorte (siehe: Standort)
Clusteranalyse 65, 67
Convenience 350, 447
    -geschäfte 342
    -goods 141, 165
    -produkte 199, 525
Controlling 473
Corporate Identity 150, 373, 380, 444

Dachmarke (siehe: Marken)
Daten
    -analyse 62
    -kreislauf 369
    qualitative – 58, 72, 73
    quantifizierbare – 62
    quantitative – 35, 58, 72
Dauer-Niedrigpreis-Lage 296 ff.
Deckungsbeitragsrechnung 184
Dependenzanalyse 67
Design-Lebensmittel 165
desk research 61
Dienstleistungen 140, 185
Direct Mailing 21, 242
Direkte Produkt-Rentabilität (DPR) 178, 184, 400, 456
Direktvertrieb 347 ff.
Discount (-prinzip) 190, 296

Discounter (Discountmärkte) 72, 116, 131, 145, 151, 158, 163, 169, 171, 174, 178, 195, 198, 199, 201, 202, 204, 205, 208, 209, 210, 227, 259, 277, 289, 295, 322, 324, 338, 339, 343, 395
Diskriminanzanalyse 64, 65, 67
Distribution (Waren-) 16, 47, 151, 152, 159
    begrenzte – 151
    Massen- 149
    physische – 16, 26
Distributions
    -dichte (grad) 147, 196
    -kosten 118
    -netz (Struktur des –es) 118, 119
    -system 40, 117, 234
Diversifikation/Diversifizierung 210 ff., 353
    vertikale – 353
DPR (siehe: Direkte Produkt-Rentabilität)
Drogerie
    -bereich 122
    -Märkte 122, 198, 199, 208
Dynamik der Betriebsformen (siehe: Vertriebsformen)

e-commerce 3, 78, 83, 125, 243, 350
EDV 24, 35, 51, 53, 70, 76
Eigenkapitalverzinsung 104
Eigenmarken (siehe: Handelsmarken)
Einheitspreisgeschäft 335

Einkauf
    funktionaler –, zweckorientierter – 374
    emotionaler –, zweckfreier – 374
Einkaufs
    -betrag (durchschnittlicher) 488
    -gewohnheiten 141
        Entstehung von (siehe: Konzept)
    -parks 81
    -passagen 81, 115, 341
    -preis 255
    -rhythmus 141
    -städte 116
    -stättentreue 153, 221
    -zentren 81, 116, 341
Einstandspreis (en) 256, 306
    Verkauf unter – 305
    Verkauf zu – 306
Einzelexploration
Einzelhandel (siehe auch: Handel) 37, 84, 85
    ambulanter – 242, 524
    Fach- (siehe: Fachgeschäfte)
    funktioneller – 26
    institutioneller – 14, 26, 336, 347, 524
    mobiler – 336
    nichtstationärer – 241
    stationärer – 241, 347
Einzelunternehmer (-nehmen) 353

Sachverzeichnis

Einzugsgebiet (siehe: Absatzgebiet)
Elastizität
  Absatz- 62
  Angebots- 62
  Nachfrage- 62, 169
  Substitutions- 62
Elastizitätsberechnungen 62
Emotionen 9
Engel'sches Gesetz 18
Entscheidungen
  einstufige – 217
  mehrstufige – 217
  operative – 484
  strategische – 484
  trägheitslose – 3, 7
  zweistufige – 217
Entscheidungsmodelle 62, 67
Entscheidungsprozesse 180
Erfassungsmodelle 62
Ergebnisforschung (siehe: Marketingforschung)
Ergebniskontrolle 472, 484 ff.
Erhebung
  Stichproben- 60
  Teil- 58
  Total- 58, 60
Erhebungsmethoden 58, 69
  qualitative Verfahren 59, 69
  quantitative Verfahren 58, 69
Ertragsausgleich 334
Europäischer Markt 25
Event 23, 77, 416
Expansion
  Flächen- 39, 79
  – der Sortimente 35
Experimente 60
  Feld- 60
  Labor- 60
Expertenbefragung 59
Exponentielle Glättung 66
Extrapolation 66

Fabrikverkauf 347
Fachgeschäfte 72, 115, 170, 178, 190, 195, 198, 202, 204, 205, 208, 212, 220, 227, 333
Fachmärkte 81, 116, 131, 195, 198, 208, 340
Facings (siehe. Frontstücke)
Factory Outlet
  – Stores 347
  – Center 347
Faktorenanalyse 65, 67
Fassade(n) 383 ff.
  -werbung 385
field research 58
Filialabrechnung 492 ff.
Filialisierung 393

Filialunternehmen 32, 334, 353, 363 ff., 435
Filterfunktion (siehe auch: gate keeper) 47, 48, 165
Fixkosten 39
Fläche (siehe: Verkaufsfläche)
Flächenleistung (siehe: Leistungsmeßziffern)
Flop 164, 166, 168, 187
Förderungsauftrag 354, 355, 362
Förderungswünsche 121
Forschung (siehe: Marktforschung)
Fortschritt
  technischer – 9, 10, 149
  wirtschaftlicher – 149
Franchise 352, 358 ff.
  -geber 358, 359
  -nehmer 358, 359
  -system 358, 359
  -vertrag 358, 359
Frontstücke (Facings) 399
Führungsbereiche (des Handelsunternehmens)
  Marketingbereich 41
  Operatingbereich 41
Führungssystem 403
Funktion(-en des Handels)
  Beratungs- 13
  Filter- 46
  Interessenwahrungs- 13
  Kredit- 12
  Logistik- 13
  Mengentransformations- 13
  Markterschließungs- 13
  Preisausgleichs- 13
  Qualitäts- 12
  Quantitäts- 12
  Raumüberbrückungs- 11, 13, 75, 80, 82, 113, 114, 116, 117, 118, 319, 352
  Service- 13
  Sortiments- 13
  Steuerungs- 13
  Vermittler- 13
  Vertriebs- 13
  Waren- 13
  Werbe- 12
  Zahlungsverkehrs- 13
  Zeitüberbrückungs- 13
Funktion(en) (von Artikeln)
  Ergänzungs- 178
  Ertrags- 178
  Frequenz- 177
Funktion(en) (von Markenartikeln)
  Entlastungs- 150
  Herkunfts- 150
  Orientierungs-
  Vertrauens- 150
  Werbe- 150
Funktionsbereiche 42

Funktionsdelegation (Prinzip der) 334, 352, 353, 354 ff.
Fußgängerzonen 341

Galerien 81, 341
gate keeper (siehe auch: Filterfunktion und Absatzkanal) 25, 29, 131, 230
Gebietsschutz 196
Gebrauchsgüter (siehe: Güter)
Geldwert subjektiver 288
Gemeinschaftswarenhaus 342, 344
Generics (siehe auch: No-names und weiße Artikel) 158
Genossenschaften (Einkaufs-) 32
Geschäftsberichte 406
Geschäftstreue 171
Gesellschaft (im Mangel, im Überfluß, siehe: Wirtschaft)
Gewinn
  -maximierung 91, 137
  -optimierung 91
Gleichgewichtspreis 2
Gleitende(n) Durchschnitte, Methode der 66
Gliedziffernverfahren 66
Globalisierung 25
Goods
  Convenience – 141
  Shopping – 141, 268
  Speciality – 141
Grundbedürfnisse/Grundversorgung 169, 199
Grundgesamtheit, statistische 60
Grüne Wiese 81, 116 ff.
Gruppenmarketing 122
Güter (siehe auch: Artikel und Produkte)
  Erlebnis- 337
  Gebrauchs- 140, 268
  gelbe – 142
  heterogene – 5, 8, 220
  homogene – 4, 5, 8, 159, 220
  Komplementär- 169
  Luxus- 168
  orange – 142
  rote – 142
  Substitutions- 169
  Verbrauchs- 140
  Versorgungs- 332, 337

Handel (siehe auch: Einzelhandel)
  funktioneller – 12, 44, 434
  Groß-
    Full-Service- 228, 355,
    Selbstbedienungs- (C&C-) 345
    Sortiments- 345
    Spezial- 345
    Zustell- 345
  institutioneller – 12, 14, 16, 26, 27, 44, 435
  mehrstufiger – 353

  Partnerschaft mit dem – 24
  Urform des – (s) 332
  Versand- 242
Handelsformen (siehe: Vertriebsformen)
Handelsfunktionen (siehe auch: Funktionen) 11 ff., 26, 33, 41, 44, 434, 435, 515
Handelsgruppen 24, 32, 334, 352, 353 ff., 435
Handelsketten 355
Handelsleistung 13, 43 ff., 72, 73, 75, 126, 162, 163, 167, 169, 190, 191, 202, 204, 210, 230, 234, 247, 256, 261, 277, 284, 296, 302, 303, 316, 330, 339, 462, 484
  Delegation der – 44, 277, 330
  Minimierung der – 163, 169, 205
  Variation der – 45, 198
Handelsmarken 36, 38, 138, 151 ff., 197, 218, 444, 447, 448
  Dach- 155, 197
  Einzel- 155, 197
  Niedrigpreis- 155, 158, 159, 162
  Premium- 155
Handelsspanne (siehe: Spanne)
Handlungskosten 184, 248, 256, 259
Häufigkeitsverteilung 63
Heimdienste 336, 341, 524
Homogenitätsbedingungen 4, 8, 126
Heuristische Modelle 67
homo oeconomicus 4, 5, 9, 286

Ideenfindung, Methoden der systematischen – 423 ff.
Image 69, 73, 75
  Marken- 305
  Unternehmens- (siehe auch: Retail Brand) 75, 266
Imageprofil 63
Imagetransfer 418
Immitationen 150, 170
Impulsartikel 144, 145, 166
Impulskäufe (siehe: Kauf)
Informationen, situative 171
Informationsnivellierung 122
Infrastruktur 80
Initialaktionen (in der Sortimentspolitik) 192, 216
Innovationen 10, 28, 130, 147, 148, 159, 162, 163 ff., 166, 174, 191, 192, 198, 216, 287, 288, 290, 387, 423 ff., 443, 446 ff.
  Parallel- 46
  Schein- 47
Integration (des Handels)
  Rückwärts- 453
  Vorwärts- 453
Interaktionen
  horizontale – 30
  vertikale – 30

Interdependenzanalyse 67
Interesseninfiltration (versteckte) 122
Internet 175, 243
Interview 59
  Einzel- 59
  Gruppen- 59
Intuition 187
Inventurdifferenz 494, 498
Investitionen 74, 79, 82

Kalkulation(s) 188, 248, 495
  -aufschlag 273, 495
  -gruppen 178, 203
  Angebots- 258
  Aufschlag- 248, 278
  klassische – (auch traditionelle oder konventionelle) 248, 254, 256, 276, 304
  Misch- 187, 202, 210, 222, 247, 259, 262, 270, 275, 276, 279, 280, 284, 285, 293 ff., 296, 297, 302, 305, 334, 335, 396
  progressive – 248, 254, 295
  retrograde – 258
Kanal (siehe: Absatzkanal)
  sozioökonomischer – 25
Kapitalintensität 38
Kassen
  elektronische – 76
  -leistung (siehe: Leistungsmeßziffern)
Katalog (der Versandhandelsunternehmen) 175, 242, 333, 386
Katalog-Showroom 175, 239
Kauf (auch Käufe)
  Erlebnis- 182, 286, 337
  Impuls- 20, 36, 127, 168, 183, 191, 195, 198, 230, 233, 336, 375, 522
  Plan- 158, 160, 169, 183, 191, 199
  Versorgungs- 158, 197, 286, 337, 375
Kaufgewohnheiten (-entscheidungen) 220
  Entstehung von – 163, 170 ff.
  habitualisierte – (habituelle) 163, 169, 171, 174, 189, 197
Kaufhäuser 115
Kaufkraft
  agglomerierte – 120
  agglomerationsfähige – 119, 120
  wohnbezogene – 120
  -dichte 106, 118
  -kennziffern 102, 106
Kaufrisiko 148, 163
Kaufvolumen 102, 104, 460, 461
  bereinigtes – 102
  einzelhandelsrelevantes – 460, 461
Kernsortiment (siehe: Sortiment)
Key-Account-Management 454
Kleinpreiswarenhäuser 335
Kohorten-Analyse 56

Kommunikation 52, 78, 126, 314, 350, 368 ff., 379 ff., 420, 436, 450
  Before-Sales- 369
  During-Sales- 369
  After-Sales- 369
Kongruenz (von geplantem und realisiertem Großhandels- und Einzelhandels-Sortiment) 128, 219
Konditionen (Beschaffungs-) 24, 124, 179, 181, 187, 190, 192, 201, 203, 218, 247, 255, 274, 284, 311, 334, 339
Konditionen-Spreizung 295
Konkurrenz
  -anziehung 99
  -meidung 252
Konsum (Unterschiede im)
  graduelle 19
  kategoriale 19
Konsumgenossenschaften 32, 334
Kontrolle
  – des Ablaufes 484
  – der Corporate Identity 484
  – der Handelsspanne 484, 489 ff.
  – der Kosten 484, 503 ff.
  – der Leistungsmeßziffern 488
  – des Umsatzes 484, 485 ff.
  – der Umsatzstruktur 484, 486 ff.
Kontrollsystem 482
Konzentration(s) 29, 138, 351
  – im Handel 30, 183, 255
  -prozeß 29, 30, 39, 91, 219, 246, 351, 365
Konzept (bei der Entstehung von Kaufgewohnheiten)
  -anwendung 171, 291
  -ausformung 170, 291
  -bildung 170, 290
Korrelation
  Inter- 65
  Schein- 65
Korrelationsanalyse 64, 67
Korrelationskoeffizient 65
Kosten 284
  -führerschaft 31, 256
  -management 31, 256, 261
  -minimierung 137
  Handlungs- 184, 256
  Waren- 184
Kostenträgerrechnung 184, 247, 278
Krankenkassen 6
Kreativität (siehe. Ideenfindung, Methoden der systematischen)
Kreislaufmodell 14, 15
Kunden
  -barometer 506
  -befragung 509
  -bindung 153, 221, 259, 369

-Club 517
-frequenz 114, 331, 341
-orientierung 221
-selektion 222
-treue 73, 221, 393
-zeitschriften 406
-zufriedenheit 76, 221, 369
gläserne – 78
Stamm- 73, 259
kybernetischer Regelkreis 9

Ladenöffnungszeiten 111, 175
Ladenverschleiß 188, 419
  endogener – 420, 422
  exogener – 419, 422
Lean Management 352
Lebenszyklus
  – eines Markenartikels 162
  – eines Produktes (aus der Sicht des Verbrauchers) 163, 170
  – eines Unternehmens 420
Leistungsfähigkeit, Beweis der 152
Leistungsmeßziffern 38, 102, 488
  Einkaufsbetrag pro Kunde (durchschnittlicher) 488
  Flächenleistung (Umsatz pro qm) 39, 79, 102, 103, 105, 333
  Kassenleistung (Umsatz pro Kasse) 102
  Personalleistung (Umsatz pro Mitarbeiter) 39, 102
  Umschlagshäufigkeit (des Warenbestandes) 488
Leistungsmonopol (siehe Monopol)
Leistungspotential (siehe: Unternehmenspotential)
Leistungsprozeß (des Handelsunternehmens) 41 ff.
Lieferantentreue 73
Lifestyl 23, 74, 77
Logistik 13, 16, 20, 34, 112, 316, 352

Macht, wirtschaftliche 29, 249, 255, 282, 442, 452
Mächtigkeit (des Sortiments) 142
Management
  Beeinflussungs- 450
  Beziehungs- 450
  Produkt-Marketing- 454
Management by
  – information 403
  – innovation 428
  – objectivs 403, 445, 466, 467, 468, 472
  – results 445, 468, 472
Markenartikel 1, 26, 32, 33, 41, 131, 145, 146 ff., 149 ff., 153, 166, 168, 289, 295, 297, 444, 447

klassische – 36
konstitutive Merkmale der – 146
Marken
  Dach- 147, 154, 155
  Einzel- 147, 154, 155
  Eigen- 162
  Exclusiv- 154
  Firmen- 147
  Gattungs- 151
  Handels- (siehe: Handelsmarken)
  Hersteller- (siehe: Markenartikel)
  internationale – 147
  nationale – 147
  Premium- 155
  regionale – 147
Marken
  -bereitschaft 149
  -familie 147
  -name 146
  -pflege 150
  -profil 150
  -segment 153
  -treue 148, 150, 171
  -unternehmen (siehe auch: Markenartikel)
  -zeichen 146
Marketing 4, 5, 9, 41
  Dienstleistungs- 21
  Direkt- 242
  einzelwirtschaftliches – 10
  Erlebnis- 22
  funktionelles – 25, 27
  gesamtwirtschaftliches – 10, 11, 25
  Grundgedanke des – 10
  Handels- 1, 13, 20, 21, 24, 27, 434 ff., 445 ff.
  Händler- 24
  Hersteller- 1, 20, 21, 171, 434 ff., 443 ff.
  Industrie- 27, 138
  institutionelles – 27
  Key-Account- 454
  Kommunikations- 436
  kooperatives – 434, 439, 441, 442
  Kult- 23
  Kultur- 21
  Me-too- 516
  nichtkommerzielles – (siehe: Kultur- und Non-Profit-Marketing)
  Non-Profit- 21
  Preis- 137, 247 ff.
  Produkt- 171, 443
  produktorientiertes – 22
  Profil- 371, 436, 444
  Sortiments- 126 ff., 137, 139, 446
  Sponsoren- 22
  Sport- 12
  Standort- 90 ff.
    aktives – 82

Instrumente des – 90
Strategien des – 123 ff.
Trade- 455
Umwelt- 406
unternehmensorientiertes – 376
vertikales – 453 ff., 456
Ziele des – 45
Marketing
– als Durchsetzungsproblem 24
-Aufwand 153, 170, 171, 450 ff.
-Forschung 54
  Ergebnis- 55
  Zustands- 55
-Funktion 47
  gesamtwirtschaftliche – 25
-Institution, gesamtwirtschaftliche 30, 47, 49
-Intensität 151, 162, 171, 176, 198, 201, 204, 288, 290, 388
-Knowhow 360
-Konzeption 313, 330 ff., 515
-Urheber 145, 146
Marketing-Mix 135, 145, 190, 202, 227, 313 ff., 322, 351, 429
 – im Handels-Marketing 135, 145, 313, 351, 436, 439, 440
 – im Hersteller-Marketing 313, 436, 439, 440
 Interdependenzen im – 314, 429 ff.
 konstitutiver – (strategischer –) 313, 315, 353, 368, 405, 429 ff., 437, 458
 operativer – (taktischer –) 314, 315, 353, 368, 405, 429 ff., 458
 vertriebsformenspezifischer – 316
Markierung 146, 151
Märkte
  Absatz- 14, 73
  Beschaffungs- 14, 73, 272
  Flächen- 7
  gesättigte – 161
  geschlossene – 6
  institutionalisierte – 14
  Käufer- 14
  physische – 14
  Polarisierung der – 151
  Punkt- 3, 7, 79
  unvollkommene – 5, 10, 51, 79, 126, 219, 249
  Verkäufer- 14
  virtuelle – 14
  vollkommene – 4, 5, 10, 126, 150, 219, 229, 248, 249
  -für medizinische Dienstleistungen 6
Markt
-abschöpfung 301
-analyse 56
-penetration 301

Marktanteil (s) 46, 79, 91, 100, 105, 286, 460
-berechnungen 62
-entwicklungsplan 107
-expansion 107
-kämpfe 46, 171
-konsolidierung 107
-planung 93
-verschiebungen 169
Markt
-beobachtung 56, 63
-potential 460 ff., 483
-erkundung 54
-faktoren 69, 181
-felder 69
-formen 2
Marktforschung 51 ff., 443, 445, 466, 508
  Analysemethoden der – 57, 61
  Aufgaben der – 55
  demoskopische – 55, 62
  deskriptive – 55
  Ergebnisforschung 54, 55, 68
  Erhebungsmethoden der – 57, 58
  Erkenntnisobjekte der – 68
  ethische Fragen der – 53
  Formen der – 55
  Instrumentarium der – 51, 54
  Methoden der – 56
  nomologische – 55
  ökoskopische – 55, 62
  Online- 78
  Primär- 58, 82
  Schwerpunkte der – (im Handel) 75 ff.
  Sekundär- 61
    externe – 61
    interne – 61
  – im engeren Sinne 53, 68
  – im weiteren Sinne 53
  Zustandsforschung 54, 55
Marktforschung (s)
  – des Handels 70 ff., 75
  -verfahren (qualitative und quantitative) 58
Markt
-führer 92, 94, 102, 105, 180, 216
-führerschaft 92, 100, 281, 283, 515, 518
  gespaltene – 285
-hallen 81, 341
-indikatoren 63
-nischen 124, 190
-schichtenveränderung 151
-segment 65, 176, 201, 266
-segmente
  regionale – 200
  Vertriebsformen- 201
  Zielgruppen- 201

-segmentierung 176, 521
  agierende – 201
  reagierende – 201
  – nach Vertriebsformen 376
-struktur 94
-struktur-Analyse 91, 93 ff., 102, 105, 107, 109
-transparenz 148
-untersuchung, wissenschaftlich-systematische 53
Massenproduktion 127
Medien, externe 405
Medium
  Unternehmen als – 380 ff.
  Ware als – 43, 44, 126
Mehrbetriebsunternehmen 357
Mehrwegverpackungen 48
Merchandising 41, 392, 393
Me-too-Produkte 47, 148, 150, 162, 170, 174, 185, 196, 198, 291, 443, 448
Me-too-Unternehmen 515
Mindestbetriebsgröße 118, 351
Mischkalkulation (siehe. Kalkulation)
Mitarbeiter (als Marketing-Instrument) 401 ff.
Mobile Datenerfassung 464
Mobilität (der Verbraucher) 119
Mode 163, 164
Modelle (in der Marktforschung)
  Entscheidungs- 67
  Erfassungs- 62
  Prognose- 63
  Simulations- 66
Monopol 180
  Leistungs- 10, 31, 150, 162, 192, 249, 448, 515
  prozessuales – 284
Morphologische Methode („morphologischer Kasten") 426
Motivforschung (Kaufmotive) 22
Multikollinearität 65
Mußartikel (siehe: Artikel)

Nachbarschaftsgeschäft/-markt/-standorte 110, 111, 208
Nachfrage 2, 16
  elastische – 164, 168, 286
  unelastische – 161, 169, 286
  -konkretisierung 183, 189
  -macht 151, 333, 351, 352
Nationalökonomie, klassische 1 ff.
Neuheiten (siehe: Innovationen)
Newcomer 324
No-names (siehe auch: weiße Artikel) 158, 171, 204, 207, 395

Öffentlichkeitsarbeit (siehe auch: Public Realtions) 31, 405 ff.

Oligopol 180, 282, 283
Operating 26, 33, 34 ff., 41, 270, 276, 316, 352
Ordersatz (Bestell-Liste) 34
Organisationsform 123, 351 ff.
Organisationsstruktur 482
Outsourcing 277, 352

Panelerhebung 59
Parallel
  -Artikel/Produkte 185, 441, 448
  -innovationen 46
  -Sortimente 153, 159, 203, 441, 448
Parkhäuser (Parkplätze) 109, 115, 116
Passagen (Einkaufs-) 81
Personalleistung (siehe: Leistungsmeßziffern)
Phasendurchschnittsverfahren 66
Pioniere (Schöpfer neuer Vertriebsformen) 323 ff.
Pluralismus (der Sortiments-Strategien) 192
point of sales 414
Polarisierung (von Märkten) 151
Polypol 3, 5, 6
Positionierung (von Marken) 152
Präsentation (siehe: Warenpräsentation)
Präferenzen 4, 5, 8, 126, 150, 152, 159
Preis 159, 247
  -Änderung 306
  -Anpassung 280
  -Auszeichnung 309
  -Darbietung 306, 309 ff.
  -Differenzierung 174, 201, 255, 307 ff., 311
  -Einpassung 279
  -Forderung 248, 255, 306, 495
  -Fortsetzung 279
  -Gefüge 262
  -Gegenüberstellungen 311
  -Niveau 265
  -Präsentation 309
  -Segmentierung 309
  -Stabilisierung 251, 308
  -Unifizierung 308
  -Variation 306
Preisablaufpolitik 254, 273, 303
Preisbildung (siehe: Preisfestsetzung)
Peisbindung der zweiten Hand (vertikale –) 41, 130, 147, 246, 294, 295
Preise
  Angebots- 258, 275, 295 ff.
  Aktions- 153, 295 ff.
  bezahlte – 306, 307
  Brutto- 311
  Dauer-Niedrig- 278
  derivative – 306, 307
  echte – 306
  Einkaufs- 255
  Einstands- 256

Ertrags- 260
ganze – 311
gebrochene – 311
Gleichgewichts- 2, 17
irrationale – 253, 258
kostenorientierte – 278
Listen- 255
Markt- 248
Netto- 311
Niedrig- 174, 198
normale – 257, 272, 273, 275, 278, 294, 295, 296, 304
originäre – 306
rationale – 253
realisierte – 306
sekundäre – 184
Signal- 258, 260, 295, 296, 504
Sonder- 275
subventionierte – 258
Über-Einstands- 259
Unter-Einstands- 259, 305
Preisempfehlungen, unverbindliche 147, 251, 295
Preisentscheidungen (siehe: Preisstrategien)
Preisfestsetzung
  autonome – 247
  derivative – 306
  konventionelle – (progressiv kalkuliert)
  marketingorientierte – (retrograd kalkuliert)
  originäre – 306
Preisführer 92, 520
Preisführerschaft 261, 281, 518, 520
  barometrische – 282
  dominierende – 282
  kolludierende – 282
Preisfunktionen
  Allokationsfunktion 299
  Anpassungsfunktion 299
  Ausgleichsfunktion 299
  Ausrichtungsfunktion 299
  Ausscheidungsfunktion 299
  Ausweitungsfunktion 299
  Barometerfunktion 299
  Ertragsfunktion 254
  Informationsfunktion 299
  Lenkungsfunktion 299
  Motivationsfunktion 299
  Signalfunktion 257
Preisgarantie 275
Preisgrenzen 287, 288
Preiskampf (siehe auch: Wettbewerb) 153, 161, 282
Preiskonflikte 282, 285
Preislage (n) 127, 144, 151, 174, 184, 205, 257, 261 ff., 264 ff., 287, 309
  – als Qualitätslagen 264
  – als Vertriebsformensegmente 267

Dauer-Niedrig- 178, 204, 205, 209, 259, 262, 295, 296, 322, 339
-Struktur 262, 267, 272
Preislinie (auch: price line, pricelining) 263, 267 ff., 335
Preismarketing 246 ff., 449
  aktives – 284
  autonomes – 303
Preismechanismus 3
Preisoptik 293, 294, 306
Preispolitik 112, 246 ff.
  adaptive – 350
  aktive – 160, 275, 280
  antizyklische – 273, 275
  autonome – 246, 292, 303
  Einzel- 273
  ertragsorientierte – 254
  Hoch- 284, 338
  immitative – 210, 280, 284
  intuitive – 287
  konventionelle – 254
  kostenorientierte – 253, 254
  marketingorientierte – 253, 257, 303
  Niedrig- 284, 338
  passive – 248, 273, 276, 280
  temporäre – 275
  wettbewerbsorientierte – 280
  zyklische – 273
Preisschwelle 265, 287
  obere – 265, 267
  untere – 265, 267
Preisstabilisierung, Beitrag des Handels zur 39
Preisstrategien 260 ff.
  Basis- 260
  Hoch- 338
  konventionelle – 273 ff.
  marketingorientierte – 280 ff.
  Niedrig- 238
  Preislagen- 260, 262 ff.
  Preiswürdigkeits- 261
Preisstrukturpolitik 254, 262, 273, 303
Preis-Subvention 258, 296, 504
Preistheorie, klassische 2 ff., 252, 253
Preiswettbewerb (siehe: Wettbewerb)
Preiswürdigkeit 261
price lining 267 ff., 308
Primärforschung (siehe: Marktforschung)
Probleme
  Entscheidungs- 423
  Innovations- 424
  Kommunikations- 424
Problemgehalt (von Waren) 141
Produkt-Placement 417
Produits libres (siehe: No-names)
Produkt (siehe auch: Artikel, Güter)
  beratungsbedürftiges – 231

conveniencebetontes – 168, 199
discountfähiges – 169 ff., 197, 291, 444, 449
hedonistisch geprägtes – 167
homogenes – 4, 8, 159
komplementäres – 176
markenloses (siehe No-names) 145, 157
nicht erklärungsbedürftiges – 160
nicht substituierbares – 160
Premium- 151, 160, 168, 289
problemloses – 160, 199
problemvolles – 198
substituierbares – 185
Substitutions- 153
Produkt
 – Brand 197
 -image 288, 290
 -marketing (siehe: Marketing)
 -nutzen 221
 -politik 132
 -profil 160
Produktionsfaktoren 463
Produktivität 10, 38
Produktivität des Handels (siehe: Leistungsmeßziffern) 38, 276
Produktkategorien 176
Produktprogramm 127, 132, 143, 293
Profil (Profilierung) 146, 153, 154, 191
 -Marketing (siehe: Marketing)
Profit-Center 210, 395, 396
Prognose 56, 103
 -modelle 62, 63, 67
Promotion 212
Psychologie 9, 22
Public Relations 405 ff.
Pull-Strategie 414
Punktmarkt 3, 5, 79
Push-Strategie 414

Qualitätslage (-stufe) 127, 144, 151, 174, 205, 257, 264 ff.
Qualitätsversprechen 146, 148, 151
Quasi-Franchise-System 359
Quotenverfahren 61

Rabatt (Mengen-) 187
Rack Jobber 346
Randomverfahren 60
Rationalisierung (auch: Steigerung der Produktivität) 38, 276
Raumfunktion (siehe: Funktionen)
Raumnutzung, Analyse der 398
Reaktionen (in der Sortimentspolitik) 192
Rechnungswesen, betriebliches 70
Rechtsformen 72
Regaloptimierung 398 ff.
Regiebetrieb 355, 364

Regression
 einfache – 64
 multiple – 64
Regressionsanalyse 65, 67
Relaunch 162, 169, 314, 377, 419
Rentabilität 79, 91, 100, 108, 272, 273
Retail Brand 191, 197, 202, 314, 322, 376, 419 ff., 464, 484, 505, 520, 522, 524, 526, 528, 530
Revolution
 industrielle – 32, 332
 merkantile – 16, 30, 32 ff., 34, 35, 38, 40, 41, 77, 80, 116, 127, 130, 149, 155, 182, 194, 198, 201, 233, 246, 256, 261, 264, 294 ff., 300, 317, 337, 338, 351, 370, 377, 405, 415, 424, 515, 518
Risiko (Risiken) 27, 52, 79, 80, 81, 359, 462, 465
 -bereitschaft 452
 -prämie 104
 -streuung 358, 364
Rohgewinn 491
Roll-Container 34

Sachkapital 17
Saisonschwankungen, Berechnung von 66
Saisonsortimente 144
SB-Warenhäuser 36, 81, 115, 116, 131, 171, 198, 200, 204, 208, 277, 289, 333, 338, 340, 343, 364, 367, 383, 389
Scanner-Kassen 35, 70, 76, 399
Scanning 24, 446
Schaufenster 386
Schwabe-Engel'sches Gesetz 18
Schwellenangst 388
Sekundärforschung (siehe: Marktforschung)
Selektionspolitik 355
Selbstbedienung 34, 36, 39, 44, 73, 110, 112, 167, 198, 233, 296, 337, 377
 Discount- 240
 konventionelle – 234
 lose – 239
 Teil- 112, 238, 335
 im Großhandel 240
Self-Liquidators 212 ff., 523
Service 126, 201, 219 ff.
 After-Sales- 223
 Before-Sales- 223
 bezahlter – 224
 During-Sales- 223
 freiwilliger – 223
 kostenloser – 224
 Muß- 223
 selbständiger – 224
 unselbständiger – 224

Shop-in-the-Shop-System 415
shopping goods 141
Signet 373, 380
Simultanmodelle 66
Skalierung 63, 67
Skimming 301
Sollspannen-Ermittlung 497 ff.
Sorte 128
Sortiment
  Auslauf- 172
  Basis- 144, 145
  Bestell- 128, 133, 134, 189
  Branchen- 33, 127, 195, 202
  Discount- 208
  Fach- 143
  Frischwaren- (-bereiche) 143, 153
  Gesamt- (auch: gesamtwirtschaftliches –) 127, 144
  Impuls- 145
    festes – 145
    variables – 145
  Kern- 144, 145, 218
  Lager- 128, 133, 189
  Nachverwertungs- 172
  Normal- 171, 208
  Parallel- 143, 153, 196, 203
  Präsenz- 134
  Rand- 144
  Saison- 133, 144
  Spezial- 143
  Standard- 144, 145
  Teil- 127, 195
  Test- 171
  Trend- 171
  Trocken- 145, 489
  Unternehmens- 127
  Voll- 143, 195
  Zielgruppen- 176
  Zusatz- 144
Sortiment
  austauschbares – 372
  bedarfsgruppenorientiertes – 195, 204
  branchenübergreifendes – 33, 73, 127, 195, 201, 204, 333, 335
  Convenience- 111
  geplantes – 128, 133, 189
  gesamtwirtschaftliches – 127
  gewachsenes – 189
  innovatives – 208
  permanentes – 133
  realisiertes- 128, 133
  uniformes – 153
  unstrukturiertes – 263
  vertriebsformen-heterogenes – 202, 204 ff., 207, 330, 343, 475
  vertriebsformen-homogenes – 202, 204, 339, 343

Sortiment(s/e)
  akquisitorische Wirkung des – 27, 133, 185, 190, 191, 196, 197, 203, 263, 283, 372
  Begriff des – 127 ff.
  Ertragsstruktur des – 131
  Expansion des – 35, 39, 131, 165
  Flexibilität des – 187
  Gestaltungsalternativen für das – 129, 136, 139
  Infrastruktur des – 185
  Interdependenzen im – 135, 185
  Konkretisierungsgrad des – 133
  Parallelität der – 153, 159
  Segmentierung des – 200
  Standardisierung von – (en) 134
  Verbundwirkungen im – 133, 135
Sortiments
  -ablaufpolitik 145
  -aktualisierung 188, 215
  -alternativen 136
  -anpassung 215
  -ausweitung 188
  -bereinigung 188
  -bildung 137
  -breite 142
  -dynamik 188
  -entscheidungen (siehe: -gestaltung)
  -expansion 35, 130, 131, 134, 215, 216
  -fortschreibung 188, 215
  -gestaltung 134, 180
  -gleichgewicht 134, 143
  -kategorien 134
  -kompetenz 168, 191
  -konstanz 216
  -kontraktion 215, 216
  -kontrolle 129, 134, 135, 136, 178, 189
  -konzeption, Visualisierung der 393 ff.
  -mächtigkeit 142, 178
  -Marketing 88, 126, 445
  -mitte 144
  -optimierung 134
  -pflege 188
  -politik 126, 129, 134, 136, 139, 189 ff., 215 ff.
    aktive – 82, 130, 131, 137, 216
    passive – 137, 215
  -präsentation 83, 129, 136, 192, 202, 389
  -rahmen 136, 137
  -standardisierung 134
  -strategien 129, 192 ff.
    betriebswirtschaftlich orientierte – 203
    konventionelle – 194
    marketingorientierte – 196
  -struktur 144, 195, 204, 393, 482
  -substitution 216
  -theorie 129, 139
  -tiefe 142

-umfang 142, 195
-variationen 216
-verbund 133, 134, 144
  Bequemlichkeitsverbund 135
  Verwendungsverbund 135
-verschleiß 188, 191, 215
-zahlen 136
Space Management 132, 178, 184, 398 ff., 456, 482
Spanne (Handels-)
  absolute – 278
  Ausgangs- 490 ff.
  Eingangs- 492
  Handels- 254, 278, 400, 490 ff.
  Ist- 490 ff.
  relative – 278
  Soll- 492 ff.
Spannenmaximierung 137
Sparneigung 461, 462
Sparquote 16
speciality goods 141
Sponsoring 407, 418
Standort 69, 75
  Entwertung von – (en) 125
  innerer – 83, 314
  Makro- 100
  Sichtbarkeit eines – (s) 113
Standort
-anforderungen 88, 112 ff.
  qualitative – 113
  quantitative – 112
-checkliste 107
-entscheidungen (ökonomische/politische) 75, 85, 87, 100, 113
-faktoren 86
  qualitative – 86
  quantitative – 86
-forschung 69, 75
-führerschaft 92
-kategorien 114 ff.
  Citystandorte 115
  Integrierte Standorte 115
  Verkehrsorientierte Standorte 116
-lagen 98, 110, 113
-lehre 83
-Marketing, aktives 82
  Instrumente des – 90 ff.
-Netze (arbeitsteilige/regionale/vertriebsformenheterogene) 30, 84, 123, 124, 332, 334, 531
  Struktur der – 79, 125
-politik 79 ff., 84, 88, 90
  Varianten der – 83 ff.
-qualität 30, 80, 108 ff., 125, 283
-sicherung 75, 79
-systeme 123
-Technologie 88

-Tendenz 117
-verschleiß 80
-wahl 85
-wettbewerb 80
Standort-Analyse 100
  empirisch-deduktive -101
  Makro- 88
  Mikro- 88
  Nachbarschafts- 114, 115
  punktuelle – 91, 100 ff., 109
  theoretisch-deduktive – 101
Standorte
  City- 81, 115
  integrierte – 115
  verkehrsorientierte – 81, 83, 84, 116
  produktionsorientierte – 86
Standortnetz-Analyse 91, 109
Statistik
  primäre – 462
  sekundäre – 462
Statussymbole 148
Stichprobenerhebung 60
store erosion 188, 419
Strategien (im vertikalen Marketing)
  Anpassungs- 457
  Autonomie- 457
  Kampf- 457
Streckengeschäft 129
Strukturbereinigung (im Standortnetz) 81
Subsidiaritätsprinzip 353
Supermarkt 111, 145, 165, 198, 199, 200, 202, 207, 208, 210, 337
Synektik 427

Tankstellen-Shops 116, 342 ff.
Tante-Emma-Laden 117
Teilerhebung (Stichproben-) 60
Telefonverkauf 175, 242
Test 60
  Assoziations- 60
  Markt- 60
  Projektions- 60
  Store- 60
-markt 60
Thünen'sche Kreise 86
time lags 3, 5
Topographie 80
Totalerhebung 60
Touristik Brand 522
trading down 302, 315, 324, 333, 336, 337, 342, 343
trading up 116, 315, 323, 324, 333, 334, 336, 337, 338, 343, 345, 403, 529
Transparenz (Markt-) 3, 5, 7, 51
Trendberechnungen 66
Treue (siehe: Kunden-/Lieferanten-/Einkaufsstätten-)

Ubiquität 147, 152
Überfluß (siehe: Wirtschaft im)
Umsatzerwartung 103
Umsatzkontrolle 485 ff.
Umweltbewußtsein 19, 31
Umweltprobleme 48
Unternehmensführung, marktorientierte 459 ff.
  Bereiche der U. im Handelsunternehmen 41, 459, 465, 468, 470
  Qualität der – 464
Unternehmensgröße 103, 108
  betriebswirtschaftlich erwünschte – 103
Unternehmensphilosophie 181
Unternehmens
  -farben 380
  -fassade 383
  -image 31, 75, 290, 412
  -kennzeichen 380
  -potential 463, 483
  -profil 31, 75, 221, 505
  -sortiment (siehe. Sortiment)
  -symbol 380
  -symbolfiguren 381
  -umfeld 382
Unternehmenspräsentation, totale 370 ff.
Unternehmerlohn 104

Verbraucher 29, 69, 74, 76, 166
  -befragung 509
  -märkte 116, 340, 343
Verbund (im Sortiment) 186, 247
  dissonanter – 186
  habitueller – 186
  kognitiver – 186
  motivationaler – 186
Verbund
  -gruppen 352
  -unternehmen (genossenschaftliche Handelsgruppen, siehe auch: Handelsgruppen)
Verdrängungswettbewerb (siehe: Wettbewerb)
Verkaufsfläche 79, 80, 89, 112
  räumliche Verteilung der – 120
  Soll- 104
  Überhang an – 117
Verkaufsflächen
  -entwicklung 106
  -entwicklungsplan 92, 104 ff., 107, 109
  -expansion 35, 81, 131, 333
Verkaufsförderung 127, 148, 167, 191, 220, 414 ff., 436
  externe – 416
  interne – 415
Verkaufsgespräch 231
Verkaufsraum 389 ff.
Verkaufsraum-Design 397

Verkaufspolitik 229 ff., 350
Verkaufswagen 242, 336
Verpackung 146
  sb-gerechte – 235
Versandhandel (-sunternehmen) 84, 242, 275, 333, 344, 347
Verschleiß
  Artikel-/Produkt- 436
  Laden- 74, 419 ff.
  Retail-Brand- 377
  Sortiments- 188, 191, 436, 446
  Standort- 436
Versorgung, agglomerierte 120
Vertikales Marketing 453 ff.
Vertriebsformen 38, 72, 80, 102, 112, 123, 124, 143, 145, 162, 181, 212, 226, 315 ff., 343, 461, 464
  Dynamik der – 322 ff.
  Generationen der – 332 ff.
  Geschichte der – 328 ff.
  -Segmente 201, 267, 296, 330, 395, 444
Vertriebstypen (siehe auch: Vertriebsformen) 437
Vertriebssystem 148
Volkswirtschaft 11, 14, 19
  Instabilität der – 19
  Sensibilisierung der – 19
Vor-der-Tür-Verkäufe 384
Vorverkauf 129

Wachstum, wirtschaftliches 9, 19, 91
  qualitatives – 164
  quantitatives – 164
Waren
  – als Medium 126
  -bereich 127
  -bestand 488
  -distribution 16
  -fluß 112
  -gruppen 128
  -gruppenstruktur 145
  -strom 43, 80
  markenlose – 154
Warenhaus-Konzerne (Warenhäuser) 32, 35, 114, 115, 116, 127, 145, 181, 186, 195, 198, 204, 333, 389, 435
Warenpräsentation 153, 161, 178, 191, 391 ff.
Warenwirtschaftssystem 35, 76, 129, 446
Web-Sites 83
Weiße Artikel (Produkte; siehe auch: Nonames) 158
Werbeaufwand 259
Werbekostenzuschüsse 187, 246
Werbung 7, 41, 51, 126, 146, 148, 150, 171, 202, 209, 220, 407 ff., 436, 444
Wert-Analyse 511
Wertewandel 182

Wettbewerb 3, 5, 31, 180, 249, 268, 464, 509
  einstufiger/einschichtiger – 14, 15,
  Ideen- 424
  Intensität des – (s) 104, 460
  Leistungs- 283
  Qualitäts- 48
  Preis- 48, 220, 221, 424
  Service- 221
  Sortiments- 221
  Verdrängungs- 39, 91, 104, 114, 120, 132, 137, 169, 280, 282, 284, 464
  zweistufiger/zweischichtiger – 16, 193
Wettbewerbskennziffer 105
Wheel of Retailing 328
Wirkungsfaktoren (auf den Standort) 87, 108
Wirtschaft
  – in der Expansion 18
  – im Mangel 10, 12, 18, 170
  – im Überfluß 10, 12, 16 ff., 18, 35, 77, 89, 108, 112, 130, 132, 137, 168, 169, 193, 299, 300, 337, 343, 443
Wirtschaftsdemokratie 356

Zahlungssysteme, kartengestützte 76
Zeit-Weg-Distanzen 99
Zentralität (eines Standorts oder einer Standortlage) 99, 114, 115, 116, 341
Ziele
  General- 474
  Handelsspannen- 469

Handelsspannenstruktur- 469
  Kann- 471
  Kapazitäts- 469
  Kennziffern- 469, 470
  Kosten- 469
  Muß- 471
  Umsatz- 468
  Umsatzstruktur- 468
Ziele
  ergänzende – 470
  meßbare (operationalisierte) – 467
  neutrale – 470
  nicht meßbare (nicht operationalisierbare) – 467
  private – 466
  widersprechende – 470
  wirtschaftliche – 466
Ziele des Handels-Marketing 45 ff.
Ziel
  -hierarchie 471
  -rangfolge 471
  -system 470, 475 ff., 482
  -verbund 470
Zielgruppen (von Verbrauchern) 337, 444
Zielgruppen-Sortimente 176
Zielkonflikte 470
Zielsetzungen 138, 458 ff., 509
Zusatznutzen, emotionaler 9, 10, 22, 148, 150, 158, 166, 168, 198, 526